제2판 사건유형별

행정심판

이론 및 실무

행정사 법학박사 김동근 저

변호사 김요한 감수

진원사

제2판 머 리 말

금번 개정판은 초판에서 다루지 아니하였지만 실제 현장에서 다수의 분쟁유형으로 발생하고 있는 사건 및 일부 개정된 법률을 반영하는데 주안점을 두었습니다.

이에 따라 본서는 행정심판의 분쟁유형 중 요즘 다수의 비중을 차지하고 있는 청소년관련 분쟁으로써 학교폭력, 청소년주류제공, 편의점 주류·담배판매 등으로 인한 영업정지와 관련된 이론적 내용 및 관련 서식(행정심판청구서, 소장 등), 핵심판례들을 모두 개관하여 정리함은 물론 특히 음주운전 행정심판의 경우 도로교통법 등 관련 법률의 개정 따른 중요 사항들을 모두 정리함으로써 누구라도 현실에서 발생할 수 있거나 또는 직접 당사자가 될 수도 있는 대부분의 사건들을 손쉽게 행정심판의 준비 및 진행을 할 수 있도록 하는 실무서를 만드는데 주안점을 두었습니다.

아무쪼록 본서가 뜻하지 아니하게 여러 행정 분쟁의 상황에 놓이게 되어 고민이나 고통의 시간을 보내고 계신 소송당사자나 관련 행정심판 등을 직접 수행하는 실무종사자 등에게 편안한 안내자 역할을 충분히 해낼 수 있기를 소망합니다.

끝으로 어려운 여건 속에서도 본서가 출간될 수 있도록 늘 용기와 응원을 아끼지 않으신 법률사무소 로앤어스 최나리 대표변호사님께 깊은 감사를 표하고, 나아가 불철주야 본서의 출간을 위하여 노력하신 진원사 양진수 사장님을 비롯하여 편집자 및 여러 임직원들에게도 깊은 감사를 드리는 바이다.

2022. 3.

저자 김동근 씀

머 리 말

사회가 복잡다변화 되어감에 따라 행정의 기능과 역할은 날로 확대되어 가고 있다. 그 만큼 행정청의 처분과 관련된 법적분쟁도 점차 늘어가고 있는 현실이기도 하다. 하지만 이러한 현실을 반영하여 행정청과의 분쟁에서 행정청을 상대로 행정심판을 유효적절하게 수행케 할 길라잡이 역할을 하는 실무서적을 찾아보기 어려운 것이 현실이다.

이에 따라 본서는 행정심판에 대한 기본적인 이론들을 모두 개관함은 물론 특히 행정심판의 각각의 유형별로 분류한 후 각각의 신청서에 대한 기재례 및 관련 소장들 그리고 관련 법령을 통합하여 기재함으로써 누구라도 손쉽게 행정심판의 준비 및 진행을 할 수 있도록 하는 실무서를 만드는데 주안점을 두었다.

나아가 행정심판과 관련된 대법원의 핵심판례들 또한 모두 정리하여 각각 사건의 내용에 따른 법원의 판단은 어떠한지도 쉽게 파악할 수 있도록 정리하였다는, 그 특징이 있기도 하다.

아무쪼록 행정분쟁 특히 실제 징계처분이나 본인의 의사에 반하는 처분을 받은 여러 소송당사자나 관련 실무종사자 또는 행정법 실무를 연구하려는 독자분들께 본서가 길라잡이 역할을 충분히 해낼 수 있기를 바라고, 다만 혹시라도 다소 미흡하거나 부족한 부분들에 대하여는 독자분들의 계속된 지도편달을 바라며, 판을 거듭하면서 이를 보완해 나가고자 한다.

끝으로 여러 어려운 여건 속에서도 본서의 출판을 위하여 불철주야 노력하신 진원사 양진수 사장님을 비롯하여 편집자 및 여러 임직원들에게도 깊은 감사를 드리는 바이다.

2018. 10.

저자 김동근 씀

목 차

제1편 행정심판제도

제3편 행정심판 절차

제4편 일반행정심판

제5편 특별행정심판

제6편 형사관련 서식(고소장, 진정서, 탄원서 등)

제1편
행정심판제도

제1장 행정쟁송제도

Ⅰ. 행정쟁송의 의의

행정쟁송이란 “행정상의 법률관계에 관한 분쟁을 당사자의 쟁송제기에 의하여 일정한 기관이 심리·판정하는 심판절차”를 말한다. 이러한 행정쟁송은 광의와 협의의 개념으로 구분될 수 있는 바, ① 광의의 행정쟁송은 심리·판정하는 기관이 행정청이든가 법원이든가를 불문하고 행정상의 분쟁에 관한 판정절차를 의미한다. 이에는 행정소송과 행정심판이 모두 포함된다. ② 협의의 행정쟁송은 일반법원과는 계통을 달리하는 행정조직내의 특별기관이 행정상의 법률관계에 관한 분쟁을 판정하는 절차를 말한다. 이에는 이의신청 및 행정심판이 있다.

Ⅱ. 행정쟁송제도의 발전

종래의 독일·프랑스 등 대륙식 행정국가주의 체제하에서는 행정부 내에 행정재판소를 설치하여 행정사건을 처리하였다. 그러나 독일은 제2차 세계대전 이후 행정부 소속의 행정재판소가 그 조직 및 기능에 있어 사법부소속으로 탈바꿈하였다. 프랑스도 19세기 말 이래의 행정부 소속의 행정재판소가 소속은 그대로 유지하면서 완전한 사법기관으로 독립성을 가지게 됨으로써 실질적인 권리구제에 기여하고 있다. 반면, 영·미식 사법국가주의하의 영국·미국 등은 행정쟁송도 일반 민·형사사건과 마찬가지로 일반 법원의 관할 하에 두고 있었다. 그러나 19세기 말 이후 영미법계의 국가들도 행정권의 기능확대와 전문적·기술적 사안을 처리하기 위하여 일반 행정청의 권한으로부터 독립한 행정위원회·행정심판소 등을 설치하여 이들 기관으로 하여금 관장케 하는 경향이 있게 되었다.

한편, 우리 헌법은 제107조 제2항에 “명령·규칙·처분이 헌법이나 법률에 위반되는 여부가 재판의 전제가 된 경우에는 대법원은 이를 최종적으로 관할·심판할 권한을 가진다”고 규정하고 있다. 이는 행정사건도 일반 사법법원이 관할·심판하도록 하여 영미법 국가에서와 같이 행정사건도 일반법원의 관할로 하고 있다. 그러나 헌법은 행정사건의 특수성을 고려하여 재판의 전심절차로 행정심판을 할 수 있게 규정하고 있으며, 행정소송법도 취소소송의 제기요건으로서 행정심판전치주의를 채택하고 있다. 또한 행정소송절차에 있어서도 행정사건에 대하여는 민사소송절차에 대한 여러 가지 특례가 인정되고 있다.

Ⅲ. 행정쟁송의 기능

1. 국민의 권리구제기능

행정쟁송제도는 기본적으로는 위법·부당한 행정처분의 취소·변경을 통하여 침해된 국민의 권익을 구제하기 위하여 존재하는 것이다. 이에 대한 구제방법으로는 행정심판위원회에 의한 행정심판과 법원에 의한 행정소송에 의하여 수행되지만, 독립된 제3기관인 법원에 의한 행정소송이 국민의 권익구제에 보다 효율적이다. 그럼에도 불구하고 행정심판제도는 신속성·경제성·간편성 등의 장점으로 말미암아 국민의 권익구제에 있어 적지 않은 비중을 차지하고 있다.

2. 행정의 통제기능

행정쟁송은 국민의 권익구제의 기능뿐만 아니라 행정의 합법성 및 합목적성을 보장하기 위한 행정통제제도로서의 기능도 가진다. 이는 행정심판위원회에서 행하는 행정심판제도에 의하여 특히 발휘되는 기능으로서, 위법·부당한 행정작용에 대한 국민의 쟁송제기를 통하여 행정작용의 적법성 및 합목적성을 기할 수 있기 때문이다.

Ⅳ. 행정쟁송의 종류

행정쟁송은 그 기준에 따라 여러 가지로 분류될 수 있는 바, 그 주요한 내용을 살펴보면 다음과 같다.

1. 분쟁의 존재 여부에 의한 분류

가. 실질적 쟁송

이는 분쟁이 실질적으로 존재하는 경우에 이를 해결하기 위한 절차이다(행정심판, 행정소송).

나. 형식적 쟁송

이는 분쟁이 실질적으로 존재하지 않는 경우에 분쟁이 발생하지 않도록 사전에 예방하기 위한 절차이다(예, 행정절차).

2. 성질에 의한 분류

가. 주관적 쟁송과 객관적 쟁송

주관적 쟁송은 쟁송제기자의 권리·이익이 침해된 경우에 그 구제를 직접목적으로 하는 것을 말한다. 주관적 쟁송은 당사자가 쟁송제기를 통하여 다툴만한 개별적·직접적인 이해관계가 있어야 하며, 일반적으로 행정쟁송이라 함은 이것을 말한다. 당사자쟁송이나 항고쟁송 등 대부분의 행정쟁송이 이에 해당한다.

객관적 쟁송은 특정 개인의 권익구제를 목적으로 하는 것이 아니라 행정작용의 객관적인 적법성·공익의 보호를 직접 목적으로 하는 쟁송을 말한다. 객관적 쟁송은 개인의 권리나 이익을 보호하기 위한 것이 아니므로 그 제기를 위하여 개별적·직접적인 이해관계를 갖는 당사자일 필요가 없다. 민중쟁송과 기관쟁송이 이에 해당한다.

나. 항고쟁송과 당사자쟁송

항고쟁송이란 이미 행하여진 위법·부당한 행정처분에 대하여 그 취소나 변경을 구하는 쟁송을 말한다. 행정쟁송은 보통 자기의 권리·이익을 침해한 행정처분의 취소·변경을 구하는 것이기 때문에 항고쟁송의 성질을 띠는 것이 대부분이다. 이의신청·행정심판·항고소송이 이에 속한다.

당사자쟁송이란 상호 대립하는 대등한 당사자 간에 법률상의 다툼(법률관계의 형성·존부를 다툼)이 있는 경우에 일방당사자가 타방당사자를 상대로 하는 쟁송을 말한다. 예컨대 행정상 손해배상청구소송·손실보상청구소송, 공무원봉급·연금지급청구소송 등 행정처분 등이 원인이 되어 파생된 권리·의무관계에 대한 분쟁을 말한다.

다. 민중쟁송과 기관쟁송

민중쟁송이라 함은 행정법규의 적법·타당한 적용을 보장하기 위하여 널리 일반민중 또는 선거인에 의하여 제기되는 쟁송이다. 현행법상 ① 선거법에서 대통령·국회의원의 선거 또는 당선의 효력에 관하여 선거인이 대법원에 제기하는 선거소송(공직선거법 제222조·제223조), ② 지방의회의원·지방자치단체의 장의 선거 또는 당선의 효력에 관하여 선거인인 주민이 선거관리위원회에 제기하는 선거소청(동법 제219조) 등이 이에 해당한다.

기관쟁송이란 행정법규의 적정한 적용을 보장하기 위하여 국가 또는 공공단체의 기관상호간의 분쟁을 해결하기 위하여 인정되는 경우를 말한다. 이에는 ① 지방자치단체의 장 또는 교육감이 지방의회·교육위원회의 의결의 위법을 이유로 지방의회 또는 교육위원회를 피고로 하여 대법원에 제소하는 것(지방자치법 제159조)과, ② 주무부장관 또는 시 · 도지사의 위법 · 부당한 시정명령 또는 취소 · 정지 처분에 대한 지방자치단체의 장의 대법원에의 제소(지방자치법 제157조) 등이 있다.

3. 행정쟁송의 절차에 의한 구분

가. 정식쟁송

정식쟁송이란 쟁송에 대한 공정한 심판을 기하기 위하여 ① 판단기관이 쟁송당사자와 이해관계가 없는 완전히 독립된 지위를 가지고 있고, ② 심리절차에 있어 상호 대립하는 양당사자에게 구술변론의 기회가 보장되는 등 쟁송의 공정한 해결을 위한 절차상의 요건을 갖춘 경우의 쟁송을 말한다.

나. 약식쟁송

약식쟁송이란 위의 두 요건 중 어느 하나를 결여한 쟁송을 말한다. 따라서 행정소송은 정식쟁송에 해당하고 행정심판은 약식쟁송에 해당한다.

4. 행정쟁송의 단계에 의한 구분

가. 시심적 쟁송

시심적 쟁송이란 행정법관계의 형성 또는 존부에 관한 제1차적 행정작용 그 자체가 쟁송의 형식을 거쳐 행하여지는 경우의 절차를 말한다. 즉 처음부터 행정법관계에 관한 원고 · 피고의 다툼이 있게 된다.

나. 복심적 쟁송

복심적 쟁송이란 이미 행하여진 행정청의 처분의 하자(위법 · 부당)를 주장하여 그에 대한 재심사를 구하는 경우의 쟁송을 말한다. 당사자쟁송은 시심적 쟁송에 해당하고 항고쟁송은 복심적 쟁송에 해당한다.

5. 행정쟁송의 심사기관에 의한 구분

이에는 행정기관과 법원에 의한 것이 있는바, 행정기관에 의하여 심리 · 재결되는 행정쟁송을 행정심판이라 하고, 법원에 의하여 심리 · 판결되는 행정쟁송을 행정소송이라 한다. 양자는 심판사항 · 심판기관에 있어 차이가 있지만 행정심판이 행정소송의 전심절차를 형성하고 있으므로 양자는 밀접한 관계를 가지고 있다.

제 2 장 행정심판의 개념

Ⅰ. 행정심판 일반

1. 개 념

가. 의 의

행정심판은 위법 또는 부당한 처분 기타 공권력의 행사·불행사 등으로 인하여 권리나 이익을 침해당한 자가 행정기관에 대하여 그 시정을 구하는 절차를 말한다(법 제1조). 행정심판법에 의한 행정심판 이외에 이의신청, 심사청구, 불복신청, 심판청구 등 개별 법률에서 다양한 명칭과 형태로 운영되고 있다.

나. 일반행정심판

'일반행정심판'이란 행정심판법에 의한 일반행정심판 절차에 따라 행정청의 위법·부당한 처분(또는 그 밖에 공권력의 행사·불행사)등으로 권리 및 이익을 침해 받은 국민이 신속하고 간편하게 법적으로 이를 구제받을 수 있도록 한 제도를 말한다.

다. 특별행정심판

'특별행정심판'이란 사안의 전문성과 특수성을 살리기 위해 특정분야의 행정심판에 대하여 '행정심판법에 의한 일반행정심판' 절차에 따라 심판하지 아니하고 각 개별법에서 행정심판법에 갈음하여 따로 정한 특례절차에 따라 하는 행정심판을 말한다.

개별법률에서 인정하고 있는 특별행정심판으로는 조세심판, 특허심판, 토지수용 재결에 대한 이의신청, 부당해고에 관한 구제명령에 대한 재심, 공무원 징계처분에 대한 불복 등이 이에 해당된다.

2. 행정심판과 규사한 제도와의 구별

가. 이의신청과의 구별

행정법상 위헌 또는 부당한 행정처분에 있어서 처분청에 대하여 그 재심사를 청구하는 것이다. 이의의 신청에는 권리나 이익침해의 사실이 필요하나 예외가 있다.

행정심판과 이의신청은 그 심판기관과 대상이 다르다. 즉 행정심판은 ① 원칙적으로 처분청의 직근 상급행정청에 제기하는 쟁송이지만, 이의신청은 처분청 자체에 제기하는 쟁송이다. ② 행정심판은 원칙적으로 모든 위법 또는 부당한 처분에 대하여 인정되지만 이의신청은 각 개별법에서 정하고 있는 처분에 대해서만 인정된다. ③ 동일한 처분에 대하여 행정심판과 이의신청이 함께 인정되는 경우에 보통 양자가 전심(이의신청), 후심(행정심판)의 관계에 있다. 그러나 양자 중 하나만 허용되는 경우도 있다.

나. 청원과의 구별

청원이란 국민이 국가기관에 대하여 일정한 사항을 문서로써 진정하는 것을 말한다. 민주정치는 국민을 위한 정치이므로 국민은 국가기관에 대하여 일정한 희망이나 의사를 문서로써 제출함으로써 권리의 구제 · 위법의 시정 또는 복리증진을 할 수 있도록 한 것이다. 고전적 기본권의 하나이며 기본권을 보장하기 위한 기본권이라고도 한다. 우리 헌법도 청원권을 보장하고 있다(헌법 제26조). 국회에 대한 청원은 국회법(國會法), 지방의회에 대한 것은 지방자치법(地方自治法), 그 밖의 일반법으로는 청원법이 있다. 누구든지 청원하였다는 이유로 차별대우를 받거나 불이익을 강요당하지 아니한다(청원법 제11조).

청원도 행정청에 대하여 자기반성을 촉구하고 피해의 구제를 도모하기 위한 제도라는 점에서 행정심판과 공통성을 갖는다. 그러나 행정심판은 기본적으로 권리구제를 위한 쟁송제도이지만 청원은 쟁송수단이라기 보다는 국정에 대한 국민의 정치적 의사표시를 보장하기 위한 제도라는 점에서 양자는 그 본질적인 기능면에서 차이를 갖는다.

> 헌법상 보장된 청원권은 공권력과의 관계에서 일어나는 여러 가지 이해관계, 의견, 희망 등에 관하여 적법한 청원을 한 모든 당사자에게 국가기관이 청원을 수리할 뿐만 아니라 이를 심사하여 청원자에게 그 처리결과를 통지할 것을 요구할 수 있는 권리를 말하나, 청원사항의 처리결과에 심판서나 재결서에 준하여 이유를 명시할 것까지를 요구하는 것은 청원권의 보호범위에 포함되지 아니하므로 청원 소관관서는 청원법이 정하는 절차와 범위 내에서 청원사항을 성실 · 공정 · 신속히 심사하고 청원인에게 그 청원을 어떻게 처리하였거나 처리하려고 하는지를 알 수 있는 정도로 결과통지함으로써 충분하고, 비록 그 처리내용이 청원인이 기대하는 바에 미치지 않는다고 하더라도 헌법소원의 대상이 되는 공권력의 행사 내지 불행사라고는 볼 수 없다(헌법재판소 1997. 7. 16. 선고 93헌마239 전원재판부 결정).

다. 진정과의 구별

진정도 행정청에 대하여 자기반성을 촉구하고 피해의 구제를 도모하기 위한 제도라는 점에서 공통성을 갖는다. 그러나 진정은 법정의 형식과 절차가 아니라 행정청에 대하여 일정한 희망을 진술하는 행위로서 법의 구속력이나 효과를 발생시키지 않는 사실행위이다. 진정은 행정기관의 회답이 별다른 법적 의미를 가지지 못한다는 점에서 행정심판과 구별된다. 다만 진정이라는 표제를 사용하고 있더라도 그 내용이 일정한 행정행위의 시정을 구하는 것이면 행정심판으로 보아야 한다.

라. 직권재심사와의 구별

직권재심사도 행정작용에 대한 통제수단이라는 점에서 행정심판과 공통성을 갖는다. 그러나 직권재심사는 특별한 법적 근거가 없어도 가능하고 기간의 제약도 받지 않지만, 행정심판은 행정심판법에 의해 여러 가지 법적 제한과 기간의 제약을 받는다. 또한 직권재심사는 행정청 스스로의 판단에 따라 개시되고 불가변력이 발생한 행위에 대해서는 원칙적으로 허용되지 않지만, 행정심판은 개인이 이의제기에 의하여 절차가 개시되고 불가변력이 발생한 처분도 그 대상이 된다는 점에서 양자의 차이가 있다.

마. 국민고충처리와의 구별

국민고충처리제도는 국무총리 소속하에 설치된 국민고충처리위원회가 행정과 관련된 국민의 고충민원에 대하여 상담, 조사 및 처리를 하는 제도이다. 행정심판과는 제기권자, 재기기간, 대상, 절차 및 법적 효과에 있어서 차이가 있다. 국민고충처리절차는 행정소송의 전치절차로서 요구되는 행정심판청구에 해당하는 것으로 볼 수 없다.

바. 행정소송과의 구별

(1) 공 통 점

행정심판과 행정소송의 공통점으로 ① 권리구제 수단으로서의 성질을 갖는 점, ② 일정한 요건을 갖춘 당사자의 신청을 전제로 하여 절차가 개시되는 점, ③ 양당사자가 대등한 입장에서는 대심구조의 형식을 취하고 있는 점, ④ 쟁송사항이 쟁송 제기자와 구별되는 제3자의 기관에 의하여 판정된다는 점, ⑤ 적법한 쟁송의 제기가 있는 한 판정기관은 이를 심리할 의무가 있다는 점, ⑥ 청구의 변경이 인정되고 처분의 집행부정지원칙이 채택되고 있는 점, ⑦ 심리절차에 있어서 직권심리주의, 구술심리, 불이익변경금지의 원칙이 적용되는 점, ⑧ 사정재결, 사정판결이 인정되는 점, ⑨ 쟁송의 원리에 이해관계인의 참여가 인정되는 점, ⑩ 쟁송의 판정행위인 재결, 판결에 일정한 효력이 부여된다는 점 등이 있다.

(2) 차 이 점

그러나 행정심판과 행정소송에 있어서 행정심판은 약식쟁송이지만 행정소송은 정식쟁송이라는 점, 행정심판은 행정소송보다 행정통제적 측면이 강하다는 점에서 차이가 있다. 이러한 기본적인 차이에서 구체적으로 판정기관, 쟁송사항, 쟁송종류, 쟁송절차 및 심리절차 등에 차이가 있다. 행정심판과 행정소송의 관계는 종래 행정심판을 거치지 않으면 행정소송을 제가할 수 없도록 하는 행정심판전치주의를 취하고 있었으나 임의적 선택주의로 바뀌었다.

고충민원 처리절차

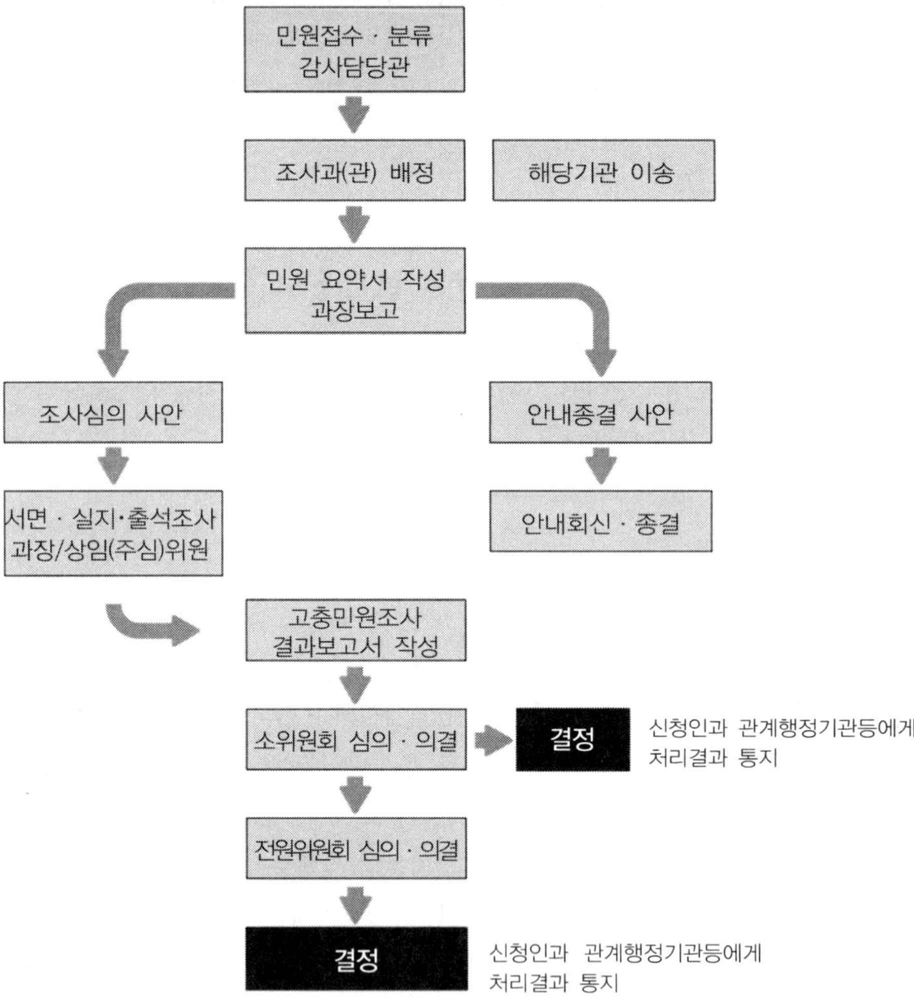

법 제20조에 해당하는 사항인 경우 전원위원회에서 의결

비 고	행정심판	행정소송
적용법률	행정심판법	행정소송법
존재이유	자율적 통제, 전문성확보	타율적 통제, 독립성 확보
심판기관	행정부 : 위원회	사법부 : 법원
성 질	약식쟁송	정식쟁송
종 류	취소심판, 무효확인심판, 의무이행 심판	취소소송, 무효확인소송, 부작위위법확인소송
심판대상	위법, 부당한처분 + 부작위 예외 : 대통령의처분 · 부작위, 재결	위법한 처분 + 부작위 위법한 재결
거부처분에 대한 쟁송형태	의무이행심판 + 취소심판	취소소송
적극적 변경여부	가능	불가능
심판기간	처분안 날 : 90일 처분 있은 날 : 180일	처분안 날 : 90일 처분 있은 날 : 1년
심리절차	구술심리와 서면심리 비공개원칙	구술심리 공개원칙
의무이행확보수단	직접처분권 인정	간적강제제도
고지규정	○	×

3. 행정심판의 법적근거

가. 헌법적 근거

(1) 헌법 제107조 제3항은 '재판의 전심절차로서 행정심판을 할 수 있다. 행정심판의 절차는 법률로 정하되, 사법절차가 준용되어야 한다.'라고 사법절차를 준용하도록 명시하고 있을 뿐만 아니라 행정심판절차의 헌법에 근거를 규정하고 있다. 따라서 이 규정에 의해 행정심판에 관한 일반법으로서 행정심판법이 제정되었다.

(2) 위 헌법 조항은 행정심판절차의 구체적 형성을 입법자에게 맡기고 있지만, 헌법이 직접 행정심판은 재판의 전심절차로서만 기능해야 하고, 행정심판절차에 사법절차가 준용되어야 한다고 규정하고 있으므로 여기에 입법적형성의 한계가 있다. 따라서 ① 입법자가 행정심

판을 전심절차가 아니라 종심절차로 규정함으로써 정식재판의 기회를 배제하거나, ② 어떤 행정심판을 필요적전심절차로 규정하면서도 그 절차에 사법절차가 준용되지 않는다면 이는 헌법 제107조 제3항에 위반된다고 할 것이다.

나. 행정심판법

행정심판에 대한 일반법으로서 행정심판법이 헌법의 근거 하에 제정되어 있다. 행정심판법은 행정심판에 대한 일반법이므로 다른 법률에서 특별행정심판이나 행정심판절차에 대한 특례를 정한 경우에도 그 법률에서 규정하지 아니한 사항에 관하여는 행정심판법에서 정하는 바에 따라야 한다.

다. 특별행정심판

사안의 전문성과 특수성을 살리기 위하여 특히 필요한 경우에는 행정심판을 갈음하는 특별한 행정 불복절차의 경우에는 그 범위 안에서 행정심판법의 적용이 배제된다. 각 개별 법률에서 특별한 절차와 방법을 규정하고 있는 경우에는 특별법으로서 그에 따라야 하기 때문이다. 이러한 특별행정심판에는 해양사고심판, 특허심판, 국세심판, 소청심사청구 등이 있다.

4. 행정심판의 존재이유와 문제점

가. 행정심판의 존재이유

(1) 행정의 자기 통제

행정심판은 행정법관계에 대한 법적 분쟁에 대하여 행정청 스스로가 판정기관이 됨으로써 행정의 자기통제 내지 행정감독의 기회를 부여하는데 그 존재 이유가 있다. 이는 행정작용에 대한 제1차적 통제권은 행정의 자율에 맡기는 것이 합리적이라는 것에 그 의미가 있다.

(2) 사법기능보충

현대 산업사회의 새로운 기술, 경제적인 문제에 대해 일반법은 그 전문성이 부족하고 소송에 있어서도 경제적으로 그 분쟁해결에 많은 시간과 비용이 드는 것이 보통이다. 그러므로 이러한 보완책으로 행정쟁송의 전 단계에서라도 전문적, 기술적 문제의 처리에 적합하게 조직된 행정기관으로 하여금 그 분쟁을 심판하도록 할 필요가 있다.

(3) 행정기능의 보장

사법절차에 의한 행정상의 분쟁심판은 심리와 절차가 공정하고 신중하게 이루어지므로 개인의 권리구제에 충실할 수 있다. 그러나 상당한 시일을 요하기 때문에 행정능률에 배치되는 일이 발생한다. 따라서 오늘날과 같이 신속을 요하는 행정의 수행을 위해서는 사법절차에 앞서 신속, 간편한 행정심판을 인정함으로써 행정법관계에 관한 분쟁의 신속한 해결을 도모할 필요가 있다.

나. 현행 행정심판제도의 문제점

(1) 심판기관의 객관성 보장

행정심판법은 위원회의 객관적 지위확보에도 문제를 안고 있다. 따라서 행정심판절차의 사법화를 도모하는 관점에서 본다면 위원회를 개관적인 공정성이 보장되는 제3기관으로 하는 것이 바람직하다.

(2) 청구인적격의 엄격성

행정쟁송에 있어 행정심판의 경우에는 적법성 및 합목적성이 심판대상이 되지만 행정소송의 경우에는 적법성만이 그 심판대상이 된다. 그럼에도 행정심판의 청구인적격을 행정소송의 원고적격과 같이 법률상 이익이 있는 자로 한정함으로써 실제로 행정심판을 통한 행정구제의 기회를 제한하는 결과를 가져올 우려가 있다.

(3) 사정재결

행정심판법은 청구인의 주장이 이유가 있더라도 이를 적용하는 것이 현저히 공공복리에 반하는 경우에는 그 심판청구를 기각하는 재결을 할 수 있도록 하였다. 이러한 사정재결은 공익의 확보를 위하여 인정되는 수단이라고 하더라도 ① 행정쟁송제도의 극히 예외적 조치로서 법치국가에 반하는 성질을 가진다는 점, ② 공공복리 자체가 극히 불확정한 개념으로서 남용될 가능성이 있다는 점, ③ 권리구제를 위한 행정심판제도에서 지나치게 공익을 강조한다는 점, ④ 행정소송법상 이미 인정되고 있는 사정판결을 생각할 때 따로 행정심판절차에서 인정한다는 점들은 문제가 되고 있다.

(4) 집행부정지 원칙

행정심판법은 원칙적으로 집행부정지의 원칙을 채택하면서 예외적으로 집행정지를 할 수 있는 경우를 규정하고 있다. 그러나 이러한 집행정지를 예외적으로 인정하면서 ① 그 요건에 불확정개념인 회복하기 어려운 또는 공공복리 등으로 규정하여 행정청의 자의에 맡겨 놓고 있다는 점, ② 공공복리에 중대한 영향을 미칠 우려가 있는 경우에는 집행정지를 인정하지 않아 지나치게 제한하였다는 점, ③ 이미 내린 집행정지결정도 취소할 수 있도록 하였다는 점에서 실질적으로 국민의 권익에 장애가 되는 경우가 많다고 한다.

(5) 청구인의 자료 요구권

행정심판법은 당사자의 대립구조를 취하면서 청구인의 자료 요구권을 인정하고 있지 않다는 점이다.

5. 행정심판의 성격

가. 행정처분의 성질

행정심판은 일정한 행정적 의사의 발현으로서 행정법관계의 분쟁을 규율하고 일정한 행정질서를 형성, 유지, 소멸시킴으로서 행정목적의 실현을 도모하는 행정작용에 해당한다. 따라서 행정심판의 재결은 행정처분의 성질을 가지며 행정행위가 갖는 일반적 성질인 공정력, 불가변력, 불가쟁력 등을 갖는다.

나. 이 중 성

행정심판은 행정행위로서의 성질과 준 사법작용으로서 판단작용으로서의 성질을 갖는다. 행정심판작용과 행정행위로서의 이중성 중에서 어느 편에 더 중점을 둘 것인가는 결국 입법정책문제라 하겠다. 우리 헌법은 '재판의 전심절차로서 행정심판을 할 수 있다. 행정심판의 절차는 법률로서 정하되, 사법절차가 준용되어야 한다'고 규정하고 있어 심판 작용으로서의 성격이 강조되고 있다.

Ⅱ. 행정심판의 종류

1. 행정심판제도의 유형

가. 대 륙 형

대륙형 행정심판은 행정청의 작용에 대한 개인의 권익구제제도로서의 의의를 가지면서도 행정의 합목적성 및 적법성을 행정권 스스로의 기관에 의하여 보장함으로써 행정목적을 효과적으로 달성하려는 행정의 자율적 통제내지 감독제도로서의 의의가 강조된 제도이다. 따라서 국민의 권리구제를 위한 판단 작용이라기보다는 원 처분을 상호 보완하는 제2차적인 행정행위로서의 성격을 강하게 가진다. 그 결과 ① 쟁송절차가 소송절차만큼 엄격하지 못하고, ② 서면심리 또는 구술심리를 취하며, ③ 직권주의가 원칙이고, ④ 심판기관의 독립이나 제3자적 지위의 요청도 없었다. 그러나 대륙형 행정심판도 세계 제2차 대전 이후에는 영 · 미의 예에 따라 행정심판의 권리구제기능을 높이기 위하여 행정심판사항의 확대 및 심리절차의 객관화 등을 위한 입법적 노력을 하였다.

나. 영 · 미형

영 · 미형의 행정심판은 사회 · 경제 상태가 변화됨에 따라 행정 분쟁에 대해 간섭 · 규제적 작용인 사법절차에 의해서 해결함이 적당하지 않게 되자 이를 대신하기 위해 발달된 제도로서 행정기관의 전문지식을 활용하여 행정상의 분쟁을 저렴하고 신속하게 해결함으로써 보다 실효성 있는 행정구제 제도를 확보하는 사법보완적 기능에 중점이 있는 것이었다. 그 결과 ① 심판기관은 각종 행정위원회로서 통상의 행정조직으로부터 독립성이 보장되고, ② 심리절차가 사법절차와 유사하고, ③ 증거조사 등에 관해 상세한 규정이 있고, ④ 그 사실인정에 종국성을 인정하는 등 국민의 권리를 절차적으로 보장하는 준사법적 절차의 성격을 갖는다.

2. 행정심판의 분류방법

가. 일반적 분류

행정심판의 종류를 분류할 때 일반적으로 쟁송의 목적에 따라 ① 주관적 쟁송과 객관적 쟁송, 쟁송단계에 따라, ② 시심적 쟁송과 복심적 쟁송, 분쟁의 전제여부에 따라, ③ 실질적 쟁송과 형식적 쟁송, 쟁송주체에 따라, ④ 민중쟁송과 기관쟁송, 형태에 따라, ⑤ 일반행정심판과 특별행정심판, 쟁송의 성질에 따라, ⑥ 항고심판과 당사자심판으로 분류한다.

〈쟁송성질에 의한 분류〉

1. 항고 행정심판

이미 시행된 행정처분의 위법 · 부당을 이유로 그 시정을 구하는 행정심판이다.

행정심판법에서는 행정심판, 개별법에서는 이의신청, 심사청구, 심판청구, 재심청구, 심사청구, 불복신청, 재결신청, 재조사청구 등으로 불리고 있다. 이들은 일괄하여 행정심판이라고도 한다. 모두 복심적 쟁송이다. 이들 행정심판에는 일반행정심판과 특별행정심판이 있다.

2. 당사자 행정심판

가. 의 의

당사자심판이란 공권력을 전제로 하지 않고 양 당사자의 대등한 입장에서 행정법관계의 형성 또는 존부에 관하여 다툼이 있는 경우, 일방당사자의 신청에 의하여 권한이 있는 행정기관이 재결을 구하는 행정심판으로 처음부터 소송절차로 행정청의 유권적 판단을 구하는 제도로 시심적 쟁송에 해당한다. 따라서 이는 이미 행하여진 행정처분의 위법 또는 부당을 이유로 그 시정을 구하는 항고심판과는 구별된다.

나. 법적근거

당사자심판에 있어서 재결신청에 대한 일반법은 없고 개별법에 근거가 존재한다. 그러나 재결의 신청도 행정기관에 심리, 판단의무를 부과하는 것이므로 법적 근거를 필요로 하는 바, 개별법에 근거가 없는 이상 재결신청은 불가능하다.

다. 재결기관

일반행정청이 되는 것이 보통이나 오늘날에는 재결의 신중 · 공정을 기하기 위하여 특별한 행정위원회를 설치하여 일정한 행정절차를 거치게 하는 경우가 많고, 또 일반행정청이 일정한 심의위원회 또는 조정위원회 등의 의결 또는 심의를 거치는 경우가 있다.

라. 재결의 종류 및 불복

재결에는 확인재결과 형성재결이 있고. 이에 대한 불복은 개별법에서 정한 불복기간 내에 행정소송(당사자소송을) 제기할 수 있다.

마. 민중행정심판과 기관행정심판

민중행정심판은 공익 또는 법규적용의 적정을 도모하기 위하여 선거인 등 일반국민 또는 주민 등이 제기하는 행정심판을 말하며 기관행정심판은 국가 또는 공공단체의 기관 상호간의 분쟁을 해결하기 위해 기관이 당사자가 되어 제기하는 행정심판을 말한다.

나. 우리 행정심판법상 분류

행정심판법 제5조는 ① 취소심판, ② 무효 등 확인심판, ③ 의무이행심판의 3종류를 인정하고 있다. 이들은 모두 항고행정심판에 속한다.

3. 취소심판

가. 의 의

취소심판은 행정청의 위법 또는 부당한 공권력 행사나 거부 그 밖에 이에 준하는 행정작용으로 인하여 권익을 침해당한 자가 그 취소 또는 변경을 구하는 행정심판이다(법 제4조 1항). 취소심판은 공정력 있는 처분의 효력을 다투는 것이므로 일정한 기간 내에 심판청구를 제기하여야 한다.

행정심판법은 행정심판 중 가장 대표적 유형인 취소심판을 중심으로 각 절차적 규정을 마련하고 있다.

나. 성 질

(1) 확인적 쟁송설

취소심판의 성질은 행정행위의 위법성 또는 부당성을 확인하는 확인적 쟁송으로 보는 견해가 있다.

(2) 형성적 쟁송설

취소심판은 일정한 법률관계를 성립시킨 행정행위의 효력을 다툼으로써 당해 행정행위의 취소 또는 변경을 통하여 그 법률관계를 소멸·변경시키는 형성적 쟁송으로 보는 견해가 있다.

(3) 통설 및 판례

형성적 쟁송으로 보는 견해가 통설·판례이다.

다. 종 류

(1) 각하 또는 기각

취소심판의 청구가 적법하지 않거나 이유 없다고 인정한 때에는 당해 심판청구를 각하(부적법) 또는 기각(이유 없음)하는 재결을 한다. 이는 다른 유형의 행정심판과 같다.

(2) 취소심판 인용

그러나 심판청구가 이유 있다고 인정한 때에는 그 심판청구를 인용하는 재결로서 그 심판청구의 대상이 된 처분을 취소변경 하거나(형성적 재결), 처분청에게 취소, 변경을 할 것을 명할 수도 있다(이행적 재결). 따라서 취소심판인용재결에는 ① 처분취소재결, ② 처분변경재결, ③ 처분취소명령재결, ④ 처분변경명령재결이 있게 된다. 변경재결은 단순히 일부취소재결 뿐만 아니라, 처분내용을 적극적으로 변경하는 재결도 가능하다. 다만 심판청구가 이유 있다고 인정하는 경우에도 이를 인용하는 것이 현저히 공익에 적합하지 않다고 인정할 때에는 그 심판청구를 기각하는 사정재결을 할 수 있다.

라. 취소심판의 특수성

취소심판에는 ① 심판청구기간의 제한(원처분이 있음을 안 날부터 90일, 처분이 있은날부터 180일 이내에 청구), ② 집행부정지원칙, ③ 집행정지 외에 임시처분제도 도입 등의 특수성을 가진다.

4. 무효 등 확인심판

가. 의 의

무효 등 확인심판이란 행정청의 처분의 효력 유무 또는 존재 여부에 대한 확인을 구하는 행정심판이다(법 제4조 2호). 무효 등 확인심판은 실제로 처분이 무효인지 취소할 수 있는 것인지를 식별한다는 것이 어렵고 처분으로서의 외형이 존재하거나 존재하는 것처럼 오인됨으로써 행정청에 의하여 집행될 우려도 있으며 또한 반대로 유효하게 존재하는 처분을 무효 또는 부존재라 하여 그것을 부인함으로써 상대방의 법률상의 이익을 침해할 수도 있기 때문이다. 무효등 확인심판에는 구체적으로 ① 무효확인심판, ② 유효확인심판, ③ 실요확인심판, ④ 존재확인심판, ⑤ 부존재확인심판이 포함된다.

나. 적용법규

무효 등 확인심판은 취소심판에서 인정되는 ① 청구기간(제18조 제7항), ② 사정재결에 관한 규정(제33조 제3항)이 적용되지 아니한다.

다. 성 질

무효 등 확인심판의 성질에 관하여는 아래와 같이 확인적 쟁송설, 형성적 쟁송설, 준형성적 쟁송설 등으로 각설이 나뉜다.

학 설	내 용
확인적 쟁송설	무효 등 확인심판은 적극적으로 처분의 효력을 소멸시키거나 발생시키는 것이 아니라 처분의 효력 유무나 존재 여부를 공적으로 확인, 선언하는데 그친다고 보는 견해이다.
형성적 쟁송설	무효와 취소의 상대화 이론을 전제로 무효등확인심판도 결국 행정권에 의한 작용의 효력관계를 다투는 것으로서 본질적으로 형성적 쟁송으로서의 성질도 갖는 것으로 본다.
준형성적 쟁송설	무효 등 확인심판은 실질적으로 확인적 쟁송이나 형식적으로는 처분의 효력 유무 등을 직접 소송의 대상으로 한다는 점에서 형성적 쟁송으로서의 성질도 갖는 것으로 본다. 준형성적 쟁송설이 현재의 통설적인 견해이다.

라. 효 력

무효 등 확인심판에 있어서 심판청구가 이유 있다고 인정하는 경우에는 심판청구의 대상이 되는 처분의 유효, 무효 또는 존재, 부존재를 확인하는 재결을 하므로 인용재결에는 ① 처분무효확인재결, ② 처분유효확인재결, ③ 처분실효확인재결, ④ 처분존재확인재결, ⑤ 처분부존재확인재결이 있다.

확인재결은 그 대상인 처분의 성질상 사인간의 법률관계를 확인의 대상으로 하는 것과는 달리 당해 행정심판의 당사자는 물론 제3자에게도 그 효력이 미친다고 할 것이다. 판례도 같은 입자이다(민사관계의 확인판결은 당해 소송당사자 및 관계인에게만 효력이 발생하는 점과 다르다).

5. 의무이행심판

가. 의 의

의무이행심판이란 당사자의 신청에 대한 행정청의 위법 또는 부당한 거부처분이나 부작위에 대하여 일정한 처분을 하도록 하는 행정심판을 말한다. 행정심판법은 행정소송과 달리 소극적인 행정작용으로 인한 국민의 권익침해에 대한 구제수단으로서의 의무이행심판을 규정하고 있다. 이는 행정심판기관이 처분청 또는 상급 감독청이므로 사법권의 권력분립상의 한계에서 자유로울 수 있기 때문이다.

나. 법적 성질

의무이행심판 성질에 관하여는 아래와 같이 이행쟁송설과 이행적 쟁송과 형성적 쟁송설로 나뉜다.

학 설	내 용
이행쟁송설	행정청에 대하여 일정한 처분을 할 것을 명하는 재결을 구하는 행정심판이므로 이행쟁송의 성질을 가진다고 한다(통설).
이행적 쟁송과 형성적 쟁송설	신청에 따른 처분을 하는 재결은 형성재결이고 처분할 것을 명하는 재결은 이행재결이라고 하여 이행적 쟁송과 형성적 쟁송의 성질을 갖는다고 한다(소수설).

다. 장래의 의무이행심판의 가부

학 설	내 용
통 설	의무이행심판은 당사자의 신청에 대하여 피청구인이 일정한 처분을 해야 할 법률상 의무의 이행기가 도래하면서 현실화된 경우에 그 이행의무의 존재를 주장하는 행정심판만이 가능하고 장래의 이행쟁송은 허용되지 않는다는 견해이다.
소수설	민사소송법 제229조의 미리 청구할 필요가 있을 경우에 장래의 의무이행심판이 가능하다는 견해이다.

라. 심판청구의 대상

의무이행시판청구의 대상은 행정청의 위법 또는 부당한 거부처분 및 부작위이다. 거부처분은 개인이 행정청에 대하여 일정한 처분을 신청한 경우 그 신청에 따른 처분을 거부하는 행위로서 소극적 행정행위의 하나이다. 의무이행심판의 대상으로서의 부작위란 행정청이 당사자의 신청에 대하여 일정한 기간 내에 일정한 처분을 하여야 할 법률상 의무가 있음에도 불구하고 이를 하지 아니하는 것을 말한다.

마. 심판청구의 제기

(1) 청 구 인

의무이행심판청구는 행정청의 거부처분, 또는 부작위에 대하여 일정한 처분을 구할 법률상 이익이 있는 자가 할 수 있다. 여기서의 법률상 이익이란 법률상 보호되는 이익으로 보는 것이 다수설의 입장이다.

(2) 심판청구기간

거부처분에 대한 의무이행심판은 거부처분이 있음을 안 날로부터 90일 이내에 제기하여야 하고 처분이 있은 날부터 180일 이내에 제기하여야 한다. 그러나 부작위에 대한 의무이행심판은 처분이 존재하지 아니하므로 그 성질에 비추어 청구기간의 제한이 배제된다.

(3) 문서제출

의무이행심판의 제기는 문서로서 재결청 또는 피청구인 행정청에 제출한다.

(4) 집행정지

의무이행심판의 경우에는 그 성질상 집행정지가 인정되지 않는다.

6. 재 결

가. 각하재결, 기각재결, 사정재결

위원회는 의무이행심판청구의 제기요건을 결한 경우에는 각하재결, 본안심리의 결과 이유없다고 인정되는 경우에는 기각재결, 심판청구가 이유가 있다고 인정되는 경우에도 처분을 취소, 변경시에 사정재결을 하게 된다.

나. 인용재결

위원회는 심판청구가 이유 있다고 인정할 때에는 지체 없이 신청에 따른 재결을 하는데 의무이행심판에서 재결은 재결시를 기준으로 내려진다.

(1) 처분재결

(가) 의 의

의무이행심판에서 위원회는 심판청구가 이유 있다고 인정할 때에는 지체 없이 신청에 따른 처분을 하는데 이를 처분재결이라 한다.

(나) 성 질

처분재결은 위원회가 스스로 처분을 하는 것이므로 형성재결이다.

(2) 처분명령재결

(가) 의 의

의무이행심판에서 위원회가 심판청구가 이유 있다고 인정하여 처분청에 처분할 것을 명하는 재결을 처분명령재결이라 한다. 처분명령재결에는 청구인의 신청대로 처분할 것을 명하는 ① 특정처분명령재결과 신청을 방치하지 말고 어떠한 처분이든 하도록 명하는, ② 일정처분명령재결로 구분된다.

(나) 성 질

처분명령재결은 처분청에게 처분을 명하는 재결이므로 이행재결이다.

(다) 처분이 재량행위인 경우

이행적 재결에서 주의할 것은 처분행위가 기속행위인 경우에는 청구인의 신청대로 처분을 할 것을 명하는 특정처분명령재결을 할 수 있지만, 재량행위인 경우에는 성질상 어떤 처분을 할 것을 명하는 일정처분명령재결을 할 수 있을 뿐이다.

(라) 직접처분권

처분명령재결의 경우에는 당해 행정청은 지체 없이 재결의 취지에 따라 원신청에 대한 처분을 할 의무를 진다. 이 경우 위원회는 당해 행정청이 처분을 하지 아니하는 때에는 당사자의 신청에 따라 그 기간을 정하여 서면으로 시정을 명하고 그 기간에 이행하지 아니하면 직접 처분을 할 수 있다고 하여 보충적으로 위원회의 직접처분권을 인정하였다.

다. 재결에 대한 불복

심판청구에 대해 재결이 있는 경우에는 당해 재결 및 동일한 처분 또는 부작위에 대하여 다시 심판청구를 제기할 수 없고(행정심판법 제39조), 다만 거부처분에 대해서는 부작위 위법확인소송 또는 재결자체에 고유한 위법이 있으면 재결소송(행정심판법 제19조 단서)으로 다툴 수 있다.

Ⅲ. 행정심판의 대상

1. 행정심판 대상에 관한 입법주의

가. 개괄주의

행정심판대상을 개별화하여 제한하지 아니하고 하자있는 행정행위를 모두 일반적으로 행정심판사항으로 인정하는 주의이다. 남용의 가능성과 운영상의 어려움이 있다.

나. 열기주의

행정심판대상을 개별화하여 열기하고 그 열기된 사항만을 행정심판사항으로 인정하는 주의이다. 개괄주의는 사법제도 국가에서, 열기주의는 행정제도국가에서 채택한 바 있으나, 제2차 세계대전 이후에는 개괄주의를 채택하는 것이 일반적 경향이다.

다. 우리행정심판법의 개괄주의 채택

행정심판법 제1조 제1항은 행정청의 처분 또는 부작위에 대하여 다른 법률에 특별한 규정이 있는 경우를 제외하고는 이 법에 의하여 행정심판을 제기할 수 있다고 규정하여 모든 처분 또는 부작위에 대하여 행정심판을 제기할 수 있는 개괄주의를 채택하고 있다.

행정심판의 대상

운전면허 정지나 취소처분 | 면허자격 정지 또는 취소처분 | 영업정지처분, 과징금 부과 | 각종 국가시험 불합격 처분 | 정보공개 거부처분 | 학교폭력 재심결정

2. 행 정 청

가. 의 의

행정청이란 처분 또는 부작위를 할 수 있는 권한을 가진 행정기관을 말하는데 행정청에는 행정조직법적 의미의 행정관청뿐만 아니라 널리 국가 또는 지방자치단체의 행정에 관한 의사를 외부에 결정, 표시할 수 있는 권한을 가진 행정기관이 모두 포함된다. 따라서 공기업 및 공공시설기관도 그 권한의 범위 내에서는 행정청이 될 수 있다. 예를 들어 한국토지공사는 공공용지의 취득 및 손실보상에 관한 특례법에 따라 실시하는 이주대책 대상자선정행위에서 행정청의 지위를 가진다. 또한 법원이나 국회도 행정처분을 하는 범위 내에서는 행정청에 포함된다. 예를 들어 국회 또는 법원의 직원에 대한 징계, 법원장의 법무사합동법인설립인가 등에 있어서는 법원이나 국회도 행정청의 지위를 가지는 것이다.

> 행정청이라 함은 국가 또는 공공단체에 관한 의사를 결정, 표시할 수 있는 권한을 가진 행정기관을 말하는데 세종대학교총장은 사립대학교 총장으로 행정청이 아니므로 행정청이 공권력의 주체로서 행하는 공법상 행위가 아니므로 이 건 심판청구는 행정심판의 대상이 아닌 사항을 대상으로 하여 제기 된 부적법한 청구라 할 것이다(국행심01-4139).

나. 권한 위임 등에 의한 행정청

(1) 권한의 위임

권한의 위임이란 행정청이 그 권한의 일부를 하급행정청 또는 보조기관이나 지방자치단체의 장에게 이전하여 수임자의 권한으로 행사하도록 하는 것을 말하는데 권한의 위임에 있어서는 그 권한의 위임의 범위 내에서 당해 권한은 수임기관의 것이 되며 수임기관은 그것을 자기의 권한으로서 그의 명의와 책임으로 행사하게 되는 것이므로 수임기관은 그 수임권한에 관한 행정청이 된다.

(2) 권한의 위탁

권한의 위탁이란 행정청이 그 권한의 일부를 그의 보조기관이나 하급행정청이 아닌 다른 행정기관의 장에게 이전하여 수탁자의 권한으로 행사하도록 하는 것을 말하는데 민간위탁이란 행정사무의 수탁자가 행정기관이 아닌 공공법인, 단체 또는 그 기관이나 사인이 되는 것을 말한다. 이러한 권한의 위탁을 받은 행정기관, 공공단체 및 사인의 처분, 부작위도 행정심판의 대상이 된다. 행정심판법은 해석상 의문을 없애기 위하여 이법을 적용함에 있어서 행정청에는 법령에 의하여 '행정권한의 위임 또는 위탁을 받은 행정기관, 공공단체 및 그 기관 또는 사인이 포함된다.'라고 명시하고 있다.

다. 권한을 승계한 행정청

행정심판에 있어서의 행정청은 당해 처분 또는 부작위를 한 행정청을 가리키는 것이 원칙이나 처분이나 부작위가 있은 뒤에 그 처분이나 부작위에 관한 권한이 다른 행정청에 승계된 때에는 새로이 그 권한을 승계한 행정청이 처분청 또는 부작위청이 된다(법 제17조 제1항).

3. 처 분

가. 의 의

처분이란 행정청이 행하는 구체적 사실에 관한 법집행으로서의 공권력의 행사 또는 그 거부, 그 밖에 이에 준하는 행정작용을 말한다(법 제2조 제1항).

나. 처분의 요소

처분은 ① 공권력 발동으로서의 행위(공권력성), ② 국민에 대하여 권리설정 또는 의무의 부담을 명하며, 기타 법률상의 효과를 발생하게 하는 행위(법적 효과성), ③ 국민의 권리의무에 직접 관계가 있는 행위 즉 행정의사를 구체화하기 위한 일련의 행정과정을 구성하는 행위 중에서 최종적으로 직접적 효과를 발생시키는 행위이고 당해 행위에 의하여 일반적, 추상적인 법상태의 변동이 있는 것만으로는 부족하다는 것(분쟁의 성숙성)을 요소로 들고 있다.

다. 처분의 구체적 내용

(1) 공권력의 행사

(가) 의 의

구체적 사실에 대한 법집행으로서의 공권력행사란 행정청에 의한 공법행위 내지 우월한 일반적의사의 발동으로 행하는 단독행위를 말한다. 따라서 행정청이 상대방과 대등한 지위에서 하는 공법상계약이나, 행정입법, 공법상합동행위, 행정청의 사법상행위, 대외적으로 아무런 법적효과도 발생하지 않는 내부적 행위, 알선 · 권유 · 장려 · 권장 등 행정지도나 단순한 사실행위 등은 처분적 행위에 해당하지 않는다.

(나) 처분적 법규 및 권력적 사실행위

그러나 용도지역변경행위나 개별지가 고시 또는 도시관리계획 결정으로 인하여 특정인의 권리의무에 직접 관계 되는 행정계획, 그리고 일반적 · 구체적 규율인 일반처분, 또는 다른 집행행위를 기다릴 것 없이 직접 그 자체로서 개인의 권익을 침해하는 결과를 발생케 하는 처분적 법규 및 권력적 사실행위는 행정심판의 대상인 공권력행위에 해당한다.

> 국유재산법 제51조 제1항은 국유재산의 무단점유자에 대하여는 변상금부과처분은 순전히 사경제주체로서 행하는 사법상의 법률행위라 할 수 없고 이는 관리청이 공권력을 가진 우월적 지위에서 행한 것으로서 행정소송의 대상이 되는 행정처분이라고 보아야 한다(대법원 1988. 2. 23. 선고 87누1047 판결).
>
> 적법한 청원에 대하여 국가기관이 이를 수리, 심사하여 그 결과를 청원인에게 통보하였다면 이로서 당해 국가기관은 헌법 및 청원법상의 의무이행을 다한 것이고 그 통보 자체에 의하여 청구인의 권리의무나 법률관계가 직접 무슨 영향을 받는 것은 아니므로 비록 그 통보 내용이 청원인이 기대하는 바에는 미치지 못한다고 하더라도 그러한 통보조치가 헌법소원의 대상이 되는 구체적인 공권력의 행사 내지 불행사라고볼 수는 없다(헌법재판소 2000. 10. 25. 선고 99헌마458 결정).

(2) 거부처분

(가) 의 의

거부처분은 현재의 법률상태를 변동시키지 않는 의사의 표현으로서 소극적 공권력 행사를 말한다. 소극적 행정행위로서 일정한 적극적 행정행위의 신청이 있는 경우에 그 신청에 따르는 처분을 할 것을 거부하는 내용의 행정행위이다. 거부처분은 신청에 대한 명시적 기각결정은 물론이고, 신청에 대하여 일정기간 내에 처분을 하지 않으면 이를 거부처분으로 본다고 규정하고 있는 경우, 즉 '간주거부'도 이에 포함한다(예를 들어 공공기관의 정보공개에 관한 법률 제9조 제4항). 행정청의 부작위와 구별된다.

(나) 처분성 여부

국민의 신청에 대한 행정청의 거부처분이 행정심판의 대상이 되는 행정처분이 되기 위해서는 국민이 행정청에 대하여 그 신청에 따른 행정행위를 해줄 것을 요구할 수 있는 법규상 또는 조리상의 권리가 있어야 한다. 국민이 법령의 규정에 의하여 수익적 처분을 요구하는 경우에 행정청이 신청내용의 당부를 판단하여 신청을 거부하는 처분은 신청자의 권리 이익을 침해하는 것이므로 처분성이 인정된다. 또한 신청내용의 당부를 판단함이 없이 신청절차, 형식 등의 불비를 이유로 신청을 거부하는 절차적 거부처분에 대해서도 행정청의 심사행위를 요구하는 절차적인 신청권이 있는데 불과하지만 그 거부는 신청자의 절차적 이익을 침해하는 것이므로 처분성이 인정된다.

(다) 성립시기

거부처분은 행정청이 국민의 처분신청에 대하여 거절의 의사표시를 함으로써 성립되고 그 이후 동일한 내용의 신청에 대하여 다시 거절의 의사표시를 명백히 한 경우에는 새로이 처분이 있는 것으로 보아야 할 것이며, 이 경우 행정심판 및 행정소송의 제기기간은 각 처분을 기준으로 진행된다.

(3) 그 밖에 이에 준하는 행정작용

이는 행정작용 중 공권력 행위 작용 또는 거부처분에 해당하지 아니하면서 개인의 권익에 구체적으로 영향을 미치는 행정청의 대외적작용으로 행정구제의 필요성이 인식되는 포괄적 개념이다. 주로 취소심판 및 취소소송의 구제기능의 확대를 중시하여 일정한 행정작용이 엄격한 의미에서 공권력 행사로서의 실체를 갖추지 아니한 것이라고 하더라도 그에 대한 다른 실효적 구제수단이 없는 경우에는 당해 행정작용을 공권력 행사에 준하는 작용으로 보아 그에 대하여는 행정심판의 대상으로 인정하는 것을 말한다. 여기에는 법령이지만 처분적 성질을 갖는 처분적 법령, 권력적 사실행위도 포함된다.

(가) 처분적 법령

행정입법은 구체적 사실에 관한 법 집행행위가 아니므로 처분에 해당되지 않지만 다른 행정행위를 기다릴 필요 없이 법규명령 그 자체로서 직접 개인의 권익을 침해하는 효과를 발생시키는 경우에는 그 법규명령, 처분적 법령은 처분으로서 행정쟁송의 대상이 된다.

> 행정청의 위법한 처분 등의 취소 또는 변경을 구하는 취소소송의 대상이 될 수 있는 것은 구체적인 권리의무에 관한 분쟁이어야 하고 일반적, 추상적인 법령이나 규칙 등은 그 자체로서 국민의 구체적인 권리의무에 직접적 변동을 초래케 하는 것이 아니므로 그 대상이 될 수 없다(대법원 1992. 3. 10. 선고 91누12639 판결).

(나) 일반처분, 고시

1) 일반처분

일반처분은 구체적인 사실에 관하여 불특정 다수인을 대상으로 하는 하나의 구체적인 명령을 내용으로 하는 것으로 법의 집행이라는 점에서 행정행위의 일종이라고 할 수 있다. 일반처분의 예로는 도로통행금지, 입산금지, 도로의 공용개시 및 공용폐지 등을 들 수 있다. 일반처분의 내용이 행정청의 우월적인 의사의 발동을 내포하고 있고 또한 대외적으로 영향력을 가진 최종적인 국가의사의 표시행위이기만 하면 그 형식이 일반처분 내지는 법령형식의 행위일지라도 취소송의 대상으로서의 적격성이 인정된다.

2) **고 시**

고시는 행정청이 그가 결정한 사항 기타 일정한 사항을 일반에게 알리는 것인데, 원칙적으로 일반국민을 구속하는 것은 아니므로 행정심판의 대상이 되지 않는다. 그러나 고시의 형식으로 일반처분의 성질을 가진 행위가 있을 경우에는 행정심판의 대상이 될 수 있을 것이다.

(다) **행정계획**

1) **의 의**

행정계획은 특정한 행정목적의 달성을 실현하기 위해 미래에 있게 될 행위에 대한 체계적인 사전준비과정을 거쳐 나타나는 산물로서 행정활동의 기준을 의미한다.

2) **구속적 행정계획**

대부분의 행정계획은 행정기관의 구상 또는 행정의 지침에 불과하며 대외적으로 국민에 하여 혹은 대내적으로 행정기관에 대하여 법적구속력을 갖지 않는다. 다만 행정행위의 성격을 띠어 법적구속력을 갖는 것이 있는 바 이를 구속적 행정계획이라 한다. 이러한 구속적 행정계획의 수립에 대해서는 처분성을 인정하여 행정쟁송을 할 수 있게 하고 있다. 그러나 도시계획과 같은 구속적 행정계획이 일단 확정된 후에는 장기성, 종합성이 요구되는 행정계획의 성질상 국민에게 일일이 그 계획의 변경을 청구할 권리를 인정해 줄 순 없고 따라서 이미 확정된 도시계획등과 같은 행정계획을 변경해 달라는 신청은 이를 법규상 조리 상의 권리로서 인정할 수 없다고 하여 이를 변경 내지 폐지해 달라는 청구는 행정쟁송의 대상으로 인정하지 않고 있다.

> 토지구획정리사업법 제57조 제62조 등의 규정상 환지예정지 지정이나 환지처분은 그에 의하여 직접 토지소유자 등의 권리의무가 변동되므로 이를 항고소송의 대상이 되는 처분이라고 볼 수 있으나 환지계획은 이와 같은 환지 예정지 지정이나 환지처분의 근거가 될 뿐 그 자체가 직접 토지소유자 등의 법률상의 지위를 변동시키거나 또는 환지예정지 지정이나 환지처분과는 다른 고유한 법률효과를 수반하는 것이 아니어서 이를 항고소송의 대상이 되는 처분에 해당한다고 할 수 없다(대법원 1999. 8. 20. 선고 97누6889 판결).

(라) 사실행위

1) 의 의

사실행위란 일정한 법률효과의 발생을 목적으로 하는 것이 아니라 직접적으로 사실상의 결과만을 가져오는 행정주체의 행위형식의 전체를 말하며 원칙적으로 행정심판의 대상이 되지 아니한다. 공공시설(도로, 공공건물)등의 설치 유지행위, 예방접종행위, 행정조사, 보고, 경고, 행정지도, 관용차의 운전 등이 이에 해당된다.

2) 권력적 사실행위

그러나 대집행실행행위, 전염병환장의 강제격리, 위법한 관세물품의 영치행위 등은 권력적 사실행위로서 처분성이 인정되므로 행정상 쟁송이 가능하다. 권력적 사실행위는 실제에 있어서는 단기간 내에 행위가 완료되는 경우가 많으므로 행정상 쟁송이 사실상 불가능한 경우가 많다. 그러나 계속적인 권력적 사실행위의 경우에는 행정상 쟁송이 가능하며 계속성이 없는 사실행위라도 집행정지결정을 위한 행정상 쟁송은 가능하다 할 것이다. 행정심판법에는 행정청의 사실행위에 대한 행정심판을 인정하는 명문규정이 없다.

이 건에 있어서 피청구인이 당산철교를 철거하기로 결정한 행위는 일종의 사실행위에 불과한 것으로서 청구인이나 기타 이해관계인들의 권리의무 내지는 법률상의 지위에 직접적인 변동을 가져오는 행정처분이라고는 할 수 없다(국행심 1997. 5. 16. 의결 97-2029).

4. 부 작 위

가. 의 의

부작위란 행정청이 당사자의 신청에 대하여 상당한 기간 내에 일정한 처분을 하여야 할 법률상의무가 있는데도 처분을 하지 아니하는 것을 말한다. 즉 부작위가 성립하기 위해서는 적법한 신청의 존재, 상당한 기간의 경과, 처분하여야 할 의무의 존재, 아무런 처분도 하지 않을 것이 있어야 한다.

나. 부작위의 성립요건

(1) 당사자의 적법한 신청의 존재

(가) 행정청의 부작위가 성립되기 위해서는 먼저 당사자의 적법한 신청이 있어야 한다. 적법한 신청이 존재해야 하므로 '신청'에는 신청권이 법령에 명문으로 규정한 경우뿐만 아니

라, 법해석상 특정인에게 신청이 인정되는 경우도 포함된다. 그러므로 쌍방적 행정행위나 특히 제3자효행정행위(복효적 행정행위)에서 중요한 의미를 갖는다.

(나) 예컨대 일정한 건축물을 건축 하고자 하는 경우에는 건축허가를 받아야 한다는 건축법 제8조의 규정은 해석상 건축허가신청권의 근거가 된다. 그러나 단순히 행정청의 직권발동을 촉구하는 당사자의 신청 예를 들어 독점규제 및 공정거래에 관한 법률 제49조 제2항의 규정에 의한 공정거래위원회에 대한 위반행위의 신고 등은 이에 해당되지 아니한다. 또한 오로지 행정청의 판단에 따라 그의 책임아래 이루어지는 일방적 행정행위(예를 들어 대집행을 할 것인지의 여부 또는 도시계획결정을 할 것인지의 여부 등)에 대하여는 설혹 그에 대한 신청이 있더라도 그것은 법령에 의거한 적법한 신청이라고는 할 수 없다.

(2) 상당한 기간이 경과

(가) 부작위가 성립되기 위해서는 당사자의 신청이 있은 후 행정청이 상당한 기간이 지나도록 아무런 처분을 하지 아니하여야 한다. 상당한 기간이란 사회통념상 당해 신청에 대한 처분을 하는데 필요한 것으로 인정되는 기간을 말한다. 응답행위가 지연되는데 대하여 객관적인 정당한 이유가 있으면 이를 참작해야 하지만, 사무량 폭주나 인력부족, 처분결정과 무관한 타사고려를 위한 시일경과는 참작사유가 될 수 없다.

(나) 민원사무처리에 관한 법률 제9조에서 민원인의 편의를 위하여 법령, 훈령, 예규, 고시 등에 규정되어 있는 민원사항의 처리기간, 구비서류, 처리절차, 신청방법 등에 관한 사항을 종합한 민원사무처리기준표의 처리기간은 상당한 기간을 판정하는 일응의 기준이 될 수 있을 것이다. 부작위에 대한 의무이행심판을 인정한 현행법 제도하에서는 이들 법정처리기간이 경과된 후에는 특별한 사정이 없는 한 원칙적으로 위법한 부작위가 성립한다고 해야 할 것이다.

(3) 행정청에 일정한 처분을 해야 할 법률상 의무의 존재

(가) 처분을 해야 할 법률상 의무

① 법령이 일정요건을 갖춘 때에는 일정한 처분을 할 것을 명하는 뜻의 명문규정이 있는 경우, ② 법령의 취지나 당해 처분의 성질로 보아 기속행위에 해당하는 경우, ③ 재량권이 영으로 수축되는 경우도 포함된다.

(나) 의무의 존재

처분을 해야 할 법률상 의무란 처분행위의 성질이 기속적인가 재량적인가를 불문하고 상당

한 기간 내에 인용 또는 처분을 내려야 할 의무만 존재하면 충분하다고 본다. 이렇게 해석해야만 재량행위의 부작위에 대하여 가부간에 조속히 어떤 처분을 내려 달라는 취지의 의무이행심판이 인정되는 것을 올바르게 설명할 수 있게 된다. 따라서 처분을 할 의무를 신청에 대하여 적극적인 인용처분을 할 의무, 즉 기속의무로 해석하여서는 아니 된다. 그러나 일정한 처분을 할 것인지 여부가 오로지 행정청의 판단에 맡겨져 있거나 행정청에게 어떠한 처분을 할 수 있는 권한이 있을 뿐 의무는 없는 재량행위의 경우(예를 들어 행정대집행, 도시계획결정)에는 부작위가 성립되지 아니한다.

(4) 처분의 부존재

(가) 처 분

적극적, 소극적 처분을 불문하고 부작위는 행정청이 어떠한 처분도 하지 않는 상태를 말한다.

(나) 부 존 재

따라서 처분이 존재하지 아니한다 함은 인용처분 또는 거부처분이 있었다고 볼만한 행위자체가 외부적으로 없는 것을 말한다. 처분의 부존재와 구별하여야 할 것으로 처분의 무효와 의제거부(간주거부)가 있다 즉 처분이 무효인 경우에는 처분은 당초부터 당연히 효력이 없는 것이기는 하지만 처분은 일단 행하여졌고 행위의 외관은 존재한다고 할 것이기 때문에 부작위와 구별된다. 또한 의제거부(사실상으로는 아무런 처분도 존재하지 아니하는 부작위인 때에도 법령이 일정한 상태에서의 부작위를 거부처분으로 의제한 경우)는 법적으로 거부처분이라는 소극적 처분이 있는 것으로 되므로 부작위가 성립되지 아니한다. 따라서 ① 협의의 행정행위의 부존재, ② 무효인행정행위, ③ 거부처분 및 부작위를 거부처분으로 의제한 때(간주거부)에는 부작위가 아니다.

> 토지구획정리사업법 제40조 제1항은 사업시행자에게 필요한 겨우 건축물 등을 이전하거나 제거할 수 있는 권능을 부여한 규정에 지나지 아니할 뿐 사업시행자에게 그러한 의무가 있음을 규정한 것은 아니므로 이 규정을 들어 제자리 환지처분을 받은 토지소유자에게 사업시행자로 하여금 종전 토지위의 건축물 등에 대한 이전 또는 처분철거를 이행하도록 요구할 수 있는 신청권이 있다고 볼 수 없고 따라서 사업시행자가 토지소유자의 위와 같은 신청을 받아들이지 아니하였다고 하여 항고소송의 대상인 위법한 부작위에 해당한다고 할 수 없는 것이다(대법원 1990. 5. 25. 선고 89누5768 판결).

5. 처분 또는 부작위가 위법 또는 부당

행정청의 처분 또는 부작위가 「위법 또는 부당」한 것이어야 행정심판을 제기할 수 있다. 여기서 '위법'이란 근거법규 위반뿐만 아니라 행정의 일반법원칙 내지 조리에 위반한 경우를 포함하며, 재량권 일탈 · 남용의 경우에도 위법이 된다. 행정소송은 권력분립상 오직 위법한 처분만을 대상으로 하지만, 행정심판은 같은 행정부 내의 상급감독청이 행하는 자기 통제적 심판이므로 행정행위의 합법성이 아닌 '합목적성'까지 심판할 수 있도록 한 것이다. 타당성 · 합목적성까지 심판할 수 있다는 점에서 행정소송에 대한 행정심판의 제도적 가치도 여기에서 찾을 수 있을 것이다.

6. 심판청구에서 제외되는 내용

가. 대통령의 처분이나 부작위

대통령의 처분이나 부작위에 대하여는 다른 법률에서 행정심판을 청구할 수 있도록 정한 경우 외에는 행정심판을 청구할 수 없다(법 제3조 제2항). 이는 대통령의 처분과 부작위는 대통령이 행정부의 수반인 점을 감안하여 다른 법률에 특별규정이 있는 경우를 제외하고는 행정심판의 실익이 없다고 보아 직접 행정소송을 제기하도록 하였다.

나. 행정심판의 재결

심판청구에 대한 재결이 있으면 그 재결 및 같은 처분 또는 부작위에 대하여 다시 행정심판을 청구할 수 없다고 하여 행정심판재청구의 금지를 규정하고 있다(법 제39조).

행정심판의 재결에 대한 불복이 있는 경우에는 원처분의 위법을 이유로 원처분의 취소 · 변경 청구소송을 제기하거나, 재결자체의 위법을 이유로 직접 재결취소소송을 제기해야 한다. 따라서 종전에 있었던 심판청구에 대한 재결에 대하여 다시 심판청구가 제기된 경우에는 이 심판청구는 부적법한 심판청구로서 각하된다.

다. 다른 법률에 의한 절차

다른 법률에서 특별한 불복절차를 규정하고 있는 경우 예를 들어 통고처분, 검사의 불기소처분, 공무원에 대한 징계처분, 특허처분 등 행정구제에 관하여 특별규정이 있는 처분은 행정심판대상이 되지 않는 예외사항이다(법 제3조 제1항).

제 3 장 행정소송과 행정심판

Ⅰ. 행정소송의 의의

행정소송이라 함은 법원이 공법상의 법률관계에 관한 분쟁에 대하여 행하는 재판절차를 말한다. 공법상의 법률관계에 관한 소송이라는 점에서 국가 형벌권의 발동에 관한 소송인 형사소송이나, 사법상의 법률관계에 관한 다툼을 심판하는 민사소송과 구별되고, 독립된 재판기관인 법원에 의한 재판이라는 점에서 행정기관이 하는 행정심판과는 구별된다. 이를 분설하면 다음과 같다.

1. '법원'이 사법의 일환으로 행하는 재판

행정소송은 재판인 점에서 사법작용이지 행정작용은 아니다. 행정소송은 사법작용인 점에서 일반 행정작용과는 본질적으로 성격을 달리한다. 그러나 행정소송도 재판작용이므로, 이런 의미의 소송인 점에서는 민사소송이나 형사소송과 그 본질을 달리하는 것은 아니다.

2. '행정사건'에 관한 재판

행정사건이란 민사사건에 대한 개념으로서 행정법규, 즉 공법법규의 적용에 관한 소송사건을 의미한다. 민사소송은 사법상의 권리관계에 관한 분쟁을 해결하기 위한 소송절차이고, 형사소송은 국가의 형벌권의 발동을 위한 소송절차이다. 다만 행정사건과 민사사건의 구별 및 한계가 분명치 않은 경우가 있는데, 이것은 공법과 사법의 구별 및 한계가 명료하지 않은 데에 기인하는 것으로 구체적으로 소송물의 성질에 의해 판단하는 수밖에 없다.

3. '정식소송절차'에 의한 재판

정식의 소송절차로서의 행정소송의 특색은, ① 소송당사자 또는 이해관계인의 권익보호를 위하여 대심구조를 취하는 점, ② 심리절차의 원칙적인 공개, ③ 당사자 등에게 구술변론의 권리가 보장되는 점, ④ 법정절차에 의한 증거조사, ⑤ 판결에 대한 특별한 효력이 인정되는 점 등에 나타난다.

[서식 1] 영업보상금 지급청구의 소

소 장

원 고 1. ○○○ (주민등록번호)
서울시 ○○구 ○○동 ○-○
(전화 000-000, 팩스 000-000)
2. ○○○ (주민등록번호)
서울시 ○○구 ○○동 ○-○
(전화 000-000, 팩스 000-000)

피 고 서울특별시 ○○구청장

영업보상금 지급청구

청 구 취 지

1. 피고는 원고 ○○○에게 영업보상금 0,000,000원, 원고 ○○○에게 건물보상금 0,000만원, 원고 ○○○에게 건물보상금 0,000만원 및 위 각 금원에 대하여 이 사건 소장 부본 송달 다음날로부터 이 사건 판결 선고일까지는 연 5%, 그 다음 날로부터 다 갚은 날까지는 연 20%의 각 비율로 계산한 각 돈을 지급하라.
2. 소송비용은 모두 피고의 부담으로 한다.
3. 제1항은 가집행 할 수 있다.

라는 판결을 구합니다.

청 구 원 인

1. 이 사건 수용의 경위

가. 실시계획의 인가 및 고시
- 도시계획사업(경부 제○철도변 녹지조성공사)
- 20○○년 ○월 ○일 동작구 고시 제0000-000호

나. 원고들의 건물 및 영업보상에 대한 피고의 수용거부에 대해 20○○년 ○월 ○일 인원제기
- 질의회신 : 재수용 거부(20○○년 ○월 ○일)
- 피고의 건물보상 거부 및 영업보상 거부에 대한 이의신청서 접수거부
- 근거법령 : 공익사업을 위한 토지등의취득및보상에관한법률 제58조, 제33조 내지 제35조, 제47조

2. 가. 원고 ○○○과 원고 ○○○은 부부지간입니다.

나. 원고들이 20○○년 ○월 ○일경 피고에게 건물 및 영업보상을 해달라는 작위의무의 이행을 구하는 취지의 질의를 하였으나 피고는 보상을 할 수 없다는 회신을 하여 원고가 이의신청서를 제출하려 하자 접수조차 거절하였습니다. 위와 같이 원고들의 위 신청에 대한 피고의 부작위(건물 및 영업보상)가 계속되고 있는 한 위 부작위에 대한 소송은 시효가 중단되었다 할 것입니다(대법원 1990. 5. 25. 선고 89누5768 판결).

3. **불복의 사유 및 범위**

가. 원고 ○○○의 건물보상범위

피고가 원고 ○○○ 소유의 별지 건물이 무허가라 하여 수용을 거절하는 것은 합리적인 행정행위가 아니어서 위법·부당하다 할 것이고, 재량권을 일탈한 행위라 할 것입니다. 원고 ○○○은 이 사건 건물(20○○년 ○월 초 - 20○○년 ○월 말까지 신축공사)을 20○○년 ○월 ○일 매수하였으므로 이에 대하여 감정을 통하여 그 보상금액을 확정하도록 하고, 우선 0,000만원을 청구하도록 하겠습니다.

나. 원고 ○○○ 영업보상범위

원고 ○○○은 이 사건 건물신축기간 중인 ○○○○년 ○월 초부터 ○○○○년 ○월 말까지 이 사건 건물 안에서 프레스 금형작업을 계속 해왔음에도 피고는 원고 ○○○이 건물공사 당시 이사 갔다 왔다는 핑계를 대며 영업보상의 지급을 거절하고 있으나 이은 사실이 아닙니다. 이 사건 건물은 구 건물을 그대로 둔 채 외부골조 및 외벽공사를 한 후 구 건물을 조금씩 철거하는 방식을 채택하였기 때문에 불편하기는 하였어도 구 건물 안에서 작업을 할 수 있었는데 피고는 이러한 사실을 부인하였습니다. 따라서 원고 ○○○은 이에 대하여 증인을 세워 입증하도록 하겠습니다.

원고 ○○○의 영업보상금은 별지 계산과 같이 금 00,000,000원(20○○년 수익계산 000,000,000원 ÷ 12 × 3)이므로 피고는 이를 영업보상금으로 지급하여야 할 것입니다.

다. 피고가 원고 ○○○ 소유의 별지 건물을 무허가라고 하여 수용을 거절하는 것은 합리적인 행정행위가 아니어서, 위법, 부당하다 할 것이고, 재량권을 일탈한 행위라 할 것입니다. 원고 ○○○은 20○○년 이 사건 건물을 0,000만원 정도에 신축비용이 들었으므로 이에 대하여 감정을 통하여 그 보상금액을 확정하도록 하고, 우선 0,000만원을 청구하도록 하겠습니다.

4. **결 론**

위와 같은 사유로 원고들은 청구취지와 같은 판결을 받기 위하여 본 소송을 제기하기에 이른 것입니다.

입 증 방 법

1. 갑 제1호증의 1 재결서(원고 ○○○ 명의)

1. 갑 제1호증의 2 이의재결서(원고 ○○○ 명의)
1. 갑 제2호증의 1 질의서
1. 갑 제2호증의 2 질의회신

첨 부 서 류

1. 위 각 입증방법 각 1부
2. 송달료 납부서
3. 소장부본

20○○. ○. ○.

위 원고 ○ ○ ○ (날인 또는 서명)

서울행정법원 귀중

Ⅱ. 행정소송(항고소송)의 특수성

행정소송은 일반 사인 간의 권리의무관계를 심판대상으로 하는 민사소송과 달리 기본적으로 공익 실현을 목적으로 하는 공권력행사를 심판대상으로 하고 있다는 점에서 일반 민사소송에 대하여 약간의 특수성이 인정되고 있다.

우리 행정소송법(제8조)도 "① 행정소송에 대하여는 다른 법률에 특별한 규정이 있는 경우를 제외하고는 이 법이 정하는 바에 의한다. ② 행정소송에 관하여 이 법에 특별한 규정이 없는 사항에 대하여는 법원조직법과 민사소송법의 규정을 준용한다"고 함으로써 동법이 민사소송법에 대한 특별법임을 선언하고 있다.

1. 예외적 · 임의적 행정심판전치주의

행정심판전치주의란 행정소송을 제기하기 전에 원칙적으로 행정심판을 먼저 제기하고 그 재결을 거친 후에 행정소송을 제기하도록 하는 제도를 말한다. 행정소송법은 "취소소송은 법령의 규정에 의하여 당해 처분에 대한 행정심판을 제기할 수 있는 경우에도 이를 거치지 아니할 수 있다. 다만, 다른 법률에 당해 처분에 대한 행정심판의 재결을 거치지 아니하면 취소소송을 제기할 수 없다는 규정이 있는 때에는 그러하지 아니하다(제18조)라고 규정하여 과거의 필요적 행정심판전치주의를 대폭 완화하여 다른 법률에 전치주의를 규정하고 있을 때에만 예외적으로 행정심판전치주의를 적용한다는 의미에서 예외적 · 임의적 행정심판전치주의로 변경하였다.

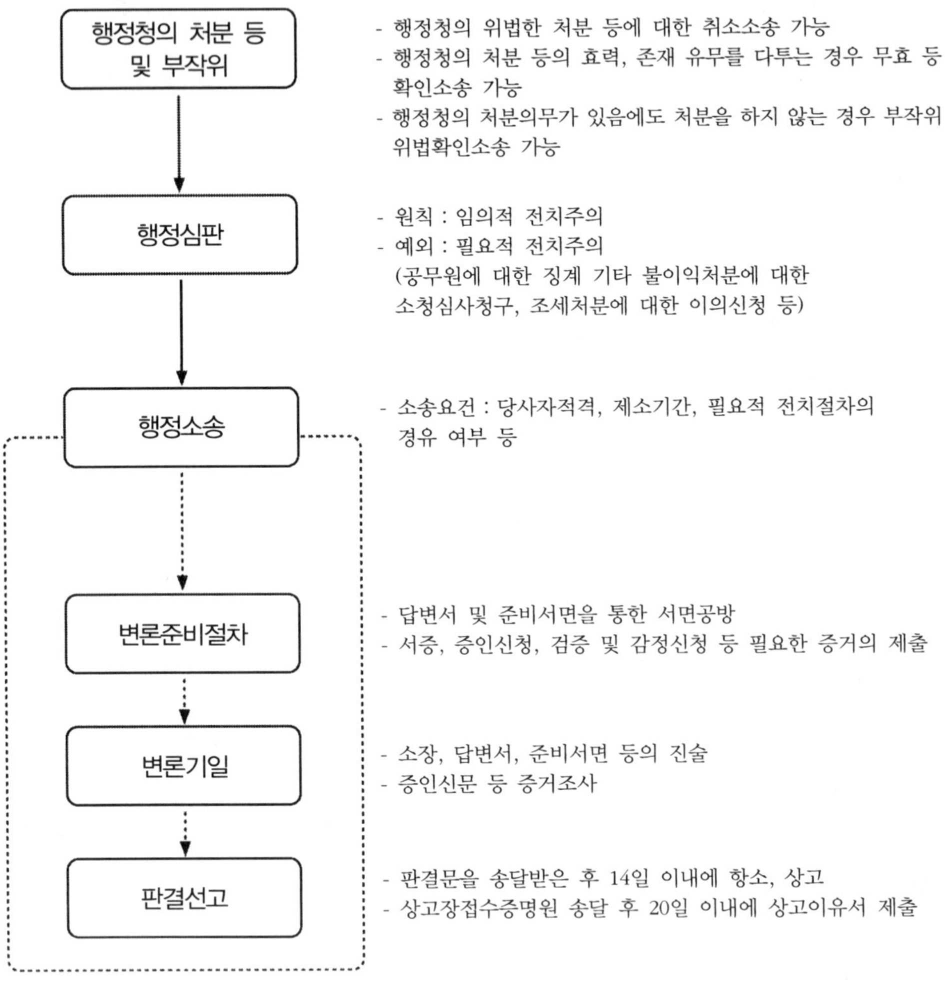

2. 심급제도

종래 행정소송의 제1심 관할법원은 고등법원이었으나 신설된 지방법원급의 행정법원이 제1심 관할법원이 되었다. 이로써 행정사건의 제1심을 합의 관할로 하는 행정법원(서울지방행정법원 또는 서울 이외의 지역은 지방법원 본원)－고등법원－대법원의 3심제이다.

3. 단기제소기간

행정소송은 행정법상 법률관계의 신속한 안정을 위하여 일정한 제소기간의 제한을 두고 있는데, 특히 취소소송에 대해서는 원칙적으로 처분 등이 있음을 안 날로부터 90일 이내에 제기하거나 처분이 있은 날로부터 1년 이내에 제기하여야 한다는 단기의 제소기간을 두고 있다.

4. 피 고

민사소송상으로는 권리 · 의무의 주체인 국가 · 지방자치단체 등이 피고가 되지만, 행정소송에 있어서는 재판의 편리 · 신속 · 정확을 위하여 행정소송의 대상인 처분 등을 직접 행한 행정청이 피고가 되도록 하고 있다(제13조). 다만, 행정청이 없게 된 때에는 그 처분 등에 관한 사무가 귀속되는 국가 또는 공공단체를 피고로 한다(제13조 제2항).

5. 집행부정지

행정소송에 있어서도 행정심판에서 본 바와 같이 행정의 부당한 중단을 막기 위하여 집행부정지의 원칙을 채택하고 있고 극히 예외적으로만 집행정지를 인정하고 있다. 이는 민사소송에서의 가처분제도보다 원고의 피해구제에 불리하게 되어 있다(제23조).

6. 관련청구소송의 병합

행정소송(취소소송)의 대상인 처분과 원인 · 결과의 관계에 있는 손해배상 · 손실보상 · 부당이득반환 · 결과제거 등의 관련청구소송이 일반 민사소송 등에 계속되어 있는 경우에는 이들을 그 원인행위인 처분 등의 취소소송이 계속된 법원에 이송 · 병합심리하여 재판의 중복과 판결의 저촉을 방지하도록 배려하였다(제10조).

7. 직권심리주의

민사소송의 심리는 엄격한 당사자주의와 불고불리의 원칙이 적용된다. 그러나 행정소송은 그 공익성 때문에 예외적으로 다소의 직권심리주의를 도입하여 법원은 필요하다고 인정되면 직권으로 증거조사를 할 수 있고, 당사자가 주장하지 아니한 사실에 대하여도 판단할 수 있도록 하였다(제26조).

8. 사정판결

행정심판에서와 같이 원고의 주장이 이유 있음에도 불구하고 보다 큰 공익의 보호를 위하여 기각판결을 하는 사정판결제도가 인정되고 있다(제28조). 이는 당사자간의 사익보호만을 목적으로 하는 민사소송에서는 인정되지 않는 특수한 제도이다. 사정판결은 행정처분이 위법함에도 불구하고 취소를 허용하지 않는 것이므로 이는 극히 엄격한 요건에 해당하는 경우에만 예외적으로 적용하여야 한다.

【판례】 그 요건이 현저히 공공복리에 적합하지 아니한가의 여부를 판단함에 있어서는 위법·부당한 행정처분을 취소·변경하여야 할 필요와 그 취소·변경으로 인하여 발생할 수 있는 공공복리에 반하는 사태 등을 비교·교량하여 그 적용 여부를 판단하여야 한다(대법원 1999. 3. 9. 선고 98두18565 판결).

9. 판결의 효력과 소송의 종류

민사소송의 판결은 소송당사자인 원·피고에게만 그 효력이 있는 반면, 판결내용의 강제집행에는 별 문제가 없다. 그러나 행정소송의 판결은 행정법관계의 획일적 확정을 위하여 제3자에게도 미치는 대세적 효력이 인정되는 반면에, 국가에 대한 강제집행에는 권력분립상 한계가 있어 의무이행소송은 인정되지 아니한다. 그러나 이보다 약한 형태인 부작위위법확인소송만 인정되고 있을 뿐이며, 행정소송 중 거부처분의 취소판결 또는 부작위위법확인판결의 강제집행을 위하여서는 성질상 직접강제가 아닌 간접강제제도(상당한 기간 내에 판결의 취지에 따른 행정처분을 하지 않으면 일정한 손해배상을 명하는 제도)를 택하고 있다(제34조 제1항).

10. 당사자소송의 특수성

행정소송법이 인정하고 있는 "행정청의 처분 등을 원인으로 하는 법률관계에 관한 소송, 그 밖에 공법상의 법률관계에 관한 소송"인 당사자소송(손해배상·손실보상·부당이득반환·결과제거청구소송 등)에 있어서는 그 특성상 취소소송의 특수성인 ① 임의적 행정심판전치주의, ② 단기제소기간, ③ 피고, ④ 집행부정지, ⑤ 사정판결, ⑥ 판결의 대세적 효력 등은 적용되지 아니한다(제44조).

11. 민중소송과 기관소송의 인정

사인의 권리구제를 기본목적으로 하는 민사소송과는 달리, 사익의 구제와 함께 행정법규의 적정한 적용으로 공익을 도모한다는 행정소송의 목적상 민중소송과 기관소송이라는 특수한 소송형태를 인정하고 있다. 민중소송은 국가 또는 공공단체의 기관이 법률에 위반되는 행위를 한 때에는 직접 자기의 법률상의 이익과 관계없이 그 시정을 구하기 위해서 제기하는 소송이다(제3조 제3항). 기관소송은 국가 또는 공공단체 기관 상호간에 있어서 권한의 존부 또는 그 행사에 관한 다툼이 있을 때 제기하는 소송을 말한다.

Ⅲ. 행정심판과 행정소송

1. 행정심판과 행정소송의 차이점

행정심판은 처분 등을 행한 행정청에 대하여 이의를 제기하여 처분청의 상급기관으로 하여금 다시 한 번 심리하도록 하여 법원의 간섭 없이 행정청 스스로 행정의 능률성과 동일성을 확보하기 위하여 마련된 행정청에 마련된 제도이며, 이에 반하여 행정소송은 행정청의 위법한 처분 그 밖의 공권력의 행사, 불행사의 등으로 인한 국민의 권리 또는 이익의 침해를 구제하고 공법상의 권리관계 또는 법적용에 관한 분쟁해결을 도모하는 법원의 재판절차로서 양자가 구별된다.

가. 행정심판과 이의신청의 비교

구 분	행정심판	이의신청
청구기관	주로 상급행정청 소속 행정심판위원회	주로 처분청
대 상	원칙적으로 모든 위법, 부당한 처분	개별법에 정하고 있는 처분

나. 행정심판과 행정소송의 비교

구 분	행정심판	행정소송
판정기관	행정심판위원회	법 원
성 질	약식쟁송	정식쟁송
종 류	취소심판 무효확인심판 의무이행심판	취소소송 무효등확인소송 부작위위법확인소송
대 상	위법,부당한 처분 또는 부작위	위법한 처분 또는 부작위
거부처분	취소심판, 무효확인심판, 의무이행심판	취소소송, 무효등확인소송
의무이행쟁송 인정여부	긍 정	부 정
적극적 변경여부	가 능	불가능
기 간	처분이 있음을 안 날 90일 처분이 있었던 날 180일	처분이 있음을 안 날 90일 처분이 있은 날 1년
심 리	구술심리 또는 서면심리 비공개원칙	구술심리 공개원칙
의무이행확보수단	행정심판위원회의 직접 처분권인정	간접강제제도
오고지, 불고지에 관한규정	○	×
공 통 점	국민의 권리구제수단, 대심구조주의, 불고불리의 원칙, 집행부정지의 원칙 신청을 전제로 한 절차개시, 직권심리주의 가미, 불이익변경금지의 원칙	

2. 행정심판전치주의

가. 의 의

행정심판전치주의란 법에 의하여 행정심판이 인정되고 있는 경우에는 행정소송을 제기하기 전에 행정심판을 먼저 거치게 하는 제도를 말한다. 특히 위법한 처분으로 인하여 권리이익을 침해받은 자는 상급 행정기관 등에 행정심판을 청구할 수 있는바 소제기 전에 반드시 행정심판을 거치도록 하는 경우를 '필요적 전치주의'라고 하는데 이에 해당하는지는 개별법에서 규정하고 있다.

나. 임의적 전치주의의 채택

구 행정소송법(1998. 3. 1. 시행 전 법률)에서는 행정소송을 제기하려면 반드시 먼저 행정심판을 거치도록 하는 필요적 전치주의를 택하고 있었으나, 행정심판전치주의의 장점을 살리지 못한 채 국민에게 불필요한 절차를 요구함으로써 권리구제의 신속성을 저해하는 장애요인으로 작용하고 있다는 비판에 따라 개정 행정소송법 제18조 제1항에서는 '임의적 전치주의'를 명문으로 규정하고 있다. 즉, '취소소송은 법령의 규정에 의하여 당해 처분에 대한 행정심판을 제기할 수 있는 경우에도 이를 거치지 아니하고 제기할 수 있다'라고 하여 임의적 전치주의를 채택하고 있다.

다. 행정심판청구의 실익

임의적 행정심판전치주의하에서는 행정심판을 거칠 것인지 여부는 원고의 선택에 맡겨져 있으나 행정심판을 먼저 제기하면 다음과 같은 장점이 있다.

첫째, 행정심판에서는 행정소송과는 달리 심판의 범위가 확대된다. 즉 행정심판은 행정소송과 달리 행정처분이 위법한 경우뿐만 아니라 부당한 경우도 인용재결을 할 수 있으므로, 청구인의 권리구제 범위가 넓다.

둘째, 청구인의 출석 없이 비교적 단기간에 보다 저렴한 비용으로 권리구제를 받을 수 있다는 장점이 있다.

셋째, 설사 행정심판에서 권리구제를 받지 못하였다 하더라도 이후 행정소송절차에서 '행정심판기록 제출명령제도'에 의해 비교적 간편하게 소송자료를 얻을 수 있다(행정소송법 제25조).

라. 필요적 전치사건

개정 행정소송법이 임의적 전치주의를 채택하고 있지만, 다음과 같은 경우에는 반드시 행정심판을 거쳐야 한다.

(1) 공무원에 대한 징계 기타 불이익처분
(2) 국세기본법과 관세법상의 처분. 단, 지방세는 제외됨
(3) 노동위원회의 결정
(4) 부당해고, 부당노동행위등
(5) 도로교통법에 의한 처분
(6) 운전면허 취소 · 정지등

한 가지 유의할 것은 위와 같은 필요적 전치를 요하는 처분 중 '처분의 취소소송'과 '부작위

위법확인소송'의 제기시에는 반드시 행정심판을 거쳐야 하지만, '무효확인소송'의 제기에는 행정심판을 거칠 필요가 없다는 것이다.

마. 필요적 전치사건에서 행정심판을 제기함이 없이 바로 행정소송을 제기할 수 있는 경우

그러나 다음과 같은 경우에는 비록 필요적 전치사건에 해당한다고 하더라도 행정심판을 거치지 않고 바로 행정소송을 제기할 수 있다.

(1) 동종사건에 대하여 이미 행정심판의 기각재결이 있는 경우

(2) 서로 내용상 관련되는 처분 또는 같은 목적을 위하여 단계적으로 진행되는 처분 중 어느 하나가 이미 행정심판의 재결을 거친 때 선행처분과 후행처분이 서로 내용상 관련된 경우(원칙적으로 피고가 동일해야 한다)

(3) 소송계속 중이거나 또는 변론종결 후에 행정청이 당해 항고소송의 대상인 처분을 변경하여 그 변경된 처분에 대한 항고소송을 제기하는 때

(4) 처분청이 행정심판을 거칠 필요가 없다고 잘못 알릴 때(고지의무 : 행정절차법 제26조)

Ⅳ. 예외적 행정심판전치주의

1. 개 설

현행 행정소송법은 "취소소송은 법령의 규정에 의하여 당해 처분에 대한 행정심판을 제기할 수 있는 경우에도 이를 거치지 아니하고 제기할 수 있다. 다만 다른 법률에 당해 처분에 대한 행정심판의 재결을 거치지 아니하면 취소소송을 제기할 수 없다는 규정이 있는 때에는 그러하지 아니하다"(제18조 제1항)라고 규정하고 있다. 따라서 원칙적으로 행정심판임의주의를 채택하고 있으며, 예외적으로 각 개별 법률이 규정하고 있는 경우에만 행정심판전치주의를 채택하고 있다. 예컨대 국가공무원법(제16조) 및 지방공무원법(제20조의2) 상의 공무원징계처분, 국세기본법(제56조) · 관세법(제38조의2) 상의 조세부과처분, 도로교통법(제101조의3) 상의 운전면허취소 · 정지처분 등 각 개별법률이 행정심판의 재결을 거치지 아니하면 행정소송을 제기할 수 없다는 특례를 규정하고 있는 경우에만 행정심판전치주의를 채택하고 있다.

이러한 필요적 전치주의는 주로 대량적으로 행해진 처분이나 전문기술적인 성질 띤 처분 등에 대하여 소송을 앞서 행정심판을 거치도록 함으로써 행정청에게 스스로 시정할 기회를 마련하여 행정청이 전문지식의 활용으로 자율적이고 능률적으로 행정작용을 하도록 하는 한편, 법원의 부담경감을 꾀하기 위한 데에 그 취지가 있다.

2. 적용범위

가. 적용대상인 행정소송

원래 행정심판은 행정청의 처분 등이 있고 나서 이에 대하여 제기하는 것이므로 성질상 항고소송에만 적용되며, 공법상 당사자소송에는 적용될 여지가 없다.

그러나 항고소송 중에서도 이론상 취소소송과 부작위위법확인소송에는 당연히 적용된다(제18조 제1항 및 제38조 제2항). 그러나 무효등확인소송은 처음부터 아무런 효력이 발생치 않거나 존재 자체가 의심스러운 행위를 대상으로 하여 단지 무효 등임을 공적으로 확인받기 위한 것에 불과하므로 굳이 행정심판전치주의를 적용할 이유가 없으며 행정소송법(제38조 제1항)도 이를 명백히 하고 있다.

나. 무효선언을 구하는 취소소송

형식적으로는 처분의 취소를 구하는 소송이지만 그 청구원인을 살펴보면 무효선언을 구하는 내용인 경우에, ① 판례는 무효사유와 취소사유의 구별의 상대성, 형식이 취소소송이면 취소소송에 요구되는 소송요건이 구비되어야 한다는 점 등을 들어 행정심판전치주의가 적용된다는 적극설[1]을 취하고 있는 반면, ② 다수설은 소송은 형식보다는 내용을 중심으로 판단하여야 한다는 전제하에 이러한 경우도 무효확인소송으로 볼 것이므로 행정심판전치주의가 적용되지 않는다고 하는 소극설[2]을 취하고 있다.

다. 복효적 행정행위의 제3자

행정소송법(제18조)은 ① 행정심판은 제기하되 그 재결은 거칠 필요가 없는 경우와, ② 처음부터 행정심판의 제기 자체가 필요 없는 경우를 구분하여 상세히 규정하고 있으며, 전자의 경우에는 '그 밖의 정당한 사유'라는 규정을 두었으나, 후자의 경우에는 이를 두지 아니한 것으로 보아, 실정법의 형식적 해석론이라는 비판은 있겠지만 적어도 행정심판의 제기는 필요하다고 하겠다.[3] 다만, 제3자의 출소권을 최대한 보장하기 위하여 행정심판청구기간을 '처분이 있은 날로부터 1년'을 적용하되, 이 경우에도 '정당한 사유'에 의한 적용배제조항을 활용하여 구제하여야 할 것이며, 판례도 현 행정소송법하에서는 같은 입장을 취하고 있다(대법원 1989. 5. 9. 선고 88누5150 판결).

---

1) 대법원 1987. 9. 22. 선고 87누842 판결 참조.
2) 김동희(Ⅰ), p.717; 박윤흔(상), p.948; 변재옥(Ⅰ), p.647; 이상규(상), p.782.
3) 박윤흔(상), p.949; 이상규(상), p.783.

3. 내 용

가. 행정심판의 의의

행정심판전치주의에서 말하는 행정심판에는 이의신청과 특별행정심판 등 광의의 행정심판을 모두 포함한다.

나. 2개 이상의 행정심판절차

하나의 처분에 대하여 이의신청과 행정심판 등 2개 이상의 행정심판절차가 인정되어 있는 경우에는 이들 모두를 거쳐야 한다는 명문의 규정이 없는 한, 행정청에게는 1회의 반성기회만 부여하면 충분하며 모든 절차를 거치게 하면 상대방에게 너무 큰 부담을 주게 된다는 점에서 어느 한 절차만 거치면 되는 것으로 해석하여야 할 것이다[4](예, 시장 · 군수의 생활보호결정에 대한 도지사 등에의 이의신청 및 도지사 등의 결정에 대한 보건복지부장관에의 재이의신청. 국민기초생활보장법 제38조~제41조).

다. 행정심판과 행정소송의 관련

(1) 인적 관련

공동소송의 경우에 그 중 1인이 행정심판을 거쳤으면 다른 공동소송인들은 바로 행정소송을 제기할 수 있다고 함이 절차의 중복을 피할 수 있어 합리적이라고 생각된다(대법원 1958. 4. 29. 선고 4291행상6 · 7 판결).

(2) 물적 관련

행정심판에서 주장했던 청구원인과 행정소송의 청구원인 간에는 기본적인 점에서 동일성이 유지되면 족하다. 따라서 내용이 완전히 일치할 필요는 없으며, 원고는 행정심판에서 제출하지 아니하였던 새로운 청구원인을 주장할 수도 있다(대법원 1999. 11. 26. 선고 99두9407 판결; 대법원 1982. 9. 28. 선고 81누106 판결).

라. 행정심판전치에 관한 하자의 치유

(1) 행정심판 제기기간의 경과 등 보정이 불가능하여 부적법한 행정심판에 대하여는 위원회가 각하하여야 하며, 각하된 경우에는 행정심판전치의 요건을 충족치 못하게 되어 행정소송을 제기하여도 역시 각하된다. 그러나 만일 이를 간과하고 위원회가 재결을 해 버린 경우에는

4) 박윤흔(상), p.952; 이상규(상), p.786.

행정심판전치의 요건이 충족된다는 판례(대법원 1960. 12. 12. 선고 4294행상104 판결)와, 반대로 충족치 못한 것이라는 판례(대법원 1982. 6. 22. 선고 81누368 판결; 대법원 1991. 6. 25. 선고 90누6091 판결)가 있으나, 현행 행정심판기간의 단기성으로 인한 실기의 가능성 등을 고려하건대 이러한 경우까지 굳이 권리구제의 길을 봉쇄할 필요는 없는 것으로 생각된다.

(2) 반대로 적법한 행정심판임에도 불구하고 착오로 위원회가 각하해 버린 경우에는 당연히 행정심판전치의 요건이 충족된 것으로 보아야 할 것이다(대법원 1960. 11. 28. 선고 4291행상96 판결).

(3) 행정심판만 제기하고 그 재결이 있기 전에 제기된 행정소송은 원칙적으로 부적법하므로 각하되어 마땅하지만, 실제로 사실심의 변론종결 전까지 재결이 있기만 하면 불필요한 절차의 반복을 피한다는 점에서 그 하자는 치유된 것으로 보고 있다(대법원 1965. 6. 29. 선고 65누57 판결). 나아가서 행정심판과 행정소송을 동시에 제기하거나, 행정소송만 먼저 제기한 경우에도 그 후 행정심판 제기기간 내에 행정심판을 제기하고 사실심의 변론 종결시까지 재결이 있을 때에는 하자가 치유된 것으로 보고 적법한 소로서 인정하고 있다(대법원 1987. 4. 28. 선고 86누29 판결).

4. 전치주의에 대한 예외

행정소송법은 종전의 법보다 예외사유를 더욱 상세히, 그리고 해석상 의문의 여지없이 명백히 규정하고 있다. 다만 이들 사유가 있다는 것은 원고가 이를 소명하여야 한다(제18조).

가. 행정심판은 제기하되, 그 재결은 없어도 되는 경우

다음의 경우는 일단 행정심판의 제기는 필요하지만, 이에 대한 재결을 기다리게 할 이유는 없기 때문에 그 재결 없이도 행정소송을 제기할 수 있도록 하였다.

(1) 행정심판 청구가 있은 날로부터 60일이 지나도 재결이 없는 때 : 재결의 부당한 지연으로 인한 원고의 불이익을 방지하고 위원회로 하여금 60일(예외적 90일)이라는 재결기간(행정심판법 제34조)을 지키도록 강제하는 규정이다. 따라서 60일이 지난 경우 원고는 곧바로 행정소송을 제기하거나, 좀더 기다려서 재결이 있은 후에 행정소송을 제기할 수도 있다.

(2) 처분의 집행 또는 절차의 속행으로 생길 중대한 손해를 예방하여야 할 긴급한 필요가 있는 때 : 예컨대, 피서철을 앞둔 해수욕장의 건물철거 계고처분과 같이 회복하기 어려

운 손해가 발생할 우려가 있는 경우를 말한다(대법원 1969. 6. 10. 선고 69누28 판결).

(3) 행정심판기관이 의결 또는 재결을 하지 못할 사유가 있는 때 : 행정심판위원회가 구성되어 있지 않거나, 과반수 이상이 결원이며 단시일 내에 충원될 가능성이 없는 경우 등을 의미한다.

(4) 기타 정당한 사유가 있는 때 : 60일 이내에 재결을 할 가능성이 전혀 없거나, 기타 행정심판을 제기는 하였지만 그 재결을 거치지 않은 것이 원고에게 아무 책임이 없을 경우를 말한다.

나. 행정심판 자체를 제기하지 않아도 되는 경우

행정심판을 제기하더라도 권리구제의 가능성이 없는 경우까지 굳이 행정심판의 제기를 강요할 이유는 없기 때문에 다음의 경우는 행정심판의 제기 자체가 필요 없다.

(1) 동종사건에 관하여 이미 행정심판의 기각재결이 있은 때

동일한 사실에 대하여 동일한 법적 근거에 행하여진 처분에 대하여 이미 기각재결이 있은 경우에는, 다른 사람이 제기해도 기각될 것이 명백하므로 행정청과 원고의 양측에 불필요한 시간적 · 경제적 낭비를 초래하기 때문에 인정된 것이다.

【판례】 동종사건에 관한 기각재결의 의미에 관한 판례

행정소송법 제18조 제3항 제1호 소정의 동종사건은 당해 사건은 물론이고 당해 사건과 기본적인 점에서 동질성이 인정되는 다른 사건도 포함되므로, A주택조합이 무주택요건을 갖추지 못한 조합원을 교체하지 아니하고 제출한 아파트 준공검사신청을 거부한 처분에 대하여 행정심판이 제기되고 이것이 기각된 경우에 이와 동일한 사정에 있는 B주택조합은 이에 대한 행정심판을 제기하지 아니하고도 행정소송을 제기할 수 있다(대법원 1993. 9. 28. 선고 93누9131 판결).

(2) 내용상 관련되는 처분 또는 같은 목적을 위하여 단계적으로 진행되는 처분 중 어느 하나가 이미 행정심판의 재결을 거친 때

① 우선 '내용상 관련되는 처분'이라 함은 각각 별개의 처분이지만, 그 내용에 있어서는 서로 관련이 있는 것으로서, 국세의 부과처분과 그 불이행에 따른 가산금 및 중가산금 부과처분의 예(대법원 1986. 7. 22. 선고 85누297 판결)와, 이에 대한 증액과세처분이 있은 경우 등을 들 수 있으며, ② 같은 목적을 위하여 단계적으로 진행되는 처분이라 함은 대집행에 있어서의 계고처분과 대집행영장에 의한 통지처분, 조세체납절차에 있어서의 독촉 · 재산압류 및 공매

처분 등 일련의 단계적 절차를 들 수 있으며, 이들 중 어느 하나의 처분에 대하여 행정청에게 재고의 기회를 부여한 것으로도 충분하다고 보기 때문이다.

【판례】 농지전용신고수리 거부처분에 대한 행정심판청구가 있었으면 전용농지에 대한 원상회복 대집행계고처분에 대하여는 행정심판청구가 필요 없다는 판례

농지전용신고에 대한 거부처분에 대하여 적법한 행정심판을 제기하였다면, 후일에 전용한 농지의 원상회복을 위한 대집행 계고처분에 대하여는 별도로 행정심판을 제기하지 아니하고도 행정소송을 제기할 수 있다(대법원 1993. 6. 29. 선고 92누19194 판결).

(3) 행정청의 처분의 변경으로 인하여 새로운 소를 제기할 때

① 사실심의 변론종결 전에 행정청이 처분을 변경하면(예, 운전면허취소를 3월의 면허정지로 변경) 원고는 당연히 소변경제도에 의하여 바뀐 처분을 소송의 대상으로 할 수 있다. 그러나 이 경우 변경된 처분에 대하여 새로이 행정심판을 거치게 함은 너무 가혹하며, 또한 그렇게 할 경우에는 행정청이 고의로 소송을 지연시키는 데에 악용될 우려가 있다. ② 또한 사실심의 변론종결 후에 처분을 변경하면 법률심인 대법원에서는 소변경이 불가능하므로, 처음의 처분에 대하여 승소판결을 얻더라도 원고는 결국 아무 소득 없이 끝나게 되고 만다(운전면허취소처분을 취소하라는 승소판결을 얻어도 이미 3월의 면허정지로 바뀌어 버렸으므로).

따라서 원고는 결국 변경된 처분을 대상으로 새로운 소를 제기하지 않을 수 없는바(이것만으로도 벌써 원고에게는 가혹하다), 이 경우 다시 변경된 처분에 대하여 행정심판까지 거치게 하는 것은 2중으로 가혹하게 되므로 이를 방지하기 위한 것이다.

(4) 행정청이 행정심판을 거칠 필요가 없다고 잘못 알린 때

행정심판청구의 고지제도에 의거, 행정청이 행정심판을 거칠 필요가 없다고 잘못 고지한 경우에는 상대방의 신뢰를 보호할 필요가 있기 때문에, 상대방이 잘못된 고지임을 알고 있었는가의 여부에 관계없이 행정심판을 거치지 아니하고 행정소송을 제기할 수 있다.

5. 전치주의의 충족 여부의 판단

행정심판전치를 거쳤는가의 여부는 다른 소송요건과 마찬가지로 당사자의 인정 여부와 관계없이 법원의 직권조사사항이며, 거치지 않았다고 판단되면 부적법한 소로써 각하하여야 한다(대법원 1982. 12. 28. 선고 82누7 판결). 그러나 행정소송 제기 후에도 사실심의 변론 종결시까지만 행정심판전치의 요건을 충족하면 하자가 치유되어 적법한 소송으로 인정하고 있다.

6. 특별전치주의

행정심판법이 정하고 있는 행정심판을 "일반전치절차"라고 한다면 개별법령이 정하고 있는 행정심판을 "특별전치절차"라고 한다. 이러한 특별전치절차에도 임의적인 것과 필요적인 것이 있다. 개별법령이 필요적 전치주의를 취하면서 특별행정심판절차를 규정하고 있는 경우에는 행정심판법 제3조의 해석상 그 특별 전치절차를 거쳐야만 전치주의를 충족한 것이 되고 일반 전치절차만을 거쳐야만 전치절차만을 거쳐 제소한 경우에는 전치주의 흠결이 될 것이며 특별 전치절차를 거친 후 다시 일반전치절차를 거쳐서 제소한 경우에는 제소기간의 기산점을 그 일반 전치절차의 재결서 송달일로 해줄 수 없기 때문에 결국 제소기가 도과의 불이익을 입게 되므로 매우 주의해야 한다.

가. 조세소송

(1) 필요적 전치절차

전심절차의 단계에서 종전에는 국세청장에 대한 심사청구와 국세심판소장에 대한 심판청구의 필요적 2심급제로 되어 있었으나 1999. 8. 31. 국세기본법이 개정되면서 단심급제로 변경되었다. 이에 따라 종전에는 심사청구와 심판청구를 차례로 거쳐야만 행정소송을 제기할 수 있었으나 2000. 1. 1. 이후에는 심사청구와 심판청구 중 어느 하나만 선택적으로 거치면 행정소송을 제기할 수 있게 되었다(국세기본법 제55조 제1항 제3항, 제56조 제2항). 다만 심사청구나 심판청구에 앞서 당해 처분을 한 세무서장이나 지방국세청장에게 이의신청을 할 수 있으므로(국세기본법 제55조 제3항, 제66조) 결국 국세에 관한 불복절차는 원칙적 단심급제(심사청구 또는 심판청구)이고 선택적으로 2심급제(이의신청을 거친후 심사청구 또는 심판청구)라고 할 수 있다. 2001. 1. 1. 이후 최초로 제기된 심사청구, 심판청구부터는 심사청구와 심판청구 중 어느 하나만 선택적으로 거치면 행정소송을 제기할 수 있는 것으로 바뀌었고 다만 심사청구에 앞서 당해 처분을 한 세무서장이나 지방국세청장에게 이의신청을 할 수 있으므로 결국 국세에 관한 불복절차는 원칙적으로 단심급이고 선택적으로 2심급이다. 한편 감사원법에 의한 심사청구를 거친 경우에는 국세기본법에 의한 전심절차를 거친 것으로 보게 되므로 감사원법에 의한 심사청구를 거쳐 바로 소를 제기할 수도 있다(국세기본법 제56조 제4항, 제55조 제5항).

(2) 적용 대상

(가) 소 송

필요적 전치주의가 적용되는 일반적인 경우와 같이 취소소송과 부작위위법확인의 소, 무효를 선언하는 의미의 소에서 전치절차를 거쳐야 하고, 무효를 선언하는 의미의 취소의 소에서 전치절차를 거쳐야 하고, 무효 확인의 소에서 전치절차를 거칠 필요는 없다.

(나) 처 분

행정소송법은 행정심판 전치에 대한 원칙과 예외에 관하여 취소소송에서 규정하고, 부작위위법확인소송에서 이를 준용하고 있으므로(행정소송법 제38조 제2항), 행정심판전치주의는 항고소송 중 과세처분취소소송(무효소송을 구하는 의미의 취소소송 포함한다)과 부작위위법확인 소송에서만 적용되고 무효등확인소송과 당사자소송에서는 그 적용이 없다. 그리고 세법에 의한 처분인 한 순수한 행정처분의 의미를 갖고 있는 주류면허처분, 주류영업허가취소처분이나 압류처분, 공매처분 등도 그 취소를 구하는 소를 제기하기 위해서는 국세기본법상 전심절차를 거쳐야 한다.

(3) 국세처분 및 관세처분

(가) 불복절차

종전에는 국세처분(관세처분을 포함한다)에 대하여 취소소송 등을 제기하기 위해서는 국세청장에의 심사청구와 국세심판소에의 심판청구라는 2단계 절차를 순차적으로 거쳐야 해서 국세처분에 대한 구제절차가 지나치게 복잡하고 최종결정까지 시간과 비용의 낭비가 적지 않았다. 이에 2000. 1. 1. 이후부터 최초로 제기된 심사청구, 심판청구부터는 심사청구와 심판청구 중 어느 하나만 선택적으로 거치면 행정소송을 제기할 수 있는 것으로 바뀌었고 다만 심사청구에 앞서 당해 처분을 한 세무서장이나 지방국세청장에게 이의신청을 할 수 있으므로 결국 국세에 관한 불복절차는 원칙적으로 단심급(심사청구 또는 심판청구)이고, 선택적으로 2심급(이의신청, 심사청구 또는 심판청구)이다.

(나) 제소기간

① 국세처분에 대하여 불복하기 위해서는 먼저 당해 처분을 했거나 했어야 할 세무서장(세관장)을 거쳐 국세청장(관세청장)에게 심사청구를 하거나 조세심판원(국세심판원)장에게 심판청구를 하여 결정을 받은 후, 결정서 정본 송달일로부터 90일 이내에 소를 제기함이 원칙이다. 동일한 처분에 대해 심사청구와 심판청구를 중복하여 제기할 수 없다. 다만 심사청구나 심판청구에 앞서 당해 처분을 한 세무서장이나 그 세무서장을 거쳐 지방국세청장에게 불복절차인

이의신청 절차를 임의로 할 수 있다. 즉 국세처분에 대한 전치절차는 심사청구나 심판청구를 필요적으로 1단계, 이의신청과 심사청구 또는 이의신청과 심판청구 임의적으로 2단계이다.

② 감사원법에 규정된 심사청구는 이를 거친 후 바로 소를 제기할 수 있다. 따라서 국세처분에 불복하고자 하는 자는 처분 있음을 안 날(처분의 통지를 받은 때는 그 받은 날)로부터 90일 이내에 당해 세무서장을 거쳐 감사원에 심사청구를 할 수 있고, 심사청구에 대한 결정의 통지를 받은 날로부터 90일 내에 바로 처분청을 피고로 하여 국세처분의 취소를 구하는 소를 제기할 수도 있다.

(4) 지방세처분

(가) 지방세처분의 전치절차는 도세(특별세, 광역시세 등)에 대해서는 도지사(특별시장이나 광역시장 포함)에게 시, 군, 구세(특별시세 및 광역시세 중 도시계획세 및 공동시설세, 도세 중 공중시설세 포함)에 대해서는 시장, 군수에게 각 이의신청을 하고, 이의신청에 대한 도지사 또는 시장, 군수의 결정에 대하여 불복이 있으면 도지사의 결정에 대하여는 행정자치부장관에게, 시장, 군수의 결정에 대해서는 도지사 또는 행정자치부장관에게 심사청구를 한다. 다만 과세전적부심사를 거친 후에 과세된 처분에 대해서는 이의신청 절차를 거치지 않고 바로 심사청구를 할 수 있다(물론 이의신청을 거치고 심사청구를 할 수도 있다).

(나) 지방세처분에 대한 임의적 전심절차는 원칙적으로는 이의신청과 심사청구(2단계), 예외적으로는 심사청구(1단계)이지만 판례는 위 지방세법의 규정에도 불구하고 이의신청(1단계)만을 거치고 제소할 수도 있다고 하고 있다.

(다) 도세는 원칙적으로 시, 군에 그 부과 징수가 위임되어 있으므로 시장, 군수가 처분청이 되므로 행정소송의 피고도 도지사가 아닌 시장 군수가 되고, 이의신청도 도지사에 해야 한다. 또한 국세와 같이 감사원법상의 심사청구절차를 거쳐 바로 소를 제기할 수 있는 것은 동일하다.

(5) 청구기간

(가) 국세처분 및 지방세처분에 대한 이의신청, 심사청구, 심판청구 등

국세처분에 대한 불복절차인 이의신청이나 심사청구, 심판청구 또는 감사원에의 심사청구, 지방세처분에 대한 이의신청이나 심사청구, 감사원에의 심사청구는 처분 있음을 안 날(처분의 통지를 받은 때는 그 받은 날)로부터 90일 내에 하여야 한다.

① 처분이 있음을 안 날

"처분이 있음을 안 날"이란 당해 처분이 있음을 현실적으로 안 날을 의미하며 그 내용이나

위법여부까지 알아야 하는 것이 아니다

② 처분의 통지를 받은 날

"처분의 통지를 받은 날"이란 "안 날"과는 구별되는 개념으로 현실적으로 알았는지 여부를 불문하고 알 수 있는 상태 즉 송달받을 자의 세력 범위 또는 생활지배 범위 내에 도달된 상태를 말한다. 이러한 송달의 송달은 적법한 것 이여야 하는 바, 서류의 송달 방법으로는 교부송달과 우편송달, 공시송달의 방법이 있고 교부송달 및 우편송달의 경우에는 보충송달과 유치송달이 적용된다.

이의신청이나 심사청구기간 기산일로서의 "처분이 있음을 안 날"은 법령에 의하여 처분의 통지를 받도록 되어 있지 않은 자에 대하여 "처분의 통지를 받은 때"는 법령에 의하여 처분의 통지를 받도록 되어 있는 자에 대하여 각 적용되는 것으로 해석된다. 따라서 통상의 납세의무자 등 법령에 의하여 과세처분의 통지를 받도록 되어 있는 자는 적법하게 통지를 받으면 설사 처분 있음을 알지 못하였다 하더라도 그 때부터 청구기간이 기산되고 반대로 적법하게 통지를 받지 못하였으면 처분 있음을 알았다 하더라도 청구기간이 개시되지 아니한다.

(나) 국세청장에 대한 심사청구 등

국세처분에 대하여 국세청장에 대한 심사청구나 조세심판원(국세심판원)장에 대한 심판청구에 앞서 이의신청절차를 거치는 경우, 그 심사청구, 심판청구는 이의신청에 대한 결정문을 송달 받은 날로부터 90일 내에 하여야 한다.

(다) 지방세 부과처분에 대한 심사청구

지방세부과처분에 대한 심사청구도 이의신청에 대한 결정문을 송달받은 받은 날로부터 90일 이내에 하여야 한다.

(라) 우편에 의한 이의신청, 심사청구 심판청구

국세처분이나 지방세처분에 대한 행정심판인 이의신청이나 심사청구, 심판청구는 우편에 의할 경우는 그 청구기간 내에 발송한 것이면 적법한 청구로 보는 특별한 규정이 있으므로 비록 이들 청구서가 청구기간이 지난 뒤에 재결청에 접수되었다 하더라도 부적법하지 않다. 다만 국세처분이나 지방세처분에 대한 행정심판 절차인 감사원에의 심사청구에 대해서는 명문규정이 없어서 그 심사청구서가 소정기간 내에 감사원에 접수되어야 하는지 아니면 발송된 것이면 되는지에 대해서는 견해의 대립이 있다.

(6) 전치주의 완화

(가) 필 요 성

국세기본법과 관세법은 임의적 행정심판전치주의를 규정한 행정소송법 제18조에도 불구하고 행정소송의 제기에 앞서 필요적으로 특별행정심판 절차를 거치도록 요구하면서도 나아가 필요적 전치주의를 완화한 행정소송법 제18조 제2항, 제3항의 적용도 배제하고 있다. 그러나 행정심판전치주의의 취지 등에 비추어볼 때 행정심판을 거치는 것이 행정청에게 불필요하고 납세자에게 가혹하다고 볼 수 있는 경우와 같이 정당한 사유가 있는 때에는 조세소송이라도 전치요건이 완화된다.

(나) 행정심판 재결을 기다릴 필요가 없는 경우

다음에 해당하는 사유가 있는 때에는 행정심판의 재결을 거치지 아니하고 취소소송을 제기할 수 있다(행정소송법 제18조 제2항).

① 행정심판청구가 있은 날로부터 60일이 지나도 재결이 없는 때

다만 감사원의 심사 결정이 법정 기간 내에 이루어지지 않은 경우 관세(관세)와 지방세 과세처분에 대한 특별행정심판절차인 감사원의 심사청구절차에 대해서는 감사원의 심사결정이 감사원법 제46조 제3항이 정한 기간인 3개월 이내에[5] 이루어지지 않을 경우 바로 소를 제기할 수 있다는 규정이 없으므로 조세소송의 전심절차로 감사원에의 심사청구를 하는 경우에는 감사원의 결정을 기다려 소송을 제기할 수밖에 없다.

② 처분의 집행 또는 절차의 속행으로 생길 중대한 손해를 예방하여야 할 긴급한 필요가 있는 때

여기서 중대한 손해를 예방해야 할 긴급한 필요가 있을 때에 해당하는지는 개별적 구체적으로 판단할 문제이나 행정심판청구가 있은 날로부터 60일을 기다렸다가는 처분이 집행되는 등으로 말미암아 회복이 곤란한 손해를 입을 위험성이 있는 경우를 말한다. 따라서 주로 집행정지에 적절치 않은 거부처분 등에 대하여 속히 본안 판단을 받을 필요가 있는 경우 효용이 있다.

③ 법령의 규정에 의한 행정심판기관이 의결 또는 재결을 하지 못할 사유가 있는 때

행정심판법은 재결 행정청과 심리의결기관으로서의 행정심판위원회를 따로 두고 있으므로 행정심판위원회가 구성되지 아니하거나 정족수에 달할 수 없는 특별한 사유가 있는 등의 사정으로 소정의 기간에 당해 행정심판청구사건을 심리, 의결할 수 없을 것으로 인정될 때에는

---

5) 감사원법 제46조 제3항 "심사청구에 대한 결정은 특별한 사유가 없으면 그 청구를 접수한 날부터 3개월 이내에 하여야 한다."

그 사유를 소명하고 재결을 기다릴 것 없이 행정소송을 제기할 수 있으며, 또 행정심판위원회의 의결이 있더라도 재결청이 재결을 할 수 없다고 인정되는 사유가 있는 때에는 재결을 거칠 것이 없이 그 사유를 소명하고 곧바로 행정소송을 제기할 수 있다.

④ 그 밖의 정당한 사유가 있는 때

(다) 행정심판 청구가 불필요한 경우

① 동종사건에 관하여 이미 행정심판의 기각재결이 있은 때

조세소송에 있어서도 행정심판과 행정소송사이에 원칙적으로 당사자와 대상이 동일하면 전치주의를 다시 거칠 필요가 없다. 다만 동일한 과세처분에 의해 여러 사람이 동일한 납세의무를 부담하는 경우에는 그 중 1인이 불복신청절차를 거쳤고 그 불복사유가 동일하다면 다른 납세의무자는 전심절차를 거침이 없이 소송을 제기할 수 있으며, 공동상속의 경우 상속세 부과처분에 대한 불복은 상속인 각자가 자기의 납부의무 있는 세액에 대하여 제기하는 것이 원칙이나 공동상속인을 대표하여 상속세의 과세표준과 세액이 통지를 받을 수 있는 자가 전심절차를 거친 때에는 나머지 상속인들은 구태여 동일한 전심절차를 거칠 필요가 없다.

② 서로 내용상 관련되는 처분 또는 같은 목적을 위하여 단계적으로 진행되는 처분 중 어느 하나가 이미 행정심판의 재결을 거친 때

조세소송의 전심절차는 각 소송물마다 따로 거쳐야 하므로 예를 들어 동일한 매출누락을 원인으로 하여 법인세, 부가가치세, 근로소득세 등이 부과되었다면 각 과세처분별로 전심절차를 거쳐야 하고 어느 하나의 처분에 대해 전심절차를 거쳤다고 해서 다른 처분에 대해 소를 바로 제기할 수 있는 것은 아니다. 하지만 같은 목적을 위한 단계적 발전적 과정에 있거나 필연적 결과로서 이루어진 처분, 또는 형식상은 독립된 별개의 처분이나 사실상 동일한 처분에 대해서는 앞선 처분에 대하여 전심절차를 밟은 경우, 뒤의 처분에 대해 또다시 전심절차를 거치도록 요구할 필요는 없다.

① 국세징수법에 의한 가산금 징수처분은 국세의 납세고지처분과 별개의 행정처분이지만, 국세채권의 내용이 구체적으로 확정된 후에 비로서 발생하는 징수권의 행사이므로 국세의 과세처분에 대하여 적법한 전심절차를 거친 이상, 국세과세처분의 위법을 이유로 하는 가산금 및 중가산금 징수처분 취소소송 제기 시 따로 전심절차를 거쳐야 되는 것은 아니다.

② 동일 목적을 위하여 진행되는 체납처분절차에 있어서 선행처분인 압류처분의 위법을 이유로 후행처분인 공매처분의 취소를 구하는 경우 압류처분에 대해 전심절차를 거쳤다면 공매처분에 대하여 따로 전심절차를 거칠 필요가 없다.

> ③ 상속세 연부연납 허가에 따라 나누어 부과되는 상속세부과처분은 실질적으로 동일한 처분이 형식상 나뉘어 있을 뿐이므로 과세표준산정 잘못 등을 들어 1차년도분 상속세부과처분의 취소를 구하는 전심절차를 거친 때에는 동일한 이유로 2차년도분 상속세부과처분의 취소를 구하는 소를 제기 함에 있어서 전심절차를 거칠 필요가 없다.
> ④ 인정상여처분이나 소득금액변동통지는 과세처분에 앞선 중간단계의 처분으로 그 자체 항고소송의 대상이 되지 못하나, 필연적으로 그에 따른 과세처분이 예상되는 것이므로 납세자가 이를 중간 단계의 처분에 불복하여 행정심판을 거친 경우, 이는 중간단계의 처분에 터 잡아 장래 있게 될 과세처분에 대하여 불복 전치절차를 거친 것으로 보는 것이 타당하고 과세처분에 대하여 다시 전치절차를 거치도록 요구할 것이 아니다.

③ 정청이 사실심의 변론종결 후 소송의 대상인 처분을 변경하여 당해 변경된 처분에 관하여 소를 제기하는 때

> ① 증액경정처분이나 그 밖의 변경처분은 당초처분이 뒤의 처분에 흡수되거나 소멸하고 증액경정처분이나 변경처분이 소송의 대상이 되므로 당초의 처분에 대하여 전심절차를 밟았다 하더라도 증액경정처분에 대하여 별도의 전심절차를 거쳐야 함이 원칙이다. 그러나 과세처분의 불복절차 진행 중에 과세관청이 그 대상인 처분을 증액하거나 변경하였는데 그 위법사유가 공통된 경우에는 당초의 과세처분에 대하여 적법한 전심절차를 거친 이상 과세관청으로 하여금 기본적인 사실관계에 법률문제에 대하여 다시 한 번 검토할 수 있는 기회를 부여하였다고 볼 수 있을 뿐만 아니라 납세의무자에게 굳이 같은 사유로 또 전심절차를 거치게 하는 것은 가혹하므로 납세의무자는 증액경정처분이나 변경처분에 대하여 다시 전심절차를 거치지 아니하고도 취소의 소를 제기할 수 있다.
> ② 감액경정처분은 당초 처분의 일부취소의 성질을 가지는데 지나지 않고 소송의 대상이 되는 것은 감액처분에 의하여 감액된 당초의 처분이므로 당초의 처분에 대하여 전심절차를 거치면 되고 감액경정처분은 독립된 행정심판 대상이 되지 않을 뿐만 아니라 별도의 전심절차를 거칠 필요도 없다.

④ 처분을 행한 행정청이 행정심판을 거칠 필요가 없다고 잘못 알린 때

나. 교원에 대한 불이익처분

(1) 국공립학교 교원

교육공무원 중 교원이 징계처분 기타 본인의 의사에 반하는 불이익처분에 대하여 불복이 있을 때에는 그 처분이 있음을 안 날부터 30일 이내에 교원소청심사위원회에 심사청구를 하

여야 하고 그 교원소청심사위원회의 결정에 불복이 있으면 그 결정서 송달일로부터 90일 이내에 교원특별법 제10조 제3항에 따라 그 취소소송을 제기하여야 한다.

(2) 사립학교 교원

사립학교법의 적용을 받는 사립학교 교원은 재임용거부 등 의사에 반하는 불이익한 처분에 대하여 그 처분이 있음을 안 날로부터 30일 이내에 교원소청심사위원회에 심사청구를 하고 그 교원소청심사위원회의 결정에 불복이 있으면 교원특별법 제10조 제3항의 규정에 따라 그 결정서를 송달받은 날로부터 90일 이내에 행정소송을 제기할 수 있다.

다. 부당해고처분

부당해고 등에 관한 구제신청기간은 부당행고 등이 있었던 날로부터 3개월이다(근로기준법 제28조). 지방노동위원회의 구제명령 또는 기각결정에 불복하는 사용자나 근로자는 구제명령서나 기각결정서를 통지받은 날부터 10일 이내에 중앙노동위원회에 재심을 신청할 수 있다(근로기준법 제31조 제1항). 이는 불변기준이다. 중앙노동위원회의 재심결정에 대하여 사용자나 근로자는 재심판정서를 송달받은 날부터 15일 이내에 행정소송법의 규정에 따라 소를 제기할 수 있다(근로기준법 제31조 제2항).

라. 해양수산부장관의 검사 · 확인 · 검정

해양수산부장관 또는 그 대행검사기관의 검사, 확인, 검정에 대하여 불복이 있는 자는 그 검사 등의 결과에 관한 통지를 받은 날부터 90일 내에 해양수산부장관에게 재검사, 재확인, 재검정을 신청하고 그 재검사 등의 결정서를 받은 날부터 90일 내에 소를 제기하여야 한다.

제 4 장 행정심판 절차의 개요

Ⅰ. 심판청구서의 제출

행정심판을 청구하려는 자는 심판청구서를 작성하여 피청구인이나 위원회에 제출하여야 한다. 이 경우 피청구인의 수만큼 심판청구서 부본을 함께 제출하여야 한다(법 제23조). 심판청구 기간을 계산할 때에는 피청구인이나 위원회에 심판청구서가 제출되었을 때에 행정심판이 청구된 것으로 본다.

Ⅱ. 답변서 송달

1. 피청구인에게 심판청구서가 제출된 경우

가. 위원회에 답변서 제출

피청구인이 심판청구서를 접수하거나 송부 받으면 10일 이내에 심판청구서와 답변서를 위원회에 보내야 한다. 다만, 청구인이 심판청구를 취하한 경우에는 그러하지 아니하다. 피청구인이 심판청구서를 보낼 때에는 심판청구서에 위원회가 표시되지 아니하였거나 잘못 표시된 경우에도 정당한 권한이 있는 위원회에 보내야 한다. 답변서를 보낼 때에는 청구인의 수만큼 답변서 부본을 함께 보내되, 답변서에는 처분이나 부작위의 근거와 이유, 심판청구의 취지와 이유에 대응하는 답변 사항을 명확하게 적어야 한다(법 제24조).

나. 처분의 상대방에게 송달

피청구인은 처분의 상대방이 아닌 제3자가 심판청구를 한 경우에는 지체 없이 처분의 상대방에게 그 사실을 알려야 한다. 이 경우 심판청구서 사본을 함께 송달하여야 한다. 이 경우에 피청구인은 송부 사실을 지체 없이 청구인에게 알려야 한다(법 제24조).

다. 중앙행정심판위원회에서 심판하는 경우

중앙행정심판위원회에서 심리 · 재결하는 사건인 경우 피청구인은 심판청구서를 접수하거나 송부받으면 10일 이내에 심판청구서와 답변서를 위원회에 보내야 하는데, 심판위원회에 심판청구서 또는 답변서를 보낼 때에는 소관 중앙행정기관의장에게도 그 심판청구 · 답변의 내용을 알려야 한다.

라. 피청구인의 직권취소 등

피청구인이 청구인이나 위원회로부터 심판청구서를 받은 때에 그 심판청구서가 이유 있다고 인정하면 심판청구의 취지에 따라 직권으로 처분을 취소·변경하거나 확인을 하거나 신청에 따른 처분을 할 수 있다. 이 경우 서면으로 청구인에게 알려야 한다. 피청구인이 직권취소 등을 하였을 때에는 청구인이 심판청구를 취하한 경우가 아니면 심판청구서·답변서를 보낼 때 직권취소 등의 사실을 증명하는 서류를 위원회에 함께 제출하여야 한다.

2. 위원회에게 심판청구서가 제출된 경우

가. 심판청구서 부본을 피청구인에게 송부

위원회가 심판청구서를 받으면 지체 없이 피청구인에게 심판청구서 부본을 보내야 한다(법 제26조 제1항).

나. 답변서 부본을 청구인에게 송달

위원회는 피청구인으로부터 답변서가 제출되면 답변서 부본을 청구인에게 송달하여야 한다(법 제26조 제2항).

3. 제3자가 심판청구를 한 경우

위원회는 처분의 상대방이 아닌 제3자가 심판청구를 한 경우에는 지체 없이 처분의 상대방에 알려야 하고 이 경우 심판청구서 사본을 함께 송달해야 하며, 위원회는 송부사실을 지체 없이 청구인에게 알려야 한다.

Ⅲ. 보충서면 제출

청구인이 피청구인의 답변내용에 대한 반박을 하거나 이전의 주장을 보완하고자 할 경우에는 보충서면을 작성하여 제출하면 된다.

Ⅳ. 행정심판의 심리

사실관계 및 법률관계를 명백히 하기 위하여 행정심판위원회가 제3자적 입장에서 당사자 및 관계인의 주장과 반박을 듣고 증거 그 밖의 자료를 수집·조사하는 일련의 절차를 말한다. 이러한 행정심판의 심리는 행정심판위원회의 권한에 속하고 있다.

1. 심리기일

심리기일이란 사건에 대한 검토가 완료되어 행정심판위원회가 심판의 대상이 된 처분 등의 위법·부당여부를 판단하는 기일이다. 심리기일이 정해지면 청구인에게 통지를 한다.

2. 구술심리

위원회에 직접 참석하여 진술을 하고자 하는 경우 구술심리 신청을 할 수 있다. 구술심리 신청이 받아들여지면 회의에 직접 출석하여 진술할 수 있다. 구술심리 신청은 행정심판 청구시 또는 행정심판 진행 중에 할 수 있다.

3. 구체적 내용

가. 자료제출 요구권

위원회는 사건 심리에 필요하면 관계행정기관이 보관중인 관련 문서, 장부, 그 밖에 필요한 자료를 제출할 것을 요구할 수 있다.

나. 의견진술 및 의견서제출 요구권

위원회는 필요하다고 인정하면 사건과 관련된 법령을 주관하는 행정기관이나 그 밖의 행정기관의장 또는 그 소속 공무원에게 위원회 회의에 참석하여 의견을 진술할 것을 요구하거나 의견서를 제출할 것을 요구할 수 있으며, 관계행정기관의장은 특별한 사정이 없으면 위원회의 요구에 따라야 한다. 그리고 중앙행정심판위원회에서 심리·재결하는 심판청구의 경우 소관 중앙행정기관의장은 의견서를 제출하거나 위원회에 출석하여 의견을 진술할 수 있다.

V. 행정심판의 재결

재결이란 행정심판청구사건에 대하여 행정심판위원회가 심리, 의결한 내용에 따라 행정심판위원회가 행하는 종국적 판단인 의사표시를 말한다.

1. 재결기간

재결은 피청구인 또는 위원회가 심판청구서를 받은 날부터 60일 이내에 하여야 한다. 다만, 부득이한 사정이 있는 경우에는 위원장이 직권으로 30일을 연장할 수 있다. 다만 연장할 경우에는 재결기간이 끝나기 7일 전까지 당사자에게 알려야 한다(법 제45조). 위의 재결기간에 보정기간은 산입되지 않는다.

행정심판법이 재결기간을 명문으로 규정한 것은 행정법관계의 조속한 확정과 신속한 심리, 재결을 도모하기 위한 것이다. 그러나 이러한 재결기간은 훈시규정으로 보기 때문에 기간이 경과한 후에 재결이 이루어지더라도 효력을 갖는다.

2. 재결의 형식

재결은 서면으로 하여야 하고 재결서에는 ① 사건번호와 사건명, ② 당사자 · 대표자 또는 대리인의 이름과 주소, ③ 주문, ④ 청구의 취지, ⑤ 이유, ⑥ 재결한 날짜 등이 포함되어야 하고, 재결서에 적는 이유에는 주문 내용이 정당하다는 것을 인정할 수 있는 정도의 판단을 표시하여야 한다(법 제46조). 즉 재결의 기초가 되는 사실자료를 기초로 증거에 의하여 사실관계를 인정하고 그에 관한 법률의 해석, 적용을 명백히 하고 주문에 나타난 판단의 경로를 구체적으로 표시하여야 한다.

3. 재결의 송달과 공고 등

가. 재결의 송달과 효력발생

(1) 위원회가 재결을 한 때에는 위원회는 지체 없이 당사자에게 재결서의 정본을 송달하여야 한다. 이 경우 중앙행정심판위원회는 재결 결과를 소관 중앙행정기관의 장에게도 알려야 한다(법 제46조 제1항).

(2) 위원회는 재결서의 등본을 지체 없이 참가인에게 송달하여야 한다(법 제46조 제3항).

(3) 처분의 상대방이 아닌 제3자가 심판청구를 한 경우 위원회는 재결서의 등본을 지체 없이 피청구인을 거쳐 처분의 상대방에게 송달하여야 한다(법 제46조 제4항).

(4) 법령의 규정에 따라 공고 · 고시한 처분이 재결로써 취소되거나 변경되면 처분을 한 행정청은 지체 없이 그 처분이 취소 또는 변경되었다는 것을 공고하거나 고시하여야 한다(법 제49조 제4항)

(5) 법령의 규정에 따라 처분의 상대방 외의 이해관계인에게 통지된 처분이 재결로써 취소되거나 변경되면 처분을 한 행정청은 지체 없이 그 이해관계인에게 그 처분이 취소 또는 변경되었다는 것을 알려야 한다(법 제49조 제5항).

(6) 재결은 청구인에게 송달되었을 때에 그 효력이 생긴다(법 제46조 제2항).

나. 공 고

법령의 규정에 따라 공고하거나 고시한 처분이 재결로써 취소되거나 변경되면 처분을 한 행정청은 지체 없이 그 처분이 취소 또는 변경되었다는 것을 공고하거나 고시하여야 한다(법 제49조 제4항). 법령의 규정에 따라 처분의 상대방 외의 이해관계인에게 통지된 처분이 재결로써 취소되거나 변경되면 처분을 한 행정청은 지체 없이 그 이해관계인에게 그 처분이 취소 또는 변경되었다는 것을 알려야 한다(법 제49조 제5항).

제2편

행정심판의 주체

제 1 장 행정심판기관

Ⅰ. 서 설

행정심판기관이란 행정심판의 청구를 수리하여 이를 심리 재결할 수 있는 권한을 가진 행정기관을 말한다. 행정심판기관을 어떻게 설치할 것인가는 행정조직과 행정심판제도의 취지를 감안하여 결정할 문제이다. 종전에는 행정심판의 객관적인 공정성을 도모함으로서 행정심판의 권리구제제도로서의 실효성을 확보하기 위하여 심리 의결기능과 재결기능을 분리시켜 심리 의결기능은 행정심판위원회에 부여하고 재결기능은 재결청에 부여하고 있었다. 그러나 현재는 행정심판위원회가 행정심판사건에 직접 재결토록하여 재결청의 개념을 없애고 처분청에서 답변서를 행정심판위원회에 바로 송부하도록 하는 등 절차를 간소화하고 창구 일원화의 효과를 극대화하여 신속한 권리구제에 기여할 수 있도록 하고 있다.

Ⅱ. 행정심판기관의 법적지위

1. 합의제의결기관

위원회는 심리, 재결의 공정성을 확보하기 위해 합의제의결기관으로 운영된다.

2. 준 사법절차

헌법 제107조 제3항은 행정심판의 절차에서 사법절차가 준용되어야 한다고 규정하고 있다. 즉 사법절차로서 심판기관의 독립성과 제3기관성이 보장되어야 한다.

Ⅲ. 행정심판위원회

1. 의 의

행정심판위원회란 행정청의 처분 또는 부작위에 대한 행정심판청구사건을 심리 · 재결하는 기관이다. 행정심판위원회는 행정심판청구사건의 심리 · 재결에 대한 중추적 기능을 담당하는 합의체 행정청으로서 심리기관과 재결기관의 성격을 동시에 가진다. 행정심판위원회에는

① 행정심판위원회와 ② 중앙행정심판위원회가 있다.

2. 행정심판법상의 행정심판위원회

가. 위원회의 설치

구 분	심리관할(처분청)
중앙행정심판위원회	중앙행정기관(각 부 · 처 · 청 등), 특별시, 광역시 · 도, 중앙행정기관 소속, 특별지방행정기관(지방경찰청, 지방병무청, 지방식품의약품안정청, 지방환경청, 지방고용노동청 등)의 처분 또는 부작위에 대한 심판청구사건
17개 시 · 도 행정심판 위원회	시장 · 군수 · 구청장의 처분 또는 부작위에 대한 심판청구사건
17개 시 · 도 교육청 행정심판위원회	소속 교육장 등의 처분 또는 부작위에 대한 심판청구사건
5개 고등검찰청 행정심판위원회	소속 지방검찰청검사장, 지청장의 처분 또는 부작위에 대한 심판청구사건
4개 지방교정청 행정심판위원회	소속 교도소장, 구치소장의 처분 또는 부작위에 대한 심판청구사건
감사원 행정심판위원회	감사원장의 처분 또는 부작위에 대한 심판청구사건
국가정보원 행정심판위원회	국가정보원장의 처분 또는 부작위에 대한 심판청구사건
방송통신위원회 행정심판위원회	방송통신위원회의 처분 또는 부작위에 대한 심판청구사건
국가인권위원회 행정심판위원회	국가인권위원회 사무처장의 처분 또는 부작위에 대한 심판청구사건
국회사무처 행정심판위원회	국회 사무총장의 처분 또는 부작위에 대한 심판청구사건
법원행정처 행정심판위원회	대법원 및 각급법원의 장, 법원행정처장 등의 처분 또는 부작위에 대한 심판청구사건
헌법재판소 사무처 행정심판위원회	헌법재판소 사무처장의 처분 또는 부작위에 대한 심판청구사건
중앙선거관리위원회 행정심판위원회	중앙선거관리위원장 등의 처분 또는 부작위에 대한 심판청구사건

특별행정심판기관 설치 현황

구 분	설치근거
조세심판원(국무총리)	국세기본법 제67조
관세심사위원회(세관, 관세청)	관세법 제124조
국세심사위원회(세무서, 지방국세청, 국세청)	국세기본법 제66조의2
지방세심의위원회(지방자치단체)	지방세기본법 제141조
중앙해양안전심판원(해양수산부) 지방해양안전심판원(해양수산부)	해양사고의 조사 및 심판에 관한 법률 제3조, 제8조
특허심판원(특허청)	특허법 제132조의2
소청심사위원회(행정자치부)	국가공무원법 제9조
교원소청심사위원회(교육부)	교원의 지위 향상 및 교육활동 보호를 위한 특별법 제7조
중앙군인사소청심사위원회(국방부) 군인사소청심사위원회(각 군 본부) 항고심사위원회(국방부 등)	군인사법 제51조 군인사법 제51조 군인사법 제60조의2
17개 시·도 지방소청심사위원회	지방공무원법 제13조
17개 시·도 교육청 교육소청심사위원회	지방공무원법 제13조
산업재해보상보험심사위원회(근로복지공단)	산업재해보상보험법 제104조
산업재해보상보험재심사위원회(고용노동부)	산업재해보상보험법 제107조
중앙노동위원회(고용노동부)	노동위원회법 제2조
중앙토지수용위원회(국토교통부) 17개 지방토지수용위원회	공익사업을 위한 토지 등의 취득 및 보상에 관한 법률 제49조
고용보험심사위원회(고용노동부)	고용보험법 제99조
중앙선거관리위원회 시·도선거관리위원회	공직선거법 제219조(선거소청)
광업조정위원회(산업통산자원부)	광업법 제92조
건강보험분쟁조정위원회(보건복지부)	국민건강보험법 제89조
국민연금심사위원회(국민연금공단) 국민연금재심사위원회(보건복지부)	국민연금법 제109조 국민연금법 제111조
변호사징계위원회(법무부)	변호사법 제92조
어업재해보상보험심사위원회(해양수산부)	어선원 및 어선재해보상보험법 제60조
공무원연금급여 재심위원회(인사혁신처)	공무원연금법 제80조
군인연금급여재심위원회(국방부)	군인연금법 제5조

	구 분	설 치
1	해당 행정청소속의 행정심판위원회 (제6조 제1항)	1. 감사원, 국가정보원장, 그 밖에 대통령령으로 정하는 대통령 소속기관의 장 2. 국회사무총장 · 법원행정처장 · 헌법재판소사무처장 및 중앙선거관리위원회사무총장 3. 국가인권위원회, 그 밖에 지위 · 성격의 독립성과 특수성 등이 인정되어 대통령령으로 정하는 행정청
2	국민권익위원회에 두는 중앙행정 심판위원회 (제6조 제2항)	1. 제1항에 따른 행정청 외의 국가행정기관의 장 또는 그 소속 행정청 2. 특별시장 · 광역시장 · 특별자치시장 · 도지사 · 특별자치도지사(특별시 · 광역시 · 특별자치시 · 도 또는 특별자치도의 교육감을 포함한다. 이하 "시 · 도지사"라 한다) 또는 특별시 · 광역시 · 특별자치시 · 도 · 특별자치도(이하 "시 · 도"라 한다)의 의회(의장, 위원회의 위원장, 사무처장 등 의회 소속 모든 행정청을 포함한다) 3. 「지방자치법」에 따른 지방자치단체조합 등 관계 법률에 따라 국가 · 지방자치단체 · 공공법인 등이 공동으로 설립한 행정청. 다만, 제3항 제3호에 해당하는 행정청은 제외한다.
3	시 · 도지사 소속으로 두는 행정심판 위원회 (제6조 제3항)	1. 시 · 도 소속 행정청 2. 시 · 도의 관할구역에 있는 시 · 군 · 자치구의 장, 소속 행정청 또는 시 · 군 · 자치구의 의회(의장, 위원회의 위원장, 사무국장, 사무과장 등 의회 소속 모든 행정청을 포함한다) 3. 시 · 도의 관할구역에 있는 둘 이상의 지방자치단체(시 · 군 · 자치구를 말한다) · 공공법인 등이 공동으로 설립한 행정청
4	해당 행정기관의 직근상급행정기관에 두는 행정심판 위원회 (제6조 제4항)	제2항 제1호에도 불구하고 대통령령으로 정하는 국가행정기관 소속 특별지방행정기관의 장의 처분 또는 부작위에 대한 심판청구에 대하여는 해당 행정청의 직근 상급행정기관에 두는 행정심판위원회에서 심리 · 재결한다. 여기서 대통령령으로 정하는 국가행정기관 소속 특별지방행정기관"이란 법무부 및 대검찰청 소속 특별지방행정기관(직근 상급행정기관이나 소관 감독행정기관이 중앙행정기관인 경우는 제외한다)을 말한다.

나. 위원회의 구성

구 분	구 성
행정심판 위원회 (제7조)	① 행정심판위원회(중앙행정심판위원회는 제외한다. 이하 이 조에서 같다)는 위원장 1명을 포함하여 50명 이내의 위원으로 구성한다. ② 행정심판위원회의 위원장은 그 행정심판위원회가 소속된 행정청이 되며, 위원장이 없거나 부득이한 사유로 직무를 수행할 수 없거나 위원장이 필요하다고 인정하는 경우에는 1. 위원장이 사전에 지명한 위원 2. 제4항에 따라 지명된 공무원인 위원(2명 이상인 경우에는 직급 또는 고위공무원단에 속하는 공무원의 직무등급이 높

	은 위원 순서로, 직급 또는 직무등급도 같은 경우에는 위원 재직기간이 긴 위원 순서로, 재직기간도 같은 경우에는 연장자 순서로 한다)의 순서에 따라 위원이 위원장의 직무를 대행한다. 다만 시 · 도지사 소속으로 두는 행정심판위원회의 경우에는 해당 지방자치단체의 조례로 정하는 바에 따라 공무원이 아닌 위원을 위원장으로 정할 수 있다. 이 경우 위원장은 비상임으로 한다. ③ 행정심판위원회의 위원은 해당 행정심판위원회가 소속된 행정청이 다음 각 호의 어느 하나에 해당하는 사람 중에서 성별을 고려하여 위촉하거나 그 소속 공무원 중에서 지명한다.
중앙행정심판위원회(제8조)	① 중앙행정심판위원회는 위원장 1명을 포함하여 70명 이내의 위원으로 구성하되, 위원 중 상임위원은 4명 이내로 한다. ② 중앙행정심판위원회의 위원장은 국민권익위원회의 부위원장 중 1명이 되며, 위원장이 없거나 부득이한 사유로 직무를 수행할 수 없거나 위원장이 필요하다고 인정하는 경우에는 상임위원(상임으로 재직한 기간이 긴 위원 순서로, 재직기간이 같은 경우에는 연장자 순서로 한다)이 위원장의 직무를 대행한다.③ 중앙행정심판위원회의 상임위원은 일반직공무원으로서 「국가공무원법」 제26조의5에 따른 임기제 공무원으로 임명하되, 3급 이상 공무원 또는 고위공무원단에 속하는 일반직공무원으로 3년 이상 근무한 사람이나 그 밖에 행정심판에 관한 지식과 경험이 풍부한 사람 중에서 중앙행정심판위원회 위원장의 제청으로 국무총리를 거쳐 대통령이 임명한다. ④ 중앙행정심판위원회의 비상임위원은 제7조 제4항 각 호의 어느 하나에 해당하는 사람 중에서 중앙행정심판위원회 위원장의 제청으로 국무총리가 성별을 고려하여 위촉한다. ⑥ 중앙행정심판위원회는 심판청구사건중 「도로교통법」에 따른 자동차운전면허 행정처분에 관한 사건(소위원회가 중앙행정심판위원회에서 심리 · 의결하도록 결정한 사건은 제외한다)을 심리 · 의결하게 하기 위하여 4명의 위원으로 구성하는 소위원회를 둘 수 있다.

다. 위원회의 운영

구 분	운 영
행정심판위원회	① 행정심판위원회의 회의는 위원장과 위원장이 회의마다 지정하는 8명의 위원(그중 제4항에 따른 위촉위원은 6명 이상으로 하되, 제3항에 따라 위원장이 공무원이 아닌 경우에는 5명 이상으로 한다)으로 구성한다. 다만, 국회규칙, 대법원규칙, 헌법재판소규칙, 중앙선거관리위원회규칙 또는 대통령령(제6조 제3항에 따라 시 · 도지사 소속으로 두는 행정심판위원회의 경우에는 해당 지방자치단체의 조례)으로 정하는 바에 따라 위원장과 위원장이 회의마다 지정하는 6명의 위원(그중 제4항에 따른 위촉위원은 5명 이상으로 하되, 제3항에 따라 공무원이 아닌 위원이 위원장인 경우에는 4명 이상으로 한다)으로 구성할 수 있다. ② 행정심판위원회는 제5항에 따른 구성원 과반수의 출석과 출석위원 과반수의 찬성으로 의결한다.

	③ 행정심판위원회의 조직과 운영, 그 밖에 필요한 사항은 국회규칙, 대법원규칙, 헌법재판소규칙, 중앙선거관리위원회규칙 또는 대통령령으로 정한다.
중앙행정 심판위원회	① 중앙행정심판위원회의 회의(제6항에 따른 소위원회 회의는 제외한다)는 위원장, 상임위원 및 위원장이 회의마다 지정하는 비상임위원을 포함하여 총 9명으로 구성한다. ② 중앙행정심판위원회 및 소위원회는 구성원 과반수의 출석과 출석위원 과반수의 찬성으로 의결한다. ⑧ 중앙행정심판위원회는 위원장이 지정하는 사건을 미리 검토하도록 필요한 경우에는 전문위원회를 둘 수 있다. ③ 중앙행정심판위원회, 소위원회 및 전문위원회의 조직과 운영 등에 필요한 사항은 대통령령으로 정한다.

3. 행정심판법상 위원

가. 위원의 자격

대한민국 국민이 아닌 사람, 국가공무원법 제33조 각 호의 어느 하나에 해당하는 사람은 제6조에 따른 행정심판위원회의 위원이 될 수 없으며, 위원이 이에 해당하게 된 때에는 당연히 퇴직한다(법 제9조 제4항).

나. 위원의 임기

(1) 행정심판위원회 위원

(가) 행정심판위원회의 위원은(해당 행정심판위원회가 소속된 행정청이 다성별을 고려하여 위촉하거나, 그 소속 공무원 중에서 지명한)의 경우는 그 직에 있는 동안 재임한다(법 제9조 제1항).

(나) 위촉된 위원(해당 행정심판위원회가 소속된 행정청이 위촉하거나, 중앙행정심판위원회 위원장의 제청으로 국무총리가 성별을 고려하여 위촉한)의 임기는 2년으로 하되, 2차에 한하여 연임할 수 있다. 다만, 제6조 제1항 제2호에 규정된 기관에 두는 행정심판위원회의 위촉위원의 경우에는 각각 국회규칙, 대법원규칙, 헌법재판소규칙 또는 중앙선거관리위원회 규칙으로 정하는 바에 따른다(법 제9조 제3항).

(다) 위촉된 위원은 금고(禁錮) 이상의 형을 선고받거나 부득이한 사유로 장기간 직무를 수행할 수 없게 되는 경우 외에는 임기 중 그의 의사와 다르게 해촉(解嘱)되지 아니한다(법 제9조 제5항).

(2) 중앙행정심판위원회 위원

중앙행정심판위원회 상임위원위원(중앙행정심판위원회의 상임위원은 일반직공무원으로서 「국가공무원법」 제26조의5에 따른 임기제공무원으로 임명하되, 3급 이상 공무원 또는 고위공무원단에 속하는 일반직공무원으로 3년 이상 근무한 사람이나 그 밖에 행정심판에 관한 지식과 경험이 풍부한 사람 중에서 중앙행정심판위원회 위원장의 제청으로 국무총리를 거쳐 대통령이 임명한다)의 임기는 3년으로 하며, 1차에 한하여 연임할 수 있다(법 제9조 제3항).

다. 위원의 제척 · 기피 · 회피

(1) 개 설

행정심판법은 위원에 대한 제척, 기피, 회피 제도를 두고 있다. 이는 행정심판청구사건에 대한 위원회의 심판청구사건을 심리 · 재결함에 있어서 그 공정성을 보장하기 위한 것이다. 민사소송법과 형사소송법의 경우와 같이 행정심판위원회 및 중앙행정심판위원회의 위원에 제척 · 기피 · 회피 제도를 두고 있을 뿐만 아니라 위원회의 심리 · 재결에 관한 사무에 관하여는 '직원'에게도 이를 준용하고 있다(법 제10조 제7항).

(2) 제 척

(가) 의 의

제척이란 위원 등이 당사자 또는 사건의 내용과 특수 관계가 있는 경우에 그 사건에 관하여 그 직무집행을 할 수 없도록 하는 것을 말한다.

(나) 제척사유

행정심판법은 제척사유로 ① 위원 또는 그 배우자나 배우자이었던 사람이 사건의 당사자이거나 사건에 관하여 공동 권리자 또는 의무자인 경우, ② 위원이 사건의 당사자와 친족이거나 친족이었던 경우, ③ 위원이 사건에 관하여 증언이나 감정(鑑定)을 한 경우, ④ 위원이 당사자의 대리인으로서 사건에 관여하거나 관여하였던 경우, ⑤ 위원이 사건의 대상이 된 처분 또는 부작위에 관여한 경우를 규정하고 있다(법 제10조 제1항).

(다) 제척신청

위원에 대한 제척신청이나 기피신청은 그 사유를 소명(疏明)한 문서로 하여야 한다. 다만, 불가피한 경우에는 신청한 날부터 3일 이내에 신청 사유를 소명할 수 있는 자료를 제출하여야 한다. 제척신청이나 기피신청이 제3항을 위반하였을 때에는 위원장은 결정으로 이를 각하한다(법 제10조 제3항, 제4항).

(라) 효 과

제적사유가 있는 위원이 관여한 심리, 의결은 본질적인 절차상의 하자가 있으므로 무효가 된다. 제척의 효과는 당사자의 주장 여부나 행정심판위원회의 결정 여부에 관계없이 법률상 당연히 발생한다.

(3) 기 피

(가) 의 의

기피란 위원에게 법률상 정하여진 제척원인 이외의 심리 · 의결의 공정을 기대하기 어려운 사정이 있는 경우에 당사자의 신청을 기다려 위원회의 위원장은 위원회의 의결을 거치지 아니하고 결정하여 위원이 심리 · 재결에서 배제되는 것을 말한다(법 제10조 제2항).

(나) 공정을 기대하기 어려운 사정

위원회에게 심리, 의결의 공정을 기대하기 어려운 사정이란 통상인의 판단으로서 위원과 사건과의 관계에서 편파적이고 불공정한 심리, 의결을 하지 않을 까 하는 염려를 일으킬 수 있는 객관적 사정을 의미하므로 주관적인 의혹만으로는 기피사유에 해당하지 않는다.

(다) 기피신청

위원회에 대한 기피신청은 그 사유를 소명한 문서로 하여야 하며, 위원장은 기피신청의 대상이 된 위원에게서 그에 대한 의견을 받을 수 있다(법 제10조 제3항, 제4항).

(라) 효 과

위원장이 위원회의 의결을 거치지 아니하고 행하는 기피의 결정은 제척과 는 달리 형성적이다.

(4) 회 피

(가) 의 의

회피란 위원이 스스로 제척 또는 기피의 사유가 있다고 인정하여 자발적으로 당해 사건의 심리 · 재결을 회피하는 것을 말한다(법 제10조 제6항).

(나) 사유소명

위원장에게 사유소명회의에 참석하는 위원이 회피하고자 하는 위원은 위원장에게 그 사유를 소명하여야 한다(법 제10조 제6항).

(5) 준 용

사건의 심리 · 의결에 관한 사무에 관하여는 위원 아닌 직원에게도 제척 · 기피 · 회피에 관한 규정이 준용된다(법 제10조 제7항).

라. 행정심판위원회의 권한

(1) 개 설

행정심판위원회의 권한으로 중심적인 것은 심판청구사건에 대하여 심리하고 의결하는 권한이다. 그 밖에 심리권에 부수된 권한, 시정조치권, 진술권 등이 있다.

(2) 심 리 권

(가) 의 의

위원회는 행정청으로부터 송부되거나 제출된 행정심판청구사건에 대한 심리권을 가진다.

(나) 심리의 방식

행정심판의 심리는 구술심리나 서면심리로 한다. 다만, 당사자가 구술심리를 신청한 경우에는 서면심리만으로 결정할 수 있다고 인정되는 경우 외에는 구술심리를 하여야 한다(법 제40조 제1항). 심리는 각 심판청구사건을 단위로 하는 것이 원칙이다. 그러나 필요하다고 인정할 때에는 청구를 병합하거나 분리하여 심리할 수 있다. 이는 심리의 능률성과 합리성을 확보하기 위한 것이다.

(다) 심리권에 부수된 권한

행정심판위원회는 심판청구사건에 대한 심리권을 효율적으로 행사하기 위해 여러 부수적인 권한을 갖는다. 이러한 부수적 권한으로 ① 대표자 선정권고(청구인들이 선정대표자를 선정하지 아니한 경우에 위원회는 필요하다고 인정하면 청구인들에게 선정대표자를 선정할 것을 권고할 수 있다. 법 제15조 제1항), ② 청구인의 지위 승계허가권법(심판청구의 대상과 관계되는 권리나 이익을 양수한 자는 위원회의 허가를 받아 청구인의 지위를 승계할 수 있다. 법 제16조 제5항), ③ 대리인허가권(청구인은 법정대리인 외에 위원회의 허가를 받은 자를 대리인으로 선임할 수 있다. 법 제18조 제1항 제5호) ④ 심판참가허가 및 요구권(위원회는 참가신청을 받으면 허가 여부를 결정한다. 법 제20조 제5항, 위원회는 필요하다고 인정하면 그 행정심판 결과에 이해관계가 있는 제3자나 행정청에 그 사건 심판에 참가할 것을 요구할 수 있다. 법 제21조), ⑤청구변경불허가권(위원회는 청구변경 신청에 대하여 허가할 것인지 여부를 결정한다. 법 제29조 제6항), ⑥ 보정명령권(위원회는 심판청구가 적법하지 아니하나 보정(補正)할 수 있다고 인정하면 기간을 정하여 청구인에게 보정할 것을 요구할 수 있다. 법 제32조 제1항) 등이 있다.

(3) 의 결 권

(가) 재결할 내용을 의결할 권한

행정심판위원회는 심판청구사건에 대한 심리를 마치면 그 심판청구에 대하여 재결한 내용을 의결할 권한을 갖는다. 따라서 부적합한 것인 때에는 각하재결, 이유가 없는 것인 때에는 기각재결, 이유가 있는 것인 때에는 인용재결을 한다. 그리고 취소심판청구의 경우는 취소·변경재결, 무효확인 심판청구의 경우는 무효확인재결, 의무이행심판청구의 경우는 의무이행재결을 한다(법 제43조).

(나) 그 밖의 의결권

행정심판위원회는 그 밖에 ① 사정재결(위원회는 심판청구가 이유가 있다고 인정하는 경우에도 이를 인용(認容)하는 것이 공공복리에 크게 위배된다고 인정하면 그 심판청구를 기각하는 재결을 할 수 있다. 법 제44조), ② 집행정지결정권(위원회는 처분, 처분의 집행 또는 절차의 속행 때문에 중대한 손해가 생기는 것을 예방할 필요성이 긴급하다고 인정할 때에는 직권으로 또는 당사자의 신청에 의하여 처분의 효력, 처분의 집행 또는 절차의 속행의 전부 또는 일부의 정지를 결정할 수 있다. 법 제30조 제2항), ③ 취소권(법위원회는 집행정지를 결정한 후에 집행정지가 공공복리에 중대한 영향을 미치거나 그 정지사유가 없어진 경우에는 직권으로 또는 당사자의 신청에 의하여 집행정지 결정을 취소할 수 있다. 법 제30조 제4항)를 결정할 수 있다. ④ 임시처분권(위원회는 처분 또는 부작위가 위법·부당하다고 상당히 의심되는 경우로서 처분 또는 부작위 때문에 당사자가 받을 우려가 있는 중대한 불이익이나 당사자에게 생길 급박한 위험을 막기 위하여 임시지위를 정하여야 할 필요가 있는 경우에는 직권으로 또는 당사자의 신청에 의하여 임시처분을 결정할 수 있다. 법 제31조) 갖는다.

(4) 시정조치요구권

중앙행정심판위원회는 심판청구를 심리·재결함에 있어서 처분 또는 부작위의 근거가 되는 명령 등이 법령에 근거가 없거나 상위법령에 위배되거나 국민에게 과도한 부담을 주는 등 현저하게 불합리하다고 인정되는 경우에는 관계행정기관에 대하여 당해 명령 등의 개정·폐지 등 적절한 시정조치를 요청할 수 있다. 시정요청을 받은 관계행정기관은 정당한 사유가 없는 한 이에 따라야 한다.

(5) 증거조사권

행정심판위원회는 심판청구 사건에 대한 심리를 위하여 필요하다고 인정할 때에는 당사자의 신청이나 직권에 의하여 증거조사를 할 수 있는 권한을 가진다. 위원회는 필요하다고 인정할 때에는 위원회가 소속된 행정청의 직원 또는 다른 행정기관에 촉탁하여 증거조사를 하게 할 수 있고(법 제36조 제2항), 관계행정기관에 대하여 필요한 서류의 제출 또는 의견을 진술할 것을 요구하거나 의견서를 제출할 것을 요구할 수 있다.

(6) 의견제출 · 진술권

중앙행정심판위원회에서 심리 · 재결하는 심판청구의 경우는 소관중앙행정기관의 장은 의견서를 제출하거나 위원회에 출석하여 의견을 진술할 수 있다(법 제35조 제4항).

제 2 장 행정심판의 당사자 및 관계인

Ⅰ. 행정심판의 당사자

1. 서 론

가. 의 의

행정심판도 쟁송이므로 기본적으로 두 당사자의 대립되는 이해관계에 의한다. 행정심판법은 헌법 제107조 제3항의 취지에 따라 행정심판절차의 사법화를 도모하기 위하여 대심구조를 취함을 원칙으로 하고 있으므로 행정심판의 절차는 청구인과 피청구인을 당사자로 하여 이들이 어느 정도 대등한 지위에서 심리를 진행한다.

나. 당사자 적격

특정의 심판사건에서 당사자가 될 수 있는 자격을 말하는 것으로서 유효하게 심판을 수행하고 재결을 받기 위해서는 청구인적격과 피청구인적격이 있어야 한다.

2. 청 구 인

가. 의 의

행정심판의 청구인은 심판청구의 대상인 처분 또는 부작위에 불복하여 그의 취소 또는 변경 등을 구하는 심판청구를 제기하는 자를 말한다. 즉, 행정청의 처분 등에 불복하여 그의 취소 또는 변경을, 처분의 효력 유무 또는 존재 여부에 대한 확인을, 그리고 거부처분이나 부작위에 대하여는 일정한 처분을 각각 구할 '법률상 이익 있는 자'가 청구할 수 있다.

나. 청구인 능력

청구인은 처분의 상대방 또는 제3자에 관계없이 자연인 또는 법인이어야 한다. 그러나 법인격 없는 사단 또는 재단으로서 대표자나 관리인이 있을 때에는 그 이름으로 청구인이 될 수 있다.

다. 청구인 적격

(1) 의 의

청구인 적격이란 구체적 사건의 행정심판절차에서 자신의 권리를 주장하고 심판을 받을 수 있는 정당한 자격을 말한다.

(2) 취소심판의 청구인 적격

(가) 법률상 이익이 있는 자

취소심판은 처분의 취소 또는 변경을 구할 법률상 이익이 있는 자가 청구인 적격을 가진다.

1) 학 설

여기에서 말하는 '법률상 이익'이 무엇을 의미하는 가에 관하여는 견해가 나뉘고 있다.

① 법률상 보호이익설

실정법규의 해석상 청구인이 주장하는 이익이 당해 법규에 의하여 보호되고 있는 것으로 인정되는 경우라고 보는 견해이다.

② 보호가치 있는 이익설

청구인이 주장하는 이익이 처분의 근거가 된 실체법규에 의해 보호되는 이익이 아니라도 쟁송절차에 의하여 보호할 만한 이익이 있으면 법률상 이익이 있다고 보는 견해이다.

2) 소 결

현재는 법률상 보호이익설이 통설 · 판례이나 점차로 보호가치이익설 방향으로 확장추세에 있다. 따라서 법률상 이익이 없는 자가 제기한 취소심판은 부적법한 것으로 그 심판청구는 각하된다.

(나) 처분의 효과가 소멸될 때

행정심판법은 처분의 효과가 기간의 경과, 처분의 집행, 그 밖의 사유로 소멸된 뒤에도 그 처분의 취소로 인하여 회복되는 법률상 이익이 있는 자에게도 청구인 적격을 인정하고 있다.

따라서 처분의 효과 자체는 이미 소멸되었어도 그 처분의 취소로 인해 회복되는 법률상 이익이 있는 경우에는(예컨대 전에 영업정지처분을 받은 경우에는 추후에 다시 위반행위를 하면 가중사유로 작용하게 된다고 할 경우) 청구인 적격이 인정된다. 다만, 그러한 청구인 적격의 인정은 특별한 경우에 해당하므로 청구인이 주장 · 입증하여야 한다.

(3) 무효 등 확인심판의 청구인 적격

(가) 확인을 구할 법률상 이익

1) 무효등확인심판은 처분의 효력 유무 또는 존재 여부의 확인을 구할 법률상 이익이 있는 자가 청구할 수 있다(법 제13조 제2항).

2) 여기에서 말하는 확인을 구할 법률상 이익이라 함은 처분의 효력 유무 또는 존재 여부에 관하여 당사자 사이에 다툼이 있어서 재결로 공권적인 확정을 하는 것이 청구인의 법적 지위의 불안정상태를 제거하기 위해 필요한 경우에 인정된다.

(나) 성 질

행정심판으로서의 무효 등 확인심판은 민사소송에 있어서의 확인의 소와는 달리 항고쟁송의 성질을 갖는다. 그러므로 무효 등 확인심판의 법률상 이익은 그 재결의 결과로서 얻어지는 법적 이익까지 포함하여 종합적 입체적으로 판단하여야 한다는 견해가 있다.

(4) 의무이행심판의 청구인 적격

(가) 처분을 구할 법률상 이익

의무이행심판은 처분을 신청한 자로서 행정청의 거부처분 또는 부작위에 대하여 일정한 처분을 구할 법률상 이익이 있는 자가 청구할 수 있다(법 제13조 제3항).

(나) 관계법규 및 헌법규정

1) 관계법규

이때의 법률상의 이익이 인정되기 위해서는 청구인이 권리로서 일정한 내용의 행정작용을 신청할 수 있는 것이 관계법규에 의해 보장되어야 한다. 그러나 이 경우에도 개인은 행정청에 대하여 특정처분을 구할 수 있는 것은 아니다. 그 신청의 대상행위가 기속행위인 때에는 특정한 처분을 구할 권리가 인정되지만, 재량행위인 경우에는 행정기관의 재량권이 영으로 수축되는 경우 이외에는 단지 어떠한 내용이든 재량행위를 행할 것을 청구할 수 있기 때문이다.

2) 헌법 규정

이런 한 처분을 구할 법률상 이익은 헌법의 기본권 규정에서도 도출될 수 있다는 견해도 있다.

라. 청구인의 지위승계

(1) 당연승계

(가) 행정심판을 제기한 후에 청구인이 사망한 경우에는 상속인이나 그 밖에 법령에 따라

심판청구의 대상에 관계되는 권리나 이익을 승계한 자가 청구인의 지위를 승계한다(법 제16조 제1항).

(나) 법인 또는 법인격 없는 사단이나 재단인 청구인이 다른 법인 등과 합병한 때에는 합병후 존속하는 법인 등이나 또는 합병에 의하여 설립된 법인 등이 청구인의 지위를 승계한다(법 제16조 제2항). 이 경우 승계인의 지위를 승계한자는 위원회에 사망 등에 의한 권리 · 이익의 승계 또는 합병사실을 증명하는 서면을 첨부하여 관계행정심판위원회에 제출하여야 한다(법 제16조 제3항).

(2) 지위승계의 허가

(가) 행정심판을 제기된 뒤에 당해 심판청구의 대상인 처분에 관계되는 권리 · 이익을 양수한자는 관계행정심판위원회의 허가를 받아 청구인의 지위를 승계할 수 있다(법 제16조 제5항).

(나) 위원회는 허가여부를 결정하고, 지체 없이 신청인에게는 결정서정본을, 당사자와 참가인에게는 결정서 등본을 송달하여야 한다(법 제16조 제7항).

(3) 지위승계에 대한 이의신청

(가) 지위승계를 허가하지 아니하면 신청인은 결정서 정본을 받은 날부터 7일 이내에 위원회에 이의신청을 할 수 있다(법 제16조 제8항).

(나) 이의신청은 그 사유를 소명하여 서면으로 하여야 한다.

(다) 위원회가 이의신청을 받은 때에는 이를 지체 없이 위원회의 회의에 상정하여야 한다.

(라) 위원회는 이의신청에 대한 결정을 한 후 그 결과를 신청인, 당사자 및 참가인에게 각각 통지하여야 한다(규칙 제13조).

[서식 2] 선정대표자 선정서

■ 행정심판법 시행규칙 [별지 제19호 서식] 〈개정 2012.9.20〉

선정대표자 선정서

접수번호	접수일	

사 건 명	
청 구 인	○○○외 ○명
피 청 구 인	

선정대표자	성명
	주소
	성명
	주소
	성명
	주소

「행정심판법」 제15조 제1항에 따라 위와 같이 선정대표자를 선정합니다.

년 월 일

선정인 (서명 또는 인)

○○행정심판위원회 귀중

첨부서류	없음	수수료 없음

처리 절차		
선정서 작성	➜	접수
선정인		○○행정심판위원회

210mm×297mm[백상지 80g/㎡]

[서식 3] 선정대표자 해임서

■ 행정심판법 시행규칙 [별지 제20호 서식] 〈개정 2012.9.20〉

선정대표자 해임서

접수번호	접수일	

사 건 명	
청 구 인	○○○외 ○명
피 청 구 인	

해 임 된 선 정 대 표 자	성 명	
	주 소	
	성 명	
	주 소	
	성 명	
	주 소	

「행정심판법」 제15조 제5항에 따라 위와 같이 선정대표자를 해임합니다.

년 월 일

해임인 (서명 또는 인)

○○행정심판위원회 귀중

첨부서류	없음	수수료 없음

처리 절차		
해임서 작성	➜	접수
해임인		○○행정심판위원회

210mm×297mm[백상지 80g/㎡]

[서식 4] 대표자등의 자격상실신고서

■ 행정심판법 시행규칙 [별지 제28호 서식] 〈개정 2012.9.20〉

대표자 등의 자격상실신고서

접수번호	접수일	

구 분	[ ] 대표자 [ ] 관리인 [ ] 선정대표자 [ ] 대리인
사 건 명	
청 구 인	성 명
	주 소
피 청 구 인	
대 표 자	성 명
	주 소
자 격 상 실 일	
자격상실 사유	
증 명 방 법	

「행정심판법」 제19조 제2항에 따라 위와 같이 대표자 등의 자격상실을 신고합니다.

년 월 일

신고인 (서명 또는 인)

○○행정심판위원회 귀중

첨부서류	대표자 등의 자격상실을 소명할 수 있는 자료	수수료 없음

처리 절차

신고서 작성	➜	접수
신고인		○○행정심판위원회

210mm×297mm[백상지 80g/㎡]

3. 피청구인

가. 의 의

피청구인은 심판청구를 제기 받은 당사자를 말한다. 피청구인인 행정청은 답변서 제출, 답변서에 대한 보충서면 제출, 증거서류 기타 증거물의 제출, 증거조사나, 구술심리의 신청을 할 수 있다.

나. 피청구인 적격

(1) 행정심판은 처분을 한 행정청(의무이행심판의 경우에는 청구인의 신청을 받은 행정청)을 피청구인으로 하여 청구하여야 한다. 다만, 심판청구의 대상과 관계되는 권한이 다른 행정청에 승계된 경우에는 권한을 승계한 행정청을 피청구인으로 하여야 한다(법 제17조 제1항). 행정청은 국가나 지방자치단체의 기관이므로 원칙적으로 국가나 지방자치단체 등(권리주체)이 피청구인이 되어야 하지만, 행정소송과 마찬가지로 소송기술상의 편의에서 행정청을 피청구인으로 한 것이다.

(2) 행정청은 국가나 지방자치단체의 기관이므로 원칙적으로 국가나 지방자치단체 등 피청구인이 되어야 하지만, 행정소송과 마찬가지로 소송기술상의 편의에서 행정청을 피청구인으로 한 것이다.

다. 피청구인의 경정

(1) 의 의

청구인이 피청구인을 잘못 지정한 경우 또는 행정심판이 청구된 후에 심판청구의 대상과 관계되는 권한이 다른 행정청에 승계된 경우 당사자의 신청에 의하여 또는 직권으로 위원회는 결정으로써 피청구인을 경정(更正)할 수 있다(법 제17조 제2항, 제5항).

(2) 절 차

(가) 위원회는 직권으로 또는 당사자의 신청에 의하여 결정으로써 피청구인을 경정(更正)한다.

(나) 위원회는 피청구인을 경정하는 결정을 하면 결정서 정본을 당사자(종전의 피청구인과 새로운 피청구인을 포함한다)에게 송달하여야 한다(법 제17조 제3항).

(3) 효 과

이러한 결정이 있으면 종전의 피청구인에 대한 심판청구는 취하되고 새피청구인에 대한 심판청구가 처음에 심판청구를 한때에 소급하여 제기된 것으로 간주된다. 피청구인의 경정제도는 행정조직의 복잡성으로 정당한 피청구인을 명확히 판단할 수 없는 경우가 많음을 고려하여 청구인의 권리구제의 길을 확보하는데 그 의의가 있다.

(4) 이의신청

당사자는 결정서 정본을 받은 날부터 7일 이내에 위원회에 이의신청을 할 수 있다(법 제17조 제6항). 이의신청의 처리에 관하여는 제13조, 제14조의 규정을 준용한다(규칙 제14조).

Ⅱ. 행정심판의 관계인

1. 참 가 인

가. 의 의

참가인이란 계속 진행 중인 행정심판절차에 당사자 이외의 제3자가 자기의 권리와 이익을 보호하기 위해 참가하는 것을 말한다. 이때 참가인으로서 참가할 수 있는 자는 심판결과에 대하여 이해관계 있는 제3자 또는 행정청이다.

나. 이해관계 있는 제3자

이해관계가 있는 제3자란 당해 처분 자체에 대하여 이해관계가 있는 자뿐만 아니라(예컨대 체납처분으로서의 공매처분의 목적물인 재산의 소유자) 재결내용에 따라서 불이익을 받게 될 자(예컨대 공매처분의 취소를 구하는 심판청구가 제기된 경우의 당해 공매재산의 매수자)도 포함된다.

> 소송사건에서 당사자의 일방을 보조하기 위하여 보조참가를 하려면 당해 소송의 결과에 대하여 이해관계가 있어야 할 것인 바, 여기서 말하는 이해관계란 사실, 경제상 또는 감정상의 이해관계가 아니라 법률상의 이해관계를 말한다(대법원 1997. 12. 26. 선고 96다51714 판결).

다. 행 정 청

심판청구에 참가할 수 있는 행정청은 당해 처분이나 부작위에 대한 관계행정청을 말한다.

2. 참가의 방법

가. 신청에 의한 참가

(1) 행정심판의 결과에 대하여 이해관계 있는 제3자 또는 행정청은 해당 심판청구에 대한 위원회나 소위원회의 의결이 있기 전까지 그 사건에 대하여 심판참가를 할 수 있다(법 제20조 제1항).

(2) 심판참가를 하려는 자는 참가의 취지와 이유를 적은 참가신청서를 위원회에 제출하여야 한다. 참가신청서를 받은 위원회는 참가신청서 부본을 당사자에게 송달하고 참가신청허가 여부를 결정해서, 지체 없이 신청인에게는 결정서정본을, 당사자와 다른 참가인에게는 결정서 등본을 송달하여야 한다(법 제20조 제2항, 제3항).

(3) 위원회는 기간을 정하여 당사자와 다른 참가인에게 제3자의 참가신청에 대한 의견을 제출하도록 할 수 있으며, 당사자와 다른 참가인이 그 기간에 의견을 제출하지 아니하면 의견이 없는 것으로 본다(법 제20조 제4항).

(4) 위원회는 참가신청을 받으면 허가 여부를 결정하고, 지체 없이 신청인에게는 결정서 정본을, 당사자와 다른 참가인에게는 결정서 등본을 송달하여야 한다(법 제20조 제5항).

(5) 이의신청

신청인은 참가허가여부결정에 대하여 송달받은 날부터 7일 이내에 이의 신청을 할 수 있다(법 제20조 제6항).

나. 요구에 의한 참가

이해관계인의 신청이 없는 경우에도 관계행정심판위원회는 직권으로 이해관계인에 대하여 당해 심판청구에 참가할 것을 요구할 수 있다. 이때 그 요구를 받은 이해관계인은 당연히 참가인이 되는 것이 아니라 참가 여부를 스스로 결정할 수 있으며 그 참가 여부의 의사를 관계행정심판위원회에 통지하여야 한다(법16조 제3항).

3. 참가인의 지위

행정심판절차에서 당사자가 할 수 있는 심판절차상의 행위를 참가인도 할 수 있으므로. 당사자가 위원회에 서류를 제출하거나 위원회가 당사자에게 통지를 할 때에는 참가인에게도 송달되고 통지되어야 한다.

제 3 장 행정심판의 대리인

Ⅰ. 행정심판의 대리인

1. 의 의

심판청구의 당사자인 청구인이나 피청구인은 대리인을 선임하여 심판청구에 관한 행위를 하게 할 수 있다. 이때 그 대리인을 행정심판의 대리인이라 한다.

2. 대리인으로 선임할 수 있는 자

가. 청구인의 경우(법 제18조 제1항)

① 법정대리인

② 청구인의 배우자, 청구인 또는 배우자의 사촌 이내의 혈족

③ 청구인이 법인이거나 청구인 능력 있는 법인 아닌 사단 또는 재단인 경우 그 소속임원직

④ 변호사

⑤ 다른 법률에 따라 심판청구를 대리할 수 있는 자

⑥ 그 밖에 위원회의 허가를 받은 자

나. 피청구인의 경우(법 제18조 제2항)

피청구인은 그 소속직원 또는 변호사, 다른 법률에 따라 심판청구를 대리할 수 있는 자, 그 밖에 위원회의 허가를 받은 자의 어느 하나에 해당하는 자를 대리인으로 선임할 수 있다.

Ⅱ. 대리인의 권한

대리인은 심판청구의 취하를 제외하고는 본인을 위하여 당해사건에 관한 모든 행위를 할 수 있다. 다만 심판청구를 취하하려면 다른 청구인들의 동의를 받아야 하며, 이 경우 동의 받은 사실을 서면으로 소명하여야 한다(법 제18조 제3항).

[서식 5] 대리인 선임 허가신청서

■ 행정심판법 시행규칙 [별지 제26호 서식] 〈개정 2012.9.20〉

대리인 선임 허가신청서

접수번호	접수일	

사 건 명	
청 구 인	성명
	주소
피 청 구 인	
대 리 인 이 될 자	성명
	주소
	주민등록번호(법인등록번호, 외국인등록번호)
선 임 이 유	
대리인과의 관계	
증 명 방 법	

「행정심판법」 제18조 제1항 · 제2항 및 같은 법 시행령 제16조에 따라 위와 같이 대리인 선임허가를 신청합니다.

년 월 일

신청인 (서명 또는 인)

○○행정심판위원회 귀중

첨부서류	없음	수수료 없음

처리 절차

신청서 작성	➜	접수	➜	결정	➜	통지
신청인		○○행정심판위원회		○○행정심판위원회		

210mm×297mm[백상지 80g/㎡]

[서식 6] 대리인 선임서 위임장

■ 행정심판법 시행규칙 [별지 제25호 서식] 〈개정 2012.9.20〉

대리인 선임서(위임장)

접수번호	접수일	

사 건 명	
청 구 인	성명
	주소
피 청 구 인	
대 리 인 이 될 자	성명
	주소
	주민등록번호(법인등록번호, 외국인등록번호)
선 임 이 유	
대리인과의 관 계	
증 명 방 법	

「행정심판법」 제18조에 따라 위와 같이 대리인을 선임합니다.

년 월 일

선임인 (서명 또는 인)

○○행정심판위원회 귀중

첨부서류	없음	수수료 없음

처리 절차

선임서 작성	→	접수
선임인		○○행정심판위원회

210mm×297mm[백상지 80g/㎡]

제3편

행정심판 절차

제 1 장　행정심판의 청구

제 2 장　행정심판의 심리

제 3 장　행정심판의 재결

제 4 장　행정심판의 고지

제 5 장　행정심판의 특별절차

제1장 행정심판의 청구

Ⅰ. 서 론

행정심판의 첫 단계는 청구인이 심판청구서를 피청구인인 행정청 또는 소관행정심판위원회에 제출함으로서 이루어진다. 청구인이 신청서를 작성하여 제출하는 방법에 의하는 것이 원칙이므로 행정심판을 청구할 경우에는 신청서를 행정청 또는 행정심판위원회에 제출하여야 한다. 신청서를 제출할 경우 후술하는 필요적 기재사항을 모두 기재하고 신청인 또는 대리인이 기명날인 또는 서명해야 한다.

당사자가 심판청구서를 제출하지 아니하면 행정심판위원회는 재결절차를 개시할 수 없고 그 재결의 범위도 당사자가 주장하는 범위 안에서 하여야 하므로 형사소송을 제외한 민사, 행정, 가사, 행정심판 등의 소송에 있어서는 심판청구서를 어떻게 작성하느냐가 매우 중요한 의미를 가진다. 심판청구서가 제출되면 행정심판위원회위원장은 심판청구서를 심사하여 흠결이 있으면 그 보정을 명하고, 흠결이 없거나, 신청인이 보정을 하면 심판판기일을 지정하게 되는데 재판장은 심판청구서를 대함으로서 비로써 당사자가 청구하는 청구취지, 청구원인 등이 무엇인지 알게 되고 그에 따라 어느 부분이 쟁점이며 쟁점을 어떻게 정리해 나갈 것인가 준비를 하게 되므로 심판청구서를 처음에 어떻게 작성하느냐는 매우 중요하다.

행정심판은 행정소송이나 민사소송등과는 다르나 그 절차는 민사소송의 절차에 따르게 되어 있으므로 신청서 작성방법으로는 대체로 민사소장과 같이 ① 표제, ② 청구인, 피청구인의 성명, 주소, 전화번호, ③ 법정대리인의 성명, 주소, 전화번호, ④ 사건명, ⑤ 청구취지, ⑥ 청구원인, ⑦ 입증방법, ⑧ 첨부서류, ⑨ 작성연월일, ⑩ 청구인의 표시 · 날인, ⑪ 소관행정심판위원회를 기재하고 소송자료를 첨부하면 된다.

Ⅱ. 행정심판청구의 제기

1. 의 의

행정심판은 제기는 ① 청구인 적격이 있는 자가 처분청 등을 피청구인으로 하여, ② 심판청구사항인 구체적인 처분이나 부작위를 대상으로, ③ 청구기간 내에, ④ 소정의 방식을 갖추어, ⑤ 처분청 또는 관할 행정심판위원회에 제기하여야 한다.

행정청의 잘못된 고지 또는 불고지

행정청이 처분을 서면으로 하는 경우에는 그 상대방에게 처분에 대하여 행정심판을 청구할 수 있는지, 행정심판을 청구하는 경우의 심판청구절차 및 심판청구기간을 알려주도록 규정하고 있다(법 제58조 제1항). 그럼에도 불구하고 행정청이 이러한 고지를 하지 않거나 잘못 알려서 청구인이 심판청구서를 다른 행정기관에 제출한때에는 당해 행정기관은 그 심판청구서를 지체 없이 정당한 권한 있는 피청구인에게 송부하여야 한다(법 제23조 제2항). 이 경우에는 처음의 제출기관에 심판청구서가 제출된 때에 심판청구가 제기된 것으로 본다(법 제23조 제3항). 문제는 고지의 대상이 아닌자가 다른 행정기관에 심판청구서를 제출한 경우에 대하여는 명문규정이 없다. 그러나 이러한 경우에도 당해 행정기관은 지체 없이 정당한 권한 있는 행정기관에 심판청구서를 송부하여야 할 것이고, 그 경우에는 처음의 행정기관에 심판청구서가 제출된 때에 심판청구가 제기된 것으로 보아야 한다(대법원 1975. 12. 24. 선고 74누134 판결).

2. 행정심판의 제기요건

행정심판의 제기요건은 본안심리를 받기 위한 요건으로 이러한 심판청구의 제기요건들은 행정심판을 청구하는 데에 필요한 형식적 요건으로서 요건심리 결과 그 요건들이 충족되지 않는 심판청구는 부적법한 심판청구로서 각하를 받게 된다.

가. 청 구 인

심판청구의 청구인이 될 수 있는 것은 당해 심판청구에 대하여 법률상 이익이 있는 자로서, 청구인은 당해 심판청구의 대상인 처분이나 부작위의 상대방 또는 제3자에 관계없이 자연인 또는 법인을 모두 포함한다.

나. 심판청구의 대상

(1) 행정청의 위법 또는 부당한 처분

행정청의 처분 또는 부작위에 대하여는 다른 법률에 특별한 규정이 있는 경우 외에는 이 법에 따라 행정심판을 청구할 수 있다. 대통령의 처분 또는 부작위에 대하여는 다른 법률에서 행정심판을 청구할 수 있도록 정한 경우 외에는 행정심판을 청구할 수 없다(법 제3조 제1항, 제2항).

(2) 행정청의 처분

행정청의 처분이란 행정청이 행하는 구체적 사실에 관한 법집행으로서의 공권력행사를 의미하고, 공권력행사란 행정청에 의한 공법행위 내지 우월한 일반적의사의 발동으로 행하는 단독행위를 말하므로 행정청이 상대방과 대등한 지위에서 하는 공법상계약이나, 행정입법, 공법상합동행위, 행정청의 사법상행위, 대외적으로 아무런 법적효과도 발생하지 않는 내부적 행위, 알선 · 권유 · 장려 · 권장 등 행정지도나 단순한 사실행위 등은 행정심판의 대상에 포함되지 않는다.

다. 심판청구기간

(1) 개 설

(가) 의 의

행정심판의 청구는 소정의 청구기간 내에 제기하여야 한다. 심판청구기간에 관한 문제는 '취소심판청구'와 '거부처분에 대한 의무이행심판청구'에만 해당된다. 무효등확인심판과 부작위에 대한 의무이행심판청구는 그 성질에 비추어 청구기간의 제한이 배제되기 때문이다.

(나) 입법 취지

행정심판법이 처분을 다투는 심판청구에 기간의 제한을 두는 것은 처분은 그 상대방뿐만 아니라 일반대중과 이해관계가 크기 때문에 처분의 효과 등 법률관계를 가능한 빨리 안정시키기 위해서이다.

(2) 원칙적인 심판청구기간

(가) 행정심판은 처분이 있음을 알게 된 날부터 90일 이내에 청구하여야 하고(법 제27조 제1항), 처분이 있었던 날부터 180일이 지나면 청구하지 못한다. 다만, 정당한 사유가 있는 경우에는 그러하지 아니하다(법 제27조 제3항). 위 90일의 청구기간은 불변기간(不變期間)으로 한다(법 제27조 제4항). 따라서 직권조사사항이다. 이들 두 기간 중 어느 하나라도 기간이 지나면 행정심판청구를 제기하지 못한다.

(나) 처분이 있음을 알게 된 날

'처분이 있음을 알게 된 날'이란 통지 · 공고 기타의 방법에 의하여 그 처분이 있었던 사실을 현실적으로 안 날을 의미 한다.

(다) 처분을 서면으로 하는 경우에는 그 서면이 상대방에게 도달한 날, 공시송달의 경우는 서면이 상대방에게 도달한 것으로 간주되는 날을 말한다. 그러나 처분이 공고 또는 고시의

방법으로 통지하는 경우에 상대방이 이러한 처분 또는 공고를 보지 못한 경우라도 고시를 보지 못한 경우에는 행정업무의 효율적 운영에 관한 규정 제6조 제3항에서 '특별규정이 있는 경우를 제외하고는 고시 또는 공고가 있은 후에 5일이 경과한 날부터 효력이 발생한다고' 하고 있고, 판례 또한 고시 또는 공고의 효력발생일에 관한 명문규정이 없는 경우에는 사무관리규정이 적용되어 공고 · 고시에 의한 행정처분은 5일이 경과한 후 알았다고 보아야 한다고 하고 있다.

(라) 처분이 있은 날

'처분이 있은 날'이란 처분이 법적으로서 효력을 발생한 날을 말한다(대법원 1977. 11. 22. 선고 77누195 판결).

(3) 예외적인 심판청구기간

(가) 불가항력의 경우

청구인이 천재지변, 전쟁, 사변, 그 밖의 불가항력으로 인하여 90일의 기간 내에 심판청구를 할 수 없었을 때에는 그 사유가 소멸한 날부터 14일(국외에서는 30일) 이내에 행정심판을 청구할 수 있다(법 제18조 제2항). 이 기간은 불변기간이다.

(나) 정당한 사유가 있는 경우

정당한 사유가 있으면 처분이 있은 날로부터 180일을 경과한 뒤에도 심판청구를 제기할 수 있다(법 제18조 제3항). 이때의 정당한 사유란 처분이 있었던 날부터 180일 이내에 심판청구를 하지 못함을 정당화할만한 객관적 사유를 말하며, 불가항력보다 넓은 개념을 의미한다.

(다) 오고지 · 불고지의 경우

행정청이 서면에 의하여 처분을 하는 경우에 그 처분의 상대방에게 행정심판청구에 관한 사항을 고지하도록 되어 있는데, 행정청이 심판청구기간을 처분이 있음을 알게 된 날부터 90일보다 긴 기간으로 잘못 알려줘서 그로인해 청구인이 잘못 알린 기간에 심판청구를 하게 되면 그 심판청구는 90일 내에 제기된 것으로 본다(법 제27조 제5항).

(4) 복효적 행정행위의 심판청구기간

(가) 복효적 행정행위에 있어서 처분의 직접상대방이 아닌 제3자가 행정심판을 제기한 경우에도 심판제기기간은 원칙적으로 처분이 있음을 안 날로부터 90일 이내, 처분이 있은 날로부터 180일 이내로 한다. 따라서 제3자가 처분이 있었음을 안 경우에는 90일의 기간제한이 적용된다.

(나) 그러나 현행법은 처분을 제3자에게 통지하도록 규정하고 있지 않기 때문에 통상적인 경우에는 제3자가 처분이 있었음을 알 수 없다. 따라서 이 경우 행정심판제기기간은 '처분이 있은 날로부터 180일 이내'가 기준이 된다.

(다) 행정처분의 직접 상대방이 아닌 제3자는 일반적으로 처분이 있는 것을 바로 알 수 없는 처지에 있으므로 심판청구기간 내에 심판청구를 제기하지 아니하였다고 하더라도 그 기간 내에 처분이 있는 것을 알았거나 쉽게 알 수 있었기 때문에 심판청구를 제기할 수 있었다고 볼만한 특별한 사정이 없는 한 위 법조항 본문의 적용을 배제할 '정당한 사유가' 있는 경우에 해당한다(대법원 1992. 7. 28. 선고 91누12844 판결).

(5) 특별법상의 심판청구기간

특별법에서는 심판청구기간에 관하여 특별규정을 두는 경우가 많다(국세기본법 등) 이들 특례규정은 행정심판법에 우선한다.

라. 심판청구의 제출절차

(1) 제출기관

행정심판을 청구하려는 자는 심판청구서를 작성하여 피청구인이나 위원회에 제출하여야 한다. 이 경우 피청구인의 수만큼 심판청구서 부본을 함께 제출하여야 한다(법 제23조). 심판청구 기간을 계산할 때에는 피청구인이나 위원회에 심판청구서가 제출되었을 때에 행정심판이 청구된 것으로 본다.

(2) 피청구인에게 심판청구서가 제출된 경우의 처리

(가) 위원회에 답변서 제출

피청구인이 심판청구서를 접수하거나 송부받으면 10일 이내에 심판청구서와 답변서를 위원회에 보내야 한다. 다만, 청구인이 심판청구를 취하한 경우에는 그러하지 아니하다. 피청구인이 심판청구서를 보낼 때에는 심판청구서에 위원회가 표시되지 아니하였거나 잘못 표시된 경우에도 정당한 권한이 있는 위원회에 보내야 한다. 답변서를 보낼 때에는 청구인의 수만큼 답변서 부본을 함께 보내되, 답변서에는 처분이나 부작위의 근거와 이유, 심판청구의 취지와 이유에 대응하는 답변 사항을 명확하게 적어야 한다(법 제24조).

(나) 처분의 상대방에게 송달

피청구인은 처분의 상대방이 아닌 제3자가 심판청구를 한 경우에는 지체 없이 처분의 상대방에게 그 사실을 알려야 한다. 이 경우 심판청구서 사본을 함께 송달하여야 한다. 이 경우에 피청구인은 송부 사실을 지체 없이 청구인에게 알려야 한다(법 제24조).

(다) 중앙행정심판위원회에서 심판하는 경우

중앙행정심판위원회에서 심리 · 재결하는 사건인 경우 피청구인은 심판청구서를 접수하거나 송부받으면 10일 이내에 심판청구서와 답변서를 위원회에 보내야 하는데, 심판위원회에 심판청구서 또는 답변서를 보낼 때에는 소관 중앙행정기관의장에게도 그 심판청구 · 답변의 내용을 알려야 한다.

(라) 피청구인의 직권취소 등

피청구인이 청구인이나 위원회로부터 심판청구서를 받은 때에 그 심판청구서가 이유 있다고 인정하면 심판청구의 취지에 따라 직권으로 처분을 취소 · 변경하거나 확인을 하거나 신청에 따른 처분을 할 수 있다. 이 경우 서면으로 청구인에게 알려야 한다. 피청구인이 직권취소 등을 하였을 때에는 청구인이 심판청구를 취하한 경우가 아니면 심판청구서 · 답변서를 보낼 때 직권취소 등의 사실을 증명하는 서류를 위원회에 함께 제출하여야 한다.

(3) 위원회에게 심판청구서가 제출된 경우

(가) 심판청구서 부본을 피청구인에게 송부

위원회가 심판청구서를 받으면 지체 없이 피청구인에게 심판청구서 부본을 보내야 한다(법 제26조 제1항).

(나) 답변서 부본을 청구인에게 송달

위원회는 피청구인으로부터 답변서가 제출되면 답변서 부본을 청구인에게 송달하여야 한다(법 제26조 제2항).

(4) 제3자가 심판청구를 한 경우

위원회는 처분의 상대방이 아닌 제3자가 심판청구를 한 경우에는 지체 없이 처분의 상대방에 알려야 하고 이 경우 심판청구서 사본을 함께 송달해야 하며, 위원회는 송부 사실을 지체 없이 청구인에게 알려야 한다.

Ⅲ. 행정심판청구서의 작성

1. 심판청구의 방식

가. 서면주의

(1) 의 의

행정심판청구는 일정한 사항을 기재한 서면(심판청구서)으로 한다. 심판청구를 서면으로만 하게 한 것은 청구의 내용을 명확하게 하고 구술로 하는 경우에 생길 수 있는 지체와 복잡을 피하는데 있다. 따라서 일정사항을 기재하여 서면으로 하는 요식행위이며, 서면심리주의이다. 입법론적으로는 심판청구인의 편의를 위하여 일정한 경우에 구술로 제기하는 특례가 검토되어야 한다는 의견도 있다.

행정심판청구는 행정관청에 비치된 양식을 사용하는 것이 편리하다. 이는 비치된 양식을 사용하지 아니하였다고 하여 청구서로서의 효력이 없는 것은 아니지만 양식을 사용할 경우 아래에서 설명하는 필수적 기재사항을 빠뜨릴 위험성이 적기 때문이다.

▶ 행정심판청구서를 2부 작성하여 처분청(처분을 한 행정기관)이나 국민권익위원회(서울종합민원사무소 또는 세종청사 종합민원상담센터)에 제출하면 된다. 행정심판청구서는 본 사이트의 행정심판 관련서식란(위원회 자료/행정심판)에서 다운받아 작성하시거나 처분청이나 국민권익위원회(서울종합민원사무소 또는 세종청사 종합민원상담센터)에서 교부받아 작성하면 된다.

(2) 전자정보처리조직을 통한 방식(법 제52조)

행정심판 절차를 밟는 자는 심판청구서와 그 밖의 서류를 전자문서화 하고 이를 정보통신망을 이용하여 위원회에서 지정ㆍ운영하는 전자정보처리조직(행정심판 절차에 필요한 전자문서를 작성ㆍ제출ㆍ송달할 수 있도록 하는 하드웨어, 소프트웨어, 데이터베이스, 네트워크, 보안요소 등을 결합하여 구축한 정보처리능력을 갖춘 전자적 장치를 말한다. 이하 같다)을 통하여 제출할 수 있다. 제출된 전자문서는 제출된 것으로 보며, 부본을 제출할 의무는 면제된다. 제출된 전자문서는 그 문서를 제출한 사람이 정보통신망을 통하여 전자정보처리조직에서 제공하는 접수번호를 확인하였을 때에 전자정보처리조직에 기록된 내용으로 접수된 것으로 본다.

나. 심판청구서의 기재사항

(1) 필요적 기재사항

행정심판 청구서에는 ① 청구인의 이름과 주소 또는 사무소, ② 피청구인과 위원회, ③ 심판청구의 대상이 되는 처분의 내용, ④ 처분이 있었음을 알게 된 날, ⑤ 심판청구의 취지와 이유, ⑥ 심판청구인의 행정심판고지 유무와 그 내용을 반드시 기재하여야 한다. 부작위에 대한 심판청구의 경우에는 위의 ①·②·⑤의 사항과 그 부작위의 전제가 되는 신청의 내용과 날짜를 적어야 하며 청구인이 법인이거나 능력 있는 비법인사단 또는 재단이거나 행정심판이 선정대표자나 대리인에 의하여 청구되는 것일 때에는 위 사항과 함께 그 대표자·관리인·선정대표자 또는 대리인의 이름과 주소를 적어야 한다. 또한, 심판청구서에는 청구인·대표자·관리인·선정대표자 또는 대리인이 서명하거나 날인하여야 한다. 이들을 결한 경우 보정을 명할 수 있고, 그렇지 않는 경우에는 각하하게 된다(법 제28조). 비록 행정심판청구서라는 명칭을 사용하지 아니하고 이의 신청 등의 용어를 사용한 경우에도 이들 적법한 행정심판청구로 보아야 하며, 기타 내용에 미비한 사항이 있더라도 보정이 가능한 때에는 보정을 명하여야 하며, 보정명령에 따르지 아니하거나 보정이 불가능한 경우에 한하여 이를 각하하여야 한다.[6]

심판청구서 기재사항

제 목	처분에 대한 심판청구	부작위에 대한 심판청구
당사자	- 청구인의 이름과 주소 또는 사무소 - 피청구인인 행정청과 행정신판위원회	
본 문	- 심판청구의 대상이 되는 처분의 내용 - 처분이 있은 것을 안 날 - 심판청구의 취지와 이유 - 행정청의 행정심판 고지유무와 그 내용	- 심판청구의 취지와 이유 - 부작위의 전제가 되는 신청의 내용과 날짜
서명날인	청구인, 대표자, 관리, 선정대표자 또는 대리인이 서명날인	

① 행정심판 청구서에 비록 행정심판청구서라는 명칭을 사용하지 아니하고 이의 신청 등의 다른 용어를 사용했더라도 적법한 행정심판청구로 보아야 한다. 그리고 심판청구서의 기재사항 등에 결함이 있는 경우에는 행정심판위원회는 상당한 기간을 정하여 그 보정을 요구하거나 직권으로 보정할 수 있다. 그러나 보정명령에 따르지 아니하거나 보정이 불가능한 경우에는 이를 각하하여야 한다.

6) 대법원 1993. 6. 29. 선고 92누19194 판결.

② 행정심판청구의 방식은 행정심판법 시행규칙 별지 제30호 서식에 규정되어 있지만, 엄격한 형식을 요하지 아니하는 서면행위이므로 행정청의 위법·부당한 처분으로 인하여 권익을 침해당한 사람이 당해 행정청에 그 처분의 취소나 변경을 구하는 취지의 서면을 제출하였다면 서면의 표제나 형식 여하에 불구하고 행정심판청구로 봄이 타당하다(대법원 1999. 6. 22. 선고 99두2772 판결).

(2) 임의적 기재사항

심판청구서에 기재하지 않아도 각하명령을 받지 않는 사항을 의미한다. 심판청구서 제출 후에 제출하여도 될 사항을 심판청구서를 이용하여 미리 기재한 사항이다. 심판청구서의 표제, 사건의 표시(양도소득세부과처분취소 등), 소송대리인, 작성날짜, 소관행정심판위원회표시 등이 있고 다음과 같은 공격방어방법[7]도 임의적 기재사항이다. 즉 ① 청구요건 판단에 필요한 사실, ② 청구를 이유 있게 하는 사실(광의의 청구원인)과 피청구인이 주장할 것이 명백한 방어방법에 대한 구체적 진술(규칙 제62조), ③ 청구원인에 대응하는 증거방법의 기재(법 254조 제4항) 등이다. 청구인에게 유리한 사유나 증거가 있으면 기재할 수 있으나 이를 기재하지 않더라도 문제가 되지 않는다.

2. 심판청구서의 작성방법

가. 개 설

심판청구서의 기재사항

순번	필요적기재사항	임의적적 기재사항	관행적 기재사항
1			표 제
2	당사자(법정대리인)		
3		청구대리인의 성명과 주소	
4		사건의 표시	
5	청구취지		
6	청구원인	공격 또는 방어의 방법	
7			입증방법의 표시
8		첨부서류의 표시	
9		작성한 날짜	
10		작성자의 기명날인 또는 서명	

7) 청구인이 자기의 청구를 이유 있게 하기 위하여 제출하는 소송자료를 공격방법이라 하고, 피청구인이 청구인의 청구를 배척하기 위해 제출하는 소송자료를 방어방법이라고 한다.

11		소관행정심판위원회의 표시	

(1) 심판청구서에는 필요적으로 기재하여야 할 당사자, 법정대리인, 청구취지 및 청구원인을 기재하는 외에 당사자 표시에 있어서 주소뿐 아니라 청구인의 연락처가 필수적으로 기재되어야 한다(필요적 기재사항). 또한 청구서에는 준비서면에 관한 규정이 준용되므로(민소 제249조 제2항), 청구대리인의 성명과 주소를 기재하여야 하는데 당사자 표시와 마찬가지로 대리인의 주소 이외에 전화번호 등을 기재할 수 있으며, 청구인의 청구를 이유 있게 하기 위한 자료인 공격방법을 기재할 수도 있다(임의적 기재사항).

(2) 실무상 심판청구서에는 크게 표지부분, 행정심판청구서부분, 별지 부분으로 구성되는데, 표지 부분은 관례적으로 붙이는 부분이고, 별지 부분은 별지를 써야 할 경우에만 붙인다. 청구서 부분에는 순서대로 ① 표제, ② 청구인 · 피청구인의 성명, 주소, 전화번호, ③ 법정대리인의 성명, 주소, 전화번호, ④ 사건명, ⑤ 청구취지, ⑥ 청구원인, ⑦ 입증방법 ⑧ 첨부서류, ⑨ 작성연월일, ⑩ 청구인의 표시 · 날인, ⑪ 소관행정심판위원회를 기재하고 소송자료를 첨부하면 된다.

(3) 심판청구서의 첨부서류로서 피청구인에게 송달할 부본, 대리 · 대표자격을 증명하는 서류(법정대리인은 가족관계증명서, 법인의 대표자는 법인등기부, 변호사는 위임장)를 제출하여야 한다. 또 부동산에 관한 사건은 그 부동산의 등기사항증명서(2011. 9.부터는 종이등기를 전제로 한 용어가 개편되어 등기부등본이라는 표현도 등기사항증명서로 바뀜), 친족 · 상속관계사건은 가족관계기록사항에 관한 증명서, 어음 또는 수표사건은 그 어음 또는 수표의 사본을 붙여야 한다. 그 외에도 증거로 될 문서 가운데 중요한 것의 사본을 붙여야 한다(규칙 제63조 제2항).

(4) 실제의 심판청구서 형식을 항목별로 표시하면 아래와 같다.

[서식 7] 행정심판 청구서(운전면허취소)

■ 행정심판법 시행규칙 [별지 제30호 서식] 〈개정 2012.9.20〉

행정심판 청구서

접수번호	접수일	

청 구 인	성명 김○○
	주소 서울 ○○구 ○○동 ○○번지, ○○호
	주민등록번호(외국인등록번호) 710502-1048965
	전화번호: 02-523-4567
[ ] 대표자 [ ] 관리인 [ ] 선정대표자 [ ] 대리인	성명
	주소
	주민등록번호(외국인등록번호)
	전화번호
피청구인	서울지방경찰청장
소관 행정심판위원회	[ ] 중앙행정심판위원회 [ ] ○○시·도행정심판위원회 [ ] 기타

처분 내용 또는 부작위 내용	자동차운전면허취소 심판청구
처분이 있음을 안 날	20○○. ○. ○.
청구 취지 및 청구 이유	별지로 작성
처분청의 불복절차 고지 유무	20○○. ○. ○. 통지받음
처분청의 불복절차 고지 내용	
증거서류	

「행정심판법」 제28조 및 같은 법 시행령 제20조에 따라 위와 같이 행정심판을 청구합니다.

년 월 일

청구인 (서명 또는 인)

○○행정심판위원회 귀중

첨부서류	1. 대표자, 관리인, 선정대표자 또는 대리인의 자격을 소명하는 서류(대표자, 관리인,선정대표자 또는 대리인을 선임하는 경우에만 제출합니다.) 2. 주장을 뒷받침하는 증거서류나 증거물	수수료 없음

처리 절차

청구서 작성	➜	접수	➜	재결	➜	송달
청구인		○○행정심판위원회		○○행정심판위원회		

210mm×297mm[백상지 80g/㎡]

[별 지]

청 구 취 지

'피청구인이 20○○. ○. ○. 청구인에 대하여 한 자동차운전면허의 취소처분을 취소한다'라는 재결을 구합니다.

청 구 원 인

1. 청구인은 20○○. ○. ○. 제1종 보통운전면허를 취득하여 운전해오다가 20○○. ○. ○. 서울시장으로부터 개인택시 운송사업면허를 발급받아 운전으로 생계를 이어가고 있는 개인택시 운전자입니다.
2. 청구인은 20○○. ○. ○. 친구 아들이 결혼식에 참석했다가 친구들과 식사를 하면서 약간의 술을 마시고 있던 중 당시 예식장 주차장에 공간이 없어 골목에 주차를 해두었는데 안쪽에 있던 차량의 소유자가 차를 빼달라고 요구하여 골목길이고 약간만 움직이면 될 것 같아 약

7미터 정도 운전하여 차를 빼주게 되었는데 그때 마침 골목 바깥을 지나던 승용차와 접촉하게 되어 음주측정을 하게 된 것이고 전혀 운행을 하기 위한 운전이 아니었습니다.

3. 이와 같이 청구인은 단지 주차 중인 차를 다른 차량의 운행을 위하여 비켜주는 과정이었지 결코 차를 운행하기 위한 운전이 아니었으며, 평생 운전으로 생계를 유지해오고 있어 ○○○일간의 운전면허정지처분은 당장 생계를 위협하고 있는 바, 청구인이 음주하게 된 동기 기타 제반 정상을 참작할 때 피청구인으로부터의 행정처분은 부당하므로 20○○. ○. ○. 정지한 운전면허 행정처분을 취소하여 주시기 바라와 이 사건 신청에 이른 것입니다.

증 거 서 류

1. 갑 제1호증 진술서
1. 갑 제2호증 확인서
1. 갑 제3호증 운전면허취소결정통지서

20○○. ○. ○.

위 청구인 ○ ○ ○ (인)

서울지방경찰청 귀중

[서식 8] 행정심판 청구서(이행강제금부과취소)

■ 행정심판법 시행규칙 [별지 제30호 서식] 〈개정 2012.9.20〉

행정심판 청구서

접수번호	접수일	

청 구 인	성명 홍길동
	주소 서울 ○○구 ○○동 ○○번지, ○○호
	주민등록번호(외국인등록번호) 710502-1048965
	전화번호: 02-523-4567
[ ] 대표자 [ ] 관리인 [ ] 선정대표자 [ ] 대리인	성명
	주소
	주민등록번호(외국인등록번호)
	전화번호
피청구인	○○시장
소관 행정심판위원회	[ ] 중앙행정심판위원회 [✓] ○○시 · 도행정심판위원회 [ ] 기타

처분 내용 또는 부작위 내용	피청구인이 20○○. ○. ○. 청구인에 대하여 한 이행강제금부과결정 처분
처분이 있음을 안 날	20○○. ○.
청구취지 및 청구이유	별지기재와 같음
처분청의 불복절차 고지 유무	행정심판청구에 대한 고지(안내)가 있었음
처분청의 불복절차 고지 내용	이행강제금부과 결정처분에 대한 이의시 행정심판청구방법
증 거 서 류	1) 건축허가서 2) 토지이용계획 3) 이행강제금 부과결정통지

「행정심판법」 제28조 및 같은 법 시행령 제20조에 따라 위와 같이 행정심판을 청구합니다.

20○○년 ○월 ○일

청구인 홍길동 (서명 또는 인)

○○행정심판위원회 귀중

첨부서류	1. 대표자, 관리인, 선정대표자 또는 대리인의 자격을 소명하는 서류(대표자, 관리인,선정대표자 또는 대리인을 선임하는 경우에만 제출합니다.) 2. 주장을 뒷받침하는 증거서류나 증거물	수수료 없음

처리 절차

청구서 작성	➜	접수	➜	재결	➜	송달
청구인		○○행정심판위원회		○○행정심판위원회		

210mm×297mm[백상지 80g/㎡]

[별 지]

청 구 취 지

'피청구인이 20○○. ○. ○. 청구인에 대하여 한 이행강제금 부과결정 처분은 이를 취소한다'라는 재결을 구합니다.

청 구 원 인

1. 이 사건 처분에 이르게 된 경위

(1) 청구인은 경기도 ○○시 ○○동 000-00 대 545㎡(이하 '이 사건 토지'라 합니다)를 복지편익시설 신축계획으로 20○○. ○. 피청구인으로부터 토지 등의 거래계약 허가를 득하여 토지를 취득하였습니다.

(2) 그러나 이 사건 토지는 개발제한 구역 내 집단취락지구에 속하는 고시 이후 대지로 건축허가를 받기 위해서는 일반이축권을 매입한 후 일반이축권을 사용하여 건축허가를 받아야 합니다.

(3) 따라서 청구인은 일반이축권을 매입하려고 다각도로 노력하였지만 이 사건 토지의 행정구역인 ○○시는 일반이축권이 발생할 수 있는 그린벨트 마을이 그린벨트 우선해제 주거지역으로 변경되어 일반이축권이 발생하기 어려워져 건물을 신축하지 못하고 이 사건 토지를 취득할 당시 취득자금부족으로 대출받은 대출금 이자만 납부하여 경제적 어려움만 가중되고 있습니다.

(4) 그 후 청구인은 어렵게 일반이축권을 매입하여 건축허가를 신청하고 있는 중 피청구인은

토지를 허가 받은 목적대로 이용하지 않는다고 하면서 이행강제금을 부과하였습니다.

2. 이 건 처분의 위법 부당성

(1) 피청구인이 이행강제금을 부과하면서 그 이유로 이 사건 토지가 토지거래허가 구역으로 당초 토지거래계약허가신청시의 목적대로 이용하여야 하나 이용하지 아니하고 이 사건 토지를 방치하였다는 것입니다.

(2) 이 사건 이행강제금 부과처분의 이유로 삼기에 부적절한 사항에 대하여 살펴보면 이 사건 토지는 개발제한구역 내 집단취락지구에 속하는 고시 이후 대지로 당초 토지거래계약허가신청시의 목적(복지편익시설)대로 이용하기 위해서는 일반 이축권으로 건축허가를 득하여야만 가능합니다. 일반이축권이란 개발제한구역 고시(1973년)이전부터 타인의 토지에 주택이 건축되어 있어야 하고 이축권 발생시점에도 그 주택이 개발제한구역에 소재하여야 가능합니다.

(3) 그러나 ○○시 전체 개발제한구역내 집단취락지구가 우선해제지역으로 고시되어 주거지역으로 변경됨으로 일반이축권 발생이 매우 어렵게 되었습니다. 그러므로 이 사건 토지에 건축허가를 받기 위해서는 청구인의 의지대로 되는 것이 아니었습니다. 따라서 이 사건 토지를 이용하지 아니하고 방치하였다는 피청구인의 주장은 사실이 아닙니다.

3. 결 론

따라서 이 사건 관련 피청구인의 처분은 위법 부당하므로 취소되어야 합니다.

증 거 서 류

1. 갑 제1호증	건축허가서
1. 갑 제2호증	토지이용계획서
1. 갑 제3호증	이행강제금부과결정통지서

20○○. ○. ○.

위 청구인 ○ ○ ○ (인)

○○도 행정심판위원회 귀중

나. 기재사항

(1) 당사자의 표시

(가) 청구인 · 피청구인

1) 일반적으로 소송에서의 당사자의 표시는 서로 대립관계에 있는 원고와 피고로 표기를 하지만, 행정심판청구에서는 당사자를 청구인과 피청구인으로 표기하며, 여기서 피청구인은 처분청이 된다. 이는 필수적 기재사항이므로 반드시를 기재를 하여야 한다. 청구인의의 표시는 특정인임을 인식할 수 있을 정도로 기재하여야 한다.

2) 청구인이 자연인이면 그 성명, 주소, 주민등록번호를 기재하여야 하는데 통상 청구인의 성명과 주소를 기재하는 것이 보통이다. 주소는 주민등록표상 주소, 거주하는 장소를 기재하여 주소 외에 행정심판 관련서류를 받고자 하는 장소가 있는 경우에는 송달장소란에 기재할 수 있다.

3) 청구인이 여러 명일 경우에는 별도의 용지에 청구인들의 이름, 주민등록번호번호, 주소 등을 각각 기재하여 첨부할 수 있으며, 필요에 따라 3명 이하의 대표자를 선정할 수 있다.

4) 당사자를 잘못 표시한 경우에는 그 정정이 가능한 범위라면 정정할 수 있으나 정정할 수 있는 범위를 벗어나면 법원에 당사자표시정정을 신청하여 허가를 받아야 한다.

[서식 9] 주소변경신고서

주소변경신고서

접수번호	접수일	

사 건 명	(접수번호 20○○ -)		
청 구 인	성명		
피청구인			
신 고 인	성명	청구인과의 관계	
변경 전 주소			
변경 후 주소			

비 고	(주소가 변경된 사람이 청구인인지 대리인 또는 참가인인지 기재)

행정심판 진행 중인 사건에 대하여 위와 같이 주소변경을 신고합니다.

년 월 일

신고인 (서명 또는 인)

중앙행정심판위원회 귀중

첨부서류	없음	수수료 없음

처리 절차		
신청서 작성	➜	접수
신청인		○○행정심판위원회

210mm×297mm[백상지 80g/㎡]

(나) 대 리 인

1) 청구인이 미성년자일 경우에는 변론능력이 없으므로 그의 법정대리인(통상 부모가 된다)를 기재하여야 하며, 법정대리인 기재는 당해 소송이 대리권 또는 소송수행권이 있는 자에 의하여 적법하게 이루어짐을 명백히 하고 송달 등 소송행위를 하는 주체를 표시하는 역할을 하는 것으로 심판청구서의 필요적 기재사항이다. 미성년자인 경우에는 그 법정대리인을 기재하고 법인인 경우에는 대표자를 기재한다.

2) 대리인의 유형은 반드시 기재하여야 한다. 법정대리인은 당사자의 표시 아래에 대리자격을 표시하여 성명과 주소를 기재한다. 대리인이 선임된 사건은 심판진행과정에서 발생하는 각종 통지 및 문서의 송달을 대리인의 주소지나 연락처로 한다.

3) 법인의 경우 상법상 대표이사의 경우처럼 법인등기부상에 대표라는 문언이 포함된 경우에는 대표자의 표시를 함 없이 직명만을 기재하나 그 외에는 대표자라는 표시를 한다.

(다) 법인 또는 단체

1) 법인이나 단체의 이름을 법인/단체명란에 기재하고 대표자의 성명을 대표자 성명란

에 기재하며, 법인이나 단체의 법인번호나 사업자등록번호 또는 대표자 주민등록번호 등을 기재하고 법인번호나 사업자등록번호, 대표자 주민등록번호는 사건진행현황 조회시 필요하다.

2) 법인이 경우에는 그 기관인 대표자 또는 대표이사 등의 인적사항을 함께 기재를 하여야 한다. 법인이나 당사자 능력이 인정되는 사단 또는 재단의 대표자는 실제 심판을 수행할 자연인으로서 법정대리인과 같이 취급되므로 심판청구서의 필요적 기재사항에 해당한다. 대표자가 수인인 경우 공동대표의 정함이 있으면 그 전원을 기재하여야 하나 그렇지 않은 경우에는 각자 대표권이 있으므로 현실적으로 심판을 수행할 1인을 기재하면 된다. 대표자의 자격에 관하여 법률에 규정이 있는 때는 그 법률상의 직명을 기재한다.

3) 주소는 법인인 경우 법인의 주된 사무소가 소재하는 곳(법인등기부상의 주소)를 기재하고, 단체의 경우 단체의 주된 사무소가 소재하는 곳 또는 대표자의 주소를 기재하고, 주소 외에 행정심판 관련서류를 받고자 하는 장소가 있는 경우에는 송달장소란에 기재할 수 있다.

(2) 심판청구 대상인 처분

행정심판청구서에는 어떠한 처분에 대하여 불복하여 취소 또는 변경을 구하는지 특정하여 표시를 하여야 한다. 구체적인 처분의 내용은 나중에 표기를 하여도 되므로 심판청구서에는 간략하게 제목 정도를 표기하여도 충분한데, 쉽게 생각하면 행정소송의 소장을 작성할 때 쓰는 사건명과 동일한 정도의 표기(예를 들어, 운전면허처분 취소를 구하면 경우 - 자동차운전면허 취소처분, 일정한 신청 또는 청구에 대하여 아무런 처분을 하지 않은 경우에는 - 부작위처분)면 된다.

(3) 처 분 일

심판대상인 처분을 알게 된 날을 기재합니다. 문서로서 처분을 통지받은 경우 문서에 기재된 날이 아닌 실제로 처분을 알게 된 날을 기재한다(예를 들어, 행정관청으로부터 2017년 1월 20일부터 2017년 1월 30일까지 처분을 한다는 내용의 문서를 2017년 1월 10일 발송하여 2017. 1월 15일 수령하면 처분일은 2017년 1월 15일이 된다). 다만 처분일을 자세히 알지 못하면 기재하지 않아도 된다.

(4) 심판청구의 취지 기재

(가) 심판청구의 취지는 소장의 청구취지와 마찬가지로 청구인이 궁극적으로 심판청구를 통하여 얻고자 하는 내용을 기재하는 것이라 보면 된다. 일반적으로 원하는 재결의 결론을 간략하게 표기하고 그러한 재결을 구한다는 취지로 표기하면 된다.

따라서 심판청구의 취지는 재결의 취지를 그대로 기재를 하면 되는데, 예를 들어, “피청구인이 2016. 1. 1. 청구인에 대하여 한 자동차운전면허(서울 제1종 보통 0-000000-00호)의 취소처분을 취소하라."는 내용을 기재를 하고 덧붙여 "~라는 재결을 구합니다."라고 기재를 한다.

(나) 청구의 취지가 동일하더라도 청구의 원인이 다르면 청구는 동일하지 않으나 청구취지가 달라도 청구원인이 동일하면 청구는 동일한 것이다. 청구의 취지는 일정하여야 하므로 조건을 붙이지 못한다. 심판취지는 반드시 기재하여야 한다.

[기재례 – 신청취지]

피청구인이 20○○. ○. ○. 청구인에 대하여 한 자동차운전면허의 취소처분을 취소하라. 라는 재결을 구합니다.

(5) 심판청구의 이유

심판청구의 이유는 통상 소송의 청구원인을 기재하는 것이라 보면 된다. 즉, 심판청구의 취지가 상당히 추상적으로 기재되기 때문에, 무슨 이유로 처분의 취소 또는 변경을 구하는 것인지 그 이유를 구체적으로 밝히는 것으로 보면 된다. 결국 심판청구의 취지와 심판청구의 이유가 합쳐서 청구인의 신청하는 내용이 구체적으로 특정되어지는 것이다. 그런데 심판청구의 이유를 기재하는 방법에 대하여는 별도의 형식이 정해져 있는 것은 아니다. 통상 어떠한 경위로 행정청의 처분이 있었는지를 그 경위를 간단히 기재하고, 청구인이 그 처분에 대하여 어떠한 점이 부당하고 위법한 것인지 각 사항별로 그 이유를 설득력 있고 논리적으로 기재를 하여야 한다.

대부분 심판청구서의 이유를 기재하는 나은 협소하여 위와 같은 내용을 모두 기재하는 것이 불가능하기 때문에 별지에 따로 이유를 기재하고, 이 부분 양식의 란에는 "별지와 같음"이라고 표기를 한다.

[기재례 – 신청이유] 자동차운전면허정지처분 취소심판 청구

1. 청구인은 20○○. ○. ○. 제1종 보통운전면허를 취득하여 운전해오다가 20○○. ○. ○. 서울시장으로부터 개인택시 운송사업면허를 발급받아 운전으로 생계를 이어가고 있는 개인택시 운전자입니다.
2. 청구인은 20○○. ○. ○. 친구 아들이 결혼식에 참석했다가 친구들과 식사를 하면서 약간의 술을 마시고 있던 중 당시 예식장 주차장에 공간이 없어 골목에 주차를 해두었는데 안쪽에 있던 차량의 소유자가 차를 빼달라고 요구하여 골목길이고 약간만 움직이면 될 것 같아 약

> 7미터 정도 운전하여 차를 빼주게 되었는데 그때 마침 골목 바깥을 지나던 승용차와 접촉하게 되어 음주측정을 하게 된 것이고 전혀 운행을 하기 위한 운전이 아니었습니다.
>
> 3. 이와 같이 청구인은 단지 주차 중인 차를 다른 차량의 운행을 위하여 비켜주는 과정이었지 결코 차를 운행하기 위한 운전이 아니었으며, 평생 운전으로 생계를 유지해오고 있어 ○○○일간의 운전면허정지처분은 당장 생계를 위협하고 있는 바, 청구인이 음주하게 된 동기 기타 제반 정상을 참작할 때 피청구인으로부터의 행정처분은 부당하므로 20○○. ○. ○. 정지한 운전변허 행정처분을 취소하여 주시기 바라와 이 사건 신청에 이른 것입니다.

(6) 사건의 표시

사건명은 청구취지 및 원인과 아울러 청구의 내용을 요약하여 알려주는 역할을 하는 것으로 필요적 기재사항이 아니지만 청구한 심판을 특정하고 청구한 어떠한 내용인지 알 수 있도록 하는 의미가 있기 때문에 사건을 대표할 제목을 적으면 된다. 예를 들어 토지수용이의재결처분취소 심판청구, 면직무효확인 등 심판청구 등으로 기재하면 된다.

(7) 첨부서류

(가) 행정심판의 이유 부분에서 청구인이 행정청의 처분이 위법 또는 부당함을 이유로 그 취소를 구하는 주장을 하였다면, 그러한 주장이 맞다고 인정할 증거를 제출하여야 한다. 첨부서류를 기재하는 란에는 바로 청구인의 청구를 입증할 증거서류서 제출하는 서류를 제목을 적으면 된다. 행정심판청구서에 이러한 증거를 첨부하여 제출할 경우에는 그 사본을 첨부하는 것으로 충분하다.

(나) 기재방법

① 「입증방법」란에는 이러한 서증들을 첨부한 순서대로 기재하면 된다. 그리고 증명자료로 제출된 서증에 대하여는, 이를 누가 제출한 것인지 알아볼 수 있도록, 그 앞에 일정한 부호를 붙여주어야 하는데, 서증이 둘 이상인 경우에는 첨부한 순서대로 '갑 제1호증(매매계약서)', '갑 제2호증(토지등기부등본)', '갑 제3호증(건물등기부등본)' 등과 같이 기재하여 주면 된다.

② 또한 서증이 상호연관성이 있거나 공통성이 있는 경우 또는 하나의 서증이 여러 장으로 구성되어 있는 경우에는 가지번호를 붙여 구분하면 된다. 예컨대, 첨부할 서증이 동일한 거래처 발행의 여러 장의 영수증인 경우에는 '갑 제1의 1', '갑 제1의 2'와 같은 부호를 붙여주면 되는 것이다.

이러한 입증서류가 원본이 아닌 복사 문서인 경우에는 관행상 서증 하단에 '원본과 상위없음 원고 ○○○㊞'이라고 인증하기도 하지만 이러한 인증 없이 사본인 채로 제시하여도 별 상관은 없으며, 서증 우측 여백에 주로 표시하는 '증제1호증' 등 표시는 수기로 작성하여도 무방하나 실무상 고무인을 주로 사용한다.

(다) 구체적인 기재례

[기재례] 입증방법

입 증 방 법

1. 갑 제1호증의 1	화재증명원
1. 갑 제1호증의 2	화재사실확인원
1. 갑 제2호증의 1 내지 3	건설기계임대차표준계약서
1. 갑 제2호증의 4	거래명세서
1. 갑 제3호증	사건처분결과증명서
1. 갑 제4호증	사진

(8) 작성년월일 및 청구인의 성명과 날인

위와 같이 사항들을 모두 기재한 후 그 아래에 심판청구서를 제출하는 일자와 청구인의 성명을 쓰고 날인하면 되고, 만일 대리인에 의하여 제출되는 경우라는 대리인의 성명을 쓰고 날인하면 된다. 대리인의 표시는 실제의 수행자를 명백히 하고 송달을 용이하게 하기 위하여 요구되는 임의적 기재사항이므로 대리인의 성명과 주소 외에 연락 가능한 전화번호, 팩스번호, 전자우편 주소도 기재하여 법원 및 상대방과의 송달 또는 연락이 용이하도록 하여야 한다. 대리인이 변호사가 아닌 경우에는 자격을 지재할 여지가 없으나 변호사인 경우에는 꼭 그 자격을 기재하고 다수의 원고를 대리하는 경우 중복하여 기재하지 않고 마지막 부분에 일괄 기재한다.

(9) 재 결 청

마지막으로 재결청을 표시하면 심판청구의 필요적 기재사항과 임의적 기재사항을 모두 기재하게 되는 것이다. 이러한 완성된 심판청구서에 간인을 하여 제출하면 된다.

(10) 심판청구서 제출방법 및 작성 부수

「행정심판청구서」「청구취지와 청구원인」 1부를 앞의 작성예시에 따라 작성한다. 작성 시 용지는 A4 용지로 작성하며 매수에는 제한이 없다. 행정심판청구의 경우 심판청구서는 피청구인의 수에 따른 부본을 한부 더 제출하면 된다. 그러므로 피청구인이 1인이면 부본을 1부 더 작성하여 제출하여야 한다. 만일 원본에 증거서류가 첨부되어 있으면 부본에도 이를 복하여 원본과 같이 첨부하여야 한다.

(11) 처분을 한 행정청의 고지의 유무 및 내용

고지제도란, 행정청이 처분을 함에 있어 그 상대방 또는 이해관계인에게 해당 처분에 대해 불복청구의 가능성 및 그에 필요한 사항을 알려주는 제도를 말한다. 행정심판법은 처분의 상대방 또는 이해관계인에 대한 처분청의 직권 또는 청구에 기한 고지의무를 규정하고, 그 불고지 또는 오고지에 대한 구제수단을 마련하고 있다. 대개는 서면으로 알려주는 것이 보통이며, 심판청구서의 이 부분 란에는 통지를 받은 경우 그 날짜를 기재하면 되고, 통지를 받은 바 없다면 처분이 있은 것을 안 날을 기재하면 된다. 이 날짜는 행정심판을 행정심판의 제기기간 기산점으로 하여 제기기간 준수 여부를 판단하는 자료가 되므로 주의하여 기재를 하여야 한다.

[고지내용]

행정청이 한 해당처분에 대해 행정심판을 청구할 수 있는지의 여부 행정심판을 청구하는 경우 다음의 사항 - 심판청구의 절차 - 심판청구의 기간 - 심판청구서를 제출해야 할 행정기관

Ⅳ. 심판청구의 변경 및 취하

1. 심판청구의 변경

가. 의 의

청구인이 행정심판청구를 한 후에 청구의 기초에 변경이 없는 범위에서 청구의 취지나 이유를 변경하는 것을 말하며, 이는 분쟁해결의 간편을 도모한 제도이다. 행정심판법은 심판청구인은 청구의 기초에 변경이 없는 범위 안에서 청구의 취지 또는 이유를 변경할 수 있으며, 심판청구 후에 처분청인 피청구인이 그 심판 대상인 처분을 변경한 경우에는 청구인은 변경된 처분에 맞추어 청구의 취지 또는 취지를 변경할 수 있도록 규정하고 있다. 이는 당사자 간의 분쟁해결의 편의를 도모하기 위한 것으로 여기에서 청구의 기초에 변경이 없는 범위란 청구한 사건의 동일성을 깨뜨리지 않는 범위를 의미한다.

나. 청구변경의 형태

청구의 변경에는 추가적 변경과 교환적 변경의 두 가지 형태가 있다. 추가적 변경은 종전의 청구를 유지하면서 거기에 별개의 청구를 추가, 병합하는 것을 말하고 교환적 변경은 종전의 청구 대신에 신규 청구에 관한 심판을 구하는 것으로 이는 추가적 변경과 종전의 청구취소와의 결합 형태이다.

다. 청구변경의 요건

청구의 변경이 있으면 그 변경의 범위 내에서 신청구가 생기게 되는 것이므로 그 신청구에 대하여 심판청구의 일반적 요건을 갖추어야 하고 구청구와의 관계에 있어서는 ① 청구의 기초에 변경이 없어야하고, ② 심판청구가 계속 중이고 위원회의 결정 전이어야 하고, ③ 위원회의 허가를 얻어야 한다. 위원회는 청구의 변경이 이유 없다고 인정할 때에는 상대방인 당사자의 신청이나 직권에 의하여 결정함으로써 그 변경을 허가하지 아니할 수 있다.

라. 청구변경의 절차 등

청구의 변경은 서면으로 신청하여야 하며 그 부본을 상대방인 당사자에게 송달하여야 한다. 청구의 변경은 행정심판위원회가 그 허가권을 가지는 점을 고려할 경우 명문의 규정은 없지만 청구변경의 신청은 행정심판위원회에 제기하여야 한다. 위원회는 청구변경 신청에 대하여 허가할 것인지 여부를 결정하고, 지체 없이 신청인에게는 결정서 정본을, 당사자 및 참가자에게는 결정서 등본을 송달하여야 한다. 행정심판위원회는 청구의 변경이 이유 없다고 인정할 때에는 상대방인 당사자의 신청이나 직권에 의해 그 청구의 변경을 불허할 수 있다. 이 경우에는 피청구인이 답변서를 제출한 후에도 그의 동의를 필요로 하지 않는다. 신청인은 송달받은 날부터 7일 이내에 이의신청을 할 수 있다.

마. 변경의 효과

청구의 변경결정이 있으면 처음 행정심판이 청구되었을 때부터 변경된 청구의 취지나 이유로 행정심판이 청구된 것으로 본다(법 제29조 제8항).

바. 새로운 처분 또는 처분변경으로 인한 변경

행정심판이 청구된 후에 피청구인이 새로운 처분을 하거나 심판청구의 대상인 처분을 변경한 경우에는 청구인은 새로운 처분이나 변경된 처분에 맞추어 청구의 취지나 이유를 변경할 수 있다(법 제29조 제2항).

[서식 10] 청구변경신청서

■ 행정심판법 시행규칙 [별지 제31호 서식] 〈개정 2012.9.20〉

청구변경신청서

접수번호	접수일	

사 건 명	
청 구 인	성명
	주소
피청구인	
변경 대상	[ ] 청구 취지 [ ] 청구 이유
변경 내용	

「행정심판법」 제29조에 따라 위와 같이 청구변경을 신청합니다.

년 월 일

신청인 (서명 또는 인)

○○행정심판위원회 귀중

첨부서류	없음	수수료 없음

처리 절차						
신청서 작성	➜	접수	➜	결정	➜	송달
신청인		○○행정심판위원회		○○행정심판위원회		

210mm×297mm[백상지 80g/㎡]

2. 심판청구의 취하

가. 의 의

심판청구의 취하란 청구인과 참가인이 심판청구에 대한 의결이 있을 때까지 심판청구 또는 참가신청을 일방적으로 철회하는 의사표시를 말한다.

참가인은 심판청구에 대하여 제7조 제6항 또는 제8조 제7항에 따른 의결이 있을 때까지 서면으로 참가신청을 취하할 수 있다(법 제42조 제2항).

나. 요 건

심판청구의 취하는 ① 위원회의 의결이 있을 때까지는 언제든지 서면으로 심판청구를 취하할 수 있고, ② 피청구인이 답변서를 제출한 후에도 그의 동의를 요하지 않고 취하할 수 있다. 이점이 민사소송에서의 소의 취하와 다르다. ③ 취하서에는 청구인이나 참가인이 서명하거나 날인하여야 한다(법 제42조 제3항).

다. 절 차(법 제42조)

(1) 서면신청

참가인은 심판청구에 대하여 위원회의 의결이 있을 때까지 서면으로 참가신청을 취하할 수 있다.

(2) 서명 또는 날인

취하서에는 청구인이나 참가인이 서명하거나 날인하여야 한다.

(3) 피청구인 또는 위원회에 제출

청구인 또는 참가인은 취하서를 피청구인 또는 위원회에 제출하여야 한다.

(4) 사실 통보

피청구인 또는 위원회는 계속 중인 사건에 대하여 취하서를 받으면 지체 없이 다른 관계 기관, 청구인, 참가인에게 취하 사실을 알려야 한다.

라. 효 과

심판청구는 취하로 인해 소급적으로 소멸한다.

[서식 11] 심판청구취하서

■ 행정심판법 시행규칙 [별지 제40호 서식] 〈개정 2012.9.20〉

심판청구취하서

접수번호	접수일	

사 건 명	
청 구 인	성명
	주소
피청구인	
청구인과의 관계	[O] 본인 [ ] 대표자 [ ] 관리인 [ ] 선정대표자 [ ] 대리인
취하 취지	
취하 이유	

「행정심판법」 제15조 제3항, 제42조 제1항 · 3항 및 같은 법 시행령 제30조에 따라 위와 같이 심판청구를 취하합니다.

년 월 일

취하인 (서명 또는 인)

○○행정심판위원회 귀중

첨부서류	선정대표자가 취하하는 경우에는 다른 청구인들의 취하 동의서	수수료 없음

처리 절차

취하서 작성	➜	접수
취하인		○○행정심판위원회

210mm×297mm[백상지 80g/㎡]

Ⅴ. 행정심판청구의 효과

1. 처분청 및 행정심판위원회에 대한 효과

가. 처분청의 심판청구서 등 송부의무

(1) 피청구인인 처분청은 심판청구가 이유 있다고 인정되는 때를 제외하고 심판청구서를 접수하거나 송부받으면 10일 이내에 심판청구서(제23조 제1항 · 제2항의 경우만 해당된다)와 답변서를 위원회에 보내야 한다. 다만, 청구인이 심판청구를 취하한 경우에는 그러하지 아니하다(법 제24조 제1항).

(2) 피청구인은 처분의 상대방이 아닌 제3자가 심판청구를 한 경우에는 지체 없이 처분의 상대방에게 그 사실을 알려야 한다. 이 경우 심판청구서 사본을 함께 송달하여야 한다(법 제24조 제2항).

나. 위원회의 심리 · 재결의무

위원회는 제출받은 행정심판청구사건에 대하여 심리 · 재결할 의무를 진다.

2. 처분에 대한 효과

가. 행정심판법상 규정

행정심판법은 행정의 신속성과 국민의 권리구제 중 행정의 신속성을 중시하여 집행부정지를 원칙으로 하고 예외적으로 국민의 권리보호를 위할 필요가 있는 경우에 집행정지 및 임시처분을 결정할 수 있도록 하고 있다(법 제30조).

나. 집행부정지의 원칙

행정심판법은 원칙적으로 행정소송법과 마찬가지로 '심판청구는 처분의 효력이나 그 집행 또는 절차의 속행(續行)에 영향을 주지 아니한다.'라고 규정하여(법 제30조 제1항), 집행부정지를 원칙으로 하고 있다.

다. 집행정지

(1) 의 의

행정심판법은 원칙적으로 행정심판이 제기되어도 처분의 효력 등을 정지시키는 효력은 없으나 그 처분의 집행 등으로 인하여 중대한 손해가 생기는 것을 예방할 필요성이 긴급하다고 인정할 때에는 당사자의 권리 · 이익을 보전하기 위하여 예외적으로 위원회가 처분의 효력이나 그 집행 또는 절차의 속행의 전부 또는 일부를 잠정적으로 정지할 수 있게 하였는데 이를 집행정지라 한다. 즉 집행정지란 행정심판위원회가 처분, 처분의 집행 또는 절차의 속행 때문에 중대한 손해가 생기는 것을 예방할 긴급한 필요성이 인정될 때 직권 또는 당사자의 신청에 의하여 처분의 효력, 행정처분의 집행 또는 절차의 속행의 전부 또는 일부를 행정심판의 재결이 있을 때까지 정지하는 것을 말한다.

(2) 정지요건

(가) 적극적 요건

1) 집행정지대상인 처분의 존재

집행정지의 대상인 처분이 존재해야 한다. 왜냐하면 처분의 집행이 이미 완료되었거나 그 목적이 달성된 경우에는 집행정지 대상인 처분의 실체가 없으므로 집행정지는 불가능하기 때문이다.

2) 심판청구의 계속

처분에 대한 집행정지는 취소심판 등 본안 행정심판이 계속 중에 있어야 한다.

3) 회복하가 어려운 손해발생의 가능성

회복하기 어려운 손해발생의 우려가 있어야 한다. 회복하기 어려운 손해란 금전보상이 불능인 경우뿐만 아니라 금전보상으로는 사회통념상 당사자가 참고 견디기 현저히 곤란한 손해를 의미한다.

4) 긴급한 필요의 존재

회복하기 어려운 손해의 발생이 시간적으로 절박하거나 이미 시작되어서 본안 재결을 기다릴만한 시간적 여유가 없어야 한다.

위와 같은 요건을 갖춘 경우 당사자의 신청 또는 직권에 의하여 위원회가 집행정지결정을 할 수 있다.

(나) 소극적 요건

1) 공공복리에 중대한 영향을 미칠 우려가 있는 경우

처분의 집행정지는 공공복리에 중대한 영향을 미칠 우려가 있는 경우에는 허용되지 않는다. 공공복리에 대한 영향이 중대한 것인지의 여부는 일반적인 공익개념에 따라 추상적으로 판단할 것이 아니라 공공복리와 청구인의 손해를 비교형량하여 개별 구체적으로 판단하여야 한다.

2) 본안 청구가 이유 없음이 명백한 경우

본안 소송에서의 처분의 취소 가능성이 없음에도 처분의 효력이나 집행의 정지를 인정한다는 것은 제도의 취지에 반하기 때문이다.

(3) 집행정지결정의 절차

(가) 행정심판위원회에 서면제출

집행정지신청을 하려는 당사자는 심판청구와 동시에 또는 심판청구에 대한 위원회나 소위원회의 의결이 있기 전까지, 신청의 취지와 원인을 적은 서면을 위원회에 제출하여야 한다. 다만, 심판청구서를 피청구인에게 제출한 경우로서 심판청구와 동시에 집행정지신청을 할 때에는 심판청구서 사본과 접수증명서를 함께 제출하여야 한다(법 제30조 제5항).

(나) 행정심판위원회의 집행정지결정

위원회는 처분, 처분의 집행 또는 절차의 속행 때문에 중대한 손해가 생기는 것을 예방할 필요성이 긴급하다고 인정할 때에는 직권으로 또는 당사자의 신청에 의하여 처분의 효력, 처분의 집행 또는 절차의 속행의 전부 또는 일부의 정지를 결정할 수 있다. 다만, 처분의 효력정지는 처분의 집행 또는 절차의 속행을 정지함으로써 그 목적을 달성할 수 있을 때에는 허용되지 아니한다(법 제30조 제2항).

(다) 위원장의 갈음 결정

그러나 위원회의 심리 · 결정을 기다릴 경우 중대한 손해가 생길 우려가 있다고 인정되면 위원장은 직권으로 위원회의 심리 · 결정을 갈음하는 결정을 할 수 있다. 이 경우 위원장은 지체 없이 위원회에 그 사실을 보고하고 추인(追認)을 받아야 하며, 위원회의 추인을 받지 못하면 위원장은 집행정지 또는 집행정지 취소에 관한 결정을 취소하여야 한다(법 제30조 제6항).

(4) 집행정지의 내용과 대상

집행정지결정의 내용은 처분의 효력이나 그 집행 또는 절차의 속행의 전부 또는 일부의 정지이다.

(가) 처분의 효력정지

처분의 효력정지란 처분의 효력을 잠시 정지시킴으로서 이후로부터 처분 자체가 존재하지 않은 상태에 두는 것을 말한다(예를 들어 영업허가의 취소나 정지처분에 대한 처분의 효력정지 결정이 있으면 본안 재결시까지 잠정적으로 영업을 계속할 수 있게 된다). 다만 처분의 효력정지는 처분의 집행 또는 절차의 속행을 정지함으로써 집행정지의 목적을 달성할 수 있는 경우에는 허용되지 않는다.

(나) 처분의 집행정지

처분의 집행정지란 예컨대 강제퇴거명령에 집행정지결정에 이루어지면 강제퇴거를 시킬 수 없는 경우와 같이 처분의 집행을 정지시킴으로써 처분의 내용이 실현되지 않는 상태로 두는 것을 말한다.

(다) 절차의 집행정지

절차의 집행정지란 당해 처분이 유효함을 전제로 하여 법률관계가 이어질 경우에 그 전제가 되는 처분의 효력을 박탈하여 후속되는 법률관계의 진행을 정지시키는 것을 말한다. 예컨대 행정대집행절차 중 대집행의 계고처분의 효력은 유지시키되 후속절차인 대집행영장에의 통지를 정지시키는 것이다.

(5) 정지결정의 효력

(가) 형 성 력

처분의 효력정지는 처분의 여러 구속력을 우선 정지시킴으로써 당해 처분이 없던 것과 같은 상태를 실현시키는 것이다. 그러므로 그 범위 내에서 형성력을 가지는 것을 볼 수 있다.

(나) 대인적 효력

집행정지결정은 당사뿐만 아니라 관계행정청과 제3자에게도 효력을 미친다고 보아야 한다.

(다) 시간적 효력

집행정지결정의 효력은 당해 결정의 주문에 정해진 시기까지 존속한다.

(라) 적용영역

집행정지결정의 적용영역은 처분을 그 대상으로 하는 취소심판·무효 등 확인 심판에서 인정되고, 거부처분이나 부작위를 그 대상으로 하는 의무이행 심판에는 적용되지 않는다.

(6) 집행정지결정의 취소

위원회는 집행정지를 결정한 후에 집행정지가 공공복리에 중대한 영향을 미치거나 그 정지사유가 없어진 경우에는 직권으로 또는 당사자의 신청에 의하여 집행정지 결정을 취소할 수 있다(법 제30조 제4항). 위원회는 집행정지 또는 집행정지의 취소에 관하여 심리·결정하면 지체 없이 당사자에게 결정서 정본을 송달하여야 한다(법 제30조 제7항).

(7) 집행정지신청례

(가) 신청취지 기재례

피신청인이 20○○. ○. ○.자로 신청인에게 한 과징금납입처분은 ○○○지방법원 20○○구○○○○호 과징금납입처분취소 청구사건의 본안판결확정시까지 그 효력을 정지한다.
라는 결정을 구합니다.

(나) 신 청 서

[서식 12] 집행정지신청서

집행정지신청서

접수번호	접수일	

사 건 명		
신 청 인	성명	
	주소	
피신청인		
신청 취지		
신청 원인		
소명 방법		

「행정심판법」 제30조 제5항 및 같은 법 시행령 제22조 제1항에 따라 위와 같이 집행정지를 신청합니다.

년 월 일

신청인 (서명 또는 인)

○○행정심판위원회 귀중

※ 집행정지는 처분만을 대상으로 할 수 있고 집행정지 전과 후에 달라지는 내용이 없어 실익이 없는 거부처분이나 부작위에 대해서는 신청할 수 없다.
처분의 효력정지는 처분의 집행 또는 절차의 속행을 정지함으로써 그 목적을 달성할 수 있을 때에는 허용되지 않는다.

[서식 13] **집행정지결정 취소신청서**

집행정지결정 취소신청서

접수번호	접수일	

사 건 명	
청 구 인	성명
	주소
피청구인	
집행정지 결정일	
신 청 인	성명
	주소
신청 취지	
신청 원인	
소명 방법	

「행정심판법」 제30조 제5항에 따라 위와 같이 집행정지결정의 취소를 신청합니다.

년 월 일

신청인 (서명 또는 인)

○○행정심판위원회 귀중

8) 사실은, 위 브레이저 및 팬티는 일반인이 입는 속옷 개념이 아니고 무대공연을 위하여 제작된 무대의상에 불과한 것입니다.

[서식 14] 행정처분집행정지신청서(과징금납입처분취소)

행정처분집행정지신청서

신 청 인 ○ ○ ○
경기 ○○시 ○○동 000-00
위 신청인의 소송대리인 변호사 백 ○○
경기 ○○시 ○○동 000-00 ○○빌딩 3층(우 : 12345)
(전화 : 031-800-0000 / 팩스 : 031-800-0000)

피신청인 구리시장
경기 구리시 아차산길 62
대표자 시장 ○○○

신 청 취 지

피신청인이 20○○. ○. ○.자로 신청인에게 한 과징금납입처분은 의정부지방법원 20○○구○○○○호 과징금납입처분취소 청구사건의 본안판결확정시까지 그 효력을 정지한다.
라는 결정을 구합니다.

신 청 이 유

1. 이 사건 처분의 내용

피신청인은 20○○. ○. ○.자로 신청인에 대하여, 신청인이 식품위생법 제31조(영업자준수사항)규정을 위반하고 영업을 하다 적발 되어 식품위생법 제58조 및 제65조(과징금처분) 규정에 의하여 영업정지 1월에 갈음한 과징금 6,000,000원의 부과 처분을 하였습니다(소갑 제1호증 : 행정처분통보 참조, 같은 호증의 2 : 과징금납입고지서 참조).

2. 신청인의 지위

신청인은 경기도 ○○시 ○○동 414-9 소재에서 제1종 유흥업소인 '○○○(이하 '이 사건 업소'라고만 합니다)라는 상호로 유흥주점을 운영하는 업주이며(소갑 제2호증 : 사업자등록증 참조), 신청외 ○○○는 자신이 직접 고용한 무용수들로 조직한 '나진 쇼'라는 명칭의 쇼단을 운영하며 이 사건 업소를 비롯하여 동종업종의 여러 업소를 돌아다니며 공연을 하는 자입니다(소갑 제3호증 : 사업자등록증 참조).

3. 이 사건 처분경위

가. 신청인은 20○○. ○. ○. 이 사건 업소의 사업자등록을 한 후 제1종 유흥주점(이는 주로 주류를 판매하는 영업으로 유흥종사자를 두거나 유흥시설을 설치할 수 있고 손님이 노래

를 부르거나 춤을 추는 행위가 허용되는 영업입니다)을 운영해 오면서 관련법규를 철저히 준수하며 영업을 해왔던 터라, 이 사건으로 단속되기 전까지 약 6년여 남짓 이 사건 업소를 운영해 오면서 단 한 번도 식품위생법 제31조(영업자준수사항)규정을 위반하는 행위를 한 적이 없고 그 밖의 사유로도 어떠한 행정처분이나 처벌을 받은 바도 없습니다.

나. 하지만, 위와 같이 관련법규를 모두 준수하며 업소를 운영해오던 신청인이 피신청인으로부터 이 사건 처분을 받는 등의 문제가 발생한 경위는, 위 장우천수가 조직하여 운영하던 나진 쇼단(이하 '이 사건 쇼가무단'이라고만 합니다)이 이 사건 업소에서 20○○. ○. ○.부터 같은 해 ○. ○.경까지 약 3개월간 공연을 하게 되면서입니다.

그런데, 당시 이 사건 쇼가무단은 이 사건 업소 외에도 이미 서울 등 여러 지역에 소재하는 동종업종의 업소를 돌아다니며 이 사건과 같은 공연을 해오고 있었지만 어떠한 문제도 발생치 않았던 상태였고, 무엇보다도 이 사건 쇼가무단이 합법적으로 등록된 쇼가무단이었으며 그 공연시간 또한 8분여에 불과할 정도로 아주 짧은 시간이었기 때문에 신청인으로서는 그와 같이 합법적으로 등록된 공연단의 공연이 무슨 문제가 되겠냐싶어 이 사건 업소에서 공연을 하게 하였던 것입니다.

다. 그렇지만 신청인은 이 사건 쇼가무단이 이 사건 업소에서 공연을 하는 동안에 그와 관련하여 무용수들의 무대의상, 공연내용 등의 일체의 행위에 대하여는 어떠한 관여를 한 바도 없는데, 이는 신청인이 쇼가무단 등록 등 그 운영과 관련된 법규 등에 무지하였던 이유에서이기도 하였지만, 무엇보다 그와 관련된 모든 것들은 위 쇼가무단을 조직하여 운영하였던 위 장우천수의 기획과 의도 하에 모두 진행되었던 이유에서입니다.

라. 그럼에도 불구하고, 피신청인는 마치 신청인이 무용수를 고용하여 손님들이 지켜보는 앞에서 무용수들이 브래지어 및 팬티[8]만 입은 채로 성행위를 묘사하는 춤을 추게 하는 등 음란행위를 조장·묵인하였다는 이유로 식품위생법 제31조(영업자준수사항)규정을 위반하였다며 과징금 6,000,000원의 부과 처분을 하였습니다(갑 제1호증 : 행정처분통보 참조).

마. 한편, 이 사건과 관련하여 위 무용수가 소속되어 있는 쇼가무단의 단장인 위 장우천수는 풍속영업에관한법률위반죄로 약식 기소(의정부지방법원 20○○고약○○○○호)되어 벌금 200만원의 처벌을 받고(소갑 제4호증 : 약식명령 참조), 이에 불복하여 곧바로 정식재판(의정부지방법원 20○○고정○○○○호 풍속영업의규제에관한법률위반)청구를 하였고, 위 재판절차에서 동인은 공연자 등록사항이 일부 인정되어 선고유예의 판결을 선고받았습니다(소갑 제5호증 : 판결 참조).

4. 처분의 위법성

피신청인의 신청인에 대한 이 사건 처분은 아래와 같은 사유로 피신청인이 재량권을 일탈하였거나 남용한 위법한 처분입니다.

위에서 본바와 같이, ① 이 사건 쇼가무단이 합법적으로 등록된 쇼가무단인 점, ② 이 사건 업소는 무대시설이 설치된 제1종 유흥업소로서 유흥종사자를 두거나 유흥시설을 설치할 수 있고 손님이 노래를 부르거나 춤을 추는 행위까지도 허용되는 업소로서 그와 같은 곳에서 무용수가 다소 특이한 무대의상을 입고 공연을 하였다고 한들 이를 가지고 음란행위를 조장 또는 묵인하였다고 보는 데에는 다소 무리가 있는 점, ③ 더욱이 공연당시 무용수들이 입었다는 브래이저 및 팬티 또한 일반인이 입는 속옷의 개념과는 전혀 다른 단순히 무대 공연을 위하여 제작된 무대의상에 불과한 점, ④ 문제된 공연의 내용 또한 신청인과는 무관하게 모두 쇼단의 단장인 장우천수가 기획한 것이라는 점, ⑤ 그리고 위 공연을 모두 기획한 위 장우천수가 이 사건과 관련하여 관련법에 의하여 등록된 합법적인 쇼가무단을 운영하였다는 이유로 선고유예의 비교적 가벼운 판결을 선고받은 점, ⑥ 특히 이 사건이 신청인의 업태 위반과는 아무런 관련이 없는 점 등에 비추어 피신청인가 신청인에게 한 이 사건 처분은 너무 가혹하여 재량권의 범위를 일탈하였다고 볼 수밖에 없을 것입니다.

5. **긴급한 필요**

가. 신청인은 현재 당뇨합병증 및 관절염, 요추 추간판탈출증(디스크) 증세로 치료를 받고 있는 환자로서, 현재의 건강상태로는 마땅히 생계를 위한 활동을 할 수조차 없는 상황이라 이러한 사정을 잘 알고 있는 주변의 친인척들의 도움으로 어렵사리 돈(가게 보증금 및 인테리어비 포함)을 빌려 생계 및 병원비 등을 마련하고자 이 사건 업소를 운영하게 되었습니다.

나. 하지만, 신청인과 같은 건강상태로는 정상인도 운영하기 힘이 든 유흥업소를 운영한다는 것이 무리였는지 점점 더 건강상태가 악화되어 부득이 업소의 운영을 위하여 종업원을 고용하여 동인에게 이를 맡기다 시피 하다 보니 당연히 그 수입 또한 변변치 못하여 업소의 한 달 평균소득이라고 해봐야 고작 금 6,000,000원 정도에 불과 하였습니다(소갑 제6호증 : 징수결정결의서 참조).

다. 더구나 위 수입 또한 모두 신청인이 얻을 수 있는 순수한 영업수익은 아니어서 이를 가지고 업소를 운영하고자 빌린 차용금에 대한 매달 이자를 지급하고, 업소 종업원들의 급료 및 가게 운영을 위한 식자재의 구입 그리고 각종 공과금(전기요금, 전화요금 등) 등을 모두 지급하고 나면 신청인의 생계비 및 병원비로 사용하기 에도 버거워 사실상 적자의 상태에서 벗어나지를 못하고 있는 실정입니다.

라. 그렇기 때문에 신청인의 경우 만일 이 사건 행정처분이 확정되어 과징금 6,000,000원을 납부하게 되거나, 또는 이를 납부하지 못하여 영업정지 1월의 처분을 받게 되어, 어느 한 달이라도 업소의 정상적인 운영을 하지 못하여 일정한 수익을 득하지 못할 경우 차용금에 대한 압박 및 자신의 생계비 및 병원비조차도 마련하지 못하여 경제적으로는 물론 건강상에도 아주 다급한 상황에 처하게 됩니다.

마. 이처럼 신청인이 위 행정처분에 대하여 급히 집행정지 결정을 받아 두지 못할 경우 신청인은 법원에서 위 처분의 적법성 여부를 심사받을 이익도 잃게 되는 것이므로 이 사건에 있어 행정소송법 제 23조 제2항이 규정한 '긴급한 필요'는 더욱 뚜렷하다고 할 것입니다.

바. 그런 이유로 신청인은 현재 피신청인를 상대로 귀원에 과징금납입처분취소를 청구하는

본안 소송을 제기한 상태입니다(소갑 제7호증 : 소장접수증명원 참조).

5. 결 론

위에서 본바와 같이 피신청인의 위 과징금납입처분의 집행으로 인하여 신청인에게 생길 회복하기 어려운 손해를 예방하기 위하여 긴급한 필요가 있으며, 위 처분의 취소를 구하는 본안소송도 제기되어 있으므로 이 사건 신청을 인용하여 행정소송법 제23조에 의하여 위 행정처분의 효력을 정지하여 주시기 바랍니다.

소 명 방 법

1. 소갑 제1호증의 1	행정처분통보	1부
2	과징금납입고지서	1부
2. 소갑 제2호증	사업자등록증	1부
3. 소갑 제3호증	사업자등록증	1부
4. 소갑 제4호증	약식명령	1부
5. 소갑 제5호증	판결	1부
6. 소갑 제6호증	징수결정결의서	1부
7. 소갑 제7호증	소장접수증명원	1부

첨 부 서 류

1. 위 소명서류	각 1부
1. 소송위임장	1부
1. 송달료 영수증	1부

20○○. ○. ○.

위 신청인의 소송대리인
변호사 백 ○○

의정부지방법원 귀중

[서식 15] 행정처분집행정지신청서(영업정지)

행정처분집행정지신청서

신 청 인　　김 ○ ○
서울 ○○구 ○○동 000-0 ○○아파트 000-000
위 신청인의 소송대리인 변호사 백 ○○
경기 ○○시 ○○동 000-00 ○○빌딩 3층(우 : 12345)
(전화 : 031-800-0000 / 팩스 : 031-800-0000)

피신청인　　남양주시장
남양주시 경춘로 641(금곡동 185-10)

신 청 취 지

피신청인이 20○○. ○. ○.자로 신청인에게 한 영업정지처분은 의정부지방법원 20○○구○○○○호 영업정지처분취소 청구사건의 본안판결확정시까지 그 효력을 정지한다.
라는 결정을 구합니다.

신 청 이 유

1. 이 사건 처분의 내용

피신청인은 20○○. ○. ○.자로 신청인에 대하여, 신청인이 음악산업진흥에관한법률 제27조 규정을 위반(노래연습장업 준수사항, 주류판매)하고 영업을 하다 적발 되어 동법 제27조 제1항의 제5호의 규정에 의하여 영업정지 40일(20○○. ○. ○. ~ 20○○. ○. ○.)의 처분을 하였습니다(소갑 제1호증의 1 : 행정처분알림, 같은 호증의 2 : 행정처분명령서 각 참조).

2. 이 사건 처분경위

가. 신청인은 현재 뇌경색, 재발성우울성장애, 신경병증있는 당뇨병, 고혈압, 혼합성 고지혈증 등의 증세로 치료를 받고 있는 뇌병변 3급의 중증장애를 가지고 있는 장애인으로서, 생계를 위한 어떠한 구직활동도 불가능한 처지에 있는 국민기초생활보장법상의 기초생활수급자입니다(소갑 제2호증의 1 : 진단서, 같은 호증의 2 : 장애인증명서, 같은 호증의 3 : 수급자증명서 각 참조).

나. 그렇지만 신청인에게는 한 집안의 장남이자 한 가정의 가장으로서 처와 초등학교 5학년에 재학 중인 아들 그리고 현재 노환으로 거동조차도 불편한 칠순을 바라보는 아버지(김○○, 20○○. ○. ○.생)를 부양해야 할 형편에 있어 자신의 장애 및 그에 대한 치료를 위하여 마냥 요양이나 하고 있을 형편에 있지 아니합니다.

다. 그렇다고 장애인인 신청인의 처지에 아무리 구직활동을 한다고 한들 신청인이 원하는 곳에 취업을 할 만한 형편도 아닐 뿐만 아니라 장애를 가지고 있는 신청인을 채용하겠다고 나서는 곳조차 한 곳 없었기에 신청인은 이에 좌절한 나머지 한동안 자신의 처지를 한탄하며 자살까지도 생각하였던 적이 한 두 번이 아니었습니다.

라. 그러던 중 위와 같은 신청인의 처를 딱히 여긴 주변의 지인들이 신청인에게 "별다른 기술 없이도 아르바이트 학생 하나만 잘 두면 생계비 정도를 버는 데에는 아무런 문제가 없을 것이다"라고 하며 이 사건 노래방 영업을 권유하는 것이었습니다.

마. 그래서 신청인은 오랜 기간 고민을 한 끝에, 현실적으로 장애를 가진 신청인이 정상인들과 같은 일을 할 수 있는 곳을 찾는 다는 것이 불가능하다는 판단하에 주변 지인들의 권유에 따라 이 사건 노래방운영을 하게 되었던 것이지만, 신청인이 그와 같은 결정을 하고나서도 정작 문제가 되었던 것은 노래방 운영을 위한 자금을 마련하는 일이었습니다.

바. 그래서 신청인은 아버지인 신청외 김○○에게 그와 같은 사정이야기를 하며 돈을 빌려줄 것을 부탁하여 아버지로부터 자신의 전 재산이나 다름없는 아파트를 담보로 대출받은 금 5,000만원을 빌리고, 그 외 사채로 금 3,000만원을 빌려 합계 금 8,000만원을 마련한 후, '○○시 ○○읍 ○○리 410-2 ○○빌딩 2층 약 213,24㎡'를 보증금 2,500만원, 월차임 1,800,000원으로 정하여 임차한 후 나머지 돈으로 기계를 구입하고 돈을 빌려준 아버지 명의로 사업자등록을 한 후 ○○노래방(이하 '노래방'이라 합니다)이라는 상호로 난생처음 노래방이라는 것을 운영하게 되었습니다(소갑 제3호증 : 사업자등록증 참조).

사. 신청인은 위와 같이 어렵게 돈을 마련한 후 노래방운영을 전적으로 가족들의 생계를 위해 운영하는 것이라서 어떠한 문제라도 발생할 경우 당장 가족들의 생계는 물론 은행대출금에 대한 이자 및 특히 사채 이자에 대한 상환 압박을 받는 처지에 놓일 수가 있고 그렇게 되면 하루 아침에 신용불량자로까지 전락할 수가 있어 관련법규를 철저히 준수하며 영업을 하였습니다.

아. 하지만, 위와 같이 관련법규를 모두 준수하며 노래방을 운영해오던 신청인이 피신청인으로부터 이 사건 처분을 받게 된 경위는, 대체로 노래방을 찾는 손님들이 다른 곳에서 1차로 어느 정도 술을 마시고 와서 2차로 여흥을 즐기기 위하여 찾는 손님들이 대부분 인지라, 노래방에 들어와서도 대부분은 술을 가져다 달라고 하든지 아니면 도우미를 불러 달라고 하기 일쑤였고, 만일 그와 같은 손님들의 요구를 충족시켜주지 못할 경우 그 중 대부분의 손님들은 대놓고 신청인에게 "뭐 이런 데가 다 있어, 장사를 하겠다는 거야 말겠다는 거야"라고 큰소리를 치며 가게를 박차고 나가는 일이 태반이었습니다.

자. 그러다보니 신청인은 막상 노래방 영업을 시작하였지만 주변의 지인들로부터 들었던 수익이 발생하기는커녕 시간이 지날수록 노래방을 찾는 손님들마저 뜸 해제 당장 노래방의 임대료조차 지급하기 어려운 형편에 놓였을 뿐만 아니라 사채 이자에 대한 압박을 받는 등 노래방을 운영하기 전보다 더욱더 어려운 경제적인 상태에 놓이게 되었습니다.

차. 그래서 신청인은 경제적으로 너무도 어려운 나머지 당장의 생계비 등을 마련하고자 하는 욕심에서 노래방을 찾는 손님들 중 술을 찾는 손님이 있거나 도우미를 찾는 손님이 있을

경우 처음에는 술을 팔지 않고 도우미도 없다고 말을 하다가 만일 손님들이 그 말을 듣고 노래방을 나가려고 하면 그때서야 노래방 영업상 어쩔 수 없이 그들에게 술을 판매하거나 도우미를 알선해 주었던 것인데 그 경위야 어찌되었던 그에 대하여는 무어라 변명할 여지없이 그저 죄송할 따름입니다.

3. **처분의 위법성**

피신청인의 신청인에 대한 이 사건 처분은 아래와 같은 사유로 피신청인이 재량권을 일탈하였거나 남용한 위법한 처분입니다.

위에서 본바와 같이, 신청인은 노래방을 운영하였던 기간이 3개월여에 불과하였고, 당초에는 관련 법규를 준수하며 노래방을 운영하였지만 그 결과 점차 시간이 흐를수록 영업상 수익이 거의 발생치 아니하여 당장의 임대료 및 사채이자 등에 대한 압박을 거세게 받는 상황에서 생계를 위하여 어쩔 수 없이 관련법규를 위반하여 영업을 하였던 점, 신청인이 자신의 잘못을 깊이 반성하며 다시는 위와 같은 잘못을 반복치 않을 것을 굳게 다짐하고 있는 점, 만일 신청인이 노래방 영업을 40일 동안 정지할 경우 현재 경제적으로 조금의 여유도 없는 상황에서 당장 임대료 지급 및 은행대출금에 대한 원리금 상환 그리고 사채 이자에 대한 압박 등으로 생계에 막대한 영향을 미치게 되는 점 등에 비추어 피신청인이 신청인에게 한 이 사건 처분은 너무 가혹하여 재량권의 범위를 일탈하였다고 볼 수밖에 없을 것입니다.

4. **긴급한 필요**

가. 신청인은 위에서 본 바와 같이 현재 뇌경색, 재발성우울성장애, 신경병증있는 당뇨병, 고혈압, 혼합성 고지혈증 등의 증세로 치료를 받고 있는 뇌병변 3급의 중증장애를 가지고 있는 장애인으로서, 생계를 위한 어떠한 구직활동도 불가능한 처지에 있는 국민기초생활보장법 상의 기초생활수급자인지라 현재의 건강상태로는 마땅히 생계를 위한 활동을 할 수조차 없어 아버지로부터 돈을 빌리고 일부 사채를 빌려 생계 및 병원비 등을 마련하고자 이 사건 노래방을 운영하게 되었습니다.

나. 하지만, 신청인과 같은 건강상태로는 정상인도 운영하기 힘이 든 업소를 운영한다는 것이 무리였는지 시간이 지날수록 점점 더 건강상태가 악화되어 부득이 업소의 운영을 위하여 종업원을 고용하여 동인에게 이를 맡기다시피 하다 보니 당연히 그 수입 또한 변변치 못하여 업소의 한 달 평균소득이라고 해봐야 얼마 되지를 아니하였습니다.

다. 더구나 위 수입도 모두 신청인이 얻을 수 있는 순수한 영업수익은 아니어서 이를 가지고 노래방을 운영하고자 빌린 차용금에 대한 매달 이자를 지급하고, 업소 종업원의 급료 및 가게 운영을 위한 각종 공과금(전기요금, 전화요금 등) 등을 모두 지급하고 나면 신청인의 생계비 및 병원비로 사용하기에도 버거워 사실상 적자의 상태에서 벗어나지를 못하고 있는 실정입니다.

라. 그렇기 때문에 신청인의 경우 만일 이 사건 행정처분이 확정되어 영업정지 40일의 처분을 받게 되고, 그로 인하여, 그 기간 동안 업소의 정상적인 운영을 하지 못할 경우 차용금에 대한 압박 및 자신의 생계비 및 병원비조차도 마련하지 못하여 경제적으로는 물론 건

강상에도 아주 다급한 상황에 처하게 됩니다.

마. 이처럼 신청인이 위 행정처분에 대하여 급히 집행정지 결정을 받아 두지 못할 경우 신청인은 법원에서 위 처분의 적법성 여부를 심사받을 이익도 잃게 되는 것이므로 이 사건에 있어 행정소송법 제23조 제2항이 규정한 '긴급한 필요'는 더욱 뚜렷하다고 할 것입니다.

바. 그런 이유로 신청인은 현재 피신청인를 상대로 귀원에 과징금납입처분취소를 청구하는 본안 소송을 제기한 상태입니다(소갑 제4호증: 소장접수증명원 참조).

5. 결 론

위에서 본바와 같이 피신청인의 위 과징금납입처분의 집행으로 인하여 신청인에게 생길 회복하기 어려운 손해를 예방하기 위하여 긴급한 필요가 있으며, 위 처분의 취소를 구하는 본안소송도 제기되어 있으므로 이 사건 신청을 인용하여 행정소송법 제23조에 의하여 위 행정처분의 효력을 정지하여 주시기 바랍니다.

소 명 방 법

1. 소갑 제1호증의	1	행정처분알림	1부
	2	행정처분명령서행정처분통보	1부
2. 소갑 제2호증의	1	진단서	1부
	2	장애인증명서	1부
	3	수급자증명서	1부
3. 소갑 제3호증		사업자등록증	1부
4. 소갑 제4호증		소장접수증명원	1부

첨 부 서 류

1. 위 소명서류	각 1부
1. 소송위임장	1부
1. 송달료 영수증	1부

20○○. ○. ○.

위 신청인의 소송대리인
변호사 백 ○○

의정부지방법원 귀중

[서식 16] 행정처분집행정지신청(영업정지)

행정처분집행정지신청서

신 청 인 ○ ○ ○
○○시 ○○동 0000-0 ○○아파트 0000-000
신청인의 소송대리인 법무법인 ○○
담당변호사 박 ○ ○
서울 ○○구 ○○동 0000-00 ○○빌딩 1층(우 : 12345)
(전화 : 02-500-5000 / 팩스 : 02-500-5000)

피신청인 남양주시장
남양주시 경춘로 641(금곡동 185-10)

신 청 취 지

피신청인이 20○○. ○. ○.자로 신청인에게 한 영업정지처분은 ○○지방법원 20○○구○○○○호 영업정지처분취소 청구사건의 본안판결확정시까지 그 효력을 정지한다.
라는 결정을 구합니다.

신 청 이 유

1. 이 사건 처분의 내용

피신청인은 20○○. ○. ○.자로 신청인에 대하여, 신청인이 식품위생법 제31조 규정을 위반(영업자준수사항)하여 영업하였다는 이유로, 동법 제58조 동법 시행규칙 제53조 규정에 의거하여 영업정지 2월(20○○. ○. ○. ~ 20○○. ○. ○.)의 처분을 하였습니다(소갑 제1호증의 1 : 청소년주류제공에 따른 영업정지 알림, 같은 호증의 2 : 청소년 주류제공에 따른 영업정지 사전통지 각 참조).

2. 이 사건 행정처분을 받기까지의 과정

가. 신청인은 20○○. ○. ○. ○○시 ○○읍 ○○리 소재에 ○○○○라는 상호의 일반음식

9) 신청인은 본건 쪼끼쪼끼를 2006. 3. 27.경 오픈한 이래 인건비라도 아껴보려는 마음에 지금껏 단 한 명의 직원도 채용치 아니하고 아내와 단 둘이(아내는 주방에서 신청인은 홀에서 일을 하였습니다)서 이를 운영해 왔습니다.

10) 당시 위 여성손님들이 앉아서 술을 마셨던 자리는 가게의 출입문 좌측에 칸막이로 가려진 곳이라, 만일 신청인이 가게의 다른 테이블에서 주문 등의 이유로 특별히 그 곳을 응시하고 있지 아니하면 그 곳에 누군가가 들어와 앉아 있더라도, 직접 그 곳으로 가서 확인을 하지 않고는 알 수 없는 곳입니다.

11) 식품위생법 시행규칙 별표 15 행정처분기준(제53조 관련)(참고자료 1 참조)

점을 오픈한 후 평소 나이어린 자식을 키우는 입장에서 청소년이 나쁜 길로 빠지지 않도록 어른들이 노력을 해야 된다는 신념을 갖고 가게를 운영해 왔기 때문에 지금껏 단 한 번도 식품위생법이나 청소년보호법을 위반한 사실이 없을 정도로 성실히 살아왔습니다(소갑 제2호증의 1 : 사업자등록증, 같은 호증의 2 : 부동산임대차계약서, 소갑 제3호증 : 재학증명서).

나. 더욱이 신청인은 이 사건 ○○○○를 운영하기 위하여 주변에서 많은 돈을 빌려서 투자한 상태라 만일 장사를 하면서 가게에 청소년을 출입시켰다가 영업정지처분이라도 받게 될 경우, 당장 차용금에 대한 이자부담은 물론 가족들의 생계에도 막대한 영향이 미치게 된다는 사실을 너무나 잘 알고 있었습니다.

다. 그렇기 때문에 신청인은 평소 가게를 운영하면서 청소년인 듯 외모가 어려보이는 사람이 가게에 출입할 경우 반드시 주민등록증을 통하여 나이를 확인한 후 주류를 판매해 오는 등 관련 법규를 성실히 준수하며 가게영업을 해왔던 것이 사실입니다.

라. 그런데 ○○연휴가 막 끝난 20○○. ○. ○.경 그 날은 평일이기는 하였지만 짧았던 추석연휴 탓인지 인근대부분의 가게들이 문을 닫았고, 그 때문인지 신청인 운영의 가게는 평소와 달리 아주 많은 사람들로 북적거려 아내와 단 둘이서 장사를 하는데 많은 어려움이 있었습니다[9].

마. <u>그 와중에 같은 날 19:30경 여성손님 5명이 가게로 들어왔는데, 신청인이 보기에 그 중 한 명이 청소년인 듯 어려 보여 동인들 모두에게 주민등록증을 제시할 것을 요구하였고, 이를 직접 확인하여 보니 5명 모두 20○○년생, 20○○년생으로 청소년이 아니었습니다</u>. 그래서 신청인은 동인들을 가게의 테이블로 안내한 후 동인들이 주문한 맥주 2000cc와 소주 2병과 안주류를 제공하였습니다.

바. 그 후에도 신청인은 계속해서 가게에 드나드는 손님들에 대한 주문과 서빙 및 계산 등을 하느라 분주한 시간을 보내고 있던 중, <u>같은 날 20:00경으로 기억되는데 위 여성손님들이 앉아서 술을 마시고 있는 테이블에서 주문 벨이 울려 가보니 이미 그 자리에는 신청인도 모르는 사이 위 여성손님들의 친구로 보이는 3~4명이 합석해 있는 상태였고, 서로가 서로에게 큰소리로 웃으며 반말로 이야기를 나누고 있었습니다</u>.[10]

그래서 신청인은 당연히 동인들도 모두 성년자라는 생각을 하였지만, 그래도 새로 합석을 한 손님들에 대한 나이 정도는 확인을 하여야 될 것 같아 동인들의 나이는 확인하고자 주민등록증의 제시를 요구하면서 나이를 물어보니 다들 서로가 서로의 친구들이라고 말하며, 이미 주민등록증으로 우리가 청소년이 아님을 확인하지 않았느냐고 짜증을 냈습니다.

더구나 당시 신청인이 보기에도 뒤늦게 들어온 여성손님들의 경우, 옷차림도 모두 정장차림이고, 헤어스타일도 긴 생머리였고, 체격도 보통보다 크며, 화장도 짙게하여 나이가 최소한 23-4세 정도 들어 보였기 때문에 청소년이라고는 상상도 못해 주민등록증을 확인절차를 거치지 아니하고 주류를 제공하였던 것입니다.

사. 그런데 그 얼마 후 20:20경 ○○지구대에서 경찰관 두 명이 단속을 나왔다며 가게로 들어와 동인들의 신분을 확인하는 과정에서 9명 중 단 한 명이 청소년으로 확인되었는데, 그때

서야 신청인도 동인이 청소년이라는 것을 알고 놀라움을 금치 못하였고, 지금도 동인이 청소년이라는 사실이 도저히 믿겨지지 않을 정도입니다.

더구나 당시 동인들을 단속하였던 경찰관들조차도 단속과정에서 그 중 한 명이 청소년이라는 것이 확인되자 깜짝 놀라며 "누가 이런 사람을 청소년이라고 생각하겠느냐"는 말 하였을 정도로 동인은 외관상으로는 상당히 성숙하게 보이는 사람이었습니다.

아. 경위야 어찌되었던 당시 신청인이 가게가 바쁘다는 이유로 가게로 들어온 손님들의 신분을 모두 정확히 확인하지 못한 것은 불찰이지만, 당시 단속을 나온 경찰관에 의하여 청소년으로 확인된 사람을 제외한 나머지 사람들은 모두 성년자였고, 청소년으로 확인된 사람 또한 동인의 외모나 차림 등 외관상으로 신청인이 동인에게 주민등록증을 제시하라는 말 자체를 꺼낼 수 없을 정도로 나이가 들어보였기 때문에, 신청인으로서는 그러한 사람이 청소년일 것이라고는 상상도 못했고, 그러한 인식자체를 기대할 수조차 없는 상황이었습니다.

참고로, 대법원은, '수학여행을 온 대학교 3학년생 34명이 지도교수의 인솔하에 피고인 경영의 나이트클럽에 찾아와 단체입장을 원하므로 그들 중 일부만의 학생증을 제시받아 확인하여 본즉 그들이 모두 같은 대학교 같은과 소속의 3학년 생들로서 성년자임이 틀림없어 나머지 학생들의 연령을 개별적, 기계적으로 일일이 증명서로 확인하지 아니하고 그들의 단체입장을 허용함으로써 그들 중 섞여 있던 미성년자(19세 4개월 남짓 된 여학생) 1인을 위 업소에 출입시킨 결과가 되었다면 피고인이 단체입장하려는 위 학생들이 모두 성년자일 것으로 믿은데에는 정당한 이유가 있었다고 할 것이고, 따라서 위와 같은 상황아래서 피고인에게 위 학생들 중 미성년자가 섞여 있을 지도 모른다는 것을 예상하여 그들의 증명서를 일일이 확인할 것을 요구하는 것은 사회통념상 기대가능성이 없다고 봄이 상당하므로 이를 벌할 수 없다'고 판시하고 있으며(대법원 1987. 1. 20. 선고 86도847 판결 참조), 또한, 서울고등법원은, '개인이 유흥주점에 출입함은 출입자의 비밀이 보장되어야 하는 개인적 사생활의 영역이므로 영업자라도 모든 출입자에게 증명서의 제시를 요구할 수는 없겠으나, 미성년자를 풍속 상 유해한 환경으로부터 격리시켜 미성년자의 비행을 방지하고 건전한 심신의 육성을 꾀하고자 유흥주점 영업자에게 미성년자의 출입을 막기 위한 연령조사 의무를 부과하고 그로 하여금 출입자의 연령에 관한 증명서의 제시를 요구하여 그 연령을 확인한 후 미성년자임이 밝혀지면 그 출입을 거부할 수 있도록 하는 한편, 출입자의 연령을 증명서로 조사하지 아니한 채 미성년자를 출입시킨 경우에는 그에 관한 주의의무를 다하였다고 할 수 없도록 한 것으로서 그로 인한 개인적 사생활 영역의 침해는 미성년자 보호에 필요한 최소한에 그치도록 하여야 하고, 이를 기계적, 획일적으로 적용할 것은 아니므로, 영업자라도 외관상 미성년자로 의심될 수 없음이 명백한 출입자에게까지 미성년자임을 확인한다는 명목으로 획일적으로 증명서의 제시를 요구할 수 없음은 물론 달리 출입자가 외관상 또는 객관적으로 보아 미성년자로 의심되거나 개별적으로 증명서로서 미성년자 인지의 여부를 확인하여야 할 별단의 사정이 없는 한 영업자의 연령조사 의무를 다하지 못한 것은 아니라고 봄이 상당하다'고 판시하여(서울고등법원 1986. 2. 13. 선고 85노452 판결 참고), 이 사건과 같은 경우 신청인이 영업자로서 연령조사 의무를 다하지 못한 것은 아니라고 보고 있습니다.

3. 신청인은 이 사건으로 기소유예의 처분을 받았습니다.
신청인은 이 사건으로, 위 2항과 같은 정상이 참작되어 20○○. ○. ○. ○○○지방검찰청(20○○형제 ○○○○호)에서 기소유예의 처분을 받았습니다(소갑 제4호증 : 사건처분결과증명서 참조).

4. **처분의 위법성**
피신청인의 신청인에 대한 이 사건 처분은 아래와 같은 사유로 재량권을 일탈하였거나 남용한 위법한 처분입니다.
위에서 말씀드린 바와 같이, ① 신청인이 20○○. ○. ○. 쪼끼쪼끼를 개업한 이래 이 사건 당시까지 단 한 번도 식품위생법이나 청소년보호법을 위반한 사실이 없을 정도로 관련 법규에 따라 적법한 범위 내에서 영업을 하여온 점, ② 이 사건으로 2개월 영업정지를 당하게 될 경우 신청인이 커다란 경제적 손실을 입게 되는 점, ③ 이로 인해 ○○○○의 정상적인 영업재개가 곤란해질 수도 있는 점, 경위야 어찌되었던 신청인이 자신의 잘못을 깊이 반성하며 다시는 이와 같은 잘못을 반복치 않을 것을 굳게 다짐하고 있는 점, ④ 만일 신청인이 ○○○○ 영업을 2개월 동안 정지할 경우 현재 경제적으로 조금의 여유도 없는 상황에서 당장 임대료 및 차용금에 대한 이자 등의 압박으로 생계에 막대한 영향을 미치는 점, ⑤ 그 밖에 위 2항에 나타난 여러 정상들 및 특히 본건과 같은 사안의 경우 검찰에서 기소유예의 처분을 받거나 법원에서 선고유예의 판결(결정)을 받을 경우 사전 통고한 영업정지 기간이 1/2로 감할 수 있는 것임에도 사전처분 그대로 2월의 영업정지처분을 한 점[11] 등을 고려한다면 신청인에게 영업정지 2개월을 명한 피신청인의 이 사건 처분은 너무 가혹하여 재량권의 범위를 일탈하였다고 볼 수밖에 없을 것입니다. 이에 신청인은 피신청인의 이 사건 행정처분이 위와 같이 재량권의 범위를 일탈한 위법한 처분임을 내세워 그 취소를 구하는 본안의 소를 제기하게 된 것입니다.

5. **긴급한 필요**
가. 피신청인이 위 처분에 따른 영업정지 기간은 20○○. ○. ○. ~ 20○○. ○. ○.자까지 2개월 동안으로 위 기간의 시작이 임박한 상태입니다.
그런데 일단 위 처분이 집행된 후에는 영업정지 기간을 거치면서 위 쪼끼쪼끼의. 고객관계가 단절될 것이고 또한 위 처분으로 인하여 위 쪼끼쪼끼의 신용과 명성이 크게 훼손될 것이 예상되므로 위 영업정지처분으로 신청인이 입을 손해는 금전으로도 회복되기 어려울 것입니다.
나. 그러한 연유로 신청인은 피신청인을 피신청인으로 하여 귀원에 영업정지가처분의 취소를 청구하는 본안소송을 제기한 상태입니다(아래 첨부하는 소장접수증명원).
위 본안소송이 종결될 때까지 최소한 수개월이 소요될 것임은 분명한 일인데, 그럴 경우 이미 위 영업정지 기간인 2개월이 경과해 신청인은 위 본안 사건에서 소의 이익을 잃게 되고 말 것입니다.

이처럼 신청인이 위 행정처분에 대하여 급히 집행정지 결정을 받아 두지 못할 경우 신청인은 법원에서 위 처분의 적법성 여부를 심사받는 이익도 잃게 되는 것이므로 이 사건에 있어 행정소송법 제23조 제3항이 규정한 '긴급한 필요'는 더욱 뚜렷하다고 할 것입니다.

다. 한편, 신청인은 위와 같이 적발된 이후 ○○○○의 운영을 함에 있어 가게를 찾는 손님들 중 청소년인 듯 외모가 어려보이는 사람이 출입할 경우 주민등록증을 통하여 더욱더 철저히 나이를 확인하고 있기 때문에 이 사건이 재발할 우려조차 없습니다.

그렇다면 위 본안사건의 판결선고시까지 이 사건 행정처분의 효력을 정지한다고 하여 그것이 행정소송법 제23조 제3항이 정한 '공공복리에 중대한 영향을 미칠 우려가 있을 때'에 해당한다고 볼 여지도 없을 것입니다.

6. 결 론

위에서 본바와 같이 피신청인의 위 영업정지집행으로 인하여 신청인에게 생길 회복하기 어려운 손해를 예방하기 위하여 긴급한 필요가 있으며, 위 처분의 취소를 구하는 본안소송도 제기되어 있으므로 이 사건 신청을 인용하여 행정소송법 제23조에 의하여 위 행정처분의 효력을 정지하여 주시기 바랍니다.

소 명 방 법

1. 소갑 제1호증의 1	청소년주류제공에따른영업정지알림	1부
2	청소년의주류제공에따른영업정지사전통지	1부
1. 소갑 제2호증의 1	사업자등록증	1부
2	부동산임대차계약서	1부
1. 소갑 제3호증	재학증명서	1부
1. 소갑 제4호증	사건처분결과증명서	1부

첨 부 서 류

1. 위 소명서류	각 1부
1. 소송위임장	1부
1. 소장접수증명	1부

참 고 자 료

1. 식품위행법 시행규칙 별표 15 행정처분기준(제53조 관련)

20○○. ○. ○.

신청인의 소송대리인
법무법인 ○○
담당변호사 김 ○○

의정부지방법원 귀중

[서식 17] 숙박업영업정지처분 집행정지신청

행정처분효력집행정지신청

신 청 인 홍 길 동 (○○○○○○-○○○○○○○)
○○구 ○○동 ○○○
신청대리인 변호사 ○ ○ ○
○○시 ○○구 ○○동 ○○○ (우 :)
(전화 : , 팩스 :)

피신청인 ○○구청장

숙박업영업정지처분 집행정지신청

신 청 취 지

피신청인이 20○○. ○. ○. 신청인에 대하여 한 ○○시 ○○구 ○○동 123-1 소재 "○○모텔"에 관한 영업정지(20○○. ○. ○.부터 20○○. ○. ○.까지) 처분은 귀원 20○○구○○○○호 숙박업 영업정지처분취소 청구사건의 본안판결 확정시까지 그 효력을 정지한다.
라는 결정을 구합니다.

신 청 원 인

1. 신청인은 ○○시 ○○구 ○○동 123-1 소재 루비모텔에 관하여 20○○. ○. ○. 자신의 명의로 숙박업허가 명의변경을 하고 이래 위 여관을 경영하여 왔습니다.
   다만 신청인은 현재 건축사로 일하고 있는 관계로 위 모텔을 직접 경영할 수 없어 신청외 김○영으로 하여금 경영하게 하다가 20○○. ○. ○.부터는 신청외 문○귀로 하여금 경영하게 하고 있습니다.
   그런데 피신청인은 신청인이 윤락행위알선 및 장소제공을 하였다는 이유로 20○○. ○. ○. 공중위생관리법 제11조 제1항의 규정에 의하여 같은 해 ○. ○.부터 2개월간 위 숙박업소에 대한 영업정지처분을 하였습니다.
2. 피신청인의 행정처분이나 명령서만으로는 구체적인 위반사항이 무엇인지 확실히는 알 수 없으나 그긴 있었던 형사사건 등으로 미루어 볼 때 위 김○영이 경영하고 있을 당시인 20○○. ○. 말부터 같은 해 ○. 초순경 사이에 정○지와 김○진에 대하여 윤락행위를 알선하였다는 취지인 듯 합니다.
   그렇게 오래된 일이 어떻게 하여 뒤늦게 문제로 되었는지 모르겠습니다만, 신청인은 물론 단시 영영자인 위 김○영조차도 그런 일이 있는 줄은 전혀 알지 못했고 지금도 마찬가지입니다.
3. 혹시 만에 하나 당시 있던 종업원이 몰래 그런 짓을 하였는지 모르겠습니다. 가사 그렇다고

하더라도 신청인이 2007. 1.부터 오랫동안 숙박업을 해오면서도 한 번도 법에 어긋나는 짓을 하여 무슨 행정처분을 받은 적이 없는 점, 이미 상당히 오래된 일이라는 점, 알선했다는 사람도 두 사람 뿐인 점 등을 고려할 때 돌연 2개월이나 되는 영업정지처분을 하는 것은 지나치게 가혹한 처분이라고 생각됩니다.
없는 돈에 여기 저기 끌어 모아 위 모텔을 경영하고 있는 문○귀나 그 종업원들의 입장까지 고려하면 더욱 그러합니다.
위와 같이 본건 처분은 처분의 근거가 없거나 재량권의 일탈 내지는 남용에 의한 것으로 위법 부당하다 할 것이어서 마땅히 취소되어야 할 것인바, 만약 위 처분이 그대로 집행된다면 신청인이 후일 본안 소송에서 승소한다고 하더라도 이로 인하여 회복하기 어려운 손해를 입게 될 것임이 명백하므로 그 집행을 정지하여야 할 긴급할 필요가 있다고 사료되어 이 신청에 이른 것입니다.

소 명 방 법

1. 소갑 제1호증의 1	공중위생업소 행정처분
2	영업정지명령서
1. 소갑 제2호증	숙박업 허가증
1. 소갑 제3호증의 1, 2	각 사업자등록증
1. 소갑 제4호증	행정심판청구접수증

첨 부 서 류

1. 주민등록초본	1통
1. 위임장	1통

20○○. ○. ○.

신청인 대리인 변호사 ○ ○ ○ (인)

○○행정법원 귀중

라. 임시처분

(1) 개 설

(가) 의 의

위원회는 처분 또는 부작위가 위법, 부당하다고 상당히 의심되는 경우로서 처분 또는 부작위 때문에 당사자가 받을 우려가 있는 중대한 불이익이나 당사자에게 생길 급박한 위험을 막기 위하여 임시지위를 정하여야 할 필요가 있는 경우에는 직권으로 또는 당사자의 신청에 의하여 임시처분을 결정할 수 있다.

(나) 법적 성격

임시처분은 보전의 필요성이 인정되는 범위 내에서 임시지위를 정하는 것으로 가처분의 일종에 해당한다. 민사집행법은 계쟁물에 관한 가처분과 다툼이 있는 권리관계에 대하여 임시지위를 정하기 위한 가처분을 인정하고 있다. 행정심판법은 이러한 임시처분제도를 도입함으로써 집행정지에 비해 보다 적극적으로 당사자의 임시적 권익보호에 기여할 수 있게 되었다.

(다) 신청절차

임시처분의 신청은 심판청구서를 제출하면서 동시에 또는 심판청구서를 제출 한 후 행정심판위원회의 의결이 있기 전까지 당사자가 행정심판위원회에 임시처분신청서를 제출하여 신청할 수 있습니다. 다만 행정심판청구서가 피청구인에게 제출되고 아직 행정심판위원회에 송부되지 않은 때에는 행정심판위원회는 심판이 청구 되었다는 사실을 알지 못하므로 임시처분 신청서와 함께 행정심판청구서의 사본과 접수증명서를 제출하여야 한다.

(2) 임시처분 요건

(가) 적극적 요건

처분 또는 부작위가 위법 · 부당하다고 상당히 의심되는 경우로서 처분 또는 부작위 때문에 당사자가 받을 우려가 있는 중대한 불이익이나 당사자에게 생길 급박한 위험을 막기 위하여 임시지위를 정하여야 할 필요가 있는 경우여야 한다.

(나) 소극적 요건

임시처분은 집행정지로 목적을 달성할 수 있는 경우에는 허용되지 아니한다.

(3) 임시처분결정절차(법 제31조)

(가) 위원회가 직권 또는 당사자의 신청에 의하여 심리 · 결정한다.

(나) 위원회는 지체 없이 결정서를 당사자에게 송달하여야 한다.

(다) 임시처분결정의 절차에는 집행정지결정의 절차에 관한 규정이 준용된다.

(4) 임시처분결정의 효력

(가) 임시의 지위를 정하는 가처분

임시의 지위를 정하는 가처분은 당사자 간에 현재 다툼이 있는 권리관계 또는 법률관계가 존재하고 그에 대한 확정판결이 있기 까지 현상의 진행을 그대로 방치한다면 권리자에게 뚜렷한 손해 또는 급박한 위험 등 불안한 상태가 발생될 수 있는 경우에 권리자에게 임시의 지위를 주어 그와 같은 손해나 위험을 피할 수 있게 하는 보전처분이다.

(나) 청구인과 피청구인뿐만 아니라 관계 행정청과 제3자에게도 미치는 대인적 효력과 결정의 주문에 정한 시기까지 임시처분의 효력이 존속하는 시간적 효력이 있다.

(다) 임시처분결정의 적용영역은 처분을 대상으로 하는 취소심판 · 무효 등 확인심판뿐만 아니라 거부처분이나 부작위를 대상으로 하는 의무이행심판 등 모두 적용되지만, 집행정지로 목적을 달성할 수 있는 경우에는 허용되지 아니한다.

(5) 임시처분결정의 취소

위원회는 임시처분을 결정한 후에 임시처분이 공공복리에 중대한 영향을 미치거나 그 정지 사유가 없어진 경우에는 직권으로 또는 당사자의 신청에 의하여 임시처분 결정을 취소할 수 있다.

[서식 18] 임시처분 신청서

<table>
<tr><td colspan="3">임시처분 신청서</td></tr>
<tr><td>접수번호</td><td>접수일</td><td></td></tr>
<tr><td>사 건 명</td><td colspan="2"></td></tr>
<tr><td rowspan="2">신 청 인</td><td colspan="2">성명</td></tr>
<tr><td colspan="2">주소</td></tr>
<tr><td>피신청인</td><td colspan="2"></td></tr>
<tr><td>신청 취지</td><td colspan="2"></td></tr>
<tr><td>신청 원인</td><td colspan="2"></td></tr>
<tr><td>소명 방법</td><td colspan="2"></td></tr>
<tr><td colspan="3">「행정심판법」 제31조 제2항에 따라 위와 같이 임시처분을 신청합니다.

년 월 일

신청인 (서명 또는 인)

○○행정심판위원회 귀중</td></tr>
</table>

[서식 19] 임시처분 취소신청서

<table>
<tr><td colspan="3">임시처분 취소신청서</td></tr>
<tr><td>접수번호</td><td>접수일</td><td></td></tr>
<tr><td>사 건 명</td><td colspan="2"></td></tr>
<tr><td rowspan="2">청 구 인</td><td colspan="2">성명</td></tr>
<tr><td colspan="2">주소</td></tr>
<tr><td>피 청 구 인</td><td colspan="2"></td></tr>
<tr><td>임 시 처 분
결 정 일</td><td colspan="2"></td></tr>
<tr><td>신 청 취 지</td><td colspan="2"></td></tr>
<tr><td>신 청 원 인</td><td colspan="2"></td></tr>
<tr><td>소 명 방 법</td><td colspan="2"></td></tr>
<tr><td colspan="3">「행정심판법」 제31조 제2항에 따라 위와 같이 임시처분의 취소를 신청합니다.

년 월 일

신청인 (서명 또는 인)

○○행정심판위원회 귀중</td></tr>
</table>

제 2 장 행정심판의 심리

Ⅰ. 개 설

1. 의 의

행정심판의 심리란 재결의 기초가 될 사실관계 및 법률관계를 명백히 하기 위하여 당사자 및 관계인의 주장과 반박을 듣고 증거 그 밖의 자료를 수집·조사하는 일련의 절차를 말한다. 이러한 행정심판의 심리는 행정심판위원회의 권한에 속하고 있다.

2. 심리절차의 사법화 등

행정심판법은 헌법규정에 따라 행정심판위원회가 제3자적 입장에서 심리를 진행하게 함으로써 심리절차의 사법화를 도모하고 있다.

가. 헌법규정

헌법 제107조 제3항은 '심판의 전심 절차로서 행정심판을 할 수 있다. 행정심판의 절차는 법률로 정하되 사법절차가 준용되어야 한다.'라고 규정하여 심리·재결 과정에서 공정성과 권리구제를 요구하고 있다.

나. 행정심판법규정

헌법 제107조 제3항에 따라 행정심판법은 심리 및 재결기관의 공정성을 확보하기 위해 청구인과 피청구인인 행정청을 대립되는 양당사자로 대치시킨 다음, 이들이 각각 공격·방어방법으로 의견진술과 증거 등을 제출할 수 있도록 함으로써 심리·재결절차의 사법화를 도모하였을 뿐만 아니라, 신속한 권리구제를 위해 행정심판위원회가 행정심판사건에 대하여 직접 재결하도록 하고, 행정청의 직근 상급행정기관 등 소속으로 심리·재결기관인 행정심판위원회를 두어 절차간소화를 통해 신속한 권리구제를 구하고 있다.

Ⅱ. 심리의 내용과 범위

1. 심리의 내용

가. 요건심리

(1) 의 의

요건심리란 행정심판을 제기하는데 필요한 요건을 충족하고 있는가에 관한 심리를 의미한다. '형식적 심리' 또는 '본안전 심리'라고도 한다.

(2) 심리 사항

요건심리 사항으로는 행정심판의 대상인 처분 또는 부작위의 존재 여부 권한 있는 재결청에의 제기여부, 필요한 절차의 경유 여부, 심판청구기간의 준수 여부 및 심판청구 기재사항의 구비 여부 등이 있다.

(3) 보 정

위원회는 심판청구가 적법하지 아니하거나 보정할 수 있다고 인정하면 기간을 정하여 청구인에게 보정을 요구할 수 있다. 다만, 경미한 사항은 직권으로 보정할 수 있다. 청구인은 보정 요구를 받으면 서면으로 보정하여야 한다. 이 경우 다른 당사자의 수만큼 보정서 부본을 함께 제출하여야 하고 위원회는 제출된 보정서 부본을 지체 없이 다른 당사자에게 송달하여야 한다. 이와 같이 보정을 한 경우에는 처음부터 적법하게 행정심판이 청구된 것으로 보며 보정기간은 재결기간에 산입하지 아니한다.

[서식 20] 보정요구서

<table>
<tr><td colspan="4">○○○행정심판위원회
보정요구서</td></tr>
<tr><td>① 사 건</td><td colspan="3"></td></tr>
<tr><td>② 청 구 인</td><td></td><td>③ 피청구인</td><td></td></tr>
<tr><td>④ 보정할 사항</td><td colspan="3"></td></tr>
<tr><td>⑤ 보정이
필요한 이유</td><td colspan="3"></td></tr>
</table>

⑥ 그 밖에 필요한 사항	
⑦ 근거 법조문	「행정심판법」 제32조 제1항, 같은 법 시행령 제24조 제1항

위와 같이 보정할 것을 요구하오니 . . . 까지 「행정심판법 시행규칙」 별지 제36호 서식에 따른 보정서를 작성하여 제출하시기 바랍니다.

보정요구일자
○○○행정심판위원회위원장

청구인 귀하

[서식 21] 보 정 서

보 정 서

사 건 명 정보공개거부처분취소청구
청 구 인 ○○○
피청구인 ○○○

위 당사자간 ○○ 행정심판 청구사건에 대하여 청구인은 귀원의 20○○. ○. ○.자 보정요구에 따라 다음과 같이 정보공개거부처분서를 제출합니다.

– 다 음 –

1. 정보공개거부처분서 1부

20○○. ○. ○.

청 구 인 : ○ ○ ○ ○

○○행정심판위원회 귀중

(4) 결 정

요건심리는 본안재결 전까지는 언제든지 가능한데 위원회는 심판청구가 적법하지 아니하면 그 심판청구를 재결로 각하한다. 다만 보정을 요구할 수 있다.

나. 본안심리

(1) 의 의

본안심리란 심판청구인의 청구가 옳은 것인지 그른 것인지에 관하여 심리하는 것으로 요건심리결과 심판청구를 적법한 것으로 수리한 것을 전제로 당해 심판청구의 취지를 인용할 것인지 아니면 기각할 것인지 판단하기 위한 심리를 말한다.

(2) 결 정

위원회는 심판청구가 이유가 없다고 인정하면 그 심판청구를 기각하고, 심판청구가 이유가 있다고 인정하면 그 심판청구를 인용한다. 본안심리는 요건심리의 결과 당해 심판청구가 형식적 요건을 갖추었음을 전제로 하는 것이 원칙이다. 그러나 요건심리가 항상 본안심리보다 시간적으로 선행되어야 하는 것은 아니며 본안심리 도중에도 형식적 요건을 갖추지 못한 것이 판명되는 경우에는 언제든지 각하할 수 있다.

2. 심리의 범위

가. 불고불리 및 불이익변경금지 적용 여부

행정심판의 심리 · 재결에 불고불리의 원칙 및 불이익변경금지 원칙이 적용되는가의 여부에 대해 행정심판법은 행정심판의 행정구제적 기능을 살리기 위하여 행정심판의 재결에 이 원칙들의 적용을 인정하였다 따라서 행정심판위원회는 소제기가 없는 사건에 대해 심리할 수 없으며, 소제기가 있는 사건에 대해서도 당사자의 청구범위를 넘어서 심리 · 재결할 수 없다. 또한 심판청구의 대상이 되는 처분보다 청구인에게 불이익한 재결을 할 수 없다. 다만, 예외적으로 위원회는 필요하면 당사자가 주장하지 아니한 사실에 대하여도 심리할 수 있다.

나. 법률문제와 사실문제

행정심판의 심리에 있어서 심판청구의 대상이 처분이나 부작위에 관한 적법, 위법의 판단인 법률문제뿐만 아니라 당 · 부당의 재량문제를 포함한 사실문제도 심리할 수 있다. 따라서 행정심판은 당 · 부당의 문제까지 심리할 수 있다는 점에서 행정소송보다 국민의 권리구제에 더 효과적이다.

다. 불합리한 법령 등의 시정조치요청

중앙행정심판위원회는 심판청구를 심리 · 재결할 때에 처분 또는 부작위의 근거가 되는 명령 등이 법령에 근거가 없거나 상위법령에 위반되거나 국민에게 과도한 부담을 주는 등 크게 불합리하면 관계행정기관에 그 명령 등의 개정 · 폐지 등 적절한 시정조치를 요청할 수 있다. 시정조치요청을 받은 관계행정기관은 정당한 사유가 없으면 이에 따라야 한다.

Ⅲ. 심리의 절차

1. 심리절차상의 기본원칙

가. 대심주의

(1) 의 의

대심주의는 서로 대립되는 당사자 쌍방에게 대등한 공격, 방어방법을 제출할 수 있는 기회를 보장하는 제도를 말한다. 행정심판법은 행정심판절차에 사법절차가 준용되어야 한다는 헌법의 취지에 따라 심판청구의 당사자를 청구인과 피청구인의 대립관계로 정립한 다음 서로 대등한 입장에서 공격방어방법을 제출할 수 있게 하고 행정심판위원회가 제3자적 입장에서 심리를 하도록 하는 대심주의를 채택하고 있다.

(2) 구체적 내용

(가) 자료제출 요구권

위원회는 사건심리에 필요하면 관계행정기관이 보관중인 관련 문서, 장부, 그 밖에 필요한 자료를 제출할 것을 요구할 수 있다.

(나) 의견진술 및 의견서제출 요구권

위원회는 필요하다고 인정하면 사건과 관련된 법령을 주관하는 행정기관이나 그 밖의 행정기관의장 또는 그 소속 공무원에게 위원회회의에 참석하여 의견을 진술할 것을 요구하거나 의견서를 제출할 것을 요구할 수 있으며, 관계행정기관의장은 특별한 사정이 없으면 위원회의 요구에 따라야 한다. 그리고 중앙행정심판위원회에서 심리 · 재결하는 심판청구의 경우 소관 중앙행정기관의장은 의견서를 제출하거나 위원회에 출석하여 의견을 진술할 수 있다.

[서식 22] 출석통지서

[별지 제5호 서식]

<table>
<tr><td colspan="4" align="center">○○○행정심판위원회
출석통지서</td></tr>
<tr><td>① 사 건</td><td colspan="3">행심
심판청구사건</td></tr>
<tr><td>② 청구인</td><td></td><td>③ 피청구인</td><td></td></tr>
<tr><td>④ 출석할 사 람</td><td colspan="3"></td></tr>
<tr><td>⑤ 근 거 법조문</td><td colspan="3">「행정심판법」 제36조, 제40조 제1항</td></tr>
<tr><td colspan="4">위 사건에 관하여 귀하의 진술을 청취하고자 하오니 아래와 같이 출석해 주시기 바랍니다.

– 아 래 –

1. 일시: . . . 오전:
오후:
2. 장소:

. . .

○○○행정심판위원회 (인)

귀하</td></tr>
<tr><td colspan="4">주의사항
1. 문의사항이 있으면 우리 위원회(전화 :)로 연락하시기 바랍니다.
2. 출석하실 때에는 이 통지서, 주민등록증, 도장 및 그 밖의 참고자료를 지참하시기 바랍니다.</td></tr>
</table>

210mm×297mm
[일반용지 60g/㎡(재활용품)]

[서식 23] 심판참가요구서

[별지 제8호 서식]

<table>
<tr><td colspan="4">○○○행정심판위원회
심판참가요구서</td></tr>
<tr><td>① 사 건</td><td colspan="3">행심
심판청구사건</td></tr>
<tr><td>② 청 구 인</td><td></td><td>③ 피청구인</td><td></td></tr>
<tr><td>④ 참가를 요구 받 은 자</td><td colspan="3"></td></tr>
<tr><td>⑤ 근거 법조문</td><td colspan="3">「행정심판법」 제21조 제1항, 같은 법 시행령 제18조</td></tr>
<tr><td colspan="4">위 사건의 심리 결과에 대하여 이해관계가 있다고 판단되어 참가를 요구하오니
. . .까지 참가 여부를 우리 위원회에 알려 주시기 바랍니다.

. . .

○○○행정심판위원회 위원장 (인)

귀하</td></tr>
</table>

210mm×297mm
[일반용지 60g/㎡(재활용품)]

나. 서면심리주의와 구술심리주의

(1) 의 의

행정심판의 심리방식에는 서면심리주의와 구술심리주의가 있다. 행정심판법은 '행정심판의 심리는 구술심리나 서면심리로 한다. 다만, 당사자가 구술심리를 신청한 경우에는 서면심리만으로 결정할 수 있다고 인정되는 경우 외에는 구술심리를 하여야 한다.'고 규정하고 있다(법 제40조).

(2) 양자의 관계

이 규정의 의미에 대해 구술심리가 서면심리의 보충적인 것이라고 보는 견해(서면심리우선설)와 구술심리가 서면심리에 우선하는 것이라는 견해(구술심리 우선설)가 대립하고 있는데 현행 행정심판법은 서면심리의 단점을 보완하기 위해 심판절차에 구술심리를 적극적으로 활용하기 위한 것으로 구술심리를 확대한 것으로 보아야 한다는 견해가 타당하다.

다. 직권심리주의

행정심판법은 당사자주의를 원칙으로 하면서도 심판청구의 심리를 위하여 필요하다고 인정되는 경우에는 심리기관인 행정심판위원회로 하여금 당사자가 주장하지 않은 사실에 대해서도 심리하고 증거조사를 할 수 있도록 하고 있다. 그러나 행정심판법은 동시에 불고불리의 원칙도 채택하고 있으므로 직권심리라 하더라도 심판청구의 대상이 되는 처분 또는 부작위 이외의 사항에 대하여는 미칠 수 없다 할 것이다.

라. 비공개주의

비공개주의란 심판청구의 심리 · 재결을 일반인이 방청할 수 없는 상태에서 행하는 것을 말한다. 행정심판법에는 이에 관한 명문의 규정은 없으나 서면심리주의, 직권심리주의 등을 채택한 동법의 구조로 보아 비공개주의를 원칙으로 한다. 이에 대해서 행정심판이 구술심리를 우선시킨 것으로 보아 공개주의를 채택하고 있다는 입장도 있다.

[서식 24] 행정심판위원회 회의록

[별지 제17호 서식]

<table>
<tr><td colspan="2">○○○행정심판위원회
회 의 록</td></tr>
<tr><td>① 사 건</td><td>행심
심판청구사건 외 건</td></tr>
<tr><td>② 일 시</td><td></td></tr>
<tr><td>③ 장 소</td><td></td></tr>
<tr><td>④ 참 석 위 원</td><td></td></tr>
<tr><td>⑤ 회 의 내 용</td><td>별지에 적은 내용과 같음</td></tr>
<tr><td>⑥ 근 거 법 조 문</td><td>「행정심판법 시행령」 제28조</td></tr>
<tr><td colspan="2">위 사건들에 관한 년도 제 회 ○○○행정심판위원회의 회의록을 작성합니다.

○○○행정심판위원회 위원장 (서명 또는 인)</td></tr>
</table>

210mm×297mm
[일반용지 60g/㎡(재활용품)]

2. 당사자의 절차적 권리

가. 답변서 제출권

(1) 의 의

(가) 피청구인은 심판청구서를 접수하거나 위원회로부터 심판청구서 부본을 송부받으면 10일 이내에 심판청구서와 답변서를 위원회에 보내야 한다. 다만, 청구인이 심판청구를 취하한 경우에는 그러하지 아니하다(법 제24조 제1항).

(나) 심판청구서가 제출되면 피청구인인 행정청은 이에 대한 답변서를 작성하게 되는데 답변서는 심판청구서에 나타난 청구인의 주장에 대한 피청구인인 행정청의 주장을 기재한 최초의 서면이다. 답변서는 심판청구서와 함께 행정심판에 있어서 가장 중요한 서면이라고 할 수 있으므로 정확, 간명하게 작성되어져야 한다.

(다) 심판청구에 대한 심리가 주로 서면심리로 이루어지므로 답변서의 내용이 부실하거나 부정확한 경우 이로 인하여 마땅히 기각되거나 각하되어야 할 심판청구사건이 인용되는 사례가 생길 수 있다. 따라서 답변서를 작성할 때에는 심판청구서의 내용을 충분히 검토한 다음 이와 관련한 사전조사를 철저히 하여야 한다.

(라) 중앙행정심판위원회에서 심리 · 재결하는 사건인 경우 피청구인은 위원회에 심판청구서 또는 답변서를 보낼 때에는 소관 중앙행정기관의 장에게도 그 심판청구 · 답변의 내용을 알려야 한다. 위원회는 피청구인으로부터 답변서가 제출되면 답변서 부본을 청구인에게 송달하여야 한다.

(2) 답변서의 내용

피청구인은 답변서를 보낼 때에는 청구인의 수만큼 답변서 부본을 함께 보내되, 답변서에는 ① 처분이나 부작위의 근거와 이유, ② 심판청구의 취지와 이유, ③ 처분의 상대방의 이름 · 주소 · 연락처와 의무이행 여부의 답변사항을 명확하게 적어야 한다.

(가) 청구취지에 대한 답변

1) 본안전 항변

심판청구가 심판청구요건을 결하고 있는 경우에는 심판청구 각하 재결을 신청하여야 한다. 청구요건의 존부는 원칙적으로 재결청의 직권조사사항이므로 피신청인의 주장을 필요로 하는 것이 아니지만 피신청인은 재결청에 직권발동을 촉구하는 의미에서 이를 하게 되는 것이다.

2) 본안에 대한 답변

청구인의 청구이유가 없을 경우 청구기각의 재결을 구하는데 청구인이 주장한 요건사실이나 중요한 간접사실에 대하여 다투고 있는지 명확히 하는 것이다.

(나) 청구원인에 대한 답변

청구원인에 대한 답변에서는 청구인의 주장 및 입증방법을 반박하고 피청구인에게 유리한 내용을 기재한다. 청구원인 사실에 대한 피청구인의 답변 방식은 자백, 부인, 부지, 침묵 등이 있다.

1) 부 인

상대방이 주장하는 요건사실의 존재를 부정하는 내용의 사실상의 진술을 말하며, 부인의 경우 요건사실을 주장하는 상대방이 입증해야 한다.

2) 항 변

청구인의 청구를 배척하기 위하여 청구인의 주장사실이 진실임을 전제하여 이와 양립가능한 별개의 사항에 대하여 피청구인이 하는 진술을 말한다. 이 경우 피청구인에게 항변에 대한 입증책임이 있게 된다.

※ 항변의 종류

1) 권리장애사실 : 권리의 발생을 애당초부터 방해하는 권리장애규정의 요건사실
2) 권리멸각사실 : 일단 발생한 권리를 소멸시키는 권리멸각 규정의 요건사실
3) 권리정지사실 : 이미 발생한 권리의 행사를 저지시키는 권리 저지 규정의 요건사실

(3) 답변서 제출의 효과

답변서를 제출하면 피신청인이 최초의 기일에 출석하지 아니한 경우에도 그 기재사항은 의제진술되어 의제자백의 불이익을 받지 않을 수 있고 상대방이 불출석한 경우라도 기재된 사실을 주장할 수 있는 효과가 발생한다.

[서식 25] 답 변 서

답 변 서

사건번호 접수-20○○-○○
사 건 명 정보공개거부처분취소청구
청 구 인 ○○○ (주민번호)
(주소)
피청구인 ○○○
청 구 일 20○○. ○. ○.

위 당사자간 ○○ 행정심판 청구사건에 대하여 피청구인은 다음과 같이 답변합니다.

청구취지에 대한 답변

"청구인의 청구를 ○○○한다"라는 재결을 구합니다.

청구원인에 대한 답변

1. 사건개요

20○○. ○. ○. ○○○○ …… 공개 청구에 대하여, 청구된 정보공개와 관련된 ○○○ ○○○ ○○○ 확인하여 20○○. ○. ○. 「공공기관의 정보공개에 관한 법률」 제○조 제○항 제○호 ……에 의거하여 정보비공개결정을 통지하였습니다.

2. 처분경위

- 20○○. ○. ○.
- 20○○. ○. ○.

3. 관계법령

「공공기관의 정보공개에 관한 법률」 제9조 제1항 제○호, 제○호, 제○호

4. 청구인 주장

○○○ ………

5. 피청구인 답변

청구인은 ○○○ …………
그리고 ○○○ …………

6. 결 론

20○○. ○. ○. 피청구인에 의한 정보비공개결정 처분은 ○○○ ○○○ 처분이라 할 것입니다.

입 증 방 법

1. 을제1호증 ○○○
1. 을제2호증 ○○○

첨 부 서 류

1. 위 입증방법 ○○○

20○○. ○. ○.

피 청 구 인 : ○ ○ ○ ○

○○행정심판위원회 귀중

[서식 26] 답 변 서

답 변 서

사건번호 20○○ - ○○○○○

사 건 명 이행강제금부과처분취소청구

청 구 인 홍길동(주민번호)
(주소)

피청구인 ○○시장

청 구 일 20○○. ○. ○.

처분의 내용 국토의계획및이용에관한법률 위반에 따른 이행강제금

위 사건에 대하여 피청구인은 다음과 같이 답변 합니다.

청구취지에 대한 답변

"청구인의 청구 내용을 기각한다."라는 재결을 구합니다.

청구원인에 대한 답변

1. 행정처분의 개요

가. 관련법령

국토의계획및이용에 관한 법률 제124조 제1항, 제118조

나. 처분경위

1) 20○○. ○.경 토지거래허가처리

2) 토지계획설명서(허가당시 제출) : 위 토지는 20○○. ○.경 공유토지 분할(특조법)로 인하여 대지로 지목변경된 토지입니다. 건축법상 취락지구내에 포함되어 있으며 이축권을 매입하여 20○○. ○.경 건축허가 및 시공을 시작하여 20○○. ○.경 용도변경할 예정입니다. 20○○. ○.경 주택으로 건축허가를 받아 시공을 시작하여 20○○. ○.경 근린생활시설 수리점으로 용도변경할 예정입니다.

3) 20○○. ○. ○. : 소유권이전

20○○. ○. ○. : 해당토지 현장조사(미이용)

20○○. ○. ○. : 토지이용의무위반자에 대한 이행명령통지

20○○. ○. ○. : 이행강제금부과결정 통지

2. 청구인의 주장

개발제한구역 내 집단취작지구에 속하는 고시이후 대지로 당초 토지거래계약허가가 목적대로 이용하기 위해서는 일반 이축권으로 건축허가를 득하여야만 가능합니다. 그러나 ○○시 전제 개발제한구역 내 집단취락지구가 우선해제지역으로 고시되어 주거지역으로 변경됨으로 일반 이축권 발생이 매우 어렵게 되어 건축허가를 받기에는 청구인의 의지대로 되는 것이 아니어서 사건의 토지를 이용하지 아니하고 방치하였다는 피청구인의 주장은 사실이 아니라고 주장함.

3. 청구인 주장에 대한 피청구인의 주장

1) 청구인은 20○○. ○. ○. 토지거래허가를 받으면서 그 허가 조건으로 반드시 허가받은 이용목적대로 매수인이 사용하는 조건으로 허가를 받았습니다. 당시 허가사항은 이용목적 복지편익시설용 조건이었습니다.

2) 20○○. ○.경 청구인의 토지는 당초 허가받은 목적인 복지편익시설용으로 사용하지 않아 20○○. ○.경 토지이용실태조사에서 미 이용으로 이행명령을 내렸고, 이에 이축권을 구하기 어려워 이행유보를 요구하는 의견제출서와 20○○. ○.경까지 이행하겠다는 확약

서를 제출된 바가 있으며 20○○. ○.경에도 같은 이유로 한차례 더 이행유보를 하였으나 불이행하였습니다. 20○○. ○.경 실태조사에서 청구인의 토지는 농업경작용으로 이용하여 이행명령을 내렸고 이축권을 구하기 어렵다는 이유로 의견제출을 하였고 결국 불이행하였습니다.

3) 4년의 이용의무기간 동안 이축권이 없다는 의견제출로 일정기간 이행유보를 하였으나 이행하지 않았으며, 청구인은 할 수 있는 시간과 기회가 있었으나 불이행으로 국토의계획및이용에관한법률에 의거 토지이용의무위반 이행강제금부과 처분은 적법하게 이루어진 것입니다.

4. 결 론

따라서 청구인의 행정심판청구는 그 이유가 없으므로 기각하여 주시기 바랍니다.

입 증 방 법

1. 을제1호증 토지거래계약허가신청서 외
2.
3.
4.

20○○. ○. ○.

피청구인 : ○○시장
연 락 처 :

○○행정심판위원회 귀중

나. 위원 · 직원에 대한 기피신청권(법 제10조)

당사자는 위원에게 공정한 심리 · 의결을 기대하기 어려운 사정이 있으면 위원장에게 기피신청을 할 수 있다. 위원에 대한 제척신청이나 기피신청은 그 사유를 소명(疏明)한 문서로 하여야 한다. 다만, 불가피한 경우에는 신청한 날부터 3일 이내에 신청사유를 소명할 수 있는 자료를 제출하여야 한다. 위원장은 제척신청이나 기피신청의 대상이 된 위원에게서 그에 대한 의견을 받을 수 있다. 위원장은 제척신청이나 기피신청을 받으면 제척 또는 기피 여부에 대한 결정을 하고, 지체 없이 신청인에게 결정서 정본(正本)을 송달하여야 한다. 사건의 심의 · 의결에 관한 사무에 관하여는 위원 아닌 직원에게도 규정을 준용한다.

[서식 27] 행정심판위원회 제척 · 기피신청서

■ 행정심판법 시행규칙 [별지 제18호 서식] 〈개정 2012.9.20〉

행정심판위원회 위원 [ ] 제척 [ ] 기피 신청서

접수번호	접수일	

사 건 명	
청 구 인	성명
	주소
피 청 구 인	
신 청 취 지	
신 청 원 인	
소 명 방 법	

「행정심판법」 제10조 및 같은 법 시행령 제12조에 따라 위와 같이 신청합니다.

년 월 일

신청인 (서명 또는 인)

○○행정심판위원회 귀중

첨부서류	없음	수수료 없음

처리 절차			
신청서 작성 →	접수 →	결정 →	송달
신청인	○○행정심판위원회	○○행정심판위원장	

210mm×297mm[백상지 80g/㎡]

다. 구술심리 신청권

행정심판의 심리는 구술심리나 서면심리로 한다. 다만, 당사자가 구술심리를 신청한 경우에는 서면심리만으로 결정할 수 있다고 인정되는 경우 외에는 구술심리를 하여야 한다. 위원회는 구술심리 신청을 받으면 그 허가 여부를 결정하여 신청인에게 알려야 하고 그 통지는 간이통지방법으로 할 수 있다(법 제40조).

[서식 28] 구술심리신청서

■ 행정심판법 시행규칙 [별지 제39호 서식] 〈개정 2012.9.20〉

구술심리신청서

접수번호	접수일	

사 건 명	
청 구 인	성명
	주소
피청구인	
신청 취지	
신청 이유	

「행정심판법」 제40조 제1항 단서 및 같은 법 시행령 제27조에 따라 위와 같이 구술심리를 신청합니다

년 월 일

신청인 (서명 또는 인)

○○행정심판위원회 귀중

첨부서류	없음	수수료 없음

처리 절차

신청서 작성	➜	접수	➜	결정	➜	통지
신청인		○○행정심판위원회		○○행정심판위원회		

210mm×297mm[백상지 80g/㎡]

[서식 29] 서면심리통지서

[별지 제15호 서식]

<table>
<tr><td colspan="4">○○○행정심판위원회
서면심리통지서</td></tr>
<tr><td>① 사　　건</td><td colspan="3">행심
심판청구사건</td></tr>
<tr><td>② 청 구 인</td><td></td><td>③ 피청구인</td><td></td></tr>
<tr><td>④ 신 청 인</td><td colspan="3"></td></tr>
<tr><td>⑤ 신 청 취 지</td><td colspan="3"></td></tr>
<tr><td>⑥ 근거법조문</td><td colspan="3">「행정심판법」 제40조 제2항</td></tr>
<tr><td colspan="4">귀하의 구술심리 신청에 대하여 우리 위원회는 서면심리만으로 결정할 수 있다고 인정하여 서면심리를 하게 되었음을 알려 드립니다.

. . .

○○○행정심판위원회 위원장 (인)

귀하</td></tr>
</table>

210mm×297mm
[일반용지 60g/㎡(재활용품)]

라. 보충서면(준비서면)제출권

(1) 의 의

당사자는 심판청구서 · 보정서 · 답변서 · 참가신청서 등에서 주장한 사실을 보충하고 다른 당사자의 주장을 다시 반박하기 위하여 필요하면 위원회에 보충서면을 제출할 수 있다. 이 경우 다른 당사자의 수만큼 보충서면 부본을 함께 제출하여야 한다. 위원회는 필요하다고 인정하면 보충서면의 제출기한을 정할 수 있다. 위원회는 보충서면을 받으면 지체 없이 다른 당사자에게 그 부본을 송달하여야 한다(법 제33조).

(2) 보충서면(준비서면)의 기재사항

보충서면(준비서면)에는 다음사항을 기재하고 당사자와 대리인이 서명 · 날인하여야 한다.

1. 당사자의 성명, 명칭 또는 상호와 주소
2. 대리인의 성명과 주소
3. 사건의 표시
4. 공격 또는 방어방법
5. 상대방의 청구와 공격 또는 방어방법에 대한 진술
6. 첨부한 서류의 표시
7. 작성한 날짜
8. 재결청의 표시

(3) 보충서면의 종류

(가) 석명에 대한 보충서면

재결청 또는 상대방의 석명에 대한 답변 또는 상대방에 대한 석명사항을 기재한 보충서면이다.

(나) 상대방 주장에 대한 인부와 공격에 대한 서면

신판청구서의 청구원인에 대한 인부는 대개 답변서에서 행하게 되지만 그 이외의 청구인의 주장에 대한 인부는 서면에 기재하여 변론하며, 법률의 적용이나 해석이 문제로 부각된 사안에 있어서는 판례와 학설을 인용하는 것이 효과적이다.

(다) 사정진술에 대한 서면

자기의 주장이 정당하다고 하는 것을 설득하기 위한 요건사실을 추인할 간접사실을 주장하는 것이다.

(라) 최종서면

답변을 종결할 때 제출하는 서면으로서 당사자가 심판청구서, 답변서, 기타의 준비서면 혹은 구두로 진술한 사실상 및 법률상 주장과 상대방의 주장 및 항변에 대한 인부 등 당사자의 종래의 주장을 빠짐없이 망라한 것이다.

(4) 작성방법

우선 서면에서는 사건번호와 당사자를 표시해야 한다. 그리고 상대방의 주장을 요약, 정리한 다음 그 주장을 반박하는 자신의 주장을 논리정연하게 정리하여 기재하는 방식으로 작성해 나가면 된다. 상대방의 주장을 반박할 경우에는 자신에게 유리한 요건사실 및 증거방법을 적극적으로 찾아내서 기재하되 그것이 용이하지 않을 때에는 상대방이 제출한 증거의 신빙성을 공격하는 방향으로 서면을 작성할 필요가 있다.

(가) 청구인의 주장 및 사건에 관한 쟁점정리

청구인의 준비서면 내용의 요점을 간략하게 정리를 한 다음 청구인의 청구원인이 되는 요건과 피청구인이 반박하는 답변서와의 쟁점사항이 무엇인지를 명확하게 기재한다.

(나) 청구인이 주장하는 원인에 있어서 문제점 지적

청구인의 주장에 법리적, 사실적 오류가 있다면 이를 뒷받침할만한 구체적 사실을 자세히 기재하되 그에 부합하는 증거방법을 부기하도록 한다.

(다) 결 론

결론에서 "위와 같이 살펴본 바와 같이 피청구인은 청구인의 청구에 응할 의무가 없음을 주장한다"라고 하고 연월 및 기명날인한 다음 마지막을 해당 재결청을 기재하면 된다.

(5) 서면의 제출시한과 부본의 제출

서면은 그 기재한 사항에 대한 상대방의 준비기간을 두고 제출하여야 하며, 그 부본을 상대방에게 송달하여야 하므로 송달할 상대방 수만큼의 부본을 제출해야 합니다. 통상 실무적으로 기일 5일 전에는 제출하여야 재판장이 이를 읽어보고 주장의 요지를 파악할 있으며 상대방도 이에 대한 답변을 생각할 기회를 주게 되므로 주의해야 합니다.

(6) 준비서면 제출의 효과

[서식 30] 보충서면

보 충 서 면

접수번호		접수일	

사 건 명	사건번호 :
청 구 인	성명 (연락처)
	주소

피청구인	
구 분	보충서면
제출 내용	

「행정심판법」 제33조 제1항에 따라 위와 같이 보충서면을 제출합니다.

년 월 일

제출인 (서명 또는 인)

○○행정심판위원회 귀중

※ 보충서면은 다른 당사자의 수 만큼 부본을 함께 제출하시기 바랍니다.

첨부서류		수수료 없음

처리 절차		
보충서면 작성 · 제출	➜	접수
제출인		○○행정심판위원회

210mm×297mm[백상지 80g/㎡]

[서식 31] 준비서면(보충서면)

준 비 서 면

사 건 20○○-○○○ 이행강제금부과처분취소청구
청 구 인 홍 길 동
피 청 구 인 ○ ○시장

위 사건에 관하여 청구인은 다음과 같이 준비서면(보충서면)을 제출합니다.

다 음

1. 피청구인 주장의 요지

피청구인은 청구인이 ○○도 ○○시 ○○동 이 사건 토지를 취득할 당시 토지거래허가를 받으면서 그 허가조건으로 반드시 허가 받은 이용목적대로 사용한다는 조건으로 취득하였으므로 이 사건 토지 이용목적인 복지편익시설용으로 사용하여야 하나 농업경작용으로 사용하여 당초 토지거래허가 이용목적대로 사용하지 않아 이행강제금을 부과처분한 것은 적법하다고 주장하면서 그 근거로 국토의계획및이용에관한법률 제124조 제1항 동법 시행령 제124조 제2항 제2호 등을 제시하였습니다.

2. 이 사건 처분의 위법성

(1) 피청구인이 이 사건 토지 이용목적 위반의 근거로 제시한 국토의계획및이용에관한법률 제124조가 제1항과 동법 시행령 제124조 제2항을 살펴보면 토지거래계약을 허가 받은 자는 대통령령으로 정하는 사유가 있는 경우 외에는 5년의 범위에서 대통령령으로 정하는 기간에 그 토지를 허가 받은 목적대로 이용하여야 한다고 규정하면서 동법 시행령 제124조 제2항에서 법 제119조 제1호 나목의 목적으로 허가를 받은 경우에는 토지의 취득시부터 4년간 이용하여야 한다고 규정하고 있으며, 동법 시행령 제124조 제1항과 국토해양부령 시행규칙 제28조 제1항에 해당하는 경우에는 이용의무를 유예한다고 규정하고 있습니다.

(2) 피청구인이 주장한 위법문을 보면 토지거래허가를 받아 취득한 토지는 법률에 의하여 일정기간 동안 의무적으로 이용해야 할 책임이 있으나, 대통령령으로 정하는 사유가 있는 경우에는 그 이용의무를 유예한다고 규정하고 있습니다. 대통령령의 규정에 따라 토지거래계약허가를 받은자의 귀책사유가 아닌 사유로 부득이 법에서 정한 이용의무 기간을 다하지 못한 사유를 열거하고 있고 그 사유로 시행령 제124조 제1항 제2조에서 토지의 이용을 위하여 관계법령에 의한 허가인가 등을 신청하였으나 국가 또는 지방자치단체가 국토해양부령이 정하는 사유로 일정기간동안 허가 등을 제한하는 경우로서 그 제한기간 내에 있는 경우를 규정하고 국토해양부령으로 정하는 것으로 국토해양부령 제28조 제1항에서 건축법 제18조에 따른 건축허가의 제한을 그 예로 규정하고 있습니다.

(3) 위에서 살펴 본봐와 같이 이 사건 토지 이용의무기간 4년은 전매금지 기간이므로 청구인이 이 사건 토지를 매매하기 전에 4년간만 이용하여도 되는 것인지는 법문만으로는 판단하기가 불분명합니다. 따라서 청구인의 주장은 이 사건 토지지 취득일을 기준하여 4년간 이용하면 되는 것이므로 20○○. ○. ○.자로 이축권을 매수하여 건축허가를 신청 중에 있으므로 앞으로 4년간 이용하면 이 사건 토지를 매도할 수 있다는 규정으로 해석할 수 있으므로 이 사건 이행강제금 부과처분은 부당합니다.

(4) 또한 이 사건 토지 이용의무인 복지편익시설은 피청구인이 건축허가를 내어 주어야만 이용의무자를 이행할 수 있는 것이지 청구인의 의지만으로는 이용의무를 이행할 수 없는 것입니다. 이 사건 토지는 고시 이후 대지로 이축권을 이용하여야만 건축허가를 받을 수

있는 토지로서 이축권을 이용하지 않고서는 이 사건 토지 이용목적인 건축을 할 수 없기 때문에 이 사건 토지는 건축행위 이외에는 어떠한 경우에도 이용목적을 할 수 없는 것입니다.

(5) 청구인이 이 사건 토지를 토지거래허가 받은 이용목적대로 사용할 수 없는 것은 피청구인이 잘알고 있는 것은 20○○년부터 매년 이행명령 통지를 하였으면서도 이행강제금을 부과하지 않는 것이 이를 증명하고 있는 것입니다. 그렇다면 동법 시행령 124조 제1항의 규정에 따라 허가기준에 적합하게 당초의 이용목적을 시장, 군수, 또는 구청장의 승인을 얻어 변경하는 방법, 토지거래계약허가를 받은 자가 불가피한 사유로 허가 받은 목적대로 이용하는 것이 불가능하다고 시,군,구도시 계획위원회에서 인정한 경우 등이 있었음에도 피청구인은 이를 청구인에게 알리지 않았습니다. 만약 피청구인이 이용목적변경 제도를 청구인에게 설명하였더라면 청구인은 이 사건 토지의 이용목적을 농업으로 변경하여 이용목적의무를 이행하였을 것입니다. 이 사건 토지는 개발제한구역에 소재하는 고시 이후 대지이므로 사실상 전(농지)이나 같은 토지로 취급되기 때문에 피청구인이 이를 청구인에게 안내하여 줄 의무가 있는 것이나 이를 하지 않는 것은 직무를 태만 하는 것으로 볼 수도 있다 할 것입니다.

(6) 그러나 청구인은 20○○. ○. ○.경 이축권을 구입하여 건축허가를 신청하였고 그 결과를 기다리고 있으며, 건축허가가 완료되면 건축물을 건축하여 당초 토지거래허가 이용목적대로 이용하겠습니다. 청구인은 이 사건 토지의 사실상 지목인 전(농지)에 그동안 농산물을 경작하여 왔습니다. 결과적으로 청구인은 피청구인의 주장대로 이 사건 토지를 이용목적대로 사용하지 않고 방치 한 것이 아니라 청구인의 귀책사유가 아닌 사유로 어쩔 수 없이 이 사건 토지 사실상 지목인 농지로 사용할 수밖에 없었습니다.

3. 결 론

이 사건 토지는 청구인의 의지만으로 이용의무를 이행할 수 없는 토지이고 피신청인이 건축허가를 내어주어야만 이용의무를 할 수 있는 토지이므로 시행령 제124조 제1항 및 국토해양부령 제28조에 해당하므로 피청구인이 20○○. ○. ○. 청구인에게 한 이행강제금부과처분은 법리를 오해한 위법한 처분이고 부당하므로 취소되어야 합니다.

입 증 방 법

1. 갑 제5호증 진술서

첨 부 서 류

1. 위 입증방법
1. 준비서면 부본

20○○. ○. ○.

위 청구인 ○ ○ ○ (인)

○ ○행정심판위원회 귀중

[서식 32] 준비서면(보충서면)

준 비 서 면

사 건 20○○-○○○ 장해등급처분취소
청 구 인 ○ ○ ○
피 청 구 인 근로복지공단

위 사건에 관하여 청구인은 다음과 같이 준비서면(보충서면)을 제출 합니다.

다 음

1. 이 사건 처분의 경위

청구인은 20○○. ○. ○. ☆☆청 청량리 사무소 소속 공공근로자로 근로하던 중 재해가 발생하여 상병명 뇌동맥류파열, 지주막하뇌출혈 등으로 약 1년 동안 요양하다 치료 종결하고 장해보상청구를 하였으나 20○○. ○. ○. 근로복지공단 서울북부지사에서 장해등급 제5급 8호로 결정하였습니다.

2. 이 사건 재해의 경위

(1) 청구인은 서울 망우역 부근에서 철길 근처에서 08:30에 출근하여 17:30까지 근무를 해야 하며 그 곳에서 잡초도 정리하고 자갈을 고르는 등의 공공근로를 하는데 작업하는 장소에는 그늘이 없고 마땅한 휴식 공간이 없을 뿐더러 휴식 시간도 따로 정해지지 않았으며 당시는 여름의 무더운 기운이 남아 있던 터라 작업을 하는 철로의 주위는 철로의 영향으로 주변의 기온이 40~45℃ 정도이어서 작업을 하기에 무척 힘든 상황이었는데 더구나 피고인은 공공근로작업반에서 반장의 역할을 맡고 있어서 하루 일정량의 작업을 마쳐야 하는 상황이었으므로 반장 밑에서 일하는 15~16명 작업자들보다 2~3배 정도는 더 열심히 일해야 했습니다.

(2) 그러다가 청구인은 20○○. ○. ○. 14:00경에서 15:00경 사이에 서울 망우역 부근에서 작업을 하는 중 그 동안의 과도한 업무와 일정량의 작업을 마쳐야 하는 스트레스로 인하

여 작업 도중 작업 현장에서 쓰러지게 된 것입니다. 이 시각의 철로 주변의 온도는 52℃까지 이르는 등 작업하기에는 무척 힘든 상황이었습니다. (갑 제5호증 진술서 참고)

(3) 결국 청구인은 열악한 작업 환경, 과도한 업무, 반장으로서의 작업량 달성을 이루어야 한다는 스트레스 등으로 인하여 작업 도중 이 사건과 같은 업무상 재해를 입게 된 것입니다.

3. 신체감정의 신청

청구인과 피청구인 간의 주된 쟁점이 이 사건 원고에 대한 장해등급이 3급 제3호에 해당하느냐, 5급 제8호에 해당하는냐는 것이므로 이에 대한 정확한 판단을 위하여 원고에 대한 신체감정이 필요하다고 사료되오니 신체감정을 신청합니다.

입 증 방 법

1. 갑 제5호증　　　　진술서

첨 부 서 류

1. 위 입증방법
1. 준비서면 부본
1. 서증인부서
1. 신체감정신청서

20○○. ○. ○.

위 청구인　○ ○ ○ (인)

○ ○ 귀중

마. 물적 증거제출권

당사자는 심판청구서 · 보정서 · 답변서 · 참가신청서 · 보충서면 등에 덧붙여 그 주장을 뒷받침하는 증거서류나 증거물을 제출할 수 있다. 증거서류에는 다른 당사자의 수만큼 증거서류 부본을 함께 제출하여야 한다. 위원회는 당사자가 제출한 증거서류의 부본을 지체 없이 다른 당사자에게 송달하여야 한다(법 제34조).

[서식 33] 증거서류제출서

■ 행정심판법 시행규칙 [별지 제37호 서식] 〈개정 2012.9.20〉

증거서류 등 제출서

접수번호	접수일	

사 건 명		
청 구 인	성명	
	주소	
피청구인		
구 분	[ ] 증거서류	[ ] 증거물
제출 내용		

「행정심판법」 제34조 제1항에 따라 위와 같이 증거서류(증거물)를 제출합니다.

년 월 일

제출인 (서명 또는 인)

○○행정심판위원회 귀중

첨부서류	증거서류 또는 증거물(이 경우 증거서류는 다른 당사자의 수 만큼 증거서류 부본을 함께 제출하여야 합니다)	수수료 없음

처리 절차

증거서류 등 작성 · 제출	➜	접수
제출인		○○행정심판위원회

210mm×297mm[백상지 80g/㎡]

[서식 34] 증거서류제출서

■ 행정심판법 시행규칙 [별지 제43호 서식] 〈개정 2012.9.20〉

증거서류 등 반환신청서

접수번호	접수일	
사 건 명		
청 구 인	성명	
	주소	
피청구인		
제 출 인	성명	
	주소	
반환신청 물건 (품목, 수량)		

「행정심판법」 제55조에 따라 위와 같이 반환을 신청합니다.

년 월 일

신청인 (서명 또는 인)

○○행정심판위원회 귀중

첨부서류	없음	수수료 없음

처리 절차		
신청서 작성	➜	접수
신청인		○○행정심판위원회

210mm×297mm[백상지 80g/㎡]

바. 증거조사 신청권(법 第36條)

(1) 위원회는 사건을 심리하기 위하여 필요하면 직권으로 또는 당사자의 신청에 의하여 ① 당사자나 관계인(관계 행정기관 소속 공무원을 포함한다. 이하 같다)을 위원회의 회의에 출석하게 하여 신문(訊問)하는 방법, ② 당사자나 관계인이 가지고 있는 문서·장부·물건 또는 그 밖의 증거자료의 제출을 요구하고 영치(領置)하는 방법, ③ 특별한 학식과 경험을 가진 제3자에게 감정을 요구하는 방법, ④ 당사자 또는 관계인의 주소·거소·사업장이나 그 밖의 필요한 장소에 출입하여 당사자 또는 관계인에게 질문하거나 서류·물건 등을 조사·검증하는 방법에 따라 증거조사를 할 수 있다.

(2) 위원회는 필요하면 위원회가 소속된 행정청의 직원이나 다른 행정기관에 촉탁하여 증거조사를 하게 할 수 있다.

(3) 증거조사를 수행하는 사람은 그 신분을 나타내는 증표를 지니고 이를 당사자나 관계인에게 내보여야 한다.

(4) 당사자 등은 위원회의 조사나 요구 등에 성실하게 협조하여야 한다.

3. 심리의 병합과 분리

행정심판법은 행정심판사건에 대한 심리의 신속성과 경제성을 도모하기 위하여 심리의 병합과 분리를 인정하고 있다. 행정심판위원회는 필요하면 관련되는 심판청구를 병합하여 심리하거나 병합된 관련청구를 분리하여 심리할 수 있고, 행정심판위원회는 필요하다고 인정할 때에는 병합된 관련청구를 분리하여 심리할 수 있다(법 제37조).

[서식 35] 증거조사신청서

■ 행정심판법 시행규칙 [별지 제38호 서식] 〈개정 2012.9.20〉

증거조사신청서

접수번호	접수일	
사 건 명		
청 구 인	성명	
	주소	
피청구인		
증명할 사실		
증거 방법		

「행정심판법」 제36조 제1항 및 같은 법 시행령 제25조 제1항에 따라 위와 같이 증거 조사를 신청합니다.

년 월 일

신청인 (서명 또는 인)

○○행정심판위원회 귀중

첨부서류	증거조사 관련 서류	수수료 없음

처리 절차

신청서 작성	➜	접수
신청인		○○행정심판위원회

210mm×297mm[백상지 80g/㎡]

[서식 36] 증거조사조서

[별지 제10호 서식]

<table>
<tr><td colspan="4" align="center">○○○행정심판위원회
증거조사조서</td></tr>
<tr><td>① 사 건</td><td colspan="3">행심
심판청구사건</td></tr>
<tr><td>② 청구인</td><td></td><td>③ 피청구인</td><td></td></tr>
<tr><td>④ 일 시</td><td>. . .</td><td>⑤ 장소</td><td></td></tr>
<tr><td>⑥ 참여한 위원</td><td colspan="3"></td></tr>
<tr><td>⑦ 출석한
당사자 등</td><td colspan="3"></td></tr>
<tr><td>⑧ 증거조사의
방법 및 대상</td><td colspan="3"></td></tr>
<tr><td>⑨ 조사 결과</td><td colspan="3">별지에 적은 내용과 같음</td></tr>
<tr><td>⑩ 근거 법조문</td><td colspan="3">「행정심판법」 제36조, 같은 법 시행령 제25조 제3항부터 제5항까지</td></tr>
<tr><td colspan="4">위와 같이 증거조사를 하였습니다.

. . .

조사자 소속:
직급: 성명 (서명 또는 인)
○○○행정심판위원회 위원장 (서명 또는 인)</td></tr>
</table>

210mm × 297mm
[일반용지 60g/㎡(재활용품)]

[서식 37] 증거조사 촉탁서

[별지 제14호 서식]

○○○행정심판위원회
증거조사 촉탁서

① 사건	행심 심판청구사건		
② 청구인		③ 피청구인	
④ 증거조사의 대상			
⑤ 증거조사 사항			
⑥ 참고사항			
⑦ 근거 법조문	「행정심판법」 제36조 제2항, 같은 법 시행령 제25조 제5항		

위와 같이 증거조사를 촉탁하오니 「행정심판법 시행규칙」 별지 제10호 서식에 따른 증거조사조서를 작성하여 . . .까지 알려 주시기 바랍니다.

. . .

○○○행정심판위원회 (인)

귀하

210mm × 297mm
[일반용지 60g/㎡(재활용품)]

[서식 38] 증거자료 영치증명서

[별지 제11호 서식]

○○○행정심판위원회
증거자료 영치증명서

① 사 건	행심 심판청구사건		
② 청 구 인		③ 피청구인	
④ 영 치 일		⑤ 영치장소	
⑥ 제 출 인			
⑦ 영치 목적			
⑧ 영치 물건 (품명 · 수량)			
⑨ 근거법조	「행정심판법」 제36조 제1항		

위와 같이 증거자료를 영치합니다.

. . .

○○○행정심판위원회 (인)

210mm × 297mm
[일반용지 60g/㎡(재활용품)]

[서식 39] 감정의뢰서

[별지 제12호 서식]

<table>
<tr><td colspan="4">○○○행정심판위원회
감정의뢰서</td></tr>
<tr><td>① 사 건</td><td colspan="3">행심
심판청구사건</td></tr>
<tr><td>② 청 구 인</td><td></td><td>③ 피청구인</td><td></td></tr>
<tr><td>④ 감정의 대상</td><td colspan="3"></td></tr>
<tr><td>⑤ 감정사항</td><td colspan="3"></td></tr>
<tr><td>⑥ 참고사항</td><td colspan="3"></td></tr>
<tr><td>⑦ 근거 법조문</td><td colspan="3">「행정심판법」 제36조 제1항</td></tr>
<tr><td colspan="4">위와 같이 감정을 의뢰하오니 「행정심판법 시행규칙」 별지 제13호 서식에 따른 감정통보서를 작성하여 . . .까지 그 결과를 알려 주시기 바랍니다.

. . .

○○○행정심판위원회 (인)

귀하</td></tr>
</table>

210mm × 297mm
[일반용지 60g/㎡(재활용품)]

제 3 장 행정심판의 재결

Ⅰ. 행정심판의 재결 및 효력

1. 개 설

가. 의 의

재결이란 행정심판청구사건에 대하여 행정심판위원회가 심리, 의결한 내용에 따라 행정심판위원회가 행하는 종국적 판단인 의사표시를 말한다.

나. 성 질

(1) 확인행위

재결은 행정법상 법률관계에 관한 분쟁에 대하여 위원회가 일정한 절차를 거쳐서 판단, 확정하는 행위이므로 확인행위로서의 성질을 갖는다.

(2) 준사법행위

또한 심판청구를 전제로 한 것일 뿐만 아니라 판단의 작용이라는 점에서 판결과 성질이 비슷하므로 준사법행위에 해당한다고 볼 수 있다. 재결도 하나의 처분이고 행정심판법 제2조 제3호에서 '재결이란 행정심판의 청구에 대하여 제6조에 따른 행정심판위원회가 행하는 판단을 말한다.'라고 정의하고 있으므로 재결자체에 고유한 위법이 있으면 취소소송의 대상이 된다.

2. 재결의 절차

가. 재결기간

재결은 피청구인 또는 위원회가 심판청구서를 받은 날부터 60일 이내에 하여야 한다. 다만, 부득이한 사정이 있는 경우에는 위원장이 직권으로 30일을 연장할 수 있다. 다만 연장할 경우에는 재결기간이 끝나기 7일 전까지 당사자에게 알려야 한다(법 제45조). 위의 재결기간에 보정기간은 산입되지 않는다.

행정심판법이 재결기간을 명문으로 규정한 것은 행정법관계의 조속한 확정과 신속한 심리, 재결을 도모하기 위한 것이다. 그러나 이러한 재결기간은 훈시규정으로 보기 때문에 기간이 경과한 후에 재결이 이루어지더라도 효력을 갖는다.

나. 재결의 형식

재결은 서면으로 하여야 하고 재결서에는 ① 사건번호와 사건명, ② 당사자 · 대표자 또는 대리인의 이름과 주소, ③ 주문, ④ 청구의 취지, ⑤ 이유, ⑥ 재결한 날짜 등이 포함되어야 하고, 재결서에 적는 이유에는 주문 내용이 정당하다는 것을 인정할 수 있는 정도의 판단을 표시하여야 한다(법 제46조). 즉 재결의 기초가 되는 사실자료를 기초로 증거에 의하여 사실관계를 인정하고 그에 관한 법률의 해석, 적용을 명백히 하고 주문에 나타난 판단의 경로를 구체적으로 표시하여야 한다.

다. 재결의 범위

(1) 불고불리 및 불이익변경금지의 원칙

행정심판법은 불고불리의 원칙과 불이익변경금지의 원칙을 명문화하여 행정심판의 권리구제의 기능을 높였다. 위원회는 심판청구의 대상이 되는 처분 또는 부작위 외의 사항에 대하여는 재결하지 못하고, 위원회는 심판청구의 대상이 되는 처분보다 청구인에게 불리한 재결을 하지 못한다. 다만 여기에 대하여 행정의 자기 통제적 시각에서 적법한 행위를 보장하기 위해서는 청구인에게 불이익한 처분도 가능할 필요가 있음을 지적하는 입장도 있다.

(2) 재량기간에 대한 판단

행정심판은 행정소송과 달리 위법한 처분이나 부작위뿐만 아니라 부당한 처분이나 부작위도 그 대상이 된다. 따라서 위원회는 재량행위와 관련하여 재량의 일탈, 남용 등과 같은 재량권 행사의 위법 여부뿐만 아니라 재량 한계 내에서의 재량권 행사의 당부(當否)에 대해서도 판단할 수 있다.

라. 재결의 송달과 공고 등

(1) 재결의 송달과 효력발생

(가) 위원회가 재결을 한 때에는 위원회는 지체 없이 당사자에게 재결서의 정본을 송달하여야 한다. 이 경우 중앙행정심판위원회는 재결 결과를 소관 중앙행정기관의 장에게도 알려야 한다(법 제46조 제1항).

(나) 위원회는 재결서의 등본을 지체 없이 참가인에게 송달하여야 한다(법 제46조 제3항).

(다) 처분의 상대방이 아닌 제3자가 심판청구를 한 경우 위원회는 재결서의 등본을 지체 없이 피청구인을 거쳐 처분의 상대방에게 송달하여야 한다(법 제46조 제4항).

(라) 법령의 규정에 따라 공고·고시한 처분이 재결로써 취소되거나 변경되면 처분을 한 행정청은 지체 없이 그 처분이 취소 또는 변경되었다는 것을 공고하거나 고시하여야 한다(법 제49조 제4항).

(마) 법령의 규정에 따라 처분의 상대방 외의 이해관계인에게 통지된 처분이 재결로써 취소되거나 변경되면 처분을 한 행정청은 지체 없이 그 이해관계인에게 그 처분이 취소 또는 변경되었다는 것을 알려야 한다(법 제49조 제5항).

(바) 재결은 청구인에게 송달되었을 때에 그 효력이 생긴다(법 제46조 제2항).

(2) 공 고

법령의 규정에 따라 공고하거나 고시한 처분이 재결로써 취소되거나 변경되면 처분을 한 행정청은 지체 없이 그 처분이 취소 또는 변경되었다는 것을 공고하거나 고시하여야 한다(법 제49조 제4항). 법령의 규정에 따라 처분의 상대방 외의 이해관계인에게 통지된 처분이 재결로써 취소되거나 변경되면 처분을 한 행정청은 지체 없이 그 이해관계인에게 그 처분이 취소 또는 변경되었다는 것을 알려야 한다(법 제49조 제5항).

3. 재결의 종류

가. 각하재결

(1) 의 의

각하재결이란 위원회가 요건심리의 결과 심판청구의 제기요건을 결여(예를 들어 청구인 적격이 없는 자가 행정심판을 청구한 경우)한 부적법한 심판청구라 하여 본안에 대한 심리를 거절하는 재결을 말한다. 흔히 요건 재결이라고도 한다.

(2) 구체적인 예

부적법한 심판청구에 해당하는 경우는 ① 청구인 적격 또는 법률상 이익이 없는 자가 행정심판을 제기한 경우, ② 법정기간 경과 후에 제기한 경우, ③ 청구의 대상인 행정처분 또는 부작위가 없는 경우, ④ 처분이 소멸한 경우, ⑤ 대통령의 처분·부작위에 관한 심판청구, ⑥ 재심판청구 즉, 행정심판재청구 등이다. 다만, 처분이 소멸한 뒤에도 그 처분의 취소로 인하여 회복되는 법률상 이익이 있는 경우에는 본안심리를 해야 한다. 본안심리에 들어간 후에도 심판청구의 제기요건이 결여된 것이 인정된 때에는 각하재결을 할 수 있다.

나. 기각재결

이는 본안심리의 결과 그 심판청구가 이유 없다고 인정하여 청구를 배척하고 원처분을 지지하는 재결을 말한다(법 제43조 제2항). 기각재결은 원처분을 시인하는 것일 뿐 그 효력을 확정하거나 강화하는 것은 아니므로 기각재결이 있은 후에도 위원회는 직권으로 원래의 처분을 취소 변경할 수 있다. 따라서 재결의 기속력은 기각재결에는 인정되지 않는다.

다. 사정재결

(1) 의 의

위원회는 심판청구가 이유가 있다고 인정하는 경우에도 이를 인용(認容)하는 것이 공공복리에 크게 위배된다고 인정하면 그 심판청구를 기각하는 재결을 할 수 있는데 이를 사정재결이라 한다. 이 경우 위원회는 재결의 주문(主文)에서 그 처분 또는 부작위가 위법하거나 부당하다는 것을 구체적으로 밝혀야 한다(법 제44조 제1항). 정책적인 입장에서 공익과 사익의 조절제도로 기능하는데 예를 들어 댐건설을 위한 하천점용허가처분에 대하여 어업권자로부터 취소심판이 제기된 경우가 그 예에 해당한다.

(2) 요 건

(가) 심판청구의 이유가 인정됨에도 공공복리에 부적한 경우

사정재결은 심판청구가 이유 있다고 인정됨에도 불구하고, 당해 행정심판청구를 인용하는 것이 현저히 공공복리에 적합하지 않다고 인정되는 경우여야 한다.

(나) 피청구인의 청구 또는 위원회의 직권

사정재결은 피청구인의 청구가 있는 경우는 물론 위원회는 직권으로도 할 수 있다.

(다) 재결의 주문에 위법 · 부당의 명시

사정재결을 할 때에는 재결의 주문에 그 처분 또는 부작위가 위법 또는 부당함을 구체적으로 밝혀야 한다. 이는 사정재결을 하더라도 위법 또는 부당한 처분이 적법처분으로 전환되는 것은 아니라는 것을 명백히 하기 위한 것이다. 동시에 원래의 처분에 대하여 행정소송을 제기하거나 국가배상청구소송을 제기하는 경우에 의미를 갖게 된다.

(3) 구제방법

사정재결을 하는 경우에는 위원회는 청구인에 대하여 상당한 구제방법을 취하거나 상당한 구제방법을 취할 것을 피청구인에게 명할 수 있다(법 제44조 제2항). 이때의 '명할 수 있다'는 것은 '명하여야 한다.'는 취지로 본다. 따라서 위원회는 재결의 하나로 손해배상 · 재해시설의 설치 기타의 구제방법을 직접 강구할 수 있고, 일정한 구제방법을 하도록 처분청이나 부작위행정청에 명할 수도 있다. 청구인은 사정재결에 대하여 행정소송을 제기할 수 있음은 물론이다.

(4) 적용범위

사정재결은 취소심판 및 의무이행심판에만 적용되고 무효 등 확인심판에는 인정되지 않는다(법 제44조 제3항).

라. 인용재결

인용재결은 본안심리의 결과 심판청구가 이유 있고, 원처분이나 부작위가 위법 또는 부당하다고 인정하여 청구취지를 받아들이는 내용의 재결이다.

(1) 취소 · 변경재결

(가) 의 의

취소심판의 청구가 이유 있다고 인정하여 당해 처분의 취소나 변경을 위원회가 직접 하거나(처분재결), 피청구인 처분청에게 그 취소 또는 변경을 명하는 내용의 재결(처분명령재결)을 한다.

(나) 성 질

취소 변경재결에는 처분취소재결, 처분변경재결과 처분취소명령재결, 처분변경명령재결이 있다. 이 중 처분취소재결, 처분변경재결은 형성적 재결이고, 처분취소명령재결, 처분변경명령재결은 이행적 재결이라 할 수 있다.

(다) 내 용

1) 처분을 취소하거나 취소를 명하는 재결은 당해 처분의 전부취소와 일부취소에 관한 것이다.

2) 변경재결은 단순히 소극적인 일부취소는 물론이고, 원처분에 갈음하여 새로운 처분으로 대체한다는 적극적의미의 변경도 포함된다(예컨대 면허취소처분을 면허정지처분으로 변경).

이러한 해석은 '취소'와 함께 '변경'을 따로 인정함과 아울러 의무이행재결을 인정하고 있는 행정심판법의 취지에 근거한 것이다.

(2) 확인재결

(가) 의 의

확인재결이란 처분의 효력 유무 또는 존재 여부를 확인하는 재결을 말한다. 이러한 확인재결에는 처분유효확인재결, 처분무효확인재결, 처분존재확인재결, 처분부존재확인재결, 처분실효확인재결이 있다.

(나) 효 력

확인재결은 행정행위의 무효나 부존재 등을 확인하는 것이므로 형성적 효과는 발생하지 않는다.

(3) 이행재결

(가) 의무이행재결

1) 의 의

의무이행재결이란 의무이행심판의 청구가 이유가 있다고 인정할 때에 신청에 따른 처분을 위원회가 직접 하거나 처분할 것을 피청구인에게 명하는 재결을 말한다(법43조 5항).

2) 종 류

① 처분재결

신청에 따른 처분을 하는 처분재결은 형성적 성질을 가진 이행재결이다. 통설은 신청에 따른 처분은 반드시 청구인의 신청내용대로의 처분이라고 해석하지 않는다.

② 처분명령재결

처분명령재결은 처분청에 처분할 것을 명하는 재결로서 행정청은 지체 없이 그 재결의 취지에 따라 원신청에 대한 처분을 하여야 한다. 처분명령재결에는 특정처분명령재결과 일정처분명령재결이 있다.

(나) 처분재결과 처분명령재결 중 어느 것에 의해야 하는지 여부

1) 문제의 소재

당사자의 신청을 거부한 처분이나 부작위로 방치한 처분에 대해 의무이행심판이 청구된 경우에 위원회가 형성적 성질을 가진 처분재결과 이행적 성질을 가진 처분명령재결 중 어떠한 재결을 하여야 하는지에 대하여 견해 대립이 있다.

2) 학 설

학설은 이에 대하여

① 재결청에 재랑이 부여되어 있으나 당사자의 신속한 권리구제의 측면에서 재결청이 구체적인 처분을 할 수 있을 정도로 충분한 심사를 한 경우에는 처분재결을 원칙으로 함이 타당하다는 견해

② 처분청의 처분권을 존중해야 하므로 재결정은 원칙적으로 처분명령재결을 하고 처분청이 동 재결을 따르지 않는 경우에만 예외적으로 처분재결을 해야 한다는 견해

③ 재결청은 법적으로 처분재결과 처분명령재결의 선택에 있어서 재량권을 가지지만 재량행위의 경우에는 처분명령재결을 하여 처분청이 부관을 붙일 수 있는 여지를 주는 것이 타당하다는 견해가 있다.

3) 소 결

처분재결과 처분명령재결 중 어떠한 재결을 하여야 하는가에 관하여는 견해가 대립 되고 있으나 실무상으로는 대부분 처분명령재결을 하고 있고, 처분재결을 하는 예는 극히 드물다.

(다) 재결의 내용이 특정한 행위를 대상으로 하는지 여부

1) 문제의 소재

재결청이 특정한 처분을 직접 하거나 처분청에 대하여 특정한 처분을 명하는 경우와 신청을 방치하지 말고 어떠한 처분을 할 것을 명하는 경우가 있는데 재결청이 이 가운데 어느 것을 택할 것인지 문제된다. 특히 청구대상의 행위가 재량행위인 경우에 견해가 대립한다.

2) 기속처분인 경우

청구대상의 행위가 기속행위인 경우에는 위원회는 재결로 청구인의 내용대로 처분을 하거나 처분할 것을 명하여야 한다. 다만, 피청구인이 관계법령에서 정하고 있는 일정한 절차를 거치지 아니한 경우나 또는 예외적으로 위원회가 쟁점에 관한 해명을 한정적으로 정하고 처분청으로 하여금 다시 관련법규의 구체적인 적용을 행하도록 하는 재결이 불가능한 것은 아니라 할 것이다.

3) 재량처분인 겨우

청구의 대상이 행정청의 행위가 재량행위인 경우 학설은 견해가 나뉘고 있다.

① 일정처분명령재결설

재량행위의 경우에는 신청을 방치하지 말고 지체 없이 어떤 처분을 하도록 명하는 재결을 해야 한다는 견해이다.

② 위법 · 부당 구별설

위법, 부당의 경우를 구별하여 위원회는 행정청의 거부처분 또는 부작위의 위법을 이유로는 청구인의 청구내용대로 처분을 하거나 하도록 명할 수는 없고 부당을 이유로 하는 경우는 청구내용대로의 처분을 하거나 하도록 명할 수 있다고 보는 견해이다.

③ 재량권존중설

재결시를 기준으로 특정처분을 해야 할 것이 명백한 경우에는 신청에 따른 적극적 처분을 하거나 하도록 명하고 명백하지 않다면 처분청의 재량권을 존중하여 재량의 일탈 남용 및 부당을 명시하여 하자 없는 재량행사를 명하는 재결을 해야 한다는 견해이다.

④ 결 어

행정청의 거부처분 또는 부작위에 대하여 원칙적으로 일정처분 명령재결을 함이 타당하다 행정심판의 대상인 재량행위에 대하여 처분청에게 고유의 판단권이 있기 때문이다.

4. 재결의 효력

가. 의 의

재결은 위원회가 청구인에게 재결서 정본이 송달되었을 때 효력이 생긴다. 재결의 효력은 당해 심판청구의 대상인 처분이나 부작위에 대하여 발생한다. 행정심판법에 규정된 취소재결, 변경재결 및 처분재결에는 형성력이 발생하고, 재결은 행정행위이므로 재결 일반에 대하여 행정행위에 특수한 효력인 공정력, 불가변력, 불가쟁력 등이 인정된다.

나. 형 성 력

(1) 형성력의 의의

재결의 형성력이란 재결의 내용에 따라 기존의 법률관계에 변동을 가져오는 효력을 말한다. 처분을 취소하는 내용의 재결이 있으면 처분의 효력은 처분청의 별도의 행위를 기다릴 것 없이 처분시에 소급하여 소멸되고, 변경재결에 의하여 원래의 처분은 취소되고 이를 대신하는 별도의 처분이 이루어진 뒤에도 새로운 처분의 효력을 즉시 발생하게 되는 것은 모두 재결의 형성력의 효과인 것이다. 판례도 형성적 재결이 있은 경우에는 그 대상이 행정처분은 재결자체에 의하여 당연히 취소되어 소멸된다(대법원 1999. 12. 16. 선고 98두18619 판결)고 한다. 형성력에 의한 법률관계는 제3자에게도 미친다. 그러므로 형성력은 대세적 효력이 있다.

(2) 형성력 있는 재결의 종류

형성력 있는 재결에는 취소재결, 변경재결, 처분재결이 있다.

(가) 처분취소재결

원처분청에 의한 별도의 취소, 처분 변경 없이 처분시에 소급하여 취소된 처분의 효력이 소멸되고 그에 따른 기존 법률관계가 변동되는 것을 말한다.

(나) 변경재결

변경재결로 인한 새로운 처분은 제3자 권익을 침해하지 않는 한 소급하여 효력을 발생하고 원처분은 효력을 상실한다.

(다) 의무이행재결 중 처분재결

의무이행재결 중 처분재결은 성질상 소급하지 않기 때문에 장래에 향하여 재처분의 효력이 발생한다.

(라) 일부취소재결

취소된 부분에 한하여 소급적으로 효력을 상실하고 취소되지 않은 부분은 효력을 유지한다.

(마) 처분취소명령재결, 처분변경명령재결, 처분명령재결

취소 · 변경명령재결 또는 의무이행명령재결은 형성력은 없고 기속력에 의하여 목적이 달성된다.

(3) 대세적 효력

형성력에 의한 법률관계의 변동은 심판청구의 당사자뿐만 아니라 제3자 등 모든 자에게 효력이 있는바, 이를 대세적 효력이라 한다.

(4) 인용재결에만 인정

형성력 있는 재결은 취소처분 · 변경처분 · 의무이행심판에 있어서의 처분재결이다. 따라서 각하 · 기각재결이 있은 후에도 정당한 사유가 있으면 처분청은 직권으로 원처분을 취소 · 변경 · 철회할 수 있다.

다. 불가쟁력과 불가변력

(1) 불가쟁력

재결이 있으면 그 재결 및 같은 처분 또는 부작위에 대하여 다시 행정심판을 청구할 수 없다. 재결에 고유한 위법이 있는 경우에 한하여 행정소송의 제기가 가능하지만(행정소송법

제19조), 그 경우에도 제소기간이 경과하면 더 이상 그 효력을 다툴 수 없게 되는데 이를 재결의 불가쟁력이라 한다.

(2) 불가변력

재결은 다른 일반 행정행위와는 달리 쟁송절차에 의해 이루어진 판단행위이므로 분쟁을 종국적으로 해결하는 효과를 가져야 한다. 따라서 재결이 일단 이루어진 경우에는 그것이 위법 또는 부당하다고 생각되는 때에도 오산, 오기, 기타 이와 유사한 형식상의 오류가 있는 경우를 제외하고는 재결청 자신도 임의로 취소 · 변경할 수 없는 효력이 발생한다. 이를 재결의 불가변력이라 한다.

라. 기 속 력

(1) 의 의

심판청구를 인용하는 재결은 피청구인과 그 밖의 관계 행정청을 기속(羈束)한다(법 제49조 제1항). 재결의 기속력은 이와 같이 피청구인인 행정청이나 관계행정청으로 하여금 재결을 취지에 따라 행동할 의무를 발생시키는 효력을 말한다. 따라서 재결의 기속력을 재결의 구속력이라 부르기도 한다. 기각재결은 청구인의 심판청구를 배척하는데 그치고, 관계행정청에 원처분을 유지할 의무를 부과하는 것은 아니기 때문에 재결의 기속력은 인용재결에 한하고 기각 또는 각하재결에는 인정되지 않는다.

(2) 내 용

(가) 반복금지의무(소극적 의무)

청구인용재결이 있게 되면 행정청은 그 재결을 준수해야 한다. 그러므로 그 재결에 저촉되는 행위를 할 수 없다. 즉 관계행정청은 당해재결의 내용에 모순되는 내용의 동일한 처분을 동일한 사실관계에 하에 반복할 수 없다는 것이다.

(나) 재처분의무(적극적 의무)

1) 내 용

당사자의 신청을 거부하거나 부작위로 방치한 처분의 이행을 명하는 재결이 있으면 행정청은 지체 없이 이전의 신청에 대하여 재결의 취지에 따라 처분을 하여야 한다(법 제49조 제2항). 이때 기속행위 또는 영으로 수축되는 재량행위의 경우에는 신청한 대로 처분을 하여야 한다. 그러나 일반적으로 재량행위의 경우에는 청구인이 신청한 대로 처분할 필요는 없고, 다시 하자 없는 내용의 재량행위를 발령하는 것이 그 내용이 된다.

2) 거부처분에 대한 재처분의무 문제

① 문제의 소재

현행 행정심판법은 재처분의무를 의무이행심판의 경우에 한정하여 규정하나 거부처분에 대하여는 의무이행심판과 거부처분취소심판을 제기할 수 있다는 점에서, 만약 거부처분에 대하여 의무이행심판을 제기하지 않고 거부처분취소심판을 제기하여 그것이 인용되어 거부처분취소재결이 있는 경우에 처분청의 재처분의무를 인정하는 명시적 규정이 없어서 과연 이를 인정할 수 있는가가 문제된다.

② 긍 정 설

행정심판법 제49조 제1항은 재결의 기속력에 관한 일반적 규정이고, 재처분의무는 기속력의 일부를 이루는 것으로 볼 수 있으므로, 취소심판에서 거부처분이 취소된 경우에도 처분청은 재결의 취지에 따른 재처분의무를 진다고 보는 견해이다.

③ 부 정 설

행정심판법 제5조 제3호, 제49조 제2항 및 제3항에서 이행재결, 절차의 위법 또는 부당을 이유로 한 취소재결에 한하여 처분의 의무를 규정하고 있으므로 반대해석에 의해 그 이외의 인용재결의 경우에는 처분의무를 인정할 수 없으며 행정청에게 적극적인 의무를 인정하기 위하여는 명문의 근거가 필요하다는 견해이다.

④ 위 법 설

행정심판법상 거부처분은 의무이행심판의 대상이지 취소심판의 대상이 아니기 때문에 청구인이 거부처분에 대하여 취소심판을 청구한다면, 위원회는 청구인에게 의무이행심판으로 변경하여 청구하도록 해야 할 것이고 만약 거부처분에 대한 취소심판청구가 있고, 이에 대해 인용재결이 이루어진다면 그러한 인용재결은 위법하다는 견해이다.

(다) 직접처분제도

1) 의 의

직접처분이란 위원회가 피청구인인 행정청이 처분의 이행을 명하는 재결에도 불구하고 처분을 하지 아니하는 경우에는 당사자가 신청하면 기간을 정하여 서면으로 시정을 명하고 그 기간에 이행하지 아니하면 직접 처분을 할 수 있는 것을 말한다. 다만, 그 처분의 성질이나 그 밖의 불가피한 사유로 위원회가 직접 처분을 할 수 없는 경우에는 그러하지 아니하다(법 제50조 제1항).

2) 직접처분과 처분재결의 구별

직접처분은 처분청이 이행명령재결을 이행하지 않는 경우에 그 실효성을 확보하기 위하여 위원회가 처분청이 행할 처분을 직접 행하는 것이고, 처분재결은 의무이행심판에 대하여 처음부터 위원회가 재결로써 처분을 행하는 것이다.

3) 요 건

① 처분명령재결이 있었을 것
② 위원회가 당사자의 신청에 따라 기간을 정하여 시정을 명령하였을 것
③ 당해 행정청이 그 기간 내에 시정명령을 이행하지 아니하였을 것

4) 효 과

직접처분을 할 수 있는 범위는 처분청이 의무이행재결 취지에 따라 처분을 하지 않는 모든 경우에 인정된다. 그러나 처분청의 모든 사항을 확인할 수 없으므로 직접처분에도 내적인 한계가 있다. 예컨대 당해 행정청만이 보유하고 있는 정보의 공개청구에 대해 이행재결 등 당해 처분의 성질 기타 불가피한 사유로 재결청이 처분할 수 없는 경우에는 지체 없이 당사자에게 그 사실 및 사유를 각각 통지하여야 한다.

5) 자치사무의 직접처분에 대한 불복 문제

지방자치단체가 자치권침해를 이유로 자치사무에 관한 직접처분의 취소를 구할 원고적격이 있는가에 대하여 견해가 나뉘고 있다.

① 부 정 설

직접처분은 성질상 처분재결이므로 지방자차단체가 불복할 수 없다는 견해

② 긍 정 설

지방자치단체의 자치권을 지방자치단체의 법률상 이익으로 볼 수 있고, 지방자치단체는 독립된 법주에이기 때문에 자치권의 침해를 이유로 직접처분의 취소를 구할 수 있다는 견해가 있다.

(3) 기속력의 범위

(가) 주관적 범위

재결은 청구인, 참가인, 피청구인과 그 밖의 관계 행정청을 기속(羈束)한다.

(나) 객관적 범위

기속력의 객관적 범위는 재결의 주문 및 재결이유 중 그 전제가 된 요건사실의 인정과 처분의 효력의 판단에 미치고, 이와 직접 관계없는 다른 처분에는 영향을 주지 않는다.

(다) 기속력의 시간적 범위

통설 판례는 처분의 위법성판단의 기준 시점을 처분 시로 보고 있기 때문에 기속력은 처분

시까지의 사유를 판단의 대상으로 한다. 따라서 처분시 이후의 새로운 법률관계나 사실관계는 재결의 기속력이 미치지 않는다.

5. 재결에 대한 불복

가. 재심판청구의 금지

행정심판법은 심판청구에 대한 재결이 있으면 그 재결 및 같은 처분 또는 부작위에 대하여 다시 행정심판을 청구할 수 없다(법 제51조 제1항)라고 규정하여 행정심판의 단계를 단일 화하였다. 따라서 재결에 불복이 있는 경우에는 행정소송에 의한다. 다만, 국세기본법과 같이 각 개별법에서 다단계의 행정심판이 인정되고 있는 경우는 그에 의한다.

나. 재결에 대한 행정소송

재결도 행정행위의 일종인 이상 재결자체에 고유한 위법이 있음을 이유로 재결의 취소, 변경을 구하거나 재결에 무효사유가 있음을 이유로 무효확인을 구하는 행정소송을 제기할 수 있다(행소법 제19조). 행정심판 재결에 대하여 불복하는 자는 행정소송을 제기할 수 있는데, 이때 행정소송의 대상은 재결이 아니라 원처분을 대상으로 제기하여야 한다. 재결내용에 불복이 있더라도 원처분의 위법성을 가지고 행정소송에서 다투어야 한다.

[서식 40] 결정에 대한 이의신청서

○○행정심판위원회 결정에 대한 이의신청서

접수번호	접수일	

사 건 명	
청 구 인	성명
	주소
피 청 구 인	
신 청 대 상 결정의 종류	[ ] 청구인 지위 승계 불허가 결정
	[ ] 피청구인 경정 불허가 결정
	[ ] 심판참가 불허가 결정
	[ ] 청구변경 불허가 결정
결 정 일 자	
결정서 수령일	
이의신청 취지	
이의신청 이유	
소 명 방 법	

「행정심판법」 제16조 제8항 · 제17조 제6항 · 제20조 제6항 · 제29조 제7항 및 같은 법 시행령 제14조 제1항 · 제15조 제3항 · 제17조 · 제21조에 따라 귀 위원회의 결정에 대하여 이의신청합니다.

년 월 일

신청인 (서명 또는 인)

○○행정심판위원회 귀중

[서식 41] 재결경정신청서

■ 행정심판법 시행규칙 [별지 제44호 서식] 〈개정 2012.9.20〉

재결경정신청서

접수번호	접수일	

사 건 명		
청 구 인	성명	
	주소	
피청구인		
재 결 일		
신청 취지		
신청 이유		

「행정심판법 시행령」 제31조 제1항에 따라 위와 같이 재결경정을 신청합니다.

년 월 일

신청인 (서명 또는 인)

○○행정심판위원회 귀중

첨부서류	없음	수수료 없음

처리 절차						
신청서 작성	➜	접수	➜	결정	➜	송달
신청인		○○행정심판위원회		○○행정심판위원회		

210mm×297mm[백상지 80g/㎡]

제 4 장 행정심판의 고지

Ⅰ. 고지제도

1. 개 설

가. 의 의

고지제도란 행정청이 처분을 함에 있어서 그 상대방에게 당해 처분에 대하여 행정심판을 제기할 경우 필요한 사항(청구절차, 청구기간, 불복여부 등)을 아울러 고지할 의무를 지우는 제도를 말한다.

나. 제도의 취지

고지제도는 다분히 계몽적인 의의를 가진다. 이는 직접적으로는 관계인에게 행정심판을 제기하는 것에 대한 지식과 정보를 제공함으로서 행정심판청구의 기회를 보장하고 행정의 신중, 적정화를 도모하기 위한 제도로서 의미가 클 뿐만 아니라 행정심판제도의 활성화에도 이바지하는 기능을 갖는다.

다. 성 질

(1) 사실행위

고지는 사실행위이다 이는 행정청의 일정한 개념이나 의사를 알리는 것이 아니라 기존법규의 내용을 구체적으로 알리는 비권력적 사실행위로서 그 자체로서 아무런 법적 효력도 수반하지 않는다. 따라서 고지 그 자체는 행정소송의 대상이 되지 않는다.

(2) 강행규정, 의무규정

한편 행정심판법상의 고지에 관한 규정은 강행규정이나 의무규정의 성질을 갖는다고 보는 것이 일반적 견해이다. 따라서 불고지나 오고지인 경우에도 당해 처분의 효력에는 영향이 없지만 절차법상 제재적 효과가 따르며, 불복고지 또는 오고지로 손해가 발생한 경우는 국가배상청구를 할 수 있다.

(3) 고지요청을 거부하는 행위

당사자로부터 행정심판에 관련된 사항에 대한 고지요청을 받은 경우 이를 거부하는 행위는 거부처분으로서 행정행위의 성질을 갖는다고 보아 행정쟁송의 대상이 된다.

라. 법적근거와 입법례

현재 우리나라의 고지제도는 행정심판법 제58조 이외에 행정절차법 제26조, 공공기관의 정보공개에 관한 법률(동법 제13조)에서 규정하고 있다.

2. 고지의 종류

가. 직권에 의한 고지

행정청이 처분을 할 때에는 처분의 상대방에게 ① 해당 처분에 대하여 행정심판을 청구할 수 있는지, ② 행정심판을 청구하는 경우의 심판청구절차 및 심판청구기간에 관한 사항을 알려야 한다(법 제58조 제1항).

(1) 고지의 주체

고지의 주체는 국가나 지방자치단체의 행정청이다. 이때의 행정청에는 법령에 의하여 행정권한의 위임 또는 위임을 받은 행정기관, 공공단체 및 그 기관 또는 사인도 포함된다.

(2) 고지의 상대방

고지의 상대방은 처분의 직접 상대방에 대하여 고지하여야 한다. 복효적 행정행위에는 침해받는 제3자가 있는 때에는 그 제3자에게도 직권으로 고지하는 것이 바람직하다.

(3) 고지의 방법 및 시기

고지방법에는 명시적 규정이 없으나 고지의 유무·내용에 분쟁을 방지하기 위해서는 서면으로 함이 원칙이고, 고지시기는 원칙으로 처분 시에 행해야한다. 다만, 처분 시에 하지 않고 처분 후에 고지한 경우에는 불고지의 하자가 치유되고, 그 고지의 효과에는 영향이 없다고 본다.

(4) 고지의 대상

(가) 서면에 의한 처분

고지의 대상은 서면에 의한 처분이다. 따라서 구술에 의한 처분은 고지의 대상이 아니다.

(나) 처 분

고지의 대상이 되는 처분은 행정심판법상의 심판청구의 대상이 되는 처분에 국한 되는 것이 아니라 다른 법률에 의한 행정심판의 대상이 되는 서면에 의한 처분도 포함된다고 보는 것이 통설이다. 상대방에게 부담을 주는 처분의 경우는 원칙으로 고지를 요한다. 신청을 거부하는 거부처분이나 수익적처분이라도 부관부행정행위는 고지해야 한다. 그러나 처분이 아닌 사경제적작용은 처분이 아니므로 고지할 필요가 없고, 처분의 내용이 당사자에게 수익적인 경우, 신청대로 행한 처분, 행정심판의 재결에는 고지를 요하지 않는다.

(5) 고지의 내용

행정심판 처분의 상대방에게 해당 처분에 대하여 행정심판을 청구할 수 있는지, 행정심판을 청구하는 경우의 심판청구절차 및 심판청구기간, 기타 필요한 사항을 고지해야 한다.

나. 청구에 의한 고지

처분의 이해관계인이 고지를 요청하면 당해 행정청은 지체 없이 고지를 하여야 한다(법 제58조 제4항).

(1) 고지의 청구권자

고지의 청구권자는 당해 처분에 대한 이해관계인이다. 여기서 이해관계인이란 당해 처분에 의하여 직접 자기의 법률상의 이익이 침해되었다고 주장하는 제3자가 보통이지만 처분의 상대방으로서 고지를 받아야 함에도 불구하고 고지를 받지 못한 자도 포함된다. 고지를 청구한 자는 당해 처분에 대하여 이해관계가 있음을 밝혀야 한다.

(2) 고지의 대상

청구에 의한 고지의 대상은 직권에 의한 경우와 달리 서면에 의한 처분에 한하지 않고 모든 처분이 그 대상이 될 수 있다.

(3) 고지의 내용

고지의 내용은 당해 처분이 행정심판의 대상이 되는 처분인지, 행정심판의 대상이 되는 경우 소관위원회 및 심판청구기간을 알려주어야 한다.

(4) 고지의 방법 및 시기

고지의 방법에서 구두로도 가능하나, 서면으로 알려줄 것을 요구받은 때에는 서면으로 알려주어야 한다. 고지의 요구를 받은 행정청은 지체 없이 고지하여야 한다.

	직권고지	신청에 의한 고지
주 체	행 정 청	행 정 청
상 대 방	처분의 직접 상대방	이해관계인
신청여부	불 요	이해관계인의 신청을 요함
대 상	서면처분	모든 처분
내 용	심판제기 가부, 심판청구절차, 청구기간	심판대상 여부, 청구기간
방 법	서 면	서면요구시 서면
시 기	처 분 시	신청받고 지체 없이

3. 불고지 · 오고지의 효과

행정청이 고지를 하지 않거나 잘못 고지한 경우에는 고지의무를 위반한 것이 되며 행정심판법상 일정한 효과가 발생하게 된다. 이때의 고지의무위반에 대하여 행정심판법은 제출기관과 청구기간에 미치는 효과를 다음과 같이 정하고 있다.

가. 불고지의 효과

(1) 제출기관

행정청이 고지를 하지 아니하여 청구인이 심판청구서를 다른 행정기관에 제출한 때에는 그 행정기관은 그 심판청구서를 지체 없이 정당한 권한 있는 피청구인에게 보내야 한다. 심판청구서를 보낸 행정기관은 지체 없이 그 사실을 청구인에게 알려야 한다. 이 경우 심판청구기간계산은 다른 행정기관에 제출된 때에 심판청구가 제기된 것으로 본다(법 제23조 제2항, 제3항).

(2) 청구기간

원래 심판청구는 처분이 있음을 안 날로부터 90일 이내에 제기하여야 한다. 그러나 행정청이 청구기간을 고지하지 아니한 때에는 처분이 있었던 날부터 180일 이내에 행정심판청구를 하면 된다(법 제27조 제6항). 이 경우에는 청구인이 처분이 있은 것을 알았는지의 여부와 심판청구기간에 관하여 알고 있었는지 여부는 문제되지 않는다.

나. 오고지의 효과

(1) 제출기관

고지를 한 행정청이 잘못 고지하여 청구인이 그 고지에 따라 심판청구서를 다른 행정기관에 잘못 고지한 경우는 위의 불고지의 경우와 같이 그 심판청구서를 접수한 행정기관은 그 행정기관은 그 심판청구서를 지체 없이 정당한 권한이 있는 피청구인에게 보내야 하고(법 제23조 제2항) 그 사실을 청구인에게 통지하여야 한다.

(2) 청구기간

행정청이 심판청구기간을 소정의 심판기관보다 긴 기간으로 잘못 알린 경우 그 잘못 알린 기간에 심판청구가 있으면 소정의 심판기간에 청구된 것으로 본다(법 제27조 제5항).

다. 불고지, 오고지 경우의 당해 처분의 효력

불고지나 오고지가 당해 처분에 영향을 미치는지 문제되나 고지의무 위반의 효과는 불고지, 오고지라는 의사 그 자체의 흠결에 기인한 것이 아니라 고지제도의 실효성 확보를 위하여 행정심판법에서 특별히 규정한 것으로서 당해 처분 자체의 효력에 직접 영향을 미치지 않는다고 본다.

제 5 장 행정심판의 특별절차

Ⅰ. 행정심판법의 일반법적 지위

일반적 심판절차로서의 행정심판법상의 행정심판에 대하여 광범위한 행정 분야에서 특례 규정을 두고 있다. 이에 대해서 행정심판법 제4조는 '사안(事案)의 전문성과 특수성을 살리기 위하여 특히 필요한 경우 외에는 이 법에 따른 행정심판을 갈음하는 특별한 행정 불복절차(이하 "특별행정심판"이라 한다)나 이 법에 따른 행정심판 절차에 대한 특례를 다른 법률로 정할 수 없다.'라고 하여 특별절차의 남설 금지조항을 두고 있음에도 불구하고 행정의 다양한 분양에서 특례절차가 광범위하게 인정되고 있는 것은 그 타당성을 인정하기 어렵다고 보고 시급히 이들 특례절차를 정비 내지 개혁하여야 한다고 한다.

Ⅱ. 특별행정심판

1. 특별행정심판의 의의

특별행정심판이란 사안의 전문성과 특수성을 살리기 위하여 필요한 경우에 개별 법률에서 행정심판법에 따른 행정심판을 갈음하는 특별한 절차와 방법을 규정하고 있는 경우에는 특별법으로서 그에 따라야 하며 이를 총칭하여 특별행정심판이라 한다.

2. 유 형

가. 특별행정심판절차

특별행정심판은 심판사항의 기술성 · 전문성 · 특수성을 고려하여 예외적으로 채택된 제도로서 특수형태적인 행정심판을 말하는바, 국세심판, 소청심사청구, 특허심판, 해양사고심판, 중앙노동위원회의 재심, 감사원에의 심사청구, 보험급여결정 등에 대한 근로복지공단에의 심사청구 등을 들 수 있다.

나. 약식절차(이의신청)

토지거래불허가처분에 대한 이의신청, 지방자치단체의 사용료 등의 부과처분에 대한 이의신청 등이 이에 해당한다.

3. 심 급

가. 대법원 관할

해양사고심판의 재결에 대한 소송은 대법원의 관할에 전속시키고 있다.

나. 2 심 제

그리고 특허심판은 특허법원 및 대법원에서 재판하도록 2심제를 취하고 있다.

다. 3 심 제

그러나 특별행정심판은 사안의 전문성과 특수성을 살리기 위해 필요한 경우에 개별 법률에서 행정심판법에 따른 행정심판을 갈음하는 특별한 심판이기 때문에 국세심판, 소청심사청구, 중앙노동위원회의 처분, 감사원에의 심사청구 및 보험급여결정 등에 대한 근로복지공단에의 심사청구의 재결 등에 대한 소는 모두 3심제를 채택하고 있다.

4. 특별행정심판과 행정심판과의 관계

개별 법률에서 특별행정심판을 규정하고 있는 경우 일반적으로는 행정심판을 갈음하는 것이 통상적이지만, 개별 법률에서 이의신청을 규정하고 있는 경우 그 이의신청과 행정심판과의 관계가 문제되는데 이의신청이 인정되는 경우에는 그 이의신청은 임의절차화되어 있는 것이 보통이며 따라서 이의신청의 결정에 대하여 불복하는 자는 다시 행정심판을 제기할 수도 있고, 또한 다시 행정심판을 제기함이 없이 바로 행정소송을 제기할 수 있다.

5. 행정소송과의 관계

행정심판을 갈음하는 특별행정심판의 경우는 사법절차가 준용되어야 하고, 일반적으로 필요적 전치주의를 취하고, 소의 대상은 재결주의를 취하는 경우가 있다. 예컨대 노동위원회의 처분에 대한 재심의 판정, 감사원의 변상판정에 대한 재심의 판정, 특허의 심결에 대한 소, 해양심판의 재결, 교원 소청심사위원회에 대한 사립학교 교원이 신청한 재심결정을 들 수 있다.

[서식 42] 이의신청서(토지거래불허가처분에 대한 이의신청)

■ 부동산 거래신고 등에 관한 법률 시행규칙 [별지 제14호 서식] 민원24(www.minwon.go.kr)에서도 신청할 수 있습니다.

이 의 신 청 서

※ 색상이 어두운 란은 신청인이 작성하지 않습니다.

접수번호	접수일시	처리기간 2개월

신청인	성명(법인명)				생년월일(법인 · 외국인등록번호)		
	주소(법인소재지)				(휴대)전화번호		
토지의 표시	번호	소재지	지번	지목	면적(㎡)	권리의 종류	예정금액
	1 2 3						
정착물의 표시	종류		내용		예정금액		
					원		
불허가사유							
이의신청내용							
이의신청사유	(필요시 관계증빙서 첨부)						

「부동산 거래신고 등에 관한 법률」 제13조 제1항 및 같은 법 시행규칙 제14조에 따라
년 월 일 불허가처분된 토지거래계약 허가신청에 대하여 위와 같이 이의를 신청합니다.

년 월 일

신청인 (서명 또는 인)

시장 · 군수 · 구청장 귀하

처리절차

신청서 작성 ➔ 접수 ➔ 도시계획위원회 심의 ➔ 결정 ➔ 신청인에 통지

신청인 처리기관: 시 · 군 · 구(토지거래허가 담당부서)

210mm×297mm[백상지(80g/㎡) 또는 중질지(80g/㎡)]

제4편

일반행정심판

제1장 영업정지에 대한 행정심판

I. 개 관

현행법상 영업자의 법규위반에 대한 제재로서 영업정지를 규정한 경우가 많은데, 실무에서 접하게 되는 영업정지 관련 소송은 대부분은 첫째 식품위생법 제75조 제1항 제13호, 제44조 제2항 제2호, 제4호 따라 청소년출입 · 고용금지업소에 청소년을 출입시키거나 청소년에 주류를 제공하였다가 영업정지처분을 받은 식품접객업업자, 둘째 음악산업진흥에 관한 법률 제27조 제1항 제5호, 제22조 제1항, 제3,4호에 따라 주류를 판매 · 제공하거나 남녀 접대부를 고용 · 알선하였다가 영업정지처분을 받은 노래연습장업자, 셋째 성매매알선 등 행위의 처벌에 관한 법률 제4조 제2호, 제2호 제1항 제2호 나.목에 위반하여 성매매의 장소를 제공하였다가 공중위생관리법 제11조 제1항에 따라 영업정지를 받은 숙박업자가 영업정지처분을 받아 이의 취소를 구하는 사안 등이다.

Ⅱ. 영업정지 · 취소구제 행정심판의 준비

1. 행정심판의 대상 및 종류

행정심판이란 행정청의 위법 · 부당한 처분으로 권리를 침해받은 국민을 위한 권리구제 절차이다(행정심판법 제1조). 국민들이 행정청의 위법 · 부당한 처분이나 부작위로 인하여 피해를 입은 경우 그 취소 · 변경을 구하는 취소심판, 처분이 무효임을 확인해 줄 것을 요구하는 무효등확인심판, 일정한 처분을 해줄 것을 요구하는 의무이행심판 등을 제기할 수 있다. 이중 실제로는 어떤 처분의 취소나 변경을 구하는 취소심판 이외에는 거의 사용되지 않으므로 행정심판의 주된 것은 처분의 취소나 변경을 구하는 취소심판이 대부분이다.

행정소송과의 차이

비 교	행정심판	행정소송
쟁송목적의 중점	약식쟁송으로서 행정조직내부에 있어서의 행정통제에 중점.	정식쟁송으로서 독립한 사법권에 의한 행정구제에 중점
쟁송사항 (대상)	법률문제(적법 · 위법) 외에 당 · 부당(공익)문제도 대상이 된다.	법률문제(적법성 · 위법성)만 쟁송대상이 된다.

판정기관	행정기관(행정심판위원회)	법원(사법기관)
판정절차	약식절차로서 구술심리주의 또는 서면심리주의가 병행적용, 직권심리주의, 비공개주의가 원칙	정식절차로서 구두변론(구술심리)주의, 당사자주의, 공개주의가 원칙
종 류	취소심판, 무효 등 확인심판, 의무이행심판	취소소송, 무효 등 확인소송, 부작위위법확인소송
제기기간	처분있음을 안 날부터 90일 처분있은 날부터 180일	처분있음을 안 날부터 90일 처분있은 날부터 1년
적극적 변경문제	적극적 변경가능	적극적 변경불가능(취소소송에서 '변경'문제)
가구제제도	집행정지 외에도 임시처분인정	집행정지만 인정, 가처분제도는 명문 규정없음
거부처분에 대한쟁송 형태	의무이행심판+취소심판	의무이행소송 규정없으므로 거부처분 취소소송
의무이행확보수단	위원회의 직접처분권인정	간접강제제도 인정
고지규정	규정있음	규정없음

2. 용어의 정의

행정심판법에서 사용하는 "처분"이란 행정청이 행하는 구체적 사실에 관한 법집행으로서의 공권력의 행사 또는 그 거부, 그 밖에 이에 준하는 행정작용을 말하며, "부작위"란 행정청이 당사자의 신청에 대하여 상당한 기간 내에 일정한 처분을 하여야 할 법률상 의무가 있는데도 처분을 하지 아니하는 것을 말하고, "재결(裁決)"이란 행정심판의 청구에 대하여 행정심판위원회가 행하는 판단을 말한다. 그 외 "행정청"이란 행정에 관한 의사를 결정하여 표시하는 국가 또는 지방자치단체의 기관, 그 밖에 법령 또는 자치법규에 따라 행정권한을 가지고 있거나 위탁을 받은 공공단체나 그 기관 또는 사인(私人)을 말한다(법 제2조).

3. 행정심판기관 – 행정심판위원회

종래 행정심판법은 행정심판을 심리 · 의결하는 기관인 행정심판위원회와 재결하는 기관인 재결청을 분리하고 있었다. 그러나 2008. 2. 29. 개정된 행정심판법에서는 행정심판위원회가 행정심판사건에 직접 재결토록하여 재결청의 개념을 없애고 처분청에서 답변서를 행정심판위원회에 바로 송부하도록 하는 등 절차간소화를 통하여 사건처리기간을 대폭 단축함으로써 청구일원화의 효과를 극대화하고 행정심판제도의 본래 취지인 신속한 권리구제에 기여하게 되었다.

가. 처분청 소속 행정심판위원회

감사원, 국가정보원장, 그 밖에 대통령령으로 정하는 대통령 소속기관의 장, 국회사무총장 · 법원행정처장 · 헌법재판소사무처장 및 중앙선거관리위원회사무총장, 국가인권위원회, 진실 · 화해를위한과거사정리위원회, 그 밖에 지위 · 성격의 독립성과 특수성 등이 인정되어 대통령령으로 정하는 행정청의 처분 또는 부작위에 대한 행정심판의 청구에 대하여는 해당 행정청에 두는 행정심판위원회에서 심리 · 재결한다(법 제6조).

나. 중앙행정심판위원회

가.항에 따른 행정청 외의 국가행정기관의 장 또는 그 소속 행정청, 특별시장 · 광역시장 · 특별자치시장 · 도지사 · 특별자치도지사(특별시 · 광역시 · 특별자치시 · 도 또는 특별자치도의 교육감을 포함한다. 이하 "시 · 도지사"라 한다) 또는 특별시 · 광역시 · 특별자치시 · 도 · 특별자치도의 의회(의장, 위원회의 위원장, 사무처장 등 의회 소속 모든 행정청을 포함한다), 「지방자치법」에 따른 지방자치단체조합 등 관계 법률에 따라 국가 · 지방자치단체 · 공공법인 등이 공동으로 설립한 행정청(다만, 제3항 제3호에 해당하는 행정청은 제외한다.)의 행정청의 처분 또는 부작위에 대한 심판청구에 대하여는 「부패방지 및 국민권익위원회의 설치와 운영에 관한 법률」에 따른 국민권익위원회(이하 "국민권익위원회"라 한다)에 두는 중앙행정심판위원회에서 심리 · 재결한다.

▶ 중앙행정심판위원회는 심판청구사건 중 도로교통법에 따른 자동차운전면허 행정처분에 관한 사건을 심리 · 의결하기 위하여 4명의 소위원회를 둘 수 있다. 한편 중앙행정심판위원회의 회의는 위원장, 상임위원 및 위원장이 회의마다 지정하는 비상임위원를 포함하여 총 9명으로 구성하며, 구성원 과반수의 출석과 출석위원 과반수의 찬성으로 의결한다.

다. 시 · 도지사 소속 행정심판위원회

시 · 도 소속 행정청, 시 · 도의 관할구역에 있는 시 · 군 · 자치구의 장, 소속 행정청 또는 시 · 군 · 자치구의 의회(의장, 위원회의 위원장, 사무국장, 사무과장 등 의회 소속 모든 행정청을 포함한다), 시 · 도의 관할구역에 있는 둘 이상의 지방자치단체(시 · 군 · 자치구를 말한다) · 공공법인 등이 공동으로 설립한 행정청의 처분 또는 부작위에 대한 심판청구에 대하여는 시 · 도지사 소속으로 두는 행정심판위원회에서 심리 · 재결한다.

라. 직근 상급행정기관에 두는 행정심판위원회

법무부 및 대검찰청 소속 특별지방행정기관(직근 상급행정기관이나 소관 감독행정기관이 중앙행정기관인 경우는 제외한다)의 장의 처분 또는 부작위에 대한 심판청구에 대하여는 해당 행정청의 직근 상급행정기관에 두는 행정심판위원회에서 심리 · 재결한다.

4. 행정심판의 청구인

행정심판의 청구인은 보통 처분의 상대방이겠지만, 제3자라도 어떤 처분으로 인하여 권리가 침해당하였다는 등 행정심판을 청구할 법적 이익이 있다면 청구할 수 있다.

가. 청구인 적격

취소심판은 처분의 취소 또는 변경을 구할 법률상 이익이 있는 자가 청구할 수 있다. 처분의 효과가 기간의 경과, 처분의 집행, 그 밖의 사유로 소멸된 뒤에도 그 처분의 취소로 회복되는 법률상 이익이 있는 자의 경우에도 또한 같다. 그 외 무효등확인심판은 처분의 효력 유무 또는 존재 여부의 확인을 구할 법률상 이익이 있는 자가 청구할 수 있으며, 의무이행심판은 처분을 신청한 자로서 행정청의 거부처분 또는 부작위에 대하여 일정한 처분을 구할 법률상 이익이 있는 자가 청구할 수 있다(법 제13조). 한편, 법률상 보호되는 이익인지의 여부는 행정청에 당해 처분의무를 부과한 관계법의 취지가 공익뿐만 아니라 관계 제3자의 이익까지도 보호하고자 하는 취지인지의 여부를 기준으로 판단하여야 한다.

행정심판위원회 전화번호

<table>
<tr><th colspan="2">구 분</th><th>전화번호</th><th colspan="2">구 분</th><th>전화번호</th></tr>
<tr><td colspan="2">중앙행정심판위원회</td><td>지역번호 없이 110</td><td rowspan="9">시 · 도
교육청
행정심판
위원회</td><td>강원도</td><td>(033) 258-5348</td></tr>
<tr><td rowspan="8">시 · 도
행정심판
위원회</td><td>서울특별시</td><td>(02) 120</td><td>충청북도</td><td>(043) 290-2000</td></tr>
<tr><td>부산광역시</td><td>(051) 120</td><td>충청남도</td><td>(041) 640-7777</td></tr>
<tr><td>대구광역시</td><td>(053) 803-0114</td><td>전라북도</td><td>(063) 239-3114</td></tr>
<tr><td>인천광역시</td><td>(032) 120</td><td>전라남도</td><td>(061) 260-0607</td></tr>
<tr><td>대전광역시</td><td>(042) 270-3114</td><td>경상북도</td><td>(053) 603-3673</td></tr>
<tr><td>광주광역시</td><td>(062) 120</td><td>경상남도</td><td>(055) 268-1100</td></tr>
<tr><td>울산광역시</td><td>(052) 229-2000</td><td>제주특별자치도</td><td>(064) 710-0342</td></tr>
</table>

	세종특별자치시	(044) 300-3114	고등검찰청 행정심판 위원회	서울	(02) 530-3114
	경기도	(031) 120		대전	(042) 470-3000
	강원도	(033) 254-2011		광주	(062) 231-3114
	충청북도	(043) 220-2114		대구	(053) 740-3300
	충청남도	(041) 635-2000		부산	(051) 606-3300
	전라북도	(063) 280-2114	지방교정청 행정심판 위원회	서울	(031) 476-0716
	전라남도	(061) 247-0011		대전	(042) 543-7100
	경상북도	(053) 959-0114		광주	(062) 975-5900
	경상남도	(055) 211-2114		대구	(053) 654-5811
	제주특별자치도	(064) 120			
시 · 도 교육청 행정심판 위원회	서울특별시	(02) 399-9186	감사원 행정심판위원회		(02) 2011-2281
	경기도	(031) 249-0114	국가정보원 행정심판위원회		지역번호 없이 111
	강원도	(033) 258-5348	대통령비서실 행정심판위원회		(02) 730-5800
	충청북도	(043) 290-2000	방송통신위원회 행정심판위원회		(02) 2110-1317
	충청남도	(041) 640-7777	국가인권위원회 행정심판위원회		(02) 2125-9773
	전라북도	(063) 239-3114	국회사무처 행정심판위원회		(02) 788-2114
	전라남도	(061) 260-0607	법원행정처 행정심판위원회		(02) 3480-1246
	경상북도	(053) 603-3673	헌법재판소 사무처 행정심판 위원회		(02) 2075-2253,4
	경상남도	(055) 268-1100	중앙선거관리위원회 행정심판 위원회		(02) 503-2190
	제주특별자치도	(064) 710-0342	기타		

나. 법인이 아닌 사단 또는 재단

법인이 아닌 사단 또는 재단으로서 대표자나 관리인이 정하여져 있는 경우에는 그 사단이나 재단의 이름으로 심판청구를 할 수 있다(법 제14조).

다. 선정대표자

(1) 선 정

여러 명의 청구인이 공동으로 심판청구를 할 때에는 청구인들 중에서 3명 이하의 선정대표자를 선정할 수 있으며, 청구인들이 선정대표자를 선정하지 아니한 경우에 위원회는 필요하다고 인정하면 청구인들에게 선정대표자를 선정할 것을 권고할 수 있다.

(2) 권 한

선정대표자는 다른 청구인들을 위하여 그 사건에 관한 모든 행위를 할 수 있다. 다만, 심판청구를 취하하려면 다른 청구인들의 동의를 받아야 하며, 이 경우 동의받은 사실을 서면으로 소명하여야 한다. 또한 선정대표자가 선정되면 다른 청구인들은 그 선정대표자를 통해서만 그 사건에 관한 행위를 할 수 있다.

(3) 해임 · 변경

선정대표자를 선정한 청구인들은 필요하다고 인정하면 선정대표자를 해임하거나 변경할 수 있다. 이 경우 청구인들은 그 사실을 지체 없이 위원회에 서면으로 알려야 한다(법 제15조).

라. 대리인에 의한 청구

변호사법에 따르면 변호사는 행정심판을 대리할 수 있고, 변리사법에 따르면 특허 등 산업재산권 사건에 관하여는 변리사가 특허청에, 세무사법에 따르면 조세에 관한 행정심판에 대하여는 세무사가, 공인노무사법에 의하면 노동관계법률에 기한 행정심판에 대하여는 노무사가 행정심판을 대리할 수 있도록 규정하고 있다(18조).

반면, 행정심판법은 위 각 내용보다 확대하여 다음의 어느 하나에 해당하는 자까지 확대하여 대리인으로 선임할 수 있도록 하였다.

(1) 청구인의 배우자, 청구인 또는 배우자의 사촌 이내의 혈족
(2) 청구인이 법인이거나 제14조에 따른 청구인 능력이 있는 법인이 아닌 사단 또는 재단인 경우 그 소속 임직원
(3) 변호사
(4) 다른 법률에 따라 심판청구를 대리할 수 있는 자
(5) 그 밖에 위원회의 허가를 받은 자

5. 행정심판의 제기기간

행정청의 어떠한 처분에 대하여 장기간이 경과한 후에도 행정심판을 제기할 수 있도록 한다면 장기간 미확정 상태로 있게 되는 처분으로 인하여 행정은 상당히 불안정하게 된다. 따라서 행정심판법은 행정의 안정성 확보 및 국민의 신속한 권리구제 등을 이유로 일정기간 내에 행정심판을 제기하도록 정하고 있다.

가. 제기요건

① 청구인 적격 있는 자가, ② 심판청구사항인 구체적인 처분이나 부작위를 대상으로, ③ 청구기간 내에, ④ 법정형식과 절차를 갖추어, ⑤ 피청구인인 행정청 또는 위원회에 제기해야 한다.

나. 제기기간

(1) 원 칙

행정심판법은 행정심판은 처분이 있음을 알게 된 날[12]부터 90일 이내에, 처분이 있었던 날부터 180일 이내에 제기하여야 한다(법 제27조). 위 기간은 불변기간(不變期間)이며, 직권조사 사항이다.

그러므로 행정처분이 있음을 알고 처분에 대하여 곧바로 취소소송을 제기하는 방법을 선택한 때에는 처분이 있음을 안 날부터 90일 이내에 취소소송을 제기하여야 하고, 행정심판을 청구하는 방법을 선택한 때에는 처분이 있음을 안 날부터 90일 이내에 행정심판을 청구하고 행정심판의 재결서를 송달받은 날부터 90일 이내에 취소소송을 제기하여야 한다. 따라서 처분이 있음을 안 날부터 90일 이내에 행정심판을 청구하지도 않고 취소소송을 제기하지도 않은 경우에는 그 후 제기된 취소소송은 제소기간을 경과한 것으로서 부적법하고, 처분이 있음을 안 날부터 90일을 넘겨 청구한 부적법한 행정심판청구에 대한 재결이 있은 후 재결서를 송달받은 날부터 90일 이내에 원래의 처분에 대하여 취소소송을 제기하였다고 하여 취소소송이 다시 제소기간을 준수한 것으로 되는 것은 아니다.[13]

(2) 예 외

(가) 90일에 대한 예외

다만, 청구인이 천재지변, 전쟁, 사변(事變), 그 밖의 불가항력으로 인하여 90일 내에 심판청구를 할 수 없었을 때에는 그 사유가 소멸한 날부터 14일 이내에 행정심판을 청구할 수 있다. 다만, 국외에서 행정심판을 청구하는 경우에는 그 기간을 30일로 한다.

(나) 180일 대한 예외

행정심판은 처분이 있었던 날부터 180일이 지나면 청구하지 못한다. 다만, 정당한 사유가

12) 처분에 위법이 있음을 안 때, 라는 의미가 아니라 처분이 공고 또는 고시의 방법에 의하여 통지되는 경우에는 처분의 상대방이 실제로 공고 또는 고시를 보았으면 당해 공고 또는 고시를 본 날이 '처분이 있음을 알게 된 날'이 될 것이다.

13) 대법원 2011. 11. 24. 선고 2011두18786 판결.

있는 경우에는 그러하지 아니하다. 정당한 사유란 처분이 있었던 날부터 180일 이내에 심판청구를 하지 못함을 정당화할만한 객관적 사유를 말하며, 이는 앞서의 불가항력보다 넓은 개념이다. 정당한 사유 역시 처분이 있음을 알게 된 날부터 90일 이내, 처분이 있었던 날부터 180일 이내에 시작되어야 한다. 정당한 사유가 있는 경우에는 180일의 기간은 불변기간이 아니다

(다) 불고지, 오고지

행정청이 심판청구 기간을 긴 기간으로 잘못 알린 경우 그 잘못 알린 기간에 심판청구가 있으면 그 행정심판은 (1)에 규정된 기간에 청구된 것으로 보며, 심판청구 기간을 알리지 아니한 경우에는 (2)에 규정된 기간에 심판청구를 할 수 있다.

다. 무효등확인심판의 경우

행정심판의 제기기간 규정은 무효등확인심판청구와 부작위에 대한 의무이행심판청구에는 적용하지 아니한다.

Ⅲ. 행정심판청구서의 작성

1. 행정심판청구서 작성 – 서면청구주의

행정심판청구는 행정관청에 비치된 양식을 사용하는 것이 편리하다. 이는 비치된 양식을 사용하지 아니하였다고 하여 청구서로서의 효력이 없는 것은 아니지만 양식을 사용할 경우 아래에서 설명하는 필수적 기재사항을 빠뜨릴 위험성이 적기 때문이다.

▶ 행정심판청구서를 2부 작성하여 처분청(처분을 한 행정기관)이나 국민권익위원회(서울종합민원사무소 또는 세종청사 종합민원상담센터)에 제출하면 된다. 행정심판청구서는 본 사이트의 행정심판 관련서식란(위원회 자료/행정심판)에서 다운받아 작성하시거나 처분청이나 국민권익위원회(서울종합민원사무소 또는 세종청사 종합민원상담센터)에서 교부받아 작성하면 된다.

가. 필요적 기재사항

행정심판 청구서에는 ① 청구인의 이름과 주소 또는 사무소, ② 피청구인과 위원회, ③ 심판청구의 대상이 되는 처분의 내용, ④ 처분이 있었음을 알게 된 날, ⑤ 심판청구의 취지와

이유, ⑥ 심판청구인의 행정심판고지 유무와 그 내용을 반드시 기재하여야 한다. 부작위에 대한 심판청구의 경우에는 위의 ①·②·⑤의 사항과 그 부작위의 전제가 되는 신청의 내용과 날짜를 적어야 하며 청구인이 법인이거나 능력 있는 비법인사단 또는 재단이거나 행정심판이 선정대표자나 대리인에 의하여 청구되는 것일 때에는 위 사항과 함께 그 대표자·관리인·선정대표자 또는 대리인의 이름과 주소를 적어야 한다. 또한, 심판청구서에는 청구인·대표자·관리인·선정대표자 또는 대리인이 서명하거나 날인하여야 한다. 이들을 결한 경우 보정을 명할 수 있고, 그렇지 않는 경우에는 각하하게 된다(법 제28조). 비록 행정심판청구서라는 명칭을 사용하지 아니하고 이의 신청 등의 용어를 사용한 경우에도 이들 적법한 행정심판청구로 보아야 하며, 기타 내용에 미비한 사항이 있더라도 보정이 가능한 때에는 보정을 명하여야 하며, 보정명령에 따르지 아니하거나 보정이 불가능한 경우에 한하여 이를 각하 하여야 한다.[14)]

심판청구서 기재사항

제 목	처분에 대한 심판청구	부작위에 대한 심판청구
당사자	- 청구인의 이름과 주소 또는 사무소 - 피청구인인 행정청과 행정신판위원회	
본 문	- 심판청구의 대상이 되는 처분의 내용 - 처분이 있은 것을 안 날 - 심판청구의 취지와 이유 - 행정청의 행정심판 고지유무와 그 내용	- 심판청구의 취지와 이유 - 부작위의 전제가 되는 신청의 내용과 날짜
서명날인	청구인, 대표자, 관리, 선정대표자 또는 대리인이 서명날인	

나. 임의적 기재사항

청구인에게 유리한 증거가 있으면 이를 기재할 것이나, 없으면 기재하지 않아도 상관없다.

다. 정보통신망에 의한 청구

행정심판법에 따른 행정심판절차를 밟는 자는 심판청구서와 그 밖의 서류를 전자문서화하고 이를 정보통신망을 이용하여 위원회에서 지정·운영하는 전자정보처리조직을 통하여 제출할 수 있다. 이 경우 부본을 제출할 의무가 없으며, 전자정보처리조직에서 제공하는 접수번호를 확인하였을 때 접수되고 행정심판이 청구된 것으로 본다. 다만, 위원회는 전자정보처

14) 대법원 1993. 6. 29. 선고 92누19194 판결.

리조직을 통하여 절차를 밟으려는 자에게 본인임을 확인할 수 있는 '전자서명법'에 따른 공인 전자서명이나 그 밖의 인증을 요구할 수 있다.

2. 행정심판청구서의 기재방법

[서식 43] 행정심판청구서

■ 행정심판법 시행규칙 [별지 제30호 서식] 〈개정 2012.9.20〉

행정심판청구서

접수번호	접수일	

청 구 인	성명
	주소
	주민등록번호(외국인등록번호)
	전화번호
[ ] 대표자 [ ] 관리인 [ ] 선정대표자 [ ] 대리인	성명
	주소
	주민등록번호(외국인등록번호)
	전화번호
피청구인	서울지방경찰청장
소관 행정심판위원회	[ ] 중앙행정심판위원회 [ ] ○○시 · 도행정심판위원회 [ ] 기타

처분 내용 또는 부작위 내용	영업정지취소 심판청구
처분이 있음을 안 날	20○○. ○. ○.
청구 취지 및 청구 이유	별지로 작성
처분청의 불복절차 고지 유무	20○○. ○. ○. 통지받음

처분청의 불복절차 고지 내용	
증 거 서 류	

「행정심판법」 제28조 및 같은 법 시행령 제20조에 따라 위와 같이 행정심판을 청구합니다.

년 월 일

청구인 (서명 또는 인)

○○행정심판위원회 귀중

첨부서류	1. 대표자, 관리인, 선정대표자 또는 대리인의 자격을 소명하는 서류(대표자, 관리인,선정대표자 또는 대리인을 선임하는 경우에만 제출합니다.) 2. 주장을 뒷받침하는 증거서류나 증거물	수수료 없음

처리 절차

청구서 작성	➜	접수	➜	재결	➜	송달
청구인		○○행정심판위원회		○○행정심판위원회		

210mm×297mm[백상지 80g/㎡]

가. 당사자의 표시

일반적으로 소송에서의 당사자의 표시는 서로 대립관계에 있는 원고와 피고로 표기를 하지만, 행정심판청구에서는 당사자를 청구인과 피청구인으로 표기하며, 여기서 피청구인은 처분청이 된다. 이는 필수적 기재사항이므로 반드시를 기재를 하여야 한다.

만일, 청구인이 미성년자일 경우에는 변론능력이 없으므로 그의 법정대리인(통상 부모가 된다)를 기재하여야 하며, 법인이 경우에는 그 기관인 대표자 또는 대표이사 등의 인적사항을 함께 기재를 하여야 한다. 이때 피청구인은 통상 명칭만 표기하면 충분하고 그 외 주소 등을 기재할 필요는 없다.

나. 심판청구 대상인 처분

행정심판청구서에는 어떠한 처분에 대하여 불복하여 취소 또는 변경을 구하는지 특정하여 표시를 하여야 한다. 구체적인 처분의 내용은 나중에 표기를 하여도 되므로 심판청구서에는 간략하게 제목 정도를 표기하여도 충분한데, 쉽게 생각하면 행정소송의 소장을 작성할 때 쓰는 사건명과 동일한 정도의 표기(예를 들어, 운전면허처분 취소를 구하면 경우 - 자동차운전면허 취소처분)면 된다.

다. 심판청구의 취지 기재

심판청구의 취지는 소장의 청구취지와 마찬가지로 청구인이 궁극적으로 심판청구를 통하여 얻고자 하는 내용을 기재하는 것이라 보면 된다. 일반적으로 원하는 재결의 결론을 간략하게 표기하고 그러한 재결을 구한다는 취지로 표기하면 된다.

따라서 심판청구의 취지는 재결의 취지를 그대로 기재를 하면 되는데, 예를 들어, "피청구인이 2016. 1. 1. 청구인에 대하여 한 자동차운전면허(서울 제1종 보통 0-000000-00호)의 취소처분을 취소하라."는 내용을 기재를 하고 덧붙여 "~라는 재결을 구합니다."라고 기재를 한다.

[기재례 – 신청취지]

> 피청구인이 20○○. ○. ○. 청구인에 대하여 한 20○○. ○. ○.부터 같은 해 ○. ○까지(2개월)의 영업정지처분은 이를 취소한다.
> 라는 재결을 구합니다.

라. 심판청구의 이유

심판청구의 이유는 통상 소송의 청구원인을 기재하는 것이라 보면 된다. 즉, 심판청구의 취지가 상당히 추상적으로 기재되기 때문에, 무슨 이유로 처분의 취소 또는 변경을 구하는 것인지 그 이유를 구체적으로 밝히는 것으로 보면 된다. 결국 심판청구의 취지와 심판청구의 이유가 합쳐서 청구인의 신청하는 내용이 구체적으로 특정되어지는 것이다. 그런데 심판청구의 이유를 기재하는 방법에 대하여는 별도의 형식이 정해져 있는 것은 아니다. 통상 어떠한 경위로 행정청의 처분이 있었는지를 그 경위를 간단히 기재하고, 청구인이 그 처분에 대하여 어떠한 점이 부당하고 위법한 것인지 각 사항별로 그 이유를 설득력있고 논리적으로 기재를 하여야 한다.

대부분 심판청구서의 이유를 기재하는 난은 협소하여 위와 같은 내용을 모두 기재하는 것이 불가능하기 때문에 별지에 따로 이유를 기재하고, 이 부분 양식의 란에는 "별지와 같음"이라고 표기를 한다.

[기재례 – 신청이유] 영업정지처분 취소심판청구

2. 처분의 위법성

이 사건 처분은 다음과 같은 점에서 위법하므로 취소되어야 합니다.

가) 음악산업진흥에관한법률상 노래연습장업자의 준수사항으로 "주류를 판매·제공하지 아니할 것"라고 규정하고 있는바, 원고의 업소에서는 노래방 이용손님에게 주류를 판매·제공한 사실이 없습니다. 이 사건의 경우는 30대 중반 남자 김○○외 4명이 위 노래방에 들어와 1시간동안 노래를 부르고 가겠다고 하여 1시간대실료 금 13,000원을 받고 노래기기에 음악을 제공한 사실은 있었으나 음악산업진흥에관한법률 제22조 제1항 제3호에 정한 "주류를 판매·제공"한 행위에 해당하지 아니한다 할 것입니다.

나) 이 사건 당일 21:00경 위 30대 남자 안○○외 일행 4명이 만취상태에서 노래방에 들어와 1시간만 노래를 부르고 가겠다고 하여 201호를 대실한 사실이 있으나 위 손님 중에 1명이 품속에 캔맥주 5개를 노래방종사자 모르게 반입하여 5명이 201호 내에서 나누어 마신 후 빈 캔을 휴지통에 버린 것을 피고의 소속 단속공무원이 원고가 주류반입을 묵인한 것으로 오인하여 위 같은 처분한 것으로 사료됩니다.

3. 처분의 부당성

원고는 위와 같다면 노래방 종사자로 내방 손님이 품속에 주류를 숨겨 반입하는 것까지 이를 막을 방법이 없다할 것입니다. 가사 원고가 주류반입을 알고 있었다고 하더라도 만취한 손님에게 주류반입을 금지할 경우 손님이 이에 응할 손님이 거의 없는 현실에서 단순히 소극적으로 이를 제지하지 아니하였다는 이유로 원고에게 생계수단인 노래방 영업정지처분은 가혹하고 부당하다할 것입니다. 따라서 위 같은 사정에 비추어 원고를 비난하기 어렵고, 이 사건의 실체에 비추어 볼 때 이 사건처분은 지나치게 형식에만 치우쳐 그 처분으로 달성하려는 원래 목적에서 일탈하는 결과에 이르게 될 것인 바, 그렇다면 이 사건 처분은 원고에게 과도한 것으로 부당하다고 아니할 수 없어 마땅히 취소를 면키 어렵다고 할 것입니다.

마. 처분을 한 행정청의 고지의 유무 및 내용

고지제도란, 행정청이 처분을 함에 있어 그 상대방 또는 이해관계인에게 해당 처분에 대해 불복청구의 가능성 및 그에 필요한 사항을 알려주는 제도를 말한다. 행정심판법은 처분의 상대방 또는 이해관계인에 대한 처분청의 직권 또는 청구에 기한 고지의무를 규정하고, 그 불고지 또는 오고지에 대한 구제수단을 마련하고 있다. 대개는 서면으로 알려주는 것이 보통이며, 심판청구서의 이 부분 란에는 통지를 받은 경우 그 날짜를 기재하면 되고, 통지를 받은 바 없다면 처분이 있은 것을 안 날을 기재하면 된다. 이 날짜는 행정심판을 행정심판의 제기기간 기산점으로 하여 제기기간 준수 여부를 판단하는 자료가 되므로 주의하여 기재를 하여야 한다.

[고지내용]

행정청이 한 해당처분에 대해 행정심판을 청구할 수 있는지의 여부 행정심판을 청구하는 경우 다음의 사항 - 심판청구의 절차 - 심판청구의 기간 - 심판청구서를 제출해야 할 행정기관

바. 첨부서류

행정심판의 이유 부분에서 청구인이 행정청의 처분이 위법 또는 부당함을 이유로 그 취소를 구하는 주장을 하였다면, 그러한 주장이 맞다고 인정할 증거를 제출하여야 한다. 첨부서류를 기재하는 란에는 바로 청구인의 청구를 입증할 증거서류서 제출하는 서류를 제목을 적으면 된다. 행정심판청구서에 이러한 증거를 첨부하여 제출할 경우에는 그 사본을 첨부하는 것으로 충분하다. 마지막으로 재결청을 표시하면 심판청구의 필요적 기재사항과 임의적 기재사항을 모두 기재하게 되는 것이, 이러한 완성된 심판청구서에 간인을 하여 제출하면 된다.

사. 기 타

위와 같이 사항들을 모두 기재한 후 그 아래에 심판청구서를 제출하는 일자와 청구인의 성명을 쓰고 날인하면 되고, 만일 대리인에 의하여 제출되는 경우라는 대리인의 성명을 쓰고 날인하면 된다.

아. 심판청구서 작성 부수

행정심판청구의 경우 심판청구서는 피청구인의 수에 따른 부본을 1부 더 제출하면 된다. 그러므로 피청구인이 1인이면 부본을 1부 더 작성하여 제출하여야 한다. 만일 원본에 증거서류가 첨부되어 있으면 부본에도 이를 복하여 원본과 같이 첨부하여야 한다.

Ⅳ. 행정심판청구의 제기

1. 심판청구서 제출기관 및 심판청구 기산일

가. 심판청구 제출기관

행정심판을 청구하려는 자는 심판청구서를 작성하여 피청구인이나 위원회에 제출하여야 한다. 이 경우 피청구인의 수만큼 심판청구서 부본을 함께 제출하여야 하며, 심판청구서는 피청구인인 행정청(처분청)에 제출할 수도 있고 또는 위원회에 제출할 수도 있다.

나. 심판청구기간의 기간일

심판청구기간을 계산함에 있어서는 ① 제27조에 따른 심판청구기간을 계산할 때에는 피청구인이나 위원회에 제출되었을 때, ② 오고지나 불고지로 청구인이 다른 행정기관에 제출한 경우에는 다른 행정기관에 심판청구서가 제출되었을 때에 행정심판이 청구된 것으로 본다(법 제23조 제4항).

2. 심판청구서의 접수 및 처리

가. 심판청구가 피청구인에 제출된 경우

(1) 위원회에 답변서 제출

피청구인의 청구인이나 위원회로부터 심판청구서를 받은 때에는 피청구인의 직권취소나 청구인의 심판청구를 취하하는 경우를 제외하고는 심판청구서를 접수하거나 송부받으면 10일 이내에 심판청구서와 답변서를 위원회에 보내야 한다. 피청구인이 심판청구서를 보낼 때에는 심판청구서에 위원회가 표시되지 아니하였거나 잘못 표시된 경우에도 정당한 권한 있는 위원회에 보내야 한다.

▶ 답변서 기재사항

피청구인이 답변서를 보낼 때에는 청구인의 수만큼 답변서 부본을 함께 보내되, 답변서에는 ① 처분이나 부작위의 근거나 이유, ② 심판청구의 취지와 이유에 대응하는 답변, ③ 처분의 상대방이 제3자인 경우에는 처분의 상대방의 이름 · 주소 · 연락처와 의무이행여부를 명확하게 적어야 한다.

(2) 피청구인의 직권취소 등

피청구인이 청구인이나 위원회로부터 심판청구서를 받은 때에 그 심판청구서가 이유 있다고 인정하면 심판청구의 취지에 따라 직권으로 처분을 취소 · 변경하거나 확인을 하거나 신청에 따른 처분을 할 수 있다. 이 경우 서면으로 청구인에게 알려야 한다. 피청구인이 직권취소 등을 하였을 때에는 청구인이 심판청구를 취하한 경우가 아니면 제24조 제1항 본문에 따라 심판청구서 · 답변서를 보낼 때 직권취소 등의 사실을 증명하는 서류를 위원회에 함께 제출하여야 한다(법 제25조).

나. 심판청구가 위원회에 제출된 경우

(1) 피청구인에 심판청구서 부본 송부

위원회가 심판청구서를 받으면 지체 없이 피청구인에게 심판청구서 부본을 보내야 한다.

(2) 청구인에 답변서 부본 송부

위원회는 피청구인으로부터 답변서가 제출되면 답변서 부본을 청구인에게 송달하여야 한다.

3. 심판청구의 변경 · 취하

가. 심판청구의 변경

(1) 청구의 변경

청구인이 행정심판청구를 한 후에 청구의 기초에 변경이 없는 범위에서 청구의 취지나 이유를 변경하는 것을 말하며, 이는 분쟁해결의 간편을 도모한 제도이다.

(가) 요 건

청구의 변경이 있으면 그 변경의 범위 내에서 신청구가 생기게 되는 것이므로 그 신청구에 대하여 심판청구의 일반적 요건을 갖추어야 하고 구청구와의 관계에 있어서는 ① 청구의 기초에 변경이 없어야하고, ② 심판청구가 계속 중이고 위원회의 결정 전이어야 하고, ③ 위원회의 허가를 얻어야 한다. 위원회는 청구의 변경이 이유 없다고 인정할 때에는 상대방인 당사자의 신청이나 직권에 의하여 결정함으로써 그 변경을 허가하지 아니할 수 있다.

(나) 방식 및 절차

심판청구의 변경은 서면으로 신청하여야 하며, 피청구인과 참가인의 수만큼 청구변경신청서 부본을 함께 제출해야 한다. 위원회는 청구변경서 부본을 피청구인과 참가인에게 송달하여야 한다. 위원회는 청구변경 신청에 대하여 허가할 것인지 여부를 결정하고, 지체 없이 신청인에게는 결정서 정본을, 당사자 및 참가자에게는 결정서 등본을 송달하여야 한다. 이 경우 신청인은 송달받은 날부터 7일 이내에 이의신청을 할 수 있다(법 제29조).

(다) 효 과

청구의 변경결정이 있으면 처음 행정심판이 청구되었을 때부터 변경된 청구의 취지나 이유로 행정심판이 청구된 것으로 본다(법 제29조 제5항).

(2) 새로운 처분이나 처분변경으로 인한 청구의 변경

행정심판이 청구된 후에 피청구인이 새로운 처분을 하거나 심판청구의 대상인 처분을 변경한 경우에는 청구인은 새로운 처분이나 변경된 처분에 맞추어 청구의 취지나 이유를 변경할 수 있다.

나. 심판청구의 취하

심판청구의 취하란 청구인은 위원회의 의결이 있을 때까지 서면으로 심판청구를 철회하는 일방적 의사표시를 말한다.

(1) 요 건

심판청구의 취하는 ① 위원회의 의결이 있을 때까지는 언제든지 서면으로 심판청구를 취하할 수 있고, ② 피청구인이 답변서를 제출한 후에도 그의 동의를 요하지 않고 취하할 수 있다. 이점이 민사소송에서의 소의 취하와 다르다. ③ 취하서에는 청구인이 서명하거나 날인하여야 한다.

(2) 방식 및 절차

참가인은 심판청구에 대하여 위원회의 의결이 있을 때까지 서면으로 참가신청을 취하할 수 있다. 피청구인 또는 위원회는 계속 중인 사건에 대하여 취하서를 받으면 지체 없이 다른 관계기관, 청구인, 참가자에게 취하 사실을 알려야 한다.

(3) 효 과

취하에 의하여 심판청구는 소급적으로 소멸한다.

[서식 44] 심판청구취하서

■ 행정심판법 시행규칙 [별지 제40호 서식] 〈개정 2012.9.20〉

심판청구취하서

접수번호	접수일	

사 건 명	
청 구 인	성명
	주소
피 청 구 인	
청구인과의 관계	[ ] 본인 [ ] 대표자 [ ] 관리인 [ ] 선정대표자 [ ] 대리인
취 하 취 지	
취 하 이 유	

「행정심판법」 제15조 제3항, 제42조 제1항 · 3항 및 같은 법 시행령 제30조에 따라 위와 같이 심판청구를 취하합니다.

년 월 일

취하인 (서명 또는 인)

○○행정심판위원회 귀중

첨부서류	선정대표자가 취하하는 경우에는 다른 청구인들의 취하 동의서	수수료 없음

처리 절차

취하서 작성	➜	접수
취하인		○○행정심판위원회

210mm×297mm[백상지 80g/㎡]

4. 행정심판제기의 효과

가. 처분청 및 행정심판위원회에 대한 효과

처분청은 심판청구가 이유 있다고 인정되는 때를 제외하고 심판청구서를 받은 날부터 10일 이내에 심판청구서와 답변서를 위원회에 보내야 한다. 피청구인은 처분의 상대방이 아닌 제3자가 심판청구를 한 경우에는 지체 없이 처분의 상대방에게 그 사실을 알림과 동시 심판청구서 사본을 함께 송달하여야 한다. 위원회는 제출받은 행정심판청구사건에 대하여 심리 · 재결할 의무를 진다.

나. 행정처분에 대한 효과

이는 행정의 신속성 · 실효성과 국민의 권리구제 중 어느 것을 더 중시하는가에 따른 입법정책상의 문제이다. 행정심판법은 전자를 중시하여 집행부정지 원칙을 취함과 동시에 예외적으로 국민의 권리구제를 위해 집행정지 및 임시처분을 인정하고 있다. 국민의 임시구제 내지 가구제를 위해서 집행정지와 임시처분을 인정한 것이다.

5. 사건진행절차

심판청구서 제출 ➜ 행정심판 위원회 회부 ➜ 답변서 수취 ➜ 보증서면 발송 ➜ 심리/의결

* 영업정지 · 취소처분을 안 날부터 90일 이내(처분통지를 직접받지 못한 경우 180일 이내)에 심판청구서 2부를 해당 구청(처분청)민원실 접수 ▶ 접수를 받은 해당구청(처분청)은 2부 중 1부를 갖고 10일 이내에 상급행정청에 심판청구서와 답변서 송부 ▶ 행정심판위원회에서는 해당 구청(처분청)으로부터 수령한 답변서를 청구인에게 발송 ▶ 답변서를 송부받은 청구인은 1주일 이내에 행정심판 보충서면 2부를 행정심판위원회에 발송(필요시) ▶ 행정심판위원회는 행정심판청구를 접수한 후 약 2개월 내에 행정심판위원회 개최 ▶행정심판위원회의 재결서는 재결일로부터 1주일 후 청구인에게 우편으로 발송(행정심판의 효력은 재결서가 송달되어야 발생)

[행정심판 업무처리]

법 : 행정심판법, 영 : 행정심판법 시행령

> 청구인 : 피청구인 또는 행정심판위원회에 행정심판청구서 제출 〈법 제23조 제1항, 제28조〉
> ※ 청구서를 위원회로 제출하면 피청구인으로 송부하여 답변서 제출을 요구하는 과정이 추가됨 〈법 제26조〉
> ※ 법 제27조에 따른 심판청구기간 계산 〈법 제23조 제4항〉

- 청구인 행정심판청구서 도달
  * 답변서 작성시간의 여유를 위하여 청구서는 수령 즉시 피청구인에게 팩스로 송부
- 행정심판청구서 접수 : 청구요지 파악하여 위원장에 보고

> 피청구인은 청구서를 접수한 후 10일 이내에 답변서를 작성하여 행정심판위원회로 제출
> ※ 청구서를 피청구인이 제출받은 경우 청구서 원본을 위원회로 함께 송부함 〈법 제24조〉

- 답변서 제출요구 : 피청구인에게 위원들에게 줄 총 부수를 아예 제출토록 알려줌
- 피청구인 접수
- 답변서 도달
  * 최종 답변서 제출받기 전에 보정할 내용은 없는지 초안을 가지고 방문, 혹은 초안을 미리 제출하도록 할 수도 있음

> 행정심판위원회는 청구인에게 답변서 부본 송부 〈법 제26조〉
> ※ 답변서는 행정심판청구의 상대방인 피청구인의 의견으로 행정심판위원회의 의견이나 판단 내용이 아님

- 청구인에게 답변서 부본 송부

> 사건심리
> - 행정심판위원회는 관련된 사실 조사 및 확인, 법률검토 등
>   ※ 청구된 사건에 대해 60일 이내에 재결하지 못할 부득이한 사유가 있는 경우 동 기간 종료의 7일 전까지 연장통지
> - 청구인은 필요한 경우 각종 제출, 신청, 신고 등(보충서면, 증거서류, 집행정지신청, 청구변경신청, 구술심리신청, 주소변경신고, 대표자선정신고, 대리인선임신고 등)
>   ※ 제출, 신청, 신고 등은 심판청구시부터 가능함

> 청구인이 재결결과에 불복할 경우 재결서를 받은 날로부터 90일 이내에 피청구인을 관할하는 행정법원에 행정소송제기 가능(취소소송 기준)

- 답변서 확인 검토
- 피청구인측(교육청) 및 사건현장 방문
- 청구인의 보충서면 도달하면 보충서면 위원장 결재, 피청구인에게 송부
- (현장)조사보고서 결재

보충서면과 반박서면 당사자는 주장한 사실을 보충하고 다른 당사자의 주장을 다시 반박하기 위하여 필요하면 위원회에 보충서면을 제출할 수 있다. 이 경우 다른 당사자의 수만큼 보충서면 부본을 제출하여야 한다. 위원회는 보충서면의 제출기한을 정할 수 있으며, 보충서면을 받으면 지체 없이 다른 당사자에게 그 부본을 송달하여야 한다. 〈법 제33조〉

청구인의 보충서면 접수
청구인 보충서면을 피청구인에게 송부
청구인 보충서면에 대한 피청구인의 반박서면(보충서면) 접수
피청구인의 반박서면(보충서면) 청구인에게 송부

참석 가능한 위원 사전 연락하여 구성 행정심판위원회는 위원장과 위원장이 회의마다 지정하는 8명의 위원 : 총 9명 위원장이 공무원일 경우에는 위촉위원을 6명 이상으로 하여야 함 〈법 제7조 제5항〉

- 행정심판위원회 개최 내부결재
(내부결재 시 검토위원을 포함한 위원 구성현황이 포함되어야 함)

위원회는 검토위원지정하여 보고를 받을 수 있음 〈영 제4조 제2항〉

검토위원지정 알림

- 심리기일 결정 및 통지 : 결정된 심리기일을 7일 전까지 당사자에게 통지 〈영 제26조〉 심리기일 3일 전까지 구술심리신청 〈법 제40조 제1항, 영 제27조〉 대리인 허가 신청 〈법 제18조〉 심리기일 통지 시 구술심리 신청과 대리인 선임신청에 대하여 알림

양 당사자에게 심리기일 알림 :

회의 통지, 회의개최 5일 전까지 각 위원에게 '서면'으로 알려야 함 〈영 제10조〉

행정심판위원회 개최 알림

구술심리 여부 통보
구술심리 신청을 받으면 그 허가 여부를 신청인에게 알려야 함, 간이통지 가능
구술심리 시 출석 통지 〈법 제40조 제2항〉
대리인 허가
대리인 허가신청을 받으면 이를 심사하여 허가 여부를 지체 없이 신청인에게 알려야 함 〈영 제16조 제2항〉

신청자에게 대리인선임허가 알림

심리재결에 따라 재결서를 작성하여 당사자에게 송달
※ 재결효력은 청구인이 재결서를 받은 때 발생

재결 : 회의구성원 과반수 출석과 출석위원 과반수 찬성으로 재결함

- 재결서는 정본 3부 작성 : 청구인, 피청구인, 위원회 보관용

Ⅴ. 영업정지 및 취소 유형별 행정심판

1. 개 관

현행법상 영업자의 법규위반에 대한 제재로서 영업정지를 규정한 경우가 많은데, 실무에서 접하게 되는 영업정지 관련 소송은 대부분은 식품위생법 제75조 제1항 제13호, 제44조 제2항 제2호, 제4호 따라 청소년출입 · 고용금지업소에 청소년을 출입시키거나 청소년에 주류를 제공하였다가 영업정지처분을 받은 식품접객업업자, 음악산업진흥에 관한 법률 제27조 제1항 제5호, 제22조 제1항, 제3,4호에 따라 주류를 판매 · 제공하거나 남녀 접대부를 고용 · 알선하였다가 영업정지처분을 받은 노래연습장업자, 성매매알선 등 행위의 처벌에 관한 법률 제4조 제2호, 제2호 제1항 제2호 나.목에 위반하여 성매매의 장소를 제공하였다가 공중위생관리법 제11조 제1항에 따라 영업정지를 받은 숙박업자가 영업정지처분을 받아 이의 취소를 구하는 사안 등이다.

[주요 쟁점 및 소송수행 요령]

식품접객업 및 노래연습장업 관련 소송	• 제재처분 사유 - 식품접객영업자의 청소년 주류제공 행위 - 일반음식점 또는 단란주점 영업자의 유흥접객행위 - 노래연습장업자의 주류판매 및 접대부 고용 · 알선 행위 등 • 제재처분 - 영업허가 또는 등록의 취소 - 영업장폐쇄, 영업정지 또는 영업정지처분에 갈음하여 과징금 부과 • 주장 및 입증사항 - 재량권의 일탈 · 남용을 적극 주장 집행정지 신청을 통한 영업 계속 여부가 하나의 관건이 됨. 재판부의 조정권고가 많은 사안이므로, 처분감경사유에 대한 적극적 소명 필요 및 이의수용 여부에 대한 원고의 입장이 신속히 정리되어야 함.

[영업정지 감경사유]

- 위법행위가 고의적인지 또는 과실인지
- 영업기간은 어느 정도 되었는지
- 규모 및 수익은 어느 정도 되는지
- 위법행위 발생원인은 무엇인지
- 경제적인 생활고가 있는지
- 선행, 표창 등 정상참작 사유가 있는지
- 재발방지를 위한 대책을 도모하고 있는지

2. 식품위생법상 식품접객업 관련

가. 식품접객업

식품위생법상 식품접객업은 동법 제36조 제2항 동법 시행령 제21조 제8호의 규정에 따라 ① 휴게음식점영업(주로 다류(茶類), 아이스크림류 등을 조리 · 판매하거나 패스트푸드점, 분식점 형태의 영업 등 음식류를 조리 · 판매하는 영업으로서 음주행위가 허용되지 아니하는 영업),[15] ② 일반음식점영업(음식류를 조리 · 판매하는 영업으로서 식사와 함께 부수적으로 음주행위가 허용되는 영업), ③ 단란주

15) 다만, 편의점, 슈퍼마켓, 휴게소, 그 밖에 음식류를 판매하는 장소(만화가게 및 「게임산업진흥에 관한 법률」 제2조 제7호에 따른 인터넷컴퓨터게임시설제공업을 하는 영업소 등 음식류를 부수적으로 판매하는 장소를 포함한다)에서 컵라면, 일회용 다류 또는 그 밖의 음식류에 물을 부어 주는 경우는 제외한다.

점영업(주로 주류를 조리·판매하는 영업으로서 손님이 노래를 부르는 행위가 허용되는 영업), ④ 유흥주점영업(주로 주류를 조리·판매하는 영업으로서 유흥종사자를 두거나 유흥시설을 설치할 수 있고 손님이 노래를 부르거나 춤을 추는 행위가 허용되는 영업), ⑤ 위탁급식영업(집단급식소를 설치·운영하는 자와의 계약에 따라 그 집단급식소에서 음식류를 조리하여 제공하는 영업), ⑥ 제과점영업(주로 빵, 떡, 과자 등을 제조·판매하는 영업으로서 음주행위가 허용되지 아니하는 영업) 등을 말한다.

나. 식품접객업자 등의 준수사항 등

(1) 개 설

식품접객업자에 대한 영업정지처분 등의 가장 빈번한 사유는 식품위생법 제44조에 규정된 준수사항의 위반이다. 식품접객영업자 등 영업자와 그 종업원은 영업의 위생관리와 질서유지, 국민의 보건위생 증진을 위하여 영업의 종류에 따라 법 제44조에 규정된 사항을 준수하여야 하는데, 이에 대한 구체적인 의무사항은 법 제44조 제1항의 위임에 따라 동 시행규칙 제57조 [별표 17] 제6호에서 식품접객업자의 준수사항을 구체적으로 정하고 있으며, 이에 대한 개별적인 처분기준은 동 시행규칙 제89조 [별표 23] Ⅱ, 개별기준 가운데 3. 식품접객업 부분 중 제10호, 가.목이 규정하고 있다. 이에는 다시 [별표 17] 제6호를 함께 검토하여야 한다.

[식품접객업자의 주의의무]

- 아무리 바빠도 신분증 확인은 필적으로 하라(청소년 주류판매 주의)
- 몰래 들어오거나 합석손님 신분증검사는 필수적으로 하라(성년자와 미성년자 혼술주의)
- 신분증을 손으로 직접 만져보면서 확인하라(위조신분증 사용주의)
- 청소년에게 주류판매 금지부착(청소년에 주류판매금지 업소임을 명시)
- 눈짐작으로 나이 판단금지(화장 등으로 더 성숙해 보이는 경우가 많음)
- 서빙직원이나 아르바이트생에게 교육필수(미확인시 책임은 결국 사업자의 몫)
- 단체손님이라도 일일이 신분증 확인(같은 대학생이라도 미성년자가 끼어있을 수 있음)

(2) 식품접객업자의 준수사항 등

(가) 준수사항

식품접객영업자 등 대통령령으로 정하는 영업자[16]와 그 종업원은 영업의 위생관리와 질서

16) 법 시행령 제29조 (준수사항 적용 대상 영업자의 범위)
① 법 제44조 제1항에서 "식품접객영업자 등 대통령령으로 정하는 영업자"란 다음 각 호의 영업자를 말한다.
1. 제21조 제1호의 식품제조·가공업자
2. 제21조 제2호의 즉석판매제조·가공업자

유지, 국민의 보건위생 증진을 위하여 영업의 종류에 따라 다음에 해당하는 사항을 지켜야 한다(법 제44조).

1) 「축산물 위생관리법」 제12조에 따른 검사를 받지 아니한 축산물 또는 실험 등의 용도로 사용한 동물은 운반 · 보관 · 진열 · 판매하거나 식품의 제조 · 가공에 사용하지 말 것

2) 「야생생물 보호 및 관리에 관한 법률」을 위반하여 포획 · 채취한 야생생물은 이를 식품의 제조 · 가공에 사용하거나 판매하지 말 것

3) 유통기한이 경과된 제품 · 식품 또는 그 원재료를 조리 · 판매의 목적으로 소분 · 운반 · 진열 · 보관하거나 이를 판매 또는 식품의 제조 · 가공에 사용하지 말 것

4) 수돗물이 아닌 지하수 등을 먹는 물 또는 식품의 조리 · 세척 등에 사용하는 경우에는 「먹는물관리법」 제43조에 따른 먹는물 수질검사기관에서 총리령으로 정하는 바에 따라 검사를 받아 마시기에 적합하다고 인정된 물을 사용할 것. 다만, 둘 이상의 업소가 같은 건물에서 같은 수원(水源)을 사용하는 경우에는 하나의 업소에 대한 시험결과로 나머지 업소에 대한 검사를 갈음할 수 있다.

5) 제15조 제2항에 따라 위해평가가 완료되기 전까지 일시적으로 금지된 식품 등을 제조 · 가공 · 판매 · 수입 · 사용 및 운반하지 말 것

6) 식중독 발생 시 보관 또는 사용 중인 식품은 역학조사가 완료될 때까지 폐기하거나 소독 등으로 현장을 훼손하여서는 아니 되고 원상태로 보존하여야 하며, 식중독 원인규명을 위한 행위를 방해하지 말 것

7) 손님을 꾀어서 끌어들이는 행위를 하지 말 것

8) 그 밖에 영업의 원료관리, 제조공정 및 위생관리와 질서유지, 국민의 보건위생 증진 등을 위하여 총리령으로 정하는 사항

9) 식품접객영업자는 「청소년 보호법」 제2조에 따른 청소년에게 청소년을 유흥접객원으로 고용하여 유흥행위를 하게 하는 행위, 「청소년 보호법」 제2조 제5호 가목 3)에 따른 청소년출입 · 고용 금지업소에 청소년을 출입시키거나 고용하는 행위, 「청소년 보호법」 제2조

---

3. 제21조 제3호의 식품첨가물제조업자
4. 제21조 제4호의 식품운반업자
5. 제21조 제5호의 식품소분 · 판매업자
6. 제21조 제6호 가목의 식품조사처리업자
7. 제21조 제8호의 식품접객업자

② 법 제44조 제3항에서 "대통령령으로 정하는 영업"이란 제21조 제8호 라목의 유흥주점영업을 말한다.

제5호 나목 3)에 따른 청소년고용금지업소에 청소년을 고용하는 행위, 청소년에게 주류(酒類)를 제공하는 행위 다음 각 호의 어느 하나에 해당하는 행위를 하여서는 아니 된다.

10) 누구든지 영리를 목적으로 식품접객업을 하는 장소(유흥종사자를 둘 수 있도록 대통령령으로 정하는 영업을 하는 장소는 제외한다)에서 손님과 함께 술을 마시거나 노래 또는 춤으로 손님의 유흥을 돋우는 접객행위(공연을 목적으로 하는 가수, 악사, 댄서, 무용수 등이 하는 행위는 제외한다)를 하거나 다른 사람에게 그 행위를 알선하여서는 아니 되며, 이에 따른 식품접객영업자는 유흥종사자를 고용 · 알선하거나 호객행위를 하여서는 아니 된다.

(나) 실무상 문제

1) 풍기문란 등 방지의무

가) 의무위반

① 의무위반행위

식품접객업자(위탁급식영업자는 제외한다)와 그 종업원은 업소 안에서는 도박이나 그 밖의 사행행위 또는 풍기문란행위를 방지하여야 하며, 배달판매 등의 영업행위 중 종업원의 이러한 행위를 조장하거나 묵인할 경우 아래 (나)와 같은 행정처분을 받게 된다(법 시행규칙 제57조[별표 17] 제6호 다.목).

② 구체적인 태양

영업자 등의 준수사항을 규정한 식품위생법 시행규칙 제57조 [별표 17] 중 식품접객업자에 관한 제6호의 다.목에는 "업소 안에서는 도박이나 그 밖의 사행행위 또는 풍기문란행위를 방지하여야 하며, 배달판매 등의 영업행위 중 종업원의 이러한 행위를 조장하거나 묵인하여서는 아니 된다"라고 규정되어 있고, 같은 제6호의 거.목에는 "업소 안에서 선량한 미풍양속을 해치는 공연, 영화, 비디오 또는 음반을 상영하거나 사용하여서는 아니 된다"라고 규정되어 있는바, 이 때 위 다.목의 규정은 식품접객업자의 물적 · 인적 영업시설이 도박, 사행행위, 풍기문란행위에 제공되는 것을 방지하기 위한 취지로 볼 수 있다.

한편, ① 식품접객업자의 준수사항들 중 위생, 보건에 관련된 사항에 대해서는 [별표 17] 제6호의 다른 항목에서 별도로 상세하게 규정하고 있는 점, ② 구 공중위생법(1999. 2. 8. 법률 제5839호로 폐지된 것) 제12조, 청소년보호법 제30조 등 다른 법령에서 '풍기문란'이라는 문언은 선량한 성풍속을 해칠 우려가 있는 행위와 연관지어 규정되어 있는 점('풍기문란의 우려가 있는 미성년 남녀의 혼숙', '청소년을 남녀 혼숙하게 하는 등 풍기를 문란하게 하는 영업행위'), ③ 풍속영업규제에 관한 법률 제3조에 따른 풍속영업자 준수사항에서 금지하는 행위도 '성매매 알선 등 행위, 음란행위를 하게 하거나 알선, 제공하는 행위, 음란한 문서 등을 반포, 판매, 대여, 관람, 열람

등을 하게 하는 행위, 도박 기타 사행행위'로서 도박 기타 사행행위를 제외하고는 모두 성풍속에 관련되는 사항인 점, ④ 관세법 제234조 제1호 에 수출입 금지 물품으로 규정된 '헌법질서를 문란하게 하거나 공공의 안녕 또는 풍속을 해치는 서적 · 간행물 · 도화 · 영화 · 음반 · 비디오물 · 조각물 기타 이에 준하는 물품'에서 '풍속을 해치는'이라 함은 특별한 사정이 없는 한 성풍속을 해치는 '음란성'을 의미하는 것으로 해석되는 점(대법원 2009. 6. 23. 선고 2008두23689 판결, 대법원 2004. 2. 26. 선고 2002도7166 판결 등 참조)등을 고려하면, 이 사건 업소와 같이 공중을 상대로 영업을 하는 경우 영업자에게 금지되는 풍기문란행위란 선량한 풍속 중 특히 성에 관한 건전한 도의관념을 해치는 행위를 주로 의미한다고 볼 수 있다.[17)]

나) 행정처분

① 행정처분

식품접객업자(위탁급식영업자는 제외한다)와 그 종업원은 업소 안에서는 도박이나 그 밖의 사행행위 또는 풍기문란행위를 방지의무를 위반할 경우 아래 표와 같은 처분을 받게 된다.

의무위반 유형	1차	2차	3차
사행행위 또는 풍기문란 방지의무 위반	영업정지 2개월	영업정지 3개월	영업허가 취소 또는 영업소 폐쇄

② 식품접객업자에 대한 영업정지 등 행정처분에 있어서 행정청의 재량행위 기준

구 식품위생법(1995. 12. 29. 법률 제5099호로 개정되기 전의 것) 제58조 제1항에 의한 영업정지 등 행정처분의 적법 여부는 같은 법 시행규칙(1996. 12. 20. 보건복지부령 제41호로 개정되기 전의 것) 제53조 [별표 15]의 행정처분기준에 적합한 것인가의 여부에 따라 판단할 것이 아니라 법의 규정 및 그 취지에 적합한 것인가의 여부에 따라 판단하여야 하는 것이고, 행정처분으로 인하여 달성하려는 공익상의 필요와 이로 인하여 상대방이 받는 불이익을 비교 · 형량하여 그 처분으로 인하여 공익상 필요보다 상대방이 받게 되는 불이익 등이 막대한 경우에는 재량권의 한계를 일탈한 것으로서 위법하다.[18)]

다) 구체적인 사례

① 식품접객영업자가 종업원으로 하여금 손님과 여관에서 윤락행위를 할 것을 알선한 것이 풍기문란행위를 방지하여야 한다는 준수사항을 지키지 아니한 경우에 해당하는지 여부

식품접객영업자가 수차례에 걸쳐 주점의 종업원으로 하여금 주점에서 술을 마신 고객들과

17) 서울행정법원 2013. 3. 27. 선고 2012구단21300 판결.

18) 대법원 1997. 11. 28. 선고 97누12952 판결.

업소 밖의 여관에 투숙하며 윤락행위를 하도록 알선하였다면, 그 식품접객영업자의 이러한 행위가 바로 업소 내에서는 풍기문란행위를 방지하여야 한다는 식품접객영업자로서의 식품위생법 시행규칙 제42조 [별표 13] 중 제7호 규정의 준수사항을 지키지 아니한 경우에 해당한다.[19)]

2) 유흥접객원 고용 및 접객행위 등

가) 유흥접객원의 개념 등

① 유흥접객원의 개념

"유흥종사자"란 손님과 함께 술을 마시거나 노래 또는 춤으로 손님의 유흥을 돋우는 부녀자인 유흥접객원을 말하며, "유흥시설"이란 유흥종사자 또는 손님이 춤을 출 수 있도록 설치한 무도장을 말한다(법 시행령 제22조).

② 유흥접객원 해당여부에 관한 판단기준

식품위생법 제22조 제1항, 동법 시행령 제7조 제8호 (라)목, 제8조 제1항, 제2항, 동법 시행규칙 제42조 [별표 13] 식품접객영업자 등의 준수사항 5. 타. (1) 등에서 규정하고 있는 '유흥접객원'이란 반드시 고용기간과 임금, 근로시간 등을 명시한 고용계약에 의하여 취업한 여자종업원에 한정된다고는 할 수 없지만, 적어도 하나의 직업으로 특정업소에서 손님과 함께 술을 마시거나 노래 또는 춤으로 손님의 유흥을 돋우어 주고 주인으로부터 보수를 받거나 손님으로부터 팁을 받는 부녀자를 가리킨다고 할 것이다.[20)]

나) 의무위반행위

허가를 받거나 신고한 영업 외의 다른 영업시설을 설치하거나 또는 휴게음식점영업자·일반음식점영업자 또는 단란주점영업자가 유흥접객원을 고용하여 유흥접객행위를 하게 하거나 종업원의 이러한 행위를 조장하거나 묵인하는 행위 등을 할 경우 아래 (나)와 같은 행정처분을 받게 된다(법 시행규칙 제57조 [별표 17] 제6호 타.목 3).

다) 행정처분

휴게음식점영업자 등이 유흥접객원을 고용하여 유흥접객행위를 하게 하거나 종업원의 이러한 행위를 조장하거나 묵인할 경우 아래와 같은 처분을 받게 된다.

---

19) 대법원 1995. 9. 26. 선고 95누8898 판결.

20) 대법원 2001. 12. 24. 선고 2001도5837 판결, 대법원 2005. 3. 24. 선고 2005도86 판결, 대법원 2005. 9. 28. 선고 2005도5552 판결, 대법원 2008. 11. 13. 선고 2008도7878 판결 등 참조.

의무위반 유형	1차	2차	3차
유흥접객원 고용 또는 종업원의 유흥접객행위 조작, 묵인	영업정지 1개월	영업정지 2개월	영업허가취소 또는 영업소 폐쇄

라) 구체적인 사례

① 바 텐 더

기록에 의하면, 피고인이 운영한 이 사건 주점은 중앙에 바(bar)가, 그 외부에 테이블이 따로 설치된 형태인 사실, 공소외인은 평소 바 안쪽에서 바 시중원(이른바 바텐더)으로 일하면서 손님들로부터 주류 등을 주문받아 이를 제공하는 일을 하였고, 이 사건 당시에도 바 안쪽에서 일하면서 바에 앉은 손님이 권하는 술을 받아 마시게 된 것이며 그 양도 맥주 1-2잔 정도에 불과한 사실, 공소외인은 피고인으로부터 1시간당 5,000원의 고정 보수를 받았던 사실을 알 수 있고, 이러한 사정에다가 공소외인은 제1심 법정에서 이 사건 당시 술에 취한 손님들이 바 테이블에 앉아 자신에게 술을 강권하므로 그들의 비위를 맞춰주기 위해서 어쩔 수 없이 술을 받아 두었던 것뿐이고, 평소 손님들과 어울려 술을 마시거나 그러한 일로 피고인으로부터 보수 외의 금원을 받거나 손님으로부터 팁을 받은 적이 없다고 진술한 점, 실제로 공소외인이나 다른 여자 종업원이 평소에도 테이블이나 바에서 손님들을 상대로 술시중을 들면서 손님들과 함께 술을 마신다거나 피고인이 이 사건 주점을 그러한 방식으로 운영한다고 의심할 만한 다른 사정은 없는 점 등을 종합적으로 고려하면, 공소외인이 이 사건 당시 바 시중원으로 일하면서 일시적으로 손님들이 권하는 술을 받아 마셨다는 사정만으로는 공소외인을 식품위생 관계법령에서 정한 유흥접객원으로 볼 수는 없다.[21)]

② 음식을 나르기 위하여 고용된 종업원

음식을 나르기 위하여 고용된 종업원이 손님의 거듭되는 요구에 못이겨 할 수 없이 손님과 합석하여 술을 마시게 된 경우 그 종업원은 이에 포함되지 아니한다 할 것이다.[22)]

③ 단란주점의 여자종업원이 '손님과 함께 술을 마시거나 노래 또는 춤으로 손님의 유흥을 돋구는 행위'에 해당하는지 여부

식품위생법 시행령 제8조 제2항에 의하면 "유흥접객원은 손님과 함께 술을 마시거나 노래 또는 춤으로 손님의 유흥을 돋구는 부녀자를 말한다."고 규정되어 있고, 같은 조 제1항 제3호에 의하면 "단란주점에서는 손님의 노래를 반주하기 위하여 악기를 연주하는 자 1인"을 둘 수 있도록 규정되어 있는바, 종업원이 손님과 동석하여 함께 술을 마신 것도 아니고 무대에

21) 대법원 2009. 3. 12. 선고 2008도9647 판결.
22) 대법원 2005. 3. 24. 선고 2005도86 판결.

선 채로 손님으로부터 목을 축이라는 뜻으로 주는 맥주 1잔을 받아 마신 행위를 손님과 함께 술을 마셔 손님의 유흥을 돋구는 행위에 해당한다고 볼 수도 없고, 또 탬버린을 흔드는 행위는 악기를 연주하는 행위에 포함된다고 보이므로, 결국 단란주점에서의 여자종업원의 이 정도의 행위는 같은 조 제2항 소정의 '손님과 함께 술을 마시거나 노래 또는 춤으로 손님의 유흥을 돋구는 행위'에 해당한다.23)

3) 일반음식점 영업자의 주류 등 판매행위

가) 일반음식점

일반음식점이란 주로 음식류를 조리, 판매하는 영업으로서 식사와 함께 부수적으로 음주행위가 허용되는 영업을 말한다.

음식점 영업행위 비교표

업종	주영업 형태	부수적 영업형태
휴게음식점	음식류 조리 판매	음주행위 금지, 공연가능
일반음식점	음식류 조리 판매	식사와 함께 부수적인 음주행위 허용, 공연가능
단란주점	주류, 조리 판매	손님 노래가능, 공연가능
유흥주점	주류, 조리 판매	유흥접객원, 유흥시설 설치 허용, 공연 및 음주가무 허용
위탁급식	음식류 조리 판매	음주행위 금지
제 과 점	음식류 조리 판매	음주행위 금지

나) 일반음식점 영업자의 의무

일반음식점 영업자가 주류만을 판매하거나 주로 다류를 조리, 판매하는 다방 형태를 영업을 하여서는 아니된다(법 시행규칙 제57조 [별표17] 제6호 타.목 3).

다) 행정처분

일반음식점 영업자가 주류만을 판매하거나 주로 다류를 조리, 판매하는 다방 형태를 영업을 영위할 경우 아래와 같은 행정처분을 받는다.

의무위반 유형	1차	2차	3차
일반음식점 영업자가 주류만을 판매하거나 주로 다류를 조리, 판매하는 다방형태의 영업을 하는 행위	영업정지 15일	영업정지 1개월	영업정지 3개월

23) 부산지방법원 동부지원 1998. 10. 23. 선고 97고단1380 판결 : 확정.

라) 구체적인 사례

① '음식류의 조리 · 판매보다는 주로 주류의 조리 · 판매를 목적으로 하는 소주방 · 호프 · 카페 등의 형태로 운영되는 영업'이 구 식품위생법상 일반음식점 영업자가 적법하게 할 수 있는 행위에 속하는지 여부 및 일반음식점 영업자가 위와 같은 형태로 영업한 행위를 '주류만을 판매하는 행위'를 금지한 구 식품위생법상 준수사항을 위반한 것으로 볼 수 있는지 여부

식품위생법령 및 청소년보호법령의 규정체계와 내용 등을 종합해 보면, 구 식품위생법(2010. 1. 18. 법률 제9932호로 개정되기 전의 것, 이하 같다) 관련법령에서 상정하고 있는 일반음식점 영업의 가장 전형적인 형태는 음식류를 조리 · 판매하는 것을 위주로 하면서 부수적으로 주류를 판매하는 영업이라고 할 수 있다. 그러나 주로 주류를 판매하면서 음식류는 오히려 부수적으로 조리 · 판매하지만, 손님이 노래를 부르게 하거나 유흥종사자를 두는 등 단란주점영업이나 유흥주점영업에서만 허용되는 행위는 하지 아니하는 형태의 영업에 대해서는 구 식품위생법과 식품위생법 시행령에서 별도의 영업허가 종류로 구분하여 분류하고 있지 아니하고, 더구나 구 청소년보호법(2012. 1. 17. 법률 제11179호로 개정되기 전의 것)과 청소년보호법 시행령에서는 이를 명시적으로 일반음식점영업의 한 형태로 규정하고 있다. 이에 비추어 청소년보호법 시행령 제3조 제4항 제2호에서 규정한 것 같은 형태의 영업, 즉 '음식류의 조리 · 판매보다는 주로 주류의 조리 · 판매를 목적으로 하는 소주방 · 호프 · 카페 등의 영업형태로 운영되는 영업'은 구 식품위생법상 식품접객업의 종류 중에서는 일반음식점영업 허가를 받은 영업자가 적법하게 할 수 있는 행위의 범주에 속한다고 보는 것이 타당하다. 그러므로 일반음식점 영업자가 위와 같은 형태로 영업하였다고 하여 이를 '주류만을 판매하는 행위'를 하여서는 아니 된다고 규정한 일반음식점 영업자의 준수사항을 위반한 것이라고 보는 것은 죄형법정주의의 정신과 위 법령 규정의 체계에 어긋나는 것이다.[24]

② 일반음식점 내 무도장의 설치 · 운영행위가 위 시행규칙 조항에 정한 업종별 시설기준 위반에 해당하여 시설개수명령의 대상이 되는지 여부

일반음식점에서 손님들이 춤을 출 수 있도록 하는 시설(이하 '무도장'이라 한다)을 설치해서는 안 된다는 내용이 명시적으로 규정되어 있지 않고, 다만 시행규칙 제89조가 법 제74조에 따른 행정처분의 기준으로 마련한 [별표 23] 제3호 8. 라. 1)에서 위반사항을 '유흥주점 외의 영업장에 무도장을 설치한 경우'로 한 행정처분 기준을 규정하고 있을 뿐이다. 그러나 이러한 행정처분 기준은 행정청 내부의 재량준칙에 불과하므로, 재량준칙에서 위반사항의 하나로 '유흥주점 외의 영업장에 무도장을 설치한 경우'를 들고 있다고 하여 이를 위반의 대상이 된 금지의무의

24) 대법원 2012. 6. 28. 선고 2011도15097 판결.

근거규정이라고 해석할 수는 없다. 또한 업종별 시설기준에 관한 시행규칙 조항의 '8. 식품접객업의 시설기준'의 구체적 내용을 살펴보더라도, 시설기준 위반의 하나로서 '유흥주점 외의 영업장에 무도장을 설치한 경우'를 금지하고 있다고 해석할만한 규정이 없고, 달리 식품위생법령에 이러한 내용의 시설기준 위반 금지의무를 부과하고 있는 규정을 찾아보기 어렵다.

그리고 법 제37조 제1항, 제4항, 식품위생법 시행령 제21조가 식품접객업의 구체적 종류로 허가 대상인 유흥주점영업과 신고대상인 일반음식점영업을 구분하고 있지만, 업종 구분에 기반한 영업질서를 해치는 위반행위를 반드시 업종별 시설기준 위반으로 규제해야 하는 것은 아니고, 이를 업태 위반(법 제94조 제1항 제3호)이나 식품접객영업자의 준수사항 위반(법 제44조 제1항, 제75조 제1항 제13호)으로도 규제할 수 있는 것이므로, 이러한 식품위생법령상 업종 구분만으로 일반음식점에 무도장을 설치하는 것이 업종별 시설기준을 위반한 것이라고 볼 수는 없다.[25]

③ 일반음식점 허가를 받은 사람이 주로 주류를 조리 · 판매하는 형태의 주점영업을 하였을 경우 단란주점영업에 해당하는지 여부

구 식품위생법(2006. 12. 28. 법률 제8113호로 개정되기 전의 것) 제22조 제1항, 같은 법 구 시행령(2006. 12. 21. 대통령령 제19769호로 개정되기 전의 것) 제7조 제8호의 각 규정의 취지를 종합하면, 위 시행령에서 단란주점영업을 "주로 주류를 조리 · 판매하는 영업으로서 손님이 노래를 부르는 행위가 허용되는 영업"으로 규정하고 있으므로, 주로 주류를 조리 · 판매하는 영업이라고 하더라도 손님으로 하여금 노래를 부르게 하는 것이 가능하지 않은 형태의 영업은 위 시행령 소정의 단란주점영업에 해당한다고 볼 수 없다(대법원 1999. 5. 25. 선고 98도3964 판결 참조). 같은 취지에서 원심이, 피고인이 일반음식점 허가를 받은 후 주점을 운영하면서 주로 주류를 조리 · 판매하는 형태의 영업을 하였다고 하더라도 손님으로 하여금 노래를 부를 수 있는 시설을 갖추고 노래를 부를 수 있게 한 바 없는 이상, 위 주점 영업을 식품위생법 소정의 단란주점영업에 해당한다고 볼 수 없다.[26]

다. 영업허가 및 등록취소 일반

(1) 영업허가 등

영업을 하려는 자는 영업 종류별 또는 영업소별로 식품의약품안전처장 또는 특별자치시장 · 특별자치도지사 · 시장 · 군수 · 구청장의 허가를 받아야 한다. 허가받은 사항 중 중요한

25) 대법원 2015. 7. 9. 선고 2014두47853 판결.
26) 대법원 2008. 9. 11. 선고 2008도2160 판결.

사항을 변경할 때에도 또한 같다(식품위생법 제37조).

Q 저는 단란주점을 경영하기 위하여 건물을 신축한 후 영업허가를 받으려고 하였으나, 관할 관청에서는 건물이 「하천법」상의 허가를 받지 않은 무허가건물이므로 영업허가를 내줄 수 없다고 합니다. 위 건물은 「식품위생법」 및 같은 법 시행규칙이 요구하는 시설요건을 모두 갖추고 있을 뿐 아니라, 건축물관리대장도 작성되었고 소유권보존등기도 되어 있습니다. 그런데도 다른 법령상의 허가를 받지 않은 건물이라는 이유로 영업허가를 해주지 않는 것은 위법 · 부당한 것이 아닌지요?

A 「식품위생법」 제36조는 일정한 영업을 하려는 자는 총리령으로 정하는 시설을 갖추도록 규정하고 있고 단란주점은 같은 법 시행령 제21조 제8호에 따라 식품접객업에 해당되며 같은 법 시행규칙 제36조 [별표 14] 업종별 시설기준에 의하면 식품접객업의 영업허가를 위하여 갖추어야 할 영업장, 조리장, 급수시설, 화장실 등과 같은 시설기준을 규정하고 있습니다.

위 사안의 경우와 같이 식품위생법상 영업허가를 받기 위한 물적 시설요건을 갖추었으나 그 물적 시설이 건축관련 법규에 위반되는 경우, 영업허가를 받을 수 있는지 문제됩니다. 이에 관하여 판례는 "건축물대장은 건축허가 또는 신고의 대상이 아닌 건축물에 대하여도 당사자의 기재요청에 의하여 행정사무집행의 편의와 사실증명의 자료로 삼기 위하여 작성되는 것이고, 한편 보존등기는 미등기 부동산에 관하여 최초로 행하여지는 등기로서 단지 그 소유권을 공시하는 것이므로, 어느 건축물에 관하여 건축물대장이 작성되고 아울러 그에 기하여 소유권보존등기가 경료되었다고 하더라도 그로 인하여 당해 건축물이 가지는 건축관련법령상의 위법사항까지 치유되는 것은 아니라고 할 것이고, 식품위생법 제24조 제1항, 제21조 제1항 제3호, 식품위생법시행규칙 제20조 [별표 9] 업종별시설기준 제8항의 각 규정에 의하면, 식품접객업의 영업허가를 받기 위하여 갖추어야 할 영업장 · 조리장 · 화장실 등과 같은 여러 물적 시설에 관한 시설기준을 규정하고 있는바, 여기서 말하는 시설기준은 그 대상이 되는 물적 시설이 당연히 건축관련 법규에 적합할 것을 전제로 하는 것이므로, 식품접객업의 영업허가를 신청한 당해 건축물이 하천법 제45조(현행 하천법 제40조) 소정의 허가를 받지 아니한 무허가 건물이라고 한다면, 비록 그 건물이 식품위생법이 규정하는 물적 시설요건을 갖추었다고 하더라도 적법한 식품접객업의 영업허가를 받을 수 없으며, 일반적으로 행정상의 법률관계 있어서 행정청의 행위에 대하여 신뢰보호의 원칙이 적용되기 위하여는, 첫째 행정청이 개인에 대하여 신뢰의 대상이 되는 공적인 견해표명을 하여야 하고, 둘째 행정청의 견해표명이 정당하다고 신뢰한 데에 대하여 그 개인에게 귀책사유가 없어야 하며, 셋째 그 개인이 그 견해표명을 신뢰하고 이에 어떠한 행위를 하였어야 하고, 넷째 행정청이 위 견해표명에 반하는 처분을 함으로써 그 견해표명을 신뢰한 개인의 이익이 침해되는 결과가 초래되어야 하며, 어떠한 행정처분이 이러한 요건을 충족할 때에는, 공익 또는 제3자의 정당한 이익을 현저히 해할 우려가 있는 경우가 아닌 한, 신뢰보호의 원칙에 반하는 행위로서 위법하게 된다고 할 것인데, 건축물관리대장이 작성되고 소유권보존등기가 경료되었다고 하더라도 그것이 하천관리청의 신축허가를 받지 아니한 건물에서의 일반음식점영업허가가 가능하게 된다는 등의 신뢰를 갖게 하는 공적인 견해를 표명한 것으로 볼 수 없다."라고 하였습니다(대법원 1999. 3. 9. 선고 98두19070 판결, 대법원 2002. 11. 18. 선고 2001두1512 판결).

또한 식품위생법에 따른 식품접객업의 영업신고 요건을 갖추었으나, 그 영업신고를 한 당해 건축물이 무허가 건물일 경우 영업신고가 적법한지에 관하여 판례는 "식품위생법과 건축법은 그 입법 목적, 규정사항, 적용범위 등을 서로 달리하고 있어 식품접객업에 관하여 식품위생법이 건축법에 우선하여 배타적으로 적용되는 관계에 있다고는 해석되지 않는다. 그러므로 식품위생법에 따른 식품접객업(일반음식점영업)의 영업신고의 요건을 갖춘 자라고 하더라도, 그 영업신고를 한 당해 건축물이 건축법 소정의 허가를 받지 아니한 무허가 건물이라면 적법한 신고를 할 수 없다."라고 하였습니다(대법원 2009. 4. 23. 선고 2008도6829 판결).

따라서 이러한 대법원 판결에 비추어 보면 관할 관청의 귀하에 대한 영업불허가 처분은 적법한 것이라고 보입니다.

참고로 「식품위생법 시행령」상 식품접객업 중 일반음식점영업은 같은 법 시행령의 개정(1999. 11. 13 대통령령 제16595호)에 의하여 허가제에서 신고제로 바뀌었습니다(제25조 제1항 제8호).

(2) 영업허가 등의 제한

(가) 영업허가 제한

다음의 어느 하나에 해당하면 제37조 제1항에 따른 영업허가를 하여서는 아니 된다(법 제38조).

1) 해당 영업 시설이 제36조에 따른 시설기준에 맞지 아니한 경우

2) 제75조 제1항 또는 제2항에 따라 영업허가가 취소(제44조 제2항 제1호를 위반하여 영업허가가 취소된 경우와 제75조 제1항 제18호에 따라 영업허가가 취소된 경우는 제외한다)되고 6개월이 지나기 전에 같은 장소에서 같은 종류의 영업을 하려는 경우. 다만, 영업시설 전부를 철거하여 영업허가가 취소된 경우에는 그러하지 아니하다.

3) 제44조 제2항 제1호를 위반하여 영업허가가 취소되거나 제75조 제1항 제18호에 따라 영업허가가 취소되고 2년이 지나기 전에 같은 장소에서 제36조 제1항 제3호에 따른 식품접객업을 하려는 경우

4) 제75조 제1항 또는 제2항에 따라 영업허가가 취소(제4조부터 제6조까지, 제8조 또는 제44조 제2항 제1호를 위반하여 영업허가가 취소된 경우와 제75조 제1항 제18호에 따라 영업허가가 취소된 경우는 제외한다)되고 2년이 지나기 전에 같은 자(법인인 경우에는 그 대표자를 포함한다)가 취소된 영업과 같은 종류의 영업을 하려는 경우

5) 제44조 제2항 제1호를 위반하여 영업허가가 취소되거나 제75조 제1항 제18호에

따라 영업허가가 취소된 후 3년이 지나기 전에 같은 자(법인인 경우에는 그 대표자를 포함한다)가 제36조 제1항 제3호에 따른 식품접객업을 하려는 경우

6) 제4조부터 제6조까지 또는 제8조를 위반하여 영업허가가 취소되고 5년이 지나기 전에 같은 자(법인인 경우에는 그 대표자를 포함한다)가 취소된 영업과 같은 종류의 영업을 하려는 경우

7) 제36조 제1항 제3호에 따른 식품접객업 중 국민의 보건위생을 위하여 허가를 제한할 필요가 뚜렷하다고 인정되어 시·도지사가 지정하여 고시하는 영업에 해당하는 경우

8) 영업허가를 받으려는 자가 피성년후견인이거나 파산선고를 받고 복권되지 아니한 자인 경우

Q 음식점 영업을 하다가 2006. 3. 12. 관할 행정청으로부터 2006. 3. 19.부터 같은 해 6. 18.까지의 영업정지 3월의 처분을 받고서 이에 대하여 행정소송을 제기하여, 종전 처분이 같은 해 4. 3. 집행정지되었다가 같은 해 7. 18. 위 행정소송에서 패소하였는데, 행정청은 그 다음해 1. 9. 이 음식점에 대하여 종전 처분의 원인이 되었던 그 사유를 이유로 종전 처분의 영업정지기간이 시작된 2006. 3. 19.부터 종전 처분이 집행 정지된 같은 해 4. 3.의 전일까지의 15일을 제외한 나머지 2개월 15일(2006. 1. 16.부터 같은 해 3. 30.까지)간 영업을 정지하는 내용으로 종전 처분을 변경하는 처분을 하였습니다. 종전 처분의 취소를 구하는 행정소송에서 패소하여 그 다음날부터 종전 처분의 집행이 속행되었으므로 종전 처분은 이미 실효되었는데도 다시 영업정지처분을 하는 것은 부당한 것이 아닌지요?

A 「행정소송법」 제23조에 의한 집행정지결정의 효력은 결정주문에서 정한 시기까지 존속하며 그 시기의 도래와 동시에 효력이 당연히 소멸하는 것이므로, 일정기간 동안 영업을 정지할 것을 명한 행정청의 영업정지처분에 대하여 법원이 집행정지결정을 하면서 주문에서 당해 법원에 계속 중인 본안소송의 판결 선고시까지 처분의 효력을 정지한다고 선언하였을 경우에는 처분에서 정한 영업정지기간의 진행은 그 때까지 저지되는 것이고, 본안소송의 판결 선고에 의하여 당해 정지결정의 효력은 소멸하고 이와 동시에 당초의 영업정지처분의 효력이 당연히 부활되어 처분에서 정하였던 정지 기간(정지결정 당시 이미 일부 진행되었다면 나머지 기간)은 이때부터 다시 진행하게 됩니다.

이러한 법리는 영업정지처분을 할 때 그 정지기간의 시기와 종기를 특정하여 행한 경우에도 특별한 사유가 없는 한 마찬가지라고 할 것이어서, 당초 영업정지처분에서 지정한 기간이 집행정지 중에 지나가 버렸다고 하더라도 패소판결의 확정되어 집행정지결정의 효력이 소멸함과 동시에 다시 남은 기간의 영업정지처분의 효력이 부활하여 진행한다는 것이 판례의 태도입니다.

따라서 본 사안의 경우, 2006. 3. 12.자로 같은 달 19.부터 같은 해 6. 18.까지 3월간 영업정지를

명하는 종전 처분을 받고서 법원에 그 취소를 구하는 소송을 제기하면서 집행정지신청을 하여 같은 해 4. 3. 법원으로부터 판결 선고시까지 종전 처분의 집행을 정지한다는 결정을 받았다가 같은 해 7. 18. 패소판결을 선고받았으므로, 집행정지결정의 효력은 그 결정 주문에서 정한 본안소송 판결선고일인 같은 해 7. 18. 당연히 실효되고 일시 정지되었던 종전 처분의 효력은 당연히 부활되어 그 때부터 종전 처분에서 정한 3월의 영업정지기간 중 집행정지결정이 있기 전에 일부 진행된 15일을 공제한 나머지 2월 15일간의 영업정지기간이 다시 진행되고, 그 2월 15일이 지나면 종전 처분은 집행이 완료되어 효력을 상실하였다고 보아야 합니다.

이와 같이 이미 실효된 처분에 대하여 당초 영업정지처분에서 지정한 기간이 그 집행정지 중에 지나가 버렸다는 이유로 행정청이 당초 처분의 목적과 필요성을 감안하여 다시 기간을 정하여 새로이 영업정지처분을 할 수 있다고 볼 수 없습니다(대법원 1993. 8. 24. 선고 92누18054 판결, 대법원 1999. 2. 23. 선고 98두14471 판결).

따라서 그러한 처분은 종전 처분과 동일한 사유로써 종전 처분을 변경하여 한 것으로 일사부재리의 원칙에 위배되어 위법하므로 취소를 구할 수 있을 것으로 보입니다.

Q 저는 여관을 경영하던 중 여관 종업원이 개인적인 이득을 목적으로 다른 직원들 모르게 투숙객을 상대로 한 성매매를 알선하다 적발되어 甲구청장으로부터 「공중위생관리법」 제11조 제1항에 의하여 2개월의 영업정지처분을 받았습니다. 제가 직접 행한 행위도 아니고 종업원 독단적인 위반행위로 1회 적발되었는데도 2개월의 영업정지처분이 내려진 것은 다소 과도한 행정처분이라 생각됩니다. 이 경우 제가 대응할 수 있는 법적 방안이 있는지요?

A 「공중위생관리법」 제11조는 “①시장 · 군수 · 구청장은 공중위생영업자가 이 법 또는 이 법에 의한 명령에 위반하거나 또는 「성매매알선 등 행위의 처벌에 관한 법률」 · 「풍속영업의 규제에 관한 법률」 · 「청소년보호법」 · 「의료법」에 위반하여 관계행정기관의 장의 요청이 있는 때에는 6월 이내의 기간을 정하여 영업의 정지 또는 일부 시설의 사용중지를 명하거나 영업소폐쇄 등을 명할 수 있다. 다만, 관광숙박업의 경우에는 당해 관광숙박업의 관할행정기관의 장과 미리 협의하여야 한다. ②제1항의 규정에 의한 영업의 정지, 일부 시설의 사용중지와 영업소폐쇄명령 등의 세부적인 기준은 보건복지부령으로 정한다”라고 규정하고 있고 같은 법 제11조의2 제1항은 “시장 · 군수 · 구청장은 제11조 제1항의 규정에 의한 영업정지가 이용자에게 심한 불편을 주거나 그 밖에 공익을 해할 우려가 있는 경우에는 영업정지처분에 갈음하여 3천만원 이하의 과징금을 부과할 수 있다. 다만, 풍속영업의규제에관한법률 제3조 각 호의 1 또는 이에 상응하는 위반행위로 인하여 처분을 받게 되는 경우를 제외한다.”라고 규정하고 있습니다. 또한 행정처분은 같은 법 시행규칙 제19조 [별표 7]에 따라 처분합니다.

위 사안과 관련하여 영업정지처분의 근거인 공중위생관리법 위반행위에 대한 처분에 있어 같은 법 시행규칙의 기속력 유무와 영업정지처분이 재량권의 범위를 일탈하였거나 남용하였는지 문제됩니다.

이와 관련하여 판례는 "공중위생법 제23조 제1항(현행 공중위생관리법 제11조 제1항)은 처분권자에게 영업자가 법에 위반하는 종류와 정도의 경중에 따라 제반 사정을 참작하여 위 법에 규정된 것 중 적절한 종류를 선택하여 합리적인 범위 내의 행정처분을 할 수 있는 재량권을 부여한 것이고 이를 시행하기 위하여 동 제4항(현행 공중위생관리법 제11조 제2항)에 의하여 마련된 공중위생법시행규칙(현행 공중위생관리법시행규칙)은 형식은 부령으로 되어 있으나 그 성질은 행정기관 내부의 사무처리준칙을 규정한 것에 불과한 것으로서 공중위생법 제23조 제1항(현행 공중위생관리법 제11조 제1항)에 의하여 보장된 재량권을 기속(羈束)하거나 대외적으로 국민이나 법원을 기속하는 것은 아니다. 또한 일반적으로 제재적 행정처분이 사회통념상 재량권의 범위를 일탈하였거나 남용하였는지의 여부는 처분사유로 된 위반행위의 내용과 당해 처분에 의하여 달성하려는 공익목적 및 이에 따르는 제반 사정 등을 객관적으로 심리하여 공익침해의 정도와 그 처분으로 인하여 개인이 입게 될 불이익을 비교교량하여 판단하여야 한다."라고 하였습니다(대법원 1992. 6. 23. 선고 92누2851 판결, 대법원 2002. 2. 5. 선고 2001두7138 판결).

「공중위생관리법 시행규칙」의 법적 성질을 판례와 같이 행정규칙으로 본다면, 甲구청장의 영업정지처분이 이러한 시행규칙에 따른 처분이라는 이유만으로 곧바로 적법하다고 단정지을 수는 없게 됩니다. 왜냐하면 이 규정은 외부적 효력이 없는 행정규칙이므로 국민은 물론 법원을 구속하는 것이 아니기 때문입니다.

그리고 영업정지처분의 적법성 여부는 재량의 수권법률인 「공중위생관리법」 제11조 제1항의 규정취지에 적합한 것인가 여부에 따라 판단하여야 할 것이며, 이 경우에는 비례성의 원칙 등 행정법의 일반원리가 그 기준이 된다 할 것입니다.

따라서 귀하의 경우 종업원의 위반행위의 정도에 비하여 지나치게 가혹하여 재량권의 범위를 일탈 또는 남용한 것이라고 볼 경우 영업정지처분취소청구를 하여 볼 수 있을 것입니다.

Q 저는 최근 점포를 얻은 후 단란주점영업을 하려고 관할구청에 영업허가신청을 하였으나 3개월 전 같은 장소에서 같은 업종의 영업허가가 취소되었기 때문에 3개월이 더 지나야 허가가 날 수 있다고 합니다. 저는 영업허가취소를 받은 당사자도 아닌데 바로 허가를 받을 수 없는지요?

A 「식품위생법」 제75조 제1항 및 제2항은 "식품의약품안전청장 또는 특별자치도지사 · 시장 · 군수 · 구청장은 영업자가 식품위생법의 일정 규정을 위반한 때에는 대통령령이 정하는 바에 따라 영업허가를 취소하거나 6월 이내의 기간을 정하여 그 영업의 전부 또는 일부를 정지하거나, 영업소의 폐쇄를 명할 수 있고, 영업자가 위 규정에 의한 영업의 정지명령에 위반하여 계속 영업행위를 하는 때에는 그 영업의 허가를 취소하거나 영업소의 폐쇄를 명할 수 있다."고 규정하고 있고, 같은

법 제38조 제1항 제2호는 "제75조 제1항 또는 제2항에 따라 영업허가가 취소(제44조 제2항 제1호를 위반하여 영업허가가 취소된 경우와 제75조 제1항 제18호에 따라 영업허가가 취소된 경우는 제외한다)되고 6개월이 지나기 전에 같은 장소에서 같은 종류의 영업을 하려는 경우. 다만, 영업시설 전부를 철거하여 영업허가가 취소된 경우에는 그러하지 아니하다."고 규정하고 있습니다.

따라서 귀하의 경우는 영업시설의 전부를 철거한 경우가 아니므로 위 규정의 단서사항에 속하지 않고, 결국 3개월 전에 영업허가가 취소된 영업과 동일한 장소에서 동종의 영업을 하고자 하는 한 3개월이 더 지나야 허가를 받을 수 있을 것입니다.

참고로 위와 같은 영업허가 취소 등의 대인적 효력을 보면, 「식품위생법」 제75조 제1항 또는 제2항에 따라 영업허가가 취소(제4조부터 제6조까지, 제8조 또는 제44조 제2항 제1호를 위반하여 영업허가가 취소된 경우와 제75조 제1항 제18호에 따라 영업허가가 취소된 경우는 제외한다)되고 2년이 지나기 전에 같은 자(법인인 경우에는 그 대표자를 포함한다)가 취소된 영업과 같은 종류의 영업을 하고자 하는 때에도 영업허가를 할 수 없습니다(같은 법 제38조 제1항 제3호).

한편, 같은 법 제78조는 "영업자가 영업을 양도하거나 법인이 합병되는 경우에는 제75조 제1항 각 호, 같은 조 제2항 또는 제76조 제1항 각 호를 위반한 사유로 종전의 영업자에게 행한 행정 제재처분의 효과는 그 처분기간이 끝난 날부터 1년간 양수인이나 합병 후 존속하는 법인에 승계되며, 행정 제재처분 절차가 진행 중인 경우에는 양수인이나 합병 후 존속하는 법인에 대하여 행정 제재처분 절차를 계속할 수 있다. 다만, 양수인이나 합병 후 존속하는 법인이 양수하거나 합병할 때에 그 처분 또는 위반사실을 알지 못하였음을 증명하는 때에는 그러하지 아니하다."고 규정하고 있습니다.

(나) 영업신고 또는 등록 제한

다음 각 호의 어느 하나에 해당하는 경우에는 제37조 제4항에 따른 영업신고 또는 같은 조 제5항에 따른 영업등록을 할 수 없다.

1) 제75조 제1항 또는 제2항에 따른 등록취소 또는 영업소 폐쇄명령(제44조 제2항 제1호를 위반하여 영업소 폐쇄명령을 받은 경우와 제75조 제1항 제18호에 따라 영업소 폐쇄명령을 받은 경우는 제외한다)을 받고 6개월이 지나기 전에 같은 장소에서 같은 종류의 영업을 하려는 경우. 다만, 영업시설 전부를 철거하여 등록취소 또는 영업소 폐쇄명령을 받은 경우에는 그러하지 아니하다.

2) 제44조 제2항 제1호를 위반하여 영업소 폐쇄명령을 받거나 제75조 제1항 제18호에 따라 영업소 폐쇄명령을 받은 후 1년이 지나기 전에 같은 장소에서 제36조 제1항 제3호에 따른 식품접객업을 하려는 경우

3) 제75조 제1항 또는 제2항에 따른 등록취소 또는 영업소 폐쇄명령(제4조 부터 제6조까지, 제8조 또는 제44조 제2항 제1호를 위반하여 등록취소 또는 영업소 폐쇄명령을 받은 경우와 제75조 제1항

제18호에 따라 영업소 폐쇄명령을 받은 경우는 제외한다)을 받고 2년이 지나기 전에 같은 자(법인인 경우에는 그 대표자를 포함한다)가 등록취소 또는 폐쇄명령을 받은 영업과 같은 종류의 영업을 하려는 경우

4) 제44조 제2항 제1호를 위반하여 영업소 폐쇄명령을 받거나 제75조 제1항 제18호에 따라 영업소 폐쇄명령을 받고 2년이 지나기 전에 같은 자(법인인 경우에는 그 대표자를 포함한다)가 제36조 제1항 제3호에 따른 식품접객업을 하려는 경우

5) 제4조 부터 제6조까지 또는 제8조를 위반하여 등록취소 또는 영업소 폐쇄명령을 받고 5년이 지나지 아니한 자(법인인 경우에는 그 대표자를 포함한다)가 등록취소 또는 폐쇄명령을 받은 영업과 같은 종류의 영업을 하려는 경우

(3) 영업자등의 준수사항

식품접객영업자는 청소년보호법 제2조의 규정에 의한 청소년에 대하여 다음의 행위를 하여서는 아니된다(식품위생법 제44조 2항).

(가) 청소년을 유흥접객원으로 고용하여 유흥행위를 하게 하는 행위

(나) 「청소년보호법」 제2조 제5호 가목 3)에 따른 청소년출입 · 고용 금지업소에 청소년을 출입시키거나 고용하는 행위

(다) 「청소년보호법」 제2조 제5호 나목 3)에 따른 청소년고용금지업소에 청소년을 고용하는 행위

(라) 청소년에게 주류(酒類)를 제공하는 행위

(4) 허가의 취소 등

식품의약품안전처장 또는 특별자치시장 · 특별자치도지사 · 시장 · 군수 · 구청장은 영업자가 다음 각 호의 어느 하나에 해당하는 경우에는 대통령령으로 정하는 바에 따라 영업허가 또는 등록을 취소하거나 6개월 이내의 기간을 정하여 그 영업의 전부 또는 일부를 정지하거나 영업소 폐쇄를 명할 수 있다(법 제75조 제1항).

(가) 위해식품 등의 판매 등 금지의무를 위반한 경우

(나) 병든 동물 고기 등의 판매 등 금지의무를 위반한 경우

(다) 기준 · 규격이 고시되지 않은 화학적 합성품 등의 판매 등 금지의무를 위반한 경우

(라) 기준 · 규격에 맞지 않는 식품 · 식품첨가물의 판매 등 금지의무를 위반한 경우

(마) 유독기구 등의 판매 · 사용금지의무를 위반한 경우

(바) 기준 · 규격에 맞지 않는 기구 · 용기 · 포장의 판매 등 금지의무를 위반한 경우

(사) 영양표시기준을 위반한 경우

(아) 유전자재조합식품표시가 없는 식품 등의 판매 등의 금지의무를 위반한 경우

(자) 허위표시 등의 금지의무를 위반한 경우

(차) 영업자간 긴급대응이 필요하다고 판단되는 위해식품 등을 제조 · 판매하는 경우

(카) 판매 또는 영업에 사용할 목적으로 식품 등을 수입하려는 자와 해외 판매자의 사이버몰(컴퓨터 등과 정보통신설비를 이용하여 재화 등을 거래할 수 있도록 설정된 가상의 영업장) 등으로부터 식품 등의 대신 구매 등을 하는 구매대행자가 식품의약품안전처장에게 신고하지 않은 경우

(타) 주문자상표부착방식 등을 신고하는 경우 유통기한의 설정사유를 허위의 보고를 하거나 변경 보고를 하지 않은 경우

(파) 자가품질검사의무를 위반한 경우

(하) 시설기준에 맞는 시설을 갖추지 못한 경우

(거) 영업소 소재지 변경허가의무를 위반한 경우

(너) 영업소의 성명, 명칭, 상호, 영업장 면적 변경신고의무를 위반한 경우

(더) 폐업신고의무를 위반한 경우

(러) 영업소의 성명, 명칭, 상호, 영업소의 소재지, 영업장 면적 변경신고의무를 위반한 경우

(머) 중요한 사항의 변경, 폐업신고의무를 위반한 경우

(버) 식품 또는 식품첨가물을 제조, 가공시 보고의무를 위반한 경우

(서) 중요한 사항의 변경, 폐업신고의무를 위반한 경우

(어) 식품 또는 식품첨가물을 제조, 가공시 보고의무를 위반한 경우

(저) 영업허가시 붙인 조건이행의무를 위반한 경우

(처) 등록사항을 변경하는 경우 변경등록을 하지 않거나 변경신고를 하지 않은 경우

(커) 영업허가를 받으려는 자가 피성년후견인이거나 파산선고를 받고 복권되지 않은 경우

(터) 건강신단 결과 타인에게 위해를 끼칠 우려가 있는 질병이 있다고 인정하는 자의 영업종사금지의무를 위반한 경우

(퍼) 영업자의 위생교육을 받지 아니한 자의 영업종사금지의무를 위반한 경우

(허) 원료관리, 제조공정, 그 밖에 식품 등의 위생적 관리사항을 지키지 않은 경우

(갸) 시도지사의 영업시간 및 영업행위의 제한을 위반한 경우

(냐) 영업자의 준수사항을 위반한 경우

(댜) 위해식품 등의 회수, 필요조치이행의무를 위반한 경우

(랴) 위해식픔 등의 획수계획을 보고하지 않거나 거짓으로 보고한 경우

(먀) 식품안전관리인증기준을 준수하지 않은 경우

(뱌) 식품이력추적관리를 등록하지 않은 경우

(샤) 식품접객업 중 복어를 조리, 판매하는 영업의 운영자가 조리사를 두어야 하는 의무를 위반한 경우

(야) 시정명령의무를 위반한 경우

(쟈) 식품 등의 회수, 폐기명령, 식품 등의 원료 등 변경명령에 위반한 경우

(챠) 위해식품 등의 공표명령에 위반한 경우

(캬) 시설의 개수명령에 위반한 경우

(탸) 성매매알선 등 행위의 처벌에 관한 법률 제4조에 따른 금지행위를 한 경우

Q 저는 주점을 경영하면서 미성년자에게 술을 판매하였다는 이유로 1개월간 영업정지처분을 받고 이에 불복하여 집행정지결정을 받았습니다. 그 후 본안소송에서도 위 처분이 위법하다는 이유로 취소되었는데, 위 영업정지처분 후 그 집행정지결정 전에 영업행위를 하였다는 이유로 다시 영업허가취소처분을 받았습니다. 이 경우 영업허가취소처분은 무효가 아닌지요?

A 「행정소송법」 제23조는 "① 취소소송의 제기는 처분 등의 효력이나 그 집행 또는 절차의 속행에 영향을 주지 아니한다. ② 취소소송이 제기된 경우에 처분 등이나 그 집행 또는 절차의 속행으로 인하여 생길 회복하기 어려운 손해를 예방하기 위하여 긴급한 필요가 있다고 인정할 때에는 본안이 계속되고 있는 법원은 당사자의 신청 또는 직권에 의하여 처분 등의 효력이나 그 집행 또는 절차의 속행의 전부 또는 일부의 정지(이하 "집행정지"라 한다)를 결정할 수 있다. 다만, 처분의 효력정지는 처분 등의 집행 또는 절차의 속행을 정지함으로써 목적을 달성할 수 있는 경우에는 허용되지 아니한다."라고 규정하고 있습니다.

그리고 행정처분에 대한 집행정지결정의 효력시한에 관하여 판례는 "행정소송법 제23조에 의한

집행정지결정의 효력은 결정주문에서 정한 시기까지 존속하며 그 시기의 도래와 동시에 효력이 당연히 소멸하는 것이므로, 일정기간 동안 영업을 정지할 것을 명한 행정청의 영업정지처분에 대하여 법원이 집행정지결정을 하면서 주문에서 당해 법원에 계속중인 본안소송의 판결선고시까지 처분의 효력을 정지한다고 선언하였을 경우에는 처분에서 정한 영업정지기간의 진행은 그 때까지 저지되는 것이고 본안소송의 판결선고에 의하여 당해 정지결정의 효력은 소멸하고 이와 동시에 당초의 영업정지처분의 효력이 당연히 부활되어 처분에서 정하였던 정지기간(정지결정 당시 이미 일부 진행되었다면 나머지 기간)은 이때부터 다시 진행한다."라고 하였습니다(대법원 1999. 2. 23. 선고 98두14471 판결, 대법원 2002. 7. 26. 선고 2000두7254 판결).

그런데 영업정지처분 후 법원의 집행정지결정 전에 행한 영업을 이유로 한 영업허가취소처분의 효력에 관하여 판례는 "영업정지처분을 받고도 법원의 집행정지결정이 있기 전에 영업을 한 이상 그 후 법원에서 집행정지결정이 내려지고 본안소송에서 그 처분이 위법함을 이유로 취소되었다고 하더라도 원래의 영업정지처분이 당연무효의 하자를 가지고 있는 처분이 아닌 한 그 영업정지기간 중에 영업하였음을 사유로 한 영업허가취소처분은 당연무효가 아니다."라고 하였습니다(대법원 1995. 11. 24. 선고 95누9402 판결).

따라서 귀하의 경우에도 원래의 영업정지처분이 당연무효가 아닌 한, 영업정지처분의 집행정지결정 전에 영업행위를 하였음을 사유로 한 영업허가취소처분은 당초의 영업정지처분의 취소 여부와 관계없이 당연무효가 아니라 할 것입니다.

(5) 처분기준

식품접객업에 대한 처분기준은 아래와 같다.

위반사항	근거 법령	행정처분기준		
		1차 위반	2차 위반	3차 위반
1. 법 제4조를 위반한 경우 가. 썩거나 상하여 인체의 건강을 해칠 우려가 있는 것 나. 설익어서 인체의 건강을 해칠 우려가 있는 것	법 제72조 및 법 제75조	영업정지 15일과 해당 음식물 폐기 영업정지 7일과 해당 음식물 폐기	영업정지 1개월과 해당 음식물 폐기 영업정지 15일과 해당 음식물 폐기	영업정지 3개월과 해당 음식물 폐기 영업정지 1개월과 해당 음식물 폐기
다. 유독·유해물질이 들어 있거나 묻어 있는 것이나 그러할 염려가 있는 것 또는 병을 일으키는 미생물에 오염되었거나 그러할 염려가 있어 인체의 건강을 해칠 우려가 있는 것				
1) 유독·유해물질이 들어 있거나 묻어 있는 것이나 그러할 염려가 있는 것		영업허가 취소 또는 영업소 폐쇄와 해당		

		음식물 폐기		
2) 병을 일으키는 미생물에 오염되었거나 그러할 염려가 있어 인체의 건강을 해칠 우려가 있는 것		영업정지 1개월과 해당 음식물 폐기	영업정지 2개월과 해당 음식물 폐기	영업허가 취소 또는 영업소 폐쇄와 해당 음식물 폐기
라. 불결하거나 다른 물질이 섞이거나 첨가된 것 또는 그 밖의 사유로 인체의 건강을 해칠 우려가 있는 것		영업정지 15일과 해당 음식물 폐기	영업정지 1개월과 해당 음식물 폐기	영업정지 3개월과 해당 음식물 폐기
마. 법 제18조에 따른 안전성 평가 대상인 농·축·수산물 등 가운데 안전성 평가를 받지 아니하였거나 안전성 평가에서 식용으로 부적합하다고 인정된 것		영업정지 2개월과 해당 음식물 폐기	영업정지 3개월과 해당 음식물 폐기	영업허가 취소 또는 영업소 폐쇄와 해당 음식물 폐기
바. 수입이 금지된 것 또는 「수입식품안전관리 특별법」 제20조 제1항에 따른 수입신고를 하지 아니하고 수입한 것		영업정지 2개월과 해당 음식물 폐기	영업정지 3개월과 해당 음식물 폐기	영업허가 취소 또는 영업소 폐쇄와 해당 음식물 폐기
사. 영업자가 아닌 자가 제조·가공·소분(소분 대상이 아닌 식품 및 식품첨가물을 소분·판매하는 것을 포함한다)한 것		영업정지 1개월과 해당 음식물 폐기	영업정지 2개월과 해당 음식물 폐기	영업정지 3개월과 해당 음식물 폐기
2. 법 제5조를 위반한 경우	법 제72조 및 법 제75조	영업허가 취소 또는 영업소 폐쇄와 해당 음식물 폐기		
3. 법 제6조를 위반한 경우	법 제72조 및 법 제75조	영업허가 취소 또는 영업소 폐쇄와 해당 음식물 폐기		
4. 법 제7조 제4항을 위반한 경우 가. 식품등의 한시적 기준 및 규격을 정하지 아니한 천연첨가물, 기구등의 살균·소독제를 사용한 경우	법 제71조, 법 제72조 및 법 제75조	영업정지 15일과 해당 음식물 폐기	영업정지 1개월과 해당 음식물 폐기	영업정지 3개월과 해당 음식물 폐기
나. 비소, 카드뮴, 납, 수은, 중금속, 메탄올, 다이옥신 또는 시안화물의 기준을 위반한 것		영업정지 1개월과 해당 음식물 폐기	영업정지 2개월과 해당 음식물 폐기	영업정지 3개월과 해당 음식물 폐기
다. 바륨, 포름알데히드, 올소톨루엔, 설폰아미드, 방향족탄화수소, 폴리옥시에틸렌, 엠씨피디 또는 세레늄의 기준을 위반한 것		영업정지 15일과 해당 음식물 폐기	영업정지 1개월과 해당 음식물 폐기	영업정지 2개월과 해당 음식물 폐기
라. 방사능잠정허용기준을 위반한 것		영업정지 1개월과 해당 음식물 폐기	영업정지 2개월과 해당 음식물 폐기	영업정지 3개월과 해당 음식물 폐기
마. 농약잔류허용기준을 초과한 농산물 또		영업정지	영업정지	영업허가

는 식육을 원료로 사용한 것(「축산물가공처리법」 등 다른 법령에 따른 검사를 받아 합격한 것을 원료로 사용한 경우는 제외한다)	1개월과 해당 음식물 폐기	3개월과 해당 음식물 폐기	취소 또는 영업소폐쇄와 해당 음식물 폐기
바. 곰팡이독소 또는 패류독소 기준을 위반한 것	영업정지 1개월과 해당 음식물 폐기 및 원료 폐기	영업정지 3개월과 해당 음식물 폐기 및 원료 폐기	영업허가 취소 또는 영업소폐쇄와 해당 음식물 폐기 및 원료 폐기
사. 항생물질 등의 잔류허용기준(항생물질·합성항균제 또는 합성호르몬제)을 초과한 것을 원료로 사용한 것(「축산물가공처리법」 등 다른 법령에 따른 검사를 받아 합격한 것을 원료로 사용한 경우는 제외한다)	영업정지 1개월과 해당 음식물 폐기 및 원료 폐기	영업정지 3개월과 해당 음식물 폐기 및 원료 폐기	영업허가 취소 또는 영업소폐쇄와 해당 음식물 폐기 및 원료 폐기
아. 식중독균 검출기준을 위반한 것으로서			
1) 조리식품 등 또는 접객용 음용수	영업정지 1개월과 해당 음식물 폐기 및 원료 폐기	영업정지 3개월과 해당 음식물 폐기 및 원료 폐기	영업허가 취소 또는 영업소폐쇄와 해당 음식물 폐기 및 원료 폐기
2) 조리기구 등	시정명령	영업정지 7일	영업정지 15일
자. 산가, 과산화물가, 대장균, 대장균군 또는 일반세균의 기준을 위반한 것			
1) 조리식품 등 또는 접객용 음용수	영업정지 15일과 해당 음식물 폐기	영업정지 1개월과 해당 음식물 폐기	영업정지 2개월과 해당 음식물 폐기
2) 조리기구 등	시정명령	영업정지 7일	영업정지 15일
차. 식품첨가물의 사용 및 허용기준을 위반한 것을 사용한 것			
1) 허용 외 식품첨가물을 사용한 것 또는 기준 및 규격이 정하여지지 아니한 첨가물을 사용한 것	영업정지 1개월과 해당 제품 폐기	영업정지 2개월과 해당 제품 폐기	영업허가 취소 또는 영업소 폐쇄
2) 사용 또는 허용량 기준에 초과한 것으로서			
가) 30퍼센트 이상을 초과한 것	영업정지 15일과 해당 음식물 폐기	영업정지 1개월과 해당 음식물 폐기	영업정지 2개월과 해당 음식물 폐기
나) 10퍼센트 이상 30퍼센트 미만을 초과한 것	영업정지 7일과 해당 음식물 폐기	영업정지 15일과 해당 음식물 폐기	영업정지 1개월과 해당 음식물 폐기
다) 10퍼센트 미만을 초과한 것	시정명령	영업정지	영업정지

			7일	15일
카. 이물이 혼입된 것		시정명령	영업정지 7일	영업정지 15일
타. 식품조사처리기준을 위반한 것을 사용한 것		시정명령	영업정지 7일	영업정지 15일
파. 식품등의 기준 및 규격 중 원료기준이나 조리 및 관리기준을 위반한 것(제1호부터 제3호까지의 어느 하나에 해당하는 경우는 제외한다)		시정명령	영업정지 7일	영업정지 15일
하. 그 밖에 가목부터 파목까지 외의 사항을 위반된 한 것		시정명령	영업정지 5일	영업정지 10일
5. 법 제8조를 위반한 경우	법 제75조	시정명령	영업정지 15일	영업정지 1개월
6. 법 제9조 제4항을 위반한 경우	법 제71조 및 법 제75조	시정명령	영업정지 5일	영업정지 10일
7. 법 제10조 제2항, 법 제12조 제1항·제2항 또는 법 제13조를 위반한 경우	법 제75조			
가. 식품·식품첨가물(수입품 포함)에 대한 표시사항의 위반으로서				
1) 표시사항 전부를 표시하지 아니한 것을 사용한 경우		영업정지 1개월과 해당 제품 폐기	영업정지 2개월과 해당 제품 폐기	영업정지 3개월과 해당 제품 폐기
2) 한글표시를 하여야 하는 수입식품·식품첨가물에 한글표시를 하지 아니한 것을 사용한 경우		영업정지 1개월과 해당 제품 폐기	영업정지 2개월과 해당 제품 폐기	영업정지 3개월과 해당 제품 폐기
나. 제조연월일, 유통기한 표시기준을 위반한 경우로서				
1) 제조연월일 또는 유통기한을 표시하지 아니한 것을 사용한 경우(제조연월일 또는 유통기한 표시대상 식품등만 해당한다)		영업정지 7일과 해당 음식물 폐기	영업정지 15일과 해당 음식물 폐기	영업정지 1개월과 해당 음식물 폐기
2) 제조연월일 또는 유통기한을 변조한 경우		영업정지 1개월과 해당 음식물 폐기	영업정지 2개월과 해당 음식물 폐기	영업정지 3개월과 해당 음식물 폐기
다. 허위표시 또는 과대광고와 관련한 사항으로				
1) 질병의 치료에 효능이 있다는 내용이나 의약품으로 혼동할 우려가 있는 내용의 표시나 광고를 한 경우		시정명령	영업정지 7일	영업정지 15일
2) 사행심을 조장하는 내용의 광고를 한 경우		시정명령	영업정지 5일	영업정지 10일
3) 삭제 〈2011.8.19〉				
라. 삭제 〈2011.8.19〉				
8. 법 제36조 또는 법 제37조를 위반한 경우	법 제71조, 법 제74조 및 법 제75조	영업허가 취소 또는 영업소 폐쇄		
가. 변경허가를 받지 아니하거나 변경신고를 하지 아니하고 영업소를 이전한 경우				

나. 변경신고를 하지 아니한 경우로서 1) 영업시설의 전부를 철거한 경우(시설 없이 영업신고를 한 경우를 포함한다)		영업허가 취소 또는 영업소 폐쇄		
2) 영업시설의 일부를 철거한 경우		시설개수 명령	영업정지 15일	영업정지 1개월
다. 영업장의 면적을 변경하고 변경신고를 하지 아니한 경우		시정명령	영업정지 7일	영업정지 15일
라. 시설기준 위반사항으로 1) 유흥주점 외의 영업장에 무도장을 설치한 경우		시설개수명령	영업정지 1개월	영업정지 2개월
2) 일반음식점의 객실 안에 무대장치, 음향 및 반주시설, 특수조명시설을 설치한 경우		시설개수 명령	영업정지 1개월	영업정지 2개월
3) 음향 및 반주시설을 설치하는 영업자가 방음장치를 하지 아니한 경우		시설개수 명령	영업정지 15일	영업정지 1개월
마. 법 제37조 제2항에 따른 조건을 위반한 경우		영업정지 1개월	영업정지 2개월	영업정지 3개월
바. 시설기준에 따른 냉장·냉동시설이 없는 경우 또는 냉장·냉동시설을 가동하지 아니한 경우		영업정지 15일	영업정지 1개월	영업정지 2개월
사. 급수시설기준을 위반한 경우(수질검사결과 부적합 판정을 받은 경우를 포함한다)		시설개수 명령	영업정지 1개월	영업정지 3개월
아. 그 밖의 가목부터 사목까지 외의 허가 또는 신고사항을 위반한 경우로서 1) 시설기준을 위반한 경우		시설개수 명령	영업정지 15일	영업정지 1개월
2) 그 밖의 사항을 위반한 경우		시정명령	영업정지 7일	영업정지 15일
9. 법 제43조에 따른 영업 제한을 위반한 경우	법 제71조 및 법 제75조			
가. 영업시간 제한을 위반하여 영업한 경우		영업정지 15일	영업정지 1개월	영업정지 2개월
나. 영업행위 제한을 위반하여 영업한 경우		시정명령	영업정지 15일	영업정지 1개월
10. 법 제44조 제1항을 위반한 경우 가. 식품접객업자의 준수사항(별표 17 제7호 자목·파목·머목 및 별도의 개별 처분기준이 있는 경우는 제외한다)의 위반으로서	법 제71조 및 법 제75조			
1) 별표 17 제7호 타목 1)을 위반한 경우		영업정지 1개월	영업정지 2개월	영업허가 취소 또는 영업소 폐쇄
2) 별표 17 제7호 다목·타목 5) 또는 버목을 위반한 경우		영업정지 2개월	영업정지 3개월	영업허가 취소 또는 영업소 폐쇄
3) 별표 17 제7호 타목 2)·7)·거목 또는		영업정지	영업정지	영업허가

서목을 위반한 경우		1개월	2개월	취소 또는 영업소 폐쇄
4) 별표 17 제7호 나목, 카목, 타목 3)·4), 하목 또는 어목을 위반한 경우		영업정지 15일	영업정지 1개월	영업정지 3개월
5) 별표 17 제7호 너목을 위반한 경우				
가) 수질검사를 검사기간 내에 하지 아니한 경우		영업정지 15일	영업정지 1개월	영업정지 2개월
나) 부적합 판정된 물을 계속 사용한 경우		영업정지 1개월	영업정지 3개월	영업허가 취소 또는 영업소 폐쇄
6) 별표 17 제7호 러목을 위반한 경우		영업정지 15일	영업정지 2개월	영업정지 3개월
7) 별표 17 제7호 처목을 위반하여 모범업소로 오인·혼동할 우려가 있는 표시를 한 경우		시정명령	영업정지 5일	영업정지 10일
8) 별표 17 제7호 커목을 위반한 경우로서				
가) 주재료가 다른 경우		영업정지 7일	영업정지 15일	영업정지 1개월
나) 중량이 30퍼센트 이상 부족한 것		영업정지 7일	영업정지 15일	영업정지 1개월
다) 중량이 20퍼센트 이상 30퍼센트 미만 부족한 것		시정명령	영업정지 7일	영업정지 15일
9) 별표 17 제7호 퍼목을 위반한 경우		시정명령	영업정지 7일	영업정지 15일
나. 위탁급식업영업자의 준수사항(별도의 개별 처분기준이 있는 경우는 제외한다)의 위반으로서				
1) 별표 17 제8호 가목·다목·라목·차목 또는 카목을 위반한 경우		영업정지 15일	영업정지 1개월	영업정지 2개월
2) 별표 17 제8호 사목을 위반한 경우		영업정지 7일	영업정지 15일	영업정지 1개월
3) 별표 17 제8호 마목을 위반한 경우				
가) 수질검사를 검사기간 내에 하지 아니한 경우		영업정지 15일	영업정지 1개월	영업정지 3개월
나) 부적합 판정된 물을 계속 사용한 경우		영업정지 1개월	영업정지 3개월	영업허가 취소 또는 영업소 폐쇄
4) 별표 17 제8호 타목을 위반한 경우		시정명령	영업정지 5일	영업정지 10일
5) 1)부터 4)까지를 제외한 준수사항을 위반한 경우		시정명령	영업정지 7일	영업정지 15일
11. 법 제44조 제2항을 위반한 경우	법 제75조			
가. 청소년을 유흥접객원으로 고용하여 유흥행위를 하게 하는 행위를 한 경우		영업허가 취소 또는 영업소 폐쇄		
나. 청소년유해업소에 청소년을 고용하는 행위를 한 경우		영업정지 3개월	영업허가 취소 또는 영업소 폐쇄	
다. 청소년유해업소에 청소년을 출입하게		영업정지	영업정지	영업정지

하는 행위를 한 경우		1개월	2개월	3개월
라. 청소년에게 주류를 제공하는 행위(출입하여 주류를 제공한 경우 포함)를 한 경우		영업정지 2개월	영업정지 3개월	영업허가 취소 또는 영업소 폐쇄
12. 법 제51조를 위반한 경우	법 제71조 및 법 제75조	시정명령	영업정지 7일	영업정지 15일
13. 영업정지처분 기간 중에 영업을 한 경우	법 제75조	영업허가 취소 또는 영업소 폐쇄		
14. 「성매매알선 등 행위의 처벌에 관한 법률」 제4조에 따른 금지행위를 한 경우	법 제75조	영업정지 3개월	영업허가 취소 또는 영업소 폐쇄	
15. 그 밖에 제1호부터 제14호까지를 제외한 법을 위반한 경우(법 제101조에 따른 과태료 부과 대상에 해당하는 위반 사항과 별표 17 제6호 자목·머목은 제외한다)	법 제71조 및 법 제75조	시정명령	영업정지 7일	영업정지 15일

라. 영업정지기간 중 영업

(1) 관련규정

식품위생법 제75조 및 같은 법 시행규칙 제89조 및 [별표 23] 'Ⅱ.개별기준'의 '3.식품접객업'의 13.에 따르면 시장은 영업정지 처분기간 중에 영업을 한 경우에는 영업허가취소 또는 영업소 폐쇄를 명할 수 있다.

(2) 행정처분

행위유형	1차
영업정지기간 중 영업	1차만으로도 영업허가·등록취소 또는 영업소 폐쇄

(3) 영업의 동일성 판단

(가) 식품위생법 제25조 제2항의 "영업의 정지명령에 위반하여 계속하여 영업행위를 한 때"에 해당되는 사례

두부류 제조영업의 정지명령을 받은 자의 종업원들이 영업정지명령 기간 중에 영업자의 손익계산 아래 두부제조용 성형상자, 두부판 등의 시설물을 다른 두부류 제조허가업체로 옮겨 그곳의 제조시설을 이용하여, 두부를 제조하여 종전의 거래처에 공급하였다면 이는 식품위생법 제25조 제2항 소정의 "영업자가 영업정지명령을 위반하여 계속하여 영업행위를 한 때"에 해당한다.[27]

27) 대법원 1979. 3. 13. 선고 98누472 판결.

(나) 영업정지명령 후 종업원이 70m 떨어진 곳에서 영업

대중음식점 영업정지명령을 받은 자의 종업원들이 그 영업정지기간 중에 그 음식점 건물과 같은 과수원 울타리 안의 불과 70여 미터 떨어진 곳에 농막과 평상 등을 설치하고 그 영업자의 집기 등을 이용하여 대중음식점 영업을 한 경우에 식품위생법 제58조 제2항 소정의 영업자가 영업정지명령을 위반하여 계속적으로 영업행위를 한 때에 해당한다.[28]

마. 영업정지 등의 처분에 갈음하여 부과정하는 과징금처분

(1) 과징금부과

식품의약품안전처장, 시 · 도지사 또는 시장 · 군수 · 구청장은 영업자가 제75조 제1항 각 호 또는 제76조 제1항 각 호의 어느 하나에 해당하는 경우에는 대통령령으로 정하는 바에 따라 영업정지, 품목 제조정지 또는 품목류 제조정지 처분을 갈음하여 10억원 이하의 과징금을 부과할 수 있다. 다만, 제6조를 위반하여 제75조 제1항에 해당하는 경우와 제4조, 제5조, 제7조, 제10조, 제12조의2, 제13조, 제37조, 제43조 및 제44조를 위반하여 제75조 제1항 또는 제76조 제1항에 해당하는 중대한 사항으로서 총리령으로 정하는 경우는 제외한다(식품위생법 제 82조).

(2) 과징금 제외대상(법 시행규칙 89조 별표[23])

식품위생법 시행규칙 제89조 별표 23 Ⅲ에서 규정하고 있는 과징금 제외대상은, 유흥접객원 고용 · 종업원 유흥접객행위, 청소년유해업소에 청소년을 고용하거나 출입하게 하는 행위, 청소년에게 주류를 제공하는 행위, 성매매알선 등 행위의 처벌에 관한 법률 제4조에 따른 금지행위를 한 경우 등이다.

바. 식품위생법상 식품접객업 위반 관련 행정심판서식

(1) 행정심판 서식

(가) 신청취지 기재례

피청구인이 20○○년 ○월 ○일 청구인에 대하여 한 서울 ○○구 ○○길 ○○번지에 있는 대중음식점 ○○에 대한 영업허가취소처분을 취소한다. 라는 재결을 구합니다.

피청구인이 20○○. ○. ○. 청구인에 대하여 한 20○○. ○. ○.부터 같은 해 ○. ○.까지

28) 대법원 1991. 5. 14. 선고 90누8435 판결.

(1개월)의 일반음식점 영업정지처분은 이를 취소한다.
라는 재결을 구합니다.

(나) 관련서식

[서식 45] 영업허가취소처분 취소심판청구서(대중음식점)

<table>
<tr><td colspan="6">행 정 심 판 청 구</td></tr>
<tr><td rowspan="2">청 구 인</td><td>이 름</td><td>○ ○ ○</td><td>주민등록 번 호</td><td colspan="2">111111-1111111</td></tr>
<tr><td>주 소</td><td colspan="4">○○시 ○○구 ○○길 ○○</td></tr>
<tr><td>선정대표자, 관리인 또 는 대 리 인</td><td colspan="5">○ ○ ○ (또는 대리인 변호사 ○ ○ ○)
○○시 ○○구 ○○길 ○○ (우편번호 ○○○○○)</td></tr>
<tr><td>피 청 구 인</td><td colspan="2">△△특별시 △△구청장</td><td>재 결 청</td><td colspan="2">□□특별시장</td></tr>
<tr><td>청구대상인 처분내용 (부작위의 전제가 되는 신 청 내 용 일 자)</td><td colspan="5">피청구인이 20○○. ○. ○. 청구인에 대하여 한 영업허가 취소처분</td></tr>
<tr><td>처분 있음을 안 날</td><td colspan="5">20○○년 ○월 ○일</td></tr>
<tr><td>심판청구취지 이유</td><td colspan="5">별지기재와 같음</td></tr>
<tr><td>피청구인의 행정심판 고 지 유 무</td><td colspan="2">20○○년 ○월 ○일</td><td>고지내용</td><td colspan="2">영업허가 취소</td></tr>
<tr><td>증 거 서 류</td><td colspan="5">재직증명서, 경력증명서, 전세계약서, 주민등록등본
(또는 1. 별지기재와 같음)</td></tr>
<tr><td>근 거 법 조</td><td colspan="5">행정심판법 제28조, 동법 시행령 제20조</td></tr>
<tr><td colspan="6">위와 같이 행정심판을 청구합니다.
20○○년 ○월 ○일
청 구 인 ○ ○ ○ (인)
(또는 대리인 변호사 ○ ○ ○ (인)

△△ 특별시 △△ 구청장 귀하</td></tr>
</table>

첨부서류	청구서 부본	수 수 료	없 음

[별 지]

심판청구의 취지

피청구인이 20○○년 ○월 ○일 청구인에 대하여 한 서울 ○○구 ○○길 ○○번지에 있는 대중음식점 ○○에 대한 영업허가취소처분을 취소한다.
라는 재결을 구합니다.

청 구 이 유

1. 이 사건 처분의 경위

청구인은 20○○년 ○월 ○일 피청구인으로부터 대중음식점 영업허가를 받아 서울 ○○구 ○○길 ○○번지에서 ○○라는 상호로 대중음식점 영업을 해오던 중 20○○년 ○월 ○일 위 업소에 청소년에게 주류를 제공하였다는 이유로 ○○구청소속 단속반원들에게 적발되었습니다.

이에 피청구인은, 금번에 적발되기 전 20○○년 ○월 ○일과 ○○년 ○월 ○일 2차례에 걸쳐 같은 내용으로 적발되어 영업정지에 갈음한 과징금 처분을 하였고 청소년에게 주류를 제공, 식품위생법 제44조 영업자의 준수사항을 위반하였다는 이유로 영업허가 취소사유에 해당 같은 법 시행규칙 제89조의 별표 23에 규정된 행정처분기준을 적용하여 20○○년 ○월 ○일 청구인에 대하여 위 대중음식점 영업허가를 취소하는 처분을 하였습니다.

2. 처분의 위법

가. 사실오인

청구인이 제3차로 적발될 당시 저녁 8시 무렵 손님이 많은 관계로 청년과 청소년들을 구분하기가 쉽지 않았을 뿐만 아니라 처음에 3명의 건장한 청년들이 들어와 고기와 술을 시켜서 먹고 마시고 있었고 다음에 청소년이 들어와 자연스럽게 앉아서 고기를 먹고 있었던 터라 청구인은 전혀 의심을 하지 않았습니다. 청구인은 3명의 청년들과 같이 있는 걸로 보아 같은 또래로 착각을 할 수밖에 없었습니다. 그 당시로는 그 중에서 1명이 청소년인줄을 전혀 인식할 수 없었고 이로 말미암아 단속반들에 적발되어 영업허가를 취소당하였는바, 그 당시 청소년이 술을 마셨는지 정확히 규명하지 아니하고 청소년에게 주류를 제공하는 행위로 이 사건 처분은 사실을 잘못 인정한 것으로서 위법합니다.

나. 재량남용, 일탈

가사 청소년에게 주류를 제공하는 위반사실이 인정된다 하더라도 처음 3명은 청소년이 아니었고 나중에 온 청소년은 전혀 예상할 수가 없었을 뿐 아니라 이 사건 음식점은 5명의 종업원을 두고 주로 고기 등을 조리판매하면서 영업을 운영하고 있을 뿐만 아니라 청구인은 이미 2번에 걸쳐 같은 내용으로 적발되어 행정처분을 받은 상태라 평소 많은 주의를 가지고 영업을 해왔습니다.

3. 이러한 여러 사정 등을 종합하여 보면, 청구인이 위와 같이 식품위생법 제44조를 위반하였다는 사유로 상당기간의 영업정지처분을 하는 것은 별론으로 하고 곧바로 이 사건 음식점의 영업으로 청구인은 청소년을 출입시켜 수익을 올리고 싶은 생각은 전혀 없었습니다.
또한 적발 당시의 청소년이 술을 마셨는지 정확한 규명이 없었으며 이러한 정황을 비추어 볼 때 청소년에 대한 주류판매로 인하여 이 사건 음식점에 대한 영업허가가 취소됨으로써 청구인은 막대한 경제적 손해를 입게 되는 것입니다.
취소까지 한 이 사건처분은 그에 의하여 실현하고자 하는 공익목적을 감안한다 하더라도 재량권의 한계를 현저히 일탈한 위법한 처분인 것입니다.

입 증 방 법

1. 소갑 제1호증 통지서사본
1. 소갑 제2호증 허가증사본
1. 소갑 제3호증 진술서
1. 소갑 제4호증 확인서

첨 부 서 류

1. 위 입증방법 각 1통
1. 심판청구서 부본 1통

20○○년 ○월 ○일

위 청구인 ○ ○ ○ (인)

△△특별시 △△구청장 귀하

제출기관	피청구인 또는 행정심판위원회 (행정심판법 제23조)	청구기간	· 처분이 있음을 안 날로부터 90일 · 처분이 있은 날로부터 180일 (행정심판법 제27조)
청 구 인	피처분자	피청구인	행정처분을 한 행정청
제출부수	청구서 및 부본 각 1부	관련법규	행정심판법

불복방법	· 행정심판 재청구의 금지(행정심판법 제51조) 행정심판법상 행정심판의 단계는 단일화되어 있어 재결에 대한 행정심판 재청구는 할 수 없다. 다만, 국세기본법 등의 개별법에서는 다단계의 행정심판을 인정하고 있음 · 재결에 대한 행정소송(행정소송법 제19조, 제38조) 재결자체에 고유한 위법이 있을 때에는 재결 그 자체에 대한 취소소송 및 무효등확인소송을 제기할 수 있음 · 다만, 청구인은 기각 재결 등 청구인의 주장이 인용되지 아니한 경우에는 원행정처분에 대하여 행정소송으로 다툴 수 있음(행정소송법 제18조)

[서식 46] 영업정지처분 취소심판청구서(대중음식점)

<table>
<tr><td colspan="5">행정심판청구</td></tr>
<tr><td rowspan="2">청 구 인</td><td>성 명</td><td>○ ○ ○
(○ ○ ○)</td><td>주민등록번호</td><td>111111-1111111</td></tr>
<tr><td>주 소</td><td colspan="3">○○시 ○○구 ○○길 ○○</td></tr>
<tr><td>선정대표자 · 관리인 또 는 대 리 인</td><td colspan="4">대리인 변호사 ○ ○ ○</td></tr>
<tr><td>피 청 구 인</td><td colspan="2">△△특별시 △△구청장</td><td>재 결 청</td><td>서울특별시장</td></tr>
<tr><td>청구대상인 처분내용(부작위의 전제가 되는 신청내용 · 일자</td><td colspan="4">피청구인이 20○○. ○. ○. 청구인에 대하여 한 대중음식점 영업허가 정지처분을 취소한다</td></tr>
<tr><td>처분이있음을 안 날</td><td colspan="4">20○○. ○. ○.</td></tr>
<tr><td>심판청구취지 · 이유</td><td colspan="4">(별지와 같음)</td></tr>
<tr><td>처분청의 고지유무</td><td colspan="2">유</td><td>고지내용</td><td>통 지</td></tr>
<tr><td>증거서류(증거물)</td><td colspan="4">통지서, 허가증, 진술서, 확인서, 관보</td></tr>
<tr><td>근 거 법 조</td><td colspan="4">행정심판법 제19조, 동법 시행령 제18조</td></tr>
<tr><td colspan="5">위와 같이 행정심판을 청구합니다.

20○○년 ○월 ○일

청구 대리인 변호사 ○ ○ ○ (인)

△△시 △△구청장 귀하</td></tr>
</table>

첨부서류 : 청구서 부본, 위 각 증거서류 각 1통

[별 지]

청 구 취 지

피청구인이 20○. ○. ○. 청구인에 대하여 한 ○○시 ○○구 ○○길 ○○ 소재 대중음식점 ☆☆에 관한 영업정지처분을 취소한다.
라는 재결을 구합니다.

청 구 이 유

1. 처분의 경위

청구인이 ○○시 ○○구 ○○길 ○○에서 「☆☆」라는 상호로 대중음식점 영업을 하여 오던 중, 피청구인은 청구인이 20○. ○. ○. 00:00부터 00:30경 까지 위 식당에서 시간외 영업을 하였다는 이유로 식품위생법 제30조 및 같은 법 시행규칙 제53조의 규정에 의하여 20○○. ○. ○.자로 청구인에 대하여 같은 해 ○. ○부터 ○. ○까지 2개월 간 위 음식점에 대한 영업정지를 명하는 이 사건 처분을 하였습니다.

2. 이 사건처분의 위법사항

1) 청구인은 20○○. ○. ○. 피청구인으로부터 대중음식점 영업허가를 받아 서울 ○○시 ○○구 ○○길 ○○에서 40평 실내규모의 방5개와 홀을 만들어 ☆☆라는 상호로 대중음식점(일식)을 영업해 왔습니다.
2) 소외 김□□외 2명은 20○○. ○. ○. 21:00 경부터 홀에 들어와 식사를 하던 중 영업주는 위 손님들에게 영업시간이 끝났으니 나가 달라고 부탁하고 손님들이 아직 이야기 안 끝났으니 기다리라고 하면서 일부 반찬은 테이블에 남은 상태에서 홀 안의 집기정리 등을 하고 있는 동안에 00:30분경 단속반이 갑자기 들어와서 청구인은 영업시간을 위반한 것이 아님에도 영업시간위반으로 인정한 이 사건처분은 사실을 오인한 것으로서 위법합니다. 당시 위 업소에는 위 소외인들 외에 다른 손님은 없었습니다.
3) 또한 이 사건처분으로 인하여 청구인이 입을 불이익은 너무나 큰 것입니다.
4) 위 사항을 종합하면 이 사건처분은 너무 가혹하여 재량권의 범위를 일탈한 위법한 처분입니다.

제출기관	피청구인 또는 행정심판위원회 (행정심판법 제23조)	청구기간	· 처분이 있음을 안 날로부터 90일 · 처분이 있은 날로부터 180일 (행정심판법 제27조)
청 구 인	피처분자	피청구인	행정처분을 한 행정청

제출부수	청구서 및 부본 각 1부	관련법규	행정심판법
불복방법	· 행정심판 재청구의 금지(행정심판법 제51조) 행정심판법상 행정심판의 단계는 단일화되어 있어 재결에 대한 행정심판 재청구는 할 수 없다. 다만, 국세기본법 등의 개별법에서는 다단계의 행정심판을 인정하고 있음 · 재결에 대한 행정소송(행정소송법 제19조, 제38조) 재결자체에 고유한 위법이 있을 때에는 재결 그 자체에 대한 취소소송 및 무효등확인소송을 제기할 수 있음 · 다만, 청구인은 기각 재결 등 청구인의 주장이 인용되지 아니한 경우에는 원행정처분에 대하여 행정소송으로 다툴 수 있음(행정소송법 제18조)		

[서식 47] 영업정지처분 취소심판청구서(주점)

행 정 심 판 청 구

청 구 인 ○ ○ ○ (주민등록번호)
○○시 ○○구 ○○길 ○○
청구대리인 소속변호사 □ □ □
○○시 ○○구 ○○길 ○○ (우편번호 ○○○○○)

피청구인 △△시 △△구청장

영업정지처분 취소심판청구

청 구 취 지

피고가 20○○. ○. ○. 원고에 대하여 한 ○○시 ○○구 ○○길 ○○ 소재 주점 ☆☆에 대한 영업정지처분은 이를 취소한다.
라는 재결을 구합니다.

청 구 원 인

1. 청구인은 20○○. ○. ○. 청구 외 김□□이 경영하던 ○○시 ○○구 ○○길 ○○소재 주점(약108평)을 시설비 및 권리금을 6,000만원으로 하여 양수받고 건물주인 청구외 이□□ 외 1인과 임차보증금 1억원, 월 임료 300만원의 조건으로 새로 임대차계약을 체결하였습니다.

2. 이에 청구인은 약 1억원 정도의 비용을 들여 새로 인테리어를 한 다음 피청구인에게 영업허가

를 신청하였고, 20○○. ○. ○. 자로 영업허가를 취득하였습니다.

3. 그런데 청구인이 위 ☆☆를 인수하기 전인 20○○. ○. ○. 전의 영업주인 청구외 김□□이 수명의 대학생들에게 생맥주를 판매하다가 그 중 2명의 여학생이 아직 만 19세가 되지 아니한 대학신입생이었고, 이것이 적발되는 바람에 위 호프집에 대해 행정처분 절차가 진행 중에 있었다고 합니다.

4. 청구인은 이러한 사실을 모르고 전 영업주로부터 이 사건 점포를 양수받았는바, 그로부터 약 1년이 경과된 지금에 와서야 피고는 위 20○○. ○. ○. 자 적발내용을 이유로 청구인에게 2개월간의 영업을 정지하라는 처분을 고지하였습니다.

5. 영업정지와 같은 행정처분은 단속법규를 위반한 영업자에 대한 대인적 제재조치로서 강학상 이른바 대인처분이라고 할 것이고 이러한 대인처분은 원칙적으로 사업양수인에게 승계되지 아니한다 할 것입니다.
다만 식품위생법 제78조에 의하면 영업자가 그 영업을 양도할 경우 행정제재 처분의 절차가 진행 중인 때에는 양수인에 대하여 행정제재처분의 절차를 속행할 수 있으나 이때에도 양수인이 양도시에 그 처분 또는 위반사실을 알지 못하였음을 증명하는 때에는 그러하지 아니하다고 규정되어 있는 바, 청구인은 전 영업주로부터 이러한 사실을 들은 바 없이 위 호프집을 양수받았던 것이므로 피청구인이 양수인인 청구인에 대해 본 건과 같은 영업정지처분을 하는 것은 부당하다고 할 것입니다.

6. 그 외에도 청구인이 확인한 바에 의하면 전 영업주인 위 최□□은 평소 미성년자의 업소출입을 강력히 금지하여 왔었으나 그날 많은 손님이 몰려들어 일일이 그들이 미성년자인지 확인하는 것이 사실상 곤란하였고, 또한 단속에 적발된 그 여대생과 같이 온 남학생들은 평소에도 업소에 자주 출입하는 단골로서 대학 3학년생들이었기 때문에 동반한 여학생들도 당연히 성년의 대학생 친구로만 알고 굳이 미성년자인지 여부를 확인하지 않았던 것이며 실제로도 그녀들은 머지않아 곧 만 19세가 되는 여학생이었다고 합니다.

7. 따라서 비록 청소년보호법에 의해 아직 정서적으로 보호받아야 하는 청소년들에게 유해환경을 제공한 영업자에게 행정제재를 가함으로써 청소년을 보호해야 하는 공익적 요청 또한 무시할 수 없는 것이나, 이러한 행정제재는 행정목적 달성에 필요한 한도 내에서 최소한에 그쳐야 하는 것인 바 원고의 경우 본인이 직접 위반행위를 행한 바가 없고 전 영업자로부터 그 제재처분을 승계한 자로서 영업양수시 그러한 사실을 알지 못하였으며 또 전 영업자가 출입시켜 주류를 제공한 여학생들의 경우 외견상 청소년으로 보이지도 않았고 실제로도 머지않아 만 19세가 되는 등 위반행위의 태양에 있어서도 참작할 사유가 있음에도 이를 고려함이 없이 무조건 획일적으로 동종의 위반행위를 한 다른 업소와 동일하게 2개월의 영업정지를 명하는 행정처분을 하는 것은 재량권의 한계를 일탈하거나 남용한 위법한 처분이라고 할 것입니다.

8. 이에 청구인은 피청구인의 이 사건 행정처분의 취소를 구하기 위하여 이 서건 청구에 이르게

되었습니다.

입 증 방 법

1. 갑 제1호증	영업신고증
1. 갑 제2호증의 1	식품위생법위반업소 영업정지 통보
2	영업정지명령서
1. 갑 제3호증	임대차계약서
1. 갑 제4호증	인증서
1. 갑 제5호증	탄원서

첨 부 서 류

1. 위 입증방법	각 1통
1. 심판청구서 부본	1통
1. 위임장	1통

20○○년 ○월 ○일

위 청구대리인
변호사 ○ ○ ○ (인)

△△시 △△구청장 귀중

제출기관	피청구인 또는 행정심판위원회 (행정심판법 제23조)	청구기간	· 처분이 있음을 안 날로부터 90일 · 처분이 있은 날로부터 180일 (행정심판법 제27조)
청 구 인	피처분자	피청구인	행정처분을 한 행정청
제출부수	청구서 및 부본 각 1부	관련법규	행정심판법
불복방법	· 행정심판 재청구의 금지(행정심판법 제51조) 행정심판법상 행정심판의 단계는 단일화되어 있어 재결에 대한 행정심판 재청구는 할 수 없다. 다만, 국세기본법 등의 개별법에서는 다단계의 행정심판을 인정하고 있음 · 재결에 대한 행정소송(행정소송법 제19조, 제38조) 재결자체에 고유한 위법이 있을 때에는 재결 그 자체에 대한 취소소송 및 무효등확인소송을 제기할 수 있음		

	· 다만, 청구인은 기각 재결 등 청구인의 주장이 인용되지 아니한 경우에는 원행정처분에 대하여 행정소송으로 다툴 수 있음(행정소송법 제18조)

[서식 48] 영업정지처분 취소심판청구서(일반음식점)

행 정 심 판 청 구

청 구 인　　○ ○ ○ (주민등록번호)
　　　　　　○○시 ○○구 ○○길 ○○ (우편번호 ○○○○○)

피청구인　　△△광역시 △△구청장

영업정지처분 취소심판청구

심판청구 취지

피청구인이 20○○. ○. ○. 청구인에 대하여 한 20○○. ○. ○.부터 같은 해 ○. ○.까지 (1개월)의 일반음식점 영업정지처분은 이를 취소한다.
라는 재결을 구합니다.

심판청구 이유

1. 청구인은 ○○시 ○○구 ○○길 ○○에서 ☆☆레스토랑을 운영하는 자입니다.
2. 그런데 20○○. ○. ○.에 손님 청구외 □□□가 접대하는 여자가 없다고 하면서 스스로 접대부를 전화로 불러(소위 보도) 접대를 하게 되었습니다.
3. 마침 이때 피청구인 소속의 공무원 ◇◇◇에게 발각되었고, 피청구인은 일반음식점에서 여자접대부를 고용하였다는 이유로 20○○. ○. ○.부터 같은 해 ○. ○.까지 1개월간의 영업정지처분을 하였습니다.
4. 그러나 이러한 처분은 청구인이 모르는 사이 손님이 한 행위로 영업정지처분을 함을 부당하고 또한 이는 너무나 과다한 행정처분이므로 행정심판을 구하고자 이 건 청구에 이른 것입니다.

입 증 방 법

1. 갑 제1호증　　　　영업정지 행정처분
1. 갑 제2호증　　　　일반음식점 신고증

1. 갑 제3호증 사업자등록증

첨 부 서 류

1. 위 입증방법 각 1통
1. 심판청구서 부본 1통

20○○년 ○월 ○일

위 청구인 ○ ○ ○ (인)

○○광역시 ○○구청장 귀중

제출기관	피청구인 또는 행정심판위원회 (행정심판법 제23조)	청구기간	· 처분이 있음을 안 날로부터 90일 · 처분이 있은 날로부터 180일 (행정심판법 제27조)
청 구 인	피처분자	피청구인	행정처분을 한 행정청
제출부수	청구서 및 부본 각 1부	관련법규	행정심판법
불복방법	· 행정심판 재청구의 금지(행정심판법 제51조) 행정심판법상 행정심판의 단계는 단일화되어 있어 재결에 대한 행정심판 재청구는 할 수 없다. 다만, 국세기본법 등의 개별법에서는 다단계의 행정심판을 인정하고 있음 · 재결에 대한 행정소송(행정소송법 제19조, 제38조) 재결자체에 고유한 위법이 있을 때에는 재결 그 자체에 대한 취소소송 및 무효등확인 소송을 제기할 수 있음 · 다만, 청구인은 기각 재결 등 청구인의 주장이 인용되지 아니한 경우에는 원행정처분에 대하여 행정소송으로 다툴 수 있음(행정소송법 제18조)		

<table>
<tr><th colspan="5">행정심판청구</th></tr>
<tr><td rowspan="2">청 구 인</td><td>성명</td><td>△ △ △
(△ △ △)</td><td>주민등록번호</td><td></td></tr>
<tr><td>주소</td><td colspan="3">서울시 ○○구 ○○동 1
(전화번호)</td></tr>
<tr><td>선정대표자 · 관리인
또 는 대 리 인</td><td colspan="4"></td></tr>
<tr><td>피 청 구 인</td><td colspan="2">서울시 동대문구청장</td><td>재 결 청</td><td>서울특별시장</td></tr>
<tr><td>청구대상인 처분 내용
(부작위의 전제가 되는
신 청 내 용 · 일 자)</td><td colspan="4">피청구인이 20○○. ○. ○. 청구인에 대하여 한 같은 달 ○.부터 같은 해 ○. ○.까지의 영업정지처분</td></tr>
<tr><td>처분있음을 안 날</td><td colspan="4">20○○. ○. ○.</td></tr>
<tr><td>심판청구취지 · 이유</td><td colspan="4">(별지 기재와 같음)</td></tr>
<tr><td>처분청의 고지 유무</td><td>유</td><td>고 지 내 용</td><td colspan="2">통지</td></tr>
<tr><td>증거서류(증거물)</td><td colspan="4">통지서, 진술서, 허가서, 청첩장, 영수증</td></tr>
<tr><td>근 거 법 조</td><td colspan="4">행정심판법 제19조, 동법 시행령 제18조</td></tr>
<tr><td colspan="5">위와 같이 행정심판을 청구합니다.

20○○. ○. ○.

청구인 △ △ △ (인)

서울특별시 동대문구청장 귀하</td></tr>
<tr><td colspan="4" rowspan="2">첨부서류 : 청구서 부본, 위 각 증거서류 각 1통</td><td>수 수 료</td></tr>
<tr><td>없 음</td></tr>
</table>

[별 지]

청 구 취 지

피청구인이 20○○. ○. ○.자로 청구인에 대하여 한 같은 달 ○.부터 같은 해 ○. ○.까지의 영업정지처분을 취소한다.

청 구 이 유

1. 처분의 경위

가. 청구인은 20○○. ○. ○.경 소외 △△△으로부터 서울 동대문구 장안동 3 소재 유흥주점 "홍콩"을 인수하여 상호를 "케이"로 변경한 다음 단란주점 형태로 그 영업을하여 오던 중, 20○○. ○. ○. 00:00경부터 00:40경까지 시간외 영업을 하였다는 등의 이유로 구간교체 위생업소 합동단속 공무원들에게 적발되었습니다.

나. 이에 피청구인은, 청구인이 위와 같이 영업시간을 위반하여 식품위생법 제30조를 위반하였다는 이유로 같은 해 ○. ○. 청구인에 대하여 같은 달 ○.부터 같은 해 ○. ○. 까지 위 유흥주점의 영업을 정지하는 내용의 처분을 하였습니다.

2. 이 사건 처분의 위법

그러나 이 사건 처분은 다음과 같은 점에서 위법하다 할 것입니다.

청구인의 업소는 위와 같이 시간외 영업으로 적발된 전날 동 업소의 영업전무인 위 □□□이 같은 해 ○. ○. 진주예식장에서 결혼식을 올리게 되어 있어 신랑인 동인이 결혼을 앞두고 그의 친구와 동 업소의 종업원들에게 신부가 될 위 ☆☆☆을 소개시키고 결혼을 자축하기 위한 자리를 마련하겠다고하여, 영업을 마치고 난 그날 24:00경 청구인, 예비 신랑신부와 그의 친구들 및 남녀종업원 등 14명이 서로 인사를 나눈 후 당초 위 □□□의 부담예정이었다가 업주인 청구인이 자기부담으로 하기로 하여 두 테이블에 나뉘어 간단한 술로 회식을 하던 중, 동 회식이 거의 끝날 무렵인 다음날 00:40경 영업시간단속을 나온 구간교체 위생업소 합동단속 공무원들에 의하여 허가증 미게시 및 시간외 영업으로 적발되어 앞서 본 바와 같이 시간외 영업으로 인하여 이 사건 처분을 받았습니다.

청구인은 이 사건 시간외 영업으로 단속되기 직전인 20○○. ○. ○.부터 위업소를 인수하면서 임차보증금 4,000만원에 월 100만원의 임료로 동대문구 장안동 3 건물 중 40평을 임차하여 룸 4개, 좌석수 20석을 마련하여 단란주점 형태의 유흥주점을 경영하여 그 수입으로 생활하고 있습니다.

(1) 사실관계가 위와 같으므로 이는 영업시간제한의 위반에 해당하지 아니합니다.

(2) 가사 위 사항이 영업시간제한의 위반에 해당한다 하더라도 위반행위의 내용 자체는 동업소의 영업전무가 그 친구 및 종업원들과 더불어 결혼자축연을 연 것에 불과한 데다가 그 위반시간도 40분 정도에 불과하여 그 위반정도가 경미하며 업소를 인수한지 2달밖에 안되는 청구인의 업소가 이 사건 영업정지처분을 받게 됨으로써 청구인이 입게 될 불이

익이 지나치게 큽니다.

따라서 이에 대하여 곧바로 2개월간의 영업정지처분을 한 이 사건 처분은 지나치게 가혹하여 형평에 어긋나고 재량권의 범위를 벗어난 위법한 처분입니다.
그러므로 위 처분은 취소되어야 합니다.

제출기관	재결청 또는 피청구인인 행정청 (행정심판법 제17조)	**청구기간**	· 처분이 있음을 안 날로부터 90일 · 처분이 있은 날로부터 180일 (행정심판법 제18조)
청 구 인	피처분자	**피청구인**	행정처분을 한 행정청
제출부수	청구서 및 부본 각 1부	**관련법규**	행정심판법
불복방법	· 재심판청구의 금지(행정심판법 제39조) 행정심판법상 행정심판의 단계는 단일화되어 있어 재결에 대한 재심판청구는 할 수 없다. 다만, 국세기본법 등의 개별법에서는 다단계의 행정심판을 인정하고 있음 · 재결에 대한 행정소송(행정소송법 제19조, 제38조) 재결자체에 고유한 위법이 있을 때에는 재결 그 자체에 대한 취소소송 및 무효등확인소송을 제기할 수 있음 · 다만, 청구인은 기각 재결 등 청구인의 주장이 인용되지 아니한 경우에는 원행정처분에 대하여 행정소송으로 다툴 수 있음(행정소송법 제18조)		

<table>
<tr><td colspan="5">행정심판청구</td></tr>
<tr><td rowspan="2">청 구 인</td><td>성명</td><td>△ △ △
(△ △ △)</td><td>주민등록번호</td><td></td></tr>
<tr><td>주소</td><td colspan="3">서울시 ○○구 ○○동 4
(전화번호)</td></tr>
<tr><td>선정대표자 · 관리인
또 는 대 리 인</td><td colspan="4">대리인 변호사 □ □ □</td></tr>
<tr><td>피 청 구 인</td><td colspan="2">서울특별시
강동구청장</td><td>재 결 청</td><td>서울특별시장</td></tr>
<tr><td>청구대상인 처분 내용
(부작위의 전제가 되
는 신청내용 · 일자)</td><td colspan="4">피청구인이 20○○. ○. ○. 청구인에 대하여 한 단란주점영업 허가취소처분을 취소한다.</td></tr>
<tr><td>처분있음을 안 날</td><td colspan="4">20○○. ○. ○.</td></tr>
<tr><td>심판청구취지 · 이유</td><td colspan="4">(별지 기재와 같음)</td></tr>
<tr><td>처분청의 고지 유무</td><td colspan="2">유</td><td>고 지 내 용</td><td>통지</td></tr>
<tr><td>증거서류(증거물)</td><td colspan="4">통지서, 허가증, 진술서, 확인서, 관보</td></tr>
<tr><td>근 거 법 조</td><td colspan="4">행정심판법 제19조, 동법 시행령 제18조</td></tr>
<tr><td colspan="5">위와 같이 행정심판을 청구합니다.

20○○. ○. ○.

청구인 대리인 변호사 □ □ □ (인)

서울특별시 강동구청장 귀하</td></tr>
<tr><td colspan="4" rowspan="2">첨부서류 : 청구서 부본, 위 각 증거서류 각 1 통</td><td>수 수 료</td></tr>
<tr><td>없 음</td></tr>
</table>

[별 지]

청 구 취 지

피청구인이 20○○. ○. ○. 청구인에 대하여 한 서울 ○○구 ○○동 4소재 유흥주점 은성에 관한 영업정지처분(20○○. ○. ○.부터 같은 해 ○. ○.까지)을 취소한다.

청 구 이 유

1. 처분의 경위

청구인이 서울 ○○구 ○○동 456의 5에서 "○○"이라는 상호로 유흥주점(룸싸롱) 영업을하여 오던 중, 피청구인은 청구인이 20○○. ○. ○. 00:00부터 00:50경까지 위 주점에서 시간외 영업을 하였다는 이유로 식품위생법 제31조 및 같은 법시행규칙 제53조의 규정에 의하여 20○○. ○. ○.자로 청구인에 대하여 같은 해 ○. ○.부터 ○. ○.까지 2개월간 위 주점에 관한 영업정지를 명하는 이 사건 처분을 하였습니다.

2. 이 사건 처분의 위법

(1) 청구인은 20○○. ○. ○. 피청구인로부터 유흥주점 영업허가를 받아 서울 ○○구 ○○동 4에서 약 77평의 실내에 룸 9개를 설치하고 "○○"이라는 상호로 유흥주점(룸싸롱) 영업을 해 왔습니다.

(2) 소외 △△△ 외 1명은 20○○. ○. ○. 21:50경 위 업소에 들어와 술을 마시기 시작하였는데 영업시간이 끝날 무렵에도 남아 있어 청구인 및 그 종업원인 소외 □□□이 번갈아 가면서 그만 나가달라고 사정하였으나 술을 다 마시면 나가지 말래도 나갈테니 걱정말라고 신경질적인 어투로 말하므로 청구인 및 위 □□□은 위 소외인들이 있는 곳을 제외한 모든 방의 불을 끄고 동인들이 나가기만을 기다리다가 익일 00:50경 경찰관에게적발되었으며, 당시 위 업소에는 위 소외인들 외에 다른 손님은 없었습니다.

(3) 청구인은 위 업소를 운영하면서 20○○. ○. ○. 시설개수명령을 받은 외에는 아무런 위법사항이나 처벌을 받은 바 없습니다.

(4) 한편 같은 날 공포된 개정 식품위생법시행규칙에 의하면 시간외 영업(1차 위반)에 대한 처분기준은 영업정지 2월로 규정되어 있으나 청구인의 위 시간외 영업은 동 개정규칙 시행 이전으로서 당시 시행되던 식품위생법시행규칙에 의한 처분기준은 영업정지 1월입니다.

(5) 또한 이 사건 처분으로 인하여 청구인이 입을 불이익은 너무나 큰 것입니다.

이러한 점을 종합하면 이 사건 처분은 너무 가혹하여 재량권의 범위를 일탈한 위법한 처분입니다.

제출기관	재결청 또는 피청구인인 행정청(행정심판법 제17조)	청구기간	· 처분이 있음을 안 날로부터 90일 · 처분이 있은 날로부터 180일 (행정심판법 제18조)
청 구 인	피처분자	피청구인	행정처분을 한 행정청
제출부수	청구서 및 부본 각 1부	관련법규	행정심판법
불복방법	· 재심판청구의 금지(행정심판법 제39조) 행정심판법상 행정심판의 단계는 단일화되어 있어 재결에 대한 재심판청구는 할 수 없다. 다만, 국세기본법 등의 개별법에서는 다단계의 행정심판을 인정하고 있음 · 재결에 대한 행정소송(행정소송법 제19조, 제38조) 재결자체에 고유한 위법이 있을 때에는 재결 그 자체에 대한 취소소송 및 무효등확인소송을 제기할 수 있음 · 다만, 청구인은 기각 재결 등 청구인의 주장이 인용되지 아니한 경우에는 원행정처분에 대하여 행정소송으로 다툴 수 있음(행정소송법 제18조)		

[서식 49] 영업정지처분 취소심판청구서(일반음식점)

행 정 심 판 청 구

청 구 인　　○ ○ ○ (주민등록번호)
○○시 ○○구 ○○길 ○○ (우편번호 ○○○○○)

피청구인　　△△광역시 △△구청장

영업정지처분 취소심판청구

심판청구 취지

피청구인이 20○○. ○. ○. 청구인에 대하여 한 일반음식점 영업정지 20일 처분은 이를 취소한다.
라는 재결을 구합니다.

심판청구 이유

1. 사건개요

청구인은 ○○시 ○○구 ○○길 ○○에서 ☆☆라는 음식점을 운영하는 자입니다. 그런데 20

○○. ○. ○.에 피청구인에게 ◇◇◇이 유통기한이 경과된 사실이 있었는데 마침 이때 피청구인 소속의 공무원 ◇◇◇에게 발각되었고, 피청구인은 유통기한이 경과하였다는 이유로 20○○. ○. ○.부터 같은 해 ○. ○.까지 20일간의 영업정지처분을 청구인에게 하였습니다.

2. 청구인의 주장

가. 청구인은 20○○. ○. ○.부터 가게가 낡고 허름하고 장사도 않되는 차에 저렴하게 리모텔링을 해준다는 업체가 있어 어렵게 대출을 받아 리모델링을 하게 되었습니다. 그런데 피청구인이 위 청구인의 리모델링 공사기간에 유선상으로 청구인의 업소에서 유통기한이 지난 음식들을 팔고 있다는 민원제보가 있었다면서 2차에 걸쳐 단속을 받게 되었습니다.

나. 청구인은 오픈일 당일뿐만 아니라 그 전 공사기간에도 유통기한을 지난 음식을 팔지 않았지만 리모델링 공사지연으로 인해 음식물을 보관하고 있었던 냉장고를 정리하지 못하였고 개인적으로 먹으려고 보관중인 음식도 보관하면 안된다는 사실을 몰라 이 사건 영업처분을 받게 된 것입니다.

3. 피청구인의 주장

가. 피청구인은 청구인이 냉장고에 보관 중인 유통기한 경과 식품들이 판매목적이 없었다는 주장은 타당하지 않으며 영업자는 냉장고에 보관하는 제품은 유통기한 경과여부, 식자재 부패 또는 변질 여부 등을 수시로 확인하여 식자재를 위생적으로 관리하여야 하고, 식자재가 부패, 변질된 상품은 발견 즉시 폐기 처리해야 한다고 합니다.

나. 더구나 청구인이 주장하는 리모델링 공사 이전뿐만 아니라 리모델링 공사 이후 영업을 다시 시작한 20○○. ○. ○.까지도 폐기처리 하지 않고 보관하고 있었기 때문에 청구인은 주장은 이유 없고 마땅히 기각 되어야 한다고 주장하고 있습니다.

4. 관계법령

[식품위생법]

제4조(위해식품등의 판매 등 금지) 누구든지 다음 각 호의 어느 하나에 해당하는 식품등을 판매하거나 판매할 목적으로 채취·제조·수입·가공·사용·조리·저장·소분·운반 또는 진열하여서는 아니 된다. 〈개정 2013.3.23., 2015.2.3., 2016.2.3.〉

1. 썩거나 상하거나 설익어서 인체의 건강을 해칠 우려가 있는 것
2. 유독·유해물질이 들어 있거나 묻어 있는 것 또는 그러할 염려가 있는 것. 다만, 식품의약품안전처장이 인체의 건강을 해칠 우려가 없다고 인정하는 것은 제외한다.
3. 병(病)을 일으키는 미생물에 오염되었거나 그러할 염려가 있어 인체의 건강을 해칠 우려가 있는 것
4. 불결하거나 다른 물질이 섞이거나 첨가(添加)된 것 또는 그 밖의 사유로 인체의 건강을 해칠 우려가 있는 것

제44조(영업자 등의 준수사항) ① 제36조 제1항 각 호의 영업을 하는 자 중 대통령령으로 정하는 영업자와 그 종업원은 영업의 위생관리와 질서유지, 국민의 보건위생 증진을 위하여 영업의 종류에 따라 다음 각 호에 해당하는 사항을 지켜야 한다. 〈개정 2010.1.18., 2013.3.23., 2016.2.3., 2017.12.19.〉

제75조(허가취소 등) ① 식품의약품안전처장 또는 특별자치시장 · 특별자치도지사 · 시장 · 군수 · 구청장은 영업자가 다음 각 호의 어느 하나에 해당하는 경우에는 대통령령으로 정하는 바에 따라 영업허가 또는 등록을 취소하거나 6개월 이내의 기간을 정하여 그 영업의 전부 또는 일부를 정지하거나 영업소 폐쇄(제37조 제4항에 따라 신고한 영업만 해당한다. 이하 이 조에서 같다)를 명할 수 있다. 〈개정 2010.2.4., 2011.6.7., 2013. 3.23., 2013.7.30., 2014.5.28., 2015.5.18., 2016.2.3.〉

[식품위생법 시행규칙]

제57조(식품접객영업자 등의 준수사항 등) 법 제44조 제1항에 따라 식품접객영업자 등이 지켜야 할 준수사항은 별표 17과 같다.

제89조(행정처분의 기준) 법 제71조, 법 제72조, 법 제74조부터 법 제76조까지 및 법 제80조에 따른 행정처분의 기준은 별표 23과 같다.

[별표 23] 행정처분 기준(제89조 관련)〈개정 2017. 12. 29.〉

Ⅰ. 일반기준

15. 다음 각 목의 어느 하나에 해당하는 경우에는 행정처분의 기준이, 영업정지 또는 품목 · 품목류 제조정지인 경우에는 정지처분 기간의 2분의 1 이하의 범위(차목에 해당하는 경우는 10분의 9 이하의 범위로 한다)에서, 영업허가 취소 또는 영업장 폐쇄인 경우에는 영업정지 3개월 이상의 범위에서 각각 그 처분을 경감할 수 있다.
    가. 식품등의 기준 및 규격 위반사항 중 산가, 과산화물가 또는 성분 배합비율을 위반한 사항으로서 국민보건상 인체의 건강을 해할 우려가 없다고 인정되는 경우
    나. 표시기준의 위반사항 중 일부 제품에 대한 제조일자 등의 표시누락 등 그 위반사유가 영업자의 고의나 과실이 아닌 단순한 기계작동 상의 오류에 기인한다고 인정되는 경우
    다. 식품 등을 제조 · 가공만 하고 시중에 유통시키지 아니한 경우
    라. 식품을 제조 · 가공 또는 판매하는 자가 식품이력추적관리 등록을 한 경우
    마. 위반사항 중 그 위반의 정도가 경미하거나 고의성이 없는 사소한 부주의로 인한 것인 경우

Ⅱ. 개별기준

1. 식품제조 · 가공업 등

영 제21조 제1호의 식품제조 · 가공업, 같은 조 제2호의 즉석판매제조 · 가공업, 같은 조

제3호의 식품첨가물제조업, 같은 조 제5호 가목의 식품소분업, 같은 호 나목 3)의 유통전문판매업, 같은 조 제6호 가목의 식품조사처리업 및 같은 조 제7호의 용기 · 포장류제조업을 말한다.

위반사항	근거 법령	행정처분기준		
		1차 위반	2차 위반	3차 위반
1. 법 제4조를 위반한 경우 가. 썩거나 상하여 인체의 건강을 해칠 우려가 있는 것	법 제72조 및 법 제75조	영업정지 1개월과 해당 제품 폐기	영업정지 3개월과 해당 제품 폐기	영업허가 · 등록취소 또는 영업소 폐쇄와 해당 제품 폐기
나. 설익어서 인체의 건강을 해칠 우려가 있는 것		영업정지 15일과 해당 제품 폐기	영업정지 1개월과 해당 제품 폐기	영업정지 3개월과 해당 제품 폐기
다. 유독 · 유해물질이 들어 있거나 묻어 있는 것이나 그러할 염려가 있는 것 또는 병을 일으키는 미생물에 오염되었거나 그러할 염려가 있어 인체의 건강을 해칠 우려가 있는 것		영업허가 · 등록취소 또는 영업소 폐쇄와 해당 제품 폐기		
라. 불결하거나 다른 물질이 섞이거나 첨가된 것 또는 그 밖의 사유로 인체의 건강을 해칠 우려가 있는 것		영업정지 1개월과 해당 제품 폐기	영업정지 2개월과 해당 제품 폐기	영업허가 · 등록취소 또는 영업소 폐쇄와 해당 제품 폐기

5. 결 론

그러나 이러한 처분은 청구인이 모르는 사이 손님이 한 행위로 영업정지처분을 함을 부당하고 또한 이는 너무나 과다한 행정처분이므로 행정심판을 구하고자 이 건 청구에 이른 것입니다.

입 증 방 법

1. 갑 제1호증 영업정지 행정처분
1. 갑 제2호증 일반음식점 신고증
1. 갑 제3호증 사업자등록증

첨 부 서 류

1. 위 입증방법 각 1통

1. 심판청구서 부본 1통

20○○년 ○월 ○일

위 청 구 인 ○ ○ ○ (인)

△△시 △△구청장 귀중

제출기관	피청구인 또는 행정심판위원회 (행정심판법 제23조)	청구기간	· 처분이 있음을 안 날로부터 90일 · 처분이 있은 날로부터 180일 (행정심판법 제27조)
청 구 인	피처분자	피청구인	행정처분을 한 행정청
제출부수	청구서 및 부본 각 1부	관련법규	행정심판법
불복방법	· 행정심판 재청구의 금지(행정심판법 제51조) 행정심판법상 행정심판의 단계는 단일화되어 있어 재결에 대한 행정심판 재청구는 할 수 없다. 다만, 국세기본법 등의 개별법에서는 다단계의 행정심판을 인정하고 있음 · 재결에 대한 행정소송(행정소송법 제19조, 제38조) 재결자체에 고유한 위법이 있을 때에는 재결 그 자체에 대한 취소소송 및 무효등확인 소송을 제기할 수 있음 · 다만, 청구인은 기각 재결 등 청구인의 주장이 인용되지 아니한 경우에는 원행정처분에 대하여 행정소송으로 다툴 수 있음(행정소송법 제18조)		

[서식 50] 영업정지처분 취소심판청구서(일반음식점)

행 정 심 판 청 구

청 구 인 ○ ○ ○ (주민등록번호)
○○시 ○○구 ○○길 ○○ (우편번호 ○○○○○)

피청구인 △△광역시 △△구청장

영업정지처분 취소심판청구

심판청구 취지

피청구인이 20○○. ○. ○. 청구인에 대하여 한 일반음식점 영업정지 및 해당 음식물 폐기의 처분을 이를 취소한다.
라는 재결을 구합니다.

심판청구 이유

1. 사건개요

청구인은 ○○시 ○○구 ○○길 ○○에서 ☆☆라는 음식점을 운영하는 자입니다. 그런데 20○○. ○. ○.경 남자손님들이 치킨과 맥주를 주문하여 먹고 난 후 남은 치킨을 포장해 간 후에 치킨에서 이물질이 나왔다는 민원이 접수되어, 이에 피청구인이 이 사건 업소에 20○○. ○. ○.경 점검을 한 결과 설익어서 인체에 해칠 우려가 있는 식품을 조리하여 제공한 사실에 관한 확인(자인)서를 받았고, 이에 피청구인은 청구인이 [식품위생법 제4조를 위반하였다는 이유로 같은 법 제75조에 따라 20○○. ○. ○. 청구인에게 영업정지 7일과 해당 음식물에 대한 폐기의 처분을 하였습니다.

2. 청구인의 주장

가. 청구인은 20○○. ○. ○.경 민원인이 치킨을 먹고 난후 포장하여 나갈 때 직원의 실수로 이중으로 계산이 되어 다시 계산을 하였고 이에 대해 민원인이 불쾌하다는 말을 하고 돌아간 후 약 30분이 지나 민원인이 가져온 치킨에 이물질이 나왔다면 항의전화를 걸어 왔지만 실질적으로 민원인이 먹는 동안은 이상이 없었고 남은 치킨을 포장한 뒤로 직접 확인을 하지 못했기에 일단 죄송하다면 다시 가져오면 새로이 치킨을 포장해 드리겠다고 하였습니다.

나. 20○○. ○. ○.경 피청구인은 이 사건 업소를 방문하였고 민원인이 스마트폰으로 설익은 부위를 사진으로 찍어 보냈다며 신고한 사진을 보여주어 있는 그대로 설명해 주었고 피청구인의 방문으로 놀란 청구인이 어떻게 해야 하냐면 문의를 하자 벌금은 없고 영업정지가 나올거라 하여 설익은 닭을 직접 보지도 못하였고 피청구인측 또한 직접 본적이 없지 않느냐고 묻자 그러한 내용은 이의신청을 하면 그 내용을 참조하여 결과가 바뀔 수 있으니 그때 가서 말하라고 하며 청구인이 말한 것을 확인서에 적고 사인을 받아 갔습니다.

다. 청구인은 피청구인으로부터 영업정지 사전통지를 받고 의견 제출서를 보냈으나 청구인이 직접 설익은 고기를 판매한 사실이 있다는 사인을 하였기 때문에 의견 제출서를 인정할 수 없다고 하면서 20○○. ○. ○. 영업정지 7일과 해당음식물 폐기를 명하는 처분을 받게 되었습니다.

라. 피청구인은 설익은 닭을 직접 본적도 이물질을 확인한 사실도 없었습니다. 따라서 민원인과 청구인을 서로 접견시켜 설익은 닭과 이물질에 대한 진위를 확인할 수 있도록 해야 함에도 이의신청에 기재하면 된다고 하고 재확인 절차를 무시하였습니다. 당시 절차나 법

에 관해 제대로 설명을 해주었더라면 내용에 사인을 하지 않았을 것이며 적법한 절차나 설명을 해주었다면 이렇게 억울하거나 답답하진 않았을 것입니다.

마. 청구인은 위와 같이 법위반 사실에 대한 확인을 전여하지 못한 채 이 사건 영업처분을 받게 된 것입니다.

3. 피청구인의 주장

가. 청구인은 민원인이 사진 1장을 촬영하여 신고한 사실만으로 영업정지처분을 받은 것은 억울하다고 주장하나 통닭 조리 시 설익은 통닭이 조리 될 수 있다는 사실을 인지하고 있으며 상기 위반 사실에 대해 확인서에 서면을 하였고, 이 사건 당시 전국적으로 조류독감이 발생하고 있는 상황임을 청구인도 인식하고 있었을 것이므로 식품을 조리, 판매하는 영업주라면 평소보다 더 많은 주의를 기울여야 함에도 손님에게 덜 익은 식품을 조리하여 제공하였다는 것은 명백하게 식품위생법 제4조를 위반한 것입니다.

나. 식품위생법 제4조에 의하면 '누구든지 다음 각 호의 어느 하나에 해당하는 식품 등을 판매하거나 판매할 목적으로 가공 등을 하여서는 아니 된다. 1. 썩거나 상하거나 설익어서 인체의 건강을 해칠 우려가 있는 것'이라고 되어 있음에도 청구인은 부주의로 설익은 통닭을 판매하였기에 행정절차법 등 관련법에 따라 적법한 절차를 거쳐 이사건 처분을 하였음에도 불구하고 이에 불복하는 청구인의 행정심판 청구는 이유 없어 기각되어 마땅한 것입니다.

4. 관계법령

[식품위생법]

제4조(위해식품등의 판매 등 금지) 누구든지 다음 각 호의 어느 하나에 해당하는 식품등을 판매하거나 판매할 목적으로 채취 · 제조 · 수입 · 가공 · 사용 · 조리 · 저장 · 소분 · 운반 또는 진열하여서는 아니 된다. 〈개정 2013.3.23., 2015.2.3., 2016.2.3.〉

1. 썩거나 상하거나 설익어서 인체의 건강을 해칠 우려가 있는 것
2. 유독 · 유해물질이 들어 있거나 묻어 있는 것 또는 그러할 염려가 있는 것. 다만, 식품의약품안전처장이 인체의 건강을 해칠 우려가 없다고 인정하는 것은 제외한다.
3. 병(病)을 일으키는 미생물에 오염되었거나 그러할 염려가 있어 인체의 건강을 해칠 우려가 있는 것
4. 불결하거나 다른 물질이 섞이거나 첨가(添加)된 것 또는 그 밖의 사유로 인체의 건강을 해칠 우려가 있는 것

제44조(영업자 등의 준수사항) ① 제36조 제1항 각 호의 영업을 하는 자 중 대통령령으로 정하는 영업자와 그 종업원은 영업의 위생관리와 질서유지, 국민의 보건위생 증진을 위하여 영업의 종류에 따라 다음 각 호에 해당하는 사항을 지켜야 한다. 〈개정 2010.1.18., 2013.3.23., 2016.2.3., 2017.12.19.〉

제75조(허가취소 등) ① 식품의약품안전처장 또는 특별자치시장 · 특별자치도지사 · 시장 · 군

수 · 구청장은 영업자가 다음 각 호의 어느 하나에 해당하는 경우에는 대통령령으로 정하는 바에 따라 영업허가 또는 등록을 취소하거나 6개월 이내의 기간을 정하여 그 영업의 전부 또는 일부를 정지하거나 영업소 폐쇄(제37조 제4항에 따라 신고한 영업만 해당한다. 이하 이 조에서 같다)를 명할 수 있다. 〈개정 2010.2.4., 2011.6.7., 2013.3.23., 2013.7.30., 2014.5.28., 2015.5.18., 2016.2.3.〉

[식품위생법 시행규칙]

제57조(식품접객영업자 등의 준수사항 등) 법 제44조 제1항에 따라 식품접객영업자 등이 지켜야 할 준수사항은 별표 17과 같다.

제89조(행정처분의 기준) 법 제71조, 법 제72조, 법 제74조부터 법 제76조까지 및 법 제80조에 따른 행정처분의 기준은 별표 23과 같다.

[별표 23] 행정처분 기준(제89조 관련)〈개정 2017. 12. 29.〉

Ⅰ. 일반기준

15. 다음 각 목의 어느 하나에 해당하는 경우에는 행정처분의 기준이, 영업정지 또는 품목 · 품목류 제조정지인 경우에는 정지처분 기간의 2분의 1 이하의 범위(차목에 해당하는 경우는 10분의 9 이하의 범위로 한다)에서, 영업허가 취소 또는 영업장 폐쇄인 경우에는 영업정지 3개월 이상의 범위에서 각각 그 처분을 경감할 수 있다.

가. 식품등의 기준 및 규격 위반사항 중 산가, 과산화물가 또는 성분 배합비율을 위반한 사항으로서 국민보건상 인체의 건강을 해할 우려가 없다고 인정되는 경우

나. 표시기준의 위반사항 중 일부 제품에 대한 제조일자 등의 표시누락 등 그 위반사유가 영업자의 고의나 과실이 아닌 단순한 기계작동 상의 오류에 기인한다고 인정되는 경우

다. 식품 등을 제조 · 가공만 하고 시중에 유통시키지 아니한 경우

라. 식품을 제조 · 가공 또는 판매하는 자가 식품이력추적관리 등록을 한 경우

마. 위반사항 중 그 위반의 정도가 경미하거나 고의성이 없는 사소한 부주의로 인한 것인 경우

Ⅱ. 개별기준

1. 식품제조 · 가공업 등

영 제21조 제1호의 식품제조 · 가공업, 같은 조 제2호의 즉석판매제조 · 가공업, 같은 조 제3호의 식품첨가물제조업, 같은 조 제5호 가목의 식품소분업, 같은 호 나목 3)의 유통전문판매업, 같은 조 제6호 가목의 식품조사처리업 및 같은 조 제7호의 용기 · 포장류제조업을 말한다.

위반사항	근거 법령	행정처분기준		
		1차 위반	2차 위반	3차 위반
1. 법 제4조를 위반한 경우	법 제72조 및	영업정지	영업정지	영업허가 · 등

가. 썩거나 상하여 인체의 건강을 해칠 우려가 있는 것	법 제75조	1개월과 해당 제품 폐기	3개월과 해당 제품 폐기	록취소 또는 영업소 폐쇄와 해당 제품 폐기
나. 설익어서 인체의 건강을 해칠 우려가 있는 것		영업정지 15일과 해당 제품 폐기	영업정지 1개월과 해당 제품 폐기	영업정지 3개월과 해당 제품 폐기
다. 유독·유해물질이 들어 있거나 묻어 있는 것이나 그러할 염려가 있는 것 또는 병을 일으키는 미생물에 오염되었거나 그러할 염려가 있어 인체의 건강을 해칠 우려가 있는 것		영업허가·등록취소 또는 영업소 폐쇄와 해당 제품 폐기		
라. 불결하거나 다른 물질이 섞이거나 첨가된 것 또는 그 밖의 사유로 인체의 건강을 해칠 우려가 있는 것		영업정지 1개월과 해당 제품 폐기	영업정지 2개월과 해당 제품 폐기	영업허가·등록취소 또는 영업소 폐쇄와 해당 제품 폐기

5. 결 론

그러나 이러한 처분은 청구인에게 너무나 부당하고 또한 과다한 행정처분이므로 행정심판을 구하고자 이 건 청구에 이른 것입니다.

입 증 방 법

1. 갑 제1호증 영업정지 행정처분
1. 갑 제2호증 일반음식점 신고증
1. 갑 제3호증 사업자등록증
1. 갑 제4호증 확인서
1. 갑 제5호증 진술서

첨 부 서 류

1. 위 입증방법 각 1통
1. 심판청구서 부본 1통

20○○. ○. ○.

위 청구인 ○ ○ ○ (인)

△△시 △△구청장 귀중

제출기관	피청구인 또는 행정심판위원회 (행정심판법 제23조)	청구기간	· 처분이 있음을 안 날로부터 90일 · 처분이 있은 날로부터 180일 (행정심판법 제27조)
청 구 인	피처분자	피청구인	행정처분을 한 행정청
제출부수	청구서 및 부본 각 1부	관련법규	행정심판법
불복방법	· 행정심판 재청구의 금지(행정심판법 제51조) 행정심판법상 행정심판의 단계는 단일화되어 있어 재결에 대한 행정심판 재청구는 할 수 없다. 다만, 국세기본법 등의 개별법에서는 다단계의 행정심판을 인정하고 있음 · 재결에 대한 행정소송(행정소송법 제19조, 제38조) 재결자체에 고유한 위법이 있을 때에는 재결 그 자체에 대한 취소소송 및 무효등확인 소송을 제기할 수 있음 · 다만, 청구인은 기각 재결 등 청구인의 주장이 인용되지 아니한 경우에는 원행정처분에 대하여 행정소송으로 다툴 수 있음(행정소송법 제18조)		

[서식 51] 영업정지처분 취소심판청구서(다방영업)

행 정 심 판 청 구

청 구 인　　○ ○ ○ (주민등록번호)
　　　　　　○○시 ○○구 ○○길 ○○ (우편번호 ○○○○○)

피청구인　　△△광역시 △△구청장

식품영업허가취소처분 취소심판청구

심판청구 취지

피청구인이 청구인에 대하여 20○○. ○. ○.자로 20○○. ○. ○.부 식품영업 허가를 취소한 처분은 이를 취소한다.
라는 재결을 구합니다.

심판청구 이유

1. 사건개요

청구인은 ○○시 ○○구 ○○길 ○○에서 ☆☆라는 구내 다방을 개설하여 운영하는 자입니다. 그런데 20○○. ○. ○.자 서보 1234-5678호로 같은 해 ○월부터 같은 달 ○일까지 영업정지명령을 받고 영업정지 중에 있습니다.
청구인은 위 영업정지 기간 중 관리인인 소외 김○○로 하여금 다방종업원을 해산시키고 폐문관리를 시켜 일체 영업을 한 사실이 없음에도 불구하고 피청구인은 청구인이 그 영업정지 기간 중에 영업을 하였다는 사유로 20○○. ○. ○.자로 20○○. ○. ○.부 식품영업 허가를 취소하였습니다.

2. 청구인의 주장

가. 피청구인은 청구인이 영업정지기간 중에 위 영업정지명령을 위반하여 소외 박○○외 20여명을 상대로 영업을 하였으므로 식품위생법 제58조 제2항에 의하여 그 영업의 허가를 취소한 것이라 주장하는데, 청구인은 위 영업정지명령을 받고 소외 김○○로 하여금 다방종업원을 해산시키고 영업을 중지하여 그 장소를 위 소외인으로 하여금 관리케 하였습니다.

나. 그런데 위 소외인의 아들인 소외 ○○○은 그의 고등학교 동창생인 소외 ○○○ 등이 군대에 입대하는 사람들과 송별회를 하는데 장소를 빌려 달라는 요청을 받고 동 휴업중인 다방을 그들의 송별회장소로 제공하고 그 대가로 돈 ○○○원을 받고 위 소외인들은 그날 15:00경부터 약 20여명이 모여 그들이 갖고 온 음료수 등을 나누어 먹으면 24:00경까지 송별회를 하였고, 피청구인은 위와 같은 사실이 청구인이 영업정지 기간 중에 영업을 계속한 사실이라고 하면서 식품위생법 제58조 제2항에 의거 그 영업의 허가를 취소를 하였습니다.

다. 하지만 식품위생법 제58조 제2항에는 영업의 정지명령을 위반하여 계속적으로 영업행위를 하는 때에는 그 영업의 허가를 취소할 수 있다. 라고 규정하고 있는 바, 동법 제2조 제7항에는 '이 법에서 영업이라 함은 식품 또는 첨가물을 채취, 제조, 가공, 수입 조리, 저장, 운반, 또는 판매하거나 식품 또는 첨가물에 관한 기구, 용기 또는 포장을 제조, 수입, 운반 또는 판매하는 업을 말한다.'라고 규정하고 있으므로 청구인은 위와 같은 행위를 식품위생법 제58조 제2항에서 말하는 계속적으로 영업행위를 하는 때에 해당한다고 할 수 없습니다.

3. 관계법령

[식품위생법]

제4조(위해식품등의 판매 등 금지) 누구든지 다음 각 호의 어느 하나에 해당하는 식품등을 판매하거나 판매할 목적으로 채취 · 제조 · 수입 · 가공 · 사용 · 조리 · 저장 · 소분 · 운반 또는 진열하여서는 아니 된다. 〈개정 2013.3.23., 2015.2.3., 2016.2.3.〉

1. 썩거나 상하거나 설익어서 인체의 건강을 해칠 우려가 있는 것
2. 유독 · 유해물질이 들어 있거나 묻어 있는 것 또는 그러할 염려가 있는 것. 다만, 식품의약품안전처장이 인체의 건강을 해칠 우려가 없다고 인정하는 것은 제외한다.

3. 병(病)을 일으키는 미생물에 오염되었거나 그러할 염려가 있어 인체의 건강을 해칠 우려가 있는 것
4. 불결하거나 다른 물질이 섞이거나 첨가(添加)된 것 또는 그 밖의 사유로 인체의 건강을 해칠 우려가 있는 것

제44조(영업자 등의 준수사항) ① 제36조 제1항 각 호의 영업을 하는 자 중 대통령령으로 정하는 영업자와 그 종업원은 영업의 위생관리와 질서유지, 국민의 보건위생 증진을 위하여 영업의 종류에 따라 다음 각 호에 해당하는 사항을 지켜야 한다. 〈개정 2010.1.18., 2013.3.23., 2016.2.3., 2017.12.19.〉

제75조(허가취소 등) ① 식품의약품안전처장 또는 특별자치시장·특별자치도지사·시장·군수·구청장은 영업자가 다음 각 호의 어느 하나에 해당하는 경우에는 대통령령으로 정하는 바에 따라 영업허가 또는 등록을 취소하거나 6개월 이내의 기간을 정하여 그 영업의 전부 또는 일부를 정지하거나 영업소 폐쇄(제37조 제4항에 따라 신고한 영업만 해당한다. 이하 이 조에서 같다)를 명할 수 있다. 〈개정 2010.2.4., 2011.6.7., 2013.3.23., 2013.7.30., 2014.5.28., 2015.5.18., 2016.2.3.〉

[식품위생법 시행규칙]

제57조(식품접객영업자 등의 준수사항 등) 법 제44조 제1항에 따라 식품접객영업자 등이 지켜야 할 준수사항은 별표 17과 같다.

제89조(행정처분의 기준) 법 제71조, 법 제72조, 법 제74조부터 법 제76조까지 및 법 제80조에 따른 행정처분의 기준은 별표 23과 같다.

[별표 23] 행정처분 기준(제89조 관련) 〈개정 2017. 12. 29.〉

Ⅰ. 일반기준

15. 다음 각 목의 어느 하나에 해당하는 경우에는 행정처분의 기준이, 영업정지 또는 품목·품목류 제조정지인 경우에는 정지처분 기간의 2분의 1 이하의 범위(차목에 해당하는 경우는 10분의 9이하의 범위로 한다)에서, 영업허가 취소 또는 영업장 폐쇄인 경우에는 영업정지 3개월 이상의 범위에서 각각 그 처분을 경감할 수 있다.
   가. 식품등의 기준 및 규격 위반사항 중 산가, 과산화물가 또는 성분 배합비율을 위반한 사항으로서 국민보건상 인체의 건강을 해할 우려가 없다고 인정되는 경우
   나. 표시기준의 위반사항 중 일부 제품에 대한 제조일자 등의 표시누락 등 그 위반사유가 영업자의 고의나 과실이 아닌 단순한 기계작동 상의 오류에 기인한다고 인정되는 경우
   다. 식품 등을 제조·가공만 하고 시중에 유통시키지 아니한 경우
   라. 식품을 제조·가공 또는 판매하는 자가 식품이력추적관리 등록을 한 경우

마. 위반사항 중 그 위반의 정도가 경미하거나 고의성이 없는 사소한 부주의로 인한 것인 경우

Ⅱ. 개별기준

1. 식품제조 · 가공업 등

영 제21조 제1호의 식품제조 · 가공업, 같은 조 제2호의 즉석판매제조 · 가공업, 같은 조 제3호의 식품첨가물제조업, 같은 조 제5호 가목의 식품소분업, 같은 호 나목3)의 유통전문판매업, 같은 조 제6호 가목의 식품조사처리업 및 같은 조 제7호의 용기 · 포장류제조업을 말한다.

위반사항	근거 법령	행정처분기준		
		1차 위반	2차 위반	3차 위반
1. 법 제4조를 위반한 경우 가. 썩거나 상하여 인체의 건강을 해칠 우려가 있는 것	법 제72조 및 법 제75조	영업정지 1개월과 해당 제품 폐기	영업정지 3개월과 해당 제품 폐기	영업허가 · 등록취소 또는 영업소 폐쇄와 해당 제품 폐기
나. 설익어서 인체의 건강을 해칠 우려가 있는 것		영업정지 15일과 해당 제품 폐기	영업정지 1개월과 해당 제품 폐기	영업정지 3개월과 해당 제품 폐기
다. 유독 · 유해물질이 들어 있거나 묻어 있는 것이나 그러할 염려가 있는 것 또는 병을 일으키는 미생물에 오염되었거나 그러할 염려가 있어 인체의 건강을 해칠 우려가 있는 것		영업허가 · 등록취소 또는 영업소 폐쇄와 해당 제품 폐기		
라. 불결하거나 다른 물질이 섞이거나 첨가된 것 또는 그 밖의 사유로 인체의 건강을 해칠 우려가 있는 것		영업정지 1개월과 해당 제품 폐기	영업정지 2개월과 해당 제품 폐기	영업허가 · 등록취소 또는 영업소 폐쇄와 해당 제품 폐기

4. 결 론

그렇다면 청구인은 위 영업정지기간 중에 계속적으로 영업행위를 한 것이라 할 수 없고 따라서 그 영업정지명령에 위반한 사실이 없다할 것이므로 청구인이 영업정지기간 중에 영업행위를 계속하였음을 전제로 한 피청구인의 이 사건 처분은 위법 부당한 행정처분이므로 청구인은 행정심판을 구하고자 이 건 청구에 이른 것입니다.

입 증 방 법

1. 갑 제1호증 영업정지 행정처분

1. 갑 제2호증 일반음식점 신고증
1. 갑 제3호증 사업자등록증
1. 갑 제4호증 확인서
1. 갑 제5호증 진술서

첨 부 서 류

1. 위 입증방법 각 1통
1. 심판청구서 부본 1통

20○○년 ○월 ○일

위 청 구 인 ○ ○ ○ (인)

△△시 △△구청장 귀중

제출기관	피청구인 또는 행정심판위원회 (행정심판법 제23조)	청구기간	· 처분이 있음을 안 날로부터 90일 · 처분이 있은 날로부터 180일 (행정심판법 제27조)
청 구 인	피처분자	피청구인	행정처분을 한 행정청
제출부수	청구서 및 부본 각 1부	관련법규	행정심판법
불복방법	· 행정심판 재청구의 금지(행정심판법 제51조) 행정심판법상 행정심판의 단계는 단일화되어 있어 재결에 대한 행정심판 재청구는 할 수 없다. 다만, 국세기본법 등의 개별법에서는 다단계의 행정심판을 인정하고 있음 · 재결에 대한 행정소송(행정소송법 제19조, 제38조) 재결자체에 고유한 위법이 있을 때에는 재결 그 자체에 대한 취소소송 및 무효등확인 소송을 제기할 수 있음 · 다만, 청구인은 기각 재결 등 청구인의 주장이 인용되지 아니한 경우에는 원행정처분에 대하여 행정소송으로 다툴 수 있음(행정소송법 제18조)		

[서식 52] **영업불허가처분 취소심판청구서**(단란주점)

행 정 심 판 청 구

청 구 인 ○ ○ ○ (주민등록번호)
○○시 ○○구 ○○길 ○○ (우편번호 ○○○○○)

피청구인 △△도 △△구청장

영업불허가처분 취소청구

심판청구 취지

피청구인이 20○○. ○. ○. 청구인에 대하여 한 영업불허가 처분을 취소한다.
라는 재결을 구합니다.

심판청구 이유

1. **사건개요**

청구인은 ○○시 ○○구 ○○길 ○○에서 단란주점영업을 하기 위해서 식품위생법령에 따라 그 영업허가 권한을 가진 피청구인에게 그 허가를 신청하였으나 피청구인이 20○○. ○. ○. 청구인에 대하여 조정위원회의 심의를 거쳐 20○○. ○. ○. 제정한 도립공원 집단시설지구 공원시설 지침에 의하면 청구인 신청의 단란주점영업은 그 신규허가가 제한되고 있다는 이유로 이를 불허하는 처분(이하 '이 사건 처분'이라 합니다)을 하였습니다.

2. **청구인의 주장**

가. 자연공원법의 규정에 의하면 식품접객업에 공용하는 시설을 공원시설로 둘 수 있고, 식품위생법상 단란주점영업은 식품접객업의 일종이므로 그에 적합한 시설을 갖추었다면 이를 허가하여야 하고, ○○ 도립공원 기본계획 변경신청 중 관리계획과 그에 관한 고시 및 ○○지사의 ○○산 집단시설지구내 공원사업시행허가의 내용에도 도로 전면에 식품접객업 영업허가를 제한한다는 내용이 없고 도립고원 집단시설지구 공원시설지침에서도 그 제한시설로 일반유흥음식점을 명시하고 있을 뿐이므로 그에 해당하지 아니하는 단란주점영업에 대하여는 이를 불허하여야 할 아무런 근거가 없음에도 이 사건 처분을 한 것은 위법합니다.

나. 피청구인은 이 사건 집단시설지구내에 타인이 신청한 노래방 영업과 가요주점 영업은 허가하였으면서도 청구인이 신청한 단란주점 영업에 대해서는 불허하였느니 이는 형평의 관점에 비추어 보아 재량권의 한계를 일탈하였거나 재량권을 남용하여 한 것으로서 위법

합니다.

3. **관계법령**

[자연공원법]

제2조(정의) 이 법에서 사용하는 용어의 뜻은 다음과 같다. 〈개정 2011.7.28., 2016. 5.29.〉

1. "자연공원"이란 국립공원 · 도립공원 · 군립공원(郡立公園) 및 지질공원을 말한다.
3. "도립공원"이란 도 및 특별자치도(이하 "도"라 한다)의 자연생태계나 경관을 대표할 만한 지역으로서 제4조 및 제4조의3에 따라 지정된 공원을 말한다.

제5조(둘 이상의 행정구역에 걸치는 자연공원의 지정 · 관리) ① 제4조와 제4조의3 또는 제4조의4에 따라 도립공원 또는 군립공원으로 지정하려는 지역이 둘 이상의 특별시 · 광역시 · 특별자치시 · 도 및 특별자치도(이하 "시 · 도"라 한다) 또는 시 · 군 및 자치구(이하 "군"이라 한다)의 행정구역에 걸쳐 있는 경우에는 관계 시 · 도지사 또는 군수는 자연공원의 지정, 공원관리청 및 관리방법에 관하여 협의하여야 한다.

제13조(도립공원계획의 결정) ① 도립공원에 관한 공원계획은 시 · 도지사가 결정한다.

제16조(공원계획의 고시) 공원관리청은 제12조부터 제15조까지의 규정에 따라 공원계획을 결정하거나 변경하였을 때에는 환경부령으로 정하는 바에 따라 이를 고시하여야 한다.

제18조(용도지구) ① 공원관리청은 자연공원을 효과적으로 보전하고 이용할 수 있도록 하기 위하여 다음 각 호의 용도지구를 공원계획으로 결정한다.

제20조(공원관리청이 아닌 자의 공원사업의 시행 및 공원시설의 관리) ① 공원관리청이 아닌 자는 공원사업을 하거나 공원관리청이 설치한 공원시설을 관리하려는 경우에는 공원관리청의 허가를 받아야 한다.

[자연공원법 시행령]

제2조(공원시설) 「자연공원법」(이하 "법"이라 한다) 제2조 제10호에서 "대통령령으로 정하는 시설"이란 다음 각 호의 시설을 말한다.

6. 기념품 판매점, 약국, 식품접객소(~~유흥주~~점은 제외한다), 미용업소, 목욕장 등의 상업시설

4. **결 론**

그렇다면 이 사건 집단시설지구내에 타인이 신청한 노래방 영업과 가요주점 영업은 허가하였으면서도 청구인이 신청한 단란주점 영업에 대해서는 불허하였느니 이는 형평의 관점에 비추어 보아 재량권의 한계를 일탈하였거나 재량권을 남용하여 한 것으로서 피청구인의 이 사건 처분은 위법 부당한 행정처분이므로 청구인은 행정심판을 구하고자 이 건 청구에 이른 것입니다.

입 증 방 법

1. 갑 제1호증 영업정지 행정처분
1. 갑 제2호증 사업자등록증
1. 갑 제3호증 확인서
1. 갑 제4호증 진술서

첨 부 서 류

1. 위 입증방법 각 1통
1. 심판청구서 부본 1통

20○○년 ○월 ○일

위 청 구 인 ○ ○ ○ (인)

△△시 △△구청장 귀중

제출기관	피청구인 또는 행정심판위원회 (행정심판법 제23조)	청구기간	· 처분이 있음을 안 날로부터 90일 · 처분이 있은 날로부터 180일 (행정심판법 제27조)
청 구 인	피처분자	피청구인	행정처분을 한 행정청
제출부수	청구서 및 부본 각 1부	관련법규	행정심판법
불복방법	· 행정심판 재청구의 금지(행정심판법 제51조) 행정심판법상 행정심판의 단계는 단일화되어 있어 재결에 대한 행정심판 재청구는 할 수 없다. 다만, 국세기본법 등의 개별법에서는 다단계의 행정심판을 인정하고 있음 · 재결에 대한 행정소송(행정소송법 제19조, 제38조) 재결자체에 고유한 위법이 있을 때에는 재결 그 자체에 대한 취소소송 및 무효등확인 소송을 제기할 수 있음 · 다만, 청구인은 기각 재결 등 청구인의 주장이 인용되지 아니한 경우에는 원행정처분에 대하여 행정소송으로 다툴 수 있음(행정소송법 제18조)		

[서식 53] 영업정지처분 취소심판청구서(유흥주점)

행 정 심 판 청 구

청 구 인 ○ ○ ○ (주민등록번호)
○○시 ○○구 ○○길 ○○ (우편번호 ○○○○○)

피청구인 △△도 △△구청장

영업정지처분 취소청구

심판청구 취지

피청구인이 20○○. ○. ○. 청구인에 대하여 한 1개월의 영업정지처분을 취소한다.
라는 재결을 구합니다.

심판청구 이유

1. **사건개요**

청구인은 ○○시 ○○구 ○○길 ○○에서 유흥주점(이하 '이 사건 업소'라 합니다)을 운영하는 자로 20○○. ○. ○.경 성매매를 알선한 사실(이하 '이 사건 위반행위'라 합니다)이 ○○경찰서에 적발되어 피청구인에게 통보되었고, 피청구인은 이 사건 위반행위가 [성매매알성 등 행위의 처벌에 관한 법률] 제4조를 위반하였다는 이유로 [행정절차법] 제21조, 제22조에 따라 처분사전통지와 의견제출 절차를 거쳐, [식품위생법] 제75조 및 같은 법 시행규칙 제89조 별표 23에 따라 1개월(20○○. ○. ○. - 20○○. ○. ○.)의 영업정지처분(이하 '이 사건 처분'이라 합니다)을 하였습니다.

2. **청구인의 주장**

가. 이 사건 업소는 영업부진과 과도한 선불금 및 유흥종사자들이 스스로 꺼린다는 이유로 유흥종사자를 직접 고용하지 않고 손님들의 유흥접객원 요구가 있을 때마다 유흥종사자를 외부에서 공급받아 유흥접객행위를 하는 형태로 영업이 이루어지고 있었습니다. 따라서 청구인은 이 사건 당일 손님들의 요구에 따라 손님들에게 청구외 박○○(유흥접대부)을 불러 접객행위를 할 수 있도록 알선하고 접대비를 지급하였을 뿐 손님들과 청구외 박○○이 이 사건 업소에 나간 이후 그들 스스로 성매매 행위를 하였는지 여부에 대해서는 전혀 알지 못합니다. 그럼에도 불구하고 이 사건 당일 ○○경찰청 합동단속반원이 성매매 현장을 단속하였고 위 박○○를 다시 이 사건 업소로 데리고 와 성매매 알선 여부에 대하여 추궁하자 종업원 전○○은 겁에 질려 성매매를 알선하였다고 거짓으로 자백하였

고 이러한 사실을 근거로 하여 피청구인의 이 사건 처분이 이루어진 것입니다

나. 이 사건 위반행위는 단속반이 이 사건 업소에 출입하는 손님들과 유흥접객원을 감시하다가 성매매현장을 적발하지 못하자 근처 모텔을 불심 검문하여 청구외 박○○를 추궁하여 이 사건 업소에서 손님을 접대하였다는 진술을 받아낸 뒤 종업원 전○○ 또한 추궁하여 자백을 받아낸 것으로 함정수사에 의한 강제자백이며 이러한 사실관계에 근거하여 이 사건 처분을 할 수는 없다 할 것입니다.

다. 피청구인은 식품위생법 제44조 제2항에 근거하여 이 사건 처분을 하였다고 하지만 위 법조항은 일반음식점, 휴게음식점 등에 대한 처벌조항이지 유흥주점에 대한 처벌조항이 아니므로 이에 근거한 이 사건 처분은 위법, 부당합니다. 나아가 이 사건 처분의 기준이 된 같은 법 시행령 제89조 별표 23은 행정기관의 내부사무처리 준칙을 규정한 것으로 처분의 적법여부는 위 기준뿐만 아니라 관련 사정 및 법령의 취지를 종합적으로 고려하여 그 적법여부를 판단하여야 할 것인 바, 이 사건 업소는 청구인의 유일한 생계 수단이므로 이 사건 처분이 그대로 집행된다면 부채를 상환할 수 없게 된다는 점, 이 사건 처분 외에는 지금까지 관련 법규를 위반한 적이 없다는 점, 이 사건 위반행위는 경찰합동단속반의 함정수사 또는 강제수사에 의한 것임을 고려한다면, 이 사건 처분은 지나치게 과도하여 재량권을 일탈, 남용한 위법이 있다 할 것입니다.

3. 피청구인의 주장

가. 청구인은 이 사건 위반행위가 단속기관의 함정수사에 따라 강제로 받아낸 자백에 의한 것으로 위법사항이 없다고 주장하지만 식품접객업자는 식품위생법에 의한 허가를 얻은 이상 종업원에 대한 관리, 감독을 소홀히 한 부분에 대해 책임을 저야 하고 검찰청으로부터 벌금 ○○만원 처분을 받은 점을 본다면 청구인이 법규 위반행위가 확인된 것으로 이 사건 처분은 적법, 타당하다.

나. 청구인은 이 사건 처분이 잘못된 법령에 근거하여 이루어졌다고 주장하지만, 식품위생법 제44조 제2항을 위반하였다는 것은 단순한 오기에 불과한 것이고 이 사건 처분의 내용인 1개월의 영업정지는 같은 법 시행규칙 제89조 별표 23에 따라 성매매처벌법 제4조에서 규정한 금지사항을 위반한 경우의 기준에 따른 것으로 적정하며, 청구인의 이 사건 위반행위는 같은 법 제75조에 따라 영업정지사유에도 해당하므로 단순히 행정기관 내부의 사무처리준칙에 따라 이 사건 처분이 이루어진 것이라는 청구인의 주장은 타당하지 않습니다.

다. 또한 청구인은 이 사건 업소를 적자 운영하는 등 경제적 사정이 어렵다는 점을 호소하고 있으나 식품접객업자는 영업신고를 한 이상 관련 법규에 따른 준수사항을 엄격히 준수하여야 할 의무가 있는 것이어서 이 사건 위반행위가 경미하였다고 볼 수 없고 이 사건 처분에 따른 제재로서 달성하고자 하는 공익이 결코 작다고 할 수 없으므로 이 사건 처분은 위법, 부당하지 않고 따라서 청구인의 이 사건 처분은 기각되어야 합니다.

4. 관계법령

[식품위생법]

제36조(시설기준) ① 다음의 영업을 하려는 자는 총리령으로 정하는 시설기준에 맞는 시설을 갖추어야 한다. 〈개정 2010.1.18., 2013.3.23.〉

1. 식품 또는 식품첨가물의 제조업, 가공업, 운반업, 판매업 및 보존업
2. 기구 또는 용기·포장의 제조업
3. 식품접객업

② 제1항 각 호에 따른 영업의 세부 종류와 그 범위는 대통령령으로 정한다.

제44조(영업자 등의 준수사항) ① 제36조 제1항 각 호의 영업을 하는 자 중 대통령령으로 정하는 영업자와 그 종업원은 영업의 위생관리와 질서유지, 국민의 보건위생 증진을 위하여 영업의 종류에 따라 다음 각 호에 해당하는 사항을 지켜야 한다. 〈개정 2010.1.18., 2013.3.23., 2016.2.3., 2017.12.19.〉

제75조(허가취소 등) ① 식품의약품안전처장 또는 특별자치시장·특별자치도지사·시장·군수·구청장은 영업자가 다음 각 호의 어느 하나에 해당하는 경우에는 대통령령으로 정하는 바에 따라 영업허가 또는 등록을 취소하거나 6개월 이내의 기간을 정하여 그 영업의 전부 또는 일부를 정지하거나 영업소 폐쇄(제37조 제4항에 따라 신고한 영업만 해당한다. 이하 이 조에서 같다)를 명할 수 있다. 〈개정 2010.2.4., 2011.6.7., 2013. 3.23., 2013.7.30., 2014.5.28., 2015.5.18., 2016.2.3.〉

[식품위생법 시행령]

제21조(영업의 종류) 법 제36조 제2항에 따른 영업의 세부 종류와 그 범위는 다음 각 호와 같다.

8. 식품접객업

가. 휴게음식점영업: 주로 다류(茶類), 아이스크림류 등을 조리·판매하거나 패스트푸드점, 분식점 형태의 영업 등 음식류를 조리·판매하는 영업으로서 음주행위가 허용되지 아니하는 영업. 다만, 편의점, 슈퍼마켓, 휴게소, 그 밖에 음식류를 판매하는 장소(만화가게 및 「게임산업진흥에 관한 법률」 제2조 제7호에 따른 인터넷컴퓨터게임시설제공업을 하는 영업소 등 음식류를 부수적으로 판매하는 장소를 포함한다)에서 컵라면, 일회용 다류 또는 그 밖의 음식류에 물을 부어 주는 경우는 제외한다.

나. 일반음식점영업: 음식류를 조리·판매하는 영업으로서 식사와 함께 부수적으로 음주행위가 허용되는 영업

다. 단란주점영업: 주로 주류를 조리·판매하는 영업으로서 손님이 노래를 부르는 행위가 허용되는 영업

라. 유흥주점영업: 주로 주류를 조리·판매하는 영업으로서 유흥종사자를 두거나 유흥시

설을 설치할 수 있고 손님이 노래를 부르거나 춤을 추는 행위가 허용되는 영업

마. 위탁급식영업: 집단급식소를 설치 · 운영하는 자와의 계약에 따라 그 집단급식소에서 음식류를 조리하여 제공하는 영업

바. 제과점영업: 주로 빵, 떡, 과자 등을 제조 · 판매하는 영업으로서 음주행위가 허용되지 아니하는 영업

[식품위생법 시행규칙]

제89조(행정처분의 기준) 법 제71조, 법 제72조, 법 제74조부터 법 제76조까지 및 법 제80조에 따른 행정처분의 기준은 별표 23과 같다.

[성매매알선 등 행위의 처벌에 관한 법률]

제4조(금지행위) 누구든지 다음 각 호의 어느 하나에 해당하는 행위를 하여서는 아니 된다.

1. 성매매
2. 성매매알선 등 행위
3. 성매매 목적의 인신매매
4. 성을 파는 행위를 하게 할 목적으로 다른 사람을 고용 · 모집하거나 성매매가 행하여진다는 사실을 알고 직업을 소개 · 알선하는 행위
5. 제1호, 제2호 및 제4호의 행위 및 그 행위가 행하여지는 업소에 대한 광고행위

5. **결 론**

그렇다면 피청구인이 위와 같은 사정을 고려하지 않고 일방적으로 취소한 피청구인의 이 사건 처분은 위법 부당한 행정처분이므로 청구인은 행정심판을 구하고자 이 건 청구에 이른 것입니다.

입 증 방 법

1. 갑 제1호증	행정처분통지서
1. 갑 제2호증	사업자등록증
1. 갑 제3호증	확인서
1. 갑 제4호증	진술서

첨 부 서 류

1. 위 입증방법	각 1통
1. 심판청구서 부본	1통

20○○. ○. ○.

위 청 구 인 ○ ○ ○ (인)

△△시 △△구청장 귀중

제출기관	피청구인 또는 행정심판위원회 (행정심판법 제23조)	청구기간	· 처분이 있음을 안 날로부터 90일 · 처분이 있은 날로부터 180일 (행정심판법 제27조)
청 구 인	피처분자	피청구인	행정처분을 한 행정청
제출부수	청구서 및 부본 각 1부	관련법규	행정심판법
불복방법	· 행정심판 재청구의 금지(행정심판법 제51조) 행정심판법상 행정심판의 단계는 단일화되어 있어 재결에 대한 행정심판 재청구는 할 수 없다. 다만, 국세기본법 등의 개별법에서는 다단계의 행정심판을 인정하고 있음 · 재결에 대한 행정소송(행정소송법 제19조, 제38조) 재결자체에 고유한 위법이 있을 때에는 재결 그 자체에 대한 취소소송 및 무효등확인 소송을 제기할 수 있음 · 다만, 청구인은 기각 재결 등 청구인의 주장이 인용되지 아니한 경우에는 원행정처분에 대하여 행정소송으로 다툴 수 있음(행정소송법 제18조)		

[서식 54] 영업정지처분 취소심판청구서(유흥주점)

행 정 심 판 청 구

청 구 인 ○ ○ ○ (주민등록번호)
○○시 ○○구 ○○길 ○○ (우편번호 ○○○○○)

피청구인 △△도 △△구청장

영업정지처분 취소심판청구

심판청구 취지

피청구인이 20○○. ○. ○. 청구인에 대하여 한 영업정지 2개월의 처분은 이를 취소한다.

라는 재결을 구합니다.

심판청구 이유

1. 사건개요

청구인은 ○○시 ○○구 ○○길 ○○에서 유흥주점(이하 '이 사건 업소'라 합니다)을 운영하는 자로 20○○. ○. ○. 업소에 청소년인 김○○(16세) 등 5명의 연령을 확인하지 않은 채 출입하게 하고, 청소년 유해약물인 소주, 맥주 등을 판매한 것이 ○○경찰서에 적발되어 20○○. ○. ○. 피청구인에게 통보되었고, 청구인이 처분 전 의견으로 형사사건 종결 후 행정처분을 바람에 따라 처분을 유예하였다가 20○○. ○. ○. ○○지방법원 ○○지원에서 청구인 업소의 일일 종업원 박○○에게 벌금 100만원을 처분함에 따라 20○○. ○. ○. [식품위생법] 제44조 제2항의 규정을 위반한 청구인에 대하여 같은 법 제75조 및 같은 법 시행규칙 제89조의 규정에 따라 2개월(20○○. ○. ○. - 20○○. ○. ○.)의 영업정지처분(이하 '이 사건 처분'이라 합니다)을 하였습니다.

2. 청구인의 주장

가. 청구인은 사건 개인적이 사정으로 인해 잠시 가게를 볼 수 없는 동안 가게를 평소 알던 지인에게 맡기면서 미성년자는 출입시키지 말라고 분명히 말했는데 이런 일이 발생하게 된 것에 대해 깊이 반성하고 있습니다.

나. 청구인은 작년에 회사에서 퇴직을 한 후 퇴직금과 은행대출금을 받아 현재의 가게를 운영하고 있지만 장사가 잘되지 않을 뿐만 아니라 이 업소 운영을 통해 얻은 수익을 갖고 아들 병원비 등을 겨우 내고 생활을 하고 있는 바, 이 사건 처분처럼 영업정지 2개월은 청구인에게 너무나 가혹한 처분에 해당합니다.

3. 피청구인의 주장

가. 정신적 육체적으로 미성숙한 미성년자에게 신분증이나 연령확인도 없이 주류를 판매한 것은 소정의 위생교육을 받은 일반음식점 영업자로서 당연히 준수해야 할 법규를 명백히 위반하여 사회의 도덕적, 법률적 규범을 흔든 범법 행위입니다.

나. 청구인은 지인의 불찰로 이 사건이 발생하였다고 주장하지만 유흥주점은 청소년 유해업소로 지정되어 출입자체가 금지되어 있고 16세의 어린 청소년이 외모를 아무리 성인의 흉내를 내었다 하더라도 언어와 행동에서 구분할 수 있었을 것으로 보여 지는데도 불구하고 16세의 청소년을 유흥주점에 출입시키고 주류를 제공한 것은 단순 부주의로 보기 어렵습니다.

다. 또한 대다수 영업주들이 어려운 경제여건 하에서도 관계법령 등을 준수하면서 성실히 영업하고 있는 것과 비교하면 피청구인이 행한 행정처분은 식품위생법 관련규정에 의거 적법하게 처분되었으므로 청구인의 청구는 이유없는 것으로 기각하여 주시기 바랍니다.

4. 관계법령

[식품위생법]

제44조(영업자 등의 준수사항) ① 제36조 제1항 각 호의 영업을 하는 자 중 대통령령으로 정하는 영업자와 그 종업원은 영업의 위생관리와 질서유지, 국민의 보건위생 증진을 위하여 영업의 종류에 따라 다음 각 호에 해당하는 사항을 지켜야 한다. 〈개정 2010.1.18., 2013.3.23., 2016.2.3., 2017.12.19.〉

제75조(허가취소 등) ① 식품의약품안전처장 또는 특별자치시장 · 특별자치도지사 · 시장 · 군수 · 구청장은 영업자가 다음 각 호의 어느 하나에 해당하는 경우에는 대통령령으로 정하는 바에 따라 영업허가 또는 등록을 취소하거나 6개월 이내의 기간을 정하여 그 영업의 전부 또는 일부를 정지하거나 영업소 폐쇄(제37조 제4항에 따라 신고한 영업만 해당한다. 이하 이 조에서 같다)를 명할 수 있다. 〈개정 2010.2.4., 2011.6.7., 2013.3.23., 2013.7.30., 2014.5.28., 2015.5.18., 2016.2.3.〉

[식품위생법 시행규칙]

제89조(행정처분의 기준) 법 제71조, 법 제72조, 법 제74조부터 법 제76조까지 및 법 제80조에 따른 행정처분의 기준은 별표 23과 같다.

5. 결 론

그렇다면 피청구인이 위와 같은 사정을 고려하지 않고 일방적으로 취소한 피청구인의 이 사건 처분은 위법 부당한 행정처분이므로 청구인은 행정심판을 구하고자 이 건 청구에 이른 것입니다.

입 증 방 법

1. 갑 제1호증	행정처분통지서
1. 갑 제2호증	사업자등록증
1. 갑 제3호증	확인서
1. 갑 제4호증	진술서

첨 부 서 류

1. 위 입증방법	각 1통
1. 심판청구서 부본	1통

20○○년 ○월 ○일

위 청구인 ○ ○ ○ (인)

△△시 △△구청장 귀중

제출기관	피청구인 또는 행정심판위원회 (행정심판법 제23조)	청구기간	· 처분이 있음을 안 날로부터 90일 · 처분이 있은 날로부터 180일 (행정심판법 제27조)
청 구 인	피처분자	피청구인	행정처분을 한 행정청
제출부수	청구서 및 부본 각 1부	관련법규	행정심판법
불복방법	· 행정심판 재청구의 금지(행정심판법 제51조) 행정심판법상 행정심판의 단계는 단일화되어 있어 재결에 대한 행정심판 재청구는 할 수 없다. 다만, 국세기본법 등의 개별법에서는 다단계의 행정심판을 인정하고 있음 · 재결에 대한 행정소송(행정소송법 제19조, 제38조) 재결자체에 고유한 위법이 있을 때에는 재결 그 자체에 대한 취소소송 및 무효등확인 소송을 제기할 수 있음. · 다만, 청구인은 기각 재결 등 청구인의 주장이 인용되지 아니한 경우에는 원행정처분에 대하여 행정소송으로 다툴 수 있음(행정소송법 제18조)		

(2) 행정소송

[행정소송의 개관]

소장은 일반적으로 당사자표시와 청구취지, 청구원인 등을 기재하고 증거서류를 첨부한 다음, 정부수입인지 첩부(또는 현금납부)와 송달료를 예납하고 관할법원에 제출하여야 한다. 특히 "청구취지"는 원고의 청구가 받아들여질 경우에 판결의 주문에 해당되기 때문에 기재에 신중을 기해야 한다.

소장에 첨부한 증거서류는 그 부본을 소장접수시 제출하거나 변론기일에 상대방에게 교부하여야 한다.

공무원 신분에 관련된 소송이나 조세소송 등은 행정소송을 제기하기 전에 반드시 먼저 행정심판을 거치도록 되어 있으므로 행정심판 제기일자, 행정청의 심판 또는 재결일자, 위 결정 송달일자 등과 같은 전심과 관련된 내용의 주장을 하여야 하고 그에 대한 증거도 제출하여야 한다.

가. 당사자 표시방법

(1) 원고의 표시

원고의 표시방법은 원칙적으로 민사소송의 경우와 같다.

[예] 원고 홍 길 동 (550816-1553710)
서울 서초구 서초동 1701-1
(우편번호 137-744, 전화 530-1737, FAX 530-1736)

(2) 피고의 표시

㈎ 처분행정청인 경우 - 당해 행정청만 표시
(예 : 서초세무서장, 법무부장관, 서울특별시장)

㈏ 보통지방행정기관인 경우 - 당해 행정청의 소속 시 · 도 · 군 명을 기재
(예 : 서울특별시 서초구청장, 충주시장, 예천군수, 강원도 고성군수, 서산시 지곡면장, 영암군 미암면장)

㈐ 특별지방행정기관인 경우 - 당해 행정청의 고유명칭을 기재
(예 : 예산세무서장, 동해경찰서장, 서울남부보훈지청장, 용인교육청 교육장, 강릉영림서 양양관리소장)

㈑ 공 · 사법인인 경우 - 대표자 또는 대리인을 기재
(예 : 대한주택공사 사장 홍 길 동)

㈒ 합의제 기관인 경우 - 대표자 또는 대리인을 기재
(예 : 중앙토지수용위원회 대표자 홍 길 동)

㈓ 중앙노동위원회인 경우
(예 : 중앙노동위원회위원장 홍 길 동)

㈔ 의회인 경우
(예 : 대전광역시 대덕구의회 의장 홍 길 동)

㈕ 소송참가의 경우 - 행정소송법 제16조, 제17조
(예 : 「제3자 참가인」, 「참가행정인」)

나. 청구취지의 표시 방법

(1) 공무원의 신분에 관한 것
「대통령이 1998. 1. 10. 원고에 대하여 한 파면처분을 취소한다.」
(* 처분청과 피고가 다른 경우임)

(2) 공무원연금법상의 처분에 관한 것
「피고가 1998. 1. 10. 원고에 대하여 한 공무원요양신청부결처분을 취소한다.」

(3) 국가유공자등록에 관한 것
「피고가 1998. 10. 16. 원고에 대하여 한 국가유공자유족등록거부처분을 취소한다.」

(4) 산업재해보상보험법상의 청구에 관한 것
「피고가 1998. 6. 19. 원고에 대하여 유족보상일시금 및 장의비 지급을 거부한 처분을 취소한다.」
「피고가 1998. 11. 20. 원고에 대하여 한 제4, 5 요추수핵탈출증의 추가상병불승인처분을 취소한다.」

(5) 각종의 불허가, 반려처분에 관한 것

「피고가 1998. 1. 10. 원고에 대하여 한 건축허가를 거부한 처분(도시 444.1-1753)을 취소한다.」

「피고가 1998. 1. 10. 원고에 대하여 한 문학박사학위신청기각처분을 취소한다.」

「피고가 1998. 10. 31. 원고의 경기 연천군 신서면 대관리 1035 전 21,454㎡에 관한 토지형질변경허가를 불허한 처분을 취소한다.」

「피고가 1998. 9. 5. 원고들에 대하여 시내버스 한정면허(마을버스)운송사업조합인가를 거부한 처분은 이를 취소한다.」

(6) 노동관계 행정소송에 관한 것

「피고가 1998. 4. 13. 원고와 피고보조참가인 사이의 93부해55 부당해고구제재심신청사건에 관하여 한 재심판정을 취소한다.」

(7) 각종 면허취소나 영업정지 등 소위 제재처분에 관한 것

「피고가 1998. 1. 10. 원고에 대하여 유흥주점 "○○"의 영업정지를 명한 처분을 취소한다.」

「피고가 1998. 1. 10. 원고에 대하여 같은 해 1. 11.부터 같은 해 2. 2.까지 의료업정지를 명한 처분을 취소한다.」

「피고가 1998. 1. 30. 원고에 대하여 한 별지기재와 같은 내용의 시정명령은 이를 취소한다.」

「피고가 1998. 2. 20. 원고에 대하여 한 자동차운전면허(서울 제1종 대형 1183- 045810-10호)의 취소처분을 취소한다.」

「피고가 1998. 12. 17. 원고에 대하여 한 비디오물 대여업자등록 취소처분을 취소한다.」

(8) 철거나 계고처분에 관한 것

「피고가 1998. 1. 10. 원고에 대하여 한 ○○○산 1 임야 내에 있는 분묘 1기에 관한 개장명령 및 행정대집행계고처분을 각 취소한다.」

(9) 부담금이나 조세 등의 부과처분에 관한 것

「피고가 1998. 9. 1. 원고에 대하여 한 종합토지세 금 10,000,000원의 부과처분 중 금 5,000,000원을 초과하는 부분을 취소한다.」

「피고가 원고에 대하여 한 별지목록 (1) 기재의 법인세부과처분 중 같은 목록 (2) 기재부분을 취소한다.」

「피고가 1998. 8. 11. 원고에게 한 개발부담금 400,000,000원의 부과처분을 취소한다.」

다. 청구원인 기재방법

청구원인의 기재는 소송상의 청구를 다른 청구와 구별할 수 있을 정도로 주장책임의 범위 내에서 간결 · 명료하게 기재하여야 한다.

라. 첨부서류

(1) 소가산정에 필요한 서류

(2) **소송수행권을 증명하는 서면**

법인의 경우 법인등기부등 · 초본, 미성년자의 법정대리인인 경우 가족관계증명서 등 가족관계등록사항에 관한 증명서, 선정당사자 증명서, 법무부장관의 지정서 등

(3) **인지 및 송달료의 예납을 증명하는 서류**

소정의 인지를 첩부하거나 납부하고 송달료를 예납한 후 그에 대한 서류를 소장에 첩부하여야 한다.

(4) **소장의 부본**

피고의 수에 따른 소장부본 첨부(민사소송규칙 제43조의4)

마. 소가의 산정

(1) **원 칙**

(가) 조세 기타 공법상의 금전, 유가증권 또는 물건의 납부를 명한 처분의 무효 확인 또는 취소를 구하는 소송 - 청구가 인용됨으로써 원고가 납부의무를 면하게 되거나 환급 받게 될 금전, 유가증권 또는 물건가액의 3분의 1(다만, 그 가액이 30억원을 초과하는 경우 이를 30억원으로 본다)

(나) 체납처분취소의 소송 - 체납처분의 근거가 된 세액을 한도로 한 목적물건가액의 3분의 1. 다만, 그 가액이 30억원을 초과하는 경우 이를 30억원으로 본다.

(다) 금전지급 청구의 소 - 청구금액

(라) 위 1 내지 3호에 규정된 것 이외의 소송 - 20,000,100원(비재산권을 목적으로 하는 소송으로 간주)

※ 토지의 가액은 개별공시지가에 100분의 30을 곱하여 산정한 금액

(2) **부동산에 관련한 처분**

환지예정지 지정처분이나 토지수용에 관한 사업인정처분과 같은 부동산에관련한 처분은 비재산권을 목적으로 하는 소송으로 보아 2천만 100원으로 한다.

(3) **특수한 소송**

부작위위법확인을 구하는 소도 비재산권상의 소로 보아 2천만 100원으로 한다.

(4) **수개의 청구**

(가) 수개 청구의 주장 이익이 독립한 별개의 것인 때
- 합산하여 소가산정(민사소송법 제24조 제1항, 민사소송등인지규칙 제19조)

(나) 수개 청구의 주장 이익이 동일 또는 중복될 때
- 그 중 다액을 소가로 함

(다) 과실, 손해배상, 위약금 또는 비용의 청구가 소송의 부대목적인 때
- 그 가액은 산입 안함(민사소송법 제24조 제2항)

바. 인지 및 송달료

(1) 인지액 계산

(가) 소 장

소 송 가 액	산 정 내 역
소가 1천만원 미만	소가×(50÷10,000)
소가 1천만원 이상 1억원 미만	소가×(45÷10,000)+5,000
소가 1억원 이상 10억원 미만	소가×(40÷10,000)+55,000
소가 10억원 이상	소가×(35÷10,000)+555,000
{예: (소가가 1천만원인 경우) 10,000,000×(45÷1,000)+5,000=50,000원}	

(나) 항소장 및 상고장

항소장에는 소장 첩부액의 1.5배, 상고장에는 소장 첩부액의 2배

(다) 인지액 납부방법

① 인지액이 1만원 초과 — 전액 현금 또는 신용카드로 납부

② 인지액이 1만원 이하 — 현금 또는 수입인지로 납부

(인지액이 1,000원 미만인 때에는 1,000원으로 하고, 1,000원 이상인 경우에 100원 미만의 단수가 있을 때에는 그 단수는 절사하며, 전자소송으로 소송을 진행할 경우 인지액이 10% 절감됨)

※ 현금납부절차

원 고 상소인	→	인 지 액 현금납부	→	송 달 료 수납은행	→	영수필확인서 및 동 통지서	→	법원접수

(2) 송 달 료

당사자 1인당 1회 기준 송달료 4,700원

[송달료 = 당사자수 × 4,700원 × 15회분(1심 기준)]

(가) 송달료 납부방법

소장 및 항소장을 제출할 때에는 반드시 송달료를 수납은행에 납부하고 그 은행으로부터 교부받은 송달료 납부서 및 사건번호등록표 각 1통을 소장 등과 함께 제출하여야 한다.

(나) 적용대상사건 및 당사자 1인당 송달료 납부기준

(가) 신청취지 기재례

<table><tr><td>1. 피고가 20○○. ○. ○. 원고에 대하여 한 영업정지 1월의 처분을 취소한다.
2. 소송비용은 피고가 부담한다.
라는 판결을 구합니다.</td></tr></table>

<table><tr><td>1. 피고가 20○○. ○. ○. 원고에 대하여 한 영업정지처분을 취소한다.
2. 소송비용은 피고의 부담으로 한다.
라는 판결을 구합니다.</td></tr></table>

(나) 관련서식

[서식 55] 영업정지처분취소청구

소 장

신 청 인 육 ○○
○○시 ○○동 00-00 ○○아파트 000-000
원고의 소송대리인 법무법인 ○○
담당변호사 김 ○○
서울 ○○구 ○○동 000-00 ○○빌딩 1층
(전화 : 02-000-0000 / 팩스 : 02-000-0000)

피원고 남양주시장
남양주시 경춘로 641(금곡동 185-10)

청 구 취 지

1. 피고가 20○○. ○. ○. 원고에 대하여 한 영업정지처분을 취소한다.

---

29) 원고는 본건 쪼끼쪼끼를 2006. 3. 27.경 오픈한 이래 인건비라도 아껴보려는 마음에 지금껏 단 한 명의 직원도 채용치 아니하고 아내와 단 둘이(아내는 주방에서 원고는 홀에서 일을 하였습니다)서 이를 운영해 왔습니다.

30) 당시 위 여성손님들이 앉아서 술을 마셨던 자리는 가게의 출입문 좌측에 칸막이로 가려진 곳이라, 만일 원고가 가게의 다른 테이블에서 주문 등의 이유로 특별히 그 곳을 응시하고 있지 아니하면 그 곳에 누군가가 들어와 앉아 있더라도, 직접 그 곳으로 가서 확인을 하지 않고는 알 수 없는 곳입니다.

31) 식품위생법 시행규칙 별표 15호 행정처분기준(참고자료 1 참조)

2. 소송비용은 피고의 부담으로 한다.
라는 판결을 구합니다.

청 구 원 인

1. 이 사건 처분의 내용

피고는 20○○. ○. ○.자로 원고에 대하여, 원고가 식품위생법 제31조 규정을 위반(영업자준수사항)하고 영업하였다는 이유로, 동법 제58조 동법 시행규칙 제53조 규정에 의거하여 영업정지 2월(20○○. ○. ○. ~ 20○○. ○. ○.)의 처분을 하였습니다(갑 제1호증의 1 : 청소년 주류제공에 따른 영업정지 알림, 같은 호증의 2 : 청소년 주류제공에 따른 영업정지 사전통지 각 참조).

2. 이 사건 행정처분을 받기까지의 과정

가. 원고는 20○○. ○. ○. ○○시 ○○읍 ○○리 소재에 ○○○○라는 상호의 일반음식점을 오픈한 후 평소 나이어린 자식을 키우는 입장에서 청소년이 나쁜 길로 빠지지 않도록 어른들이 노력을 해야 된다는 신념을 갖고 가게를 운영해 왔기 때문에 지금껏 단 한 번도 식품위생법이나 청소년보호법을 위반한 사실이 없을 정도로 성실히 살아왔습니다(갑 제2호증의 1 : 사업자등록증, 같은 호증의 2 : 부동산임대차계약서, 갑 제3호증 : 재학증명서).

나. 더욱이 원고는 이 사건 ○○○○를 운영하기 위하여 주변에서 많은 돈을 빌려서 투자한 상태라 만일 장사를 하면서 가게에 청소년을 출입시켰다가 영업정지처분이라도 받게 될 경우, 당장 차용금에 대한 이자부담은 물론 가족들의 생계에도 막대한 영향이 미치게 된다는 사실을 너무나 잘 알고 있었습니다.

다. 그렇기 때문에 원고는 평소 가게를 운영하면서 청소년인 듯 외모가 어려보이는 사람이 가게에 출입할 경우 반드시 주민등록증을 통하여 나이를 확인한 후 주류를 판매해 오는 등 관련 법규를 성실히 준수하며 가게영업을 해왔던 것이 사실입니다.

라. 그런데 추석연휴가 막 끝난 20○○. ○. ○.경 그 날은 평일이기는 하였지만 짧았던 추석연휴 탓인지 인근대부분의 가게들이 문을 닫았고, 그 때문인지 원고 운영의 가게는 평소와 달리 아주 많은 사람들로 북적거려 아내와 단 둘이서 장사를 하는데 많은 어려움이 있었습니다[29].

마. <u>그 와중에 같은 날 19:30경 여성손님 5명이 가게로 들어왔는데, 원고가 보기에 그 중 한 명이 청소년인 듯 어려 보여 동인들 모두에게 주민등록증을 제시할 것을 요구하였고, 이를 직접 확인하여 보니 5명 모두 20○○년생, 20○○년생으로 청소년이 아니었습니다</u>. 그래서 원고는 동인들을 가게의 테이블로 안내한 후 동인들이 주문한 맥주 2000cc와 소주 2병과 안주류를 제공하였습니다.

바. 그 후에도 원고는 계속해서 가게에 드나드는 손님들에 대한 주문과 서빙 및 계산 등을 하느라 분주한 시간을 보내고 있던 중, <u>같은 날 20:00경으로 기억되는데 위 여성손님들이</u>

앉아서 술을 마시고 있는 테이블에서 주문 벨이 울려 가보니 이미 그 자리에는 원고도 모르는 사이 위 여성손님들의 친구로 보이는 3~4명이 합석해 있는 상태였고, 서로가 서로에게 큰소리로 웃으며 반말로 이야기를 나누고 있었습니다.[30)]

그래서 원고는 당연히 동인들도 모두 성년자라는 생각을 하였지만, 그래도 새로 합석을 한 손님들에 대한 나이 정도는 확인을 하여야 될 것 같아 동인들의 나이는 확인하고자 주민등록증의 제시를 요구하면서 나이를 물어보니 다들 서로가 서로의 친구들이라고 말하며, 이미 주민등록증으로 우리가 청소년이 아님을 확인하지 않았느냐고 짜증을 냈습니다.

더구나 당시 원고가 보기에도 뒤늦게 들어온 여성손님들의 경우, 옷차림도 모두 정장차림이고, 헤어스타일도 긴 생머리였고, 체격도 보통보다 크며, 화장도 짙게하여 나이가 최소한 23-4세 정도 들어 보였기 때문에 청소년이라고는 상상도 못해 주민등록증을 확인 절차를 거치지 아니하고 주류를 제공하였던 것입니다.

사. 그런데 그 얼마 후 20:20경 ○○지구대에서 경찰관 두 명이 단속을 나왔다며 가게로 들어와 동인들의 신분을 확인하는 과정에서 9명 중 단 1명이 청소년으로 확인되었는데, 그때서야 신청인도 동인이 청소년이라는 것을 알고 놀라움을 금치 못하였고, 지금도 동인이 청소년이라는 사실이 도저히 믿겨지지 않을 정도입니다.

더구나 당시 동인들을 단속하였던 경찰관들조차도 단속과정에서 그 중 한 명이 청소년이라는 것이 확인되자 깜짝 놀라며 "누가 이런 사람을 청소년이라고 생각하겠느냐"는 말 하였을 정도로 동인은 외관상으로는 상당히 성숙하게 보이는 사람이었습니다.

아. 경위야 어찌되었던 당시 원고가 가게가 바쁘다는 이유로 가게로 들어온 손님들의 신분을 모두 정확히 확인하지 못한 것은 불찰이지만, 당시 단속을 나온 경찰관에 의하여 청소년으로 확인된 사람을 제외한 나머지 사람들은 모두 성년자였고, 청소년으로 확인된 사람 또한 동인의 외모나 차림 등 외관상으로 원고가 동인에게 주민등록증을 제시하라는 말 자체를 꺼낼 수 없을 정도로 나이가 들어보였기 때문에, 원고로서는 그러한 사람이 청소년일 것이라고는 상상도 못했고, 그러한 인식자체를 기대할 수조차 없는 상황이었습니다.

참고로, 대법원은, '수학여행을 온 대학교 3학년생 34명이 지도교수의 인솔하에 피고인 경영의 나이트클럽에 찾아와 단체입장을 원하므로 그들 중 일부만의 학생증을 제시받아 확인하여 본즉 그들이 모두 같은 대학교 같은과 소속의 3학년생들로서 성년자임이 틀림없어 나머지 학생들의 연령을 개별적, 기계적으로 일일이 증명서로 확인하지 아니하고 그들의 단체입장을 허용함으로써 그들 중 섞여 있던 미성년자(19세 4개월 남짓 된 여학생) 1인을 위 업소에 출입시킨 결과가 되었다면 피고인이 단체입장하려는 위 학생들이 모두 성년자일 것으로 믿은데에는 정당한 이유가 있었다고 할 것이고, 따라서 위와 같은 상황아래서 피고인에게 위 학생들 중 미성년자가 섞여 있을 지도 모른다는 것을 예상하여 그들의 증명서를 일일이 확인할 것을 요구하는 것은 사회통념상 기대가능성이 없다고 봄이 상당하므로 이를 벌할 수 없다'고 판시하고 있으며(대법원 1987. 1. 20. 선고 86도

847 판결 참조), 또한, 서울고등법원은, '개인이 유흥주점에 출입함은 출입자의 비밀이 보장되어야 하는 개인적 사생활의 영역이므로 영업자라도 모든 출입자에게 증명서의 제시를 요구할 수는 없겠으나, 미성년자를 풍속 상 유해한 환경으로부터 격리시켜 미성년자의 비행을 방지하고 건전한 심신의 육성을 꾀하고자 유흥주점 영업자에게 미성년자의 출입을 막기 위한 연령조사 의무를 부과하고 그로 하여금 출입자의 연령에 관한 증명서의 제시를 요구하여 그 연령을 확인한 후 미성년자임이 밝혀지면 그 출입을 거부할 수 있도록 하는 한편, 출입자의 연령을 증명서로 조사하지 아니한 채 미성년자를 출입시킨 경우에는 그에 관한 주의의무를 다하였다고 할 수 없도록 한 것으로서 그로 인한 개인적 사생활 영역의 침해는 미성년자 보호에 필요한 최소한에 그치도록 하여야 하고, 이를 기계적, 획일적으로 적용할 것은 아니므로, 영업자라도 외관상 미성년자로 의심될 수 없음이 명백한 출입자에게까지 미성년자임을 확인한다는 명목으로 획일적으로 증명서의 제시를 요구할 수 없음은 물론 달리 출입자가 외관상 또는 객관적으로 보아 미성년자로 의심되거나 개별적으로 증명서로서 미성년자 인지의 여부를 확인하여야 할 별단의 사정이 없는 한 영업자의 연령조사 의무를 다하지 못한 것은 아니라고 봄이 상당하다'고 판시하여(서울고등법원 1986. 2. 13. 선고 85노452 판결 참고), 이 사건과 같은 경우 원고가 영업자로서 연령조사 의무를 다하지 못한 것은 아니라고 보고 있습니다.

3. 처분의 위법성

피고의 원고에 대한 이 사건 처분은 아래와 같은 사유로 재량권을 일탈하였거나 남용한 위법한 처분입니다.

위에서 말씀드린 바와 같이, ① 원고가 20○○. ○. ○. ○○○○를 개업한 이래 이 사건 당시까지 단 한 번도 식품위생법이나 청소년보호법을 위반한 사실이 없을 정도로 관련 법규에 따라 적법한 범위 내에서 영업을 하여온 점, ② 이 사건으로 2개월 영업정지를 당하게 될 경우 원고가 커다란 경제적 손실을 입게 되는 점, ③ 이로 인해 ○○○○의 정상적인 영업재개가 곤란해질 수도 있는 점, 경위야 어찌되었던 피고가 자신의 잘못을 깊이 반성하며 다시는 이와 같은 잘못을 반복치 않을 것을 굳게 다짐하고 있는 점, ④ 만일 원고가 ○○○○ 영업을 2개월 동안 정지할 경우 현재 경제적으로 조금의 여유도 없는 상황에서 당장 임대료 및 차용금에 대한 이자 등의 압박으로 생계에 막대한 영향을 미치는 점, ⑤ 그 밖에 위 2항에 나타난 여러 사정들 및 특히 본건과 같은 사안의 경우 검찰에서 기소유예의 처분을 받거나 법원에서 선고유예의 판결(결정)을 받을 경우 사전 통고한 영업정지 기간이 1/2로 감할 수 있는 것임에도 사전처분 그대로 2월의 영업정지처분을 한 점[31] 등을 고려한다면 신청인에게 영업정지 2개월을 명한 피신청인의 이 사건 처분은 너무 가혹하여 재량권의 범위를 일탈하였다고 볼 수밖에 없을 것입니다.

4. 정상관계

가. 원고의 형편

원고는 20○○.경 ○○시 ○○동 소재에서 조그만 분식점을 운영하다가 경험부족으로 투자금 상당의 손실을 본 후 마땅한 생계수단을 찾지 못하고 있던 차에, 이를 딱히 여긴 주변 친인척들의 도움으로 이 사건 가게를 운영하게 되었습니다.

하지만, 원고는 난생처음으로 ○○○○와 같은 술집을 운영하는 것이라 경험미숙 등으로 지금껏 자리를 잡지 못할 정도로 운영상 많은 어려움을 겪고 있기 때문에 당연히 그 수입도 또한 변변치 못하여 매달 가게를 운영하고자 빌린 차용금에 대한 이자를 지급하고, 가게 운영을 위한 식자재의 구입 그리고 각종 공과금(전기요금, 전화요금 등) 등을 모두 지급하고 나면 가족의 생계비로도 사용하기에도 부족하여 사실상 적자의 상태에서 벗어나지를 못하고 있는 실정입니다.

그러한 상황에서 만일 원고가 이 사건으로 영업정지 2월의 처분을 받게 되어, 정상적인 가게운영을 하지 못하게 될 경우, 원고는 차용금에 대한 압박 및 가족들의 생계비 부담 등으로 아주 어려운 상황에 직면하게 됩니다.

나. 원고는 이 사건으로 기소유예의 처분을 받았습니다.

원・고는 이 사건으로, 위 제2항과 같은 정상이 참작되어 20○○. ○. ○. ○○지방검찰청(20○○형제○○○○호)에서 기소유예의 처분을 받았습니다(갑 제4호증 : 사건처분결과증명서 참조).

5. 결 론

따라서 피고의 원고에 대한 이 사건 처분은 피고가 재량권을 일탈하였거나 남용한 위법한 처분으로서 마땅히 취소되어야 할 것인바, 이를 구하기 위해 이 사건 청구에 이른 것입니다.

입 증 방 법

1. 갑 제1호증의 1	청소년주류제공에따른영업정지알림	1부
2	청소년 주류제공에 따른 영업정지 사전통지	1부
1. 갑 제2호증의 1	사업자등록증	1부
2	부동산임대차계약서	1부
1. 갑 제3호증	재학증명서	1부
1. 갑 제4호증	사건처분결과증명서	1부

첨 부 서 류

1. 위 입증방법 각 1부
1. 소송위임장 1부

참 고 자 료

1. 식품위생법 시행규칙 별표 15호 행정처분기준(제53조 관련)

20○○. ○. ○

원고의 소송대리인
법무법인 ○○
담당변호사 김 ○○

의정부지방법원 귀중

[서식 56] 영업정지처분취소청구

소 장

원 고 김 길 동(주민등록번호)
서울시 ○○구 ○○동 ○번지
(전화 000-000, 팩스 000-000)

피 고 서울특별시 ○○구청장

영업정지처분취소의 소

청 구 취 지

1. 피고가 20○○. ○. ○. 원고에 대하여 한 영업정지 1월의 처분을 취소한다.
2. 소송비용은 피고가 부담한다.

라는 판결을 구합니다.

청 구 원 인

1. 처분의 경위

(1) 원고는 20○○. ○.경 서울 ○○구 ○○동 831-46에 있는 '○○○'라는 상호의 일반 음식점(이하 '이 사건 음식점'이라 한다)의 영업을 전 영업자인 윤○○로부터 양수한 다음, 그 무렵 피고에게 이 사건 음식점에 대한 영업자지위승계신고를 하였습니다.

(2) 한편, 윤○○는 20○○. ○. ○. 00:30경 여종업원 김○○이 테이블에서 남자손님 3명에게 술을 따라주다가 단속경찰관에 의해 적발되었는바, 이에 피고는 전 영업자 윤○○가

이 사건 음식점에서 유흥접객원을 고용하여 유흥접객행위를 하였다는 이유로, 구 식품위생법(20○○. ○. ○. 법률 제○○○○호로 개정되기 전의 것) 제31조 제1항, 제58조 제1항 제1호, 구 식품위생법 시행규칙(20○○. ○. ○. 보건복지가족부령 제○○○호로 개정되기 전의 것) 제53조 [별표 15] 행정처분기준을 적용하여 20○○. ○. ○. 영업자 지위를 승계한 원고에 대하여 영업정지 1월(20○○. ○. ○.부터 같은 해 ○. ○.까지)의 처분을 하였습니다(이하 '이 사건 처분'이라 한다).

2. 처분의 위법성

종업원 김○○이 손님의 요구에 못 이겨 테이블세팅 후 술을 따라 준 정도의 봉사 행위를 식품위생법상의 유흥접객행위를 한 것으로 볼 수는 없고, 따라서 원고의 업소 운영과 영업형태를 잘못 오해하여 이루어진 이 사건 처분은 그 처분사유가 존재하지 않습니다.

가사 처분사유가 존재한다 할지라도, 위반행위에 이르게 된 경위와 이 사건 음식점은 지금까지 단 한 차례도 행정처분을 받은 전력이 없는 점 등을 감안하면 영업정지 1월의 이 사건 처분은 재량권을 일탈 · 남용한 것입니다.

따라서 이 사건 처분은 위법합니다.

3. 결 론

위와 같이 피고의 처분은 위법한 행정처분에 해당하므로 이의 취소를 구하는 본 건 행정소송에 이르게 되었습니다.

입 증 방 법

1. 갑 제1호증
2. 갑 제2호증

첨 부 서 류

1. 위 각 입증방법 각 1부
2. 송달료 납부서
3. 소장부본

20○○. ○. ○.

위 원고 (날인 또는 서명)

서울행정법원 귀중

[참고] 소가 : 95,000원(= 20,000,100원 × 0.0045 + 5,000원)

[이하 같음]

[서식 57] 영업정지처분취소소송 – 집행정지신청서

행정처분 집행정지신청

신 청 인　김 길 동(주민등록번호)
(원고)　서울시 ○○구 ○○동 ○번지
전화(000-000) / 팩스(000-000)

피신청인　서울특별시 ○○구청장
(피고)

신 청 취 지

피신청인이 20○○. ○. ○. 신청인에 대하여 한 영업정지처분은 이 법원 20○○구합 14743호 영업정지처분취소 청구사건의 판결 선고 시까지 그 집행을 정지한다.
라는 결정을 구합니다.

신 청 이 유

1. 신청인은 20○○. ○.경 서울 ○○구 ○○동 831-46에 있는 '○○○'라는 상호의 일반 음식점(이하 '이 사건 음식점'이라 한다)의 영업을 전 영업자인 윤○○로부터 양수한 다음, 그 무렵 피고에게 이 사건 음식점에 대한 영업자지위승계신고를 하였습니다.

2. 한편, 윤○○는 20○○. ○. ○. 00:30경 여종업원 김○○이 테이블에서 남자손님 3명에게 술을 따라주다가 단속경찰관에 의해 적발되었는바, 이에 피고는 전 영업자 윤○○가 이 사건 음식점에서 유흥접객원을 고용하여 유흥접객행위를 하였다는 이유로, 구 식품위생법(20○○. ○. ○. 법률 제○○○○호로 개정되기 전의 것) 제31조 제1항, 제58조 제1항 제1호, 구 식품위생법 시행규칙(20○○. ○. ○. 보건복지가족부령 제○○○호로 개정되기 전의 것) 제53조 [별표 15] 행정처분기준을 적용하여 20○○. ○. ○. 영업자 지위를 승계한 원고에 대하여 영업정지 1월(20○○. ○. ○.부터 같은 해 ○. ○.까지)의 처분을 하였습니다(이하 '이 사건 처분'이라 한다).

3. 이에 신청인은 20○○. ○. ○. 피신청인의 영업정지처분을 취소해 달라는 행정소송을 제기한 바 있습니다.

4. 피신청인의 이 건 처분은 본 신청인이 이 사건 음식점을 양수하기 전의 사유로 내려진 것으로서, 그 처분의 위법성이 명백히 존재합니다.

5. 또한 본 신청인이 이 사건 음식점을 인수한 지 1개월도 되지 않아 1개월 간의 영업정지처분이 내려진 것은 피신청인의 재량권을 일탈 · 남용한 것이며, 이 처분이 집행될 경우 본 신청인이

입는 경제적 타격은 매우 크다고 할 수 있습니다.

6. 결 론

이에 피신청인의 이 사건 처분의 위법성 여부가 판결될 때까지 그 처분의 집행을 정지시켜달라는 본 건 신청을 하게 되었습니다.

소 명 방 법

1. 소갑 제1호증	행정처분명령서
1. 소갑 제2호증	영업허가증
1. 소갑 제3호증	사업자등록증

첨 부 서 류

1. 송달료 납부서	1부
1. 신청서 부본	1부

20○○. ○. ○.

위 신청인 (날인 또는 서명)

서울행정법원 귀중

[서식 58] 영업허가취소처분취소

소 장

원 고 김 길 동(주민등록번호)
서울시 ○○구 ○○동 ○번지

피 고 서울특별시 ○○구청장

영업허가취소처분취소

청 구 취 지

1. 피고가 20○○. ○. ○.(소장 청구취지 기재 '20○○. ○. ○.'는 오기로 보인다) 원고에 대하여 한 영업허가취소처분을 취소한다.
2. 소송비용은 피고의 부담으로 한다.

라는 판결을 구합니다.

청 구 원 인

1. 처분의 경위

(1) 원고는 20○○. ○. ○. 피고로부터 유흥주점 허가를 받아 서울 종로구 ○○○ 소재에서 '○○○가요장'(이하 '이 사건 업소'라 한다)이라는 상호로 유흥주점을 운영하여 왔습니다.

(2) 서울영등포경찰서장은 20○○. ○. ○. 이 사건 업소를 실질적으로 운영해오던 박길자(원고의 처)가 20○○. ○.경부터 같은 해 ○.경까지 이 사건 업소에서 청소년인 ○○○(16세)을 고용하여 손님들과 동석하게 하여 유흥을 돋구는 등 접객행위를 하게 하였다는 등의 행위를 적발하여 이를 피고에게 통보하였습니다.

(3) 피고는 20○○. ○. ○. 원고에게 위와 같은 법규위반행위를 이유로 영업허가취소처분사전통지를 하여 그 의견을 들은 다음, 20○○. ○. ○. 식품위생법 제58조 제1항 제1호, 제31조 제2항 제1호, 같은 법 시행규칙 제53조의 규정을 각 적용하여 이 사건 업소에 관한 영업허가취소처분(이하 '이 사건 처분'이라 한다)을 하였습니다.

(4) 박길자는 위 위반행위와 관련하여 20○○. ○. ○. 서울남부지방법원에서 청소년보호법위반죄로 벌금 300만원의 약식명령을 발령받았고, 위 약식명령은 그 무렵 확정되었습니다.

2. 처분의 위법성

(1) 박길자는 이 사건 업소에서 일한 바 없음에도 수사기관의 강압적인 태도 때문에 사실과 다르게 진술하였으므로, 이러한 ○○○의 잘못된 진술을 바탕으로 이루어진 이사건 처분은 위법합니다.

(2) 재량권 일탈·남용 주장

가사 원고가 ○○○을 고용한 것으로 인정된다 할지라도, 원고는 이 사건 처분 이전까지 한 번도 미성년자를 고용하거나 식품위생법을 위반한 전력이 없는 점, 원고와 원고의 처는 많은 비용을 들여서 이 사건 업소를 시작하였고, 또한 앞으로 임대차기간이 2년 이상 남아있는 점, 이 사건 업소의 운영을 통한 수입으로 자녀를 부양하고 있는 점 등에 비추어 볼 때, 이 사건 처분은 지나치게 가혹하여 재량권의 범위를 일탈하였거나 재량권을 남용한 위법이 있습니다.

3. 결 론

이상과 같이 이 사건 각 처분은 위법하므로 이의 취소를 구하는 본 건 행정소송에 이르게 되었습니다.

입 증 방 법

1. 갑 제1호증
2. 갑 제2호증
3. 갑 제3호증
4. 갑 제4호증
5. 갑 제5호증

첨 부 서 류

1. 위 각 입증방법 각 1부
2. 송달료 납부서
3. 소장부본

20○○. ○. ○.

위 원고 (날인 또는 서명)

서울행정법원 귀중

사. 관련서식

(1) 행정심판

(가) 기재례 - 신청취지

피청구인이 20○○. ○. ○. 청구인에 대하여 결정 고지한 45일의 영업정지처분은 이를 취소한다.
라는 재결을 구합니다.

(2) 행정소송

(가) 기재례 - 신청취지

1. 피고가 20○○. ○. ○. 원고에 대하여 한 20○○. ○. ○.부터 같은 해 ○. ○까지(2개월)의 영업정지처분은 이를 취소한다.
2. 소송비용은 피고의 부담으로 한다.

라는 판결을 구합니다.

1. 피고가 20○○. ○. ○. 원고에 대하여 한 영업정지처분을 취소한다.
2. 소송비용은 피고의 부담으로 한다.

라는 결정을 구합니다.

(나) 관련서식

[서식 59] 영업정지처분 취소청구의 소

소　　　장

원　고　　김 ○ ○
　　　　　서울 ○○구 ○○동 000 ○○아파트 000동 000호
　　　　　위 원고의 소송대리인 변호사 ○○○
　　　　　○○시 ○○동 353-10 ○○빌딩 3층
　　　　　(전화 : 031-000-0000 / 팩스 : 031-000-0000)

피　고　　남양주시장
　　　　　남양주시 경춘로 641(금곡동 185-10)

영업정지처분취소 청구의 소

청 구 취 지

1. 피고가 20○○. ○. ○. 원고에 대하여 한 영업정지처분을 취소한다.
2. 소송비용은 피고의 부담으로 한다.

라는 결정을 구합니다.

청 구 이 유

1. 이 사건 처분의 내용

피고는 20○○. ○. ○.자로 원고에 대하여, 원고가 음악산업진흥에관한법률 제27조 규정을 위반(노래연습장업 준수사항, 주류판매)하고 영업을 하다 적발 되어 동법 제27조 제1항의 제5호의 규정에 의하여 영업정지 40일(20○○. ○. ○. ~ 20○○. ○. ○.)의 처분을 하였습니다(갑 제1호증의 1 : 행정처분알림, 같은 호증의 2 : 행정처분명령서 각 참조).

2. 이 사건 처분경위

가. 원고는 현재 뇌경색, 재발성우울성장애, 신경병증있는 당뇨병, 고혈압, 혼합성 고지혈증 등의 증세로 치료를 받고 있는 뇌병변 3급의 중증장애를 가지고 있는 장애인으로서, 생계를 위한 어떠한 구직활동도 불가능한 처지에 있는 국민기초생활보장법상의 기초생활수급자입니다(갑 제2호증의 1 : 진단서, 같은 호증의 2 : 장애인증명서, 같은 호증의 3 : 수급자증명서 각 참조).

나. 그렇지만 원고에게는 한 집안의 장남이자 한 가정의 가장으로서 처와 초등학교 5학년에 재학 중인 아들 그리고 현재 노환으로 거동조차도 불편한 칠순을 바라보는 아버지(김○○, 19○○. ○. ○.생)를 부양해야 할 형편에 있어 자신의 장애 및 그에 대한 치료를 위하여 마냥 요양이나 하고 있을 형편에 있지 아니합니다.

다. 그렇다고 장애인인 원고의 처지에 아무리 구직활동을 한다고 한들 원고가 원하는 곳에 취업을 할 만한 형편도 아닐 뿐만 아니라 장애를 가지고 있는 원고를 채용하겠다고 나서는 곳조차 한 곳 없었기에 원고는 이에 좌절한 나머지 한동안 자신의 처지를 한탄하며 자살까지도 생각하였던 적이 한 두 번이 아니었습니다.

라. 그러던 중 위와 같은 원고의 처를 딱히 여긴 주변의 지인들이 원고에게 “별다른 기술 없이도 아르바이트 직원 하나만 잘 두면 생계비 정도를 버는 데에는 아무런 문제가 없을 것이다”라고 하며 이 사건 노래방 영업을 권유하는 것이었습니다.

마. 그래서 원고는 오랜 기간 고민을 한 끝에, 현실적으로 장애를 가진 원고가 정상인들과 같은 일을 할 수 있는 곳을 찾는 다는 것이 불가능하다는 판단하에 주변 지인들의 권유에 따라 이 사건 노래방 운영을 하게 되었던 것이지만, 원고가 그와 같은 결정을 하고나서도 정작 문제가 되었던 것은 노래방 운영을 위한 자금을 마련하는 일이었습니다.

바. 그래서 원고는 아버지인 소외 김○○에게 그와 같은 사정이야기를 하며 돈을 빌려줄 것을 부탁하여 아버지로부터 자신의 전 재산이나 다름없는 아파트를 담보로 대출받은 금 5,000만원을 빌리고, 그 외 사채로 금 3,000만원을 빌려 합계 금 8,000만원을 마련한 후, ‘○○시 ○○읍 ○○리 ○○, ○○빌딩 2층 약 213,24㎡’를 보증금 2,500만원, 월차임 1,800,000원으로 정하여 임차한 후 나머지 돈으로 노래방 기계를 구입하고 돈을 빌려준 아버지 명의로 사업자등록을 한 후 ○○노래방(이하 ‘노래방’이라 합니다)이라는 상호로 난생처음 노래방이라는 것을 운영하게 되었습니다(갑 제3호증 : 사업자등록증 참조).

사. 원고는 위와 같이 어렵게 돈을 마련한 후 노래방운영을 전적으로 가족들의 생계를 위해

운영하는 것이라서 어떠한 문제라도 발생할 경우 당장 가족들의 생계는 물론 은행대출금에 대한 이자 및 특히 사채 이자에 대한 상환 압박을 받는 처지에 놓일 수가 있고 그렇게 되면 하루 아침에 신용불량자로까지 전락할 수가 있어 관련법규를 철저히 준수하며 영업을 하였습니다.

아. 하지만, 위와 같이 관련법규를 모두 준수하며 노래방을 운영해오던 원고가 피고로부터 이 사건 처분을 받게 된 경위는, 대체로 노래방을 찾는 손님들이 다른 곳에서 1차로 어느 정도 술을 마시고 와서 2차로 여흥을 즐기기 위하여 찾는 손님들이 대부분 인지라, 노래방에 들어와서도 대부분은 술을 가져다 달라고 하든지 아니면 도우미를 불러 달라고 하기 일쑤였고, 만일 그와 같은 손님들의 요구를 충족시켜주지 못할 경우 그 중 대부분의 손님들은 대놓고 원고에게 "뭐 이런 데가 다 있어, 장사를 하겠다는 거야 말겠다는 거야" 라고 큰소리를 치며 가게를 박차고 나가는 일이 태반이었습니다.

자. 그러다보니 원고는 막상 노래방 영업을 시작하였지만 주변의 지인들로부터 들었던 수익이 발생하기는커녕 시간이 지날수록 노래방을 찾는 손님들마저 뜸 해제 당장 노래방의 임대료조차 지급하기 어려운 형편에 놓였을 뿐만 아니라 사채 이자에 대한 압박을 받는 등 노래방을 운영하기 전보다 더욱더 어려운 경제적인 상태에 놓이게 되었습니다.

차. 그래서 원고는 경제적으로 너무도 어려운 나머지 당장의 생계비 등을 마련하고자 하는 욕심에서 노래방을 찾는 손님들 중 술을 찾는 손님이 있거나 도우미를 찾는 손님이 있을 경우 처음에는 술을 팔지 않고 도우미도 없다고 말을 하다가 만일 손님들이 그 말을 듣고 노래방을 나가려고 하면 그때서야 노래방 영업상 어쩔수 없이 그들에게 술을 판매하거나 도우미를 알선해 주었던 것인데 그 경위야 어찌되었던 그에 대하여는 무어라 변명할 여지없이 그저 죄송할 따름입니다.

3. 처분의 위법성

피고의 원고에 대한 이 사건 처분은 아래와 같은 사유로 피고의 재량권을 일탈하였거나 남용한 위법한 처분입니다.

위에서 본바와 같이, 원고는 노래방을 운영하였던 기간이 3개월여에 불과하였고, 당초에는 관련 법규를 준수하며 노래방을 운영하였지만 그 결과 점차 시간이 흐를수록 영업상 수익이 거의 발생치 아니하여 당장의 임대료 및 사채이자 등에 대한 압박을 거세게 받는 상황에서 생계를 위하여 어쩔수 없이 관련법규를 위반하여 영업을 하였던 점, 원고가 자신의 잘못을 깊이 반성하며 다시는 위와 같은 잘못을 반복치 않을 것을 굳게 다짐하고 있는 점, 만일 원고가 노래방 영업을 40일 동안 정지할 경우 현재 경제적으로 조금의 여유도 없는 상황에서 당장 임대료 지급 및 은행대출금에 대한 원리금 상환 그리고 사채 이자에 대한 압박 등으로 생계에 막대한 영향을 미치게 되는 점 등에 비추어 피고가 원고에게 한 이 사건 처분은 너무 가혹하여 재량권의 범위를 일탈하였다고 볼 수밖에 없을 것입니다.

4. 정상관계

가. 원고는 위에서 본 바와 같이 현재 뇌경색, 재발성우울성장애, 신경병증있는 당뇨병, 고혈

압, 혼합성 고지혈증 등의 증세로 치료를 받고 있는 뇌병변 3급의 중증장애를 가지고 있는 장애인으로서, 생계를 위한 어떠한 구직활동도 불가능한 처지에 있는 국민기초생활보장법 상의 기초생활수급자인지라 현재의 건강상태로는 마땅히 생계를 위한 활동을 할 수조차 없어 아버지로부터 돈을 빌리고 일부 사채를 빌려 생계 및 병원비 등을 마련하고자 이 사건 노래방을 운영하게 되었습니다.

나. 하지만, 원고와 같은 건강상태로는 정상인도 운영하기 힘이 든 업소를 운영한다는 것이 무리였는지 시간이 지날수록 점점 더 건강상태가 악화되어 부득이 업소의 운영을 위하여 종업원을 고용하여 동인에게 이를 맡기다시피 하다 보니 당연히 그 수입 또한 변변치 못하여 업소의 한 달 평균소득이라고 해봐야 얼마 되지를 아니하였습니다.

다. 더구나 위 수입도 모두 원고가 얻을 수 있는 순수한 영업수익은 아니어서 이를 가지고 노래방을 운영하고자 빌린 차용금에 대한 매달 이자를 지급하고, 업소 종업원의 급료 및 가게 운영을 위한 각종 공과금(전기요금, 전화요금 등) 등을 모두 지급하고 나면 원고의 생계비 및 병원비로 사용하기에도 버거워 사실상 적자의 상태에서 벗어나지를 못하고 있는 실정입니다.

라. 그렇기 때문에 원고의 경우 만일 이 사건 행정처분이 확정되어 영업정지 40일의 처분을 받게 되고, 그로 인하여, 그 기간 동안 업소의 정상적인 운영을 하지 못할 경우 차용금에 대한 압박 및 자신의 생계비 및 병원비조차도 마련하지 못하여 경제적으로는 물론 건강상에도 아주 다급한 상황에 처하게 됩니다.

5. **결 론**

따라서 피고의 원고에 대한 이 사건 처분은 피고가 재량권을 일탈하였거나 남용한 위법한 처분으로서 마땅히 취소되어야 할 것인바, 이를 구하기 위해 이 사건 청구에 이른 것입니다.

입 증 방 법

1. 갑 제1호증의 1	행정처분알림	1부
2	행정처분명령서행정처분통보	1부
2. 갑 제2호증의 1	진단서	1부
2	장애인증명서	1부
3	수급자증명서	1부
3. 갑 제3호증	사업자등록증	1부

첨 부 서 류

1. 위 소명서류 각 1부
1. 소송위임장 1부
1. 송달료 영수증 1부

20○○. ○. ○.

위 원고의 소송대리인
변호사 ○○○

○○지방법원 귀중

[서식 60] 영업정지처분 취소청구의 소

소 장

원 고 ○ ○ ○ (주민등록번호)
○○시 ○○구 ○○길 ○○ (우편번호 ○○○○○)

피 고 △△시 △△구청장
○○시 ○○구 ○○길 ○○ (우편번호 ○○○○○)

영업정지처분 취소청구의 소

청 구 취 지

1. 피고가 20○○. ○. ○. 원고에 대하여 한 20○○. ○. ○.부터 같은 해 ○. ○까지(2개월)의 영업정지처분은 이를 취소한다.
2. 소송비용은 피고의 부담으로 한다.

라는 판결을 구합니다.

청 구 원 인

1. 처분의 경위

원고는 20○○. ○월경 ○○시 ○○구 ○○길 ○○소재 지하실 "☆☆노래방"이라는 상호의 노래방을 인수하여 영업의 승계인 신고를 하여 피고로부터 갱신등록증을 득한 후 경영해 왔는데, 피고는 원고가 20○○. ○. ○. 21:00경 위 노래방에 주류를 반입을 묵인하였다는 이유로 20○○. ○. ○.자로 원고에 대하여 20○○. ○. ○.부터 같은 해 ○. ○까지 2개월간 위 노래방의 영업을 정지할 것을 명하는 처분을 하였습니다.

2. 처분의 위법성

이 사건 처분은 다음과 같은 점에서 위법하므로 취소되어야 합니다.

가) 음악산업진흥에관한법률상 노래연습장업자의 준수사항으로 "주류를 판매 · 제공하지 아니할 것"라고 규정하고 있는바, 원고의 업소에서는 노래방 이용손님에게 주류를 판매 · 제공한 사실이 없습니다. 이 사건의 경우는 30대 중반 남자 김□□외 4명이 위 노래방에 들어와 1시간 동안 노래를 부르고 가겠다고 하여 1시간대실료 금 13,000원을 받고 노래기기에 음악을 제공한 사실은 있었으나 음악산업진흥에관한법률 제22조 제1항 제3호에 정한 "주류를 판매 · 제공"한 행위에 해당하지 아니한다 할 것입니다.

나) 이 사건 당일 21:00경 위 30대 남자 안□□외 일행 4명이 만취상태에서 노래방에 들어와 1시간만 노래를 부르고 가겠다고 하여 201호를 대실한 사실이 있으나 위 손님 중에 1명이 품속에 캔맥주 5개를 노래방종사자 모르게 반입하여 5명이 201호 내에서 나누어 마신 후 빈 캔을 휴지통에 버린 것을 피고의 소속 단속공무원이 원고가 주류반입을 묵인한 것으로 오인하여 위 같은 처분한 것으로 사료됩니다.

3. 처분의 부당성

원고는 위와 같다면 노래방 종사자로 내방 손님이 품속에 주류를 숨겨 반입하는 것까지 이를 막을 방법이 없다할 것입니다. 가사 원고가 주류반입을 알고 있었다고 하더라도 만취한 손님에게 주류반입을 금지할 경우 손님이 이에 응할 손님이 거의 없는 현실에서 단순히 소극적으로 이를 제지하지 아니하였다는 이유로 원고에게 생계수단인 노래방 영업정지처분은 가혹하고 부당하다할 것입니다. 따라서 위 같은 사정에 비추어 원고를 비난하기 어렵고, 이 사건의 실체에 비추어 볼 때 이 사건처분은 지나치게 형식에만 치우쳐 그 처분으로 달성하려는 원래 목적에서 일탈하는 결과에 이르게 될 것인 바, 그렇다면 이 사건 처분은 원고에게 과도한 것으로 부당하다고 아니할 수 없어 마땅히 취소를 면키 어렵다고 할 것입니다.

입 증 방 법

1. 갑 제1호증 행정처분 통지서
1. 갑 제2호증 노래방 등록증
1. 갑 제3호증 사업자등록증
1. 갑 제4호증 사실확인서

첨 부 서 류

1. 위 입증방법 각 1통
1. 소장부본 1통
1. 납부서 1통

20○○. ○. ○.

원 고 ○ ○ ○ (인)

○○ 행정법원 귀중

[서식 61] 영업정지처분 취소청구의 소

소 장

원 고 ○ ○ ○ (○○○○○○-○○○○○○○)
○○구 ○○동 ○○ (우 :)

피 고 ○○시 ○○구청장
○○구 ○○동 ○○ (우 :)

영업정지처분취소 청구의 소

청 구 취 지

1. 피고가 20○○. ○. ○. 원고에 대하여 한 20○○. ○. ○.부터 같은 해 ○. ○까지(2개월)의 영업정지처분은 이를 취소한다.
2. 소송비용은 피고의 부담으로 한다.

라는 판결을 구합니다.

청 구 원 인

1. 처분의 경위

원고는 20○○. ○월경 ○○시 ○○구 ○○동 ○○소재 지하실 “○○노래방”이라는 상호의 노래방을 인수하여 영업의 승계인 신고를 하여 피고로부터 갱신등록증을 득한 후 경영해 왔는데, 피고는 원고가 20○○. ○. ○. 21:00경 위 노래방에서 주류를 판매· 제공하였다는 이유로 20○○. ○. ○.자로 원고에 대하여 20○○. ○. ○.부터 같은 해 ○. ○까지 2개월간 위 노래방의 영업을 정지할 것을 명하는 처분을 하였습니다.

2. 처분의 위법성

이 사건 처분은 다음과 같은 점에서 위법하므로 취소되어야 합니다.

가. 영화 및 비디오물의 진흥에 관한 법률상 노래연습장업자의 준수사항으로 "주류를 판매·제공하는 행위"를 금지하고 있는바, 원고의 업소에서는 노래방 이용 손님에게 주류 반입을 묵인하거나 판매·제공한 사실이 없습니다. 이 사건의 경우는 30대 중반 남자 김○○외 4명이 위 노래방에 들어와 1시간 동안 노래를 부르고 가겠다고 하여 1시간 대실료 금 15,000원을 받고 노래기기에 음악을 제공한 사실은 있었으나 영화및비디오물의진흥에관한법률 제62조 제3항 가목에 정한 주류를 판매·제공한 행위"에 해당하지 아니한다 할 것입니다.

나. 이 사건 당일 21:00경 위 30대 남자 안○○외 일행 4명이 만취상태에서 노래방에 들어와 1시간만 노래를 부르고 가겠다고 하여 201호를 대실한 사실이 있으나 위 손님 중에 1명이 품속에 캔맥주 5개를 노래방 종사자 모르게 반입하여 5명이 201호 내에서 나누어 마신 후 빈 캔을 휴지통에 버린 것을 피고의 소속 단속공무원이 원고가 주류반입을 묵인한 것으로 오인하여 위 같은 처분한 것으로 사료됩니다.

3. 처분의 부당성

원고는 위와 같다면 노래방 종사자로 내방 손님이 품속에 주류를 숨겨 반입하는 것까지 이를 막을 방법이 없다 할 것입니다. 가사 원고가 주류반입을 알고 있었다고 하더라도 만취한 손님에게 주류반입을 금지할 경우 손님이 이에 응할 손님이 거의 없는 현실에서 단순히 소극적으로 이를 제지하지 아니하였다는 이유로 원고에게 생계수단인 노래방 영업정지처분은 가혹하고 부당하다 할 것입니다. 따라서 위 같은 사정에 비추어 원고를 비난하기 어렵고, 이 사건의 실체에 비추어 볼 때 이 사건처분은 지나치게 형식에만 치우쳐 그 처분으로 달성하려는 원래 목적에서 일탈하는 결과에 이르게 될 것인 바, 그렇다면 이 사건 처분은 원고에게 과도한 것으로 부당하다고 아니할 수 없어 마땅히 취소를 면키 어렵다고 할 것입니다.

입 증 방 법

1. 갑 제1호증 행정처분통지서
1. 갑 제2호증 노래방등록증
1. 갑 제3호증 사업자등록증
1. 갑 제4호증 사실확인서

그 밖의 입증서류는 변론시 수시 제출하겠습니다.

첨 부 서 류

1. 위 입증서류 사본 각 1통
1. 주민등록초본 1통
1. 소장부본 1통

20○○. ○. ○.

위 원고 ○ ○ ○ (인)

○○행정법원 귀중

3. 청소년보호법상 청소년유해업 관련

가. 청소년의 개념 등

(1) 청소년의 개념

청소년보호법은 청소년에게 유해한 매체물과 약물 등이 청소년에게 유통되는 것과 청소년이 유해한 업소에 출입하는 것 등을 규제하고 청소년을 유해한 환경으로부터 보호·구제함으로써 청소년이 건전한 인격체로 성장할 수 있도록 함을 목적으로 하는데, 이 법에서 규정한 청소년이라 함은 만 19세 미만인 사람을 말한다. 다만, 만 19세가 되는 해의 1월 1일을 맞이한 사람은 제외한다.

(2) 청소년유해약물

'청소년유해약물등'이란 청소년에게 유해한 것으로 인정되는 다음 가.의 약물과 청소년에게 유해한 것으로 인정되는 다음 나.의 물건을 말한다.

(가) 청소년유해약물

① 「주세법」에 따른 주류
② 「담배사업법」에 따른 담배
③ 「마약류 관리에 관한 법률」에 따른 마약류
④ 「화학물질관리법」에 따른 환각물질

주세법 제3조 (정의)

이 법에서 사용하는 용어의 뜻은 다음과 같다.

1. "주류"란 다음 각 목의 것을 말한다.

가. 주정(酒精)[희석하여 음료로 할 수 있는 에틸알코올을 말하며, 불순물이 포함되어 있

어서 직접 음료로 할 수는 없으나 정제하면 음료로 할 수 있는 조주정(粗酒精)을 포함한다.]
나. 알코올분 1도 이상의 음료[용해(鎔解)하여 음료로 할 수 있는 가루 상태인 것을 포함하되, 「약사법」에 따른 의약품으로서 알코올분이 6도 미만인 것은 제외한다.]
1의2. "전통주"란 다음 각 목의 어느 하나에 해당하는 주류를 말한다.
가. 「무형문화재 보전 및 진흥에 관한 법률」 제17조에 따라 인정된 주류부문의 국가무형문화재 보유자 및 같은 법 제32조에 따라 인정된 주류부문의 시·도무형문화재 보유자가 제조하는 주류
나. 「식품산업진흥법」 제14조에 따라 지정된 주류부문의 식품명인이 제조하는 주류
다. 「농업·농촌 및 식품산업 기본법」 제3조에 따른 농업경영체 및 생산자단체와 「수산업·어촌 발전 기본법」 제3조에 따른 어업경영체 및 생산자단체가 직접 생산하거나 주류제조장 소재지 관할 특별자치시·특별자치도 또는 시·군·구(자치구를 말한다. 이하 같다) 및 그 인접 특별자치시 또는 시·군·구에서 생산된 농산물을 주된 원료로 하여 제조하는 주류 중 농림축산식품부장관의 제조면허 추천을 받은 주류

(나) 청소년유해물건

청소년에게 음란한 행위를 조장하는 성기구 등 청소년의 사용을 제한하지 아니하면 청소년의 심신을 심각하게 손상시킬 우려가 있는 성 관련 물건으로서 대통령령으로 정하는 기준에 따라 청소년보호위원회가 결정하고 여성가족부장관이 고시한 것 및 청소년에게 음란성·포악성·잔인성·사행성 등을 조장하는 완구류 등 청소년의 사용을 제한하지 아니하면 청소년의 심신을 심각하게 손상시킬 우려가 있는 물건으로서 대통령령으로 정하는 기준에 따라 청소년보호위원회가 결정하고 여성가족부장관이 고시한 것을 말한다.

나. 청소년 주류제공

(1) 금지의무

식품접객영업자 등 영업자와 그 종업원은 영업의 위생관리와 질서유지, 국민의 보건위생 증진을 위하여 청소년에게 제공하는 행위를 하여서는 아니되며(식품위생법 제44조 2항 제4호), 식품의약품안전처장 또는 특별자치시장·특별자치도지사·시장·군수·구청장은 영업자가 청소년에게 주류제공 등 그 위반하여 영업행위를 할 경우 영업허가 또는 등록을 취소하거나 6개월 이내의 기간을 정하여 그 영업의 전부 또는 일부를 정지하거나 영업소 폐쇄(제37조 제4항에 따라 신고한 영업만 해당한다. 이하 이 조에서 같다)를 명할 수 있다(법 제75조 제1항 제13호, 제44조

제2항 제4호).

(2) 행정처분

영업자가 법 제75조의 의무를 위반하여 청소년에게 주류를 제공할 경우 아래와 표와 같은 행정처분을 받게 된다.

식품위생법 시행규칙 제89조(별표23) 행정처분기준

의무위반 유형	1차	2차	3차
영업자가 청소년에 주류제공 등 의무위반	영업정지 2개월	영업정지 3개월	영업허가, 등록취소 또는 영업소폐쇄

(3) 구체적인 사례

(가) 음식점 운영자가 술을 내어 놓을 당시에는 성년자들만이 있었으나 나중에 청소년이 합석하여 술을 마신 경우, 청소년보호법 제51조 제8호 소정의 '청소년에게 술을 판매하는 행위'에 해당하는지 여부

음식점을 운영하는 사람이 그 음식점에 들어온 사람들에게 술을 내어 놓을 당시에는 성년자들만이 있었고 그들끼리만 술을 마시다가 나중에 청소년이 들어와서 합석하게 된 경우에는, 처음부터 음식점 운영자가 나중에 그렇게 청소년이 합석하리라는 것을 예견할 만한 사정이 있었거나, 청소년이 합석한 후에 이를 인식하면서 추가로 술을 내어 준 경우가 아닌 이상, 나중에 합석한 청소년이 남아 있던 술을 일부 마셨다고 하더라도 음식점 운영자는 청소년보호법 제51조 제8호에 규정된 '청소년에게 술을 판매하는 행위'를 하였다고는 할 수 없고, 이 같은 법리는 음식점 운영자가 나중에 합석한 청소년에게 술을 따라 마실 술잔을 내주었다 하여 달리 볼 것은 아니다.[32)]

(나) 청소년보호법 제51조 제8호에 정한 '청소년에게 주류를 판매하는 행위'의 의미 및 그 기수시기

청소년보호법 제51조 제8호 소정의 '청소년에게 주류를 판매하는 행위'란 청소년에게 주류를 유상으로 제공하는 행위를 말하고, 청소년에게 주류를 제공하였다고 하려면 청소년이 실제 주류를 마시거나 마실 수 있는 상태에 이르러야 한다. 따라서 유흥주점 운영자가 업소에 들어온 미성년자의 신분을 의심하여 주문받은 술을 들고 룸에 들어가 신분증의 제시를 요구하고 밖으로 데리고 나온 사안에서, 미성년자가 실제 주류를 마시거나 마실 수 있는 상태에 이르지 않았으므로 술값의 선불지급 여부 등과 무관하게 주류판매에 관한 청소년보호법 위반죄가 성립하지 않는다.[33)]

---

32) 대법원 2002. 1. 11. 선고 2001도6032 판결.

(다) 청소년을 동반한 성년자에게 술을 판매한 경우, 청소년보호법 제51조 제8호에서 정한 '청소년에게 주류를 판매하는 행위'에 해당하는지 여부

청소년을 포함한 일행이 함께 음식점에 들어와 술을 주문하였고, 청소년도 일행과 함께 술을 마실 것이 예상되는 상황에서 그 일행에게 술을 판매하였으며, 실제로 청소년이 일행과 함께 그 술을 마셨다면, 이는 청소년보호법 제51조 제8호 소정의 '청소년에게 주류를 판매하는 행위'에 해당되며, 이 경우 성년자인 일행이 술을 주문하거나 술값을 계산하였다 하여 달리 볼 것은 아니다.[34]

(라) 청소년보호법상 법정대리인의 동의를 받은 미성년자에 대한 술 판매행위가 허용되는지 여부

구 청소년보호법(1998. 2. 28. 법률 제5529호로 개정되기 전의 것)은 일반 사법인 민법과는 다른 차원에서 청소년에게 유해한 매체물과 약물 등이 청소년에게 유통되는 것과 청소년이 유해한 업소에 출입하는 것 등을 규제함으로써 청소년을 유해한 각종 사회환경으로부터 보호·구제하고 나아가 이들을 건전한 인격체로 성장할 수 있도록 함을 그 목적으로 하여 제정된 법으로서, 그 제2조에서 18세 미만의 자를 청소년으로 정의하고 술을 청소년유해약물의 하나로 규정하면서, 제26조 제1항에서는 누구든지 청소년을 대상으로 하여 청소년유해약물 등을 판매·대여·배포하여서는 아니된다고 규정하고, 제51조 제8호에서 위 규정에 위반하여 청소년에게 술이나 담배를 판매한 자를 처벌하도록 규정하고 있는바, 위와 같은 위 법의 입법 취지와 목적 및 규정 내용 등에 비추어 볼 때, 18세 미만의 청소년에게 술을 판매함에 있어서 가사 그의 민법상 법정대리인의 동의를 받았다고 하더라도 그러한 사정만으로 위 행위가 정당화될 수는 없다.[35]

(마) 청소년보호법의 적용대상이 되는 청소년의 연령의 하한

사회적 의미에서의 청소년이라 함은 12~13세부터 20대의 사람을 가리키는 것으로 일반적으로 통용되고 있기는 하지만 일정한 연령을 한계로 한 획일적인 기준은 없는 것으로 보이고, 법적 의미에서의 청소년의 의미도 그 법령의 입법 취지 및 목적을 기초로 한 입법자의 결단에 의하여 비로소 구체화되는 개념으로 일률적인 것은 아니며, 사회적 의미에서의 청소년의 의미와 달리 법적 의미에서의 청소년의 의미는 법적 안정성과 예측가능성을 확보하기 위하여 명확하게 정의되어 있어야 할 것이지만 그것이 불명확한 경우에는 그 법령의 규정 내용과 입법 취지는 물론 입법 취지가 유사한 다른 법령과의 관계나 사회통념 등을 종합적으로 고려하여

33) 대법원 2008. 7. 24. 선고 2008도3211 판결.
34) 대법원 2004. 9. 24. 선고 2004도3999 판결.
35) 대법원 1999. 7. 13. 선고 99도2151 판결.

보충될 수 있는 것으로 보아야 할 것인바, 이러한 관점을 기초로 하여 청소년기본법상의 청소년의 정의에 관한 규정 및 입법 취지와 청소년보호법과의 관계, 아동복지법상의 아동의 정의에 관한 규정 및 입법 취지와 청소년보호법과의 관계, 사회통념 등을 종합적으로 고려하면 청소년보호법의 청소년에는 19세 미만의 모든 사람이 포함되는 것으로 새길 것이 아니라 적어도 청소년기본법이 정하는 연령의 하한인 9세 이상으로 새기는 것이 타당하다.[36]

(바) **청소년과 동행한 성년자에 술판매**

주점의 종업원이 자신이 제공하는 술을 청소년도 같이 마실 것이라는 점을 예상하면서 그와 동행한 청소년이 아닌 자에게 술을 판매한 경우, 청소년보호법 제51조·제8호, 제26조 제1항 소정의 청소년에 대한 술판매금지규정 위반행위에 직접 해당되지 않는다.[37]

(4) 행정처분의 감경

식품접객업의 경우 위반사항 중 그 위반의 정도가 경미하거나 사소한 부주의로 인한 경우, 행정처분의 기준이 영업정지인 경우에는 정지처분 기간의 2분의 1 이하의 범위에서 영업허가 취소 또는 영업장 폐쇄의 경우에는 영업정지 3월 이상의 범위에서 각각 그 처분을 감경할 있다. 또한, 해당 위반사항에 관하여 검사로부터 기소유예의 처분을 받거나 선고유예의 판결을 받은 경우로서 그 위반사항이 고의성이 없거나 국민건강상 인체의 건강을 해할 우려가 인정되는 경우, 행정처분의 기준이 영업정지인 경우에는 정지처분 기간의 2분의 1 이하의 범위에서 영업허가 취소 또는 영업장 폐쇄의 경우에는 영업정지 3개월의 범위에서 각 그 처분을 경감할 수 있다.

다. 청소년 유흥접객원 고용

(1) 금지의무

식품의약품안전처장 또는 특별자치시장 · 특별자치도지사 · 시장 · 군수 · 구청장은 영업자가 청소년을 유흥접객원으로 고용하는 등 그 위반하여 영업행위를 할 경우 영업허가 또는 등록을 취소하거나 6개월 이내의 기간을 정하여 그 영업의 전부 또는 일부를 정지하거나 영업소 폐쇄를 명할 수 있다(법 제75조 제1항 제13호, 제44조 제2항 제1호).

(2) 행정처분

영업자가 법 제75조의 의무를 위반하여 청소년을 유흥접객원으로 고용할 경우 아래와 표와

36) 서울행정법원 2001. 12. 20. 선고 2001구33822 판결 : 확정.
37) 대법원 2001. 7. 13. 선고 2001도1844 판결.

같은 행정처분을 받게 된다.

의무위반 유형	1차
영업자가 청소년을 유흥접객원으로 고용	1차만으로도 영업허가 · 등록취소 또는 영업소폐쇄

(3) 구체적 사례

(가) 청소년고용금지업소의 업주가 유흥종사자를 고용함에 있어서 연령확인에 필요한 의무의 내용

청소년보호법의 입법목적 등에 비추어 볼 때, 유흥주점과 같은 청소년유해업소의 업주에게는 청소년의 보호를 위하여 청소년을 당해 업소에 고용해서는 안 될 매우 엄중한 책임이 부여되어 있다 할 것이다. 그러므로 유흥주점영업의 업주가 당해 유흥업소에 종업원을 고용함에 있어서는 주민등록증이나 이에 유사한 정도로 연령에 관한 공적 증명력이 있는 증거에 의하여 대상자의 연령을 확인하여야 한다. 만일 대상자가 신분증을 분실하였다는 사유로 그 연령확인에 응하지 아니하는 등 고용대상자의 연령확인이 당장 용이하지 아니한 경우라면 청소년유해업소의 업주로서는 청소년이 자신의 신분과 연령을 감추고 유흥업소 취업을 감행하는 사례가 적지 않은 유흥업계의 취약한 고용실태 등에 비추어 대상자의 연령을 공적 증명에 의하여 확실히 확인할 수 있는 때까지 그 채용을 보류하거나 거부하여야 할 것이다. 그리고 건강진단수첩(속칭 보건증) 제도가 폐지된 후 건강진단결과서 제도가 마련된 취지와 경위, 건강진단결과서의 발급목적, 건강진단결과서가 발급되는 과정에서 피검자에 대한 신분을 확인하는 검증절차 및 피검자의 동일성에 관한 건강진단결과서의 증명도 등을 두루 감안해 볼 때 비록 그 결과서에 피검자의 주민등록번호 등 인적 사항이 기재되어 있다고 하더라도 이는 주민등록증에 유사한 정도로 연령에 관한 공적 증명력이 있는 증거라고 볼 수는 없다고 할 것이므로 유흥업소의 업주가 다른 공적 증명력 있는 증거를 확인해 봄이 없이 단순히 건강진단결과서상의 생년월일 기재만을 확인하는 것으로는 청소년보호를 위한 연령확인의무이행을 다한 것으로 볼 수 없다(대법원 2002. 6. 28. 선고 2002도2425 판결 등 참조).[38]

(4) 행정처분의 감경

식품접객업의 경우 위반사항 중 그 위반의 정도가 경미하거나 사소한 부주의로 인한 경우, 행정처분의 기준이 영업정지인 경우에는 정지처분 기간의 2분의 1 이하의 범위에서 영업허가 취소 또는 영업장 폐쇄의 경우에는 영업정지 3월 이상의 범위에서 각각 그 처분을 감경할

38) 대법원 2006. 3. 23. 선고 2006도477 판결.

있다. 또한, 해당 위반사항에 관하여 검사로부터 기소유예의 처분을 받거나 선고유예의 판결을 받은 경우로서 그 위반사항이 고의성이 없거나 국민건강상 인체의 건강을 해할 우려가 인정되는 경우, 행정처분의 기준이 영업정지인 경우에는 정지처분 기간의 2분의 1 이하의 범위에서 영업허가 취소 또는 영업장 폐쇄의 경우에는 영업정지 3개월의 범위에서 각 그 처분을 경감할 수 있다.

라. 청소년유해업소에 청소년 고용

(1) 청소년유해업소

'청소년유해업소'란 청소년의 출입과 고용이 청소년에게 유해한 것으로 인정되는 다음 가목의 업소(이하 "청소년 출입 · 고용금지업소"라 한다)와 청소년의 출입은 가능하나 고용이 청소년에게 유해한 것으로 인정되는 다음 나목의 업소(이하 "청소년고용금지업소"라 한다)를 말한다. 이 경우 업소의 구분은 그 업소가 영업을 할 때 다른 법령에 따라 요구되는 허가 · 인가 · 등록 · 신고 등의 여부와 관계없이 실제로 이루어지고 있는 영업행위를 기준으로 한다.

(가) 청소년 출입 · 고용금지업소

① 「게임산업진흥에 관한 법률」에 따른 일반게임제공업 및 복합유통게임제공업 중 대통령령으로 정하는 것

② 「사행행위 등 규제 및 처벌 특례법」에 따른 사행행위영업

③ 「식품위생법」에 따른 식품접객업 중 대통령령으로 정하는 것

④ 「영화 및 비디오물의 진흥에 관한 법률」 제2조 제16호에 따른 비디오물감상실업 · 제한관람가비디오물소극장업 및 복합영상물제공업

⑤ 「음악산업진흥에 관한 법률」에 따른 노래연습장업 중 대통령령으로 정하는 것

⑥ 「체육시설의 설치 · 이용에 관한 법률」에 따른 무도학원업 및 무도장업

⑦ 전기통신설비를 갖추고 불특정한 사람들 사이의 음성대화 또는 화상대화를 매개하는 것을 주된 목적으로 하는 영업. 다만, 「전기통신사업법」 등 다른 법률에 따라 통신을 매개하는 영업은 제외한다.

⑧ 불특정한 사람 사이의 신체적인 접촉 또는 은밀한 부분의 노출 등 성적 행위가 이루어지거나 이와 유사한 행위가 이루어질 우려가 있는 서비스를 제공하는 영업으로서 청소년보호위원회가 결정하고 여성가족부장관이 고시한 것

⑨ 청소년유해매체물 및 청소년유해약물등을 제작 · 생산 · 유통하는 영업 등 청소년의 출입과 고용이 청소년에게 유해하다고 인정되는 영업으로서 대통령령으로 정하는 기준에

따라 청소년보호위원회가 결정하고 여성가족부장관이 고시한 것

⑩ 「한국마사회법」 제6조 제2항에 따른 장외발매소(경마가 개최되는 날에 한정한다)

⑪ 「경륜 · 경정법」 제9조 제2항에 따른 장외매장(경륜 · 경정이 개최되는 날에 한정한다)

(나) 청소년고용금지업소

① 「게임산업진흥에 관한 법률」에 따른 청소년게임제공업 및 인터넷컴퓨터게임시설제공업

② 「공중위생관리법」에 따른 숙박업, 목욕장업, 이용업 중 대통령령으로 정하는 것

③ 「식품위생법」에 따른 식품접객업 중 대통령령으로 정하는 것

④ 「영화 및 비디오물의 진흥에 관한 법률」에 따른 비디오물소극장업

⑤ 「화학물질관리법」에 따른 유해화학물질 영업. 다만, 유해화학물질 사용과 직접 관련이 없는 영업으로서 대통령령으로 정하는 영업은 제외한다.

⑥ 회비 등을 받거나 유료로 만화를 빌려 주는 만화대여업

⑦ 청소년유해매체물 및 청소년유해약물등을 제작 · 생산 · 유통하는 영업 등 청소년의 고용이 청소년에게 유해하다고 인정되는 영업으로서 대통령령으로 정하는 기준에 따라 청소년보호위원회가 결정하고 여성가족부장관이 고시한 것

(2) 금지의무

식품의약품안전처장 또는 특별자치시장 · 특별자치도지사 · 시장 · 군수 · 구청장은 영업자가 청소년 유해업소에 청소년을 고용할 경우 영업허가 또는 등록을 취소하거나 6개월 이내의 기간을 정하여 그 영업의 전부 또는 일부를 정지하거나 영업소 폐쇄를 명할 수 있다.

(3) 행정처분

영업자가 법 제75조의 의무를 위반하여 청소년에게 주류를 제공할 경우 아래와 표와 같은 행정처분을 받게 된다.

의무위반 유형	1차	2차
영업자가 청소년유해업소에 청소년 고용	영업정지 3개월	영업허가, 등록취소 또는 영업소폐쇄

(4) 구체적인 사례

(가) 청소년보호법 제24조 제1항, 제50조 제2호에서 '고용'의 의미

청소년보호법 제24조 제1항은 '청소년유해업소의 업주는 청소년을 고용하여서는 아니된다'

고 규정하고, 같은 법 제50조 제2호는 '제24조 제1항의 규정에 위반하여 청소년을 유해업소에 고용한 자를 3년 이하의 징역 또는 2,000만원 이하의 벌금에 처한다'고 규정하고 있다. 이 때 '고용'이란 당사자 일방이 상대방에 대하여 노무를 제공할 것을 약정하고 상대방은 이에 대하여 보수를 지급할 것을 약정하는 계약으로서(민법 제655조), 민법상의 다른 전형계약과 마찬가지로 당사자의 합의만으로 성립하고 특별한 방식을 요하지 아니하며 묵시적인 의사의 합치에 의하여도 성립할 수 있다.[39]

(나) 청소년고용금지 위반죄의 성립 여부와 범의의 판단 기준

한편 청소년고용 금지의무 위반행위는 일반적으로 고용이 노무의 제공이라는 계속적 상태를 요구한다는 점에서 계속범의 실질을 가지는 것으로서 청소년에 대한 고용을 중단하지 않는 한 가벌적 위법상태가 지속되므로, 그 위반죄의 성립 여부 및 범의는 청소년 고용이 지속된 기간을 전체적으로 고려하여 판단하여야 한다.[40]

(다) 청소년유해업소의 업주로부터 위임을 받은 종업원이 업무와 관련하여 청소년을 고용한 경우, 그 종업원과 업주가 모두 청년보호법 제50조 제2호의 적용대상이 되는지 여부

청소년보호법 제50조 제2호, 제24조 제1항은 청소년을 고용한 청소년유해업소의 업주를 3년 이하의 징역이나 2천만원 이하의 벌금에 처하도록 규정하고 있고, 같은 법 제54조(양벌규정)는 개인의 대리인, 사용인 기타 종업원이 개인의 업무에 관하여 같은 법 제50조 등의 죄를 범한 때에는 행위자를 벌하는 외에 개인에 대하여도 각 해당 조의 벌금형을 과하도록 규정하고 있는바, 위 양벌규정은 벌칙규정의 실효성을 확보하기 위하여 그 행위자와 업주 쌍방을 모두 처벌하려는 데에 그 취지가 있다고 할 것이므로(대법원 1999. 7. 15. 선고 95도2870 전원합의체 판결, 대법원 2004. 5. 14. 선고 2004도74 판결 등 참조), 청소년유해업소의 업주로부터 위임을 받은 종업원이 업무와 관련하여 청소년을 고용하였다면 그 종업원과 업주는 모두 청소년보호법 제50조 제2호의 적용대상이 된다고 할 것이다.[41]

(라) 청소년보호법이 주로 주류의 조리·판매를 목적으로 하는 영업을 청소년고용금지업소로 규정한 취지

청소년보호법이 '일반음식점 영업 중 음식류의 조리 · 판매보다는 주로 주류의 조리 · 판매를 목적으로 하는 소주방 · 호프 · 카페 등의 영업형태로 운영되는 영업'을 청소년고용금지업소의 하나로 규정하고 있는 이유는 그러한 업소에 청소년이 고용되어 근로할 경우 주류에

39) 대법원 2011. 1. 13. 선고 2010도10029 판결.
40) 대법원 2011. 1. 13. 선고 2010도10029 판결.
41) 대법원 2005. 11. 25. 선고 2005도6455 판결.

쉽게 접촉되어 고용청소년의 건전한 심신발달에 장애를 유발할 우려가 있고 또한 고용청소년에게 유해한 근로행위의 요구가 우려되므로 이를 방지하기 위한 데 있다.[42]

(마) **청소년유해업소에 청소년고용, 접객행위 대기중 적발**

청소년유해업소인 단란주점의 업주가 청소년들을 고용하여 영업을 한 이상 그 중 일부가 대기실에서 대기중이었을 뿐 실제 접객행위를 한 바 없다 하더라도 구 청소년보호법(2000. 1. 12. 법률 제6164호로 개정되기 전의 것) 제49조 제1항 규정에 따른 이익을 취득하지 아니한 것이라고 볼 수 없다.[43]

(바) **주간에는 주로 음식류를, 야간에는 주로 주류를 조리·판매하는 형태의 영업행위를 한 경우, 청소년보호법상의 청소년고용금지업소에 해당하는지 여부**

식품위생법 제21조 제2항, 식품위생법 시행령 제7조 제8호 (나)목은 일반음식점 영업을 '음식류를 조리·판매하는 영업으로서 식사와 함께 부수적으로 음주행위가 허용되는 영업'이라고 규정하고 있지만, 청소년보호법 제2조 제5호는 청소년고용금지업소 등 청소년유해업소의 구분은 그 업소가 영업을 함에 있어서 다른 법령에 의하여 요구되는 허가·인가·등록·신고 등의 여부에 불구하고 실제로 이루어지고 있는 영업행위를 기준으로 하도록 규정하고 있으므로, 음식류를 조리·판매하면서 식사와 함께 부수적으로 음주행위가 허용되는 영업을 하겠다면서 식품위생법상의 일반음식점 영업허가를 받은 업소라고 하더라도 실제로는 음식류의 조리·판매보다는 주로 주류를 조리·판매하는 영업행위가 이루어지고 있는 경우에는 청소년보호법상의 청소년고용금지업소에 해당하며, 나아가 일반음식점의 실제의 영업형태 중에서는 주간에는 주로 음식류를 조리·판매하고 야간에는 주로 주류를 조리·판매하는 형태도 있을 수 있는데, 이러한 경우 음식류의 조리·판매보다는 주로 주류를 조리·판매하는 야간의 영업형태에 있어서의 그 업소는 위 청소년보호법의 입법취지에 비추어 볼 때 청소년보호법상의 청소년고용금지업소에 해당한다.[44]

(5) 행정처분의 감경

식품접객업의 경우 위반사항 중 그 위반의 정도가 경미하거나 사소한 부주의로 인한 경우, 행정처분의 기준이 영업정지인 경우에는 정지처분 기간의 2분의 1 이하의 범위에서 영업허가 취소 또는 영업장 폐쇄의 경우에는 영업정지 3월 이상의 범위에서 각각 그 처분을 감경할 있다. 또한, 해당 위반사항에 관하여 검사로부터 기소유예의 처분을 받거나 선고유예의 판결

42) 대법원 2004. 2. 12. 선고 2003도6282 판결.
43) 대법원 2002. 7. 12. 선고 2002두219 판결.
44) 대법원 2004. 2. 12. 선고 2003도6282 판결.

을 받은 경우로서 그 위반사항이 고의성이 없거나 국민건강상 인체의 건강을 해할 우려가 인정되는 경우, 행정처분의 기준이 영업정지인 경우에는 정지처분 기간의 2분의 1 이하의 범위에서 영업허가 취소 또는 영업장 폐쇄의 경우에는 영업정지 3개월의 범위에서 각 그 처분을 경감할 수 있다.

마. 청소년출입 · 고용금지업소에 청소년을 출입시키는 행위

(1) 금지의무

식품의약품안전처장 또는 특별자치시장 · 특별자치도지사 · 시장 · 군수 · 구청장은 영업자가 청소년출입 · 고용금지업소에 청소년을 출입시키는 행위를 할 경우 영업허가 또는 등록을 취소하거나 6개월 이내의 기간을 정하여 그 영업의 전부 또는 일부를 정지하거나 영업소 폐쇄를 명할 수 있다.

(2) 행정처분

영업자가 법 제75조의 의무를 위반하여 청소년출입 · 고용금지업소에 청소년을 출입시키는 행위를 할 경우 아래와 표와 같은 행정처분을 받게 된다.

의무위반 유형	1차	2차	3차
영업자가 청소년유해업소에 청소년 고용	영업정지 1개월	영업정지 2개월	영업정지 3개월

(3) 구체적인 사례

(가) 청소년보호법 제24조 제2항 소정의 '출입'의 의미

구 청소년보호법(2001. 4. 7. 법률 제6460호로 개정되기 전의 것)은 청소년이 유해한 업소에 출입하는 것을 규제하는 등으로 그들이 건전한 인격체로 성장할 수 있도록 한다는 입법목적(제1조)을 달성하기 위하여 청소년출입 · 고용금지업소의 업주로 하여금 당해 업소에 청소년을 출입하거나 이용하지 못하게 하도록 규정하고(제24조 제2항), 나아가 위 규정의 실효성을 확보하기 위하여 이를 위반한 업주를 처벌하는 규정(제51조 제7호)까지 두고 있는바, 위에서 본 같은 법의 입법목적과 이를 달성하기 위한 제 규정들을 둔 취지, 그리고 제24조 제2항이 유해업소의 출입과 이용을 병렬적으로 규제하고 있는 입법형식을 취하고 있는 점 등 제반사정에 비추어 볼 때, 같은 법 제24조 제2항의 '출입'은 '이용'과는 별개의 개념으로서 위 규정에 의하여 금지되는 '출입'은 청소년이 유해업소의 시설을 이용하기 위한 것인지를 묻지 아니하고 청소년이 법령이 허용하는 경우 이외에 유해업소의 시설에 출입하는 행위 일체를 의미한다.[45]

(나) **청소년보호법 제26조의2 제8호 소정의 '청소년 이성혼숙'의 의미**

청소년보호법 제26조의2 제8호는 누구든지 "청소년에 대하여 이성혼숙을 하게 하는 등 풍기를 문란하게 하는 영업행위를 하거나 그를 목적으로 장소를 제공하는 행위"를 하여서는 아니된다고 규정하고 있는바, 위 법률의 입법 취지가 청소년을 각종 유해행위로부터 보호함으로써 청소년이 건전한 인격체로 성장할 수 있도록 하기 위한 것인 점 등을 감안하면, 위 법문이 규정하는 '이성혼숙'은 남녀 중 일방이 청소년이면 족하고, 반드시 남녀 쌍방이 청소년임을 요하는 것은 아니다.[46]

(다) **비디오물감상실업자가 18세 이상 19세 미만의 청소년을 비디오물감상실에 출입시킨 경우, 청소년보호법위반죄가 성립하는지 여부**

구 청소년보호법(2001. 5. 24. 법률 제6479호로 개정되기 전의 것, 이하 '법'이라고 한다) 제2조 제1호는 청소년이라 함은 19세 미만의 자를 말한다고 규정하고 있고, 제5호 (가)목 (2)는 청소년출입금지업소의 하나로 음반 · 비디오물및게임물에관한법률에 의한 비디오물감상실업을 규정하고 있으며, 제6조는 이 법은 청소년유해환경의 규제에 관한 형사처벌에 있어서는 다른 법률에 우선하여 적용한다고 규정하고 있으므로, 비디오물감상실업자가 18세 이상 19세 미만의 청소년을 비디오물감상실에 출입시킨 경우에는 법 제51조 제7호, 제24조 제2항의 청소년보호법위반죄가 성립한다.[47]

(라) **18세 미만자의 당구장출입을 금지시킬 의무가 당구장업자에게 부과되어 있는지 여부**

체육시설의설치이용에관한법률 제5조, 제12조, 같은 법 시행령 제9조, 같은법시행규칙 제5조에 의하면 체육시설업자의 준수사항 공통기준의 규정내용과 당구장이 아직까지 청소년들의 음주, 흡연, 도박, 패싸움 등 탈선과 비행의 장소로 많이 이용되는 시설 중의 하나인 점 등에 비추어 당구장업의 개별기준의 내용은 당연히 18세 미만자의 출입을 금지하는 것을 전제로 이를 표시할 의무를 부과한 것으로 해석하여야 하고 18세 미만자의 출입을 금지하지는 않으면서 출입금지의 표시만을 하도록 한 것이라고 해석할 수는 없다.[48]

(마) **유흥접객업소의 업주가 경찰당국의 단속에서 제외되어 있어 만 18세 이상의 미성년자는 출입이 허용되는 줄 안 것이 법률의 착오에 해당되는지 여부**

유흥접객업소의 업주가 경찰당국의 단속대상에서 제외되어 있는 만 18세 이상의 고등학생이 아닌 미성년자는 출입이 허용되는 것으로 알고 있었더라도 이는 미성년자보호법 규정을

45) 대법원 2002. 6. 14. 선고 2002도651 판결.
46) 대법원 2001. 8. 21. 선고 2001도3295 판결.
47) 대법원 2002. 5. 17. 선고 2001도4077 판결.
48) 대법원 1992. 7. 14. 선고 92누2288 판결.

알지 못한 단순한 법률의 부지에 해당하고 특히 법령에 의하여 허용된 행위로서 죄가 되지 않는다고 적극적으로 그릇 인정한 경우는 아니므로 비록 경찰당국이 단속대상에서 제외하였다 하여 이를 법률의 착오에 기인한 행위라고 할 수는 없다.[49)]

(4) 행정처분의 감경

식품접객업의 경우 위반사항 중 그 위반의 정도가 경미하거나 사소한 부주의로 인한 경우, 행정처분의 기준이 영업정지인 경우에는 정지처분기간의 2분의 1 이하의 범위에서 영업허가 취소 또는 영업장 폐쇄의 경우에는 영업정지 3월 이상의 범위에서 각각 그 처분을 감경할 있다. 또한, 해당 위반사항에 관하여 검사로부터 기소유예의 처분을 받거나 선고유예의 판결을 받은 경우로서 그 위반사항이 고의성이 없거나 국민건강상 인체의 건강을 해할 우려가 인정되는 경우, 행정처분의 기준이 영업정지인 경우에는 정지처분기간의 2분의 1 이하의 범위에서 영업허가 취소 또는 영업장 폐쇄의 경우에는 영업정지 3개월의 범위에서 각 그 처분을 경감할 수 있다.

바. 청소년 사후합석 등의 문제

(1) 사후합석

판례는 "음식점을 운영하는 사람이 그 음식점에 들어온 사람들에게 술을 내어 놓을 당시에는 성년자들만이 있었고 그들끼리만 술을 마시다가 나중에 청소년이 들어와서 합석하게 된 경우에는, <u>처음부터 음식점 운영자가 나중에 그렇게 청소년이 합석하리라는 것을 예견할 만한 사정이 있었거나, 청소년이 합석한 이후에 이를 인식하면서 추가로 술을 내어준 경우가 아닌 이상, 나중에 합석한 청소년이 남아있던 술을 일부 마셨다고 하더라도 음식점 운영자가 식품위생법 제31조 제2항 제4호에 규정된 '청소년에게 주류를 제공하는 행위'를 하였다고 볼 수는 없고 이와 같은 법리는 음식점 운영자가 나중에 합석한 청소년에게 술을 따라 마실 술잔을 내주었다 하여 달리 볼 것은 아니다.</u>" 라고 하였다.[50)]

(2) 청소년을 동반한 성년자에게 술을 판매한 경우

청소년을 포함한 일행이 함께 음식점에 들어와 술을 주문하였고, 청소년도 일행과 함께 술을 마실 것이 예상되는 상황에서 그 일행에게 술을 판매하였으며, 실제로 청소년이 일행과 함께 그 술을 마셨다면, 이는 청소년보호법 제51조 제8호 소정의 '청소년에게 주류를 판매하

49) 대법원 1985. 4. 9. 선고 85도25 판결.

50) 대법원 2001. 10. 19. 선고 2001도4069 판결, 대법원 2002. 1. 11. 선고 2001도6032 판결, 대법원 2005. 5. 27. 선고 2005두2223 판결.

는 행위'에 해당되며, 이 경우 성년자인 일행이 술을 주문하거나 술값을 계산하였다 하여 달리 볼 것은 아니다.[51] 따라서 영업주가 처음부터 청소년이 그 술자리에 합석할 것을 예견하였거나 또는 청소년이 그 술자리에 합석한 이후에 이러한 사실을 인식하면서 추가로 술을 더 내어준 경우가 아니라 단순히 사후에 합석한 청소년이 그 술자리에 남아있던 술을 마신 것에 불과하다면 영업허가정지 처분에 대해서 행정심판 등의 절차를 통하여 영업정지처분 취소 및 감경을 충분히 다투어볼 소지가 있는 것이다.

사. 선량한 자영업자 보호법 – 청소년이 신분증을 위조, 변조, 도용

(1) 법규신설

식품위생법 제75조를 보면 식품접객영업자가 청소년에게 주류를 제공했을 경우 1차 적발 시 영업정지 60일, 2차 적발 시 영업정지 180일, 3차 적발 시 영업허가 취소의 행정처분을 받게 되는데, 여기에 면책 조항이 신설된 것이다.

(2) 관련 내용

이에 따라 개정 식품위생법에는 "청소년의 신분증 위조·변조 또는 도용으로 식품접객영업자가 청소년인 사실을 알지 못하였거나 폭행 또는 협박으로 청소년임을 확인하지 못한 사정이 인정되는 경우에는 대통령령으로 정하는 바에 따라 해당 행정처분을 면제할 수 있다."라는 문구가 추가되었다. 따라서 법 위반이 확인되면 청소년 보호법에 따른 형사처벌과는 달리[52] 영업정지 등 행정처분은 받지 않는다. 이는 청소년보호법의 형사처벌 조항까지 면책해 주면 업주의 의무나 청소년 보호의 취지가 약해진다는 이유에 기초한다. 그 결과 만일 청소년의 강박이나 신분증 위조, 변조, 도용 등 적극적인 방법으로 인하여 주류판매 등을 한 업주는 선량한 자영업자 보호법으로 통하여 영업정지의 행정처분을 면제받을 수 있다(식품위생법 제75조).

아. 감경기준(행정심판위원회)

청소년에게 주류를 제공한 법위반 사실이 명백한 이상 특별한 사유가 없는 한 영업정지처분이 위법·부당하지 않는다고 판단하는 것이 행정심판위원회의 주된 태도이다. 그럼에도 불구하고 감경이 가능하다면 그 기준을 명확히 인지하고 행정심판 등의 절차를 진행하는 것이 중요한데, 통상의 경우 감경사유는 1. 업소가 소규모이고 해당 영업이 유일한 생계수단인

---

51) 대법원 2004. 9. 24. 선고 2004도3999 판결.

52) 소년보호법이 적용되면 형사처벌은 피할 수 없는데, 이는 청소년보호법 제59조, "청소년에게 청소년 유해약물 등을 구매하게 하거나, 청소년을 청소년 출입 또는 고용 금지업소에 출입시킨 자는 2년 이하의 징역이나 2,000만 원 이하의 벌금에 처한다"고만 규정되어 있고, 면책조항이 없기 때문이다.

점, 2. 동종의 처벌 전력이 없는 점, 3. 고의성이 있다고 보여지지 않는 점, 4. 반성하고 있는 점 등을 고려할 때, 다소 가혹하므로 행정처분기준 별표23. Ⅰ. 일반기준 15. 마.에 의하여 처분을 경감하는 것이 공익목적 · 사익침해 정도에 부합하다는 것이다.

자. 관련서식

(1) 행정심판

(가) 기재례-신청취지

피청구인이 20○○. ○. ○. 청구인에 대하여 결정 고지한 45일의 영업정지처분은 이를 취소한다. 라는 재결을 구합니다.

(나) 관련서식

[서식 62] 영업정지처분 취소심판청구서

■ 행정심판법 시행규칙 [별지 제30호서식] 〈개정 2012.9.20〉

행정심판 청구서

접수번호	접수일	

청구인	성명 ○ ○ ○
	주소 서울특별시 ○○구 00로 000길 00, 0층
	주민등록번호(외국인등록번호)
	전화번호
[ ] 대표자 [ ] 관리인 [ ] 선정대표자 [ ] 대리인	성명
	주소
	주민등록번호(외국인등록번호)
	전화번호
피청구인	서울특별시 광진구청장
소관 행정심판위원회	[ ] 중앙행정심판위원회 [ ] ○○시 · 도행정심판위원회 [ ] 기타

처분 내용 또는 부작위 내용	영업정지 1개월 처분
처분이 있음을 안 날	2019. 11. 9.
청구 취지 및 청구 이유	별지로 작성
처분청의 불복절차 고지 유무	유
처분청의 불복절차 고지 내용	행정심판과 행정소송이 가능함을 고지
증거 서류	

「행정심판법」제28조 및 같은 법 시행령 제20조에 따라 위와 같이 행정심판을 청구합니다.

2019 년 11 월 14 일

청구인 신 반 달 (서명 또는 인)

ㅇㅇ행정심판위원회 귀중

첨부서류	1. 대표자, 관리인, 선정대표자 또는 대리인의 자격을 소명하는 서류(대표자, 관리인,선정대표자 또는 대리인을 선임하는 경우에만 제출합니다.) 2. 주장을 뒷받침하는 증거서류나 증거물	수수료 없음

처리 절차

청구서 작성	➜	접수	➜	재결	➜	송달
청구인		ㅇㅇ행정심판위원회		ㅇㅇ행정심판위원회		

210mm×297mm[백상지 80g/㎡]

[별 지]

청 구 취 지

피청구인이 20○○. ○. ○. 청구인에 대하여 한 영업정지 1개월 처분은 이를 취소한다 라는 재결을 구함

청 구 이 유

1. 이 사건 처분에 이르게 된 경위

가. 사실관계

20○○. ○. ○. 05:00경 신청인이 운영하는 서울 ○○구 ○○로 ○○길 ○○ 소재 일반음식점 ○○○○(이하 '이 사건 영업소'라고 합니다)에서 근무중이던 직원 ○○○은, 친하게 알고 지내던 형 ○○○(19○○년생, ○○세)이 이 사건 영업소에 오자 반갑게 맞아주었습니다. ○○○은 ○○○, ○○○○, ○○○ 등 세명의 일행과 같이 가게로 왔는데 이미 근처의 '000 포차'(신분증 검사가 철저하다고 주변 상점들은 물론 손님들에게도 소문이 난 주점입니다)에서 거하게 한잔 하고 24시간 영업하는 이 사건 영업소를 찾아왔다고 했습니다. 직원 ○○○이 이들 일행의 모습을 보니 그 말대로 4명이 모두 상당히 취한 상태였습니다.

직원 ○○○은 이들에게 테이블을 안내해주었습니다. 잠시 후 호출벨이 울려 그 테이블로 가 ○○○으로부터 술과 안주를 주문받았습니다. 직원 ○○○은 ○○○과 ○○○ 두 여성이 흡연실에서 담배를 피우고 있는 모습도 확인하였습니다. ○○○과 ○○○은 이 후 술과 안주가 세팅이 되자 흡연실에서 나와 자리로 돌아와 시간을 보냈습니다.

몇 시간이 경과한 같은 날 00:00경 ○○○이 ○○○과 ○○○을 폭행한다며 경찰을 부르라고 소리를 지르고 있었습니다. 직원 ○○○이 테이블로 가 보니 ○○○을 제외하고 나머지 세 명이 만취해서 옥신각신 다투고 있었습니다. 이들의 다툼은 끊이지 않았고 급기야 같은 날 00:00경 ○○○이 웃통을 벗고 소리치며 소란을 부리자 ○○○이 경찰에 신고를 하라고 요청을 해 112에 신고하였습니다.

나. 형사처분 및 이 사건 처분

수사기관의 조사 결과 청소년으로 밝혀진 이들에게 주류를 판매한 직원 ○○○은 청소년보호법 위반 혐의로 20○○. ○. ○. 기소유예 처분을 받았습니다(서울동부지방검찰청 2019형제○○○○호).

이어서 피신청인은 이 사건 영업소의 운영자인 신청인에게 20○○. ○. ○.자로 영업정지 1개월 처분을 명하였습니다.

2. 처분기준

[식품위생법]

제44조(영업자 등의 준수사항) ② 식품접객영업자는 「청소년 보호법」 제2조에 따른 청소년(이

하 이 항에서 "청소년"이라 한다)에게 다음 각 호의 어느 하나에 해당하는 행위를 하여서는 아니 된다.

4. 청소년에게 주류(酒類)를 제공하는 행위

제75조(허가취소 등) ① 식품의약품안전처장 또는 특별자치시장 · 특별자치도지사 · 시장 · 군수 · 구청장은 영업자가 다음 각 호의 어느 하나에 해당하는 경우에는 대통령령으로 정하는 바에 따라 영업허가 또는 등록을 취소하거나 6개월 이내의 기간을 정하여 그 영업의 전부 또는 일부를 정지하거나 영업소 폐쇄(제37조제4항에 따라 신고한 영업만 해당한다. 이하 이 조에서 같다)를 명할 수 있다. 다만, 식품접객영업자가 제13호(제44조제2항에 관한 부분만 해당한다)를 위반한 경우로서 청소년의 신분증 위조 · 변조 또는 도용으로 식품접객영업자가 청소년인 사실을 알지 못하였거나 폭행 또는 협박으로 청소년임을 확인하지 못한 사정이 인정되는 경우에는 대통령령으로 정하는 바에 따라 해당 행정처분을 면제할 수 있다.

13. 제44조제1항 · 제2항 및 제4항을 위반한 경우

[청소년보호법]

제2조(정의) 이 법에서 사용하는 용어의 뜻은 다음과 같다.

1. "청소년"이란 만 19세 미만인 사람을 말한다. 다만, 만 19세가 되는 해의 1월 1일을 맞이한 사람은 제외한다.

[식품위생법 시행규칙]

제89조(행정처분의 기준) 법 제71조, 법 제72조, 법 제74조부터 법 제76조까지 및 법 제80조에 따른 행정처분의 기준은 별표 23과 같다.

[별표23] 행정처분 기준(제89조 관련)

Ⅰ. 일반기준

15. 다음 각 목의 어느 하나에 해당하는 경우에는 행정처분의 기준이, 영업정지 또는 품목 · 품목류 제조정지인 경우에는 정지처분 기간의 2분의 1 이하의 범위에서, 영업허가 취소 또는 영업장 폐쇄인 경우에는 영업정지 3개월 이상의 범위에서 각각 그 처분을 경감할 수 있다.

바. 해당 위반사항에 관하여 검사로부터 기소유예의 처분을 받거나 법원으로부터 선고유예의 판결을 받은 경우로서 그 위반사항이 고의성이 없거나 국민보건상 인체의 건강을 해할 우려가 없다고 인정되는 경우

Ⅱ. 개별기준

3. 식품접객업(영 제21조제8호의 식품접객업을 말한다)

위반사항	근거 법령	행정처분기준		
		1차 위반	2차 위반	3차 위반
11. 법 제44조제2항을 위반한 경우	법 제75조			

라. 청소년에게 주류를 제공하는 행위(출입하여 주류를 제공한 경우 포함)를 한 경우		영업정지 2개월	영업정지 3개월	영업허가 취소 또는 영업소폐쇄

3. 관련 심판사례

가. 일반음식점영업정지처분 취소청구

- 국민권익위원회 행심 제2010-038호, 2010. 2. 23.

청소년에게 주류를 제공하여 적발된 청구인이 청소년 주류제공(1차 위반)을 이유로 발령된 영업정지 2개월 처분에 대하여 그 취소를 구한 심판에서 "청구인이 사건업소에 출입한 청소년의 신분증을 확인하지 않고 주류를 제공한 사실이 인정된다 할 것이므로 피청구인이 관련법령에 따라 청구인에게 한 이 사건 처분에 위법·부당함은 없다. 다만, ① 청구인이 사건업소를 운영한 이래 동종의 위반전력이 없는 점, ② 청구 외 이○○가 검사로부터 기소유예 처분을 받은 점, ③ 청구인이 운영하는 사건업소가 영세한 점 등을 감안하면, 피청구인이 이 사건 처분을 통하여 얻고자 하는 공익에 비하여 청구인이 입게 될 불이익이 심대하다 할 것이므로 피청구인이 청구인에 대하여 한 영업정지 2개월 처분은 이를 영업정지 15일 처분으로 변경한다"고 결정하였습니다.

나. 일반음식점 과징금부과처분 취소

- 국민권익위원회 서행심2013-693, 2013. 10. 7.

청소년에게 신분증을 확인하지 않고 주류를 제공한 법 위반 사실이 인정된 청구인이 영업정지 1개월에 갈음한 840만원의 과징금 부과 처분에 대하여 그 취소를 구한 심판에서 "청소년이 성인과 동행한 점, 청구인의 종업원이 제공한 주류의 양이 소주 한 병으로 많다고 볼 수 없고, <u>청구인이 이 사건 업소를 운영한 이후 동종의 위반전력이 없는 점</u>, 청구인이 가족의 생계를 위해 어렵게 가게를 운영하던 중에 이러한 사건이 발생한 점 등을 종합적으로 고려하면, 이 사건 처분으로 인하여 달성하고자 하는 공익적 목적에 비하여 이 사건 처분으로 인하여 청구인이 입게 될 불이익이 크다 할 것이어서 이 사건 처분을 감경할 필요성이 인정된다. 피청구인이 2013. 7. 23. 청구인에 대하여 한 영업정지 1개월에 갈음한 840만원의 과징금 부과처분을 420만원의 과징금 부과처분으로 변경한다"고 결정한 바 있습니다.

다. 일반음식점 영업정지 처분취소

- 국민권익위원회 서행심2013-629, 2013. 9. 30.

청소년에게 주류를 제공한 법 위반 사실이 인정된 청구인이 2개월의 영업정지 처분에 대하여 그 취소를 구한 심판에서 "<u>청구인에게 동종의 법 위반전력이 없는 점</u>, 이 사건과 관련하여 이 사건 업소 <u>종업원 차○○이 2013. 3. 15. 서울동부지방법원으로부터 벌금 70만원의 처분을 받은 점</u>으로 볼 때 청구인의 법 위반의 정도가 중하다고 할 수 없고, 청구인이 투병 중인 가족을 간병하며 생계를 위해 가게를 운영하기 시작한지 얼마 되지 않아 이 사건 처분을 받게 된 점 등 제반사정을 고려하면, 이 사건 처분으로 인하여 달성하고자 하는 공익적 목적에 비하여 이 사건 처분으로 인하여 청구인이 입게 될 불이익이 크다 할 것이어서 이 사건 처분을 감경할 필요성이 인정된다. 피청구인이 2013. 7. 3. 청구인에 대하여 한 **2개월의 영업정지처분을 1개월의 영업정지처분으로 변경한다**"고 결정한 바 있습니다.

라. 일반음식점 영업정지 처분취소

- 국민권익위원회 서행심2013-583, 2013. 8. 26.

청소년에게 주류를 제공함으로써 식품위생법을 위반한 청구인이 2개월의 영업정지 처분에 대하여 그 취소를 구한 심판에서 "이 사건과 관련하여 청구인이 2013. 6. 3. 서울북부지방법원으로부터 비교적 관대한 벌금 50만원의 형으로 약식명령을 받은 점, 동종 위반 전력이 없는 점 등을 감안할 때 청구인의 법 위반 정도가 중하다고 할 수 없고, 기타 제반 사정을 고려하면 이 사건 처분으로 인하여 달성하고자 하는 공익적 목적에 비하여 이 사건 처분으로 인하여 청구인이 입을 불이익이 크다 할 것이어서 이 사건 처분에 대한 감경의 필요성이 인정된다. 피청구인이 2013. 6. 11. 청구인에 대하여 한 2개월의 영업정지 처분을 40일의 영업정지처분으로 변경한다"고 결정한 바 있습니다.

4. 이 사건 처분의 부당성

가. 행정심판 선례에 비추어 이 사건 처분이 과중

앞에서 살펴보았듯이 청구인에게 동종의 위반 전력이 없는 점, 실제로 청소년에게 주류를 제공한 종업원에 대해 검사가 기소유예를 한 경우 영업정지 15일 혹은 영업정지 15일 처분에 갈음하는 과징금 부과 처분으로 변경된 경우가 많다는 점, 이 사건 처분과 같은 영업정지 1개월은 그 불법의 정도가 중해 판매자가 법원으로부터 벌금 등 형사처벌을 선고받은 경우에 해당하는 사례가 많다는 점 등을 고려해보면 청구인에 대하여 1개월의 영업정지 처분은 과중하다고 할 수 있습니다.

나. 이 사건의 경우

① ○○세의 ○○○조차 ○○○ 등이 청소년이라는 사실을 모르고 있었습니다(○○○과 ○○○은 ○○○포차에서 합석한 사이라고 합니다). ○○○과 직원 ○○○은 형·동생하던 사이었는데, 직원 ○○○로서는 형인 ○○○이 같이 데리고 온 여자들이 청소년이라는 것을 알 수가 없었습니다. 일행도 모르는 사실을 청구인이 어떻게 알 수 있었겠습니까.

② 이들 일행은 이미 ○○○포차에서 거나하게 술을 먹고 취한 상태로 이 사건 영업소를 방문하였습니다. 특히 ○○○포차는 신분증 검사가 철저하기로 유명한데, 직원 ○○○은 이미 위 술집에서 술을 마시고 취한 상태여서 이 사건 영업소에 온 이들을 청소년이라고 의심할 수가 없었습니다.

③ ○○○ 등은 이 사건 영업소에 오자마자 흡연실에서 자연스럽게 담배를 피웠습니다. 이들 일행은 주점에 올 때 이미 술에 취한 상태였고, ○○세의 ○○○과 동행해왔고, 담배까지 피우고 있는 모습을 보였습니다.

④ 이 사건 영업소 직원들은 아무런 의심 없이 이들 일행의 싸움을 말리려는 의도로 112 신고를 하였습니다. 만약, 이 사건 영업소 직원들이 ○○○ 등을 청소년으로 인식하고 주류를 팔았다면 그 사실을 숨기기에 급급했을 것이지, 스스로 청소년에 대한 주류판매 사

실이 그대로 드러날 수 에 없는 경찰신고를 하지는 않았을 것입니다.

⑤ ○○○ 등은 이 사건 영업소 직원들이 보기에도 섹시해 보일 정도의 옷차림을 하고 있었고, 화장도 진하게 하고 있어서 그 외양이 청소년이라고 하기에는 어려워 보였습니다.

⑥ 이 사건이 발생한 시각은 오전 7시경이었습니다. ○○○ 등은 그 전날부터 밤을 꼬박 새면서 주점 등을 돌아다니면서 담배를 피우고, 술을 마시고, 유흥을 즐기고 있었습니다. 청소년들이 흔히 활동할 수 있는 오후 7시~오후 8시라면 모르겠으나, 직원 ○○○은 밤을 온전히 지새운 채 이 사건 영업소에 찾아온 ○○○ 등을 도저히 청소년이라고 의심할 수가 없었습니다.

다. 정상에 관하여

1) 청구인의 법령준수 의지

청구인은 그 운영의 이 사건 영업소에서 누구보다도 청소년 보호를 위한 관계법령을 철저히 지키면서 영업을 계속해 왔습니다.

00앞 상권은 대학생들뿐만 아니라 청소년들에게도 즐길거리, 먹을거리가 풍부하여 청소년들의 유동인구가 많습니다. 때문에 청구인은 주점에 손님이 오면 무조건 신분증 검사를 시행하였고, 다른 직원들에게도 이를 귀에 못이 박히도록 강조하였습니다. 청구인은 이렇게 이 사건 영업소를 운영하면서 단 하루도 긴장의 끈을 놓을 수가 없었는데, 그 이유는 바로 청소년 주류판매 단속 때문이었습니다. 청구인은 '절대로 청소년에게 속지 말자. 오늘도 속지 말고 술 판매 하지 말자'는 다짐을 마음속에 항상 가지고 있었습니다.

2) 청소년보호법 제28조 제5항 제1호 규정 준수

청소년보호법 제28조 제5항 제1호의 '⑤ 다음 각 호의 어느 하나에 해당하는 자가 청소년유해약물 중 주류나 담배(이하 "주류등"이라 한다)를 판매·대여·배포하는 경우 그 업소(자동기계장치·무인판매장치를 포함한다)에 **청소년을 대상으로 주류등의 판매·대여·배포를 금지하는 내용을 표시하여야 한다**. 다만, 청소년 출입·고용금지업소는 제외한다. 1. 「주세법」에 따른 주류소매업의 영업자' 규정에 따라 청구인은 주류냉장고에 청소년에 대한 주류판매를 절대금지한다는 안내문을 부착하며 영업을 하였습니다. 매장 입구는 물론이거니와 술 보관 냉장고, 흡연실 문에 더하여 손님들의 이목이 가장 집중되는 와이파이 ID와 비밀번호를 적은 안내문 옆에도 신분증 확인 협조 문구를 넣어, 청소년인 손님들이 그 문구를 보고 각성할 수 있도록 하였습니다.

3) 청소년보호법 제28조 제4항 신분확인규정 준수

청소년보호법 제28조 제4항은 '청소년유해약물등을 판매·대여·배포하고자 하는 자는 그 상대방의 나이 및 본인 여부를 확인하여야 한다'고 규정되어있습니다. 청구인은 위 규정에 따라 청소년과 성인을 불문하고 영업장 입장시 신분증 확인을 철저히 시행하였습니다. 청구인은 물론 점장과 직원들도 신분확인의 중요성을 항상 염두에 두고 있었습니다. "오늘 성인이 내일은 미성년자가 될 수 있다"는 마인드로 신분증! 신분증! 신분증! 노래를 부르며 신분증 검사를 강조하였습니다. 이에 청구인은 30세가 훌쩍 넘어 보이는 손님 또한 신분증이 없어 나이 확인이 되지 않는다는 이유로 돌려보낸 경우가 한

둘이 아니었습니다.

라. 반 성

청구인은 그 경위가 어떠하든 자신이 운영하는 이 사건 영업소에서 청소년에게 주류를 판매하였다는 사실에 괴로워하고 있으며, 더욱 더 철저하게 신분확인을 하여 재발방지에 힘쓰고 청소년보호를 위하여 최선을 다하겠습니다.

5. 결 론

청구인은 이 사건 영업소 운영자로서 청소년보호법 등 관계규정을 준수하며 미성년자 보호를 위해 최선을 다해왔습니다. 그리고 이번 사건을 계기로 앞으로도 더욱 더 조심하고 철저하게 행동해 나가겠습니다. 이번 사건으로 인하여 물의를 일으킨 데 대하여 다시 한번 반성하고 있습니다.

이러한 사정을 고려한다면 피청구인이 이 사건 처분을 통하여 얻고자 하는 공익에 비하여 청구인이 입게 될 불이익이 심대하다 할 것이므로 피청구인이 청구인에게 한 이 사건 처분은 가혹하다 할 것입니다.

따라서 이 사건이 일어나게 된 경위와 정황 등을 적극 고려해주시어 청구인에게 법이 허용하는 경한 처분을 받을 수 있도록 간곡히 부탁드립니다.

[서식 63] 영업정지처분 취소심판청구서(유흥음식점)

행 정 심 판 청 구

1. 사 건	영업정지처분 취소청구
2. 청구인	성명 : ○ ○ ○ (주민등록번호) 주소 : ○○시 ○○구 ○○길 ○○ (우편번호 ○○○○○)
3. 피청구인	서울시 △△구청장
4. 심판청구의 내용	유흥음식점 영업정지취소 청구
5. 처분이 있음을 안 날	20○○. ○. ○.

심판청구의 취지

피청구인이 20○○. ○. ○. 청구인에 대하여 결정 고지한 1월의 영업정지처분은 이를 취소한다.

라는 재결을 구합니다.

심판청구의 내용

1. 청구인은 ○○시 ○○구 ○○길 ○○에서 20○○. ○. ○.부터 '☆☆투게더'라는 상호로 유흥음식점을 운영하여 왔는데, 서울시 △△구청장으로부터 미성년자 □□□를 고용하였다는 이유로 20○○. ○. ○. 영업정지 1월의 처분을 고지 받았습니다.

2. 검찰청에서 ○○시 ○○구 ○○길 ○○ 소재 '★★'라는 무허가직업소개소를 수사하면서 이 소개소를 통하여 유흥접객업소에서 일하였다는 □□□의 진술에 따라 청구인 이외에 유흥업소 주인 13명이 검찰청에서 조사를 받았는데 수사공무원이 □□□ 본인이 청구인의 업소에서 일했다는데 뻔한 것 아니냐고 하면서 사실확인도 해보지 아니하고 벌금 1,000,000원의 약식기소가 되었고 검찰청이 피청구인에게 통보함으로써 이 사건 처분이 있게 된 것입니다.

3. 그러나 평소 유흥업소에 출입하는 아가씨들은 가명을 쓰는 경우가 많아 청구인으로서는 □□□ 본인을 직접 대면하지 않고서는 □□□가 청구인의 업소에서 일하였는지의 여부를 알 수 없으므로, 청구인은 □□□의 거주지를 수소문하여 □□□ 본인과 직접 만난 결과 청구인의 업소에서 일한 종업원이 아니었음을 확인하였습니다.

4. 또한 청구인은 19○○. ○.부터 유흥음식점을 경영해왔는데, 종업원 고용시 반드시 주민등록증으로 미성년자인지 여부를 확인해 이 사건 처분시까지 일체의 형사 · 행정적 처분을 받은 일이 없습니다.

5. 사실이 이러하므로 청구인은 위 약식명령에 대하여 정식재판을 청구할 예정이며, 이 사건 처분도 사실을 오인한 처분이므로 위법한 처분인 바, 이를 취소하여 주시기 바랍니다.

입 증 방 법

1. 갑 제1호증	행정처분통지서 사본
1. 갑 제2호증	확인서
1. 갑 제3호증	공소장
1. 갑 제4호증	탄원서

첨 부 서 류

1. 위 입증방법	각 1통
1. 심판청구서 부본	1통

20○○. ○. ○.

위 청구인 ○ ○ ○ (인)

△△시 △△구청장 귀중

제출기관	피청구인 또는 행정심판위원회 (행정심판법 제23조)	청구기간	· 처분이 있음을 안 날로부터 90일 · 처분이 있은 날로부터 180일 (행정심판법 제27조)
청 구 인	피처분자	피청구인	행정처분을 한 행정청
제출부수	청구서 및 부본 각 1부	관련법규	행정심판법
불복방법	· 행정심판 재청구의 금지(행정심판법 제51조) 행정심판법상 행정심판의 단계는 단일화되어 있어 재결에 대한 행정심판 재청구는 할 수 없다. 다만, 국세기본법 등의 개별법에서는 다단계의 행정심판을 인정하고 있음 · 재결에 대한 행정소송(행정소송법 제19조, 제38조) 재결자체에 고유한 위법이 있을 때에는 재결 그 자체에 대한 취소소송 및 무효등확인소송을 제기할 수 있음 · 다만, 청구인은 기각 재결 등 청구인의 주장이 인용되지 아니한 경우에는 원행정처분에 대하여 행정소송으로 다툴 수 있음(행정소송법 제18조)		

[서식 64] 영업허가취소처분 취소심판청구서(대중음식점)

행 정 심 판 청 구				
청 구 인	이 름	○ ○ ○	주민등록번호	111111-1111111
	주 소	○○시 ○○구 ○○길 ○○		
선정대표자, 관리인 또는 대리인	○ ○ ○ (또는 대리인 변호사 ○ ○ ○) ○○시 ○○구 ○○길 ○○ (우편번호 ○○○○○)			
피 청 구 인	△△특별시 △△구청장		재 결 청	□□특별시장
청구대상인 처분내용 (부작위의 전제가 되는 신청내용일자)	피청구인이 20○○. ○. ○. 청구인에 대하여 한 영업허가 취소처분			

<table>
<tr><td>처분 있음을 안 날</td><td colspan="3">20○○년 ○월 ○일</td></tr>
<tr><td>심판청구취지 이유</td><td colspan="3">별지기재와 같음</td></tr>
<tr><td>피청구인의 행정심판
고 지 유 무</td><td>20○○년 ○월 ○일</td><td>고 지 내 용</td><td>영업허가 취소</td></tr>
<tr><td>증 거 서 류</td><td colspan="3">재직증명서, 경력증명서, 전세계약서, 주민등록등본
(또는 1. 별지기재와 같음)</td></tr>
<tr><td>근 거 법 조</td><td colspan="3">행정심판법 제28조, 동법 시행령 제20조</td></tr>
<tr><td colspan="4">위와 같이 행정심판을 청구합니다.

20○○. ○. ○.

청 구 인 ○ ○ ○ (인)
(또는 대리인 변호사 ○ ○ ○ (인))

△△ 특별시 △△ 구청장 귀하</td></tr>
</table>

첨부서류	청구서 부본	수 수 료	없 음

(다) 관련서식

[서식 65] 영업정지처분취소 청구의 소

심판청구의 취지

피청구인이 20○○년 ○월 ○일 청구인에 대하여 한 서울 ○○구 ○○길 ○○번지에 있는 대중음식점 ○○에 대한 영업허가취소처분을 취소한다.
라는 재결을 구합니다.

청 구 이 유

1. 이 사건 처분의 경위

청구인은 20○○년 ○월 ○일 피청구인으로부터 대중음식점 영업허가를 받아 서울 ○○구 ○○길 ○○번지에서 ○○라는 상호로 대중음식점 영업을 해오던 중 20○○년 ○월 ○일 위 업소에 청소년에게 주류를 제공하였다는 이유로 ○○구청소속 단속반원들에게 적발되었습니다.

이에 피청구인은, 금번에 적발되기 전 20○○년 ○월 ○일과 ○○년 ○월 ○일 2차례에 걸쳐 같은 내용으로 적발되어 영업정지에 갈음한 과징금 처분을 하였고 청소년에게 주류를 제공, 식품위생법 제44조 영업자의 준수사항을 위반하였다는 이유로 영업허가 취소사유에 해당 같은 법 시행규칙 제89조의 별표 23에 규정된 행정처분기준을 적용하여 20○○년 ○월 ○일 청구인에 대하여 위 대중음식점 영업허가를 취소하는 처분을 하였습니다.

2. 처분의 위법

가. 사실오인

청구인이 제3차로 적발될 당시 저녁 8시 무렵 손님이 많은 관계로 청년과 청소년들을 구분하기가 쉽지 않았을 뿐만 아니라 처음에 3명의 건장한 청년들이 들어와 고기와 술을 시켜서 먹고 마시고 있었고 다음에 청소년이 들어와 자연스럽게 앉아서 고기를 먹고 있었던 터라 청구인은 전혀 의심을 하지 않았습니다. 청구인은 3명의 청년들과 같이 있는 걸로 보아 같은 또래로 착각을 할 수밖에 없었습니다. 그 당시로는 그 중에서 1명이 청소년인줄을 전혀 인식할 수 없었고 이로 말미암아 단속반들에 적발되어 영업허가를 취소당하였는바, 그 당시 청소년이 술을 마셨는지 정확히 규명하지 아니하고 청소년에게 주류를 제공하는 행위로 이 사건 처분은 사실을 잘못 인정한 것으로서 위법합니다.

나. 재량남용, 일탈

가사 청소년에게 주류를 제공하는 위반사실이 인정된다 하더라도 처음 3명은 청소년이 아니었고 나중에 온 청소년은 전혀 예상할 수가 없었을 뿐 아니라 이 사건 음식점은 5명의 종업원을 두고 주로 고기 등을 조리판매하면서 영업을 운영하고 있을 뿐만 아니라 청구인은 이미 2번에 걸쳐 같은 내용으로 적발되어 행정처분을 받은 상태라 평소 많은 주의를 가지고 영업을 해왔습니다.

3. 이러한 여러 사정 등을 종합하여 보면, 청구인이 위와 같이 식품위생법 제44조를 위반하였다는 사유로 상당기간의 영업정지처분을 하는 것은 별론으로 하고 곧바로 이 사건 음식점의 영업으로 청구인은 청소년을 출입시켜 수익을 올리고 싶은 생각은 전혀 없었습니다.

또한 적발 당시의 청소년이 술을 마셨는지 정확한 규명이 없었으며 이러한 정황을 비추어 볼 때 청소년에 대한 주류판매로 인하여 이 사건 음식점에 대한 영업허가가 취소됨으로써 청구인은 막대한 경제적 손해를 입게 되는 것입니다.

취소까지 한 이 사건처분은 그에 의하여 실현하고자 하는 공익목적을 감안한다 하더라도 재량권의 한계를 현저히 일탈한 위법한 처분인 것입니다.

입 증 방 법

1. 소갑 제1호증 통지서사본
1. 소갑 제2호증 허가증사본

1. 소갑 제3호증 진술서
1. 소갑 제4호증 확인서

첨 부 서 류

1. 위 입증방법 각 1통
1. 심판청구서 부본 1통

20○○. ○. ○.

위 청구인 ○ ○ ○ (인)

△△특별시 △△구청장 귀하

제출기관	피청구인 또는 행정심판위원회 (행정심판법 제23조)	청구기간	· 처분이 있음을 안 날로부터 90일 · 처분이 있은 날로부터 180일 (행정심판법 제27조)
청 구 인	피처분자	피청구인	행정처분을 한 행정청
제출부수	청구서 및 부본 각 1부	관련법규	행정심판법
불복방법	· 행정심판 재청구의 금지(행정심판법 제51조) 행정심판법상 행정심판의 단계는 단일화되어 있어 재결에 대한 행정심판 재청구는 할 수 없다. 다만, 국세기본법 등의 개별법에서는 다단계의 행정심판을 인정하고 있음 · 재결에 대한 행정소송(행정소송법 제19조, 제38조) 재결자체에 고유한 위법이 있을 때에는 재결 그 자체에 대한 취소소송 및 무효등확인 소송을 제기할 수 있음 · 다만, 청구인은 기각 재결 등 청구인의 주장이 인용되지 아니한 경우에는 원행정처분에 대하여 행정소송으로 다툴 수 있음(행정소송법 제18조)		

[서식 66] 영업정지처분 취소심판청구서(일반음식점)

행 정 심 판 청 구

청 구 인 ○ ○ ○ (주민등록번호)
○○시 ○○구 ○○길 ○○ (우편번호 ○○○○○)

피청구인 △△광역시 △△구청장

영업정지처분취소 심판청구

심판청구 취지

피청구인이 20○○. ○. ○. 청구인에 대하여 한 영업정지 45일 처분은 이를 취소한다.
라는 재결을 구합니다.

심판청구 이유

1. 사건개요

청구인은 ○○시 ○○구 ○○길 ○○에서 ☆☆라는 음식점을 운영하는 자입니다. 그런데 20○○. ○. ○.부터 20○○. ○. ○.까지 청소년인 김○○(15세)를 종업원으로 고용한 것이 ○○경찰서에 적발되어 20○○. ○. ○. 피청구인에게 통보되었고, ○○지방검찰청이 20○○. ○. ○. 청소년보호법 위반한 청구인에게 '기소유예'를 처분하였으며, 이에 피청구인이 20○○. ○. ○. 식품위생법 제44조 제2항의 규정을 위반한 청구인에게 같은 법 제75조 및 같은 법 시행규칙 제89조에 의거 영업정지 45일의 처분을 하였습니다.

2. 청구인의 주장

가. 청구인은 20○○. ○. ○.부터 영업을 하면서 아르바이트생을 구하였는데 법에 대해 잘 몰랐던 청구인은 청소년의 경우 부모의 승낙만 있으면 고용을 하여 사용할 수 있다고 오인한채 위 청소년 김○○을 고용하게 되었습니다.

나. 청구인은 이후 얼마 되지 않아 청구인이 아르바이트생으로 청소년을 고용한 것이 법규위반이라는 것을 알게 되었지만 이미 위와 같은 법위반 사실이 적발당해 영업정지를 45일이나 받게 된 상황이었습니다.

다. 청구인은 무리한 대출까지 받아가면서 장사를 시작하였는데 장사를 시작한지 채 1년여만에 위와 같이 영업정지를 받게 되었고 이 같은 영업정지는 청구인과 같은 영세업자에게는 장사를 하지 말라는 것과 다름없는 가혹한 처분이므로 청구인과 같은 영세업자의 사정을 감안하여 영업정지 기간을 최소화하여 주시는 선처를 바랍니다.

3. **피청구인의 주장**

가. 피청구인은 청구인이 식품위생법 제44조 제2항의 규정에도 불구하고 청소년유해업소인 이 사건 일반음식점에서 청소년을 고용하다가 적발되었고, 이에 대해 식품위생법 시행규칙 제89조 [별표 23] 행정처분기준 Ⅱ. 개별기준 3. 식품접객업 중 11호 '라'목에 따라 영업정지 3개월의 행정처분을 하여야 하나[별표 23] 행정처분기준 Ⅰ. 일반기준 제15호 행정처분 감경규정에 의거, ○○지방검찰청에서 기소유예 처분한 점을 감안하여 피청구인은 원처분을 1/2을 감경하여 영업정지 45일의 행정처분을 하였습니다.

나. 청소년을 보호하고 육성한다는 국가적 시책을 역행한 중대한 위반행위를 고의성이 없고 사소한 부주의로 생각하는 청구인에게 피청구인이 행한 영업정지 45일의 처분은 결코 가혹하거나 재량권행사의 정당한 한계를 넘은 위법이 있다고 보기 어렵고 청소년을 종업원으로 고용하여 상업적 수단으로 이용한 영업행위에 대하여 엄중한 행정처분의 일관성을 지켜야하므로 청구인은 주장은 이유 없고 마땅히 기각되어야 한다고 주장하고 있습니다.

4. **관계법령**

식품위생법 제44조, 제75조(허가취소 등)

식품위생법 시행규칙 제57조, 제89조

5. **결 론**

그러나 이러한 처분은 청구인이 모르고 한 행위로 영업정지처분을 함을 부당하고 또한 이는 너무나 과다한 행정처분이므로 행정심판을 구하고자 이 건 청구에 이른 것입니다.

입 증 방 법

1. 갑 제1호증 영업정지 행정처분
1. 갑 제2호증 일반음식점 신고증
1. 갑 제3호증 사업자등록증

첨 부 서 류

1. 위 입증방법 각 1통
1. 심판청구서 부본 1통

20○○. ○. ○.

위 청 구 인 ○ ○ ○ (인)

△△시 △△구청장 귀중

제출기관	피청구인 또는 행정심판위원회 (행정심판법 제23조)	청구기간	· 처분이 있음을 안 날로부터 90일 · 처분이 있은 날로부터 180일 (행정심판법 제27조)
청 구 인	피처분자	피청구인	행정처분을 한 행정청
제출부수	청구서 및 부본 각 1부	관련법규	행정심판법
불복방법	· 행정심판 재청구의 금지(행정심판법 제51조) 행정심판법상 행정심판의 단계는 단일화되어 있어 재결에 대한 행정심판 재청구는 할 수 없다. 다만, 국세기본법 등의 개별법에서는 다단계의 행정심판을 인정하고 있음 · 재결에 대한 행정소송(행정소송법 제19조, 제38조) 재결자체에 고유한 위법이 있을 때에는 재결 그 자체에 대한 취소소송 및 무효등 확인소송을 제기할 수 있음 · 다만, 청구인은 기각 재결 등 청구인의 주장이 인용되지 아니한 경우에는 원행정처분에 대하여 행정소송으로 다툴 수 있음(행정소송법 제18조)		

(2) 행정소송

(가) 기재례-신청취지

1. 피고가 20○○. ○. ○. 원고에 대하여 한 20○○. ○. ○.부터 같은 해 ○. ○까지(2개월)의 영업정지처분은 이를 취소한다.
2. 소송비용은 피고의 부담으로 한다.

라는 판결을 구합니다.

---

1. 피고가 20○○. ○. ○. 원고에 대하여 한 영업정지처분을 취소한다.
2. 소송비용은 피고의 부담으로 한다.

라는 결정을 구합니다.

[서식 67] 영업정지처분 취소심판청구서(일반음식점)

소 장

원 고 ○○○(주민등록번호)
○○시 ○○구 ○○길 ○○ (우편번호 ○○○○○)

피　　고　　　서울특별시 ◇◇구청장
　　　　　　　○○시 ○○구 ○○길 ○○ (우편번호 ○○○○○)

영업정지처분 취소청구의 소

청 구 취 지

1. 피고가 20○○. ○. ○. 원고에 대하여 3개월의 영업정지를 명한 처분을 취소한다.
2. 소송비용은 피고의 부담으로 한다.

라는 판결을 구합니다.

청 구 원 인

1. 처분의 경위

가. 원고는 19○○. ○. ○. 피고로부터 식품접객업(일반음식점)영업허가를 받아 그 무렵부터 서울 ○○구 ○○길 ○○○의 ○ 소재 건물 2층에서 "◎◎◎"라는 상호로 커피, 맥주, 칵테일 등 음료수와 주류를 판매하는 음식점을 운영하여 왔습니다.

나. 피고는, 원고가 19○○. ○. ○. ○○:○○경 위 음식점에서 유흥종사원인 ◆◆◆를 고용하여 허가없이 유흥주점 형태의 영업을 하였다는 이유로, 식품위생법 제75조 제1항 제13호, 제44조 제3항, 같은 법 시행규칙 제57조 [별표 17]을 적용하여, 20○○. ○. ○. 원고에게 3개월간 영업정지를 명하는 이 사건 처분을 하였습니다.

2. 처분의 위법성

가. 위 ◆◆◆는 이 사건 적발 당일인 19○○. ○. ○. ○○:○○경부터 ○○:○○까지 위 음식점에서 손님 △△△의 테이블에 동석하여 약 2시간 여 동안 함께 술을 마신 후 △△△에게 술값 58,000원 외에 봉사료 명목으로 10,000원을 추가하여 계산서를 교부하였습니다.

나. 위와 같이 ◆◆◆가 손님과 동석하여 함께 술을 마시면서 술시중을 들고, 그 대가로 봉사료를 요구한 행위는 식품위생법 및 같은 법 시행령 소정의 유흥접객행위에 해당한다 할 것입니다.

다. 그러나, 식품위생법시행규칙에서 정한 행정처분의 기준은 행정기관 내부의 사무처리준칙을 정한 것에 불과하여 대외적으로 법원이나 국민을 기속하는 효력이 없으므로, 이 사건 영업정지처분이 재량권의 범위를 일탈하였거나 남용하였는지의 여부는 처분사유인 위반행위의 내용과 당해 처분에 의하여 달성하려는 공익 목적 및 이에 따르는 제반 사정 등을 두루 살펴봄으로써 공익침해의 정도와 그 처분으로 인하여 개인이 입게 될 불이익을 비교 · 교량하여 판단하여야 할 것입니다.

라. 위와 같이 원고가 운영하던 음식점에서 ◆◆◆의 유흥접객행위가 이루어진 잘못은 인정되나, 위 음식점은 약 24평의 공간에 테이블 10개, 의자 40개를 설치하여 커피, 맥주, 칵

테일 등 주류와 음료수를 주로 판매하는 일반음식점으로서, 실내에는 악기 연주를 위한 작은 공간이 마련되어 있을 뿐, 칸막이나 방이 설치되어 있지 아니한 점에 비추어 볼 때, 위와 같은 업태위반행위의 정도가 그다지 중하지 아니한 것으로 보이고, 원고가 보증금 2,000만원 및 월 임대료 70만원을 지급하면서 위 음식점을 운영하던 중 이 사건 처분으로 인하여 3개월간 영업을 할 수 없게 될 경우, 영업정지기간 동안 상당한 영업상의 손실 및 생계의 타격을 입게 될 것으로 예상되는 데다가 위 음식점을 개설한 이후 이 사건 처분이 있기 전까지 식품위생법 위반 등으로 처벌받은 전력이 없는 점을 등을 종합하여 보면, 이 사건 처분은 그에 의하여 실현하고자 하는 공익목적을 감안한다 하더라도 원고의 위반정도와 원고가 입게 되는 불이익에 비하여 지나치게 가혹한 것으로서 재량권의 범위를 일탈하였거나 남용한 위법이 있다 할 것입니다.

3. 결 론

이에 본건 소를 제기합니다.

입 증 방 법

1. 갑 제1호증 영업정지명령서
1. 갑 제2호증 영업소 내부사진

첨 부 서 류

1. 위 입증방법 각 1통
1. 소장부본 1통
1. 송달료납부서 1통

20○○. ○. ○.

위 원고 ○○○ (서명 또는 날인)

○○행정법원 귀중

[서식 68] 영업정지처분 취소심판청구서(유흥음식점)

소 장

원 고 ○ ○ ○(주민등록번호)
○○시 ○○구 ○○길 ○○ (우편번호 ○○○○○)

피 고 △△시 △△구청장
○○시 ○○구 ○○길 ○○ (우편번호 ○○○○○)

영업허가취소처분 취소청구의 소

신 청 취 지

1. 피고가 원고에 대하여 한 20○○. ○. ○.자로 20○○. ○. ○.부 유흥음식점허가를 취소한 처분은 이를 취소한다.
2. 소송비용은 피고의 부담으로 한다.

라는 판결을 구합니다.

신 청 이 유

1. 원고는 ○○시 ○○구 ○○길 ○○ 소재에서 "☆☆"이라는 상호로 유흥주점영업을 하여 오던 중, 위 주점에서 시간외 영업을 하였다는 이유로 적발되자 피고는 원고가 위와 같이 시간외 영업을 하였다는 사유로 식품위생법 제43조 제1항 및 같은 법 제75조 제1항에 의하여 20○○. ○. ○.자로 원고에 대하여 20○○. ○. ○.부터 같은 해 ○. ○.까지 1달간 영업정지를 명하는 처분에 대해 원고는 동 명령을 충실히 이행하였습니다.

2. 처분의 위법성

이 사건 처분은 너무 가혹하여 재량권의 범위를 일탈한 위법이 있다 할 것입니다.

가. 원고는 20○○. ○. ○. 피고로부터 유흥주점 영업허가를 받아 ○○시 ○○구 ○○길 ○○ 약 80평의 실내에 룸 10개를 설치하고 "☆☆"이라는 상호로 유흥주점영업을 해 왔습니다.

나. 원고는 동 명령을 준수하기 위하여 관리인인 소외 김□□을 시켜 패문관리를 철저히 하고 있던 중 원고가 부재중 원고의 아들인 소외 홍□□가 절친한 친구가 군에 입대한다고 20○○. ○. ○. 밤20:00부터 동 주점에서 10여명이 모여 송별회를 한다고 맥주 3박스 등을 구입하여 회합을 가진바가 있습니다.

다. 그런데 피고는 이를 원고가 영업정지 중에 영업을 한 것이라고 오인을 하고 원고에 대하여 20○○. ○. ○자로 같은 해 ○. ○부로 영업허가를 취소한다는 처분을 하였으나 원고는 영업을 한 사실이 없고 이 사건처분으로 인하여 원고가 입을 불이익 등에 비추어 볼 때 이 사건 처분은 지나치게 무거운 것입니다.
따라서 위 처분은 위법하며 취소되어야 할 것입니다.

입 증 방 법

1. 갑 제1호증	영업허가취소통지서
1. 갑 제2호증	행정처분(영업정지)
1. 갑 제3호증	사업자등록증

첨 부 서 류

1. 위 입증방법	각 1통
1. 소장부본	1통
1. 납부서	1통

20○○년 ○월 ○일

원 고 ○ ○ ○ (인)

○○행정법원 귀중

4. 공중위생관리법상 숙박업 관련

가. 숙박업의 개념

"숙박업"이라 함은 손님이 잠을 자고 머물 수 있도록 시설 및 설비 등의 서비스를 제공하는 영업을 말한다. 다만, 농어촌에 소재하는 민박 등 대통령령이 정하는 경우를 제외한다(공중위생관리법 제2조 제1항 제2호).

나. 공중위생업업소의 폐쇄 등

(1) 요 건

공중위생영업자가 「성매매알선 등 행위의 처벌에 관한 법률」, 「풍속영업의 규제에 관한 법률」, 「청소년 보호법」 등을 위반할 경우 시장·군수·구청장은 6월 이내의 기간을 정하여 영업의 정지 또는 일부 시설의 사용중지를 명하거나 영업소폐쇄 등을 명할 수 있다(법 제11조 제1항).

(2) 처분기준

사용정지, 영업폐쇄 등의 세부적인 기준은 아래 별표와 같다(공중위생관리법 시행규칙 제19조).

행정처분기준(제19조 관련)

[별표 7] 〈개정 2016. 8. 4.〉

Ⅰ. 일반기준

1. 위반행위가 2 이상인 경우로서 그에 해당하는 각각의 처분기준이 다른 경우에는 그 중 중한 처분기준에 의하되, 2 이상의 처분기준이 영업정지에 해당하는 경우에는 가장 중한 정지처분기간에 나머지 각각의 정지처분기간의 2분의 1을 더하여 처분한다.
2. 행정처분을 하기 위한 절차가 진행되는 기간 중에 반복하여 같은 사항을 위반한 때에는 그 위반횟수마다 행정처분 기준의 2분의 1씩 더하여 처분한다.
3. 위반행위의 차수에 따른 행정처분기준은 최근 1년간(「성매매알선 등 행위의 처벌에 관한 법률」 제4조를 위반하여 관계 행정기관의 장이 행정처분을 요청한 경우에는 최근 3년간) 같은 위반행위로 행정처분을 받은 경우에 이를 적용한다. 이때 그 기준적용일은 동일 위반사항에 대한 행정처분일과 그 처분 후의 재적발일(수거검사에 의한 경우에는 검사결과를 처분청이 접수한 날)을 기준으로 한다.
4. 행정처분권자는 위반사항의 내용으로 보아 그 위반정도가 경미하거나 해당위반사항에 관하여 검사로부터 기소유예의 처분을 받거나 법원으로부터 선고유예의 판결을 받은 때에는 Ⅱ. 개별기준에 불구하고 그 처분기준을 다음의 구분에 따라 경감할 수 있다.
   가. 영업정지 및 면허정지의 경우에는 그 처분기준 일수의 2분의 1의 범위안에서 경감할 수 있다.
   나. 영업장폐쇄의 경우에는 3월 이상의 영업정지처분으로 경감할 수 있다.
5. 영업정지 1월은 30일을 기준으로 하고, 행정처분기준을 가중하거나 경감하는 경우 1일 미만은 처분기준 산정에서 제외한다.

Ⅱ. 개별기준

1. 숙박업

다. 영리의 목적으로 손님이 잠을 자고 머물 수 있는 시설 및 설비 등의 서비스를 계속적·반복적으로 제공하는 행위가 '숙박업'에 해당하는지 여부

공중위생관리법(이하 '법'이라고 한다)의 목적, 법 제2조 제1항 제1호, 제2호, 구 공중위생관리법 시행령(2011. 12. 30. 대통령령 제23451호로 개정되기 전의 것) 제2조 제1항의 내용을 종합하여 보면, 영리의 목적으로 손님이 잠을 자고 머물 수 있는 시설 및 설비 등의 서비스를 계속적·반복적으로 제공하는 행위는 법령이 정한 제외규정에 해당되지 않는 이상 법 제2조 제1항 제2호에서 규정한 숙박업에 해당하고, 같은 시설 등에서 복합유통게임 등을 제공한다고 하여 위 숙박업에서 제외되는 것은 아니다.[53)]

라. 관광숙박업자가 등록한 영업범위를 벗어나 자신의 업소를 성매매 장소로 제공한 경우에도 관광진흥법 제35조 제7항에 따라 구 공중위생관리법 제11조 제1항의 적용이 배제되는지 여부

관광진흥법 제35조 제1항 제1호 후단은 '관할 등록기관 등의 장은 관광사업의 등록 등을 받은 자가 등록한 영업범위를 벗어난 경우 사업의 전부 또는 일부의 정지를 명하거나 시설·운영의 개선을 명할 수 있다'고 규정하고 있고, 같은 조 제7항은 '제1항 각 호의 어느 하나에 해당하는 관광숙박업자의 위반행위가 공중위생관리법 제11조 제1항에 따른 위반행위에 해당하면 공중위생관리법의 규정에도 불구하고 이 법을 적용한다.'고 규정하고 있다. 이 규정들을 관광진흥법 제3조, 제4조 및 구 공중위생관리법(2010. 1. 18. 법률 제9932호로 개정되기 전의 것, 이하 같다) 제11조 제1항 등 관련 규정과 대비하여 살펴보면, 설령 관광숙박업자가 자신의 업소를 다른 용도로 장기 임대하는 영업행위가 관광진흥법 제35조 제1항 제1호 후단의 '등록한 영업범위를 벗어난 경우'에 해당하여 이에 대해서는 관광진흥법만이 적용되더라도, 관광숙박업자가 이러한 영업행위를 통해 자신의 업소를 성매매 장소로 제공하는 것에 대해서까지 관광진흥법 제35조 제7항에 의해 구 공중위생관리법 제11조 제1항의 적용이 배제된다고 볼 수는 없다.[54)]

마. 공중위생관리법 제2조 제1항 제2호 규정에 의한 '숙박업'이 풍속영업의 규제에 관한 법률상 '풍속영업'에 해당하는지 여부

풍속영업의 규제에 관한 법률 제2조 제2호는 "공중위생관리법 제2조 제1항 제2호 내지 제4

53) 대법원 2013. 12. 12. 선고 2013도7947 판결.
54) 대법원 2012. 5. 10. 선고 2012두1297 판결.

호의 규정에 의한 숙박업, 이용업, 목욕장업 중 대통령령으로 정하는 것"을 풍속영업에 포함시키고 있는데, 풍속영업의 규제에 관한 법률 시행령 제2조 제2호는 숙박업, 이용업에 대하여 전혀 규정하지 않고 목욕장업에 대해서만 규정을 하고 있으며, 위 조항의 입법 연혁을 고려할 때에도 '숙박업'은 '대통령령으로 정하는 것'이라는 문구에 걸리지 않는 것으로 해석하는 것이 자연스러운 점에 비추어, 숙박업에 관하여는 풍속영업의 규제에 관한 법률에서 직접 규정하고 그 시행령에 별도로 구체적인 범위를 위임하고 있는 것으로 보이지 않는다. 따라서, 공중위생관리법 제2조 제1항 제2호 규정에 의한 '숙박업'은 풍속영업의 규제에 관한 법률 제2조 제2호의 '풍속영업'에 해당한다.[55]

바. 현실적 행위자가 아닌 법령상 책임자로 규정된 자에게 행정법규 위반에 대한 제재조치를 부과할 수 있는지 여부

행정법규 위반에 대하여 가하는 제재조치는 행정목적의 달성을 위하여 행정법규 위반이라는 객관적 사실에 착안하여 가하는 제재이므로 반드시 현실적인 행위자가 아니라도 법령상 책임자로 규정된 자에게 부과되고 특별한 사정이 없는 한 위반자에게 고의나 과실이 없더라도 부과할 수 있다.[56]

사. 과징금 부과

(1) 과징금 처분

시장 · 군수 · 구청장은 제11조 제1항의 규정에 의한 영업정지가 이용자에게 심한 불편을 주거나 그 밖에 공익을 해할 우려가 있는 경우에는 영업정지처분에 갈음하여 3천만원 이하의 과징금을 부과할 수 있다. 다만, 「성매매알선 등 행위의 처벌에 관한 법률」, 풍속영업의규제에 관한법률 제3조 각 호의 1 또는 이에 상응하는 위반행위로 인하여 처분을 받게 되는 경우를 제외한다(법 제11조의2 제1항).

(2) 과정금의 산정

과징금의 금액은 위반행위의 종별 · 정도 등을 감안하여 보건복지부령이 정하는 영업정지기간에 별표 1의 과징금 산정기준을 적용하여 산정한다(법 시행령 제7조의2).

---

55) 대법원 2008. 8. 21. 선고 2008도3975 판결.

56) 대법원 2000. 5. 26. 선고 98두5972 판결, 대법원 2003. 9. 2. 선고 2002두5177 판결 등 참조.

[별표 1] 〈개정 2016. 8. 2.〉

과징금의 산정기준(제7조의2 제1항 관련)

1. 일반기준

가. 영업정지 1개월은 30일을 기준으로 한다.

나. 위반행위의 종별에 따른 과징금의 금액은 영업정지 기간에 다목에 따라 산정한 영업정지 1일당 과징금의 금액을 곱하여 얻은 금액으로 한다. 다만, 과징금 산정금액이 3천만원을 넘는 경우에는 3천만원으로 한다.

다. 1일당 과징금의 금액은 위반행위를 한 공중위생영업자의 연간 총매출액을 기준으로 산출한다.

라. 연간 총매출액은 처분일이 속한 연도의 전년도의 1년간 총매출액을 기준으로 한다. 다만, 신규사업·휴업 등에 따라 1년간 총매출액을 산출할 수 없거나 1년간 매출액을 기준으로 하는 것이 현저히 불합리하다고 인정되는 경우에는 분기별·월별 또는 일별 매출액을 기준으로 연간 총매출액을 환산하여 산출한다.

2. 과징금 기준

등 급	연간 총매출액 (단위 : 백만원)	영업정지 1일당 과징금 금액 (단위 : 원)
1	100 이하	9,400
2	100 초과 ~ 200 이하	41,000
3	200 초과 ~ 310 이하	52,000
4	310 초과 ~ 430 이하	63,000
5	430 초과 ~ 560 이하	74,000
6	560 초과 ~ 700 이하	85,000
7	700 초과 ~ 860 이하	96,000
8	860 초과 ~ 1,040 이하	105,000
9	1,040 초과 ~ 1,240 이하	114,000
10	1,240 초과 ~ 1,460 이하	123,000
11	1,460 초과 ~ 1,710 이하	132,000
12	1,710 초과 ~ 2,000 이하	141,000
13	2,000 초과 ~ 2,300 이하	153,000
14	2,300 초과 ~ 2,600 이하	174,000
15	2,600 초과 ~ 3,000 이하	200,000
16	3,000 초과 ~ 3,400 이하	228,000
17	3,400 초과 ~ 3,800 이하	256,000
18	3,800 초과 ~ 4,300 이하	288,000

19	4,300 초과 ~ 4,800 이하	324,000
20	4,800 초과 ~ 5,400 이하	363,000
21	5,400 초과 ~ 6,000 이하	406,000
22	6,000 초과 ~ 6,700 이하	452,000
23	6,700 초과 ~ 7,500 이하	505,000
24	7,500 초과 ~ 8,600 이하	573,000
25	8,600 초과 ~ 10,000 이하	662,000
26	10,000 초과 ~ 12,000 이하	783,000
27	12,000 초과 ~ 15,000 이하	961,000
28	15,000 초과 ~ 20,000 이하	1,246,000
29	20,000 초과 ~ 25,000 이하	1,602,000
30	25,000 초과 ~ 30,000 이하	1,959,000
31	30,000 초과 ~ 35,000 이하	2,315,000
32	35,000 초과 ~ 40,000 이하	2,671,000
33	40,000 초과	2,849,000

아. 처분의 감경

처분권자는 위반사항의 내용으로 보아 그 위반의 정도가 경미하거나 검사의 기소유예처분 또는 법원의 선고유예 판결을 받은 경우, 영업정지 및 영업취소의 경우 1/2 범위 내에서, 영업장폐쇄의 경우 3월 이상의 영업정지로 감경하여 처분할 수 있다. 이때 영업정지처분기간 1월은 30일로 보며, 1일 미만은 처분기간에서 제외한다.

자. 관련서식

(1) 행정심판

(가) 신청취지 기재례

피청구인이 20○○. ○. ○. 청구인에 대하여 한 20○○. ○. ○.부터 같은 해 ○. ○.까지(2개월)의 숙박업영업정지처분은 이를 취소한다.
라는 재결을 구합니다.

(나) 관련서식

[서식 69] 영업정지처분 취소심판청구서

행정심판청구서

청 구 인 ○ ○ ○ (주민등록번호)
○○시 ○○구 ○○길 ○○ (우편번호 ○○○○○)

피청구인 ○○시 ○○구청장
○○시 ○○구 ○○길 ○○ (우편번호 ○○○○○)

영업정지처분 취소심판청구

신 청 취 지

피청구인이 20○○. ○. ○. 청구인에 대하여 한 20○○. ○. ○.부터 같은 해 ○. ○.까지(2개월)의 숙박업영업정지처분은 이를 취소한다.
라는 재결을 구합니다.

신 청 이 유

1. 처분의 경위

청구인은 19○○. ○.경 ○○시 ○○구 ○○길 ○○번지 소재 ○○이라는 상호의 여관을 인수하여 신청외 ○○○으로부터 숙박업 허가를 득한 후 경영해 왔는 바, 피청구인은 청구인이 20○○. ○. ○. 21:00경 위 여관에 미성년자를 혼숙하게 하였다는 이유로, 20○○. ○. ○. 자로 청구인에 대하여 20○○. ○. ○.부터 같은 해 ○. ○.까지 2개월간 위 여관의 영업을 정지할 것을 명하는 처분을 하였습니다.

2. 처분의 위법성

이 사건 처분은 다음과 같은 점에서 위법하므로 취소되어야 합니다.

가. 청소년보호법상 "청소년을 남녀 혼숙하게 하는 등 풍기를 문란하게 하는 영업행위를 하거나 이를 목적으로 장소를 제공하는 행위"를 금지하고 있고, 공중위생관리법에서는 "시장·군수·구청장은 공중위생영업자가 이 법 또는 이 법에 의한 명령에 위반하거나 또는 「성매매알선 등 행위의 처벌에 관한 법률」·「풍속영업의 규제에 관한 법률」·「청소년보호법」·「의료법」에 위반하여 관계행정기관의 장의 요청이 있는 때에는 6월 이내의 기간을 정하여 영업의 정지 또는 일부 시설의 사용중지를 명하거나 영업소폐쇄 등을 명할 수 있다"고 규정하고 있으나, 원고의 업소에서는 청소년을 남녀혼숙하게 한 사실이 없습

니다.

이 사건의 경우는 김○○라는 30대 중반의 남자와 이○○라는 18세의 여자가 위 여관에 다른 목적을 가지고 잠시 들어왔을 뿐으로, 그들은 성관계를 갖거나 잠을 잔 적이 없으므로, 청소년보호법 제30조 제8호에 정한 "청소년을 남녀 혼숙하게 하는 등 풍기를 문란하게 하는 영업행위를 하거나 이를 목적으로 장소를 제공하는 행위"에 해당하지 아니한다 할 것입니다.

나. 이 사건 당일 21:00경 위 김○○라는 30대 중반의 남자가 20대 초반으로 보이는 이○○라는 여자를 데리고 대실을 요구하여 원고가 여자에게 주민등록증을 요구하였던 바, 위 김○○는 "사람을 그렇게 믿지 못하느냐, 미성년자가 아니니 걱정 말라."고 하면서 화를 내었고, 이에 원고가 "숙박계라도 기재하라."고 요구하자 "잠시 쉬어 갈텐데 무슨 숙박계를 쓰느냐."고 화를 내므로 하는 수 없이 동 여관 308호실로 안내하였습니다.

3. 처분의 부당성

설령 위 행위가 명목상 청소년보호법에 반하는 것이라고 하더라도 위와 같은 사정에 비추어 청구인을 비난하기 어렵고, 이 사건의 실체에 비추어 볼 때, 이 사건 처분은 지나치게 형식에만 치우쳐 그 처분으로 달성하려는 원래의 목적에서 일탈하는 결과에 이르게 될 것인 바, 그렇다면 이 사건 처분은 청구인에게 과도한 것으로 부당하다고 아니할 수 없어 마땅히 취소를 면키 어렵다고 할 것입니다. 따라서 위 처분은 위법하고 부당하므로 취소되어야 할 것입니다.

입 증 방 법

1. 갑 제1호증의 1	청소년보호법 위반업소 행정처분
2	행정처분(영업정지)
1. 갑 제2호증	숙박업 신고증
1. 갑 제3호증	사업자 등록증

첨 부 서 류

1. 위 입증방법	각 1통
1. 청구서 부본	1통

20○○. ○. ○.

청구인 ○ ○ ○ (인)

○○ 광역시 ○○구청장 귀중

[서식 70] 영업정지처분 취소심판청구서(숙박업)

행 정 심 판 청 구

청 구 인 ○ ○ ○ (주민등록번호)
○○시 ○○구 ○○길 ○○ (우편번호 ○○○○○)

피청구인 △△도 △△시장

영업정지처분취소 심판청구

심판청구 취지

피청구인이 20○○. ○. ○. 청구인에 대하여 한 숙박업영업정지 2개월의 처분은 이를 취소한다.
라는 재결을 구합니다.

심판청구 이유

1. 사건개요

청구인은 ○○시 ○○구 ○○길 ○○에서 ◇◇장이라는 상호의 여관(이하 '이 사건 업소'라 합니다)을 운영하는 자로 20○○. ○. ○. 업소에 미성년자를 혼숙하였다는 이유로 20○○. ○. ○.자로 청구인에 대하여 2개월(20○○. ○. ○.~ 20○○. ○. ○.)간 위 여관의 영업을 정지할 것을 명하는 처분(이하 '이 사건 처분'이라 합니다)을 하였습니다.

2. 청구인의 주장

가. 공중위생법상 숙박업자는 '풍기문란의 우려가 있는 미성년 남녀(일부가 성년자인 경우를 포함한다)의 혼숙을 하게 하거나 이를 하도록 내버려 두어서는 아니된다'라고 규정하고 있는 바, 청구인의 업소에는 투숙객이 혼숙한 사실이 없습니다.

나. 이 사건의 경우 김○○라는 성인 남자와 이○○라는 미성년 여자가 위 여관에 다른 목적을 가지고 잠시 들어왔을 뿐 그들은 성관계를 갖거나 잠을 잔적이 없으므로 공중위생법 제12조 제2항 제1호 나목에서 정한 '풍기문란의 우려가 있는 미성년 남녀의 혼숙을 하게 하거나 이를 하도록 내버려 둔 경우'에 해당하지 않습니다.

다. 더구나 당시 청구인이 위 미성년여자에게 성인인지 여부를 확인하기 위해 주민등록증을 요구하자 위 김○○는 '사람을 그렇게 믿지 못하느냐, 미성년자가 아니니 걱정 말라'고 화를 내었고, 이에 청구인이 '그러면 숙박계라도 기재하라'고 요구하자 '잠시 쉬어 갈 텐데 무슨 숙박계를 쓰냐'면서 화를 내므로 하는 수 없이 안내를 했던 것입니다.

3. 결 론

그렇다면 가사 청구인의 위 행위가 공중위생법에 위반한 것이라 하더라도 위와 같은 사정에 비추어 청구인을 비난하기 어렵고 이 사건의 실체에 비추어 볼 때 이 사건 처분은 지나치게 형식에만 치우쳐 그 처분으로 달성하려는 원래의 목적에 일탈하는 결과에 이르게 될 것인 바, 그렇다면 이 사건 처분은 청구인에게 과도한 것으로 부당하다고 아니할 수 없어 마땅히 취소를 면키 어렵다고 할 것입니다. 따라서 이 사건 처분은 위법 부당한 행정처분이므로 청구인은 행정심판을 구하고자 이 건 청구에 이른 것입니다.

입 증 방 법

1. 갑제1호증 행정처분통지서
1. 갑제2호증 사업자등록증
1. 갑제3호증 확인서
1. 갑제4호증 진술서

첨 부 서 류

1. 위 입증방법 각 1통
1. 심판청구서 부본 1통

20○○년 ○월 ○일

위 청구인 ○ ○ ○ (인)

△△시 △△구청장 귀중

제출기관	피청구인 또는 행정심판위원회 (행정심판법 제23조)	청구기간	· 처분이 있음을 안 날로부터 90일 · 처분이 있은 날로부터 180일 (행정심판법 제27조)
청 구 인	피처분자	피청구인	행정처분을 한 행정청
제출부수	청구서 및 부본 각 1부	관련법규	행정심판법
불복방법	· 행정심판 재청구의 금지(행정심판법 제51조) 행정심판법상 행정심판의 단계는 단일화되어 있어 재결에 대한 행정심판 재청구는 할 수 없다. 다만, 국세기본법 등의 개별법에서는 다단계의 행정심판을 인정하고 있음 · 재결에 대한 행정소송(행정소송법 제19조, 제38조) 재결자체에 고유한 위법이 있을 때에는 재결 그 자체에 대한 취소소송 및 무효등확인소송을 제기할 수 있음		

	· 다만, 청구인은 기각 재결 등 청구인의 주장이 인용되지 아니한 경우에는 원행정처분에 대하여 행정소송으로 다툴 수 있음(행정소송법 제18조)

[서식 71] 영업정지처분 취소심판청구서(숙박업)

행 정 심 판 청 구

청 구 인 ○ ○ ○ (주민등록번호)
○○시 ○○구 ○○길 ○○ (우편번호 ○○○○○)

피청구인 △△도 △△시장

영업정지처분취소 심판청구

심판청구 취지

피청구인이 20○○. ○. ○. 청구인에 대하여 한 숙박업영업정지 2개월의 처분은 이를 취소한다.
라는 재결을 구합니다.

심판청구 이유

1. 사건개요

청구인은 ○○시 ○○구 ○○길 ○○소재 건물 5층 건물에서 20○○. ○. ○. 숙박업의 허가를 받고 "다이아모텔"이라는 상호로 숙박업을 경영해 오던 중, 20○○. ○. ○. 23:40경 신청외 안○승이 미성년자인 신청외 한○선과 투숙하는 것을 받아들였다는 이유로, 같은 해 ○. ○. 피신청인으로부터 영업정지 2개월(정지기간 : 같은 해 ○. ○.부터 ○. ○.까지)의 행정처분(이하 "이 사건 처분"이라고 한다)을 받았습니다.

2. 이 사건 처분의 위법성

가. 피청구인은 영업정지 명령서에서, 위 처분의 사유로 삼은 위 사실이 청소년보호법 제26조의2 제8항에 누구든지 "청소년에게 이성혼숙을 하게 하는 등 풍기를 문란하게 하는 영업행위를 하거나 그를 목적으로 장소를 제공하는 행위"를 위반한 것에 해당한다 하여, 동법 제50조 제4항에 따라 이 사건 처분을 행한 것으로 보여집니다.

나. 그러나 이 사건에서 문제된 신청외 안○승은 20○○. ○. ○. 22:50경 위 모텔에 와서 종업원인 신청외 고○명에게 투숙의사를 밝혀 숙박부에 기재하게 한 후 305호실에 투숙하게 하였는바, 투숙 당시 위 고○명이 동숙자 유무를 물었는데 없다하여 1인 요금만 받

은 후 혼자 투숙하게 되었습니다.

그런데 위 안○승은 투숙 후 30분이 지나 잠시 나갔다오겠다고 하면서 나간 후, 23:40경 만 18세 되었다는 신청외 한○선과 함께 다시 모텔에 돌아와 두 사람이 함께 숙박한 것이 후에 밝혀졌지만, 두 사람이 함께 돌아왔을 때는 위 숙박업소의 업주인 청구인이나 종업원인 위 고○명 모두 신청외 한○선은 물론 안○승이 들어온 것도 보지 못하였습니다.

다. 가사 청구인이 이를 알고 있었다고 하더라도 단순히 성년의 남자가 성년에 가까운 성숙한 모습의 여자와 동숙하였는데, 후에 여자의 연령이 만 18세 남짓이라는 것이 밝혀졌다고 하여, 그것이 바로 "풍기문란의 우려가 있는 미성년 남녀의 혼숙"이라고 할 수는 없을 법리일 것이고, 적어도 다수의 사람이 투숙하였는데 그 중 상당수의 투숙자가 미성년자이라든지, 또는 외관상 명백히 미성년자라고 할 수 있을 것입니다. 그렇다면 이 사건에서도 위 한○선이 법률상 미성년자임이 후에 밝혀졌다고 하여 이를 "풍기문란의 우려가 있는 미성년 남녀의 혼숙"이라고 볼 수 없을 것입니다.

3. 결 론

그렇다면 가사 청구인의 위 행위가 공중위생법에 위반한 것이라 하더라도 위와 같은 사정에 비추어 청구인을 비난하기 어렵고 이 사건의 실체에 비추어 볼 때 이 사건 처분은 지나치게 형식에만 치우쳐 그 처분으로 달성하려는 원래의 목적에 일탈하는 결과에 이르게 될 것인 바, 그렇다면 이 사건 처분은 청구인에게 과도한 것으로 부당하다고 아니할 수 없어 마땅히 취소를 면키 어렵다고 할 것입니다. 따라서 이 사건 처분은 위법 부당한 행정처분이므로 청구인은 행정심판을 구하고자 이 건 청구에 이른 것입니다.

입 증 방 법

1. 갑 제1호증　　행정처분통지서
1. 갑 제2호증　　사업자등록증
1. 갑 제3호증　　확인서
1. 갑 제4호증　　진술서

첨 부 서 류

1. 위 입증방법　　각 1통
1. 심판청구서 부본　　1통

20○○. ○. ○.

위 청구인 ○ ○ ○ (인)

△△시 △△구청장 귀중

제출기관	피청구인 또는 행정심판위원회 (행정심판법 제23조)	청구기간	· 처분이 있음을 안 날로부터 90일 · 처분이 있은 날로부터 180일 (행정심판법 제27조)
청 구 인	피처분자	피청구인	행정처분을 한 행정청
제출부수	청구서 및 부본 각 1부	관련법규	행정심판법
불복방법	· 행정심판 재청구의 금지(행정심판법 제51조) 행정심판법상 행정심판의 단계는 단일화되어 있어 재결에 대한 행정심판 재청구는 할 수 없다. 다만, 국세기본법 등의 개별법에서는 다단계의 행정심판을 인정하고 있음 · 재결에 대한 행정소송(행정소송법 제19조, 제38조) 재결자체에 고유한 위법이 있을 때에는 재결 그 자체에 대한 취소소송 및 무효등확인 소송을 제기할 수 있음 · 다만, 청구인은 기각 재결 등 청구인의 주장이 인용되지 아니한 경우에는 원행정처분에 대하여 행정소송으로 다툴 수 있음(행정소송법 제18조)		

[서식 72] 영업정지처분 취소심판청구서(숙박업)

행 정 심 판 청 구

청 구 인　　○ ○ ○ (주민등록번호)
　　　　　　○○시 ○○구 ○○길 ○○ (우편번호 ○○○○○)

피청구인　　△△도 △△시장

영업정지처분취소 심판청구

심판청구 취지

피청구인이 20○○. ○. ○. 청구인에 대하여 한 숙박업영업정지 2개월의 처분은 이를 취소한다.
라는 재결을 구합니다.

심판청구 이유

1. 사건개요

청구인은 20○○. ○. ○. ○○시 ○○구 ○○동 123 소재 ○○○모텔에 관하여 숙박업허가를 받고 이래 위 모텔을 경영하여 왔습니다. 다만, 청구인은 현재 건강이 좋지 않은 관계로 위 모텔을 직접 경영할 수 없어 자기아들인 청구외 최○선으로 하여금 경영하게 하고 있습니다. 그런데 피청구인은 청구인이 윤락행위알선 및 장소제공을 하였다는 이유로 20○○. ○. ○. 공중위생관리법 제11조 제1항의 규정에 의하여 같은 해 6. 6.부터 2개월간 위 숙박업소에 대한 영업정지처분을 하였습니다.

2. 이 사건 처분의 위법성

가. 피청구인의 행정처분이나 명령서만으로는 구체적인 위반사항이 무엇인지 확실히는 알 수 없으나 그간 있었던 형사사건 등으로 미루어 볼 때 20○○. ○. 말부터 같은 해 ○. 초순경 사이에 윤○자와 임○순 사이에 대하여 윤락행위를 알선하였다는 취지인 듯합니다. 그렇게 오래된 일이 어떻게 하여 뒤늦게 문제가 되었는지 모르겠습니다만 청구인은 물론 위 최○선 조차도 그런 일이 있는 줄은 전혀 알지 못했고 지금도 마찬가지입니다.

나. 혹시 만에 하나 당시 있던 종업원이 몰래 그런 짓을 하였는지 모르겠습니다만 가사 그렇다고 하더라도 청구인이 20○○. ○.부터 오랫동안 숙박업을 해오면서도 한 번도 법에 어긋나는 짓을 하여 무슨 행정처분을 받은 적이 없는 점, 이미 상당히 오래된 일이라는 점, 알선했다는 사람도 두 사람뿐인 점, 본건 모텔이 청구인 가족의 유일한 생업인 점 등을 고려할 때 대뜸 2월이나 되는 영업정지처분을 하는 것은 지나치게 가혹한 처분이라고 생각됩니다.

3. 결 론

그렇다면 가사 청구인의 위 행위가 공중위생법에 위반한 것이라 하더라도 위와 같은 사정에 비추어 청구인을 비난하기 어렵고 이 사건의 실체에 비추어 볼 때 이 사건 처분은 지나치게 형식에만 치우쳐 그 처분으로 달성하려는 원래의 목적에 일탈하는 결과에 이르게 될 것인 바, 그렇다면 이 사건 처분은 청구인에게 과도한 것으로 부당하다고 아니할 수 없어 마땅히 취소를 면키 어렵다고 할 것입니다. 따라서 이 사건 처분은 위법 부당한 행정처분이므로 청구인은 행정심판을 구하고자 이 건 청구에 이른 것입니다.

입 증 방 법

1. 갑 제1호증　　행정처분통지서
1. 갑 제2호증　　사업자등록증
1. 갑 제3호증　　확인서
1. 갑 제4호증　　진술서

첨 부 서 류

1. 위 입증방법　　각 1통
1. 심판청구서 부본　　1통

20○○. ○. ○.

위 청구인 ○ ○ ○ (인)

△△시 △△구청장 귀중

제출기관	피청구인 또는 행정심판위원회 (행정심판법 제23조)	청구기간	· 처분이 있음을 안 날로부터 90일 · 처분이 있은 날로부터 180일 (행정심판법 제27조)
청 구 인	피처분자	피청구인	행정처분을 한 행정청
제출부수	청구서 및 부본 각 1부	관련법규	행정심판법
불복방법	· 행정심판 재청구의 금지(행정심판법 제51조) 행정심판법상 행정심판의 단계는 단일화되어 있어 재결에 대한 행정심판 재청구는 할 수 없다. 다만, 국세기본법 등의 개별법에서는 다단계의 행정심판을 인정하고 있음 · 재결에 대한 행정소송(행정소송법 제19조, 제38조) 재결자체에 고유한 위법이 있을 때에는 재결 그 자체에 대한 취소소송 및 무효등확인소송을 제기할 수 있음 · 다만, 청구인은 기각 재결 등 청구인의 주장이 인용되지 아니한 경우에는 원행정처분에 대하여 행정소송으로 다툴 수 있음(행정소송법 제18조)		

[서식 73] 영업정지처분 취소심판청구서(숙박업)

행 정 심 판 청 구

청 구 인 ○ ○ ○ (주민등록번호)
○○시 ○○구 ○○길 ○○ (우편번호 ○○○○○)

피청구인 △△도 △△시장

영업정지처분취소 심판청구

심판청구 취지

피청구인이 20○○. ○. ○. 청구인에 대하여 한 숙박업영업정지 2개월의 처분은 이를 취소한다.
라는 재결을 구합니다.

심판청구 이유

1. 사건개요

청구인은 20○○. ○. ○. 피청구인으로부터 숙박업 허가를 받아 ○○시 ○○구 ○○동 123에서 ○○○모텔이라는 상호로 숙박업을 경영하여 오다가 20○○. ○. 중순경부터 사위인 청구외 이○형에게 이를 관리하게 하여 왔습니다. 피청구인은 위 모텔에서 20○○. ○. ○. 18:00경 미성년의 남녀인 청구외 김○식과 김○신을 혼숙하게 하였다는 이유로 청소년보호법 제26조의 2 제8항과 공중위생관리법 제11조 제1항을 적용하여 20○○. ○. ○.자로 청구인에 대하여 20○○. ○. ○.부터 같은 해 ○. ○.까지 2개월간 위 모텔의 영업을 정지할 것을 명하는 처분을 하였습니다.

2. 이 사건 처분의 위법성

이 사건 처분은 다음과 같은 점에서 위법합니다.

첫째, 위 공중위생법상 미성년자의 혼숙이 금지되는 것은 풍기를 문란하게 하는 경우에 한한다고 보아야 할 것인데, 이 사건의 경우 위 투숙객들은 성년을 불과 몇 개월 앞둔 재수생 및 대학생으로서 장차 결혼을 약속한 애인들이어서 풍기를 문란하게 한 적이 없으므로, 이 사건은 청소년보호법 제26조의 2 제8항이 정한 풍기를 문란하게 하거나 그를 목적으로 장소를 제공하는 행위를 하려고 한 경우에 해당하지 아니한다 할 것입니다.

즉, 이 사건 당일 18:00경 위 김○식과 김○신이 위 ○○○모텔에 와서 방을 요구하므로 당시 위 모텔을 관리하던 위 이○형은 이들에게 성년자인지 여부를 물어 그렇다는 대답을 듣고 이들을 위 305호 객실로 안내한 다음 숙박부에 인적사항을 기재할 것을 요구하였는바, 위 김○식이 숙박부에 성명 김○수, 주민등록번호 ○○○○○○-○○○○○○○으로 기재하고, 위 김○신도 위 김○식과 같은 나이라고 하며 위 김○식은 신장 175㎝, 위 김○신은 신장 160㎝ 정도이고, 외관상 미성년자로 보이지 아니하므로 그들의 주민등록증을 제시할 것은 요구하지 않는 채 그들을 위 객실에서 혼숙하도록 하였던 것입니다. 또한 김○식은 19○○. ○. ○.생으로 재수생, 위 김○은 19○○. ○. ○.생으로 대학에 재학 중인 자로서 서로 결혼을 약속한 사이인 것입니다.

둘째, 가사 위 사실관계가 처분의 요건에 해당한다 하더라도 위와 같은 경위에 비추어 보면 그러한 사유만으로 2개월의 영업정지를 명한 이 사건 처분은 너무 가혹하여 재량권을 남용하였거나 그 범위를 벗어난 것으로서 위법하다 할 것입니다.

3. 결 론

따라서 이 사건 처분은 위법한 처분으로서 취소되어야 할 것이므로 청구인은 행정심판을 구하고자 이 건 청구에 이른 것입니다.

입 증 방 법

1. 갑 제1호증 행정처분통지서
1. 갑 제2호증 사업자등록증
1. 갑 제3호증 확인서
1. 갑 제4호증 진술서

첨 부 서 류

1. 위 입증방법 각 1통
1. 심판청구서 부본 1통

20○○. ○. ○.

위 청구인 ○ ○ ○ (인)

△△시 △△구청장 귀중

제출기관	피청구인 또는 행정심판위원회 (행정심판법 제23조)	청구기간	· 처분이 있음을 안 날로부터 90일 · 처분이 있은 날로부터 180일 (행정심판법 제27조)
청 구 인	피처분자	피청구인	행정처분을 한 행정청
제출부수	청구서 및 부본 각 1부	관련법규	행정심판법
불복방법	· 행정심판 재청구의 금지(행정심판법 제51조) 행정심판법상 행정심판의 단계는 단일화되어 있어 재결에 대한 행정심판 재청구는 할 수 없다. 다만, 국세기본법 등의 개별법에서는 다단계의 행정심판을 인정하고 있음 · 재결에 대한 행정소송(행정소송법 제19조, 제38조) 재결자체에 고유한 위법이 있을 때에는 재결 그 자체에 대한 취소소송 및 무효등확인 소송을 제기할 수 있음 · 다만, 청구인은 기각 재결 등 청구인의 주장이 인용되지 아니한 경우에는 원행정처분에 대하여 행정소송으로 다툴 수 있음(행정소송법 제18조)			

(2) 행정소송

(가) 신청취지 기재례

1. 피고가 20○○. ○. ○. 원고에 대하여 한 20○○. ○. ○.부터 같은 해 ○. ○.까지(2개월)의 숙박업영업정지처분은 이를 취소한다.
2. 소송비용은 피고의 부담으로 한다.

라는 판결을 구합니다.

(나) 관련서식

[서식 74] 숙박업영정지처분 취소청구의 소

소 장

원 고 박 ○○ (○○○○○○-○○○○○○○)
○○시 ○○구 ○○동 ○○○
소송대리인 변호사 ○ ○ ○
○○시 ○○구 ○○동 ○○○ (우 :)
(전화 : , 팩스 :)

피 고 ○○시장

영업정지처분 취소청구의 소

청 구 취 지

1. 피고가 20○○. ○. ○. 원고에 대하여 한 ○○시 ○○구 ○○동 123-10 소재 숙박업소 "○○모텔"에 대한 영업정지처분은 이를 취소한다.
2. 소송비용은 피고의 부담으로 한다.

라는 판결을 구합니다.

청 구 원 인

1. 처분내용

원고는 청구취지 기재의 지번 소재 건물 5층 건물에서 20○○. ○. ○. 숙박업의 허가를 받고 "○○모텔"이라는 상호로 숙박업을 경영해 오던 중, 20○○. ○. ○. 23:40경 소외 안○승이 미성년자인 소외 한○선과 투숙하는 것을 받아들였다는 이유로, 같은 해 ○. ○. 피고로부터 영업정지 2개월(정지기간 : 같은 해 ○. ○.부터 ○. ○.까지)의 행정처분(이하 "이 사건 처분"이라고 한다)을 받았습니다.

2. 이 사건 처분의 위법성

가. 피고는 영업정지 명령서에서, 위 처분의 사유로 삼은 위 사실이 청소년보호법 제26조의2 제8항에 누구든지 "청소년에게 이성혼숙을 하게 하는 등 풍기를 문란하게 하는 영업행위를 하거나 그를 목적으로 장소를 제공하는 행위"를 위반한 것에 해당한다 하여, 동법 제50조 제4항에 따라 이 사건 처분을 행한 것으로 보여집니다.

그러나 위 처분은 아래에서 보는 바와 같이 사실과 법리를 오해하여 한 위법한 처분입니다.

나. 이 사건에서 문제된 소외 안○승은 20○○. ○. ○. 22:50경 위 모텔에 와서 종업원인 소외 고○명에게 투숙의사를 밝혀 숙박부에 기재하게 한 후 305호실에 투숙하게 하였는바, 투숙당시 위 고○명이 동숙자 유무를 물었는데 없다하여 1인 요금만 받은 후 혼자 투숙하게 되었습니다.

그런데 위 안○승은 투숙 후 30분이 지나 잠시 나갔다오겠다고 하면서 나간 후, 23:40경 만 18세 되었다는 소외 한○선과 함께 다시 모텔에 돌아와 두 사람이 함께 숙박한 것이 후에 밝혀졌지만, 두 사람이 함께 돌아왔을 때는 위 숙박업소의 업주인 원고나 종업원인 위 고○명 모두 소외 한○선은 물론 안○승이 들어온 것도 보지 못하였습니다.

다. 가사 원고가 이를 알고 있었다고 하더라도 단순히 성년의 남자가 성년에 가까운 성숙한 모습의 여자와 동숙하였는데, 후에 여자의 연령이 만 18세 남짓이라는 것이 밝혀졌다고 하여, 그것이 바로 "풍기문란의 우려가 있는 미성년 남녀의 혼숙"이라고 할 수는 없을 법리일 것이고, 적어도 다수의 사람이 투숙하였는데 그 중 상당수의 투숙자가 미성년자이라든지, 또는 외관상 명백히 미성년자라고 할 수 있을 것입니다. 그렇다면 이 사건에서도 위 한○선가 법률상 미성년자임이 후에 밝혀졌다고 하여 이를 "풍기문란의 우려가 있는 미성년 남녀의 혼숙"이라고 볼 수 없을 것입니다.

라. 따라서 이 사건 처분은 사실과 법리를 오해한 위법한 처분으로서 취소되어야 할 것입니다.

입 증 방 법

1. 갑 제1호증의 1	행정처분 통보
2	영업정지명령서
1. 갑 제2호증	숙박업허가증
1. 갑 제3호증	사업자등록증

그 밖의 입증서류는 변론에 따라 수시 제출하겠습니다.

첨 부 서 류

1. 위 입증서류 사본 각 1통

1. 주민등록초본 1통
1. 소장부본 1통
1. 위임장 1통

20○○. ○. ○.

위 원고 소송대리인 변호사 ○ ○ ○ (인)

○○행정법원 귀중

[서식 75] 숙박업영정지처분 취소청구의 소

소 장

원 고 ○ ○ ○ (○○○○○○-○○○○○○○)
○○시 ○○구 ○○동 ○○○
소송대리인 변호사 ○ ○ ○
○○시 ○○구 ○○동 ○○○ (우 :)
(전화 : , 팩스 :)

피 고 ○○시 ○○구청장

숙박업영업정지처분취소 청구의 소

청 구 취 지

1. 피고가 20○○. ○. ○.자로 원고에 대하여 한 숙박업영업정지처분은 이를 취소한다.
2. 소송비용은 피고의 부담으로 한다.

라는 판결을 구합니다.

청 구 원 인

1. 처분내용

원고는 20○○. ○. ○. 피고로부터 숙박업 허가를 받아 ○○시 ○○구 ○○동 123에서 ○○

○모텔이라는 상호로 숙박업을 경영하여 오다가 20○○. ○. 중순경부터 사위인 소외 이○형에게 이를 관리하게 하여 왔습니다. 피고는 위 모텔에서 20○○. ○. ○. 18:00경 미성년의 남녀인 소외 김○식과 김○신을 혼숙하게 하였다는 이유로 청소년보호법 제26조의 2 제8항과 공중위생관리법 제11조 제1항을 적용하여 20○○. ○. ○.자로 원고에 대하여 20○○. ○. ○.부터 같은 해 ○. ○.까지 2개월간 위 모텔의 영업을 정지할 것을 명하는 처분을 하였습니다.

2. 처분의 위법

이 사건 처분은 다음과 같은 점에서 위법합니다.

첫째, 위 공중위생법상 미성년자의 혼숙이 금지되는 것은 풍기를 문란하게 하는 경우에 한한다고 보아야 할 것인데, 이 사건의 경우 위 투숙객들은 성년을 불과 몇 개월 앞둔 재수생 및 대학생으로서 장차 결혼을 약속한 애인들이어서 풍기를 문란하게 한 적이 없으므로, 이 사건은 청소년보호법 제26조의 2 제8항이 정한 풍기를 문란하게 하거나 그를 목적으로 장소를 제공하는 행위를 하려고 한 경우에 해당하지 아니한다 할 것입니다.

즉, 이 사건 당일 18:00경 위 김○식과 김○신이 위 두바이모텔에 와서 방을 요구하므로 당시 위 모텔을 관리하던 위 이○형은 이들에게 성년자인지 여부를 물어 그렇다는 대답을 듣고 이들을 위 305호 객실로 안내한 다음 숙박부에 인적사항을 기재할 것을 요구하였는바, 위 김○식이 숙박부에 성명 김○수, 주민등록번호 ○○○○○○-○○○○○○○으로 기재하고, 위 김○신도 위 김○식과 같은 나이라고 하며 위 김○식은 신장 175㎝, 위 김○신은 신장 160㎝ 정도이고, 외관상 미성년자로 보이지 아니하므로 그들의 주민등록증을 제시할 것은 요구하지 않는 채 그들을 위 객실에게 혼숙하도록 하였던 것입니다. 또한 김○식은 19○○. ○. ○.생으로 재수생, 위 김○은 19○○. ○. ○.생으로 대학에 재학 중인 자로서 서로 결혼을 약속한 사이인 것입니다.

둘째, 가사 위 사실관계가 처분의 요건에 해당한다 하더라도 위와 같은 경위에 비추어 보면 그러한 사유만으로 2개월의 영업정지를 명한 이 사건 처분은 너무 가혹하여 재량권을 남용하였거나 그 범위를 벗어난 것으로서 위법하다 할 것입니다.

따라서 이 사건 처분은 위법한 처분으로서 취소되어야 할 것이므로 원고는 본 소 청구에 이르렀습니다.

입 증 방 법

추후 변론시 제출하겠습니다.

첨 부 서 류

1. 주민등록초본	1통
1. 소장부본	1통
1. 위임장	1통

20○○. ○. ○.

위 원고 소송대리인 변호사 ○ ○ ○ (인)

○○행정법원 귀중

5. 노래방(노래연습장) 영업정지

가. 노래연습장업자의 준수사항 등

(1) 노래방영업정지 개요

노래연습장업장 업자는 법 제22조 준수사항을 위반할 경우 음악산업진흥에 관한 법률 제27조의 규정에 의거 영업의 폐쇄, 등록취소처분, 6개월 이내의 영업정지명령 등을 받을 수 있다. 그 처분기준은 음악산업진흥에관한법률 제27조 제3항, 같은 법 시행규칙 제15조 제1항 [별표 2]에서 정하고 있다.

(2) 노래연습장업자의 준수사항

노래연습장업자는 다음의 사항을 지켜야 한다.

(가) 영업소 안에 화재 또는 안전사고 예방을 위한 조치를 할 것

(나) 해당 영업장소에 대통령령이 정하는 출입시간외에 청소년이 출입하지 아니하도록 할 것. 다만, 부모 등 보호자를 동반하거나 그의 출입동의서를 받은 경우 그 밖에 대통령령이 정하는 경우에는 그러하지 아니하다.

(다) 주류를 판매·제공하지 아니할 것

(라) 접대부(남녀를 불문한다)를 고용·알선하거나 호객행위를 하지 아니할 것

(마) 「성매매알선 등 행위의 처벌에 관한 법률」 제2조제1항의 규정에 따른 성매매 등의 행위를 하게 하거나 이를 알선·제공하는 행위를 하지 아니할 것

(바) 건전한 영업질서의 유지 등에 관하여 대통령령이 정하는 사항을 준수할 것

(3) 기타 접대행위

누구든지 영리를 목적으로 노래연습장에서 손님과 함께 술을 마시거나 노래 또는 춤으로

손님의 유흥을 돋우는 접객행위를 하거나 타인에게 그 행위를 알선하여서는 아니 된다.

[별표 1]

노래연습장업자의 준수사항(제9조 관련)

1. 법 제20조에 따른 등록증을 출입자가 쉽게 볼 수 있는 곳에 붙여야 한다.
2. 청소년실 외의 객실에 청소년을 출입하게 하여서는 아니 된다. 다만, 부모 등 보호자를 동반하는 경우에는 그러하지 아니하다.
3. 영업소 안에 주류를 보관하거나, 이용자의 주류 반입을 묵인하여서는 아니 된다.

나. 노래방 주류제공 및 도우미 알선시 행정처분

(1) 처분의 내용

음산법 제22조 및 제27조에 의하면 노래연습장업자는 손님에게 주류를 제공 · 판매하거나 접대부(남녀를 불문한다)를 고용 · 알선하거나 호객행위를 할 수 없다고 규정하고 있다. 그리고 같은 법 시행규칙 제15조 별표2에 따르면 위반사항이 주류를 제공·판매한 때에는 1차 위반일 경우 영업정지 10일, 2차 위반일 경우 영업정지 1개월, 3차 위반일 경우 영업정지 3개월, 4차 위반일 경우 등록취소 및 영업소 폐쇄를 할 수 있도록 규정하고 있다.

또한, 위반사항이 접대부를 고용 · 알선한 경우에는 1차 위반일 경우 영업정지 1개월, 2차 위반일 경우 영업정지 2개월, 3차 위반일 경우 등록취소 및 영업소 폐쇄를 할 수 있도록 규정하고 있다. 또한 위반행위가 2 이상인 경우로서 그에 해당하는 각각의 처분기준이 다른 경우에는 그 중 무거운 처분기준에 따르며, 둘 이상의 처분기준이 영업정지인 경우에는 6개월의 범위에서 무거운 처분기준의 2분의 1 이내에서 가중할 수 있다고 규정하고 있다.

(2) 주류를 판매 · 제공한 때

위반사항	1차 위반	2차 위반	3차 위반	4차 위반
주류 판매, 제공	영업정지 10일	영업정지 1월	영업정지 3월	등록취소 영업폐쇄

(3) 도우미(접대부 - 남녀불문)를 고용, 알선한 때

위반사항	1차 위반	2차 위반	3차 위반	4차 위반
도우미 고용알선	영업정지 1월	영업정지 2월	등록취시 영업폐쇄	

위 행정처분기준을 기초로 만일 업주가 노래방을 운영하면서 고의적이든 손님이나 파파라치의 요구에 따른 것이든 1차 위반 기준 손님들에게 술을 제공(판매)할 경우 영업정지 10일의 행정처분을, 도우미를 알선(고용)한 경우에는 영업정지 30일의 행정처분을 총 40일의 행정처분을 받게 된다(참고로 주류보관 및 반입묵인 등의 경우는 각각 10일의 행정처분을 받게 된다).

다. 파파라치의 신고행위에 대한 감경여부

현행법에는 노래연습장 업주는 단란주점과는 달리 주류를 판매 · 제공할 수 없고, 누구든지 영리를 목적으로 노래연습장에서 손님과 함께 술을 마시거나 노래 등으로 손님의 유흥을 돋우는 접객행위를 하거나 타인에게 알선하는 경우에는 1년 이하의 징역 또는 300만원 이하의 벌금에 처하도록 하고 있다. 결국 이를 위반한 경우 그것이 상대방의 유도된 행위라고 하더라도 업주만 처벌받는 구도다. 이 때문에 위 사건과 같이 악의적으로 업주에게 도우미와 술 판매 등을 강요한 뒤 이를 빌미삼아 업주를 협박하거나 비용을 지불하지 않고 악용하거나 처음부터 경찰에 신고할 목적으로 고의로 업주의 위반행위를 유도하는 사례가 빈번히 발생해왔다.

문제는 이처럼 '노래방(노래연습장)에 손님으로 온 일행이 처음부터 경찰에 신고할 의도로 일부러 업주로 하여금 위반행위를 하도록 유도한 뒤 실제로 경찰에 신고하였다 하더라도, 제반 사정에 비추어 볼 때 당시 위반행위를 할 의사가 전혀 없는 상태에서 오로지 손님의 유도행위에 의하여 위반행위가 야기되었다고 볼 수 없고, 다만 이들은 상황에 따라 접대부 알선 의사를 가지고 있는 원고에게 접대부 알선 기회를 제공한 것에 불과하므로, 업주는 이런 사유를 들어 위와 같은 위반행위로 인한 행정처분을 면할 수 없다'(대전지방법원 2008. 6. 25. 선고 2008구합1049 판결)고 보는 것이 법원의 입장이다는 것이다.

따라서 신고인 등에게 강박 또는 기망을 당하였다거나 그 밖에 음산법상 노래연습장업자의 준수사항을 위반할 수밖에 없는 불가피한 사정이 있었다고 보여지지 않는 이상, 업주가 위반행위를 하지 않고자 하는 의사가 충분했다면 아무리 고의로 유도된 것이라고 하였더라도 관련 법규를 준수할 수 있었을 것이므로 도우미 알선 등의 행위가 파파라치의 악의적인 요구 및 신고 등의 행위에 기인하였다는 등의 사정이 있다하여 위법성이 가벼워진다거나 이를 달리 볼 것은 아니다.

라. 과징금 전환

(1) 부과권자

특별자치시장 · 특별자치도지사 · 시장 · 군수 · 구청장은 노래연습장업자가 시설기준을 갖추지 못한 때 또는 출입시간 외에 청소년 출입, 건전한 영업질서의 유 등에 관하여 대통령령으로 정하는 사항 중 어느 하나에 해당하여 영업정지처분을 하여야 하는 때에는 그 영업정지처분에 갈음하여 3천만원 이하의 과징금을 부과할 수 있다. 이 경우 특별자치시장 · 특별자치도지사 · 시장 · 군수 · 구청장은 과징금의 부과 · 징수에 관한 사항을 기록 · 관리하여야 한다.

다만, 위의 사항 중 출입시간외에 청소년 출입의 경우 부모 등 보호자를 동반하거나 그의 출입동의서를 받은 경우에는 처벌의 대상이 되지 아니하는데, 이때 출입동의서에는 ① 청소년의 인적사항(성명 · 생년월일 · 주소), ② 출입 사유와 출입 허용 일시, ③ 부모 등 보호자의 인적사항(성명 · 생년월일 · 연락전화 · 청소년과의 관계) 및 서명 등이 기재되어야 한다.

(2) 과징금 징수

특별자치시장 · 특별자치도지사 · 시장 · 군수 · 구청장은 제1항의 규정에 따른 과징금을 납부하여야 할 자가 납부기한까지 이를 납부하지 아니하는 때에는 「지방세외수입금의 징수 등에 관한 법률」에 따라 징수한다.

(3) 과징금의 기준 등

(가) 기 준

과징금 금액은 보통 영업정지 1일당 5만원으로 책정되며, 이 경우 영업정지 1월에 해당하는 과징금의 금액은 30일로 하여 산정한다. 다만, 시장 · 군수 · 구청장은 위반행위의 정도 · 위반횟수 및 위반행위의 동기와 그 결과 등을 고려하여 이에 따른 과징금의 금액의 2분의 1 범위에서 가중 또는 경감할 수 있다.

(나) 과징금의 상한

과징금을 가중하는 경우에도 과징금의 총액은 3천만원을 넘을 수 없다.

과징금 전환의 가능한 경우

· 노래방 등록위반
· 청소년 출입시간 위반
· 청소년 외 객실 청소년 출입
· 업소 내 주류보관 · 반입 묵인

과징금 전환이 어려운 경우

· 주류 판매 · 제공(단, 행정심판위원회나 법원에서 과징금 전환이 가능하다는 재결이나 판결이 있을

시 가능)
· 도우미 알선 · 고용

(4) 과징금의 납부

과징금으로 전환될 경우 노래방 업주는 과징금부과 통지서를 받은 후 20일 이내에 시장 · 군수 · 구청장 등이 정하는 수납기관에 납부하면 된다.

(5) 과징금 납부의 장점

과징금으로 전환될 경우 일정금의 과징금을 납부하여야 된다는 어려움은 있지만, 영업정지 없이 계속해서 영업을 할 수 있다는 장점이 있다.

마. 등록취소 등

(1) 등록취소 사유

시 · 도지사 또는 시장 · 군수 · 구청장은 영업을 영위하는 자가 다음의 어느 하나에 해당하는 때에는 그 영업의 폐쇄명령, 등록의 취소처분, 6개월 이내의 영업정지명령, 시정조치 또는 경고조치를 할 수 있다. 다만, (1) 또는 (2)에 해당하는 때에는 영업을 폐쇄하거나 등록을 취소하여야 한다. 위의 규정에 따른 행정처분의 기준 등에 관하여 필요한 사항은 문화체육관광부령으로 정한다.

(가) 거짓 그 밖의 부정한 방법으로 신고 또는 등록을 한 때
(나) 영업의 정지명령을 위반하여 영업을 계속한 때
(다) 시설기준을 위반한 때
(라) 변경신고 또는 변경등록을 하지 아니한 때
(마) 노래연습장업자 준수사항을 위반한 때
(바) 제29조제3항에 해당하는 음반등을 제작 · 유통 또는 이용에 제공하거나 이를 위하여 진열 · 보관 또는 전시한 때

(2) 등록증반납

영업의 폐쇄명령 또는 등록의 취소처분을 받은 자는 그 처분의 통지를 받은 날부터 7일 이내에 신고증 또는 등록증을 반납하여야 한다.

(3) 과태료 부과기준

[별표 2] 〈개정 2011.3.30〉

과태료의 부과기준(제17조 관련)

1. 일반기준

가. 위반행위의 횟수에 따른 과태료의 기준은 최근 1년간 같은 행위로 과태료를 받은 경우에 적용한다. 이 경우 위반행위에 대하여 과태료 처분을 한 날과 다시 같은 위반행위를 적발한 날을 각각 기준으로 하여 위반횟수를 계산한다.

나. 부과권자는 다음의 어느 하나에 해당하는 경우에는 제2호에 따른 과태료 금액의 2분의 1의 범위에서 감경할 수 있다. 다만, 과태료를 체납하고 있는 위반행위자의 경우에는 그러하지 아니하다.

1) 위반행위자가 「질서위반행위규제법 시행령」 제2조의2제1항 각 호의 어느 하나에 해당하는 경우

2) 위반행위가 사소한 부주의나 오류로 인한 것으로 인정되는 경우

3) 그 밖에 위반행위의 정도, 위반행위의 동기와 그 결과 등을 고려하여 감경할 필요가 있다고 인정되는 경우

다. 부과권자는 다음의 어느 하나에 해당하는 경우에는 제2호에 따른 과태료 금액의 2분의 1의 범위에서 가중할 수 있다. 다만, 법 제36조제1항에 따른 과태료 금액의 상한을 넘을 수 없다.

1) 법 위반상태의 기간이 6개월 이상인 경우

2) 그 밖에 위반행위의 정도, 위반행위의 동기와 그 결과 등을 고려하여 가중할 필요가 있다고 인정되는 경우

2. 개별기준

위반행위	근거 법조문	과태료 금액
1. 노래연습장업자가 법 제11조를 위반하여 교육을 받지 않은 경우	법 제36조 제1항제1호	30만원
2. 법 제21조제1항을 위반하여 변경신고 또는 변경등록을 하지 않은 경우	법 제36조 제1항제2호	
가. 1차 위반한 경우		30만원
나. 2차 위반한 경우		50만원
다. 3차 이상 위반한 경우		100만원
3. 법 제25조제1항을 위반하여 상호 등을 표시하지 않은 경우	법 제36조 제1항제3호	
가. 1차 위반한 경우		
나. 2차 위반한 경우		100만원

다. 3차 이상 위반한 경우		200만원 300만원

바. 행정처분의 기준

■ 음악산업진흥에 관한 법률 시행규칙 [별표 2] 〈개정 2019. 6. 4.〉

행정처분의 기준(제15조 관련)

1. 일반기준

가. 위반행위가 2 이상인 경우로서 그에 해당하는 각각의 처분기준이 다른 경우에는 그 중 무거운 처분기준에 따른다. 다만, 둘 이상의 처분기준이 영업정지인 경우에는 6개월의 범위에서 무거운 처분기준의 2분의 1 이내에서 가중할 수 있다. 이 경우 그 행정처분은 각 위반행위별 처분기준을 합산한 기간을 초과할 수 없다.

나. 어떤 위반행위에 대하여 그 행정처분을 하기 위한 절차가 진행되는 기간 중에 추가로 다른 위반행위를 한 때에도 가목에 따라 처분한다.

다. 어떤 위반행위에 대하여 그 행정처분을 하기 위한 절차가 진행되는 기간 중에 반복하여 같은 위반행위(개별기준의 위반사항이 동일한 경우의 위반행위를 말한다. 이하 같다)를 하는 경우로서 처분기준이 영업정지인 때에는 위반횟수마다 처분기준의 2분의 1씩 더하여 처분한다. 이 경우 처분을 합산한 기간이 6개월을 초과할 수 없다.

라. 위반행위의 횟수에 따른 행정처분의 기준은 최근 1년간 같은 위반행위로 행정처분을 받은 경우에 적용한다. 이 경우 기간의 계산은 위반행위에 대하여 행정처분을 받은 날과 그 처분 후 다시 같은 위반행위를 하여 적발된 날을 기준으로 한다.

마. 라목에 따라 가중된 행정처분을 하는 경우 행정처분의 적용차수는 그 위반행위 전 행정처분 차수(라목에 따른 기간 내에 행정처분이 둘 이상 있었던 경우에는 높은 차수를 말한다)의 다음 차수로 한다.

바. 같은 위반행위로 4차 행정처분까지 받은 후 다시 5차 이상 위반행위를 한 경우 4차 위반 시의 처분기준이 영업정지 1개월인 경우에는 영업정지 3개월, 영업정지 2개월인 경우에는 영업정지 4개월, 영업정지 3개월인 경우에는 영업정지 6개월로 처분한다.

사. 위반사항의 내용으로 보아 그 위반의 정도가 경미하거나 위반행위가 고의 · 과실이 아닌 사소한 부주의나 오류로 인한 것으로 인정되는 경우에는 그 처분을 감경할 수 있다. 이 경우 그 처분이 영업정지인 경우에는 그 처분기준의 2분의 1의 범위에서 감경할 수 있고, 영업폐쇄 또는 등록취소인 경우(법 제27조제1항제1호 및 제2호에 해당하여 영업폐쇄 또는 등록취소에 해당하는 경우는 제외한다)에는 3개월 이상의 영업정치처분으로 갈음할 수 있다.

아. 영업정지처분기간 1개월은 30일로 보며, 감경처분하려는 경우 그 영업정지기간을 산정할

때 1일 미만은 처분기간에서 제외한다.

2. **개별기준**

위반사항	근거법령	행정처분기준			
		1차 위반	2차 위반	3차 위반	4차 위반
가. 거짓 그 밖의 부정한 방법으로 신고 또는 등록을 한 때	법 제27조 제1항제1호	등록취소 영업폐쇄			
나. 영업의 정지명령을 위반하여 영업을 계속한 때	법 제27조 제1항제2호	등록취소 영업폐쇄			
다. 법 제18조에 따른 노래연습장 시설기준을 위반한 때	법 제27조 제1항제3호				
1) 투명유리창 및 마이크 시설이 시설기준을 위반한 때		경고	영업정지 10일	영업정지 20일	영업정지 1개월
2) 그 외의 시설이 시설기준을 위반한 때		영업정지 10일	영업정지 1개월	영업정지 3개월	등록취소
라. 법 제21조에 따른 변경신고 또는 변경등록을 하지 아니한 때	법 제27조 제1항제4호	경고	영업정지 10일	영업정지 20일	영업정지 1월
마. 법 제22조에 따른 노래연습장업자의 준수사항을 위반한 때	법 제27조 제1항제5호				
1) 영업소 안에 화재 또는 안전사고 예방을 위한 조치를 취하지 아니한 때		경고	영업정지 10일	영업정지 20일	영업정지 1월
2) 청소년 출입시간 외에 청소년을 출입시킨 때		영업정지 10일	영업정지 1월	영업정지 3월	등록취소 영업폐쇄
3) 주류를 판매·제공한 때		영업정지 10일	영업정지 1월	영업정지 3월	등록취소 영업폐쇄
4) 접대부(남녀를 불문한다)를 고용·알선한 때		영업정지 1월	영업정지 2월	등록취소 영업폐쇄	
5) 청소년을 접대부(남녀를 불문한다)로 고용·알선하는 행위를 한 때		등록취소 영업폐쇄			
6) 호객행위를 한 때		영업정지 10일	영업정지 20일	영업정지 1월	영업정지 3월
7) 「성매매알선 등 행위의 처벌에 관한 법률」 제2조제1항에 따른 성매매 등의 행위를 하게 하거나 이를 알선·제공하는 행위를 한 때		등록취소 영업폐쇄			
8) 보호자 동반 없이 청소년실 외의 객실에 청소년을 출입하게 한 때		영업정지 10일	영업정지 20일	영업정지 1월	영업정지 3월
9) 업소 안에 주류를 보관한 때		영업정지	영업정지	영업정지	영업정지

		10일	20일	1월	3월
10) 이용자의 주류 반입을 묵인한 때		영업정지 10일	영업정지 20일	영업정지 1월	영업정지 3월
11) 등록증을 출입자가 쉽게 볼 수 있는 곳에 붙이지 아니한 때		경고	영업정지 10일	영업정지 20일	영업정지 1월
바. 법 제29조제3항에 해당하는 음반등을 제작·유통 또는 이용에 제공하거나 이를 위하여 진열·보관 또는 전시한 때	법 제27조 제1항제6호				
1) 법 제29조제3항에 해당하는 음반등을 제작한 때		영업정지 3월	등록취소 영업폐쇄		
2) 법 제29조제3항에 해당하는 음반등을 유통한 때					
가) 적발수량이 5개 미만인 때		경고	영업정지 10일	영업정지 20일	영업정지 1월
나) 적발수량이 20개 미만인 때		영업정지 10일	영업정지 1월	영업정지 3월	등록취소
다) 적발수량이 20개 이상인 때		영업정지 1월	영업정지 3월	등록취소 영업폐쇄	영업폐쇄
3) 법 제29조제3항에 해당하는 음반등을 이용에 제공한 때		영업정지 1월	영업정지 3월	등록취소 영업폐쇄	
4) 법 제29조제3항에 해당하는 음반등을 제작·유통 또는 이용에 제공하기 위하여 진열·보관 또는 전시한 때					
가) 적발수량이 20개 미만인 때		경고	영업정지 10일	영업정지 1월	영업정지 2월
나) 적발수량이 20개 이상인 때		영업정지 10일	영업정지 1월	영업정지 2월	등록취소 영업폐쇄

사. 감경기준

통상 노래방영업정지사건의 재결례를 살펴보면 사건 처분결과 통보서, 손님 진술서 등에 의하면 사건업소에서 주류를 판매한 사실은 다툼이 없다. 따라서 관계법령에 따라 피청구인이 청구인에게 한 이 사건 처분에 위법·부당함은 없다고 판단하면서도 감경을 할 경우 그 감경사유로 언급하는 것들은 청구인이 이 사건에 대하여 깊이 반성하고 있는 점, 초범인 점, 남편과 사별 후 세 명의 자녀와 함께 살면서 어렵게 생계를 이어가고 있는 점 등 청구인의 어려운 가정적·경제적 형편과 이 사건 처분으로 청구인이 입게 될 경제적 불이익 등을 감안해 볼 때 피청구인의 이 사건 처분은 청구인에게 다소 가혹한 처분이라고 여겨질 경우 감경이 된다.

아. 관련 서식

(1) 청구취지 기재례

피청구인이 20OO. O. O. 청구인에 대하여 결정 고지한 45일의 영업정지처분은 이를 취소한다.

피고가 20○○. ○. ○. 원고에 대하여 한 20○○. ○. ○.부터 같은 해 ○. ○까지(2개월)의 영업정지 처분은 이를 취소한다.

피청구인이 2013. 7. 22. 청구인에 대하여 한 40일의 영업정지 처분을 취소한다.

(2) 서 식 례

[서식 76] 영업정지처분 취소심판청구서(노래방)

행 정 심 판 청 구

청 구 인　　○ ○ ○ (주민등록번호)
　　　　　　○○시 ○○구 ○○길 ○○ (우편번호 ○○○○○)

피청구인　　△△도 지방경찰청장

영업정지처분 취소청구

심판청구의 취지

피청구인이 20○○. ○. ○. 청구인에 대하여 결정 고지한 45일의 영업정지처분은 이를 취소한다.
라는 재결을 구합니다.

심판청구의 내용

1. 청구인은 ○○시 ○○구 ○○길 ○○ 소재 지하층 30평을 임차하여 '☆☆☆노래방'이라는

상호로 노래연습장을 경영하고 있습니다.

2. **이 사건 단속경위**

청구인은 20○○. ○. ○. ○○:○○경 위 노래연습장의 종업원인 김□□의 친구인 이□□가 그의 일행 5명을 데리고 왔기에 이들의 주민등록증을 확인하기 위해 주민등록증 제시를 요구하였으나 위 이□□만 주민등록을 소지하고 있어 그의 주민등록증으로 만 18세가 넘었음을 확인하고, 박□□과 최□□에게 나머지 일행들은 모두 친구들이냐고 묻자 그렇다는 말을 믿고 출입시켰는데, 20분 뒤에 피청구인의 관할인 역전파출소 소속 경찰관 2명으로부터 만 18세 미만인 박□□ 일행을 입장시켰다는 이유로 단속되었습니다.

3. 위 이□□은 주민등록상 분명히 만 18세가 넘는 자이고, 그 일행 중 2명이 18세 미만자라는 이유로 단속되었는 바, 청구인으로서는 위 이□□ 일행이 종업원의 친구라 하고 이□□이 18세 미만자가 아님이 확인되었기에 일행중 일부가 연령미달자라고 의심할 여지가 없었던 점에 비추어 본건 처분은 지나치게 가혹한 것이라 생각됩니다.

4. 또한 청구인은 사업 실패 후 은행과 친구들로부터 막대한 돈을 빌려 이 사건 노래연습장을 임차해 내부시설 투자를 하고, 영상가요 반주기를 구입하여 영업을 하면서 생계를 꾸려나가고 있는데, 이 사건 행정처분으로 수입도 얻지 못하게 되어 채무이행은 물론이고 당장 생계유지도 힘든 형편입니다.

5. 따라서 이 사건의 단속경위 등 여러 사정을 참작할 때 피청구인의 45일간의 영업정지처분은 부당하므로 이를 취소하여 주시기 바랍니다.

입 증 방 법

1. 갑 제1호증 행정처분통지서 사본
1. 갑 제2호증 종업원 진술서
1. 갑 제3호증 탄원서

첨 부 서 류

1. 위 입증방법 각 1통
1. 심판청구서 부본 1통

20○○. ○. ○.

위 청구인 ○ ○ ○ (인)

△△도 지방경찰청장 귀중

[서식 77] 영업정지처분 취소청구의 소

행 정 심 판 청 구

청 구 인 ○ ○ ○ (○○○○○○-○○○○○○○) (전화 :)
○○구 ○○동 ○○ (우 :)

피청구인 ○○지방경찰청장

영업정지처분 취소청구

청 구 취 지

피청구인이 20○○. ○. ○. 청구인에 대하여 결정 고지한 45일의 영업정지처분은 이를 취소한다.
라는 재결을 구합니다.

청 구 원 인

1. 청구인은 ○○시 ○○구 ○○동 ○○ 소재 지하층 30평을 임차하여 '○○○노래방'이라는 상호로 노래연습장을 경영하고 있습니다.

2. **이 사건 단속경위**
청구인은 20○○. ○. ○. ○○:○○경 위 노래연습장의 종업원인 김○○의 친구인 이○○가 그의 일행 5명을 데리고 왔기에 이들의 주민등록증을 확인하기 위해 주민등록증 제시를 요구하였으나 위 이○○만 주민등록을 소지하고 있어 그의 주민등록증으로 만 19세가 넘었음을 확인하고, 박○○과 최○○에게 나머지 일행들은 모두 친구들이냐고 묻자 그렇다는 말을 믿고 출입시켰는데, 20분 뒤에 피청구인의 관할인 ○○파출소 소속 경찰관 2명으로부터 만 19세 미만인 박○○ 일행을 입장시켰다는 이유로 단속되었습니다.

3. 위 이○○은 주민등록상 분명히 만 19세가 넘는 자이고, 그 일행 중 2명이 만 19세 미만자라는 이유로 단속되었는 바, 청구인으로서는 위 이○○ 일행이 종업원의 친구라 하고 이○○이 만 19세 미만자가 아님이 확인되었기에 일행 중 일부가 연령미달자라고 의심할 여지가 없었던 점에 비추어 본건 처분은 지나치게 가혹한 것이라 생각됩니다.

4. 또한 청구인은 사업 실패 후 은행과 친구들로부터 막대한 돈을 빌려 이 사건 노래연습장을 임차해 내부시설 투자를 하고, 영상가요 반주기를 구입하여 영업을 하면서 생계를 꾸려나가고 있는데, 이 사건 행정처분으로 수입도 얻지 못하게 되어 채무이행은 물론이고 당장 생계유지도 힘든 형편입니다.

5. 따라서 이 사건의 단속경위 등 여러 사정을 참작할 때 피청구인의 45일간의 영업정지처분은 부당하므로 이를 취소하여 주시기 바랍니다.

입 증 방 법

1. 갑 제1호증 행정처분통지서 사본
1. 갑 제2호증 종업원 진술서
1. 갑 제3호증 탄원서

첨 부 서 류

1. 위 입증서류 각 1통
1. 주민등록초본 1통
1. 심판청구서 부본 1통

20○○. ○. ○.

위 청구인 ○ ○ ○ (인)

○○지방경찰청장 귀하

[서식 78] 영업정지처분 취소심판청구서(노래방)

행 정 심 판 청 구

청 구 인 ○ ○ ○
○○시 ○○구 ○○동 ○○ (우편번호 ○○○○○)

피청구인 △△경찰서장

심판청구의 대상이 되는 처분의 내용 풍속영업의 규제에 관한 법률위반 제3조 제7항 영업정지 ○월의 처분

처분이 있는 것을 안 날 20○○. ○. ○.

심판청구의 취지	피청구인이 청구인에 대하여 20○○. ○. ○.자로 결정 고지한 영업정지 ○월의 처분을 취소한다. 라는 재결을 구합니다.
심판청구의 이유	별지기재와 같음
고지의 유무 및 그 내용	받았음.
첨부서류	별지기재와 같음

20○○. ○. ○.

위 청구인 ○ ○ ○ (인)

△△경찰청장 귀중

심판청구의 이유

1. 청구인은 ○○시 ○○구 ○○동 ○○소재에서 "☆☆☆ 노래연습장"이라는 상호로 노래연습장을 경영하고 있으며 △△경찰서장으로부터 시간외 영업을 하였다는 이유로 벌금 ○○○원과 20○○. ○. ○. 영업정지 ○월의 처분을 고지 받았습니다.

2. **당시상황**

   청구인은 20○○. ○. ○. ○○:○○경 손님 두팀이 영업소에 들어 왔을 때 노래 한곡당 약 ○-○분 가량의 시간이 소요되므로 24:00 이내에 영업을 끝내기 위해 각 방에 15곡씩만 입력을 시켰습니다. 하지만 손님들이 다음 노래를 부르기 위해 노래에 따라 지정된 코드번호를 찾는 시간이 길어지다 보니 24:00가 되었을때 각 방에 입력된 노래가 한두 곡씩 남아있게 되었습니다. 다른 손님들은 모두 퇴실하고 두팀만이 남아 있는데 마지막 한두 곡을 부르기 위해 열심히 노래코드 번호를 찾는 것을 보고 영업시간이 다 되었으니 나가 달라는 말을 하지 못하고 금방 부르고 나가겠거니 하고 가게 청소를 하였던 것입니다.

   그때 △△지방경찰청 △△경찰서 직원들이 단속을 나왔으며 그 시간은 ○○:○○경 이었으며 당시 손님들은 노래를 다 끝내고 음료수를 마시면서 이야기를 하다가 00:20-30경 소지품을 챙겨들고 막 퇴실하려고 일어서서 밖으로 나오는 도중이었습니다.

3. **설치기계 및 작동원리**

   위 노래연습방은 각 방에 노래를 부를 수 있는 기계가 설치되어 있고 이 기계 동전 투입구에 동전 500원짜리를 넣으면 노래 1곡이 모니터에 노래가사와 화면이 나오면 손님들이 마이크를 잡고 노래를 따라 부르는 것입니다. 위 영업소는 자판기를 통해 손님들이 음료수만을 뽑아

먹을 수 있게 되어 있을 뿐 술은 판매하지 않는 곳입니다.

4. 청구인의 정상

청구인은 ○○시 ○○구 ○○동에서 ○○○원짜리 전세방을 얻어 사업에 실패하여 무직인 남편을 대신하여 집안을 꾸러나가려고 친지들로부터 조금씩 돈을 빌려 ○○시 ○○구 ○○동 ○○소재에서 지층 가게 30평을 ○○○원에 임대하여 10개의 방을 만들어 20○○. ○. ○.부터 노래연습장을 경영하여 온 것입니다. 청구인은 이번이 첫 위반이고 이건외 처벌받은 사실은 전혀 없습니다.

5. 결 론

이건은 영업시간에 들어온 손님들이 영업시간 종료시간에 임박하여 남아 있는 한두 곡을 마저 부르다가 영업시간이 초과된 것이며, 영업시간이 지난 이후에 새로운 손님을 맞이하여 영업행위를 함으로써 법을 위반한 것이 아닙니다. 그리고 한두 곡의 노래를 부를 시간이 남아있는 상태에서 손님들에게 영업시간이 넘었으니 나가달라는 말을 하지 못하는 것은 인지상정이라고 할 것입니다. 따라서 이건은 피치 못한 상태에서 영업시간이 몇 분 초과된 경우이므로 영업정지의 행정처분은 지나치게 무거운 것인바, 영업 정지처분을 취소하여 주시기 바랍니다.

입 증 방 법

1. 소갑 제1호증의 1 행정처분명령서 통지
   2 행정처분명령서
1. 소갑 제2호증 벌과금 예납고지서
1. 소갑 제3호증 풍속영업신고필증
1. 소갑 제4호증 사업자등록증
1. 소갑 제5호증 부동산임대차계약서
1. 소갑 제6호증 탄원서

첨 부 서 류

1. 위 입증방법 각 1통
1. 심판청구서 부본 1통

20○○. ○. ○.

위 청구인 ○ ○ ○ (인)

△△경찰청장 귀중

제출기관	재결청 또는 피청구인인 행정청 (행정심판법 제17조)	청구기간	· 처분이 있음을 안 날로부터 90일 · 처분이 있은 날로부터 180일 (행정심판법 제18조)
청 구 인	피처분자	피청구인	행정처분을 한 행정청
제출부수	청구서 및 부본 각 1부	관련법규	행정심판법
불복방법	· 재심판청구의 금지(행정심판법 제39조) 행정심판법상 행정심판의 단계는 단일화되어 있어 재결에 대한 재심판청구는 할 수 없다. 다만, 국세기본법 등의 개별법에서는 다단계의 행정심판을 인정하고 있음 · 재결에 대한 행정소송(행정소송법 제19조, 제38조) 재결자체에 고유한 위법이 있을 때에는 재결 그 자체에 대한 취소소송 및 무효등 확인소송을 제기할 수 있음 · 다만, 청구인은 기각 재결 등 청구인의 주장이 인용되지 아니한 경우에는 원행정처분에 대하여 행정소송으로 다툴 수 있음(행정소송법 제18조)		

[서식 79] 영업정지처분 취소심판청구서(노래방)

행 정 심 판 청 구

청 구 인 ○ ○ ○ (주민등록번호)
○○시 ○○구 ○○길 ○○ (우편번호 ○○○○○)

피청구인 △△도 △△지방경찰청장

영업정지처분 취소청구

심판청구 취지

피청구인이 청구인에 대하여 20○○. ○. ○.자로 한 노래연습장 영업정지 1월 처분은 이를 취소한다.
라는 재결을 구합니다.

심판청구 이유

1. 사건개요

청구인은 ○○시 ○○구 ○○길 ○○에서 ☆☆라는 노래연습장을 개설하여 운영하는 자입니다. 그런데 20○○. ○. ○.경 이 사건 업소에서 손님에게 맥주 피쳐 1병을 판매하였다가

○○경찰서 소속 경찰관에 적발되어 위 사실이 피청구인에게 통보되었습니다. 이에 피청구인은 처분사전통지 후 20○○. ○. ○. 음악산업진흥에 관한 법률 제22조(노래연습장업자의 준수사항 등)에 근거하여 영업정지 1월(20○○. ○. ○. - ○. ○.)처분(이하 '이 사건 처분'이라 합니다)을 하였습니다.

2. 청구인의 주장

가. 20○○. ○. ○. 남자 3명과 여자 2명이 청구인의 노래방에 들어와서는 남녀 짝이 맞지 않다면서 도우미 1명을 불러달라고 하였지만 청구인이 없다고 거절하자 그럼 맥주와 음료수를 달라고 주문을 하였습니다. 청구인이 노래방에서 판매가 가능한 무알콜 맥주와 음료수 등을 가지고 갔더니 이미 위 손님들이 몰래 노래방에 가지고 왔던 맥주, 소주, 막걸리, 과장 등이 탁자 위에 놓여 있었습니다.

나. 위 일행 중 1명이 술이 모자라는데 무알콜 맥주는 맛이 없으니 도수 있는 맥주를 사달라고 요청하자, 청구인은 술이 많이 취했으니 노래만 부르고 가라고 하였지만 일행 중에 생일이 있는 자가 있어 한잔씩만 더 하고 간다고 계속해서 사정을 하여서 할 수 없이 가까운 수퍼에 가서 피쳐 1병을 사서 물통에 담아 갖다 주었습니다.

다. 하지만 일행 중 1명이 맥주량이 부족하고 거품이 없는 게 가짜가 아니냐면 시비를 걸고 행패를 부리기 시작했고, 청구인이 그냥 놀다가 가시라고 하면서 손님이 가져와서 먹고 난 맥주, 소주, 막걸리 병을 치우면서 다음에 노래방에 올 때는 술을 가져오면 안된다고 하였더니 기분 나빠하면서 112에 신고를 하였습니다.

라. 이후 신고를 받고 찾아온 경찰이 노래방 룸에 왔을 때는 아무 것도 없었는데 위 손님 중 1명이 소파 뒤에 맥주가 든 컵을 숨겨 놓았다가 경찰관에게 노래연습장에서 술을 팔고 있으니 술을 검사해서 문을 닫게 해달라고 한 것입니다. 청구인은 위 손님들이 계획적으로 술을 사달라고 한 뒤 신고한 것 같다는 생각이 들었지만 손님에게 술을 사다 준 행위가 법에 위반되는 것이라 이와 같이 선처를 바라게 된 것입니다.

3. 피청구인의 주장

○○경찰서 수사과 사건처리결과 통보내용을 살펴보면 청구인의 주류판매 행위가 명백한 사실임은 분명합니다. 더구나 청구인은 손님의 요구로 수퍼에서 술을 사온 뒤 물통에 담아 제공한 사실을 인정하고 있는 바, 비록 손님이 계획적으로 술을 사달라고 한 뒤 신고한 것이라고 항변하고 있지만 청구인은 적법한 영업을 영위하기 위해서 반드시 관련법규를 준수하여야 하며 이를 이행하지 아니하고 관련법을 위반한 것은 청구인이 지켜야 할 의무를 다하지 않은 것으로 이는 전적으로 청구인의 책임이라 할 것이라고 주장하고 있습니다.

4. 관계법령

[음악산업진흥에 관한 법률]

제22조(노래연습장업자의 준수사항 등) ① 노래연습장업자는 다음 각 호의 사항을 지켜야 한다.

1. 영업소 안에 화재 또는 안전사고 예방을 위한 조치를 할 것

2. 당해 영업장소에 대통령령이 정하는 출입시간외에 청소년이 출입하지 아니하도록 할 것. 다만, 부모 등 보호자를 동반하거나 그의 출입동의서를 받은 경우 그 밖에 대통령령이 정하는 경우에는 그러하지 아니하다.
3. 주류를 판매 · 제공하지 아니할 것
4. 접대부(남녀를 불문한다)를 고용 · 알선하거나 호객행위를 하지 아니할 것
5. 「성매매알선 등 행위의 처벌에 관한 법률」 제2조 제1항의 규정에 따른 성매매 등의 행위를 하게 하거나 이를 알선 · 제공하는 행위를 하지 아니할 것
6. 건전한 영업질서의 유지 등에 관하여 대통령령이 정하는 사항을 준수할 것

② 누구든지 영리를 목적으로 노래연습장에서 손님과 함께 술을 마시거나 노래 또는 춤으로 손님의 유흥을 돋우는 접객행위를 하거나 타인에게 그 행위를 알선하여서는 아니 된다.

[음악산업진흥에 관한 법률 시행규칙 제15조]

제15조(행정처분의 기준 등) ① 법 제27조 제3항에 따른 행정처분의 기준은 별표 2와 같다.

② 시 · 도지사 또는 시장 · 군수 · 구청장은 제1항에 따른 행정처분을 하는 경우에는 별지 제14호 서식의 행정처분기록대장에 그 처분내용 등을 기록 · 관리하여야 한다.

③ 법 제23조에 따라 영업자의 지위를 승계하려는 자는 담당 공무원에게 해당영업소의 행정처분기록대장의 열람을 청구할 수 있다.

[별표 2]

행정처분의 기준(제15조 관련)

1. **일반기준**

가. 위반행위가 2 이상인 경우로서 그에 해당하는 각각의 처분기준이 다른 경우에는 그 중 무거운 처분기준에 따른다. 다만, 둘 이상의 처분기준이 영업정지인 경우에는 6개월의 범위에서 무거운 처분기준의 2분의 1 이내에서 가중할 수 있다. 이 경우 그 행정처분은 각 위반행위별 처분기준을 합산한 기간을 초과할 수 없다.

나. 어떤 위반행위에 대하여 그 행정처분을 하기 위한 절차가 진행되는 기간 중에 추가로 다른 위반행위를 한 때에도 가목에 따라 처분한다.

다. 어떤 위반행위에 대하여 그 행정처분을 하기 위한 절차가 진행되는 기간 중에 반복하여 같은 위반행위(개별기준의 위반사항이 동일한 경우의 위반행위를 말한다. 이하 같다)를 하는 경우로서 처분기준이 영업정지인 때에는 위반횟수마다 처분기준의 2분의 1씩 더하여 처분한다. 이 경우 처분을 합산한 기간이 6개월을 초과할 수 없다.

라. 위반행위의 횟수에 따른 행정처분의 기준은 최근 1년간 같은 위반행위로 행정처분을 받은 경우에 적용한다. 이 경우 기간의 계산은 위반행위에 대하여 행정처분을 받은 날과 그 처분 후 다시 같은 위반행위를 하여 적발된 날을 기준으로 한다.

마. 라목에 따라 가중된 행정처분을 하는 경우 행정처분의 적용차수는 그 위반행위 전 행정처분 차수(라목에 따른 기간 내에 행정처분이 둘 이상 있었던 경우에는 높은 차수를 말한다)의 다음 차수로 한다.

바. 같은 위반행위로 4차 행정처분까지 받은 후 다시 5차 이상 위반행위를 한 경우 4차 위반 시의 처분기준이 영업정지 1개월인 경우에는 영업정지 3개월, 영업정지 2개월인 경우에는 영업정지 4개월, 영업정지 3개월인 경우에는 영업정지 6개월로 처분한다.

사. 위반사항의 내용으로 보아 그 위반의 정도가 경미하거나 위반행위가 고의 · 과실이 아닌 사소한 부주의나 오류로 인한 것으로 인정되는 경우에는 영업정지처분에 해당되는 경우에 한하여 그 처분기준의 2분의 1의 범위에서 감경하여 처분할 수 있다.

아. 영업정지처분기간 1개월은 30일로 보며, 감경처분하려는 경우 그 영업정지기간을 산정할 때 1일 미만은 처분기간에서 제외한다.

5. 결 론

그렇다면 청구인이 고의로 주류판매를 하였음을 전제로 한 피청구인의 이 사건 처분은 위법 부당한 행정처분이므로 청구인은 행정심판을 구하고자 이 건 청구에 이른 것입니다.

입 증 방 법

1. 갑 제1호증	영업정지 행정처분
1. 갑 제2호증	사업자등록증
1. 갑 제3호증	확인서
1. 갑 제4호증	진술서

첨 부 서 류

1. 위 입증방법	각 1통
1. 심판청구서 부본	1통

20○○. ○. ○.

위 청 구 인 ○ ○ ○ (인)

△△시 △△구청장 귀중

[서식 80] **영업정지처분 취소심판청구서(노래방)**

행 정 심 판 청 구

청 구 인 ○ ○ ○ (주민등록번호)
○○시 ○○구 ○○길 ○○ (우편번호 ○○○○○)

피청구인 △△도 △△지방경찰청장

영업정지처분 취소청구

심판청구 취지

피청구인이 20○○. ○. ○. 청구인에게 한 노래연습장 영업정지 40일 처분을 영업정지 20일 처분으로 변경한다.
라는 재결을 구합니다.

심판청구 이유

1. **사건개요**

청구인은 ○○시 ○○구 ○○길 ○○에서 ☆☆라는 노래연습장을 개설하여 운영하는 자입니다. 그런데 20○○. ○. ○.경 손님 2명에게 시간당 25,000원을 받고 접대부(1명)를 알선하고 주류(맥주 4캔)를 판매한 사실이 적발되었고, 이에 피청구인은 20○○. ○. ○. 청구인에게 처분사전통지하고 20○○. ○. ○. 청구인에 대해 음악산업진흥에 관한 법률 제22조 위반을 이유로 영업정지 40일(20○○. ○. ○.-○. ○.)처분(이하 '이 사건 처분'이라 합니다)을 하였습니다.

2. **청구인의 주장**

가. 20○○. ○. ○. 남자 손님들이 청구인의 노래방에 들어와서는 '두시간만 놀다가 갈테니 도우미를 불러달라'고 하였지만 청구인이 '죄송합니다 저희는 도우미가 없다'라고 거절하자 그럼 '조금만 기다릴테니 도우미를 불러 주라'고 끈질기에 요구하여 마침 알고 지내던 지인을 호출하여 함께 노래 부르면서 놀아 드리라는 취지로 주선한 사실이 있습니다.

나. 하지만 청구인은 상습적으로 도우미를 알선하거나 하는 일은 하지 않았으며 20○○. ○. ○. 개업을 하여 영업을 시작한 후 처음 발생한 일이고 도우미를 부를 줄도 모르고 단지 손님들이 끈질기게 도우미를 불러줄 것을 강요하여 장사도 되지 않는 상황에서 한 푼이라도 더 매출을 올려 보고자 지인에게 1시간만 놀아 달라고 부탁을 했던 것이 이렇게 엄청난 대가를 치르게 될 줄은 상상도 하지 못했습니다.

다. 청구인의 전재산을 투자하여 어렵게 한 생계를 위한 노력이 자칫 반사회적인 범법행위나 퇴폐영업장처럼 오인하고 있는 점에 대하여 부끄럽고 이런 일이 발생하도록 한 점에 대하여 이유 불문하고 깊이 반성하고 뉘우치고 있습니다. 그러나 나중에 확인된 사실이지만 이 사건 영업장에 주류와 도우미를 부르도록 강요한 손님은 다름 아닌 노래연습장만을 찾아다니는 전문 파파라치였습니다.

라. 청구인의 가계를 포함하여 안양시내 여러 군데를 돌아다니면서 같은 수법으로 노래연습장 업주들을 유인하여 함정고발을 하였으며 이로 인해 시내 노래 연습장 모두가 어려움에 처해 있으며 특히 집요하게 눈이 나쁘다면서 노래책을 검색할 수 없다고 노래도우미를 불러줄 것을 요구하거나, 서울에서 친구가 내려와 접대를 해야 한다면서 도우미가 없다고 거절하는 노래방 업주들에게 작정하고 일을 꾸몄습니다. 그리고 도우미가 도착하면 몰래카메라로 촬영하여 구청과 경찰에 신고하는 등 악의적으로 불법행위를 하여 함정단속을 한 것입니다.

마. 따라서 위와 같이 불법적인 방법으로 수집한 촬영내용은 증거로서 그 효력이 없다 할 것이고 이 사건 처분은 위법하거나 부당하므로 마땅히 취소되어야 할 것입니다. 또한 이 사건 처분은 청구인의 위반행위에 비추어 보더라도 너무 가혹하므로 이점을 참작하여야 합니다.

3. 피청구인의 주장

청구인은 노래연습장을 등록하여 영업을 하는 자로 위법사항이 불순한 의도를 가진 전문신고자의 신고와 신고자의 고의적인 요구에 못이겨 지인을 알선하였기 때문에 이 사건 처분이 위법, 부당하다고 주장하나, 신고서 내용과 동영상을 확인해 본 결과 청구인은 손님의 주류 판매와 도우미 알선 요구에 자연스럽게 응하여 주류를 판매하고 접대부를 알선하였으며, ㅇㅇ경찰서 수사과의 수사결과 공문에도 기소의견으로 검찰에 송치하였다고 통보되었으므로 이 사건 처분은 적법, 타당하고 청구인의 청구는 기각되어야 할 것입니다.

4. 관계법령

[음악산업진흥에 관한 법률]

제22조(노래연습장업자의 준수사항 등) ① 노래연습장업자는 다음 각 호의 사항을 지켜야 한다.

1. 영업소 안에 화재 또는 안전사고 예방을 위한 조치를 할 것
2. 당해 영업장소에 대통령령이 정하는 출입시간외에 청소년이 출입하지 아니하도록 할 것. 다만, 부모 등 보호자를 동반하거나 그의 출입동의서를 받은 경우 그 밖에 대통령령이 정하는 경우에는 그러하지 아니하다.
3. 주류를 판매·제공하지 아니할 것
4. 접대부(남녀를 불문한다)를 고용·알선하거나 호객행위를 하지 아니할 것
5. 「성매매알선 등 행위의 처벌에 관한 법률」 제2조 제1항의 규정에 따른 성매매 등의 행위를 하게 하거나 이를 알선·제공하는 행위를 하지 아니할 것
6. 건전한 영업질서의 유지 등에 관하여 대통령령이 정하는 사항을 준수할 것

② 누구든지 영리를 목적으로 노래연습장에서 손님과 함께 술을 마시거나 노래 또는 춤으로

손님의 유흥을 돋우는 접객행위를 하거나 타인에게 그 행위를 알선하여서는 아니 된다.

[음악산업진흥에 관한 법률 시행규칙 제15조]

제15조(행정처분의 기준 등) ① 법 제27조 제3항에 따른 행정처분의 기준은 별표 2와 같다.

② 시·도지사 또는 시장·군수·구청장은 제1항에 따른 행정처분을 하는 경우에는 별지 제14호 서식의 행정처분기록대장에 그 처분내용 등을 기록·관리하여야 한다.

③ 법 제23조에 따라 영업자의 지위를 승계하려는 자는 담당 공무원에게 해당영업소의 행정처분기록대장의 열람을 청구할 수 있다.

5. **결 론**

그렇다면 청구인이 고의로 주류 판매를 하였음을 전제로 한 피청구인의 이 사건 처분은 위법 부당한 행정처분이므로 청구인은 행정심판을 구하고자 이 건 청구에 이른 것입니다.

[별표 2]

행정처분의 기준(제15조 관련)

1. **일반기준**

가. 위반행위가 2 이상인 경우로서 그에 해당하는 각각의 처분기준이 다른 경우에는 그 중 무거운 처분기준에 따른다. 다만, 둘 이상의 처분기준이 영업정지인 경우에는 6개월의 범위에서 무거운 처분기준의 2분의 1 이내에서 가중할 수 있다. 이 경우 그 행정처분은 각 위반행위별 처분기준을 합산한 기간을 초과할 수 없다.

나. 어떤 위반행위에 대하여 그 행정처분을 하기 위한 절차가 진행되는 기간 중에 추가로 다른 위반행위를 한 때에도 가목에 따라 처분한다.

다. 어떤 위반행위에 대하여 그 행정처분을 하기 위한 절차가 진행되는 기간 중에 반복하여 같은 위반행위(개별기준의 위반사항이 동일한 경우의 위반행위를 말한다. 이하 같다)를 하는 경우로서 처분기준이 영업정지인 때에는 위반횟수마다 처분기준의 2분의 1씩 더하여 처분한다. 이 경우 처분을 합산한 기간이 6개월을 초과할 수 없다.

라. 위반행위의 횟수에 따른 행정처분의 기준은 최근 1년간 같은 위반행위로 행정처분을 받은 경우에 적용한다. 이 경우 기간의 계산은 위반행위에 대하여 행정처분을 받은 날과 그 처분 후 다시 같은 위반행위를 하여 적발된 날을 기준으로 한다.

마. 라목에 따라 가중된 행정처분을 하는 경우 행정처분의 적용차수는 그 위반행위 전 행정처분 차수(라목에 따른 기간 내에 행정처분이 둘 이상 있었던 경우에는 높은 차수를 말한다)의 다음 차수로 한다.

바. 같은 위반행위로 4차 행정처분까지 받은 후 다시 5차 이상 위반행위를 한 경우 4차 위반 시의 처분기준이 영업정지 1개월인 경우에는 영업정지 3개월, 영업정지 2개월인 경우에는 영업정지 4개월, 영업정지 3개월인 경우에는 영업정지 6개월로 처분한다.

사. 위반사항의 내용으로 보아 그 위반의 정도가 경미하거나 위반행위가 고의·과실이

아닌 사소한 부주의나 오류로 인한 것으로 인정되는 경우에는 영업정지처분에 해당되는 경우에 한하여 그 처분기준의 2분의 1의 범위에서 감경하여 처분할 수 있다.

아. 영업정지처분기간 1개월은 30일로 보며, 감경처분하려는 경우 그 영업정지기간을 산정할 때 1일 미만은 처분기간에서 제외한다.

입 증 방 법

1. 갑 제1호증 영업정지 행정처분
1. 갑 제2호증 사업자등록증
1. 갑 제3호증 확인서
1. 갑 제4호증 진술서

첨 부 서 류

1. 위 입증방법 각 1통
1. 심판청구서 부본 1통

20○○. ○. ○.

위 청구인 ○ ○ ○ (인)

△△시 지방경찰청장 귀중

제출기관	피청구인 또는 행정심판위원회 (행정심판법 제23조)	청구기간	· 처분이 있음을 안 날로부터 90일 · 처분이 있은 날로부터 180일 (행정심판법 제27조)
청 구 인	피처분자	피청구인	행정처분을 한 행정청
제출부수	청구서 및 부본 각 1부	관련법규	행정심판법
불복방법	· 행정심판 재청구의 금지(행정심판법 제51조) 행정심판법상 행정심판의 단계는 단일화되어 있어 재결에 대한 행정심판 재청구는 할 수 없다. 다만, 국세기본법 등의 개별법에서는 다단계의 행정심판을 인정하고 있음 · 재결에 대한 행정소송(행정소송법 제19조, 제38조) 재결자체에 고유한 위법이 있을 때에는 재결 그 자체에 대한 취소소송 및 무효등 확인소송을 제기할 수 있음		

	· 다만, 청구인은 기각 재결 등 청구인의 주장이 인용되지 아니한 경우에는 원행정처분에 대하여 행정소송으로 다툴 수 있음(행정소송법 제18조)

[서식 81] 영업정지처분 취소심판청구서(노래방)

행 정 심 판 청 구

청 구 인 ○ ○ ○
○○시 ○○구 ○○동 ○○ (우편번호 ○○○○○)

피청구인 △△도 지방경찰청장

영업정지처분 취소청구

심판청구의 취지

피청구인이 20○○. ○. ○. 청구인에 대하여 결정 고지한 45일의 영업정지처분은 이를 취소한다.
라는 재결을 구합니다.

심판청구의 내용

1. 청구인은 ○○시 ○○구 ○○동 ○○ 소재 지하층 30평을 임차하여 '☆☆☆노래방'이라는 상호로 노래연습장을 경영하고 있습니다.

2. **이 사건 단속경위**
청구인은 20○○. ○. ○. ○○:○○경 위 노래연습장의 종업원인 김□□의 친구인 이□□가 그의 일행 5명을 데리고 왔기에 이들의 주민등록증을 확인하기 위해 주민등록증 제시를 요구하였으나 위 이□□만 주민등록을 소지하고 있어 그의 주민등록증으로 만 18세가 넘었음을 확인하고, 박□□과 최□□에게 나머지 일행들은 모두 친구들이냐고 묻자 그렇다는 말을 믿고 출입시켰는데, 20분 뒤에 피청구인의 관할인 역전파출소 소속 경찰관 2명으로부터 만 18세미만인 박□□ 일행을 입장시켰다는 이유로 단속되었습니다.

3. 위 이□□은 주민등록상 분명히 만 18세가 넘는 자이고, 그 일행 중 2명이 18세 미만자라는 이유로 단속되었는 바, 청구인으로서는 위 이□□ 일행이 종업원의 친구라 하고 이□□이 18세 미만자가 아님이 확인되었기에 일행중 일부가 연령미달자라고 의심할 여지가 없었던 점에 비추어 본건 처분은 지나치게 가혹한 것이라 생각됩니다.

4. 또한 청구인은 사업 실패 후 은행과 친구들로부터 막대한 돈을 빌려 이 사건 노래연습장을 임차해 내부시설 투자를 하고, 영상가요 반주기를 구입하여 영업을 하면서 생계를 꾸려나가고 있는데, 이 사건 행정처분으로 수입도 얻지 못하게 되어 채무이행은 물론이고 당장 생계유지도 힘든 형편입니다.

5. 따라서 이 사건의 단속경위 등 여러 사정을 참작할 때 피청구인의 45일간의 영업정지처분은 부당하므로 이를 취소하여 주시기 바랍니다.

입 증 방 법

1. 갑 제1호증 행정처분통지서 사본
1. 갑 제2호증 종업원 진술서
1. 갑 제3호증 탄원서

첨 부 서 류

1. 위 입증방법 각 1통
2. 심판청구서 부본 1통

20○○. ○. ○.

위 청구인 ○ ○ ○ (인)

△△도 지방경찰청장 귀중

[서식 82] 영업정지처분 취소심판청구서(노래방)

행 정 심 판 청 구

청 구 인 ○ ○ ○ (주민등록번호)
○○시 ○○구 ○○길 ○○ (우편번호 ○○○○○)

피청구인 △△도 △△지방경찰청장

영업정지처분 취소청구

심판청구 취지

피청구인이 20○○. ○. ○. 청구인에게 한 40일의 영업정지처분을 취소한다.
라는 재결을 구합니다.

심판청구 이유

1. 사건개요

청구인은 ○○시 ○○구 ○○길 ○○에서 ☆☆라는 노래연습장을 개설하여 운영하는 자입니다. 그런데 20○○. ○. ○.경 이 사건 업소에 출입한 신○○(이하 '이 사건 신고인'이라 합니다) 외 2인에게 주류(맥주 4캔)를 제공, 판매하고 접대부를 알선한 사실(이하 '이 사건 위반행위'라 합니다)이 이 사건 신고인으로부터 피청구인에게 신고 되었고, 피청구인은 이를 ○○경찰서에 수사의뢰하여 20○○. ○. ○. 위 경찰서로부터 '기소의견으로 검찰에 송치하였다'는 사건 처리결과를 통지 받아서 이에 피청구인은 청구인이 음악산업진흥에 관한 법률 제22조 위반을 이유로 [행정절차법] 제21조에 따른 처분사전통지를 거쳐 영업정지 40일(20○○. ○. ○. - ○. ○.)처분(이하 '이 사건 처분'이라 합니다)을 하였습니다.

2. 청구인의 주장

가. 이 사건 신고인은 이 사건 당일 미리 소형카메라를 소지 한 후 계획에 따라 일부러 청구인에게 주류 및 접대부를 요구하였고 청구인이 이에 응하여 이 사건 위반행위를 하자 이를 곧바로 신고하였으며 피청구인은 이를 근거로 이 사건 처분을 하였습니다.

나. 일상적인 생활에서 만약 청구인이 이 사건 위반행위를 하였다면 피청구인의 이 사건 처분이 정당하겠으나 위 위반행위는 주변의 동일업종 또는 단란주점 영업주나 청구인에게 원한을 가진 자의 사주에 의해 이루어진 것으로 법 적용의 형평성과 공정성에 위반하는 것입니다.

다. 청구인은 경찰서 및 검찰의 조사내역을 인정하지 않는 것은 아니나 이 사건 신고인이 이 사건 위반행위를 피청구인에게 계획적으로 신고한 것은 그 자체가 불법행위로서 이 사건 처분을 행하는 과정 자체에 이미 위법이 존재하는 것이고 신고인의 행위는 청구인을 함정에 빠뜨리려는 의도일 뿐 이 사건 업종의 운영등과 관련된 법질서를 유지하려는 순수한 동기에서 비롯된 것이 아니라 법의 허점을 이용하여 청구인과 같은 업주들을 법규 위반자로 만들려는 목적밖에 없는 것이므로 이 사건 처분은 위법, 부당하여 취소되어야 합니다.

3. 피청구인의 주장

청구인은 노래연습장을 등록하여 영업을 하는 자로 위법사항이 불순한 의도를 가진 주변 관련 영업주들의 사주를 받은 전문신고자의 고의적인 위법행위 때문에 이루어진 것으로 부당하다고 주장하지만, 청구인이 이 사건 위반행위를 한 것은 명백한 법 위반행위이고 피청구인이 수사의뢰한 경찰서로부터도 기소의견의로 송치하였다는 수사결과를 통지 받았는 바, 이 사건 처분이 이루어진 것은 당연한 것입니다.

법원의 판례에 따르면 경찰에 신고목적으로 접대부 요청을 했어도 알선의사가 있었다면 영업정지는 정당하고 청구인이 영업자 준수사항의 의무이행 의지만 있었다면 손님들의 요구에 응하지 않고 이러한 불법행위를 저지르지 않았을 것이므로 청구인의 주장은 이유 없다라고 판시하고 있으므로 이 사건 처분은 적법, 타당하고 청구인의 청구는 기각되어야 할 것입니다.

4. 관계법령

[음악산업진흥에 관한 법률]

제22조(노래연습장업자의 준수사항 등) ① 노래연습장업자는 다음 각 호의 사항을 지켜야 한다.

1. 영업소 안에 화재 또는 안전사고 예방을 위한 조치를 할 것
2. 당해 영업장소에 대통령령이 정하는 출입시간외에 청소년이 출입하지 아니하도록 할 것. 다만, 부모 등 보호자를 동반하거나 그의 출입동의서를 받은 경우 그 밖에 대통령령이 정하는 경우에는 그러하지 아니하다.
3. 주류를 판매·제공하지 아니할 것
4. 접대부(남녀를 불문한다)를 고용·알선하거나 호객행위를 하지 아니할 것
5. 「성매매알선 등 행위의 처벌에 관한 법률」 제2조 제1항의 규정에 따른 성매매 등의 행위를 하게 하거나 이를 알선·제공하는 행위를 하지 아니할 것
6. 건전한 영업질서의 유지 등에 관하여 대통령령이 정하는 사항을 준수할 것

② 누구든지 영리를 목적으로 노래연습장에서 손님과 함께 술을 마시거나 노래 또는 춤으로 손님의 유흥을 돋우는 접객행위를 하거나 타인에게 그 행위를 알선하여서는 아니된다.

[음악산업진흥에 관한 법률 시행규칙 제15조]

제15조(행정처분의 기준 등) ① 법 제27조 제3항에 따른 행정처분의 기준은 별표 2와 같다.

② 시·도지사 또는 시장·군수·구청장은 제1항에 따른 행정처분을 하는 경우에는 별지 제14호 서식의 행정처분기록대장에 그 처분내용 등을 기록·관리하여야 한다.

③ 법 제23조에 따라 영업자의 지위를 승계하려는 자는 담당 공무원에게 해당영업소의 행정처분기록대장의 열람을 청구할 수 있다.

[별표 2]

행정처분의 기준(제15조 관련)

1. 일반기준

가. 위반행위가 2 이상인 경우로서 그에 해당하는 각각의 처분기준이 다른 경우에는 그 중 무거운 처분기준에 따른다. 다만, 둘 이상의 처분기준이 영업정지인 경우에는 6개월의 범위에서 무거운 처분기준의 2분의 1 이내에서 가중할 수 있다. 이 경우 그 행

정처분은 각 위반행위별 처분기준을 합산한 기간을 초과할 수 없다.

나. 어떤 위반행위에 대하여 그 행정처분을 하기 위한 절차가 진행되는 기간 중에 추가로 다른 위반행위를 한 때에도 가목에 따라 처분한다.

다. 어떤 위반행위에 대하여 그 행정처분을 하기 위한 절차가 진행되는 기간 중에 반복하여 같은 위반행위(개별기준의 위반사항이 동일한 경우의 위반행위를 말한다. 이하 같다)를 하는 경우로서 처분기준이 영업정지인 때에는 위반횟수마다 처분기준의 2분의 1씩 더하여 처분한다. 이 경우 처분을 합산한 기간이 6개월을 초과할 수 없다.

라. 위반행위의 횟수에 따른 행정처분의 기준은 최근 1년간 같은 위반행위로 행정처분을 받은 경우에 적용한다. 이 경우 기간의 계산은 위반행위에 대하여 행정처분을 받은 날과 그 처분 후 다시 같은 위반행위를 하여 적발된 날을 기준으로 한다.

마. 라목에 따라 가중된 행정처분을 하는 경우 행정처분의 적용차수는 그 위반행위 전 행정처분 차수(라목에 따른 기간 내에 행정처분이 둘 이상 있었던 경우에는 높은 차수를 말한다)의 다음 차수로 한다.

바. 같은 위반행위로 4차 행정처분까지 받은 후 다시 5차 이상 위반행위를 한 경우 4차 위반 시의 처분기준이 영업정지 1개월인 경우에는 영업정지 3개월, 영업정지 2개월인 경우에는 영업정지 4개월, 영업정지 3개월인 경우에는 영업정지 6개월로 처분한다.

사. 위반사항의 내용으로 보아 그 위반의 정도가 경미하거나 위반행위가 고의 · 과실이 아닌 사소한 부주의나 오류로 인한 것으로 인정되는 경우에는 영업정지처분에 해당되는 경우에 한하여 그 처분기준의 2분의 1의 범위에서 감경하여 처분할 수 있다.

아. 영업정지처분기간 1개월은 30일로 보며, 감경처분하려는 경우 그 영업정지기간을 산정할 때 1일 미만은 처분기간에서 제외한다.

5. 결 론

그렇다면 위와 같은 사정을 고려하지 않고 한 피청구인의 이 사건 처분은 위법 부당한 행정처분이므로 청구인은 행정심판을 구하고자 이 건 청구에 이른 것입니다.

입 증 방 법

1. 갑 제1호증	영업정지 행정처분
1. 갑 제2호증	사업자등록증
1. 갑 제3호증	확인서
1. 갑 제4호증	진술서

첨 부 서 류

1. 위 입증방법 각 1통

1. 심판청구서 부본 1통

20○○. ○. ○.

위 청구인 ○ ○ ○ (인)

△△시 지방경찰청장 귀중

제출기관	피청구인 또는 행정심판위원회 (행정심판법 제23조)	청구기간	· 처분이 있음을 안 날로부터 90일 · 처분이 있은 날로부터 180일 (행정심판법 제27조)
청 구 인	피처분자	피청구인	행정처분을 한 행정청
제출부수	청구서 및 부본 각 1부	관련법규	행정심판법
불복방법	· 행정심판 재청구의 금지(행정심판법 제51조) 행정심판법상 행정심판의 단계는 단일화되어 있어 재결에 대한 행정심판 재청구는 할 수 없다. 다만, 국세기본법 등의 개별법에서는 다단계의 행정심판을 인정하고 있음 · 재결에 대한 행정소송(행정소송법 제19조, 제38조) 재결자체에 고유한 위법이 있을 때에는 재결 그 자체에 대한 취소소송 및 무효등 확인소송을 제기할 수 있음 · 다만, 청구인은 기각 재결 등 청구인의 주장이 인용되지 아니한 경우에는 원행정처분에 대하여 행정소송으로 다툴 수 있음(행정소송법 제18조)		

[서식 83] 영업정지처분 취소심판청구서(노래방)

행 정 심 판 청 구

청 구 인 ○ ○ ○ (주민등록번호)
○○시 ○○구 ○○길 ○○ (우편번호 ○○○○○)

피청구인 △△도 △△지방경찰청장

영업정지처분 취소청구

심판청구 취지

피청구인이 20○○. ○. ○. 청구인에게 한 음악산업진흥에 관한 법률 위반 영업정지 60일 처분을 취소한다.
라는 재결을 구합니다.

심판청구 이유

1. 사건개요

청구인은 ○○시 ○○구 ○○길 ○○에서 ☆☆라는 노래연습장을 개설하여 운영하는 자입니다. 그런데 20○○. ○. ○.경 이 사건 업소에 출입한 김○○의 요구로 접대부를 알선한 사실(이하 '이 사건 위반행위'라합니다)이 ○○경찰서에 적발되어 피청구인에게 통지되었고 이에 피청구인은 청구인에게 음악산업진흥에 관한 법률 제22조를 위반하였다는 이유로 같은 법 제27조에 따라 영업정지 60일(20○○. ○. ○.-○. ○.)처분(이하 '이 사건 처분'이라 합니다)을 하였습니다.

2. 청구인의 주장

가. 청구인은 20○○. ○. ○.경. 험상궂게 생긴 4명의 남자 손님이 '노래방에 도우미가 없다는 것이 말이 되? 이런 식으로 장사 할 거냐.'는 무서운 말투로 끈질기게 강요하여 무서움에 강요를 뿌리치지 못하고 부득이 알고 있던 아가씨들을 주선하였으며 아가씨들이 도착하여 자리에 앉기도 전에 경찰이 도착하여 접대부 알선 혐의로 경찰서 조사를 받게 되었습니다.

나. 청구인은 접대부를 고용하거나 알선한 사실이 없으며 평소 알고 지내던 지인들에게 손님들과 함께 놀아 줄 것을 부탁하였던 것으로 피청구인이 청구인에게 처분한 '접대부 알선' 혐의는 부당한 것이며 지인을 불러 함께 놀 수 있도록 알선한 행위에 있어서는 청구인이 경제적 이득을 챙긴 사실이 없으므로 위법 부당한 처분입니다.

다. 이 사건 처분은 사건 경위에 비하여 가혹하다는 점, 영리를 목적으로 고의로 한 행위가 아니라 손님의 강요에 의해 어쩔 수 없었다는 점, 생계 유지를 위한 소규모 사업장인 점을 고려할 때 공익이 실현하고자 하는 목적보다 청구인이 입은 피해가 현저하게 커 비례원칙에 위반된다는 점을 고려하면 이 사건 처분은 위법, 부당하여 취소되어야 합니다.

3. 피청구인의 주장

가. 청구인은 이전에도 이 사건 업소에서 손님에게 주류를 판매하고 접대부를 알선하여 영업정지처분을 받은 전력이 있고 또다시 이 사건 위반행위를 하여 불법영업을 반복하고 있음을 알 수 있다. 또한 경찰서 통보공문에 따르면 1시간만에 3만원을 받고 도우미를 알선하여 접객행위를 하였으며 알고 지내던 아가씨를 불러 함께 놀 수 있도록 주선하였다는

것은 알선행위가 분명하다.

나. 청구인과 같은 노래연습장업자는 해당 업종에 대한 영업을 등록한 이상 관련 법규에 따른 준수사항을 엄격히 지켜야 하고 이 사건 위반행위에 대한 제재로서 달성하고자 하는 공익적 목적이 결코 작다고 할 수 없으므로 청구인의 이 사건 심판청구는 기각되어야 한다.

4. 관계법령

[음악산업진흥에 관한 법률]

제22조(노래연습장업자의 준수사항 등) ① 노래연습장업자는 다음 각 호의 사항을 지켜야 한다.

1. 영업소 안에 화재 또는 안전사고 예방을 위한 조치를 할 것
2. 당해 영업장소에 대통령령이 정하는 출입시간외에 청소년이 출입하지 아니하도록 할 것. 다만, 부모 등 보호자를 동반하거나 그의 출입동의서를 받은 경우 그 밖에 대통령령이 정하는 경우에는 그러하지 아니하다.
3. 주류를 판매·제공하지 아니할 것
4. 접대부(남녀를 불문한다)를 고용·알선하거나 호객행위를 하지 아니할 것
5. 「성매매알선 등 행위의 처벌에 관한 법률」 제2조 제1항의 규정에 따른 성매매 등의 행위를 하게 하거나 이를 알선·제공하는 행위를 하지 아니할 것
6. 건전한 영업질서의 유지 등에 관하여 대통령령이 정하는 사항을 준수할 것

② 누구든지 영리를 목적으로 노래연습장에서 손님과 함께 술을 마시거나 노래 또는 춤으로 손님의 유흥을 돋우는 접객행위를 하거나 타인에게 그 행위를 알선하여서는 아니된다.

[음악산업진흥에 관한 법률 시행규칙 제15조]

제15조(행정처분의 기준 등) ① 법 제27조 제3항에 따른 행정처분의 기준은 별표 2와 같다.

② 시·도지사 또는 시장·군수·구청장은 제1항에 따른 행정처분을 하는 경우에는 별지 제14호 서식의 행정처분기록대장에 그 처분내용 등을 기록·관리하여야 한다.

③ 법 제23조에 따라 영업자의 지위를 승계하려는 자는 담당 공무원에게 해당영업소의 행정처분기록대장의 열람을 청구할 수 있다.

[별표 2]

행정처분의 기준(제15조 관련)

1. 일반기준

가. 위반행위가 2 이상인 경우로서 그에 해당하는 각각의 처분기준이 다른 경우에는 그 중 무거운 처분기준에 따른다. 다만, 둘 이상의 처분기준이 영업정지인 경우에는 6개

월의 범위에서 무거운 처분기준의 2분의 1 이내에서 가중할 수 있다. 이 경우 그 행정처분은 각 위반행위별 처분기준을 합산한 기간을 초과할 수 없다.

나. 어떤 위반행위에 대하여 그 행정처분을 하기 위한 절차가 진행되는 기간 중에 추가로 다른 위반행위를 한 때에도 가목에 따라 처분한다.

다. 어떤 위반행위에 대하여 그 행정처분을 하기 위한 절차가 진행되는 기간 중에 반복하여 같은 위반행위(개별기준의 위반사항이 동일한 경우의 위반행위를 말한다. 이하 같다)를 하는 경우로서 처분기준이 영업정지인 때에는 위반횟수마다 처분기준의 2분의 1씩 더하여 처분한다. 이 경우 처분을 합산한 기간이 6개월을 초과할 수 없다.

라. 위반행위의 횟수에 따른 행정처분의 기준은 최근 1년간 같은 위반행위로 행정처분을 받은 경우에 적용한다. 이 경우 기간의 계산은 위반행위에 대하여 행정처분을 받은 날과 그 처분 후 다시 같은 위반행위를 하여 적발된 날을 기준으로 한다.

마. 라목에 따라 가중된 행정처분을 하는 경우 행정처분의 적용차수는 그 위반행위 전 행정처분 차수(라목에 따른 기간 내에 행정처분이 둘 이상 있었던 경우에는 높은 차수를 말한다)의 다음 차수로 한다.

바. 같은 위반행위로 4차 행정처분까지 받은 후 다시 5차 이상 위반행위를 한 경우 4차 위반 시의 처분기준이 영업정지 1개월인 경우에는 영업정지 3개월, 영업정지 2개월인 경우에는 영업정지 4개월, 영업정지 3개월인 경우에는 영업정지 6개월로 처분한다.

사. 위반사항의 내용으로 보아 그 위반의 정도가 경미하거나 위반행위가 고의 · 과실이 아닌 사소한 부주의나 오류로 인한 것으로 인정되는 경우에는 영업정지처분에 해당되는 경우에 한하여 그 처분기준의 2분의 1의 범위에서 감경하여 처분할 수 있다.

아. 영업정지처분기간 1개월은 30일로 보며, 감경처분하려는 경우 그 영업정지기간을 산정할 때 1일 미만은 처분기간에서 제외한다.

5. 결 론

그렇다면 위와 같은 사정을 고려하지 않고 한 피청구인의 이 사건 처분은 위법 부당한 행정처분이므로 청구인은 행정심판을 구하고자 이 건 청구에 이른 것입니다.

입 증 방 법

1. 갑 제1호증	영업정지 행정처분
1. 갑 제2호증	사업자등록증
1. 갑 제3호증	확인서
1. 갑 제4호증	진술서

첨 부 서 류

1. 위 입증방법 각 1통

1. 심판청구서 부본 1통

20○○년 ○월 ○일

위 청구인 ○ ○ ○ (인)

△△시 지방경찰청장 귀중

제출기관	피청구인 또는 행정심판위원회 (행정심판법 제23조)	청구기간	· 처분이 있음을 안 날로부터 90일 · 처분이 있은 날로부터 180일 (행정심판법 제27조)
청 구 인	피처분자	피청구인	행정처분을 한 행정청
제출부수	청구서 및 부본 각 1부	관련법규	행정심판법
불복방법	· 행정심판 재청구의 금지(행정심판법 제51조) 행정심판법상 행정심판의 단계는 단일화되어 있어 재결에 대한 행정심판 재청구는 할 수 없다. 다만, 국세기본법 등의 개별법에서는 다단계의 행정심판을 인정하고 있음 · 재결에 대한 행정소송(행정소송법 제19조, 제38조) 재결자체에 고유한 위법이 있을 때에는 재결 그 자체에 대한 취소소송 및 무효등 확인소송을 제기할 수 있음 · 다만, 청구인은 기각 재결 등 청구인의 주장이 인용되지 아니한 경우에는 원행정처분에 대하여 행정소송으로 다툴 수 있음(행정소송법 제18조)		

[서식 84] 행정심판청구서 – 영업정지처분취소(노래방)

행 정 심 판 청 구

청 구 인 ○ ○ ○ (000000-0000000) (전화 :)
○○시 ○○구 ○○로 ○○ (우 :)

피청구인 ○○지방경찰청장

영업정지처분취소 청구

청 구 취 지

피청구인이 20○○. ○. ○. 청구인에 대하여 결정 고지한 45일의 영업정지처분은 이를 취소한다.
라는 재결을 구합니다.

청 구 원 인

1. 청구인은 ○○시 ○○구 ○○로 ○○ 소재 지하층 30평을 임차하여 '○○○노래방'이라는 상호로 노래연습장을 경영하고 있습니다.

2. **이 사건 단속경위**
   청구인은 20○○. ○. ○. ○○:○○경 위 노래연습장의 종업원인 김○○의 친구인 이○○가 그의 일행 5명을 데리고 왔기에 이들의 주민등록증을 확인하기 위해 주민등록증 제시를 요구하였으나 위 이○○만 주민등록을 소지하고 있어 그의 주민등록증으로 만 19세가 넘었음을 확인하고, 박○○과 최○○에게 나머지 일행들은 모두 친구들이냐고 묻자 그렇다는 말을 믿고 출입시켰는데, 20분 뒤에 피청구인의 관할인 ○○파출소 소속 경찰관 2명으로부터 만 19세 미만인 박○○ 일행을 입장시켰다는 이유로 단속되었습니다.

3. 위 이○○은 주민등록상 분명히 만 19세가 넘는 자이고, 그 일행 중 2명이 만 19세 미만자라는 이유로 단속되었는 바, 청구인으로서는 위 이○○ 일행이 종업원의 친구라 하고 이○○이 만 19세 미만자가 아님이 확인되었기에 일행 중 일부가 연령미달자라고 의심할 여지가 없었던 점에 비추어 본건 처분은 지나치게 가혹한 것이라 생각됩니다.

4. 또한 청구인은 사업 실패 후 은행과 친구들로부터 막대한 돈을 빌려 이 사건 노래연습장을 임차해 내부시설 투자를 하고, 영상가요 반주기를 구입하여 영업을 하면서 생계를 꾸려나가고 있는데, 이 사건 행정처분으로 수입도 얻지 못하게 되어 채무이행은 물론이고 당장 생계유지도 힘든 형편입니다.

5. 따라서 이 사건의 단속경위 등 여러 사정을 참작할 때 피청구인의 45일간의 영업정지처분은 부당하므로 이를 취소하여 주시기 바랍니다.

입 증 방 법

1. 갑 제1호증 행정처분통지서 사본
1. 갑 제2호증 종업원 진술서
1. 갑 제3호증 탄원서

첨 부 서 류

1. 위 입증서류 각 1통
1. 주민등록초본 1통
1. 심판청구서 부본 1통

20○○. ○. ○.

위 청구인 ○ ○ ○ (인)

○○지방경찰청장 귀하

[서식 85] 영업정지처분취소 청구의 소(노래방)

소 장

원 고 ○ ○ ○ (000000-0000000)
○○시 ○○구 ○○동 ○○ (우 :)

피 고 ○○시 ○○구청장
○○시 ○○구 ○○동 ○○ (우 :)

영업정지처분취소 청구의 소

청 구 취 지

1. 피고가 20○○. ○. ○. 원고에 대하여 한 20○○. ○. ○.부터 같은 해 ○. ○까지(2개월)의 영업정지처분은 이를 취소한다.
2. 소송비용은 피고의 부담으로 한다.

라는 판결을 구합니다.

청 구 원 인

1. 처분의 경위

원고는 20○○. ○월경 ○○시 ○○구 ○○동 ○○소재 지하실 "○○노래방"이라는 상호의 노래방을 인수하여 영업의 승계인 신고를 하여 피고로부터 갱신등록증을 득한 후 경영해 왔는데, 피고는 원고가 20○○. ○. ○. 21:00경 위 노래방에서 주류를 판매· 제공하였다는 이유로 20○○. ○. ○.자로 원고에 대하여 20○○. ○. ○.부터 같은 해 ○. ○까지 2개월간 위 노래방의 영업을 정지할 것을 명하는 처분을 하였습니다.

2. 처분의 위법성

이 사건 처분은 다음과 같은 점에서 위법하므로 취소되어야 합니다.

가. 영화 및 비디오물의 진흥에 관한 법률상 노래연습장업자의 준수사항으로 "주류를 판매· 제공하는 행위"를 금지하고 있는바, 원고의 업소에서는 노래방 이용 손님에게 주류 반입을 묵인하거나 판매·제공한 사실이 없습니다. 이 사건의 경우는 30대 중반 남자 김○○ 외 4명이 위 노래방에 들어와 1시간동안 노래를 부르고 가겠다고 하여 1시간 대실료 금 15,000원을 받고 노래기기에 음악을 제공한 사실은 있었으나 영화및비디오물의진흥에관한법률 제62조 제3항 가목에 정한 주류를 판매· 제공한 행위"에 해당하지 아니한다 할 것입니다.

나. 이 사건 당일 21:00경 위 30대 남자 안○○외 일행 4명이 만취상태에서 노래방에 들어와 1시간만 노래를 부르고 가겠다고 하여 201호를 대실한 사실이 있으나 위 손님 중에 1명이 품속에 캔맥주 5개를 노래방 종사자 모르게 반입하여 5명이 201호 내에서 나누어 마신 후 빈 캔을 휴지통에 버린 것을 피고의 소속 단속공무원이 원고가 주류반입을 묵인한 것으로 오인하여 위 같은 처분한 것으로 사료됩니다.

3. 처분의 부당성

원고는 위와 같다면 노래방 종사자로 내방 손님이 품속에 주류를 숨겨 반입하는 것까지 이를 막을 방법이 없다 할 것입니다. 가사 원고가 주류반입을 알고 있었다고 하더라도 만취한 손님에게 주류반입을 금지할 경우 손님이 이에 응할 손님이 거의 없는 현실에서 단순히 소극적으로 이를 제지하지 아니하였다는 이유로 원고에게 생계수단인 노래방 영업정지처분은 가혹하고 부당하다 할 것입니다. 따라서 위 같은 사정에 비추어 원고를 비난하기 어렵고, 이 사건의 실체에 비추어 볼 때 이 사건처분은 지나치게 형식에만 치우쳐 그 처분으로 달성하려는 원래 목적에서 일탈하는 결과에 이르게 될 것인 바, 그렇다면 이 사건 처분은 원고에게 과도한 것으로 부당하다고 아니할 수 없어 마땅히 취소를 면키 어렵다고 할 것입니다.

입 증 방 법

1. 갑 제1호증 행정처분통지서
1. 갑 제2호증 노래방등록증
1. 갑 제3호증 사업자등록증
1. 갑 제4호증 사실확인서

그 밖의 입증서류는 변론시 수시 제출하겠습니다.

첨 부 서 류

1. 위 입증서류 사본	각 1통
1. 주민등록초본	1통
1. 소장부본	1통

20○○. ○. ○.

위 원고 ○ ○ ○ (인)

○○행정법원 귀중

6. 학원의 설립 등에 관한 법률상 학원영업 관련

가. 개 관

(1) 학원의 설립 · 운영 및 과외교습에 관한 법률의 제정목적 등

이 법은 학원의 설립과 운영에 관한 사항을 규정하여 학원의 건전한 발전을 도모함으로써 평생교육 진흥에 이바지함과 아울러 과외교습에 관한 사항을 규정함을 목적으로 하며(법 제1조), 이 법에서 "학원"이란 사인(私人)이 대통령령으로 정하는 수 이상의 학습자 또는 불특정다수의 학습자에게 30일 이상의 교습과정(교습과정의 반복으로 교습일수가 30일 이상이 되는 경우를 포함한다)에 따라 지식 · 기술(기능을 포함한다. 이하 같다) · 예능을 교습(상급학교 진학에 필요한 컨설팅 등 지도를 하는 경우와 정보통신기술 등을 활용하여 원격으로 교습하는 경우를 포함한다.)하거나 30일 이상 학습장소로 제공되는 시설을 말한다.

(2) 행정심판청구

학원설립, 운영자 및 과외교습자가 학원의 설립, 운영 및 과외 교습에 관한 법률을 위반한 경우에는 학원의 등록말소, 교습정지 및 폐지명령을 받게 됩니다. 이러한 행정처분을 받은 학원설립, 운영자 및 과외교습자는 경우에 따라서 행정관청의 처분이 잘못된 경우라든지 혹은 행정처분의 사유는 인정하지만 행정처분의 정도가 너무 가혹한 경우에는 행정청을 상대로 신속한 권리구제를 위해 마련된 구제수단으로 행정심판청구를 할 수 있습니다.

나. 학원설립 · 운영자 등의 책무

(1) 학원설립, 운영자의 책무

학원을 설립 · 운영하는 자(이하 "학원설립 · 운영자"라 한다)는 자율과 창의로 학원을 운영하며, 학습자에 대한 편의제공, 적정한 수강료 징수 등을 통한 부담경감 및 교육기회의 균등한 제공 등을 위하여 노력하는 등 평생교육 담당자로서의 책무를 다하여야 한다(법 제4조).

(2) 교습소의 설립, 운영자의 책무

교습소를 설립 · 운영하는 자(이하 "교습자"라 한다)와 개인과외교습자는 과외교습을 할 때 학습자에 대한 편의제공, 적정한 수강료 징수 등을 통한 부담경감 및 교육기회의 균등한 제공 등을 위하여 노력하는 등 교습을 담당하는 자로서의 책무를 다하여야 한다.

(3) 안전조치 의무

학원설립 · 운영자 및 교습자는 특별시 · 광역시 · 도 및 특별자치도(이하 "시 · 도"라 한다)의 조례로 정하는 바에 따라 학원 · 교습소의 운영과 관련하여 학원 · 교습소의 수강생에게 발생한 생명 · 신체상의 손해를 배상할 것을 내용으로 하는 보험이나 공제사업에 가입하는 등 필요한 안전조치를 취하여야 한다.

다. 수강료 등

(1) 수강료 등 징수

학원설립 · 운영자 및 교습자는 학습자로부터 수강료 · 이용료 또는 교습료(이하 "수강료 등"이라 한다)를 받을 수 있다(법 제15조).

(2) 수강료 등의 산정방법 및 표시

수강료 등은 교습내용과 교습시간 등을 고려하여 해당 학원설립 · 운영자 또는 교습자가 정하고, 교육과학기술부령으로 정하는 바에 따라 이를 게시하여야 하며, 학습자를 모집할 목적으로 인쇄물 · 인터넷 등을 통하여 광고를 하는 경우에는 수강료 등을 표시하여야 한다.

(3) 수강료 등 초과징수 금지

학원설립 · 운영자 및 교습자는 수강료 등을 거짓으로 표시 · 게시하거나 표시 · 게시한 수강료 등을 초과한 금액을 징수하여서는 아니 된다.

(4) 수강료 등의 조정명령

교육감은 학교교과교습학원 또는 교습소의 수강료 등이 과다하다고 인정되면 대통령령으로 정하는 바에 따라 수강료 등의 조정을 명할 수 있다. 위 규정에 의하여 교육감이 수강료 · 이용료 또는 교습료 등의 조정을 명하고자 하는 경우에는 수강료조정위원회의 심의를 거쳐야 한다. 한편, 조정위원회는 지역교육청(「지방교육자치에 관한 법률」 제34조 제1항에 따른 지역교육청을 말한다)별로 설치하되, 구체적인 구성 · 운영 등에 관하여는 교육규칙으로 정한다(법 시행령 제17조).

라. 지도 · 감독 등

(1) 교육감의 지도, 감독

교육감은 학원의 건전한 발전과 교습소 및 개인과외교습자가 하는 과외교습의 건전성을 확보하기 위하여 적절한 지도 · 감독을 하여야 한다(법 제16조).

(2) 교습시간 규정

교육감은 학교의 수업과 학생의 건강 등에 미치는 영향을 고려하여 시 · 도의 조례로 정하는 범위에서 학교교과교습학원 및 교습소의 교습시간을 정할 수 있다. 이 경우 교육감은 학부모 및 관련 단체 등의 의견을 들어야 한다.

(3) 개선명령 등

교육감은 필요하다고 인정하면 학원설립 · 운영자 및 교습자에 대하여 시설 · 설비, 수강료 등, 교습에 관한 사항 또는 각종 통계자료를 보고하게 하거나 관계 공무원에게 해당 시설에 출입하여 그 시설 · 설비, 장부, 그 밖의 서류를 검사하게 할 수 있으며, 시설 · 설비의 개선명령이나 그 밖에 필요한 명령을 할 수 있다. 이에 따라 출입 · 검사를 하는 관계 공무원은 그 권한을 표시하는 증표를 지니고 이를 관계인에게 내보여야 한다.

(4) 신고사항 확인, 조취 등

교육감은 필요하다고 인정하면 개인과외교습자의 교습료 등 각종 신고사항을 확인하거나 그 밖에 필요한 조치를 취할 수 있다.

마. 권한의 위임 · 위탁

교육감의 권한은 대통령령으로 정하는 바에 따라 그 일부를 교육장에게 위임[57]할 수 있다

57) 제20조 (권한의 위임 · 위탁)

① 교육감은 법 제21조 제1항에 따라 다음 각 호의 권한을 교육장에게 위임한다.

(법 제21조).

바. 관련서식

(1) 행정심판 – 신청취지 기재례

피청구인이 청구인에 대하여 한 20○○. ○. ○.자 시정명령 및 20○○. ○. ○.자 수강료조정 명령을 각 취소한다. 라는 재결을 구합니다.

피청구인이 20○○. ○. ○. 청구인에 대하여 한 14일의 영업정지처분을 취소한다. 라는 재결을 구합니다.

---

1. 법 제5조 제3항에 따른 관계 행정기관의 장과의 협의
2. 법 제6조에 따른 학원 설립·운영의 등록 및 변경등록의 수리
3. 법 제7조에 따른 학원 설립·운영의 조건부등록의 수리 및 조건부등록의 말소
4. 법 제10조에 따른 휴원 및 폐원에 관한 신고의 수리
5. 법 제14조에 따른 교습소 설립·운영에 관한 신고 및 변경신고의 수리
6. 법 제14조 제7항에 따른 교습소의 휴소 및 폐소에 관한 신고의 수리
7. 법 제14조의2에 따른 개인과외교습을 하려는 자의 신고의 수리 및 개인과외교습자의 변경신고의 수리 등
8. 법 제15조 제6항에 따른 교습비등에 대한 조정명령
9. 법 제16조 제1항·제3항 및 제4항에 따른 학원, 교습소 및 개인과외교습자에 대한 지도·감독
10. 법 제16조 제6항에 따른 포상금의 지급
11. 법 제17조에 따른 학원, 교습소 및 개인과외교습자에 대한 행정처분
12. 법 제19조 제1항에 따른 학원 또는 교습소의 폐쇄 등을 위한 조치
13. 법 제20조에 따른 청문
14. 법 제23조에 따른 과태료의 부과·징수
15. 제7조 제2항에 따른 변경통보의 접수
16. 제17조 제3항에 따른 조정위원회 위원의 위촉 또는 임명
17. 제17조의2에 따른 교습비등의 조정기준 설정과 조정명령

② 삭제 [2001·6·29]

③ 교육감은 법 제21조 제3항에 따라 법 제13조 제3항에 따른 학원설립·운영자 및 강사에 대한 연수 및 연수와 관련된 조사·연구 등의 업무의 일부를 사단법인 한국학원총연합회 및 교육감이 지정·고시하는 연수기관에 위탁한다. 다만, 연수를 위탁할 경우 교육감은 예산의 범위에서 필요한 예산을 지원할 수 있다.

(2) 관련서식

[서식 86] 수강료조정처분 취소심판청구서(학원)

행 정 심 판 청 구

청 구 인 ○ ○ ○ (주민등록번호)
○○시 ○○구 ○○길 ○○ (우편번호 ○○○○○)

피청구인 △△도 △△교육장

영업정지처분 취소심판청구

심판청구 취지

피청구인이 20○○. ○. ○. 청구인에 대하여 한 수강료조정처분은 이를 취소한다.
라는 재결을 구합니다.

심판청구 이유

1. 사건개요

가. 청구인은 학원운영업 등을 영위하는 회사로서 ○○시 ○○구 ○○길 ○○에서 원어민 강사 등을 채용하여 초・중등학생을 대상으로 영어, 수학을 교육하는 '○○보습어학원'(이하 '이 사건 학원'이라고 한다)을 운영하고 있습니다.

나. 피청구인은 20○○. ○○. ○○. 청구인에 대하여 학원의 설립・운용 및 과외교습에 관한 법률(이하 '학원법'이라고 한다) 제16조 등에 의하여 '위반사항 : 수강료 초과징수(50% 미만), 처분내용 : 경고(벌점 30점), 시정사항 : 적정수준으로 수강료 또는 수업시수를 조정하여 운영, 증빙자료로 수강생대장, 초과액환불자료, 조정수업시간안내문, 조정수업시간표, 영수증원부 등 제출'이라는 내용으로 시정명령(이하 '이 사건 시정명령'이라고 한다)을 하였습니다.

2. 청구인의 주장

가. 헌법 제31조에 의하면, 모든 국민은 능력에 따라 균등하게 교육을 받을 권리를 가지고(제1항), 국가는 평생교육을 진흥하여야 할 의무를 부담한다고 규정되어 있으며(제5항), 이에 따라 학원설립・운영자 및 교습자는 헌법상 사유재산권 및 영업활동의 자유를 보장받고 있습니다. 또한 학원법은 학원의 설립과 운영에 관한 사항을 규정하여 학원의 건전한 발전을 도모함으로써 평생교육 진흥에 이바지함과 아울러 과외교습에 관한 사항을 규정함을 목적으로 한다고 규정하고 있습니다(제1조).

나. 우리의 교육현실에서 사교육은 특히 학교 안에서 이루어지는 공교육이 자율과 경쟁의 원칙을 소홀히 한 채 낡은 평준화 정책의 틀 속에서 만족도 높은 교육서비스를 제공하지 못하는 현실에서 교육소비자인 일반 국민의 학습권을 보장한다는 측면에서 공교육에 못지않은 중요한 역할을 수행하고 있습니다. 따라서 이러한 사교육 시장에 대하여 합리적인 기준도 없이 획일적으로 가격을 통제하는 명령을 내리고 나아가 이에 터잡아 영업정지처분까지 하여 그 영업활동의 자유를 침해하는 것은 위와 같은 헌법과 법률의 기본 원리에 배치되는 것이어서 위법합니다.

다. 또한 수강료 등의 수준에 영향을 미치는 요소는 매우 다양하고, 예를 들자면 학원 등 교습시설의 종류, 규모 및 시설수준, 교습내용과 그 수준, 교습시간, 학습자의 수, 임대료, 강사료 기타 학원 등 교습시설의 운영비용, 교육소비자의 만족도 등의 요소가 수강료 등의 수준에 영향을 미치게 될 터인데, 학원설립 · 운영자 또는 교습자나 교육수요자에게 헌법상 보장된 기본권을 침해하지 아니하는 선에서 개별 요소를 계량화하여 합리성을 갖춘 산출방식을 도출하는 것이 매우 어려운 일인 만큼 수강료 등은 원칙적으로 교육서비스의 공급자와 수요자 사이에 작동하는 수요 · 공급의 원칙이라는 시장경제의 원리에 따라 결정되어야 합니다.

라. 피청구인은 학원법에 근거하여 이 사건 처분을 하였다고 하지만 이 사건 처분은 지나치게 과도하여 재량권을 일탈, 남용한 위법이 있다 할 것입니다.

3. 관계법령

[학원의 설립 · 운용 및 과외교습에 관한 법률]

제2조(정의) 이 법에서 사용하는 용어의 뜻은 다음과 같다. 〈개정 2008.3.28., 2011. 7.25., 2016.1.19.〉

1. "학원"이란 사인(私人)이 대통령령으로 정하는 수 이상의 학습자 또는 불특정다수의 학습자에게 30일 이상의 교습과정(교습과정의 반복으로 교습일수가 30일 이상이 되는 경우를 포함한다. 이하 같다)에 따라 지식 · 기술(기능을 포함한다. 이하 같다) · 예능을 교습(상급학교 진학에 필요한 컨설팅 등 지도를 하는 경우와 정보통신기술 등을 활용하여 원격으로 교습하는 경우를 포함한다. 이하 같다)하거나 30일 이상 학습장소로 제공되는 시설을 말한다. 다만, 다음 각 목의 어느 하나에 해당하는 시설은 제외한다.

제16조(지도 · 감독 등) ① 교육감은 학원의 건전한 발전과 교습소 및 개인과외교습자가 하는 과외교습의 건전성을 확보하기 위하여 적절한 지도 · 감독을 하여야 한다.

② 교육감은 학교의 수업과 학생의 건강 등에 미치는 영향을 고려하여 시 · 도의 조례로 정하는 범위에서 학교교과교습학원, 교습소 또는 개인과외교습자의 교습시간을 정할 수 있다. 이 경우 교육감은 학부모 및 관련 단체 등의 의견을 들어야 한다. 〈개정 2016.5.29.〉

③ 교육감은 필요하다고 인정하면 학원설립 · 운영자 및 교습자에 대하여 시설 · 설비, 교습비등, 교습에 관한 사항 「도로교통법」 제53조, 제53조의2 및 제53조의3 준수 여부에 관한 사항 또는 각종 통계자료를 보고하게 하거나 관계 공무원에게 해당 시설에 출입하여 그 시

설 · 설비, 장부, 그 밖의 서류를 검사하게 할 수 있으며, 시설 · 설비의 개선명령이나 그 밖에 필요한 명령을 할 수 있다. 〈개정 2011.7.25., 2015.2.3.〉

4. 결 론

그렇다면 피청구인이 위와 같은 사정을 고려하지 않고 일방적으로 행한 피청구인의 이 사건 처분은 위법 부당한 행정처분이므로 청구인은 행정심판을 구하고자 이 건 청구에 이른 것입니다.

입 증 방 법

1. 갑 제1호증 행정처분통지서
1. 갑 제2호증 사업자등록증
1. 갑 제3호증 확인서
1. 갑 제4호증 진술서

첨 부 서 류

1. 위 입증방법 각 1통
1. 심판청구서 부본 1통

20○○. ○. ○.

위 청구인 ○ ○ ○ (인)

△△시 △△장 귀중

제출기관	피청구인 또는 행정심판위원회 (행정심판법 제23조)	청구기간	· 처분이 있음을 안 날로부터 90일 · 처분이 있은 날로부터 180일 (행정심판법 제27조)
청 구 인	피처분자	피청구인	행정처분을 한 행정청
제출부수	청구서 및 부본 각 1부	관련법규	행정심판법
불복방법	· 행정심판 재청구의 금지(행정심판법 제51조) 행정심판법상 행정심판의 단계는 단일화되어 있어 재결에 대한 행정심판 재청구는 할 수 없다. 다만, 국세기본법 등의 개별법에서는 다단계의 행정심판을 인정하고 있음 · 재결에 대한 행정소송(행정소송법 제19조, 제38조) 재결자체에 고유한 위법이 있을 때에는 재결 그 자체에 대한 취소소송 및 무효등확인소송을 제기할 수 있음		

	·다만, 청구인은 기각 재결 등 청구인의 주장이 인용되지 아니한 경우에는 원행정처분에 대하여 행정소송으로 다툴 수 있음(행정소송법 제18조)

[서식 87] 영업정지처분 취소심판청구서(학원)

행 정 심 판 청 구

청 구 인　　○ ○ ○ (주민등록번호)
　　　　　　○○시 ○○구 ○○길 ○○ (우편번호 ○○○○○)

피청구인　　△△도 △△시장

영업정지처분취소 심판청구

심판청구 취지

피청구인이 20○○. ○. ○. 청구인에 대하여 한 14일의 영업정지처분은 이를 취소한다.
라는 재결을 구합니다.

심판청구 이유

1. 사건개요

가. 청구인은 학원운영업 등을 영위하는 회사로서 ○○시 ○○구 ○○길 ○○에서 원어민 강사 등을 채용하여 초·중등학생을 대상으로 영어, 수학을 교육하는 '○○보습어학원'(이하 '이 사건 학원'이라고 한다)을 운영하고 있습니다.

나. 피청구인은 20○○. ○○. ○○. 청구인에 대하여 학원의 설립·운용 및 과외교습에 관한 법률 (이하 '학원법'이라고 한다) 제16조 등에 의하여 '위반사항 : 수강료 초과징수(50% 미만), 처분내용 : 경고(벌점 30점), 시정사항 : 적정수준으로 수강료 또는 수업시수를 조정하여 운영, 증빙자료로 수강생대장, 초과액환불자료, 조정수업시간안내문, 조정수업시간표, 영수증원부 등 제출'이라는 내용으로 시정명령(이하 '이 사건 시정명령'이라고 한다)을 하였지만 청구인이 이를 이행하지 않음에 따라 20○○. ○. ○.자로 청구인에 대하여 같은 해 ○. ○부터 ○. ○까지 14일간 위 학원에 대한 영업정지를 명하는 이 사건 처분을 하였습니다.

2. 청구인의 주장

가. 헌법 제31조에 의하면, 모든 국민은 능력에 따라 균등하게 교육을 받을 권리를 가지고(제

1항), 국가는 평생교육을 진흥하여야 할 의무를 부담한다고 규정되어 있으며(제5항), 이에 따라 학원설립 · 운영자 및 교습자는 헌법상 사유재산권 및 영업활동의 자유를 보장받고 있습니다. 또한 학원법은 학원의 설립과 운영에 관한 사항을 규정하여 학원의 건전한 발전을 도모함으로써 평생교육 진흥에 이바지함과 아울러 과외교습에 관한 사항을 규정함을 목적으로 한다고 규정하고 있습니다(제1조).

나. 우리의 교육현실에서 사교육은 특히 학교 안에서 이루어지는 공교육이 자율과 경쟁의 원칙을 소홀히 한 채 낡은 평준화 정책의 틀 속에서 만족도 높은 교육서비스를 제공하지 못하는 현실에서 교육소비자인 일반 국민의 학습권을 보장한다는 측면에서 공교육에 못지않은 중요한 역할을 수행하고 있습니다. 따라서 이러한 사교육 시장에 대하여 합리적인 기준도 없이 획일적으로 가격을 통제하는 명령을 내리고 나아가 이에 터잡아 영업정지처분까지 하여 그 영업활동의 자유를 침해하는 것은 위와 같은 헌법과 법률의 기본 원리에 배치되는 것이어서 위법합니다.

다. 또한 수강료 등의 수준에 영향을 미치는 요소는 매우 다양하고, 예를 들자면 학원 등 교습시설의 종류, 규모 및 시설수준, 교습내용과 그 수준, 교습시간, 학습자의 수, 임대료, 강사료 기타 학원 등 교습시설의 운영비용, 교육소비자의 만족도 등의 요소가 수강료 등의 수준에 영향을 미치게 될 터인데, 학원설립 · 운영자 또는 교습자나 교육수요자에게 헌법상 보장된 기본권을 침해하지 아니하는 선에서 개별요소를 계량화하여 합리성을 갖춘 산출방식을 도출하는 것이 매우 어려운 일인 만큼 수강료 등은 원칙적으로 교육서비스의 공급자와 수요자 사이에 작동하는 수요 · 공급의 원칙이라는 시장경제의 원리에 따라 결정되어야 합니다.

라. 피청구인이 이 사건 조정명령을 함에 있어 처분의 내용을 사전에 청구인에게 알려 그에 대한 의견 제출의 기회를 주었다는 점에 관하여 피청구인의 입증이 없을 뿐만 아니라, 수강료 조정의 대상이 되는 학원의 수가 많다는 사정만으로는 이 사건 조정명령이 사전통지 및 의견제출 기회부여의 절차를 거치지 않아도 되는 행정절차법 제22조 제4항, 제21조 제4항 제3호의 예외사유에 해당한다고 보기 어려우므로, 결국 이 사건 조정명령은 적법한 의견청취 절차를 결여한 위법한 처분입니다.

마. 피청구인은 학원법에 근거하여 이 사건 처분을 하였다고 하지만 이 사건 처분은 지나치게 과도하여 재량권을 일탈, 남용한 위법이 있다 할 것입니다.

3. 관계법령

[학원의 설립 · 운용 및 과외교습에 관한 법률]

제2조(정의) 이 법에서 사용하는 용어의 뜻은 다음과 같다. 〈개정 2008.3.28., 2011. 7.25., 2016.1.19.〉

1. "학원"이란 사인(私人)이 대통령령으로 정하는 수 이상의 학습자 또는 불특정다수의 학습자에게 30일 이상의 교습과정(교습과정의 반복으로 교습일수가 30일 이상이 되는 경우를 포함한다. 이하 같다)에 따라 지식 · 기술(기능을 포함한다. 이하 같다) · 예능을 교습

(상급학교 진학에 필요한 컨설팅 등 지도를 하는 경우와 정보통신기술 등을 활용하여 원격으로 교습하는 경우를 포함한다. 이하 같다)하거나 30일 이상 학습장소로 제공되는 시설을 말한다. 다만, 다음 각 목의 어느 하나에 해당하는 시설은 제외한다.

제16조(지도 · 감독 등) ① 교육감은 학원의 건전한 발전과 교습소 및 개인과외교습자가 하는 과외교습의 건전성을 확보하기 위하여 적절한 지도 · 감독을 하여야 한다.
② 교육감은 학교의 수업과 학생의 건강 등에 미치는 영향을 고려하여 시 · 도의 조례로 정하는 범위에서 학교교과교습학원, 교습소 또는 개인과외교습자의 교습시간을 정할 수 있다. 이 경우 교육감은 학부모 및 관련 단체 등의 의견을 들어야 한다. 〈개정 2016.5.29.〉
③ 교육감은 필요하다고 인정하면 학원설립 · 운영자 및 교습자에 대하여 시설 · 설비, 교습비등, 교습에 관한 사항과 「도로교통법」 제53조, 제53조의2 및 제53조의3 준수 여부에 관한 사항 또는 각종 통계자료를 보고하게 하거나 관계 공무원에게 해당 시설에 출입하여 그 시설 · 설비, 장부, 그 밖의 서류를 검사하게 할 수 있으며, 시설 · 설비의 개선명령이나 그 밖에 필요한 명령을 할 수 있다. 〈개정 2011.7.25., 2015.2.3.〉

4. 결 론

그렇다면 피청구인이 위와 같은 사정을 고려하지 않고 일방적으로 행한 이 사건 처분은 위법 부당한 행정처분이므로 청구인은 행정심판을 구하고자 이 건 청구에 이른 것입니다.

입 증 방 법

1. 갑 제1호증	행정처분통지서
1. 갑 제2호증	사업자등록증
1. 갑 제3호증	확인서
1. 갑 제4호증	진술서

첨 부 서 류

1. 위 입증방법	각 1통
1. 심판청구서 부본	1통

20○○. ○. ○.

위 청구인 ○ ○ ○ (인)

△△시 △△장 귀중

<table>
<tr><td>제출기관</td><td>피청구인 또는 행정심판위원회
(행정심판법 제23조)</td><td>청구기간</td><td>· 처분이 있음을 안 날로부터 90일
· 처분이 있은 날로부터 180일
(행정심판법 제27조)</td></tr>
<tr><td>청 구 인</td><td>피처분자</td><td>피청구인</td><td>행정처분을 한 행정청</td></tr>
<tr><td>제출부수</td><td>청구서 및 부본 각 1부</td><td>관련법규</td><td>행정심판법</td></tr>
<tr><td>불복방법</td><td colspan="3">· 행정심판 재청구의 금지(행정심판법 제51조)
행정심판법상 행정심판의 단계는 단일화되어 있어 재결에 대한 행정심판 재청구는 할 수 없다. 다만, 국세기본법 등의 개별법에서는 다단계의 행정심판을 인정하고 있음
· 재결에 대한 행정소송(행정소송법 제19조, 제38조)
재결자체에 고유한 위법이 있을 때에는 재결 그 자체에 대한 취소소송 및 무효등확인소송을 제기할 수 있음
· 다만, 청구인은 기각 재결 등 청구인의 주장이 인용되지 아니한 경우에는 원행정처분에 대하여 행정소송으로 다툴 수 있음(행정소송법 제18조)</td></tr>
</table>

(2) 행정소송

(가) 신청취지 기재례

1. 피고가 원고에 대하여 한 20○○. ○. ○.자 시정명령 및 20○○. ○. ○.자 수강료조정 명령을 각 취소한다.
2. 소송비용은 피고의 부담으로 한다.
라는 판결을 구합니다.

---

1. 피고가 20○○. ○. ○. 원고에 대하여 한 14일의 영업정지처분을 취소한다.
2. 소송비용은 피고의 부담으로 한다.
라는 판결을 구합니다.

(나) 관련서식

[서식 88] 수강료조정명령등 취소청구의 소

소 장

원 고 김 길 동 (주민등록번호)
서울시 ○○구 ○○동 ○○번지
(전화 000-000, 팩스 000-000)

피 고 서울특별시 ○○교육청 교육장

수강료조정명령등 취소

청 구 취 지

1. 피고가 원고에 대하여 한 20○○. ○. ○.자 시정명령 및 20○○. ○. ○.자 수강료조정 명령을 각 취소한다.
2. 소송비용은 피고의 부담으로 한다.

라는 판결을 구합니다.

청 구 원 인

1. 처분의 경위

(1) 원고는 학원운영업 등을 영위하는 회사로서 서울 ○○구 ○○동에서 원어민 강사 등을 채용하여 초·중등학생을 대상으로 영어, 수학을 교육하는 '○○보습어학원'(이하 '이 사건 학원'이라고 한다)을 운영하고 있습니다.

(2) 원고는 20○○. ○. ○. 다음과 같이 학원수강료를 인상하여 인상된 수강료를 학원에 게시하고 관계법령에 따라 피고에게 이를 통보하였습니다.

교습과목	교습시간	학급정원	월 수강료(원)
초등영어	주 330 시간	12	297,200
중등영어	주 550 시간	18	495,400
중등영어	주 825 시간	18	743,000
중등수학	주 550 시간	18	377,600
중등수학	주 825 시간	18	566,500
중등영어 · 수학	주 990 시간	18	679,000

(3) 피고는 20○○. ○. ○. 원고에게 위 수강료가 교습과정별 학원수강료 기준금액(20○○. ○. ○. 수강료조정위원회가 심의하여 조정한 금액으로 보인다. 이하 '20○○년 수강료 기준금액'이라고 한다)을 초과하여 수강료 조정의 대상에 해당하고 위 학원의 적정 수강료를 산정하기 위하여 전년도 대차대조표 등 재무관련 서류를 제출하여 줄 것을 통보하였고, 20○○. ○. ○. 다시 원고에게 위 재무관련 서류의 제출을 촉구하면서 이를 제출하지 아니할 경우 수강료 조정에 있어 불이익을 받을 수 있음을 통보하였습니다.

(4) 피고는 20○○. ○. ○. 서울특별시 ○○교육청 학원수강료조정위원회(이하 '이 사건 위원회'라고 한다)를 열어 원고를 포함한 7개 학원에 대한 수강료 인상 여부를 심의하여 종전 결정액으로 동결하기로 결정하고, 20○○. ○. ○. 원고에게 이 사건 위원회의 심의결과를 통지하면서 이에 대한 의견서를 20○○. ○. ○.까지 제출하도록 하는 처분의 사전통지를 하였습니다. 그러나 이에 대해 원고는 피고에게 아무런 의견제출을 하지 아니하였습니다.

(5) 피고는 20○○. ○. ○. 원고에 대하여 학원의 설립·운용 및 과외교습에 관한 법률 (이하 '학원법'이라고 한다) 제16조 등에 의하여 '위반사항 : 수강료 초과징수(50% 미만), 처분내용 : 경고(벌점 30점), 시정사항 : 적정수준으로 수강료 또는 수업시수를 조정하여 운영, 증빙자료로 수강생대장, 초과액환불자료, 조정수업시간안내문, 조정수업시간표, 영수증원부 등 제출'이라는 내용으로 시정명령(이하 '이 사건 시정명령'이라고 한다)을 하였습니다.

(6) 피고는 그 다음날인 20○○. ○. ○. 원고에 대하여 "원고가 20○○년도 수강료 원가 산출을 위한 회계 관련 증빙자료를 제출하지 아니하여 인상된 수강료의 적정성에 관한 검토가 불가하고, 현재의 대외적인 경제여건과 학부모의 사교육비 부담 완화 등 정부의 시책과 학원법 제4조의 취지에 따라 학습자의 수강료에 대한 부담을 경감시킬 책무가 있다."라는 이유로 학원법 제15조 제4항 등에 의하여 금회 통보된 수강료가 아닌 기존에 통보된 수강료에 의하여 수강료를 징수하도록 하는 내용의 수강료조정명령(이하 '이 사건 조정명령'이라고 한다)을 하였습니다.

2. 처분의 위법성

(1) 절차적 하자

행정절차법 제23조 제1항은 행정청이 처분을 하는 때에는 당사자에게 그 근거와 이유를 제시하여야 한다고 규정하고 있는데, 피고가 이 사건 처분을 하면서 원고에게 위 처분에 대하여 불복신청을 하게 할 수 있을 정도의 이유 제시를 하지 아니하였으므로 그 절차상 위법입니다.

(2) 실체적 하자

1) 헌법 제31조에 의하면, 모든 국민은 능력에 따라 균등하게 교육을 받을 권리를 가지고(제1항), 국가는 평생교육을 진흥하여야 할 의무를 부담한다고 규정되어 있으며(제5항), 이에 따라 학원설립·운영자 및 교습자는 헌법상 사유재산권 및 영업활동의 자유를 보장받고 있습니다. 또한 학원법은 학원의 설립과 운영에 관한 사항을 규정하여 학원의

건전한 발전을 도모함으로써 평생교육 진흥에 이바지함과 아울러 과외교습에 관한 사항을 규정함을 목적으로 한다고 규정하고 있습니다(제1조).

2) 우리의 교육현실에서 사교육은 특히 학교 안에서 이루어지는 공교육이 자율과 경쟁의 원칙을 소홀히 한 채 낡은 평준화 정책의 틀 속에서 만족도 높은 교육서비스를 제공하지 못하는 현실에서 교육소비자인 일반 국민의 학습권을 보장한다는 측면에서 공교육에 못지 않은 중요한 역할을 수행하고 있습니다. 따라서 이러한 사교육 시장에 대하여 합리적인 기준도 없이 획일적으로 가격을 통제하는 명령을 내리고 나아가 이에 터잡아 영업정지처분까지 하여 그 영업활동의 자유를 침해하는 것은 위와 같은 헌법과 법률의 기본 원리에 배치되는 것이어서 위법합니다.

3) 또한 수강료 등의 수준에 영향을 미치는 요소는 매우 다양하고, 예를 들자면 학원 등 교습시설의 종류, 규모 및 시설수준, 교습내용과 그 수준, 교습시간, 학습자의 수, 임대료, 강사료 기타 학원 등 교습시설의 운영비용, 교육소비자의 만족도 등의 요소가 수강료 등의 수준에 영향을 미치게 될 터인데, 학원설립 · 운영자 또는 교습자나 교육수요자에게 헌법상 보장된 기본권을 침해하지 아니하는 선에서 개별 요소를 계량화하여 합리성을 갖춘 산출방식을 도출하는 것이 매우 어려운 일인 만큼 수강료 등은 원칙적으로 교육서비스의 공급자와 수요자 사이에 작동하는 수요 · 공급의 원칙이라는 시장경제의 원리에 따라 결정되어야 합니다.

4) 따라서 학원설립 · 운영자 또는 교습자가 정한 수강료 등에 대하여 교육행정권자가 임의로 '과다하다'고 본 다음 그에 갈음할 적정수강료 등의 수액을 정하여 조정명령 등의 제재처분을 하게 된다면, 그 처분은 위와 같은 헌법과 법률의 기본 원리에도 배치되는 것이어서 위법합니다.

3. 결 론

이상과 같이 피고의 처분은 위법한 행정처분이므로, 이의 취소를 구하는 행정소송에 이르게 되었습니다.

입 증 방 법

1. 갑 제1호증
2. 갑 제2호증

첨 부 서 류

1. 위 각 입증방법 각 1부
2. 송달료 납부서
3. 소장부본

20○○. ○. ○.

위 원고 (날인 또는 서명)

서울행정법원 귀중

[서식 89] 영업정지처분 취소청구의 소

소 장

원 고 김 길 동 (주민등록번호)
서울시 ○○구 ○○동 ○번지

피 고 서울특별시 ○○교육청 교육장

영업정지처분 취소

청 구 취 지

1. 피고가 20○○. ○. ○. 원고에 대하여 한 14일의 영업정지처분을 취소한다.
2. 소송비용은 피고의 부담으로 한다.

라는 판결을 구합니다.

청 구 원 인

1. 처분의 경위

(1) 원고는 학원경영업 등을 영위하는 회사로서 서울 ○○구 ○○동 ○○○ 소재 ○○○에서 원어민 강사를 채용하여 초·중등학생 200여 명을 대상으로 영어를 교육하는 '○○○ 어학원'(이하 '이 사건 학원'이라고 한다)을 운영하고 있습니다.

(2) 피고는 20○○. ○. ○. 서울특별시 ○○교육청 학원수강료조정위원회(이하 '이 사건 위원회'라고 한다)를 열어 원고를 포함한 246개 학원에 대한 수강료 인상 여부를 심의하여 종전 결정액에서 4.9%를 일괄 인상하기로 결정하였고, 20○○. ○. ○. 이 사건 학원에 위와 같은 내용의 학원수강료 개별조정명령(이하 '이 사건 조정명령'이라고 한다)을 통보하였습니다.

(3) 그럼에도 원고는 20○○. ○. ○. 위와 같이 조정된 수강료를 100% 초과하는 수강료 통보서를 피고에게 보내 왔는데, 그 내용은 다음과 같습니다.

교습과목	교습시간	학급정원	월 수강료
초등영어	주 4시간	8	350,000 원
초등영어	주 4시간 20분	10	370,000 원
중등영어	주 4시간 20분	10	380,000 원
중등영어	주 2시간 10분	8	200,000 원

(4) 이에 피고는 20○○. ○. ○. 현재 개발·시범운영중인 '적정수강료 산출 시스템'에 의한 수강료 과다 여부에 대한 검토가 완료될 때까지 이 사건 조정명령에 따른 수강료 기준액을 준수해 줄 것을 원고에게 요청하였다. 그러나 원고는 이 사건 학원 내에 위 수강료통보서대로 수강료를 게시하고 이 사건 조정명령에 따른 수강료 기준액을 초과한 수강료를 학원생들로부터 받았습니다.

(5) 피고는 20○○. ○. ○. 원고에 대하여 원고가 이 사건 조정명령을 위반하여 초과된 수강료를 징수하였다는 이유로 14일의 영업정지처분(정지기간 : 20○○. ○. ○. ~ 20○○. ○. ○. 이하 '이 사건 처분'이라고 한다)을 하였습니다.

2. 처분의 위법성

(1) 절차적 하자의 존재

피고가, 이 사건 조정명령을 함에 있어 처분의 내용을 사전에 원고에게 알려 그에 대한 의견 제출의 기회를 주었다는 점에 관하여 피고의 입증이 없을 뿐만 아니라, 수강료 조정의 대상이 되는 학원의 수가 많다는 사정만으로는 이 사건 조정명령이 사전통지 및 의견제출 기회부여의 절차를 거치지 않아도 되는 행정절차법 제22조 제4항, 제21조 제4항 제3호의 예외사유에 해당한다고 보기 어려우므로, 결국 이 사건 조정명령은 적법한 의견청취 절차를 결여한 위법한 처분입니다.

(2) 실체적 하자의 존재

1) 사교육은 공교육에 못지않은 중요한 역할을 수행하고 있음에도 합리적인 기준도 없이 획일적으로 가격을 통제하는 명령을 내리고 나아가 이에 터잡아 영업정지처분까지 하여 그 영업활동의 자유를 침해하는 것은 위와 같은 헌법과 법률의 기본 원리에 배치되는 것이어서, 사교육으로 인한 우리 사회의 경제적 부담이 크다는 사정만으로는 쉽게 정당성을 부여받기 어렵다. 수강료 등의 수준에 영향을 미치는 요소는 매우 다양하고, 예를 들자면 학원 등 교습시설의 종류, 규모 및 시설수준, 교습내용과 그 수준, 교습시간, 학습자의 수, 임대료, 강사료 기타 학원 등 교습시설의 운영비용, 교육소비자의 만족도 등의 요소가 수강료 등의 수준에 영향을 미치게 될 터인데, 학원설립·운영자 또는 교습자나 교육수요자에게 헌법상 보장된 기본권을 침해하지 아니하는 선에서 개별요소를 계량화하여 합리성을 갖춘 산출방식을 도출하는 것이 매우 어려운 일인 만큼 수강료 등은 원칙적으로 교육서비스의 공급자와 수요자 사이에 작동하는 수요·공급의

원칙이라는 시장경제의 원리에 따라 결정되도록 하는 것이 올바른 길입니다.

2) 따라서 학원법 제15조 제4항이 교육행정권자에게 과다수강료 등에 대한 조정명령권을 부여하였다 할지라도, 위와 같은 제반 요소를 구체적이고도 개별적으로 고려하여 판단하여 볼 때 같은 조 제2항에 따라 학원설립·운영자 또는 교습자가 정한 수강료 등이 사회통념에 비추어 용인할 수 없는 폭리적인 수준이라고 단정할 수 있는 예외적인 경우가 아닌 한 위 수강료 등이 '과다하다'고 보아 쉽게 조정명령권을 발동할 수는 없다고 봄이 상당하며, 만약 이와 달리 학원설립·운영자 또는 교습자가 정한 수강료 등에 대하여 교육행정권자가 임의로 '과다하다'고 본 다음 그에 갈음할 적정수강료 등의 징수액을 정하여 조정명령 등의 제재처분을 하게 된다면, 그 처분은 위와 같은 헌법과 법률의 기본 원리에도 배치되는 것이어서 위법합니다.

3. **결 론**

이상과 같은 이유로 피고의 위 처분은 절차적·실체적으로 위법하므로 이의 취소를 구하는 본 건 행정소송에 이르게 되었습니다.

입 증 방 법

1. 갑 제1호증
2. 갑 제2호증

첨 부 서 류

1. 위 각 입증방법 각 1부
2. 송달료 납부서
3. 소장부본

20○○. ○. ○.

위 원고 (날인 또는 서명)

서울행정법원 귀중

Ⅵ. 기타 서식

1. 영업정지처분효력정지신청

가. 신청취지 기재례

◉ **영업정지처분효력정지신청(대중음식점)**

1. 피신청인이 20○○. ○. ○.자로 신청인에 대하여 한 영업정지 1월의 집행은 귀원 20○○구○○○○호 영업정지취소처분 청구사건의 본안판결 확정시까지 그 집행을 정지한다.
2. 신청비용은 피신청인의 부담으로 한다.

나. 관련서식

[서식 90] 영업정지처분효력정지신청

행정처분효력정지가처분신청서

신 청 인 주 ○ ○
서울 ○○구 ○○동 000-00
신청인의 대리인 변호사 최 ○○
서울 ○○구 ○○동 0000-0 ○○빌딩 305호
(우 : 00000, 전화 : 000-0000)

피신청인 서울시 ○○구청장

신 청 취 지

피신청인이 20○○. ○. ○.자로 신청인에게 한 영업정지처분은 서울행정법원 20○○구○○○○호 영업정지처분취소 청구사건의 본안판결확정시까지 그 효력을 정지한다.
라는 결정을 구합니다.

신 청 이 유

1. 이 사건 처분의 내용

피신청인은 20○○. ○. ○.자로 신청인에 대하여, 신청인이 청소년보호법을 위반한 것으로 보고 공중위생관리법 제11조 및 같은 법 시행규칙 제19조에 의하여 영업정지 2월의 처분을 하였습니다(소갑 제1호증의 1 행정처분통보, 같은 호증의 2 행정처분명령서 각 참조).

2. 이 사건의 기초사실관계

가. 신청인은 좌성요통 등으로 치료를 받고 계신 어머니(소갑 제2호증의 1,2 각 진단서 참조)를 모시고 살면서 20○○. ○.경 서울 ○○구 ○○3동 229의 51 소재 ○○○모텔을 보증금 300,000,000원, 매달 5,000,000원씩에 세를 얻어 은행에서 145,000,000원을 대출까지 받아(소갑 제3호증의 1,2 각 대출통장 사본 참조) 내부시설에 투자하여 운영하고 있습니다.

나. 신청인은 평소 자식을 키우는 입장에서 청소년을 나쁜 길로 빠지지 않도록 어른들이 노력을 해야 된다는 신념을 갖고 있었기 때문에 숙박업을 오랫동안 해왔어도 한번도 청소년보호법을 위반한 사실이 없고, 더욱이 이건 업소를 임차하여 1억원이 넘게 은행 융자까지 받아 내부시설을 새로 하여 영업을 해왔기 때문에, 혹시라도 종업원들이 잘 모르고 청소년을 투숙시켰다가 영업정지라는 처분을 받을 경우 은행이자조차 낼 수 없어 신청인과 종업원 및 그 가족들의 생계조차 유지할 수 없게 될 사실을 너무나 잘 알고 있어 종업원들에게 청소년인지 조금이라도 의심스러우면 반드시 나이를 확인하라고 철저히 당부하는 등 평소 신념대로 청소년들이 나쁜 길로 빠지지 않도록 더욱 성실히 노력해 왔던 것입니다.

다. 그런데 20○○. ○.말경 24-5세로 보이는 남자(이○○)가 여자(최○○)와 함께 일반 손님과 달리 옷가지 등이 들어 있는 것으로 보이는 큰 가방을 양손에 들고 위 ○○○모텔로 와서 종업원 양○○에게 "이 여자(최○○)와 결혼할 사이라며 방을 얻을 동안만 있으려고 한다"고 해서, 신청인이 자세히 보니 그 여자(최○○)의 옷차림도 정장차림이고, 체격도 보통보다 크고 화장도 짙게하여 나이가 최소한 23-4세정도 들어 보이기에(소갑 제4호증의 1,2 각 사진, 소갑 제9호증 인증 사실확인서 각 참조) 진짜 결혼할 신랑 신부로 믿었기 때문에 청소년이라고는 상상도 못해 연령을 확인할 생각 자체가 나지 않아 주민등록을 확인하지 않고 투숙을 시켰던 것입니다(소갑 제5호증 피의자신문조서 참조, 위 이○○도 자신이나 위 최○○이 외관상 나이가 들어 보인다고 하고 있음, 소갑 제6호증 이○○에 대한 피의자신문조서 참조).

라. 실제로 종업원이 청소를 하러 가보니 위 이○○과 최○○은 다른 투숙객들과는 달리 옷가지와 화장품과 전기밥솥까지 갖다 놓고 밥을 지어먹으면서 투숙하는 것을 목격하였고, 위 최○○과 원조교제를 한 송○○도 위 최○○이 투숙한 방에는 살림도구를 갖추어 놓고 있었다고 진술하고 있습니다(소갑 제7호증 송○○에 대한 피의자신문조서, 소갑 제9호증 인증 사실확인서 각 참조).

마. 위 이○○과 최○○이 투숙한지 10일여가 지난 어느 날 신청인은 동인들에게 방을 얻었는지를 묻자, 위 이○○이 이제야 방을 얻었는데 보일러공사를 하고 있으니 당분간 더 있어야 한다고 하여 다시 연장해 주었습니다.

바. 신청인은 경찰에서 조사받는 과정에서 위 이○○이 만 19세가 조금 넘었고, 위 최○○이

만 16세 청소년이라고 하였지만 지금도 도저히 믿겨지지 않습니다.

사. 위와 같이 신청인으로서는 위 이○○과 위 최○○이 외모나 차림 등 외관상만으로도 주민등록증을 보자는 말 자체를 꺼낼 수가 없을 정도로 나이가 들어 보여 청소년이라고는 상상도 못했기 때문에 청소년 이성혼숙이라는 인식 자체를 할 수가 없었던 것입니다.

3. 이 사건 처분의 적법 여부

가. 청소년보호법위반 여부

이건에 있어서 과연 신청인의 행위에 대하여 당시의 제반사정에 비추어 청소년보호법을 위반했느냐가 이건의 쟁점이라고 할 것인바,

◈ 당시 위 이○○이 "최○○과는 결혼할 사이라며 방을 얻을 동안만 있으려고 한다"고 한 점(소갑 제5호증 주○○에 대한 피의자신문조서, 소갑 제9호증 인증 사실확인서 각 참조),

◈ 위 최○○은 외관상으로만 보아도 체격도 보통보다 크고, 화장도 짙게 하였으며, 옷차림도 항상 나이가 들어 보이는 정장차림을 하고 다녔기 때문에 누가 보더라도 성년자로 보인 점(소갑 제9호증 인증 사실확인서 참조, 위 이○○도 자신이나 위 최○○이 외관상 나이가 들어 보인다고 하고 있음, 소갑 제6호증 이○○에 대한 피의자신문조서 참조),

◈ 위 최○○과 원조교제를 한 송○○도 위 최○○이 18세라고 하자 그렇게 어려 보이지 않는다고 하고 있는 점(소갑 제8호증 최○○에 대한 피의자신문조서 참조),

◈ 위 이○○과 위 최○○은 실제로 위 이○○의 부모님이 계신 위 이○○의 집에서 위 ○○○모텔에 투숙하기 전까지 약 한달 동안 동거한 전력도 있는 점,

◈ 그와 같이 위 이○○과 위 최○○은 동거하다가 계속 동거할 곳을 찾기 위해 옷가지 등이 들어 있는 것으로 보이는 큰 가방을 양손에 들고와 신청인에게 결혼할 사이라고 한 점(소갑 제5호증 주을성에 대한 피의자신문조서, 소갑 제9호증 인증 사실확인서 각 참조),

◈ 결혼할 사이라고 하면 성년자인 것으로 아는 것이 일반적인 통념인 점,

◈ 위 최○○은 집을 나와 갈 곳이 없자 숙박업소에서 연령을 확인할 것에 대비하여 남의 주민등록증을 훔쳐 20○○년생으로 주민등록증을 변조까지 해서 소지하고 다닌 점에 비추어, 만약 신청인이 당시 의심을 갖고 연령을 확인하고자 하였더라도 위 최○○은 모든 수단방법을 동원하여 신청인을 속일려는 여자였기 때문에 신청인은 위 최○○이 성년자라고 믿었을 것인 점,

◈ 신청인으로서는 위 이○○과 위 최○○이 외모나 차림 등 외관상만으로도 연령을 확인할 생각 자체가 나지 않을 정도로 나이가 들어 보여 청소년이라고는 상상도 못했기 때문에 청소년 이성혼숙이라는 인식은 전혀 없었던 점(소갑 제9호증 인증 사실확인서 참조),

◈ 신청인은 지금까지 한번도 자신이 운영하는 숙박업소에 청소년을 출입시킨 사실이 없고, 위 최○○이 청소년인줄 알았다면 혼숙을 시키거나 혼숙을 하도록 내버려두지는 않았을 것인 점,

등 제반사정을 종합하면, 사회통념상 위 최○○을 성년자로 믿을 만한 충분한 이유가 있다 할 것이어서, 그와 같이 외관상 청소년으로 의심될 수 없음이 명백하다고 할 것이고, 달리 신청인이 위 최○○을 성년자로 믿고 주민등록증을 확인하지 않은채 투숙시킨 것을 가지고 청소년보호법상 연령확인의무를 위반했다고 단정하기는 어렵다 할 것입니다.

그렇다면 그러한 신청인에게 이성 청소년을 혼숙시킬 의사나 인식이 있었다고 단정하기는 어렵다 할 것입니다.

※ 참고로 서울고등법원 판결도, 개인이 유흥주점에 출입함은 출입자의 비밀이 보장되어야 하는 개인적 사생활의 영역이므로 영업자라도 모든 출입자에게 증명서의 제시를 요구할 수는 없겠으나, 미성년자를 풍속상 유해한 환경으로부터 격리시켜 미성년자의 비행을 방지하고 건전한 심신의 육성을 꾀하고자 유흥주점 영업자에게 미성년자의 출입을 막기 위한 연령조사의무를 부과하고 그로 하여금 출입자의 연령에 관한 증명서의 제시를 요구하여 그 연령을 확인한 후 미성년자임이 밝혀지면 그 출입을 거부할 수 있도록 하는 한편, 출입자의 연령을 증명서로 조사하지 아니한 채 미성년자를 출입시킨 경우에는 그에 관한 주의의무를 다하였다고 할 수 없도록 한 것으로서 그로 인한 개인적 사생활 영역의 침해는 미성년자 보호에 필요한 최소한에 그치도록 하여야 하고, 이를 기계적, 획일적으로 적용할 것은 아니므로 영업자라도 외관상 미성년자로 의심될 수 없음이 명백한 출입자에게까지 미성년자임을 확인한다는 명목으로 획일적으로 증명서의 제시를 요구할 수 없음은 물론 달리 출입자가 외관상 또는 객관적으로 보아 미성년자로 의심되거나 개별적으로 증명서로서 미성년자 인지의 여부를 확인하여야 할 별단의 사정이 없는 한 영업자의 연령조사의무를 다하지 못한 것은 아니라고 봄이 상당하다고 판시하고 있습니다(첨부 서울고등법원 1986. 2. 13. 선고 85노452 판결).

나. 공중위생관리법위반 여부

가사 백보를 양보하여 신청인이 위 이규상과 위 최○○에게 속아 결과적으로 청소년 이성혼숙 장소를 제공하였다고 하더라도, 위에서 본바와 같이 신청인으로서는 위 이규상과 위 최○○이 외모나 차림 등 외관상만으로도 미성년자라고 상상도 못했고, 신청인이 위 최○○이 청소년인줄 알았다면 혼숙을 시키거나 혼숙을 하도록 내버려두지는 않았을 것이므로, 신청인에게 청소년보호법상 청소년 출입금지 의무 위반의 책임이나 청소년보호법 제24조 제2항 숙박업소의 청소년 출입금지 규정 의무를 위반한 책임을 물어 동법 제49조, 동법 시행령 별표 6에 따라 과징금 3,000,000원을 부과할 수 있을지언정, 공중위생관리법 제11조, 제12조, 동법 시행규칙 제19조 별표 7 청소년 이성혼숙 장소 제공 금지 의무를 위반한 책임을 물어 영업정지 2월의 처분을 할 수는 없다 할 것입니다.

4. 결 론

그렇다면 신청인에게 청소년을 유해업소에 출입시킨다는 인식이나 의사가 있었다고 단정 할 수 없어 신청인을 청소년보호법 제24조 제2항 청소년을 유해업소에 출입시킨 자라고 단정하여 동법 제 51조 제7호로 의율해서는 안될 것이고, 따라서 그러한 인식이 있었다고 단정할 수 없는 이상, 결과적으로 위 이규상과 위 최○○을 투숙시켰다는 이유만으로 이성 청소년을 혼숙시킬 의사나 인식이 없는 신청인에게 이성 청소년을 혼숙시킨 자로 단정하여 동법 제50조 제4호, 동법 제26조의2 제8호로 의율하거나, 동법 제49조, 동법 제51조 제7호, 동법 시행령 제9조 제1항 별표 6 제4호, 제9호로 의율하여 과징금에 처해서는 안될 것이고, 더욱이 공중위생관리법 제11조, 제12조, 동법 시행규칙 제19조 별표 7로 의율하여 영업정지 2월에 처해서는 안될 것입니다.

따라서 이 사건 처분은 위법, 부당한 처분으로서 취소되어야 마땅할 것입니다.

그리하여 신청인은 피신청인을 상대로 귀원 20○○구○○○○호로 영업정지처분취소청구 소송을 제기하였는바(소갑 제10호증 소장접수증명원 참조), 위 본안 소송이 확정되기까지는 상당한 기간이 소요될 것이며, 만약 신청인이 본안판결에서 승소할 경우 이 사건 처분이 집행되어 버리면 신청인은 회복할 수 없는 피해를 입을 것이 명백하므로, 이 사건 신청에 이르렀습니다.

소 명 방 법

1. 소갑 제1호증의 1	행정처분통보
2	행정처분명령서
1. 소갑 제2호증의 1	각 진단서
2	
1. 소갑 제3호증의 1	각 대출통장 사본
2	
1. 소갑 제4호증의 1	각 사진(최○○)
2	
1. 소갑 제5호증	피의자신문조서(○○○)
1. 소갑 제6호증	피의자신문조서(○○○)
1. 소갑 제7호증	피의자신문조서(○○○)
1. 소갑 제8호증	피의자신문조서(○○○)
1. 소갑 제9호증	인증 사실확인서(○○○)
1. 소갑 제10호증	소장접수증명원

첨 부 서 류

1. 위 소명서류 각 1통
1. 판례(서울고등법원 1986. 2. 13. 선고 85노452호 판결) 1통

1. 소송위임장 1통
1. 송달료 영수증 1통

20○○. ○. ○.

신청인의 대리인
변호사 ○○○

서울행정법원 귀중

[서식 91] 영업정지처분효력정지신청

영업정지처분 효력정지신청

신 청 인 ○ ○ ○ (주민등록번호)
○○시 ○○구 ○○길 ○○ (우편번호 ○○○○○)

피신청인 ○○시 ○○구청장
○○시 ○○구 ○○길 ○○ (우편번호 ○○○○○)

신 청 취 지

피신청인이 20○○. ○. ○. 신청인에 대하여 한 영업정지처분(20○○. ○. ○. ~ 20○○. ○. ○.)은 귀원 20○○구단○○○○호 영업정지처분취소청구 사건의 판결확정시까지 그 효력을 정지한다.
라는 재판을 구합니다.

신 청 이 유

1. 이 사건 처분의 경위

신청인의 업소는 ○○○에 소재한 약 20평 규모에 손님이 직접 음식을 가져다 먹는 형태의 셀프식당입니다. 위 식당은 신청인의 부친인 소외 김○○이 실제 운영하고 있고, 평소 식당에는 위 김○○을 포함 주방아주머니 1명 등 2명이 상근하였으며, 주말이나 식당일이 바쁠 땐 아르바이트생 1명을 임시로 고용하였습니다.

그런데 이 사건이 발생한 20○○. ○. ○. 손님이 많은 토요일임에도 주방아주머니가 예고 없이 결근하게 되어, 부득이 위 김○○과 아르바이트생 1명이 식당에서 일을 하게 되었습니다. 이날 최○○외 5명은 생일파티를 위하여 식당에 오게 되었는데, 이때 김○○은 서비스의 의미로 무료 음료수 2병을 제공한 후, 이들이 음식점을 나갈 때까지 주방에서 계속 근무하였습니다. 이들이 술을 마시게 된 것은, 아마도 토요일 오후에 손님이 많은 상태에서 평소에 근무하던 주방아주머니가 결근하여 김○○이 식당관리를 제대로 할 수 없는 틈을 이용하여, 식당 홀의 냉장고 안에서 임의로 술을 가져다 마신 것으로 추측됩니다. 별지도면에서 보는 것처럼 주방과 홀은 분리되어 있어 주방에 있는 김○○이 홀을 일일이 관리할 수 없었고, 또 아르바이트생 혼자서 홀 내에 있는 14개의 테이블 손님 모두를 살펴볼 수도 없었습니다. 더구나 위 식당은 손님 1사람당 1만원을 받고 음식을 손님 재량껏 손수 가져다 먹을 수 있으며, 술이나 음료수 역시 종업원에게 주문하지 않고 직접 가져다 먹는 방식을 운영되면서, 식당을 나가면서 손님 수와 테이블에 놓인 병을 확인하여 식사비를 계산합니다. 이 때문에 아마도 이들이 음료수와 술이 함께 보관된 냉장고에서 술을 몰래 꺼내 먹을 수 있었을 것입니다.

2. 신청인은 청소년에게 직접 주류를 제공한 사실이 없습니다.

전설한 바와 같이, 이 사건 당일 어느 누구도 청소년들에게 주류를 제공한 사실이 없습니다. 청소년들이 신청인 몰래 주류를 가져다 마셨을 뿐입니다. 따라서 청소년들에게 주류를 제공한 것을 전제로 한 이 사건 처분은 취소되어야 마땅합니다.

3. 설령, 신청인이 청소년들에게 주류를 제공한 사실이 인정된다 하더라도, 이 사건 처분은 재량권을 일탈한 것으로 위법합니다.

신청인이 청소년들의 음주사실을 알게 된 것은 식사비를 계산하는 과정이었습니다. 그때는 이미 청소년들이 술을 마신 이후였기 때문에 신청인은 어쩔 수 없이 술값을 포함하여 계산할 수밖에 없었습니다. 가사 이러한 행위가 식품위생법 규정의 청소년에게 주류를 제공하는 행위에 해당한다 하더라도, 피신청인의 처분은 다음과 같은 이유로 재량권을 일탈 또는 남용하였습니다.

위에서 본바와 같은 청소년들의 음주경위, 신청인에게는 지금까지 단 한 차례도 식품위생법을 위반한 사실이 없으며, 이 사건 식당의 영업을 2개월이나 정지하게 될 경우 가족들의 생계에 중대한 영향을 미치는 점, 그 외 영업정지기간이 년 중 최고의 성수기인 점 등을 고려할 때 이 사건 처분은 재량권을 일탈 또는 남용한 처분으로써 당연히 취소되어야 할 것입니다.

4. **결 론**

이에 신청인은 피신청인을 상대로 이 사건 처분의 취소를 구하기 위하여, 현재 영업정지처분 취소청구소송을 제기하여, 귀원 20○○구단○○○○호로 심리중에 있습니다. 위 재판이 확정될 때 까지는 상당한 시일이 소요되며, 업무정지간인 3개월을 경과할 것이 명백하여, 신청인이 재판에서 승소하더라도, 재판의 실이 없게 될 가능성이 크고, 이 사건 처분의 집행으로 인하여 신청인의 생업수단을 상실하게 되어 그 기간이 장기화될수록 신청인으로서는 회복하기 어려운 손해를 입을 우려가 상당합니다. 이 사건 연유로 신청인은 신청취지와 같은 결정을 구하고자 이 사건 신청에 이르게 되었습니다.

입 증 방 법

1. 소갑 제1호증 처분사전통지서
1. 소갑 제2호증 의견제출서

20○○. ○. ○.

신청인 ○○○

서울행정법원 귀중

2. 영업정지처분 및 과태료부과처분 취소

(1) 기재례 – 신청취지

1. 피고는 20○○. ○. ○. 청구인에 대하여 한 청구인 공장의 ○○지점 및 시화지점의 1월의 영업정지처분은 이를 취소한다.
2. 피청구인이 20○○. ○. ○. 청구인에 대하여 한 200만원의 과태료부과처분과 1,600만원의 과태료부과처분은 이를 취소한다.

라는 재결을 구합니다.

(2) 관련서식

[서식 92] 영업정지처분 및 과태료부과처분 취소

행 정 심 판 청 구

청 구 인 ○ ○ ○ (주민등록번호)
○○시 ○○구 ○○길 ○○ (우편번호 ○○○○○)

피청구인 △△지방관경관리청장

영업정지처분및과태료부과처분 취소청구

심판청구 취지

1. 피청구인이 20○○. ○. ○. 청구인에 대하여 한 영업정지 2개월의 처분은 이를 취소한다.
2. 피청구인이 20○○. ○. ○. 청구인에 대하여 한 100만원의 과태료부과처분은 이를 취소한다.

라는 재결을 구합니다.

심판청구 이유

1. 사건개요

청구인은 ○○시 ○○구 ○○길 ○○에서 20여명의 직원을 고용하여 폐기물처리 회사를(이하 '이 사건 업소'라 합니다)을 운영하는 자로 20○○. ○. ○.경 피청구인은 청구인이 카센터로부터 수거하여 온 오일 휠터 약 1톤을 즉시 최종 처리자에게 인도하여야 함에도 이를 ○○공장에 일시보관하고 함에 따라 2개월(20○○. ○. ○.- 20○○. ○. ○.)의 영업정지처분과 100만원의 과태료부과처분(이하 '이 사건 처분'이라 합니다)을 하였습니다.

2. 청구인의 주장

가. 피청구인은 청구인이 ○○등에서 수거하여 온 폐유 등을 즉시 최종처리업자에게 인도하지 아니하고 이를 보관하고 있었다는 이유로 영업정지처분 및 과태료부과처분을 하였는 바, 이는 폐기물을 30일 이내에 처리하도록 한 폐기물관리법 제26조 제8항 및 동법 시행규칙 제19조의2, 제19조의3에 규정은 업계의 현실을 무시한 행정법규이고, 특히 구체적인 기준을 정하고 있는 폐기물관리법시행규칙은 행정규칙의 성질을 있는 것이므로 이에 근거한 이 사건 처분은 위법, 부당합니다.

나. 폐기물처리업소에서 적정량의 폐기물을 30일 동안만 보관하도록 폐기물관리법에서 규정하고 있는 것은 가능한 빨리 폐기물을 처리하여 2차적인 환경오염이 발생하는 것을 막으려는데 그 취지가 있다고 할 것인 바, 청구인은 위 폐기물을 보관함에 있어 콘크리트 바

닥과 지붕을 만들어 그 공간에 폐기물을 보관하였으므로 2차 오염이 발생할 여지가 전혀 없고 영업을 하다보면 최종처리 업체를 즉시에 찾아서 처리계약을 체결하기가 쉬운 것은 아니므로 폐기물을 일정기간 초과하여 보관하였다는 것만으로 제재를 가하도록 한 위 조항은 영업의 자유를 침해할 소지가 있는 위헌적인 조항입니다.

다. 청구인이 폐기물을 적정보관기간을 초과하여 보관하게 된 것은 전 대표이사인 김○○이 보다 많은 영업수입을 올리기 위해 폐기물을 수거만 하여 놓고 이를 재처리하지 아니하였기 때문인 바, 법인의 경우 전 대표이사의 위반사항이 대표이사가 변경된 후에도 회사에 그대로 승계되는 것이 당연하지만 이 사건의 경우 전 대표이사가 거의 고의적으로 회사 업무를 등한시한 경우로 나타난 것이므로 청구인 회사는 전 대표이사의 잘못을 그대로 뒤집어쓰는 결과가 되었습니다.

3. 결 론

그렇다면 피청구인이 위와 같은 사정을 고려하지 않고 일방적으로 영업정지와 과태료부과를 한 피청구인의 이 사건 처분은 위법 부당한 행정처분이므로 청구인은 행정심판을 구하고자 이 건 청구에 이른 것입니다.

입 증 방 법

1. 갑 제1호증	행정처분통지서
1. 갑 제2호증	사업자등록증
1. 갑 제3호증	확인서
1. 갑 제4호증	진술서

첨 부 서 류

1. 위 입증방법	각 1통
1. 심판청구서 부본	1통

20○○. ○. ○.

위 청구인 ○ ○ ○ (인)

△△지방환경관리청장 귀중

<table>
<tr><td>제출기관</td><td>피청구인 또는 행정심판위원회
(행정심판법 제23조)</td><td>청구기간</td><td>· 처분이 있음을 안 날로부터 90일
· 처분이 있은 날로부터 180일
(행정심판법 제27조)</td></tr>
<tr><td>청 구 인</td><td>피처분자</td><td>피청구인</td><td>행정처분을 한 행정청</td></tr>
<tr><td>제출부수</td><td>청구서 및 부본 각 1부</td><td>관련법규</td><td>행정심판법</td></tr>
<tr><td>불복방법</td><td colspan="3">· 행정심판 재청구의 금지(행정심판법 제51조)
행정심판법상 행정심판의 단계는 단일화되어 있어 재결에 대한 행정심판 재청구는 할 수 없다. 다만, 국세기본법 등의 개별법에서는 다단계의 행정심판을 인정하고 있음
· 재결에 대한 행정소송(행정소송법 제19조, 제38조)
재결자체에 고유한 위법이 있을 때에는 재결 그 자체에 대한 취소소송 및 무효등확인소송을 제기할 수 있음
· 다만, 청구인은 기각 재결 등 청구인의 주장이 인용되지 아니한 경우에는 원행정처분에 대하여 행정소송으로 다툴 수 있음(행정소송법 제18조)</td></tr>
</table>

제 2 장 운전면허에 대한 행정심판

Ⅰ. 개 관

현행법상 도로교통법은 운전면허취소 · 정지처분에 대한 행정소송은 전심절차로서 행정심판의 재결(裁決)을 거치지 아니하면 제기할 수 없다고 규정하여, 행정심판 전치주의를 취하고 있다(도로교통법 제142조). 행정심판 재결의 존재는 소송요건이 되므로 행정심판은 중요한 구제수단이라 할 수 있다. 행정심판이란 행정청의 위법 · 부당한 처분으로 권리를 침해받은 국민을 위한 권리구제 절차이므로(행정심판법 제1조) 국민들이 행정청의 위법 · 부당한 처분이나 부작위로 인하여 피해를 입은 경우 그 취소 · 변경을 구하는 취소심판, 처분이 무효임을 확인해 줄 것을 요구하는 무효 등 확인심판, 일정한 처분을 해 줄 것을 요구하는 의무이행심판 등을 제기할 수 있다.

Ⅱ. 운전면허 정지, 취소 구제

1. 자동차운전면허구제관련 소송 – 행정심판 필요적 전치주의 등

가. 개 관

운전면허에 관한 소송은 운전면허취소처분 취소소송이 대부분이며, 도로교통법 제93조 제1항은 운전면허 취소 · 정지의 개별 사유를 정하고 있다. 또한 같은 조 제2항은 취소 · 정지처분의 기준이 되는 벌점에 관하여 정하고 있다. 특히, 운전면허의 취소가 직업유지, 생계에 막대한 지장을 주는 경우에 더욱 구제율이 높아지며, 행정처분대상자가 입게 될 불이익과 행정처분으로 실현하고자 하는 공익실현에 따른 비교형량에 따라 구제의 가능성이 높아지게 된다.

【판시사항】

운전면허 행정처분처리대장상 벌점의 배점이 행정처분인지 여부(대법원 1994. 8. 12. 선고 94누2190 판결)

【판결요지】

운전면허 행정처분처리대장상 벌점의 배점은 도로교통법규 위반행위를 단속하는 기관이 도로

교통법시행규칙 별표 16의 정하는 바에 의하여 도로교통법규 위반의 경중, 피해의 정도 등에 따라 배정하는 점수를 말하는 것으로 자동차운전면허의 취소, 정지처분의 기초자료로 제공하기 위한 것이고 그 배점 자체만으로는 아직 국민에 대하여 구체적으로 어떤 권리를 제한하거나 의무를 명하는 등 법률적 규제를 하는 효과를 발생하는 요건을 갖춘 것이 아니어서 그 무효확인 또는 취소를 구하는 소송의 대상이 되는 행정처분이라고 할 수 없다.

한편, 도로교통법 시행규칙 [별표 28]은 벌점의 기준을 포함하여 취소 · 정지처분의 구체적 기준을 정하고 있는데, 위 기준은 행정청 내부의 재량준칙에 불과한 것으로서 대외적으로 국민이나 법원을 기속하는 효력은 없으므로 처분의 적법 여부는 위 기준만으로 판단할 것이 아니라 도로교통법의 규정 내용과 취지에 따라 판단하여야 한다.[58]

[음주운전 구제기준]

- 생계형(특히, 이의신청은 생계를 가장 중요)
- 부당성과 가혹성
- 정상참작 사유 등을 감안하여 심리하고 있으며 그 요소는 아래와 같다.

아 래

1. 음주수치(혈중알코올 농도가 면허취소인 경우라도 너무 높지 않은 경우)
2. 생계성(운전을 하지 못하면 생계에 지장이 있는지, 직업과 밀접성)
3. 음주운전의 동기 및 당시 정황(피치 못할 사정이 있는지)
4. 음주운전의 거리
5. 음주운전적발전력, 사고, 교통법규위반으로 받은 벌점 등
6. 운전경력(과거 운전 당시 법 준수 여부)
7. 가정경제(재산의 유무, 부양의 의무, 부채의 정도, 생계비 등)
8. 사회공헌도(표창, 상장, 사회봉사 등)
9. 가족 중 병원에 입원하거나 통원진료 하는 사람이나 병석에 있는 사람 유무
10. 경찰의 행정처분의 하자(행정절차상 하자나 결격 사유)
11. 기타 정상참작의 여지 등을 중점적으로 판단한다.

58) 대법원 2004. 12. 23. 선고 2003두3017 판결.

[음주운전 구제가 불가능한 경우]

> 행정심판에서 법적으로 구제신청을 할 수 있는 요건은 혈중알코올농도 수치 0.125%를 초과해서는 아니 되고, 직업상 제한은 없지만 직업상 · 생활상 · 출퇴근 상 운전이 필요해야 한다.
>
> 다만, - 혈중알코올농도가 0.10% 초과한 경우
> - 혈중알코올농도 0.8% 이상이면서 인적피해가 접수된 경우
> - 이진아웃, 측정거부, 청구인의 법규위반 정도가 중대한 경우
> - 고의의 뺑소니, 고의의 무면허운전
>
> 등은 도로교통법 제93조 제1항에 따라 반드시 취소하도록 되어 있어, 행정심판을 통한 구제가 불가능하다.
>
> 다만, 위법한 처분이거나 특수한 사례(도로외 구역인 주차장이나 아파트구역 내 이동, 긴급피난, 호흡측정이 어려운 경우 등)는 위와 같은 경우와 무관하게 수치가 높아도 구제대상이 된다.

나. 행정심판 전치주의

도로교통법은 운전면허취소 · 정지처분에 대한 행정소송은 전심절차로서 행정심판의 재결(裁決)을 거치지 아니하면 제기할 수 없다고 규정하여, 행정심판 전치주의를 취하고 있다(도로교통법 제142조). 행정심판 재결의 존재는 소송요건이므로 행정심판 재결이 있기 전에 소를 제기하면 부적법 소로서 각하하여야 하지만, 소송요건의 충족 여부는 변론종결시를 기준으로 하는 것이므로 실무상 바로 각하지 아니하고 재결이 있을 때까지 기다리는 등 흠의 치유를 기다려 본안판단을 함이 일반적이다.

다. 법령확인

도로교통법상 필요적 치소사유로 되어 있음에도 이를 간과하고 재량권 일탈 · 남용의 주장을 하는 당사자가 상당수 있다. 운전면허취소의 경우 필요적 취소사유로 되어 있다고 임의적 취소사유로 변경되기도 하고, 그 반대로 변경되기도 하는 등 수시로 법이 개정되고 있으므로 심판청구를 제기하기에 앞서 이러한 점을 정확히 확인할 필요가 있다.

2. 도로 및 자동차 운전의 개념

가. 도 로

도로교통법 제2조 제1호는 "도로란 다음 각 목에 해당하는 곳을 말한다.

(1) 「도로법」에 따른 도로

(2) 「유료도로법」에 따른 유료도로

(4) 「농어촌도로 정비법」에 따른 농어촌도로

(5) 그 밖에 현실적으로 불특정 다수의 사람 또는 차마(車馬)가 통행할 수 있도록 공개된 장소로서 안전하고 원활한 교통을 확보할 필요가 있는 장소"라고 규정하고 있으며, 같은 법 제2조 제26호에서 운전의 정의에 관하여 '운전'이란 도로에서 차마를 그 본래의 사용방법에 따라 사용하는 것(조종을 포함)을 말한다.라고 규정하고 있습니다. 따라서 특정된 장소인 아파트단지와 대학구내 통행로의 관리 및 이용 상황에 비추어 불특정 다수의 사람이나 차량의 통행을 위하여 공개된 장소로서 일반교통에 사용되는 곳으로 볼 여지가 있지만, 위 장소는 도로교통법상의 도로에 해당하지 않는다.[59)]

Q 甲은 택시를 운전하는 자로서 택시영업을 마치고 주거지 아파트 단지 내 상가에서 술을 마시고 혈중알콜농도 0.13% 상태에서 택시를 운전하여 위 아파트 주차장 사이의 통행로로 진입하던 중 주차구획선 내에 주차되어 있던 승용차를 들이받는 사고를 일으켰습니다. 甲이 운전한 장소는 위 아파트 단지 내 통행로인바, 이 경우에도 위 아파트 단지 내 통행로가 「도로교통법」 제2조 제1호 소정의 '도로'에 해당되어 음주운전으로 운전면허취소처분을 받게 되는지요?

A 「도로교통법」 제2조 제1호는 "도로란 다음 각 목에 해당하는 곳을 말한다. 가. 「도로법」에 따른 도로, 나. 「유료도로법」에 따른 유료도로, 다. 「농어촌도로 정비법」에 따른 농어촌도로, 라. 그 밖에 현실적으로 불특정 다수의 사람 또는 차마(車馬)가 통행할 수 있도록 공개된 장소로서 안전하고 원활한 교통을 확보할 필요가 있는 장소"라고 규정하고 있으며, 같은 법 제2조 제26호에서 운전의 정의에 관하여 '운전'이란 도로에서 차마를 그 본래의 사용방법에 따라 사용하는 것(조종을 포함)을 말한다.라고 규정하고 있습니다.

그리고 같은 법 제44조 제1항은 "누구든지 술에 취한 상태에서 자동차 등(「건설기계관리법」 제26조 제1항 단서에 따른 건설기계 외의 건설기계를 포함한다. 이하 이 조, 제45조, 제47조, 제93조 제1항 제1호부터 제4호까지 및 제148조의2에서 같다.)을 운전하여서는 아니 된다."라고 규정하고

59) 대법원 2006. 1. 13. 선고 2005도6986 판결.

있고, 같은 법 제93조 제1항 제1호에서는 지방경찰청장은 운전면허를 받은 사람이 제44조 제1항의 규정에 위반하여 술에 취한 상태에서 운전을 한 때에는 행정자치부령이 정하는 기준에 의하여 운전면허를 취소하거나 1년의 범위 안에서 그 운전면허의 효력을 정지시킬 수 있다."라고 규정하고 있습니다.

그런데 「도로교통법」은 도로에서 일어나는 교통상의 모든 위험과 장해를 방지 · 제거하여 안전하고 원활한 교통을 확보함을 목적으로 하므로(같은 법 제1조), 같은 법 제93조 제1항 제1호 소정의 행정처분대상자에 해당하기 위해서는 운전한 장소가 같은 법 제2조 제1호 소정의 도로이어야 합니다.

구 「도로교통법」 제2조 제1호에 의하면 '도로'는 "도로법에 의한 도로, 유료도로법에 의한 유료도로, 그 밖의 일반교통에 사용되는 모든 곳을 말한다"라고 규정하고 있었는바, 여기서 말하는 '일반교통에 사용되는 곳'에 대한 해석과 관련하여 판례는, "구 도로교통법(1999. 1. 29. 법률 제5712호로 개정되기 전의 것) 제2조 제1호, 제19호에 의하면 '운전'이라 함은 도로에서 차를 본래의 사용방법에 따라 사용하는 것을 말하고, '도로'라 함은 도로법에 의한 도로, 유료도로법에 의한 유료도로 그 밖의 일반교통에 사용되는 모든 곳을 말한다고 규정하고 있는데, 여기서 '일반교통에 사용되는 모든 곳'이라 함은 현실적으로 불특정 다수의 사람 또는 차량의 통행을 위하여 공개된 장소로서 교통질서유지 등을 목적으로 하는 일반 교통경찰권이 미치는 공공성이 있는 곳을 의미하고, 특정인들 또는 그들과 관련된 특정한 용건이 있는 자들만이 사용할 수 있고 자주적으로 관리되는 장소는 이에 포함되지 않는다."라고 하였으나, "아파트 단지가 상당히 넓은 구역이고, 여러 곳에 경비실이 설치되어 있어 경비원들이 아파트 주민 이외의 차량에 스티커를 발부해왔으나 외부차량 출입통제용이 아닌 주민들의 주차공간확보 차원에서 이루어진 것일 뿐이며, 현실적으로 불특정 다수의 사람이나 차량의 통행이 허용된다는 이유로 아파트 단지 내의 통행로가 공개된 장소로서 교통질서유지 등을 목적으로 하는 일반교통경찰권이 미치는 공공성이 있는 곳으로 구 도로교통법(1999. 1. 29. 법률 제5712호로 개정되기 전의 것) 제2조 제1호 소정의 '도로'에 해당한다."라고 한 바 있습니다(대법원 2001. 7. 13. 선고 2000두6909 판결).

위 판례는 구 「도로교통법」(1999. 1. 29. 법률 제5712호로 개정되기 전의 것)하에서 발생된 사건에 관한 판례이지만, 위 판례 등의 취지를 반영하여 개정된 현행 「도로교통법」에서도 동일하게 적용될 것으로 보입니다.

따라서 위 사안에 있어서도 위 아파트 단지 내의 통행로의 관리상태가 위 판례 사안과 유사한 경우라면 공개된 장소로서 교통질서유지 등을 목적으로 하는 일반교통경찰권이 미치는 공공성이 있는 「도로교통법」상의 도로에 해당되므로 甲의 운전면허가 취소될 수 있을 것으로 보입니다.

나. 자동차운전

(1) 개 념

도로교통법 제2조 제19호는 '운전'이라 함은 도로에서 차를 그 본래의 사용 방법에 따라 사용하는 것을 말한다고 규정하고 있는바, 여기에서 말하는 운전의 개념은 그 규정의 내용에 비추어 목적적 요소를 포함하는 것이므로 고의의 운전행위만을 의미하고 자동차 안에 있는 사람의 의지나 관여 없이 자동차가 움직인 경우에는 운전에 해당하지 않는다.

(2) 운전할 목적없이 시동을 건 경우

(가) 어떤 사람이 자동차를 움직이게 할 의도 없이 다른 목적을 위하여 자동차의 원동기(모터)의 시동을 걸었는데, 실수로 기어 등 자동차의 발진에 필요한 장치를 건드려 원동기의 추진력에 의하여 자동차가 움직이거나 또는 불안전한 주차상태나 도로여건 등으로 인하여 자동차가 움직이게 된 경우는 자동차의 운전에 해당하지 아니한다.[60]

(나) 또한, 단지 자동차의 히터를 가동하기 위하여 자동차의 원동기의 시동을 거는 순간 위 자동차에 후진기어가 들어간 상태이어서 탑승자의 의사와 관계없이 위 자동차가 약 1.5m 가량 후진하게 되었다면, 탑승자가 그 당시 자동차를 운전하였다고 볼 수 없어 도로교통법상 음주운전에 해당하지 않는다.[61]

그러나 이유 여하를 불문하고 술에 취한 상태에서 차량에 탑승한 경우 음주운전자로 강한 의심을 받거나 음주운전자로 속칭 말하는 엮일 수 있다는 점을 유의하여 어떠한 경우에도 술에 취한 상태에서는 의심스러운 행위를 지양하여야 할 것이다.

3. 형사재판과의 관계

가. 형사재판과의 관계

운전면허취소 · 정지 사유가 음주운전이나 무면허운전인 경우와 같이 형사처벌의 대상도 되어 행정처분과 별도로 형사절차가 진행되는 경우가 있다. 시행규칙 [별표 28] 1. 마.에 따르면 형사재판에서 무죄판결이 확정되는 경우 운전면허 행정처분을 취소하게 되어 있으므로 처분 사유의 존부에 관하여 다툼이 있는 경우 형사판결 선고시까지 기다리는 경우가 일반적인데, 취소처분의 효력이 정지되어 있는 경우 소송의 지연으로 처분의 실효성이 없게 될 수 있음을 주의하여야 한다. 따라서 관련 형사사건 때문에 행정사건 본안기일을 추정한 경우에도 수시로 관련 형사사건을 검색하여 소송지연의도가 있다고 보일 경우에는 행정사건 본안기일을 지정하여 형사사건 지연 사유를 확인한 후 경우에 따라 집행정지를 취소하는 등의 조치를 취하는 것이 바람직하다.[62]

---

60) 대법원 2004. 4. 23. 선고 2004도1109 판결.

61) 대구지방법원 2005. 9. 21. 선고 2004노4281 판결 : 상고.

[형사처벌을 받을 가능성이 높은 음주운전의 유형]

1. 음주운전 전력이 삼진아웃 이상
2. 5년 안으로 3번, 3년 안으로 2번의 음주전력
3. 혈중알코올농도 0.200 이상 및 측정거부, 무면허시
4. 혈중알코올농도 0.36% 이상인 음주운전
5. 음주운전에 위험운전치사상죄(대인사고) 성립시
6. 음주운전에 교통사고처리특례법상(도주차량: 일명 뺑소니)
7. 움주집행유예기간 중 음주

▶ 음주운전 삼진아웃이란 2001년부터 도입된 제도로, 음주운전을 3회 이상한 경우 면허취소 처분을 받는 제도이다(3년 이내 음주운전 처벌전력 2회, 3회째 0.1% 이상에서 음주운전한 자(구속수사) 면허취소/ 5년 이내 음주운전 처벌전력 3회인 자로 음주운전한 자(구속수사) 영장청구(구속수사)/ 5년 이내 음주운전처벌전력 2회, 3회째 0.1% 이상에서 음주운전한 자(구속수사)와 3회째 0.05~0.1%일 경우엔 구체적 사실관계 조사(불구속입건)). 결격기간은 2년이며, 또한 음주운전 교통사고를 3회 이상 낸 경우 결격기간 3년의 면허취소 처분을 받게 된다. 운전면허 재취득을 위해서는 결격기간이 지나야 가능하다. 하편 이러한 삼진아웃제도는 상습적인 음주운전자 예방 등의 목적으로 2019년 6. 25일부터 이진아웃으로 변경된 상태이다.

나. 음주운전 단속불응, 경찰관 폭행 등

(1) 개 관

간혹 술에 취한 상태에서 음주단속까지 당하게 되면 숨김에 단속 현정에서 애꿎은 경찰관에게 화를 내며, 음주운전단속까지 불응하고 욕설을 하거나 폭행을 하는 경우를 심심치 않게 뉴스나 신문지상에서 볼 수 있다. 아무리 술김에 우발적인 행위라 할지라도 단순히 음주운전으로 끝날 사안을 그 행위로 인하여 도로교통법법위반(음주측정불응죄)과 공무집행방해죄, 모욕죄 등으로 더 큰 죄로 처벌을 받을 수 있음을 주의하여야 한다.

【판시사항】

구 도로교통법 제107조의2 제2호, 제41조 제2항 소정의 음주측정불응죄의 성립요건(대법원

62) 사법발전재단, 행정소송의 이론 및 실무, 2014. 1. 15, 740면.

1999. 12. 28. 선고 99도2899 판결)

【판결요지】

구 도로교통법(1999. 1. 29. 법률 제5712호로 개정되기 전의 것) 제107조의2 제2호, 제41조 제2항의 해석상 교통안전과 위험방지를 위하여 필요한 경우가 아니라고 하더라도 음주측정 요구 당시의 객관적 사정을 종합하여 볼 때 운전자가 술에 취한 상태에서 자동차 등을 운전하였다고 인정할 만한 상당한 이유가 있고 운전자의 음주운전 여부를 확인하기 위하여 필요한 경우에는 사후의 음주측정에 의하여 음주운전 여부를 확인할 수 없음이 명백하지 않는 한 경찰공무원은 당해 운전자에 대하여 음주측정을 요구할 수 있고, 당해 운전자가 이에 불응한 경우에는 위 법 소정의 음주측정불응죄가 성립하는바, 운전자가 술에 취한 상태에서 자동차 등을 운전하였다고 인정할 만한 상당한 이유가 있는지의 여부는 음주측정 요구 당시 개별 운전자마다 그의 외관·태도·운전 행태 등 객관적 사정을 종합하여 판단하여야 할 것이고, 특히 운전자의 운전이 종료한 후에는 운전자의 외관·태도 및 기왕의 운전 행태, 운전자가 마신 술의 종류 및 양, 음주운전의 종료로부터 음주측정의 요구까지의 시간적·장소적 근접성 등 객관적 사정을 종합하여 신중하게 판단할 것이 요구된다.

(2) 불법음주 측정거부, 경찰관 폭행

적법한 절차를 준수하지 아니한 채 음주측정을 요구하는 경찰관을 상대로 저항하는 과정에서 경찰관을 폭행하여 경미한 상해를 가한 경우 그 폭행행위는 경찰관의 불법체포 및 그에 따른 위법한 음주측정요구 등 자신의 신체에 대한 현재의 부당한 침해에서 벗어나기 위한 행위로서 위법성이 조각된다는 이유로, 공무집행방해죄의 성립을 부정한다.[63]

(3) 동승자가 교통단속 경찰관 폭행, 면허취소 여부

도로교통법 제78조 제1항 제9호, 같은 법 시행규칙 제53조 제1항 [별표 16] 운전면허행정처분기준 제2의 취소기준 개별기준 일련번호 제9-4호의 취지는 자동차를 직접 운전하는 운전자가 도로교통법에 의한 교통단속임무를 수행하는 경찰공무원 등 및 시·군·구 공무원을 폭행한 때에 그 운전면허를 취소함으로써 경찰공무원 등의 교통단속임무의 수행을 확보하려는 것이고, 자동차를 직접 운전하지 않고 동승한 사람이 운전자와는 별도로 교통단속임무를 수행하는 경찰공무원 등을 폭행한 경우까지 그 운전면허를 취소하려는 것은 아니라고 할 것이다(그렇지 않고 교통단속임무를 수행하는 경찰공무원 등을 폭행한 모든 경우에 운전면허를 취소할 수 있다고 본다면, 폭행한 사람이 자동차를 직접 운전하지 않는 사람일 경우에 그가 운전면허를 가지고 있을 때에는

63) 대구지방법원 2009. 9. 29. 선고 2009고단1743 판결 : 항소.

운전면허가 취소되어 도로교통법 제70조 제2항 제6호에 의하여 취소된 날로부터 1년 동안 운전면허를 받을 수 없게 되는 불이익을 받게 되나, 그가 운전면허를 가지고 있지 않을 경우에는 운전면허가 취소되지도 않을 뿐만 아니라 일정한 기간 동안 운전면허를 받을 수 없게 되는 불이익도 받지 않게 되어 불합리한 결과에 이르게 된다).[64]

(4) 불법연행, 경찰관 폭행

피고인이 교통단속 경찰관의 면허증 제시 요구에 응하지 않고 교통경찰관을 폭행한 사안에 대하여 경찰관의 면허증 제시 요구에 순순히 응하지 않은 것은 잘못이라고 하겠으나, 피고인이 위 경찰관에게 먼저 폭행 또는 협박을 가한 것이 아니라면 경찰관의 오만한 단속 태도에 항의한다고 하여 피고인을 그 의사에 반하여 교통초소로 연행해 갈 권한은 경찰관에게 없는 것이므로, 이러한 강제연행에 항거하는 와중에서 경찰관의 멱살을 잡는 등 폭행을 가하였다고 하여도 공무집행방해죄가 성립되지 않는다.[65]

다. 단속현장에서 도주

(1) 개 관

현행법상 음주단속에 불응하여 도주하는 경우 그 행위 자체를 처벌하는 규정은 없다. 다만, 도주과정에서 일반적으로 발생하는 차선위반, 신호위반, 중앙선침범 및 그 과정에서 발생하는 각종 사고에 대한 처벌은 별론으로 하며, 또한 음주단속을 회피할 목적으로 도로에 차를 방치하고 도주하고 경우가 있는데 이 또한 일반교통방해죄로 10년 이하의 징역 또는 1,500만원 이하의 벌금에 처해질 수 있음에 주의하여야 한다.

(2) 정지신호를 무시 · 진행으로 이한 경찰관 상해시, 운전자의 업무상 과실여부

음주운전을 단속하는 경찰관이 약 10미터 전방에서 음주운전자가 운행하는 것으로 의심되는 차량이 동료 경찰관의 정지신호를 무시하고 계속 진행하여 오는 것을 보고 그 차량에 대하여 다시 정지신호를 하여도 이에 계속 불응하면서 도주하려 하는 경우 그 차량의 진로를 가로막고 서거나 차량의 차체 일부를 붙잡아 정차하도록 하거나 정차를 강력히 요구하는 표시로 차체를 두드려 주의를 환기시키거나 경각심을 일으키는 등 차량에 접근하는 행동을 하는 경우가 있을 수 있음은 충분히 예상할 수 있으므로, 정지신호를 보내오고 있는 경찰관을 발견한 운전자로서는 마땅히 차량을 정차시켜야 하고, 만일 계속 진행하더라도 속도를 줄이고 경찰관의 동태를 잘 살펴 안전하게 진행하여야 할 업무상 주의의무가 있다고 할 것인데, 그럼에도

64) 대구고등법원 1998. 7. 3. 선고 97구11387 판결 : 확정.
65) 대법원 1992. 2. 11. 선고 91도2797 판결.

불구하고 이에 위배하여 상당한 속도로 계속 진행함으로써 정차를 시키기 위하여 차체를 치는 경찰관으로 하여금 상해를 입게 한 운전자에게는 업무상 주의의무를 다하지 못한 과실이 있다는 이유로 특정범죄가중처벌등에관한범률위반(도주차량), 도로교통법위반 등의 죄로 처벌받은 사례가 있다.[66]

(3) 운전면허증 제시불응, 차량을 진행이 경찰관에 대한 폭행에 해당하는 여부

차량을 일단 정차한 다음 경찰관의 운전면허증 제시요구에 불응하고 다시 출발하는 과정에서 경찰관이 잡고 있던 운전석 쪽의 열린 유리창 윗부분을 놓지 않은 채 어느 정도 진행하다가 차량속도가 빨라지자 더 이상 따라가지 못하고 손을 놓아버렸다면 이러한 사실만으로는 피고인의 행위가 공무집행방해죄에 있어서의 폭행에 해당한다고 할 수 없다.[67]

라. 주차조정을 위하여 짧은 거리 운행

원고는 음주운전을 하지 않기 위하여 인천에서 대리운전기사를 불러 차를 운전하여 자택 앞까지 운전하여 온 점, 원고가 음주운전을 하게 된 것은 거주자 우선주차구역 안에 차를 주차하기 위하여 부득이 하게 한 것으로 보이는 점, 그 운전거리도 불과 2-3m에 불과한 점, 원고는 ○○○ 회에서 운영하고 있는 조명기구사업소 소장으로 근무하면서 각 거래처에 직접 배달을 하여야 하고 나아가 오랜 기간 위 차량을 이용하여 고엽제 환자를 후송하는 봉사활동을 수행하여 왔던바, 그의 업무수행과 위와 같은 봉사활동을 지속하기 위하여는 차량운전이 필요한 점, 원고가 비록 이전에 음주로 인하여 운전면허가 취소된 적이 있지만 이는 이미 10여 전(1997. 4. 12.)의 일에 불과한 점 등을 고려하면, 원고의 운전면허를 취소함으로써 달성하려는 공익에 비하여 그로 인하여 원고가 입게 될 불이익이 막대하여 원고에게 지나치게 가혹하다고 보인다. 따라서 피고의 이 사건 처분은 운전면허취소에 관한 재량권을 남용한 위법이 있다.[68]

마. 음주운전 중 도로에서 잠든 경우

(1) 처리절차

간혹 음주운전 중 취기가 올라 도로에서 잠이든 상태로 적발되는 경우가 발생한다. 이 경우 경찰은 주취운전자의 부주위에 의한 추가사고의 방지를 위하여 바로 운전자에 대한 음주측정

---

66) 대법원 1994. 10. 14. 선고 94도2165 판결.
67) 대법원 1996. 4. 26. 선고 96도281 판결.
68) 서울행정법원 2009. 11. 26. 선고 2009구단5438 판결.

을 지양하고 일단 운전자에 대한 안전구호조치를 취하여야 한다. 안전조치를 취한 후에는 경찰관이 운전석의 문을 열고 시동을 끈 뒤 운전자를 운전석 밖으로 나오게 하여 음주측정을 하거나 지구대 등으로 임의동행을 하게 되는데, 만일, 운전자에게서 술 냄새가 짙게 나고, 운전자의 혈색이 붉으며, 운전자의 혀가 심하게 꼬여 발음이 정확치 못하거나, 비틀거리며 걷는 등 술에 취한 것이 확정적일 현장에서 음주측정도 가능하다. 이때 운전자는 음주 후 일정시간이 지났을 경우 '혈중알코올농도 상승기'에 유의해야 하는데, 이는 술에 취해 잠을 자는 동안에도 혈중알코올농도가 계속 승강하는 까닭에 시간대를 제대로 진술하지 못하면 후에 위드마크 공식이 적용될 소지가 크기 때문이다.

【판시사항】

임의동행의 적법 요건(대구지방법원 2009. 9. 29. 선고 2009고단1743 판결 : 항소).

【판결요지】

형사소송법 제199조 제1항은 "수사에 관하여 그 목적을 달성하기 위하여 필요한 조사를 할 수 있다. 다만, 강제처분은 이 법률에 특별한 규정이 있는 경우에 한하며, 필요한 최소한도의 범위 안에서만 하여야 한다."고 규정하여 임의수사의 원칙을 명시하고 있는바, 수사관이 수사 과정에서 당사자의 동의를 받는 형식으로 피의자를 수사관서 등에 동행하는 것은, 상대방의 신체의 자유가 현실적으로 제한되어 실질적으로 체포와 유사한 상태에 놓이게 됨에도, 영장에 의하지 아니하고 그 밖에 강제성을 띤 동행을 억제할 방법도 없어서 제도적으로는 물론 현실적으로도 임의성이 보장되지 않을 뿐만 아니라, 아직 정식의 체포 · 구속단계 이전이라는 이유로 상대방에게 헌법 및 형사소송법이 체포 · 구속된 피의자에게 부여하는 각종의 권리보장 장치가 제공되지 않는 등 형사소송법의 원리에 반하는 결과를 초래할 가능성이 크다. 그러므로 수사관이 동행에 앞서 피의자에게 동행을 거부할 수 있음을 알려 주었거나 동행한 피의자가 언제든지 자유로이 동행 과정에서 이탈 또는 동행 장소로부터 퇴거할 수 있었음이 인정되는 등 오로지 피의자의 자발적인 의사에 의하여 수사관서 등에의 동행이 이루어졌음이 객관적인 사정에 의하여 명백하게 입증된 경우에 한하여, 그 적법성이 인정되는 것으로 봄이 상당하다. 형사소송법 제200조 제1항에 의하여 검사 또는 사법경찰관이 피의자에 대하여 임의적 출석을 요구할 수는 있겠으나, 그 경우에도 수사관이 단순히 출석을 요구함에 그치지 않고 일정 장소로의 동행을 요구하여 실행한다면 위에서 본 법리가 적용되어야 할 것이고 한편, 행정경찰 목적의 경찰활동으로 행하여지는 경찰관직무집행법 제3조 제2항에 정한 질문을 위한 동행요구도 형사소송법의 규율을 받는 수사로 이어지는 경우에는 역시 위에서 본 법리가 적용되어야 한다.

(2) 경찰관의 보호조치를 필요로 하는 피구호자에 대한 판단기준

경찰관직무집행법 제4조 제1항 제1호(이하 '이 사건 조항'이라 한다)에서 규정하는 술에 취한 상태로 인하여 자기 또는 타인의 생명 · 신체와 재산에 위해를 미칠 우려가 있는 피구호자에 대한 보호조치는 경찰 행정상 즉시강제에 해당하므로, 그 조치가 불가피한 최소한도 내에서만 행사되도록 발동 · 행사 요건을 신중하고 엄격하게 해석하여야 한다. 따라서 이 사건 조항의 '술에 취한 상태'란 피구호자가 술에 만취하여 정상적인 판단능력이나 의사능력을 상실할 정도에 이른 것을 말하고, 이 사건 조항에 따른 보호조치를 필요로 하는 피구호자에 해당하는지는 구체적인 상황을 고려하여 경찰관 평균인을 기준으로 판단하되, 그 판단은 보호조치의 취지와 목적에 비추어 현저하게 불합리하여서는 아니 되며, 피구호자의 가족 등에게 피구호자를 인계할 수 있다면 특별한 사정이 없는 한 경찰관서에서 피구호자를 보호하는 것은 허용되지 않는다.[69]

(3) 음주측정을 위해 운전자를 강제로 연행하기 위하여 따라야 하는 절차 등

도로교통법 제44조 제2항, 제150조 제2호 등의 규정을 살펴볼 때, 교통의 안전과 위험방지를 위한 필요가 없음에도 주취운전을 하였다고 인정할 만한 상당한 이유가 있다는 이유만으로 이루어지는 음주측정은 이미 행하여진 주취운전이라는 범죄행위에 대한 증거수집을 위한 수사절차로서의 의미를 가지는 것이고, 도로교통법상의 규정들이 음주측정을 위한 강제처분의 근거가 될 수 없다. 따라서 음주측정을 위하여 당해 운전자를 강제로 연행하기 위해서는 수사상의 강제처분에 관한 형사소송법상의 절차에 따라야 하고, 이러한 절차를 무시한 채 이루어진 강제연행은 위법한 체포에 해당한다. 이와 같은 위법한 체포 상태에서 음주측정요구가 이루어진 경우, 음주측정요구를 위한 위법한 체포와 그에 이은 음주측정요구는 주취운전이라는 범죄행위에 대한 증거 수집을 위하여 연속하여 이루어진 것으로서 개별적으로 그 적법 여부를 평가하는 것은 적절하지 않으므로, 그 일련의 과정을 전체적으로 보아 위법한 음주측정요구가 있었던 것으로 볼 수밖에 없다. 그렇다면 운전자가 주취운전을 하였다고 인정할 만한 상당한 이유가 있다 하더라도 그 운전자에게 경찰공무원의 이와 같은 위법한 음주측정요구에 대해서까지 그에 응할 의무가 있다고 보아 이를 강제하는 것은 부당하므로, 그에 불응하였다고 하여 음주측정거부에 관한 도로교통법 위반죄로 처벌할 수 없다.[70]

---

69) 대법원 2012. 12. 13. 선고 2012도11162 판결.

70) 대구지방법원 2009. 9. 29. 선고 2009고단1743 판결 : 항소.

4. 운전면허의 정지 및 취소처분 절차

행정청은 운전면허취소 등 행정청이 의무를 과하거나 권익을 제한하는 처분을 하는 경우 당사자에게 일정한 내용을 알려야 한다. 이를 사건통지라 하는데, 행정청이 침익적 행정처분을 하면서 당사자에게 사전 통지나 의견 제출의 기회를 부여하지 않았다면 예외적인 경우에 해당하지 아니하는 한 그 처분은 위법하다.

가. 운전면허정지 · 취소처분사전통지서 발급 등

지방경찰청장 또는 경찰서장이 운전면허의 취소 또는 정지처분을 하려는 때에는 별지 제81호 서식의 운전면허정지 · 취소처분사전통지서를 그 대상자에게 발송 또는 발급하여야 한다. 다만, 그 대상자의 주소 등을 통상적인 방법으로 확인할 수 없거나 발송이 불가능한 경우에는 운전면허대장에 기재된 그 대상자의 주소지를 관할하는 경찰관서의 게시판에 14일간 이를 공고함으로써 통지를 대신할 수 있다(법 시행규칙 제91조 제1항). 따라서 처분결정통지서에 의하지 아니하고 임의로 출석한 상대방에게 구도로 면허정지사실을 알린 경우에는 면허정지의 효력이 발생할 수 없으므로 처분 대상자가 면허정지기간에 운전을 하였더라도 무면허운전에 해당하지 아니한다.[71)]

71) 대법원 1996. 6. 14. 선고 95누17823 판결.

[서식 93] 운전면허정지 · 취소처분사전통지서

■ 도로교통법 시행규칙 [별지 제81호 서식] 〈개정 2010.12.31.〉

보내는 사람

우체국
요금후납

받는 사람

행정우편

접 는 선

년 호

운전면허([ ]정지 · [ ]취소)처분 사전통지서

주소

성명(회사명)

출석요구일 년 월 일

접 는 선

귀하가 아래와 같이 운전면허 정지대상(취소대상)이 된 사실에 대하여 확인하고자 하오니 년 월 일까지 ○○○경찰서(교통관리계 · 민원실)로 운전면허 정지 · 취소처분 사전통지서, 운전면허증 및 도장을 지참하시고 출석해 주시기 바랍니다.

확인내용 : 운전면허 취소 운전면허 정지 일간

※ 일 · 공휴일은 휴무입니다

년 월 일

○○경찰서장 직인

안내전화: 담당자 ○○○

210㎜×297㎜[일반용지 60g/㎡(재활용품)]

나. 이의제기 및 행정심판 등

(1) 이의제기

운전면허 이의신청제도는 운전이 필수 생계수단인 서민들에게 한 번 더 기회를 주고자하는 제도로서, 통지를 받은 처분의 상대방 또는 그 대리인은 지정된 일시에 출석하거나 서면으로 이의를 제기할 수 있다. 이 경우 지정된 기일까지 이의를 제기하지 아니한 때에는 이의가 없는 것으로 본다(같은 조 제2항). 도로교통법상 이의신청 청구 대상자에 대한 자격요건 중 생계형운전만 신청할 수 있다는 조건이 있어, 운전면허구제를 위한 이의신청을 두고 생계형면허구제제도, 생계형이의신청제도라고도 불린다. 이러한 **생계형 이의신청은 현장실사를 거쳐(이의신청접수 → 현지실사 및 사실조사[72] → 심의위원회 의결 → 결과 통보) 매우 엄격하게 이루어지**므로 구제가능성을 철저히 검토하신 후 진행하여야 한다.

생계형 운전자	- 운전기사(택시, 버스, 화물차기사, 공사차량, 배송기사 등) - 차량을 이용한 노점상 - 배달이 주요 영업수단인 자영업자 - 신문, 생수, 음식 등 배달기사 - a/s 기사, 퀵서비스기사, 대리가가 - 가전, 가구 등 판매업의 배달기사 - 주차장 관리원 - 기타 업무의 성격상 운전면허가 필수적인 자
생계형 운전자 해당 x	- 동거가족에게 충분한 생활능력이 있는 경우 - 월급 및 보유재산 등이 많은 경우

(2) 이의제기 자격 및 기간

(가) 자 격

아무리 생계형 운전자라고 하여도 아래의 기준 요건을 충족하지 못하거나 이를 초과한 경우에는 구제가 되지 아니함에 유의하여야 한다. 또한, 운전면허 취소, 정지처분의 경우 이의신청을 통해 감경받은 경우라도 교통안전교육은 감경과 관계없이 의무사항이라는 점 유의하여야 한다.

72) 실태조사는 이의신청서 접수 후 통상 2주내에 이루어지는 것이 관례이다.

구 분	내 용
음주운전	취소처분 : 혈중알콜농도 0.08% 이상(교통사고 포함) 정지처분 : 혈중알콜농도 0.03% 이상(교통사고 포함) ※ 인적 피해 사고는 피해자와 합의하여 진단서를 제출하지 않는 하에 가능
벌점초과	1년간 : 121점 이상 2년간 : 201점 이상 3년간 : 271점 이상 ※ 음주운전으로 면허정지 + 벌점으로 누산점수 초과자
적성검사 기간 경과	적성검사(면허증 갱신) 경과 후 유예기간마저 경과한 자
경찰의 부당하고 위법한 행위	경찰의 잘못이 있거나 오해를 받아 억울하게 취소된 경우

(나) 기 간

운전면허취소 처분을 받은 자 중 생계형 운전자가 면허취소에 이의가 있는 경우 이에 대하여 운전면허 취소처분을 행한 처분청(지방경찰청)에 이의신청을 제기할 수 있는데, 이의신청의 기간은 운전면허 행정처분을 받은 날부터(통상 취소결정통지서를 받은 날) 60일 이내이고, 지방경찰청의 운전면허행정처분심의위원회에서 이의신청에 대하여 검토하여 심의결과를 우편으로 통지해 주게 되며, 심의결과에 불복할 경우 위 통지를 받은 날로부터 90일 이내에 행정심판을 제기할 수 있다. 이의신청 기회는 1회로 종결되며 행정심판과 동시에 할 수도 있고 이의신청을 생략하고 행정심판을 바로 제기할 수도 있다. 이의신청 결과는 신청일로부터 30일 이내에 심의를 하여 가부를 결정한다.

(3) 이의제기 및 이의제기 불가사유

(가) 이의제기 사유

① 일반적인 이의신청의 사유

- 혈중알코올농동 0.10% 이하로 측정된 생계형운전자
- 음주단속 전력이 없는 운전자
- 운전이 아니고는 생계가 어려운 자
- 직무집행을 하는 경찰관에 대한 위력의 행사가 없을 것
- 과거 5년 이내 3회 이상 인적피해 교통사고 전력이 없을 것
- 대리운전기사를 부르는 등 음주운전을 피하기 위한 노력을 하였을 것

- 음주사유가 어쩔 수 없는 사유일 것
- 가정에 병든 가족 및 봉양할 부모가 있을 것
- 음주거리가 짧을 것
- 가정경제가 어려워 공과금조차 밀려있을 것

② 생계형 이의신청의 사유

- 음주운전 행정처분 대상자 중 과거 5년 이상 음주전력이 없는 경우
- 모범운전자로서 3년 이상 교통봉사활동에 종사한 경력이 있는 자
- 뺑소니범(도주차량)을 검거하여 경찰서장의 표창을 받은 전력이 있는 자
- 영업사원, 배달사원, 운전을 필요로 하는 자영업자, 운전기사, 벌점 초과자

(나) 불가사유

이 제도를 이용하는데 있어 제외사유가 있는데, 음주운전으로 운전면허가 취소된 경우에는 알콜농도가 0.10%를 초과한 자, 음주운전으로 인적 피해 교통사고를 발생시킨 자, 음주측정에 불응한 자, 교통사고를 일으킨 후 도주한 자, 단속경찰관을 폭행한 자, 과거 5년 이내에 3회 이상의 인적피해 교통사고를 발생시킨 전력이 있는 자, 과거 5년 이내에 음주운전 전력이 있는 자는 이 제도를 이용할 수 없으며, 벌점이나 누산점수의 초과로 운전면허가 취소된 경우는 과거 5년 이내에 운전면허 취소처분 전력이 있는 자, 과거 5년 이내 3회 이상 인적피해 교통사고를 일으킨 자, 과거 5년 이내에 3회 이상 운전면허 정지처분을 받은 전력이 있는 자, 과거 5년 이내에 운전면허 행정처분심의위원회의 심의 또는 행정심판, 행정소송을 통해 감경된 자는 이 제도를 이용할 수 없다(도로교통법 시행규칙 제91조).

[이의신청 불가요건]

구 분	내 용
음주운전	과거 5년 이내에 3회 이상의 인적피해 교통사고의 전력 혈중알콜농도 0.10% 초과 인적 피해 교통사고 발생 음주 측정 불응 및 도주하거나 경찰관 폭행 과거 5년 이내에 음주운전의 전력 행정처분일로부터 60일을 초과한 경우
벌점초과	과거 5년 이내 음주경력 및 3회 이상 피해 교통사고 전력 과거 5년 이내 행정처분 감경 전력 과거 5년 이내 운전면허 취소 전력

	과거 5년 이내에 운전면허행정처분 이의심의위원회의 심의 또는 행정심판, 행정소송을 통하여 행정처분이 감경된 경우
적성검사 기간 도과	- 아래의 불가피한 사유에 해당하지 아니할 것 - 해외여행을 하거나 재해 또는 재난을 당한 경우 질병이나 부상을 입어 거동하기 어려운 경우 법령의 규정에 의한 신체의 자유를 구속당한 경우 불가피한 사유가 없어진 날로부터 60일을 초과한 경우

Q 저는 이삿짐센터 운전기사로서 혈중알콜농도 0.103%로 음주운전을 하여 운전면허취소처분을 받게 되어 고민하던 중 주위에서 들으니 행정심판이나 행정소송을 하지 않고도 경찰청에 운전면허 취소처분에 대하여 이의신청을 하는 제도가 있다고 하던데, 그것이 어떠한 절차이고 어떻게 신청할 수 있는지요?

A 운전면허 취소처분에 대하여 불복할 수 있는 제도로서 행정심판과 행정소송 외에 경찰청에서 심사하는 운전면허 행정처분 이의신청제도가 있습니다.

위 제도는 「도로교통법」 제94조, 같은 법 시행규칙 제95조에 의해서 시행되고 있는 것으로서, 각 지방경찰청에 제기할 수 있으며 이의신청에 대한 판단도 지방경찰청에서 자체적으로 하게 됩니다. 이 점은 국무총리 행정심판위원회에서 행정심판을 담당하는 것과는 다른 점으로서 경찰청 자체에서 운전면허취소처분에 대하여 다시 판단하는 간편하고 신속한 구제책이라고 할 것입니다.

다만, 이 제도를 이용하는데 있어 제외사유가 있는데, 음주운전으로 운전면허가 취소된 경우에는 알콜농도가 0.12%를 초과한 자, 음주운전으로 인적 피해 교통사고를 발생시킨 자, 음주측정에 불응한 자, 교통사고를 일으킨 후 도주한 자, 단속경찰관을 폭행한 자, 과거 5년 이내에 3회 이상의 인적 피해 교통사고를 발생시킨 전력이 있는 자, 과거 5년 이내에 음주운전 전력이 있는 자는 이 제도를 이용할 수 없으며, 벌점이나 누산점수의 초과로 운전면허가 취소된 경우는 과거 5년 이내에 운전면허 취소처분 전력이 있는 자, 과거 5년 이내 3회 이상 인적피해 교통사고를 일으킨 자, 과거 5년 이내에 3회 이상 운전면허 정지처분을 받은 전력이 있는 자, 과거 5년 이내에 운전면허 행정처분심의위원회의 심의 또는 행정심판, 행정소송을 통해 감경된 자는 이 제도를 이용할 수 없습니다(도로교통법 시행규칙 제91조).

이의신청의 기간은 운전면허 행정처분을 받은 날부터 60일 이내이고, 지방경찰청의 운전면허행정처분심의위원회에서 이의신청에 대하여 검토하여 심의결과를 우편으로 통지해 주게 되며, 심의결과에 불복할 경우 위 통지를 받은 날로부터 90일 이내에 행정심판을 제기할 수 있습니다(도로교통법 제94조 제1항, 제3항).

이의신청에 대한 심의에 있어서는 행정심판에서와 같이 혈중알콜농도, 음주운전을 하게 된 경위, 운전을 생업으로 하는 사정 등을 고려해서 판단하게 되며, 이의신청이 인용될 경우 운전면허 취소처분이 100일의 운전면허정지처분으로 감경되게 됩니다.

따라서 귀하의 경우 이삿짐센터의 운전기사로서 운전이 생업이고, 혈중알콜농도가 0.103 %로 비교적 낮은바, 이의신청제도에서 구제될 가능성도 있으므로 이의신청을 청구해볼 수 있을 것입니다.

(다) 이의신청시 첨부서류

이의신청시 이의신청서 외에 아래의 서류들을 추가로 제출하어야 하여야 하는데, 첨부서류는 생계형 운전자로 근로자와 사업자에 따라 상의하기 때문에 이의신청자는 자신의 직업에 맞게 유리한 자료를 준비하여 운전의 필요성을 입증하여야 한다.

‖ 주민등록등본1통
‖ 부동산등기부등본(소유부동산이 없는 경우 전월세 · 임대주택계약서사본)
‖ 본인 및 배우자 세목별과세증명서
‖ 의료보험증 사본
‖ 장애인의 경우 장애인증명서
‖ 기타 행정심판청구 신청사유를 증명할 수 있는 서류가 있으면 됩니다.
- 반성문(자필 작성)
- 탄원서(가족, 지인, 직장동료, 친구 등 작성)
- 자동차운전면허취소 · 정지처분 통지서
- 당해 연도 재산세 납부현황
- 부채증명서
- 세목별과세증명원
- 전 · 월세 계약서
- 본인 또는 가족의 건강과 관련한 서류(진단서 등)
- 신용불량자입증서류(해당 시) · 생활보호대상자입증서류(해당 시)
- 생계형 운전자임을 입증할 수 있는 자료(업무관련일지 및 사진 등)
- 상훈자료(표창장 수상경력, 봉사활동 내역 등)

다만, 직장인의 경우

‖ 재직증명서(원본)
‖ 급여증명서(3개월분)또는 근로소득원천징수 영수증이 필요하며 기타 행정심판청구 사유를 증명할 수 있는 서류를 준비하시면 됩니다.
‖ 기타 급여통장사본, 차량운행일지, 실적부 등 본인에게 유리한 자료
‖ 운전기사인 경우 운전차량의 자동차등록증 및 보험가입증명서 사본

자영업자인 경우

> ∥사업자 등록증
> ∥ 사업장 임대차계약서
> ∥소득금액증명(세무서 발행)
> ∥거래처명부(연락처), 종사자 명부(연락처), 차량사진(앞면, 뒷면, 옆면) 및
> ∥ 회사전경사진, 납품실적부 등 기타 본인에게 유리한 자료 첨부

[서식 94] 이의신청서

■ 도로교통법 시행규칙 [별지 제87호 서식] 〈개정 2014.12.31.〉

운전면허처분 이의 신청서

접수번호	접수일자	처리기간 30일(30일 연장가능)

신 청 인	성 명		주민등록번호
	주 소 (전화번호 :)		
면허종별 및 번호	지방경찰청	종 별	번 호
이의신청 사유			

「도로교통법」 제94조 제1항 및 같은 법 시행규칙 제95조에 따라 위와 같이 운전면허처분 이의신청을 합니다.

년 월 일

신청인 (서명 또는 인)

○○지방경찰청장 귀하

첨부서류	운전면허처분서	수수료 없음

처리절차						
신청서 작성	➜	민원실 접수	➜	심의위원회 결정	➜	심의결과 통지
(신청인)		(지방경찰청장)		(지방경찰청장)		(신청인)

210㎜×297㎜[백상지 80g/㎡(재활용품)]

구 분	제출서류
공 통	- 자동차운전면허 취소 및 정지처분 결정통지서 1부 - 주민등록등본, 가족관계증명원 - 현 거주지 등기부등본 또는 전 · 월세계약서 - 지방세세목별 과세증명서(주소지 동사무소) · 기혼자 : 본인, 처 부모등 18세 이상 동거인 명의 각 1통 · 미혼자 : 본인, 부모등 18세 이상 동거인 명의 각 1통 * 재산관련 납부자료 없어도 제출 - 자동차등록증 - 국민기초생활보장법에 의한 수급자 증명원(기초수급자만 제출) - 경력증명서(버스, 택시, 화물 등 생계운전경력 증명이 필요한 자) - 기타 이의신청 사유를 증명할 수 있는 본인에게 유리한 서류
직 장 인	- 근로소득 원천징수영수증 - 재직증명서 * 재직증명서 발급이 불가능한 영세사업장 근무시 근무장소, 직책, 담당업무, 급여(상여금)을 기재한 대표자(인적사항, 전화번호 명기) 확인서 제출
자영업자	- 사업자등록증 사본 - 사업장 부동산 임대차계약서(해당자만 제출) - 세무서 발행 사업장별 “소득금액증명원(연말정산용 - 납세사실 증명원)”, 매출 · 매입 부가세신고증명원 * 차량이용 행상 등 개인 영업자 추가 제출서류 영업사실을 증명할 수 있는 사진, 차량등록증 사본, 각종 사실확인서 등 제출
적성검사 미필자	- 불가피한 사유에 대한 증명서 (출입국사실증명서, 입퇴원확인서, 출소증명서 등)

이 의 신 청 이 유 서(예시)

1. **단속일시 및 장소**(음주운전자만 기재)
   ○일 시 : 20○○년 0월 0일 00:00분경
   ○장 소 : ○○시 ○○구 ○○동 소재 ○○○○ 앞 도로상
   ○운전차량(차종,소유자 명기) : ○○ 소유의 ○○○ 차량 (○○바○○○○호)

2. **운전면허 취소 · 정지 사유** :
   20○○년 ○월 ○일 00:00에 ○○○와 소주 ○잔을 마시고 귀가하기 위해 자동차를 운전하고 가다가 ○○시 ○○구 ○○동 소재 ○○빌딩앞 도로변에서 음주단속 중이던 경찰관에게 적발되어 혈중알콜농도 0.000%로 20○○. ○. ○.일자 운전면허가 취소되었습니다.

3. **운전면허의 필요성**(구체적 기재) :
   신청인은 20○○년 ○월 ○일 ○○시 ○○구 ○○동 소재 ○○이라는 회사의 버스운전기사로 입사 후, 회사소유 ○○바○○○○호 ○○번 시내버스를 운전하여 ○○에서 ○○까지 일 ○회 왕복하며 승객을 운송하는 운전기사로 근무하며 가족의 생계를 유지하고 있습니다(운전 등이 생계의 수단임을 육하원칙에 의거 구체적 서술).

   저의 집은 전세 ○○○로 가족 ○명과 월 ○○○○의 급여로 생활하고 있으며, 재산은 ○○○입니다(동거인의 직업 및 월 소득과 보유재산 기재).

※ 그 외 운전이 가족의 생계를 감당하는 수단임을 구체적 서술

※ 공간 부족 시 덧붙임으로 작성 가능

(4) 행정심판

행정청의 운전면허 취소(정지)처분에 대하여 국무총리행정심판위원회에 시정을 요구하는

제도로서, 이는 그 처분이 있을 안 날(통상 취소결정통지서를 받은 날)로부터 90일 이내에 청구를 하여야 하며, 행정심판의 결과는 청구한 날로부터 빠르면 60일 이내 늦어도 90일 이내에 재결서가 통지된다. 행정심판 청구 또는 1회로 종결되며 결과 불복시에는 행정소송을 제기할 수 있다. 행정심판의 청구시에는 청구외 보충서면 제출, 집행정지 신청을 할 수 있으며, 진정서 등 여러 소명자료 제출이 가능하다.

(5) 행정소송

행정심판을 통해 구제가 되지 않을 경우 마지막으로 행정소송의 방법이 있는데 행정소송은 반드시 행정심판을 거쳐야 게기할 수 있으며(필요적 전치주의), 피고(당해 지방경찰청)의 소재지를 관할하는 행정법원에 제기하여야 하며 행정심판 재결서의 정본을 송달받은 날로부터 90일 이내에 재결이 있은 날로부터 1년 이내에 제기하면 된다.

(6) 감경의 범위

이의신청에 대한 심의에 있어서는 행정심판에서와 같이 혈중알콜농도, 음주운전을 하게 된 경위, 운전을 생업으로 하는 사정 등을 고려해서 판단하게 된다. 만일, 이의신청이 인용될 경우, ① 운전면허 취소처분일 경우 기준일자(임시운전면허증 종료일)로부터 110일 감경(벌점 110점) 감경되고, ② 운전면허의 정지처분에 해당하는 경우에는 정지일로부터 집행일수가 2분의 1로 감경 된다.

다만, 면허취소로 구제신청당시 기존 벌점이 11점 이상 누적되어 있을 경우 면허취소가 벌점 110점으로 감경되더라도 기존 벌점 11점 이상을 합산할 경우 면허취소 수치인 1년 121점을 초과하게 결국 벌점초과로 또 다시 면허취소를 받게 되는 상황에 놓이게 되므로 이러한 경우에는 구제가능성이 희박하다.

다. 운전면허정지 · 취소처분결정통지서 발급 등

지방경찰청장 또는 경찰서장은 운전면허의 정지 또는 취소처분을 결정한 때에는 별지 제82호 서식의 운전면허정지 · 취소처분결정통지서를 그 처분의 대상자에게 발송 또는 발급하여야 한다. 다만, 그 처분의 대상자가 소재불명으로 통지를 할 수 없는 때에는 운전면허대장에 기재된 그 대상자의 주소지를 관할하는 경찰관서의 게시판에 14일간 이를 공고함으로써 통지를 대신할 수 있다(같은 조 제3항).

[서식 95] 운전면허정지 · 취소처분결정통지서

■ 도로교통법 시행규칙 [별지 제82호 서식] 〈개정 2014.12.31.〉 (앞쪽)

보내는 사람

우체국
요금후납

받는 사람

행정우편

접 는 선

제 호

운전면허 (□정지 · □취소)처분 결정통지서

① 성 명		② 생년월일	
③ 주 소			
④ 면허번호			
⑤ 행정처분 결정내용	정지처분	년 월 일 ~ 년 월 일(일간)	
	취소처분	년 월 일	
⑥ 사 유			
⑦ 특별교통안전교육	[ ]반		

「도로교통법」 제93조에 따라 위와 같이 운전면허 행정처분(정지 · 취소)이 결정되어 통지하오니, 년 월 일까지 ○○지방경찰청(경찰서) 교통(면허)계로 운전면허증을 반납하시기 바랍니다.

년 월 일

지방경찰청장 또는 경찰서장 인

접 는 선

※ 이의신청방법 안내
1. 위 운전면허 행정처분에 이의가 있는 사람은 처분 결정통지를 받은 날부터 60일 이내에 별지 제87호 서식의 이의신청서에 처분결정통지서를 첨부하여 해당 지방경찰청(경찰서)에 이의를 신청할 수 있습니다.

2. 위 이의신청에 관계없이 「행정심판법」에 따라 행정처분이 있음을 안 날부터 90일(위 이의신청을 한 경우에는 이의신청 결과를 통보 받은 날부터 90일) 이내에 해당 지방경찰청(경찰서)을 경유하여 행정심판을 청구하거나, 행정심판 포털(www.simpan.go.kr)을 통하여 온라인으로 청구할 수 있습니다.
3. 다만, 위 운전면허 행정처분에 대한 행정소송은 행정심판의 재결을 거치지 아니하면 제기할 수 없습니다.

210㎜×297㎜[일반용지 60g/㎡(재활용품)]

(뒤쪽)

특별교통안전교육에 대한 안내

1. 운전면허 취소처분을 받은 사람은 도로교통공단이 실시하는 특별교통안전교육(6시간. 단, 음주운전 2회 위반자는 8시간, 3회 이상 위반자는 16시간)을 받지 아니하면 운전면허를 재취득할 수 없습니다.
2. 다음에 해당하는 사람은 도로교통공단이 실시하는 특별교통안전교육(4~6시간)을 받아야 하며, 이를 받지 아니하면 범칙금(4만원. 단, 음주운전을 2회 위반하여 정지처분을 받은 사람이 특별교통안전교육을 받지 않으면 6만원)이 부과됩니다.
   1) 음주운전, 교통사고, 공동위험행위로 면허 정지처분을 받게 되거나 받은 사람
   2) 초보운전자(최초 면허취득 후 2년 이내인 자)로서 1) 외의 사유로 면허 정지처분을 받게 되거나 받은 사람
3. 위 2에 해당하는 사람을 포함하여 운전면허 정지처분을 받게 되거나 받은 사람이 특별교통안전교육을 받으면 정지처분기간에서 20일이 감경되고, 도로교통공단에서 실시하는 교통참여교육(총 8시간)을 받으면 30일이 추가 감경됩니다.
4. 특별교통안전교육은 다음 구분에 따라 실시되며, 교육일정 · 장소 및 수강료 등은 도로교통공단(www.koroad.or.kr)으로 문의 바랍니다.

교육과정	교육대상		교육시간	혜 택
교통소양교육 (취소처분자반)	음주운전으로 운전면허가 취소된 후 운전면허를 재취득하고자 하는 사람(의무교육)	1회 위반자	6시간	운전면허 재취득 허 용
		2회 위반자	8시간	
		3회 이상 위반자	16시간	
	음주운전 외의 사유로 운전면허가 취소된 후 운전면허를 재취득하고자 하는 사람(의무교육)		6시간	
교통소양교육 (정지처분자반)	음주운전으로 운전면허 정지처분을 받게 되거나 받은 사람(의무교육)	1회 위반자	6시간	정지기간 20일 감경
		2회 위반자	8시간	
	교통사고 야기 또는 공동위험행위로 운전면허 정지처분을 받게 되거나 받은 사람(의무교육)		6시간	
	음주운전 · 교통사고 · 공동위험행위 외의 사유로 운전면허 정지처분을 받게 되거나 받은 사람	초보운전자 (의무교육)	4시간	
		일반운전자	4시간	

	(희망자에 한함)		
교통참여교육	운전면허 정지처분을 받게 되거나 받은 사람으로서 위 교통소양교육을 받은 후 추가로 교육을 받고자 하는 사람(희망자에 한함)	8시간	정지기간 30일 추가 감경
교통법규교육	교통법규 위반으로 벌점을 받아 운전면허 정지처분을 받을 가능성이 있는 사람(희망자에 한함)	4시간	벌점 20점 감경

라. 단속현장 등에서의 구술 또는 서면에 의한 의의제기

운전면허의 취소대상자 또는 정지대상자(1회의 법규위반 또는 교통사고로 운전면허가 정지되는 사람에 한한다)로서 법 제138조에 따라 법규위반의 단속현장이나 교통사고의 조사과정에서 국가경찰공무원 또는 제주특별자치도의 자치경찰공무원으로부터 운전면허증의 제출을 요구받은 사람은 구술 또는 서면으로 이의를 제기할 수 있다. 다만, 운전면허의 취소 또는 정지처분이 결정된 사람의 경우에는 그러하지 아니하다(같은 조 제4항).

이 경우 국가경찰공무원 또는 자치경찰공무원은 제2항 및 제4항에 따라 처분의 상대방 또는 그 대리인이 구두로 이의를 제기하는 때에는 그 내용을 별지 제83호 서식의 진술서에 기재하고, 처분의 상대방 등으로 하여금 확인하게 한 후 서명 또는 날인하게 하여야 한다. 다만, 법 제44조의 규정을 위반하여 운전면허의 취소 또는 정지처분을 받아야 하는 사람이 이의를 제기하는 때에는 별지 제84호 서식의 주취운전자정황진술보고서에 기재한 후 서명 또는 날인하게 하여야 한다(같은 조 제5항).

[서식 96] 진 술 서

[별지 제83호 서식] 〈개정 2009.11.27〉

진 술 서

본인은 운전면허 취소처분 대상자로서 다음과 같이 임의로 허위없이 진술합니다.

<table>
<tr><td rowspan="3">취소
대상자</td><td>성 명</td><td></td><td>소속 또는 직업</td><td colspan="2"></td></tr>
<tr><td>주 소</td><td></td><td>주민등록번호</td><td colspan="2">-</td></tr>
<tr><td>면허번호</td><td></td><td>연 락 처</td><td colspan="2"></td></tr>
<tr><td>취소·
정지사유
고지</td><td colspan="5">(구체적으로 기록)</td></tr>
<tr><td rowspan="2">진 술</td><td>일 시</td><td></td><td>장 소</td><td colspan="2"></td></tr>
<tr><td>내 용</td><td colspan="4"></td></tr>
</table>

위 진술내용이 틀림없음을 확인합니다.

년 월 일

진술자 성명 서명 또는 인
입회자 성명 서명 또는 인
소속 계급 성명 서명 또는 인

○ ○ 지방경찰청장 귀하
(경찰서장)

210㎜×297㎜[일반용지 60g/㎡(재활용품)]

[서식 97] 주취운전자정황진술보고서

■ 도로교통법 시행규칙 [별지 제84호 서식] 〈개정 2015.6.30.〉

주취운전자 정황진술보고서				적발보고서 No	
성 명			주민등록번호	-	
적 발 일시 · 장소	20 . . . :		측 정 일 시 · 장 소	20 . . . :	

측 정 결 과	%	측정전 조 치	구강청정제 사용여부 및 조치	음주후 20분경과 여부	입행굼 여부

음 주 경 위	음 주 동 기	술의 종류 및 음주량	운 전 동 기

음 주 운 전 거 리	출 발 지 점	목 적 지 점	단 속 지 점	단속지까지의 거리

적 발 당 시 정 황	언 행 상 태	보 행 상 태	운전자 혈색

측정거부시 운전자 태도	

임시운전증명서 발급여부		운전면허증 소지여부		
발급(유효기간)	미발급	소 지	미소지	분 실

면허취소 · 정지사유 고지	운전자 의견진술
귀하는 혈중알콜농도 % 상태로 운전하였으며 운전면허가 (취소 · 정지)됨을 고지합니다.	본인은 위 기재사항이 사실임을 확인하고, 주취운전으로 면허가 (취소 · 정지)됨을 고지받았으며, 측정결과를 인정하고 혈액채취는 고지 받았으나 원하지 않습니다. (운전자 별도진술) 20○○. ○. ○. 성 명 : (인)
작 성 자	
경찰서 과 계(파출소) 제주특별도지사 자치경찰단 20○○. ○. ○. 계 급 : 성 명 : (인)	

○○경찰서장(제주특별자치도지사) 귀하

마. 임시운전면허증 교부 및 유효기간

(1) 임시운전면허증 교부 및 유효기간

운전면허의 취소·정지처분에 따른 임시운전증명서는 별지 제79호 서식에 의하며, 이에 따른 임시운전증명서의 유효기간은 20일 이내로 하되, 운전면허의 취소 또는 정지처분 대상자의 경우에는 40일 이내로 할 수 있다. 다만, 경찰서장이 필요하다고 인정하는 경우에는 그 유효기간을 1회에 한하여 20일의 범위에서 연장할 수 있다(법 제88조).

(2) 면허취소 기산점

예를 들어, 2016. 4. 10. 음주운전으로 적발되었다면 임시운전면허기간은 40일 후인 2016. 5. 21.까지이며, 이때부터 면허취소가 시작되며, 그 이후의 운전은 무면허운전이 된다.

[서식 98] 임시운전증명서

■ 도로교통법 시행규칙 [별지 제79호 서식] 〈개정 2010.12.31〉 (앞쪽)

제 호

임시운전증명서

이 증명서는 「도로교통법」 제91조에 따라 유효기간 중 운전면허증과 같은 효력이 있음을 증명합니다.

년 월 일

경 찰 서 장	(직인)	

접 는 선

(운전자용)

성 명		주민등록번호	-
주 소			
면허종별 및 번호			
유 효 기 간	일간		
발 급 사 유	[ ] 재교부	[ ] 적성검사	[ ] 기재사항변경	[ ] 행정처분집행
면 허 조 건			

유의사항
1. 임시운전증명서를 위조 또는 변조할 경우 공문서위조(변조)죄에 해당되어 10년 이하의 징역형을 받을 수 있습니다. 2. 면허가 없는(정지기간 중인 경우를 포함합니다) 사람이 부정한 방법으로 취득한 임시운전증명서를 사용하여 운전할 경우 무면허 운전에 따른 형사처벌과 위반일로부터 2년 내지 5년간 운전면허 취득이 불가합니다.

접 는 선

임시운전 증명서 발급확인서

(경찰서용)				(뒤쪽)
성 명		주민등록번호	-	
주 소				
면허종별 및 번호				
유 효 기 간	일간			
발 급 사 유	[ ] 재교부	[ ] 적성검사	[ ] 기재사항변경	[ ] 행정처분집행
면 허 조 건				
발 급 자	계급		성명	

210㎜×297㎜(인쇄용지(특급) 34g/㎡)

바. 무혐의 불기소처분을 받거나 무죄의 확정판결시 처분

지방경찰청장은 운전면허가 취소된 사람이 그 처분의 원인이 된 교통사고 또는 법규위반에 대하여 무혐의 불기소처분을 받거나 무죄의 확정판결을 받은 경우 도로교통공단에 즉시 그 내용을 통보하고, 도로교통공단은 즉시 취소당시의 정기적성검사기간, 운전면허증 갱신기간 또는 연습운전면허의 잔여기간을 유효기간으로 하는 운전면허증을 새로이 발급하여야 한다(같은 조 제6항).

5. 혈중알코올농도의 측정

도로교통법상 운전이 금지되는 술에 취한 상태의 기준은 운전자의 혈중알코올농도가 0.05퍼센트 이상인 경우로 한다. 경찰공무원은 술에 취한 상태에서 자동차등을 운전하였다고 인정할 만한 상당한 이유가 있는 경우에는 운전자가 술에 취하였는지를 호흡조사로 측정할 수 있으며, 이에 따른 측정 결과에 불복하는 운전자에 대하여는 그 운전자의 동의를 받아 혈액 채취 등의 방법으로 다시 측정할 수 있다(법 제44조). 호흡측정은 혈중알코올농도 측정으로 인한 소요시간 등을 감안, 호흡측정 불복시에 혈액측정을 하도록 하고 있다.

【판시사항】

운전 시점과 혈중알코올농도 측정 시점 사이에 시간 간격이 있고 그때가 혈중알코올농도의 상승기인 경우, 운전 당시에도 혈중알코올농도가 처벌기준치 이상이었다고 볼 수 있는지 판단하는 기준(대법원 2014. 6. 12. 선고 2014도3360 판결)

【판결요지】

운전 시점과 혈중알코올농도의 측정 시점 사이에 시간 간격이 있고 그때가 혈중알코올농도의 상승기로 보이는 경우라 하더라도, 그러한 사정만으로 실제 운전 시점의 혈중알코올농도가 처벌기준치를 초과한다는 점에 대한 입증이 불가능하다고 볼 수는 없다. 이러한 경우 운전 당시에도 처벌기준치 이상이었다고 볼 수 있는지 여부는 운전과 측정 사이의 시간 간격, 측정된 혈중알코올농도의 수치와 처벌기준치의 차이, 음주를 지속한 시간 및 음주량, 단속 및 측정 당시 운전자의 행동 양상, 교통사고가 있었다면 그 사고의 경위 및 정황 등 증거에 의하여 인정되는 여러 사정을 종합적으로 고려하여 논리와 경험칙에 따라 합리적으로 판단하여야 한다.

가. 호흡측정

(1) 호흡측정 방법

호흡측정은 혈액 속에 분포되어 있는 알코올성분이 호흡으로 인해 폐에서 체외로 방출되면서 측정기에 알코올농도가 감지되도록 하고 있다. 이때에는 구강 내 잔류 알코올성분이 남아 있다면 수치는 더 올라가게 되므로 음주 후 20분이 경과하지 않았을 경우에는 물로 입안을 헹구도록 하고 있다. 이에 대하여 교통단속처리지침 제38조 또한 "음주측정자는 음주측정 시에 운전자에게 초종음주시각 및 구강청정제 등 유사 알코올 사용 여부를 확인하여 구강 내 잔류 알코올(음주 시부터 구강 내 잔류 알코올 소거에 20분 소거)에 의한 과대 측정을 방지하여야 한다"고 명시하고 있는데, 이는 결국 호흡측정시 구강 내 잔류하고 있을지 모를 알코올 제거하여 호흡측정의 신빙성을 높이기 위한 목적이다. 따라서 만일, 호흡측정시 입을 헹구지 않은 경우에는 구강 내 잔류 알코올로 인해 과다 측정되었을 가능성을 배제할 수 없어 유죄의 증거로 삼을 수 없다할 것이다.[73)]

【판시사항】

[1] 피측정자가 물로 입 안을 헹구지 아니한 상태에서 호흡측정기로 측정한 혈중알코올 농도 수치의 신빙성

[2] 음주종료 후 4시간 정도 지난 시점에서 물로 입 안을 헹구지 아니한 채 호흡측정기로 측정한 혈중알코올 농도 수치가 0.05%로 나타난 사안에서, 위 증거만으로는 피고인이 혈중알코올 농도 0.05% 이상의 술에 취한 상태에서 자동차를 운전하였다고 인정하기 부족하다고 한 사례

(대법원 2010. 6. 24. 선고 2009도1856 판결)

【판결요지】

[1] 호흡측정기에 의한 혈중알코올 농도의 측정은 장에서 흡수되어 혈액 중에 용해되어 있는 알코올이 폐를 통과하면서 증발하여 호흡공기로 배출되는 것을 측정하는 것이므로, 최종 음주시로부터 상당한 시간이 경과하지 아니하였거나, 트림, 구토, 치아보철, 구강청정제 사용 등으로 인하여 입 안에 남아 있는 알코올, 알코올 성분이 있는 구강 내 타액, 상처부위의 혈액 등이 폐에서 배출된 호흡공기와 함께 측정될 경우에는 실제 혈중알코올의 농도보다 수치가 높게 나타나는 수가 있어, 피측정자가 물로 입 안 헹구기를 하지 아니한 상태에서 한 호흡측정기에 의한 혈중알코올 농도의 측정 결과만으로는 혈중알코올 농도가 반드시 그와 같다고 단정할 수 없고, 오히려 호흡측정기에 의한 측정수치가 혈중알코올 농도보다 높을 수 있다는 의심을 배제할 수 없다.

[2] 음주종료 후 4시간 정도 지난 시점에서 물로 입 안을 헹구지 아니한 채 호흡측정기로 측정한 혈중알코올 농도 수치가 0.05%로 나타난 사안에서, 위 증거만으로는 피고인이 혈중알코올 농도 0.05% 이상의 술에 취한 상태에서 자동차를 운전하였다고 인정하기 부족하다고 한 사례.

73) 대법원 2014. 2. 27. 선고 2013도15968 판결.

[교통단속처리지침상 음주운전적발을 위한 음주측정요령]

1. 음주측정시에는 기기의 정상작동상태를 확인 · 점검한 후 이상이 없는 때 측정하여야 한다.
2. 음주측정기용 볼대(mouth piece)는 1인 1회 사용함을 원칙으로 한다.
3. 운전장에게 최종음주시간 및 구강청정제 등 유사 알콜 사용여부를 확인하여 구강 내 잔류 알콜(음주시부터 구강 내 잔류알콜 소거에 20분 소요)에 의한 과대측정을 방지하여한다.
4. 측정결과 혈중알코올농도 0.05% 이상으로 주취운전자 적발보고서를 작성해야 할 때에는 피측정자에게 측정결과와 채혈에 의한 측정방법이 있음을 고지해야 하며, 체포시에는 미란다원칙을 명확히 고지하고 이의없음을 확인하여야 한다.
5. 피측정자가 채혈을 요구하거나 측정결과에 불복하는 때에는 주취운전자적발보고서를 작성한 후 즉시 피측정자의 동의를 얻어 가장 가까운 병원 등에서 채혈한 후 그 혈액을 국립과학수사연구소에 감정의뢰하여야 한다.
6. 음주측정에 불응한 운전자에게는 음주측정불응에 따른 불이익을 10분 간격으로 3회 이상 명확히 고지하여야 한다.

위와 같은 측정요령에 따라 보통 음주단속시 최종음주 후 20분 이상을 기다려 측정하였음을 적발보고서에 적고 있으며 음주 후 많은 시간이 경과하지 않았고 피측정자가 원할 경우 입을 행굴 기회를 주는 것이 보통이다. 따라서 음주단속 현장에서 입을 행군 경우에는, 입 행굼 여부에 표기되기 때문에 이를 확인하여야 한다.

(2) 호흡조사 측정을 위한 동행요구 거부시 음주측정거부죄 성부

도로교통법 제148조의2 제1항 제2호의 음주측정거부죄는 술에 취한 상태에 있다고 인정할 만한 상당한 이유가 있는 사람이 같은 법 제44조 제2항에 따른 경찰공무원의 측정에 응하지 아니한 경우 성립하고, 같은 법 제44조 제2항은 교통의 안전과 위험방지를 위하여 필요하다고 인정되거나 술에 취한 상태에서 자동차 등을 운전하였다고 인정할만한 상당한 이유가 있는 경우 운전자는 경찰공무원의 호흡조사 측정에 응하여야 함을 규정하고 있으므로, 음주측정거부죄가 성립하기 위하여는 경찰공무원의 적법한 호흡조사 측정 요구가 있어야 한다. 그런데 술에 취한 상태에서 자동차 등을 운전하였다고 인정할 만한 상당한 이유가 있는 경우의 호흡조사 측정 요구는 수사의 일종으로, 음주운전을 하였다고 의심되는 사람의 행동의 자유를 제한하는 것이지만, 음주운전으로 인한 폐해의 심각성, 수사의 시급성에 비하여 호흡조사 측정이 운전자의 자유를 침해하는 정도가 약한 점에 비추어 영장주의의 예외로서 운전자에게 수인의무가 부과되고, 그 간접강제의 방법으로 측정 요구에 불응하는 경우 처벌하는 것이므로 그 적법요건을 엄격히 해석하여야 한다. 이에 더하여, 수사절차로서 동행 또는 특정한 장소에

의 출두를 의무화하는 것은 체포 · 구금에 있어서의 영장주의(헌법 제12조) 및 강제수사는 형사소송법에 특별한 규정이 있는 경우에 한하여 필요한 최소한도 내에서만 가능하다는 강제수사 법정주의(형사소송법 제199조)에 반할 소지가 큰 점을 감안하면, 호흡조사 측정을 위한 동행 또는 특정한 장소에의 출두 요구는 음주측정을 위한 준비의 요구일 뿐 도로교통법 제44조 제2항에서 규정한 적법한 호흡조사 측정의 요구로 볼 수 없다.[74]

(3) 호흡측정 후 호흡측정 결과에 오류 시 다시 혈액채취에 의한 측정허용 여부

음주운전에 대한 수사 과정에서 음주운전 혐의가 있는 운전자에 대하여 구 도로교통법(2014. 12. 30. 법률 제12917호로 개정되기 전의 것) 제44조 제2항에 따른 호흡측정이 이루어진 경우에는 그에 따라 과학적이고 중립적인 호흡측정 수치가 도출된 이상 다시 음주측정을 할 필요성은 사라졌으므로 운전자의 불복이 없는 한 다시 음주측정을 하는 것은 원칙적으로 허용되지 아니한다. 그러나 운전자의 태도와 외관, 운전 행태 등에서 드러나는 주취 정도, 운전자가 마신 술의 종류와 양, 운전자가 사고를 야기하였다면 경위와 피해 정도, 목격자들의 진술 등 호흡측정 당시의 구체적 상황에 비추어 호흡측정기의 오작동 등으로 인하여 호흡측정 결과에 오류가 있다고 인정할 만한 객관적이고 합리적인 사정이 있는 경우라면 그러한 호흡측정 수치를 얻은 것만으로는 수사의 목적을 달성하였다고 할 수 없어 추가로 음주측정을 할 필요성이 있으므로, 경찰관이 음주운전 혐의를 제대로 밝히기 위하여 운전자의 자발적인 동의를 얻어 혈액 채취에 의한 측정의 방법으로 다시 음주측정을 하는 것을 위법하다고 볼 수는 없다. 이 경우 운전자가 일단 호흡측정에 응한 이상 재차 음주측정에 응할 의무까지 당연히 있다고 할 수는 없으므로, 운전자의 혈액채취에 대한 동의의 임의성을 담보하기 위하여는 경찰관이 미리 운전자에게 혈액채취를 거부할 수 있음을 알려주었거나 운전자가 언제든지 자유로이 혈액채취에 응하지 아니할 수 있었음이 인정되는 등 운전자의 자발적인 의사에 의하여 혈액채취가 이루어졌다는 것이 객관적인 사정에 의하여 명백한 경우에 한하여 혈액채취에 의한 측정의 적법성이 인정된다.[75]

(4) 호흡측정 후 수치에 미달로 귀가 후, 위드마크 공식에 의한 역추산한 혈중알코올농도로 공소제기

담당 경찰관이 호흡측정기에 의한 음주측정 결과 혈중알코올농도가 음주운전한계수치에 미달하자 운전자를 귀가시킨 후 뒤늦게 위드마크 공식에 의한 역추산 방식을 이용하여 산출한

74) 대전지방법원 서산지원 2013. 6. 13. 선고 2012고합182 판결 : 항소.
75) 대법원 2015. 7. 9. 선고 2014도16051 판결.

혈중알코올농도가 처벌기준치를 초과한다는 이유로 공소제기된 경우, 결과적으로 운전자로부터 혈액채취 방법에 의한 측정의 기회를 박탈한 것이라고 할 것이고, 이러한 경우에도 채취한 혈액이 감정불능된 때와 마찬가지로 음주측정기에 의한 측정결과가 특히 신빙할 수 있다고 볼 수 있는 때에 한하여 음주측정기에 의한 측정결과에 대하여 증명력을 인정할 수 있다고 할 것이나, 이를 인정할 만한 자료가 없어 그 증명력을 긍정할 수 없다는 이유로, 운전자가 사고 당시 주취상태에서 운전하였다고 단정하기 어렵다.[76]

나. 위드마크 공식에 의한 측정

(1) 위드마크 공식이란

위드마크(Widmark) 공식은 음주운전시 사고가 난 후 시간이 많이 경과되어 운전자가 술이 깨어버렸거나 한계수치 이하인 경우 등에 음주운전 당시의 혈중알코올농도를 계산하는 기법이다. 시간당 알코올 분해값이 개인에 따라 0.008% ~ 0.030%에 분포하는 점에 착안, 뺑소니 등으로 음주운전자의 호흡이나 혈액으로 음주정도를 곧바로 잴 수 없을 때 혈중알코올 농도가 평균치인 시간당 0.015%씩 감소하는 것으로 역추산해 범행이나 사고 당시의 음주상태를 추정하게 된다. 이 공식은 1914년에 독일계인 위드마크씨가 창안한 계산방법으로 운전자가 사고 전 섭취한 술의 종류와 음주한량, 체중, 성별을 조사하여 사고당시 주취상태를 계산하며, 우리나라는 경찰이 96년 6월 음주 뺑소니 운전자 처벌을 위해 도입했다.

(2) 사용방법

범행 직후에 행위자의 혈액이나 호흡으로 혈중알코올농도를 측정할 수 있는 경우가 아니라면 위드마크 공식을 사용하여 그 계산결과로 특정 시점의 혈중알코올농도를 추정할 수도 있다. 이는 교통사고 후 측정, 운전자의 도주 등의 이유로 운전 직후 또는 그 무렵의 혈중알코올농도를 측정할 수 없는 경우 운전 당시 혈중알코올농도를 추산하는데 사용되어 지기도 한다.

[위드마크 공식]

C = A / (P × R) = mg / (10 = %)
C = 혈중알코올농도 최고치 (%)
A = 운전자가 섭취한 알코올의 양 (음주량 × 술의 농도% × 0.7984)
P = 사람의 체중 (kg)

76) 서울지방법원 서부지원 2003. 6. 5. 선고 2002고단3245 판결 : 확정.

R = 성별에 대한 계수(남자는 0.7, 여자는 0.6)

이때 계산공식에 의해 계산된 수치는 음주 후 30분 경과 되었을 때의 최고 수치이므로 경과한 시간에 따라 혈중알코올농도를 빼주어야 한다.

예를 들어 체중 60kg인 성인남자가 25도짜리 소주 180㎖를 마시고 2시간 30분 후에 사고를 냈을 때

C = 180×0.25×0.7984 / 60×0.7 = 0.85㎎ / 10 = 0.085%

사고 당시 주취상태는 사고 경과 후 2시간 30분이 지났으므로

0.085 - (0.015% × 2H) = 0.055%

그러나 범죄구성요건사실의 존부를 알아내기 위해 과학공식 등의 경험칙을 이용하는 경우에는 그 법칙 적용의 전제가 되는 개별적이고 구체적인 사실에 대하여는 엄격한 증명을 요한다 할 것이고, 위드마크 공식의 경우 그 적용을 위한 자료로는 음주량, 음주시각, 체중, 평소의 음주정도 등이 필요하므로 그런 전제사실을 인정하기 위해서는 엄격한 증명이 필요하다.[77]

(3) 위드마크 공식에 따른 술의 종류에 따른 알코올 분해시간

에탄올인 술에는 0.1% 미만으로 매탄올도 함량되어 있다. 에탄올은 몸에 들어오자마자 분해를 시작하지만, 매탄올은 에탄올이 다 분해될 즈음에 이어서 대사가 진행된다. 이러한 상대적으로 늦은 매탄올의 분해 과정에서 숙취가가 오는 것이라는 설이 있다. 음주를 통하여 체내에 섭취된 알코올은 특별한 소화작용을 거치지 않는 위에서 20%, 소장에서 80% 정도가 그대로 체내에 흡수된다. 흡수속도는 일반적으로 알콜농도가 높을수록 빠르며, 특히 장이 비어있는 공복시에 빠르며, 20% 농도에서 가장 흡수가 잘 된다. 위와 장에서 흡수된 알콜은 혈액을 따라 몸전체로 퍼지게 되는데 도중에 간장을 통과하게 된다. 간에서는 알콜올 산화분해시키는데, 흡수된 알코올의 80 ~ 90%가 분해된다. 나머지 10 ~ 20%의 알콜은 역시 간장의 에타놀산화계 효소(MEOS)에 의해 아세트알데히드로 분해된다. 여기서 흥미로운 사실은 MEOS는 음주량이나 음주빈도에 따라 활성이 강화된다는 사실이다. 술에 약한 사람이 자주 술을 마심에 따라 점차 술에 강해지는 것은 바로 이 MEOS계통의 효소활성이 강해지기 때문이다. 최근 밝혀진 바에 따르면 MEOS가 생산되지 않거나 또는 그 양이 적은 사람이 있다고 하는데, 술을

77) 대법원 2000. 6. 27. 선고 99도128 판결.

전혀 마시지 못하는 것은 이 때문인 것으로 보인다. 간장에서의 알콜처리능력은 사람에 따라 차이가 많으나 보통은 체중 60~70kg인 사람이면 한 시간에 순수한 알콜 7g정도를 처리할 수 있으며, 경우에 따라서는 10~15g정도 가능하다. 따라서 25도짜리 소주 2홉을 마셨을 경우, 그 알콜이 체내에서 완전히 분해되는데는 약 8시간이 걸린다는 계산이 나온다. 하지만 사람마다 다 체질이 다르고 성질이 다르므로 정확한 통계는 아니다.78)

(가) 소 주

소주 1병(알코올 도수 19%)		
성별	체중	소요시간
남	60kg	4시간 47분
	70kg	4시간 6분
	80kg	3시간 34분
	90kg	3시간 9분
여	50kg	7시간 12분
	60kg	6시간
	70kg	5시간 9분

(나) 맥 주

생맥주 2000cc (4.5%)		
성별	체중	소요시간
남	60kg	6시간 18분
	70kg	5시간 22분
	80kg	4시간 44분
	90kg	4시간 12분
여	50kg	9시간 28분
	60kg	7시간 53분
	70kg	6시간 47분

78) 경찰청 페이스북.

(다) 막 걸 리

막걸리 1병 (6%)		
성별	체중	소요시간
남	60kg	3시간 9분
	70kg	2시간 41분
	80kg	2시간 22분
	90kg	2시간 6분
여	50kg	4시간 44분
	60kg	3시간 56분
	70kg	3시간 22분

(라) 양 주

양주 4잔 (45%)		
성별	체중	소요시간
남	60kg	7시간 34분
	70kg	6시간 28분
	80kg	5시간 41분
	90kg	5시간 3분
여	50kg	11시간 25분
	60kg	9시간 28분
	70kg	8시간 9분

(마) 와 인

와인 1병 (13%)		
성별	체중	소요시간
남	60kg	6시간 50분
	70kg	5시간 50분
	80kg	5시간 6분
	90kg	4시간 31분
여	50kg	10시간 15분
	60kg	8시간 34분
	70kg	7시간 18분

[자료 : 경찰청]

【판시사항】

음주운전을 이유로 한 운전면허취소처분에 있어서 위드마크 공식을 사용하여 운전 당시 혈중알코올농도를 추정하는 경우, 음주운전자에게 가장 유리한 수치를 대입하여 산출한 결과 혈중알코올농도가 0.05%를 초과한다면 그 위드마크 공식의 적용결과를 채용할 수 있는지 여부(한정 적극)(대법원 2000. 11. 10. 선고 2000두1577 판결).

【판결요지】

음주운전을 이유로 한 운전면허취소처분에 있어서 운전종료시로부터 어느 정도 시간이 지난 후에 운전자의 혈액이나 호흡 등 표본을 검사하여 혈중알코올농도를 측정한 경우 소위 위드마크 공식을 사용하여 역산한 결과로 운전 당시의 혈중알코올농도를 추정할 수 있으며, 비록 평소의 음주정도, 체질, 음주속도 등에 따라 특정인의 시간당 알코올분해량이 다를 수 있으나 이미 알려진 신빙성 있는 통계자료 중 운전자에게 가장 유리한 수치를 대입하여 위드마크 공식에 따라 산출하여도 운전 당시의 혈중알코올농도가 0.05%를 초과하는 것으로 계산된다면, 시간당 알코올분해량의 수치에 관한 새로운 자료가 있다든가 운전자가 유별난 특이체질이어서 이미 알려진 통계자료에서 제시된 폭을 넘을 수 있다는 점에 대한 운전자의 입증이 없는 한, 위 위드마크 공식의 적용결과에 기하여 운전 당시 혈중알코올농도가 0.05%를 초과하는 상태에 있었다고 인정할 수 있다.

(4) 위드마크 공식에 의하여 운전시점의 혈중알코올농도를 추정함에 있어서 피고인에게 가장 유리한 시간당 감소치를 적용하여 산출된 결과의 증명력

음주운전에 있어서 운전 직후에 운전자의 혈액이나 호흡 등 표본을 검사하여 혈중알코올농도를 측정할 수 있는 경우가 아니라면 소위 위드마크 공식을 사용하여 수학적 방법에 따른 결과로 운전 당시의 혈중알코올농도를 추정할 수 있고, 이 때 위드마크 공식에 의한 역추산 방식을 이용하여 특정 운전시점으로부터 일정한 시간이 지난 후에 측정한 혈중알코올농도를 기초로 하고 여기에 시간당 혈중알코올의 분해소멸에 따른 감소치에 따라 계산된 운전시점 이후의 혈중알코올분해량을 가산하여 운전시점의 혈중알코올농도를 추정함에 있어서는, 피검사자의 평소 음주정도, 체질, 음주속도, 음주 후 신체활동의 정도 등 다양한 요소들이 시간당 혈중알코올의 감소치에 영향을 미칠 수 있으나 그 시간당 감소치는 대체로 0.03%에서 0.008% 사이라는 것은 이미 알려진 신빙성 있는 통계자료에 의하여 인정되는바, 위와 같은 역추산 방식에 의하여 운전시점 이후의 혈중알코올분해량을 가산함에 있어서 시간당 0.008%는 피고인에게 가장 유리한 수치이므로 특별한 사정이 없는 한 이 수치를 적용하여 산출된

결과는 운전 당시의 혈중알코올농도를 증명하는 자료로서 증명력이 충분하다.[79)]

(5) 사용한계

위드마크 공식은 알콜이 체내에 모두 흡수된 다음 소거되는 단계에 이르렀음을 전제로 하는 것이므로, 그 적용을 위해서는 음주운전 시점이 혈중알콜농도가 하강하는 국면에 진입하였음이 증명되어야 한다. 판례에 의하면 통상 음주 후 30분~90분이 경과하면 혈중알코올농도가 최고치에 이르고 이후에는 하강하게 된다고 보고 90분을 운전자에게 가장 유리한 최고시점으로 간주하여 역추산한 사례가 많다. 그러나 만일 혈중알코올농도가 최고치를 향하여 상승하고 있는 기간이라면 위 방식의 적용은 허용될 수 없다.[80)]

한편, 혈중알코올농도가 상승국에 있었는지, 하강국면에 있었는지 여부의 판단은 음주 시점과 음주운전 시점을 기준으로 하는 것이고, 혈중알코올농도 측정 시점을 기준으로 하는 것은 아니다.

Q 저는 음주운전으로 적발되어 음주측정기로 수치를 측정하였으나 이에 불복하여 혈액채취를 요구하였고 경찰관과 함께 병원으로 가서 채혈을 하였습니다. 그러나 경찰관이 실수로 혈액 샘플을 분실하였고, 그 후 음주측정기 수치를 기초로 그대로 운전면허취소처분이 나왔습니다. 음주측정기 수치에 불복하여 혈액채취를 요구하였으나 경찰관의 과실로 이를 분실해 놓고도 면허를 취소하는 처분은 부당한 것이 아닌지요?

A 「도로교통법」규정에 의하면, 술에 취하였는지의 여부를 측정한 결과에 불복하는 운전자에 대하여는 그 운전자의 동의를 얻어 혈액채취 등의 방법으로 다시 측정할 수 있도록 되어 있고, 경찰청의 교통단속처리지침에 의하면, 피측정자가 측정 결과에 불복하는 때에는 즉시 동일한 음주측정기로 재측정토록 하는 등 불신이나 오해의 소지가 없도록 공정성을 확보하여야 하며, 피측정자가 2차 측정결과나 3차 측정결과에도 불복하는 때에는 즉시 피측정자의 동의를 얻어 가장 가까운 병원 등 의료기관에서 채혈한 혈액을 반드시 국립과학수사연구소에 감정 의뢰하여야 하고, 그 감정결과는 음주측정기 측정결과에 우선하도록 되어 있습니다.

따라서 운전자가 음주측정기에 의한 측정결과에 불복하면서 혈액채취 방법에 의한 측정을 요구한 때에는 경찰공무원은 반드시 가까운 병원 등에서 혈액을 채취하여 감정을 의뢰하여야 하고, 이를 위하여 채취한 혈액에 대한 보존 및 관리 등을 철저히 하여야 할 의무가 있습니다.

하지만 만일 채취한 혈액이 분실되거나 오염되는 등의 사유로 감정이 불능으로 된 때에는 음주측

79) 대법원 2005. 2. 25. 선고 2004도8387 판결.
80) 대법원 2007. 1. 11. 선고 2006두15035 판결.

정기에 의한 측정결과가 특히 신빙할 수 있다고 볼 수 있는 때에 한하여 음주측정기에 의한 측정결과만으로 음주운전 사실 및 그 주취 정도를 증명할 수도 있다는 것이 판례의 입장이기도 합니다(대법원 2002. 10. 11. 선고 2002두6300 판결).

이 때 음주측정기에 의한 측정결과를 특히 신빙할 수 있다고 볼 수 있는지 여부가 관건인바, 이는 음주측정기 측정 횟수, 측정결과 나온 수치의 분포 범위 등 모든 제반사정을 고려하여 판단되어야 할 것이므로 일률적으로 말할 수는 없습니다.

참고로 위 판례는 "음주운전자를 적발하여 음주측정기에 의하여 음주측정을 한 결과, 혈중알코올농도 0.115%의 측정수치가 나오자 이를 원고에게 확인시킨 다음 주취운전자 적발보고서 등에 원고의 서명을 받기까지 하였으나, 그 직후 원고가 혈액채취의 방법에 의한 측정을 요구하자, 원고를 인근 병원으로 데리고 가 혈액을 채취하고도 그 보관을 소홀히 한 나머지 이를 분실하여 그 감정이 불가능하게 된 경우, 이와 같은 음주측정 후의 사정, 음주측정기에 의한 측정결과가 허용오차범위 ± 0.005%인 점 등을 모두 감안하여 운전자의 혈중알콜농도가 0.1%를 초과하였으리라고 단정하기는 어려우므로, 이에 대한 운전면허 취소처분은 재량권의 범위를 벗어나 위법한 처분이다."라고 하였습니다.

다. 수정된 위드마크 공식

(1) 수정된 위드마크 공식

우리나라에서는 알코올이 체내에 100% 흡수되지 못한다고 보고 체내흡수율이라는 개념을 도입하여 '수정된 위드마크 공식'을 사용하고 있다. 위드마크 공식을 적용할 때는 음주종료시점, 실제 음주운전시점, 30분에서 90분 사이 음주 상승기 시점을 고려하여 계산한다. 위드마크 공식 적용에 있어서 대법원판례를 살펴보면 위드마크 공식에 의한 혈중알코올농도의 추산방법을 원칙적으로 인정하되, 무분별한 적용은 제한하고 있다.

[수정된 위드마크 공식]

C = A × 0.7(체내흡수율) / (P × R) − βt

C = 혈중 알코올농도 최고치(%)
A = 운전자가 섭취한 알코올의 양
(음주량(ml) × 술의 농도(%) × 0.7894)
P = 사람의 체중(kg)
R = 성별에 대한 계수(남자 0.86, 여자 0.64)

※ 대법원 판례에 의해 피고인에게 가장 유리한 최고치 적용

음주운전 당시 혈중알코올
= 최고혈중알코올농도 - (경과시간 × 0.015%)

※ 대법원 판례에 의해 추산할 때는 0.03%, 역추산할 때는 0.008%으로 적용하는 경우가 많음. 단, 피고인에게 가장 유리한 수치를 적용

Q 체중 70kg 남성이 20도 소주 2병(720ml)을 전날 저녁 22:00 까지 마시고 3시간 30분 후인 새벽 01시30분에 음주운전을 하다가 교통사고를 내고 현장을 도주하였다. 이때 교통사고 당시 혈중알코올농도는?
(음주종료시점 22:00, 상승기 90분 이후 시점 23:30, 실제음주운전시간 01:30)

A 혈중알코올농도 최고치를 계산하면,

C = {720ml(음주량) × 0.20(알코올도수) × 0.7894(알코올의 비중) × 0.7}
{70kg × 0.86(남자계수) × 10}
= 0.132%(혈중알코올농도최고치)

교통사고 당시 혈중알코올농도를 계산하면,

0.132% - (0.03% × 2시간) = 0.072%

※ 피고인에게 가장 유리한 수치인 0.03%를 적용

(2) 위드마크 확장공식

실제 음주운전시간과 단속시점이 다를 경우, 단속 당시 호흡측정 또는 채혈수치가 있을 경우, 그 당시 혈중알코올농도를 기초로 음주 운전 시까지 시간당 혈중알코올농도 감소치를 가산하여 역추산하는 방식이다. 이러한 경우 시간당 분해량은 대법원 판례에 의해서 피고인에게 가장 유리한 0.008%를 적용한다. 이때 음주상승기 안에 운전했을 경우 음주상승기인 30분에서 90분인 시간을 제외하고 계산한다. 음주 상승기 시간을 제외 할 때는 음주운전시점이 아닌 음주종료시점으로 기준으로 한다.

[위드마크 확장 공식]

혈중알코올농도(Ct) = 측정 혈중알코올농도 + B(시간당 알콜분해량) × T(시간)

Q 술집에서 저녁 23:00 까지 술을 마시고 24:00 에 음주운전 상태로 집에 귀가하였다. 그러나 술집사장의 신고로 새벽 3:30분에 음주운전으로 자택에서 경찰에 적발되어 음주측정수치는 0.03%로 측정되었다. 이때 실제 운전당시 혈중알코올농도는 얼마일까요?
(음주종료시간 23:00, 상승기 90분 이후 시점 24:30, 실제음주운전시간 24:00, 음주단속시점 익일 03:30)

A C = 0.03%(측정 혈중알코올농도) + (0.008%(시간당 알코올분해량) × 3시간(상승기 제외한 시간))

※ 23시 음주종료시점에서 음주상승기 90분을 제외하고 3시간으로 계산 실제 음주운전 당시 수치를 측정하면

= 0.03% + 0.024 = 0.054%

라. 혈액측정

(1) 혈액채취

음주운전으로 단속된 후 호흡측정 수치에 불복할 경우 단속 경찰관에게 채혈하겠다고 하면 채혈동의서 작성 후 가까운 병원에서 채혈을 하게 된다. 단, 채혈시 알코올 솜을 사용하는 경우가 수사기관의 절차적 실무상 상당히 많기 때문에 채혈담당 간호사나 의사가 무알콜 솜을 사용하였는지 확인이 필요하며, 대부분 채혈동의서 작성시 무알콜솜 사용란에 채혈자가 자필 기재하도록 되어있다. 이때에 채혈을 담당한 간호사나 의사도 서명날인한다. 이는 통상 음주단속에 불복해 즉, 호흡측정에 불복해 채혈측정을 받게 될 경우에는 측정의 신빙성을 높이기 위하여 무알콜 소독제로 소독한 채혈 세트를 사용하게 되어 있기 때문에 이다. 따라서 만일 채혈측정시 알코올 솜을 사용하여 채혈과정에 문제가 있을 경우 무죄가 선고될 가능성도 있다.

【판시사항】

음주측정을 위한 목적이 아닌 진료를 위해 채혈하였던 혈액을 감정한 결과 혈중알코올농도 수치가 0.269%로 나온 사안에서, 여러 가지 정황에 비추어 합리적 의심의 여지가 없이 피고인이 술이 취한 상태에서 운전하였다고 단정할 수는 없다고 한 사례(광주지방법원 2007. 3. 22. 선고 2006노1642 판결 : 상고)

【판결요지】

음주측정을 위한 채혈이 아닌 진료를 위해 채혈하였던 혈액을 감정한 결과 혈중알코올농도 수치가 0.269%로 나온 사안에서, 혈액채취 전에 피부를 소독하기 위해 사용한 70% 알코올솜의 영향을 배제할 수 없는 점, 감정 의뢰한 혈액 샘플이 음주측정용 세트를 사용하여 채혈된 것이 아닌 점, 진료를 담당한 의사의 진술 및 피고인의 운전경력 등에 비추어 합리적 의심의 여지가 없이 피고인이 술이 취한 상태에서 운전하였다고 단정할 수는 없다고 한 사례.

(2) 채혈요구시기

채혈측정에 대한 요구는 정당한 사유가 없는 한 호흡측정 종료 후 30분 안에 해야 한다. 혈중알코올농도는 일정한 시간이 지나면 상승기를 거처 최대치에 이른 후 회복되는 하강기에 이르게 되는데, 하강기가 이루어진 상태에서는 음주운전 당시의 혈중알코올농도를 산출할 수 없기 때문이다. 따라서 채혈측정시 호흡측정 이후 30분이 지나면 채혈을 할 수 없음을 주의하여야 한다.

【판시사항】

운전자가 혈액채취 방법에 의한 혈중알콜농도 측정을 요구할 수 있는 시한(대법원 2008. 5. 8. 선고 2008도2170 판결)

【판결요지】

운전자가 경찰공무원에 대하여 호흡측정기에 의한 측정결과에 불복하여 그 즉시, 또는 2차, 3차 호흡측정을 실시하여 그 재측정 결과에도 불복하면서 혈액채취의 방법에 의한 측정을 요구할 수 있는 것은 경찰공무원이 운전자에게 호흡측정의 결과를 제시하여 확인을 구하는 때로부터 상당한 정도로 근접한 시점에 한정된다 할 것이고, 운전자가 정당한 이유 없이 위 시점으로부터 상당한 시간이 경과한 후에야 호흡측정 결과에 이의를 제기하면서 2차 호흡측정 또는 혈액채취의 방법에 의한 측정을 요구하는 경우에는 이를 정당한 요구라고 할 수 없으므로, 이와 같은 경우에는 경찰공무원이 2차 호흡측정 또는 혈액채취의 방법에 의한 측정을 실시하지 않았다고 하더라도 1차 호흡측정기에 의한 측정의 결과만으로 음주운전 사실을 증명할 수 있다.

(3) 채혈에 대한 감정

음주운전자가 호흡측정에 불복하여 채혈을 한 경우 채혈이 든 무색 플라스틱병에든 혈액을 감정물로 국립과학수사연구원으로 보내며, 이를 받은 국립과학수사연구원에서는 보통 2주 이내에 감정하여 그 분석결과를 해당 경찰서로 보낸다. 국립과학수사연구원의 혈중알콜농도 감정 후 이를 인정할 수 없어 불복하는 재측정은 허용되지 않고 있다.

(4) 음주측정거부 후 상당 시간이 흐른 후 채혈

음주측정을 요구받을 당시 운전이 이미 종료된 상태로서 그 후 교통안전이나 위험 방지의 필요성이 있었다고는 할 수 없더라도, 음주측정거부시로부터 상당 시간이 경과된 이후에서야 채혈에 의한 방법의 음주측정에 동의하여 이를 측정한 결과 운전자에게 0.08%의 혈중알코올 농도가 나타난 점에 비추어 보면, 경찰관으로서는 적어도 그 운전자가 음주운전을 하였으리라는 상당한 이유가 있어 그 측정을 요구하였던 것이므로 그 운전자는 측정 요구에 응할 의무가 있었음에도 이를 거부한 경우에 해당한다는 이유로, 당초의 음주측정거부를 이유로 한 운전면허취소처분은 정당하다.[81)]

(5) 본인허락 없는 채혈 – 위법

음주운전 여부에 관한 조사방법 중 혈액 채취는 상대방의 신체에 대한 직접적인 침해를 수반하는 방법으로서, 이에 관하여 도로교통법은 호흡조사와 달리 운전자에게 조사에 응할 의무를 부과하는 규정을 두지 아니할 뿐만 아니라, 측정에 앞서 운전자의 동의를 받도록 규정하고 있으므로(제44조 제3항), 운전자의 동의 없이 임의로 채혈조사를 하는 것은 허용되지 아니한다.

그리고 수사기관이 범죄 증거를 수집할 목적으로 운전자의 동의 없이 그 혈액을 취득·보관하는 행위는 형사소송법상 '감정에 필요한 처분' 또는 '압수'로서 법원의 감정처분허가장이나 압수영장이 있어야 가능하고, 다만 음주운전 중 교통사고를 야기한 후 운전자가 의식불명 상태에 빠져 있는 등으로 호흡조사에 의한 음주측정이 불가능하고 채혈에 대한 동의를 받을 수도 없으며 법원으로부터 감정처분허가장이나 사전 압수영장을 발부받을 시간적 여유도 없는 긴급한 상황이 발생한 경우에는 수사기관은 예외적인 요건 하에 음주운전 범죄의 증거 수집을 위하여 운전자의 동의나 사전 영장 없이 혈액을 채취하여 압수할 수 있으나 이 경우에도 형사소송법에 따라 사후에 지체 없이 법원으로부터 압수영장을 받아야 한다(대법원 2012. 11. 15. 선고 2011도15258 판결 참조). 따라서 음주운전 여부에 대한 조사 과정에서 운전자 본인의 동의를 받지 아니하고 또한 법원의 영장도 없이 채혈조사를 한 결과를 근거로 한 운전면허 정지·취소 처분은 도로교통법 제44조 제3항을 위반한 것으로서 특별한 사정이 없는 한 위법한 처분으로 볼 수밖에 없다.

---

81) 서울고등법원 1996. 4. 3. 선고 95구33667 판결 : 확정.

마. 음주측정불응죄

(1) 음주측정불응죄

음주운전자가 음주측정에 불응한 경우 도로교통법 제148조의2 제1항에 의거, 1년 이상 3년 이하의 징역이나, 500만원 이상 1천만원 이하의 벌금에 처해지며, 같은 법 제93조에 의거하여 면허취소(결격기간 1년)가 된다.

【판시사항】

도로교통법 제148조의2 제1항 제2호에서 말하는 '경찰공무원의 측정에 응하지 아니한 경우'의 의미 및 측정거부가 일시적인 것에 불과한 경우, 음주측정불응죄가 성립하는지 여부(소극) / 음주측정불응죄가 성립하는 시기 및 운전자의 측정불응의사가 객관적으로 명백한지 판단하는 방법 (대법원 2015. 12. 24. 선고 2013도8481 판결)

【판결요지】

도로교통법 제148조의2 제1항 제2호(이하 '처벌조항'이라 한다)의 주된 목적은 음주측정을 간접적으로 강제함으로써 교통의 안전을 도모함과 동시에 음주운전에 대한 입증과 처벌을 용이하게 하려는 데 있는 것이지, 측정불응행위 자체의 불법성을 처벌하려는 데 있는 것은 아닌 점, 한편 처벌조항의 음주측정불응죄는 주취운전죄 중에서도 불법성이 가장 큰 유형인 3회 이상 또는 혈중알코올농도 0.2% 이상의 주취운전죄와 동일한 법정형으로 규율되고 있는 점, 경찰청의 교통단속처리지침 제38조 제11항은 처벌조항의 입법 취지 등을 참작하여 "음주측정 요구에 불응하는 운전자에 대하여는 음주측정 불응에 따른 불이익을 10분 간격으로 3회 이상 명확히 고지하고, 고지에도 불구하고 측정을 거부한 때(최초 측정 요구 시로부터 30분 경과)에는 측정결과란에 [측][정][거][부][×]로 기재하여 주취운전자 적발보고서를 작성한다."고 규정하고 있는 점 등을 고려해 볼 때, 처벌조항에서 말하는 '경찰공무원의 측정에 응하지 아니한 경우'란 전체적인 사건의 경과에 비추어 술에 취한 상태에 있다고 인정할 만한 상당한 이유가 있는 운전자가 음주측정에 응할 의사가 없음이 객관적으로 명백하다고 인정되는 때를 의미하고, 운전자가 경찰공무원의 1차 측정에만 불응하였을 뿐 곧이어 이어진 2차 측정에 응한 경우와 같이 측정거부가 일시적인 것에 불과한 경우까지 측정불응행위가 있었다고 보아 처벌조항의 음주측정불응죄가 성립한다고 볼 것은 아니다.

따라서 술에 취한 상태에 있다고 인정할 만한 상당한 이유가 있는 운전자가 호흡측정기에 숨을 내쉬는 시늉만 하는 등으로 음주측정을 소극적으로 거부한 경우라면, 소극적 거부행위가 일정 시간 계속적으로 반복되어 운전자의 측정불응의사가 객관적으로 명백하다고 인정되는 때에 비로소 음주측정불응죄가 성립하고, 반면 운전자가 명시적이고도 적극적으로 음주측정을 거부하겠다는 의사를 표명한 것이라면 즉시 음주측정불응죄가 성립할 수 있으나, 그 경우 운전자의 측정불응의사가 객관적으로 명백하였는지는 음주측정을 요구받을 당시의 운전자의 언행이나 태도 등을 비롯하여 경찰공무원이 음주측정을 요구하게 된 경위 및 측정요구의 방법과 정도, 주취운전자 적발보고서 등 측정불응에 따른 관련 서류의 작성 여부 및 운전자가 음주측정을 거부한 사유와 태양 및 거부시간 등 전체적 경과를 종합적으로 고려하여 신중하게 판단하여야 한다.

(2) 음주측정불응죄의 성립 요건 및 술에 취한 상태에 있다고 인정할 만한 상당한 이유가 있는지 여부의 판단기준

도로교통법 제107조의2 제2호의 음주측정불응죄는 술에 취한 상태에 있다고 인정할 만한 상당한 이유가 있는 사람이 같은 법 제41조 제2항의 규정에 의한 경찰공무원의 측정에 응하지 아니한 경우에 성립하는 것인바, 같은 법 제41조 제2항의 규정에 비추어 보면 음주측정 요구 당시의 객관적 사정을 종합하여 볼 때 운전자가 술에 취한 상태에서 자동차 등을 운전하였다고 인정할 만한 상당한 이유가 있고 운전자의 음주운전 여부를 확인하기 위하여 필요한 경우에는 사후의 음주측정에 의하여 음주운전 여부를 확인할 수 없음이 명백하지 않는 한 경찰공무원은 당해 운전자에 대하여 음주측정을 요구할 수 있고, 당해 운전자가 이에 불응한 경우에는 같은 법 제107조의2 제2호 소정의 음주측정불응죄가 성립한다.[82] 결국 음주측정불응죄가 성립하기 위하여는 음주측정 요구 당시 운전자가 반드시 혈중알코올농도 0.05% 이상의 상태에 있어야 하는 것은 아니지만 적어도 혈중알코올농도 0.05% 이상의 상태에 있다고 인정할 만한 상당한 이유가 있어야 하는 것이고, 나아가 술에 취한 상태에 있다고 인정할 만한 상당한 이유가 있는지 여부는 음주측정 요구 당시 개별 운전자마다 그의 외관 · 태도 · 운전 행태 등 객관적 사정을 종합하여 판단하여야 한다.[83]

(3) 음주측정이 '진술'에 해당하는지 여부 등

헌법 제12조 제2항은 "모든 국민은 고문을 받지 아니하며, 형사상 자기에게 불리한 진술을 강요당하지 아니한다."고 규정하여 형사책임에 관하여 자신에게 불이익한 진술을 강요당하지 아니할 것을 국민의 기본권으로 보장하고 있고, 헌법이 진술거부권을 기본적 권리로 보장하는 것은 형사 피의자나 피고인의 인권을 형사소송의 목적인 실체적 진실발견이나 구체적 사회정의의 실현이라는 국가이익보다 우선적으로 보호함으로써 인간의 존엄성과 가치를 보장하고, 나아가 비인간적인 자백의 강요와 고문을 근절하려는 데 있고, 여기서 "진술"이라 함은 생각이

82) 대법원 2001. 8. 24. 선고 2000도6026 판결.
83) 대법원 2004. 10. 14. 선고 2004도5249 판결.

나 지식, 경험사실을 정신작용의 일환인 언어를 통하여 표출하는 것을 의미하는데 반해, 도로교통법 제44조 제2항에 규정된 음주측정은 호흡측정기에 입을 대고 호흡을 불어 넣음으로써 신체의 물리적, 사실적 상태를 그대로 드러내는 행위에 불과하므로 이를 두고 "진술"이라 할 수 없으며, 따라서 주취운전의 혐의자에게 호흡측정기에 의한 주취 여부의 측정에 응할 것을 요구하고 이에 불응할 경우에는 같은 법 제150조 제2호에 따라 처벌한다고 하여도 이를 형사상 불리한 "진술"을 비인간적으로 강요하는 것에 해당한다고 볼 수는 없으므로, 도로교통법의 위 조항들이 자기부죄금지의 원칙을 규정한 헌법 제12조 제2항에 위반된다고 할 수 없다.[84)]

(4) 음주측정거부를 이유로 운전면허취소를 함에 있어서 행정청의 재량여지

도로교통법 제78조 제1항 단서 제8호의 규정에 의하면, 술에 취한 상태에 있다고 인정할 만한 상당한 이유가 있음에도 불구하고 경찰공무원의 측정에 응하지 아니한 때에는 필요적으로 운전면허를 취소하도록 되어 있어 처분청이 그 취소 여부를 선택할 수 있는 재량의 여지가 없음이 그 법문상 명백하므로, 위 법조의 요건에 해당하였음을 이유로 한 운전면허취소처분에 있어서 재량권의 일탈 또는 남용의 문제는 생길 수 없다.[85)]

(5) 운전자가 신체 이상 등의 사유로 호흡측정에 응하지 못한 경우, 음주측정불응죄 성부

도로교통법(2005. 5. 31. 법률 제7545호로 전문 개정되기 전의 것) 제41조 제2항, 제3항의 해석상, 술에 취한 상태에서 자동차 등을 운전하였다고 인정할 만한 상당한 이유가 있는 경우에 경찰공무원은 운전자가 술에 취하였는지 여부를 호흡측정기에 의하여 측정할 수 있고 운전자는 그 측정에 응할 의무가 있으나, 운전자의 신체 이상 등의 사유로 호흡측정기에 의한 측정이 불가능 내지 심히 곤란한 경우에까지 그와 같은 방식의 측정을 요구할 수는 없으며(이와 같은 상황이라면 경찰공무원으로서는 호흡측정기에 의한 측정의 절차를 생략하고 운전자의 동의를 얻거나 판사로부터 영장을 발부받아 혈액채취에 의한 측정으로 나아가야 할 것이다), 이와 같은 경우 경찰공무원이 운전자의 신체 이상에도 불구하고 호흡측정기에 의한 음주측정을 요구하여 운전자가 음주측정수치가 나타날 정도로 숨을 불어넣지 못한 결과 호흡측정기에 의한 음주측정이 제대로 되지 아니하였다고 하더라도 음주측정에 불응한 것으로 볼 수는 없다.[86)]

6. 운전면허의 취소 · 정지처분 사유

지방경찰청장은 운전면허(연습운전면허는 제외한다.)를 받은 사람이 다음의 어느 하나에 해당

---

84) 대법원 2009. 9. 24. 선고 2009도7924 판결.
85) 대법원 2004. 11. 12. 선고 2003두12042 판결.
86) 대법원 2006. 1. 13. 선고 2005도7125 판결.

하면 행정자치부령으로 정하는 기준에 따라 운전면허(운전자가 받은 모든 범위의 운전면허를 포함한다.)를 취소하거나 1년 이내의 범위에서 운전면허의 효력을 정지시킬 수 있다.

다만, 2), 3), 7)부터 9)까지(정기 적성검사 기간이 지난 경우는 제외한다), 12), 14), 16)부터 18)까지, 20)의 규정에 해당하는 경우에는 운전면허를 취소하여야 한다(법 제93조).

1) 제44조 제1항(술에 취한 상태에서의 운전 금지)을 위반하여 술에 취한 상태에서 자동차 등을 운전한 경우

2) 제44조 제1항 또는 제2항 후단을 2회 이상 위반한 사람이 다시 같은 조 제1항을 위반하여 운전면허 정지 사유에 해당된 경우

3) 제44조 제2항 후단을 위반하여 술에 취한 상태에 있다고 인정할 만한 상당한 이유가 있음에도 불구하고 경찰공무원의 측정에 응하지 아니한 경우

4) 제45조(과로한 때 등의 운전 금지)를 위반하여 약물의 영향으로 인하여 정상적으로 운전하지 못할 우려가 있는 상태에서 자동차등을 운전한 경우

5) 제46조 제1항(공동 위험행위의 금지)을 위반하여 공동 위험행위를 한 경우

5의2) 제46조의3을 위반하여 난폭운전을 한 경우

6) 교통사고로 사람을 사상한 후 제54조 제1항 또는 제2항에 따른 필요한 조치 또는 신고를 하지 아니한 경우

7) 제82조 제1항 제2호부터 제5호까지의 규정(운전면허의 결격사유[87])에 따른 운전면허를

---

87) 제82조 (운전면허의 결격사유)

① 다음 각 호의 어느 하나에 해당하는 사람은 운전면허를 받을 수 없다.

1. 18세 미만(원동기장치자전거의 경우에는 16세 미만)인 사람
2. 교통상의 위험과 장해를 일으킬 수 있는 정신질환자 또는 뇌전증 환자로서 대통령령으로 정하는 사람
3. 듣지 못하는 사람(제1종 운전면허 중 대형면허 · 특수면허만 해당한다), 앞을 보지 못하는 사람(한쪽 눈만 보지 못하는 사람의 경우에는 제1종 운전면허 중 대형면허 · 특수면허만 해당한다)이나 그 밖에 대통령령으로 정하는 신체장애인
4. 양쪽 팔의 팔꿈치관절 이상을 잃은 사람이나 양쪽 팔을 전혀 쓸 수 없는 사람. 다만, 본인의 신체장애 정도에 적합하게 제작된 자동차를 이용하여 정상적인 운전을 할 수 있는 경우에는 그러하지 아니하다.
5. 교통상의 위험과 장해를 일으킬 수 있는 마약 · 대마 · 향정신성의약품 또는 알코올 중독자로서 대통령령으로 정하는 사람
6. 제1종 대형면허 또는 제1종 특수면허를 받으려는 경우로서 19세 미만이거나 자동차(이륜자동차는 제외한다)의 운전경험이 1년 미만인 사람

② 다음 각 호의 어느 하나의 경우에 해당하는 사람은 해당 각 호에 규정된 기간이 지나지 아니하면 운전면허를 받을 수 없다. 다만, 다음 각 호의 사유로 인하여 벌금 미만의 형이 확정되거나 선고유예의 판결이 확정된 경우 또는 기소유예나 「소년법」 제32조에 따른 보호처분의 결정이 있는 경우에는 각 호에 규정된 기간 내라도 운전면허를 받을 수 있다. [개정 2015.8.11]

1. 제43조 또는 제96조 제3항을 위반하여 자동차등을 운전한 경우에는 그 위반한 날(운전면허효력 정지기간에 운전하여 취소된 경우에는 그 취소된 날을 말하며, 이하 이 조에서 같다)부터 1년(원동기장치자전거면허를 받으려는 경우에는 6개월로 하되, 제46조를 위반한 경우에는 그 위반한 날부터 1년). 다만, 사람을 사상한 후 제54조 제1항에 따른 필요한 조치 및 제2항에 따른 신고를 하지 아니한 경우에는 그

받을 수 없는 사람에 해당된 경우

8) 제82조에 따라 운전면허를 받을 수 없는 사람이 운전면허를 받거나 거짓이나 그 밖의 부정한 수단으로 운전면허를 받은 경우 또는 운전면허효력의 정지기간 중 운전면허증 또는 운전면허증을 갈음하는 증명서를 발급받은 사실이 드러난 경우

9) 제87조 제2항(운전면허증의 갱신과 정기 적성검사) 또는 제88조 제1항에(수시적성검사) 따른 적성검사를 받지 아니하거나 그 적성검사에 불합격한 경우

10) 운전 중 고의 또는 과실로 교통사고를 일으킨 경우

10의2) 운전면허를 받은 사람이 자동차 등을 이용하여 「형법」 제258조의2(특수상해) · 제261조(특수폭행) · 제284조(특수협박) 또는 제369조(특수손괴)를 위반하는 행위를 한 경우

11) 운전면허를 받은 사람이 자동차 등을 이용하여 살인 또는 강간 등 행정자치부령으로 정하는 범죄행위를 한 경우

12) 다른 사람의 자동차 등을 훔치거나 빼앗은 경우

13) 다른 사람이 부정하게 운전면허를 받도록 하기 위하여 제83조(운전면허시험 등)에 따른 운전면허시험에 대신 응시한 경우

14) 이 법에 따른 교통단속 임무를 수행하는 경찰공무원 등 및 시 · 군공무원을 폭행한 경우

위반한 날부터 5년으로 한다.

2. 제43조 또는 제96조 제3항을 3회 이상 위반하여 자동차등을 운전한 경우에는 그 위반한 날부터 2년
3. 제44조, 제45조 또는 제46조를 위반하여 사람을 사상한 후 제54조 제1항 및 제2항에 따른 필요한 조치 및 신고를 하지 아니한 경우에는 운전면허가 취소된 날부터 5년
4. 제43조 부터 제46조까지의 규정에 따른 사유가 아닌 다른 사유로 사람을 사상한 후 제54조 제1항 및 제2항에 따른 필요한 조치 및 신고를 하지 아니한 경우에는 운전면허가 취소된 날부터 4년
5. 제44조 제1항 또는 제2항을 위반(제43조 또는 제96조 제3항을 함께 위반한 경우도 포함한다)하여 운전을 하다가 3회 이상 교통사고를 일으킨 경우에는 운전면허가 취소된 날(제43조 또는 제96조 제3항을 함께 위반한 경우에는 그 위반한 날을 말한다)부터 3년, 자동차등을 이용하여 범죄행위를 하거나 다른 사람의 자동차등을 훔치거나 빼앗은 사람이 제43조를 위반하여 그 자동차등을 운전한 경우에는 그 위반한 날부터 3년
6. 제44조 제1항 또는 제2항을 3회 이상 위반(제43조 또는 제96조 제3항을 함께 위반한 경우도 포함한다) 또는 제46조를 2회 이상 위반(제43조 또는 제96조 제3항을 함께 위반한 경우도 포함한다)한 경우나 제93조 제1항 제8호 · 제12호 또는 제13호의 사유로 운전면허가 취소된 경우에는 운전면허가 취소된 날(제43조 또는 제96조 제3항을 함께 위반한 경우에는 그 위반한 날을 말한다)부터 2년
7. 제1호부터 제6호까지의 규정에 따른 경우가 아닌 다른 사유로 운전면허가 취소된 경우에는 운전면허가 취소된 날부터 1년(원동기장치자전거면허를 받으려는 경우에는 6개월로 하되, 제46조를 위반하여 운전면허가 취소된 경우에는 1년). 다만, 제93조 제1항 제9호의 사유로 운전면허가 취소된 사람 또는 제1종 운전면허를 받은 사람이 적성검사에 불합격되어 다시 제2종 운전면허를 받으려는 경우에는 그러하지 아니하다.
8. 운전면허효력 정지처분을 받고 있는 경우에는 그 정지기간

③ 제93조에 따라 운전면허 취소처분을 받은 사람은 제2항에 따른 운전면허 결격기간이 끝났다 하여도 그 취소처분을 받은 이후에 제73조 제2항에 따른 특별한 교통안전교육을 받지 아니하면 운전면허를 받을 수 없다.

15) 운전면허증을 다른 사람에게 빌려주어 운전하게 하거나 다른 사람의 운전면허증을 빌려서 사용한 경우

16) 「자동차관리법」에 따라 등록되지 아니하거나 임시운행허가를 받지 아니한 자동차(이륜자동차는 제외한다)를 운전한 경우

17) 제1종 보통면허 및 제2종 보통면허를 받기 전에 연습운전면허의 취소 사유가 있었던 경우

18) 다른 법률에 따라 관계 행정기관의 장이 운전면허의 취소처분 또는 정지처분을 요청한 경우

18의2) 제39조 제1항 또는 제4항을 위반하여 화물자동차를 운전한 경우

19) 이 법이나 이 법에 따른 명령 또는 처분을 위반한 경우

20) 운전면허를 받은 사람이 자신의 운전면허를 실효(失效)시킬 목적으로 지방경찰청장에게 자진하여 운전면허를 반납하는 경우. 다만, 실효시키려는 운전면허가 취소처분 또는 정지처분의 대상이거나 효력정지기간 중인 경우는 제외한다.

Q 저는 지난 달 오랜만에 동창회에 나갔다가 친구들의 강권에 견디다 못하여 소주 몇 잔을 마시고 차를 몰고 집으로 귀가하던 중 음주운전단속에 적발되어 혈중알콜농도가 0.18%로 나와 운전면허취소처분을 받았습니다. 영업사원인 저의 경우 운전면허가 취소되면 가정의 생계가 곤란하여 운전면허취소처분에 대하여 불복하고자 합니다. 운전면허취소처분의 기준 및 불복절차는 어떻게 되는지요?

A 「도로교통법 시행규칙」 제91조 제1항 [별표 28]에 의한 취소처분개별기준을 보면, 혈중알콜농도 0.1% 이상에서 운전한 경우에는 사고를 야기(惹起)시키지 않았어도 면허취소가 가능하도록 되어 있습니다.

운전면허를 받은 사람이 음주운전을 하다가 적발된 경우 운전면허의 취소 또는 정지 여부는 행정청의 재량행위라 할 것인데, 그 기준은 일률적으로 정할 수 없으나 보통 음주운전의 동기, 음주정도, 무사고운전경력, 음주 후의 운전거리 및 사고 여부, 운전면허의 취소로 입게 될 불이익(생계수단 등) 등을 참작하여 판단하고 있습니다.

다만, 위 운전면허행정처분기준은 그 규정의 성질과 내용이 운전면허의 취소처분 등에 관한 행정청 내부의 사무처리기준준칙을 규정한 것에 지나지 아니하여 대외적으로 법원이나 국민을 기속(羈束)하는 효력은 없습니다(대법원 1991. 6. 11. 선고 91누2083 판결).

위와 같은 행정처분에 대한 불복방법과 관련하여 「도로교통법」 제142조는 "이 법에 의한 처분으로서 해당 처분에 대한 행정소송은 행정심판의 재결을 거치지 아니하면 이를 제기할 수 없다."라고 규정하고 있습니다.

행정심판청구는 처분이 있음을 안 날부터 90일 이내에 제기하여야 하고, 처분이 있은 날로부터 180일을 경과하면 제기하지 못합니다(행정심판법 제27조 제1항 및 제3항). 그리고 행정심판의 재결에 불복할 경우에는 행정심판재결서정본을 송달 받은 날로부터 90일, 재결이 있은 날로부터 1년 내에 소를 제기하여야 합니다(행정소송법 제20조 제1항 및 제2항).

한편, 운전면허취소처분과 관련하여 판례는 "가구점 운전기사가 자신의 집에 도착하여 주차할 장소를 찾기 위하여 돌아다니다가 경찰관에게 적발되었고 음주운전으로 인하여 아무런 사고를 일으키지 아니한 경우, 자동차운전면허가 취소되면 그의 생계에 막대한 지장을 입게 되는데 주취운전이 운전면허행정처분의 기준에 해당한다는 점만을 내세워 그 운전면허를 취소까지 한 것은 도로교통법에 의하여 달성하고자 하는 공익목적의 실현보다는 그로 인하여 운전기사가 입게 될 불이익이 너무 커서 이익교량의 원칙에 위배된다."라고 한 판례(대법원 1995. 9. 29. 선고 95누9686 판결)가 있는 반면, "음주운전으로 인한 교통사고를 방지할 공익상의 필요가 크고 운전면허 취소에 있어서는 일반의 수익적 행정행위의 취소와는 달리 그로 인한 당사자의 불이익보다는 교통사고 등을 방지하여야 하는 일반 예방적 측면이 더욱 강조되어야 하는바, 특히 운전자가 자동차운전을 생업으로 삼고 있는 경우에는 더욱 더 그러하다."라고 한 판례(대법원 1996. 2. 27. 선고 95누16523 판결)도 있습니다.

그러므로 귀하의 경우 운전면허취소처분이 정당한지 여부는 위 처분기준을 고려하여 구체적으로 법원의 판단에 달려있다고 할 것이나, 최근의 판례는 "화물운송업에 종사하며 가족의 생계를 책임지고 있는 장애인운전자가 음주운전으로 적발된 전력이 없다고 하더라도 음주운전으로 인한 교통사고를 방지할 공익상의 필요가 크므로 행정청의 운전면허취소처분은 정당하다."라고 하였습니다(대법원 2006. 2. 9. 선고 2005두13087 판결). 따라서 공익상 필요를 특히 강조하고 있는 최근의 경향에 비추어 보면 귀하는 구제받기 어려울 것으로 보입니다.

7. 운전면허의 취소 · 정지처분 기준 등

가. 운전면허 취소, 정지 기준

(1) 음주운전 처벌기준

사람의 체질에 따라 주량 및 알콜올 분해 능력에 차이가 있을 수 있지만 개정 도로교통법 시행 전에는 단속기준인 혈중알콜농도 0.05%일 때는 소주 한두 잔, 맥주 한두 잔 마시고 운전을 하더라도 훈방이 되어 처벌을 받지 아니하는 경우가 많았는데, 음주단속기준이 혈중알콜농도 0.03%로 하향되면서 이제는 소주 한잔, 맥주 한잔만 마셔도 단속에 적발되어 처벌될 수 있으니 각별한 주의가 필요한 상황이다.

음주운전 처벌기준

	종전 혈중알콜농도 (2019년 6월 25일 전)	현재 혈중알콜농도 (2019년 6월 25일)
운전면허취소	0.1 % 이상	0.08% 이상
운전면허정지	0.05% 이상 ~ 0.1% 미만	0.03% 이상 ~ 0.08% 미만
면허정지 수치라도 취소대상 음주횟수	3회(삼진아웃)	2회(투스트라이크 아웃)
	음주운전 횟수는 운전자의 최초 운전면허 취득시 부터의 음주운전전력	

(2) 음주운전 벌금기준

제2 윤창호법 시행 이후 아래 기준에 따라 음주운전으로 적발될 경우 500만원 전후의 벌금형이 선고될 가능성이 매우 높아진 상태이다(도로교통법 제148조의2). 전반적으로 처벌기준이 이전보다 2배 이상 상향되었다고 보면 된다. 따라서 종전에 혈중알콜농도 및 음주전력 등에 따라 벌금형으로 처벌을 받을 수 있었던 경우에도 징역형의 집행유예를, 종전에 집행유예를 받을 수 있었던 사건도 실형을 선고받을 수 있게 되었음에 유의하여야 한다.

[벌금기준]

혈중알콜농도	벌 금
0.03% ~ 0.08%	500만원 이하 벌금 1년 이하의 징역
0.08% ~ 0.2%	500만원 ~ 1,000만원 1년~2년 이하 징역
0.2% 이상	1,000만원 ~ 2,000만원 2년 ~ 5년 이하 징역
2회 이상 위반	1,000만원 ~ 2,000만원 2년 ~ 5년 이하 징역

그런데 헌법재판소는 아래 결정내용과 같이 2021. 11. 5. 도로교통법 제148조의2 제1항(윤창호법)을 위헌 결정하였다. 이에 따라 관련 법률에 따라 처벌받은 음주운전자들은 재심이 가능해졌고 재심을 통해 감경 또는 석방될 가능성도 있게 되었다.

도로교통법 제148조의2 제1항 위헌소원 등

【판시사항】

[1] 음주운전 금지규정을 2회 이상 위반한 사람을 2년 이상 5년 이하의 징역이나 1천만 원 이상 2천만 원 이하의 벌금에 처하도록 한 구 도로교통법 제148조의2 제1항 중 '제44조 제1항을 2회 이상 위반한 사람'에 관한 부분(이하 '심판대상조항'이라 한다)이 죄형법정주의의 명확성 원칙에 위반되는지 여부(소극)

[2] 심판대상조항이 책임과 형벌 간의 비례원칙에 위반되는지 여부(적극)[2021. 11. 25. 2019헌바446, 2020헌가17, 2021헌바77(병합)]

【결정요지】

[1] 심판대상조항의 문언, 입법목적과 연혁, 관련 규정과의 관계 및 법원의 해석 등을 종합하여 볼 때, 심판대상조항에서 '제44조 제1항을 2회 이상 위반한 사람'이란 '2006. 6. 1. 이후 도로교통법 제44조 제1항을 위반하여 술에 취한 상태에서 운전을 하였던 사실이 인정되는 사람으로서, 다시 같은 조 제1항을 위반하여 술에 취한 상태에서 운전한 사람'을 의미함을 충분히 알 수 있으므로, 심판대상조항은 죄형법정주의의 명확성원칙에 위반되지 아니한다.

[2] 심판대상조항은 음주운전 금지규정을 반복하여 위반하는 사람에 대한 처벌을 강화하기 위한 규정인데, 가중요건이 되는 과거 위반행위와 처벌대상이 되는 재범 음주운전행위 사이에 아무런 시간적 제한을 두지 않고 있다. 그런데 과거 위반행위가 예컨대 10년 이상 전에 발생한 것이라면 처벌대상이 되는 재범 음주운전이 준법정신이 현저히 부족한 상태에서 이루어진 행위라거나 교통안전 등을 '반복적으로' 위협하는 행위라고 평가하기 어려워 이를 일반적 음주운전 금지규정 위반행위와 구별하여 가중처벌할 필요가 있다고 보기 어렵다. 범죄 전력이 있음에도 다시 범행한 경우 가중된 행위책임을 인정할 수 있다고 하더라도, 전범을 이유로 아무런 시간적 제한 없이 무제한 후범을 가중처벌하는 예는 찾기 어렵고, 공소시효나 형의 실효를 인정하는 취지에도 부합하지 않는다. 또한 심판대상조항은 과거 위반 전력, 혈중알코올농도 수준 등에 비추어, 보호법익에 미치는 위험 정도가 비교적 낮은 유형의 재범 음주운전행위도 일률적으로 그 법정형의 하한인 2년 이상의 징역 또는 1천만 원 이상의 벌금을 기준으로 처벌하도록 하고 있어 책임과 형벌 사이의 비례성을 인정하기 어렵다. 따라서 심판대상조항은 책임과 형벌 간의 비례원칙에 위반된다.

재판관 이선애, 재판관 문형배의 반대의견

우리나라에서 발생하는 음주운전 교통사고의 40% 가량은 재범에 의한 교통사고이다. 심판대상조항은 이른바 '윤○○ 사건'을 계기로, 재범 음주운전 범죄를 엄히 처벌하고 예방하고자 입법화된 규정이고, 반복되는 음주운전은 비난가능성이 매우 크다. 과거 위반 전력이 10년 전의 행위라도 만취 음주운전으로 사망사고를 유발한 경우와 같이 죄질이 매우 불량한 경우가 있을 수 있고, 그러한 전력을 가진 운전자가 다시 음주운전하여 교통안전을 해하고 무고한 국민 일반의 생명, 신체 등을 위협한 경우를 초범 음주운전자와 동일한 기준으로 처벌하는 것이 부당하다는 입법자의 평가가 재량 한계를 벗어난 것이라고 볼 수 없다. 심판대상조항에는 벌금형이 선택형으로 규정되어 있고, 구체적 사건에서 집행유예나 선고유예를 하는 것도 가능하므로, 법정형의 하한을 2년 이상의 징역 또는 1천만 원 이상의 벌금으로 정한 것이 위헌으로 선언될 정도로 비례성을 일탈하고 있다고 할 수 없다.

고의에 의한 반복 음주운전행위를 사전에 예방하기 위해 법정형의 하한을 높여 형벌의 경고적 기능을 제고할 수 있으므로, 심판대상조항이 '특정범죄 가중처벌 등에 관한 법률'상 위험운전치상죄보다 법정형의 하한을 높게 정한 데는 수긍할만한 합리적 이유가 있다. '특정범죄 가중처벌 등에 관한 법률'상 도주치상죄, 교통사고처리법 위반죄 등과는 보호법익, 행위태양, 죄질 등에서 구별되므로, 이러한 범죄들과 비교하여 법정형의 과중을 논할 수 없다. 따라서 심판대상조항이 형벌체계상 균형을 상실하고 있다고 볼 수 없고, 재범 음주운전 예방의 필요성에 비추어 볼 때, 다른 법규위반 재범자와의 관계에서 합리성 없는 차별을 규정하는 것도 아니다.

심판대상조항은 책임과 형벌 간의 비례원칙에 위반되지 않고, 평등원칙에도 위반되지 아니한다.

Q 저는 제1종 보통면허, 제1종 대형면허를 소지한 자로서 음주 후 대형승합자동차를 운전하다가 적발되었으나, 음주측정을 거부하여 제1종 대형면허와 제1종 보통면허가 모두 취소되었습니다. 그런데 이 경우 제1종 보통면허까지 취소되는 것이 정당한지요?

A 「도로교통법 시행규칙」 제53조와 관련된 [별표 18] 운전할 수 있는 차의 종류를 보면, '제1종 대형면허'로 운전할 수 있는 차량은 승용자동차, 승합자동차, 화물자동차, 긴급자동차, 건설기계(덤프트럭, 아스팔트살포기, 노상안전기, 콘크리트믹서트럭, 콘크리트펌프, 천공기(트럭적재식), 도로를 운행하는 3톤 미만의 지게차), 특수자동차(트레일러, 레커는 제외), 원동기장치자전거이고, '제1종 보통면허'로 운전할 수 있는 차량은 승용자동차, 15인 이하 승합자동차, 12인 이하 긴급자동차(승용 및 승합자동차에 한함), 적재중량 12톤 미만 화물자동차, 건설기계(도로를 운행하는 3톤 미만의 지게차에 한함), 원동기장치자전거이며, '특수면허'로 운전할 수 있는 차량은 트레일러, 레커, 제2종 보통면허로 운전할 수 있는 차량으로 규정하고 있습니다.

그런데 판례는 "한 사람이 여러 종류의 자동차운전면허를 취득하는 경우뿐 아니라 이를 취소 또는 정지하는 경우에 있어서도 서로 별개의 것으로 취급하는 것이 원칙이고, 제1종 대형면허를 가진 사람만이 운전할 수 있는 대형승합자동차는 제1종 보통면허를 가지고 운전할 수 없는 것이기는 하지만, 자동차운전면허는 그 성질이 대인적 면허일 뿐만 아니라 도로교통법시행규칙 제26조 별표 14(현행 도로교통법시행규칙 제53조 별표 18)에 의하면, 제1종 대형면허 소지자는 제1종 보통면허 소지자가 운전할 수 있는 차량을 모두 운전할 수 있는 것으로 규정하고 있어, 제1종 대형면허의 취소에는 당연히 제1종 보통면허 소지자가 운전할 수 있는 차량의 운전까지 금지하는 취지가 포함된 것이어서 이들 차량의 운전면허는 서로 관련된 것이라고 할 것이므로, 제1종 대형면허로 운전할 수 있는 차량을 음주운전하거나 그 제재를 위한 음주측정의 요구를 거부한 경우에는 그와 관련된 제1종 보통면허까지 취소할 수 있다."라고 하였습니다(대법원 1997. 2. 28. 선고 96누17578 판결, 대법원 1997. 5. 16. 선고 96누18106 판결, 대법원 2005. 3. 11. 선고 2004두12452 판결).

따라서 위 사안에서 귀하가 대형승합자동차를 음주운전하고 음주측정을 거부하여 제1종 대형면허가 취소될 경우 제1종 보통면허도 취소될 것으로 보입니다.

Q 저는 개인택시운송사업자로서 음주운전을 하다가 적발되어 음주측정요구를 받았으나 음주측정기에 의한 음주측정을 믿을 수 없다면서 측정에 응하지 않아 음주측정거부로 인하여 자동차운전면허가 취소되었습니다. 그런데 저의 음주정도가 측정에 응하였다면 혈중알콜농도 0.1%에 이르지 못하였을 것으로 생각되는바, 음주측정거부를 이유로 자동차운전면허를 취소하는 경우에 혈중알콜농도 0.1% 이상의 만취한 상태에서 운전하였다는 객관적인 근거를 필요로 하는 것은 아닌지요?

A 「도로교통법」 제93조 제1항 제3호에 의하면, 제44조 제2항 후단의 규정을 위반하여 술에 취한 상태에 있다고 인정할만한 상당한 이유가 있음에도 불구하고 경찰공무원의 측정에 응하지 아니한 때에는 지방경찰청장이 운전면허를 취소시킬 수 있도록 규정하고 있으며, 같은 법 시행규칙 제91조 제1항에 의한 별표 28 취소처분개별기준은 혈중알콜농도 0.1%이상에서 운전한 경우에는 사고를 야기시키지 않았어도 면허취소가 가능하도록 규정하고 있습니다.

그런데 운전면허취소처분의 재량권남용에 관한 판단기준에 관하여 판례는 "오늘날 자동차가 대중적인 교통수단이고 그에 따라 대량으로 자동차운전면허가 발급되고 있는 상황이나 음주운전으로 인한 교통사고의 증가경향 및 그 결과가 극히 비참한 점 등에 비추어 볼 때, 음주운전으로 인한 교통사고를 방지할 공익상의 필요는 매우 크다고 할 수밖에 없으므로, 음주운전을 이유로 한 자동차운전면허의 취소에 있어서는 일반의 수익적 행정행위의 취소와는 달리 그 취소로 인하여 입게 될 당사자의 불이익보다는 이를 방지하여야 하는 일반 예방적 측면이 더욱 강조되어야 할 것이다."라고 하였습니다(대법원 1997. 12. 26. 선고 97누17216 판결, 대법원 2002. 2. 22. 선고 2001두9998 판결).

그리고 음주측정거부를 이유로 자동차운전면허를 취소하는 경우, 혈중알콜농도 0.1% 이상의 상태에서 운전하였다는 객관적인 근거를 필요로 하는지에 관하여 판례는 "음주측정거부를 이유로 자동차운전면허를 취소하는 경우에 반드시 그 운전자가 혈중알콜농도 0.1% 이상의 만취한 상태에서 운전하였다는 객관적인 근거를 필요로 하는 것은 아니다."라고 하였으며, 개인택시운전자에 대한 운전면허취소처분에 대하여 "음주운전 내지 그 제재를 위한 음주측정요구의 거부 등을 이유로 한 자동차운전면허의 취소에 있어서는 일반의 수익적 행정행위의 취소와는 달리 그 취소로 인하여 입게 될 당사자의 개인적인 불이익보다는 이를 방지하여야 하는 일반예방적인 측면이 더욱 강조되어야 하고, 특히 그 운전자가 개인택시운송사업자 등과 같이 자동차운전을 업(業)으로 삼고 있는 자인 경우에는 더욱 그러하다."라고 하였습니다(대법원 1995. 3. 24. 선고 94누13947 판결).

또한, 음주측정기의 신뢰성을 문제삼아 음주측정을 거부한 운전자에 대한 운전면허취소처분에 관하여 "운전자에게 음주측정을 요구한 경찰공무원이 가지고 있던 바로 그 음주측정기가 고장이 났거나 이상이 있다는 구체적인 사정이 있었다면 그 음주측정기에 의한 측정을 거부하고 정상적으로 작동되는 다른 음주측정기로 측정하여 줄 것을 요구할 수 있지만, 그러한 구체적인 사정이 없는데도 불구하고 일반적으로 음주측정기에 의한 음주측정을 믿을 수 없다면서 음주측정을 거부할 수 없고, 또한 운전자가 술을 거의 마시지 않았다면 오히려 적극적으로 음주측정을 하여 자신이 법에서 금하고 있는 정도의 혈중알콜농도의 상태에 있지 않았다는 것을 입증할 수도 있으므로, 마신 술의 양이 적다는 사유는 음주측정을 거부할 합리적인 사유에 해당한다고 볼 수 없다."라고 하였습니다(대법원 1995. 7. 28. 선고 95누3602 판결).

따라서 위 사안의 경우 귀하가 개인택시 운전자로서 자동차운전을 업(業)으로 삼고 있다거나, 혈중알콜농도 0.1% 이상의 만취한 상태에서 운전하였다는 객관적인 근거가 없었다는 등의 사유로 위 운전면허취소처분에 대하여 다투기는 어려울 것으로 보입니다.

[별표 28] 〈개정 2021. 7. 13.〉

운전면허 취소 · 정지처분 기준(제91조제1항관련)

1. 일반기준

가. 용어의 정의

(1) "벌점"이라 함은, 행정처분의 기초자료로 활용하기 위하여 법규위반 또는 사고야기에 대하여 그 위반의 경중, 피해의 정도 등에 따라 배점되는 점수를 말한다.

(2) "누산점수"라 함은, 위반 · 사고시의 벌점을 누적하여 합산한 점수에서 상계치(무위반 · 무사고 기간 경과 시에 부여되는 점수 등)를 뺀 점수를 말한다. 다만, 제3호가목의 7란에 의한 벌점은 누산점수에 이를 산입하지 아니하되, 범칙금 미납 벌점을 받은 날을 기준으로 과거 3년간 2회 이상 범칙금을 납부하지 아니하여 벌점을 받은 사실이 있는 경우에는 누산점수에 산입한다.

[누산점수 = 매 위반 · 사고 시 벌점의 누적 합산치-상계치]

(3) "처분벌점"이라 함은, 구체적인 법규위반 · 사고야기에 대하여 앞으로 정지처분기준을 적용하는데 필요한 벌점으로서, 누산점수에서 이미 정지처분이 집행된 벌점의 합계치를 뺀 점수를 말한다.

처분벌점 = 누산점수 - 이미 처분이 집행된 벌점의 합계치

= 매 위반 · 사고 시 벌점의 누적 합산치 - 상계치
- 이미 처분이 집행된 벌점의 합계치

나. 벌점의 종합관리

(1) 누산점수의 관리

법규위반 또는 교통사고로 인한 벌점은 행정처분기준을 적용하고자 하는 당해 위반 또는 사고가 있었던 날을 기준으로 하여 과거 3년간의 모든 벌점을 누산하여 관리한다.

(2) 무위반 · 무사고기간 경과로 인한 벌점 소멸

처분벌점이 40점 미만인 경우에, 최종의 위반일 또는 사고일로부터 위반 및 사고 없이 1년이 경과한 때에는 그 처분벌점은 소멸한다.

(3) 벌점 공제

(가) 인적 피해 있는 교통사고를 야기하고 도주한 차량의 운전자를 검거하거나 신고하여 검거하게 한 운전자(교통사고의 피해자가 아닌 경우로 한정한다)에게는 검거 또는 신고할 때마다 40점의 특혜점수를 부여하여 기간에 관계없이 그 운전자가 정지 또는 취소처분을 받게 될 경우 누산점수에서 이를 공제한다. 이 경우 공제되는 점수는 40점 단위로 한다.

(나) 경찰청장이 정하여 고시하는 바에 따라 무위반 · 무사고 서약을 하고 1년간 이를 실천한 운전자에게는 실천할 때마다 10점의 특혜점수를 부여하여 기간에 관계없이 그 운전자가 정지처분을 받게 될 경우 누산점수에서 이를 공제하되, 공제되는 점수는 10점 단위로 한다. 다만, 교통사고로 사람을 사망에 이르게 하거나 법 제93조제1항제1호 · 제5호의2 · 제10호의2 · 제11호 및 제12호 중 어느 하나에 해당하는 사유로 정지처분을 받게 될 경우에는 공제할 수 없다.

(4) 개별기준 적용에 있어서의 벌점 합산(법규위반으로 교통사고를 야기한 경우)

법규위반으로 교통사고를 야기한 경우에는 3. 정지처분 개별기준 중 다음의 각 벌점을 모두 합산한다.

① 가. 이 법이나 이 법에 의한 명령을 위반한 때(교통사고의 원인이 된 법규위반이 둘 이상인 경우에는 그 중 가장 중한 것 하나만 적용한다.)

② 나. 교통사고를 일으킨 때 (1) 사고결과에 따른 벌점

③ 나. 교통사고를 일으킨 때 (2) 조치 등 불이행에 따른 벌점

(5) 정지처분 대상자의 임시운전 증명서

경찰서장은 면허 정지처분 대상자가 면허증을 반납한 경우에는 본인이 희망하는 기간을 참작하여 40일 이내의 유효기간을 정하여 별지 제79호서식의 임시운전증명서를 발급하고, 동 증명서의 유효기간 만료일 다음 날부터 소정의 정지처분을 집행하며, 당해 면허 정지처분 대상자가 정지처분을 즉시 받고자 하는 경우에는 임시운전 증명서를 발급하지 않고 즉시 운전면허 정지처분을 집행할 수 있다.

다. 벌점 등 초과로 인한 운전면허의 취소 · 정지

(1) 벌점 · 누산점수 초과로 인한 면허 취소

1회의 위반 · 사고로 인한 벌점 또는 연간 누산점수가 다음 표의 벌점 또는 누산점수에 도달

한 때에는 그 운전면허를 취소한다.

기 간	벌점 또는 누산점수
1년간	121점 이상
2년간	201점 이상
3년간	271점 이상

(2) 벌점 · 처분벌점 초과로 인한 면허 정지

운전면허 정지처분은 1회의 위반 · 사고로 인한 벌점 또는 처분벌점이 40점 이상이 된 때부터 결정하여 집행하되, 원칙적으로 1점을 1일로 계산하여 집행한다.

라. 처분벌점 및 정지처분 집행일수의 감경

(1) 특별교통안전교육에 따른 처분벌점 및 정지처분집행일수의 감경

(가) 처분벌점이 40점 미만인 사람이 특별교통안전 권장교육 중 벌점감경교육을 마친 경우에는 경찰서장에게 교육필증을 제출한 날부터 처분벌점에서 20점을 감경한다.

(나) 운전면허 정지처분을 받게 되거나 받은 사람이 특별교통안전 의무교육이나 특별교통안전 권장교육 중 법규준수교육(권장)을 마친 경우에는 경찰서장에게 교육필증을 제출한 날부터 정지처분기간에서 20일을 감경한다. 다만, 해당 위반행위에 대하여 운전면허행정처분 이의심의위원회의 심의를 거치거나 행정심판 또는 행정소송을 통하여 행정처분이 감경된 경우에는 정지처분기간을 추가로 감경하지 아니하고, 정지처분이 감경된 때에 한정하여 누산점수를 20점 감경한다.

(다) 운전면허 정지처분을 받게 되거나 받은 사람이 특별교통안전 의무교육이나 특별교통안전 권장교육 중 법규준수교육(권장)을 마친 후에 특별교통안전 권장교육 중 현장참여교육을 마친 경우에는 경찰서장에게 교육필증을 제출한 날부터 정지처분기간에서 30일을 추가로 감경한다. 다만, 해당 위반행위에 대하여 운전면허행정처분 이의심의위원회의 심의를 거치거나 행정심판 또는 행정소송을 통하여 행정처분이 감경된 경우에는 그러하지 아니하다.

(2) 모범운전자에 대한 처분집행일수 감경

모범운전자(법 제146조에 따라 무사고운전자 또는 유공운전자의 표시장을 받은 사람으로서 교통안전 봉사활동에 종사하는 사람을 말한다.)에 대하여는 면허 정지처분의 집행기간을 2분의 1로 감경한다. 다만, 처분벌점에 교통사고 야기로 인한 벌점이 포함된 경우에는 감경하지 아니한다.

(3) 정지처분 집행일수의 계산에 있어서 단수의 불산입 등

정지처분 집행일수의 계산에 있어서 단수는 이를 산입하지 아니하며, 본래의 정지처분 기간과 가산일수의 합계는 1년을 초과할 수 없다.

마. 행정처분의 취소

교통사고(법규위반을 포함한다)가 법원의 판결로 무죄확정[혐의가 없거나 죄가 되지 않아 불송치 또는 불기소(불송치 또는 불기소를 받은 이후 해당 사건이 다시 수사 및 기소되어 법원의

판결에 따라 유죄가 확정된 경우는 제외한다)를 받은 경우를 포함한다. 이하 이 목에서 같다) 된 경우에는 즉시 그 운전면허 행정처분을 취소하고 당해 사고 또는 위반으로 인한 벌점을 삭제한다. 다만, 법 제82조제1항제2호 또는 제5호에 따른 사유로 무죄가 확정된 경우에는 그러하지 아니하다.

바. 처분기준의 감경

(1) 감경사유

(가) 음주운전으로 운전면허 취소처분 또는 정지처분을 받은 경우

운전이 가족의 생계를 유지할 중요한 수단이 되거나, 모범운전자로서 처분당시 3년 이상 교통봉사활동에 종사하고 있거나, 교통사고를 일으키고 도주한 운전자를 검거하여 경찰서장 이상의 표창을 받은 사람으로서 다음의 어느 하나에 해당되는 경우가 없어야 한다.

1) 혈중알코올농도가 0.1퍼센트를 초과하여 운전한 경우
2) 음주운전 중 인적피해 교통사고를 일으킨 경우
3) 경찰관의 음주측정요구에 불응하거나 도주한 때 또는 단속경찰관을 폭행한 경우
4) 과거 5년 이내에 3회 이상의 인적피해 교통사고의 전력이 있는 경우
5) 과거 5년 이내에 음주운전의 전력이 있는 경우

(나) 벌점·누산점수 초과로 인하여 운전면허 취소처분을 받은 경우

운전이 가족의 생계를 유지할 중요한 수단이 되거나, 모범운전자로서 처분당시 3년 이상 교통봉사활동에 종사하고 있거나, 교통사고를 일으키고 도주한 운전자를 검거하여 경찰서장 이상의 표창을 받은 사람으로서 다음의 어느 하나에 해당되는 경우가 없어야 한다.

1) 과거 5년 이내에 운전면허 취소처분을 받은 전력이 있는 경우
2) 과거 5년 이내에 3회 이상 인적피해 교통사고를 일으킨 경우
3) 과거 5년 이내에 3회 이상 운전면허 정지처분을 받은 전력이 있는 경우
4) 과거 5년 이내에 운전면허행정처분 이의심의위원회의 심의를 거치거나 행정심판 또는 행정소송을 통하여 행정처분이 감경된 경우

(다) 그 밖에 정기 적성검사에 대한 연기신청을 할 수 없었던 불가피한 사유가 있는 등으로 취소처분 개별기준 및 정지처분 개별기준을 적용하는 것이 현저히 불합리하다고 인정되는 경우

(2) 감경기준

위반행위에 대한 처분기준이 운전면허의 취소처분에 해당하는 경우에는 해당 위반행위에 대한 처분벌점을 110점으로 하고, 운전면허의 정지처분에 해당하는 경우에는 처분 집행일수의 2분의 1로 감경한다. 다만, 다목(1)에 따른 벌점·누산점수 초과로 인한 면허취소에 해당하는 경우에는 면허가 취소되기 전의 누산점수 및 처분벌점을 모두 합산하여 처분벌점을 110점으로 한다.

(3) 처리절차

(1)의 감경사유에 해당하는 사람은 행정처분을 받은 날(정기 적성검사를 받지 아니하여 운전면허가 취소된 경우에는 행정처분이 있음을 안 날)부터 60일 이내에 그 행정처분에 관하

여 주소지를 관할하는 시 · 도경찰청장에게 이의신청을 하여야 하며, 이의신청을 받은 시 · 도경찰청장은 제96조에 따른 운전면허행정처분 이의심의위원회의 심의 · 의결을 거쳐 처분을 감경할 수 있다.

2. 취소처분 개별기준

일련번호	위반사항	적용법조(도로교통법)	내 용
1	교통사고를 일으키고 구호조치를 하지아니한 때	제93조	○교통사고로 사람을 죽게 하거나 다치게 하고, 구호조치를 하지 아니한 때
2	술에 취한 상태에서 운전한 때	제93조	○술에 취한 상태의 기준(혈중알코올농도 0.03퍼센트 이상)을 넘어서 운전을 하다가 교통사고로 사람을 죽게 하거나 다치게 한 때 ○혈중알코올농도 0.08퍼센트 이상의 상태에서 운전한 때 ○술에 취한 상태의 기준을 넘어 운전하거나 술에 취한 상태의 측정에 불응한 사람이 다시 술에 취한 상태(혈중알코올농도 0.03퍼센트 이상)에서 운전한 때
3	술에 취한 상태의 측정에 불응한 때	제93조	○술에 취한 상태에서 운전하거나 술에 취한 상태에서 운전하였다고 인정할 만한 상당한 이유가 있음에도 불구하고 경찰공무원의 측정 요구에 불응한 때
4	다른 사람에게 운전면허증 대여(도난, 분실 제외)	제93조	○면허증 소지자가 다른 사람에게 면허증을 대여하여 운전하게 한 때 ○면허 취득자가 다른 사람의 면허증을 대여 받거나 그 밖에 부정한 방법으로 입수한 면허증으로 운전한 때
5	결격사유에 해당	제93조	○교통상의 위험과 장해를 일으킬 수 있는 정신질환자 또는 뇌전증환자로서 영 제42조제1항에 해당하는 사람 ○앞을 보지 못하는 사람(한쪽 눈만 보지 못하는 사람의 경우에는 제1종 운전면허 중 대형면허 · 특수면허로 한정한다) ○듣지 못하는 사람(제1종 운전면허 중 대형면허 · 특수면허로 한정한다) ○양 팔의 팔꿈치 관절 이상을 잃은 사람, 또는 양팔을 전혀 쓸 수 없는 사람. 다만, 본인의 신체장애 정도에 적합하게 제작된 자동차를 이용하여 정상적으로 운전할 수 있는 경우는 제외한다. ○다리, 머리, 척추 그 밖의 신체장애로 인하여 앉아 있을 수 없는 사람 ○교통상의 위험과 장해를 일으킬 수 있는 마약, 대마, 향정신성 의약품 또는 알코올 중독자로서 영

			제42조제3항에 해당하는 사람
6	약물을 사용한 상태에서 자동차등을 운전한 때	제93조	○약물(마약·대마·향정신성 의약품 및 「유해화학물질 관리법 시행령」 제25조에 따른 환각물질)의 투약·흡연·섭취·주사 등으로 정상적인 운전을 하지 못할 염려가 있는 상태에서 자동차등을 운전한 때
6의2	공동위험행위	제93조	○법 제46조제1항을 위반하여 공동위험행위로 구속된 때
6의3	난폭운전	제93조	○법 제46조의3을 위반하여 난폭운전으로 구속된 때
6의4	속도위반	제93조	○법 제17조제3항을 위반하여 최고속도보다 100km/h를 초과한 속도로 3회 이상 운전한 때
7	정기적성검사 불합격 또는 정기적성검사 기간 1년경과	제93조	○정기적성검사에 불합격하거나 적성검사기간 만료일 다음 날부터 적성검사를 받지 아니하고 1년을 초과한 때
8	수시적성검사 불합격 또는 수시적성검사 기간 경과	제93조	○수시적성검사에 불합격하거나 수시적성검사 기간을 초과한 때
9	삭제 〈2011.12.9〉		
10	운전면허 행정처분기간중 운전행위	제93조	○운전면허 행정처분 기간중에 운전한 때
11	허위 또는 부정한 수단으로 운전면허를 받은 경우	제93조	○허위·부정한 수단으로 운전면허를 받은 때 ○법 제82조에 따른 결격사유에 해당하여 운전면허를 받을 자격이 없는 사람이 운전면허를 받은 때 ○운전면허 효력의 정지기간 중에 면허증 또는 운전면허증에 갈음하는 증명서를 교부받은 사실이 드러난 때
12	등록 또는 임시운행 허가를 받지 아니한 자동차를 운전한 때	제93조	○「자동차관리법」에 따라 등록되지 아니하거나 임시운행 허가를 받지 아니한 자동차(이륜자동차를 제외한다)를 운전한 때
12의2	자동차등을 이용하여 형법상 특수상해 등을 행한 때(보복운전)	제93조	○자동차등을 이용하여 형법상 특수상해, 특수폭행, 특수협박, 특수손괴를 행하여 구속된 때
13	삭제 〈2018. 9. 28.〉		
14	삭제 〈2018. 9. 28.〉		
15	다른 사람을 위하여 운전면허시험에 응시한 때	제93조	○운전면허를 가진 사람이 다른 사람을 부정하게 합격시키기 위하여 운전면허 시험에 응시한 때
16	운전자가 단속 경찰공무원 등에 대한 폭행	제93조	○단속하는 경찰공무원 등 및 시·군·구 공무원을 폭행하여 형사입건된 때
17	연습면허 취소사유가 있었던 경우	제93조	○제1종 보통 및 제2종 보통면허를 받기 이전에 연습면허의 취소사유가 있었던 때(연습면허에 대한 취소절차 진행중 제1종 보통 및 제2종 보통면허를 받은 경우를 포함한다)

3. 정지처분 개별기준

가. 이 법이나 이 법에 의한 명령을 위반한 때

위반사항	적용법조 (도로교통법)	벌점
1. 속도위반(100km/h 초과)	제17조제3항	
2. 술에 취한 상태의 기준을 넘어서 운전한 때(혈중알코올농도 0.03퍼센트 이상 0.08퍼센트 미만)	제44조제1항	100
2의2. 자동차등을 이용하여 형법상 특수상해 등(보복운전)을 하여 입건된 때	제93조	
3. 속도위반(80km/h 초과 100km/h 이하)	제17조제3항	80
3의2. 속도위반(60km/h 초과 80km/h 이하)	제17조제3항	60
4. 정차 · 주차위반에 대한 조치불응(단체에 소속되거나 다수인에 포함되어 경찰공무원의 3회이상의 이동명령에 따르지 아니하고 교통을 방해한 경우에 한한다)	제35조제1항	
4의2. 공동위험행위로 형사입건된 때	제46조제1항	
4의3. 난폭운전으로 형사입건된 때	제46조의3	
5. 안전운전의무위반(단체에 소속되거나 다수인에 포함되어 경찰공무원의 3회 이상의 안전운전 지시에 따르지 아니하고 타인에게 위험과 장해를 주는 속도나 방법으로 운전한 경우에 한한다)	제48조	40
6. 승객의 차내 소란행위 방치운전	제49조제1항제9호	
7. 출석기간 또는 범칙금 납부기간 만료일부터 60일이 경과될 때까지 즉결심판을 받지 아니한 때	제138조 및 제165조	
8. 통행구분 위반(중앙선 침범에 한함)	제13조제3항	
9. 속도위반(40km/h 초과 60km/h 이하)	제17조제3항	
10. 철길건널목 통과방법위반	제24조	
10의2. 어린이통학버스 특별보호 위반	제51조	
10의3. 어린이통학버스 운전자의 의무위반(좌석안전띠를 매도록 하지 아니한 운전자는 제외한다)	제53조제1항 · 제2항 · 제4항 · 제5항 및 제53조의5	
11. 고속도로 · 자동차전용도로 갓길통행	제60조제1항	
12. 고속도로 버스전용차로 · 다인승전용차로 통행위반	제61조제2항	30
13. 운전면허증 등의 제시의무위반 또는 운전자 신원확인을 위한 경찰공무원의 질문에 불응	제92조제2항	
14. 신호 · 지시위반	제5조	
15. 속도위반(20km/h 초과 40km/h 이하)	제17조제3항	
15의2. 속도위반(어린이보호구역 안에서 오전 8시부터 오후 8시까지 사이에 제한속도를 20km/h 이내에서 초과한 경우에 한정한다)	제17조제3항	15
16. 앞지르기 금지시기 · 장소위반	제22조	
16의2. 적재 제한 위반 또는 적재물 추락 방지 위반	제39조제1항 · 제4항	
17. 운전 중 휴대용 전화 사용	제49조제1항제10호	

17의2. 운전 중 운전자가 볼 수 있는 위치에 영상 표시	第49조제1항제11호	
17의3. 운전 중 영상표시장치 조작	제49조제1항제11호의2	
18. 운행기록계 미설치 자동차 운전금지 등의 위반	제50조제5항	
19. 삭제 〈2014.12.31.〉		
20. 통행구분 위반(보도침범, 보도 횡단방법 위반)	제13조제1항 · 제2항	
21. 지정차로 통행위반(진로변경 금지장소에서의 진로변경 포함)	제14조제2항 · 제5항, 제60조제1항	
22. 일반도로 전용차로 통행위반	제15조제3항	
23. 안전거리 미확보(진로변경 방법위반 포함)	제19조제1항 · 제3항 · 제4항	
24. 앞지르기 방법위반	제21조제1항 · 제3항, 제60조제2항	
25. 보행자 보호 불이행(정지선위반 포함)	제27조	10
26. 승객 또는 승하차자 추락방지조치위반	제39조제3항	
27. 안전운전 의무 위반	제48조	
28. 노상 시비 · 다툼 등으로 차마의 통행 방해행위	제49조제1항제5호	
29. 삭제 〈2014.12.31.〉		
30. 돌 · 유리병 · 쇳조각이나 그 밖에 도로에 있는 사람이나 차마를 손상시킬 우려가 있는 물건을 던지거나 발사하는 행위	제68조제3항제4호	
31. 도로를 통행하고 있는 차마에서 밖으로 물건을 던지는 행위	제68조제3항제5호	

(주)

1. 삭제 〈2011.12.9〉
2. 범칙금 납부기간 만료일부터 60일이 경과될 때까지 즉결심판을 받지 아니하여 정지처분 대상자가 되었거나, 정지처분을 받고 정지처분 기간중에 있는 사람이 위반 당시 통고받은 범칙금액에 그 100분의 50을 더한 금액을 납부하고 증빙서류를 제출한 때에는 정지처분을 하지 아니하거나 그 잔여기간의 집행을 면제한다. 다만, 다른 위반행위로 인한 벌점이 합산되어 정지처분을 받은 경우 그 다른 위반행위로 인한 정지처분 기간에 대하여는 집행을 면제하지 아니한다.
3. 제7호, 제8호, 제10호, 제12호, 제14호, 제16호, 제20호부터 제27호까지 및 제29호부터 제31호까지의 위반행위에 대한 벌점은 자동차등을 운전한 경우에 한하여 부과한다.
4. 어린이보호구역 및 노인 · 장애인보호구역 안에서 오전 8시부터 오후 8시까지 사이에 제3호의2, 제9호, 제14호, 제15호 또는 제25호의 어느 하나에 해당하는 위반행위를 한 운전자에 대해서는 위 표에 따른 벌점의 2배에 해당하는 벌점을 부과한다.

나. 자동차등의 운전 중 교통사고를 일으킨 때

(1) 사고결과에 따른 벌점기준

구 분		벌점	내 용
인적 피해 교통 사고	사망 1명마다	90	사고발생 시부터 72시간 이내에 사망한 때
	중상 1명마다	15	3주 이상의 치료를 요하는 의사의 진단이 있는 사고
	경상 1명마다	5	3주 미만 5일 이상의 치료를 요하는 의사의 진단이 있는 사고
	부상신고 1명마다	2	5일 미만의 치료를 요하는 의사의 진단이 있는 사고

(비고)

1. 교통사고 발생 원인이 불가항력이거나 피해자의 명백한 과실인 때에는 행정처분을 하지 아니한다.

2. 자동차등 대 사람 교통사고의 경우 쌍방과실인 때에는 그 벌점을 2분의 1로 감경한다.
3. 자동차등 대 자동차등 교통사고의 경우에는 그 사고원인 중 중한 위반행위를 한 운전자만 적용한다.
4. 교통사고로 인한 벌점산정에 있어서 처분 받을 운전자 본인의 피해에 대하여는 벌점을 산정하지 아니한다.

(2) 조치 등 불이행에 따른 벌점기준

불이행사항	적용법조 (도로교통법)	벌점	내 용
교통사고 야기시 조치 불이행	제54조제1항	15	1. 물적 피해가 발생한 교통사고를 일으킨 후 도주한 때
			2. 교통사고를 일으킨 즉시(그때, 그 자리에서 곧)사상자를 구호하는 등의 조치를 하지 아니하였으나 그 후 자진신고를 한 때
		30	가. 고속도로, 특별시 · 광역시 및 시의 관할구역과 군(광역시의 군을 제외한다)의 관할구역 중 경찰관서가 위치하는 리 또는 동 지역에서 3시간(그 밖의 지역에서는 12시간) 이내에 자진신고를 한 때
		60	나. 가목에 따른 시간 후 48시간 이내에 자진신고를 한 때

4. 자동차등 이용 범죄 및 자동차등 강도 · 절도 시의 운전면허 행정처분 기준

가. 취소처분 기준

일련번호	위반사항	적용법조 (도로교통법)	내 용
1	자동차등을 다음 범죄의 도구나 장소로 이용한 경우 ○「국가보안법」 중 제4조부터 제9조까지의 죄 및 같은 법 제12조 중 증거를 날조 · 인멸 · 은닉한 죄 ○「형법」 중 다음 어느 하나의 범죄 · 살인, 사체유기, 방화 · 강도, 강간, 강제추행 · 약취 · 유인 · 감금 · 상습절도(절취한 물건을 운반한 경우에 한정한다) · 교통방해(단체 또는 다중의 위력으로써 위반한 경우에 한정한다)	제93조제1항제11호	○자동차등을 법정형 상한이 유기징역 10년을 초과하는 범죄의 도구나 장소로 이용한 경우 ○자동차등을 범죄의 도구나 장소로 이용하여 운전면허 취소 · 정지 처분을 받은 사실이 있는 사람이 다시 자동차등을 범죄의 도구나 장소로 이용한 경우. 다만, 일반교통방해죄의 경우는 제외한다.
2	다른 사람의 자동차등을 훔치거나 빼앗은 경우	제93조제1항제12호	○다른 사람의 자동차등을 빼앗아 이를 운전한 경우 ○다른 사람의 자동차등을 훔치거나 빼앗아 이를 운전하여 운전면허 취소 · 정지 처분을 받은 사실이 있는 사람이 다시 자동차등을 훔치고 이를 운전한 경우

나. 정지처분 기준

일련번호	위반사항	적용법조(도로교통법)	내 용	벌점
1	자동차등을 다음 범죄의 도구나 장소로 이용한 경우 ○「국가보안법」 중 제5조, 제6조, 제8조, 제9조 및 같은 법 제12조 중 증거를 날조·인멸·은닉한 죄 ○「형법」 중 다음 어느 하나의 범죄 ·살인, 사체유기, 방화 ·강간·강제추행 ·약취·유인·감금 ·상습절도(절취한 물건을 운반한 경우에 한정한다) ·교통방해(단체 또는 다중의 위력으로써 위반한 경우에 한정한다)	제93조제1항제11호	○자동차등을 법정형 상한이 유기징역 10년 이하인 범죄의 도구나 장소로 이용한 경우	100
2	다른 사람의 자동차등을 훔친 경우	제93조제1항제12호	○다른 사람의 자동차등을 훔치고 이를 운전한 경우	100

(비고)

가. 행정처분의 대상이 되는 범죄행위가 2개 이상의 죄에 해당하는 경우, 실체적 경합관계에 있으면 각각의 범죄행위의 법정형 상한을 기준으로 행정처분을 하고, 상상적 경합관계에 있으면 가장 중한 죄에서 정한 법정형 상한을 기준으로 행정처분을 한다.

나. 범죄행위가 예비·음모에 그치거나 과실로 인한 경우에는 행정처분을 하지 아니한다.

다. 범죄행위가 미수에 그친 경우 위반행위에 대한 처분기준이 운전면허의 취소처분에 해당하면 해당 위반행위에 대한 처분벌점을 110점으로 하고, 운전면허의 정지처분에 해당하면 처분 집행일수의 2분의 1로 감경한다.

5. 다른 법률에 따라 관계 행정기관의 장이 행정처분 요청 시의 운전면허 행정처분 기준

일련번호	적용법조(도로교통법)	내 용	정지기간
1	제93조제1항제18호	○「양육비 이행확보 및 지원에 관한 법률」 제21조의3에 따라 여성가족부장관이 운전면허 정지처분을 요청하는 경우	100일

(비고)

1. 「양육비 이행확보 및 지원에 관한 법률」 제21조의3제3항에 따라 해당 양육비 채무자가 양육비 전부를 이행한 때에는 위 표에 따른 운전면허의 정지처분을 철회한다.
2. 위 표에 따른 운전면허의 정지처분에 대해서는 특별교통안전교육에 따른 정지처분집행일수의 감경은 적용하지 않는다.

■ 도로교통법 시행규칙 [별표 29] 〈개정 2021. 5. 13.〉

연습운전면허 취소처분기준(제91조제2항관련)

일련번호	위반사항	적용법조(도로교통법)	내 용
1	교통사고	제93조	○도로에서 자동차등의 운행으로 인한 교통사고(다만, 물적 피해만 발생한 경우를 제외한다)를 일으킨 때
2	술에 취한 상태에서의 운전	제93조	○술에 취한 상태의 기준(혈중알코올농도 0.03퍼센트 이상)을 넘어서 운전한 때
3	술에 취한 상태의 측정에 불응한 때	제93조	○술에 취한 상태에서 운전하거나 술에 취한 상태에서 운전하였다고 인정할 만한 상당한 이유가 있음에도 불구하고 경찰공무원의 측정요구에 불응한 때
4	다른 사람에게 연습운전면허증 대여(도난, 분실 제외)	제93조	○다른 사람에게 연습운전면허증을 대여하여 운전하게 한 때 ○다른 사람의 면허증을 대여받거나 그 밖에 부정한 방법으로 입수한 면허증으로 운전한 때
5	결격사유에 해당	제93조	○교통상의 위험과 장해를 일으킬 수 있는 정신질환자 또는 뇌전증환자로서 영 제42조제1항에 해당하는 사람 ○앞을 보지 못하는 사람, 듣지 못하는 사람(제1종 보통연습면허에 한한다) ○양 팔의 팔꿈치 관절 이상을 잃은 사람 또는 양 팔을 전혀 쓸 수 없는 사람. 다만, 본인의 신체장애 정도에 적합하게 제작된 자동차를 이용하여 정상적으로 운전 할 수 있는 경우에는 그러하지 아니하다. ○다리, 머리, 척추 그 밖의 신체장애로 인하여 앉아 있을 수 없는 사람 ○교통상의 위험과 장해를 일으킬 수 있는 마약, 대마, 향정신성 의약품 또는 알코올 중독자로서 영 제42조제3항에 해당하는 사람
6	약물을 사용한 상태에서 자동차등을 운전한 때	제93조	○약물(마약ㆍ대마ㆍ향정신성의약품 및 「유해화학물질 관리법 시행령」제25조에 따른 환각물질)의 투약ㆍ흡연ㆍ섭취ㆍ주사 등으로 정상적인 운전을 하지 못할 염려가 있는 상태에서 자동차등을 운전한 때
7	허위ㆍ부정수단으로 연습운전면허를 취득한 경우	제93조	○허위 또는 부정한 수단으로 연습운전면허를 받은 사실이 드러난 때
8	등록 또는 임시운행 허가를 받지 아니한 자동차 운전	제93조	○「자동차관리법」에 따라 등록되지 아니하거나 임시운행 허가를 받지 아니한 자동차(이륜자동차를 제외한다)를 운전한 때

9	자동차등을 이용하여 범죄행위를 한 때	제93조	○국가보안법을 위반한 범죄에 이용된 때 ○형법을 위반한 다음 범죄에 이용된 때 · 살인, 사체유기 또는 방화 · 강도, 강간 또는 강제추행 · 약취 · 유괴 또는 감금 · 상습절도(절취한 물건을 운반한 경우에 한한다) · 교통방해(단체에 소속되거나 다수인에 포함되어 교통을 방해한 경우에 한한다)
10	다른 사람의 자동차등을 훔치거나 빼앗은 때	제93조	○다른 사람의 자동차등을 훔치거나 빼앗아 이를 운전한 때
11	다른 사람을 위하여 운전면허 시험에 응시한 때	제93조	○다른 사람을 부정하게 합격시키기 위하여 운전면허 시험에 응시한 때
12	단속 경찰공무원 등에 대한 폭행	제93조	○단속하는 경찰공무원등 및 시 · 군 · 구 공무원을 폭행한 때
13	준수사항을 위반한 때	제93조	○연습운전면허로 운전할 수 없는 자동차등을 운전한 때 ○제55조제1호 내지 제3호 어느 하나의 규정을 위반한 때
14	이 법이나 이 법에 따른 명령을 위반한 때	제93조	○연습운전면허 유효기간에 별표 28 제3호가목 중 제4호부터 제17호까지, 제17호의2, 제17호의3 및 제20호부터 제31호까지의 위반사항 중 어느 하나에 해당하는 사항을 3회 이상 위반한 때

나. 복수의 운전면허 취소 · 정지에 관한 기준

(1) 운전면허의 종류 등

운전면허는 제1종 운전면허(대형, 보통, 소형, 특수), 제2종 운전면허(보통, 소형, 원동기장치자전거)로 구분되고, 각 그 면허의 종류에 따라 운전가능한 차종, 면허의 취득자격이나, 요건, 시험의 내용 등이 다르다.

(2) 복수의 운전면허의 취소 · 정지할 수 있는 면허의 범위

(가) 원 칙

복수의 운전면허의 경우 취소 · 정지할 수 있는 면허의 범위에 관하여는 도로교통법령상 명문의 규정은 없다. 하지만 한 사람이 여러 종류의 자동차운전면허를 취득하는 경우뿐 아니라 이를 취소 또는 정지하는 경우에 있어서도 서로 별개의 것으로 취급하는 것이 원칙이다.[88)]

88) 대법원 1995. 11. 16. 선고 95누8850 전원합의체 판결.

【판시사항】

한 사람이 여러 종류의 자동차 운전면허를 취득한 경우, 이를 취소·정지함에 있어서 서로 별개의 것으로 취급하여야 하는지 여부(대법원 1995. 11. 16. 선고 95누8850 전원합의체 판결)

【판결요지】

한 사람이 여러 종류의 자동차 운전면허를 취득하는 경우뿐 아니라 이를 취소 또는 정지함에 있어서도 서로 별개의 것으로 취급하는 것이 원칙이고, 한 사람이 여러 종류의 자동차 운전면허를 취득하는 경우 1개의 운전면허증을 발급하고 그 운전면허증의 면허번호는 최초로 부여한 면허번호로 하여 이를 통합관리하고 있다고 하더라도, 이는 자동차 운전면허증 및 그 면허번호 관리상의 편의를 위한 것에 불과할 뿐 그렇다고 하여 여러 종류의 면허를 서로 별개의 것으로 취급할 수 없다거나 각 면허의 개별적인 취소 또는 정지를 분리하여 집행할 수 없는 것은 아니다.

따라서 복수 운전면허 취득자에게 운전면허 취소·정지사유가 있는 경우 취소·정지사유와 관련되는 운전면허만 취소·정지하여야 하고 모든 운전면허를 일괄하여 취소하여서는 안되며, 1개의 취소처분으로 복수의 운전면허를 취소하였어도 그 위법을 다투는 행정소송에서는 위법한 부분만 일부 취소하여야 한다.

(나) 예 외

자동차운전면허는 그 성질이 대인적 면허뿐만 아니라 도로교통법시행규칙 제26조 별표 14에 의하면, 제1종 대형면허 소지자는 제1종 보통면허로 운전할 수 있는 자동차와 원동기장치자전거를, 제1종 보통면허 소지자는 원동기장치자전거까지 운전할 수 있도록 규정하고 있어서 제1종 보통면허로 운전할 수 있는 차량의 음주운전은 당해 운전면허뿐만 아니라 제1종 대형면허로도 가능하고, 또한 제1종 대형면허나 제1종 보통면허의 취소에는 당연히 원동기장치자전거의 운전까지 금지하는 취지가 포함된 것이어서 이들 세 종류의 운전면허는 서로 관련된 것이라고 할 것이므로 제1종 보통면허로 운전할 수 있는 차량을 음주운전한 경우에 이와 관련된 면허인 제1종 대형면허와 원동기장치자전거면허까지 취소할 수 있는 것으로 보아야 한다.[89)]

1) **위반행위시 운전한 차량을 운전할 수 있는 다른 면허의 경우**

위반행위 당시 운전한 차량을 기준으로 하여 그 차량을 운전할 수 있는 면허는 모두 취소하고 당해 차량 운전과 관련이 없는 운전면허는 취수할 수 없다는 것이다. 운전자가 그 차량을

89) 대법원 1994. 11. 25. 선고 94누9672 판결.

운전할 때에는 그 차량을 운전할 수 있는 운전면허를 가지고 운전한 것으로 만일 이를 인정하지 않으면 같은 차량을 다시 운전할 수 있게 되기 때문이다.[90)]

【판시사항】

이륜자동차를 음주운전한 사유만으로 제1종 대형면허나 보통면허의 취소나 정지를 할 수 있는지 여부(소극)(대법원 1992. 9. 22. 선고 91누8289 판결)

【판결요지】

한 사람이 여러 종류의 자동차운전면허를 취득하는 경우뿐 아니라 이를 취소 또는 정지함에 있어서도 서로 별개의 것으로 취급하는 것이 원칙이라 할 것이고 그 취소나 정지의 사유가 특정의 면허에 관한 것이 아니고 다른 면허와 공통된 것이거나 운전면허를 받은 사람에 관한 경우에는 여러 운전면허 전부를 취소 또는 정지할 수도 있다고 보는 것이 상당할 것이지만, 이륜자동차로서 제2종 소형면허를 가진 사람만이 운전할 수 있는 오토바이는 제1종 대형면허나 보통면허를 가지고서도 이를 운전할 수 없는 것이어서 이와 같은 이륜자동차의 운전은 제1종 대형면허나 보통면허와는 아무런 관련이 없는 것이므로 이륜자동차를 음주운전한 사유만 가지고서는 제1종 대형면허나 보통면허의 취소나 정지를 할 수 없다.

【판시사항】

가. 한 사람이 여러 종류의 자동차 운전면허를 취득한 경우, 이를 취소·정지함에 있어서 서로 별개의 것으로 취급하여야 하는지 여부

나. 외형상 하나의 행정처분이라 하더라도 가분성이 있거나 그 처분대상의 일부가 특정될 수 있는 경우, 일부 취소의 가능성

다. 제1종 보통, 대형 및 특수면허를 가지고 있는 자가 레이카크레인을 음주운전한 행위는 위 특수면허의 취소사유에 해당될 뿐 위 보통 및 대형 면허의 취소사유는 아니라고 하여 3종의 면허를 모두 취소한 처분 전체를 취소한 원심판결 중 특수면허에 대한 부분은 위법하다는 이유로 파기환송한 사례(대법원 1995. 11. 16. 선고 95누8850 전원합의체 판결)

【판결요지】

가. 한 사람이 여러 종류의 자동차 운전면허를 취득하는 경우뿐 아니라 이를 취소 또는 정지함에 있어서도 서로 별개의 것으로 취급하는 것이 원칙이고, 한 사람이 여러 종류의 자동차 운전면허를 취득하는 경우 1개의 운전면허증을 발급하고 그 운전면허증의 면허번호는 최초로 부여한 면허번호로 하여 이를 통합관리하고 있다고 하더라도, 이는 자동차 운전면허증 및 그

90) 대법원 1997. 3. 11. 선고 96누15176 판결.

면허번호 관리상의 편의를 위한 것에 불과할 뿐 그렇다고 하여 여러 종류의 면허를 서로 별개의 것으로 취급할 수 없다거나 각 면허의 개별적인 취소 또는 정지를 분리하여 집행할 수 없는 것은 아니다.

나. 외형상 하나의 행정처분이라 하더라도 가분성이 있거나 그 처분대상의 일부가 특정될 수 있다면 그 일부만의 취소도 가능하고 그 일부의 취소는 당해 취소부분에 관하여 효력이 생긴다고 할 것인바, 이는 한 사람이 여러 종류의 자동차 운전면허를 취득한 경우 그 각 운전면허를 취소하거나 그 운전면허의 효력을 정지함에 있어서도 마찬가지이다.

다. 제1종 보통, 대형 및 특수 면허를 가지고 있는 자가 레이카크레인을 음주운전한 행위는 제1종 특수면허의 취소사유에 해당될 뿐 제1종 보통 및 대형 면허의 취소사유는 아니므로, 3종의 면허를 모두 취소한 처분 중 제1종 보통 및 대형 면허에 대한 부분은 이를 이유로 취소하면 될 것이나, 제1종 특수면허에 대한 부분은 원고가 재량권의 일탈·남용하여 위법하다는 주장을 하고 있음에도, 원심이 그 점에 대하여 심리·판단하지 아니한 채 처분 전체를 취소한 조치는 위법하다고 하여 원심판결 중 제1종 특수면허에 대한 부분을 파기환송한 사례.

【판시사항】

[1] 한 사람이 여러 종류의 자동차운전면허를 취득하는 경우, 이를 취소 또는 정지함에 있어서도 서로 별개의 것으로 취급하여야 하는지 여부

[2] 1995. 7. 1. 도로교통법 시행규칙이 개정된 이후 택시를 음주운전한 것이 제1종 특수면허의 취소사유가 되는지 여부(적극)(대법원 1996. 6. 28. 선고 96누4992 판결)

【판결요지】

[1] 한 사람이 여러 종류의 자동차운전면허를 취득하는 경우뿐 아니라 이를 취소 또는 정지함에 있어서도 서로 별개의 것으로 취급하는 것이 원칙이나, 그 취소나 정지의 사유가 특정의 면허에 관한 것이 아니고 다른 면허와 공통된 것이거나 운전면허를 받은 사람에 관한 경우에는 여러 운전면허 전부를 취소 또는 정지할 수도 있다.

[2] 도로교통법시행규칙(1995. 7. 1. 내무부령 제651호) 제26조 [별표 14]에 제1종 특수면허로 운전할 수 있는 차량의 한 종류로 규정된 '제2종 보통면허로 운전할 수 있는 차량'이라 함은 같은 별표에 제2종 보통면허로 운전할 수 있는 차량으로 규정된 '승용자동차, 승차정원 9인 이하 승합자동차, 적재중량 4톤 이하 화물자동차, 원동기장치자전거' 등을 의미하는 것일 뿐 비사업용자동차를 의미하는 것은 아니라 할 것이고, 특수면허가 제1종 운전면허의 하나인 이상 특수면허 소지자는 승용자동차로서 자동차운수사업법, 같은 법 시행령, 사업용자동차구조등의기준에관한규칙 등에 규정된 사업용자동차인 택시를 운전할 수 있다. 따라서 택시의 운전은 제1종 보통면허 및 특수면허 모두로 운전한 것이 되므로 택시의 음주운전을 이유로 위 두 가지 운전면허 모두를 취소할 수 있다.

2) **최소되는 면허의 부분집합이 되는 면허의 경우**

취소하여야 할 운전면허(大)를 가지고 운전할 수 있는 차량의 범위가 넓어서 다른 운전면허(小)를 가지고 운전할 수 있는 차량이 완전히 포함되는 경우에는 다른 운전면허도 취소할 수 있다. 취소하여야 할 면허(大)의 취소에는 당연히 다른 운전면허(小)의 소지자가 운전할 수 있는 차량의 운전까지 금지하는 취지가 포함되어 있기 때문이다.[91)]

【판시사항】

가. 음주운전으로 인한 자동차운전면허취소처분이 재량권의 한계를 일탈한 것이 아니라고 본 사례

나. 제1종 보통면허로 운전할 수 있는 차량을 음주운전한 경우에 이와 관련된 면허인 제1종 대형면허와 원동기장치자전거면허까지 취소할 수 있는지 여부(대법원 1994. 11. 25. 선고 94누9672 판결)

【판결요지】

가. 누이의 시어머니 문상을 갔다가 소주를 마시고 혈중알콜농도 0.22%의 주취상태에서 처 소유의 승용차를 운전하여 귀가하다가 음주사실을 확인한 경찰관의 지시에 불응하고 음주측정을 피하기 위해 도주하다가 붙잡힌 운전자에 대한 자동차운전면허취소처분이 재량권의 한계를 일탈한 것이 아니라고 본 사례.

나. 한 사람이 여러 종류의 자동차운전면허를 취득하는 경우뿐 아니라 이를 취소 또는 정지하는 경우에 있어서도 서로 별개의 것으로 취급하는 것이 원칙이기는 하나, 자동차운전면허는 그 성질이 대인적 면허일 뿐만 아니라 도로교통법시행규칙 제26조 별표 14에 의하면, 제1종 대형면허 소지자는 제1종 보통면허로 운전할 수 있는 자동차와 원동기장치자전거를, 제1종 보통면허 소지자는 원동기장치자전거까지 운전할 수 있도록 규정하고 있어서 제1종 보통면허로 운전할 수 있는 차량의 음주운전은 당해 운전면허뿐만 아니라 제1종 대형면허로도 가능하고, 또한 제1종 대형면허나 제1종 보통면허의 취소에는 당연히 원동기장치자전거의 운전까지 금지하는 취지가 포함된 것이어서 이들 세 종류의 운전면허는 서로 관련된 것이라고 할 것이므로 제1종 보통면허로 운전할 수 있는 차량을 음주운전한 경우에 이와 관련된 면허인 제1종 대형면허와 원동기장치자전거면허까지 취소할 수 있는 것으로 보아야 한다.

【판시사항】

한 사람이 여러 종류의 자동차운전면허를 소지한 경우, 제1종 대형면허를 취소할 때에 제1종 보통면허까지 취소할 수 있는지 여부(적극)(대법원 1997. 2. 28. 선고 96누17578 판결)

---

91) 사법발전재단, 앞의 책, 747면.

【판결요지】

한 사람이 여러 종류의 자동차운전면허를 취득하는 경우뿐 아니라 이를 취소 또는 정지하는 경우에 있어서도 서로 별개의 것으로 취급하는 것이 원칙이고, 제1종 대형면허를 가진 사람만이 운전할 수 있는 대형승합자동차는 제1종 보통면허를 가지고 운전할 수 없는 것이기는 하지만, 자동차운전면허는 그 성질이 대인적 면허일 뿐만 아니라 도로교통법 시행규칙 제26조 [별표 14]에 의하면, 제1종 대형면허 소지자는 제1종 보통면허 소지자가 운전할 수 있는 차량을 모두 운전할 수 있는 것으로 규정하고 있어, 제1종 대형면허의 취소에는 당연히 제1종 보통면허 소지자가 운전할 수 있는 차량의 운전까지 금지하는 취지가 포함된 것이어서 이들 차량의 운전면허는 서로 관련된 것이라고 할 것이므로, 제1종 대형면허로 운전할 수 있는 차량을 음주운전하거나 그 제재를 위한 음주측정의 요구를 거부한 경우에는 그와 관련된 제1종 보통면허까지 취소할 수 있다.

【판시사항】

[1] 한 사람이 여러 종의 자동차운전면허를 취득한 경우, 이를 취소함에 있어서 서로 별개로 취급하여야 하는지 여부(적극) 및 취소사유가 다른 면허와 공통된 것이거나 운전면허를 받은 사람에 관한 것일 경우, 여러 면허의 전부 취소 가부(적극)

[2] 제1종보통 · 대형 · 특수면허를 가진 자가 제1종보통 · 대형면허만으로 운전할 수 있는 12인승 승합자동차를 운전하다 운전면허취소 사유가 발생한 경우, 제1종특수면허도 취소할 수 있는지 여부(소극)(대법원 1998. 3. 24. 선고 98두1031 판결)

【판결요지】

[1] 한 사람이 여러 자동차운전면허를 취득한 경우 이를 취소함에 있어서 서로 별개로 취급하는 것이 원칙이나, 취소사유가 특정의 면허에 관한 것이 아니고 다른 면허와 공통된 것이거나 운전면허를 받은 사람에 관한 것일 경우에는 여러 면허를 전부 취소할 수도 있다.

[2] 도로교통법 제68조 제6항의 위임에 따라 운전면허를 받은 사람이 운전할 수 있는 자동차 등의 종류를 규정하고 있는 도로교통법 시행규칙 제26조 [별표 14]에 의하면 제1종보통, 제1종대형, 제1종특수자동차운전면허소유자가 운전한 12인승 승합자동차는 제1종보통 및 제1종대형자동차운전면허로는 운전이 가능하나 제1종특수자동차운전면허로는 운전할 수 없으므로, 위 운전자는 자신이 소지하고 있는 자동차운전면허 중 제1종보통 및 제1종대형자동차운전면허만으로 운전한 것이 되어, 제1종특수자동차운전면허는 위 승합자동차의 운전과는 아무런 관련이 없고, 또한 위 [별표 14]에 의하면 추레라와 레이카는 제1종특수자동차운전면허를 받은 자만이 운전할 수 있어 제1종보통이나 제1종대형자동차운전면허의 취소에 제1종특수자동차운전면허로 운전할 수 있는 자동차의 운전까지 금지하는 취지가 당연히 포함되어 있는 것은 아니다.

다. 운전면허 재취득 결격기간

면허정지 벌점 기준은 벌점이 부과되는 상황에 따라 다소 달라질 수 있다. 즉, 한번에 40점 이상이 초과된 경우에는 1점을 1일씩 계산해서 면허정지가 이루어지고 1년간 121점 이상인 경우에는 벌점이나 누산점수일수 만큼 면허정지 기간이 적용된다. 그 결과 운전면허 재취득 결격기간도 상황에 따라 다르게 나타나, 짧게는 즉시 운전면허를 재취득할 수도 있고, 길게는 5년까지도 재취득할 수 없게 되는 경우도 있다. 면허정지 기간은 벌점과 비례하며, 통상 벌점 1점당 하루가 적용된다. 또한, 무면허 운전으로 적발되면 면허 결격기간도 당연히 연장된다. 다만, 벌금 미만의 형이 확정되거나 선고유예의 판결이 확정된 경우 또는 기소유예나 「소년법」 제32조에 따른 보호처분의 결정이 있는 경우에는 위 기간 내라도 운전면허를 받을 수 있습니다(「도로교통법」 제82조제2항 단서).

[벌점계산표]

항 목	내 용	비 고
면허정지	1회의 위반, 사고로 인한 벌점 또는 처분 벌점이 40점 이상이 된 때	1점을 1일씩 계산 집행
벌점 · 누산점수 초과로 인한 면허취소기준	기간 / 벌점 또는 누산점수 1년간 / 121점 이상 2년간 / 201점 이상 3년간 / 271점 이상 기간	3년간 관리 (당해 위반 또는 사고가 있었던 날을 기준으로 함)
처분벌점의 소멸(무위반 및 무사고자 기간경과)	처분 벌점이 40점 미만일 경우에 최종 위반일 또는 사고일로부터 위반 및 사고 없이 1년이 경과한 때	누산점수에서 공제
모범운전자 정지처분 집행일수감경	모범운전자(법 제146조에 따라 무사고운전자 또는 유공운전자의 표시장을 받은 사람으로서 교통안전 봉사활동에 종사하는 사람)에 대하여 면허정지처분 집행기간을 1/2로 감경	교통사고 야기로 인한 벌점이 포함된 경우 제외
교통소양교육을 이수한 때 정지처분 집행일수 감경	경찰서장에게 교육필증을 제출한 날부터 정지처분 기간에서 20일 감경	해당 위반행위에 대하여 운전면허행정처분 이의심의 위원회의 심의를 거치거나 행정심판 또는 행정소송을 통하여 행정처분이 감경된 경우에는 정지처분기간을 추가로 감경하지 않고, 정지처분이 감경된 때에 한정하여 누산점수를 20점 감경

운전면허취소 개별기준	술에 취한 상태의 인명사고(혈중알콜농도 0.03% 이상)	전체 17개항목 중에 특히 주요항목
	술에 만취된 상태의 운전(혈중알콜농도 0.1% 이상)	
	교통사고 야기도주	
	단속 공무원 등 폭행(구속된 때) 외 13건	

구체적으로 대인사고는 1회 적발 시 면허취소, 결격 기간 2년, 2회 이상은 결격 기간 3년이며, 음주운전 인사사고 후 도주나 사망사고가 발생하면 횟수에 관계없이 음주운전 면허취소 기간이 5년에 해당한다.

[운전면허 결격기간]

결격기간	위반행위	비 고
준영구	정신병자, 정신미약자, 간질병자, 맹자, 농자, 알콜중독자, 마약 대마 향정신성의약품 중독자	
5년	① 음주운전 + 뺑소니 ② 과로, 질병, 약물 + 뺑소니 ③ 공동위험행위 + 뺑소니 ④ 정지기간 중 인피뺑소니 ⑤ 무면허 인피뺑소니	
4년	일반 뺑소니(사상사고 야기 후 도주)	
3년	① 음주사고 3회 이상(누산기간 95. 7. 1일 신설적용) ② (자동차등을 이용범죄)또는 (자동차 절도, 강도) + 무면허	
2년	① 무면허운전(원동기 포함) 3회 이상(10. 10. 24 이후 적용) ② 음주운전 3회 이상으로 취소(3회는 0.03%도 취소) 누산기간 2001. 7. 24.부터 적용 ③ 부당한 방법으로 면허취득 또는 이용 ④ 자동차 이용 범죄, 다른 사람의 자동차 강절취한 자 ⑤ 자동차 이용 범죄, 다른 사람의 자동차 강절취한 자 음주운전, 측정불응 3회 이상자	
1년	① 공동위험행위 취소(오토바이도 포함) ② 무면허운전 정지기간 중 운전 ③ 음주운전, 음주측정거부 취소 ④ 벌점초과 취소 ⑤ 무적차량운전으로 인한 취소	도교법 제82조 2항 7호에 그 외는 결격기간 1년이라고 명시함.

	⑥ 단속경찰관 폭행으로 입건만 되어도 취소 등(2011. 12. 7. 변경) ⑦ 본 면허 받기 전 연습면허 취소사유 있을 때(2001. 6. 30. 신설)	
6개월	원동기장치자전거를 취득하고자 하는 경우(단순음주, 단순무면허인 경우)	
0년	적성검사 미필로 취소, 1종 적성검가 불합격으로 2종 운전면허 받을 때	

8. 음주운전에 대한 처리기준

가. 형사입건

음주운전으로 인한 음주운전자의 형사입건의 기준은 혈중알콜농도가 0.03% 이상이다. 따라서 음주운전자가 위의 수치를 넘게 되면 모두 형사입건이 된다. 또한 관련 처벌의 기준을 규정한「도로교통법」제148조의 2에 의거하면 단순음주의 경우 **5년 이하의 징역이나 2000만원 이하의 벌금, 음주운전**으로 사람이 다치는 **교통사고**를 야기한 경우는「특정범죄 가중처벌 등에 관한 법률」에 의해 **부상사고인 경우 1년 이상 15년 이하의 징역** 또는 **1,000만원 이상 3,000만원 이하의 벌금, 사망사고인 경우 무기 또는 3년 이상의 징역**형의 처벌을 받을 수 있다.

[음주운전 처벌기준](2019.06.25. – **도로교통법 제148조의2**)

위반횟수	처벌기준	
1회	0.2% 이상	2년 ~ 5년 이하 징역 / 1,000만원 ~ 2,000만원 이하 벌금
	0.08% ~ 0.2%	1년 ~ 2년 이하 징역 / 500만원 ~ 1,000만원 이하 벌금
	0.03% ~ 0.08%	1년 이하 징역 / 500만원 이하 벌금
측정거부	1년 ~ 5년 이하 징역 / 500만원 ~ 2,000만원 이하 벌금	
2회 이상 위반	2년 ~ 5년 이하 징역 / 1,000만원 ~ 2,000만원 이하 벌금	

나. 구속기준(검찰과 법원의 구속 기준은 이와 다를 수 있습니다)

(1) 단순음주운전의 경우

㈎ 혈중알콜농도(이하동일) 0.365 이상인 자

㈏ 3회 이상 주취운전 처벌전력자(주취정도 불문)

㈐ 무면허 경합, 2회 음주운전 처벌전력자로서 0.26% 이상인 자 등은 음주운전 등으로 인하여 구속될 수 있다.

(2) 대인사고의 경우

㈎ 0.265% 이상인 자는 치료기간, 보험가입, 합의불문

㈏ 합의시 0.15% 이상인 자로서 6주 이상 상해 (다만, 교차로 신호위반, 신호기 설치, 횡단보호, 고의적 중앙선 침범, 과속이 경합되면 3주 이상)

㈐ 보험가입시 0.16% 이상인 자로서 3주 이상 상해 등을 발생케 한자 등은 음주운전으로 인하여 구속될 수 있다.

(3) 대물사고의 경우

대물사고의 경우는 0.31% 이상인 자로서 피해액 80만원 이상인 자는 음주운전으로 인하여 구속될 수 있다.

다. 행정처벌(운전면허처분)

(1) 혈중알콜농도 0.03 ~ 0.08% 미만까지는 벌점 100점 부과

(2) ① 0.03% 이상의 상태에서 운전을 하다가 교통사고로 사람을 죽게 하거나 다치게 한 때, ② 0.08% 이상의 상태에서 운전, ③ 2회 이상 0.03% 이상의 상태에서 운전하거나 음주측정에 불응한 사람이 다시 0.03% 이상의 상태로 운전한 때는 운전면허가 취소됨과 동시에 면허취득을 위한 시험을 1년간 볼 수 없도록 제한된다. 다만, 도로교텅법 시행규칙상 형중알콜농도가 0.1% 이하인 생계형 운전자자의 경우 생계관련성 등의 사정을 고려하여 행정처분을 감경할 수 있다고 규정하고 있으므로 형중알콜농도가 0.1%를 초과하지 않는 단순 운전면허취소 처분 사건인 경우에는 음주 전력이 있는 등의 특이사항이 없는 경우 이의신청 또는 행정심판을 통해 운전면허취소 처분을 운전면허 110일 정지처분을 으로 변경하는 구제신청은 가능하다.

[운전면허 행정처분]

구 분		단순음주	대물사고	대인사고
1회	0.03% ~ 0.08% 미만	벌점100점	벌점100점(벌점 110점)	면허취소(결격기간 2년)
	0.08% ~ 0.2% 미만	면허취소(결격기간 1년)	면허취소(결격기간 2년)	
	0.2% 이상			
	음주측정거부			

2회 이상	면허취소(결격기간 2년)	면허취소(결격기간 3년)	
음주운전 인사사고 후 도주			면허취소(결격기간 5년)
사망사고			

라. 민사적 책임

음주운전으로 인해 적발될 경우 **1회 적발 시 10%, 2회 적발시 20% 보험료가 할증**되고 **음주운전 교통사고 시**에는 종합보험에 가입되어 있어도 **대인사고 1,000만원, 대물사고 500만원의 자기부담금을 부담**해야 한다. 보험료는 본인 명의 자동차보험에 한해 할증된다.

할 증	대 상	할증율	기 간
법규위반별보험할증	무면허, 도주	20%	2년
	음주운전 1회	10%	
	음주운전 2회 이상	20%	
	신호위반	5% (2 ~ 3회) 10% (4회 이상)	
	속도위반		
	중앙선침범		

9. 조정권고제도

도로교통법 시행규칙에서는 교통사고가 발행하지 않은 경우 혈중알코올농도 0.1%를 운전면허취소의 기준으로 하고 있다. 서울행정법원은 과거 0.12%를 기준으로 하여 그 이하인 경우에는 운전면허의 생계관련성, 음주운전전력 유무, 음주운전으로 인한 구체적 위험성 정도, 음주운전의 불가피성 여부 등 여러 요소를 참작하여 운전면허취소처분을 취소한 사례도 있었다.[92]

그러나 근래 음주운전을 이유로 한 자동차운전면허의 취소에 있어서는 일반의 수익적 행정행위의 취소와는 달리 그 취소를 인하여 입게 될 당사자의 개인적인 불이익보다 이를 방지하여야 할 일반 예방적 측면이 더욱 강조되어야 한다는 취지에서[93] 비록 혈중알콜농도가 0.12% 이하에 해당한다 하더라도 극히 예외적인 경우가 아닌한 재량권의 일탈 남용을 인정하고 있지 아니하고 있다.

다만 도로교통법 시행규칙이 혈중알콜농도가 0.12% 이하인 경우 운전면허의 생계관련성,

92) 도로교통법 시행규칙 제91조 제1항 별표 28 참조.

93) 대법원 1995. 3. 24. 선고 94누13947 판결, 대법원 1996. 10. 11. 선고 96누10812 판결.

음주운전전력 유무 등의 사정을 감안하여 처분을 감경할 수 있다고 규정하고 있는 점을 고려하여, 혈중알콜농도가 0.12%를 초과하지 아니하는 단순 운전면허취소처분취소사건의 경우에는, 음주전력이 있는 등의 특별한 사정이 없는 한 운전면허취소처분을 운전면허정지 110일의 처분으로 변령하는 내용의 조정권고를 행하고 있고, 그와 아울러 음주운전 경우, 운전거리, 개인의 특별한 사정(예를 들면, 운전기능직 공무원, 개인택시기사 등)등을 고려하여 혈중알콜농도가 0.12%를 초과하더라도 0.15% 정도까지는 조정권고를 시도하고 있다.

10. 운전면허증의 반납

가. 운전면허증 반납

운전면허증을 받은 사람이 다음 각 호의 어느 하나에 해당하면 그 사유가 발생한 날부터 7일 이내(제4호 및 제5호의 경우 새로운 운전면허증을 받기 위하여 운전면허증을 제출한 때)에 주소지를 관할하는 지방경찰청장에게 운전면허증을 반납하여야 한다(법 제95조).

(1) 운전면허 취소처분을 받은 경우
(2) 운전면허효력 정지처분을 받은 경우
(3) 운전면허증을 잃어버리고 다시 발급받은 후 그 잃어버린 운전면허증을 찾은 경우
(4) 연습운전면허증을 받은 사람이 제1종 보통면허증 또는 제2종 보통면허증을 받은 경우
(5) 운전면허증 갱신을 받은 경우

나. 운전면허증 직접회수

경찰공무원은 운전면허증을 반납하지 아니한 사람이 소지한 운전면허증을 직접 회수할 수 있다.

다. 운전면허증 반환

지방경찰청장이 운전면허증을 반납받았거나 운전면허증을 회수하였을 때에는 이를 보관하였다가 정지기간이 끝난 즉시 돌려주어야 한다.

11. 음주운전 사고시 처리방법

가. 음주운전사고의 가해자

교통사사고 후 두려운 나머지 피해자에 대한 구호조치를 취하지 아니한 채 무조건 사고현장

에서 도주하여서는 아니된다. 음주운전 사실이 무서워서 사고 후 현장에서 도주하는 경우가 종종 발생하는데 음주사고와 도주사고의 처벌수위는 음주사고보다 도주(뺑소니)사고가 더 무겁다. 따라서 사고가 발생하면 순순히 음주사실을 인정하고 피해자 구호조치를 신속히 취한 후 현장에서 피해자와 합의하는 것이 최선이다. 만약 경찰이 출동할 경우에는 순순히 음주사실을 인정하고 사고 접수하는 것이 유리하며, 나아가 피해자가 음주운전을 미끼로 무리한 합의금을 요구할 경우 보험처리를 하는 것이 보다 유리한 방법이다.

나. 음주운전사고의 피해자

음주운전사고의 피해자인 경우에는 무조건 경찰서 신고하는 것이 좋다. 가해자의 구두상 음주운전 진술은 추후 법적효력이 없으므로, 무조건 112에 신고하셔서 가해자의 음주사실을 확인 받아야 한다. 사고 초기에 가해자는 형사합의를 희망하지만 피해자와의 절충이 어려워 형사합의를 포기하게 되면 결국 증거수집 태만으로 인한 손실은 피해자가 떠안게 될 수 있기 때문이다. 법대로 처리하고 상대방이 형사합의를 희망할 경우에만 형사합의금을 받을 수 있다는 점을 숙지하여야 한다. 그 외 경황이 없이 사고처리가 미숙할 경우 보험회사의 긴급출동 서비스나 교통사고나 보험회사의 보상담당 직원의 도움을 받아 처리하는 것이 좋다.

12. 교통범칙금 통고처분

가. 통고처분의 개념

범칙금 통고처분이란 경미한 교통법규 위반자에 대하여 일일이 즉결심판에 회부하는 번잡성을 피하고 신속하고 간편한 행정적 제재절차를 취함으로서 즉결심판을 받은 것과 같은 동일한 효과를 부여하기 위하여 경찰관이 직접 위반장소에서 위반자에게 범칙금을 납부할 것을 통고하고 운전을 계속하게 하는 것이다.

[범칙금 부과 및 이의신청 현황]

(처리건수 기준, 단위 : 건수)

연 도	범칙금 부과	이의신청	이의신청사건 법원 인용건수
2013	2,885,126	1,546	53
2014	3,666,196	2,005	85
2015	4,979,875	2,914	101

출처 : 국민권익위원회

나. 성 격

범칙금 통고처분은 형사처벌인 벌금과 행정처벌인 과태료의 중간적 성질을 가지며, 범칙금 납부는 범죄인명부나 운전자기록카드에 기록되지는 않는다. 다만, 이는 도로교통법규 위반행위에 대하여 범칙금 통고처분에 의해 같은 법 시행령에서 규정하고 있는 일정액을 납부하는 것과 병행하여 벌점이 부과되어 운전면허정지 · 취소 등 정지처분이 기초자료가 된다는 점에 의미가 있다.

다. 대상행위 및 범칙자

(1) 대상행위

도로교통법 제156조[94] 및 157조[95]에 해당하는 운전자 또는 보행자 등이 법에 위반하여 20만원 이하의 벌금 등에 처할 수 있는 도로교통법 위반행위가 교통범칙금 통고처분의 대상

---

94) 제156조 (벌칙)

다음 각 호의 어느 하나에 해당하는 사람은 20만원 이하의 벌금이나 구류 또는 과료(科料)에 처한다.

1. 제5조, 제13조 제1항부터 제3항(제13조 제3항의 경우 고속도로, 자동차전용도로, 중앙분리대가 있는 도로에서 고의로 위반하여 운전한 사람은 제외한다)까지 및 제5항, 제14조 제2항 · 제3항 · 제5항, 제15조 제3항(제61조 제2항에서 준용하는 경우를 포함한다), 제15조의2 제3항, 제17조 제3항, 제18조, 제19조 제1항 · 제3항 및 제4항, 제21조 제1항 · 제3항 및 제4항, 제24조, 제25조부터 제28조까지, 제32조, 제33조, 제37조(제1항 제2호는 제외한다), 제38조 제1항, 제39조 제1항 · 제3항 · 제4항 · 제5항, 제48조 제1항, 제49조(같은 조 제1항 제1호 · 제3호를 위반하여 차를 운전한 사람과 같은 항 제4호의 위반행위 중 교통단속용 장비의 기능을 방해하는 장치를 한 차를 운전한 사람은 제외한다), 제50조 제5항부터 제7항까지, 제51조, 제53조 제1항 및 제2항(좌석안전띠를 매도록 하지 아니한 운전자는 제외한다), 제62조 또는 제73조 제2항(같은 항 제2호 및 제3호만 해당한다)을 위반한 차마의 운전자
2. 제6조 제1항 · 제2항 · 제4항 또는 제7조에 따른 금지 · 제한 또는 조치를 위반한 차의 운전자
3. 제22조, 제23조, 제29조 제4항부터 제6항까지, 제53조의2, 제60조, 제64조, 제65조 또는 제66조를 위반한 사람
4. 제31조, 제34조 또는 제52조 제4항을 위반하거나 제35조 제1항에 따른 명령을 위반한 사람
5. 제39조 제6항에 따른 지방경찰청장의 제한을 위반한 사람
6. 제50조 제1항 및 제3항을 위반하여 좌석안전띠를 매지 아니하거나 인명보호 장구를 착용하지 아니한 운전자
7. 제95조 제2항에 따른 경찰공무원의 운전면허증 회수를 거부하거나 방해한 사람
8. 제53조 제3항을 위반하여 보호자를 태우지 아니하고 어린이통학버스를 운행한 운영자
9. 제53조 제4항을 위반하여 어린이나 영유아가 하차하였는지를 확인하지 아니한 운전자
10. 주 · 정차된 차만 손괴한 것이 분명한 경우에 제54조 제1항 제2호에 따라 피해자에게 인적 사항을 제공하지 아니한 사람

95) 제157조 (벌칙)

다음 각 호의 어느 하나에 해당하는 사람은 20만원 이하의 벌금이나 구류 또는 과료에 처한다.

1. 제5조, 제8조 제1항, 제10조 제2항부터 제5항까지의 규정을 위반한 보행자
2. 제6조 제1항 · 제2항 · 제4항 또는 제7조에 따른 금지 · 제한 또는 조치를 위반한 보행자
3. 제9조 제1항을 위반하거나 같은 조 제3항에 따른 경찰공무원의 조치를 위반한 행렬 등의 보행자나 지휘자
4. 제68조 제3항을 위반하여 도로에서의 금지행위를 한 사람

이다.

(2) 범 칙 자

이 법에서 말하는 범칙자는 범칙행위를 한 자로서, 범칙행위 당시 운전면허증을 제시하지 못한 자동차 등의 운전자, 범칙행위로 교통사고를 일으킨 사람[다만 교통사고처리특례법 제3조 제2항 및 제4조 규정에 의하여(피해자의 처벌위사가 없거나/종합보험 등에의 가입으로 가해자를 처벌하지 않게 되는 경우) 업무상과실치상죄, 중과실치상죄에 대한 벌을 받지 아니하게 된 사람과, 도로교통법 151조(차의 운전자가 다른 사람의 건조물이나 그 밖의 재물을 손괴한 죄)에 대한 벌을 받지 아니하게 된 사람은 제외한다], 제80조 규정에 의한 국제운전면허증을 가진 사람에 해당하지 아니하는 사람을 말한다.

라. 구체적인 범칙행위 및 범칙금액

(1) 운전자 – 범칙행위 및 범칙금액

[별표 8] 〈개정 2016. 7. 26.〉

[범칙행위 및 범칙금액(운전자)**]** (제93조 제1항 관련)

범칙행위	근거 법조문 (도로교통법)	차량 종류별 범칙금액
1. 속도위반(60㎞/h 초과) 1의2. 어린이통학버스 운전자의 의무 위반(좌석안전띠를 매도록 하지 않은 경우는 제외한다) 1의3. 어린이통학버스 운영자의 의무 위반	제17조 제3항 제53조 제1항 · 제2항, 제53조의2 제53조 제3항	1) 승합자동차등: 13만원 2) 승용자동차등: 12만원 3) 이륜자동차등: 8만원
2. 속도위반(40㎞/h 초과 60㎞/h 이하) 3. 승객의 차 안 소란행위 방치 운전 3의2. 어린이통학버스 특별보호 위반	제17조 제3항 제49조 제1항 제9호 제51조	1) 승합자동차등: 10만원 2) 승용자동차등: 9만원 3) 이륜자동차등: 6만원
4. 신호 · 지시 위반 5. 중앙선 침범, 통행구분 위반 6. 속도위반(20㎞/h 초과 40㎞/h 이하) 7. 횡단 · 유턴 · 후진 위반 8. 앞지르기 방법 위반	제5조 제13조 제1항부터 제3항까지 및 제5항 제17조 제3항 제18조 제21조 제1항 · 제3항, 제60조 제2항	1) 승합자동차등: 7만원 2) 승용자동차등: 6만원 3) 이륜자동차등: 4만원 4) 자전거등: 3만원

9. 앞지르기 금지 시기 · 장소 위반	제22조	
10. 철길건널목 통과방법 위반	제24조	
11. 횡단보도 보행자 횡단 방해(신호 또는 지시에 따라 도로를 횡단하는 보행자의 통행 방해를 포함한다)	제27조 제1항 · 제2항	
12. 보행자전용도로 통행 위반(보행자전용도로 통행방법 위반을 포함한다)	제28조 제2항 · 제3항	
12의2. 긴급자동차에 대한 양보 · 일시정지 위반	제29조 제4항 · 제5항	
12의3. 긴급한 용도나 그 밖에 허용된 사항 외에 경광등이나 사이렌 사용	제29조 제6항	
13. 승차 인원 초과, 승객 또는 승하차자 추락 방지조치 위반	제39조 제1항 · 제3항 · 제6항	
14. 어린이 · 앞을 보지 못하는 사람 등의 보호 위반	제49조 제1항 제2호	
15. 운전 중 휴대용 전화 사용	제49조 제1항 제10호	
15의2. 운전 중 운전자가 볼 수 있는 위치에 영상 표시	제49조 제1항 제11호	
15의3. 운전 중 영상표시장치 조작	제49조 제1항 제11호의2	
16. 운행기록계 미설치 자동차 운전 금지 등의 위반	제50조 제5항 제1호 · 제2호	
17. 삭제 〈2014.12.31.〉		
18. 삭제 〈2014.12.31.〉		
19. 고속도로 · 자동차전용도로 갓길 통행	제60조 제1항	
20. 고속도로버스전용차로 · 다인승전용차로 통행 위반	제61조 제2항	
21. 통행 금지 · 제한 위반	제6조 제1항 · 제2항 · 제4항	1) 승합자동차등: 5만원 2) 승용자동차등: 4만원
22. 일반도로 전용차로 통행 위반	제15조 제3항	3) 이륜자동차등: 3만원
23. 고속도로 · 자동차전용도로 안전거리 미확보	제19조 제1항	4) 자전거등: 2만원
24. 앞지르기의 방해 금지 위반	제21조 제4항	
25. 교차로 통행방법 위반	제25조	
26. 교차로에서의 양보운전 위반	제26조	
27. 보행자의 통행 방해 또는 보호 불이행	제27조 제3항부터 제5항까지	
28. 삭제 〈2016.2.11.〉		
29. 정차 · 주차 금지 위반	제32조	
30. 주차금지 위반	제33조	
31. 정차 · 주차방법 위반	제34조	
32. 정차 · 주차 위반에 대한 조치 불응	제35조 제1항	

33. 적재 제한 위반, 적재물 추락 방지		
위반 또는 영유아나 동물을 안고 운	제39조 제1항 및 제4항	
전하는 행위	부터 제6항까지	
34. 안전운전의무 위반		
35. 도로에서의 시비·다툼 등으로 인한	제48조 제1항	
차마의 통행 방해 행위	제49조 제1항 제5호	
36. 급발진, 급가속, 엔진 공회전 또는 반		
복적·연속적인 경음기 울림으로 인	제49조 제1항 제8호	
한 소음 발생 행위		
37. 화물 적재함에의 승객 탑승 운행		
행위	제49조 제1항 제12호	
38. 삭제 〈2014.12.31.〉		
39. 고속도로 지정차로 통행 위반		
40. 고속도로·자동차전용도로 횡단·	제60조 제1항	
유턴·후진 위반	제62조	
41. 고속도로·자동차전용도로 정차·		
주차 금지 위반	제64조	
42. 고속도로 진입 위반		
43. 고속도로·자동차전용도로에서의	제65조	
고장 등의 경우 조치 불이행	제66조	
44. 혼잡 완화조치 위반	제7조	1) 승합자동차등: 3만원
45. 지정차로 통행 위반, 차로 너비보다	제14조 제2항·	2) 승용자동차등: 3만원
넓은 차 통행 금지 위반(진로 변경	제3항·제5항	3) 이륜자동차등: 2만원
금지 장소에서의 진로 변경을 포함		4) 자전거등: 1만원
한다)	제17조 제3항	
46. 속도위반(20km/h 이하)	제19조 제3항	
47. 진로 변경방법 위반	제19조 제4항	
48. 급제동 금지 위반	제23조	
49. 끼어들기 금지 위반	제31조 제1항	
50. 서행의무 위반	제31조 제2항	
51. 일시정지 위반	제38조 제1항	
52. 방향전환·진로변경 시 신호 불이행	제49조 제1항 제6호	
53. 운전석 이탈 시 안전 확보 불이행	제49조 제1항 제7호	
54. 동승자 등의 안전을 위한 조치 위반	제49조 제1항 제13호	
55. 지방경찰청 지정·공고 사항 위반	제50조 제1항	
56. 좌석안전띠 미착용	제50조 제3항	
57. 이륜자동차·원동기장치자전거 인명	제52조 제4항	
보호 장구 미착용		
58. 어린이통학버스와 비슷한 도색·		
표지 금지 위반		
59. 최저속도 위반	제17조 제3항	1) 승합자동차등: 2만원
60. 일반도로 안전거리 미확보	제19조 제1항	2) 승용자동차등: 2만원

61. 등화 점등 · 조작 불이행(안개가 끼거나 비 또는 눈이 올 때는 제외한다) 62. 불법부착장치 차 운전(교통단속용 장비의 기능을 방해하는 장치를 한 차의 운전은 제외한다) 62의2. 사업용 승합자동차의 승차 거부 63. 택시의 합승(장기 주차 · 정차하여 승객을 유치하는 경우로 한정한다) · 승차거부 · 부당요금징수행위 64. 운전이 금지된 위험한 자전거의 운전	제37조 제1항 제1호 · 제3호 제49조 제1항 제4호 제50조 제5항 제3호 제50조 제6항 제50조 제7항	3) 이륜자동차등: 1만원 4) 자전거등: 1만원
65. 돌, 유리병, 쇳조각, 그 밖에 도로에 있는 사람이나 차마를 손상시킬 우려가 있는 물건을 던지거나 발사하는 행위 66. 도로를 통행하고 있는 차마에서 밖으로 물건을 던지는 행위	제68조 제3항 제4호 제68조 제3항 제5호	모든 차마: 5만원
67. 특별교통안전교육의 미이수 가. 과거 5년 이내에 법 제44조를 1회 이상 위반하였던 사람으로서 다시 같은 조를 위반하여 운전면허 효력 정지처분을 받게 되거나 받은 사람이 그 처분기간이 끝나기 전에 특별교통안전교육을 받지 않은 경우 나. 가목 외의 경우	제73조 제2항	차종 구분 없음: 6만원 4만원
68. 경찰관의 실효된 면허증 회수에 대한 거부 또는 방해	제95조 제2항	차종 구분 없음: 3만원

비고

1. 위 표에서 "승합자동차등"이란 승합자동차, 4톤 초과 화물자동차, 특수자동차 및 건설기계를 말한다.
2. 위 표에서 "승용자동차등"이란 승용자동차 및 4톤 이하 화물자동차를 말한다.
3. 위 표에서 "이륜자동차등"이란 이륜자동차 및 원동기장치자전거를 말한다.
4. 위 표에서 "자전거등"이란 자전거, 손수레, 경운기 및 우마차를 말한다.
5. 위 표 제65호 및 제66호의 경우 동승자를 포함한다.

(2) 보행자 – 범칙행위 및 범칙금액범칙금액

[별표 9] 〈개정 2013.6.28.〉

범칙행위 및 범칙금액(보행자) (제93조 제1항 관련)

범칙행위	근거 법조문 (도로교통법)	범칙금액
1. 돌, 유리병, 쇳조각, 그 밖에 도로에 있는 사람이나 차마를 손상시킬 우려가 있는 물건을 던지거나 발사하는 행위	제68조 제3항 제4호	5만원
2. 신호 또는 지시 위반 3. 차도 통행 4. 육교 바로 밑 또는 지하도 바로 위로의 횡단 5. 횡단이 금지되어 있는 도로부분의 횡단 6. 술에 취하여 도로에서 갈팡질팡하는 행위 7. 도로에서 교통에 방해되는 방법으로 눕거나 앉거나 서있는 행위 8. 교통이 빈번한 도로에서 공놀이 또는 썰매타기 등의 놀이를 하는 행위 9. 도로를 통행하고 있는 차마에 뛰어오르거나 매달리거나 차마에서 뛰어내리는 행위	제5조 제8조 제1항 본문 제10조 제2항 본문 제10조 제5항 제68조 제3항 제1호 제68조 제3항 제2호 제68조 제3항 제3호 제68조 제3항 제6호	3만원
10. 통행 금지 또는 제한의 위반 11. 도로 횡단시설이 아닌 곳으로의 횡단(제4호의 행위는 제외한다) 12. 차의 바로 앞이나 뒤로의 횡단	제6조 제10조 제2항 본문 제10조 제4항	2만원
13. 교통혼잡을 완화시키기 위한 조치 위반 14. 행렬등의 차도 우측통행 의무 위반(지휘자를 포함한다)	제7조 제9조 제1항 후단	1만원

마. 통고처분

(1) 원 칙

경찰서장이나 제주특별자치도지사[96]는 범칙자로 인정하는 사람에 대하여는 이유를 분명하게 밝힌 범칙금 납부통고서로 범칙금을 낼 것을 통고할 수 있다(법 163조). 제주특별자치도지사가 이에 따라 통고처분을 한 경우에는 관할 경찰서장에게 그 사실을 통보하여야 한다.

(2) 예 외

다만, 다음의 어느 하나에 해당하는 사람에 대하여는 그러하지 아니하다.

96) 제주특별자치도지사의 경우에는 제6조 제1항 · 제2항, 제61조 제2항에 따라 준용되는 제15조 제3항, 제39조 제6항, 제60조, 제62조, 제64조부터 제66조까지, 제73조 제2항 제2호 · 제3호 및 제95조 제1항의 위반행위는 제외한다.

(가) 성명이나 주소가 확실하지 아니한 사람
(나) 달아날 우려가 있는 사람
(다) 범칙금 납부통고서 받기를 거부한 사람

바. 범칙금 납부절차

(1) 범칙금 납부고지서 교부

교통을 단속하는 경찰공무원은 경미한 도로교통법을 위반한 운전자 또는 보행자 그리고 교통사로를 낸 운전자에게 범칙금 납부통고서(교통범칙금 납부통고서는 3매를 1조로 하여 도시에 기록하여 발부 - 범칙금 영수증서, 범칙금 납부통고서, 범칙금 납부고지서)인 속칭 스티커 또는 딱지를 발부한다.

(2) 범칙금의 납부

(가) 1차 납부기한

범칙금납부통고서를 받은 범칙자는 10일 이내에 국고 수납기관인 한국은행 본점 또는 지점 우체국에 소정을 금액을 납부하여야 한다. 다만, 천재지변 그 밖의 부득이한 사유로 말미암아 그 기간 내에 범칙금을 납부할 수 없을 때에는 그 사유가 소멸한 날로부터 5일 이내에 납부하여야 한다. 수납기관은 범칙금영수증서를 교부한 때에는 지체 없이 그 범칙금 납부통고서를 발행한 경찰서장에게 범칙금영수필통지서를 송달하여야 한다.

(나) 2차 납부기한

납부기한 내에 범칙금을 납부하지 아니한 자는 납부기간이 만료되는 날의 다음날부터 20일 이내에 통고받은 범칙금에 100분의 20(20%)를 더한 금액을 납부하여야 한다.

(다) 분할납부 가능성 및 기간산정

범칙금은 분할하여 납부할 수 없으며, 범칙금은 통고당일은 산정치 아니하고 그 익일부터 기산한다(초일불산입).

(3) 범칙금 미납부에 대한 조치

범칙금을 기한 내에 납부하지 아니한 때에는 납부기한을 20일 연장하여 당초 통고받은 범칙금액에 20%를 가산한 금액을 납부하여야 한다. 그럼에도 범칙금 2차 납부기한 내에 이를 납부치 아니하는 경우에는 즉결심판에 회부되며 또한 범칙금 납부기한 만료일로부터 60일까지 즉결심판을 받지 아니하거나 범칙금에 100분의 50을 더한 금액을 납부하지 아니한 경우에는 운전면허가 정지시킬 수 있다. 범칙자가 즉결심판에 불복할 경우 7일 이내에 정식재판을 청구할 수 있다.

사. 범칙금 납부와 형사처벌

범칙금을 납부한 자는 그 범칙행위에 대하여 다시 처벌을 받지 아니한다. 다만, 운전자가 도로교통법규 위반행위로 범칙금을 납부했더라도 사고를 내어 사람을 사상케 했거나 타인의 재물을 손괴한 경우에는 형사처벌이 될 수 있는데, 이는 특정사건에 대하여 재차 처벌되지 아니한다는 일사부재리의 원칙 또는 이중처벌금지의 원칙에 어긋나는 것은 아니다.

[서식 99] 범칙금 납부통고서

■ 도로교통법 시행규칙 [별지 제159호의2 서식] 〈개정 2016.2.12.〉 (앞쪽)

범칙금 납부통고서

통고서(고지서)번호:

납부기한(1차)	년 월 일			금 액	원
납부기한(2차)	년 월 일			가산금액	원
적용법조		위 반 내 용		벌점(처분벌점)	( )
위 반 자	성 명			주민등록번호	- *******
	면허번호			전 화	
	주 소				
위반행위	일 시	20 년 월 일 시 분			
	장 소				
차량번호				차 종	

위 사실이 틀림없음을 확인하고 서명합니다. (범칙자) (서명)

1) 「도로교통법」 제163조에 따라 위와 같이 범칙금 납부를 통고하오니 기한 내 납부하시기 바랍니다.
2) 「경범죄처벌법」 제7조에 따라 위와 같이 범칙금 납부를 통고하오니 기한 내 납부하시기 바랍니다.

년 월 일

경찰서장(제주특별자치도지사) 직인

범칙금영수증서

통고서(고지서) 번호		회계	경찰청 소관 (제주특별자치도 소관)	수입징수관서	경찰서 (제주특별자치도)
납부고지일	년 월 일		계좌번호		
납부기한(1차)	년 월 일		금 액	원	
납부기한(2차)	년 월 일		가산금액	원	
성 명			주민등록번호	– *******	
인터넷 · 폰뱅킹 등 입금계좌 :					

※ 인터넷 · 폰뱅킹 등 납부 시 수수료가 발생할 수 있습니다.

위 금액을 정히 영수합니다. 년 월 일

은행 본 · 지점(국고대리점 및 국고수납대리점), 우체국 또는 한국은행 본 · 지점 [제주특별자치도지사가 지정하는 금융기관이나 그 지점]

은행 지점

수납자 인	취급점 영수인

(적색)

〈절취선〉

범칙금 납부통고서

(은행용)

통고서(고지서) 번호		회계	경찰청 소관 (제주특별자치도 소관)	수입징수관서	경찰서 (제주특별자치도)
납부고지일	년 월 일		계좌번호		
납부기한(1차)	년 월 일		금액	원	
납부기한(2차)	년 월 일		가산금액	원	
성 명			주민등록번호	– *******	

위 금액을 정히 영수합니다.

년 월 일

수납자인

경찰서장(제주특별자치도지사) | 직인

은행 본 · 지점(국고대리점 및 국고수납대리점), 우체국 또는 한국은행 본 · 지점
[제주특별자치도지사가 지정하는 금융기관이나 그 지점]

은행 지점

118㎜×85㎜(특수감열지)

(뒤쪽)

범칙금 부과처분 안내

□ 운전자

1. 1차 납부기한 내에 범칙금을 납부하지 아니한 때에는 그 기한이 만료되는 날의 다음 날부터 20일 이내에 통고받은 범칙금에 그 100분의 20을 더한 금액을 납부하셔야 하며, 납부기한이 지난 때에는 수납을 하지 않습니다.
2. 만약 2차 납부기한까지 납부하지 아니한 때에는 납부기한 만료일 다음 날부터 60일 이내에 경찰서에 출석하셔서 즉결심판을 받거나 통고받은 범칙금에 그 100분의 50을 더한 금액을 납부하셔야 하며, 그렇지 아니한 때에는 40일간의 운전면허 정지처분을 받게 됩니다.
3. 「주민등록법」에 따른 주소지와 실제 거주지가 다른 때에는 운전면허증 관련 통지서가 귀하에게 도달되지 않아 불이익을 받을 수도 있으므로 「주민등록법」 제10조에 따라 실제 거주지를 신고하시기 바랍니다.
4. 범칙금납부통고서를 잃어버린 때에는 가까운 경찰서(교통계)[자치경찰대]에 가셔서 재발급 받으실 수 있습니다.
5. 단속 내용에 이의가 있으시면 이 통고서를 받은 날부터 10일 이내에 단속지 경찰서의 교통계[단속지 자치경찰대]에 이의를 제기하실 수 있으며, 이 경우에는 즉결심판을 받게 됩니다.
6. 운전면허 처분벌점이 40점에 이르기 전에 도로교통공단에서 특별교통안전교육을 이수하면 벌점 20점을 감경받을 수 있습니다(과거 1년 이내 동 교육 이수자 제외).
7. 범칙금영수증서는 3년간 보관하시기 바랍니다.
8. 벌점은 위반행위에 따른 벌점을, 처분벌점은 향후 정지처분 기준을 적용하는데 필요한 벌점(위반 당시 기준으로, 벌점 공제 · 추가 여부에 따라 변경될 수 있음)이며, 처분벌점이 40점 이상인 경우 운전면허 정치처분을 받게 됩니다.

□ 보행자

1. 1차 납부기한 내에 범칙금을 납부하지 아니한 때에는 그 기한이 만료되는 날의 다음 날부터 20일 이내에 통고받은 범칙금액에 그 100분의 20을 더한 금액을 납부하셔야 하며, 납부기한이 지난 때에는 수납을 하지 않습니다.
2. 만약 2차 납부기한까지 납부하지 아니한 때에는 납부기한 만료일 다음 날부터 60일 이내에 경찰서에 출석하셔서 즉결심판을 받아야 합니다. 다만, 즉결심판 선고 전까지 통고받은 범칙금에 그 100분의 50을 더한 금액을 납부하시면 즉결심판이 면제 또는 취소됩니다.
3. 「주민등록법」에 따른 주소지와 실제 거주지가 다른 때에는 통고처분 관련 통지서가 귀하에게 도달되지 않아 불이익을 받을 수도 있으므로 「주민등록법」 제10조에 따라 실제 거주지를 신고하시기 바랍니다.
4. 범칙금납부통고서를 잃어버린 때에는 가까운 경찰서(교통계)[자치경찰대]에 가셔서 재발급 받으실

수 있습니다.
5. 단속 내용에 이의가 있으시면 이 통고서를 받은 날부터 10일 이내에 단속지 경찰서의 교통계[단속지 자치경찰대]에 이의를 제기하실 수 있으며, 이 경우에는 즉결심판을 받게 됩니다.
6. 범칙금영수증서는 3년간 보관하시기 바랍니다.

□ 경범죄

1. 1차 납부기한 내에 범칙금을 납부하지 아니한 때에는 그 기한이 만료되는 날의 다음 날부터 20일 이내에 통고받은 범칙금액에 그 100분의 20을 더한 금액을 납부하셔야 합니다.
2. 2차 납부기한이 지난 때에는 「경범죄 처벌법」 제9조 제1항 및 같은 법 시행령 제6조 제2항에 따라 통고받은 범칙금에 그 100분의 50을 더한 금액을 납부하시면 즉결심판이 면제 또는 취소됩니다.
3. 범칙금납부통고서를 잃어버린 때에는 단속지 경찰서(생활질서계)[단속지 자치경찰대]에 가셔서 재발급 받으시기 바랍니다.
4. 범칙금영수증서는 3년간 보관하시기 바랍니다.

13. 이진아웃제도

가. 개 념

음주운전 이진아웃제도는 상습적인 음주운전자 예방하고 가중처벌하기 위해 만들어진 제도이다. 2019년 6월 25일부터 기존 삼진아웃제도에서 이진아웃제도로 강화되었다. 음주운전 이진아웃제도는 상습 음주 운전자에 대한 행정처분을 강화하기 위해 만들어진 제도이다. 음주운전으로 운전면허 행정처분(정지 또는 취소)을 받은 사람이 다시 음주운전(혈중알코올농도 0.03% 이상)으로 적발되면 운전면허를 취소하고 2년간 운전면허 시험에 응시할 자격을 박탈하는 제도이다.

나. 기준시점

도로교통법 개정에 따라 2019. 6. 25. 이후 발생한 음주운전에 대한 행정처분 시 과거의 전력이 포함되기 때문에 2019. 6. 24. 이전 음주운전 전력이 1회 이상이라면 음주운전 2회 이상으로 취소된다. 음주운전으로 취소 시 단순 음주운전 2회째 이상이면 운전면허 취소에 따른 결격기간이 2년이며 음주사고가 2회 이상이면 결격기간이 3년이다, 단순, 음주운전 과거 전력은 2001. 7. 24. 이후 발생한 건부터, 음주사고 과거전력은 2001. 6. 30. 이후 발생한 건부터 산정하게 된다.

Ⅲ. 운전면허취소 및 정지에 관한 행정심판

1. 처리절차

음주운전적발 ▶ 40일 임시운전면허증 교부 ▶ 40일 후 면허취소 ▶ 행정심판청구 ▶ 지방경찰청제출 ▶ 국무총리행정심판위원회 송부 ▶ 지방경찰청답변 ▶ 답변에 대한 보충서면제출 ▶ 심의 ▶ 최종결과 통보

* 운전면허정지 · 취소처분을 안 날부터 90일 이내(처분통지를 직접받지 못한 경우 180일 이내)에 심판청구서 2부를 처분청 또는 행정심판위원회에 접수 ▶ 접수를 받은 처분청은 10일 이내에 상급행정청에 심판청구서와 답변서 송부 ▶ 행정심판위원회에서는 처분청으로부터 수령한 답변서를 청구인에게 발송 ▶ 답변서를 송부받은 청구인은 1주일 이내에 행정심판 보충서면 2부를 행정심판위원회에 발송(필요시) ▶ 행정심판위원회는 행정심판청구를 접수한 후 약 2개월 내에 행정심판위원회 개최 ▶행정심판위원회의 재결서는 재결일로부터 1주일 후 청구인에게 우편으로 발송(행정심판의 효력은 재결서가 송달되어야 발생)

2. 행정심판청구서 작성 – 서면청구주의

행정심판청구는 행정관청에 비치된 양식을 사용하는 것이 편리하다. 이는 비치된 양식을 사용하지 아니하였다고 하여 청구서로서의 효력이 없는 것은 아니지만 양식을 사용할 경우 아래에서 설명하는 필수적 기재사항을 빠뜨릴 위험성이 적기 때문이다.

▶ 행정심판청구서를 2부 작성하여 처분청(처분을 한 행정기관)이나 국민권익위원회(서울종합민원사무소 또는 세종청사 종합민원상담센터)에 제출하면 된다. 행정심판청구서는 본 사이트의 행정심판 관련서식란(위원회 자료/행정심판)에서 다운받아 작성하시거나 처분청이나 국민권익위원회(서울종합민원사무소 또는 세종청사 종합민원상담센터)에서 교부받아 작성하면 된다.

가. 필요적 기재사항

행정심판 청구서에는 ① 청구인의 이름과 주소 또는 사무소, ② 피청구인과 위원회, ③ 심판청구의 대상이 되는 처분의 내용, ④ 처분이 있었음을 알게 된 날, ⑤ 심판청구의 취지와 이유, ⑥ 심판청구인의 행정심판고지 유무와 그 내용을 반드시 기재하여야 한다. 부작위에 대한 심판청구의 경우에는 위의 ①·②·⑤의 사항과 그 부작위의 전제가 되는 신청의 내용과 날짜를

적어야 하며 청구인이 법인이거나 능력 있는 비법인사단 또는 재단이거나 행정심판이 선정대표자나 대리인에 의하여 청구되는 것일 때에는 위 사항과 함께 그 대표자 · 관리인 · 선정대표자 또는 대리인의 이름과 주소를 적어야 한다. 또한, 심판청구서에는 청구인 · 대표자 · 관리인 · 선정대표자 또는 대리인이 서명하거나 날인하여야 한다. 이들을 결한 경우 보정을 명할 수 있고, 그렇지 않는 경우에는 각하하게 된다(법 제28조). 비록 행정심판청구서라는 명칭을 사용하지 아니하고 이의 신청 등의 용어를 사용한 경우에도 이들 적법한 행정심판청구로 보아야 하며, 기타 내용에 미비한 사항이 있더라도 보정이 가능한 때에는 보정을 명하여야 하며, 보정명령에 따르지 아니하거나 보정이 불가능한 경우에 한하여 이를 각하 하여야 한다.[97]

[심판청구서 기재사항]

제목	처분에 대한 심판청구	부작위에 대한 심판청구
당사자	- 청구인의 이름과 주소 또는 사무소 - 피청구인인 행정청과 행정신판위원회	
본문	- 심판청구의 대상이 되는 처분의 내용 - 처분이 있은 것을 안 날 - 심판청구의 취지와 이유 - 행정청의 행정심판 고지유무와 그 내용	- 심판청구의 취지와 이유 - 부작위의 전제가 되는 신청의 내용과 날짜
서명날인	청구인, 대표자, 관리, 선정대표자 또는 대리인이 서명날인	

나. 임의적 기재사항

청구인에게 유리한 증거가 있으면 이를 기재할 것이나, 없으면 기재하지 않아도 상관없다.

다. 정보통신망에 의한 청구

행정심판법에 따른 행정심판절차를 밟는 자는 심판청구서와 그 밖의 서류를 전자문서화하고 이를 정보통신망을 이용하여 위원회에서 지정 · 운영하는 전자정보처리조직을 통하여 제출할 수 있다. 이 경우 부본을 제출할 의무가 없으며, 전자정보처리조직에서 제공하는 접수번호를 확인하였을 때 접수되고 행정심판이 청구된 것으로 본다. 다만, 위원회는 전자정보처리조직을 통하여 절차를 밟으려는 자에게 본인임을 확인할 수 있는 '전자서명법'에 따른 공인전자서명이나 그 밖의 인증을 요구할 수 있다.

97) 대법원 1993. 6. 29. 선고 92누19194 판결.

3. 행정심판청구서의 기재방법

[서식 100] 행정심판청구서

■ 행정심판법 시행규칙 [별지 제30호 서식] 〈개정 2012.9.20.〉

행정심판 청구서

접수번호	접수일	

<table>
<tr><td rowspan="4">청 구 인</td><td>성명</td></tr>
<tr><td>주소</td></tr>
<tr><td>주민등록번호(외국인등록번호)</td></tr>
<tr><td>전화번호</td></tr>
<tr><td rowspan="4">[ ] 대표자
[ ] 관리인
[ ] 선정대표자
[ ] 대리인</td><td>성명</td></tr>
<tr><td>주소</td></tr>
<tr><td>주민등록번호(외국인등록번호)</td></tr>
<tr><td>전화번호</td></tr>
<tr><td>피청구인</td><td>서울지방경찰청장</td></tr>
<tr><td>소 관
행정심판위원회</td><td>[ ] 중앙행정심판위원회 [ ] ○○시 · 도행정심판위원회 [ ] 기타</td></tr>
</table>

처분 내용 또는 부작위 내용	자동차운전면허취소 심판청구
처분이 있음을 안 날	20○○. ○. ○.
청구 취지 및 청구 이유	별지로 작성
처분청의 불복절차 고지 유무	20○○. ○. ○. 통지받음
처분청의 불복절차 고지 내용	
증 거 서 류	

「행정심판법」 제28조 및 같은 법 시행령 제20조에 따라 위와 같이 행정심판을 청구합니다.

년 월 일

청구인 (서명 또는 인)

○○행정심판위원회 귀중

첨부서류	1. 대표자, 관리인, 선정대표자 또는 대리인의 자격을 소명하는 서류(대표자, 관리인, 선정대표자 또는 대리인을 선임하는 경우에만 제출합니다.) 2. 주장을 뒷받침하는 증거서류나 증거물	수수료 없음

처리 절차						
청구서 작성	➜	접수	➜	재결	➜	송달
청구인		○○행정심판위원회		○○행정심판위원회		

210mm×297mm[백상지 80g/㎡]

가. 당사자의 표시

일반적으로 소송에서의 당사자의 표시는 서로 대립관계에 있는 원고와 피고로 표기를 하지만, 행정심판청구에서는 당사자를 청구인과 피청구인으로 표기하며, 여기서 피청구인은 처분청이 된다. 이는 필수적 기재사항이므로 반드시를 기재를 하여야 한다.

만일, 청구인이 미성년자일 경우에는 변론능력이 없으므로 그의 법정대리인(통상 부모가 된다)를 기재하여야 하며, 법인이 경우에는 그 기관인 대표자 또는 대표이사 등의 인적사항을 함께 기재를 하여야 한다. 이때 피청구인은 통상 명칭만 표기하면 충분하고 그 외 주소 등을 기재할 필요는 없다.

나. 심판청구 대상인 처분

행정심판청구서에는 어떠한 처분에 대하여 불복하여 취소 또는 변경을 구하는지 특정하여 표시를 하여야 한다. 구체적인 처분의 내용은 나중에 표기를 하여도 되므로 심판청구서에는 간략하게 제목 정도를 표기하여도 충분한데, 쉽게 생각하면 행정소송의 소장을 작성할 때 쓰는 사건명과 동일한 정도의 표기(예를 들어, 운전면허처분 취소를 구하면 경우 - 자동차운전면허 취소처분)면 된다.

다. 심판청구의 취지 기재

심판청구의 취지는 소장의 청구취지와 마찬가지로 청구인이 궁극적으로 심판청구를 통하여 얻고자 하는 내용을 기재하는 것이라 보면 된다. 일반적으로 원하는 재결의 결론을 간략하게 표기하고 그러한 재결을 구한다는 취지로 표기하면 된다.

따라서 심판청구의 취지는 재결의 취지를 그대로 기재를 하면 되는데, 예를 들어, "피청구인이 2016. 1. 1. 청구인에 대하여 한 자동차운전면허(서울 제1종 보통 0-000000-00호)의 취소처분을 취소하라."는 내용을 기재를 하고 덧붙여 "~라는 재결을 구합니다."라고 기재를 한다.

[기재례 – 신청취지]

피청구인이 20○○. ○. ○. 청구인에 대하여 한 자동차운전면허의 취소처분을 취소하라. 라는 재결을 구합니다.

라. 심판청구의 이유

심판청구의 이유는 통상 소송의 청구원인을 기재하는 것이라 보면 된다. 즉, 심판청구의 취지가 상당히 추상적으로 기재되기 때문에, 무슨 이유로 처분의 취소 또는 변경을 구하는 것인지 그 이유를 구체적으로 밝히는 것으로 보면 된다. 결국 심판청구의 취지와 심판청구의 이유가 합쳐서 청구인의 신청하는 내용이 구체적으로 특정되어지는 것이다. 그런데 심판청구의 이유를 기재하는 방법에 대하여는 별도의 형식이 정해져 있는 것은 아니다. 통상 어떠한 경위로 행정청의 처분이 있었는지를 그 경위를 간단히 기재하고, 청구인이 그 처분에 대하여 어떠한 점이 부당하고 위법한 것인지 각 사항별로 그 이유를 설득력있고 논리적으로 기재를 하여야 한다.

대부분 심판청구서의 이유를 기재하는 나은 협소하여 위와 같은 내용을 모두 기재하는 것이 불가능하기 때문에 별지에 따로 이유를 기재하고, 이 부분 양식의 란에는 "별지와 같음"이라고 표기를 한다.

[기재례 – 신청이유] 자동차운전면허정지처분 취소심판 청구

1. 청구인은 20○○. ○. ○. 제1종 보통운전면허를 취득하여 운전해오다가 20○○. ○. ○. 서울시장으로부터 개인택시 운송사업면허를 발급받아 운전으로 생계를 이어가고 있는 개인택

시 운전자입니다.
2. 청구인은 20○○. ○. ○. 친구 아들이 결혼식에 참석했다가 친구들과 식사를 하면서 약간의 술을 마시고 있던 중 당시 예식장 주차장에 공간이 없어 골목에 주차를 해두었는데 안쪽에 있던 차량의 소유자가 차를 빼달라고 요구하여 골목길이고 약간만 움직이면 될 것 같아 약 7미터 정도 운전하여 차를 빼주게 되었는데 그때 마침 골목 바깥을 지나던 승용차와 접촉하게 되어 음주측정을 하게 된 것이고 전혀 운행을 하기 위한 운전이 아니었습니다.
3. 이와 같이 청구인은 단지 주차중인 차를 다른 차량의 운행을 위하여 비켜주는 과정이었지 결코 차를 운행하기 위한 운전이 아니었으며, 평생 운전으로 생계를 유지해오고 있어 ○○○일간의 운전면허정지처분은 당장 생계를 위협하고 있는 바, 청구인이 음주하게 된 동기 기타 제반 정상을 참작할 때 피청구인으로부터의 행정처분은 부당하므로 20○○. ○. ○. 정지한 운전면허 행정처분을 취소하여 주시기 바라와 이 사건 신청에 이른 것입니다.

마. 처분을 한 행정청의 고지의 유무 및 내용

고지제도란, 행정청이 처분을 함에 있어 그 상대방 또는 이해관계인에게 해당 처분에 대해 불복청구의 가능성 및 그에 필요한 사항을 알려주는 제도를 말한다. 행정심판법은 처분의 상대방 또는 이해관계인에 대한 처분청의 직권 또는 청구에 기한 고지의무를 규정하고, 그 불고지 또는 오고지에 대한 구제수단을 마련하고 있다. 대개는 서면으로 알려주는 것이 보통이며, 심판청구서의 이 부분 란에는 통지를 받은 경우 그 날짜를 기재하면 되고, 통지를 받은 바 없다면 처분이 있은 것을 안 날을 기재하면 된다. 이 날짜는 행정심판을 행정심판의 제기기간 기산점으로 하여 제기기간 준수 여부를 판단하는 자료가 되므로 주의하여 기재를 하여야 한다.

[고지내용]

행정청이 한 해당처분에 대해 행정심판을 청구할 수 있는지의 여부
행정심판을 청구하는 경우 다음의 사항
- 심판청구의 절차
- 심판청구의 기간
- 심판청구서를 제출해야 할 행정기관

바. 첨부서류

행정심판의 이유 부분에서 청구인이 행정청의 처분이 위법 또는 부당함을 이유로 그 취소를

구하는 주장을 하였다면, 그러한 주장이 맞다고 인정할 증거를 제출하여야 한다. 첨부서류를 기재하는 란에는 바로 청구인의 청구를 입증할 증거서류서 제출하는 서류를 제목을 적으면 된다. 행정심판청구서에 이러한 증거를 첨부하여 제출할 경우에는 그 사본을 첨부하는 것으로 충분하다. 마지막으로 재결청을 표시하면 심판청구의 필요적 기재사항과 임의적 기재사항을 모두 기재하게 되는 것이, 이러한 완성된 심판청구서에 간인을 하여 제출하면 된다.

사. 기 타

위와 같이 사항들을 모두 기재한 후 그 아래에 심판청구서를 제출하는 일자와 청구인의 성명을 쓰고 날인하면 되고, 만일 대리인에 의하여 제출되는 경우라는 대리인의 성명을 쓰고 날인하면 된다.

아. 심판청구서 작성 부수

행정심판청구의 경우 심판청구서는 피청구인의 수에 따른 부본을 한부 더 제출하면 된다. 그러므로 피청구인이 1인 이면 부본을 1부 더 작성하여 제출하여야 한다. 만일 원본에 증거서류가 첨부되어 있으면 부본에도 이를 복하여 원본과 같이 첨부하여야 한다.

4. 행정심판청구의 제기

가. 심판청구서 제출기관 및 심판청구 기산일

(1) 심판청구 제출기관

행정심판을 청구하려는 자는 심판청구서를 작성하여 피청구인이나 위원회에 제출하여야 한다. 이 경우 피청구인의 수만큼 심판청구서 부본을 함께 제출하여야 하며, 심판청구서는 피청구인인 행정청(처분청)에 제출할 수도 있고 또는 위원회에 제출할 수도 있다.

(2) 심판청구기간의 기간일

심판청구기간을 계산함에 있어서는 ① 제27조에 따른 심판청구기간을 계산할 때에는 피청구인이나 위원회에 제출되었을 때, ② 오고지나 불고지로 청구인이 다른 행정기관에 제출한 경우에는 다른 행정기관에 심판청구서가 제출되었을 때에 행정심판이 청구된 것으로 본다(법 제23조 제4항).

나. 심판청구서의 접수 및 처리

(1) 심판청구가 피청구인에 제출된 경우

(가) 위원회에 답변서 제출

피청구인의 청구인이나 위원회로부터 심판청구서를 받은 때에는 피청구인의 직권취소나 청구인의 심판청구를 취하하는 경우를 제외하고는 심판청구서를 접수하거나 송부받으면 10일 이내에 심판청구서와 답변서를 위원회에 보내야한다. 피청구인이 심판청구서를 보낼 때에는 심판청구서에 위원회가 표시되지 아니하였거나 잘못 표시된 경우에도 정당한 권한 있는 위원회에 보내야 한다.

▶ 답변서 기재사항

피청구인이 답변서를 보낼 때에는 청구인의 수만큼 답변서 부본을 함께 보내되, 답변서에는 ① 처분이나 부작위의 근거나 이유, ② 심판청구의 취지와 이유에 대응하는 답변, ③ 처분의 상대방이 제3자인 경우에는 처분의 상대방의 이름 · 주소 · 연락처와 의무이행여부를 명확하게 적어야 한다.

(나) 피청구인의 직권취소 등

피청구인이 청구인이나 위원회로부터 심판청구서를 받은 때에 그 심판청구서가 이유 있다고 인정하면 심판청구의 취지에 따라 직권으로 처분을 취소 · 변경하거나 확인을 하거나 신청에 따른 처분을 할 수 있다. 이 경우 서면으로 청구인에게 알려야 한다. 피청구인이 직권취소 등을 하였을 때에는 청구인이 심판청구를 취하한 경우가 아니면 제24조 제1항 본문에 따라 심판청구서 · 답변서를 보낼 때 직권취소 등의 사실을 증명하는 서류를 위원회에 함께 제출하여야 한다(법 제25조).

(2) 심판청구가 위원회에 제출된 경우

(가) 피청구인에 심판청구서 부본 송부

위원회가 심판청구서를 받으면 지체 없이 피청구인에게 심판청구서 부본을 보내야 한다.

(나) 청구인에 답변서 부본 송부

위원회는 피청구인으로부터 답변서가 제출되면 답변서 부본을 청구인에게 송달하여야 한다.

다. 심판청구의 변경 · 취하

(1) 심판청구의 변경

(가) 청구의 변경

청구인이 행정심판청구를 한 후에 청구의 기초에 변경이 없는 범위에서 청구의 취지나 이유를 변경하는 것을 말하며, 이는 분쟁해결의 간편을 도모한 제도이다.

1) 요 건

청구의 변경이 있으면 그 변경의 범위 내에서 신청구가 생기게 되는 것이므로 그 신청구에 대하여 심판청구의 일반적 요건을 갖추어야 하고 구청구와의 관계에 있어서는 ① 청구의 기초에 변경이 없어야 하고, ② 심판청구가 계속 중이고 위원회의 결정전이어야 하고, ③ 위원회의 허가를 얻어야 한다. 위원회는 청구의 변경이 이유 없다고 인정할 때에는 상대방인 당사자의 신청이나 직권에 의하여 결정함으로써 그 변경을 허가하지 아니할 수 있다.

2) 방식 및 절차

심판청구의 변경은 서면으로 신청하여야 하며, 피청구인과 참가인의 수만큼 청구변경신청서부본을 함께 제출해야 한다. 위원회는 청구변경서 부본을 피청구인과 참가인에게 송달하여야 한다. 위원회는 청구변경 신청에 대하여 허가할 것인지 여부를 결정하고, 지체 없이 신청인에게는 결정서 정본을, 당사자 및 참가자에게는 결정서 등본을 송달하여야 한다. 이 경우 신청인은 송달받은 날부터 7일 이내에 이의신청을 할 수 있다(법 제29조).

3) 효 과

청구의 변경결정이 있으면 처음 행정심판이 청구되었을 때부터 변경된 청구의 취지나 이유로 행정심판이 청구된 것으로 본다(법 제29조 제5항).

(2) 새로운 처분이나 처분변경으로 인한 청구의 변경

행정심판이 청구된 후에 피청구인이 새로운 처분을 하거나 심판청구의 대상인 처분을 변경한 경우에는 청구인은 새로운 처분이나 변경된 처분에 맞추어 청구의 취지나 이유를 변경할 수 있다.

(가) 심판청구의 취하

심판청구의 취하란 청구인은 위원회의 의결이 있을 때까지 서면으로 심판청구를 철회하는 일방적 의사표시를 말한다.

(나) **요 건**

심판청구의 취하는 ① 위원회의 의결이 있을 때까지는 언제든지 서면으로 심판청구를 취하할 수 있고, ② 피청구인이 답변서를 제출한 후에도 그의 동의를 요하지 않고 취하할 수 있다. 이점이 민사소송에서의 소의 취하와 다르다. ③ 취하서에는 청구인이 서명하거나 날인하여야 한다.

1) **방식 및 절차**

참가인은 심판청구에 대하여 위원회의 의결이 있을 때까지 서면으로 참가신청을 취하할 수 있다. 피청구인 또는 위원회는 계속 중인 사건에 대하여 취하서를 받으면 지체 없이 다른 관계기관, 청구인, 참가자에게 취하 사실을 알려야 한다.

2) **효 과**

취하에 의하여 심판청구는 소급적으로 소멸한다.

[서식 101] 심판청구취하서

■ 행정심판법 시행규칙 [별지 제40호 서식] 〈개정 2012.9.20〉

심판청구취하서

접수번호	접수일	

사 건 명	
청 구 인	성명
	주소
피청구인	
청구인과의 관계	[ ] 본인 [ ] 대표자 [ ] 관리인 [ ] 선정대표자 [ ] 대리인
취하 취지	
취하 이유	

「행정심판법」 제15조 제3항, 제42조 제1항 · 3항 및 같은 법 시행령 제30조에 따라 위와 같이

심판청구를 취하합니다.

년 월 일

취하인 (서명 또는 인)

○○행정심판위원회 귀중

첨부서류	선정대표자가 취하하는 경우에는 다른 청구인들의 취하 동의서	수수료 없음

처리 절차		
취하서 작성	➜	접수
취하인		○○행정심판위원회

210mm×297mm[백상지 80g/㎡]

라. 행정심판제기의 효과

(1) 처분청 및 행정심판위원회에 대한 효과

처분청은은 심판청구가 이유 있다고 인정되는 때를 제외하고 심판청구서를 받은 날부터 10일 이내에 심판청구서와 답변서를 위원회에 보내야 한다. 피청구인은 처분의 상대방이 아닌 제3자가 심판청구를 한 경우에는 지체 없이 처분의 상대방에게 그 사실을 알림과 동시 심판청구서 사본을 함께 송달하여야 한다. 위원회는 제출받은 행정심판청구사건에 대하여 심리·재결할 의무를 진다.

(2) 행정처분에 대한 효과

이는 행정의 신속성·실효성과 국민의 권리구제 중 어느 것을 더 중시하는가에 따른 입법 정책상의 문제이다. 행정심판법은 전자를 중시하여 집행부정지 원칙을 취함과 동시에 예외적으로 국민의 권리구제를 위해 집행정지 및 임시처분을 인정하고 있다. 국민의 임시구제 내지 가구제를 위해서 집행정지와 임시처분을 인정한 것이다.

5. 운전면허취소처분 취소심판

가. 구제기준

운전면허를 받은 사람이 음주운전을 하다가 적발된 경우 운전면허의 취소 또는 정지여부는 행정청의 재량행위라 할 것인데, 그 기준은 일률적으로 정할 수 없으나 보통 음주운전의 동기, 음주정도, 무사고운전경력, 음주 후의 운전거리 및 사고 여부, 운전면허의 취소로 입게 될 불이익(생계수단 등)등을 참작하여 판단하고 있습니다. 다만, 위 운전면허행정처분기준은 그 규정의 성질과 내용이 운전면허의 취소처분 등에 관한 행정청 내부의 사무처리기준준칙을 규정한 것에 지나지 아니하여 대외적으로 법원이나 국민을 기속(羈束)하는 효력은 없습니다.[98]

나. 행정심판

(1) 심판취지 기재례

피신청인이 20○○. ○. ○. 청구인에게 한 자동차운전면허(서울 제1종 0000-000000-10호)의 취소처분을 취소한다.
라는 결정을 구합니다.

피청구인이 20○○. ○. ○. 청구인에 대하여 한 자동차운전면허(경기 00-027001-12)의 취소처분(취소일자 : 20○○. ○. ○.)을 취소한다.
라는 재결을 구합니다.

(2) 운전면허취소심판 서식

[서식 102] 자동차운전면허취소처분 취소심판청구서

행정심판청구서

청 구 인　　나 ○○ (6○○○○○-1○○○○○○)
서울 ○○구 ○○동 1283 ○○뉴타운 601-502
소송대리인 법무법인 ○○
담당변호사 김○○, 한○○
서울 ○○구 ○○동 1700-00 ○○빌딩 1층
(전화 : 02-500-5000 / 팩스 : 02-500-40000)

피청구인　　서울지방경찰청

98) 대법원 1991. 6. 11. 선고 91누2083 판결.

서울 종로구 내자동길 20 (내자동202-11)

신 청 취 지

피청구인이 20○○. ○. ○. 청구인에 대하여 한 자동차운전면허(경기 86-027361-12)의 최소 처분(취소일자 : 20○○. ○. ○.)을 취소한다.
라는 재결을 구합니다.

1. 피청구인의 행정처분 및 그 경위

청구인은 20○○. ○. ○. 00:50경 ○○머○○○○ 카렌스 승용차(이하 '이 사건 차량'이라고만 합니다)을 운전하여 ○○시 ○○면 ○○리 ○번지 ○○주공아파트 302동 앞 단지 내에서 같은 아파트 303동 방면에서 정문 방면으로 시속 약 10㎞로 좌회전 진행함에 있어 전방 좌우를 잘 살피청구인 안전하게 진행하여야 함에도 불구하고 이를 위반한 채 그대로 좌회전 진행한 업무상 과실로 마주 오던 피해자 이○○(당6세) 운전의 자전거 전면 부분을 이 사건 차량 좌측전면 부분으로 들이받아 피해자에게 약 2주간의 치료를 요하는 우측하퇴부 좌상 등을 입게 함과 동시에 피해 자전거 수리비 금 115,000원 상당이 들도록 손괴하고 피해자를 구호하는 등 필요한 조치 없이 도주하였다는 이유로 공소가 제기되었습니다.

그 후 피청구인은 2008.12.10.경 청구인에게 자동차운전면허(0000-000000-12)를 20○○. ○. ○.자로 취소한다는 내용의 자동차운전면허 취소결정통지서를 발송하여 20○○. ○. ○.경 송달되게 함으로써 운전면허취소 처분(이하 '이 사건 처분'이라 합니다)을 하였습니다(갑 제1호증 : 자동차운전면허 취소결정통지서 참조).

청구인은 경기지방경찰청장으로부터 20○○. ○. ○.부터 20○○. ○. ○.까지 운전할 수 있다는 내용의 임시운전증명서를 발급받아 현재 운전을 하고 있습니다(갑 제2호증 : 임시운전증명서 참조).

2. 이 사건의 경위 등

가. 이 사건의 경위

청구인은 이 사건 당시 서울 ○○구 ○○동소재에 서 '○○○'라는 상호로 컴퓨터 주변기기 도소매 및 컴퓨터설치 및 수리서비스업을 영위하면서 가족들을(처 ○○○, 38세 주부, 자 ○○○ 15세 ○○○중학교 재학, 자 ○○○ 8세 초등학교 재학)부양하고, 연로하신 노부모님들의 생계비를 지원하며 성실히 생활해 온 한집안의 가장입니다(갑 제3호증 : 사업자등록증, 갑 제4호증 : 주민등록등본 참조).

한편, 청구인이 운영하고 있는 '컴 ○○○'는, 사업자등록증상에는 사업장소재지가 서울 ○○구 ○○동 123-24 ○○벤처빌딩 604호로 등록되어 있지만, 그 곳은 청구인이 사업자등록을 할 당시 잠시 임차하여 사용하였던 곳이고, 실제는 경제적 여건 때문에 점포 없이 114안내 전화에 매월 광고비를 내고그곳을통하여연결된소비자의가정과매장등을직접방문하여수리하는출장수리를전문으로운영되는형태입니다(갑 제5호증 : 전화요금납부 고지서 참조).

청구인은 이 사건 당일도 평소와 같이 114 안내전화를 통하여 연결된 고객의 전화를 받고서 고장 난 컴퓨터의 출장수리를 위하여 ○○시 ○○면 ○○리 소재의 청학주공아파트를 방문하였던 것이고, 그 곳에서 출장수리를 모두 마친 후에는 계속해서 서울 ○○구 ○○동에 다음 출장수리가 예정된 상태였습니다.

그래서 청구인은 그 곳에서 예정된 출장수리를 모두 마친 후 다음 출장 수리가 예정된 서울로 돌아가고자 이 사건 차량이 주차되어 있었던 위 아파트 302동 앞 단지 내에서 위 차량을 운전하여 같은 아파트 303동 방면을 지나 정문 방면으로 향하였습니다.

그런데 청구인이 위 아파트 303동에서 정문방면으로 나가기 위해서는 에스자 모양으로 굽어있는 단지 내 길을 돌아서 나가야만 하였기에 그 곳을 약 시속 10㎞로 정도로 좌회전 진행하여 에스자 모양의 도로 끝을 막 지나 정문방향 직선 길로 접어든 순간 청구인의 진행방향 정면에서 자전거를 타고 달려오던 피해자를 미처 발견치 못하고 이 사건 사고가 발생하였습니다.

당시 청구인은 전혀 예상치 못하였던 사고라 다소 놀라고 경황도 없었지만, 곧바로 피해자의 구호조치를 위하여 이 사건 차량에서 하차한 후 추가적인 위험방지 등을 위하여 자전거와 함께 넘어져 있던 피해자를 일으켜 세운 다음 길 가장자리로 나갔습니다.

그리고 그 곳에서 우선 피해자를 안정시킨 후, 피해자에게 “어디 아픈 데는 없느냐”고 물어 보면서 외관을 살펴보기도 하였지만 아무런 이상이 없어 보이기에 곧바로 피해자의 팔과 다리부분도 직접 손으로 만져 보았고, 혹 눈에 보이지 않는 상처가 있을까 싶어 상의와 하의를 올려 팔과 다리부분을 살펴보기도 하였지만 아무런 상처도 확인할 수가 없었습니다.

이에 청구인은 다시 한 번 피해자에게 “어디 아픈 데는 없느냐, 정말 괜찮냐”고 물어 보았지만 피해자는 여전히 “괜찮다, 아픈 데가 없다”고 하였고, 청구인이 보기에도 피해자의 거동에 아무런 문제도 없을 정도로 외관상으로는 굳이 치료가 필요치 아니한 아주 경미한 사고로 생각되었습니다. 그래서 청구인은 사고로 인하여 피해자의 자전거 체인이 빠져 있는 것을 보고 이를 고쳐주기까지 한 후 다음 출장수리가 예정된 서울로 향하였던 것이 결국 이 사건에까지 이르게 된 것입니다{피해자가 사고 당시 아픈데 없이 괜찮다고 진술한 사실은 수사기록에 그대로 나타나 있습니다(갑 제6호증 : 진술조서 참조)}.

나. 청구인은 이 사건사고 후 도주의 이유가 전혀 없었습니다

청구인은 앞서 말씀드린 바와 사고 후 곧바로 피해자의 구호조치를 위하여 이 사건 차량을 정차한 후 피해자의 상태를 직접 확인하였고, 심지어는 사고로 인하여 피해자의 자전거 체인이 빠져 있는 것을 확인하고 이를 고쳐주기까지 하였을 정도로 처음부터 도주하려는 의사는 전혀 없었습니다.

그렇다면 이 사건은 결국 청구인이 약 12년이 넘는 기간 동안 업무상 차량을 운전해 왔지만 여태껏 방어적이고 안전한 운전만을 한 결과 교통사고를 단 한 건도 내지 않았던

탓에, 그에 따른 사고처리의 미숙 및 법률의 무지에서 비롯된 것일 뿐입니다.

이를 뒷받침해줄 구체적인 근거로는 아래와 같습니다.

① 우선 이 사건 사고는 10개 항목 위반 사고도 아닌 단순 안전운전의무 불이행 사고이고, ② 가해차량이 종합보험에 가입되어 있어 사고접수만 되면 공소권 없음 처분을 받을 만한 사항이며, ③ 청구인이 사고 장소 아파트 주차장에 차량을 주차한 후 그 곳에서 컴퓨터 출장수리를 하였기 때문에 아파트단지 내 CCTV에 청구인의 인상 및 가해차량 차종 등이 모두 녹화되어 있는 상태였고, ④ 사고 당시 인근에 있던 노부부가 사고현장을 모두 목격한 사실이 있으며, ⑤ 사고 시간이 일몰 전으로 노부부 외에도 다른 아파트주민들이 사고를 충분히 목격할 수 있었던 상황이었던 점 등의 사유 때문에 만일 청구인이 도주를 하였더라도 곧바로 검거될 수밖에 없는 상황이었습니다.

그와 같은 상황에서 청구인이 사고 후 도주하려는 의사가 있었다고 하는 것은 일반의 경험과 상식에도 반하는 것입니다.

3. 청구인은 생계를 위하여 운전면허증이 반드시 필요합니다.

위 제2항에서 말씀 드린 바와 같이 청구인은 경제적인 여건 때문에 점포도없이 114 안내 전화에 광고비를 내고그곳에서안내해준고객들을대상으로출장수리를전문적으로하고있습니다.

그렇기 때문에 청구인의 업무는 차량이 없이는 전혀 불가능 한 것이고, 특히 점포 없이 이를 운영하다 보니, 이 사건 차량은 청구인이 그 곳에서 대기하며 114 안내를 통하여 걸려 온 전화를 받는 사무실의 역할 및 컴퓨터수리와 관련 된 모든 부품들을 쌓아둔 창고 역할까지 하다 보니 청구인의 업무상 차량의 필요성은 절대적입니다.

위와 같은 상황에서 만에 하나 청구인이 생계의 근간인 운전면허를 잃게 된다면 그것은 곧 직장을 잃는 것을 의미합니다.

그렇게 된다면 그것은 비단 청구인 개인만의 문제로 그치지 않고, 그 동안 생계의 모든 것을 전적으로 청구인에게 의존하며 살아온 가족들의 생계에도 많은 영향을 미칠 수 밖에 없는 것이고, 자칫 한 가정이 경제적인 이유 때문에 파탄에 까지 이르게 할 수도 있는 중대한 사유가 되기도 합니다.

그러한 연유로 청구인의 가족들 및 주변지인들은 청구인이 처한 현 상황을 매우 안타까워하면서 청구인에 대한 선처를 호소하고 있는 실정입니다(갑 제7호증의 1, 2 : 각 탄원서 각 참조).

이렇듯 청구인은 전형적인 '생계형 운전자'에 해당하기에 이번 사건을 겪은 청구인의 운명은 풍전등화와 같은 상황입니다.

4. 청구인은 피해자와 원만한 합의를 이루었을 뿐만 아니라, 피해자는 청구인이 가입한 보험회사로부터도 사고인한 피해상당의 손해배상금을 수령하여 그 손해가 충분히 보전된 상태입니다.

가. 피해자와의 합의 및 피해자의 처벌불원의 의사표시

청구인은 이 사건의 경위야 어찌되었던 피해자와의 합의가 최선이라는 것을 잘 알기에,

이 사건 직후부터 피해자의 부모님을 찾아가 자신의 잘못을 머리 숙여 백배사죄하는 등 합의를 위한 최선을 노력을 다하였고, 그러한 노력의 결과 20○○. ○. ○. 피해자측과 원만한 합의를 도출하였습니다.

그와 같이 청구인이 합의를 위하여 최선을 다하는 모습을 보이자, 피해자측은 그러한 청구인의 처벌을 원치 않는다며 관련 수사기관에 탄원을 하기도 하였습니다.

나. 피해자의 보험금 수령

청구인 소유의 이 사건 차량은 청구인이 이를 소유, 사용, 관리하는 동안 생긴 교통사고로 발생한 모든 손해를 배상하여 주기로 하는 자동차종합보험(현대하이카다이렉트보험)에 가입되어 있습니다.

그렇기 때문에 피해자는 위 보험사의 지급보증에 의하여 이 사건 사고로 인한 온전한 치료 및 손해배상이 보장된 상태였습니다.

실제로 피해자는 이 사건 사고 후 20○○. ○. ○. 위 보험사로부터 손해배상금으로 명목으로 금 800,000원을 수령하여, 그 피해가 모두 보전된 상태입니다(갑 제8호증 : 합의서 참조).

5. 피해자는 이 사건 사고로 어떠한 치료도 필요치 아니할 정도의 아주 경미한 부상을 당하였습니다.

피해자는 이 사건 사고로 인하여 약 2주간의 치료를 요하는 우측하퇴부 좌상 등을 입은 것으로 되어있습니다.

그러나 피해자는 사고 당시 스스로 "괜찮다"고 말하였고 이는 수사기록에 나타나 있습니다. 또한 피해자는 이 사건 사고 후 병원에서 단순 검진만 받고 단 하루 입원치료를 받지 아니하였을 만큼 실제로는 어떠한 치료도 필요치 아니할 정도의 아주 경미한 부상을 당한 사고였습니다.

참고로, 이 사건과 같은 아주 경미한 사고의 경우, 교통사고 가경위에 비추어 극히경미하고, 피해자들이 입었다는 통증은 굳이 치료를 받지 않더라도 일상생활을 하는데 아무런 지장이 없고 시일이 경과함에 따라 자연적으로 치유될 수 있는 정도라고 보이며, 그와 같은 통증으로 인하여 신경체의 완전성이 손상되고 생활기능에 장애가 왔다거나 건강상태가 불량하게 변경되었다고 보기는 어렵다면 이를 형법성 '상해'에 해당한다고 할 수 없다.

피청구인이 비록 사고 후 피해자에 대한 구호조치를 취하지 않은 채 사고현장을 이탈하였다고 하더라도 위와 같이 형법상 '상해'가 발생하지 아니하였다면 그러한 행위는 도주운전죄에 해당하지 않는다{○○지방법원 20○○. ○. ○. 선고 20○○고정○○○○호 특정범죄가중처벌 등에 관한 법률위반(도주차량) 사건}는 이유로 무죄를 선고한 선례도 있습니다(갑 제9호증 : 판결문 참조).

6. 이 사건 처분은 재량권의 한계를 일탈하였거나 재량권을 남용한 것으로 위법합니다. 그 이유는 다음과 같습니다.

통상, 피청구인과 같은 행정청은 청구인에게 이 사건과 같은 행정처분을 하기로 결정하기에 앞서 청구인이 도주운전을 하게 된 경위, 위반의 정도와 내용, 청구인의 위반행위 전력 유무, 그 처분으로 인한 청구인이 입게 될 불이익 등을 그 처분으로 달성하고자 하는 공익목적과 충분히 비교형량하여 결정하여야 합니다.

위에서 말씀드린 것처럼 청구인은 약 12년이 넘는 오랜 기간 동안 운전을 해오면서 단 한 차례의 교통사고를 낸 적도 없고, 특히 이 사건 사고와 같은 인적 사고는 난생처음 겪는 일입니다.

또한, 청구인은 이 사건 사고 후 곧바로 피해자의 구호조치를 위하여 이 사건 차량을 정차한 후 피해자의 상태를 직접 확인하였고, 심지어는 사고로 인하여 피해자의 자전거 체인이 빠져 있는 것을 확인하고 이를 고쳐주기까지 하였을 정도로 처음부터 도주하려는 의사는 전혀 없었을 만큼, 이 사건 사고는 청구인의 사고처리의 미숙 및 법률의 무지에서 비롯된 것일 뿐입니다.

이러한 청구인이 단 한 번의 실수로 인해 운전면허를 잃게 된다는 것은 아주 부당한 일입니다.

그 밖에도 청구인이 피해자와 원만한 합의를 이루었고, 이와 별도로 피해자는 청구인이 가입한 보험회사로부터도 사고로 인한 피해상당의 손해배상금을 수령하여 그 손해가 모두 보전된 점, 피해자가 청구인의 처벌을 불원하는 점, 피해자의 부상의 정도가 사고 후 단순 검진만 받고 단 하루도 입원치료를 받지 아니하였을 만큼 아주 경미한 사고였던 점, 청구인이 현재의 직업을 계속 유지하기 위해서는 자동차운전이 필수적인 점, 청구인이 생계의 근간인 운전면허를 잃게 된다면 청구인의 가족들 모두가 막대한 타격을 입게 되고 생계마저 위협받게 되는 점 등 기타 이 사건에 나타난 여러 사정들을 종합적으로 고려할 때, 청구인에 대한 이 사건 처분은 그에 의하여 실현하고자 하는 공익적 목적을 감안하더라도 제반 사정에 비추어 지나치게 가혹하여 행정법상의 비례의 원칙이나 과잉금지의 원칙에 반하는 것으로 볼 수 밖에 없습니다.

따라서 청구인은 피청구인의 이 사건 처분이 재량권의 한계를 일탈하였거나 재량권을 남용한 것으로 위법합니다.

7. 결 론

그러므로 청구인은 피청구인의 이 사건 처분이 위와 같이 위법함을 이유로 그 취소를 구하기 위하여 이 사건 심판청구에 이른 것입니다

입 증 방 법

1. 갑 제1호증 자동차운전면허 취소결정통지서
1. 갑 제2호증 임시운전증명서
1. 갑 제3호증 사업자등록증,
1. 갑 제4호증 주민등록등본

1. 갑 제5호증 전화요금납부고지서
1. 갑 제6호증 진술조서
1. 갑 제7호증의 1,2 각 탄원서
1. 갑 제8호증 합의서
1. 갑 제9호증 판결문
1. 갑 제10호증 반성문

첨 부 서 류

1. 위 각 입증방법 각 1부
1. 심판청구서 부본 1부
1. 소송위임장 1부
1. 담당변호사지정서 1부

20○○. ○. ○.

청구인의 변호인
법무법인 ○○
담당변호사 김 ○○
한 ○○

국무총리행정심판위원회 귀중

제출기관	피청구인 또는 행정심판위원회 (행정심판법 제23조)	청구기간	· 처분이 있음을 안 날로부터 90일 · 처분이 있은 날로부터 180일 (행정심판법 제27조)
청 구 인	피처분자	피청구인	행정처분을 한 행정청
제출부수	청구서 및 부본 각 1부	관련법규	행정심판법
불복방법	· 행정심판 재청구의 금지(행정심판법 제51조) 행정심판법상 행정심판의 단계는 단일화되어 있어 재결에 대한 행정심판 재청구는 할 수 없다. 다만, 국세기본법 등의 개별법에서는 다단계의 행정심판을 인정하고 있음 · 재결에 대한 행정소송(행정소송법 제19조, 제38조) 재결자체에 고유한 위법이 있을 때에는 재결 그 자체에 대한 취소소송 및 무효등확인소송을 제기할 수 있음 · 다만, 청구인은 기각 재결 등 청구인의 주장이 인용되지 아니한 경우에는 원행정처분에 대하여 행정소송으로 다툴 수 있음(행정소송법 제18조)		

[서식 103] 자동차운전면허취소처분 취소심판청구서

<table>
<tr><td colspan="5">행 정 심 판 청 구</td></tr>
<tr><td rowspan="2">청 구 인</td><td>이 름</td><td>○ ○ ○</td><td>주민등록
번 호</td><td>111111-1111111</td></tr>
<tr><td>주 소</td><td colspan="3">○○시 ○○구 ○○길 ○○</td></tr>
<tr><td>선정대표자, 관리인
또 는 대 리 인</td><td colspan="4">○ ○ ○ (또는 대리인 변호사 ○ ○ ○)
○○시 ○○구 ○○길 ○○ (우편번호 ○○○○○)</td></tr>
<tr><td>피 청 구 인</td><td colspan="2">△△지방경찰청장</td><td>재 결 청</td><td>경 찰 청 장</td></tr>
<tr><td>청구대상인 처분내용
(부작위의 전제가 되는
신 청 내 용 일 자)</td><td colspan="4">피청구인이 20○○. ○. ○. 청구인에 대하여 한 자동차 운전면허 취소처분</td></tr>
<tr><td>처분 있음을 안 날</td><td colspan="4">20○○년 ○월 ○일</td></tr>
<tr><td>심판청구취지 이유</td><td colspan="4">별지기재와 같음</td></tr>
<tr><td>피청구인의 행정심판
고 지 유 무</td><td colspan="2">20○○년 ○월 ○일</td><td>고 지 내 용</td><td>자동차면허 취소</td></tr>
<tr><td>증 거 서 류</td><td colspan="4">재직증명서, 경력증명서, 전세계약서, 주민등록등본
(또는 1. 별지기재와 같음)</td></tr>
<tr><td>근 거 법 조</td><td colspan="4">행정심판법 제28조, 동법 시행령 제20조</td></tr>
<tr><td colspan="5">위와 같이 행정심판을 청구합니다.

20○○년 ○월 ○일

청 구 인 ○ ○ ○ (인)
(또는 대리인 변호사 ○ ○ ○ ㊞)

△△ 지방경찰청장 귀하</td></tr>
</table>

첨부서류	청구서 부본	수 수 료	없 음

제출기관	피청구인 또는 행정심판위원회 (행정심판법 제23조)	청구기간	· 처분이 있음을 안 날로부터 90일 · 처분이 있은 날로부터 180일 (행정심판법 제27조)
청 구 인	피처분자	피청구인	행정처분을 한 행정청
제출부수	청구서 및 부본 각 1부	관련법규	행정심판법
불복방법	· 행정심판 재청구의 금지(행정심판법 제51조) 행정심판법상 행정심판의 단계는 단일화되어 있어 재결에 대한 행정심판 재청구는 할 수 없다. 다만, 국세기본법 등의 개별법에서는 다단계의 행정심판을 인정하고 있음 · 재결에 대한 행정소송(행정소송법 제19조, 제38조) 재결자체에 고유한 위법이 있을 때에는 재결 그 자체에 대한 취소소송 및 무효등확인소송을 제기할 수 있음 · 다만, 청구인은 기각 재결 등 청구인의 주장이 인용되지 아니한 경우에는 원행정처분에 대하여 행정소송으로 다툴 수 있음(행정소송법 제18조)		

행 정 심 판 청 구

청 구 인	이름	○ ○ ○	주민등록 번 호	111111-1111111
	주소	○○시 ○○구 ○○길 ○○		
선정대표자, 관리인 또 는 대 리 인	○ ○ ○ (또는 대리인 변호사 ○ ○ ○) ○○시 ○○구 ○○길 ○○ (우편번호 ○○○○○)			
피 청 구 인	△△지방경찰청장		재 결 청	경 찰 청 장
청구대상인 처분내용 (부작위의 전제가 되는 신 청 내 용 일 자)	피청구인이 20○○. ○. ○. 청구인에 대하여 한 자동차 운전면허 취소처분			
처분 있음을 안 날	20○○년 ○월 ○일			
심판청구취지 이유	별지기재와 같음			
피청구인의 행정심판 고 지 유 무	20○○년 ○월 ○일		고 지 내 용	자동차면허 취소
증 거 서 류	재직증명서, 경력증명서, 전세계약서, 주민등록등본 (또는 1. 별지기재와 같음)			
근 거 법 조	행정심판법 제28조, 동법 시행령 제20조			

위와 같이 행정심판을 청구합니다.

20○○년 ○월 ○일

청 구 인 ○ ○ ○ (인)
(또는 대리인 변호사 ○ ○ ○ ㊞)

△△ 지방경찰청장 귀하

첨부서류	청구서 부본	수 수 료	없 음

청 구 취 지

피청구인이 20○○. ○. ○. 청구인에 대하여 한 자동차운전면허(면허번호 : 서울○○-○○-○○○○○-○)의 취소처분을 취소한다.
라는 재결을 구합니다.

청 구 원 인

1. 청구인의 운전면허취득 및 피청구인의 운전면허취소처분 청구인은 19○○. ○. ○. 서울특별시 지방경찰청장으로부터 제1종 보통 자동차운전면허(면허번호 : 서울○○-○○-○○○○○-○)를 취득한 후 10년 동안 음주운전 전력 없이 운전을 하여 오던 중 20○○. ○. ○. 23:00경 경찰관의 음주측정요구에 불응하였다는 이유로 피청구인은 20○○. ○. ○. 도로교통법 제93조의 규정을 들어 청구인의 위 운전면허를 취소하는 처분을 하였습니다.

2. **이 사건의 경위**
   가. 청구인은 농민들이 생산하는 유기 농산물을 중간 유통과정을 거치지 않고 도시 소비자들에게 직거래 공급하는 "사단법인 ☆☆"의 기획관리부 부장으로 근무하고 있습니다.
   나. 청구인은 20○○. ○. ○. 19:30경 사직원을 제출한 부하직원 □□□을 설득하여 사표제출의 철회를 권유하였으나 주장을 굽히지 않기에 저녁을 먹으면서 설득시켜 보려고 외투와 가방을 사무실에 두고 식당으로 자리를 옮겨 저녁식사를 하면서 사표철회를 계속 설득하였습니다.
   다. 청구인과 위 □□□은 저녁식사를 하면서 소주 1병과 맥주 1병을 시켜 나누어 마시면서 사표철회를 종용하였으나 설득이 되지 않아 "가족들과 상의한 후 내일 다시 의논하자"고 말하고 22:00경 식당을 나왔으며, 식당을 나온 후 위 □□□을 먼저 보내려고 택시를 잡으려고 하였지만 20분 이상이 지나도 택시를 잡을 수가 없었습니다.

라. 그날따라 날씨가 너무 추운데다가 길거리에서 20분 이상 서성거리다보니 직원 □□□이 춥고 한기가 든다고 하면서 청구인에게 회사차량으로 전철역까지만 태워 줄 것을 부탁하기에 청구인은 춥고 한기가 든다는 위 □□□의 말을 거절할 수가 없어 100미터 정도 떨어진 도로 건너편 사무실에 가서 골목에 세워 둔 회사 업무용 차량을 운전하여 위 □□□을 태우고 ○○전철역까지 바래다주러 가다가 약 100미터 정도 운행한 ○○사거리 부근 현대아파트 신호등 앞에서 신호대기 중 경찰관으로부터 음주측정요구를 받았습니다.

마. 청구인은 경찰관으로부터 음주측정을 요구받고 3차례에 걸쳐 입에 대고 불면서 측정에 응하였으나 너무 당황하고 놀란 나머지 기준대로 음주측정을 하지 못함으로서 측정거부로 입건되어 운전면허가 취소된 것입니다.

바. 청구인은 위 □□□을 ○○전철역까지 태워주고 다시 사무실로 돌아와서 외투와 가방을 가지고 좌석버스를 타고 가려고 위 외투와 가방을 사무실에 그대로 두고 가던 중이었기 때문에 청구인의 집인 분당까지 운전할 의사는 당초부터 전혀 없는 상태였습니다.

3. 운전면허취소처분의 위법부당성

가. 피청구인의 청구인에 대한 이건 면허취소처분은 도로교통법 제93조의 규정에 의하여 마련된 동법 시행규칙 제91조 제1항 [별표 28]의 운전면허행정처분의 기준의 "2항 취소처분 개별기준 중 3"에 의하고 있고, 위 [별표 28] 운전면허행정처분의 2. 취소처분개별기준 중 3 기준에 의하면 "술에 취한 상태에서 운전하거나 술에 취한 상태에서 운전하였다고 인정할 만한 상당한 이유가 있음에도 불구하고 경찰공무원의 측정요구에 불응한 때"에는 운전자의 운전면허를 취소하도록 규정하고 있습니다.

나. 그런데 위 시행규칙 제91조 제1항 [별표 28]의 운전면허행정처분 기준은 그 규정의 성질과 내용으로 보아 운전면허의 취소처분 등에 관한 행정청 내부의 사무처리준칙을 규정한 것으로 행정조직 내부의 관계행정기관이나 직원을 기속함에 그치고 법원이나 국민을 기속하는 효력은 없다고 보아야 한다는 것이 대법원 판례(1990. 10. 16. 선고 대법원 90누4297호 판결, 1989. 11. 24. 선고 대법원 89누4055호 판결 등)임에도 피청구인은 청구인이 도로교통법 제44조 제1항을 위반하고 위 [별표 28]의 운전면허취소처분의 개별기준(음주측정불응)에 해당된다는 사유만으로 곧바로 이건 처분을 하였고, 또한 피청구인의 이건 취소처분을 하기에 앞서서 그로써 달성하려는 공익목적과 개인이 입는 피해의 정도 등 제반사정을 마땅히 비교형량하여 판단하여야 함에도 불구하고 아래와 같은 청구인의 특별한 사정을 전혀 고려함이 없이 일방적으로 행하여진 이건 취소처분은 재량권을 일탈 내지 남용한 위법이 있다 할 것입니다.

4. 청구인의 특별한 사정

가. 청구인은 ◎◎대학교 대학원에서 식품자원 경제학을 전공하고 현재 박사과정을 밟으면서

이론을 실무에 접목시키기 위해 농민과 소비자간의 유기농산물 직거래운동을 통해 도시와 농촌간의 삶의 연대폭을 넓혀 가는 일을 추진하는 농수산부인가 비영리 사단법인 ☆☆이란 법인체에 근무하면서 사회활동을 해오고 있습니다.

나. 청구인은 대학원에서 전공한 학문을 현실에 접목시키는 사회운동을 하느라고 전국 방방곡곡의 농촌을 다니면서 유기농업 또는 무농약농업을 하는 농민들을 발굴하고 또 이들이 생산한 유기농산물 및 환경농산물을 도시소비자 회원들에게 적극 홍보하여 도시와 농촌의 교류를 통해 친환경적인 농업생산기반과 안전한 먹거리 문화를 만드는 운동을 해왔습니다.

다. 청구인은 이와 같은 사회운동을 하느라고 1개월에 20일 이상을 유기농산물, 환경농산물을 재배하는 농민들을 발굴하기 위해 전국 방방곡곡을 돌아다니고 있으며, 현재 사단법인 한 살림의 전국 회원 수는 33,000가구가 되며, 이들이 생산한 유기농산물을 직원들과 함께 차량으로 운반하여 이를 도시소비자들에게 공급하는 일까지 겸하고 있습니다.

라. 그러므로 청구인은 단 한시라도 차량 없이는 활동할 수가 없는 실정에 있으며 또한 운전면허가 취소되면 직장에서도 해고될 처지에 있습니다.

마. 청구인은 처와 딸 1명을 그리고 시골의 노부모를 부양하고 있는데 면허취소로 직장에서 해고될 경우 생계가 막막할뿐더러 박사학위논문 준비에 많은 지장을 초래케 됩니다.

바. 이 사건 음주운전은 인명 피해나 대물 피해가 없는 단순 음주운전으로서 경찰관의 음주측정요구를 받고 너무 당황하여 후후하면서 3번이나 불었으나, 수치가 정확히 나오지 않자 담당 경찰관이 소극적으로 불었다는 이유로 경찰서로 연행하여 측정거부로 입건한 것입니다.

사. 청구인은 당시 술을 조금 마셨기 때문에 음주측정을 정확히 했을 경우에도 면허정지에 해당하는 수치가 나왔을 정도였으며, 당시 청구인은 □□□을 전철역까지 태워주고 사무실로 다시 돌아와서 주차해 두고 가려고 외투와 박사학위 논문작성에 필요한 자료가 들어 있는 가방을 사무실에 두고 갔습니다.

아. 청구인이 운전한 거리는 약 100미터 정도밖에 되지 않는 짧은 거리였습니다.

자. 청구인은 음주운전 전력이 없습니다.

5. 결 론

위에서 보는 바와 같이 청구인의 이 사건 음주운전의 경위, 음주량, 음주운전거리, 음주운전 전력이 없는 점, 박사과정을 밟으면서 한편으로 유기농산물 재배농가를 발굴하기 위해 1개월에 20일간 전국 방방곡곡을 찾아다니고 있는 점, 운전면허가 취소되면 직장에서 해고되는 점, 해고될 경우 생계가 막막한 점 등을 참작할 때에 이 사건 운전면허취소처분은 그로 인하여 달성하려는 공익목적보다는 청구인 및 그 가족이 받게 되는 불이익이 더욱 크다 할 것이어서 이는 법에 의하여 부여된 재량권의 범위를 일탈하거나 남용한 위법한 처분이므로 그 취소를 구하고자 청구에 이르렀습니다.

입 증 방 법

1. 소갑 제1호증 면허취소결정통지서
1. 소갑 제2호증 재직증명서
1. 소갑 제3호증 운전경력증명서
1. 소갑 제4호증 음주경위서(○○○)
1. 소갑 제5호증 주민등록증 사본
1. 소갑 제6호증 자술서
1. 소갑 제7호증 탄원서
1. 소갑 제8호증 주민등록증 사본

첨 부 서 류

1. 위 입증방법 각 1통
1. 심판청구서 부본 1통
1. 위임장 1통

20○○. ○. ○.

위 청구인의 대리인
변호사 ○ ○ ○ (인)

△△ 지방경찰청장 귀중

[서식 104] 자동차운전면허취소처분 취소심판청구서

[별지]

심판청구 취지

피청구인이 청구인에 대하여 한 20○○년 ○월 ○일자 제○○○호 자동차운전면허(서울 ○종보통, 면허번호 : ○○○호)를 취소한다라는 운전면허취소처분을 취소한다.
라는 재결을 구합니다.

심판청구 이유

1. 사건개요

청구인은 20○○. ○월경 서울에서 자동차운전면허(○종 보통)를 취득하고 그 뒤 계속해서 청구인 소유 자동차를 스스로 운전해 오던 중 20○○년 ○월 ○일 ○○시경 ○○시 ○○구 ○○길 ○○번지 앞도로에서 음주운전(혈중알콜농도 ○퍼센트)을 했다는 이유로 피청구인에 의해 같은 해 ○월 ○일 운전면허를 취소당하였고 다음날 취소처분통지를 받았습니다.

2. 피청구인의 처분의 위법 및 부당성

(1) 청구인은 20○○년 ○월 ○일 ○○시경 친구인 청구외 □□□집에서 소주1잔을 마시고 청구인의 자동차를 운전하여 귀가를 하던 중 경찰관에 의해 음주측정을 당하였습니다.

(2) 당시 음주측정을 하여 혈중알콜농도가 ○○%로 나타났는데, 음주측정결과는 청구인이 마신 술의 양, 음주 후에 경과된 시간, 주취상태 및 음주 후 운전태도, 운전거리 및 음주운정으로 인해 사고가 없던 점 등에 비춰볼 때 위 수치는 믿기 어려운 수치입니다.

(3) 한편, 청구인은 운전업에 종사하는 자로 20○○년 ○월 ○일 ○○지역의 어민들이 생산한 생선 등을 매일 ○○지역까지 운반해 주기로 계약을 체결한 상태인데, 만일 피청구인의 청구인에 대한 이건 운전면허취소처분이 취소되지 않는다면, 1년간 운전면허를 취득하지 못하여 생업에 막대한 지장을 받는 것은 변론하고 위 운송계약을 파기하게 되어 막대한 손해배상을 부담해야할 처지에 있습니다.

(4) 따라서 청구인의 이러한 제반 사정들을 잘 알고 있으면서 단지 음주측정기의 기계적인 수치만을 믿고 청구인의 운전면허를 취소한 피청구인의 이건 운전면허취소처분은 위와 같은 제반 사정에 비추어 볼 때 너무 가혹하며 적절한 재량권의 범위를 벗어난 위법, 부당한 처분이라 할 것입니다.

3. 따라서 위와 같은 제반 사정에 비춰볼 때 피청구인의 청구인에 대한 이건 운전면허취소는 재량권의 범위를 벗어난 위법, 부당한 처분이라 할 것이므로, 청구인은 신청취지와 같은 결정을 구하고자 부득이 이건 청구에 이르게 되었습니다.

입 증 방 법

1. 소갑 제1호증 자동차운전면허취소통지서

1. 소갑 제2호증 인우보증서

첨 부 서 류

1. 위 입증방법 각 1통
1. 심판청구서 부본 1통

△△ 지방경찰청장

제출기관	피청구인 또는 행정심판위원회 (행정심판법 제23조)	청구기간	· 처분이 있음을 안 날로부터 90일 · 처분이 있은 날로부터 180일 (행정심판법 제27조)
청 구 인	피처분자	피청구인	행정처분을 한 행정청
제출부수	청구서 및 부본 각 1부	관련법규	행정심판법
불복방법	· 행정심판 재청구의 금지(행정심판법 제51조) 행정심판법상 행정심판의 단계는 단일화되어 있어 재결에 대한 행정심판 재청구는 할 수 없다. 다만, 국세기본법 등의 개별법에서는 다단계의 행정심판을 인정하고 있음 · 재결에 대한 행정소송(행정소송법 제19조, 제38조) 재결자체에 고유한 위법이 있을 때에는 재결 그 자체에 대한 취소소송 및 무효등확인 소송을 제기할 수 있음 · 다만, 청구인은 기각 재결 등 청구인의 주장이 인용되지 아니한 경우에는 원행정처분에 대하여 행정소송으로 다툴 수 있음(행정소송법 제18조)		

[서식 105] 자동차운전면허취소처분 취소심판청구서

청 구 취 지

피청구인이 20○○. ○. ○. 청구인에 대하여 한 자동차운전면허취소처분을 취소한다.
라는 재결을 구합니다.

청 구 이 유

1. 처분의 경위

청구인은 20○○. ○. ○. ○○시장으로부터 1종보통 자동차운전면허(면허번호 ○○ ○○○○-○○○-○○)을 취득하였는데, 20○○. ○. ○. 23:50경 서울 ○○구 ○○길 소재 ☆☆단란주점 앞길에서 같은 구 ○○길 ○○번지 소재 ★★슈퍼 앞까지 약 300m 상당 거리를 청구인 소유의 서울 ○가○○○○호 ○○○승용차를 운전하여 가다가 단속경찰관에게 적발되었으며 당시의 음주측정결과 주취정도는 혈중알콜농도 0.125%로 나타났습니다. 이에 피청구인은 20○○. ○. ○. 청구인에 대하여 도로교통법 제93조 제1항 제1호, 제44조 제1항, 도로교통법시행규칙 제91조 제1항 별표 28을 적용하여 위 1종 보통 자동차운전면허를 취소하는 내용의 처분을 하였습니다.

2. **처분의 적법 여부**

청구인은 소외 ○○주식회사에서 근무하는 사람으로서 회사동료들과 같이 20○○. ○. ○. 19:30경부터 서울 ○○구 ○○길 소재 ○○갈비집에서 오랜만에 회식을 하면서 맥주 몇 잔을 마시고, 인근 ○○단란주점에서 다시 맥주와 양주 몇 잔을 마시고 2~3시간이 경과한 후 밖으로 나와 보니 시간이 너무 늦어 택시를 잡기도 어려운 지역이라 같은 방향의 동료들을 태우고 약 300m를 운전하여 가던 중 위 서울 ○○구 ○○길 ○○번지 앞 노상에서 음주운전 단속중인 경찰관에게 적발되었던 것입니다.

그런데 청구인은 20○○. ○. ○.생으로서 ○○대학 ○○과를 졸업하고 19○○년경부터 위 회사에 입사하여 영업업무를 하여 왔으며, 청구인의 전세금 ○○○원의 전세집에서 월급만으로 처와 1명의 자녀를 부양하여 오고 있습니다. 한편 청구인은 20○○. ○. ○. 제1종 보통자동차운전면허를 취득한 이래 운전업무에 종사하여 오면서 이 사건 이외에는 음주운전을 한 사실이 없고, 영업업무의 속성상 출장이 빈번하여 기동성이 필요하므로 자가운전이 직업상 필수적입니다.

따라서 청구인이 이 사건 음주운전을 하게 된 동기 및 경위, 당시의 주취정도, 음주운전한 거리, 청구인이 영업업무에 종사하는 자로서 직업속성상 자가운전이 필수적인 점 등에 비추어 보면, 이 사건 취소처분은 그 위반의 정도에 비하여 청구인에게 미치는 불이익이 너무 가혹하여 재량권을 남용하였거나 그 범위를 일탈한 위법이 있으므로 취소되어야 할 것입니다.

입 증 방 법

1. 소갑 제1호증	자동차운전면허취소통지서
1. 소갑 제2호증	재직증명서
1. 소갑 제3호증	경력증명서
1. 소갑 제4호증	주민등록등본
1. 소갑 제5호증	전세계약서
1. 소갑 제6호증	탄원서(회사동료)

첨 부 서 류

1. 위 입증방법	각 1통
1. 심판청구서 부본	1통

1. 위임장(변호사선임시) 1통

△△ 지방경찰청장

행 정 심 판 청 구

청 구 인	이 름	○ ○ ○	주민등록번호	111111-1111111
	주 소	○○시 ○○구 ○○길 ○○		
선정대표자, 관리인 또 는 대 리 인	○ ○ ○ (또는 대리인 변호사 ○ ○ ○) ○○시 ○○구 ○○길 ○○			
피 청 구 인	△△지방경찰청장		재 결 청	경 찰 청 장
청구대상인처분내용 (부작위의 전제가 되는 신 청 내 용 · 일 자)	피청구인이 20○○. ○. ○. 청구인에 대하여 한 자동차 운전면허 취소처분			
처 분 있 음 을 안 날	20○○. ○. ○.			
심판청구취지 · 이유	(별지 기재와 같음)			
피청구인의 행정심판 고 지 유 무	20○○. ○. ○.		고지내용	자동차면허 취소
증거서류(증거물)	재직증명서, 경력증명서, 전세계약서, 주민등록등본 (또는 1. 별지기재와 같음)			
근 거 법 조	행정심판법 제28조, 동법 시행령 제20조			

위와 같이 행정심판을 청구합니다.

20○○. ○. ○.

위 청구인 ○ ○ ○ (인)

(또는 대리인 변호사 ○ ○ ○ ㊞)

△ △ 지방경찰청장 귀하

※ 첨부서류 : 청구서 부본	수수료
	없 음

제출기관	피청구인 또는 행정심판위원회 (행정심판법 제23조)	청구기간	· 처분이 있음을 안 날로부터 90일 · 처분이 있은 날로부터 180일 (행정심판법 제27조)
청 구 인	피처분자	피청구인	행정처분을 한 행정청
제출부수	청구서 및 부본 각 1부	관련법규	행정심판법
불복방법	· 행정심판 재청구의 금지(행정심판법 제51조) 행정심판법상 행정심판의 단계는 단일화되어 있어 재결에 대한 행정심판 재청구는 할 수 없다. 다만, 국세기본법 등의 개별법에서는 다단계의 행정심판을 인정하고 있음 · 재결에 대한 행정소송(행정소송법 제19조, 제38조) 재결자체에 고유한 위법이 있을 때에는 재결 그 자체에 대한 취소소송 및 무효등확인 소송을 제기할 수 있음 · 다만, 청구인은 기각 재결 등 청구인의 주장이 인용되지 아니한 경우에는 원행정처분에 대하여 행정소송으로 다툴 수 있음(행정소송법 제18조)		

[서식 106] 자동차운전면허정지처분 취소심판청구서

행 정 심 판 청 구

청 구 인	이 름	○○○	주민등록번호	111111-1111111
	주 소	○○시 ○○구 ○○길 ○○		
선정대표자 관 리 인 또 는 대 리 인				
피 청 구 인	○○지방경찰청장		재 결 청	경 찰 청 장
청구대상인 처분내용 (부작위의 전체가 되는 신 청 내 용 일 자)	자동차운전면허정지처분			

<table>
<tr><td>처분 있음을 안 날</td><td colspan="3">20 ○○. ○. ○.</td></tr>
<tr><td>심판청구취지 이유</td><td colspan="3">(별지 기재와 같음)</td></tr>
<tr><td>처분청의 고지유무</td><td>있 음</td><td>고 지 내 용</td><td>자동차운전면허정지</td></tr>
<tr><td>증 거 서 류
(증 거 류)</td><td colspan="3">(별지 기재와 같음)</td></tr>
<tr><td>근 거 법 조</td><td colspan="3">행정심판법 제19조, 동법 시행령 제18조</td></tr>
</table>

위와 같이 행정심판을 청구합니다.

20○○. ○. ○.

위 청구인 ○ ○ ○ (인)

○○지방경찰청장 귀하

첨부서류	청구서 부본		수 수 료	없 음

심판청구 취지

피청구인이 20○○. ○. ○.자로 음주운전을 사유로 청구인에 대하여 한 자동차운전면허 정지 처분은 이를 취소한다.
라는 재결을 구합니다.

심판청구 이유

1. 청구인은 19○○.경 제1종 보통운전면허를 취득하여 운전해오다가 19○○. ○. ○. ○○시장으로부터 개인택시 운송사업면허를 발급받아 운전으로 생계를 이어가고 있는 개인택시 운전자입니다.
2. 청구인은 20○○. ○. ○.경 친구의 아들 결혼식에 참석했다가 친구들과 식사를 하면서 약간의 술을 마시고 있던 중 당시 예식장 주차장에 공간이 없어 골목에 주차를 해두었는데 안쪽에 있던 차량의 소유자가 차를 빼달라고 요구하여 골목길이고 약간만 움직이면 될 것 같아 약

7미터 정도 운전하여 차를 빼주게 되었는데 그때 마침 골목 바깥을 지나던 승용차와 접촉하게 되어 음주측정을 하게 된 것이고 전혀 운행을 하기 위한 운전이 아니었습니다.

3. 이와 같이 청구인은 단지 주차중인 차를 다른 차량의 운행을 위하여 비켜주는 과정이었지 결코 차를 운행하기 위한 운전이 아니었으며, 평생 운전으로 생계를 유지해오고 있어 ○○○일간의 운전면허정지처분은 당장 생계를 위협하고 있는 바, 청구인이 음주하게 된 동기 기타 제반 정상을 참작할 때 피청구인으로부터의 행정처분은 부당하므로 20○○. ○. ○. 정지한 운전면허 행정처분을 취소하여 주시기 바랍니다.

입 증 방 법

1. 소갑 제1호증 자동차운전면허취소 통지서
1. 소갑 제2호증 청첩장
1. 소갑 제3호증 주민등록등본
1. 소갑 제4호증 진술서(본인)
1. 소갑 제5호증 사실확인서(결혼식 혼주)

첨 부 서 류

1. 위 입증방법 각 1통
1. 심판청구서 부본 1통

△△ 지방경찰청장 귀중

제출기관	피청구인 또는 행정심판위원회 (행정심판법 제23조)	청구기간	· 처분이 있음을 안 날로부터 90일 · 처분이 있은 날로부터 180일 (행정심판법 제27조)
청 구 인	피처분자	피청구인	행정처분을 한 행정청
제출부수	청구서 및 부본 각 1부	관련법규	행정심판법
불복방법	· 행정심판 재청구의 금지(행정심판법 제51조) 행정심판법상 행정심판의 단계는 단일화되어 있어 재결에 대한 행정심판 재청구는 할 수 없다. 다만, 국세기본법 등의 개별법에서는 다단계의 행정심판을 인정하고 있음 · 재결에 대한 행정소송(행정소송법 제19조, 제38조) 재결자체에 고유한 위법이 있을 때에는 재결 그 자체에 대한 취소소송 및 무효등확인 소송을 제기할 수 있음 · 다만, 청구인은 기각 재결 등 청구인의 주장이 인용되지 아니한 경우에는 원행정처분에 대하여 행정소송으로 다툴 수 있음(행정소송법 제18조)		

[서식 107] 자동차운전면허취소처분 취소심판청구서

<table>
<tr><td colspan="5">행 정 심 판 청 구</td></tr>
<tr><td rowspan="2">청 구 인</td><td>이 름</td><td>○ ○ ○</td><td>주민등록
번 호</td><td>111111-1111111</td></tr>
<tr><td>주 소</td><td colspan="3">○○시 ○○구 ○○길 ○○</td></tr>
<tr><td>선정대표자, 관리인
또 는 대 리 인</td><td colspan="4">○ ○ ○ (또는 대리인 변호사 ○ ○ ○)
○○시 ○○구 ○○길 ○○ (우편번호 ○○○○○)</td></tr>
<tr><td>피 청 구 인</td><td colspan="2">△△지방경찰청장</td><td>재 결 청</td><td>경 찰 청 장</td></tr>
<tr><td>청구대상인 처분내용
(부작위의 전제가 되는
신 청 내 용 일 자)</td><td colspan="4">피청구인이 20○○. ○. ○. 청구인에 대하여 한 자동차 운전면허 취소처분</td></tr>
<tr><td>처분 있음을 안 날</td><td colspan="4">20○○. ○. ○.</td></tr>
<tr><td>심판청구취지 이유</td><td colspan="4">별지기재와 같음</td></tr>
<tr><td>피청구인의 행정심판
고 지 유 무</td><td colspan="2">20○○. ○. ○.</td><td>고 지 내 용</td><td>자동차면허 취소</td></tr>
<tr><td>증 거 서 류</td><td colspan="4">재직증명서, 경력증명서, 전세계약서, 주민등록등본
(또는 1. 별지기재와 같음)</td></tr>
<tr><td>근 거 법 조</td><td colspan="4">행정심판법 제28조, 동법 시행령 제20조</td></tr>
<tr><td colspan="5">위와 같이 행정심판을 청구합니다.

20○○. ○. ○.

청 구 인 ○ ○ ○ (인)
(또는 대리인 변호사 ○ ○ ○ ㉢)

△△ 지방경찰청장 귀하</td></tr>
</table>

첨부서류	청구서 부본	수 수 료	없 음

심판청구 취지

피청구인이 20○○. ○. ○. 청구인에 대하여 한 자동차운전면허(대구 제1종 보통○-○○○ ○○○-○○호)의 취소처분을 취소한다.
라는 재결을 구합니다.

심판청구 원인

1. 청구인은 20○○. ○.경 ○○운전면허시험장에서 자동차운전면허(1종보통)를 취득하고 그 뒤 계속해서 원고 소유 승용차를 스스로 운전해 오던 중 20○○. ○. ○○. 19:00경 음주운전을 하였다는 이유로 20○○. ○. ○. 피청구인에 의하여 운전면허를 취소당하였습니다.
2. 그러나 피청구인에 대한 운전면허취소처분은 피청구인이 운전을 하지 않고는 생계를 유지할 수 없는 차량을 이용하여 배달을 하는 업종에 종사하는 점에서 볼 때 너무나 과다한 처분으로 처분과 청구인의 행위와의 사이에 비례관계에 위반한 부당한 처분이라 사료되는 바 이에 대한 취소를 구하고자 이 건 청구에 이른 것입니다.

입 증 방 법

1. 소갑 제1호증 자동차운전면허취소통지서
1. 소갑 제2호증 사업자등록증 사본서
1. 소갑 제3호증 주민등록등본

첨 부 서 류

1. 위 입증방법 각 1통
1. 심판청구서 부본 1통

20○○. ○. ○.

위 청구인 ○ ○ ○ (인)

△△ 지방경찰청장 귀중

<table>
<tr><td>제출기관</td><td>피청구인 또는 행정심판위원회
(행정심판법 제23조)</td><td>청구기간</td><td>· 처분이 있음을 안 날로부터 90일
· 처분이 있은 날로부터 180일
(행정심판법 제27조)</td></tr>
<tr><td>청 구 인</td><td>피처분자</td><td>피청구인</td><td>행정처분을 한 행정청</td></tr>
<tr><td>제출부수</td><td>청구서 및 부본 각 1부</td><td>관련법규</td><td>행정심판법</td></tr>
<tr><td>불복방법</td><td colspan="3">· 행정심판 재청구의 금지(행정심판법 제51조)
행정심판법상 행정심판의 단계는 단일화되어 있어 재결에 대한 행정심판 재청구는 할 수 없다. 다만, 국세기본법 등의 개별법에서는 다단계의 행정심판을 인정하고 있음
· 재결에 대한 행정소송(행정소송법 제19조, 제38조)
재결자체에 고유한 위법이 있을 때에는 재결 그 자체에 대한 취소소송 및 무효등확인소송을 제기할 수 있음
· 다만, 청구인은 기각 재결 등 청구인의 주장이 인용되지 아니한 경우에는 원행정처분에 대하여 행정소송으로 다툴 수 있음(행정소송법 제18조)</td></tr>
</table>

[서식 108] 자동차운전면허취소처분 취소

행 정 심 판 청 구

청 구 인 홍 길 동(○○○○○○-○○○○○○○)
○○시 ○○구 ○○동 ○○○
대리인 변호사 ○ ○ ○ (전화 :)
○○시 ○○구 ○○동 ○○○ (우 :)

피청구인 ○○지방경찰청장
○○시 ○○구 ○○동 ○○○

처분이 있는 것을 안 날 : 20○○. ○. ○.

심판청구 취지

피청구인이 20○○. ○. ○.자 청구인에 대하여 한 자동차운전면허취소처분을 취소한다.
라는 재결을 구합니다.

심판청구 이유

1. **이 사건 처분의 경위**

가. 청구인은 경기 ○○나○○○○호 ○○ 화물자동차를 운전하는 자인바, 20○○. 8. 27. 20:10경 위 화물차량을 혈중알콜농도 0.100%(채혈측정수치+워드마크수치) 상태로 운전하여 ○○시 ○○구 ○○동 ○○○번지 주차장에서 출발하여 적발장소인 ○○시 ○○구 ○○동 ○○여고 위 노상까지 약 100미터 가량을 운전하였습니다.

나. 그런데, 청구인은 경찰조사시 혈중알콜농도는 0.085%였으나 검찰은 워드마크 공식을 적용하여 운전당시 혈중알콜농도 0.100%로 운전하였다는 사실로 약식기소되었습니다.

2. **피청구인의 자동차운전면허취소 처분**

이에 청구인은 위 사건이 도로교통법위반(음주운전)에 해당한다고 하여 20○○. ○. ○.자로 자동차운전면허 취소처분을 하였습니다.

3. **위 운전면허 취소처분의 위법 · 부당성**

사건 당시 청구인은 혈중알콜농도 0.085%에 해당하였으나 이는 음주운전으로 인한 면허취소 기준인 0.1%에 미달하는 수치입니다.

수사기관은 여기에 워드마크 공식을 적용하여 사건 당시 청구인의 혈중알콜농도를 0.100%에 해당한다고 하였습니다.

그러나 워드마크 공식을 적용하여 운전면허 취소처분을 하기 위해서는 그 공식의 전제가 되는 개별적이고 구체적인 사실에 대하여 엄격한 증명을 요한다고 할 것입니다. 그런데, 청구인의 경우 사고당시와 음주측정을 한 시간 차가 1시간 12분을 초과한다고 이는 청구인이 20:00경에 술을 마셨다는 말을 듣고 적용한 것으로 청구인이 기억하는 대략의 시간이지 정확한 시간이 아닙니다.

더군다나 워드마크 공식이 위와 같은 0.001%의 근소한 차이의 음주 정도까지 정확히 계산할 수 있는 객관적이고도 합리적인 검증방법임을 확신할 수 없고, 음주 측정당시 입안의 잔류 알콜이나 청구인의 신체적인 술에 대한 내성정도, 음주측정 장치의 기계적인 정확도 등을 고려할 때 오차범위 내의 수치라고 할 것입니다.

따라서 워드마크 공식을 적용하여 얻어낸 0.100%의 수치를 근거로 한 청구인에 대한 운전면허취소 처분은 부당하다고 할 것입니다(대법원 2003. 4. 25. 선고 2002도6762 판결, 서울행정법원 1998. 9. 24. 선고 98구9300 판결 등 참조).

4. **결 어**

위와 같은 사정을 고려할 때 청구인이 운전 당시 운전면허를 취소할 만큼 술에 취해있었는지 여부가 확실하지 않은 점을 참작하여 운전면허취소처분을 취소하여 주시기 바랍니다.

입 증 방 법

1. 소갑 제1호증 자동차운전면허취소결정통지서
1. 소갑 제2호증 주취운전자적발내용

첨 부 서 류

1. 위 입증서류 사본 각 1통
1. 주민등록초본 1통
1. 심판청구서 부본 1통

20○○. ○.○.

위 청구인 대리인 변호사 ○ ○ ○ (인)

○○ 지방경찰청장 귀하

제출기관	피청구인 또는 행정심판위원회 (행정심판법 제23조)	청구기간	· 처분이 있음을 안 날로부터 90일 · 처분이 있은 날로부터 180일 (행정심판법 제27조)
청 구 인	피처분자	피청구인	행정처분을 한 행정청
제출부수	청구서 및 부본 각 1부	관련법규	행정심판법
불복방법	· 행정심판 재청구의 금지(행정심판법 제51조) 행정심판법상 행정심판의 단계는 단일화되어 있어 재결에 대한 행정심판 재청구는 할 수 없다. 다만, 국세기본법 등의 개별법에서는 다단계의 행정심판을 인정하고 있음 · 재결에 대한 행정소송(행정소송법 제19조, 제38조) 재결자체에 고유한 위법이 있을 때에는 재결 그 자체에 대한 취소소송 및 무효등확인 소송을 제기할 수 있음 · 다만, 청구인은 기각 재결 등 청구인의 주장이 인용되지 아니한 경우에는 원행정처분에 대하여 행정소송으로 다툴 수 있음(행정소송법 제18조)		

[서식 109] 자동차운전면허취소처분 취소

행정심판청구서

청 구 인　　박 ○ ○ (750000-1000000)
주소 ○○시 ○○읍 ○○리 44-5 (전화 : 010-1234-5678)

피청구인　　○○남도 지방경찰청장

자동차운전면허취소처분 취소

청 구 취 지

피청구인이 20○○. ○. ○.자 청구인에 대하여 한 자동차운전면허(1종보통 면허번호 : 대전 89-008787-32)취소처분은 이를 취소한다. 라는 심판을 구합니다.

청 구 원 인

1. 청구인은 20○○. ○. ○. 청구인 소유의 코란도를 타고 ○○시 ○○읍 소재 경찰서 앞 도로를 혈중알콜농도 0.13% 상태로 운행하던 중 검문에 걸려 20○○. ○. ○.자로 운전면허가 취소된 사실이 있습니다.
2. 그런데 청구인은 영세한 제조업자로서, 위 코란도 차량에 의존하여 모든 부품조달 및 가공된 제품의 납품업무를 하고 있어서 위 차량이 없으면 생계에 막대한 지장이 있습니다.
3. 또한 청구인은 연로하고 병든 부모님과 부인 그리고 미성년의 자 3명을 혼자서 부양하고 있어 만약 운전면허가 취소됨으로써 위 사업이라도 제대로 운영하지 못하면 온 식구의 생계가 문제됩니다.
4. 따라서 청구인이 음주운전한 것은 백배 사죄드리나, 위와 같은 사정을 감안하여 선처하여 주시기 바랍니다.

첨 부 서 류

1. 주민등록등본　　1통
1. 사업자등록증　　1통
1. 탄원서　　1통
1. 재산세비과세증명서　　1통

20○○. ○. ○.

위 청구인 박 ○ ○ (인)

○○남도지방경찰청장 귀중

제출기관	피청구인 또는 행정심판위원회 (행정심판법 제23조)	청구기간	· 처분이 있음을 안 날로부터 90일 · 처분이 있은 날로부터 180일 (행정심판법 제27조)
청 구 인	피처분자	피청구인	행정처분을 한 행정청
제출부수	청구서 및 부본 각 1부	관련법규	행정심판법
불복방법	· 행정심판 재청구의 금지(행정심판법 제51조) 행정심판법상 행정심판의 단계는 단일화되어 있어 재결에 대한 행정심판 재청구는 할 수 없다. 다만, 국세기본법 등의 개별법에서는 다단계의 행정심판을 인정하고 있음 · 재결에 대한 행정소송(행정소송법 제19조, 제38조) 재결자체에 고유한 위법이 있을 때에는 재결 그 자체에 대한 취소소송 및 무효등확인소송을 제기할 수 있음 · 다만, 청구인은 기각 재결 등 청구인의 주장이 인용되지 아니한 경우에는 원행정처분에 대하여 행정소송으로 다툴 수 있음(행정소송법 제18조)		

[서식 110] 행정심판청구서 – 자동차운전면허취소처분취소

행 정 심 판 청 구

청 구 인 홍 길 동 (○○○○○○-○○○○○○○)
○○시 ○○구 ○○동 ○○○
대리인 변호사 ○ ○ ○ (전화 :)
○○시 ○○구 ○○동 ○○○ (우 :)

피청구인 ○○지방경찰청장
○○시 ○○구 ○○동 ○○○

처분이 있는 것을 안 날 : 20○○. ○. ○.

심판청구 취지

피청구인이 20○○. ○. ○.자 청구인에 대하여 한 제1종 대형, 제2종 소형, 제1종 특수자동차 운전면허취소처분을 취소한다.
라는 재결을 구합니다.

심판청구 이유

1. 이 사건 처분의 경위

가. 청구인은 20○○. ○. ○. 제1종 보통, 20○○. ○. ○. 제1종 대형, 같은 해 11. 29. 제2종 소형, 20○○. ○. ○. 제1종 특수의 각 자동차운전면허(면허면호 : 경기 ○○-○○○○○-○○)를 취득하여 차량을 운전하여 오던 중 20○○. ○. ○. 21:40경 ○○시 ○○구 ○○동 ○○○ 소재 농협중앙회 ○○지점 앞 편도 1차선 도로 상에서 청구인 소유의 경기 ○고○○○○ 그랜저 승용차를 운전하여 ○○쪽에서 ○○광장 쪽으로 가다가 교차로에서 신호를 받기 위하여 서행 중이던 청구외 이○○가 운전한 경기 ○가○○○○호 소나타 승용차와 청구외 김○○가 운전한 경기 ○가○○○○ 세피아 승용차를 연쇄충돌하여 위 이○○과 김○○ 및 위 이○○의 차량에 동승하고 있던 청구외 홍○○으로 하여금 각 2주간의 치료를 상해를 입게 하였고, 위 사고 후 3시간 각 2주간의 치료를 요하는 상해를 입게 하였고, 위 사고 후 3시간 가량이 지난 다음 날 00:50경 음주측정 결과 혈중알코올농도가 0.1%로 측정되어 여기에 시간의 경과에 따른 감소량을 합산하면 사고 당시의 혈중알코올농도는 0.14%로 추정되었습니다.

나. 피청구인은 청구인의 주취 정도가 0.1%인 상태에서 운전하여 고의 또는 과실로 교통사고를 일으켰음을 이유로 20○○. ○. ○. 도로교통법 제93조 제1항 제1호, 제10호, 제44조 등을 적용하여 청구인에 대하여 위 각 자동차운전면허를 취소하는 처분(그 중 제1종 특수면허를 취소하는 처분만을 "이 사건 처분"이라 한다)을 하였습니다.

2. 이 사건 처분의 적법 여부

피청구인은 이 사건 처분은 위 처분사유와 관계법령에 따라 이루어진 것으로서 적법하다고 주장함에 대하여, 청구인은 첫째, 청구인이 제1종 특수 자동차운전면허를 취득한 것은 20○○. ○. ○.로서 당시 위 면허로 운전할 수 있는 트레일러 및 레커뿐이었으므로 승용자동차를 음주운전한 행위는 제1종 대형 및 보통, 제2종 보통면허의 취소사유에 해당할 뿐 제1종 제1종 특수면허의 취소사유는 아님에도 불구하고 피청구인이 20○○. ○. ○. 제2종 보통면허로 운전할 수 있는 차량도 제1종 특수면허로 운행할 수 있도록 개정한 도로교통법시행규칙 제26조 및 [별표 14]의 규정을 잘못 적용하여 청구인의 제1종 특수면허까지 취소한 것은 위법하고, 둘째, 가사 그렇지 않더라도 이 사건 사건의 발생 및 음주운전을 하게 된 경위, 그 위반 정도, 청구인의 직업과 이 사건 처분으로 인하여 청구인이 입게될 불이익 및 그 동안 아무런 사고 없이 모범적으로 운전업무에 종사해온 점 등에 비추어 보면 피청구인의 이 사건 처분은 재량권을 남용하거나 재량권의 한계를 일탈한 것으로서 위법한 처분이므로 그 취소를 구하고자 이 건 청구에 이른 것입니다.

입 증 방 법

1. 소갑 제1호증 자동차운전면허취소통지서
1. 소갑 제2호증 자동차등록증

첨 부 서 류

1. 위 입증서류 사본 각 1통
1. 주민등록초본 1통
1. 심판청구서 부본 1통

20○○. ○. ○.

위 청구인 대리인 변호사 ○ ○ ○ (인)

○○지방경찰청장 귀하

제출기관	피청구인 또는 행정심판위원회 (행정심판법 제23조)	청구기간	· 처분이 있음을 안 날로부터 90일 · 처분이 있은 날로부터 180일 (행정심판법 제27조)
청 구 인	피처분자	피청구인	행정처분을 한 행정청
제출부수	청구서 및 부본 각 1부	관련법규	행정심판법
불복방법	· 행정심판 재청구의 금지(행정심판법 제51조) 행정심판법상 행정심판의 단계는 단일화되어 있어 재결에 대한 행정심판 재청구는 할 수 없다. 다만, 국세기본법 등의 개별법에서는 다단계의 행정심판을 인정하고 있음 · 재결에 대한 행정소송(행정소송법 제19조, 제38조) 재결자체에 고유한 위법이 있을 때에는 재결 그 자체에 대한 취소소송 및 무효등확인 소송을 제기할 수 있음 · 다만, 청구인은 기각 재결 등 청구인의 주장이 인용되지 아니한 경우에는 원행정처분에 대하여 행정소송으로 다툴 수 있음(행정소송법 제18조)		

[서식 111] 행정심판청구서 – 자동차운전면허취소처분취소

행 정 심 판 청 구

청 구 인 홍 길 동 (○○○○○○-○○○○○○○)
○○시 ○○구 ○○동 ○○○
대리인 변호사 ○ ○ ○ (전화 :)
○○시 ○○구 ○○동 ○○○ (우 :)

피청구인 ○○지방경찰청장
○○시 ○○구 ○○동 ○○○

심판청구 취지

피청구인이 20○○. ○. ○.자 청구인에 대하여 한 20○○. ○. ○.자 제1종 보통운전면허조건부취소처분을 취소한다.
라는 재결을 구합니다.

심판청구 이유

1. 이 사건 처분의 경위

청구인은 20○○. ○. ○. 정기적성검사기간(20○○. ○. ○.~ 20○○. ○. ○.)내에 적성검사를 받지 아니하자 피청구인이 20○○. ○. ○. 청구인의 운전명허를 20○○. ○. ○.자로 조건부 취소(이하 "이 사건 처분"이라 한다)를 하였습니다.

2. 이 사건 처분의 적법 여부

가. 관계법령의 경우

도로교통법 제93조 제1항 및 제4항 같은 법 시행규칙 제93조 및 별표 28 중 2 취소처분 개별기준의 일련번호에 의하면 지방경찰청장은 제1종 운전면허를 받은 사람이 정기적성검사기간 만료일 다음 날부터 적성검사를 받지 않고 1년을 초과한 때에는 처분의 당사자에게 적성검사를 할 수 있는 날의 만료일 전까지 적성검사를 받지 아니하면 운전면허가 취소된다는 사실의 조건부 통지로 처분의 사전 및 사후 통지를 갈음 할 수 있으며, 다만 그 대상자의 주소 등을 통상적인 방법으로 확인할 수 없거나 발송이 불가능한 경우에는 운전면허대장에 기재된 그 대상자의 주소지를 관할하는 경찰관서의 게시판에 14일간 이를 공고함으로써 통지에 대신할 수 있다고 규정되어 있다.

나. 적법여부

청구인이 적기적성검사기간에 적성검사를 받지 않음에 따라 피청구인이 청구인의 운전면허를 조건부로 취소결정을 하고 동 사실을 일반우편으로 2회에 걸쳐 청구인의 주소로 발

송하였으나 위 등기우편이 수취인 부재로 반송되어 ○○경찰청 게시판에 운전면허 조건부 취소처분 결정 내용을 공고한 사실은 인정되나 청구인은 20○○. ○. ○.자로 ○○구 ○○번지에 전입한 사실이 인정되어 통상적으로 주소를 알 수 있었음에도 불구하고 수취인부재를 이유로 공고한 사실에 비추어 볼 때 이러한 사정하에서는 청구인의 주소 등을 통상적인 방법으로 확인할 수 없거나 발송이 불가능한 경우에 해당한다고 할 수 없어 공고요건이 충족되었다고 볼 수 없기 때문에 공고로 통지를 갈음할 수 없는 것이므로 피청구인의 이 사건 처분은 공고절차를 위반하여 위법, 부당하다.

3. 관계법령

도로교통법 제93조(운전면허의 취소 · 정지) ① 지방경찰청장은 운전면허(연습운전면허는 제외한다. 이하 이 조에서 같다)를 받은 사람이 다음 각 호의 어느 하나에 해당하면 행정안전부령으로 정하는 기준에 따라 운전면허(운전자가 받은 모든 범위의 운전면허를 포함한다. 이하 이 조에서 같다)를 취소하거나 1년 이내의 범위에서 운전면허의 효력을 정지시킬 수 있다. 다만, 제2호, 제3호, 제7호부터 제9호까지(정기 적성검사 기간이 지난 경우는 제외한다), 제12호, 제14호, 제16호부터 제18호까지, 제20호의 규정에 해당하는 경우에는 운전면허를 취소하여야 한다.

9. 제87조 제2항 또는 제88조 제1항에 따른 적성검사를 받지 아니하거나 그 적성검사에 불합격한 경우

도로교통법시행규칙 제93조 별표28 중

2. 취소처분 개별기준

일련번호	위반사항	적용법조(도로교통법)	내 용
1	교통사고를 일으키고 구호조치를 하지아니한 때	제93조	◦ 교통사고로 사람을 죽게 하거나 다치게 하고, 구호조치를 하지 아니한 때
2	술에 취한 상태에서 운전한 때	제93조	◦ 술에 취한 상태의 기준(혈중알코올농도 0.05퍼센트 이상)을 넘어서 운전을 하다가 교통사고로 사람을 죽게 하거나 다치게 한 때 ◦ 술에 만취한 상태(혈중알코올농도 0.1퍼센트 이상)에서 운전한 때 ◦ 2회 이상 술에 취한 상태의 기준을 넘어 운전하거나 술에 취한 상태의 측정에 불응한 사람이 다시 술에 취한 상태(혈중알코올농도 0.05퍼센트 이상)에서 운전한 때
3	술에 취한 상태의 측정에 불응한 때	제93조	◦ 술에 취한 상태에서 운전하거나 술에 취한 상태에서 운전하였다고 인정할 만한

			상당한 이유가 있음에도 불구하고 경찰공무원의 측정 요구에 불응한 때
4	다른 사람에게 운전면허증 대여(도난, 분실 제외)	제93조	◦ 면허증 소지자가 다른 사람에게 면허증을 대여하여 운전하게 한 때 ◦ 면허 취득자가 다른 사람의 면허증을 대여 받거나 그 밖에 부정한 방법으로 입수한 면허증으로 운전한 때
5	결격사유에 해당	제93조	◦ 교통상의 위험과 장해를 일으킬 수 있는 정신질환자 또는 뇌전증환자로서 영 제42조 제1항에 해당하는 사람 ◦ 앞을 보지 못하는 사람(한쪽 눈만 보지 못하는 사람의 경우에는 제1종 운전면허 중 대형면허 · 특수면허로 한정한다) ◦ 듣지 못하는 사람(제1종 운전면허 중 대형면허 · 특수면허로 한정한다) ◦ 양 팔의 팔꿈치 관절 이상을 잃은 사람, 또는 양팔을 전혀 쓸 수 없는 사람. 다만, 본인의 신체장애 정도에 적합하게 제작된 자동차를 이용하여 정상적으로 운전할 수 있는 경우는 제외한다. ◦ 다리, 머리, 척추 그 밖의 신체장애로 인하여 앉아 있을 수 없는 사람 ◦ 교통상의 위험과 장해를 일으킬 수 있는 마약, 대마, 향정신성 의약품 또는 알코올 중독자로서 영 제42조 제3항에 해당하는 사람
6	약물을 사용한 상태에서 자동차 등을 운전한 때	제93조	◦ 약물(마약 · 대마 · 향정신성 의약품 및 「유해화학물질 관리법 시행령」 제25조에 따른 환각물질)의 투약 · 흡연 · 섭취 · 주사 등으로 정상적인 운전을 하지 못할 염려가 있는 상태에서 자동차 등을 운전한 때
6의2	공동위험행위	제93조	◦ 법 제46조 제1항을 위반하여 공동위험행위로 구속된 때
6의3	난폭운전	제93조	◦ 법 제46조의3을 위반하여 난폭운전으로 구속된 때
7	정기적성검사 불합격 또는 정기적성검사 기간 1년경과	제93조	◦ 정기적성검사에 불합격하거나 적성검사 기간 만료일 다음 날부터 적성검사를 받지 아니하고 1년을 초과한 때

4. 결 론

따라서 공고로 통지를 갈음할 수 없는 바, 피청구인이 청구인에게 한 이 사건 처분은 위법한 처분이므로 그 취소를 구하고자 이 건 청구에 이른 것입니다.

입 증 방 법

1. 소갑 제1호증 자동차운전면허취소통지서
1. 소갑 제2호증 자동차등록증

첨 부 서 류

1. 위 입증서류 사본 각 1통
1. 주민등록초본 1통
1. 심판청구서 부본 1통

20○○. ○. ○.

위 청구인 대리인 변호사 ○ ○ ○ (인)

○○경찰서 귀하

제출기관	피청구인 또는 행정심판위원회 (행정심판법 제23조)	청구기간	· 처분이 있음을 안 날로부터 90일 · 처분이 있은 날로부터 180일 (행정심판법 제27조)
청 구 인	피처분자	피청구인	행정처분을 한 행정청
제출부수	청구서 및 부본 각 1부	관련법규	행정심판법
불복방법	· 행정심판 재청구의 금지(행정심판법 제51조) 행정심판법상 행정심판의 단계는 단일화되어 있어 재결에 대한 행정심판 재청구는 할 수 없다. 다만, 국세기본법 등의 개별법에서는 다단계의 행정심판을 인정하고 있음 · 재결에 대한 행정소송(행정소송법 제19조, 제38조) 재결자체에 고유한 위법이 있을 때에는 재결 그 자체에 대한 취소소송 및 무효등확인소송을 제기할 수 있음 · 다만, 청구인은 기각 재결 등 청구인의 주장이 인용되지 아니한 경우에는 원행정처분에 대하여 행정소송으로 다툴 수 있음(행정소송법 제18조)		

[서식 112] 행정심판청구서 – 자동차운전면허취소처분취소

행 정 심 판 청 구

청 구 인 홍 길 동 (○○○○○○-○○○○○○○)
○○시 ○○구 ○○동 ○○○
대리인 변호사 ○ ○ ○ (전화 :)
○○시 ○○구 ○○동 ○○○ (우 :)

피청구인 ○○지방경찰서
○○시 ○○구 ○○동 ○○○

심판청구 취지

피청구인이 20○○. ○. ○.자 청구인에 대하여 한 20○○. ○. ○.자 제1종 보통운전면허취소처분을 취소한다.
라는 재결을 구합니다.

심판청구 이유

1. 이 사건 처분의 경위

청구인이 20○○. ○. ○. 혈중알코올농도 0.054%의 술에 취한 상태에서 운전하다가 사람을 다치게 하였다는 이유로 피청구인이 20○○. ○. ○. 청구인의 운전면허를 20○○. ○. ○.자로 취소(이하 "이 사건 처분"이라 한다) 하였습니다.

2. 이 사건 처분의 적법 여부

청구인은 사고 직후 병원으로 이송되었고 290분이 지나 호흡측정을 하였는데 당시 경찰관이 측정수치가 0.014%이므로 음주운전은 아니며 중앙선침범과 인적피해 벌점을 합쳐 60점의 벌점이라고 하여 그 말을 믿었습니다. 하지만 피청구인은 2주가 지나서야 위드마크 공식에 따라 계산된 혈중알코올농도 0.053%를 적용하여 운전면허가 취소된다고 통지하였는 바, 청구인은 이런 사실을 알았더라면 채혈측정을 요구하였을 것이므로 호흡측정치에 위드마크공식을 적용하여 산출된 혈중알코올농도를 기준으로 한 이 사건 처분은 위법 부당합니다.

3. 관계법령

도로교통법 제93조(운전면허의 취소·정지) ① 지방경찰청장은 운전면허(연습운전면허는 제외한다. 이하 이 조에서 같다)를 받은 사람이 다음 각 호의 어느 하나에 해당하면 행정안전부령으로 정하는 기준에 따라 운전면허(운전자가 받은 모든 범위의 운전면허를 포함한다. 이하 이 조에서 같다)를 취소하거나 1년 이내의 범위에서 운전면허의 효력을 정지시킬 수 있다.

다만, 제2호, 제3호, 제7호부터 제9호까지(정기 적성검사 기간이 지난 경우는 제외한다), 제12호, 제14호, 제16호부터 제18호까지, 제20호의 규정에 해당하는 경우에는 운전면허를 취소하여야 한다.

1. 제44조 제1항을 위반하여 술에 취한 상태에서 자동차 등을 운전한 경우

도로교통법시행규칙 제93조 별표28 중

2. 취소처분 개별기준

일련번호	위반사항	적용법조(도로교통법)	내용
1	교통사고를 일으키고 구호조치를 하지 아니한 때	제93조	◦ 교통사고로 사람을 죽게 하거나 다치게 하고, 구호조치를 하지 아니한 때
2	술에 취한 상태에서 운전한 때	제93조	◦ 술에 취한 상태의 기준(혈중알코올농도 0.05퍼센트 이상)을 넘어서 운전을 하다가 교통사고로 사람을 죽게 하거나 다치게 한 때 ◦ 술에 만취한 상태(혈중알코올농도 0.1퍼센트 이상)에서 운전한 때 ◦ 2회 이상 술에 취한 상태의 기준을 넘어 운전하거나 술에 취한 상태의 측정에 불응한 사람이 다시 술에 취한 상태(혈중알코올농도 0.05퍼센트 이상)에서 운전한 때

4. 결 론

따라서 피청구인이 청구인에게 혈액채취의 기회가 있음을 고지하지 않고 행한 이 사건 처분은 위법한 처분이므로 그 취소를 구하고자 이 건 청구에 이른 것입니다.

입 증 방 법

1. 증 제1호증 자동차운전면허취소통지서
1. 증 제2호증 자동차등록증

첨 부 서 류

1. 위 입증서류 사본 각 1통
1. 주민등록초본 1통
1. 심판청구서 부본 1통

20○○. ○. ○.

위 청구인 대리인 변호사 ○ ○ ○ (인)

○○경찰서 귀하

제출기관	피청구인 또는 행정심판위원회 (행정심판법 제23조)	청구기간	· 처분이 있음을 안 날로부터 90일 · 처분이 있은 날로부터 180일 (행정심판법 제27조)
청 구 인	피처분자	피청구인	행정처분을 한 행정청
제출부수	청구서 및 부본 각 1부	관련법규	행정심판법
불복방법	· 행정심판 재청구의 금지(행정심판법 제51조) 행정심판법상 행정심판의 단계는 단일화되어 있어 재결에 대한 행정심판 재청구는 할 수 없다. 다만, 국세기본법 등의 개별법에서는 다단계의 행정심판을 인정하고 있음 · 재결에 대한 행정소송(행정소송법 제19조, 제38조) 재결자체에 고유한 위법이 있을 때에는 재결 그 자체에 대한 취소소송 및 무효등 확인소송을 제기할 수 있음 · 다만, 청구인은 기각 재결 등 청구인의 주장이 인용되지 아니한 경우에는 원행정처분에 대하여 행정소송으로 다툴 수 있음(행정소송법 제18조)		

[서식 113] 행정심판청구서 – 자동차운전면허취소처분취소

행 정 심 판 청 구

청 구 인　　홍　길　동(○○○○○○-○○○○○○○)
○○시 ○○구 ○○동 ○○○
대리인 변호사 ○ ○ ○　　　　(전화 :　　　　)
○○시 ○○구 ○○동 ○○○　　　　(우 :　　　　)

피청구인　　○○지방경찰서
○○시 ○○구 ○○동 ○○○

심판청구 취지

피청구인이 20○○. ○. ○.자 청구인에 대하여 한 20○○. ○. ○.자 제1종 보통운전면허취

소처분을 취소한다.
라는 재결을 구합니다.

심판청구 이유

1. 이 사건 처분의 경위

청구인이 20○○. ○. ○. 혈중알코올농도 0.130%의 술에 취한 상태에서 운전하다가 사람을 다치게 하였다는 이유로 피청구인이 20○○. ○. ○. 청구인의 운전면허를 20○○. ○. ○.자로 취소(이하 "이 사건 처분"이라 한다) 하였습니다.

2. 이 사건 처분의 적법 여부

청구인은 음주운전으로 단속되어 음주측정을 한 결과 0.130%로 수치가 나와 이에 불복하여 채혈측정을 하고 귀가하였는데 경찰에서 채혈한 샘플이 깨졌다고 하면서 다시 채혈해야 한다고 하여 할 수 없이 2차 채혈을 한 결과 0.071%로 판정되었으나, 피청구인이 적발 이후 상당기간이 경과한 뒤의 채혈결과를 인정할 수 없다고 하면서 최초 호브측정치를 근거로 이 사건 처분을 하였는 바, 이는 도로교통법에서 인정하는 청구인의 채혈측정받을 기회를 부당하게 박탈한 것이므로, 호흡측정치를 근거로 한 이 사건 처분은 위법하여 취소되어야 한다.

3. 관계법령

도로교통법 제93조(운전면허의 취소 · 정지) ① 지방경찰청장은 운전면허(연습운전면허는 제외한다. 이하 이 조에서 같다)를 받은 사람이 다음 각 호의 어느 하나에 해당하면 행정안전부령으로 정하는 기준에 따라 운전면허(운전자가 받은 모든 범위의 운전면허를 포함한다. 이하 이 조에서 같다)를 취소하거나 1년 이내의 범위에서 운전면허의 효력을 정지시킬 수 있다. 다만, 제2호, 제3호, 제7호부터 제9호까지(정기 적성검사 기간이 지난 경우는 제외한다), 제12호, 제14호, 제16호부터 제18호까지, 제20호의 규정에 해당하는 경우에는 운전면허를 취소하여야 한다.

1. 제44조 제1항을 위반하여 술에 취한 상태에서 자동차 등을 운전한 경우

도로교통법시행규칙 제93조 별표28 중

2. 취소처분 개별기준

일련번호	위반사항	적용법조(도로교통법)	내 용
1	교통사고를 일으키고 구호조치를 하지 아니한 때	제93조	◦ 교통사고로 사람을 죽게 하거나 다치게 하고, 구호조치를 하지 아니한 때
2	술에 취한 상태에서 운전한 때	제93조	◦ 술에 취한 상태의 기준(혈중알코올농도 0.05퍼센트 이상)을 넘어서 운전을 하다가 교통사

			고로 사람을 죽게 하거나 다치게 한 때 ◦ 술에 만취한 상태(혈중알코올농도 0.1퍼센트 이상)에서 운전한 때 ◦ 2회 이상 술에 취한 상태의 기준을 넘어 운전하거나 술에 취한 상태의 측정에 불응한 사람이 다시 술에 취한 상태(혈중알코올농도 0.05퍼센트 이상)에서 운전한 때

4. 결 론

따라서 피청구인이 청구인에 대하여 음주측정기에 의한 측정결과를 근거로 청구인의 운전면허를 취소한 이 사건 처분은 재량권을 일탈한 위법한 처분이므로 취소되어야 한다.

입 증 방 법

1. 증 제1호증 자동차운전면허취소통지서
1. 증 제2호증 자동차등록증

첨 부 서 류

1. 위 입증서류 사본 각 1통
1. 주민등록초본 1통
1. 심판청구서 부본 1통

20○○. ○. ○.

위 청구인 대리인 변호사 ○ ○ ○ (인)

○○경찰서 귀하

제출기관	피청구인 또는 행정심판위원회 (행정심판법 제23조)	청구기간	· 처분이 있음을 안 날로부터 90일 · 처분이 있은 날로부터 180일 (행정심판법 제27조)
청 구 인	피처분자	피청구인	행정처분을 한 행정청
제출부수	청구서 및 부본 각 1부	관련법규	행정심판법
불복방법	· 행정심판 재청구의 금지(행정심판법 제51조) 행정심판법상 행정심판의 단계는 단일화되어 있어 재결에 대한 행정심판 재청구는 할		

	수 없다. 다만, 국세기본법 등의 개별법에서는 다단계의 행정심판을 인정하고 있음 · 재결에 대한 행정소송(행정소송법 제19조, 제38조) 재결자체에 고유한 위법이 있을 때에는 재결 그 자체에 대한 취소소송 및 무효등확인 소송을 제기할 수 있음 · 다만, 청구인은 기각 재결 등 청구인의 주장이 인용되지 아니한 경우에는 원행정처분에 대하여 행정소송으로 다툴 수 있음(행정소송법 제18조)

[서식 114] 행정심판청구서 – 자동차운전면허취소처분취소

행 정 심 판 청 구

청 구 인　　홍　길　동 (○○○○○○-○○○○○○○)
○○시 ○○구 ○○동 ○○○
대리인 변호사 ○ ○ ○　　(전화 :　　)
○○시 ○○구 ○○동 ○○○　　(우 :　　)

피청구인　　○○지방경찰서
○○시 ○○구 ○○동 ○○○

심판청구 취지

피청구인이 20○○. ○. ○.자 청구인에 대하여 한 20○○. ○. ○.자 제1종 보통운전면허취소처분을 취소한다.
라는 재결을 구합니다.

심판청구 이유

1. 이 사건 처분의 경위

청구인이 20○○. ○. ○. 자동차를 이용하여 범죄행위를 하였다는 이유로 피청구인이 20○○. ○. ○. 청구인의 운전면허를 20○○. ○. ○.자로 취소(이하 "이 사건 처분"이라 한다)하였습니다.

2. 이 사건 처분의 적법 여부

이 사건 처분과 관련하여 ○○경찰서장이 도로교통법 시행규칙 제93조 제1항의 공고요건인 청구인의 주소 등을 통상적인 방법으로 확인할 수 없거나 발송이 불가능한 경우에 해당하는지에 대한 아무런 근거가 없는 상태에서 14일간 운전면허취소처분 사전통지 공고를 함으로써 운전면허취소처분 사전통지를 대신하였는데 이와 같은 방법으로 행한 ○○경찰서장의 운전면허취소처분 사전통지는 도로교통법 시행규칙 제93조 제1항의 공고요건을 갖추지 못하였기 때문에 그 하자가 중대하고 명백하여 효력이 없고 이러한 무효인 사전통지절차에 근거하여 행한 피청구인의 이 사건 처분은 위법하다 할 것입니다.

3. 관계법령

도로교통법 제93조(운전면허의 취소 · 정지) ① 지방경찰청장은 운전면허(연습운전면허는 제외한다. 이하 이 조에서 같다)를 받은 사람이 다음 각 호의 어느 하나에 해당하면 행정안전부령으로 정하는 기준에 따라 운전면허(운전자가 받은 모든 범위의 운전면허를 포함한다. 이하 이 조에서 같다)를 취소하거나 1년 이내의 범위에서 운전면허의 효력을 정지시킬 수 있다. 다만, 제2호, 제3호, 제7호부터 제9호까지(정기 적성검사 기간이 지난 경우는 제외한다), 제12호, 제14호, 제16호부터 제18호까지, 제20호의 규정에 해당하는 경우에는 운전면허를 취소하여야 한다.

1. 제44조 제1항을 위반하여 술에 취한 상태에서 자동차 등을 운전한 경우

도로교통법시행규칙 제93조 별표28 중

2. 취소처분 개별기준

일련번호	위반사항	적용법조 (도로교통법)	내용
1	교통사고를 일으키고 구호조치를 하지 아니한 때	제93조	◦ 교통사고로 사람을 죽게 하거나 다치게 하고, 구호조치를 하지 아니한 때
2	술에 취한 상태에서 운전한 때	제93조	◦ 술에 취한 상태의 기준(혈중알코올농도 0.05퍼센트 이상)을 넘어서 운전을 하다가 교통사고로 사람을 죽게 하거나 다치게 한 때 ◦ 술에 만취한 상태(혈중알코올농도 0.1퍼센트 이상)에서 운전한 때 ◦ 2회 이상 술에 취한 상태의 기준을 넘어 운전하거나 술에 취한 상태의 측정에 불응한 사람이 다시 술에 취한 상태(혈중알코올농도 0.05퍼센트 이상)에서 운전한 때

제93조(운전면허의 정지 · 취소처분 절차) ① 지방경찰청장 또는 경찰서장이 법 제93조에 따라 운전면허의 취소 또는 정지처분을 하려는 때에는 별지 제81호 서식의 운전면허정지 · 취소처분사전통지서를 그 대상자에게 발송 또는 발급하여야 한다. 다만, 그 대상자의 주소 등을 통상적인 방법으로 확인할 수 없거나 발송이 불가능한 경우에는 운전면허대장에 기재된 그 대상자의 주소지를 관할하는 경찰관서의 게시판에 14일간 이를 공고함으로써 통지를 대신할 수 있다. 〈개정 2010.12.31.〉

4. 결 론

따라서 피청구인이 청구인에 대하여 자동차를 이용하여 범죄행위를 하였다는 이유로 처분한 운전면허취소는 부당하므로 이 사건 처분은 취소되어야 합니다.

입 증 방 법

1. 증 제1호증 자동차운전면허취소통지서
1. 증 제2호증 자동차등록증

첨 부 서 류

1. 위 입증서류 사본 각 1통
1. 주민등록초본 1통
1. 심판청구서 부본 1통

20○○. ○.○.

위 청구인 대리인 변호사 ○ ○ ○ (인)

○○경찰서 귀하

제출기관	피청구인 또는 행정심판위원회 (행정심판법 제23조)	청구기간	· 처분이 있음을 안 날로부터 90일 · 처분이 있은 날로부터 180일 (행정심판법 제27조)
청 구 인	피처분자	피청구인	행정처분을 한 행정청
제출부수	청구서 및 부본 각 1부	관련법규	행정심판법
불복방법	· 행정심판 재청구의 금지(행정심판법 제51조) 행정심판법상 행정심판의 단계는 단일화되어 있어 재결에 대한 행정심판 재청구는 할 수 없다. 다만, 국세기본법 등의 개별법에서는 다단계의 행정심판을 인정하고 있음 · 재결에 대한 행정소송(행정소송법 제19조, 제38조) 재결자체에 고유한 위법이 있을 때에는 재결 그 자체에 대한 취소소송 및 무효등확인 소송을 제기할 수 있음 · 다만, 청구인은 기각 재결 등 청구인의 주장이 인용되지 아니한 경우에는 원행정처분에 대하여 행정소송으로 다툴 수 있음(행정소송법 제18조)		

[서식 115] 행정심판청구서 – 자동차운전면허취소처분취소

행 정 심 판 청 구

청 구 인 홍 길 동 (○○○○○○-○○○○○○○)
○○시 ○○구 ○○동 ○○○
대리인 변호사 ○ ○ ○ (전화 :)
○○시 ○○구 ○○동 ○○○ (우 :)

피청구인 ○○지방경찰서
○○시 ○○구 ○○동 ○○○

심판청구 취지

피청구인이 20○○. ○. ○.자 청구인에 대하여 한 20○○. ○. ○.자 제2종 보통운전면허취소처분을 취소한다.
라는 재결을 구합니다.

심판청구 이유

1. 이 사건 처분의 경위

1) 청구인은 이 사건 당시 핸드폰 판매점을 하던 자로서, 20○○. ○. ○. 벌점초과로 운전면허가 취소된 후 20○○. ○. ○. 제2종 보통면허를 취득하였는데, 20○○. ○. ○. 경기도 ○○시 ○○에서 피해자 김○○를 청구인이 운전하던 승용차로 충격하여 사망케 하였습니다.
2) 청구인이 20○○. ○. ○. 자동차를 이용하여 범죄행위를 하였다는 이유로 피청구인이 20○○. ○. ○. 청구인의 운전면허를 20○○. ○. ○.자로 취소(이하 "이 사건 처분"이라 한다)하였습니다.

2. 이 사건 처분의 적법 여부

1) 도로교통법 제93조 제1항 제11호에 다르면 지방경찰청은 운전면허를 받은 사람이 자동차 등을 이용하여 살인 또는 강간 등 범죄행위를 한 때에는 운전면허를 취소할 수 있도록 규정되어 있고, 같은 법 시행규칙 제92조 및 별표 28의2. 취소처분 개별기준의 일련번호란 13에 따르면 자동차 등을 이용하여 범죄행위를 한 때라 함은 형법을 위반한 살인, 사체유기, 방화, 강도, 강간, 강제추행, 약취 유인 감금, 상습절도, 교통방해의 범죄에 이용된 때라고 규정되어 있습니다.
2) 위 인정사실에 따르면 청구인의 살인 협의에 대한 경찰의 수사과정에서 밝혀진 청구인과

피해자의 관계, 사고당일 정황 및 교통사고 경위, 사고발생 장소, 사고 후 청구인의 태도, 국립과학수사연구원의 사고차량 감정 및 사체 부검, 교통사고분석 결과 고의 사고 여부에 대한 거짓말 탐지기 검사 결과 등을 고려할 때 청구인이 자신과 헤어질 것을 요구하는 피해자에게 격분하여 승용차로 고의로 충격해 사망케 이르게 함으로써 자동차를 이용하여 범죄행위를 한 것으로 볼 수 있을지 의문이고 현재 청구인에 대한 형사재판이 진행 중에 있는 바, 이 사건 처분은 무죄추정원칙에 위배되는 것이라 할 것입니다.

3. 관계법령

도로교통법 제93조(운전면허의 취소 · 정지) ① 지방경찰청장은 운전면허(연습운전면허는 제외한다. 이하 이 조에서 같다)를 받은 사람이 다음 각 호의 어느 하나에 해당하면 행정안전부령으로 정하는 기준에 따라 운전면허(운전자가 받은 모든 범위의 운전면허를 포함한다. 이하 이 조에서 같다)를 취소하거나 1년 이내의 범위에서 운전면허의 효력을 정지시킬 수 있다. 다만, 제2호, 제3호, 제7호부터 제9호까지(정기 적성검사 기간이 지난 경우는 제외한다), 제12호, 제14호, 제16호부터 제18호까지, 제20호의 규정에 해당하는 경우에는 운전면허를 취소하여야 한다.

11. 운전면허를 받은 사람이 자동차 등을 이용하여 살인 또는 강간 등 행정안전부령으로 정하는 범죄행위를 한 경우

도로교통법시행규칙 제92조 별표28의2 중

2. 취소처분 개별기준

일련번호	위반사항	적용법조 (도로교통법)	내 용
13	자동차 등을 이용하여 범죄행위를 한 때	제93조	◦ 국가보안법을 위반한 범죄에 이용된 때 ◦ 형법을 위반한 다음 범죄에 이용된 때 · 살인, 사체유기, 방화 · 강도, 강간, 강제추행 · 약취 · 유인 · 감금 · 상습절도(절취한 물건을 운반한 경우에 한한다) · 교통방해(단체에 소속되거나 다수인에 포함되어 교통을 방해한 경우에 한한다

4. 결 론

따라서 피청구인이 청구인에 대하여 자동차를 이용하여 범죄행위를 하였다는 이유로 처분한 운전면허취소는 부당하므로 이 사건 처분은 취소되어야 합니다.

입 증 방 법

1. 증 제1호증 자동차운전면허취소통지서
1. 증 제2호증 자동차등록증

첨 부 서 류

1. 위 입증서류 사본 각 1통
1. 주민등록초본 1통
1. 심판청구서 부본 1통

20○○. ○.○.

위 청구인 대리인 변호사 ○ ○ ○ (인)

○○경찰서 귀하

제출기관	피청구인 또는 행정심판위원회 (행정심판법 제23조)	청구기간	· 처분이 있음을 안 날로부터 90일 · 처분이 있은 날로부터 180일 (행정심판법 제27조)
청 구 인	피처분자	피청구인	행정처분을 한 행정청
제출부수	청구서 및 부본 각 1부	관련법규	행정심판법
불복방법	· 행정심판 재청구의 금지(행정심판법 제51조) 행정심판법상 행정심판의 단계는 단일화되어 있어 재결에 대한 행정심판 재청구는 할 수 없다. 다만, 국세기본법 등의 개별법에서는 다단계의 행정심판을 인정하고 있음 · 재결에 대한 행정소송(행정소송법 제19조, 제38조) 재결자체에 고유한 위법이 있을 때에는 재결 그 자체에 대한 취소소송 및 무효등확인소송을 제기할 수 있음 · 다만, 청구인은 기각 재결 등 청구인의 주장이 인용되지 아니한 경우에는 원행정처분에 대하여 행정소송으로 다툴 수 있음(행정소송법 제18조)		

[서식 116] 행정심판청구서 – 자동차운전면허취소처분취소

행 정 심 판 청 구

청 구 인　　홍　　길　　동 (○○○○○○-○○○○○○○)
　　　　　　○○시 ○○구 ○○동 ○○○
　　　　　　대리인 변호사 ○ ○ ○　　　　　　　(전화 :　　　　)
　　　　　　○○시 ○○구 ○○동 ○○○　　　　　(우 :　　　　)

피청구인　　○○지방경찰서
　　　　　　○○시 ○○구 ○○동 ○○○

심판청구 취지

피청구인이 20○○. ○. ○.자 청구인에 대하여 한 20○○. ○. ○.자 제1종 보통운전면허취소처분을 취소한다.
라는 재결을 구합니다.

심판청구 이유

1. 이 사건 처분의 경위

1) 청구인은 20○○. ○. ○. 혈중알코올농도 0.076%의 술에 취한 상태에서 경기도 ○○시 ○○ ○○아파트에 세워져 있었던 원동기장치자전거를 운전하여 가다가 지나가던 경찰관에 단속되어 적발되었습니다.

2) 청구인이 20○○. ○. ○. 다른 사람의 자동차를 훔쳤다는 이유로 피청구인이 20○○. ○. ○. 청구인의 운전면허를 20○○. ○. ○.자로 취소(이하 “이 사건 처분”이라 한다) 하였습니다.

2. 이 사건 처분의 적법 여부

1) 청구인은 ○○골프스쿨이라는 실내골프연습장을 운영하는 자로써 20○○. ○. ○. 영업을 마치고 들어가던 중 ○○아파트 담벼락에 번호판 없는 원동기장치자전거가 세워져 있는 것을 술김에 아무 생각 없이 시동을 켰는데 키가 없어서 시동을 끌 수 없었습니다.

2) 청구인은 시동이 켜지자 나름대로 생각으로 시동을 끄기 위해서는 할 수 없이 동네 한 바퀴를 돌면 될 것이라고 생각한 점, 경찰관에게 적발될 당시 운행하였던 방향이 당초 원동기장치자전거 소재지 방향이었던 점, 이 건 원동기장치자전거의 가치가 크지 않았다는 점 등을 볼 때 피청구인의 이 사건 처분은 너무나 가혹한 것이어서 취소되어야 할 것입니다.

3. 관계법령

도로교통법 제93조(운전면허의 취소 · 정지) ① 지방경찰청장은 운전면허(연습운전면허는 제외한다. 이하 이 조에서 같다)를 받은 사람이 다음 각 호의 어느 하나에 해당하면 행정안전부령으로 정하는 기준에 따라 운전면허(운전자가 받은 모든 범위의 운전면허를 포함한다. 이하 이 조에서 같다)를 취소하거나 1년 이내의 범위에서 운전면허의 효력을 정지시킬 수 있다. 다만, 제2호, 제3호, 제7호부터 제9호까지(정기 적성검사 기간이 지난 경우는 제외한다), 제12호, 제14호, 제16호부터 제18호까지, 제20호의 규정에 해당하는 경우에는 운전면허를 취소하여야 한다.

12. 다른 사람의 자동차 등을 훔치거나 빼앗은 경우

도로교통법시행규칙 제92조 별표28의2 중

2. 취소처분 개별기준

일련번호	위반사항	적용법조(도로교통법)	내 용
14	다른 사람의 자동차 등을 훔치거나 빼앗은 때	제93조	◦ 운전면허를 가진 사람이 자동차 등을 훔치거나 빼앗아 이를 운전한 때

4. 결 론

따라서 청구인이 불법영득의 의사를 가지고 원동기장치자전거의 시동을 걸어 운전해 갔다기보다는 술에 취한 상태에서 우연히 시동이 걸린 타인의 원동기장치자전거를 권리자의 동의 없이 불법으로 사용한 경우에 해당한다고 보는 것이 타당하므로 이 사건 처분은 취소되어야 합니다.

입 증 방 법

1. 증 제1호증 자동차운전면허취소통지서
1. 증 제2호증 자동차등록증

첨 부 서 류

1. 위 입증서류 사본 각 1통
1. 주민등록초본 1통
1. 심판청구서 부본 1통

20○○. ○.○.

위 청구인 대리인 변호사 ○ ○ ○ (인)

○○경찰서 귀하

제출기관	피청구인 또는 행정심판위원회 (행정심판법 제23조)	청구기간	· 처분이 있음을 안 날로부터 90일 · 처분이 있은 날로부터 180일 (행정심판법 제27조)
청 구 인	피처분자	피청구인	행정처분을 한 행정청
제출부수	청구서 및 부본 각 1부	관련법규	행정심판법
불복방법	· 행정심판 재청구의 금지(행정심판법 제51조) 행정심판법상 행정심판의 단계는 단일화되어 있어 재결에 대한 행정심판 재청구는 할 수 없다. 다만, 국세기본법 등의 개별법에서는 다단계의 행정심판을 인정하고 있음 · 재결에 대한 행정소송(행정소송법 제19조, 제38조) 재결자체에 고유한 위법이 있을 때에는 재결 그 자체에 대한 취소소송 및 무효등확인 소송을 제기할 수 있음 · 다만, 청구인은 기각 재결 등 청구인의 주장이 인용되지 아니한 경우에는 원행정처분에 대하여 행정소송으로 다툴 수 있음(행정소송법 제18조)		

[서식 117] 행정심판청구서 – 자동차운전면허취소처분취소

행 정 심 판 청 구

청 구 인 홍 길 동(○○○○○○-○○○○○○○)
○○시 ○○구 ○○동 ○○○
대리인 변호사 ○ ○ ○ (전화 :)
○○시 ○○구 ○○동 ○○○ (우 :)

피청구인 ○○지방경찰서
○○시 ○○구 ○○동 ○○○

심판청구 취지

피청구인이 20○○. ○. ○.자 청구인에 대하여 한 20○○. ○. ○.자 제1종 보통운전면허취소처분을 취소한다.
라는 재결을 구합니다.

심판청구 이유

1. 이 사건 처분의 경위

1) 청구인은 20○○. ○. ○. 이 사건 당시 재직하고 있었던 ○○회사 대표 ○○○로부터 피해자로부터 채무를 변제받기 위해 피해자의 집 앞에 가서 피해자의 차량이 있으면 끌고 오라고 해서 피해자의 허락을 받지도 않고 위 차량을 운행하여 회사 지하주차장까지 갖고 왔습니다.

2) 청구인이 20○○. ○. ○. 다른 사람의 자동차를 훔쳤다는 이유로 피청구인이 20○○. ○. ○. 청구인의 운전면허를 20○○. ○. ○.자로 취소(이하 "이 사건 처분"이라 한다)하였습니다.

2. 이 사건 처분의 적법 여부

1) 도로교통법 제93조 제1항 제12호 같은 법 시행규칙 별표 28 중 2 취소처분 개별기준의 일련번호 14란에는 운전면허를 가진 사람이 자동차 등을 훔친 경우에는 운전면허를 취소하도록 되어 있는데 이는 운전면허를 본래의 목적으로 사용하지 않고 다른 사람의 차량을 훔치는데 사용하는 것을 막기 위한 취지라 할 것입니다.

2) 피청구인은 청구인이 위 피해차량을 훔쳤다는 이유로 이 사건 청문을 하였으나 피해자는 위 대표에게 대출금을 약정 기한 내에 갚지 않으면 피해자에게 통보하지 않고 임의로 인수해 가서 명의를 이전하더라도 아무런 이의를 제기하지 않겠다고 하면서 자동차 키를 이미 양도해준 상황이었습니다.

3) 그렇다면 청구인이 위 피해차량을 가져간 행위는 절도행위에 해당한다고 할 수 없고 다른 사람의 자동차를 훔쳤다는 이류로 행한 피청구인의 이 사건 처분은 너무나 가혹한 것이어서 취소되어야 할 것입니다.

3. 관계법령

도로교통법 제93조(운전면허의 취소 · 정지) ① 지방경찰청장은 운전면허(연습운전면허는 제외한다. 이하 이 조에서 같다)를 받은 사람이 다음 각 호의 어느 하나에 해당하면 행정안전부령으로 정하는 기준에 따라 운전면허(운전자가 받은 모든 범위의 운전면허를 포함한다. 이하 이 조에서 같다)를 취소하거나 1년 이내의 범위에서 운전면허의 효력을 정지시킬 수 있다. 다만, 제2호, 제3호, 제7호부터 제9호까지(정기 적성검사 기간이 지난 경우는 제외한다), 제12호, 제14호, 제16호부터 제18호까지, 제20호의 규정에 해당하는 경우에는 운전면허를 취소하여야 한다.

12. 다른 사람의 자동차 등을 훔치거나 빼앗은 경우

도로교통법시행규칙 제92조 별표28의2 중

2. 취소처분 개별기준

일련번호	위반사항	적용법조 (도로교통법)	내 용
14	다른 사람의 자동차 등을	제93조	○운전면허를 가진 사람이 자동차 등을 훔치거

	훔치거나 빼앗은 때		나 빼앗아 이를 운전한 때

4. 결 론

따라서 청구인이 불법영득의 의사를 가지고 운전해 간 것으로 볼 수 없을 뿐만 아니라 권리자의 동의 없이 불법으로 사용한 경우도 아니므로 이 사건 처분은 취소되어야 합니다.

입 증 방 법

1. 증 제1호증 자동차운전면허취소통지서
1. 증 제2호증 자동차등록증

첨 부 서 류

1. 위 입증서류 사본 각 1통
1. 주민등록초본 1통
1. 심판청구서 부본 1통

20○○. ○. ○.

위 청구인 대리인 변호사 ○ ○ ○ (인)

○○경찰서 귀하

제출기관	피청구인 또는 행정심판위원회 (행정심판법 제23조)	청구기간	· 처분이 있음을 안 날로부터 90일 · 처분이 있은 날로부터 180일 (행정심판법 제27조)
청 구 인	피처분자	피청구인	행정처분을 한 행정청
제출부수	청구서 및 부본 각 1부	관련법규	행정심판법
불복방법	· 행정심판 재청구의 금지(행정심판법 제51조) 행정심판법상 행정심판의 단계는 단일화되어 있어 재결에 대한 행정심판 재청구는 할 수 없다. 다만, 국세기본법 등의 개별법에서는 다단계의 행정심판을 인정하고 있음 · 재결에 대한 행정소송(행정소송법 제19조, 제38조) 재결자체에 고유한 위법이 있을 때에는 재결 그 자체에 대한 취소소송 및 무효등 확인소송을 제기할 수 있음 · 다만, 청구인은 기각 재결 등 청구인의 주장이 인용되지 아니한 경우에는 원행정처분에 대하여 행정소송으로 다툴 수 있음(행정소송법 제18조)		

다. 운전면허취소 청구의 소(행정소송)

(1) 청구취지 기재례

1. 피고가 20○○. ○. ○. 원고에 대하여 한 운전면허(제1종 보통)취소처분을 취소한다.
2. 소송비용은 피고가 부담한다.

라는 판결을 구합니다.

(2) 운전면허취소 청구의 소 서식

[서식 118] 자동차운전면허취소처분 취소청구의 소

소 장

원 고 ○○○ (○○○○○○-1○○○○○○)
○○시 ○○구 ○○동 123-12
소송대리인 법무법인 ○○
담당변호사 함○○, 김○○
서울 ○○구 ○○동 1000-17 ○○빌딩 1층
(우: 137-885, 전화: 500-5000, 팩스: 500-4000)

피 고 경기지방경찰청장

청구의 대상 : 자동차운전면허취소 처분
처분이 있음을 안 날 : 20○○. ○. ○.
처분청의 고지 : 문서로 함

청 구 취 지

1. 피고가 20○○. ○. ○. 자로 원고에 대하여 한 자동차운전면허취소처분은 이를 취소한다.
2. 소송비용은 피고의 부담으로 한다.

라는 판결을 구합니다.

청 구 원 인

1. 피고의 원고에 대한 운전면허취소처분

가. 피고는 20○○. ○. ○. 원고에 대하여 원고가 20○○. ○. ○. 02:30경에 도로교통법

제93조 제1항 제5호 소정의 '인피사고야기 후 조치 및 신고의무불이행(이하 '이 사건 사고'라 합니다)'을 이유로 도로교통법 제93조에 따라 4년간의 운전면허를 취소하는 처분(이하 '이 사건처분'이라 합니다)을 하였습니다.

나. 그러나 피고의 이러한 행정처분은 원고의 위법성에 비하여 지나치게 무거운 것으로 이 사건 처분은 과잉금지의 원칙 또는 비례의 원칙을 위반한 위법한 처분이므로 마땅히 취소되어야 합니다.

2. 이 사건 사고의 경위와 피해의 경미성

가. 원고는 20○○. 18년간 다니던 상장기업인 ○○시멘트 주식회사에서 부장으로 명예퇴직을 하고, 부동산중개업, 조그만 음식점등을 개업하였으나 여의치 않아 현재는 전에 다니던 ○○시멘트의 자회사인 채권추심회사인 ○○파이낸셜 주식회사에서 계약직으로 법인추심업무를 하고 있습니다. 원고가 ○○파이낸셜에서 관리하고 있는 업체는 약 300여 개로 전국에 산재해 있습니다. 원고는 매일 전국에 있는 2-5개의 거래업체를 찾아다니며 채무자회사의 자금상황에 따른 변제계획을 협의하고, 계획에 따른 추심이 여의치 않을 경우 법적 절차를 진행 후 손실처리를 하고 있습니다.

나. 원고는 이 사건 사고가 난 20○○. ○. ○.도 그 전날이 일요일임에도 불구하고 경인지역에 있는 여러 거래업체를 찾아가 거래처 면담을 하고 늦은 시간에 귀가를 하다가 졸음으로 교통신호를 잘못 보아 신호대기 중이던 택시를 들이받아 일어난 것입니다.

다. 이 사건 사고 난 즉시 원고는 차에서 내려 원고의 과실을 인정한 후 피해차량의 운전자인 소외 ○○○의 부상 여부를 확인하였습니다. 그러자 ○○○은 특별한 이상은 없지만 차량이 파손되었으니 그냥 보험처리하는 것보다는 확실하게 경찰에 신고 후에 보험처리를 하자며 경찰에 연락을 하였고, 원고는 ○○○의 차량 옆에 서서 경찰이 오기를 기다렸습니다. 그렇게 한 20분을 기다리는 동안에 견인차가 먼저 도착을 하였습니다. 이에 원고는 견인차 운전자에게 차를 어디로 견인하려고 하느냐고 물으니, 견인차 운전자는 ○○경찰서로 가지고 간다는 것이었습니다. 당시 원고의 차 안에는 거래업체와 관련된 서류가 있었고, 차의 전면 유리창에는 원고의 휴대폰 연락처가 기재되어 있었습니다. 이에 원고는 차에 휴대폰연락처와 서류봉투가 있으니 나중에 경찰서에서 연락이 올 테니 별 문제는 없겠지 하는 마음에 몸도 피곤하고 사지가 쑤시는 느낌이 들어 인근의 연세정형외과 응급실을 찾았으나, 문이 닫혀있어 근처 찜질방에서 잤습니다.

라. 그 다음날은 일요일 근무 후 비번이라 아침 6:30경에 보험회사에 사고신고를 하고, 집에서 쉬면서 경찰에서 연락이 오기를 기다리던 중 직상상사가 원고에게 전화를 하여 뺑소니범으로 수배가 내려졌으니 빨리 ○○경찰서에 연락을 하라는 것이었습니다. 원고는 평소 뺑소니는 사고 후 사고를 은폐하기 위해서 차량을 가지고 도주하는 것으로 알고 있었는데, 이 사건 사고 당시 원고는 피해자의 피해현황을 점검하고 경찰서로 견인된 원고의 차량에 휴대폰 연락처, 회사 서류봉투까지 있었는데 뺑소니라니 어이가 없고, 사건이 원고가 생각한 것보다 커지는 것 같아 황망한 마음에 ○. ○. 9:00에 ○○경찰서에 전화를

하니. 일단 경찰서로 들어와서 진술서를 쓰라는 것이었습니다.

마. 원고는 집에서 5분 거리에 있는 경찰서에 출두하여 간단한 진술서를 쓰고, 자세한 진술서는 다음날 피해자와 같이 작성하자고 하여 다음날 진술서를 작성하였습니다. 원고가 조사 경찰관에게 차에 서류와 연락처가 있는데 표현조차 거북한 뺑소니라니 억울하다고 호소하자, 경찰관은 원고의 차량에 연락처가 있다는 것을 인정하면서도 피해자에게 응급조치를 취하지 아니하고 경찰에 신고를 하지 않았으니 뺑소니는 틀림없지만 죄질이 경미하여 구속은 되지 않을 것이라는 것이었습니다.

바. 원고는 뺑소니라는 말도 소름이 끼치는데 구속 여부까지 문제가 된다니 앞이 깜깜하였습니다. 경찰진술을 마치고 견인차 주차장에 가보니 원고의 차만 있고, 피해 택시는 없었습니다. 이에 택시회사를 방문하여 피해자가 입원한 병원을 방문하여 피해자에게 사죄를 하고, 원고가 사는 형편을 말하니, 피해자 ○○○은 아무 조건없이 흔쾌히 합의를 하여 주었습니다. 그리고 ○○○은 피해보상과 관련하여서는 원고가 보험을 가입하여 놓았으니 보험회사와 합의하면 되니 걱정하지 말라는 것이었습니다. 원고가 후에 확인하여 보니 ○○○은 보험회사와 대물피해에 대하여는 1,974,000원, 대인손해 1,437,760원에 합의 후 사고 5일 후인 20○○. ○. ○.에 퇴원을 하였습니다.

사. 위와 같이 이 사건 사고로 인한 피해자의 손해가 경미할 뿐 아니라 이 사건 사고의 경위를 통하여 원고의 준법의식이 낮지 않음을 알 수 있습니다.

3. 원고에게는 운전면허가 생계 수단임

가. 원고는 20○○. 18년간 근무하였던 ○○시멘트 주식회사에서 관리직으로 근무하다 명예퇴직 후 부동산중개사 사무실, 일반음식점 등을 개업하였으나, 세상물정에 어두워 결국 실패하고, 20○○. 전에 근무하던 회사의 자회사에서 1년마다 계약이 갱신되는 계약직 직원으로 일하고 있습니다.

나. 원고는 거래처인 300여개의 법인사업체를 관리하는 바, 수도권인 경우 하루 평균 3-5곳 300km, 지방인 경우 1-2 곳 300km에서 심지어 500km까지 자동차로 거래업체를 방문하고 있습니다.

다. 원고가 관리하는 거래업체는 제1금융권에 담보를 제공하여 대출을 받은 후, 연체가 되면 제1금융권에서 담보권을 실행 후 담보가 없는 잔여 대출금을 원고가 근무하는 회사에 매도를 하면 원고의 회사가 나머지 잔액을 추심하는 방법으로 회수를 하게 됩니다. 따라서 원고가 관리하는 업체는 부도직전의 회사가 아니라 대부분 정상적으로 영업을 하고 있으나, 자금이 모자라 대출금 채무를 하고 갚지 못하는 경우가 대부분이어서 원고가 채권추심을 하기 위해서는 채무자 회사 관계자를 만나 회사의 자금사정과 이에 바탕한 변제계획을 듣고 이에 따라 채권을 추심하기 때문에 거래업체를 방문하는 것이 필수입니다.

라. 원고의 거래처가 신규이든 그 동안 관리하는 업체이든 거래처 방문이 필수여서 자동차운전면허는 원고가 직장에 근무하기 위한 필수 불가결한 조건이고, 회사에서도 직원을 선발할 경우 기업체에서 자금관리 또는 영업을 한 사람으로 운전면허소지를 필수로 하고

있습니다. 원고가 운전면허를 취소당할 경우 직장에서의 퇴직은 명약관화한 것이고, 더욱이 원고가 계약직 근로자여서 더욱 그렇습니다.

마. 원고가 생존에 필수인 운전면허를 취소당함으로 인하여 직장에서 재계약이 거부당할 경우 모아놓은 돈도 사업실패로 모두 탕진하고, 마땅한 기술도 없는 상태라 생계가 막막하고, 현재 부인과 이혼소송 중인데다가 잦은 치료를 요하는 병약한 아들이 있어 자칫 낙망하여 노숙자로 전락할 위험도 있습니다.

바. 한마디로 현재 원고의 입장에서 운전면허는 생계뿐 아니라 생존의 필수요소입니다.

4. 원고에게는 별다른 교통관련 전과가 없음

가. 원고에게는 유일하게 약 15년 전인 20○○. 직장에서 회식을 하고 운전한 낮은 수치의 음주운전 전과만 있을 뿐 다른 음주운전의 전과는 없습니다. 또한 교통사고를 야기하여 사람을 다치게 하였다는 등의 전과도 없습니다.

나. 또한 원고는 이번 일을 계기로 준법의식을 한층 더 고양시킬 것을 다짐하고 있습니다.

5. 원고에게는 잦은 치료를 요하는 병약한 아들이 있습니다.

가. 원고에게는 가족으로 처 김○○, 두 아들 ○○○과 ○○○이 있습니다. 처와는 처가 외도 후 가출을 하였음에도 도리어 원고가 폭행을 하였다는 이유로 ○○지방법원원 2007드단8734호로 이혼소송 중이고, 큰 아들 ○○○은 군복무 중에 있으며, 작은 아들 ○○○은 중학교 3학년에 재학 중에 있어 원고는 현재 작은 아들과 단 둘이 생활을 하고 있습니다.

나. 그런데 작은 아들 ○○○은 심장기형이어서 수술만 해도 태어난 지 며칠 안 된 20○○. ○. ○. 1회, 20○○. ○. ○. 2회, 20○○. ○. ○. 3회 20○○. ○. ○. 4회, 총 4회의 심장수술을 받았고, 경미한 심장경련으로 병원치료를 받은 것은 한두 번이 아니어서 이루 셀 수도 없습니다.

다. 그런데 원고가 처와 이혼소송을 하는 처지라서 처의 부조를 받기 힘든 상태에서 이 사건 처분으로 원고의 운전면허가 취소되면 원고가 직장생활을 할 수 없게 되어 생계가 막연하게 되어 아들인 ○○○의 건강도 위협받을 처지에 놓이게 됩니다.

6, 이 사건 처분의 취소

가. 이처럼 원고의 직업상, 생계상 승용차 운전면허가 필수적인 데다가 이 사건 사고로 인한 피해가 경미한 상태에서 원고가 차량 안에 연락처와 연락이 가능한 서류까지 놓고 온 상태에서 피해자의 안위를 살핀 후 잠시 자리를 떴다는 이유만으로 원고의 운전면허를 그것도 4년간이나 면허를 취소하는 것은 도로교통법이 보호하고자 하는 공익보다는 원고가 입게 되는 손해가 지나치게 크다고 하지 않을 수 없습니다. 따라서 이 사건 처분은 행정상 비례의 원칙 내지 과잉금지의 원칙에 위배되는 위법한 처분입니다.

나. 위와 같이 이 사건 처분은 행정상 비례의 원칙 내지 과잉금지의 원칙에 위배되는 하자 있는 행정행위이나, 하자 있는 행정행위가 무효냐, 아니면 단순 취소 사유냐에 관하여

대법원의 기준인 중대 · 명백설에 의할 때 이 사건 처분의 하자는 중대하기는 하지만 객관적으로 명백한 것은 아니므로 취소사유에 불과하다 할 것이므로 이 사건 처분은 마땅히 취소되어야 할 것입니다.

7. 결 론

위와 같은 이유로 이 사건 청구에 이르렀으니 저간의 사정과 관련자료를 면밀히 검토하시고, 더불어 원고의 여러 딱한 사정을 참작하여 원고의 청구를 인용하여 주시기 바랍니다.

입 증 방 법

1. 갑 제1호증	자동차운전면허취소결정통지서
1. 갑 제2호증의 1	형사사건기록 표지
2	의견서
3	범죄인지보고서
4	교통사고실황조사서
5	수사보고서
7	교통사고관련자 진술서(피해자)
8	수사보고서
9	교통사고관련자 진술서(원고)
10	참고인진술조서
11	피의자진술조서
12	수사과정확인서
13	합의서
14	진단서
15	수사결과보고
16	수사지휘건의서
18	탄원서(피해자)
19	진술서
20	공소장
1. 갑 제3호증	업무대행위촉증명서
1. 갑 제4호증의 1	자동차사고보상처리결과안내서
2	물차손해사정내역서
1. 갑 제5호증	주민등록표 등본
1. 갑 제6호증	소송사건인터넷 출력물
1. 갑 제7호증	각서
1. 갑 제8호증	약식명령서
1. 갑 제9호증	관리업체 내역서
1. 갑 제10호증의 1	의료기록사본 증명서
2	의료기록사본

1. 갑 제11호증 탄원서
1. 갑 제12호증의 1 내지 12 사진

첨 부 서 류

1, 소장 부본
1. 위 입증방법 각 1부
1. 위임장 1부
1. 담당변호사지정서 1부

20○○. ○. ○.

위 원고의 소송대리인
법무법인 ○○
담당변호사 함 ○○
담당변호사 김 ○○

○○지방법원 귀중

[참고] 1. 한 사람이 여러 종류의 자동차운전면허를 취득하는 경우뿐만 아니라, 이를 취소 또는 정지할 때도 서로 별개의 처분으로 취급한다. 복수의 운전면허는 각 면허마다 별개의 면허처분이 있는 것이므로, 복수 면허취소처분의 취소를 구하는 소송은 청구의 단순병합이다. 다만, 단일한 음주운전행위로 인하여 소지하고 있던 복수의 운전면허가 취소되어 그 각 취소처분의 취소를 구하는 경우에는 실질적으로 1개의 처분으로 보아 흡수법칙을 적용한다.
2. 운전면허취소의 취소 및 개인택시운송사업면허취소의 취소를 함께 구하는 경우에는 각 별개의 처분에 대한 소송이고, 청구의 목적이 하나의 법률관계에 해당하지 않으므로 합산한다.
3. 소가 : 20,000,100원을 기준을 계산한다(= 20,000,100원 × 0.0045 + 5,000원 = 95,000원).

[서식 119] 자동차운전면허취소처분 취소청구의 소

소 장

원 고 김 길 동(주민등록번호)
서울시 ○○구 ○○동 ○번지

피 고 서울특별시지방경찰청장
자동차운전면허취소처분취소

청 구 취 지

1. 피고가 20○○. ○. ○. 원고에 대하여 한 운전면허(제1종 보통)취소처분을 취소한다.
2. 소송비용은 피고가 부담한다.
라는 판결을 구합니다.

청 구 원 인

1. 처분의 경위

(1) 원고는 20○○. ○. ○. 20-21시경 인천에 있는 ○○○음식점에서 친구 3명과 함께 술을 마신 후 대리운전기사 황○○를 불러 ○○○ 차량을 운전하여 22:30경 서울 ○○구 ○○동 ○○○에 있는 자택 앞에 도착하였습니다.

(2) 황○○는 원고의 집 앞에 도착하여 원고의 거주자 우선주차구역에 위 차량을 주차하려고 하였는데 이미 성명불상자가 주차를 하고 있었다. 이에 황○○가 경적을 울렸고 이로 인하여 황○○와 성명불상자 사이에 시비가 붙었다. 그러자 원고가 시비를 말리고 시비가 커지는 것을 방지하기 위하여 대리운전기사인 황○○를 돌려보냈습니다.

(3) 이후 성명불상자가 원고의 거주자 우선주차구역에서 차를 빼주어 원고가 2-3m정도 운전하여 차량을 주차하였다. 성명불상자는 위와 같이 시비가 된 것에 화가나 경찰에 원고가 음주운전을 하였다고 신고하였고, 원고는 출동한 경찰관에 의하여 20○○. ○. ○. 22:58경 서울 ○○구 ○○동 ○○ 앞 도로에서 혈중알콜농도 0.166% 상태로 ○○○호 차량을 음주운전하였다는 이유로 단속되었습니다.

(4) 피고는 20○○. ○. ○. 위와 같이 원고가 음주운전하였다는 이유로 도로교통법 제93조 제1항 제1호에 의해 원고의 운전면허(제1종 보통)를 취소하는 이 사건 처분을 하였습니다.

2. 처분의 위법성

음주운전을 하게 된 경위, 생계를 위하여 운전이 필수적인 점 등을 고려하면, 이 사건 처분은 원고에게 지나치게 가혹한 것으로 재량권을 일탈·남용한 것입니다.

3. 결 론

위와 같이 피고의 처분은 위법하므로 이의 취소를 구하는 본 건 행정소송에 이르게 되었습니다.

입 증 방 법

1. 갑 제1호증
2. 갑 제2호증

첨 부 서 류

1. 위 각 입증방법 각 1부
2. 송달료 납부서
3. 소장부본

20○○. ○. ○.

위 원고 (날인 또는 서명)

서울행정법원 귀중

6. 운전면허정지처분 취소심판

가. 면허정지처분취소 기재례

1. 피고가 20○○. ○. ○.자로 원고에 대하여 한 20○○. ○. ○.부터 같은 해 ○. ○.까지의 자동차운전면허정지처분은 이를 취소한다.
2. 소송비용은 피고의 부담으로 한다.

피청구인이 20○○. ○. ○.자로 음주운전을 사유로 청구인에 대하여 한 자동차운전면허 정지처분은 이를 취소한다.
라는 재결을 구합니다.

나. 자동차운전면허정지처분 취소심판 서식

[서식 120] 자동차운전면허정지처분 취소심판청구서

<table>
<tr><td colspan="5" align="center">행 정 심 판 청 구</td></tr>
<tr><td rowspan="2">청 구 인</td><td>이 름</td><td>○ ○ ○</td><td>주민등록번호</td><td>111111-1111111</td></tr>
<tr><td>주 소</td><td colspan="3">○○시 ○○구 ○○길 ○○</td></tr>
<tr><td>선정대표자, 관리인 또는 대 리 인</td><td colspan="4">○ ○ ○ (또는 대리인 변호사 ○ ○ ○)
○○시 ○○구 ○○길 ○○</td></tr>
<tr><td>피 청 구 인</td><td colspan="2">△△지방경찰청장</td><td>재 결 청</td><td>경 찰 청 장</td></tr>
<tr><td>청구대상인 처분내용 (부작위의 전제가 되는 신청내용 · 일자)</td><td colspan="4">피청구인이 20○○. ○. ○. 청구인에 대하여 한 자동차 운전면허 정지처분</td></tr>
<tr><td>처분있음을 안 날</td><td colspan="4">20○○. ○. ○.</td></tr>
<tr><td>심판청구취지 · 이유</td><td colspan="4">(별지 기재와 같음)</td></tr>
<tr><td>피청구인의 행정심판 고 지 유 무</td><td colspan="2">20○○년 ○월 ○일</td><td>고지내용</td><td>자동차면허 정지</td></tr>
<tr><td>증거서류(증거물)</td><td colspan="4">재직증명서, 경력증명서, 전세계약서, 주민등록등본
(또는 1. 별지기재와 같음)</td></tr>
<tr><td>근 거 법 조</td><td colspan="4">행정심판법 제28조, 동법 시행령 제20조</td></tr>
<tr><td colspan="5">위와 같이 행정심판을 청구합니다.

20○○. ○. ○.

위 청구인 ○ ○ ○ (인)
(또는 대리인 변호사 ○ ○ ○ ㊞)

△ △ 지방경찰청장 귀하</td></tr>
<tr><td colspan="4" rowspan="2">※ 첨부서류 : 청구서 부본</td><td>수수료</td></tr>
<tr><td>없 음</td></tr>
</table>

심판청구 취지

피청구인이 20○○. ○. ○. 청구인에 대하여 한 자동차 운전면허정지처분을 취소한다.
라는 재결을 구합니다.

심판청구 이유

1. 청구인은 19○○. ○. ○. ○○북도 지사로부터 제1종 보통 운전면허증을 취득하여 ○○정기 화물주식회사에서 8ton 화물자동차를 운전한 것을 시작으로 현재까지 줄곧 자동차 운전으로 생업을 유지해 왔으며 주식회사 ○○화학의 화물자동차 운전기사로 재직하고 있었습니다.

2. 청구인의 음주경위

가. 청구인은 20○○. ○. ○. ○○:○○경 ○○동 소재 형님집에서 형님과 함께 맥주 3홉들이 2병을 나눠 마시고 새벽 0시 20분경 가족들을 태우고 귀가하던 도중 집근처 대로변에서 간이검문소를 설치하고 운전자의 음주측정을 실시하고 있는 경찰관의 지시에 따라 음주측정에 응하였습니다.

나. 당시 청구인은 형님집에 가족들과 함께 차로 갔기 때문에 맥주컵으로 1잔반 정도밖에 마시지 않았고 또한, 술 마신 후 3~4시간을 보냈으므로 이전의 경험에 비추어 음주측정을 받아도 아무 문제가 없으리라 생각하여 순순히 측정에 응하였던 것입니다. 또한 측정결과도 단속기준에 해당하지 않았던지, 측정결과를 확인하던 경찰관은 고개를 갸우뚱하며 "또 기계가 잘못됐나…"하고 혼잣말하며 다시 측정해보자고 하여 이에 응하였습니다. 그런데도 음주측정수치가 생각했던 것만큼 나오지 않았던지 재차 측정을 요구하였습니다.

다. 3차 측정결과 그 수치가 0.085%가 나왔다고 기계를 청구인에게 내밀며 운전면허정지사유에 해당한다고 하였습니다. 이에 대해 본인은 그 측정결과를 인정할 수 없으므로 재차 공정하고 정확한 측정을 요구하였습니다. 단속경찰관은 종전에 사용하였던 측정기를 가지고 재차 2회 측정하며 단속기준인 면허정지에 해당한다는 말만 반복하였습니다. 청구인은 이 결과는 도저히 인정할 수 없다고 항변하였으나, 이는 받아들여지지 않았습니다.

라. 그후 청구인은 경찰서에서도 이러한 측정결과를 도저히 인정할 수 없다고 하였음에도 청구인의 주장은 끝내 받아들여지지 않았습니다.

3. 이상과 같이 이건 음주측정 결과는 공정하고 정확한 측정결과가 아니므로 이를 근거로 피청구인이 청구인의 운전면허를 정지함은 부당하며, 또한 가사 실제 음주측정치가 0.085%라 하더라도 청구인이 운전을 하게 된 경위, 음주의 정도 기타 제반사정을 고려한다면 피청구인의 운전면허 정지처분은 재량권을 일탈 혹은 남용한 행위라 보여지므로 그 처분을 취소하여 주시기 바랍니다.

입 증 방 법

1. 소갑 제1호증 자동차운전면허정지통지서
1. 소갑 제2호증 재직증명서
1. 소갑 제3호증 경력증명서
1. 소갑 제4호증 주민등록등본
1. 소갑 제5호증 탄원서(회사동료)

첨 부 서 류

1. 위 입증방법 각 1통
1. 심판청구서 부본 1통
1. 위임장(변호사선임시) 1통

20○○. ○. ○.

위 청구인의 대리인
변호사 ○ ○ ○ (인)

○○광역시 ○○경찰청장 귀하

제출기관	피청구인 또는 행정심판위원회 (행정심판법 제23조)	청구기간	· 처분이 있음을 안 날로부터 90일 · 처분이 있은 날로부터 180일 (행정심판법 제27조)
청 구 인	피처분자	피청구인	행정처분을 한 행정청
제출부수	청구서 및 부본 각 1부	관련법규	행정심판법
불복방법	· 행정심판 재청구의 금지(행정심판법 제51조) 행정심판법상 행정심판의 단계는 단일화되어 있어 재결에 대한 행정심판 재청구는 할 수 없다. 다만, 국세기본법 등의 개별법에서는 다단계의 행정심판을 인정하고 있음 · 재결에 대한 행정소송(행정소송법 제19조, 제38조) 재결자체에 고유한 위법이 있을 때에는 재결 그 자체에 대한 취소소송 및 무효등확인소송을 제기할 수 있음 · 다만, 청구인은 기각 재결 등 청구인의 주장이 인용되지 아니한 경우에는 원행정처분에 대하여 행정소송으로 다툴 수 있음(행정소송법 제18조)		

[서식 121] 자동차운전면허정지처분 취소심판청구서

<table>
<tr><td colspan="5">행 정 심 판 청 구</td></tr>
<tr><td rowspan="2">청 구 인</td><td>이 름</td><td>○○○</td><td>주민등록번호</td><td>111111-1111111</td></tr>
<tr><td>주 소</td><td colspan="3">○○시 ○○구 ○○길 ○○</td></tr>
<tr><td>선정대표자 관 리 인
또 는 대 리 인</td><td colspan="4"></td></tr>
<tr><td>피 청 구 인</td><td colspan="2">○○지방경찰청장</td><td>재 결 청</td><td>경 찰 청 장</td></tr>
<tr><td>청구대상인 처분내용
(부작위의 전체가 되는
신 청 내 용 일 자)</td><td colspan="4">자동차운전면허정지처분</td></tr>
<tr><td>처분 있음을 안 날</td><td colspan="4">20○○. ○. ○.</td></tr>
<tr><td>심판청구취지 이유</td><td colspan="4">(별지 기재와 같음)</td></tr>
<tr><td>처분청의 고지유무</td><td colspan="2">있 음</td><td>고 지 내 용</td><td>자동차운전면허정지</td></tr>
<tr><td>증 거 서 류
(증 거 류)</td><td colspan="4">(별지 기재와 같음)</td></tr>
<tr><td>근 거 법 조</td><td colspan="4">행정심판법 제19조, 동법 시행령 제18조</td></tr>
</table>

위와 같이 행정심판을 청구합니다.

20○○. ○. ○.

위 청구인 ○ ○ ○ (인)

○○지방경찰청장 귀하

첨부서류	청구서 부본		수 수 료	없 음

심판청구 취지

피청구인이 20○○. ○. ○.자로 음주운전을 사유로 청구인에 대하여 한 자동차운전면허 정지처분은 이를 취소한다.
라는 재결을 구합니다.

심판청구 이유

1. 청구인은 19○○.경 제1종 보통운전면허를 취득하여 운전해오다가 19○○. ○. ○. ○○시장으로부터 개인택시 운송사업면허를 발급받아 운전으로 생계를 이어가고 있는 개인택시 운전자입니다.
2. 청구인은 20○○. ○. ○.경 친구의 아들 결혼식에 참석했다가 친구들과 식사를 하면서 약간의 술을 마시고 있던 중 당시 예식장 주차장에 공간이 없어 골목에 주차를 해두었는데 안쪽에 있던 차량의 소유자가 차를 빼달라고 요구하여 골목길이고 약간만 움직이면 될 것 같아 약 7미터 정도 운전하여 차를 빼주게 되었는데 그때 마침 골목 바깥을 지나던 승용차와 접촉하게 되어 음주측정을 하게 된 것이고 전혀 운행을 하기 위한 운전이 아니었습니다.
3. 이와 같이 청구인은 단지 주차 중인 차를 다른 차량의 운행을 위하여 비켜주는 과정이었지 결코 차를 운행하기 위한 운전이 아니었으며, 평생 운전으로 생계를 유지해오고 있어 ○○○일간의 운전면허정지처분은 당장 생계를 위협하고 있는 바, 청구인이 음주하게 된 동기 기타 제반 정상을 참작할 때 피청구인으로부터의 행정처분은 부당하므로 20○○. ○. ○. 정지한 운전면허 행정처분을 취소하여 주시기 바랍니다.

입 증 방 법

1. 소갑 제1호증	자동차운전면허취소 통지서
1. 소갑 제2호증	청첩장
1. 소갑 제3호증	주민등록등본
1. 소갑 제4호증	진술서(본인)
1. 소갑 제5호증	사실확인서(결혼식 혼주)

첨 부 서 류

1. 위 입증방법	각 1통
1. 심판청구서 부본	1통

20○○. ○. ○.

위 청구인 ○ ○ ○ (인)

○○지방경찰청장 귀중

제출기관	피청구인 또는 행정심판위원회 (행정심판법 제23조)	청구기간	· 처분이 있음을 안 날로부터 90일 · 처분이 있은 날로부터 180일 (행정심판법 제27조)
청 구 인	피처분자	피청구인	행정처분을 한 행정청
제출부수	청구서 및 부본 각 1부	관련법규	행정심판법
불복방법	· 행정심판 재청구의 금지(행정심판법 제51조) 행정심판법상 행정심판의 단계는 단일화되어 있어 재결에 대한 행정심판 재청구는 할 수 없다. 다만, 국세기본법 등의 개별법에서는 다단계의 행정심판을 인정하고 있음 · 재결에 대한 행정소송(행정소송법 제19조, 제38조) 재결자체에 고유한 위법이 있을 때에는 재결 그 자체에 대한 취소소송 및 무효등 확인소송을 제기할 수 있음 · 다만, 청구인은 기각 재결 등 청구인의 주장이 인용되지 아니한 경우에는 원행정처분에 대하여 행정소송으로 다툴 수 있음(행정소송법 제18조)		

[서식 122] 행정심판청구서 – 자동차운전면허정지처분취소

행 정 심 판 청 구

청 구 인 홍 길 동 (○○○○○○-○○○○○○○)
○○시 ○○구 ○○동 ○○○
대리인 변호사 ○ ○ ○ (전화 :)
○○시 ○○구 ○○동 ○○○ (우 :)

피청구인 ○○지방경찰청장
○○시 ○○구 ○○동 ○○○

심판청구 취지

피청구인이 20○○. ○. ○.자 청구인에 대하여 한 ○○일(20○○. ○. ○. ~ 20○○. ○. ○.)의 운전면허정지처분을 취소한다.

라는 재결을 구합니다.

심판청구 이유

1. 이 사건 처분의 경위

청구인은 20○○. ○. ○. 신호 또는 지시위반으로 벌점 15점, 단속경찰공무원 등 폭행으로 벌점 90점을 부과 받아 피청구인이 청구인에게 ○일(20○○. ○. ○. ~ 20○○. ○. ○.)의 운전면허정지처분(이하 "이 사건 처분"이라 한다)을 하였습니다.

2. 이 사건 처분의 적법 여부

가. 사실관계

1) 청구인은 이 사건 당시 택시 운전기사로서 제1종 보통운전면허를 취득한 이래 교통사고 전력은 없고, 7회의 교통법규위반 전력만이 있었습니다.

2) 청구인은 20○○. ○. ○. 신호 또는 지시위반으로 벌점 15점을 부과 받았고, 20○○. ○. ○. 택시를 운전하다가 여객자동차 운수사업법 위반자를 단속하던 ○○구청 교통지도과 소속 공무원인 김○○에 의하여 지정복장 위반과 자격증 제시의무 위반으로 단속되자, 위 김○○의 멱살을 잡아 3회 흔드는 등 폭행을 하여 피청구인으로부터 벌점 90점을 부과받았습니다.

3) ○○지방검찰청은 청구인의 신호위반에 대해 청구인이 운전한 시내버스는 녹색신호 중에 교차로에 진입하였을 것으로 추정되므로 달리 피의사실을 인정할 증거가 없다는 이유로 무혐의 처분을 하였습니다.

4) 이후 피청구인은 청구인에게 벌점이 총 105점이 되었다는 이유로 이 사건 처분을 하였습니다.

나. 이 사건 처분의 위법성

도로교통법 제93조 제1항 제14호에 의하면 같은 법에 의한 교통단속임무를 수행하는 경찰공무원 및 시, 군 공무원에 대하여 폭행한 때 운전면허를 정지 또는 취소할 수 있도록 되어있는 바, 청구인이 폭행한 대상은 여객자동차운수사업법 위반자를 단속하던 ○○구청 교통지도과 소속 공무원이므로 청구인의 경우 이에 해당하지 않음에도 피청구인이 벌점 90점을 부과하였으므로 이 사건 처분은 위법, 부당하다 할 것입니다.

3. 관계법령

도로교통법 제93조(운전면허의 취소 · 정지) ② 지방경찰청장은 제1항에 따라 운전면허를 취소하거나 운전면허의 효력을 정지하려고 할 때 그 기준으로 활용하기 위하여 교통법규를 위반하거나 교통사고를 일으킨 사람에 대하여는 행정안전부령으로 정하는 바에 따라 위반 및 피해의 정도 등에 따라 벌점을 부과할 수 있으며, 그 벌점이 행정안전부령으로 정하는 기간 동안 일정한 점수를 초과하는 경우에는 행정안전부령으로 정하는 바에 따라 운전면허를 취소 또는 정지할 수 있다.

14. 이 법에 따른 교통단속 임무를 수행하는 경찰공무원등 및 시·군공무원을 폭행한 경우

도로교통법시행규칙 제93조 별표28 중

3. 정지처분 개별기준

가. 이 법이나 이 법에 의한 명령을 위반한 때

<table>
<tr><th>위반사항</th><th>적용법조
(도로교통법)</th><th>벌점</th></tr>
<tr><td>1. 삭제 〈2011.12.9〉</td><td></td><td></td></tr>
<tr><td>2. 술에 취한 상태의 기준을 넘어서 운전한 때(혈중알코올농도 0.05퍼센트 이상 0.1퍼센트 미만)</td><td>제44조 제1항</td><td>100</td></tr>
<tr><td>2의2. 자동차 등을 이용하여 형법상 특수상해 등(보복운전)을 하여 입건된 때</td><td>제93조</td><td></td></tr>
<tr><td>3. 속도위반(60㎞/h 초과)</td><td>제17조 제3항</td><td>60</td></tr>
<tr><td>4. 정차·주차위반에 대한 조치불응(단체에 소속되거나 다수인에 포함되어 경찰공무원의 3회 이상의 이동명령에 따르지 아니하고 교통을 방해한 경우에 한한다)</td><td>제35조 제1항</td><td rowspan="7">40</td></tr>
<tr><td>4의2. 공동위험행위로 형사입건된 때</td><td>제46조 제1항</td></tr>
<tr><td>4의3. 난폭운전으로 형사입건된 때</td><td>제46조의3</td></tr>
<tr><td>5. 안전운전의무위반(단체에 소속되거나 다수인에 포함되어 경찰공무원의 3회 이상의 안전운전 지시에 따르지 아니하고 타인에게 위험과 장해를 주는 속도나 방법으로 운전한 경우에 한한다)</td><td>제48조</td></tr>
<tr><td>6. 승객의 차내 소란행위 방치운전</td><td>제49조 제1항 제9호</td></tr>
<tr><td>7. 출석기간 또는 범칙금 납부기간 만료일부터 60일이 경과될 때까지 즉결심판을 받지 아니한 때</td><td>제138조 및 제165조</td></tr>
</table>

4. 결 론

따라서 여객자동차 운수사업법 위반자를 단속하던 구청 공무원임에도 피청구인은 도로교통법 제93조 제1항 제14호를 적용하여 청구인에게 벌점 90점을 부과하고 이에 근거하여 이 사건 처분을 하였으므로 이 사건 처분은 위법, 부당하므로 취소되어야 할 것입니다.

입 증 방 법

1. 소갑 제1호증 자동차운전면허취소통지서
1. 소갑 제2호증 자동차등록증

첨 부 서 류

1. 위 입증서류 사본 각 1통
1. 주민등록초본 1통
1. 심판청구서 부본 1통

20○○. ○. ○.

위 청구인 대리인 변호사 ○ ○ ○ (인)

○○경찰서 귀하

제출기관	피청구인 또는 행정심판위원회 (행정심판법 제23조)	청구기간	· 처분이 있음을 안 날로부터 90일 · 처분이 있은 날로부터 180일 (행정심판법 제27조)
청 구 인	피처분자	피청구인	행정처분을 한 행정청
제출부수	청구서 및 부본 각 1부	관련법규	행정심판법
불복방법	· 행정심판 재청구의 금지(행정심판법 제51조) 행정심판법상 행정심판의 단계는 단일화되어 있어 재결에 대한 행정심판 재청구는 할 수 없다. 다만, 국세기본법 등의 개별법에서는 다단계의 행정심판을 인정하고 있음 · 재결에 대한 행정소송(행정소송법 제19조, 제38조) 재결자체에 고유한 위법이 있을 때에는 재결 그 자체에 대한 취소소송 및 무효등확인 소송을 제기할 수 있음 · 다만, 청구인은 기각 재결 등 청구인의 주장이 인용되지 아니한 경우에는 원행정처분에 대하여 행정소송으로 다툴 수 있음(행정소송법 제18조)		

[서식 123] 행정심판청구서 – 자동차운전면허정지처분취소

행 정 심 판 청 구

청 구 인 홍 길 동 (○○○○○○-○○○○○○○)
○○시 ○○구 ○○동 ○○○
대리인 변호사 ○ ○ ○ (전화 :)

○○시 ○○구 ○○동 ○○○ (우 :)

피청구인 ○○지방경찰청장
○○시 ○○구 ○○동 ○○○

심판청구 취지

피청구인이 20○○. ○. ○.자 청구인에 대하여 한 ○○일(20○○. ○. ○. ~ 20○○. ○. ○.)의 제1종 대형 운전면허정지처분을 취소한다.
라는 재결을 구합니다.

심판청구 이유

1. 이 사건 처분의 경위

청구인은 20○○. ○. ○. 안전운전의무 위반으로 ○만원의 물적 피해와 중경상 5명의 인적 피해가 있는 교통사고를 일으켜 벌점 45점을 부과 받아 피청구인이 청구인에게 ○일(20○○. ○. ○. ~ 20○○. ○. ○.)의 운전면허정지처분(이하 "이 사건 처분"이라 한다)을 하였습니다.

2. 이 사건 처분의 적법 여부

가. 사실관계

1) 청구인은 이 사건 당시 시내버스 운전기사로서 제1종 보통운전면허를 취득하여 20○○. ○. ○. 음주운전 중 사고로 운전면허가 취소 된 후 20○○. ○. ○. 제1종 대형운전면허를 다시 취득하였는데 최초로 운전면허를 취득한 이래 몇 회의 교통사고전력과 몇 회의 교통법규위반전력이 있었습니다.

2) 청구인이 20○○. ○. ○. 시내버스를 운전하다가 신호위반으로 다른 차량 2대를 들이받고 ○만원의 물적 피해와 인적 피해가 있는 교통사고를 일으켰다는 이유로 피청구인은 20○○. ○. ○. 청구인에게 ○일의 운전면허 정지처분을 하였습니다.

3) ○○지방검찰청은 청구인의 신호위반에 대해 청구인이 운전한 시내버스는 녹색신호 중에 교차로에 진입하였을 것으로 추정되므로 달리 피의사실을 인정할 증거가 없다는 이유로 무혐의 처분을 하였습니다.

4) 이후 피청구인은 청구인에게 안전운전의무 위반으로 ○만원의 물적 피해와 인적피해가 있는 교통사고를 일으켰다는 이유로 벌점부과와 함께 이사건 처분을 하였습니다.

나. 이 사건 처분의 위법성

피청구인은 청구인의 신호위반에 대한 검찰의 무혐의 처분이 있자 청구인이 안전운전의무 위반으로 물적 피해와 인적 피해가 있는 교통사고를 일으켰다는 이유로 이 사건 처분을 하였으나 청구인의 신호위반에 대한 검찰의 무혐의 처분으로 청구인이 신호위반을 하지 않았다고 볼 수 있습니다.

3. 관계법령

도로교통법 제93조(운전면허의 취소 · 정지) ② 지방경찰청장은 제1항에 따라 운전면허를 취소하거나 운전면허의 효력을 정지하려고 할 때 그 기준으로 활용하기 위하여 교통법규를 위반하거나 교통사고를 일으킨 사람에 대하여는 행정안전부령으로 정하는 바에 따라 위반 및 피해의 정도 등에 따라 벌점을 부과할 수 있으며, 그 벌점이 행정안전부령으로 정하는 기간 동안 일정한 점수를 초과하는 경우에는 행정안전부령으로 정하는 바에 따라 운전면허를 취소 또는 정지할 수 있다.

9. 제87조 제2항 또는 제88조 제1항에 따른 적성검사를 받지 아니하거나 그 적성검사에 불합격한 경우

도로교통법시행규칙 제93조 별표28 중

1. 일반기준

다. 벌점 등 초과로 인한 운전면허의 취소 · 정지

(1) 벌점 · 누산점수 초과로 인한 면허 취소

1회의 위반 · 사고로 인한 벌점 또는 연간 누산점수가 다음 표의 벌점 또는 누산점수에 도달한 때에는 그 운전면허를 취소한다.

기 간	벌점 또는 누산점수
1년간	121점 이상
2년간	201점 이상
3년간	271점 이상

4. 결 론

따라서 피청구인이 안전운전의무를 위반했다고 보기 어려운 점, 피청구인이 교통사고를 조사할 때 청구인의 안전운전의무 위반을 명시하지 않은 점, 달리 청구인이 안전운전의무를 위반했다는 객관적인 증거가 없는 점 등을 종합적으로 고려해 볼 때 피청구인이 청구인에게 한 이 사건 처분은 사실관계를 오인한 부당, 위법한 처분인 바, 취소되어야 할 것입니다.

입 증 방 법

1. 소갑 제1호증 자동차운전면허취소통지서
1. 소갑 제2호증 자동차등록증

첨 부 서 류

1. 위 입증서류 사본 각 1통

1. 주민등록초본 1통
1. 심판청구서 부본 1통

20○○. ○. ○.

위 청구인 대리인 변호사 ○ ○ ○ (인)

○○경찰서 귀하

제출기관	피청구인 또는 행정심판위원회 (행정심판법 제23조)	청구기간	· 처분이 있음을 안 날로부터 90일 · 처분이 있은 날로부터 180일 (행정심판법 제27조)
청 구 인	피처분자	피청구인	행정처분을 한 행정청
제출부수	청구서 및 부본 각 1부	관련법규	행정심판법
불복방법	· 행정심판 재청구의 금지(행정심판법 제51조) 행정심판법상 행정심판의 단계는 단일화되어 있어 재결에 대한 행정심판 재청구는 할 수 없다. 다만, 국세기본법 등의 개별법에서는 다단계의 행정심판을 인정하고 있음 · 재결에 대한 행정소송(행정소송법 제19조, 제38조) 재결자체에 고유한 위법이 있을 때에는 재결 그 자체에 대한 취소소송 및 무효등확인 소송을 제기할 수 있음 · 다만, 청구인은 기각 재결 등 청구인의 주장이 인용되지 아니한 경우에는 원행정처분에 대하여 행정소송으로 다툴 수 있음(행정소송법 제18조)		

7. 개인택시운송사업면허취소처분 취소심판

가. 취소신청 취지 기재례

피신청인이 20○○. ○. ○.에 신청인에 대하여 한 개인택시운송사업면허취소처분은 이를 취소한다.
라는 결정을 구합니다.

나. 취소신청 서식

[서식 124] 개인택시 면허신청 제외처분 취소심판청구서

심 판 청 구 서

청 구 인　　○ ○ ○ (주민등록번호)
　　　　　　○○시 ○○구 ○○길 ○○ (우편번호 ○○○○○)

피청구인　　△△도지사

심판청구의 대상이 되는 처분의 내용　　피청구인이 청구인에 대하여 20○○.○.○.자로 한 개인택시 면허신청 제외처분

처분이 있는 것을 안 날　　20○○. ○. ○.

심판청구의 취지　　피청구인이 청구인에 대하여 20○○. ○. ○.자로 한 개인택시면허신청의 제외처분을 취소한다.
라는 재결을 구합니다.

심판청구의 이유　　별지기재와 같음

고지의 유무 및 그 내용　　받았음.

첨부서류　　별지기재와 같음

20○○년 ○월 ○일

위 청구인 ○ ○ ○ (인)

△△ 도지사 귀중

심판청구의 이유

1. 청구인은 20○○. ○. ○. 피청구인에게 개인택시 운송사업 면허신청을 하였던바, 피청구인은 같은 해 ○○. ○○. 청구인을 그 면허발급대상자에서 제외한다는 통보를 청구인에게 보내왔

습니다. 그러나 피청구인의 위와 같은 처분은 다음과 같은 이유로 위법 부당한 처분이라고 할 것입니다.

2. 첫째로 청구인은 5년간 무사고 운전경력을 증명 받았으므로 여객자동차운수사업법 시행규칙 제17조 제1항 1호 가목에 해당하여 개인택시운수사업면허를 받을 수 있는 자격을 갖추었고, 피청구인이 청구인의 면허신청 제출 후에 발생한 경미한 교통사고를 이유로 면허대상에서 제외시킨 것은 여객자동차 운수사업법 시행규칙 제17조 제8항의 규정에 위반하는 위법한 처분에 해당합니다.
3. 둘째로 피청구인은 청구인과 똑같은 처지에 있는 청구외 김□□ 및 이□□에게는 면허를 발급하면서 청구인만을 제외시켰습니다. 따라서 피청구인의 이 사건 처분은 형평의 원칙에 어긋나는 부당한 처분이라고 아니할 수 없습니다.

첨 부 서 류

1. 소갑 제1호증 처분통지서 사본
1. 소갑 제2호증 무사고운전경력증명

20○○. ○. ○.

위 청구인 ○ ○ ○ (인)

△ △ 도지사 귀중

제출기관	피청구인 또는 행정심판위원회 (행정심판법 제23조)	청구기간	· 처분이 있음을 안 날로부터 90일 · 처분이 있은 날로부터 180일 (행정심판법 제27조)
청 구 인	피처분자	피청구인	행정처분을 한 행정청
제출부수	청구서 및 부본 각 1부	관련법규	행정심판법
불복방법	· 행정심판 재청구의 금지(행정심판법 제51조) 행정심판법상 행정심판의 단계는 단일화되어 있어 재결에 대한 행정심판 재청구는 할 수 없다. 다만, 국세기본법 등의 개별법에서는 다단계의 행정심판을 인정하고 있음 · 재결에 대한 행정소송(행정소송법 제19조, 제38조) 재결자체에 고유한 위법이 있을 때에는 재결 그 자체에 대한 취소소송 및 무효등확인소송을 제기할 수 있음 · 다만, 청구인은 기각 재결 등 청구인의 주장이 인용되지 아니한 경우에는 원행정처분에 대하여 행정소송으로 다툴 수 있음(행정소송법 제18조)		

[서식 125] 개인택시 운송사업면허 발급신청 거부처분 취소심판청구서

<table>
<tr><td colspan="5">행 정 심 판 청 구</td></tr>
<tr><td rowspan="2">청 구 인</td><td>이 름</td><td>○ ○ ○</td><td>주민등록번호</td><td>111111-1111111</td></tr>
<tr><td>주 소</td><td colspan="3">○○시 ○○구 ○○길 ○○</td></tr>
<tr><td>선정대표자 관리인
또는 대리인</td><td colspan="4"></td></tr>
<tr><td>피 청 구 인</td><td colspan="2">△△도지사</td><td>재 결 청</td><td>건설교통부장관</td></tr>
<tr><td>청구대상인 처분내용
(부작위의 전체가 되는
신 청 내 용 일 자)</td><td colspan="4">개인택시면허예정자결정제외 처분</td></tr>
<tr><td>처분 있음을 안 날</td><td colspan="4">20○○. ○. ○.</td></tr>
<tr><td>심판청구취지 이유</td><td colspan="4">(별지 기재와 같음)</td></tr>
<tr><td>처분청의 고지유무</td><td colspan="2"></td><td>고 지 내 용</td><td></td></tr>
<tr><td>증 거 서 류
(증 거 류)</td><td colspan="4">(별지 기재와 같음)</td></tr>
<tr><td>근 거 법 조</td><td colspan="4">행정심판법 제19조, 동법 시행령 제18조</td></tr>
<tr><td colspan="5">위와 같이 행정심판을 청구합니다.

20○○. ○. ○.

위 청구인 ○ ○ ○ (인)

△△도지사 귀하</td></tr>
</table>

첨부서류	청구서 부본		수 수 료	없 음

[별 지]

심판청구 취지

피청구인이 20○○. ○. ○.자로 청구인이 제출한 개인택시운송사업면허 발급신청서를 면허예정자 및 확정자 결정에서 제외한 처분은 이를 취소한다.
라는 재결을 구합니다.

심판청구 이유

1. 청구인은 20○○. ○. ○. ○○시장의 개인택시 운송사업면허 대상자 모집에서 개인택시 면허발급 우선순위 제 2순위 사항 3호의 대통령, 국무총리, 행정자치부, 건설교통부, 노동부장관의 표창을 받은 자에 해당되어 관계서류를 첨부하여 면허신청을 하였습니다.
2. 이에 ○○시장은 청구인의 개인택시운송사업면허 신청에 대하여 청구인이 행정자치부장관으로부터 표창을 받은 시점은 운전경력기간중이 아니라는 이유로 면허예정자 및 확정자 결정에서 제외시켰습니다.

   그러나 이는 다음과 같은 이유에서 부당한 판단입니다.

   즉 개인택시 면허발급 우선순위 제 2순위 사항 3호에서는 「면허신청일로부터 기산하여 과거 4년간 국내에서 사업용 자동차를 운전한 경력이 3년 이상 있는 자로서 최종운전종사일로부터 기산하여 과거 3년간 무사고 운전경력이 있는 자 중에서 대통령, 국무총리, 행정자치부, 건설교통부, 노동부장관의 표창을 받은 자, 단 20○○. ○. ○. 이전에 받은 타 국무위원의 표창도 포함되며 운전경력기간중에 받은 표창으로서 표창을 받은 후 1년이상 경과되어야 한다」라고 되어 있는데, 여기서 말하는 [운전경력기간중]이란 운전면허를 소지하고 사업용 택시나 버스회사에 취업한 경력이 있고, 또 운전업무에 종사하는 것을 본래의 업무(생업)로 하는 경우를 말하는 것으로서 즉 운전업무와 관계없는 기간에 받은 표창을 제외한다는 취지로 해석하여야 할 것입니다. 따라서 전직을 위한 잠시의 공백기간 등은 그 기간 내라고 해석해야 옳을 것인바, 청구인은 표창수상 당시 새로운 직장으로 옮기는 과정에서 약 1개월간 새 회사에서 견습운전을 하고 있었습니다.

   현실적으로 운전직에 있어서 전직하는 경우 상당기간 견습을 하는 것이 관례이며 표창 시상일은 표창받은 행위를 한 후 일정하지 않은 임의 시점에 이루어진다는 사실을 볼 때 표창일을 기준으로 판단하는 것은 타당하지 않다고 할 것입니다.
3. 위와 같이 처분청에서는 [운전경력기간중]이라는 자구해석을 너무나 좁은 의미로 해석한 잘못으로 결과적으로 청구인에게 불이익을 준 것이므로 합리적으로 해석하여 줄 것을 바라면서 청구취지와 같은 재결을 구하고자 본 청구에 이른 것입니다.

입 증 방 법

1. 소갑 제1호증	경력증명서
1. 소갑 제2호증	재직증명서

1. 소갑 제3호증 표창장
1. 소갑 제4호증 사실증명
1. 소갑 제5호증 진정서

첨 부 서 류

1. 위 입증방법 각 1통
1. 심판청구서 부본 1통

△△ 도지사 귀중

제출기관	피청구인 또는 행정심판위원회 (행정심판법 제23조)	청구기간	· 처분이 있음을 안 날로부터 90일 · 처분이 있은 날로부터 180일 (행정심판법 제27조)
청 구 인	피처분자	피청구인	행정처분을 한 행정청
제출부수	청구서 및 부본 각 1부	관련법규	행정심판법
불복방법	· 행정심판 재청구의 금지(행정심판법 제51조) 행정심판법상 행정심판의 단계는 단일화되어 있어 재결에 대한 행정심판 재청구는 할 수 없다. 다만, 국세기본법 등의 개별법에서는 다단계의 행정심판을 인정하고 있음 · 재결에 대한 행정소송(행정소송법 제19조, 제38조) 재결자체에 고유한 위법이 있을 때에는 재결 그 자체에 대한 취소소송 및 무효등확인 소송을 제기할 수 있음 · 다만, 청구인은 기각 재결 등 청구인의 주장이 인용되지 아니한 경우에는 원행정처분에 대하여 행정소송으로 다툴 수 있음(행정소송법 제18조)		

[서식 126] 개인택시 자동차 운송사업자 면허취소처분 취소심판청구서

행 정 심 판 청 구				
청 구 인	이 름	○ ○ ○	주민등록 번 호	111111-1111111
	주 소	○○시 ○○구 ○○길 ○○		
선정대표자, 관리인 또 는 대 리 인	○ ○ ○ (또는 대리인 변호사 ○ ○ ○) ○○시 ○○구 ○○길 ○○ (우편번호 ○○○○○)			
피 청 구 인	△△특별시 △△구청장		재 결 청	□□특별시장

<table>
<tr><td>청구대상인 처분내용
(부작위의 전제가 되는
신 청 내 용 일 자)</td><td colspan="3">피청구인이 20○○. ○. ○. 청구인에 대하여 한 개인택시 자동차운수사업자 면허 취소 처분</td></tr>
<tr><td>처분 있음을 안 날</td><td colspan="3">20○○. ○. ○.</td></tr>
<tr><td>심판청구취지 이유</td><td colspan="3">별지기재와 같음</td></tr>
<tr><td>피청구인의 행정심판
고 지 유 무</td><td>20○○. ○. ○.</td><td>고지내용</td><td>개인택시 자동차운수사업자 면허 취소</td></tr>
<tr><td>증 거 서 류</td><td colspan="3">재직증명서, 경력증명서, 전세계약서, 주민등록등본
(또는 1. 별지기재와 같음)</td></tr>
<tr><td>근 거 법 조</td><td colspan="3">행정심판법 제28조, 동법 시행령 제20조</td></tr>
<tr><td colspan="4">위와 같이 행정심판을 청구합니다.

20○○. ○. ○.

청 구 인 ○ ○ ○ (인)
(또는 대리인 변호사 ○ ○ ○ ㊞)

△△ 특별시 △△ 구청장 귀하</td></tr>
</table>

첨부서류	청구서 부본	수 수 료	없 음

[별 지]

청 구 취 지

피청구인이 20○○. ○. ○. 청구인에 대하여 한 개인택시 자동차운수사업자 면허취소처분을 취소한다.
라는 재결을 구합니다.

청 구 원 인

청구인은 택시운전사로서 20○○. ○. ○. 피청구인에게 개인택시 자동차운송사업자 면허를 신청하여 그 면허를 취득한 후 운전업무에 종사하던 중, 피청구인은 청구인이 20○○. ○. ○. 13:20분경 서울특별시 ○○구 ○○길 ○○앞 도로에서 인사사고를 내고 도주하였다는 이유로 청구인의 개인택시 자동차운송사업자 면허를 취소하였습니다. 그러나 청구인은 피청구인의 위 처분이 다음과 같은 점에서 위법·부당하다고 주장합니다.

- 중략(피청구인의 처분이 위법·부당하다는 이유를 항목별로 나누어 구체적으로 주장할 것) -

따라서 청구인은 피청구인의 이 사건 개인택시자동차운송사업자면허취소처분의 취소를 구하기 위하여 이 청구에 이르렀습니다.

입 증 방 법

1. 소갑 제1호증 통지서사본
1. 소갑 제2호증 허가증사본

첨 부 서 류

1. 위 입증방법 각 1통
1. 심판청구서 부본 1통

20○○. ○. ○.

위 청구인 ○ ○ ○ (인)

△△특별시 △△구청장 귀중

제출기관	피청구인 또는 행정심판위원회 (행정심판법 제23조)	청구기간	· 처분이 있음을 안 날로부터 90일 · 처분이 있은 날로부터 180일 (행정심판법 제27조)
청 구 인	피처분자	피청구인	행정처분을 한 행정청
제출부수	청구서 및 부본 각 1부	관련법규	행정심판법
불복방법	· 행정심판 재청구의 금지(행정심판법 제51조) 행정심판법상 행정심판의 단계는 단일화되어 있어 재결에 대한 행정심판 재청구는 할 수 없다. 다만, 국세기본법 등의 개별법에서는 다단계의 행정심판을 인정하고 있음 · 재결에 대한 행정소송(행정소송법 제19조, 제38조) 재결자체에 고유한 위법이 있을 때에는 재결 그 자체에 대한 취소소송 및 무효등확인소송을 제기할 수 있음 · 다만, 청구인은 기각 재결 등 청구인의 주장이 인용되지 아니한 경우에는 원행정처분에 대하여 행정소송으로 다툴 수 있음(행정소송법 제18조)			

[서식 127] 개인택시 면허신청 제외처분 취소심판청구서

심 판 청 구 서

청 구 인 ○ ○ ○
○○시 ○○구 ○○동 ○○ (우편번호 ○○○○○)

피청구인 △△도지사

심판청구의 대상이 되는 처분의 내용 피청구인이 청구인에 대하여 20○○.○.○.자로 한 개인택시 면허신청 제외처분

처분이 있는 것을 안 날 20○○. ○. ○.

심판청구의 취지 피청구인이 청구인에 대하여 20○○. ○. ○.자로 한 개인택시면허신청의 제외처분을 취소한다.
라는 재결을 구합니다.

심판청구의 이유 별지기재와 같음

고지의 유무 및 그 내용 받았음.

첨부서류 별지기재와 같음

20○○. ○. ○.

위 청구인 ○ ○ ○ (인)

△△ 도지사 귀중

심판청구의 이유

1. 청구인은 20○○. ○. ○. 피청구인에게 개인택시 운송사업 면허신청을 하였던바, 피청구인은 같은 해 ○○. ○○. 청구인을 그 면허발급대상자에서 제외한다는 통보를 청구인에게 보내왔습니다. 그러나 피청구인의 위와 같은 처분은 다음과 같은 이유로 위법 부당한 처분이라고 할 것입니다.

2. 첫째로 청구인은 5년간 무사고 운전경력을 증명받았으므로 여객자동차운수사업법 시행규칙 제17조 제1항 제1호 가목에 해당하여 개인택시운수사업면허를 받을 수 있는 자격을 갖추었고, 피청구인이 청구인의 면허신청 제출 후에 발생한 경미한 교통사고를 이유로 면허대상에서 제외시킨 것은 여객자동차 운수사업법 시행규칙 제17조 제8항의 규정에 위반하는 위법한 처분에 해당합니다.
3. 둘째로 피청구인은 청구인과 똑같은 처지에 있는 청구외 김□□ 및 이□□에게는 면허를 발급하면서 청구인만을 제외시켰습니다. 따라서 피청구인의 이 사건 처분은 형평의 원칙에 어긋나는 부당한 처분이라고 아니할 수 없습니다.

첨 부 서 류

1. 소갑 제1호증　　　　　　　　처분통지서 사본
1. 소갑 제2호증　　　　　　　　무사고운전경력증명

20○○. ○. ○.

위 청구인　　○ ○ ○ (인)

△ △ 도 지 사　귀중

제출기관	재결청 또는 피청구인인 행정청 (행정심판법 제17조)	청구기간	· 처분이 있음을 안 날로부터 90일 · 처분이 있은 날로부터 180일 (행정심판법 제18조)
청 구 인	피처분자	피청구인	행정처분을 한 행정청
제출부수	청구서 및 부본 각 1부	관련법규	행정심판법
불복방법	· 재심판청구의 금지(행정심판법 제39조) 행정심판법상 행정심판의 단계는 단일화되어 있어 재결에 대한 재심판청구는 할 수 없다. 다만, 국세기본법 등의 개별법에서는 다단계의 행정심판을 인정하고 있음 · 재결에 대한 행정소송(행정소송법 제19조, 제38조) 재결자체에 고유한 위법이 있을 때에는 재결 그 자체에 대한 취소소송 및 무효등확인소송을 제기할 수 있음 · 다만, 청구인은 기각 재결 등 청구인의 주장이 인용되지 아니한 경우에는 원행정처분에 대하여 행정소송으로 다툴 수 있음(행정소송법 제18조)		

[서식 128] 개인택시 면허신청 제외처분 취소심판청구서

청 구 취 지

청구인이 20○○. ○. ○. 청구인에 대하여 한 개인택시운송사업면허제외처분을 취소한다.

청 구 이 유

1. 처분의 경위

가. 청구인은 20○○. ○. ○. 인천광역시 공고 제199420호로 20○○. 개인택시운송사업면허 대상자 모집공고를 함에 있어, 면허예정대수를 330대로 하고 신청자격을 자동차운수사업법 시행규칙 제15조 규정에 의한 자격요건에 적합한 자로 제한하며, 다시 내무부장관 또는 경찰청장으로부터 사업용자동차 10년 이상 무사고운전 영년표시장을 받은 자를 면허발급 우선순위 제2순위 라등급으로 하였습니다.

나. 이에 청구인은 소외 대한통운주식회사에서 20○○. ○. ○.부터 20○○. ○. ○.까지 8년 2개월 15일 동안 화물차를 운전한 것을 비롯하여 모두 11년 5개월 29일간 사업용자동차를 운전하였고, 20○○. ○. ○. 경찰청장으로부터 무사고운전 영년표시장을 받음으로써 위 모집공고상의 면허발급 우선순위 제2순위 라등급에 해당된다는 이유로 20○○. ○. ○. 면허를 신청하였습니다.

다. 그러나 피청구인은 20○○. ○. ○. 청구인이 소외 대한통운주식회사에서 위와 같이 사업용자동차를 운전한 경력을 인정할 수 있는 자료가 미비하여 이를 인정할 수 없다는 이유로 청구인을 면허 대상자에서 제외하는 처분을 하였습니다.

2. 이 사건 처분의 위법

그러나 청구인은 소외 대한통운주식회사에서 20○○. ○. ○.부터 20○○. ○. ○.까지 8년 2개월 15일 동안 화물차를 운전하였고, 다시 20○○. ○. ○.부터 20○○. ○. ○.까지 2년 6개월 10일 동안 리비아에서 취업하였으며, 그 후 귀국하여 20○○. ○. ○.부터 20○○. ○. ○.까지 2개월 14일 동안 소외 흥국통운주식회사에서, 다시 20○○. ○. ○.부터 20○○. ○. ○.까지 3년 17일 동안 소외 조양운수주식회사에서 각 화물차를 운전하였고, 20○○. ○. ○. 경찰청장으로부터 10년 무사고운전 영년표시장을 받았습니다. 또한 최종운전종사일인 20○○. ○. ○.부터 기산하여 과거 3년간 (구)자동차운수사업법 제31조 제1항 제1호 소정의 면허취소 및 정지사유에 해당하는 위반행위가 3회 이상 되지 아니하며, 도로교통법에 의한 운전면허행정처분기준상의 누산점수가 180점이 되지 아니합니다.

그렇다면 청구인이 외국에서 취업하기 위하여 출국한 20○○. ○. ○.부터 귀국한 20○○. ○. ○.까지의 기간을 빼고, 위 출국일과 귀국일을 바로 연결하여 운전경력 등을 계산하면, 청구인은 면허모집공고일로부터 과거 6년간이 되는, 20○○. ○. ○.경부터 20○○. ○. ○.까지 및 20○○. ○. ○.부터 20○○. ○. ○.까지의 기간 중 국내에서 사업용자동차를 운전한 경력이 5년 7개월 남짓이 되고 그 밖에 위 규정에 의한 결격사유가 존재하지 아니하며, 한편 경찰청장으로부터 사업용자동차 10년 이상 무사고운전 영년표시장을 받았으므로, 위 처리규정 및 공고에 따른 면허신청자격 및 2순위 라등급의 우선순위를 갖는다고 함이 명백합니다.

따라서 청구인의 위 운전경력이 위 시행규칙에 의한 신청자격에 미달된다는 이유로 청구인을 면허대상자에서 제외한 청구인의 이 사건 처분은 재량권의 한계를 벗어난 위법한 처분이라고 할 것이므로 취소되어야 합니다.

행정심판청구

<table>
<tr><td rowspan="2">청 구 인</td><td>성명</td><td>△ △ △
(△ △ △)</td><td>주민등록번호</td><td></td></tr>
<tr><td>주소</td><td colspan="3">인천시 남구 용현동 555 진달래아파트 B동 1303호
(전화번호)</td></tr>
<tr><td>선정대표자 · 관리인 또 는 대 리 인</td><td colspan="4">대리인 변호사 △ △ △</td></tr>
<tr><td>피 청 구 인</td><td colspan="2">인천광역시장</td><td>재 결 청</td><td>건설교통부장관</td></tr>
<tr><td>청구대상인 처분 내용 (부작위의 전제가 되는 신 청 내 용 · 일 자)</td><td colspan="4">피청구인이 20○○. ○. ○. 청구인에 대하여 한 개인택시운송사업면허제외처분</td></tr>
<tr><td>처 분 있 음 을 안 날</td><td colspan="4">20○○. ○. ○.</td></tr>
<tr><td>심판청구취지 · 이유</td><td colspan="4">(별지 기재와 같음)</td></tr>
<tr><td>처분청의 고지 유무</td><td colspan="2">유</td><td>고 지 내 용</td><td>통지</td></tr>
<tr><td>증 거 서 류 (증 거 물)</td><td colspan="4">경력증명서, 확인서, 진술서, 인사기록카드</td></tr>
<tr><td>근 거 법 조</td><td colspan="4">행정심판법 제19조, 동법 시행령 제18조</td></tr>
</table>

위와 같이 행정심판을 청구합니다.

20○○. ○. ○.

청구인 대리인 변호사 ○○○ (인)

인천광역시장 귀하

첨부서류 : 청구서 부본, 통지서, 위 각 증거서류 각 1 통	수 수 료
	없 음

[서식 129] 개인택시 자동차 운송사업자 면허취소처분 취소심판청구서

행 정 심 판 청 구

청 구 인　　○ ○ ○
　　　　　　○○시 ○○구 ○○동 ○○ (우편번호 ○○○○○)

피청구인　　△△특별시 △△구청장

청 구 취 지

피청구인이 청구인에 대하여 한 20○○. ○. ○.자 개인택시 자동차운수사업자 면허취소처분은 이를 취소한다.
라는 재결을 구합니다.

청 구 원 인

청구인은 택시운전사로서 20○○. ○. ○. 피청구인에게 개인택시자동차운송사업자 면허를 신청하여 그 면허를 취득한 후 운전업무에 종사하던 중, 피청구인은 청구인이 20○○. ○. ○. 13:20분경 서울특별시 ○○구 ○○동 ○○앞 도로에서 인사 사고를 내고 도주하였다는 이유로 청구인의 개인택시자동차운송사업자면허를 취소하였습니다. 그러나 청구인은 피청구인의 위 처분이 다음과 같은 점에서 위법·부당하다고 주장합니다.

- 중략(피청구인의 처분이 위법·부당하다는 이유를 항목별로 나누어 구체적으로 주장할 것) -

따라서 청구인은 피청구인의 이 사건 개인택시 자동차운송사업자면허취소처분의 취소를 구하기 위하여 이 청구에 이르렀습니다.

입 증 방 법

1. 소갑 제1호증　　　　　　　통지서사본

1. 소갑 제2호증 허가증사본

첨 부 서 류

1. 위 입증방법 각 1통
1. 심판청구서 부본 1통

20○○. ○. ○.

위 청구인 ○ ○ ○ (인)

△△시 △△구청장 귀중

제출기관	재결청 또는 피청구인인 행정청(행정심판법 제17조)	청구기간	· 처분이 있음을 안 날로부터 90일 · 처분이 있은 날로부터 180일 (행정심판법 제18조)
청 구 인	피처분자	피청구인	행정처분을 한 행정청
제출부수	청구서 및 부본 각 1부	관련법규	행정심판법
불복방법	· 재심판청구의 금지(행정심판법 제39조) 행정심판법상 행정심판의 단계는 단일화되어 있어 재결에 대한 재심판청구는 할 수 없다. 다만, 국세기본법 등의 개별법에서는 다단계의 행정심판을 인정하고 있음 · 재결에 대한 행정소송(행정소송법 제19조, 제38조) 재결자체에 고유한 위법이 있을 때에는 재결 그 자체에 대한 취소소송 및 무효등확인소송을 제기할 수 있음 · 다만, 청구인은 기각 재결 등 청구인의 주장이 인용되지 아니한 경우에는 원행정처분에 대하여 행정소송으로 다툴 수 있음(행정소송법 제18조)		

8. 자동차운전면허처분 효력정지신청

가. 효력정지신청취지 기재례

피신청인이 20 ○○년 ○○월 ○○일에 신청인에 대하여 한 자동차운전면허(서울 ○종보통, 면허번호 : ○○○호)취소처분의 효력은 ○○행정법원 ○○구 ○○호 자동차운전면허취소처분 취소청구사건의 본안판결 확정시까지 이를 정지한다.
라는 결정을 구합니다.

나. 효력정지신청 서식

[서식 130] 자동차운전면허취소처분 효력정지신청서

자동차 운전면허취소처분 효력정지신청

신 청 인 ○ ○ ○ (주민등록번호)
○○시 ○○구 ○○길 ○○ (우편번호 ○○○○○)

피 신 청 인 △△지방경찰청장
○○시 ○○구 ○○길 ○○ (우편번호 ○○○○○)

자동차운전면허취소처분 효력정지신청

신 청 취 지

피신청인이 20○○년 ○월 ○일에 신청인에 대하여 한 자동차운전면허(서울 ○종보통, 면허번호 : ○○○호)취소처분의 효력은 ○○행정법원 ○○구 ○○호 자동차운전면허취소처분 취소청구사건의 본안판결 확정시까지 이를 정지한다.
라는 결정을 구합니다.

신 청 이 유

1. 사건개요

신청인은 20○○년 ○월경 서울에서 자동차운전면허(○종 보통)를 취득하고 그 뒤 계속해서 신청인 소유 자동차를 스스로 운전해 오던 중 20○○년 ○월 ○일 ○시경 서울시 ○○구 ○○길 ○○번지 앞 도로에서 음주운전(혈중알콜농도 ○퍼센트)을 했다는 이유로 피신청인에 의해 같은 해 ○월 ○일 운전면허를 취소당하였고 다음날 취소처분통지를 받았으며, 현재 ○

○지방법원에 이건 운전면허취소처분 취소소송이 계류중입니다.

2. **피신청인의 처분의 위법 및 부당성**

(1) 신청인은 20○○년 ○○월 ○○일 ○○시경 친구인 신청외 ○○○집에서 소주 1잔을 마시고 신청인의 자동차를 운전하여 귀가를 하던 중 경찰관에 의해 음주측정을 당하였습니다.

(2) 당시 음주측정을 하여 혈중알콜농도가 ○○%로 나타났는데, 음주측정결과는 신청인이 마신 술의 양, 음주 후에 경과된 시간, 주취상태 및 음주 후 운전태도, 운전거리 및 음주운전으로 인해 사고가 없던 점 등에 비춰볼 때 위 수치는 믿기 어려운 수치입니다.

(3) 한편, 신청인은 운전업에 종사하는 자로 20○○년 ○○월 ○○일 ○○지역의 어민들이 생산한 생선 등을 매일 ○○지역까지 운반해 주기로 계약을 체결한 상태인데, 만일 피신청인의 신청인에 대한 이건 운전면허취소처분이 취소되지 않는다면, 1년간 운전면허를 취득하지 못하여 생업에 막대한 지장을 받는 것은 변론하고 위 운송계약을 파기하게 되어 막대한 손해배상을 부담해야 할 처지에 있습니다.

(4) 따라서 신청인의 이러한 제반사정들을 잘 알고 있으면서 단지 음주측정기의 기계적인 수치만을 믿고 신청인의 운전면허를 취소한 피신청인의 이건 운전면허취소처분은 위와 같은 제반사정에 비추어 볼 때 너무 가혹하며 적절한 재량권의 범위를 벗어난 위법, 부당한 처분이라 할 것입니다.

3. **운전면허집행정지의 필요성**

위에서 보듯이, 만일 피신청인의 신청인에 대한 이건 운전면허취소처분의 효력이 그대로 유지된다면, 후일 신청인이 ○○지방법원의 운전면허취소처분 취소소송의 본안판결에서 승소하더라도 신청인이 막대한 피해를 입을 것이 명백하다 할 것이므로, 신청인은 ○○지방법원의 본안판결확정시까지 신청인이 입을 피해를 미연에 방지하고자 부득이 이건 신청에 이르게 되었습니다.

4. **결 론**

따라서, 피신청인의 신청인에 대한 이건 운전면허취소처분은 위에서 보듯이 너무 가혹하며 적절한 재량권의 범위를 벗어난 위법, 부당한 처분으로 취소되어야 마땅한 처분이라 할 것인바, 만일 피신청인의 이러한 처분이 계속하여 효력을 유지한다면 신청인은 피할 수 없는 막대한 손해를 입게 되므로, 부득이 ○○지방법원에서 계류중인 이건 운전면허취소처분 취소소송의 판결이 확정될 때까지 피신청인의 이건 운전면허취소처분의 효력을 정지시키고자 이건 신청에 이르게 되었습니다.

첨 부 서 류

1. 자동차운전면허취소통보서 1통

1. 계약서 1통
1. 진술서 및 인우보증서 1통
1. 소장접수증명원 1통

20○○. ○. ○.

신 청 인 ○ ○ ○ (인)

○○ 행 정 법 원 귀중

[서식 131] 자동차운전면허취소처분 효력정지신청서

자동차운전면허취소처분 효력정지신청

신 청 인 ○ ○ ○ (주민등록번호)
○○시 ○○구 ○○길 ○○
신청대리인 변호사 ○○○
○○시 ○○구 ○○길 ○○ (우편번호 ○○○○○)

피신청인 ○○시 ○○경찰청장
○○시 ○○구 ○○길 ○○ (우편번호 ○○○○○)

자동차운전면허취소처분 효력정지신청

신 청 취 지

피신청인이 20○○. ○. ○자로 신청인에 대하여 한 자동차운전면허 취소처분의 효력은 신청인, 피신청인 사이의 귀원 20○○행 ○○○호 사건의 본안판결 확정시까지 이를 정지한다.
라는 결정을 구합니다.

신 청 이 유

1. 처분의 경위

피신청인은 20○○. ○. ○ 신청인이 같은 해 ○. ○. ○○:○○경 서울 ○○구 ○○길 ○○

주유소 앞 도로상에서 혈중 알콜농도 0.105%의 주취상태에서 신청인 소유의 소나타승용차를 운전한 사유로 인해 도로교통법 제78조의 규정에 의하여 신청인의 자동차운전면허 (2종 보통 경기○○-○○○○○○-○○)를 취소하는 처분을 하였습니다(신청인은 위 처분을 같은 해 ○. ○○. 수령하였습니다).

2. 처분의 위법성

신청인이 위 일자에 음주운전을 한 사실은 인정합니다. 그러나 이 사건 처분은 다음과 같은 점에 비추어 재량권을 일탈하거나 남용한 처분으로 위법하다고 할 것입니다.

먼저 음주운전을 한 경위는 다음과 같습니다.

신청인은 19○○. ○. ○부터 현재까지 소외 □□주식회사(법인의 목적을 전기용품도매업, 소방공사설비업 등을 하는 회사입니다)에서 판매과 기능직사원(운전담당)으로 근무하여 왔는 바, 20○○. ○. ○. ○○:○○경 일과를 마치고 직장동료 김□□, 이□□의 권유에 의하여 ○○구 ○○길 소재 ○○식당에서 식사를 하고 소주 2홉들이 3병을 나누어 마시었습니다. 당시 신청인은 다음날인 ○일 ○○시 ○○길에 거주하고 있는 신청인 부친의 생신이어서 저녁 늦게 승용차로 내려갈 계획으로 동료들이 권유하는 술을 사양하고 소주 3잔 정도 마시고 같은 날 ○○:○○경 위 식당 부근의 노래방에서 노래를 부르며 즐겁게 시간을 가지면서 사이다 등을 마시면서 술이 깨기를 기다렸습니다. 술기가 없다고 느낀 같은 날 ○○:○○경 ○○으로 내려가기 위해 운전하다가 바리케이드를 치고 음주단속하는 경찰단속반에 바로 적발되었습니다.

당시 단속경찰관은 신청인의 말씨나 보행상태로 보아 음주정도가 가볍다고 판단됨에도 불구하고 수치 측정상으로 문제될 수밖에 없다고 하면서 입건하였습니다.

신청인은 고향인 ○○에서 농업고등학교를 졸업하고 집안에서 농사일을 돕다가 군복무를 마치고 서울로 올라와 위 주식회사에 운전직원으로 취직이 되어 현재의 처와 혼인신고는 하였으나 결혼식을 올리지 못하고 위 회사에 입사하여 직장생활을 하면서 월 110만원의 보수로 반지하 전세집(1,800만원보증금)으로 7개월된 딸과 함께 넉넉하지는 못하지만 단란한 가정을 이루고 있으며 시골에 교통사고로 입원 중인 아버님과 간호하고 있는 어머님에게 매월 40만원씩 입원비와 생활비를 송금하면서 어렵게 생활하고 있습니다.

이 사건 운전면허 취소처분으로 인해 신청인은 운전을 할 수 없는 상태가 되어 위 회사에서 강제로 퇴직당할 입장에 있어, 신청인의 생계는 물론이고 부모님의 병원치료비 송금도 어렵게 되었습니다. 더욱이 신청인의 딸이 생후 7개월 정도로 부인이 별도로 직업을 갖기도 어려운 실정입니다.

비록 신청인이 음주운전을 하였다고는 하나 음주운전으로 인하여 어떠한 사고도 낸 사실이 없으며, 음주 후 상당시간이 지난 후에 운전을 시작하였고 음주량 및 취한 정도도 매우 경미하고 운전면허 취소로 인하여 신청인이 직업을 잃어 가족을 부양하는 것이 매우 곤란하게 된 점을 감안해볼 때 이 사건 처분은 형식적인 음주측정 수치에 의존한 채 지나치게 가혹하여 재량권을 일탈하거나 남용한 처분이라 할 것이므로 위법하여 취소되어야 할 것입니다.

3. 정지의 필요성

신청인은 앞의 내용과 같이 이 사건 처분이 위법하여 취소하여야 할 것으로 판단하고 이를 다투는 본안소송을 이미 제기하였으나 본안판결시까지는 상당한 기간이 소요될 것이 예상되고 한편 이 사건 운전면허취소의 효력은 유지된다고 볼 것이므로 신청인이 본안소송에서 승소한다하더라도 처분의 효력이 그때까지 유지된다면 신청인에게 회복하기 어려운 손해가 생길 염려가 있으므로 그 효력의 정지를 구하기 위해 이 사건 신청에 이르렀습니다.

입 증 방 법

1. 소갑 제1호증 처분서
1. 소갑 제2호증 적발보고서
1. 소갑 제3호증 재직증명서
1. 소갑 제4호증 법인등기부 등본
1. 소갑 제5호증 주민등록등본
1. 소갑 제6호증 전세계약서 사본
1. 소갑 제7호증 확인서

첨 부 서 류

1. 위 입증방법 각 1부
1. 소송위임장 1부

20○○. ○. ○.

신청인 대리인 변호사 ○ ○ ○ (인)

○○행정법원 귀중

[서식 132] 자동차운전면허취소처분 효력정지신청서

자동차운전면허 취소처분 효력정지신청

신 청 인 ○ ○ ○ (○○○○○○-○○○○○○○)
○○시 ○○구 ○○로 12(○○동)

신청대리인 변호사 ○○○ (전화 ○○○-○○○○)
○○시 ○○구 ○○로 23(○○동) (우편번호 ○○○○○)

피신청인 ○○지방경찰청장
○○시 ○○구 ○○로 34(○○동) (우편번호 ○○○○○)

자동차운전면허취소처분 효력정지신청

신 청 취 지

피신청인이 20○○. ○. ○.자로 신청인에 대하여 한 자동차운전면허 취소처분의 효력은 신청인, 피신청인 사이의 귀원 20○○행 ○○○호 사건의 본안판결 확정시까지 이를 정지한다. 라는 결정을 구합니다.

신 청 원 인

1. 처분의 경위

피신청인은 20○○. ○. ○. 신청인이 같은 해 ○. ○. ○○:○○경 ○○시 ○○구 ○○동 ○○주유소 앞 도로상에서 혈중 알콜농도 0.125%의 주취상태에서 신청인 소유의 소나타승용차를 운전한 사유로 인해 도로교통법 제93조의 규정에 의하여 신청인의 자동차운전면허(2종 보통 경기○○-○○○○○-○○)를 취소하는 처분을 하였습니다(신청인은 위 처분을 같은 해 ○. ○. 수령하였습니다).

2. 처분의 위법성

신청인이 위 일자에 음주운전을 한 사실은 인정합니다. 그러나 이 사건 처분은 다음과 같은 점에 비추어 재량권을 일탈하거나 남용한 처분으로 위법하다고 할 것입니다. 먼저 음주운전을 한 경위는 다음과 같습니다.

신청인은 19○○. ○. ○.부터 현재까지 소외 ○○주식회사(법인의 목적을 전기용품도매업, 소방공사설비업 등을 하는 회사입니다)에서 판매과 기능직사원(운전담당)으로 근무하여 왔는 바, 20○○. ○. ○. ○○:○○경 일과를 마치고 직장동료 김○○, 이○○의 권유에 의하여 ○○구 ○○동 소재 ○○식당에서 식사를 하고 소주 2홉들이 3병을 나누어 마시었습니다. 당시 신청인은 다음날인 ○. ○○시 ○○동에 거주하고 있는 신청인 부친의 생신이어서 저녁 늦게 승용차로 내려갈 계획으로 동료들이 권유하는 술을 사양하고 소주 3잔 정도 마시고 같은 날 ○○:○○경 위 식당 부근의 노래방에서 노래를 부르며 즐겁게 시간을 가지면서 사이다 등을 마시면서 술이 깨기를 기다렸습니다. 술기가 없다고 느낀 같은 날 ○○:○○경 ○○으로 내려가기 위해 운전하다가 바리케이드를 치고 음주단속하는 경찰단속반에 바로 적발되었습니다.

당시 단속경찰관은 신청인의 말씨나 보행상태로 보아 음주정도가 가볍다고 판단됨에도 불구하고 수치 측정상으로 문제될 수밖에 없다고 하면서 입건하였습니다. 신청인은 고향인 ○○에서 농업고등학교를 졸업하고 집안에서 농사일을 돕다가 군복무를 마치고 서울로 올라와 위 주식회사에 운전직원으로 취직이 되어 현재의 처와 혼인신고는 하였으나 결혼식을 올리지 못하고 위 회사에 입사하여 직장생활을 하면서 월 110만원의 보수로 반지하 전세집(1,800만원보증금)으로 7개월된 딸과 함께 넉넉하지는 못하지만 단란한 가정을 이루고 있으며 시골에 교통사고로 입원 중인 아버님과 간호하고 있는 어머님에게 매월 40만원씩 입원비와 생활비를 송금하면서 어렵게 생활하고 있습니다.

이 사건 운전면허 취소처분으로 인해 신청인은 운전을 할 수 없는 상태가 되어 위 회사에서 강제로 퇴직당할 입장에 있어, 신청인의 생계는 물론이고 부모님의 병원치료비 송금도 어렵게 되었습니다. 더욱이 신청인의 딸이 생후 7개월 정도로 부인이 별도로 직업을 갖기도 어려운 실정입니다.

비록 신청인이 음주운전을 하였다고는 하나 음주운전으로 인하여 어떠한 사고도 낸 사실이 없으며, 음주 후 상당시간이 지난 후에 운전을 시작하였고 음주량 및 취한 정도도 매우 경미하고 운전면허 취소로 인하여 신청인이 직업을 잃어 가족을 부양하는 것이 매우 곤란하게 된 점을 감안해볼 때 이 사건 처분은 형식적인 음주측정 수치에 의존한 채 지나치게 가혹하여 재량권을 일탈하거나 남용한 처분이라 할 것이므로 위법하여 취소되어야 할 것입니다.

3. 정지의 필요성

신청인은 앞의 내용과 같이 이 사건 처분이 위법하여 취소하여야 할 것으로 판단하고 이를 다투는 본안소송을 이미 제기하였으나 본안판결시까지는 상당한 기간이 소요될 것이 예상되고 한편 이 사건 운전면허취소의 효력은 유지된다고 볼 것이므로 신청인이 본안소송에서 승소한다하더라도 처분의 효력이 그때까지 유지된다면 신청인에게 회복하기 어려운 손해가 생길 염려가 있으므로 그 효력의 정지를 구하기 위해 이 사건 신청에 이르렀습니다.

입 증 방 법

1. 소갑 제1호증 처분서 사본
1. 소갑 제2호증 적발보고서 사본
1. 소갑 제3호증 재직증명서
1. 소갑 제4호증 법인등기부등본
1. 소갑 제5호증 주민등록등본
1. 소갑 제6호증 전세계약서 사본
1. 소갑 제7호증 확인서 사본

첨 부 서 류

1. 위 입증서류 각 1통
1. 주민등록초본 1통
1. 소송위임장 1통

20○○. ○. ○.

신청인 대리인 변호사 ○○○ (인)

○○행정법원 귀중

[서식 133] 자동차운전면허취소처분 효력정지신청서

자동차운전면허 취소처분 효력정지신청

신 청 인 ○ ○ ○ (○○○○○○-○○○○○○○)
○○시 ○○구 ○○동 ○○
신청대리인 변호사 ○ ○ ○ (전화 :)
○○시 ○○구 ○○동 ○○ (우 :)

피신청인 ○○지방경찰청장
○○시 ○○구 ○○동 ○○ (우 :)

자동차운전면허취소처분 효력정지신청

신 청 취 지

피신청인이 20○○. ○. ○자로 신청인에 대하여 한 자동차운전면허 취소처분의 효력은 신청인, 피신청인 사이의 귀원 20○○행 ○○○호 사건의 본안판결 확정시까지 이를 정지한다. 라는 결정을 구합니다.

신 청 원 인

1. **처분의 경위**

피신청인은 20○○. ○. ○ 신청인이 같은 해 ○. ○. ○○:○○경 ○○시 ○○구 ○○동 ○○주유소 앞 도로상에서 혈중 알콜농도 0.125%의 주취상태에서 신청인 소유의 소나타승용차를 운전한 사유로 인해 도로교통법 제93조의 규정에 의하여 신청인의 자동차운전면허(2종 보통 경기○○-○○○○○-○○)를 취소하는 처분을 하였습니다(신청인은 위 처분을 같은 해 ○. ○. 수령하였습니다).

2. **처분의 위법성**

신청인이 위 일자에 음주운전을 한 사실은 인정합니다. 그러나 이 사건 처분은 다음과 같은 점에 비추어 재량권을 일탈하거나 남용한 처분으로 위법하다고 할 것입니다. 먼저 음주운전을 한 경위는 다음과 같습니다.

신청인은 19○○. ○. ○부터 현재까지 소외 ○○주식회사(법인의 목적을 전기용품도매업, 소방공사설비업 등을 하는 회사입니다)에서 판매과 기능직사원(운전담당)으로 근무하여 왔는바, 20○○. ○. ○. ○○:○○경 일과를 마치고 직장동료 김○○, 이○○의 권유에 의하여 ○○구 ○○동 소재 ○○식당에서 식사를 하고 소주 2홉들이 3병을 나누어 마시었습니다. 당시 신청인은 다음 날인 ○. ○○시 ○○동에 거주하고 있는 신청인 부친의 생신이어서 저녁 늦게 승용차로 내려갈 계획으로 동료들이 권유하는 술을 사양하고 소주 3잔정도 마시고 같은 날 ○○:○○경 위 식당부근의 노래방에서 노래를 부르며 즐겁게 시간을 가지면서 사이다 등을 마시면서 술이 깨기를 기다렸습니다. 술기가 없다고 느낀 같은 날 ○○:○○경 ○○으로 내려가기 위해 운전하다가 바리케이드를 치고 음주단속하는 경찰단속반에 바로 적발되었습니다.

당시 단속경찰관은 신청인의 말씨나 보행상태로 보아 음주정도가 가볍다고 판단 됨에도 불구하고 수치 측정 상으로 문제될 수밖에 없다고 하면서 입건하였습니다. 신청인은 고향인 ○○에서 농업고등학교를 졸업하고 집안에서 농사일을 돕다가 군복무를 마치고 서울로 올라와 위 주식회사에 운전직원으로 취직이 되어 현재의 처와 혼인신고는 하였으나 결혼식을 올리지 못하고 위 회사에 입사하여 직장생활을 하면서 월 110만원의 보수로 반지하 전세집(1,800만원보증금)으로 7개월된 딸과 함께 넉넉하지는 못하지만 단란한 가정을 이루고 있으며 시골에 교통사고로 입원중인 아버님과 간호하고 있는 어머님에게 매월 40만원씩 입원비와 생활비를 송금하면서 어렵게 생활하고 있습니다.

이 사건 운전면허 취소처분으로 인해 신청인은 운전을 할 수 없는 상태가 되어 위 회사에서 강제로 퇴직당할 입장에 있어, 신청인의 생계는 물론이고 부모님의 병원치료비 송금도 어렵게 되었습니다. 더욱이 신청인의 딸이 생후 7개월 정도로 부인이 별도로 직업을 갖기도 어려운 실정입니다.

비록 신청인이 음주운전을 하였다고는 하나 음주운전으로 인하여 어떠한 사고도 낸 사실이 없으며, 음주 후 상당시간이 지난 후에 운전을 시작하였고 음주량 및 취한 정도도 매우 경미하고 운전면허 취소로 인하여 신청인이 직업을 잃어 가족을 부양하는 것이 매우 곤란하게 된 점을 감안해볼 때 이 사건 처분은 형식적인 음주측정 수치에 의존한 채 지나치게 가혹하여 재량권을 일탈하거나 남용한 처분이라 할 것이므로 위법하여 취소되어야 할 것입니다.

3. **정지의 필요성**

신청인은 앞의 내용과 같이 이 사건 처분이 위법하여 취소하여야 할 것으로 판단하고 이를 다투는 본안소송을 이미 제기하였으나 본안판결시까지는 상당한 기간이 소요될 것이 예상되고 한편 이 사건 운전면허취소의 효력은 유지된다고 볼 것이므로 신청인이 본안소송에서 승소한다하더라도 처분의 효력이 그때까지 유지된다면 신청인에게 회복하기 어려운 손해가 생길 염려가 있으므로 그 효력의 정지를 구하기 위해 이 사건 신청에 이르렀습니다.

입 증 방 법

1. 소갑 제1호증 처분서 사본
1. 소갑 제2호증 적발보고서 사본
1. 소갑 제3호증 재직증명서
1. 소갑 제4호증 법인등기부등본
1. 소갑 제5호증 주민등록등본
1. 소갑 제6호증 전세계약서 사본
1. 소갑 제7호증 확인서 사본

첨 부 서 류

1. 위 입증서류 각 1통
1. 주민등록초본 1통
1. 소송위임장 1통

20○○. ○. ○.

신청인 대리인 변호사 ○ ○ ○ (인)

○○행정법원 귀중

[서식 134] 자동차운전면허취소처분 효력정지신청서

자동차운전면허취소처분 효력정지신청

신 청 인 홍 길 동 (○○○○○○-○○○○○○○)
○○시 ○○구 ○○동 ○○○
신청대리인 변호사 ○ ○ ○
○○시 ○○구 ○○동 ○○○ (우 :)

(전화 : , 팩스 :)

피신청인 ○○지방경찰청장

자동차운전면허취소처분 효력정지신청

신 청 취 지

피신청인이 20○○. 3. 9. 신청인에 대하여 한 자동차운전면허취소처분의 효력은 신청인과 피신청인 사이의 20○○행 ○○○호 사건의 본안판결 확정시까지 이를 정지한다.
라는 결정을 구합니다.

신 청 원 인

1. 처분의 경위

피신청인은 20○○. ○. ○. 신청인이 같은 해 ○. ○. 23:40경 ○○시 ○○구 ○○동 ○○ 앞 도로상에서 혈중 알콜농도 0.103%의 주취상태에서 신청인 소유의 그랜져승용차를 운전한 사유로 인해 도로교통법 제78조의 규정에 의하여 신청인의 자동차 운전면허(1종 보통 경기 23-1234560-34)를 취소하는 처분을 하였습니다(신청인은 위 처분을 같은 해 ○. ○. 수령하였습니다).

2. 처분의 위법성

신청인 위 일자에 음주운전을 한 사실은 인정합니다.

그러나 이 사건 처분은 다음과 같은 점에 비추어 재량권을 일탈하거나 남용한 처분으로서 위법하다 할 것입니다.

먼저 위 음주운전의 경위를 보면 다음과 같습니다.

신청인은 19○○. ○. ○.부터 현재에 이르기까지 소외 ○○산업주식회사의 자재부 기능직 사원(운전원)으로 근무하여 왔는바, 20○○. ○. ○. 19:00경 일과를 마치고 직장 동료인 신청외 성○○, 김○○의 권유로 ○○구 ○○동 소재 ○○전자 사무실 옆의 ○○식당에서 함께 식사를 하고 소주 2홉들이 2병을 나누어 마시게 되었습니다. 당시 신청인은 다음날인 ○.이 ○○시 ○○구 ○○동에 거주하는 신청인 모친의 생신이므로 저녁 늦게 승용차로 하향할 계획이 있어 동료들이 권유하는 술잔을 사양하고 소주 두잔 정도만을 마신 다음 같은 날 22:00경 위 식당 부근의 노래방에서 위 동료들과 노래를 부르고 음료수를 마시면서 주기를 없앴고 이미 음주 후 4시간이 경과 되었고 술기운을 느끼지 못할 정도로 평소와 같은 컨디션이어서 같은 날 23:40경 하향키 위하여 운전하기 시작하다가 곧바로 단속 경찰관에게 적발되었습니다. 당시 단속 경찰관도 신청인에게 외형상으로는 언어 및 보행상태가 양호한데 수치 측정상 결과가 나타나니 자신은 어쩔 수 없다고 하면서 신청인을 입건하였습니다.

신청인은 고등학교를 졸업하고 군대를 제대한 이후 얼마간 있다가 위 ○○산업주식회사에 기능직(운전원)사원으로 입사하여 직책은 과장이나 실제 하는 일은 구매한 자재나 납품하는 자재의 운반 등의 업무에 종사하고 있으며 월급으로 130만원을 받아 처와 생후 3개월의 아들을 부양하고 있으며 전세보증금 2,500만원의 전세집에 거주하고 있으며 전주에 거주하는 신청인의 부모님이 야채 행상에 종사하다가 2년 전부터 건강이 좋지 않아 이를 그만두고 자녀들의 도움으로 생활하고 있어 부모님에게 매월 약 30만원의 생활비를 보조하여 왔습니다.

그런데 이 사건 운전면허 취소처분으로 인하여 신청인은 운전을 할 수 없는 형편에 처하게 되었고, 이로 인하여 회사에서 강제로 퇴직당할 입장에 있어 피신청인의 생계 및 부모님의 부양 자체가 곤란에 처하게 되었으며 자녀가 너무 어려 처 또한 달리 생업에 종사할 수 없는 형편에 있습니다.

비록 신청인이 음주운전을 하였다 하나 음주운전으로 인하여 어떠한 사고도 일으킨 바도 없으며 음주 후 상당시간이 지나 운전하였을 뿐만 아니라 운전한지 얼마 되지 아니하여 적발되었으며 운전면허 취소로 인하여 신청인이 직업을 잃어 가족을 부양하는 것이 극히 곤란하게 된 점 등을 참작할 때 이 사건 처분은 형식적인 음주운전 수치에 의존한 채 지나치게 가혹하여 재량권을 일탈하거나 남용한 처분이라 할 것이므로 위법하여 결국 취소되어야 할 것입니다.

3. **정지의 필요성**

신청인은 앞에서 본 바와 같은 사유로 이 사건 처분은 위법하여 취소되어야 할 것으로 보고 이를 다투는 본안소송을 제기하였습니다만 본안판결시까지는 상당한 기간이 소요될 것이 예상되고 한편 이 사건 운전면허취소의 효력은 유지된다 할 것인 바 신청인이 본안소송에서 승소한다 하더라도 처분의 효력이 그때까지 유지된다면 신청인에게 회복하기 어려운 손해가 생길 염려가 있으므로 그 효력의 정지를 구하기 위하여 이 사건 신청에 이르렀습니다.

소 명 방 법

1. 소갑 제1호증 행정처분
1. 소갑 제2호증 적발보고서
1. 소갑 제3호증 재직증명서
1. 소갑 제4호증 법인등기부등본
1. 소갑 제5호증 전세계약서
1. 소갑 제6호증 확인서
1. 소갑 제7호증 행정심판청구접수증

첨 부 서 류

1. 주민등록초본 1통
1. 위임장 1통

20○○. ○. .

신청인 대리인 변호사 ○ ○ ○ (인)

○○행정법원 귀중

[서식 135] 자동차운전면허취소처분 집행정지신청서

행정처분집행정지신청

신 청 인 ○ ○ ○ (○○○○○○-○○○○○○○)
○○시 ○○구 ○○동 ○○
신청대리인 변호사 ○ ○ ○ (전화 :)
○○시 ○○구 ○○동 ○○ (우 :)

피신청인 ○○지방경찰청장
○○시 ○○구 ○○동 ○○ (우 :)

자동차운전면허취소처분 집행정지신청

신 청 취 지

피신청인이 20○○. ○. ○자로 신청인에 대하여 한 자동차운전면허취소처분은 신청인과 피신청인 사이의 귀원 20○○구 1234호 자동차운전면허취소처분취소 청구사건의 본안판결 확정시까지 이를 정지한다.
라는 재판을 구합니다.

신 청 원 인

1. 신청인은 20○○년도 ○○도지사로부터 면허번호 2345-32호로 운전면허를 취득하여 ○년여 동안 오직 운전만을 하여 왔습니다.
2. 운전면허가 없으면 생계의 공란 등 기타 적절한 내용을 기재

- 생 략 -

3. 이 사건 처분의 경위

가. 신청인은 20○○. ○. ○. 제1종 보통, 20○○. ○. ○. 제1종 대형, 같은 해 ○. ○. 제2종 소형, 20○○. ○. ○. 제1종 특수의 각 자동차운전면허(면허면호 : 경기 ○○-○○○○○-○○)를 취득하여 차량을 운전하여 오던 중 20○○. ○. ○. 21: 40경 ○○시 ○○구 ○○동 ○○○ 소재 농협중앙회 ○○지점 앞 편도 1차선 도로 상에서 신청인 소유의 경기 3고○○○○ 그랜져 승용차를 운전하여 ○○쪽에서 ○○광장 쪽으로 가다가 교차로에서 신호를 받기 위하여 서행 중이던 신청외 이○○ 운전의 경기 3가○○○○호 소나타 승용차와 신청외 김○○ 운전의 경기 3가○○○○ 세피아 승용자를 연쇄충돌하여 위 이○○과 김○○ 및 위 이○○의 차량에 동승하고 있던 신청외 홍○○으로 하여금 각 2주간의 치료를 상해를 입게 하였고, 위 사고 후 3시간 각 2주간의 치료를 요하는 상해를 입게 하였고, 위 사고 후 3시간가량이 지난 다음날 00:50경 음주측정 결과 혈중알코올농도가 0.1%로 측정되어 여기에 시간의 경과에 따른 감소량을 합산하면 사고 당시의 혈중알코올농도는 0.14%로 추정되었습니다.

나. 피신청인은 신청인의 주취 정도가 0.1%인 상태에서 운전하여 고의 또는 과실로 교통사고를 일으켰음을 이유로 20○○. ○. ○. 도로교통법 제44조 제1항, 제4항, 제93조 제1항 제1호의 규정 등을 적용하여 청구인에 대하여 위 각 자동차운전면허를 취소하는 처분(그 중 제1종 특수면허를 취소하는 처분만을 "이 사건 처분"이라 한다)을 하였습니다.

4. 이 사건 처분의 적법 여부

피신청인은 이 사건 처분은 위 처분사유와 관계법령에 따라 이루어진 것으로서 적법하다고 주장함에 대하여, 신청인은 첫째 신청인이 제1종 특수 자동차운전면허를 취득한 것은 20○○. ○. ○.로서 당시 위 면허로 운전할 수 있는 트레일러 및 레커뿐이었으므로 승용자동차를 음주운전한 행위는 제1종 대형 및 보통, 제2종 보통면허의 취소사유에 해당할 뿐 제1종 제1종 특수면허의 취소사유는 아님에도 불구하고 피신청인이 20○○. ○. ○. 제2종 보통면허로 운전할 수 있는 차량도 제1종 특수면허로 운행할 수 있도록 개정한 도로교통법시행규칙 제26조 및 [별표 14]의 규정을 잘못 적용하여 신청인의 제1종 특수면허까지 취소한 것은 위법하고, 둘째 가사 그렇지 않더라도 이 사건 사건의 발생 및 음주운전을 하게 된 경위, 그 위반 정도, 청구인의 직업과 이 사건 처분으로 인하여 신청인이 입게 될 불이익 및 그 동안 아무런 사고 없이 모범적으로 운전업무에 종사해온 점 등에 비추어 보면 피신청인의 이 사건 처분은 재량권을 남용하거나 재량권의 한계를 일탈한 것으로서 위법한 처분이므로 이 건 청구에 이른 것입니다.

입 증 방 법

1. 소갑 제1호증	접수증(행정심판청구서)
1. 소갑 제2호증	자동차운전면허취소통지서 사본
1. 소갑 제3호증	자동차등록증 사본

1. 소갑 제4호증 표창장

첨 부 서 류

1. 위 입증서류 각 1통
1. 주민등록초본 1통
1. 소송위임장 1통

20○○. ○. ○.

신청인 대리인 변호사 ○ ○ ○ (인)

○○행정법원 귀중

제 3 장 교원에 대한 행정심판

Ⅰ. 교원에 대한 불이익처분과 법적구제

헌법 제31조 제6항은 '교원의 지위에 관한 기본적인 사항은 법률로 정한다.'고 규정하고 있고 교육공무원법 제43조 제2항 및 교원지위향상을 위한 특별법 제6조 제1항은 '교원은 형의 선고, 징계처분 또는 법률이 정하는 사유에 의하지 아니하고는 의사에 반하여 휴직, 면직 등 불리한 처분을 받지 아니한다.'라고 규정하여 교원의 신분을 두텁게 보장하고 있다. 여기에서 교원이란 국공립대학의 교원뿐만 아니라 사립대학의 교원도 헌법 제31조 제6항이 의미하는 교원의 개념에 포함된다. 이러한 교원이 그 임면권자로부터 파면, 해임 등 징계처분을 받거나 또는 계약제 내지 기간제로 임용된 교원의 재임용이 거부되는 등 교원이 그 의사에 반하는 불리한 처분을 받은 경우에는 그 권리구제를 받을 수 있다.

Ⅱ. 법적 구제절차의 개요

1. 사립학교 교원

가. 교원소청심사위원회의 소청심사절차(행정심판)

(1) 의 의

교원의 지위 향상 및 교육활동 보호를 위한 특별법(이하 '교원지위법'이라 한다) 은 국 · 공립학교 교원과 사립학교 교원을 구별하지 않고 국 · 공립학교 교원인 경우 교육공무원징계위원회의, 사립학교 교원인 경우에는 교육징계위원회의 의결을 거친 교원의 징계처분에 대한 재심을 교육부 산하에 설치한 교원징계재심위원회에서 담당하게 함으로써 교원의 징계처분에 대한 불복절차를 일원화 하였다.[99)]

---

99) 교원지위법이 제정되기 전에는 국 · 공립학교 교원에 대한 징계 등 불리한 처분은 교육공무원징계위원회의 의결을 거쳐서 행하게 되고, 교원이 이에 불복하는 경우 국가공무원법에 따라 총무처에 설치된 소청심사위원회에서 소청심사를 할 수 있었다. 그리고 국공립학교 교원에 대한 징계 등 처분은 행정처분의 성격을 갖고, 소청심사위원회의 결정은 행정심판의 재결에 해당하므로 이에 불복하는 경우 교원은 징계 등 처분의 취소를 구하는 행정소송을 제기할 수 있었다. 반면 사립학교교원에 대한 징계 등 불리한 처분도 교원징계위원회의 의결을 거쳐서 행하게 되고 교원이 이에 불복하는 경우 각 학교법인 산하에 설치된 재심위원회에 재심청구를 하거나 또는 징계 등 불리한 처분의 무효 등을 주장함으로써 민사소송절차에 따라 이를 다툴 수 있었다.

(2) 청구대상

■ 징계처분

- 국 · 공립학교 교원이 국가공무원법 제78조 제1항 각 호에 해당되어 징계의결 요구되고 징계위원회의 의결의 결과에 따라 받은 파면 · 해임 · 강등 · 정직 · 감봉 · 견책처분
- 사립학교 교원이 사립학교법 제61조 제1항 각 호에 해당되어 징계의결 요구되고 징계위원회 의결의 결과에 따라 받은 파면 · 해임 · 정직 · 감봉 · 견책처분
- 국 · 공립학교의 교원이 교육공무원징계양정등에관한 규칙 제4조 제3항에 근거하여 받은 불문 경고

■ 국가공무원법

제78조(징계 사유)

- 공무원이 다음 각 호의 어느 하나에 해당하면 징계 의결을 요구하여야 하고 그 징계 의결의 결과에 따라 징계처분을 하여야 한다.
  - 이 법 및 이 법에 따른 명령을 위반한 경우
  - 직무상의 의무(다른 법령에서 공무원의 신분으로 인하여 부과된 의무를 포함한다)를 위반하거나 직무를 태만히 한 때
  - 직무의 내외를 불문하고 그 체면 또는 위신을 손상하는 행위를 한 때

제79조(징계의 종류)

- 징계는 파면 · 해임 · 강등 · 정직(停職) · 감봉 · 견책(譴責)으로 구분한다. 〈개정 2008. 12.31.〉

■ 사립학교법

제61조(징계의 사유 및 종류)

- 사립학교의 교원이 다음 각 호의 1에 해당하는 때에는 당해 교원의 임용권자는 징계의결의 요구를 하여야 하고, 징계의결의 결과에 따라 징계처분을 하여야 한다. 〈개정 2016.2.3.〉
  - 이 법과 기타 교육관계법령에 위반하여 교원의 본분에 배치되는 행위를 한 때
  - 직무상의 의무에 위반하거나 직무를 태만히 한 때
  - 직무의 내외를 불문하고 교원으로서의 품위를 손상하는 행위를 한 때
- 징계는 파면 · 해임 · 정직 · 감봉 · 견책으로 한다. 〈개정 1986.5.9.〉

■ 그 밖에 그 의사에 반하는 불리한 처분

(3) 처리절차

(가) 소청심사청구

처분이 있은 것을 안 날부터 30일 이내에 청구한다.

(나) 소청심사청구서 접수 및 사건 배정(즉시)

청구서가 우리 위원회에 접수되면 심사과장은 담당조사관을 지정한다.

(다) 청구서 접수통지 및 답변서 제출 요구(3일)

피청구인에게 청구서 부본을 송부하고 기한을 정하여 답변서의 제출을 요구한다. 다만 청구서에 흠이 있을 경우 보정을 요구(7일 이내)한다.

(라) 답변서 접수 및 청구인에게 송달(20일)

접수된 답변서의 부분을 청구인에게 송달한다.

(마) 증거제출 및 사실조사 등(횟수와 내용에 따라 유동적임)

당사자의 추가 증거제출, 증인신청 등을 하고, 위원회의 사실조사, 검정 · 감정 의뢰 등이 있다.

(바) 심사기일지정 및 통보(심사 1주일 전 통보)

정당한 사유로 인한 연기신청시 다시 심사기일 지정 및 통보를 한다.

(사) 심사 및 결정(60일 이내, 30일 연장 가능)

취소, 변경, 무효확인, 기각, 각하 등 결정을 한다.

나. 행정소송

사립학교 교원이 심사위원회의 결정에 대하여 교원, 학교법인 또는 사립학교 경영자 등 당사자는 그 결정서를 송달받은 날로부터 90일 이내에 행정소송법이 정하는 바에 따라 행정소송을 제기할 수 있다.[100] 사립학교 교원도 심사위원회의 심사결정에 불복하는 경우에는 국공립학교 교원과 같이 행정소송을 제기할 수 있다.

---

100) 제10조(소청심사 결정) ① 심사위원회는 소청심사청구를 접수한 날부터 60일 이내에 이에 대한 결정을 하여야 한다. 다만, 심사위원회가 불가피하다고 인정하면 그 의결로 30일을 연장할 수 있다. ② 심사위원회의 결정은 처분권자를 기속한다. ③ 제1항에 따른 심사위원회의 결정에 대하여 교원, 「사립학교법」 제2조에 따른 학교법인 또는 사립학교 경영자 등 당사자는 그 결정서를 송달받은 날부터 90일 이내에 「행정소송법」으로 정하는 바에 따라 소송을 제기할 수 있다.

다. 민사소송

교원지위법은 사립학교 교원이 징계 등 불리한 처분을 다툴 때 필요적으로 심사위원회의 심사절차를 거칠 것을 요구하지는 아니므로 심사위원회에 대한 심사청구는 국공립대학 교원의 경우와 달리 임의적이고 선택적인 절차이다. 교원지위법 제정 이후에도 학교법인의 사립학교 교원에 대한 징계 등 불리한 처분은 여전히 사법상의 법률행위로서의 성격을 가지므로 사립학교교원은 심사절차를 거쳤는지 여부를 불문하고 불리한 처분의 효력 등을 다투는 민사소송을 제기하여 권리구제를 받을 수 있다.

2. 국공립학교 교원

가. 교원소청심사위원회의 소청심사절차(행정심판)

교원의 지위 향상 및 교육활동 보호를 위한 특별법(이하 '교원지위법'아라 한다) 은 국·공립학교 교원과 사립학교 교원을 구별하지 않고 국·공립학교 교원인 경우 교육공무원징계위원회의, 사립학교 교원인 경우에는 교육징계위원회의 의결을 거친 교원의 징계처분에 대한 재심을 교육부 산하에 설치한 교원징계재심위원회에서 담당하게 함으로써 교원의 징계처분에 대한 불복절차를 일원화하였다.

나. 행정소송

국공립학교 교원에 대한 징계처분의 성격은 행정처분이므로 사립학교 교원과 달리 우선 교원지위법 소정의 교원소청심사위원회의 심사를 청구하여야 하고 그 결정에 불복이 있으면 원처분청을 상대로 하여 원처분의 취소를 구하는 행정소송으로 다퉈야 한다. 따라서 교원소청심사위원회에 대한 심사청구는 사립학교 교원과 달리 임의적인 것이 아니라 반드시 그 절차를 거쳐야 하는 필수적인 것이다. 교원지위법상 교원소청심사위원회에 대한 불복절차는 특별행정심판절차이고 교원소청심사위원회의 결정은 행정심판의 재결에 해당한다.

Ⅲ. 사립학교 교원에 대한 불이익처분과 행정심판

1. 개 괄

가. 소청의 개념

소청이란 공무원이 신분에 관한 불이익한 처분을 받았을 경우, 이를 다툴 수 있는 특별한 행정심판제도이다. 또 이러한 행정심판절차를 거쳐야만 행정소송을 제기할 수 있다. 다시 말해, 사립학교 교원 등에 대한 불이익한 처분에 대하여는 행정심판(소청)을 거쳐야 행정소송을 제기할 있다고 규정하고 있다.

나. 교원의 신분보장 등

교원은 형(刑)의 선고, 징계처분 또는 법률로 정하는 사유에 의하지 아니하고는 그 의사에 반하여 휴직 · 강임(降任) 또는 면직을 당하지 아니하며, 해당 학교의 운영과 관련하여 발생한 부패행위나 이에 준하는 행위 및 비리 사실 등을 관계 행정기관 또는 수사기관 등에 신고하거나 고발하는 행위로 인하여 정당한 사유 없이 징계조치 등 어떠한 신분상의 불이익이나 근무조건상의 차별을 받지 아니한다(교원의 지위 향상 및 교육활동 보호를 위한 특별법 제6조).

2. 교원에 대한 징계와 구제절차

가. 교원소청심사위원회의 설치

각급학교 교원의 징계처분과 그 밖에 그 의사에 반하는 불리한 처분(「교육공무원법」 제11조의4 제4항 및 「사립학교법」 제53조의2 제6항에 따른 교원에 대한 재임용 거부처분을 포함.)에 대한 소청심사(訴請審査)를 하기 위하여 교육부에 교원소청심사위원회(이하 "심사위원회"라 한다)를 둔다(법 제7조).

나. 불이익처분의 성질

사립학교 교원에 대한 불이익처분은 임용권자에게 재량이 허용되는 재량행위이다.[101] 따라서 사립학교 교원에 대한 징계처분에 대하여는 징계사유의 유무, 징계절차 위반 여부, 당해 징계처분이 사회통념상 현저하게 타당성을 잃어 재량권을 남용하였는지가 주된 심사대상이 된다.

다. 소청심사의 청구 등

교원이 징계처분과 그 밖에 그 의사에 반하는 불리한 처분에 대하여 불복할 때에는 그 처분이 있었던 것을 안 날부터 30일 이내에 심사위원회에 소청심사를 청구할 수 있다. 이 경우에 심사청구인은 변호사를 대리인으로 선임(選任)할 수 있다. 또한, 본인의 의사에 반하여 파면 ·

101) 대법원 2008. 2. 1. 선고 2007두20997 판결.

해임 · 면직처분을 하였을 때에는 그 처분에 대한 심사위원회의 최종 결정이 있을 때까지 후임자를 보충 발령하지 못한다. 다만, 전항의 기간 내에 소청심사청구를 하지 아니한 경우에는 그 기간이 지난 후에 후임자를 보충 발령할 수 있다(법 제9조).

라. 소청심사 기간

심사위원회는 소청심사청구를 접수한 날부터 60일 이내에 이에 대한 결정을 하여야 한다. 다만, 심사위원회가 불가피하다고 인정하면 그 의결로 30일을 연장할 수 있으며, 심사위원회의 결정은 처분권자를 기속한다.

마. 기 속 력

위원회가 교원의 심사청구를 인용하거나 원 징계처분을 변경하는 처분을 한 때에는 처분권자는 이에 기속된다. 위원회의 결정은 처분청에 대하여 기속력을 가지고 이는 그 결정의 주문에 포함된 사항뿐만 아니라 그 전제가 된 요건사실의 인정과 판단, 즉 처분 등의 구체적 위법사유에 관한 판단에까지 미친다. 따라서 위원회가 사립학교 교원의 소청심사청구를 인용하여 징계처분을 취소한 데 대하여 행정소송이 제기되지 않으면 위원회의 결정의 주문과 그 전제가 되는 이유에 관한 판단은 처분청을 기속한다.

3. 행정소송에 의한 구제

가. 의 의

심사위원회의 결정에 대하여 교원, 「사립학교법」 제2조에 따른 학교법인 또는 사립학교 경영자 등 당사자는 그 결정서를 송달받은 날부터 90일 이내에 「행정소송법」으로 정하는 바에 따라 소송을 제기할 수 있다.

나. 심판의 대상

학교법인 등의 징계처분은 행정처분성이 없고 그에 대한 소청심사청구에 따라 위원회가 한 결정이 행정처분이 된다. 따라서 교원이나 학교법인 모두가 결정에 대하여 행정소송으로 다툴 수 있고, 심판대상은 학교법인 등의 원징계처분이 아니라 위원회의 결정이 된다.

다. 판결의 내용

위원회가 징계사유 자체가 인정되지 않는 다는 이유로 징계양정이 당부에 대한 판단없이 징계처분취소결정을 한 경우, 그에 대하여 학교법인 등이 제기한 행정소송 절차에서 법원이 징계사유 중 일부사유는 인정된다고 판단했다면 법원은 위원회의 결정을 취소하여야 한다. 또한 법원이 인정한 징계사유를 기준으로 하더라도 징계처분을 취소한 위원회 결정이 결론에 있어 타당하더라도 위원회의 결정을 취소하여야 한다.

라. 취소판결의 효력

법원이 위원회의 결정을 취소한 판결이 확정되더라도 위원회가 다시 그 소청심사청구사건을 재심사하게 될 뿐 학교법인 등이 곧바로 위 판결의 취지에 따라 재징계 등을 하여야 할 의무는 없다.

4. 민사소송을 통한 구제

사립학교 교원은 학교법인 또는 사립학교 경영자에 의하여 임면되는 것으로서 사법행위의 성질을 띠고 있다. 따라서 학교법인을 상대로 한 불복은 민사소송절차에 의하여 권리구제를 받을 수 있다.[102] 이 경우 피고는 징계처분을 한 학교법인이 된다.

5. 사립대학 교원에 대한 재임용거부결정의 절차적 하자를 이유로 그 효력을 부정할 수 있는 경우 및 그 하자의 정도

사립대학 교원에 대한 재임용거부결정의 절차와 관련하여 2005. 1. 27. 법률 제7352호로 개정된 사립학교법이 적용 내지 소급적용되는 경우에는 학교법인이 개정 사립학교법 제53조의2 제4항 내지 제7항에 규정된 사전절차를 준수하지 아니함으로써 재임용 여부에 관하여 합리적인 기준에 의한 공정한 심사를 요구할 권리가 실질적으로 침해되었다고 평가될 정도에 이르면 그 재임용거부결정은 그와 같은 절차적 흠만으로도 효력이 부정될 수 있다.[103]

Ⅳ. 국·공립학교 교원에 대한 불이익처분과 행정소송

1. 의 의

국공립학교 교원에 대한 불이익처분은 그 자체가 행정처분이므로 그 불이익처분에 대한

102) 대법원 1993. 2. 12. 선고 92누13707 판결.
103) 대법원 2010. 7. 29. 선고 2007다42433 판결.

소송송태는 행정소송뿐이다. 다만 그 소송의 형태는 소송의 대상 및 당사자, 심리내용 등에 따라 달라진다.

2. 심판의 대상

국공립학교 교원에 대한 징계처분은 그 자체가 행정처분이므로 심판대상은 교육감 등에 의한 원징계처분이 되는 것이 원칙이며, 다만 위원회의 심사절차에 위법사유가 있다는 등 고유의 위법이 있는 경우에 한하여 위원회의 결정이 소송에서의 심판의 대상이 된다.

3. 소송대상 및 당사자

교원의 불이익처분에 대한 행정소송은 행정심판전치의 적용을 받는다. 따라서 행정소송을 제기하기 위해서는 필요적으로 그 처분이 있음을 안 날로부터 30일 이내에 교원소청심사위원회에 심사청구를 하여야 하고, 그 결정에 불복이 있을 경우 그 결정서 송달일부터 90일 이내에 취소소송을 제기하여야 한다. 이에 대한 소송은 원칙적으로 교육감 등 원처분청의 불이익처분 자체가 행정소송의 대상이 되지만, 교원소청심사원회의 심사결정 자체에 주체, 절차, 형식 또는 내용상 고유한 위법이 있는 경우 이를 이유로 삼아 교원소청심사위원회를 상대로 심사결정의 취소를 구하는 소송을 제기할 수 있음은 일반 행정심판의 경우와 같다.[104)]

4. 심리범위 및 판결내용

법원은 원처분의 위법 여부가 판단대상이 된다. 따라서 위원회의 결정의 결론과 상관없이 원처분에 적법한 처분사유 존부, 징계양정의 적정 여부를 판단하며, 거기에 위법사유가 있다고 인정되면 징계처분을 취소한다.

5. 취소판결의 기판력

원 징계처분을 한 처분청은 판결의 기속력에 따라 징계를 하지 않거나 재징계를 하여야 한다.

---

104) 대법원 2013. 7. 25. 선고 2012두12297 판결.

6. 무효확인소송

국공립학교 교원은 재임용거부를 포함하여 그 의사에 반하는 불이익한 처분에 대하여 그 하자가 중대·명백함을 이유로 무효 확인을 구하는 행정소송을 제기할 수 있다. 이 경우 소송의 대상은 불이익처분 자체이고 피고는 원처분청이다.

[서식 136] 교원자격증교부이행청구서

행 정 심 판 청 구

청 구 인　　홍　길　동(○○○○○○-○○○○○○○)
　　　　　　○○시 ○○구 ○○동 ○○○
　　　　　　대리인 변호사 ○ ○ ○　　　(전화 :　　　)
　　　　　　○○시 ○○구 ○○동 ○○○　　(우 :　　　)

피청구인　　○○대학교 총장
　　　　　　○○시 ○○구 ○○동 ○○○

교원자격증교부이행청구서

심판청구 취지

피청구인은 청구인에 대하여 한 중등2급정교사자격증을 교부하라.
라는 재결을 구합니다.

심판청구 이유

1. 이 사건 처분의 경위

교원자격검정령 시행규칙 제15조(교직과정이수예정자의 선발) ①항에서는 '교직과정을 이수하고자 하는 자는 제2학년 중에 학교의 장에게 교직과정이수신청을 하여야 하며, 학교의 장은 교직과정신청자중 인성, 적성 및 성적 등을 고려하여 당해학년의 학과별입학정원의 30퍼센트 범위 안에서 선발하여 교직과정을 이수하게 하여야 한다.'라고 규정되어 있는 바, 청구인은 귀 규정에 의하여 적법한 절차에 의하여 교직과정이수신청을 하였음이 분명하며, 피청구인은 시행규칙 제15조 제1항 후단의 규정에 의하여 청구인의 교직이수 및 성적등을 고려하여 교원자격증을 교부하여야 함에도 불구하고 이를 교부하지 아니한 피청구인의 행위는 위법 부당하다 할 것입니다.

2. 이 사건 처분의 적법 여부

교육부 및 피청구인이 마련한 수강신청서에 수록된 교직과정 이수에 관한 규정 제3조의 규정에 의하면 학과장은 교직과정 잠정이수 허가를 받은 학생에 한하여 2학년 초 학과당 입학정원 30%범위 내에서 선발하여 그 명단을 매년 3월 20일까지 교무처장에게 통보하여야 한다고 규정되어 있는 바, 위 규정은 피청구인의 내부적인 훈시규정에 불과하고 청구인을 비롯한 일반인에게 효력이 없으며 만약에 청구인의 경우와 같이 신청자 중에 명단에 누락된 자가 있을 경우에는 이를 시정하여야 함에도 불구하고 피청구인이 이를 하지 아니한 것은 위법, 부당하다 할 것입니다.

따라서 청구인은 피청구인 소속의 2부 대학 영어영문학과 학과장이 교직이수 신청자에게 교육실습신청서를 제출하도록 하였기 때문에 신청을 하였고 피청구인이 청구인의 신청을 받아들여 학교에서 교육실습을 하도록 하였으며 또한 청구인은 피청구인의 교원자격무시험검정원서를 제출하라는 지시에 따라서 교원자격무시험검정원서를 제출하는 등 청구인이 법령의 규정에 따른 조치를 모두 하였으며 청구인은 대학교를 수석으로 졸업하는 등 우수한 성적으로 교직과정을 수료하였음이 분명하므로 피청구인은 청구인에 대하여 중등2급정교사자격증을 교부하여야 한다.

입 증 방 법

1. 소갑 제1호증 통지서
1. 소갑 제2호증 확인서

첨 부 서 류

1. 위 입증서류 사본 각 1통
1. 주민등록초본 1통
1. 심판청구서 부본 1통

20○○. ○. ○.

위 청구인 대리인 변호사 ○ ○ ○ (인)

○○대학교 총장 귀하

제출기관	피청구인 또는 행정심판위원회 (행정심판법 제23조)	청구기간	· 처분이 있음을 안 날로부터 90일 · 처분이 있은 날로부터 180일 (행정심판법 제27조)
청 구 인	피처분자	피청구인	행정처분을 한 행정청
제출부수	청구서 및 부본 각 1부	관련법규	행정심판법
불복방법	· 행정심판 재청구의 금지(행정심판법 제51조) 행정심판법상 행정심판의 단계는 단일화되어 있어 재결에 대한 행정심판 재청구는 할 수 없다. 다만, 국세기본법 등의 개별법에서는 다단계의 행정심판을 인정하고 있음 · 재결에 대한 행정소송(행정소송법 제19조, 제38조) 재결자체에 고유한 위법이 있을 때에는 재결 그 자체에 대한 취소소송 및 무효등확인소송을 제기할 수 있음 · 다만, 청구인은 기각 재결 등 청구인의 주장이 인용되지 아니한 경우에는 원행정처분에 대하여 행정소송으로 다툴 수 있음(행정소송법 제18조)		

[서식 137] 소청심사청구서

소청심사청구서

1. 사 건 명 : ○○처분취소청구
2. 청 구 인 :

성 명			생년월일	
소속 학교명			(전)직위	
주소	주민등록 등(초)본주소			
	우편물수령 희망주소	(우편번호 :)		
연락처	전화번호 (휴대폰번호)			
	전자우편 (이메일)			
대리인				

※ 주민등록등(초)본 주소는 당사자 확인을 위해 작성하는 사항입니다.
※ 대리인 선임 시 소송 위임장을 별지로 첨부해 주시기 바랍니다.
3. 피청구인 :
4. 처분이 있은 것을 안 날 :
5. 청구취지 :
※ (예) 피청구인이 ○○○○년 ○월 ○일 청구인에게 한 ○○처분의 취소(또는 감경)를 구합니다.
6. 청구이유 :
※ 구체적인 청구이유는 별지로 작성하여 제출하셔도 됩니다.

위와 같이 청구합니다.

20○○. ○. ○.

위 청구인 (서명)

교원소청심사위원회 귀중

1. 사 건 명
처분권자에게 받은 처분 뒤에 우리 위원회에서 받고자 하는 결정의 종류(취소, 감경, 무효확인등)를 붙여 사건명을 작성하시면 됩니다. 예) 해임처분취소청구, 재임용거부처분취소청구, 휴직처분취소청구
2. 청 구 인
대리인은 변호사를 선임한 경우만 기재합니다.
3. 피청구인
처분을 한 자의 직위, 법인명 등을 기재하시면 됩니다.
4. 처분이 있는 것을 안 날
처분서를 수령한 날짜나 처분이 있음을 알게 된 날짜를 기재하시면 됩니다. 예) 20○○년 ○○월 ○○일, ○○처분에 대한 사유설명서를 송달받음.
5. 소청심사청구의 취지
우리 위원회에서 받기를 원하는 결정의 종류를 기재하시면 됩니다.
예) 피청구인이 20○○년 ○○월 ○○일 청구인에게 한 해임처분의 취소를 구합니다.
6. 소청심사청구 이유
○○처분이 취소되어야 하는 이유를 처분사유를 중심으로 항목별로 기술 절차상의 문제는 별도의 항

목으로 기술

7. 입증자료
본 건과 관계있는 제반증거를 증거번호를 붙여 순서대로 첨부하시면 됩니다(분량이 많을 때는 별첨함). 처분에 대한 사유설명서 또는 인사발령통지서를 받았을 때에는 그 사본(2부 송부요청)을 반드시 첨부하여야 합니다. 변호사를 대리인으로 선임하였을 경우 반드시 위임장을 첨부하여야 합니다.

[서식 138] 교원미임용자등록거부처분 취소청구서

행 정 심 판 청 구

청 구 인　　홍　길　동 (○○○○○○-○○○○○○○)
○○시 ○○구 ○○동 ○○○
대리인 변호사 ○ ○ ○　　(전화 :　　)
○○시 ○○구 ○○동 ○○○　　(우 :　　)

피청구인　　○○○○교육감

교원미임용자등록거부처분 취소청구서

심판청구 취지

피청구인은 20○○. ○. ○. 청구인에 대하여 한 교원미임용자등록거부처분은 이를 취소한다. 라는 재결을 구합니다.

심판청구 이유

1. 이 사건 처분의 경위

청구인은 20○○. ○. ○. 이전에 국립 ○○대학교를 졸업하고 ○○교육위원회의 교사임용후보자 명부에 등재되어 임용이 예정되어 있었으나 헌법재판소가 20○○. ○. ○. 교사의 신규채용에 있어서 국,공립의 사범대학 출신자를 우선하여 채용하도록 규정한 교육공무원법 관계규정에 대하여 위헌으로 결정함에 따라 청구인은 교원으로 임용되지 못하였다.

청구인은 20○○. ○. ○. 공포, 시행된 병역의무 이행관련 교원미임용자 채용에 관한 특별법에 따라 임용등록을 신청하였으나 피청구인은 이 사건 특별법 시행 공포일 현재 사립학교 교원으로 임용되어 근무 중이라는 이유로 20○○. ○. ○. 청구인에 대하여 등록거부 처분하였습니다.

2. 이 사건 처분의 적법 여부

특별법에서 말하는 교원은 국, 공립학교 교원을 말하는 것이고 사립학교 교원은 신분보장 및 승진, 전보 등에 있어서 국, 공립학교 교원과 차이가 있어 동일한 것으로 볼 수 없고 이 사건 외 국립사범대학 졸업자 중 교원미임용자 임용 등에 관한 특별법의 적용 시에는 사립학교 교원도 등록하여 주고 있는 점 등을 고려할 때 이 사건 처분은 위법, 부당하다.

특별법 제2조에서 위헌결정에 따라 교원으로 임용되지 아니한 자라 함은 위헌 결정에 따라 교육감이 국립사범대학 등의 졸업자를 우선하여 채용할 수 없어 교육공무원인 국, 공립학교의 교원으로 임용되지 아니한 자를 말한다고 보아야 한다.

특별법은 위 위헌결정으로 인하여 발생한 병역의무 이행에 따른 불합리한 피해를 구제하고자 국립의 사범대학을 졸업한 자 중 교원으로 임용되지 못한 자를 특별채용하기 위하여 제정된 법으로 이들을 특별 채용하여 할 의무 역시 특별시, 광역시, 도교육감에게 있으므로 특별법에서 말하는 교원은 시, 도교육감이 관리하는 교육공무원인 국, 공립학교 교원만을 가리키고 학교법인 또는 사립학교 경영자가 임명하는 사립학교 교원은 제외된다고 보는 것이 교육공무원법과 유기적인 구조를 가지고 있는 이 사건 특별법의 제정목적 및 입법취지에 부합된다.

3. 결 론

따라서 이 사건 특별법 제2조에 규정된 교원으로 임용되지 아니한 자라 함은 국, 공립학교의 교원으로 신규채용되지 아니한 자를 의미한다고 보아야 함으로 청구인들이 이미 사립학교 교원으로 근무하고 있다는 이유로 행한 피청구인의 이 사건 처분은 위법, 부당한 처분이라 할 것입니다.

입 증 방 법

1. 소갑 제1호증 통지서
1. 소갑 제2호증 확인서

첨 부 서 류

1. 위 입증서류 사본 각 1통
1. 주민등록초본 1통
1. 심판청구서 부본 1통

20○○. ○. ○.

위 청구인 대리인 변호사 ○ ○ ○ (인)

○○교육감 귀하

제출기관	피청구인 또는 행정심판위원회 (행정심판법 제23조)	청구기간	· 처분이 있음을 안 날로부터 90일 · 처분이 있은 날로부터 180일 (행정심판법 제27조)
청 구 인	피처분자	피청구인	행정처분을 한 행정청
제출부수	청구서 및 부본 각 1부	관련법규	행정심판법
불복방법	· 행정심판 재청구의 금지(행정심판법 제51조) 행정심판법상 행정심판의 단계는 단일화되어 있어 재결에 대한 행정심판 재청구는 할 수 없다. 다만, 국세기본법 등의 개별법에서는 다단계의 행정심판을 인정하고 있음 · 재결에 대한 행정소송(행정소송법 제19조, 제38조) 재결자체에 고유한 위법이 있을 때에는 재결 그 자체에 대한 취소소송 및 무효등확인소송을 제기할 수 있음 · 다만, 청구인은 기각 재결 등 청구인의 주장이 인용되지 아니한 경우에는 원행정처분에 대하여 행정소송으로 다툴 수 있음(행정소송법 제18조)		

[서식 139] 교원소청심사위원회결정 취소청구의 소

소 장

원 고 김 길 동 (주민등록번호)
서울시 ○○구 ○○동 ○번지

피 고 교원소청심사위원회

보조 참가인 ○○○

교원소청심사위원회결정취소

청 구 취 지

1. 피고가 20○○. ○. ○. 원고와 피고 보조참가인 사이의 20○○-○○○ 승진 및 재임용탈락

처분 취소청구에 관하여 한 결정을 취소한다.
2. 소송비용은 피고의 부담으로 한다.
라는 판결을 구합니다.

청 구 원 인

1. 결정의 경위

(1) 피고 보조참가인(이하 "참가인"이라 한다)은 19○○. ○. ○. 원고가 설립·운영하는 ○○대학교의 ○○대학원 조교수로 임용되었다가 19○○. ○. ○.부터 부교수로 승진하여 근무하던 중, 20○○. ○. ○. 원고로부터 교원인사위원회의 심의를 거쳐 총장의 제청으로 이사회에서 20○○. ○. ○. 종합 심의한 결과 "교수자질 등 승진자격요건이 미비(이하 '원고의 처분사유'라고 한다)"한 것으로 판단하여 정관 제43조의4 제1항에 의하여 교수승진 및 재임용에서 탈락시키기로 결정함에 따라 20○○. ○. ○. 임용기간 만료로 해임처리하여야 하나, 사정에 의하여 20○○. ○. ○.까지 특별임용기간을 부여하고 20○○. ○. ○. 임용기간 만료로 해임 처리하게 된다는 통지(이하 "원고의 처분"이라 한다)를 받았습니다.

(2) 참가인은 피고에게 원고의 처분의 취소를 구하는 소청심사를 청구하였고, 피고는 20○○. ○. ○. 그 중 승진탈락처분의 취소를 구하는 부분은 승진탈락처분이 소청심사 청구대상인 처분에 해당하지 않아 부적법하다는 이유로 각하하고, 나머지 부분에 관하여는 먼저 원고의 처분사유의 내용에 구체적이고 명확한 사실(평가결과 등 객관적인 사유)의 적시가 없어 사립학교법 제53조의2 제6항을 위반한 절차상 중대하고 명백한 하자가 있고, 다음으로 교원인사위원회가 학생교육, 학문연구, 학생지도에 관한 사항에 관한 평가 등 객관적인 사유로서 학칙이 정하는 사유에 근거하여 합리적이고 공정한 심사를 하였다고 볼 수 없어 위법·부당하다는 이유로 청구를 인용하여 재임용탈락처분을 취소하는 청구취지 기재 결정(이하 "이 사건 결정"이라 한다)을 하였다.

2. 결정의 위법성

피고의 결정은 아래와 같은 사유로 인해 위법합니다.

(1) 원고는 참가인에 대한 심사를 거쳐 교수 승진 및 (승진된 지위로의) 재임용에서 탈락시켰을 뿐 종전의 지위, 즉 부교수 재임용 여부에 관하여는 아무런 처분을 한 바 없고, 참가인 또한 이러한 성격의 교수 승진 및 재임용 탈락처분에 관하여 소청심사를 청구하였을 뿐인데, 피고는 부교수 재임용탈락처분의 적법 여부에 관하여 판단함으로써 심판범위를 넘어 원고의 방어권을 침해하였습니다.

(2) 원고의 처분사유는 그 자체로 구체적이고 명확한 사실의 적시이고, 가사 그렇지 않다하더라도 참가인이 교원인사위원회 심사 당시 소명자료를 제출하는 등으로 원고의 처분사유가 구체적으로 참가인의 임용기간 중 발생한 ○○○ 사건 등을 의미한다는 사실을 알고 있었으므로, 원고의 처분은 처분사유가 명시되었다고 보아야 합니다.

(3) 원고의 교원인사위원회에서는 참가인의 임용기간 중 발생한 ○○○ 사건 등에 관하여 객관적이고 합리적인 기준에 따라 심의를 하여 참가인의 교수자질이 부족하다고 판단하였습니다.

3. **결 론**

이상과 같이 이 사건 결정은 위법하므로 이의 취소를 구하는 본 건 소송에 이르게 되었습니다.

입 증 방 법

1. 갑 제1호증
2. 갑 제2호증

첨 부 서 류

1. 위 각 입증방법 각 1부
2. 송달료 납부서
3. 소장부본

20○○. ○. ○.

위 원고 (날인 또는 서명)

서울행정법원 귀중

[서식 140] 재임용거부처분취소결정 취소청구의 소

소 장

원 고 학교법인 ○○
서울시 ○○구 ○○동 ○○번지
(전화 1234-4567, 팩스 1234-5678)

피　　고　　　교육과학기술부 교원소청심사위원회

보조 참가인　　○ ○ ○ (주민등록번호)

재임용거부처분취소결정취소

청 구 취 지

1. 피고가 20○○. ○. ○. 원고와 피고보조참가인(이하 '참가인'이라고 한다) 사이의 20○○ -○호 재임용거부처분취소청구사건에 관하여 한 재임용거부처분취소결정을 취소한다.
2. 소송비용중 피고로 인한 부분은 피고가, 피고보조참가로 인한 부분은 보조참가인이 부담한다.

라는 판결을 구합니다.

청 구 원 인

1. 결정의 경위

(1) 참가인은 원고 법인이 운영하고 있는 ○○대학 ○○과 전임교원으로 20○○. ○. ○. 신규 임용되어 20○○. ○. ○. 조교수로 승진한 후 20○○. ○. ○.자로 계약제 교원으로 근무하여 왔습니다.

(2) 참가인은 20○○. ○. ○. 임용기간 만료를 앞두고 원고에게 재임용신청을 하였으나, 원고는 교원인사위원회의 심의를 거쳐 '참가인이 교원임용계약서 제5조 제4항(교원 업적평가점수 312점 이상일 경우 재임용한다)에 정한 재임용 기준에 미달하였다'는 이유로 20○○. ○. ○. 참가인을 20○○. ○. ○.자로 재임용하지 아니하기로 하는 처분(이하 '이 사건 재임용거부처분'이라고 한다)을 하였습니다.

(3) 참가인은 20○○. ○. ○. 피고에게 이 사건 재임용거부처분의 취소를 구하는 소청심사청구를 하였고, 피고는 20○○. ○. ○. '원고와 참가인 사이의 계약에 의해 재임용 기준점수를 정하고 이러한 기준도 합의로 변경할 수 있도록 한 후 참가인의 점수가 이에 미달하였다는 이유로 이 사건 재임용거부처분을 함으로써 합리적이고 객관적인 재임용 기준을 학칙 등에 정하여 그에 따라 심의하도록 한 사립학교법 제53조의2 제7항의 규정을 위반하였다'는 이유로 이 사건 재임용거부처분을 취소하는 결정(이하 '이 사건 결정'이라고 한다)을 하였습니다.

2. 처분의 위법성

사립학교법 제53조의2 제3항은 학교법인 교원과의 임용계약을 체결함에 있어서 개별적인 계약조건을 정할 수 있도록 명시적으로 허용하고 있고 원고 법인은 참가인으로부터 성취가 가능한 조건으로 변경하여 달라는 요청을 받고 이를 적극적으로 수용하여 계약조건을 변경해주기까지 하였음에도 불구하고 피고가 이러한 계약의 효력을 부인하여 단순히 재임용 세부평가

기준이 학칙 등에 마련되어 있지 아니하다는 이유로 이 사건 재임용거부처분을 취소한 이 사건 결정은 위법합니다.

3. 결 론

이상과 같이 피고의 처분은 위법한 행정처분이므로, 이의 취소를 구하는 행정소송에 이르게 되었습니다.

입 증 방 법

1. 갑 제1호증
2. 갑 제2호증
3. 갑 제4호증
4. 갑 제5호증

첨 부 서 류

1. 위 각 입증방법 각 1부
2. 송달료 납부서
3. 소장부본

20○○. ○. ○.

위 원고 (날인 또는 서명)

서울행정법원 귀중

[서식 141] 교원지위확인의 소

소 장

원 고 ○○○ (주민등록번호)
○○시 ○○구 ○○길 ○○ (우편번호 ○○○○○)

전화 · 휴대폰번호 :
팩스번호, 전자우편(e-mail)주소 :

피 고 학교법인 ◇◇학원
○○시 ○○구 ○○길 ○○ (우편번호 ○○○○○)
이사장 ◈◈◈
전화 · 휴대폰번호 :
팩스번호, 전자우편(e-mail)주소 :

교원지위확인의 소

청 구 취 지

원고는 ◇◇대학교 법과대학의 조교수임을 확인한다.
라는 판결을 원합니다.

청 구 원 인

1. 원고는 피고 학교법인 ◇◇학원 산하 ◇◇대학교 법과대학 법학과의 조교수입니다.

2. 원고는 19○○. ○. ○. ◇◇대학의 전임강사로 임용되어 지금까지 매년 임용계약을 갱신하여 왔습니다.
   한편, 원고는 19○○. ○. ○. ◇◇대학의 조교수로 승진하였는바, 이 경우 그 승진되는 직위에 근거하여 임용계약을 다시 하여야 하고, 또 그 계약기간도 피고법인의 정관 제51조의 규정에 따라 10년간이 되어야 함에도 불구하고 피고들은 이와 같은 절차를 무시하고 원고로 하여금 종전과 동일한 1년의 임용계약을 맺도록 하여, 3년간 계속 1년 단위의 임용계약을 체결하였습니다.

3. 그 뒤 20○○. ○. ○.경 피고들은 원고의 교원계약기간 만료일이 다음 해 ○. ○.이라고 주장하면서 다음 학년도부터는 교원으로 임용이 불가능하다고 통지하였습니다.
   그렇지만 원고는 ◇◇대학의 조교수이므로 정관 제51조에 따라 그 임용기간이 10년이고, 원고가 임용된 최후 계약의 효력개시일은 20○○. ○. ○.부터이므로, 원고가 위 개시일부터 10년간, 즉 20○○. ○. ○.까지는 ◇◇대학의 조교수 자격을 가지고 있음은 명백한 것입니다.

4. 그럼에도 불구하고 피고들은 위와 같은 원고의 교원자격을 부인하면서 연구수당을 지급하지 아니하고 20○○학년도부터 교원으로 임용이 불가능하다고 통지하는 등 원고의 지위를 위태롭게 하고 있으므로 이를 법률적으로 확인받기 위하여 이 사건 청구에 이른 것입니다.

입 증 방 법

1. 갑 제1호증 객원교수임용계약서
1. 갑 제2호증 계약만료통고서

첨 부 서 류

1. 위 입증방법 각 1통
1. 법인등기사항증명서 1통
1. 소장부본 1통
1. 송달료 납부서 1통

20○○. ○. ○.

위 원고 (날인 또는 서명)

○○지방법원 귀중

제 4 장 건축공사에 대한 행정심판

Ⅰ. 건축허가 관련

1. 건축허가

가. 개 설

(1) 의 의

건축물을 건축하거나 대수선하려는 자는 특별자치시장 · 특별자치도지사 또는 시장 · 군수 · 구청장의 허가를 받아야 한다. 다만, 21층 이상의 건축물 등 대통령령으로 정하는 용도 및 규모의 건축물을 특별시나 광역시에 건축하려면 특별시장이나 광역시장의 허가를 받아야 한다(건축법 제11조).

(2) 행정청의 건축신고 반려행위 또는 수리거부행위가 항고소송의 대상이 되는지 여부

구 건축법(2008. 3. 21. 법률 제8974호로 전부 개정되기 전의 것) 관련 규정의 내용 및 취지에 의하면, 행정청은 건축신고로써 건축허가가 의제되는 건축물의 경우에도 그 신고 없이 건축이 개시될 경우 건축주 등에 대하여 공사 중지 · 철거 · 사용금지 등의 시정명령을 할 수 있고(제69조 제1항), 그 시정명령을 받고 이행하지 않은 건축물에 대하여는 당해 건축물을 사용하여 행할 다른 법령에 의한 영업 기타 행위의 허가를 하지 않도록 요청할 수 있으며(제69조 제2항), 그 요청을 받은 자는 특별한 이유가 없는 한 이에 응하여야 하고(제69조 제3항), 나아가 행정청은 그 시정명령의 이행을 하지 아니한 건축주 등에 대하여는 이행강제금을 부과할 수 있으며(제69조의2 제1항 제1호), 또한 건축신고를 하지 않은 자는 200만원 이하의 벌금에 처해질 수 있다(제80조 제1호, 제9조).

이와 같이 건축주 등은 신고제하에서도 건축신고가 반려될 경우 당해 건축물의 건축을 개시하면 시정명령, 이행강제금, 벌금의 대상이 되거나 당해 건축물을 사용하여 행할 행위의 허가가 거부될 우려가 있어 불안정한 지위에 놓이게 된다. 따라서 건축신고 반려행위가 이루어진 단계에서 당사자로 하여금 반려행위의 적법성을 다투어 그 법적 불안을 해소한 다음 건축행위에 나아가도록 함으로써 장차 있을지도 모르는 위험에서 미리 벗어날 수 있도록 길을 열어주고, 위법한 건축물의 양산과 그 철거를 둘러싼 분쟁을 조기에 근본적으로 해결할 수 있게 하는 것이 법치행정의 원리에 부합한다. 그러므로 건축신고 반려행위는 항고소송의 대상이

된다고 보는 것이 옳다.[105)]

나. 건축허가의 재량

(1) 건축허가의 기속성

건축허가권자는 건축허가신청이 건축법 등 관계 법규에서 정하는 어떠한 제한에 배치되지 않는 이상 당연히 같은 법조에서 정하는 건축허가를 하여야 하고, 중대한 공익상의 필요가 없는데도 관계법령에서 정하는 제한사유 이외의 사유를 들어 요건을 갖춘 자에 대한 허가를 거부할 수는 없다.[106)] 다만, 대법원은 "심사결과 그 신청이 법정요건에 합치하는 경우에는 특별한 사정이 없는 한 이를 허가하여야 하며, 공익상 필요가 없음에도 불구하고 요건을 갖춘 자에 대한 허가를 관계법령에서 정하는 제한사유 이외의 사유를 들어 거부할 수는 없다."고 판시하여 공익상의 필요에 의하여 건축허가가 제한될 수 있는 여지를 두었고,[107)] 실제 이에 따라 건축허가불거하처분의 적법성을 인정한 판시가 있다. 대법원은 "피고가 조성하여 일반상업용지로 분양한 토지로서 숙박시설을 건축함에 있어 관계법령상 특별한 제한이 없고 이미 인근에 다수의 숙박시설이 위치하고 있다고 하더라도, 현재의 상태에서 더 이상의 숙박시설건축물을 허가할 경우 일반상업지역에는 숙박시설 이외의 상가건물 등이 신축이 어렵게 되거나 퇴출되어 일반상업지역 전체의 향락단지화가 충분히 예상되고, 장차 인근의 아파트들이 완공되어 주민들이 입주하게 되면, 입주할 주거환경에도 나쁜 영향을 미칠 것이 분명하며, 이는 위 지구에 관한 도시계획 전체적 취지에도 반하므로, 이 사건 건축허가 신청을 불허할 만한 현저한 공익상의 필요가 인정된다는 이유로 원고의 건축허가 신청을 반려한 처분은 적법하다고 판단한 사례가 있다.[108)]

(2) 건축허가의 재량성

대법원은 국토의계획및이용에관한법률에서 정한 도시지역 안에서 토지의 형질변경행위를 수반하는 건축허가는 건축법 제8조 제1항의 규정에 의한 건축허가와 국토의계획및이용에관한법률 제56조 제1항 제2호의 규정에 의한 토지의 형질변경허가의 성질을 아울러 갖는 것으로 보아야 할 것이고, 같은 법 제58조 제1항 제4호, 제3항, 같은 법 시행령 제56조 제1항 [별표 1] 제1호 (가)목 (3), (라)목 (1), (마)목 (1)의 각 규정을 종합하면, 같은 법 제56조 제1항 제2호의 규정에 의한 토지의 형질변경허가는 그 금지요건이 불확정개념으로 규정되어 있어

105) 대법원 2010. 11. 18. 선고 2008두167 전원합의체 판결.
106) 대법원 2003. 4. 25. 선고 2002두3201 판결, 대법원 2006. 11. 9. 선고 2006두1227 판결.
107) 대법원 1992. 12. 11. 선고 92누3038 판결.
108) 대법원 2002. 12. 10. 선고 2002두7043 판결.

그 금지요건에 해당하는지 여부를 판단함에 있어서 행정청에게 재량권이 부여되어 있다고 할 것이므로, 같은 법에 의하여 지정된 도시지역 안에서 토지의 형질변경행위를 수반하는 건축허가는 결국 재량행위에 속한다고 판시하였다.[109)]

Q 저희 집은 북쪽으로 경사진 곳의 중턱에 위치하고 있어 일조상태가 별로 좋지 않습니다. 그런데 저희 집 바로 위쪽에 乙의 3층 주택 건축공사가 시작된 상태인바, 만일 그 주택이 완공되면 저희 집은 일조권을 완전히 상실하게 될 것 같은데, 이 경우 건축허가취소소송 등 행정쟁송을 할 수 있는지요?

A 행정행위의 상대방에 대하여는 수익적 효과가 발생하고 일정한 제3자에 대한 관계에서는 부담적 효과를 수반하는 경우 즉, 귀하의 경우와 같이 귀하의 이웃에 대한 건축허가는 귀하의 이웃에게는 수익적 효과가 발생하지만 귀하에게는 침익적 효과(일조권의 침해 등)가 발생되는 행정행위를 행정법학에서는 '복효적 행정행위'라고 합니다.

「행정심판법」 제13조 및 「행정소송법」 제12조는 처분 등의 취소를 구할 법률상 이익이 있는 자가 제기할 수 있다고 규정하고 있는데, 여기서 제3자도 '법률상 이익이 있는 자'에 해당될 수 있는지에 관하여 판례는 "행정처분의 상대방이 아닌 제3자라도 당해 행정처분의 취소를 구할 법률상의 이익이 있는 경우에는 그 처분의 취소를 구할 수 있으나, 이 경우 법률상의 이익이란 당해 처분의 근거 법률에 의하여 직접 보호되는 구체적인 이익을 말하므로 제3자가 단지 간접적인 사실상 · 경제적인 이해관계를 가지는 경우에는 그 처분의 취소를 구할 원고적격이 없다."라고 하였으며(대법원 2000. 4. 25. 선고 98두7923 판결, 대법원 2000. 10. 10.자 2000무17 결정), "처분의 취소나 효력 유무의 확인을 구할 법률상 이익의 유무는 그 처분의 성립시나 소제기시가 아니라 '사실심의 변론종결시'를 기준으로 판단하여야 하는 것이다."라고 하였습니다(대법원 1992. 10. 27. 선고 91누9329 판결).

그리고 판례는 "위법한 행정처분의 취소를 구하는 소는 위법한 처분에 의하여 발생한 위법상태를 배제하여 원상으로 회복시키고 그 처분으로 침해되거나 방해받은 권리와 이익을 보호 · 구제하고자 하는 소송이므로, 비록 그 위법한 처분을 취소한다 하더라도 원상회복이 불가능한 경우에는 그 취소를 구할 이익이 없다. 건축허가가 건축법 소정의 이격거리를 두지 아니하고 건축물을 건축하도록 되어 있어 위법하다 하더라도 그 건축허가에 기하여 건축공사가 완료되었다면 그 건축허가를 받은 대지와 접한 대지의 소유자인 원고가 위 건축허가처분의 취소를 받아 이격거리를 확보할 단계는 지났으며, 민사소송으로 그 건축물 등의 철거를 구하는데 있어서도 위 처분의 취소가 필요한 것이 아니므로 원고로서는 위 처분의 취소를 구할 법률상의 이익이 없다."라고 하였으며(대법원 1992. 4. 24. 선고 91누11131 판결, 대법원 1994. 1. 14. 선고 93누20481 판결), "건축관련법령에서 건축물의 용적률을 제한하고 있는 것은 적당한 도시공간을 확보하여 과밀화를 방지함으로써 도시기능의 조화

109) 대법원 2005. 7. 14. 선고 2004두6181 판결.

를 도모하는데 그 주된 목적이 있는 것이고 이로써 직접 인접지 거주자 등의 개별적인 이익을 보호하려는 것은 아니므로, 이 사건 건물의 부지와 인접한 토지에 주택을 소유하고 있을 뿐인 원고로서는 가사 위 건물의 용적률이 법에서 허용하는 한도를 벗어났다고 하더라도 그러한 이유만으로 위 건물에 대한 건축허가의 취소를 구할 법률상의 이익이 있다고 할 수 없다."라고 하였습니다(대법원 2002. 6. 11. 선고 2002두1656 판결). 또한, "건물사용검사처분(준공처분)은 건축허가를 받아 건축된 건물이 건축허가사항대로 건축행정목적에 적합한가 여부를 확인하고 사용검사필증을 교부하여 줌으로써 허가받은 자로 하여금 건축한 건물을 사용·수익할 수 있게 하는 법률효과를 발생시키는 것에 불과하고, 건축한 건물이 인접주택 소유자의 권리를 침해하는 경우 사용검사처분이 그러한 침해까지 정당화하는 것은 아닐 뿐만 아니라, 당해 건축물을 건축하는 과정에서 인접주택 소유자가 자신의 주택에 대하여 손해를 입었다 하더라도 그러한 손해는 금전적인 배상으로 회복될 수 있고, 일조권의 침해 등 생활환경상 이익침해는 실제로 그 건물의 전부 또는 일부가 철거됨으로써 회복되거나 보호받을 수 있는 것인데, 건물에 대한 사용검사처분의 취소를 받는다 하더라도 그로 인하여 건축주는 건물을 적법하게 사용할 수 없게 되어 사용검사 이전의 상태로 돌아가게 되는 것에 그칠 뿐이고, 위반건물에 대한 시정명령을 할 것인지 여부, 그 시기 및 명령의 내용 등은 행정청의 합리적 판단에 의하여 결정되는 것이므로, 건물이 이격거리를 유지하지 못하고 있고 건축과정에서 인접주택 소유자에게 피해를 입혔다 하더라도, 인접주택의 소유자로서는 건물에 대한 사용검사처분의 취소를 구할 법률상 이익이 있다고 볼 수 없다."라고도 하였습니다(대법원 1993. 11. 9. 선고 93누13988 판결, 대법원 1996. 11. 29. 선고 96누9768 판결).

또한 행정법원의 판례로서, "환경권에 관한 헌법 제35조의 규정이 개개의 국민에게 직접으로 구체적인 사법상의 권리를 부여한 것이라고 보기는 어려울 뿐만 아니라 환경권은 명문의 법률규정이나 관계법령의 규정 취지 및 조리에 비추어 권리의 주체, 대상, 내용, 행사 방법 등이 구체적으로 정립될 수 있어야만 인정되는 것이므로, 환경영향평가대상지역이 아닌 지역에서 환경권을 인정하는 명문의 규정이 없는데도 인근 주민들에게 환경권에 기하여 제3자에 대한 건축허가처분의 취소를 구할 원고적격이 있다고 단정할 수 없고, 행정처분의 취소를 구하는 소는 위법한 처분으로 인하여 발생한 위법상태를 배제하여 원상으로 회복시키고 그 처분으로 침해되거나 방해받은 권리와 이익을 보호 구제하고자 하는 소송으로 사인간의 권리의무에 관한 분쟁인 민사소송과는 그 제도의 취지나 목적이 서로 다른 것이므로 인근 주민들에게 민사상의 권리가 있다고 하더라도 그 이유만으로 행정소송을 제기할 원고적격이 있는 것은 아니다(만일 인근 주민들에게 종전부터 향유하고 있던 경관이나 조망, 일조권 등 하나의 생활이익으로서의 가치가 있다고 객관적으로 인정된다면 법적인 보호의 대상이 될 수 있는 것이고, 이러한 경우에 인접 대지에 건물을 신축함으로써 그와 같은 생활이익이 침해되고 그 침해가 사회통념상 일반적으로 수인할 정도를 넘어선다고 인정되는 경우에는 인근 주민들이 소유권에 기하여 방해의 제거나 예방을 위하여 필요한 청구를 할 수 있고, 이와 같은 청구를 하기 위한 요건으로서 반드시 그 건물이 건축법 등의 관계 규정에 위반하여 건축될 것을 요하는 것은 아니므로 인근 주민들이 이러한 사법상의 권리에 따른 청구를 하는 것은 건축허가처분의 취소를 구하는 것과는 별개의 문제이다)."라고 한 것도 있습니다(서울행정법원 1999. 5. 27. 선고 98구10249 판결).

따라서 위 판례의 태도를 종합해 볼 때 사안의 경우 귀하도 乙의 3층 주택 건축허가신청의 취소를 구하기는 어려울 듯합니다.

다만, 위법한 연탄공장건축허가로 고통을 받는 이웃사람들이 제기한 그 연탄공장건축허가처분취소청구소송에서 "주거지역내에서의 연탄공장건축으로 주거생활상 불이익을 받는 제3자는 연탄공장건축허가처분의 취소를 구할 법률상 이익이 있다."라고 한 사례는 있습니다(대법원 1975. 5. 13. 선고 73누96, 97 판결, 대법원 1976. 5. 25. 선고 75누238 판결, 대법원 2006. 3. 16. 선고 2006두330 전원합의체 판결).

다. 건축허가의 효과

(1) 의 의

건축허가는 행정관청이 건축행정상 목적을 수행하기 위하여 수허가자에게 일반적으로 행정관청의 허가 없이는 건축행위를 하여서는 안된다는 상대적 금지를 관계 법규에 적합한 일정한 경우에 해제하여 줌으로써 일정한 건축행위를 하여도 좋다는 자유를 회복시켜 주는 행정처분이다. 따라서 수허가자에게 어떤 새로운 권리나 능력을 부여하는 것이 아니고, 건축허가서는 허가된 건물에 관한 실체적 권리의 득실변경의 공시방법이 아니며 추정력도 없으므로 건축허가서에 건축주로 기재된 자가 건물의 소유권을 취득하는 것은 아니므로, 자기 비용과 노력으로 건물을 신축한 자는 그 건축허가가 타인의 명의로 된 여부에 관계없이 그 소유권을 원시취득한다.

Q 저는 지상 5층 건물의 신축허가를 받아 지상 4층까지 공사를 완료하였으나 아직 관할구청으로부터 사용검사를 받지 못하였습니다. 위 건물은 이미 지상 4층까지 완성되어 사용에는 아무런 지장이 없는데, 사용검사 이전에 사용할 수 있는 방법이 있는지요?

A 「건축법」 제22조 제1항에 의하면 건축주는 허가를 받았거나 신고를 한 건축물의 건축공사를 완료(하나의 대지에 2 이상의 건축물을 건축하는 경우 동별공사(棟別工事)를 완료한 경우를 포함)한 후 그 건축물을 사용하고자 하는 경우에는 공사감리자가 작성한 감리완료보고서(제25조 제1항의 규정에 의한 공사감리자를 지정한 경우에 한함) 및 국토교통부령이 정하는 공사완료도서를 첨부하여 허가권자에게 사용승인을 신청하여야 합니다.

건축주는 사용승인을 얻은 후가 아니면 그 건축물을 사용하거나 사용하게 할 수 없고 다만, 허가권자가 사용승인신청서를 접수한 날로부터 7일 이내에 사용승인서를 교부하지 아니하거나 기간을 정하여 임시로 사용의 승인을 한 경우에는 건축물을 사용할 수 있습니다. 사용승인서를 교부받기 전에 공사가 완료된 부분에 대한 임시사용의 승인을 얻고자 하는 경우에는 임시사용승인신청서를 허가권자에게 제출하여야 하고, 허가권자는 이 신청서를 접수한 경우에는 건축물 및 대지가 국토교통부령이 정하는 기준에 적합한 경우에 한하여 임시사용을 승인할 수 있으며, 식수 등 조경에 필요한 조치를 하기에 부적합한 시기에 건축공사가 완료된 건축물에 대하여는 허가권자가 지정하는 시기까지 식수 등 조경에 필요한 조치를 할 것을 조건으로 하여 임시사용을 승인할 수 있습니다(건축법 제22조 제3항, 같은 법 시행령 제17조 제2항 및 제3항).

따라서 귀하는 이미 공사가 완료된 부분인 지상 4층까지의 임시사용승인신청서를 관할구청장에게 제출하여야 하며, 구청장은 위 건축물 및 대지가 국토교통부령이 정하는 기준에 적합한 경우에 한하여 임시사용승인을 할 수 있고, 건축물의 일부가 법령 등에 위반하여 건축된 경우에는 임시사용승인을 하지 않습니다(같은 법 시행령 제17조 제2항 및 제3항, 같은 법 시행규칙 제17조 제2항).

그리고 임시사용승인의 기간은 2년 이내로 함이 원칙이며, 예외적으로 대형건축물 또는 암반공사 등으로 공사기간이 장기간인 건축물에 대하여는 그 기간을 연장할 수 있을 뿐입니다(같은 법 시행령 제17조 제4항).

(2) 인 · 허가 의제

(가) 건축허가에 의해 의제되는 인 · 허가

1) 인 · 허가의제 제도

건축물을 건축하기 위해서는 다른 법률에 규정된 각종 인 · 허가를 필요로 하는 경우가 많다. 이로 인해 건축물을 건축하기 위해서는 그 전제로 다른 법률에 의한 각종 인 · 허가를 받아야 하고 그로 인하여 많은 시간과 비용이 소요되어 제때에 건축행위를 하지 못하거나 아예 건축이 불가능한 경우도 적지 아니하다. 이러한 불합리한 절차를 개선하여 효율적인 건축행위가 가능케 하기 위하여 건축법에서는 건축허가를 받으면 다른 법률에 의한 인 · 허가 등을 받거나 신고한 것으로 간주하는 내용을 규정하였다. 이는 건축사업을 시행하면서 받아야 하는 각종 허가나 승인 등을 일일이 담당행정기관에 신청하여 받아야 하는 번거로움을 없애주고 원스톱 행정을 통하여 신청인의 편의를 도모하기 위하여 도입된 규정이다.

2) 인 · 허가 의제사항

건축물을 건축하거나 대수선하려는 자가 특별자치시장 · 특별자치도지사 또는 시장 · 군수 · 구청장의 건축허가를 받으면 다음 각 호의 허가 등을 받거나 신고를 한 것으로 보며(법 제11조 제5항),

제1호 제20조 제3항에 따른 공사용 가설건축물의 축조신고

제2호 제83조에 따른 공작물의 축조신고

제3호「국토계획법」제56조에 따른 개발행위허가
제4호「국토계획법」제86조 제5항에 따른 시행자의 지정과 같은 법 제88조 제2항에 따른 실시계획의 인가
제5호「산지관리법」제14조와 제15조에 따른 산지전용허가와 산지전용신고, 같은 법 제15조의2에 따른 산지일시사용허가 · 신고 다만, 보전산지인 경우에는 도시지역만 해당된다.
제6호「사도법」제4조에 따른 사도(私道)개설허가
제7호「농지법」제34조, 제35조 및 제43조에 따른 농지전용허가 · 신고 및 협의
제8호「도로법」제36조에 따른 도로관리청이 아닌 자에 대한 도로공사 시행의 허가, 같은 법 제52조 제1항에 따른 도로와 다른 시설의 연결 허가
제9호「도로법」제61조에 따른 도로의 점용 허가
제10호「하천법」제33조에 따른 하천점용 등의 허가
제11호「하수도법」제27조에 따른 배수설비(配水設備)의 설치신고
제12호「하수도법」제34조 제2항에 따른 개인하수처리시설의 설치신고
제13호「수도법」제38조에 따라 수도사업자가 지방자치단체인 경우 그 지방자치단체가 정한 조례에 따른 상수도 공급신청
제14호「전기사업법」제62조에 따른 자가용전기설비 공사계획의 인가 또는 신고
제15호「수질 및 수생태계 보전에 관한 법률」제33조에 따른 수질오염물질 배출시설 설치의 허가나 신고
제16호「대기환경보전법」제23조에 따른 대기오염물질 배출시설설치의 허가나 신고
제17호「소음 · 진동관리법」제8조에 따른 소음 · 진동 배출시설 설치의 허가나 신고
제18호「가축분뇨의 관리 및 이용에 관한 법률」제11조에 따른 배출시설 설치허가나 신고
제19호「자연공원법」제23조에 따른 행위허가
제20호「도시공원 및 녹지 등에 관한 법률」제24조에 따른 도시공원의 점용허가
제21호「토양환경보전법」제12조에 따른 특정토양오염관리대상시설의 신고

(나) 공장건축물에 대한 특례

1) 공장설립등의 승인

① 시장 · 군수 또는 구청장의 승인 등

공장건축면적이 500제곱미터 이상인 공장의 신설 · 증설 또는 업종변경을 하려는 자는 대통령령으로 정하는 바에 따라 시장 · 군수 또는 구청장의 승인을 받아야 하며, 승인을 받은 사항

을 변경하려는 경우에도 또한 같다. 다만, 승인을 받은 사항 중 산업통상자원부령으로 정하는 경미한 사항을 변경하려는 경우에는 시장 · 군수 또는 구청장에게 신고하여야 한다(산업집적활성화 및 공장설립에 관한 법률 제13조 제1항). 또한, 공장건축면적이 500제곱미터 미만인 경우에도 제13조의2에 따른 허가 · 신고 · 면허 · 승인 · 해제 또는 용도폐지 등의 의제(擬制)를 받으려는 자는 제1항에 따른 공장설립 등의 승인을 받을 수 있다(같은 조 제3항).

② **공장설립등의 승인의제**

다음 각 호의 어느 하나에 해당하는 경우에는 제1항에 따른 공장설립 등의 승인을 받은 것으로 본다(같은 조 제2항).

제1호 제20조 제2항에 따른 승인을 받은 경우

제2호 제38조 제1항 본문 및 제2항에 따른 입주계약 및 변경계약을 체결한 경우

제3호 대통령령으로 정하는 다른 법률에 따라 그 공장설립에 관한 허가 · 인가 · 면허 등을 받은 경우

③ **처리기한**

시장 · 군수 또는 구청장은 제7조의2 제3항에 따라 지원센터의 장으로부터 공장설립 등에 관한 서류를 송부받은 때에는 서류를 송부받은 날부터 20일(관계법령에 인 · 허가 및 승인 사항이 따로 정하여진 경우에는 그 기간) 이내에 승인 여부 또는 승인 처리 지연 사유를 지원센터의 장에게 통보하여야 한다. 이 경우 그 기한 내에 승인 여부 또는 승인 처리 지연 사유를 통보하지 아니한 경우에는 그 기한이 지난 날의 다음날에 승인한 것으로 본다(같은 조 제4항). 이때 시장 · 군수 또는 구청장은 위 제4항에 따라 승인 처리 지연 사유를 통보하는 경우에는 그 처리기간을 10일 이내에서 연장할 수 있다(같은 조 제5항).

④ **불승인 통보**

시장 · 군수 또는 구청장은 위 제4항에 따라 불승인을 통보하는 경우에는 그 사유를 분명히 밝혀야 하며, 지원센터의 장은 그 사유와 관련된 서류를 열람할 수 있다(같은 조 제6항). 또한 시장 · 군수 · 구청장 또는 관리기관은 공장설립대장을 비치하여 필요한 사항을 적고 이를 관리하여야 한다(같은 조 제7항).

2) **인가 · 허가 등의 의제**

산업집적활성화 및 공장설립에 관한 법률 제13조 제1항에 따른 공장설립 등의 승인을 할 때 해당 공장 및 진입로 부지에 대한 다음 각 호의 허가 · 신고 · 면허 · 승인 · 해제 또는 용도폐지 등(이하 "인 · 허가 등"이라 한다)에 관하여 해당 시장 · 군수 또는 구청장이 제5항 본문에

따라 관계 행정기관의 장과 협의한 사항(제5항 단서에 따라 협의가 생략되는 경우를 포함한다)에 대하여는 해당 인 · 허가 등을 받은 것으로 본다(산업집적활성화 및 공장설립에 관한 법률 제13조의2 제1항).

제1호「농지법」제34조 제1항에 따른 농지전용의 허가, 같은 법 제35조 제1항 · 제43조에 따른 농지전용의 신고 및 같은 법 제40조 제1항에 따른 용도변경의 승인

제2호「산지관리법」제14조 · 제15조에 따른 산지전용허가 및 산지전용신고, 같은 법 제15조의2에 따른 산지일시사용허가 · 신고, 같은 법 제21조에 따른 산지 전용된 토지의 용도변경 승인 및「산림자원의 조성 및 관리에 관한 법률」제36조 제1항 · 제4항에 따른 입목벌채 등의 허가 · 신고

제3호「초지법」제23조 제1항에 따른 초지전용의 허가

제4호「사방사업법」제14조 제1항 본문에 따른 사방지(砂防地)의 죽목의 벌채 등의 허가 및 같은 법 제20조 제1항에 따른 사방지 지정의 해제

제5호「국토계획법」제56조 제1항에 따른 개발행위(토지의 형질 변경 또는 토지 분할만 해당한다)의 허가, 같은 법 제86조에 따른 도시 · 군계획시설사업의 시행자의 지정, 같은 법 제88조에 따른 실시계획의 인가 및 같은 법 제118조에 따른 토지거래계약의 허가

제6호「하천법」제30조 제1항 본문에 따른 하천공사시행의 허가 및 같은 법 제33조 제1항 각 호에 따른 하천점용의 허가

제7호「공유수면 관리 및 매립에 관한 법률」제8조에 따른 공유수면의 점용 · 사용허가, 같은 법 제17조에 따른 실시계획의 승인 또는 신고 및 같은 법 제28조에 따른 공유수면의 매립면허

제8호「장사 등에 관한 법률」제27조 제1항에 따른 분묘 개장의 허가

제9호「사도법」제4조에 따른 사도(私道) 개설 등의 허가

제10호「도로법」제61조 제1항에 따른 도로점용의 허가

제11호 삭제 [2010415 제10272호(공유수면 관리 및 매립에 관한 법률)] [[시행일 20101016]]

제12호「농어촌정비법」제23조 제1항 본문에 따른 농업생산기반시설의 목적 외 사용의 승인

제13호「국유재산법」제30조에 따른 국유재산의 사용허가 및 같은 법 제40조 제1항에 따른 도로 · 하천 · 구거 및 제방의 용도폐지

제14호「공유재산 및 물품 관리법」제11조에 따른 행정재산의 용도의 변경 또는 폐지 및 같은 법 제20조 제1항에 따른 행정재산의 사용 · 수익허가

제15호 「건축법」 제11조 제1항에 따른 건축허가, 같은 법 제14조 제1항에 따른 건축신고, 같은 법 제19조 제2항에 따른 건축물의 용도변경의 허가나 신고, 같은 조 제3항에 따른 기재내용의 변경, 같은 법 제20조 제1항 · 제3항에 따른 가설건축물 건축의 허가 또는 신고 및 같은 법 제83조 제1항에 따른 공작물 축조의 신고
제16호 「환경영향평가법」 제44조에 따른 소규모 환경영향평가에 대한 협의
제17호 「자연재해대책법」 제4조에 따른 사전재해영향성 검토협의

그 외 산업집적활성화 및 공장설립에 관한 법률 제13조 제1항에 따라 공장설립 등의 승인을 받은 자(제1항 제9호에 따라 공장설립 등의 승인 시에 사도개설 등의 허가의 의제를 받은 자는 제외한다)에게 「사도법」 제4조에 따른 사도개설 등의 허가를 할 때 그 공장진입로 부지에 대한 제1항 각 호(같은 항 제9호는 제외한다)의 인 · 허가 등에 관하여 해당 시장 · 군수 또는 구청장이 제5항에 따라 관계 행정기관의 장과 협의한 사항에 대하여는 해당 인 · 허가 등을 받은 것으로 보며(같은 조 제2항), 제13조 제1항에 따른 공장설립 등의 승인을 할 때 그 공장에서 운영하려는 사업에 대한 다음 각 호의 허가 또는 신고에 관하여 시장 · 군수 또는 구청장이 제5항에 따라 관계 행정기관의 장과 협의한 사항에 대하여는 해당 허가를 받거나 신고를 한 것으로 본다(같은 조 제3항).

제1호 「액화석유가스의 안전관리 및 사업법」 제3조에 따른 가스용품 제조사업의 허가
제2호 「고압가스 안전관리법」 제4조에 따른 고압가스 제조허가, 같은 법 제5조에 따른 용기 등의 제조등록 및 같은 법 제20조에 따른 특정고압가스 사용의 신고
제3호 「먹는물관리법」 제23조 제1항에 따른 먹는샘물 등의 제조업의 조건부허가

3) 공장의 건축허가

산업집적활성화 및 공장설립에 관한 법률 제13조 제1항에 따라 공장설립 등의 승인을 받은 자(같은 조 제2항에 따라 공장설립 등의 승인을 받은 것으로 의제되는 자를 포함한다 이하 같다)에게 「건축법」 제11조에 따른 건축허가를 하거나 같은 법 제14조에 따른 신고를 수리(제13조의2 제1항 제15호에 따라 공장설립 등의 승인 시에 건축허가 및 건축신고가 의제되는 경우를 포함한다)할 때 해당 시장 · 군수 또는 구청장이 다음 각 호의 허가 · 인가 · 승인 · 동의 · 심사 또는 신고(이하 "허가 등"이라 한다)에 관하여 제3항에 따라 관계 행정기관의 장과 협의한 사항에 대하여는 해당 허가 등을 받은 것으로 본다(산업집적활성화 및 공장설립에 관한 법률 제14조).

제1호 「도로법」 제61조 제1항에 따른 도로점용의 허가
제2호 「하수도법」 제24조에 따른 시설 또는 공작물 설치의 허가, 같은 법 제27조 제3항에

따른 배수설비 설치의 신고 및 같은 법 제34조 제2항에 따른 개인하수처리시설의 설치신고

제3호 「수도법」 제52조 제1항에 따른 전용상수도 설치의 인가

제4호 「전기사업법」 제62조 제1항 및 제2항에 따른 자가용전기설비 공사계획의 인가 및 신고

제5호 「소방시설 설치 · 유지 및 안전관리에 관한 법률」 제7조 제1항에 따른 건축허가 등의 동의, 「소방시설공사업법」 제13조 제1항에 따른 소방시설공사의 신고 및 「위험물안전관리법」 제6조 제1항에 따른 제조소 등의 설치허가

제6호 「국토계획법」 제56조 제1항에 따른 개발행위(건축물의 건축 또는 공작물의 설치만 해당한다)의 허가, 같은 법 제86조에 따른 도시 · 군계획시설사업의 시행자의 지정 및 같은 법 제88조에 따른 실시계획의 인가

제7호 「건축법」 제20조 제1항 · 제3항에 따른 가설건축물 건축의 허가 또는 신고 및 같은 법 제83조에 따른 공작물축조의 신고

제8호 「폐기물관리법」 제29조 제2항에 따른 폐기물처리시설의 설치승인 또는 신고

제9호 「가축분뇨의 관리 및 이용에 관한 법률」 제11조에 따른 배출시설의 설치 허가 또는 신고

제10호 「대기환경보전법」 제23조 제1항, 「수질 및 수생태계 보전에 관한 법률」 제33조 제1항, 「소음 · 진동관리법」 제8조 제1항에 따른 배출시설설치의 허가 또는 신고

제11호 「토양환경보전법」 제12조에 따른 특정토양오염관리대상시설 설치의 신고

제12호 「총포 · 도검 · 화약류 등 단속법」 제25조 제1항에 따른 화약류간이저장소 설치의 허가

제13호 「액화석유가스의 안전관리 및 사업법」 제6조 제1항에 따른 액화석유가스저장소 설치의 허가

제14호 「고압가스 안전관리법」 제4조 제3항에 따른 고압가스저장소 설치의 허가

제15호 「산업안전보건법」 제48조 제4항에 따른 유해 · 위험방지계획서의 심사, 같은 법 제49조의2 제3항에 따른 공정안전보고서의 심사

(다) 관계 행정기관의 장과의 협의

건축법은 건축행위에 따른 민원의 편의 및 절차의 효율을 위하여 건축허가에 의하여 의제되는 인 · 허가의제 제도를 도입하면서도 그에 관한 실체적 요건을 제대로 갖추었는지에 여부를 검토하기 위하여 허가권자로 하여금 사전에 관계 행정기관의 장과의 협의를 하도록 규정하고

있다.

(라) 관계행정기관의 장과의 협의 및 의견제출

허가권자는 건축허가에 의하여 의제되는 인·허가가 다른 행정기관의 권한에 속하면 그 행정기관의 장과 미리 협의하여야 하며, 협의 요청을 받은 관계 행정기관의 장은 요청을 받은 날부터 15일 이내에 의견을 제출하여야 한다. 만일 협의 요청을 받은 관계 행정기관의 장이 그에 대한 인·허가 불가의 의사를 회신하여 온 경우 허가권자는 그 허가를 할 수 없다.110)

(마) 허가권자의 일방적인 인·허가

인·허가 의제대상에 대하여 허가관청이 반대의견을 표명하였음에도 불구하고 허가권자가 주된 인·허가를 발한 경우 그 인·허가가 문제될 수 있는데, 의제대상 인·허가 허가관청과의 협의는 그 실체적 요건을 갖추었는지 여부를 검토하기 위한 것이므로, 이는 단순히 인·허가 허가관청의 의견을 듣는 것이 아니라, 의제대상 인·허가관청의 동의를 구하는 것으로서 사실상 '합의'를 뜻한다고 할 것이다.111) 따라서 의제대상 인·허가관청의 동의를 얻지 못한 경우에는 주된 인·허가를 할 수 없으며, 만일 이에도 불구하고 허가권자가 일방적으로 주된 인·허가를 할 경우 이는 협의절차를 제대로 이행치 아니한 하자있는 행정행위가 되어 그 정도에 따라 취소사유가 될 수 있다. 다만, 단지 협의절차의 불이행을 이유로 주된 인·하기까지 무효로 한다면 주된 인·허가를 신뢰하고 그에 따른 건축행위를 위해 실제 비용을 지출한 신청인에게 불의칙의 피해를 줄 우려가 있기 때문에 이를 당연무효라고 보기는 어려울 것이다.

(바) 인·허가의제의 효과

인·허가의제의 효과는 신청인이 건축허가권자로부터 건축허가를 받게 되면 다른 법률에 의하여 인·허가가 의제되는 각각의 사유에 대하여만 인·허가를 받는 것으로 보는 것에 그치고, 더 나아가 그 인·허가를 전제로 하는 다른 법률 법령에 의한 각종 제한까지 의제되는 것은 아니다 예를 들어, 구 건축법 제8조 제4항에 따른 건축허가를 받아 새로이 공공시설을 설치하였다고 하더라도 그 공공시설의 귀속에 관하여 구 도시계획법 제83조 제2항이 적용되지는 않는 것이다.112)

Q 저는 「건축법」 위반으로 과태료처분을 받았습니다. 그런데 위 과태료처분은 5년 전에 있었던

110) 대법원 1992. 9. 22. 선고 91누8876 판결.

111) 김재광, "행정법상 집중효제도의 검토", 토지공법연구 제9호(2000 2), 한국토지공법학회, 75면.

112) 대법원 2004. 7. 22. 선고 2004다19715 판결.

위반사실에 대하여 부과된 것입니다. 이 경우 과태료처분에 대하여는 공소시효나 형의 시효 및 「국가재정법」 제96조 소정의 소멸시효규정이 적용 또는 준용되지 않는지요?

A 공소시효의 기간에 관하여 「형사소송법」 제249조 제1항은 "공소시효는 다음 기간의 경과로 완성한다. 1. 사형에 해당하는 범죄에는 25년, 2. 무기징역 또는 무기금고에 해당하는 범죄에는 15년, 3. 장기 10년 이상의 징역 또는 금고에 해당하는 범죄에는 10년, 4. 장기 10년 미만의 징역 또는 금고에 해당하는 범죄에는 7년, 5. 장기 5년 미만의 징역 또는 금고, 장기 10년 이상의 자격정지 또는 벌금에 해당하는 범죄에는 5년, 6. 장기 5년 이상의 자격정지에 해당하는 범죄에는 3년, 7. 장기 5년 미만의 자격정지, 구류, 과료 또는 몰수에 해당하는 범죄에는 1년."라고 규정하고 있고, 또한 같은 법 제249조 제2항은 "공소가 제기된 범죄는 판결의 확정이 없이 공소를 제기한 때로부터 25년을 경과하면 공소시효가 완성한 것으로 간주한다."라고 규정하고 있습니다.

그리고 형의 시효에 관하여는 「형법」 제78조에서 "시효는 형을 선고하는 재판이 확정된 후 그 집행을 받음이 없이 ①사형은 30년, ②무기의 징역 또는 금고는 20년, ③10년 이상의 징역 또는 금고는 15년, ④3년 이상의 징역이나 금고 또는 10년 이상의 자격정지는 10년, ⑤3년 미만의 징역이나 금고 또 는 5년 이상의 자격정지는 5년, ⑥5년 미만의 자격정지, 벌금, 몰수 또는 추징은 3년, ⑦구류 또는 과료는 1년을 경과함으로 인하여 완성된다."라고 규정하고 있습니다.

한편, 「국가재정법」 제96조는 "①금전의 급부를 목적으로 하는 국가의 권리로서 시효에 관하여 다른 법률에 규정이 없는 것은 5년 동안 행사하지 아니하면 시효로 인하여 소멸한다. ②국가에 대한 권리로서 금전의 급부를 목적으로 하는 것도 또한 제1항과 같다."라고 규정하고 있습니다.

그러므로 과태료의 처벌에 있어 공소시효나 형의 시효 및 「국가재정법」 제96조 소정의 국가의 금전채권에 관한 소멸시효의 규정이 적용 내지 준용되는지 문제될 수 있습니다.

이에 관하여 판례는 "과태료의 제재는 범죄에 대한 형벌이 아니므로, 그 성질상 처음부터 공소시효(형사소송법 제249조)나 형의 시효(형법 제78조)에 상당하는 것은 있을 수 없고, 이에 상당하는 규정도 없으므로 일단 한번 과태료에 처해질 위반행위를 한 자는 그 처벌을 면할 수 없는 것이며, 예산회계법(현행 국가재정법) 제96조 제1항은 '금전의 급부를 목적으로 하는 국가의 권리로서 시효에 관하여 다른 법률에 규정이 없는 것은 5년간 행사하지 아니할 때에는 시효로 인하여 소멸한다.'라고 규정하고 있으므로 과태료결정 후 징수의 시효, 즉 과태료 재판의 효력이 소멸하는 시효에 관하여는 국가의 금전채권으로서 예산회계법(현행 국가재정법)에 의하여 그 기간은 5년이라고 할 것이지만, 위반행위자에 대한 과태료의 처벌권을 국가의 금전채권과 동일하게 볼 수는 없으므로, 예산회계법(현행 국가재정법) 제96조에서 정해진 국가의 금전채권에 관한 소멸시효의 규정이 과태료의 처벌권에 적용되거나 준용되지는 않는다."라고 하였습니다(대법원 2000. 8. 24.자 2000마1350 결정).

따라서 위 사안에서도 귀하에 대하여 「건축법」 위반사실이 있은 후 5년이 지나서 과태료부과처분을 하였다고 하여도 그 처분은 유효하고, 다만 과태료부과처분 후 시효중단의 조치 없이 5년이 경과된다면 그 징수에 관하여는 「국가재정법」 제96조 소정의 소멸시효기간이 완성된다고 할 것으로 보입니다.

2. 건축허가 취소

가. 의 의

도시계획 선을 침범한 건축, 주거지역 내 허용되지 않는 공장의 증축, 건축법상의 이적거리 위반 및 도시계획법상의 용적률 초과의 증축, 녹지지역 내 공장의 건축, 대지안의 공지미달, 소방법 위반의 건축 등 건축물 또는 건축예정건물이 실질적인 불법성을 갖고 있는 것으로 판단되면 행정청은 건축허가, 사용승인 등을 거부하거나 취소할 수 있고, 철거, 개축, 증축, 수선, 용도변경, 사용금지, 사용제한 기타 필요한 조치를 명할 수 있으며(건축법 제69조 제1항), 그에 위반하면 처벌을 하거나 이행강제 금을 부과할 수 있다(건축법 제69조의2 제1항 제1호).

나. 청 구 인

(1) 행정소송법 제12조(원고적격)는 '취소소송은 처분 등의 취소를 구할 법률상 이익이 있는 자가 제기할 수 있다.'라고 규정하고 있고, 법 제35조는 '무효 등 확인소송은 처분 등의 효력 유무 또는 존재 여부의 확인을 구할 법률상 이익이 있는 자가 제기할 수 있다.'라고 하고 있다. 따라서 처분의 상대방이 아닌 제3자라도 처분 등의 무효 또는 취소를 구할 법률상 이익이 있으면 청구적격을 갖는다.

(2) 여기서 말하는 법률상 이익이란 당해 처분의 근거 법률에 의하여 보호되는 직접적이고 구체적인 이익이 있는 경우를 말한다. 당해 처분의 근거 법규 및 관련 법규에 의하여 보호되는 법률상 이익이란, 당해 처분의 근거법규의 명문규정에 의하여 보호받는 법률상 이익, 당해 처분의 근거법규에 의하여 보호되지는 아니하나 당해 처분의 행정목적을 달성하기 위한 일련의 단계적인 관련 처분들의 근거 법규에 의하여 명시적으로 보호받는 법률상 이익 등을 말한다.

(3) 따라서 건축허가처분의 직접 상대방이 아닌 제3자라도 법률상 보호받는 이익을 건축허가로 침해당하는 경우에는 건축허가처분의 무효 또는 취소를 구할 수 있으며 이러한 법률상 이익이란 소유권, 일조권, 주위토지통행권, 소유권 등에 기한 방해금지청구권 등이 있다.

다. 절 차

(1) 제소기간

건축허가가 있음을 안 날로부터 90일 이내에, 건축허가가 있은 날로부터 1년 이내에 제기하여야 한다. 변경허가의 경우도 같다.

(2) 위법성 판단

(가) 판단시기

위법한지 여부는 처분시인 건축허가시를 기준으로 판단한다. 설계가 변경되어 건축변경허가를 받은 경우에도 변경허가의 위법 여부는 각 변경허가시를 기준으로 판단하여야 한다.

(나) 제한규정

1) 일조권 관련 높이제한

건축법 제61조 (일조 등의 확보를 위한 건축물의 높이 제한)

① 전용주거지역과 일반주거지역 안에서 건축하는 건축물의 높이는 일조(日照) 등의 확보를 위하여 정북방향(正北方向)의 인접 대지경계선으로부터의 거리에 따라 대통령령으로 정하는 높이 이하로 하여야 한다. ② 다음 각 호의 어느 하나에 해당하는 공동주택(일반상업지역과 중심상업지역에 건축하는 것은 제외한다)은 채광(採光) 등의 확보를 위하여 대통령령으로 정하는 높이 이하로 하여야 한다. 〈개정 2013.5.10.〉

1. 인접 대지경계선 등의 방향으로 채광을 위한 창문 등을 두는 경우
2. 하나의 대지에 두 동(棟) 이상을 건축하는 경우

③ 다음 각 호의 어느 하나에 해당하면 제1항에도 불구하고 건축물의 높이를 정남(正南)방향의 인접 대지경계선으로부터의 거리에 따라 대통령령으로 정하는 높이 이하로 할 수 있다. 〈개정 2011.5.30., 2014.1.14., 2014.6.3., 2016.1.19., 2017.2.8.〉

1. 「택지개발촉진법」 제3조에 따른 택지개발지구인 경우
2. 「주택법」 제15조에 따른 대지조성사업지구인 경우
3. 「지역 개발 및 지원에 관한 법률」 제11조에 따른 지역개발사업구역인 경우
4. 「산업입지 및 개발에 관한 법률」 제6조, 제7조, 제7조의2 및 제8조에 따른 국가산업단지, 일반산업단지, 도시첨단산업단지 및 농공단지인 경우
5. 「도시개발법」 제2조 제1항 제1호에 따른 도시개발구역인 경우
6. 「도시 및 주거환경정비법」 제8조에 따른 정비구역인 경우
7. 정북방향으로 도로, 공원, 하천 등 건축이 금지된 공지에 접하는 대지인 경우
8. 정북방향으로 접하고 있는 대지의 소유자와 합의한 경우나 그 밖에 대통령령으로 정하는 경우

④ 2층 이하로서 높이가 8미터 이하인 건축물에는 해당 지방자치단체의 조례로 정하는 바에 따라 제1항부터 제3항까지의 규정을 적용하지 아니할 수 있다.

건축법 시행령 제86조 (일조 등의 확보를 위한 건축물의 높이 제한)

① 전용주거지역이나 일반주거지역에서 건축물을 건축하는 경우에는 법 제61조 제1항에 따라 건축물의 각 부분을 정북(正北) 방향으로의 인접 대지경계선으로부터 다음 각 호의 범위에서 건축조례로 정하는 거리 이상을 띄어 건축하여야 한다. 〈개정 2015.7.6.〉

1. 높이 9미터 이하인 부분: 인접 대지경계선으로부터 1.5미터 이상

2. 높이 9미터를 초과하는 부분: 인접 대지경계선으로부터 해당 건축물 각 부분 높이의 2분의 1 이상

② 다음 각 호의 어느 하나에 해당하는 경우에는 제1항을 적용하지 아니한다. 〈신설 2015. 7. 6., 2016. 5. 17., 2016. 7. 19.〉

1. 다음 각 목의 어느 하나에 해당하는 구역 안의 대지 상호간에 건축하는 건축물로서 해당 대지가 너비 20미터 이상의 도로(자동차 · 보행자 · 자전거 전용도로를 포함하며, 도로에 공공공지, 녹지, 광장, 그 밖에 건축미관에 지장이 없는 도시 · 군계획시설이 접한 경우 해당 시설을 포함한다)에 접한 경우
   가. 「국토의 계획 및 이용에 관한 법률」 제51조에 따른 지구단위계획구역, 같은 법 제37조 제1항 제1호에 따른 경관지구 및 같은 항 제2호에 따른 미관지구
   나. 「경관법」 제9조 제1항 제4호에 따른 중점경관관리구역
   다. 법 제77조의2 제1항에 따른 특별가로구역
   라. 도시미관 향상을 위하여 허가권자가 지정 · 공고하는 구역
2. 건축협정구역 안에서 대지 상호간에 건축하는 건축물(법 제77조의4 제1항에 따른 건축협정에 일정거리 이상을 띄어 건축하는 내용이 포함된 경우만 해당한다)의 경우
3. 건축물의 정북 방향의 인접 대지가 전용주거지역이나 일반주거지역이 아닌 용도지역에 해당하는 경우

③ 법 제61조 제2항에 따라 공동주택은 다음 각 호의 기준에 적합하여야 한다. 다만, 채광을 위한 창문 등이 있는 벽면에서 직각 방향으로 인접 대지경계선까지의 수평거리가 1미터 이상으로서 건축조례로 정하는 거리 이상인 다세대주택은 제1호를 적용하지 아니한다. 〈개정 2009.7.16., 2013.5.31., 2015.7.6.〉

2) 건폐율 제한규정

건축법 제55조 (건축물의 건폐율)

대지면적에 대한 건축면적(대지에 건축물이 둘 이상 있는 경우에는 이들 건축면적의 합계로 한다)의 비율(이하 "건폐율"이라 한다)의 최대한도는 「국토의 계획 및 이용에 관한 법률」 제77조에 따른 건폐율의 기준에 따른다. 다만, 이 법에서 기준을 완화하거나 강화하여 적용하도록 규정한 경우에는 그에 따른다.

3) 용적율 제한규정

건축법 제56조

대지면적에 대한 연면적(대지에 건축물이 둘 이상 있는 경우에는 이들 연면적의 합계로 한다)의 비율(이하 "용적률"이라 한다)의 최대한도는 「국토의 계획 및 이용에 관한 법률」 제78조에 따른 용적률의 기준에 따른다. 다만, 이 법에서 기준을 완화하거나 강화하여 적용하도록 규정한 경우에는 그에 따른다.

(3) 입 증

일조 등의 확보를 위한 건축물의 높이제한에 있어서 건축물의 높이는 건축물의 대지의 지표면을 기준으로 산정하고, 지표면에 고저차가 있는 경우에는 건축물의 주위가 접하는 각 지표면 부분의 높이를 당해 지표면 부분의 수평거리에 따라 가중 평균한 높이의 수평면을 지표면으로 보며, 건축물의 대지의 지표면과 인접대지의 지표면 간에 고저 차가 있는 경우에는 그 지표면의 평균수평면을 지표면으로 보아 이를 기점으로 건축물의 높이를 산정한다.

평균수평면이 낮을수록 건축물의 높이가 높아지는 효과가 생겨 법정 이격거리가 길게 산정되고 평균수평면이 높을수록 건축물의 높이가 낮아지는 효과가 생겨 법정 이격거리가 짧게 산정되는 것인 바, 건축허가가 이격거리 제한을 위반하지 않았다는 점을 입증하기 위해서는 건축물의 높이를 결정짓는 건축물의 대지의 지표면의 높이를 알아야 하는데 인접대지의 지표면은 변동이 없어 입증이 쉬울 것이나 건축허가를 받은 대지는 보통의 경우 토지의 굴착공사로 인하여 현상이 변화되고 건축허가 신청 시 지표면의 높이를 측량한 현황측량제도를 제출하는 것도 아니므로 보통의 경우 행정청이 건축공사 이전의 건축허가의 대지의 지표면의 높이를 쉬운 일이 아니다.

Ⅱ. 사용승인처분 관련

1. 사용승인

사용승인 즉 사용검사 및 준공검사는 건축허가를 받아 건축된 건물이 건축허가 사항대로 건축행정목적에 적합한가 여부를 확인하고 사용검사필증을 교부하여 줌으로써 허가 받은 자로 하여금 건축한 건물을 사용, 수익 할 수 있게 하는 법률효과를 발생시키는 것을 말한다.

2. 건축법의 규정

건축법 제22조

① 건축주가 제11조 · 제14조 또는 제20조 제1항에 따라 허가를 받았거나 신고를 한 건축물의 건축공사를 완료[하나의 대지에 둘 이상의 건축물을 건축하는 경우 동(棟)별 공사를 완료한 경우를 포함한다]한 후 그 건축물을 사용하려면 제25조 제6항에 따라 공사감리자가 작성한 감리완료보고서(같은 조 제1항에 따른 공사감리자를 지정한 경우만 해당된다)와 국토교통부령으로 정하는 공사완료도서를 첨부하여 허가권자에게 사용승인을 신청하여야 한다. 〈개정 2013.3.23., 2016.2.3.〉 ② 허가권자는 제1항에 따른 사용승인신청을 받은 경우 국토교통부령으로 정하는 기간에 다

음 각 호의 사항에 대한 검사를 실시하고, 검사에 합격된 건축물에 대하여는 사용승인서를 내주어야 한다. 다만, 해당 지방자치단체의 조례로 정하는 건축물은 사용승인을 위한 검사를 실시하지 아니하고 사용승인서를 내줄 수 있다. 〈개정 2013.3.23.〉

1. 사용승인을 신청한 건축물이 이 법에 따라 허가 또는 신고한 설계도서대로 시공되었는지의 여부
2. 감리완료보고서, 공사완료도서 등의 서류 및 도서가 적합하게 작성되었는지의 여부

③ 건축주는 제2항에 따라 사용승인을 받은 후가 아니면 건축물을 사용하거나 사용하게 할 수 없다. 다만, 다음 각 호의 어느 하나에 해당하는 경우에는 그러하지 아니하다. 〈개정 2013.3.23.〉

1. 허가권자가 제2항에 따른 기간 내에 사용승인서를 교부하지 아니한 경우
2. 사용승인서를 교부받기 전에 공사가 완료된 부분이 건폐율, 용적률, 설비, 피난 · 방화 등 국토교통부령으로 정하는 기준에 적합한 경우로서 기간을 정하여 대통령령으로 정하는 바에 따라 임시로 사용의 승인을 한 경우

④ 건축주가 제2항에 따른 사용승인을 받은 경우에는 다음 각 호에 따른 사용승인 · 준공검사 또는 등록신청 등을 받거나 한 것으로 보며, 공장건축물의 경우에는 「산업집적활성화 및 공장설립에 관한 법률」 제14조의2에 따라 관련 법률의 검사 등을 받은 것으로 본다. 〈개정 2009.1.30., 2009.6.9., 2011.4.14., 2011.5.30., 2014.1.14., 2014.6.3., 2017.1.17.〉

1. 「하수도법」 제27조에 따른 배수설비(排水設備)의 준공검사 및 같은 법 제37조에 따른 개인하수처리시설의 준공검사
2. 「공간정보의 구축 및 관리 등에 관한 법률」 제64조에 따른 지적공부(地籍公簿)의 변동사항 등록신청
3. 「승강기시설 안전관리법」 제13조에 따른 승강기 완성검사
4. 「에너지이용 합리화법」 제39조에 따른 보일러 설치검사
5. 「전기사업법」 제63조에 따른 전기설비의 사용전검사
6. 「정보통신공사업법」 제36조에 따른 정보통신공사의 사용전검사
7. 「도로법」 제62조 제2항에 따른 도로점용 공사의 준공확인
8. 「국토의 계획 및 이용에 관한 법률」 제62조에 따른 개발 행위의 준공검사
9. 「국토의 계획 및 이용에 관한 법률」 제98조에 따른 도시 · 군계획시설사업의 준공검사
10. 「물환경보전법」 제37조에 따른 수질오염물질 배출시설의 가동개시의 신고
11. 「대기환경보전법」 제30조에 따른 대기오염물질 배출시설의 가동개시의 신고
12. 삭제 〈2009.6.9.〉

⑤ 허가권자는 제2항에 따른 사용승인을 하는 경우 제4항 각 호의 어느 하나에 해당하는 내용이 포함되어 있으면 관계 행정기관의 장과 미리 협의하여야 한다.

⑥ 특별시장 또는 광역시장은 제2항에 따라 사용승인을 한 경우 지체 없이 그 사실을 군수 또는 구청장에게 알려서 건축물대장에 적게 하여야 한다. 이 경우 건축물대장에는 설계자, 대통령령으로 정하는 주요 공사의 시공자, 공사감리자를 적어야 한다.

Ⅲ. 시정명령 관련

1. 시정명령

허가권자는 대지나 건축물이 이 법 또는 이 법에 따른 명령이나 처분에 위반되면 이 법에 따른 허가 또는 승인을 취소하거나 그 건축물의 건축주 · 공사시공자 · 현장관리인 · 소유자 · 관리자 또는 점유자(이하 "건축주등"이라 한다)에게 공사의 중지를 명하거나 상당한 기간을 정하여 그 건축물의 철거 · 개축 · 증축 · 수선 · 용도변경 · 사용금지 · 사용제한, 그 밖에 필요한 조치를 명할 수 있고, 허가나 승인이 취소된 건축물 또는 시정명령을 받고 이행하지 아니한 건축물에 대하여는 다른 법령에 따른 영업이나 그 밖의 행위를 허가 · 면허 · 인가 · 등록 · 지정 등을 하지 아니하도록 요청할 수 있다(건축법 제79조).

2. 거부처분 취소

불법건축으로 인하여 자신의 법률상 이익을 침해받은 자는 건축허가권자에게 건축감독권을 발동하여 불법건축을 제지하여 줄 것을 신청할 수 있다. 건축허가 없이 불법건축을 하는 경우, 건축허가 취소소송의 제소기간이 도과한 경우, 건축물이 완성된 경우, 적법한 건축허가를 받고서 허가받은 내용과 다르게 불법건축을 하는 경우에 건축허가 취소소송을 제기하는 것은 의미가 없다.

3. 신청권에 관하여

가. 법규상의 신청권의 존부

신청권이 법령에 명백하게 규정된 경우에는 영업허가, 건축허가, 주택건설사업계획승인 등, 그 신청에 기한 행정청의 처분이 기속행위인지, 재량행위인지를 불문하고 법규상 신청권자체가 인정된다.

나. 판례, 조리상 신청권이 인정

검사임용신청의 경우 임용신청자는 조리상 임용권자에 대하여 재량권의 한계 일탈이나 남용이 없는 적법한 응답을 요구할 권리가 있다고 판단하여 신청권을 인정하였다.

기간제로 임용되어 임용기간이 만료된 국, 공립대학의 조교수는 교원으로서의 능력과 자질에 대하여 합리적인 기준에 의한 공정한 심사를 받아 위 기준에 부합되면 특별한 사정이 없는 한 재임용되리라는 기대를 가지고 재임용 여부에 관하여 합리적인 기준에 의한 공정한 심사를 요구할 법규상 조리상 신청권을 가진다고 판단하였다.

4. 관련서식 등

가. 행정심판

(1) 신청취지 기재례

> 피청구인이 청구인에 대하여 20○○. ○. ○.자로 한 건축공사중지처분을 취소한다.

> 피청구인이 청구인에 대하여 20○○. ○. ○. 청구인에 대하여 서울 ○○구 ○○ 1동 ○○지상주택에 대한 건축허가신청반려처분을 취소한다.

(2) 관련서식

[서식 142] 건축공사중지처분 취소심판청구서

> **행 정 심 판 청 구**
>
> 청 구 인 ○ ○ ○ (주민등록번호)
> ○○시 ○○구 ○○길 ○○ (우편번호 ○○○○○)
>
> 피 신 청 인 △△시장
>
> 심판청구의 대상이 되는 처분내용 : 건축법에 의한 건축공사중지처분
>
> 처분 있음을 안 날 : 20○○. ○. ○.
>
> **건축공사중지처분취소**
>
> 심판청구 취지
>
> 피청구인이 청구인에 대하여 20○○. ○. ○.자로 한 건축공사중지처분을 취소한다.
> 라는 재결을 구합니다.

심판청구 원인

1. 돼지사육, 축산물가공처리 및 판매업을 하고 있는 청구인은 경기도 ○○군 ○○면 ○○리 전 ○○평방미터상에 돼지사육장 및 도축장을 증·개축하기 위하여 20○○. ○. ○. ○○도지사로부터 작업장설치허가와 농지전용허가를 얻고 같은 해 ○. ○. 피신청인으로부터 산림훼손허가 및 건축허가를 얻은 후 같은 달 ○. 건축공사를 착공하여 공사를 진행하고 있던 중 같은 달 ○.경 이웃에 거주하는 주민들이 하천 상류에 돼지사육장 및 도축장이 증·개축되면 하천이 지금보다 더 오염된다는 이유로 이를 반대하는 농성을 시청 앞에서 벌이자 피신청인은 같은 달 25. 신청인에 대하여 건축허가 및 농지전용허가시 첨부한 부관사항의 미이행이라는 건축법 제42조 제1항을 들어 민원 해결시까지 동 건축공사를 중지하라는 명령을 내렸습니다.

2. 그런데, 피신청인은 주민들이 집단적으로 민원을 제기하고 농성을 하자 이를 무마할 목적으로 신청인이 농지전용허가시 첨부한 부관사항인 "정화조 설치 및 환경오염방지시설 설치 등 타 관련법에 위배되지 않도록 하여야 하며 민원 발생시 사업시행자가 책임지고 처리하여야 한다."는 조항을 들어 동 공사로 인하여 민원이 발생하였으므로 신청인이 책임지고 동 민원사항을 해결하여야 공사를 계속할 수 있다는 취지의 결정을 내렸으나, 동 조항은 어떠한 민원에 대해서도 신청인이 책임지고 처리하여야 한다는 취지가 아니며 신청인이 정화조를 설치하지 않거나 환경오염방지시설 설치를 태만히 하는 등 타 법률에 위반된 행위를 하여 민원이 발생할 경우 이를 책임지고 처리하여야 한다는 의미로 봄이 타당하다 할 것입니다.

3. 따라서 신청인이 법에 위반되거나 타인의 권리를 부당하게 침해하는 행위를 하지 아니하였음에도 불구하고 피신청인이 주민들의 불법적인 집단민원을 무마할 목적으로 발한 동 공사의 중지명령은 법적인 요건을 갖추지 못한 위법한 결정이며 직업 선택의 자유 및 개인의 사유재산권 보장 등을 막는 부당한 조치입니다.

4. 그러므로 신청인이 법에 위반하였다고 인정할 만한 아무런 근거가 없음에도 불구하고 내려진 이 사건 명령은 위법하다 할 것이므로 이는 당연히 취소되어야 할 것입니다.

입 증 방 법

1. 소갑 제1호증 통지서 사본

첨 부 서 류

1. 위 입증방법 1통
1. 심판청구서 부본 1통

20○○. ○. ○.

위 청구인 ○ ○ ○ (인)

△△시장 귀중

제출기관	피청구인 또는 행정심판위원회 (행정심판법 제23조)	청구기간	· 처분이 있음을 안 날로부터 90일 · 처분이 있은 날로부터 180일 (행정심판법 제27조)
청 구 인	피처분자 또는 지위승계자 (행정심판법 16조)	피청구인	행정처분을 한 행정청
제출부수	청구서 및 부본 각 1부	관련법규	행정심판법
불복방법	· 행정심판 재청구의 금지(행정심판법 제51조) 행정심판법상 행정심판의 단계는 단일화되어 있어 재결에 대한 행정심판 재청구는 할 수 없다. 다만, 국세기본법 등의 개별법에서는 다단계의 행정심판을 인정하고 있음 · 재결에 대한 행정소송(행정소송법 제19조, 제38조) 재결자체에 고유한 위법이 있을 때에는 재결 그 자체에 대한 취소소송 및 무효등확인 소송을 제기할 수 있음 · 다만, 청구인은 기각 재결 등 청구인의 주장이 인용되지 아니한 경우에는 원행정처분에 대하여 행정소송으로 다툴 수 있음(행정소송법 제18조)		

[서식 143] 건축허가신청반려처분 취소심판청구서

행정심판청구

청 구 인	성명	△ △ △ (△ △ △)	주민등록번호	
	주소	서울시 ○○구 ○○동 54 (전화번호)		
선정대표자 · 관리인 또는 대리인	대리인 변호사 □ □ □			
피 청 구 인	서울특별시 ○○구청장	재 결 청	서울특별시장	
청구대상인 처분 내용 (부작위의 전제가 되	피청구인이 20○○. ○. ○. 청구인에 대하여 한 서울 ○○구 ○○1동 54 지상 주택에 대한 거축허가신청반려처분			

는 신청내용 · 일자)			
처분있음을 안 날	20○○. ○. ○.		
심판청구취지 · 이유	(별지 기재와 같음)		
처분청의 고지 유무	유	고 지 내 용	반려
증거서류(증거물)	건축허가신청서, 도면, 진정서, 진술서		
근 거 법 조	행정심판법 제19조, 동법 시행령 제18조		

위와 같이 행정심판을 청구합니다.

20○○. ○. ○.

청구인 대리인 변호사 □ □ □ (인)

서울특별시 ○○구청장 귀하

첨부서류 : 청구서 부본	수 수 료
	없 음

[별 지]

청 구 취 지

피청구인이 20○○. ○. ○. 청구인에 대하여 한 서울 ○○구 ○○1동 54 지상주택에 대한 건축허가신청반려처분을 취소한다.

청 구 이 유

1. 처분의 경위

청구인이 20○○. ○. ○. 서울 ○○구 ○○동 54 대 182 지상에 지하 1층, 지상 3층, 건축면적 108.18㎡, 연면적 401.37㎡의 다가구용 단독주택을 건축하기 위한 건축허가신청을 하자 피청구인은 위 건축허가신청에 대하여 이 사건 토지는 ○○동 50번지 일대 재건축사업 추진구역 내로서 ○○동 50번지 일대 재건축조합의 설립인가가 있었고 건축법규에 의거 경관심의까지 얻은 상태로서 ○○동 50번지 일대 재건축조합에 의한 사업승인이 아닌 건축허가를 하게 될 경우 이중허가가 되어 행정의 일관성과 신뢰보호의 원칙에 반하게 되며 재건축사업 부지 내 건축허가를 제한하는 것이 서울특별시 ○○구의 방침이라는 이유로 같은 해 ○. ○. 위 건축허가신청을 반려하였습니다.

2. 처분의 위법

그러나 위 처분은 다음과 같은 점에서 위법합니다.

위 건축허가권자는 건축허가신청이 건축법, 도시계획법 등 관계법규에서 정하는 어떠한 제한에도 배치되지 않는 이상 당연히 위 법조가 규정하고 있는 건축허가를 하여야 하고 공익상 특별한 필요가 없음에도 불구하고 위 관계법규에서 정하는 제한사유 이외의 사유를 들어 바로 그 허가신청을 거부하거나 건축허가신청서를 반려할 수는 없다고 할 것입니다(대법원 1992. 11. 24. 선고 92누12865 판결; 대법원 1992. 12. 11. 선고 92누3038 판결 각 참조).

한편 위 조합의 주택건설사업은 20○○. ○. ○. 사업시행에 필요한 민영주택입지심의가 조건부로 통과되었고 같은 해 ○. ○. 도시경관 및 건축계획심의가 역시 조건부로 통과되었으나 조합원들 간에 의견이 일치하지 아니하여 조합설립인가시 예정하였던 건설기간인 20○○. ○.이 지나 이 사건 처분 당시까지도 당국에 주택건설사업계획의 승인신청조차 하지 못하고 있었고, 이 사건 처분 당시 소외 조합의 주택건설사업에 대한 입지심의와 도시경관 및 건축계획심의가 통과되었다는 사유만으로 건축허가를 거부할 수 있다는 아무런 법령상의 근거가 없고 재건축사업 부지 내 건축허가를 제한하는 것이 서울특별시 ○○구의 방침이라고 하더라도 피청구인은 그 방침에 어긋나지 않는 방향으로 권장지도를 할 수 있을 따름이지 방침에 어긋난다하여 막바로 그 허가신청을 거부할 수 없으며, 이 사건에 있어서 건축허가를 거부하는 것이 공익상 특별한 필요가 있다고 인정할 수도 없으므로 이 사건 처분은 위법하다고 할 수밖에 없습니다.

뿐만 아니라 피청구인이 20○○. ○. ○. ○○동 50번지 일대 재건축조합의 재건축에 반대하는 사람들에게 보낸 민원사항처리결과통보에서 "주택조합설립인가를 득하였더라도 사업계획승인까지는 재건축 여부가 결정되지 않은 사항이므로 단독주택신축 등 소유자의 의사에 의한 재산권행사에는 아무런 제한이 없습니다."라고 통지한 바 있으므로 이 사건 처분은 금반언의 원칙에 반하는 것이기도 합니다.

제출기관	피청구인 또는 행정심판위원회 (행정심판법 제23조)	청구기간	· 처분이 있음을 안 날로부터 90일 · 처분이 있은 날로부터 180일 (행정심판법 제27조)
청 구 인	피처분자 또는 지위승계자 (행정심판법 제16조)	피청구인	행정처분을 한 행정청
제출부수	청구서 및 부본 각 1부	관련법규	행정심판법
불복방법	· 행정심판 재청구의 금지(행정심판법 제51조) 행정심판법상 행정심판의 단계는 단일화되어 있어 재결에 대한 행정심판 재청구는 할 수 없다. 다만, 국세기본법 등의 개별법에서는 다단계의 행정심판을 인정하고 있음		

	· 재결에 대한 행정소송(행정소송법 제19조, 제38조) 재결자체에 고유한 위법이 있을 때에는 재결 그 자체에 대한 취소소송 및 무효등확인 소송을 제기할 수 있음 · 다만, 청구인은 기각 재결 등 청구인의 주장이 인용되지 아니한 경우에는 원행정처분에 대하여 행정소송으로 다툴 수 있음(행정소송법 제18조)

[서식 144] 건축허가신청서처리불가처분 취소청구의 소

소 장

원 고 김 길 동 (주민등록번호)
서울시 ○○구 ○○동 ○번지

피 고 서울특별시 ○○구청장

건축허가신청서처리불가처분취소

청 구 취 지

1. 피고가 20○○. ○. ○. 원고에 대하여 한 건축허가신청에 대한 거부처분을 취소한다.
2. 소송비용은 피고의 부담으로 한다.

라는 판결을 구합니다.

청 구 원 인

1. 처분의 경위

(1) 원고는 서울 ○○구 ○○○(이하 '이 사건 토지'라고 한다)의 소유자로서 20○○. ○. ○. 피고에게 이 사건 토지 지상에 공동주택(다세대주택)을 신축하기 위하여 건축허가신청(이하 '이 사건 신청'이라고 한다)을 하였습니다.

(2) 피고는 20○○. ○. ○. '이 사건 토지는 지구단위계획 신청(입안)된 구역으로 주택 건설사업지임을 감안하여 개별 건축행위는 도시관리계획상 부합되지 아니한 것으로 사료된다'는 이유로 이 사건 신청을 거부하였습니다(이하 '이 사건 처분'이라고 한다).

2. 처분의 위법성

특정 부동산시행업체가 이 사건 토지에 대하여 지구단위계획신청을 하였을 뿐, 위 시행업체의 부도로 인해 지구단위계획이 입안된 바 없고 향후 계속하여 재개발사업을 추진할 가능성도 전혀 없는 반면, 이 사건 토지 지상의 기존 건축물이 노후하여 주민들의 안전에 문제가 발생할 가능성이 농후한 실정임에도 불구하고 원고의 재산상 권리와 인근 주민들의 안전상 문제를 해결해야 하는 당위성보다 공익을 우선한다는 취지로 한 이 사건 신청은 비례의 원칙에 반한 것으로서 위법합니다.

3. 결 론

위와 같은 이유로 피고의 이 사건 처분은 위법하므로 이의 취소를 구하는 본 건 행정소송에 이르게 되었습니다.

입 증 방 법

1. 갑 제1호증
2. 갑 제2호증
3. 갑 제3호증

첨 부 서 류

1. 위 각 입증방법 각 1부
2. 송달료 납부서
3. 소장부본

20○○. ○. ○.

위 원고 (날인 또는 서명)

서울행정법원 귀중

나. 행정소송

(1) 신청취지 기재례

피고가 원고에 대하여 한 20○○. ○. ○.자 건축공사중지처분을 취소한다.

피고가 20○○. ○. ○. 원고에 대하여 한 서울 ○○구 ○○동 ○○주택에 대한 건축허가신청 반려처분을 취소한다.

(2) 관련서식

[서식 145] 건축신고서반려처분 취소청구의 소

소 장

원 고 김 길 동 (주민등록번호)
서울시 ○○구 ○○동 ○번지

피 고 서울특별시 ○○구청장

건축신고서반려처분취소

청 구 취 지

1. 피고가 20○○. ○. ○. 원고에 대하여 한 건축신고서 반려처분을 취소한다.
2. 소송비용은 피고의 부담으로 한다.

라는 판결을 구합니다.

청 구 원 인

1. 처분의 경위

(1) 원고는 20○○. ○. ○. 경매절차를 통해 서울 ○○구 ○○동 ○○○ 대 102.3㎡(이하 '이 사건 토지'라 한다)의 소유권을 취득한 다음, 20○○. ○. ○. 피고에게 이 사건 대지 위에 건축연면적 43.2㎡의 단층건축물을 신축하는 내용의 건축신고를 하였습니다.

(2) 피고는 20○○. ○. ○. 이 사건 토지 및 그에 접하고 있는 서울 ○○구 ○○동 ○○○ 토지는 20○○. ○. ○.경 당시 소유자들이 자신들의 토지의 편익을 위하여 스스로 설치한 이래 현재까지 인근주민들의 통행로로 사용하고 있으므로 통행로를 폐쇄하는 것을 전제로 하는 원고의 건축물 신축행위는 허용될 수 없다는 이유로 원고의 건축신고를 반려하였습니다(이하 '이 사건 처분'이라 한다).

2. 처분의 위법성

건축법상의 건축신고는 건축법 기타 관계법령에서 정한 제한 사유에 해당하지 않는 한 당연히 이를 수리해야 함에도 이 사건 토지의 현황이 사실상의 도로라는 이유만으로 원고의 건축신고를 거부한 것은 재량권을 일탈·남용한 것으로 위법합니다.

3. 결 론

위와 같이 피고의 처분은 위법하므로 이의 취소를 구하는 본 건 행정소송에 이르게 되었습니다.

입 증 방 법

1. 갑 제1호증
2. 갑 제2호증

첨 부 서 류

1. 위 각 입증방법 각 1부
2. 송달료 납부서
3. 소장부본

20○○. ○. ○.

위 원고 (날인 또는 서명)

서울행정법원 귀중

다. 기타 건축관련 서식

[서식 146] 건축불허가처분 취소청구의 소

소 장

원 고 ○ ○ ○ (주민등록번호)
○○시 ○○구 ○○길 ○○ (우편번호 ○○○○○)

피 고 △△시 △△구청장
○○시 ○○구 ○○길 ○○ (우편번호 ○○○○○)

건축불허가처분 취소청구의 소

청 구 취 지

1. 피고가 20○○. ○. ○. 원고에 대하여 한 건축불허가처분은 이를 취소한다.

2. 소송비용은 피고의 부담으로 한다.
라는 판결을 구합니다.

청 구 원 인

1. 원고는 20○○. ○. ○. ○○시 ○○구 ○○동 ○○대 150㎡를 구입한 후 그 위에 여관건물을 짓기 위하여 건축허가신청을 한 사실이 있습니다. 이에 대하여 피고는 20○○. ○. ○.자로 국토의계획및이용에관한법률 제76조, 동법 시행령 제71조, ○○도 도시계획조례 등을 들어 건축허가가 불가하다는 처분을 하였습니다.

2. 불허가처분의 위법, 부당한 사유

가. 이 사건 대지의 지역 및 지구
피고의 불허가처분의 근거는 이 사건 대지가 속한 인근은 19○○년 경부터 ○○시장의 도시계획에 의하여 녹지지역으로 구분되어 있으므로 그 안에서는 건물을 신축할 수 없다는 것입니다.

나. 그러나 불허가의 근거가 된 위 도시계획은 20○○. ○. ○.경 다시 변경되어 이 사건 대지가 속한 인근은 근린 상업지구로 변경된 바 있으나 관계공무원이 이를 간과하고 만연히 과거의 기준으로 가지고 이 사건 건축 불허가처분을 하였던 것입니다.

다. 한편 근린 상업지구로 변경된 현재로서 숙박시설을 건축하는 것은 도시계획법 및 동법 시행령상 하등의 문제가 없으므로 이 사건 대상인 처분은 위법 부당하여 취소되어야 할 것입니다.

입 증 방 법

1. 갑 제1호증	행정처분결과통지서
1. 갑 제2호증	경기 도시계획결정조례
1. 갑 제3호증	건축허가신청서

첨 부 서 류

1. 위 입증방법	각 1통
1. 소장부본	1통
1. 납부서	1통

20○○. ○. ○.

원 고 ○ ○ ○ (인)

○○행정법원 귀중

[서식 147] 공사중지명령처분 취소청구의 소

소 장

원 고 ○ ○ ○ (주민등록번호)
○○시 ○○구 ○○길 ○○ (우편번호 ○○○○○)

피 고 △△시 △△구청장
○○시 ○○구 ○○길 ○○ (우편번호 ○○○○○)

공사중지명령처분 취소청구의 소

청 구 취 지

1. 피고가 20○○. ○. ○. 원고에 대하여 한 ○○시 ○○구 ○○동 ○○ 지하 3층, 지상 10층 건물의 신축공사에 대한 공사중지명령처분을 취소한다.
2. 소송비용은 피고의 부담으로 한다.

라는 판결을 구합니다.

청 구 원 인

1. 소외 □□□는 원고에게 위 건물의 신축공사를 도급주어 원고는 위 공사에 지하 1층의 골조공사까지 마쳤는바, 피고는 인접건물의 건물주들의 민원이 있자 이건 건축공사를 중지하라고 하였습니다.

2. 그러나 피고의 위 공사중지명령처분에는 다음과 같은 잘못이 있습니다.
   가. 원고는 이건 신축건물을 시공함에 있어 피고가 허가한 설계도 및 허가조건에 맞추어 굴착공사 및 지하 1층 골조공사를 마쳤습니다.
   그런데 인접건물의 건물주들이 그들의 건물에 균열이 발생하였다는 진정서를 제출하자, 피고는 자세한 조사도 없이 중지명령을 내렸습니다.
   나. 원고는 이건 건물을 시공함에 있어 건축법의 어느 규정에도 위반한 바 없었고, 한국건설

기술협회의 지시대로 안전조치까지 한 상태이므로 피고는 원고에게 책임을 문의할 수 없다 할 것입니다.

3. 그렇다면 피고의 이 사건 중지명령 처분은 재량권의 범위를 크게 일탈하였거나 재량권을 남용한 것이어서 위법하다 할 것이므로 그 취소를 구하기 위하여 이 사건 청구에 이른 것입니다.

20○○. ○. ○.

원 고 ○ ○ ○ (인)

○○행정법원 귀중

[서식 148] 건축사업무정지처분 취소청구의 소

소 장

원 고 ○ ○ ○ (주민등록번호)
○○시 ○○구 ○○길 ○○ (우편번호 ○○○○○)

피 고 △△시 △△구청장
○○시 ○○구 ○○길 ○○ (우편번호 ○○○○○)

건축사업무정지처분 취소청구의 소

청 구 취 지

1. 피고가 20○○. ○. ○. 원고에 대하여 한 건축사업무정지 61일(20○○. ○. ○. - 20○○. ○. ○.) 명령처분을 취소한다.
2. 소송비용은 피고의 부담으로 한다.

라는 판결을 구합니다.

청 구 원 인

1. 피고는, 원고가 ○○시 ○○구 ○○동 ○○ 대지상에 ○○○의 근린생활시설 및 주택건축공사 등을 감리함에 있어서 옥외주차장폭이 2.3m이어야 하는데도 2.1m만 확보하는 등의 위반사항이 발생하였음에도 시정지시와 보고를 하지 아니하는 등 건축법에 의한 공사감리자로서의 의무를 이행하지 아니하였다는 이유로 건축사법 제28조, 동법 시행령 제29조의 2에 의거하여 2월간의 건축사업무정지명령을 하였습니다.
2. 그러나, 원고는 지적도상 그 주차장 너비가 2.3m 이상이었기 때문에 준공처리를 하여 주었던 것이고, 피고의 지적에 따라 실측하여 본 결과 그 주차장 대부분의 너비가 2.3m이상이었으나 단지 입구쪽의 일부분만이 그 인접 건물 담장과의 거리가 2.1m임을 알게 되었습니다. 이에 원고는 대한지적공사에 의뢰하여 재측량하여 본 결과 그 지적도상의 너비는 분명 2.3m 이상이고 그 인접건물담장이 위 건물대지쪽으로 20㎝ 침범하여 축조한 탓으로 인접 건물 담장과의 거리가 2.1m로 된 것임이 판명되었습니다. 그렇다면 원고로서는 그 감리상의 성실의무에 위반된바가 없는 것이므로 위 처분은 위법함을 면치 못할 것입니다.
3. 가사, 주차장 입구쪽의 현황상 너비가 2.1m인 것을 조사하지 아니한 것이 성실의무위반으로 의율된다 하더라도 그것은 주차장의 극히 일부분에 지나지 아니하는 점, 그로 인해 승용차 출입에 전혀 지장이 없는 점, 20cm가 부족하게 된 원인은 인접 건물의 침범으로 인한 것인 점 등을 참작할 때, 위와 같은 이유로 원고에 대하여 업무정지 61일의 처분을 함은 너무나 가혹한 것으로서 재량권의 일탈 내지 남용에 해당한다 할 것입니다.
4. 따라서, 피고가 원고에 대하여 한 건축사업무정지명령처분을 취소해 주시기 바랍니다.

입 증 방 법

1. 갑 제1호증	위반건축사 행정처분서
1. 갑 제2호증	건축사업무정지 명령서
1. 갑 제3호증	행정심판접수증

첨 부 서 류

1. 위 입증방법	각 1통
1. 소장부본	1통
1. 납부서	1통

20○○. ○. ○.

원 고 ○ ○ ○ (인)

○○행정법원 귀중

[서식 149] 건축공사중지명령신청효력정지가처분

건축공사중지명령처분효력정지가처분신청

신 청 인 대성산업주식회사 (○○○○○○-○○○○○○○)
○○시 ○○구 ○○로 12(○○동)
대표이사 홍 길 동

피신청인 ○○구청장

신 청 취 지

피신청인이 20○○. ○. ○. 신청인에 대하여 한 ○○시 ○○구 123-5, 6, 7, 8, 지하 2층, 지상 8층 건물의 신축공사에 대한 공사중지명령처분은 귀원 이 사건 본안판결 확정시까지 그 효력을 정지한다.
라는 결정을 구합니다.

신 청 원 인

1. 신청외 박○숙외 4인은 20○○. ○. ○. 피신청인으로부터 신청취지 기재의 건물에 대한 건축허가를 받고 같은 해 ○. ○. 신청인 회사에게 위 건물의 신축공사를 도급주어 신청인회사는 같은 해 ○. ○.부터 위 공사에 지상 1층의 골조공사까지 마쳤는바, 피신청인은 20○○. ○. ○. 위 신축건물부지에 인접하여 건립된 같은 동 123-5 외 3 필지상의 ○○빌딩의 건물주인 장○연 외 3인으로부터 위 공사로 인하여 동 건물에 균열 등 피해가 발생되었다는 민원이 있고 또 신청인 회사는 한국건축구소기술사회의 구조안전진단서에 의한 위 인접건물의 보수 등 필요한 조치를 취하지도 않았다하여 이건 건축공사장 보강공사 이외는 건축공사를 중지하고 위 인접건물주와 합의하여 동 인접건물의 보수와 위해방지시설을 하라고 하였습니다.
2. 신청인 회사는 이건 신축건물을 시공함에 있어 피신청인이 허가한 내용과 시행규칙이 정한 기준에 맞추어 H-PILE 및 흙막이판의 시설을 하는 등 제반 위해방지조치를 취한 후 지하층 굴착공사 및 골조공사를 마쳤으며, 이건 중지명령당시에는 지상 1층 골조공사까지 마쳤습니다.
그런데 위 인접건물의 건물주들은 20○○. ○. ○. 신청인 회사에게 이건 신축공사로 인하여 그들의 위 건물에 균열이 발생하였다하여 원상복구를 요구하는 한편 피신청인 및 관계 각 요로에 위 사유를 들어 진정서를 제출하자, 피신청인은 20○○. ○. ○. 신청인회사에게 위 건물주들과 합의하여 위 건물을 보수하고 구조안전진단을 실시하여 그 결과에 따라 조치하라고 지시하므로 신청인은 그 즉시 한국건축사협회에 그 구조진단을 의뢰하였던 바, 위 건물주들은 동 건축협회는 믿을 수 없으니 그들이 신임하는 한국건축구조기술사회에 그 진단을 의뢰할 것을 요구하므로 시청인은 다시 한국건축구조기술사회에 그 진단을 의뢰하였습니다.
위 건축구조기술사회는 그 진단을 마치고 20○○. ○. ○.자에 그 안전진단보고서를 내었고, 신청인회사는 위 진단보고서가 지적한 그 보수공사비 금 44,263,490원 전액을 위 건물주들 앞으로 공탁까지 한 바 있습니다. 그렇다면 피신청인의 이건 공사중지명령은 재량권의 범위를 크게 일탈하였거나 재량권을 남용한 처분으로서 위법부당하여 본안소송에서 취소될 것이 명백합니다.

3. 그리하여 신청인은 위법부당한 이건 공사중지명령처분의 취소를 구하기 위하여 귀원에 본안의 소를 제기하였습니다. 그러나 이건 중지명령에 의한 공사중단 상태가 귀원의 본안판결 선고시까지 계속되면 신청인은 본안소송에서 승소한다 할지라도 앞서 본 일련의 사정에 비추어 회복할 수 없는 손해를 입을 것이 명백하고 위와 같은 손해를 예방하기 위한 긴급한 필요가 있다 할 것이므로 이건 신청에 이른 것입니다.
그리고 이건 공사중지명령의 효력을 본안판결시까지 정지한다 하더라도 공공복리에 중대한 영향을 미칠 우려가 없는 경우에 해당하므로 이건 신청에 이르렀습니다.

소 명 방 법

- 생 략 -

20○○. ○. ○.

신 청 인 김 ○ ○ (인)

서울행정법원 귀중

제 5 장 정보공개에 대한 행정심판

Ⅰ. 개 설

정보공개청구관련의 소송은 '공공기관의 정보공개에 관한 법률'에 의해 정보공개를 청구하였으나, 피고 공공기관 등이 비공개하였을 경우 이에 대해 그 처분을 취소해 달라는 소송을 말하는 것으로서 동법 제20조에 규정되어 있다. 이러한 정보공개청구권은 헌법상 국민의 기본권인 '알권리'와도 밀접한 관련을 맺고 있으며, 최근 들어 행정의 투명성이 강조되고 있는 것과 비례하여 행정청 및 공공기관에 대해 특정한 정보를 공개해 달라는 정보공개신청이 급증하고 있다. 또한 이러한 신청건수 증가에 비례하여 이를 거부하는 처분을 취소해달라는 행정소송의 유형도 급증하고 있는 상태이다. 특히 시민단체 등이 행정의 감시자로서의 역할을 수행하는 과정에서 소송을 제기하는 사례가 빈번한 것이 특징이라고 할 수 있다.

Ⅱ. 주요쟁점 및 소송수행 요령

우선 원고의 정보공개청구의 대상이 피고가 보유하고 있는 정보로서 특정되어야 함은 물론이고, 피고가 비공개결정한 사항이 '공공기관의 정보공개에 관한 법률' 제9조에 규정된 비공개정보대상에 포함되는지 여부가 주요 관건이 된다. 따라서 소송 수행의 주요 쟁점은 첫째, 피고가 해당 정보를 보유하고 있다는 것과 둘째, 비공개결정한 정보가 비공개정보대상에 포함되지 않는다는 것을 입증하는 것이다.

동법에 규정된 비공개 대상정보는 다음과 같다.

1. 다른 법률 또는 법률이 위임한 명령(국회규칙 · 대법원규칙 · 헌법재판소규칙 · 중앙선거관리위원회규칙 · 대통령령 및 조례에 한한다)에 의하여 비밀 또는 비공개 사항으로 규정된 정보
2. 국가안전보장 · 국방 · 통일 · 외교관계 등에 관한 사항으로서 공개될 경우 국가의 중대한 이익을 현저히 해할 우려가 있다고 인정되는 정보
3. 공개될 경우 국민의 생명 · 신체 및 재산의 보호에 현저한 지장을 초래할 우려가 있다고 인정되는 정보

4. 진행중인 재판에 관련된 정보와 범죄의 예방, 수사, 공소의 제기 및 유지, 형의 집행, 교정, 보안처분에 관한 사항으로서 공개될 경우 그 직무수행을 현저히 곤란하게 하거나 형사피고인의 공정한 재판을 받을 권리를 침해한다고 인정할 만한 상당한 이유가 있는 정보
5. 감사 · 감독 · 검사 · 시험 · 규제 · 입찰계약 · 기술개발 · 인사관리 · 의사결정과정 또는 내부검토과정에 있는 사항 등으로서 공개될 경우 업무의 공정한 수행이나 연구 · 개발에 현저한 지장을 초래한다고 인정할 만한 상당한 이유가 있는 정보
6. 당해 정보에 포함되어 있는 이름 · 주민등록번호 등 개인에 관한 사항으로서 공개될 경우 개인의 사생활의 비밀 또는 자유를 침해할 우려가 있다고 인정되는 정보. 다만, 다음에 열거한 개인에 관한 정보는 제외한다.
   가. 법령이 정하는 바에 따라 열람할 수 있는 정보
   나. 공공기관이 공표를 목적으로 작성하거나 취득한 정보로서 개인의 사생활의 비밀과 자유를 부당하게 침해하지 않는 정보
   다. 공공기관이 작성하거나 취득한 정보로서 공개하는 것이 공익 또는 개인의 권리구제를 위하여 필요하다고 인정되는 정보
   라. 직무를 수행한 공무원의 성명 · 직위
   마. 공개하는 것이 공익을 위하여 필요한 경우로써 법령에 의하여 국가 또는 지방자치단체가 업무의 일부를 위탁 또는 위촉한 개인의 성명 · 직업
7. 법인 · 단체 또는 개인(이하 "법인등"이라 한다)의 경영 · 영업상 비밀에 관한 사항으로서 공개될 경우 법인등의 정당한 이익을 현저히 해할 우려가 있다고 인정되는 정보. 다만, 다음에 열거한 정보를 제외한다.
   가. 사업활동에 의하여 발생하는 위해로부터 사람의 생명 · 신체 또는 건강을 보호하기 위하여 공개할 필요가 있는 정보
   나. 위법 · 부당한 사업활동으로부터 국민의 재산 또는 생활을 보호하기 위하여 공개할 필요가 있는 정보
8. 공개될 경우 부동산 투기 · 매점매석 등으로 특정인에게 이익 또는 불이익을 줄 우려가 있다고 인정되는 정보

Ⅲ. 정보공개청구권 행사방법

1. 정보공개청구권

국민의 알권리, 특히 국가정보에의 접근의 권리는 우리 헌법상 기본적으로 표현의 자유와

관련하여 인정되는 것으로 그 권리의 내용에는 일반 국민 누구나 국가에 대하여 보유·관리하고 있는 정보의 공개를 청구할 수 있는 이른바 일반적인 정보공개청구권이 포함되고, 이 청구권은 공공기관의정보공개에관한법률(1996. 12. 31. 법률 제5242호)이 1998. 1. 1. 시행되기 전에는 사무관리규정(1991. 6. 19. 대통령령 제13390호로 제정되어 1997. 10. 21. 대통령령 제15498호로 개정되기 전의 것) 제33조 제2항과 행정정보공개운영지침(1994. 3. 2. 국무총리 훈령 제288호)에서 구체화되어 있었다. 한편 행정정보공개운영지침은 공개대상에서 제외되는 정보의 범위를 규정하고 있으나, 국민의 자유와 권리는 법률로써만 제한할 수 있으므로, 이는 법률에 의하지 아니하고 국민의 기본권을 제한한 것이 되어 대외적으로 구속력이 없다.[113]

[행정정보고개와 행정절차법상 정보공개]

구 분	행정정보공개	행정절차법상 정보공개
법적근거	헌법 : 알권리, 제21①	헌법 : 적법절차 조항근거설(12 ①②) 법률 : 행정절차법
공개대상 정보	공공기관이 직무상 작성 또는 취득하여 관리하고 있는 문서, 도면, 사진, 필름, 테이프, 슬라이드 및 그 밖에 이에 준하는 매체 등에 기록된 사항	당해처분과 관련되는 문서의 열람, 복사
청구권자	모든 국민, 일반적 공개청구권	이해관계인, 당사자에 한정, 개별적정보공개 청구권
시 기	정보공개는 처분 전에 한정하지 않으며, 원칙적으로 행정처분이 끝난 후의 정보를 공개	행정처분이 있기전에 행정처분의 근거가 되는 정보를 공개
범 위	개개의 공문서	통상적으로 특정 안건에 관한 문서전체

2. 정보공개청구권자

공공기관의 정보공개에 관한 법률 제5조에는 '모든 국민은 정보의 공개를 청구할 권리를 가다고 규정하고 있고, 같은 법 시행령 제3조에서는 외국인이라도 국내에 일정한 주소를 두고 거주하거나 학술외인의 정보공개 청구에 관하여는 대통령령으로 정한다'고 규정하고 있다. 여기에서 말하는 국민에는 자연인은 물론 법인, 권리능력 없는 사단·재단도 포함되고, 법인, 권리능력 없는 사단·재단 등의 경우에는 설립목적을 불문하며,[114] 해당 정보와 어떤 관련성

113) 대법원 1999. 9. 21. 선고 97누5114 판결, 헌법재판소 1991. 5. 13. 선고 90헌마133 결정.
114) 대법원 2003. 12. 12. 선고 2003두8050 판결.

을 가질 필요도 없고, 공개청구의 목적도 불문한다. 다만 지방자치단체의 경우에는 국민에 대응하는 정보공개의무자로 상정하고 있으므로 정보공개청구권자인 국민에 해당하지 아니한다.[115)]

3. 정보공개대상기관

정보공개법에서는 정보공개대상기관으로 공공기관을 규정하고 있다. 여기서 말하는 공공기관이란 다음의 기관을 말한다(정보공개법 제2조).

가. 국가기관

① 국회, 법원, 헌법재판소, 중앙선거관리위원회, ② 중앙행정기관(대통령 소속 기관과 국무총리 소속 기관을 포함한다) 및 그 소속 기관, ③「행정기관 소속 위원회의 설치 · 운영에 관한 법률」에 따른 위원회

나. 지방자치단체

다.「공공기관의 운영에 관한 법률」 제2조에 따른 공공기관

라. 그 밖에 대통령령으로 정하는 기관, "대통령령으로 정하는 기관"이란 다음의 기관 또는 단체를 말한다(정보공개법 시행령 제2조).

(1)「유아교육법」,「초 · 중등교육법」,「고등교육법」에 따른 각급 학교 또는 그 밖의 다른 법률에 따라 설치된 학교

(2)「지방공기업법」에 따른 지방공사 및 지방공단

(3) 다음 각 목의 어느 하나에 해당하는 기관 중 지방자치단체의 조례로 정하는 기관

가) 지방자치단체의 조례에 따라 설립되고 해당 지방자치단체가 출연한 기관

나) 지방자치단체의 지원액(조례 또는 규칙에 따라 직접 지방자치단체의 업무를 위탁받거나 독점적 사업권을 부여받은 기관의 경우에는 그 위탁업무나 독점적 사업으로 인한 수입액을 포함한다) 이 총수입액의 2분의 1을 초과하는 기관

다) 지방자치단체가 100분의 50 이상의 지분을 가지고 있거나 100분의 30 이상의 지분을

---

115) 서울행정법원 2005. 10. 12. 선고 2005구합10484 판결, 서울행정법원 2005. 11. 17. 선고 2005구합23176 판결(확정).

가지고 임원 임명권한 행사 등을 통하여 해당 기관의 정책 결정에 사실상 지배력을 확보하고 있는 기관

라) 지방자치단체와 가목부터 다목까지의 어느 하나에 해당하는 기관이 합하여 100분의 50 이상의 지분을 가지고 있거나 100분의 30 이상의 지분을 가지고 임원 임명권한 행사 등을 통하여 해당 기관의 정책 결정에 사실상 지배력을 확보하고 있는 기관

마) 가목부터 라목까지의 어느 하나에 해당하는 기관이 단독으로 또는 두 개 이상의 기관이 합하여 100분의 50 이상의 지분을 가지고 있거나 100분의 30 이상의 지분을 가지고 임원 임명권한 행사 등을 통하여 해당 기관의 정책 결정에 사실상 지배력을 확보하고 있는 기관

바) 가목부터 라목까지의 어느 하나에 해당하는 기관이 설립하고, 지방자치단체 또는 해당 설립기관이 출연한 기관

(4) 특별법에 따라 설립된 특수법인

(5) 「사회복지사업법」 제42조 제1항에 따라 국가나 지방자치단체로부터 보조금을 받는 사회복지법인과 사회복지사업을 하는 비영리법인

(6) 제5호 외에 「보조금 관리에 관한 법률」 제9조 또는 「지방재정법」 제17조 제1항 각 호 외의 부분 단서에 따라 국가나 지방자치단체로부터 연간 5천만원 이상의 보조금을 받는 기관 또는 단체. 다만, 정보공개 대상 정보는 해당 연도에 보조를 받은 사업으로 한정한다.

4. 공개대상정보

> 정보공개법 제2조
>
> 1. "정보"란 공공기관이 직무상 작성 또는 취득하여 관리하고 있는 문서(전자문서를 포함한다. 이하 같다)·도면·사진·필름·테이프·슬라이드 및 그 밖에 이에 준하는 매체 등에 기록된 사항을 말한다.
> 2. "공개"란 공공기관이 이 법에 따라 정보를 열람하게 하거나 그 사본·복제물을 제공하는 것 또는 「전자정부법」 제2조 제10호에 따른 정보통신망(이하 "정보통신망"이라 한다)을 통하여 정보를 제공하는 것 등을 말한다.

정보공개의 대상이 되는 정보는 공공기관이 보유, 관리하고 있는 정보이다. 문서는 반드시

원본일 필요는 없고, 사본도 공개대상정보에 해당하며,[116] 정보는 공공기관이 직무상 작성 또는 취득하여 현재 보유, 관리하고 있는 정보에 한한다.[117] 따라서 국민의 청구에 따라 새롭게 정보를 생산하거나 가공하여 제공할 의무는 없다.

5. 비공개 대상 정보

가. 비공개 사유

처분이 적법하다는 증명책임이 처분청에 있다는 일반원칙에 비추어 공공기간에 그 증명책임이 있다. 대상이 된 정보의 내용을 구체적으로 확인검토하여 어느 부분이 어떠한 법익 또는 기본권과 충돌되어 정보공개법 제9조 제1항 몇 호에서 정하고 있는 비공개사유에 해당하는지를 주장입증하지 아니한 채 개괄적인 사유만을 들어 공개를 거부하는 것은 허용되지 아니하고 그 자체로 위법하다.[118]

나. 비공개 대상

공공기관이 보유 · 관리하는 정보는 공개 대상이 된다. 다만, 다음의 어느 하나에 해당하는 정보는 공개하지 아니할 수 있다(정보공개법 제9조).

(1) 다른 법률 또는 법률에서 위임한 명령(국회규칙 · 대법원규칙 · 헌법재판소규칙 · 중앙선거관리위원회규칙 · 대통령령 및 조례로 한정한다)에 따라 비밀이나 비공개 사항으로 규정된 정보

(2) 국가안전보장 · 국방 · 통일 · 외교관계 등에 관한 사항으로서 공개될 경우 국가의 중대한 이익을 현저히 해칠 우려가 있다고 인정되는 정보

(3) 공개될 경우 국민의 생명 · 신체 및 재산의 보호에 현저한 지장을 초래할 우려가 있다고 인정되는 정보

(4) 진행 중인 재판에 관련된 정보와 범죄의 예방, 수사, 공소의 제기 및 유지, 형의 집행, 교정(矯正), 보안처분에 관한 사항으로서 공개될 경우 그 직무수행을 현저히 곤란하게 하거나 형사피고인의 공정한 재판을 받을 권리를 침해한다고 인정할 만한 상당한 이유가 있는 정보

(5) 감사 · 감독 · 검사 · 시험 · 규제 · 입찰계약 · 기술개발 · 인사관리에 관한 사항이나 의

116) 대법원 2006. 5. 25. 선고 2006두3049 판결.
117) 대법원 2006. 5. 25. 선고 2006두3049 판결.
118) 대법원 2005. 11. 25. 선고 2004두3342 판결.

사결정 과정 또는 내부검토 과정에 있는 사항 등으로서 공개될 경우 업무의 공정한 수행이나 연구·개발에 현저한 지장을 초래한다고 인정할 만한 상당한 이유가 있는 정보. 다만, 의사결정 과정 또는 내부검토 과정을 이유로 비공개할 경우에는 의사결정 과정 및 내부검토 과정이 종료되면 제10조에 따른 청구인에게 이를 통지하여야 한다.

(6) 해당 정보에 포함되어 있는 성명·주민등록번호 등 개인에 관한 사항으로서 공개될 경우 사생활의 비밀 또는 자유를 침해할 우려가 있다고 인정되는 정보. 다만, 다음 각 목에 열거한 개인에 관한 정보는 제외한다.

(가) 법령에서 정하는 바에 따라 열람할 수 있는 정보
(나) 공공기관이 공표를 목적으로 작성하거나 취득한 정보로서 사생활의 비밀 또는 자유를 부당하게 침해하지 아니하는 정보
(다) 공공기관이 작성하거나 취득한 정보로서 공개하는 것이 공익이나 개인의 권리 구제를 위하여 필요하다고 인정되는 정보
(라) 직무를 수행한 공무원의 성명·직위
(마) 공개하는 것이 공익을 위하여 필요한 경우로서 법령에 따라 국가 또는 지방자치단체가 업무의 일부를 위탁 또는 위촉한 개인의 성명·직업

(7) 법인·단체 또는 개인(이하 "법인등"이라 한다)의 경영상·영업상 비밀에 관한 사항으로서 공개될 경우 법인등의 정당한 이익을 현저히 해칠 우려가 있다고 인정되는 정보. 다만, 다음 각 목에 열거한 정보는 제외한다.

(가) 사업활동에 의하여 발생하는 위해(危害)로부터 사람의 생명·신체 또는 건강을 보호하기 위하여 공개할 필요가 있는 정보
(나) 위법·부당한 사업활동으로부터 국민의 재산 또는 생활을 보호하기 위하여 공개할 필요가 있는 정보

(8) 공개될 경우 부동산 투기, 매점매석 등으로 특정인에게 이익 또는 불이익을 줄 우려가 있다고 인정되는 정보

6. 정보공개의 청구방법

가. 정보보유·관리의 증명책임

정보공개제도는 공공기관이 보유·관리하는 정보를 그 상태대로 공개하는 제도로서 공개를 구하는 정보를 공공기관이 보유·관리하고 있을 상당한 개연성이 있다는 점에 대하여 원칙

적으로 공개청구자에게 증명책임이 있다고 할 것이지만, 그 개연성이 입증되면 그 정보를 보유·관리하고 있지 않다는 점에 대한 증명책임과 공개를 구하는 정보를 공공기관이 한 때 보유·관리하였으나 후에 그 정보가 담긴 등이 폐기되어 존재하지 않게 된 점에 대한 증명책임은 공공기관에게 있다.[119] 공공기관이 그 정보를 보유·관리하고 있지 아니하다는 이유로 공개거부처분을 하였고 심리한 결과 공공기관이 그 정보를 보유·관리하고 있지 아니하다는 사실이 입증된 경우에 소를 각하하여야 한다.[120]

나. 청구방법

정보의 공개를 청구하는 자(이하 "청구인"이라 한다)는 해당 정보를 보유하거나 관리하고 있는 공공기관에 다음 각 호의 사항을 적은 정보공개 청구서를 제출하거나 말로써 정보의 공개를 청구할 수 있다. 이에 따라 청구인이 말로써 정보의 공개를 청구할 때에는 담당 공무원 또는 담당 임직원의 앞에서 진술하여야 하고, 담당 공무원 등은 정보공개 청구조서를 작성하여 이에 청구인과 함께 기명날인하거나 서명하여야 한다(정보공개법 제10조).

1. 청구인의 성명·주민등록번호·주소 및 연락처(전화번호·전자우편주소 등을 말한다)
2. 공개를 청구하는 정보의 내용 및 공개방법

7. 정보공개 여부의 결정 및 통지 등

가. 정보공개 여부의 결정, 제3자의 의견청취, 이송

공공기관은 정보공개의 청구를 받으면 그 청구를 받은 날부터 10일 이내에 공개 여부를 결정하여야 한다. 만일, 부득이한 사유로 위 기간 이내에 공개 여부를 결정할 수 없을 때에는 그 기간이 끝나는 날의 다음 날부터 기산(起算)하여 10일의 범위에서 공개 여부 결정기간을 연장할 수 있다. 이 경우 공공기관은 연장된 사실과 연장 사유를 청구인에게 지체 없이 문서로 통지하여야 한다.

또한, 공공기관은 공개 청구된 공개 대상 정보의 전부 또는 일부가 제3자와 관련이 있다고 인정할 때에는 그 사실을 제3자에게 지체 없이 통지하여야 하며, 필요한 경우에는 그의 의견을 들을 수 있고, 다른 공공기관이 보유·관리하는 정보의 공개 청구를 받았을 때에는 지체 없이 이를 소관 기관으로 이송하여야 하며, 이송한 후에는 지체 없이 소관 기관 및 이송 사유

119) 대법원 2004. 12. 9. 선고 2003두12707 판결.
120) 대법원 2006. 1. 13. 선고 2003두9459 판결.

등을 분명히 밝혀 청구인에게 문서로 통지하여야 한다(정보공개법 제11조).

나. 정보공개 여부 결정의 통지

공공기관은 정보의 공개를 결정한 경우에는 공개의 일시 및 장소 등을 분명히 밝혀 청구인에게 통지하여야 하며, 청구인이 사본 또는 복제물의 교부를 원하는 경우에는 이를 교부하여야 한다. 다만, 공개 대상 정보의 양이 너무 많아 정상적인 업무수행에 현저한 지장을 초래할 우려가 있는 경우에는 정보의 사본·복제물을 일정 기간별로 나누어 제공하거나 열람과 병행하여 제공할 수 있다. 이 경우 공공기관은 정보를 공개하는 경우에 그 정보의 원본이 더럽혀지거나 파손될 우려가 있거나 그 밖에 상당한 이유가 있다고 인정할 때에는 그 정보의 사본·복제물을 공개할 수 있다.

만일, 공공기관이 정보의 비공개 결정을 한 경우에는 그 사실을 청구인에게 지체 없이 문서로 통지하여야 한다. 이 경우 비공개 이유와 불복(不服)의 방법 및 절차를 구체적으로 밝혀야 한다(정보공개법 제13조).

8. 정보의 전자적 공개 및 즉시 처리가 가능한 정보의 공개

가. 정보의 전자적 공개

공공기관은 전자적 형태로 보유·관리하는 정보에 대하여 청구인이 전자적 형태로 공개하여 줄 것을 요청하는 경우에는 그 정보의 성질상 현저히 곤란한 경우를 제외하고는 청구인의 요청에 따라야 한다. 다만, 전자적 형태로 보유·관리하지 아니하는 정보에 대하여 청구인이 전자적 형태로 공개하여 줄 것을 요청한 경우에는 정상적인 업무수행에 현저한 지장을 초래하거나 그 정보의 성질이 훼손될 우려가 없으면 그 정보를 전자적 형태로 변환하여 공개할 수 있다(정보공개법 제15조).

나. 즉시 처리가 가능한 정보의 공개

다음의 어느 하나에 해당하는 정보로서 즉시 또는 말로 처리가 가능한 정보에 대해서는 제11조에 따른 절차를 거치지 아니하고 공개하여야 한다(정보공개법 제16조).

(1) 법령 등에 따라 공개를 목적으로 작성된 정보

(2) 일반국민에게 알리기 위하여 작성된 각종 홍보자료

(3) 공개하기로 결정된 정보로서 공개에 오랜 시간이 걸리지 아니하는 정보

(4) 그 밖에 공공기관의 장이 정하는 정보

9. 비용부담

정보의 공개 및 우송 등에 드는 비용은 실비(實費)의 범위에서 청구인이 부담한다. 다만, 공개를 청구하는 정보의 사용 목적이 공공복리의 유지·증진을 위하여 필요하다고 인정되는 경우에는 제1항에 따른 비용을 감면할 수 있다(정보공개법 제17조).

10. 불복구제절차

가. 이의신청

청구인이 정보공개와 관련한 공공기관의 비공개 결정 또는 부분 공개 결정에 대하여 불복이 있거나 정보공개 청구 후 20일이 경과하도록 정보공개 결정이 없는 때에는 공공기관으로부터 정보공개 여부의 결정 통지를 받은 날 또는 정보공개 청구 후 20일이 경과한 날부터 30일 이내에 해당 공공기관에 문서로 이의신청을 할 수 있고(정보공개법 제18조). 국가기관 등은 이의신청이 있는 경우에는 심의회를 개최하여야 한다.[121] 이 경우 공공기관은 이의신청을 받은 날부터 7일 이내에 그 이의신청에 대하여 결정하고 그 결과를 청구인에게 지체 없이 문서로 통지하여야 한다. 다만, 부득이한 사유로 정하여진 기간 이내에 결정할 수 없을 때에는 그 기간이 끝나는 날의 다음날부터 기산하여 7일의 범위에서 연장할 수 있으며, 연장사유를 청구인에게 통지하여야 한다.

그러나 만일, 공공기관이 이의신청을 각하(却下) 또는 기각(棄却)하는 결정을 한 경우에는 청구인에게 행정심판 또는 행정소송을 제기할 수 있다는 사실을 제3항에 따른 결과 통지와 함께 알려야 한다.

나. 행정심판

청구인이 정보공개와 관련한 공공기관의 결정에 대하여 불복이 있거나 정보공개 청구 후 20일이 경과하도록 정보공개 결정이 없는 때에는 「행정심판법」에서 정하는 바에 따라 행정심판을 청구할 수 있다. 이 경우 국가기관 및 지방자치단체 외의 공공기관의 결정에 대한 감독행정기관은 관계 중앙행정기관의 장 또는 지방자치단체의 장으로 한다. 청구인은 이의신청 절

121) 다만, 심의회의 심의를 이미 거친 사항, 단순·반복적인 청구, 법령에 따라 비밀로 규정된 정보에 대한 청구중 어느 하나에 해당하는 경우에는 개최하지 아니할 수 있다.

차를 거치지 아니하고 행정심판을 청구할 수 있다(정보공개법 제19조).

다. 행정소송

(1) 원 칙

청구인이 정보공개와 관련한 공공기관의 결정에 대하여 불복이 있거나 정보공개 청구 후 20일이 경과하도록 정보공개 결정이 없는 때에는 「행정소송법」에서 정하는 바에 따라 행정소송을 제기할 수 있다. 다만, 재판장은 필요하다고 인정하면 당사자를 참여시키지 아니하고 제출된 공개 청구 정보를 비공개로 열람·심사할 수 있다.

(2) 예 외

재판장은 행정소송의 대상이 정보 중 국가안전보장·국방 또는 외교관계에 관한 정보의 비공개 또는 부분 공개 결정처분인 경우에 공공기관이 그 정보에 대한 비밀 지정의 절차, 비밀의 등급·종류 및 성질과 이를 비밀로 취급하게 된 실질적인 이유 및 공개를 하지 아니하는 사유 등을 입증하면 해당 정보를 제출하지 아니하게 할 수 있다(정보공개법 제20조).

11. 관련서식 등

가. 행정심판

(1) 기 재 례

피청구인이 20○○. ○. ○. 청구인에 대하여 한 정보비공개결정처분을 취소한다.

신청인에 대하여 피청구인이 20○○. ○. ○. 자로 한 행정정보공개거부처분은 이를 취소한다.

(2) 관련서식

[서식 150] 정보비공개결정처분 취소심판청구서

행 정 심 판 청 구

청 구 인 ○ ○ ○ (주민등록번호)

○○시 ○○구 ○○길 ○○ (우편번호 ○○○○○)

피청구인 국가보훈처장
○○시 ○○구 ○○길 ○○ (우편번호 ○○○○○)

정보비공개결정처분 취소심판청구

청 구 취 지

1. 피청구인이 20○○. ○. ○. 청구인에 대하여 한 정보비공개결정처분을 취소한다.
2. 소송비용은 피청구인이 부담한다.

라는 재결을 구합니다.

청 구 원 인

1. 처분의 경위

가. 청구인의 아버지인 심판외 망 ☆★☆는 19○○. ○. ○. 군대에 입대하여 베트남전에 참전하였다가 19○○. ○. ○. 만기전역한 참전유공자입니다. 위 심판외 ☆★☆는 월남전 참전으로 인한 고엽제후유의증으로 20○○. ○. ○. 고도장애판정을 받고, 20○○. ○. ○. 국가유공자로 등록된 후, 20○○. ○. ○. 사망하였습니다.

나. 청구인은 '국립묘지의 설치 및 운영에 관한 법률'에 따라 심판외 ●◎호국원에 심판외 망 ☆★☆를 위 호국원에 안장하여 줄 것을 신청하였으나, 심판외 ●◎호국원장은 위 ☆★☆가 20○○. ○. ○.경 교통사고를 일으켜 금고 1년에 집행유에 2년의 형을 받은 사실이 있다는 점을 이유로 국립묘지안장거부처분을 하였습니다. 이에 청구인은 20○○. ○. ○. ◇◆지방법원에 위 거부처분의 취소를 구하는 소를 제기하여, 현재 소송이 계속 중입니다.

다. 심판외 ●◎호국원에서는 안장심의대상자가 금고 이상의 형을 받은 경우 국가보훈처 산하의 '국립묘지안장대상심의위원회'에 위 대상자가 국립묘지의 영예성을 침해하는지 여부에 대한 판단을 구하고, 위 위원회의 결정에 따라 안장여부를 결정합니다. 그리고 '국립묘지안장대상심의위원회 운영규정' 제4조 제3항은 '영예성 훼손여부는 ①과실의 경중 또는 우발적인 행위여부, ②상대방이 입은 피해의 경중 또는 생계형 범죄여부, ③피해자와 합의 및 변제 등 적극적인 피해구제 노력여부, ④입대 이전 범행여부, ⑤안장대상자 자격요건 취득(유공시점 기준) 이전 범행여부, ⑥사면 · 복권 여부, ⑦병적말소, 불명예 제대, 행방불명 및 전역사유 미확인자 등 병적사항이상 여부를 종합적으로 고려하여 심의 · 의결한다.'고 규정하고 있습니다.

라. 이에 따라 위 사건은 국립묘지안장대상심의위원회가 위에서 규정한 제반 정상참작 요소를 종합적으로 고려하였는지 여부가 주된 쟁점이 되었습니다.

마. 위 소송 과정에서 심판외 ●◎호국원장은 위 심의위원회가 심의 과정에서 여러 가지 요소를 종합적으로 고려하였다고 주장하면서도, 구체적으로 어떠한 사유를 어떻게 고려하였는지 아무 것도 밝히지 못하고 있었습니다. 또한 위 소송 과정에서, 청구인의 경우 일반적인 경우와 달리 심판외 망 ☆★☆에 관한 여러 가지 정상참작 자료들(교통사고 당시의 합의관련 자료, 여러 기관에서 받은 봉사활동 관련 표창, 위 사고 이외에는 평생 아무런 전과가 없음을 소명하는 자료 등 일체)을 제출할 기회조차 부여받지 못하였다는 점이 드러났습니다.

바. 위 소송의 재판부는 청구인에게 '국립묘지안장대상심의위원회에서 심의를 하였다면 심의과정을 기록한 회의록이 있을 것이므로, 이에 대한 제출을 요청하라.'는 취지의 석명을 하였고, 이에 청구인은 피청구인에게 사실조회신청을 하였습니다. 그러나 피청구인은 '회의록은 비공개 대상임'이라는 이유를 대며 회신을 거부하였고, 이에 청구인은 피청구인에게 법원을 통하여 문서송부촉탁신청을 하였으나, 이 또한 '심의위원들의 자유로운 의사개진을 보장하기 위해서 공개할 수 없다.'는 취지의 회신만을 하여 왔습니다.

사. 이에 청구인은 직접 피청구인에 대하여 '국립묘지안장대상심의위원회에서 망 ☆★☆가 국립묘지안장대상자에 해당하는지 여부를 심의하면서 작성된 회의록'에 관한 정보공개를 청구하였습니다.

아. 그러나 피청구인은 20○○. ○. ○. '안장대상심의위원회는 안장대상 여부를 결정하는 권한을 가진 의결기구로서 심의위원회에서의 자유롭고 활발한 심의, 의결이 보장되기 위해서는 위원회가 종료된 후라도 심의, 의결과정에서 개개 위원들이 한 발언내용이 외부에 공개되지 않는다는 것이 철저히 보장되어야 합니다. 만약, 참석위원의 발언 내용이 기재된 회의록이 공개된다면 위원들은 심리적 압박을 받아 솔직하고 자유로운 의사교환을 할 수 없고, 심지어 외부의 부당한 압력 등 업무의 공정성을 저해할 우려마저 있어 이러한 사태를 막아 심의위원들이 심의에 집중하도록 하여 심의의 내실화를 도모하고 공정성을 확보하기 위함입니다.'라는 이유로 청구인에게 정보비공개결정처분(이하 '이 사건 비공개처분'이라 합니다)을 통지하였습니다. 이는 위 소송에서 피청구인이 받은 문서송부촉탁에 대한 회신과 문구까지 정확하게 일치하는 내용이었습니다.

2. 관련법령

가. 공공기관의 정보공개에 관한 법률

제9조(비공개대상정보)

① 공공기관이 보유·관리하는 정보는 공개대상이 된다. 다만, 다음 각 호의 1에 해당하는 정보에 대하여는 이를 공개하지 아니할 수 있다.

5. 감사·감독·검사·시험·규제·입찰계약·기술개발·인사관리·의사결정과정 또는 내부검토과정에 있는 사항 등으로서 공개될 경우 업무의 공정한 수행이나 연구·개발에 현저한 지장을 초래한다고 인정할 만한 상당한 이유가 있는 정보

② 공공기관은 제1항 각 호의 1에 해당하는 정보가 기간의 경과 등으로 인하여 비공개의

필요성이 없어진 경우에는 당해 정보를 공개대상으로 하여야 한다.

③ 공공기관은 제1항 각 호의 범위 안에서 당해 공공기관의 업무의 성격을 고려하여 비공개대상정보의 범위에 관한 세부기준을 수립하고 이를 공개하여야 한다.

나. 국가보훈처 행정정보 공개운영지침

제5조(비공개대상 정보의 기준)

① 국가보훈처에서 관리하고 있는 정보는 공개를 원칙으로 하되, 별표 2의 기준에 해당하는 정보에 대하여는 이를 공개하지 아니할 수 있다.

② 정보공개담당관은 별표 2의 기준을 적용함에 있어 당해 정보를 공개함으로써 얻게 되는 국민의 알 권리 보장과 비공개함으로써 보호되는 다른 법익과의 조화가 이루어질 수 있도록 공정하게 공개여부를 판단하여야 한다.

③ 정보공개책임관은 정보공개법의 취지가 충분히 반영되고 각급 기관의 공무원이 보다 객관적으로 정보공개여부를 판단할 수 있도록 별표 2의 기준을 지속적으로 보완하여야 한다.

다. 국가보훈처 행정정보 공개운영지침 별표 2 : 공공기관의 정보공개에 관한 법률 제9조 제1항 제5호 관련

8. 국가보훈위원회, 보훈심사위원회, 국립묘지안장대상심의위원회, 독립유공자공적심사위원회, 상이등급구분심사위원회 등 국가보훈처 소관 위원회 운영에 관한 정보로서 다음 각 호에 해당하는 정보

가. 회의의 내용이 대부분 개인의 신상 · 재산 등 사생활의 비밀과 관련되어 있는 정보

나. 회의의 내용이 공개로 인하여 외부의 부당한 압력 등 업무의 공정성을 저해할 우려가 있는 정보

다. 회의참석자의 심리적 부담으로 인하여 솔직하고 자유로운 의사교환이 이루어질 수 없다고 인정되는 정보

라. 심사 중에 있는 사건의 의결에 참여한 위원의 명단

3. 정보비공개결정처분의 위법성

가. '공공기관의 정보공개에 관한 법률' 및 '국가보훈처 행정정보 공개운영지침'의 규정 및 해석

1) '공공기관의 정보공개에 관한 법률(이하 '정보공개법'이라고 합니다)' 제3조 및 '국가보훈처 행정정보 공개운영지침(이하 '정보공개지침'이라고 합니다)' 제2조는 특별한 사정이 없는 한 공공기관의 정보를 국민에게 공개하도록 규정하면서, 정보공개법 제9조 및 정보공개지침 제5조에서 예외적으로 비공개하는 경우를 한정적으로 열거하고 있습니다.

2) 위 입법의 취지는 '국민의 알 권리를 보장하고 국정에 대한 국민의 참여와 국정운영의 투명성을 확보(정보공개법 제1조)'함에 있습니다. 그러므로 공공기관이 국민의 정보공개청구를 거부하기 위해서는 '국가의 안전보장 및 공공질서, 국민에 대한 사생활의 비밀과 자유' 등에 관한 개별적, 직접적, 구체적인 위협 내지 침해의 우려가 있어야 합니다.

나. 피청구인이 주장하는 이 사건 비공개처분의 이유

1) 청구인의 청구가 위 ①항 및 ④항과 관련이 없음은 분명합니다. 이는 피청구인 역시 다투고 있지 않습니다. 결국 문제는 피청구인이 청구인에게 심판외 망 ☆★☆에 대한 심의와 관련한 회의록을 공개할 경우 '외부의 부당한 압력 등으로 인하여 업무의 공정성을 저해할 우려가 있는지 또는 회의참석자의 심리적 부담으로 인하여 솔직하고 자유로운 의사교환이 이루어 질 수 없다고 인정되는지' 여부입니다.

2) 이는 정보공개법이 정보의 원칙적 공개를 규정하고 있으므로, 위 회의록의 공개에 위와 같은 우려가 있는지 여부에 대해서는 피청구인이 적극적으로 개별적, 구체적, 직접적 주장 및 입증을 해야 합니다.

3) 그런데 피청구인은 이에 관한 아무런 구체적 이유 제시도 없이 '회의록이 공개되면 회의참석자의 심리적 부담으로 인하여 솔직하고 자유로운 의사교환이 이루어질 수 없고, 외부의 부당한 압력 등으로 인하여 업무의 공정성을 저해할 우려가 있다'라고만 막연하게 주장하고 있습니다. 그러나 이는 아래에서 살펴보는 것과 같이 아무런 이유가 없습니다.

다. 청구인이 심판외 심의위원회에 영향력을 행사할 수 있는지 여부

1) 우선, '솔직하고 자유로운 의사교환을 불가능하게 하고 업무의 공정성을 저해할 우려가 있는지'를 판단하기 위해서는, 심의위원회에 앞으로 행할만한 어떤 업무가 남아있는 것이 전제되어야 합니다. 장래에 행할 어떠한 업무가 남아있어야 거기에 부당한 영향을 미치든 말든 할 수 있을 것이기 때문입니다.

2) 그런데 이미 심의위원회는 심판외 망 ☆★☆와 관련한 자신들의 결론을 내리고 이를 외부에 공표한 상태이므로, 그들은 자신들의 업무를 모두 마쳤습니다. 이와 같은 상황에서는 청구인이 위원회의 '솔직하고 자유로운 의사교환 및 업무의 공정성'을 저해한다는 것은 현실적으로 불가능합니다.

3) 가사 심의위원회가 재심결정 등을 통해 심판외 망 ☆★☆에 대한 심의를 다시 한 번 하는 상황이 발생한다고 가정하더라도, 정치적, 경제적 영향력을 가진 사회인사도 아닌 청구인이 심의위원회에 어떠한 방법으로 부당한 압력 내지 영향력을 행사할 수 있을지 지극히 의문입니다.

4) 그러므로 청구인이 심의위원회에 부당한 압력을 행사할 가능성이 있어 심의위원회의 업무의 공정성을 해할 수 있다거나, 회의참석자의 솔직하고 자유로운 의사교환을 하기 어렵다거나 하는 취지의 주장은 이유가 없습니다.

라. 심의위원회의 회의록 내지 회의자료는 심의 · 결정의 종료 이후에도 무제한적, 무조건적으로 비공개대상으로 남아야 하는지 여부

1) 피청구인의 '외부의 부당한 압력 등' 운운하는 주장을 백번 양보하여 선해하더라도, 이는 '심의위원들이 결정을 내린 후에 회의록이 공개된다면 심의위원회에서의 결정 과정 내지 결과에 대해 비판이 가해질 수 있고, 심의위원들은 차후의 그러한 비판을 의식하

여 활발하고 자유로운 토론을 하지 못할 가능성이 있다'는 취지의 주장으로 해석할 수 있을 것입니다. 그러나 이는 정보공개법 제9조 제2항의 '비공개 정보도 비공개의 필요성이 없어진 경우에는 당해 정보를 공개대상으로 하여야 한다.'는 규정에 정면으로 배치되는 주장입니다.

2) 심의 도중에는 외부의 부당한 압력 내지 의사결정과정의 왜곡 등의 염려가 있으므로 회의록 내지 회의자료를 공개하지 않을 수 있지만, 심의를 마친 이후까지 그러한 필요성이 지속된다고 보기 어렵습니다. 오히려 심의를 마친 후에는 회의록 내지 회의자료를 국민들이 열람할 수 있도록 공개하여, 심의 과정에서 부당한 의사결정과정의 왜곡은 없었는지, 외부의 부당한 압력이 있었던 것은 아닌지, 심의위원들의 심의가 충실하게 이루어졌는지 등을 국민으로부터 검증받고, 이를 바탕으로 심의의 질을 높이는 과정이 필요하다고 보는 것이 합리적입니다.

3) 피청구인은 심의 이후에 심의 내용이 공개되면 심의위원들이 심리적으로 위축된다고 주장하나, 충실하고 올바른 심의과정을 거쳐 떳떳한 결론을 도출해낸 것이라면 그 과정을 국민 앞에 공개하지 못할 이유가 없습니다. 국민 앞에서 영원히 검증받지 않을 수 있는 특혜 앞에서만 '활발하고 자유로운' 토론이 가능하다는 권위주의적 밀실 행정식 발상이 아니라면, 국민의 알권리 보장과 행정의 투명성 제고를 위해 원칙적으로 심의 및 의결이 종료된 이후에는 회의 내용의 공개를 지향해야 합니다. 그것이 정보공개법 제9조 제2항의 규정 취지에도 부합하고, 민주주의적이고 국민 친화적인 선진 행정문화 정착과도 맥을 같이 합니다.

4) 경우에 따라서 회의 내용의 전면적 공개가 부적절한 경우가 있을 수 있고, 공개의 범위 및 공개의 대상을 한정해야 할 경우도 있을 수 있습니다. 그러나 이는 어디까지나 '공개의 원칙'에 대한 예외로서, 이에 대한 구체적인 필요가 있는 경우에 한하여 받아들여져야 하는 것입니다. 그럼에도 불구하고 피청구인은 '원칙적 비공개, 예외는 없다.'라는 태도를 취하고 있는데, 이러한 권위적이고 독선적인 태도는 결국 국민과의 소통 부재로 인한 신뢰의 상실로 이어질 수밖에 없는 것이어서 반드시 개선되어야 합니다.

5) 청구인의 이 사건 정보공개청구는 심판외 망 ☆★☆에 관하여 안장비대상결정을 한 심의위원회의 심의결과에 불복하는 과정에서 이루어진 것입니다. 즉, 청구인은 심판외 ●◎호국원장에게 심판외 망 ☆★☆에 대한 안장거부처분의 위법 부당함을 주장하며 안장거부를 한 이유를 밝혀 달라고 수차례 요구했으나, '제반 사정을 참작하였다'는 형식적인 답변만을 들었을 뿐 아무런 실질적인 대답을 듣지 못하였습니다. 이에 청구인은 이의신청 및 행정심판을 거쳐 행정소송에 이르게 되었고, 재판부의 석명에 따라 회의록에 대한 사실조회신청 및 문서송부촉탁신청을 하였음에도 거절당하자 이 사건 정보공개청구를 하기에 이른 것입니다.

6) 아무런 관계없는 제3자도 아닌 직접적 이해당사자가 소송으로서 피청구인 산하의 심의위원회의 결정에 불복하면서 이를 뒷받침하기 위한 자료로 사용하기 위하여, 그리고 이를 판단하는 법원이 사실심리를 충실히 하기 위하여 필요한 자료로서 해당 정보의 공개

를 청구하는데도 이를 공개할 수 없다면, 피청구인을 견제하고 비판할 수 있는 이는 도대체 누구라는 것인지 의문입니다.

4. 결 론

이와 같이 피청구인의 이 사건 정보비공개결정처분은 아무런 법적 근거가 없는 위법·부당한 처분이므로, 청구인은 피청구인의 위법한 처분의 취소를 구하기 위하여 이 사건 심판을 제기하였습니다.

입 증 방 법

1. 갑 제1호증 (정보비공개결정통지서)

첨 부 서 류

1. 위 입증방법 각 1통
1. 심판청구서 부본 1통
1. 납부서 1통

20○○. ○. ○.

위 청구인 ○ ○ ○ (인)

중앙행정심판위원회 귀중

제출기관	피청구인 또는 행정심판위원회 (행정심판법 제23조)	청구기간	· 처분이 있음을 안 날로부터 90일 · 처분이 있은 날로부터 180일 (행정심판법 제27조)
청 구 인	피처분자	피청구인	행정처분을 한 행정청
제출부수	청구서 및 부본 각 1부	관련법규	행정심판법
불복방법	· 행정심판 재청구의 금지(행정심판법 제51조) 행정심판법상 행정심판의 단계는 단일화되어 있어 재결에 대한 행정심판 재청구는 할 수 없다. 다만, 국세기본법 등의 개별법에서는 다단계의 행정심판을 인정하고 있음 · 재결에 대한 행정소송(행정소송법 제19조, 제38조) 재결자체에 고유한 위법이 있을 때에는 재결 그 자체에 대한 취소소송 및 무효등확인		

	소송을 제기할 수 있음 · 다만, 청구인은 기각 재결 등 청구인의 주장이 인용되지 아니한 경우에는 원행정처분에 대하여 행정소송으로 다툴 수 있음(행정소송법 제18조)

[서식 151] 정보공개 거부처분 취소청구서

행 정 심 판 청 구

청 구 인　　홍　길　동 (○○○○○○-○○○○○○○)
　　　　　　○○시 ○○구 ○○동 ○○○
　　　　　　대리인 변호사 ○ ○ ○　　　　　　(전화 :　　　　　)
　　　　　　○○시 ○○구 ○○동 ○○○　　　　(우 :　　　　　)

피청구인　　○○시장
　　　　　　○○시 ○○구 ○○동 ○○○

심판청구 취지

피청구인이 20○○. ○. ○.자 청구인에 대하여 한 정보공개거부처분을 취소한다.
라는 재결을 구합니다.

심판청구 이유

1. 이 사건 처분의 경위

청구인은 20○○. ○. ○. 피청구인에게 ○○동 ○○지구 재개발과 관련하여 평면도, 배치도, 단면도, 사업승인조건(이하 '이 사건 정보'라 합니다)의 공개를 청구하자, 피청구인은 20○○. ○. ○. 이 사건 정보는 법인 등의 경영, 영업상 비밀에 관한 사항으로서 분양 전 공개될 경우 기업이익을 해할 우려가 있다는 이유로 이 사건 정보를 비공개별정(이하 '이 사건 처분'이라 한다)을 하였습니다.

2. 청구인의 주장

가. 청구인은 ○○동 ○○지구에 거주하는 주민으로서 청구인의 집에 바로 인접한 ○○동 ○○지구에 주식회사 ○○○(이하 '사업시행사'라 한다)가 아파트와 편의시설 등 약 700세대의 아파트건설사업(이하 '이 사건 사업'이하 한다)을 추진하여 사업계획승인을 받았는데 사업승인 내용 중 청구인의 집 북쪽에 접하는 도로 4미터와 청구인의 집 옆에 운동시설인 테니스장 설치를 계획하고 있다는 것을 알게 되었습니다.

나. 청구인은 이 사건 사업부지와 인접하여 거주하고 있으므로 사업의 내용에 직접적인 영향(주거권, 일조권, 조망권, 통풍권, 행복추구권 침해 등)을 받을 수 있고 테니스장이 설치되면 소음, 조명, 분진 등으로 인하여 고통을 입게 되며, 도로가 어떻게 되느냐에 따라 통행권에 영향을 받을 수 있으므로 이 사건 정보는 공개되어야 합니다.

다. 따라서 이 사건 정보는 공개기관의 정보에 관한 법률상 법인, 단체 또는 개인의 경영, 영업상 비밀에 해당하는 사항도 아니며, 공개된다고 하더라도 법인 등의 정당한 이익을 현저히 해할 우려가 있는 정보가 아니므로 피청구인이 이러한 사유를 들어 비공개결정 한 것은 위법, 부당하다.

3. 관계법령

공공기관의 정보공개에 관한 법률

제9조(비공개 대상 정보) ① 공공기관이 보유·관리하는 정보는 공개 대상이 된다. 다만, 다음 각 호의 어느 하나에 해당하는 정보는 공개하지 아니할 수 있다.

7. 법인·단체 또는 개인(이하 "법인등"이라 한다)의 경영상·영업상 비밀에 관한 사항으로서 공개될 경우 법인등의 정당한 이익을 현저히 해칠 우려가 있다고 인정되는 정보. 다만, 다음 각 목에 열거한 정보는 제외한다.
   가. 사업활동에 의하여 발생하는 위해(危害)로부터 사람의 생명·신체 또는 건강을 보호하기 위하여 공개할 필요가 있는 정보
   나. 위법·부당한 사업활동으로부터 국민의 재산 또는 생활을 보호하기 위하여 공개할 필요가 있는 정보

제21조(제3자의 비공개 요청 등) ① 제11조 제3항에 따라 공개 청구된 사실을 통지받은 제3자는 그 통지를 받은 날부터 3일 이내에 해당 공공기관에 대하여 자신과 관련된 정보를 공개하지 아니할 것을 요청할 수 있다. ② 제1항에 따른 비공개 요청에도 불구하고 공공기관이 공개 결정을 할 때에는 공개 결정 이유와 공개 실시일을 분명히 밝혀 지체 없이 문서로 통지하여야 하며, 제3자는 해당 공공기관에 문서로 이의신청을 하거나 행정심판 또는 행정소송을 제기할 수 있다. 이 경우 이의신청은 통지를 받은 날부터 7일 이내에 하여야 한다. ③ 공공기관은 제2항에 따른 공개 결정일과 공개 실시일 사이에 최소한 30일의 간격을 두어야 한다.

4. 이 사건 처분의 위법성 여부

가. 정보공개법 제9조 제1항 제7호에 의하면 공공기관은 법인 등의 경영, 영업상 비밀에 관한 사항으로서 공개될 경우 법인 등의 정당한 이익을 현저히 해할 우려가 있다고 인정되는 정보는 ① 사업활동에 의하여 발생하는 위해(危害)로부터 사람의 생명·신체 또는 건강을 보호하기 위하여 공개할 필요가 있는 정보, ② 위법·부당한 사업활동으로부터 국민의 재산 또는 생활을 보호하기 위하여 공개할 필요가 있는 정보를 제외하고는 비공개할 수

있는 바, 여기서 영업상의 비밀이란 공연히 알려져 있지 아니하고 독립된 경제적 가치를 가지는 것으로서 상당한 노력에 의하여 비밀로 유지된 생산방법, 판매방법, 기타 영업활동에 유용한 기술상 또는 경영상의 정보를 말한다고 할 것입니다.

나. 청구인은 이 사건 정보가 법인 등의 경영, 영업상 비밀에 해당하는 사항도 아니고 공개된다고 하더라도 법인 등의 정당한 이익을 현저히 해할 우려가 없으므로 공개해야 한다고 주장합니다. 또한 청구인은 이 사건 사업으로 인하여 자신의 도로통행권, 행복추구권 등이 침해되므로 이 사건 청보는 사람의 생명, 신체 또는 건강을 보호가기 위하여 반드시 공개할 필요가 있다고 주장합니다.

다. 이 사건 정보 중 '사업승인조건'은 분양 전 사업시행사가 이행해야 할 사항들로서 문화재 관련 사항, 관련기관과의 협의, 신고 등의 절차, 도로와 공공시설 관련 기부채납용지에 관한 사항들이 포함되어 있으나 위 정보가 영업상 비밀에 해당한다고 보기 어렵고 설령 위 정보를 공개함으로서 업무의 원할 한 수행이 일시적으로 다소 어려워질 수 있다고 하더라도 그러한 사실만으로 법인의 정당한 이익을 현저히 해할 우려가 있다고 보기는 어렵다 할 것이므로 위 정보를 공개하지 않은 것은 부당하다고 할 것입니다.

5. 결 론

그렇다면 피신청인 청구인에 대하여 법인의 정당한 이익을 현저히 해할 우려가 있다고 보기는 어렵다 할 것이므로 위 정보를 공개하지 않은 것은 위법, 부당하다고 할 것입니다.

입 증 방 법

1. 갑 제1호증 정보공개청구서
1. 갑 제2호증 정보비공개결정통지서
1. 갑 제3호증 주민등록등본

첨 부 서 류

1. 위 입증서류 사본 각 1통
1. 주민등록초본 1통
1. 심판청구서 부본 1통

20○○. ○. ○.

위 청구인 대리인 변호사 ○ ○ ○ (인)

○○시장장 귀하

제출기관	피청구인 또는 행정심판위원회 (행정심판법 제23조)	청구기간	· 처분이 있음을 안 날로부터 90일 · 처분이 있은 날로부터 180일 (행정심판법 제27조)
청 구 인	피처분자	피청구인	행정처분을 한 행정청
제출부수	청구서 및 부본 각 1부	관련법규	행정심판법
불복방법	· 행정심판 재청구의 금지(행정심판법 제51조) 행정심판법상 행정심판의 단계는 단일화되어 있어 재결에 대한 행정심판 재청구는 할 수 없다. 다만, 국세기본법 등의 개별법에서는 다단계의 행정심판을 인정하고 있음 · 재결에 대한 행정소송(행정소송법 제19조, 제38조) 재결자체에 고유한 위법이 있을 때에는 재결 그 자체에 대한 취소소송 및 무효등확인소송을 제기할 수 있음 · 다만, 청구인은 기각 재결 등 청구인의 주장이 인용되지 아니한 경우에는 원행정처분에 대하여 행정소송으로 다툴 수 있음(행정소송법 제18조)		

[서식 152] 정보공개 거부처분 취소청구서

행 정 심 판 청 구

청 구 인 홍 길 동 (○○○○○○-○○○○○○○)
○○시 ○○구 ○○동 ○○○
대리인 변호사 ○ ○ ○ (전화 :)
○○시 ○○구 ○○동 ○○○ (우 :)

피청구인 ○○시장
○○시 ○○구 ○○동 ○○○

심판청구 취지

피청구인이 20○○. ○. ○.자 청구인에 대하여 한 정보공개일부거부처분을 취소한다.
라는 재결을 구합니다.

심판청구 이유

1. 이 사건 처분의 경위

청구인은 ○○○협회장으로서, 건축물의 허가, 동의 사항과 건설현황 등을 분석하여 정책개발 및 개선 등의 자료로 사용하기 위하여 피청구인에 대하여 20○○. ○. ○.부터 20○○.

○. ○.까지의 소방대상물에 관한 건축허가 동의 일자, 건축물, 건축물 연면적, 건축주, 전화번호, 및 건축물의 주소에 관한 정보와, 소방공사 상주감리대상 건축물, 전화번호, 현장주소, 감리회사명, 상주감리원의 성명 및 회사 전화번호에 관한(이하 '이 사건 정보'라 한다)의 공개를 청구한 바, 피청구인은 20○○. ○. ○. 이 건 정보를 공개하되 공공기관의 정보공개에 관한 법률 제9조 제1항 6호에 의한 사생활의 비밀 또는 자유를 침해할 우려가 있다는 이유로 ○○감리원의 성명에 관한 정보를 공개하지 아니하기로 결정하고 이를 청구인에게 통지하였다.

2. 청구인의 주장

가. 건축물을 감독하는 감리원은 개인이 아닌 사회적 관리자로 일정 규모 이상인 건축물의 설계도서 검토 및 시공 공법 등에 대하여 지도, 감독하고 공정 등을 관리하는 기술자이며, 사회적으로 공공성에 대한 책임이 있어 중요 건축물에 대하여는 머릿돌 또는 명판에 감리원의 성명을 기록하는 바, 감리원의 사회적 책임과 관리, 감독자라는 사회적 지위에 있는 공인의 성격을 인정하여 이는 공개 되어야 합니다.

나. 청구인은 피청구인에 대하여 이 사건 정보의 공개를 청구하면서 이 사건 정보를 엑셀 프로그램으로 작성하여 저장 또는 전자우편으로 교부하여 줄 것을 청구하였으나 피청구인은 자료를 가공하지 않고 원본의 사본형태로 교부한 바, 청구인이 요구한 형태대로 공개, 교부하여야 합니다.

3. 관계법령

공공기관의 정보공개에 관한 법률

제3조(정보공개의 원칙) 공공기관이 보유·관리하는 정보는 국민의 알권리 보장 등을 위하여 이 법에서 정하는 바에 따라 적극적으로 공개하여야 한다.

제9조(비공개 대상 정보) ① 공공기관이 보유·관리하는 정보는 공개 대상이 된다. 다만, 다음 각 호의 어느 하나에 해당하는 정보는 공개하지 아니할 수 있다.

7. 법인·단체 또는 개인(이하 "법인등"이라 한다)의 경영상·영업상 비밀에 관한 사항으로서 공개될 경우 법인등의 정당한 이익을 현저히 해칠 우려가 있다고 인정되는 정보. 다만, 다음 각 목에 열거한 정보는 제외한다.

가. 사업활동에 의하여 발생하는 위해(危害)로부터 사람의 생명·신체 또는 건강을 보호하기 위하여 공개할 필요가 있는 정보

나. 위법·부당한 사업활동으로부터 국민의 재산 또는 생활을 보호하기 위하여 공개할 필요가 있는 정보

제15조(정보의 전자적 공개) ① 공공기관은 전자적 형태로 보유·관리하는 정보에 대하여 청구인이 전자적 형태로 공개하여 줄 것을 요청하는 경우에는 그 정보의 성질상 현저히 곤란한 경우를 제외하고는 청구인의 요청에 따라야 한다. ② 공공기관은 전자적 형태로 보유·관리

하지 아니하는 정보에 대하여 청구인이 전자적 형태로 공개하여 줄 것을 요청한 경우에는 정상적인 업무수행에 현저한 지장을 초래하거나 그 정보의 성질이 훼손될 우려가 없으면 그 정보를 전자적 형태로 변환하여 공개할 수 있다. ③ 정보의 전자적 형태의 공개 등에 필요한 사항은 국회규칙 · 대법원규칙 · 헌법재판소규칙 · 중앙선거관리위원회규칙 및 대통령령으로 정한다.

4. 이 사건 처분의 위법성 여부

가. 정보공개법 제2조, 제3조에 의하면, 공공기관이 직무상 작성, 또는 취득하여 관리하는 정보는 같은 법이 정하는 바에 따라 공개하여야 한다고 규정하고 있으며 같은 법 제9조 제1항에서는 예외적으로 공개하지 아니할 수 있는 정보를 나열하고 있고, 같은 항 제6호에 의하면 당해정보에 포함되어 있는 이름, 주민등록번호 등 개인에 관한 사항으로서 공개될 경우 사생활의 비밀 또는 자유를 침해할 우려가 있다고 인정되는 정보에 대하여는 공개하지 아니할 수 있도록 하되, 공공기관이 공표를 목적으로 작성하거나 취득한 정보로서 개인의 사생활의 비밀과 자유를 부당하게 침해하지 않는 정보와 공공기관이 작성하거나 취득하는 정보로서 공개하는 것이 공익 또는 개인의 권리구제를 위하여 필요하다고 인정되는 정보에 대하여는 공개할 수 있도록 규정되어 있습니다.

나. 따라서 ○○감리원의 성명에 관한 정보는 원시적으로 피청구인이 공표를 목적으로 작성하거나 취득한 정보라고 볼 수는 없으나 그 공개로 인하여 실현되는 청구인의 알권리와 공익적 측면을 배제할 수 없고 또한 성명은 개인적인 사항에 속하는 것은 분명하나 일반적으로 주민등록번호나 그 밖의 연락처 등과 별개로 성명만을 공개할 경우에는 개인의 사생활의 비밀 또는 자유를 침해할 우려가 있다고 볼 수 없습니다.

5. 결 론

그렇다면 피신청은 청구인의 청구 중 ○○감리원의 성명 공개청구는 법 제9조 제1항에서 규정하고 있는 비공개대상 정보에 해당한다고 보기 어렵다 할 것이므로 이 사건 정보 중 ○○감리원의 성명에 관한 정보를 공개하지 않은 것은 위법, 부당하다고 할 것입니다.

입 증 방 법

1. 갑 제1호증	정보공개청구서
1. 갑 제2호증	정보비공개결정통지서
1. 갑 제3호증	주민등록등본

첨 부 서 류

1. 위 입증서류 사본	각 1통
1. 주민등록초본	1통
1. 심판청구서 부본	1통

20○○. ○. ○.

위 청구인 대리인 변호사 ○ ○ ○ (인)

○○시장 귀하

제출기관	피청구인 또는 행정심판위원회 (행정심판법 제23조)	청구기간	· 처분이 있음을 안 날로부터 90일 · 처분이 있은 날로부터 180일 (행정심판법 제27조)
청 구 인	피처분자	피청구인	행정처분을 한 행정청
제출부수	청구서 및 부본 각 1부	관련법규	행정심판법
불복방법	· 행정심판 재청구의 금지(행정심판법 제51조) 행정심판법상 행정심판의 단계는 단일화되어 있어 재결에 대한 행정심판 재청구는 할 수 없다. 다만, 국세기본법 등의 개별법에서는 다단계의 행정심판을 인정하고 있음 · 재결에 대한 행정소송(행정소송법 제19조, 제38조) 재결자체에 고유한 위법이 있을 때에는 재결 그 자체에 대한 취소소송 및 무효등확인소송을 제기할 수 있음 · 다만, 청구인은 기각 재결 등 청구인의 주장이 인용되지 아니한 경우에는 원행정처분에 대하여 행정소송으로 다툴 수 있음(행정소송법 제18조)		

[서식 153] 정보공개 거부처분 취소청구서

행 정 심 판 청 구

청 구 인 홍 길 동 (○○○○○○-○○○○○○○)
○○시 ○○구 ○○동 ○○○
대리인 변호사 ○ ○ ○ (전화 :)
○○시 ○○구 ○○동 ○○○ (우 :)

피청구인 ○○대학교병원
○○시 ○○구 ○○동 ○○○

심판청구 취지

피청구인이 20○○. ○. ○.자 청구인에 대하여 한 정보공개거부처분을 취소한다.
라는 재결을 구합니다.

심판청구 이유

1. 이 사건 처분의 경위

청구인은 청구인의 계약직 고용관계 해지와 관련하여 20○○. ○. ○. 피청구인에게 ○○대학교 병원 인사위원회에 제출된 청구인 관련 심사자료(이하 '이 사건 정보'라 한다)에 대한 정보공개를 청구하였으나, 피청구인은 20○○. ○. ○. 이 사건 정보는 공공기관의 정보공개에 관한 법률 제9조 제1항 제5호의 규정에 의한 비공개대상정보에 해당한다는 이유로 청구인은 정보공개를 거부하였습니다.

2. 청구인의 주장

이에 대하여 청구인은 공공기관의 정보공개에 관한 법률의 규정상 인사위원회에서의 심의 내용은 비공개대상정보라고 할 수 있으나 동 위원회에 제출된 심사자료의 경우에는 비공개대상정보로 볼 수 없으므로 피청구인의 이 사건 처분은 취소되어야 합니다.

3. 피청구인의 주장

피청구인은 인사위원회에 제출된 심사자료나 심의 내용은 공공기관의 정보공개에 관한 법률 제9조 제1항 제5호 및 ○○대학교병원인사규정 제○조의 규정에 의한 비공개대상정보에 해당하므로 이 사건 처분은 정당하다고 주장하고 있습니다.

4. 관계법령

공공기관의 정보공개에 관한 법률

제3조(정보공개의 원칙) 공공기관이 보유·관리하는 정보는 국민의 알권리 보장 등을 위하여 이 법에서 정하는 바에 따라 적극적으로 공개하여야 한다.

제9조(비공개 대상 정보) ① 공공기관이 보유·관리하는 정보는 공개 대상이 된다. 다만, 다음 각 호의 어느 하나에 해당하는 정보는 공개하지 아니할 수 있다.

5. 감사·감독·검사·시험·규제·입찰계약·기술개발·인사관리에 관한 사항이나 의사결정 과정 또는 내부검토 과정에 있는 사항 등으로서 공개될 경우 업무의 공정한 수행이나 연구·개발에 현저한 지장을 초래한다고 인정할 만한 상당한 이유가 있는 정보. 다만, 의사결정 과정 또는 내부검토 과정을 이유로 비공개할 경우에는 의사결정 과정 및 내부검토 과정이 종료되면 제10조에 따른 청구인에게 이를 통지하여야 한다.

5. 이 사건 처분의 위법성 여부

가. 청구인은 20○○. ○. ○. ○○대학교 병원 재활의학과 물리치료실에 일반직계약직으

로 입사한 후 20○○. ○. ○. 공채계약직 시험에 합격하여 근무하던 자로서 동 병원 인사위원회는 20○○. ○. ○.부터 20○○. ○. ○.까지 청구인에 대한 재계약 여부에 대하여 심의한 결과 20○○. ○. ○. 재계약을 하지 않기로 결정하였습니다.

나. 청구인이 20○○. ○. ○. 피청구인에게 동 인사위원회에 제출된 청구인 관련 심사자료에 대한 정보공개를 청구하였고 피청구인은 20○○. ○. ○. 이 사건 정보는 공공기관의 정보공개에 관한 법률 제9조 제1항 제5항 및 ○○대학교 병원 인사규정 ○조항의 규정에 따라 비공개 정보라는 이유로 이 사건 처분을 한 것입니다

6. 결 론

그렇다면 피청구인이 이 사건 정보가 공공기관의 정보공개에 관한 법률 제9조 제1항 제4호 등의 비공개대상 정보에 해당된다는 이유로 이 사건 정보를 공개하지 않은 것은 위법, 부당하다고 할 것입니다.

입 증 방 법

1. 갑 제1호증 정보공개청구서
1. 갑 제2호증 정보비공개결정통지서
1. 갑 제3호증 주민등록등본

첨 부 서 류

1. 위 입증서류 사본 각 1통
1. 주민등록초본 1통
1. 심판청구서 부본 1통

20○○. ○. ○.

위 청구인 대리인 변호사 ○ ○ ○ (인)

○○시장장 귀하

제출기관	피청구인 또는 행정심판위원회 (행정심판법 제23조)	청구기간	· 처분이 있음을 안 날로부터 90일 · 처분이 있은 날로부터 180일 (행정심판법 제27조)
청 구 인	피처분자	피청구인	행정처분을 한 행정청
제출부수	청구서 및 부본 각 1부	관련법규	행정심판법

불복방법	· 행정심판 재청구의 금지(행정심판법 제51조) 행정심판법상 행정심판의 단계는 단일화되어 있어 재결에 대한 행정심판 재청구는 할 수 없다. 다만, 국세기본법 등의 개별법에서는 다단계의 행정심판을 인정하고 있음 · 재결에 대한 행정소송(행정소송법 제19조, 제38조) 재결자체에 고유한 위법이 있을 때에는 재결 그 자체에 대한 취소소송 및 무효등확인 소송을 제기할 수 있음 · 다만, 청구인은 기각 재결 등 청구인의 주장이 인용되지 아니한 경우에는 원행정처분에 대하여 행정소송으로 다툴 수 있음(행정소송법 제18조)

[서식 154] 정보공개 거부처분 취소청구서

행 정 심 판 청 구

청 구 인 홍 길 동 (○○○○○○-○○○○○○○)
○○시 ○○구 ○○동 ○○○
대리인 변호사 ○ ○ ○ (전화 :)
○○시 ○○구 ○○동 ○○○ (우 :)

피청구인 대한주택공사(○○지역본부)
○○시 ○○구 ○○동 ○○○

심판청구 취지

피청구인이 20○○. ○. ○.자 청구인에 대하여 한 정보공개거부처분을 취소한다.
라는 재결을 구합니다.

심판청구 이유

1. 이 사건 처분의 경위

청구인이 20○○. ○. ○. 피청구인에게 ○○시 ○○파크 2단지 건설원가와 관련된 택지관련 정보, 건축비관련 정보, 기타 정보에 대한 정보공개를 청구하자 피청구인은 20○○. ○. ○. 이 사건 정보는 공공기관의 정보에 관한 법률 제9조 제1항 제4호 및 제7호의 비공개대상 정보에 해당된다는 이유로 비공개결정을 하였습니다.

2. 청구인의 주장

청구인이 공공임대아파트인 ○○파크 2단지를 분양 전환함에 있어 과다한 분양가를 책정 하였는 바, 청구인은 피청구인이 책정한 분양가가 적정한 지에 대하여 확인하기 위해서 이 사건 정보의 공개를 요구하였는데 이 사건 정보를 공개하지 않은 피청구인의 이 사건 처분은 위법 부당합니다.

3. 관계법령

공공기관의 정보공개에 관한 법률

제3조(정보공개의 원칙) 공공기관이 보유 · 관리하는 정보는 국민의 알권리 보장 등을 위하여 이 법에서 정하는 바에 따라 적극적으로 공개하여야 한다.

제9조(비공개 대상 정보) ① 공공기관이 보유 · 관리하는 정보는 공개 대상이 된다. 다만, 다음 각 호의 어느 하나에 해당하는 정보는 공개하지 아니할 수 있다.

7. 법인 · 단체 또는 개인(이하 "법인등"이라 한다)의 경영상 · 영업상 비밀에 관한 사항으로서 공개될 경우 법인등의 정당한 이익을 현저히 해칠 우려가 있다고 인정되는 정보. 다만, 다음 각 목에 열거한 정보는 제외한다.

가. 사업활동에 의하여 발생하는 위해(危害)로부터 사람의 생명 · 신체 또는 건강을 보호하기 위하여 공개할 필요가 있는 정보

나. 위법 · 부당한 사업활동으로부터 국민의 재산 또는 생활을 보호하기 위하여 공개할 필요가 있는 정보

4. 이 사건 처분의 위법성 여부

가. 정보공개법 제9조에 의하면, 진행 중인 재판에 관련된 정보와 범죄의 예방, 수사, 공소의 제기, 및 유지, 형의 집행, 교정, 보안처분에 관한 사항으로서 공개될 경우 그 직무수행을 현저히 곤란하게 하거나 형사피고인의 공정한 재판을 받을 권리를 침해한다고 인정할 만한 상당한 이유가 있는 정보와 법인 등의 경영, 영업상 비밀에 관한 사항으로서 공개될 경우 법인 등의 정당한 이익을 현저히 해할 우려가 있다고 인정되는 정보는 비공개할 수 있다고 되어 있습니다.

나. 이 사건 정보는 진행 중인 재판에 관련된 정보와 범죄의 예방, 수사, 공소의 제기, 및 유지, 형의 집행, 교정, 보안처분에 관한 사항으로서 공개될 경우 그 직무수행을 현저히 곤란하게 할 만한 정보가 아니며, 또한 이 사건 정보는 이미 공사가 종료된 이 사건 아파트의 분양원가의 산출내역 등과 관련된 자료로서 이 사건 정보가 공개됨으로서 분양가 산출과정의 투명성을 확보할 수 있고 나아가 공공기관이 내부적으로 빠지기 쉬운 행정편의주와 형식주의 및 권한남용으로 인한 피해를 방지하는데 유효한 수단으로 작용하여 공공기관의 주택정책에 대한 투명서 및 행정절차의 투명성을 확보할 수 있는 계기가 될 수 있는 것을보 비추어 볼 때 이 사건 정보가 피청구인의 경영, 영업상 비밀에 관한 사항으로서 공개될 경우 피청구인의 정당한 이익을 현저히 해할 우려가 있다고 인정되는 정보에 해당한다고 볼 수 없습니다.

5. 결 론

그렇다면 피청구인이 이 사건 정보가 공공기관의 정보공개에 관한 법률 제9조 제1항 제4호 등의 비공개대상 정보에 해당된다는 이유로 이 사건 정보를 공개하지 않은 것은 위법, 부당하다고 할 것입니다.

입 증 방 법

1. 갑 제1호증 정보공개청구서
1. 갑 제2호증 정보비공개결정통지서
1. 갑 제3호증 주민등록등본

첨 부 서 류

1. 위 입증서류 사본 각 1통
1. 주민등록초본 1통
1. 심판청구서 부본 1통

20○○. ○. ○.

위 청구인 대리인 변호사 ○ ○ ○ (인)

대한주택공사(○○지역본부) 귀하

제출기관	피청구인 또는 행정심판위원회 (행정심판법 제23조)	청구기간	· 처분이 있음을 안 날로부터 90일 · 처분이 있은 날로부터 180일 (행정심판법 제27조)
청 구 인	피처분자	피청구인	행정처분을 한 행정청
제출부수	청구서 및 부본 각 1부	관련법규	행정심판법
불복방법	· 행정심판 재청구의 금지(행정심판법 제51조) 행정심판법상 행정심판의 단계는 단일화되어 있어 재결에 대한 행정심판 재청구는 할 수 없다. 다만, 국세기본법 등의 개별법에서는 다단계의 행정심판을 인정하고 있음 · 재결에 대한 행정소송(행정소송법 제19조, 제38조) 재결자체에 고유한 위법이 있을 때에는 재결 그 자체에 대한 취소소송 및 무효등확인소송을 제기할 수 있음 · 다만, 청구인은 기각 재결 등 청구인의 주장이 인용되지 아니한 경우에는 원행정처		

	분에 대하여 행정소송으로 다툴 수 있음(행정소송법 제18조)

[서식 155] 정보공개이행청구

행 정 심 판 청 구

청 구 인　　홍　길　동 (○○○○○○-○○○○○○○)
○○시 ○○구 ○○동 ○○○
대리인 변호사 ○ ○ ○　　(전화 :　　)
○○시 ○○구 ○○동 ○○○　　(우 :　　)

피청구인　　○○북도지사
○○시 ○○구 ○○동 ○○○

심판청구 취지

피청구인은 ○○북도에 나온 행정자치부의 감사에서 명예감사관으로 선정되어 있는 ○○○이 소속되어 있는 시민단체명을 공개하라.
라는 재결을 구합니다.

심판청구 이유

1. 이 사건 처분의 경위

청구인은 20○○. ○. ○. 피청구인에게 ○○북도에 나온 행정자치부의 감사에서 명예감사관으로 선정되어 있는 ○○○이 소속되어 있는 시민단체명(이하 '이 사건 정보'라 합니다)의 공개를 청구하였고, 피청구인은 20○○. ○. ○. 이 사건 정보는 공공기관의 정보에 관한 법률 제9조 제1항 제6호의 비공개대상 정보에 해당된다는 이유로 비공개결정을 하였습니다.

2. 청구인의 주장

공공기관의 정보에 관한 법률 제9조 제1항 제6호에 의한 비공개대상 정보는 주민등록번호 등 개인에 관한 사항으로서 공개될 경우 개인의 사생활의 비밀 또는 자유를 침해할 우려가 있다고 인정되는 정보이며, 이 사건 정보는 이에 해당하지 않는 바, 이 사건 정보를 공개하지 않은 피청구인의 이 사건 처분은 위법 부당합니다.

3. 관계법령

공공기관의 정보공개에 관한 법률

제3조(정보공개의 원칙) 공공기관이 보유·관리하는 정보는 국민의 알권리 보장 등을 위하여

이 법에서 정하는 바에 따라 적극적으로 공개하여야 한다.

제9조(비공개 대상 정보) ① 공공기관이 보유 · 관리하는 정보는 공개 대상이 된다. 다만, 다음 각 호의 어느 하나에 해당하는 정보는 공개하지 아니할 수 있다.

6. 해당 정보에 포함되어 있는 성명 · 주민등록번호 등 개인에 관한 사항으로서 공개될 경우 사생활의 비밀 또는 자유를 침해할 우려가 있다고 인정되는 정보. 다만, 다음 각 목에 열거한 개인에 관한 정보는 제외한다.
   가. 법령에서 정하는 바에 따라 열람할 수 있는 정보
   나. 공공기관이 공표를 목적으로 작성하거나 취득한 정보로서 사생활의 비밀 또는 자유를 부당하게 침해하지 아니하는 정보
   다. 공공기관이 작성하거나 취득한 정보로서 공개하는 것이 공익이나 개인의 권리 구제를 위하여 필요하다고 인정되는 정보
   라. 직무를 수행한 공무원의 성명 · 직위
   마. 공개하는 것이 공익을 위하여 필요한 경우로서 법령에 따라 국가 또는 지방자치단체가 업무의 일부를 위탁 또는 위촉한 개인의 성명 · 직업

4. 이 사건 처분의 위법성 여부

가. 정보공개법 제9조에 의하면, 해당 정보에 포함되어 있는 성명 · 주민등록번호 등 개인에 관한 사항으로서 공개될 경우 사생활의 비밀 또는 자유를 침해할 우려가 있다고 인정되는 정보는 비공개할 수 있다고 되어 있습니다.

나. 하지만 이 사건 정보는 성명 · 주민등록번호 등 개인에 관한 사항으로서 공개될 경우 사생활의 비밀 또는 자유를 침해할 우려가 있는 정보에 해당하지 않습니다. 따라서 공개될 경우 사생활의 비밀 또는 자유를 침해할 우려가 있다고 인정되는 정보에 해당한다고 볼 수 없습니다.

5. 결 론

그렇다면 피청구인이 이 사건 정보가 공공기관의 정보공개에 관한 법률 제9조 제1항 제6호 등의 비공개대상 정보에 해당된다는 이유로 이 사건 정보를 공개하지 않은 것은 위법, 부당하다고 할 것입니다.

입 증 방 법

1. 갑 제1호증	정보공개청구서
1. 갑 제2호증	정보비공개결정통지서
1. 갑 제3호증	주민등록등본

첨 부 서 류

1. 위 입증서류 사본 　　　　각 1통

1. 주민등록초본 1통
1. 심판청구서 부본 1통

20○○. ○. ○.

위 청구인 대리인 변호사 ○ ○ ○ (인)

○○북도지사 귀하

제출기관	피청구인 또는 행정심판위원회 (행정심판법 제23조)	청구기간	· 처분이 있음을 안 날로부터 90일 · 처분이 있은 날로부터 180일 (행정심판법 제27조)
청 구 인	피처분자	피청구인	행정처분을 한 행정청
제출부수	청구서 및 부본 각 1부	관련법규	행정심판법
불복방법	· 행정심판 재청구의 금지(행정심판법 제51조) 행정심판법상 행정심판의 단계는 단일화되어 있어 재결에 대한 행정심판 재청구는 할 수 없다. 다만, 국세기본법 등의 개별법에서는 다단계의 행정심판을 인정하고 있음 · 재결에 대한 행정소송(행정소송법 제19조, 제38조) 재결자체에 고유한 위법이 있을 때에는 재결 그 자체에 대한 취소소송 및 무효등확인소송을 제기할 수 있음 · 다만, 청구인은 기각 재결 등 청구인의 주장이 인용되지 아니한 경우에는 원행정처분에 대하여 행정소송으로 다툴 수 있음(행정소송법 제18조)		

[서식 156] 정보공개이행청구

행 정 심 판 청 구

청 구 인 홍 길 동 (○○○○○○-○○○○○○○)
○○시 ○○구 ○○동 ○○○
대리인 변호사 ○ ○ ○ (전화 :)
○○시 ○○구 ○○동 ○○○ (우 :)

피청구인 ○○전기통신공사
○○시 ○○구 ○○동 ○○○

심판청구 취지

피청구인은 청구인이 20○○. ○. ○. 신청한 정보공개청구에 대하여 이를 이행하라.
라는 재결을 구합니다.

심판청구 이유

1. 이 사건 처분의 경위

청구인은 20○○. ○. ○. ○○통신공사에서 명예퇴직한 자로서, 피청구인에 대하여 명예퇴직 확인서상에 퇴직사유를 구조조정, 경영악화개선을 위한 권고퇴직 등 1년여나 지난 후에 이를 수용하여 결과적으로 20○○.년도 명예퇴직자들을 실업급여를 받지 못하게 되는 피해를 입게 되었으며 이에 대한 잘못이 누구에게 있는지를 규명하기 위해 정보공개를 청구하였습니다.

2. 청구인의 주장

피청구인은 아무 이유 없이 통지를 지연하거나 무성의하게 답변을 하고 부실하게 처리하여 청구인의 권리를 박탈하고 있으며 공개청구 한 정보 중 인력감축계획과 시행결과는 이미 집행된 사항이고 영업상 비밀도 아니므로 정보공개법 소정의 비공개대상정보가 아닙니다.

또한 보도된 바와 같이 조직 및 인력운영의 효율성을 추구하기 위한 것이므로 인력감축 계획과는 무과하다는 피청구인의 주장은 진실을 은폐하는 것이며, 피청구인이 노동부 ○○사무소에 제출한 자료에 명시적으로 자율적 경영체제와 획기적인 경영혁신을 도모하고자 20○○. ○. ○.자 과감한 구조조정 및 조직개편을 단행하였다고 밝힌 바 있으면서도 20○○. ○. ○. 이전에는 구조조정계획이 없다고 주장하는 것 또한 마찬가지의 처사입니다.

3. 결 론

피청구인은 일부 정보에 대하여 ○○북도에 거주하는 청구인에게 서울까지 와서 열람하라고 하고 있는 바, 이는 비공개하는 것과 다름없습니다. 피청구인은 위와 같이 청구인이 공개를 청구한 정보를 보유하고 있으면서도 계속하여 처리를 지연하면서 부당하게 공개하지 않고 있으므로 피청구인은 이제라도 청구인에게 위 정보를 공개하여야 마땅합니다.

입 증 방 법

1. 갑 제1호증 정보공개청구서
1. 갑 제2호증 정보비공개결정통지서
1. 갑 제3호증 주민등록등본

첨 부 서 류

1. 위 입증서류 사본 각 1통
1. 주민등록초본 1통
1. 심판청구서 부본 1통

20○○. ○. ○.

위 청구인 대리인 변호사 ○ ○ ○ (인)

○○전기통신공사 귀하

제출기관	피청구인 또는 행정심판위원회 (행정심판법 제23조)	청구기간	· 처분이 있음을 안 날로부터 90일 · 처분이 있은 날로부터 180일 (행정심판법 제27조)
청 구 인	피처분자	피청구인	행정처분을 한 행정청
제출부수	청구서 및 부본 각 1부	관련법규	행정심판법
불복방법	· 행정심판 재청구의 금지(행정심판법 제51조) 행정심판법상 행정심판의 단계는 단일화되어 있어 재결에 대한 행정심판 재청구는 할 수 없다. 다만, 국세기본법 등의 개별법에서는 다단계의 행정심판을 인정하고 있음 · 재결에 대한 행정소송(행정소송법 제19조, 제38조) 재결자체에 고유한 위법이 있을 때에는 재결 그 자체에 대한 취소소송 및 무효등확인소송을 제기할 수 있음 · 다만, 청구인은 기각 재결 등 청구인의 주장이 인용되지 아니한 경우에는 원행정처분에 대하여 행정소송으로 다툴 수 있음(행정소송법 제18조)		

[서식 157] 정보공개청구의 소

소 장

원 고 ○○언론 협의회
서울시 ○○구 ○○동 ○-○
(전화 1234-4567, 팩스 1234-5678)

피 고 한국방송공사

정보공개청구의 소

청 구 취 지

1. 피고가 20○○. ○. ○. 원고에 대하여 한 정보 부분공개 결정 중 아래 정보에 관한 각 비공개 결정을 취소한다.
   가. 20○○년, 20○○년, 20○○년 장르별 제작원가 세부 내역
   나. 20○○년, 20○○년, 20○○년 외주제작 내역(외주처, 제작내역 및 금액)
   다. 20○○년, 20○○년, 20○○년 이사회 의사록
2. 소송비용은 피고가 부담한다.

라는 판결을 구합니다.

청 구 원 인

1. 처분의 경위

(1) 원고는 '공영방송이 독립성과 다양성을 바탕으로 공정한 보도를 하고 보편적 공론장의 역할을 다함으로써 국민의 알 권리를 충족시키고 민주시민의 참된 여론 형성에 이바지하는 것'을 목적으로 설립된 법인 아닌 사단입니다.

(2) 원고가 20○○. ○. ○. 피고에게 청구취지 기재 정보(이하 '이 사건 각 정보'라 한다)를 포함한 정보를 사본 · 출력물로 제공하라고 공개를 청구하자, 피고는 20○○. ○. ○. 그 중 일부 정보에 대한 공개 결정을 하면서, 이 사건 각 정보에 관하여는 아래와 같은 이유로 비공개 결정을 하는 이 사건 처분을 하였습니다.

1) 20○○년, 20○○년, 20○○년 장르별 제작원가 세부 내역 : 피고가 보유.관리하고 있는 정보가 아니거나, 경영 · 영업상 비밀에 관한 사항으로서 공개될 경우 법인 등의 정당한 이익을 현저히 해할 우려가 있다고 인정됨.

2) 20○○년, 20○○년, 20○○년 외주제작 내역(외주처, 제작내역 및 금액) : 피고가 보유 · 관리하고 있는 정보가 아니거나, 경영 · 영업상 비밀에 관한 사항으로서 공개될 경우 법인 등의 정당한 이익을 현저히 해할 우려가 있다고 인정됨.

3) 20○○년, 20○○년, 20○○년 이사회 의사록 : 특정 개인에 대한 인격 손상이나 사생활 침해의 우려가 있고, 심사과정에 대한 의사록이 공개되어 위원 개개인의 의사 표명이 외부에 공개되면 자유로운 심사 분위기를 해쳐 공정성 확보에 지장을 가져올 수 있음. 다만, 필요한 의사록에 관하여 피고를 방문하여 열람하는 것은 가능함.

2. 처분의 위법성

이 사건 각 정보 중 장르별 제작원가 세부 내역과 외주제작 내역은 피고가 당연히 보유 · 관리하고 있는 정보에 해당하고, 이 사건 각 정보는 공공기관의 정보공개에 관한 법률(이하 정보

공개법이라 한다)상 비공개 대상에 해당하지 아니하므로 피고는 이 사건 각 정보를 공개하여야 할 의무가 있으므로 이를 거부한 처분은 위법합니다.

3. 결 론

이와 같이 피고의 처분은 위법한 행정처분이 아닐 수 없으므로, 상기와 같이 원고의 행정처분의 취소를 구하는 행정소송에 이르게 되었습니다.

입 증 방 법

1. 갑 제1호증
2. 갑 제2호증
3. 갑 제3호증
4. 갑 제4호증

첨 부 서 류

1. 위 각 입증방법 각 1부
2. 송달료 납부서
3. 소장부본

20○○. ○. ○.

위 원고 (날인 또는 서명)

서울행정법원 귀중

나. 행정소송

다. 행정심판

(1) 기 재 례

피고가 원고의 별지부록기재 사항에 대한 행정정보를 공개하지 않는 것이 위법임을 확인한다.

원고에 대하여 피고가 20○○. ○. ○.자로 한 행정정보공개청구거부처분은 이를 취소한다.

(2) 관련서식

[서식 158] 행정정보공개부작위위법 확인의 소

소 장

원 고 ○○시민연대
○○시 ○○구 ○○길 ○○ (우편번호 ○○○○○)
대표 ○ ○ ○

피 고 △△광역시 △△구청장
○○시 ○○구 ○○길 ○○ (우편번호 ○○○○○)

행정정보공개부작위위법 확인의 소

청 구 취 지

1. 피고가 원고의 별지목록기재 사항에 대한 행정정보를 공개하지 않은 것이 위법임을 확인한다.
2. 소송비용은 피고의 부담으로 한다.

라는 판결을 구합니다.

청 구 원 인

1. 원고는 ○○지역에서 지방자치제도의 활성화와 주민들의 지방자치참여를 목적으로 하여 결성된 시민운동단체로서 법인격 없는 사단입니다.

2. 원고는 20○○. ○. ○. 공공기관의정보공개에관한법률에 따라 피고를 상대로 행정감시를 사용목적으로 하여 별지목록기재 사항의 행정정보공개청구를 하였습니다. 그러나 피고는 아직까지 아무런 결정을 하지 않았습니다.

3. 그러나 위 법률 제9조 제1항은 8가지 사유에 해당되지 아니한 경우에는 모든 공공기관의 정보는 공개되어야 한다고 규정하고 있는데 원고가 피고에게 정보공개를 요청한 내용은 위 8가지 사유가 해당되지 아니함에도 피고는 위법하게도 아무런 결정을 하고 있지 아니한 것입니다.

4. 따라서 피고가 아무런 결정을 하지 않은 것에 대해서 위법함을 확인하기 위하여 이 사건 청구에 이르게 된 것입니다.

첨 부 서 류

1. 소장부본 1통
1. 납부서 1통

20○○. ○. ○.

원 고 ○ ○ ○ (인)

○○행정법원 귀중

별 지 목 록

1. 20○○, 20○○년도 기지출된 판공비의 내역(일자 내역 액수 별로 정리)
2. 20○○, 20○○년도 기지출된 판공비의 지출결의서, 영수증 등 제반 증빙서류
3. 20○○년도 각 피고의 판공비 예산총액 및 기관별 총액. 끝.

[서식 159] **행정정보공개청구거부처분 취소청구의 소**

소 장

원 고 ○ ○ ○ (주민등록번호)
○○시 ○○구 ○○길 ○○ (우편번호 ○○○○○)
대표 ○ ○ ○

피 고 △△광역시 △△구청장
○○시 ○○구 ○○길 ○○ (우편번호 ○○○○○)

행정정보공개청구거부처분 취소청구의 소

청 구 취 지

1. 피고가 원고의 별지목록기재 사항에 대한 행정정보를 공개하지 않은 것이 위법임을 확인한다.

2. 소송비용은 피고의 부담으로 한다.
라는 판결을 구합니다.

청 구 원 인

1. 원고의 지위

원고는 △△지역에서 지방자치제도의 활성화와 주민들의 지방자치참여를 목적으로 하여 결성된 시민운동단체로서 법인격 없는 사단입니다.

2. 원고의 정보공개청구

원고는 20○○. ○. ○. 공공기관의 정보공개에 관한 법률(이하 '법'이라 합니다)에 의거 피고를 상대로 행정감시를 사용목적으로 하여 별지목록기재 사항에 관하여 행정정보공개청구를 하였습니다.

3. 피고의 정보공개 거부처분

그러나, 피고는 20○○. ○. ○. 자로 "첫째 업무추진비 정보에는 영수증이나 세금계산서, 신용카드 매출전표 외에도 특정인을 식별할 수 있는 개인에 대한 정보가 기록된 행사내역서 등이 포함되어 있어 법 제9조 제1항 제6호의 비공개대상정보이며, 둘째, 20○○. ○. ○. 개최된 전국 시장 · 군수 · 구청장협의회에서 대법원판결 이후에 공개하기로 하였다"는 이유로 원고의 이 사건 정보공개청구를 거부하는 처분(이하 '이 사건 거부처분'이라 합니다)을 하였습니다.

4. 피고의 이 사건 거부처분의 위법성

가. 우선 위 두 번째 이유는 법률상 정보공개거부처분의 이유가 될 수 없으므로 더 이상 언급할 가치가 없습니다.

나. 다음으로 첫 번째 이유에 관하여 살펴보겠습니다. 가사 원고가 청구한 정보 속에 피고의 주장대로 특정인을 식별할 수 있는 개인에 대한 정보가 기록된 행사내역서 등이 포함되어 있어 법 제9조 제1항 제6호의 비공개대상정보에 해당되는 정보가 있다 하더라도 피고로서는 그 정보만을 제외하고 공개하여야 할 의무가 있다 할 것이므로, 원고가 청구한 정보 정부를 공개하지 아니한다는 결정을 한 원고의 처분은 위법하다 할 것입니다(참고로 △△광역시의 경우 업무추진비밀 판공비 집행내역을 공개하고, 지출결의서, 영수증 등 제반 증빙서류에 관하여는 열람만 허용한다는 결정을 한 바 있습니다).

그리고 피고의 처분이 위법함은 대개의 지출결의서나 영수증 등에 기재된 이름이나 주민등록번호만으로 개인에 관한 정보가 공개된다고 보기 어려울 뿐 아니라 이를 공개하는 것이 공익에 필요하다고 판단되는 경우가 대부분일 것이라는 점에서도 반증이 됩니다.

5. 결 론

그렇다면, 원고에 대하여 피고가 20○○. ○. ○.자로 한 행정정보공개청구거부 처분은 위법하다 할 것이어서 원고는 이의 취소를 구하기 위하여 본 건 청구에 이르렀습니다.

입 증 방 법

1. 갑 제1호증 정보공개청구서
1. 갑 제2호증 결정통지서

첨 부 서 류

1. 소장부본 1통
1. 위 입증방법 각 1통
1. 납부서 1통

20○○. ○. ○.

원 고 ○ ○ ○ (인)

○○지방법원 귀중

별 지

1. 20○○, 20○○년도 피고의 판공비 총액(기관운영업무추진비, 시책추진업무추진비, 특수활동비 등 그 명목을 불구하고 자치단체의 장 및 각 국과가 포괄적으로 사용할 수 있는 항목) 및 기관별(자치단체의 장 및 국장 등 직책별로 분류)총액
2. 20○○, 20○○년도 기지출된 판공비의 내역(일자 · 내역 · 액수별로 정리)
3. 20○○, 20○○년도 기지출된 판공비의 지출결의서, 영수증 등 제반 증빙서류
4. 20○○년도 피고의 판공비 예산총액 및 기관별 총액. 끝.

[서식 160] 정보공개거부처분 취소청구의 소

소 장

원 고 한겨레신문사

서울시 ○○구 ○○동 ○○번지
(전화 1234-5678, 팩스 1234-6789)

피　　고　　국세청장

정보공개거부처분취소

청 구 취 지

1. 피고가 원고에 대하여 20○○. ○. ○. 한 정보공개거부처분 중 별지 1 목록 기재 부분에 관한 정보공개거부처분을 취소한다.
2. 소송비용은 피고의 부담으로 한다.

라는 판결을 구합니다.

청 구 원 인

1. 처분의 경위

(1) 원고의 정보공개청구

원고는 신문사로서 종교의 사회적 책임 및 종교인의 소득세 납부에 관한 언론취재를 통해 공적 여론을 형성하기 위하여 20○○. ○. ○. 피고에게 아래 정보에 대한 공개청구를 하였습니다.

① 종교인의 최근 10년간 소득세 납부현황 · 이름, 교회나 절 등 소속 단체 및 종교법인명, 신고소득, 납부세액, 세율 등의 정보
② 최근 10년간 전국 국세청에서 종교인에게 소득세를 납부할 것을 요구하고 알린 사례, 사례가 있다면 어느 국세청에서 언제 누구에게 최고하였는지에 관한 정보
③ 최근 10년간 국세청이 종교법인에게 소득세를 납부할 것을 요구하고 알린 사례, 사례가 있다면 어느 국세청에서 언제 어느 법인에게 최고하였는지에 관한 정보
④ 최근 10년간 전국 국세청에서 자진하여 소득세를 납부하러 온 종교인의 납부 의사를 거부하고 돌려보낸 사례에 관한 정보
⑤ 최근 10년간 국세청에 소득신고한 종교인 가운데 연소득을 1억 원 이상으로 신고한 종교인이 있는지, 해당 종교인이 있다면 이름, 소속 종교법인, 구체적 소득신고액, 세율, 납부세액의 정보
⑥ ○○ ○○교회 +++ 목사 및 소속 직원과 목사들이 현재 소득세를 신고해 납부하고 있는지 확인을 요청. 만약 납부하고 있다면 신고한 소득액, 납부세액의 정보
⑦ 만약 +++ 목사 및 소속 직원과 목사들이 소득세를 내고 있다면, 최초로 소득세를 납부한 시점이 몇 년 몇 월이고 납부세액이 얼마인지의 정보

(2) 피고의 정보공개거부처분

피고는 20○○. ○. ○. 공공기관의 정보공개에 관한 법률(이하 '정보공개법'이라 한다) 제9조 및 국세기본법 제81조의13에서는 납세자가 세법이 정한 납세의무를 이행하기 위하

여 제출한 자료나 국세의 부과징수를 목적으로 업무상 취득한 자료 등에 대해 특정인을 식별할 수 있는 개인에 관한 정보 또는 납세자의 과세정보는 타인에게 제공할 수 없도록 엄격히 제한하고 있고, 직무상 작성 또는 취득하여 관리하고 있지 아니한 문서는 정보공개법상 정보에 해당하지 않는다는 이유 (구체적으로는 위 ① ~ ⑤ 정보는 비보유정보(이하 '이 사건 비보유정보'라 한다. 단, 이 소송에서 원고는 비보유정보 중 최근 2년치에 대한 것만 취소를 구하고 있다)이고, ⑥, ⑦은 과세정보(이하 '이 사건 과세정보'라 한다)라는 이유이다)를 들어 정보공개거부처분(이하 '이 사건 처분'이라 한다)을 하였습니다.

(3) 전심절차의 경유

한편, 원고는 20○○. ○. ○. 중앙행정심판위원회에 이 사건 처분의 취소를 구하는 행정심판을 제기하였으나 20○○. ○. ○. 기각되었습니다.

2. 처분의 위법성

(1) 이 사건 비보유정보에 관하여

원고가 취재한 바에 따르면 종교단체 중 카톨릭 10여개 교구, 일부 교회 등에서는 소속 종교인에 대한 근로소득세를 원천징수하여 납부하고 있는 점, 20○○. ○.경 피고는 당시 재정경제부에 종교인 소득세 부과에 관한 질의를 보내어 유권해석을 요청하였던 점, 피고는 종교법인(이하 국세기본법 제13조 제1항에서 법인으로 보는 단체를 포함하여 '종교법인'으로 통칭한다)의 비업무용 부동산 현황을 파악하기도 하였던 점, 종교법인은 사업자등록시 업태, 종목, 주업종코드 등을 기재하여야 하고 이 때 한국표준산업분류에 따른 업종코드가 불교(94911), 기독교(94912), 천주교(94913), 민족종교(94914), 기타종교(94919)로 분류되어 있고, 단체 고유번호 부여시에도 구분되는 '89' 코드를 부여받는 점, 고유번호 신청시 단체의 정관이나 법인등기부등본 등 관련서류를 피고에게 제출하여야 하는 점, 피고는 국세통계연보를 발간하면서 지역별로 구체적 업종을 분류하여 통계를 작성하고 있는 점 등에 비추어 볼 때 이 사건 비보유정보는 피고가 보유·관리하고 있을 상당한 개연성이 존재합니다.

(2) 이 사건 과세정보에 관하여 이 사건 과세정보는 과세관청이 직접 작성한 자료로서 국세기본법 제81조의13에서 규정하는 '납세의무를 이행하기 위하여 제출한 자료나 국세의 부과·징수를 위하여 업무상 취득한 자료'에 해당하지 아니하며, 설령 그러한 내용이 포함되어 있다고 하더라도 비공개대상 정보를 제외한 나머지만 공개하는 것이 가능합니다.

3. 결 론

이상과 같이 피고의 이 사건 처분은 위법하므로 이의 취소를 구하는 행정소송을 제기하기에 이르렀습니다.

입 증 방 법

1. 갑 제1호증
2. 갑 제2호증

첨 부 서 류

1. 위 각 입증방법 각 1부
2. 송달료 납부서
3. 소장부본

20○○. ○. ○.

위 원고 (날인 또는 서명)

서울행정법원 귀중

별지 1 – 〈청구취지 대상 정보〉

① 종교인의 최근 2년간 소득세 납부현황·이름(교회나 절 등 소속 단체 및 종교법인명), 신고소득, 납부세액, 세율 등에 관한 정보
② 최근 2년간 국세청이 종교인에게 소득세를 납부를 최고한 사례, 사례가 있다면 어느 국세청에서 언제 누구에게 최고하였는지에 관한 정보
③ 최근 2년간 국세청이 종교법인에게 소득세의 납부를 최고한 사례, 사례가 있다면 어느 국세청에서 언제 어느 법인에게 최고하였는지에 관한 정보
④ 최근 2년간 전국 국세청에서 자진하여 소득세를 납부하러 온 종교인의 납부의사를 거부하고 돌려보낸 사례에 관한 정보
⑤ 최근 2년간 국세청에 소득신고한 종교인 가운데 연소득을 1억 원 이상으로 신고한 종교인이 있는지, 해당 종교인이 있다면 이름, 소속 종교법인, 구체적 소득신고액, 세율, 납부세액 등에 관한 정보
⑥ ○○ ○○교회 +++ 목사 및 소속 직원과 목사들이 현재 소득세를 신고해 납부하고 있는지 확인을 요청. 만약 납부하고 있다면 신고한 소득액, 납부세액의 정보
⑦ 만약 +++ 목사 및 소속 직원과 목사들이 소득세를 내고 있다면, 최초로 소득세를 납부한시점이 몇 년 몇 월이고 납부세액이 얼마인지의 정보

제 6 장 병원·의사·약국·약사 등에 대한 행정심판

Ⅰ. 의사 · 약사 등의 자격면허

1. 의 의

허가(許可)란, 일정한 위험의 방지를 위해 법령으로 개인의 자유를 일반적으로 제한하고 있는 경우에 그 제한을 해제하여 자유를 회복하여 주는 행정행위를 말하며, 특허(特許)란 특정인에 대하여 포괄적인 법률관계를 설정하는 행정행위이다. 허가와 특허는 원칙적으로 행정청의 재량에 속하는지 여부에 따라 구별되는데, 특허는 허가와는 달리 발급여부가 원칙적으로 행정청의 재량에 속한다는 점에서 구별 실익이 있다. 이러한 허가에 속하는 행정행위에는 운전면허의 발급 등이 대표적이며, 특허에는 개인택시 운송사업면허, 의사 · 약사 등의 자격면허 등이 대표적이다.

한편, 신고는 개인이 법령에 따라 일정한 사실을 행정청에 알리기만 하면 일반적 금지가 해제된다는 점에서 허가와 구별된다.

2. 검 토

허가에 의하여 단순히 금지된 행위를 할 수 있게 되는 것이 아니라 헌법상 금지된 행위를 할 수 있게 되는 것이 아니라 헌법상 직업의 자유나 재산권과 같은 기본권의 행사가 가능하게 되는 경우 특허와 유사한 형성적 행위의 성질도 가진다. 그러나 허가와 특허의 구별의 상대화에도 불구하고 기본적인 차이는 있다. 허가, 특허 등은 실무상에서 개념과는 상관없이 혼용되고 있으므로, 행정행위의 성질을 정확히 파악하여 어느 것에 해당하는지 밝혀내야 한다.

Ⅱ. 허가 · 특허의 이동

1. 허가와 특허의 공통점

가. 성 질

법률행위적 행정행위이고, 수익적 행정행위이며, 신청에 의한 행위라는 점에서 공통점을 갖는다.

나. 형 식

양자 모두 불요식행위가 원칙이라는 점에서 공통된다.

2. 허가와 특허의 차이점

가. 허가는 명령적 행위인에 반하여 특허는 형성적 행위라는 데에서 차이가 있으나, 근래 양자의 구분은 상대화되는 경향이 있다.

나. 형 식

허가는 처분의 형식으로만 하는데 반하여 특허는 처분 또는 법령의 형식으로도 가능하다는 점에서 다르고, 허가는 불특정다수인을 대상으로 하는데 반하여 특허는 특정인을 대상으로 한다는 점에서 다르다.

다. 출원과의 관계

출원은 양자 모두 필요요건이나, 하가는 출원없는 허가와 수정허가가 모두 가능하다는 점에서 다르다.

라. 법규의 구속정도

허가의 경우 요건을 갖추어 신청을 해온다면 반드시 허가를 해주어야 하므로 기속행위인데 반하여, 특허의 경우는 요건을 갖추어 신청하더라도 반드시 특허를 해주어야 할 의무는 없는 것이므로 자유재량행위이다.

마. 효 과

허가는 일반적 금지를 해제하는 것인데 반하여 특허는 권리와 능력등 법률상의 힘을 설정하는 효력을 갖는다. 또한 허가는 대상이 되는 행위나 허가에 의해 설정되는 권리나 능력이 공법적인 것뿐인데 반하여, 특허는 공법적인 것과 사법적인 것이 있다는 점에도 차이가 있다.

Ⅲ. 병원 등 관련 구제절차

병원, 의사, 약국, 약사 등과 관련한 사건들은 ① 그 발급 신청에 대한 행정청의 거부처분을 다투는 소송과, ② 일정한 위반행위에 대한 제재로서 이미 발급된 허가 등을 취소하거나 일정기간 동안 정지하는 처분을 다투는 소송으로 구별할 수 있으며 이와 관련한 과징금부과처분의 취소를 구하는 소송도 자주 제기되고 있다.

구 분	주요 쟁점
병원·약국 및 의사·약사에 대한 제재처분 관련 소송	• 제재처분 사유 - 병원이나 약국에서 국민건강보험공단에 요양급여를 사위 기타 부당한 방법으로 과다하게 청구 - 법정된 본인부담금 이외의 금액을 환자 등에게 징수하는 경우 - 본인 부담금 면제 등의 방법으로 환자를 유인하는 경우 • 제재처분 - 요양기관업무정지처분(국민건강보험법 제85조 제1항 등) - 의사·약사에 대하여는 면허정지 처분(의료법 제64조 제1항, 약사법 제76조 제1항 등) • 주장 및 입증 사항 병원 직원의 단독 사무 처리 영업정지 및 자격정지 기간의 과도한 양정 주장

Ⅳ. 요양급여 등

1. 국민건강기본법

국민건강기본법은 국민의 질병·부상에 대한 예방·진단·치료·재활과 출산·사망 및 건강증진에 대하여 보험급여를 실시함으로써 국민보건 향상과 사회보장 증진에 이바지함을 목적으로 한다(법 제1조).

2. 적용대상 등

가. 적용대상

국내에 거주하는 국민은 건강보험의 가입자 또는 피부양자가 된다. 다만, 다음 각 호의 어느 하나에 해당하는 사람은 제외한다(법 제5조).

(1) 「의료급여법」에 따라 의료급여를 받는 사람(이하 "수급권자"라 한다)

(2) 「독립유공자예우에 관한 법률」 및 「국가유공자 등 예우 및 지원에 관한 법률」에 따라 의료보호를 받는 사람(이하 "유공자등 의료보호대상자"라 한다). 다만, 다음의 어느 하나에 해당하는 사람은 가입자 또는 피부양자가 된다.

(가) 유공자등 의료보호대상자 중 건강보험의 적용을 보험자에게 신청한 사람
(나) 건강보험을 적용받고 있던 사람이 유공자등 의료보호대상자로 되었으나 건강보험의 적용배제신청을 보험자에게 하지 아니한 사람

나. 피부양자의 범위

피부양자는 다음의 어느 하나에 해당하는 사람 중 직장가입자에게 주로 생계를 의존하는 사람으로서 보수나 소득이 없는 사람을 말한다.

① 직장가입자의 배우자
② 직장가입자의 직계존속(배우자의 직계존속을 포함한다)
③ 직장가입자의 직계비속(배우자의 직계비속을 포함한다)과 그 배우자
④ 직장가입자의 형제 · 자매

3. 가입자의 종류

가입자는 직장가입자와 지역가입자로 구분하며, 모든 사업장의 근로자 및 사용자와 공무원 및 교직원은 직장가입자가 된다. 다만, 다음 각 호의 어느 하나에 해당하는 사람은 제외한다(법 제6조).

가. 고용 기간이 1개월 미만인 일용근로자
나. 「병역법」에 따른 현역병(지원에 의하지 아니하고 임용된 하사를 포함한다), 전환복무된 사람 및 군간부후보생
다. 선거에 당선되어 취임하는 공무원으로서 매월 보수 또는 보수에 준하는 급료를 받지 아니하는 사람
라. 그 밖에 사업장의 특성, 고용 형태 및 사업의 종류 등을 고려하여 대통령령으로 정하는 사업장의 근로자 및 사용자와 공무원 및 교직원

4. 요양급여

가. 요양급여 대상

가입자와 피부양자의 질병, 부상, 출산 등에 대하여 다음의 요양급여를 실시한다(법 제41조).

① 진찰 · 검사

② 약제(藥劑)·치료재료의 지급
③ 처치·수술 및 그 밖의 치료
④ 예방·재활
⑤ 입원
⑥ 간호
⑦ 이송(移送)

나. 요양급여대상인 가정간호의 규정 취지 및 가정간호가 이루어지는 적합한 장소의 범위

구 의료법(2010. 1. 18. 법률 제9932호로 개정되기 전의 것) 제33조 제1항 제4호, 구 의료법 시행규칙(2010. 3. 19. 보건복지부령 제1호로 개정되기 전의 것) 제24조, 구 국민건강보험 요양급여의 기준에 관한 규칙(2010. 3. 19. 보건복지부령 제1호로 개정되기 전의 것) 제5조 제1항 [별표 1] 제7호 등의 내용을 종합해 보면, 국민건강보험의 요양급여대상인 가정간호는 의료기관에서 입원진료를 받았거나 입원이 요구되는 환자 중 의료법이 규정한 '가정간호'가 필요하고 그 진료행위 정도로 환자의 건강을 보호하고 증진하는 데 충분하다는 의사나 한의사의 판단을 전제로, 해당 환자들에 대하여 입원진료 대신 가정간호를 실시함으로써 당사자의 불필요한 비용 부담이나 수고를 덜게 하고 의료자원의 효율적인 이용을 도모하기 위한 것임을 알 수 있다. 이러한 입법 취지를 고려하면, 국민건강보험의 요양급여대상으로서 가정간호가 이루어지는 적합한 장소에는 환자의 자택만 아니라 환자가 일상생활을 영위하여 실질적으로 그의 자택으로 볼 수 있는 곳도 포함된다.[122)]

5. 요양기관

요양급여(간호와 이송은 제외한다)는 다음의 요양기관에서 실시한다. 이 경우 보건복지부장관은 공익이나 국가정책에 비추어 요양기관으로 적합하지 아니한 대통령령으로 정하는 의료기관 등은 요양기관에서 제외할 수 있다(법 제42조).

가. 「의료법」에 따라 개설된 의료기관
나. 「약사법」에 따라 등록된 약국
다. 「약사법」 제91조에 따라 설립된 한국희귀의약품센터
라. 「지역보건법」에 따른 보건소·보건의료원 및 보건지소

122) 대법원 2014. 5. 16. 선고 2011두16841 판결.

마. 「농어촌 등 보건의료를 위한 특별조치법」에 따라 설치된 보건진료소

6. 비용의 일부부담

요양급여를 받는 자는 법률이 정하는 바에 따라 비용의 일부를 본인이 부담한다. 이 경우 선별급여에 대해서는 다른 요양급여에 비하여 본인일부부담금을 상향 조정할 수 있다. 이에 따라 본인이 연간 부담하는 본인일부부담금의 총액이 "본인부담상한액"을 초과한 경우에는 공단이 그 초과 금액을 부담하여야 한다(법 제44조).

7. 요양급여비용의 산정 등

요양급여비용은 공단의 이사장과 대통령령으로 정하는 의약계를 대표하는 사람들의 계약으로 정한다. 이 경우 계약기간은 1년으로 하며, 이에 따라 계약이 체결되면 그 계약은 공단과 각 요양기관 사이에 체결된 것으로 본다.

또한 이에 따른 계약은 그 직전 계약기간 만료일이 속하는 연도의 5월 31일까지 체결하여야 하며, 그 기한까지 계약이 체결되지 아니하는 경우 보건복지부장관이 그 직전 계약기간 만료일이 속하는 연도의 6월 30일까지 심의위원회의 의결을 거쳐 요양급여비용을 정한다.

8. 요양급여비용의 청구와 지급 등

가. 요양급여비용의 청구 및 지급

요양기관은 공단에 요양급여비용의 지급을 청구할 수 있다. 이 경우 요양급여비용에 대한 심사청구는 공단에 대한 요양급여비용의 청구로 본다(법 제47조). 이에 따라 요양급여비용을 청구하려는 요양기관은 심사평가원에 요양급여비용의 심사청구를 하여야 하며, 심사청구를 받은 심사평가원은 이를 심사한 후 지체 없이 그 내용을 공단과 요양기관에 알려야 하며, 심사 내용을 통보받은 공단은 지체 없이 그 내용에 따라 요양급여비용을 요양기관에 지급한다. 이 경우 이미 낸 본인일부부담금이 제2항에 따라 통보된 금액보다 더 많으면 요양기관에 지급할 금액에서 더 많이 낸 금액을 공제하여 해당 가입자에게 지급하여야 한다.

나. 보험료 등과의 상계

공단은 가입자에게 지급하여야 하는 금액을 그 가입자가 내야 하는 보험료와 그 밖에 이

법에 따른 징수금(이하 "보험료등"이라 한다)과 상계(相計)할 수 있다.

다. 요양급여비용의 조정

공단은 심사평가원이 요양급여의 적정성을 평가하여 공단에 통보하면 그 평가 결과에 따라 요양급여비용을 가산하거나 감액 조정하여 지급한다. 이 경우 평가 결과에 따라 요양급여비용을 가산하거나 감액하여 지급하는 기준은 보건복지부령으로 정한다.

라. 심사청구의 대행

요양기관은 심사청구를 다음의 단체가 대행하게 할 수 있다.

(1) 「의료법」 제28조 제1항에 따른 의사회 · 치과의사회 · 한의사회 · 조산사회 또는 같은 조 제6항에 따라 신고한 각각의 지부 및 분회

(2) 「의료법」 제52조에 따른 의료기관 단체

(3) 「약사법」 제11조에 따른 약사회 또는 같은 법 제14조에 따라 신고한 지부 및 분회

9. 요양급여 대상 여부의 확인 등

가입자나 피부양자는 본인일부부담금 외에 자신이 부담한 비용이 요양급여 대상에서 제외되는 비용인지 여부에 대하여 심사평가원에 확인을 요청할 수 있으며(법 제48조), 확인 요청을 받은 심사평가원은 그 결과를 요청한 사람에게 알려야 한다. 이 경우 확인을 요청한 비용이 요양급여 대상에 해당되는 비용으로 확인되면 그 내용을 공단 및 관련 요양기관에 알려야 한다. 이에 따라 통보받은 요양기관은 받아야 할 금액보다 더 많이 징수한 금액(이하 "과다본인부담금"이라 한다)을 지체 없이 확인을 요청한 사람에게 지급하여야 한다. 다만, 공단은 해당 요양기관이 과다본인부담금을 지급하지 아니하면 해당 요양기관에 지급할 요양급여비용에서 과다본인부담금을 공제하여 확인을 요청한 사람에게 지급할 수 있다.

10. 요 양 비

공단은 가입자나 피부양자가 보건복지부령으로 정하는 긴급하거나 그 밖의 부득이한 사유로 요양기관과 비슷한 기능을 하는 기관으로서 보건복지부령으로 정하는 기관에서 질병 · 부상 · 출산 등에 대하여 요양을 받거나 요양기관이 아닌 장소에서 출산한 경우에는 그 요양급여에 상당하는 금액을 보건복지부령으로 정하는 바에 따라 가입자나 피부양자에게 요양비로

지급한다(법 제49조). 이에 따라 요양을 실시한 기관은 보건복지부장관이 정하는 요양비 명세서나 요양 명세를 적은 영수증을 요양을 받은 사람에게 내주어야 하며, 요양을 받은 사람은 그 명세서나 영수증을 공단에 제출하여야 한다.

11. 급여의 제한

가. 급여의 제한공단은 보험급여를 받을 수 있는 사람이 다음의 어느 하나에 해당하면 보험급여를 하지 아니한다(법 제53조).

(1) 고의 또는 중대한 과실로 인한 범죄행위에 그 원인이 있거나 고의로 사고를 일으킨 경우
(2) 고의 또는 중대한 과실로 공단이나 요양기관의 요양에 관한 지시에 따르지 아니한 경우
(3) 고의 또는 중대한 과실로 제55조에 따른 문서와 그 밖의 물건의 제출을 거부하거나 질문 또는 진단을 기피한 경우
(4) 업무 또는 공무로 생긴 질병 · 부상 · 재해로 다른 법령에 따른 보험급여나 보상(報償) 또는 보상(補償)을 받게 되는 경우

나. 다른 법령 등에 따른 급여수급자

공단은 보험급여를 받을 수 있는 사람이 다른 법령에 따라 국가나 지방자치단체로부터 보험급여에 상당하는 급여를 받거나 보험급여에 상당하는 비용을 지급받게 되는 경우에는 그 한도에서 보험급여를 하지 아니한다.

다. 보험료 체납자

공단은 가입자가 대통령령으로 정하는 기간 이상 다음의 보험료를 체납한 경우 그 체납한 보험료를 완납할 때까지 그 가입자 및 피부양자에 대하여 보험급여를 실시하지 아니할 수 있다. 다만, 보험료의 체납기간에 관계없이 월별 보험료의 총체납횟수(이미 납부된 체납보험료는 총체납횟수에서 제외한다)가 대통령령으로 정하는 횟수 미만인 경우에는 그러하지 아니하다.

(1) 제69조 제4항 제2호에 따른 소득월액보험료
(2) 제69조 제5항에 따른 세대단위의 보험료

라. 납부의무자의 보수월액보험료 체납

공단은 납부의무를 부담하는 사용자가 보수월액보험료를 체납한 경우에는 그 체납에 대하여 직장가입자 본인에게 귀책사유가 있는 경우에 한하여 위 다.항의 내용을 적용한다. 이 경우 당해 직장가입자의 피부양자에게도 위 다.항의 내용을 적용한다.

마. 예 외

(1) 분할납부 승인된 보험료 납부

위 다.항 및 라.항의 내용에도 불구하고 공단으로부터 분할납부 승인을 받고 그 승인된 보험료를 1회 이상 낸 경우에는 보험급여를 할 수 있다. 다만, 분할납부 승인을 받은 사람이 정당한 사유 없이 2회 이상 그 승인된 보험료를 내지 아니한 경우에는 그러하지 아니하다.

(2) 보험급여 인정범위

급여제한기간에 받은 보험급여는 다음의 어느 하나에 해당하는 경우에만 보험급여로 인정한다.

① 공단이 급여제한기간에 보험급여를 받은 사실이 있음을 가입자에게 통지한 날부터 2개월이 지난 날이 속한 달의 납부기한 이내에 체납된 보험료를 완납한 경우

② 공단이 급여제한기간에 보험급여를 받은 사실이 있음을 가입자에게 통지한 날부터 2개월이 지난 날이 속한 달의 납부기한 이내에 분할납부 승인을 받은 체납보험료를 1회 이상 낸 경우. 다만, 분할납부 승인을 받은 사람이 정당한 사유 없이 2회 이상 그 승인된 보험료를 내지 아니한 경우에는 그러하지 아니하다.

12. 급여의 정지

보험급여를 받을 수 있는 사람이 다음의 어느 하나에 해당하면 그 기간에는 보험급여를 하지 아니한다. 다만, 제3 및 제4의 경우에는 요양급여를 실시한다(법 제54조).

가. 국외에 여행 중인 경우

나. 국외에서 업무에 종사하고 있는 경우

다. 제6조 제2항 제2호에 해당하게 된 경우

라. 교도소, 그 밖에 이에 준하는 시설에 수용되어 있는 경우

13. 부당이득의 징수

가. 부당이득의 징수

공단은 속임수나 그 밖의 부당한 방법으로 보험급여를 받은 사람이나 보험급여 비용을 받은 요양기관에 대하여 그 보험급여나 보험급여 비용에 상당하는 금액의 전부 또는 일부를 징수한다(법 제57조).

나. 요양기관과 연대하여 징수

속임수나 그 밖의 부당한 방법으로 보험급여 비용을 받은 요양기관이 다음의 어느 하나에 해당하는 경우에는 해당 요양기관을 개설한 자에게 그 요양기관과 연대하여 같은 항에 따른 징수금을 납부하게 할 수 있다.

(1) 「의료법」 제33조 제2항을 위반하여 의료기관을 개설할 수 없는 자가 의료인의 면허나 의료법인 등의 명의를 대여받아 개설 · 운영하는 의료기관

(2) 「약사법」 제20조 제1항을 위반하여 약국을 개설할 수 없는 자가 약사 등의 면허를 대여받아 개설 · 운영하는 약국

다. 보험급여를 받은 자와 연대하여 징수

사용자나 가입자의 거짓 보고나 거짓 증명 또는 요양기관의 거짓 진단에 따라 보험급여가 실시된 경우 공단은 이들에게 보험급여를 받은 사람과 연대하여 제1항에 따른 징수금을 내게 할 수 있다.

라. 같은 세대에 속하는 가입자와 연대하여 징수

공단은 속임수나 그 밖의 부당한 방법으로 보험급여를 받은 사람과 같은 세대에 속한 가입자(속임수나 그 밖의 부당한 방법으로 보험급여를 받은 사람이 피부양자인 경우에는 그 직장가입자를 말한다)에게 속임수나 그 밖의 부당한 방법으로 보험급여를 받은 사람과 연대하여 제1항에 따른 징수금을 내게 할 수 있다.

마. 보험료등과 상계

요양기관이 가입자나 피부양자로부터 속임수나 그 밖의 부당한 방법으로 요양급여비용을 받은 경우 공단은 해당 요양기관으로부터 이를 징수하여 가입자나 피부양자에게 지체 없이

지급하여야 한다. 이 경우 공단은 가입자나 피부양자에게 지급하여야 하는 금액을 그 가입자 및 피부양자가 내야 하는 보험료등과 상계할 수 있다.

Ⅴ. 이의신청 및 심판청구 등

1. 이의신청

가. 이의신청 기관

가입자 및 피부양자의 자격, 보험료등, 보험급여, 보험급여 비용에 관한 공단의 처분에 이의가 있는 자는 공단에 이의신청을 할 수 있으며(법 제87조), 요양급여비용 및 요양급여의 적정성 평가 등에 관한 심사평가원의 처분에 이의가 있는 공단, 요양기관 또는 그 밖의 자는 심사평가원에 이의신청을 할 수 있다.

나. 이의신청 기간

이의신청은 처분이 있음을 안 날부터 90일 이내에 문서(전자문서를 포함한다)로 하여야 하며 처분이 있은 날부터 180일을 지나면 제기하지 못한다. 다만, 정당한 사유로 그 기간에 이의신청을 할 수 없었음을 소명한 경우에는 그러하지 아니하다. 다만, 이에도 불구하고 요양기관이 심사평가원의 확인에 대하여 이의신청을 하려면 통보받은 날부터 30일 이내에 하여야 한다.

2. 심판청구

가. 심판청구기관

이의신청에 대한 결정에 불복하는 자는 건강보험분쟁조정위원회에 심판청구를 할 수 있다(법 제88조).

나. 심판청구의 제기기간

심판청구는 처분이 있음을 안 날부터 90일 이내에 문서(전자문서를 포함한다)로 하여야 하며 처분이 있은 날부터 180일을 지나면 제기하지 못한다.

다. 심판청구 제기방법

심판청구를 하려는 자는 심판청구서를 처분을 한 공단 또는 심사평가원에 제출하거나 건강보험분쟁조정위원회에 제출하여야 한다.

3. 행정소송

공단 또는 심사평가원의 처분에 이의가 있는 자와 제87조에 따른 이의신청 또는 제88조에 따른 심판청구에 대한 결정에 불복하는 자는 「행정소송법」에서 정하는 바에 따라 행정소송을 제기할 수 있다(법 제90조).

4. 시 효

가. 시 효

다음의 권리는 3년 동안 행사하지 아니하면 소멸시효가 완성된다(법 제91조). 이에 따른 소멸시효기간에 관하여 이 법에서 정한 사항 외에는 「민법」에 따른다.

(1) 보험료, 연체금 및 가산금을 징수할 권리

(2) 보험료, 연체금 및 가산금으로 과오납부한 금액을 환급받을 권리

(3) 보험급여를 받을 권리

(4) 보험급여 비용을 받을 권리

(5) 과다납부된 본인일부부담금을 돌려받을 권리

(6) 제61조에 따른 근로복지공단의 권리

나. 시효중단 사유

시효는 다음의 어느 하나의 사유로 중단된다. 이에 따른 시효중단에 관하여 이 법에서 정한 사항 외에는 「민법」에 따른다.

(1) 보험료의 고지 또는 독촉

(2) 보험급여 또는 보험급여 비용의 청구

다. 시효의 중단

휴직자 등의 보수월액보험료를 징수할 권리의 소멸시효는 고지가 유예된 경우 휴직 등의 사유가 끝날 때까지 진행하지 아니한다. 이에 따른 시효중단에 관하여 이 법에서 정한 사항 외에는 「민법」에 따른다.

의료급여 이의신청(의료급여법 제30조)

수급권자의 자격, 의료급여 및 급여비용에 대한 시장·군수·구청장의 처분에 이의가 있는 자는 시장·군수·구청장에게 이의신청을 할 수 있다.

급여비용에 관한 급여비용심사기관의 심사·조정에 이의가 있는 의료급여기관은 급여비용심사기관에게 이의신청을 할 수 있다.

이의신청은 처분이 있은 날부터 90일 이내에 문서로 하여야 한다. 다만, 정당한 사유에 따라 그 기간 내에 이의신청을 할 수 없었음을 소명한 때에는 그러하지 아니하다.

이의신청에 관하여 행정심판과의 관계를 명시하지 않고 있으나, 같은 성질의 처분에 대하여 국민건강보험법에서는 특별행정심판절차를 규정하고 있으므로 이 법에서도 그에 따르도록 하는 것이 바람직할 것이다.

〈국행심02-10992 의료급여비용감액조정처분취소청구〉

의료급여법 제11조 제8항의 규정에 의하면, 급여비용의 청구·심사·지급의 방법 및 절차에 관하여 필요한 사항은 보건복지부령으로 정한다고 되어 있고, 동법 시행규칙 제6조의 규정에 의하면, 의료급여의 적용기준 및 방법은 국민건강보험요양급여의기준에관한규칙 제5조 제2항 및 별표 1(제2호 나목은 제외한다)의 규정에 의한다고 되어 있으며, 동 규칙 별표 1의 제1호 가목 및 다목에 의하면, 요양급여는 가입자 등의 연령·성별·직업 및 심신상태 등의 특성을 고려하여 진료의 필요가 있다고 인정되는 경우에 정확한 진단을 토대로 하여 환자의 건강증진을 위하여 의학적으로 인정되는 범위 안에서 최적의 방법으로 실시하여야 하고, 경제적으로 비용효과적인 방법으로 행하여야 한다고 되어 있고, 동법 시행규칙 제21조 제5항의 규정에 의하면, 의료급여비용심사결과통보서 및 의료급여비용지급통보서의 서식과 급여비용의 심사 지급에 필요한 사항은 보건복지부장관이 정하여 고시한다고 되어 있으며, 동법 시행규칙 제21조 제5항의 규정에 의한 의료수가의기준및일반기준(보건복지부고시 제2001-74호) 제24조의 규정에 의하면, 동 고시에 규정하지 않은 사항에 대하여는 「요양급여비용심사·지급업무처리기준(보건복지부고시 제2000-41호)」 및 「건강보험요양급여비용청구방법, 심사청구서·명세서서식및작성요령(보건복지부고시 제2000-73호)」 등을 준용한다고 되어 있고, 「요양급여비용심사·지급업무처리기준」의 제4조 제1항의 제3호 및 제4호의 규정에 의하면, 심사평가원은 요양급여비용의 심사청구를 받은 때에는 그 심사청구 내역이 보건복지부장관이 정한 요양급여비용의 산정지침 및 기타 심사평가원의 원장이 법 제59조의 규정에 의하여 설치된 진료심사평가위원회의 심의를 거쳐 정한 요양급여비용의 심사기준 등에 적합한 지를 심사하여야 한다고 되어 있으며, 「건강보험요양급여비용청구방법, 심사청구서·명세서서식및작성요령」 별표 7의 의약분업 예외 구분코드 23의 규정에 의하면, 장기이식을 받은 자 등은 원내처방을 하도록 되어 있는 바,

위 인정사실에 의하면, 청구외 ○○○은 장기이식을 받은 자로서 원내처방대상자임에도 불구하고 청구인이 원외처방을 한 사실이 분명하고, 더구나 같은 날짜에 동일한 약제를 원내외로 중

복처방하여 의료급여기금에 손해를 발생하게 한 사실이 분명하므로 환자가 강력히 요구하였다는 이유만으로는 중복처방된 약제 부분의 의료급여비용을 감액조정한 피청구인의 이 건 처분이 위법 · 부당하다고 할 수 없을 것이다.

5. 관련서식 등

가. 행정심판

(1) 기 재 례

피청구인이 20○○. ○. ○. 청구인에게 한 ○○○원의 요양급여 비용환수처분을 취소한다.

피청구인이 20○○. ○. ○. 청구인에게 한 요양급여내역서 발급거부처분을 취소한다.

피청구인이 20○○. ○. ○. 청구인에게 한 요양급여대상 확인 이의신청 검토불가통지를 취소한다.

피청구인이 20○○. ○. ○. 청구인에 대하여 한 ○○○원의 요양급여부당이득금환수처분은 이를 취소한다.

(2) 관련서식

[서식 161] 요양급여비용 환수처분 취소청구

행 정 심 판 청 구

청 구 인 홍길동 (○○○○○○-○○○○○○○)
○○시 ○○구 ○○동 ○○○

피청구인 국민건강보험공단
○○시 ○○구 ○○동 ○○○

심판청구 취지

피청구인이 20○○. ○. ○. 청구인에게 한 ○○억 ○○만 ○○원의 요양급여비용 환수처분을 취소한다.
라는 재결을 구합니다.

심판청구 이유

1. 이 사건 처분의 경위

청구인이 의료기관의 개설자가 될 수 없는 자에게 고용되어 의료행위를 하였다는 이유로 피청구인은 20○○. ○. ○. 청구인에게 한 ○○억 ○○만 ○○원의 요양급여비용 환수처분(이하 '이 사건 처분'이라고 한다)을 하였다.

2. 청구인의 주장

청구인의 법 위반행위가 확정되지도 않은 상태에서 경찰이 청구인 사건을 검찰에 송치하였다는 이유만으로 한 피청구인의 이 사건 처분은 위법·부당하다.

3. 관계법령

국민건강보험법

제57조(부당이득의 징수) ① 공단은 속임수나 그 밖의 부당한 방법으로 보험급여를 받은 사람이나 보험급여 비용을 받은 요양기관에 대하여 그 보험급여나 보험급여 비용에 상당하는 금액의 전부 또는 일부를 징수한다.

② 사용자나 가입자의 거짓 보고나 거짓 증명 또는 요양기관의 거짓 진단에 따라 보험급여가 실시된 경우 공단은 이들에게 보험급여를 받은 사람과 연대하여 제1항에 따른 징수금을 내게 할 수 있다.

③ 공단은 속임수나 그 밖의 부당한 방법으로 보험급여를 받은 사람과 같은 세대에 속한 가입자(속임수나 그 밖의 부당한 방법으로 보험급여를 받은 사람이 피부양자인 경우에는 그 직장가입자를 말한다)에게 속임수나 그 밖의 부당한 방법으로 보험급여를 받은 사람과 연대하여 제1항에 따른 징수금을 내게 할 수 있다.

④ 요양기관이 가입자나 피부양자로부터 속임수나 그 밖의 부당한 방법으로 요양급여비용을 받은 경우 공단은 해당 요양기관으로부터 이를 징수하여 가입자나 피부양자에게 지체 없이 지급하여야 한다.

제87조(이의신청) ① 가입자 및 피부양자의 자격, 보험료등, 보험급여, 보험급여 비용에 관한 공단의 처분에 이의가 있는 자는 공단에 이의신청을 할 수 있다.

② 요양급여비용 및 요양급여의 적정성 평가 등에 관한 심사평가원의 처분에 이의가 있는 공단, 요양기관 또는 그 밖의 자는 심사평가원에 이의신청을 할 수 있다.

③ 제1항 및 제2항에 따른 이의신청(이하 "이의신청"이라 한다)은 처분이 있음을 안 날부터 90일 이내에 문서(전자문서를 포함한다)로 하여야 하며 처분이 있은 날부터 180일을 지나면 제기하지 못한다. 다만, 정당한 사유로 그 기간에 이의신청을 할 수 없었음을 소명한 경우에는 그러하지 아니하다.
④ 제3항 본문에도 불구하고 요양기관이 제48조에 따른 심사평가원의 확인에 대하여 이의신청을 하려면 같은 조 제2항에 따라 통보받은 날부터 30일 이내에 하여야 한다.
⑤ 제1항부터 제4항까지에서 규정한 사항 외에 이의신청의 방법 · 결정 및 그 결정의 통지 등에 필요한 사항은 대통령령으로 정한다.

제88조(심판청구) ① 이의신청에 대한 결정에 불복하는 자는 제89조에 따른 건강보험분쟁조정위원회에 심판청구를 할 수 있다. 이 경우 심판청구의 제기기간 및 제기방법에 관하여는 제87조 제3항을 준용한다.
② 제1항에 따라 심판청구를 하려는 자는 대통령령으로 정하는 심판청구서를 제87조 제1항 또는 제2항에 따른 처분을 한 공단 또는 심사평가원에 제출하거나 제89조에 따른 건강보험분쟁조정위원회에 제출하여야 한다.
③ 제1항 및 제2항에서 규정한 사항 외에 심판청구의 절차 · 방법 · 결정 및 그 결정의 통지 등에 필요한 사항은 대통령령으로 정한다.

제89조(건강보험분쟁조정위원회) ① 제88조에 따른 심판청구를 심리 · 의결하기 위하여 보건복지부에 건강보험분쟁조정위원회(이하 "분쟁조정위원회"라 한다)를 둔다.
② 분쟁조정위원회는 위원장을 포함하여 35명 이내의 위원으로 구성하고, 위원장을 제외한 위원 중 1명은 당연직위원으로 한다.
③ 분쟁조정위원회의 회의는 위원장, 당연직위원 및 위원장이 매 회의마다 지정하는 7명의 위원을 포함하여 총 9명으로 구성한다.
④ 분쟁조정위원회는 제3항에 따른 구성원 과반수의 출석과 출석위원 과반수의 찬성으로 의결한다.
⑤ 제1항부터 제4항까지에서 규정한 사항 외에 분쟁조정위원회의 구성 및 운영 등에 필요한 사항은 대통령령으로 정한다.

제90조(행정소송) 공단 또는 심사평가원의 처분에 이의가 있는 자와 제87조에 따른 이의신청 또는 제88조에 따른 심판청구에 대한 결정에 불복하는 자는 「행정소송법」에서 정하는 바에 따라 행정소송을 제기할 수 있다.

4. 이 사건 처분의 위법성 여부

가. 청구인이 의료기관의 개설자가 될 수 없는 자에게 고용되어 의료행위를 한 사실이 있음을 적발한 후 20○○. ○. ○. 해당 사건을 ○○지방검찰청에 기소의견으로 송치하였고, 피

청구인은 의료기관의 개설자가 될 수 없는 자에게 고용되어 의료행위를 하였다는 이유로 20○○. ○. ○. 청구인에게 이 사건 처분을 한 사실을 인정할 수 있다.

나. 하지만 청구인의 법 위반행위가 확정되지도 않은 상태에서 경찰이 청구인 사건을 검찰에 송치하였다는 이유만으로 한 피청구인의 요양급여비용 환수처분을 한 것은 위법·부당하다고 할 것입니다.

5. 결 론

그렇다면 피신청인이 청구인의 법 위반행위가 확정되지도 않은 상태에서 법이 사건 처분을 한 것은 위법, 부당하다고 할 것입니다.

입 증 방 법

1. 갑 제1호증 처분통지서
1. 갑 제2호증 의견서
1. 갑 제3호증 주민등록등본

첨 부 서 류

1. 위 입증서류 사본 각 1통
1. 주민등록초본 1통
1. 심판청구서 부본 1통

20○○. ○. ○.

위 청구인 ○ ○ ○ (인)

국민건강보험공단 귀하

제출기관	피청구인 또는 행정심판위원회 (행정심판법 제23조)	청구기간	· 처분이 있음을 안 날로부터 90일 · 처분이 있은 날로부터 180일 (행정심판법 제27조)
청 구 인	피처분자	피청구인	행정처분을 한 행정청
제출부수	청구서 및 부본 각 1부	관련법규	행정심판법
불복방법	· 행정심판 재청구의 금지(행정심판법 제51조) 행정심판법상 행정심판의 단계는 단일화되어 있어 재결에 대한 행정심판 재청구는		

	할 수 없다. 다만, 국세기본법 등의 개별법에서는 다단계의 행정심판을 인정하고 있음 · 재결에 대한 행정소송(행정소송법 제19조, 제38조) 재결자체에 고유한 위법이 있을 때에는 재결 그 자체에 대한 취소소송 및 무효등확인 소송을 제기할 수 있음 · 다만, 청구인은 기각 재결 등 청구인의 주장이 인용되지 아니한 경우에는 원행정처분에 대하여 행정소송으로 다툴 수 있음(행정소송법 제18조)

[서식 162] 요양급여내역서 발급거부처분 취소청구

행 정 심 판 청 구

청 구 인　　홍길동 (○○○○○○-○○○○○○○)
　　　　　　○○시 ○○구 ○○동 ○○○

피청구인　　○○공단
　　　　　　○○시 ○○구 ○○동 ○○○

심판청구 취지

피청구인이 20○○. ○. ○. 청구인에게 한 요양급여내역서 발급거부처분을 취소한다.
라는 재결을 구합니다.

심판청구 이유

1. 이 사건 처분의 경위

청구인은 20○○. ○. ○. 피청구인을 상대로 청구인의 자녀의 정신과 진료내역 확인을을 위해 요양급여내역 발급을 요청하였지만, 피신청인은 청구인의 자녀가 「민법」상 성년자이며, 개인정보보호법 제2조, 제15조, 제17조, 제18조에 따른 정보주체인 자녀의 사전동의나 자녀의 생명, 신체, 재산의 이익을 위해 필요하다고 인정할만한 객관적인 사정을 인정할 수 없어서 청구인의 신청에 대한 발급거부통지(이하 '이 사건 처분'이라 한다)을 하였습니다.

2. 청구인의 주장

청구인의 자녀의 생명, 신체, 재산의 이익을 위해 필요하다고 인정할만한 객관적인 사정 충분히 있음에도 불구하고 이러한 사정을 인정할 수 없다고 판단하고는 발급거부를 한 피청구인의 이 사건 처분은 위법 · 부당하다.

3. 관계법령

개인정보보호법

제2조(정의) 이 법에서 사용하는 용어의 뜻은 다음과 같다.

1. "개인정보"란 살아 있는 개인에 관한 정보로서 성명, 주민등록번호 및 영상 등을 통하여 개인을 알아볼 수 있는 정보(해당 정보만으로는 특정 개인을 알아볼 수 없더라도 다른 정보와 쉽게 결합하여 알아볼 수 있는 것을 포함한다)를 말한다.

제15조(개인정보의 수집 · 이용) ① 개인정보처리자는 다음 각 호의 어느 하나에 해당하는 경우에는 개인정보를 수집할 수 있으며 그 수집 목적의 범위에서 이용할 수 있다.

1. 정보주체의 동의를 받은 경우
2. 법률에 특별한 규정이 있거나 법령상 의무를 준수하기 위하여 불가피한 경우
3. 공공기관이 법령 등에서 정하는 소관 업무의 수행을 위하여 불가피한 경우
4. 정보주체와의 계약의 체결 및 이행을 위하여 불가피하게 필요한 경우
5. 정보주체 또는 그 법정대리인이 의사표시를 할 수 없는 상태에 있거나 주소불명 등으로 사전 동의를 받을 수 없는 경우로서 명백히 정보주체 또는 제3자의 급박한 생명, 신체, 재산의 이익을 위하여 필요하다고 인정되는 경우
6. 개인정보처리자의 정당한 이익을 달성하기 위하여 필요한 경우로서 명백하게 정보주체의 권리보다 우선하는 경우. 이 경우 개인정보처리자의 정당한 이익과 상당한 관련이 있고 합리적인 범위를 초과하지 아니하는 경우에 한한다.

② 개인정보처리자는 제1항 제1호에 따른 동의를 받을 때에는 다음 각 호의 사항을 정보주체에게 알려야 한다. 다음 각 호의 어느 하나의 사항을 변경하는 경우에도 이를 알리고 동의를 받아야 한다.

1. 개인정보의 수집 · 이용 목적
2. 수집하려는 개인정보의 항목
3. 개인정보의 보유 및 이용 기간
4. 동의를 거부할 권리가 있다는 사실 및 동의 거부에 따른 불이익이 있는 경우에는 그 불이익의 내용

제17조(개인정보의 제공) ① 개인정보처리자는 다음 각 호의 어느 하나에 해당되는 경우에는 정보주체의 개인정보를 제3자에게 제공(공유를 포함한다. 이하 같다)할 수 있다.

1. 정보주체의 동의를 받은 경우
2. 제15조 제1항 제2호 · 제3호 및 제5호에 따라 개인정보를 수집한 목적 범위에서 개인정보를 제공하는 경우

② 개인정보처리자는 제1항 제1호에 따른 동의를 받을 때에는 다음 각 호의 사항을 정보주체에게 알려야 한다. 다음 각 호의 어느 하나의 사항을 변경하는 경우에도 이를 알리고 동

의를 받아야 한다.

1. 개인정보를 제공받는 자
2. 개인정보를 제공받는 자의 개인정보 이용 목적
3. 제공하는 개인정보의 항목
4. 개인정보를 제공받는 자의 개인정보 보유 및 이용 기간
5. 동의를 거부할 권리가 있다는 사실 및 동의 거부에 따른 불이익이 있는 경우에는 그 불이익의 내용

③ 개인정보처리자가 개인정보를 국외의 제3자에게 제공할 때에는 제2항 각 호에 따른 사항을 정보주체에게 알리고 동의를 받아야 하며, 이 법을 위반하는 내용으로 개인정보의 국외 이전에 관한 계약을 체결하여서는 아니 된다.

제18조(개인정보의 이용 · 제공 제한) ① 개인정보처리자는 개인정보를 제15조 제1항에 따른 범위를 초과하여 이용하거나 제17조 제1항 및 제3항에 따른 범위를 초과하여 제3자에게 제공하여서는 아니 된다.

② 제1항에도 불구하고 개인정보처리자는 다음 각 호의 어느 하나에 해당하는 경우에는 정보주체 또는 제3자의 이익을 부당하게 침해할 우려가 있을 때를 제외하고는 개인정보를 목적 외의 용도로 이용하거나 이를 제3자에게 제공할 수 있다. 다만, 제5호부터 제9호까지의 경우는 공공기관의 경우로 한정한다.

1. 정보주체로부터 별도의 동의를 받은 경우
2. 다른 법률에 특별한 규정이 있는 경우
3. 정보주체 또는 그 법정대리인이 의사표시를 할 수 없는 상태에 있거나 주소불명 등으로 사전 동의를 받을 수 없는 경우로서 명백히 정보주체 또는 제3자의 급박한 생명, 신체, 재산의 이익을 위하여 필요하다고 인정되는 경우
4. 통계작성 및 학술연구 등의 목적을 위하여 필요한 경우로서 특정 개인을 알아볼 수 없는 형태로 개인정보를 제공하는 경우
5. 개인정보를 목적 외의 용도로 이용하거나 이를 제3자에게 제공하지 아니하면 다른 법률에서 정하는 소관 업무를 수행할 수 없는 경우로서 보호위원회의 심의 · 의결을 거친 경우
6. 조약, 그 밖의 국제협정의 이행을 위하여 외국정부 또는 국제기구에 제공하기 위하여 필요한 경우
7. 범죄의 수사와 공소의 제기 및 유지를 위하여 필요한 경우
8. 법원의 재판업무 수행을 위하여 필요한 경우
9. 형(刑) 및 감호, 보호처분의 집행을 위하여 필요한 경우

③ 개인정보처리자는 제2항 제1호에 따른 동의를 받을 때에는 다음 각 호의 사항을 정보주체에게 알려야 한다. 다음 각 호의 어느 하나의 사항을 변경하는 경우에도 이를 알리고 동

의를 받아야 한다.
1. 개인정보를 제공받는 자
2. 개인정보의 이용 목적(제공 시에는 제공받는 자의 이용 목적을 말한다)
3. 이용 또는 제공하는 개인정보의 항목
4. 개인정보의 보유 및 이용 기간(제공 시에는 제공받는 자의 보유 및 이용 기간을 말한다)
5. 동의를 거부할 권리가 있다는 사실 및 동의 거부에 따른 불이익이 있는 경우에는 그 불이익의 내용

④ 공공기관은 제2항 제2호부터 제6호까지, 제8호 및 제9호에 따라 개인정보를 목적 외의 용도로 이용하거나 이를 제3자에게 제공하는 경우에는 그 이용 또는 제공의 법적 근거, 목적 및 범위 등에 관하여 필요한 사항을 행정안전부령으로 정하는 바에 따라 관보 또는 인터넷 홈페이지 등에 게재하여야 한다.

⑤ 개인정보처리자는 제2항 각 호의 어느 하나의 경우에 해당하여 개인정보를 목적 외의 용도로 제3자에게 제공하는 경우에는 개인정보를 제공받는 자에게 이용 목적, 이용 방법, 그 밖에 필요한 사항에 대하여 제한을 하거나, 개인정보의 안전성 확보를 위하여 필요한 조치를 마련하도록 요청하여야 한다. 이 경우 요청을 받은 자는 개인정보의 안전성 확보를 위하여 필요한 조치를 하여야 한다.

개인정보보호법 시행령

제2조(공공기관의 범위) 「개인정보 보호법」(이하 "법"이라 한다) 제2조 제6호 나목에서 "대통령령으로 정하는 기관"이란 다음 각 호의 기관을 말한다.
1. 「국가인권위원회법」 제3조에 따른 국가인권위원회
2. 「공공기관의 운영에 관한 법률」 제4조에 따른 공공기관
3. 「지방공기업법」에 따른 지방공사와 지방공단
4. 특별법에 따라 설립된 특수법인
5. 「초·중등교육법」, 「고등교육법」, 그 밖의 다른 법률에 따라 설치된 각급 학교

4. 결 론

그렇다면 피신청인이 위와 같은 사유로 이 사건 처분을 한 것은 위법, 부당하다고 할 것입니다.

입 증 방 법

1. 갑 제1호증	처분통지서
1. 갑 제2호증	의견서
1. 갑 제3호증	주민등록등본

첨 부 서 류

1. 위 입증서류 사본 각 1통
1. 주민등록초본 1통
1. 심판청구서 부본 1통

20○○. ○. ○.

위 청구인 ○ ○ ○ (인)

○○공단 귀하

제출기관	피청구인 또는 행정심판위원회 (행정심판법 제23조)	청구기간	· 처분이 있음을 안 날로부터 90일 · 처분이 있은 날로부터 180일 (행정심판법 제27조)
청 구 인	피처분자	피청구인	행정처분을 한 행정청
제출부수	청구서 및 부본 각 1부	관련법규	행정심판법
불복방법	· 행정심판 재청구의 금지(행정심판법 제51조) 행정심판법상 행정심판의 단계는 단일화되어 있어 재결에 대한 행정심판 재청구는 할 수 없다. 다만, 국세기본법 등의 개별법에서는 다단계의 행정심판을 인정하고 있음 · 재결에 대한 행정소송(행정소송법 제19조, 제38조) 재결자체에 고유한 위법이 있을 때에는 재결 그 자체에 대한 취소소송 및 무효등확인소송을 제기할 수 있음 · 다만, 청구인은 기각 재결 등 청구인의 주장이 인용되지 아니한 경우에는 원행정처분에 대하여 행정소송으로 다툴 수 있음(행정소송법 제18조)		

[서식 163] 요양급여대상 확인 이의신청 검토불가통지 취소청구

행 정 심 판 청 구

청 구 인 홍길동 (○○○○○○-○○○○○○○)

○○시 ○○구 ○○동 ○○○

피청구인 ○○공단
○○시 ○○구 ○○동 ○○○

심판청구 취지

피청구인이 20○○. ○. ○. 청구인에게 한 요양급여대상 확인 이의신청 검토불가통지를 취소한다.
라는 재결을 구합니다.

심판청구 이유

1. 이 사건 처분의 경위

가. 청구인은 청구인의 모 권○○가 20○○. ○. ○.부터 20○○. ○. ○.까지 ○○메디컬약국에 납부한 약제비에 대하여 20○○. ○. ○. 피청구인에게 요양급여대상 확인을 요청하는 취지의 민원을 제기하였으나, 피청구인은 20○○. ○. ○. 청구인이 제기한 민원을 검토한 결과 비급여 내역이 없어 피청구인의 검토대상에서 제외되었다는 취지의 회신을 하였다.

나. 이에 청구인은 20○○. ○. ○. 피청구인에게 이의신청을 하였으나, 피청구인은 20○○. ○. ○. 비급여 내역이 없으므로 기 회신한 내용과 동일하게 검토대상에서 제외되었음을 알리는 취지의 요양급여대상 확인 이의신청 검토불가통지(이하 '이 사건 통지'라 한다)를 하였다.

2. 청구인의 주장

피청구인의 20○○. ○. ○.자 이 사건 통지는 위법 · 부당하므로 취소되어야 한다.

3. 피청구인의 주장

청구인이 제출한 약제비 납입 확인서, 진료비(약제비) 계산서/영수증 등을 살펴보면 본인부담금이 500원이고 비급여 및 전액본인부담액이 0원인바, 본인부담금 외에 부담한 비용이 확인되지 않는데, 「의료급여법」 제11조의3 제1항에 따르면 수급권자는 본인부담금 외에 부담한 비용이 비급여비용인지에 대하여 급여비용심사기관에 확인을 요청할 수 있다고 되어 있으므로 청구인이 권춘자의 의료급여 대상여부에 대해 확인을 요청한 것은 검토불가로 결정하는 것이 합당하다 할 것이므로 이 사건 통지는 적법 · 타당하다.

4. 관계법령

행정심판법 제2조, 제3조
국민건강보험법 제48조, 제87조

의료급여법(20○○. ○. ○. 법률 제11878호로 일부개정되어 시행되기 전의 것) 제11조의3

5. 인정사실

가. 청구인은 청구인의 모 권○○가 20○○. ○. ○.부터 20○○. ○. ○.까지 ○○메디컬약국에 납부한 약제비에 대하여 20○○. ○. ○. 피청구인에게 요양급여대상 확인을 요청하는 취지의 민원을 제기하였으나, 피청구인은 20○○. ○. ○. 아래와 같은 취지의 회신을 하였다.

❍ 전액본인부담 및 비급여 진료비에 대하여 수진자의 확인요청이 있는 경우 「국민건강보험법」 제48조에 의거 우리원에서 확인하도록 정하고 있으나, 청구인이 제기한 민원을 검토한 결과 비급여 내역이 없으며, 본인이 일부 부담하는 건강보험으로 적용되었음이 확인되어 검토대상에서 제외되었음을 알림

나. 이에 청구인은 20○○. ○. ○. 피청구인에게 이의신청을 하였으나, 피청구인은 20○○. ○. ○. 아래와 같이 청구인의 민원이 검토대상에서 제외되었음을 알리는 취지의 이 사건 통지를 하였고, 청구인은 20○○. ○. ○. 이 사건 심판청구를 하였다.

❍ 이의신청 내용을 검토한 결과 비급여 내역이 없으며, 본인이 일부 부담하는 건강보험으로 적용되었음이 확인되어 이미 회신한 처리내용과 동일하게 검토대상에서 제외되었음을 알림

다. ○○메디컬약국에서 20○○. ○. ○. 발행한 청구외 권○○의 20○○. ○. ○.부터 20○○. ○. ○.까지의 약제비 납입 확인서에 따르면 환자부담액이 모두 ○원으로 확인되고, 상기 약국에서 20○○. ○. ○. 발행한 20○○. ○. ○.자, 20○○. ○. ○.자, 20○○. ○. ○.자 약제비 계산서/영수증에 따르면 다음과 같이 비급여 및 전액본인부담액이 ○원으로 확인된다.

6. 결 론

그렇다면 피신청인의 이 사건 처분을 한 것은 위법, 부당하다고 할 것입니다.

입 증 방 법

1. 갑 제1호증 처분통지서
1. 갑 제2호증 의견서
1. 갑 제3호증 주민등록등본

첨 부 서 류

1. 위 입증서류 사본 각 1통
1. 주민등록초본 1통
1. 심판청구서 부본 1통

20○○. ○. ○.

위 청구인 ○ ○ ○ (인)

○○공단 귀하

제출기관	피청구인 또는 행정심판위원회 (행정심판법 제23조)	청구기간	· 처분이 있음을 안 날로부터 90일 · 처분이 있은 날로부터 180일 (행정심판법 제27조)
청 구 인	피처분자	피청구인	행정처분을 한 행정청
제출부수	청구서 및 부본 각 1부	관련법규	행정심판법
불복방법	· 행정심판 재청구의 금지(행정심판법 제51조) 행정심판법상 행정심판의 단계는 단일화되어 있어 재결에 대한 행정심판 재청구는 할 수 없다. 다만, 국세기본법 등의 개별법에서는 다단계의 행정심판을 인정하고 있음 · 재결에 대한 행정소송(행정소송법 제19조, 제38조) 재결자체에 고유한 위법이 있을 때에는 재결 그 자체에 대한 취소소송 및 무효등확인소송을 제기할 수 있음 · 다만, 청구인은 기각 재결 등 청구인의 주장이 인용되지 아니한 경우에는 원행정처분에 대하여 행정소송으로 다툴 수 있음(행정소송법 제18조)		

[서식 164] 요양급여부당이득금환수처분 취소청구

행 정 심 판 청 구

청 구 인 홍길동 (○○○○○○-○○○○○○○)
○○시 ○○구 ○○동 ○○○

피청구인 ○○공단
○○시 ○○구 ○○동 ○○○

심판청구 취지

피청구인이 20○○. ○○. ○○. 청구인에 대하여 한 72,729,770원의 요양급여부당이득금환수처분은 이를 취소한다.
라는 재결을 구합니다.

심판청구 이유

1. 이 사건 처분의 경위

청구인은 수기로 수납대장을 기록하기도 하고, 컴퓨터로 수납대장을 기록하기도 하였으나, 보건복지부장관은 청구인이 수기로 작성된 수납대장에 의거하여 청구인이 요양급여비용 72,729,770원을 부당하게 청구하여 지급받았다는 이유로 청구인에 대하여 145일의 업무정지 또는 3억 3,782만 9,680원의 과징금의 부과와 부당이득금 72,729,770원을 환수처분하였습니다.

2. 청구인의 주장

피청구인은 청구인의 부당이득금에 대하여 구체적이고 개별적인 증거를 제시하고 있지 아니하고 있는 점에 비추어 볼 때, 청구인이 과다 청구하여 지급받은 것을 스스로 인정한 비스타마이신의 요양급여비용부문에 대하여는 이를 분리하여 다시 징수처분을 하는 것은 별론으로 하고, 피청구인이 보건복지부장관의 부당이득금 환수처분지시에 따라 청구인에게 행한 이 건 요양급여부당이득금환수처분은 정확한 증거에 의거하지 아니한 위법 · 부당한 처분이라 할 것이다.

3. 관계법령

행정심판법 제2조, 제3조
국민건강보험법 제78조

4. 결 론

그렇다면 피신청인의 이 사건 처분을 한 것은 위법, 부당하다고 할 것입니다.

입 증 방 법

1. 갑 제1호증	처분통지서
1. 갑 제2호증	의견서
1. 갑 제3호증	주민등록등본

첨 부 서 류

1. 위 입증서류 사본	각 1통
1. 주민등록초본	1통
1. 심판청구서 부본	1통

20○○. ○. ○.

위 청구인 ○ ○ ○ (인)

○○공단 귀하

제출기관	피청구인 또는 행정심판위원회 (행정심판법 제23조)	청구기간	· 처분이 있음을 안 날로부터 90일 · 처분이 있은 날로부터 180일 (행정심판법 제27조)
청 구 인	피처분자	피청구인	행정처분을 한 행정청
제출부수	청구서 및 부본 각 1부	관련법규	행정심판법
불복방법	· 행정심판 재청구의 금지(행정심판법 제51조) 행정심판법상 행정심판의 단계는 단일화되어 있어 재결에 대한 행정심판 재청구는 할 수 없다. 다만, 국세기본법 등의 개별법에서는 다단계의 행정심판을 인정하고 있음 · 재결에 대한 행정소송(행정소송법 제19조, 제38조) 재결자체에 고유한 위법이 있을 때에는 재결 그 자체에 대한 취소소송 및 무효등확인소송을 제기할 수 있음 · 다만, 청구인은 기각 재결 등 청구인의 주장이 인용되지 아니한 경우에는 원행정처분에 대하여 행정소송으로 다툴 수 있음(행정소송법 제18조)		

[서식 165] 건강보험요양기관업무정지처분 취소청구

행 정 심 판 청 구

청 구 인 사회복지법인 ○○노인복지원 ○○한의원
○○시 ○○구 ○○동 ○○○

피청구인 보건복지부장관

심판청구 취지

피청구인이 20○○. ○. ○.자 청구인에 대하여 한 84일(20○○. ○. ○. ~ 20○○. ○. ○.)의 건강보험요양기관업무정지처분은 이를 취소한다.
라는 재결을 구합니다.

심판청구 이유

1. 이 사건 처분의 경위

피청구인은 20○○. ○. ○. 청구인에게 미실시 시술료 청구를 이유로 하여 84일(20○○. ○. ○. ~ 20○○. ○. ○.)의 건강보험요양기관업무정지처분(이하 '이 사건 처분'이라 합니다)을 하였습니다.

2. 청구인의 주장

가. 피청구인은 곡지혈에 대한 침술을 관절강내 침술로 인정하지 아니하나, 관절강내 침술의 적응경혈인 곡지혈을 진료기록부에 기재하였다면 이를 관절강내 침술로 보아야 합니다.

나. 청구 외 환자 김○○의 진료기록부에 청구인은 투자법 침술의 적응경혈인 삼음교혈을 기재하였고, 청구 외 환자 박○○의 진료기록부에도 투자법 침술의 적응경혈인 견료혈을 기재하였음에도 피청구인이 이를 시술하지 않은 것으로 간주하여 한 이 사건 처분은 위법, 부당합니다.

다. 의료행위에 대한 세부적인 사항의 기재여부로 의료행위 자체의 유무를 판단하는 것은 모순이 있으며, 청구인이 제출 한 이의신청자료에 대한 피청구인의 검토결과에서 미실시 시술료 청구의 건에 대하여는 구체적으로 부당하다는 사유를 밝히지 아니하고 단지 부당금액 및 산출 내역만을 기재하여 이 사건 처분을 한 바, 이는 명백한 근거 없이 단지 강요에 의해 제출한 확인서만을 근거로 한 위법, 부당한 처분입니다.

입 증 방 법

1. 갑 제1호증	의료보험진료수가및약제비산정기준서
1. 갑 제2호증	한방의료보험 진료비 청구 심사기준서
1. 갑 제3호증	진료부
1. 갑 제4호증	진료부명세서
1. 갑 제5호증	확인서
1. 갑 제6호증	의견서
1. 갑 제7호증	수급내역 전화진술내용 보고서
1. 갑 제8호증	행정처분서
1. 갑 제9호증	건강보험요양기관업무정지 통지서
1. 갑 제10호증	사업자등록증

첨 부 서 류

1. 위 입증서류 사본	각 1통
1. 주민등록초본	1통
1. 심판청구서 부본	1통

20○○. ○. ○.

위 청구인 사회복지법인
○○노인복지원 ○○한의원 (인)

보건복지부장관 귀하

제출기관	피청구인 또는 행정심판위원회 (행정심판법 제23조)	청구기간	· 처분이 있음을 안 날로부터 90일 · 처분이 있은 날로부터 180일 (행정심판법 제27조)
청 구 인	피처분자	피청구인	행정처분을 한 행정청
제출부수	청구서 및 부본 각 1부	관련법규	행정심판법
불복방법	· 행정심판 재청구의 금지(행정심판법 제51조) 행정심판법상 행정심판의 단계는 단일화되어 있어 재결에 대한 행정심판 재청구는 할 수 없다. 다만, 국세기본법 등의 개별법에서는 다단계의 행정심판을 인정하고 있음 · 재결에 대한 행정소송(행정소송법 제19조, 제38조) 재결자체에 고유한 위법이 있을 때에는 재결 그 자체에 대한 취소소송 및 무효등확인소송을 제기할 수 있음 · 다만, 청구인은 기각 재결 등 청구인의 주장이 인용되지 아니한 경우에는 원행정처분에 대하여 행정소송으로 다툴 수 있음(행정소송법 제18조)		

[서식 166] 의료재단설립허가 취소청구

행 정 심 판 청 구

청 구 인　　○○○
　　　　　　○○시 ○○구 ○○동 ○○○

피청구인　　○○도지사

심판청구 취지

피청구인이 20○○. ○. ○. 청구인에 대하여 한 의료재단설립허가를 취소한다.

라는 재결을 구합니다.

심판청구 이유

1. 이 사건 처분의 경위

피청구인은 ○○의료법인이 설립허가를 신청할 당시 사문서를 위조하여 신청을 하였으나 이를 알고도 설립허가를 철회하지 않고 있습니다.

2. 청구인 주장

가. 이 사건 의료법인이 설립허가를 신청할 당시 출연부동산이 가등기 및 가압류되어 있는 사실을 은폐한 채 가등기 및 가압류가 되기 전에 발행된 등기부등본을 제출하여 피청구인의 심사기능을 방해하여 의료법인 설립허가를 득하였고, 보통재산으로 출연된 의료장비는 대부분 중고품으로 가액을 증액한 것이 확인되어 피청구인으로부터 20○○. ○. ○.까지 정관을 변경하여 신고하도록 시정명령을 받았으나 20○○. ○. ○.까지 위 시정명령 조치를 이행하지 않았습니다.

나. 의료법인 설립허가신청을 하면서 사문서를 위조하여 신청을 한 경우에 의료법상 별도의 처벌규정이 없어 처벌을 할 수 없으나 설립허가 철회통지를 무시하고 시정명령도 이행하지 아니하고 법인설립을 완료하는 것은 승복할 수 없는 행위입니다.

다. 위와 같이 법령을 위반하여 설립된 의료법인에 대하여 피청구인은 당연히 설립허가를 철회하여야 할 것이나, 피청구인이 이를 행하지 아니하므로 이에 행정심판을 청구하게 된 것입니다.

입 증 방 법

1. 갑 제1호증	의료재단설립허가 통지서
1. 갑 제2호증	사업자등록증
1. 갑 제3호증	주민등록증

첨 부 서 류

1. 위 입증서류 사본	각 1통
1. 주민등록초본	1통
1. 심판청구서 부본	1통

20○○. ○. ○.

위 청구인 ○ ○ ○ (인)

○○도지사 귀하

제출기관	피청구인 또는 행정심판위원회 (행정심판법 제23조)	청구기간	· 처분이 있음을 안 날로부터 90일 · 처분이 있은 날로부터 180일 (행정심판법 제27조)
청 구 인	피처분자	피청구인	행정처분을 한 행정청
제출부수	청구서 및 부본 각 1부	관련법규	행정심판법
불복방법	· 행정심판 재청구의 금지(행정심판법 제51조) 행정심판법상 행정심판의 단계는 단일화되어 있어 재결에 대한 행정심판 재청구는 할 수 없다. 다만, 국세기본법 등의 개별법에서는 다단계의 행정심판을 인정하고 있음 · 재결에 대한 행정소송(행정소송법 제19조, 제38조) 재결자체에 고유한 위법이 있을 때에는 재결 그 자체에 대한 취소소송 및 무효등확인소송을 제기할 수 있음 · 다만, 청구인은 기각 재결 등 청구인의 주장이 인용되지 아니한 경우에는 원행정처분에 대하여 행정소송으로 다툴 수 있음(행정소송법 제18조)		

[서식 167] 치과의사면허자격정지처분 취소청구

행 정 심 판 청 구

청 구 인　　○○○
　　　　　　○○시 ○○구 ○○동 ○○○

피청구인　　보건복지부장관

심판청구 취지

피청구인이 20○○. ○. ○. 청구인에 대하여 한 3월(20○○. ○. ○.~20○○. ○. ○.)의 치과의사면허자격정지처분은 이를 취소한다.
라는 재결을 구합니다.

심판청구 이유

1. 이 사건 처분의 경위

피청구인은 청구인이 환자 ○○○을 치료하면서 당시 ○○대학교 치과대학 4학년에 재학 중인 이○○에게 지시하여 충치치료를 한 사실을 이유로 치과의사면허를 받지 아니한 무자격자로 하여금 의료행위를 하였다는 이유로 청구인에 대하여 3개월의 의사면허자격정지처분(이하

'이 사건 처분'이라 합니다)을 하였습니다.

2. **청구인 주장**

가. 청구인은 ○○대학에서 치과의무학 박사학위를 취득하고 ○○대학원에서 소아치과학 전문의자격 등을 취득하고 현 주소지에서 ○○○치과라는 상호로 개원한 치과 의사입니다.

나. 청구인은 20○○. ○. ○. 환자 ○○○을 치료하기 위해 구강내시경을 통하여 치아상태 등을 환자에게 확인하게 한 후 간호사로 하여금 현 상태와 치료내용, 치료비용 등에 대한 설명을 한 후 환자로 하여금 치료동의서에 서명을 하게 한 다음 치료에 임하였는데 동 환자의 사랑니 발치는 청구인이 직접 시술하였고 위 이○○은 지시한 바에 따라 충치치료를 하였습니다.

다. 피청구인은 청구인이 치과의사면허를 받지 아니한 무자격자로 하여금 의료행위를 하였다는 이유로 이 사건 처분을 하였으나 의료법 제27조 제1항 제3호 및 동법 시행규칙 제18조 제1항을 보면 치과의학을 전공한 학생은 의료인의 지시, 감독을 받아 전공분야와 관련되는 의료행위를 할 수 있고 이러한 범위 내의 의료행위는 무면허의료행위에 해당하지 않는다고 할 수 있습니다.

라. 치과의사 국가시험에 합격하고 피청구인의 면허발부라는 형식적인 절차만 남아있는 상태에서 한 위 이○○의 충치치료행위는 보건위생법상 위해가 생길 우려가 전혀 없어 의료법이나 관련 대법원이 판례의 취지에 비추어 보아 무면허 의료행위라고 볼 수 없습니다.

마. 가사 이○○의 치료행위가 무면허 의료행위에 해당된다고 하더라도 청구인이 위법행위에 대한 인식이 없었고, 국내에 레이저를 이용한 치과시술의 전파보급에 노력해 온 점, 초현대식 의학 장비에 수억 원을 투자하고 여러 직원을 고용하여 3개월간 병원을 운영하지 못하면 청구인 및 직원들의 생계유지가 어렵게 될 뿐만 아니라 영업상의 신용훼손으로 병원을 폐쇄할 수 밖에 없는 처지에 놓일 위험이 있는 점 등을 고려하면 이 사건 처분은 위법, 부당한 처분이라 할 것입니다.

입 증 방 법

1. 갑 제1호증	의사행정처분 통지서
1. 갑 제2호증	질의회신
1. 갑 제2호증	치과의사면허증
1. 갑 제3호증	재직증명서

첨 부 서 류

1. 위 입증서류 사본	각 1통
1. 주민등록초본	1통
1. 심판청구서 부본	1통

20○○. ○. ○.

위 청구인 ○ ○ ○ (인)

보건복지부장관 귀하

제출기관	피청구인 또는 행정심판위원회 (행정심판법 제23조)	청구기간	· 처분이 있음을 안 날로부터 90일 · 처분이 있은 날로부터 180일 (행정심판법 제27조)
청 구 인	피처분자	피청구인	행정처분을 한 행정청
제출부수	청구서 및 부본 각 1부	관련법규	행정심판법
불복방법	· 행정심판 재청구의 금지(행정심판법 제51조) 행정심판법상 행정심판의 단계는 단일화되어 있어 재결에 대한 행정심판 재청구는 할 수 없다. 다만, 국세기본법 등의 개별법에서는 다단계의 행정심판을 인정하고 있음 · 재결에 대한 행정소송(행정소송법 제19조, 제38조) 재결자체에 고유한 위법이 있을 때에는 재결 그 자체에 대한 취소소송 및 무효등확인소송을 제기할 수 있음 · 다만, 청구인은 기각 재결 등 청구인의 주장이 인용되지 아니한 경우에는 원행정처분에 대하여 행정소송으로 다툴 수 있음(행정소송법 제18조)		

[서식 168] 한의사면허자격정지처분 취소청구

행 정 심 판 청 구

청 구 인 ○○○
○○시 ○○구 ○○동 ○○○

피청구인 보건복지부장관

심판청구 취지

피청구인이 20○○. ○. ○. 청구인에 대하여 한 3월(20○○. ○. ○.~20○○. ○. ○.)의 한의사면허자격정지처분은 이를 취소한다.

라는 재결을 구합니다.

심판청구 이유

1. 이 사건 처분의 경위

피청구인은 청구인이 환자 ○○○을 치료하면서 당시 한의원을 방문하였던 청구인의 조부로 하여금 침을 놓게 하였는 바, 무자격자로 하여금 의료행위를 하였다는 이유로 청구인에 대하여 3개월의 한의사면허자격정지처분(이하 '이 사건 처분'이라 합니다)을 하였습니다.

2. 청구인 주장

가. 청구인은 ○○한의원을 운영하는 한의사이고, 청구인의 한의원에는 청구인의 조부로부터 침술과 부항 뜨는 법을 배운 바 있는 청구인의 부친 김○○이 가끔 들러 한의원 정리를 해주고 있습니다.

나. 청구인은 20○○. ○. ○.경 서울 ○○호텔에서 개최한 서울시한의사 협회장 선거 합동 연설회에 참석하기 위해 일찍 퇴근한 사실이 있는데 당시 청구인이 퇴근한 후에도 김○○가 한의원에 있다가 저녁 늦게 찾아온 환자 ○○○가 침을 놓아 줄 것을 부탁하여 침을 놓고 부항을 뜬 사실이 있으나 청구인이 직접 의료행위를 시킨 것도 아니고 위 김○○의 침술 등으로 의료사고가 발생한 것도 아님에도 불구하고 피청구인이 청구인의 한의사면허자격을 정지한 것은 위법, 부당하다 할 것입니다.

입 증 방 법

1. 갑 제1호증	의사행정처분 통지서
1. 갑 제2호증	질의회신
1. 갑 제2호증	한의사면허증
1. 갑 제3호증	재직증명서

첨 부 서 류

1. 위 입증서류 사본	각 1통
1. 주민등록초본	1통
1. 심판청구서 부본	1통

20○○. ○. ○.

위 청구인 ○ ○ ○ (인)

보건복지부장관 귀하

<table>
<tr><td>제출기관</td><td>피청구인 또는 행정심판위원회
(행정심판법 제23조)</td><td>청구기간</td><td>· 처분이 있음을 안 날로부터 90일
· 처분이 있은 날로부터 180일
(행정심판법 제27조)</td></tr>
<tr><td>청 구 인</td><td>피처분자</td><td>피청구인</td><td>행정처분을 한 행정청</td></tr>
<tr><td>제출부수</td><td>청구서 및 부본 각 1부</td><td>관련법규</td><td>행정심판법</td></tr>
<tr><td>불복방법</td><td colspan="3">· 행정심판 재청구의 금지(행정심판법 제51조)
행정심판법상 행정심판의 단계는 단일화되어 있어 재결에 대한 행정심판 재청구는 할 수 없다. 다만, 국세기본법 등의 개별법에서는 다단계의 행정심판을 인정하고 있음
· 재결에 대한 행정소송(행정소송법 제19조, 제38조)
재결자체에 고유한 위법이 있을 때에는 재결 그 자체에 대한 취소소송 및 무효등확인소송을 제기할 수 있음
· 다만, 청구인은 기각 재결 등 청구인의 주장이 인용되지 아니한 경우에는 원행정처분에 대하여 행정소송으로 다툴 수 있음(행정소송법 제18조)</td></tr>
</table>

나. 행정소송

(1) 기 재 례

피고가 20○○. ○. ○. 원고에 대하여 한 ○○○에 관한 진료 비용 ○○○원의 환불처분을 취소한다.

피고가 20○○. ○. ○. 원고에 대하여 한 20○○. ○. ○.부터 20○○. ○. ○.까지 의사면허 자격정지처분을 취소한다.

(2) 관련서식

[서식 169] 의사면허자격정지처분 취소청구의 소

소 장

원 고 ○ ○ ○ (○○○○○○-○○○○○○○)
○○시 ○○구 ○○동 ○○○
소송대리인 변호사 ○ ○ ○
○○시 ○○구 ○○동 ○○○ (우 :)

(전화 : , 팩스 :)

피 고 보건복지부장관

의사면허자격정지처분 취소청구의 소

청 구 취 지

1. 피고가 20○○. ○. ○. 원고에 대하여 한 20○○. ○. ○.부터 20○○. ○. ○.까지 의사면허자격정지처분을 취소한다.
2. 소송비용은 피고의 부담으로 한다.

라는 판결을 구합니다.

청 구 원 인

1. 처분의 경위

가. 원고는 피고로부터 의사면허(면허번호 제○○○호)를 받고, 20○○. ○. ○.경부터 ○○시 ○○구 ○○동 123에서 제일의원을 개설하여 의료업에 종사하고 있습니다.

나. 원고는 20○○. ○. ○. ○○시 ○○구 ○○동 234 소재 ○○도자기 회사에 전화로 건강검진을 무료로 해준다고 하여 위 회사 측에서 이에 응하자, 같은 달 23. 위 회사에 현지출장을 하여 위 회사 직원인 소외 박○일 외 4명의 채혈을 하면서, 간염과 혈액검사는 무료이나 그 외에 혈액종합검사는 검진료가 60,000원이라고 하고는 그 검진료는 나중에 결과가 나오는 대로 받기로 하고 검사를 하였다는 혐의로 형사입건되어 20○○. ○. ○. ○○지방법원으로부터 의료법위반죄로 벌금 1,000,000원의 선고유예판결을 받고, 위 판결은 그 무렵 확정되었습니다.

다. 피고는 원고가 의료기관을 개설운영하면서 위와 같이 영리를 목적으로 환자를 알선 유인한 의료법 제17조 제3항 위반사실로 ○○지방법원으로부터 선고유예의 판결을 받았다는 이유로 20○○. ○. ○. 원고에 대하여 20○○. ○. ○.부터 20○○. ○. ○.까지 2개월간 위 의사면허자격을 정지하는 처분을 하였다가 원고가 같은 해 ○. ○. 불복 청구한 행정심판에서 20○○. ○. ○. 중앙행정심판위원회의 의결에 따라 위 처분내용이 20○○. ○. ○. 20○○. ○. ○.까지 1개월간으로 경정되었습니다.

2. 처분의 위법

위 처분은 다음과 같은 점에서 위법합니다.

첫째, 원고가 지역주민에 대한 의료서비스 및 홍보차원에서 위 ○○도자기 회사에 위 회사측의 사전동의를 받고 무료건강진단차 출장을 나갔다가 위 회사직원들로부터 자신들의 비용부담하에 혈액종합검사를 하여 달라는 간청을 받고 시중가보다 대폭 저렴한 가격으로서 필요경비에 해당하는 금 60,000원씩으로 약정을 하고 위 검사를 하여, 주게 된 것으로서 원고에게는 처음부터 영리목적이 없었음에도 피고는 고의적으로 명백히 영리를 목적으로 환자를 소개, 알선 유인하거나 이를 사주하는 행위를 한 때에 적용되는 위 규칙에 따라 이 사건 처분을 한 위법이 있습니다.

둘째, 원고는 15년 이상 전문의로 종사해 온 의사로서 지역사회에 끼친 봉사 등으로 유관기관의 표창과 감사장을 수차에 걸쳐 받아 왔으며, 원고는 십수억원을 투자하여 15명의 직원을 고용하여 매달 평균 약 2,000여명의 고객에 대한 건강진단을 하여 왔으므로 이 사건으로 인하여 1개월간 병원을 운영하지 못하게 될 경우 원고는 막대한 경제적 손실을 입고 직원들의 생계는 물론 위 근로자 등의 건강측면에서도 엄청난 피해가 예상되며, 영업상의 신용훼손으로 병원을 폐쇄할 수밖에 없는 처지에 놓이게 되는 등 위 의료법의 취지, 위 규칙상의 행정처분의 기준, 이 사건 위반행위의 동기, 경위 정도 등에 비추어 보면 이 사건 처분에는 재량권의 범위를 일탈하거나 남용한 위법이 있다할 것입니다.

따라서 위 처분은 위법하여 취소를 구하기 위하여 본 소 청구에 이른 것입니다.

입 증 방 법

변론시 제출하겠습니다.

첨 부 서 류

1. 주민등록초본 1통
1. 소장부본 1통
1. 위임장 1통

20○○. ○. ○.

위 원고 소송대리인 변호사 ○ ○ ○ (인)

○○행정법원 귀중

(3) 기타서식

[서식 170] 전부금청구 소장

소 장

원 고 채 ○ ○ (○○○○○○-○○○○○○○) (전화 :)
인천 ○○구 ○○동 508 (우 :)

피 고 인 천 광 역 시
시장 안 ○ ○
소관 : 남구청 복지과

전부금 청구의 소

청 구 취 지

1. 피고는 원고에게 13,469,420원과 이에 대하여한 이 사건 소장부본 송달 다음날부터 다 갚는 날까지 연 20%의 비율로 계산한 돈을 지급하라.
2. 소송비용은 피고의 부담으로 한다.
3. 위 제1항은 가집행할 수 있다.

라는 판결을 구합니다.

청 구 원 인

1. 원고는 원고의 소외 김○○에 대한 집행권원에 기하여 20○○. ○. ○. 인천지방법원으로부터 소외 김○○의 피고에 대한 의료보호환자진료비채권에 관하여 전부명령을 받고 그 전부명령은 20○○. ○. ○. 피고에게 송달되었습니다.
   그리고 소외 김영언은 피고에 대하여 20○○. ○. ○.부터 20○○. ○. ○.까지의 의료보호환자 진료비채권 금 13,469,420원을 가지고 있습니다. 이 진료비채권의 지급기한은 2008. 12. 31.이고 피고는 이 기한을 도과하였습니다.
2. 이에 원고는 피고에 대하여 위 전부명령에 의하여 전부받은 위 진료비채권에 기하여 위 진료비 및 이에 대한 진료비 지급기한 이후인 소장부본 송달 다음날부터 다 갚는 날까지의 지연손해금의 지급을 청구하여 이 사건 소를 제기합니다.

입 증 방 법

변론시 제출하겠습니다.

첨 부 서 류

1. 주민등록초본 1통
1. 소장 부본 1통
1. 납부서 1통

20○○. ○. ○.

위 원고 채 ○ ○ (인)

인천지방법원 귀중

[서식 171] 진료비삭감처분등 취소청구의 소

소 장

원 고 서울대학교병원
서울 ○○구 ○○동 ○-○
(전화 1234-5678, 팩스 1234-6789)

피 고 건강보험심사평가원

진료비삭감처분등 취소

청 구 취 지

1. 피고가 20○○. ○. ○. 원고에 대하여 한 이○○에 관한 진료비용 50,893,461원의 환불처분을 취소한다.
2. 소송비용은 피고가 부담한다.

라는 판결을 구합니다.

청 구 원 인

1. 처분의 경위

(1) 원고는 고등교육법에 의한 의학 · 간호학 및 약학 등에 관한 교육 · 연구와 진료를 통하여

의학발전을 도모하고 국민보건향상에 기여하게 함을 목적으로 서울대학교병원 설치법(법률 제3056호)에 의하여 20○○. ○. ○. 설립된 국민건강보험법 제40조 제1항 제2호 소정의 요양기관이고, 피고는 요양급여비용을 심사하고 요양급여의 적정성을 평가하기 위하여 국민건강보험법 제55조에 의하여 20○○. ○. ○. 설립된 법인입니다.

(2) 이○○(20○○. ○. ○.생)는 선천성 기관지 기형 상병으로 별지 도표 입원기간란 기재와 같이 모두 11차례에 걸쳐 원고 병원에 입원하여, 원고 병원 의사 성○○ 등으로부터 기도폐색(閉塞) 치료를 위한 의료행위(이○○는 20○○. ○.경 쌕쌕거림과 청색증이 심하여 소아 중환자실에 입원하여 CT 등의 검사상 기관용골하부의 폐동맥슬링, 2개의 상행대정맥, 식도중앙부위의낭성병변 등이 진단되었고, 20○○. ○. ○. 전신마취하에 주폐동맥에 대한 문합술과 기관확장시술 및 개방성 동맥관 절단봉합수술 등이 시행되었으며, 20○○. ○. ○. 기관지 내시경 소견상 기관확대수술부위에 협착이 발견되어 보강수술이, 20○○. ○. ○. 기관종격동류폐쇄수술이 각 시행되었고, 그후 여러 차례에 걸쳐 기관협착부위에 stent를 삽입하거나 육아조직을 제거하는 시술이 거듭되어 합계 102회의 수술을 받았음) · 약제 · 치료재료 · 검사 등을 받았으나, 20○○. ○. ○. 사망하였습니다.

(3) 원고는 이○○에 대한 진료에 관하여 그의 가족으로부터 합계 79,118,101원을 징수하였는데, 이○○의 어머니 권○○는 20○○. ○. ○. 피고에게 요양급여대상여부확인 신청을 하였고, 피고는 20○○. ○. ○. 원고에게 원고가 징수한 위 금액 중 정당하게 징수한 것으로 판정한 28,224,640원을 제외한 나머지 50,893,461원(구체적인 항목과 액수는 별지 도표의 기재 참조)을 이○○의 가족에게 환불하도록 통보하였습니다.

(4) 원고는 이에 불복하여 20○○. ○. ○. 피고에게 이의신청을 하였으나, 피고는 20○○. ○. ○. 원고의 이의신청을 기각하였고, 원고는 이에 불복하여 20○○. ○. ○. 보건복지부장관에게 제04-심-2379호로 보험급여비용삭감처분취소에 관한 심사청구를 하였으나, 보건복지부장관은 20○○. ○. ○. 위 청구를 기각하였습니다.

2. 처분의 위법 · 부당성

(1) 미결정비급여항목(별지 도표 ①항 관련)에 관하여

원고는 20○○. ○. ○.부터 국민건강보험법에 의한 건강보험제도가 시행된 이후 기존의 의료보험제도와 달라진 부분을 반영하여 더 이상 임의비급여로 인정이 되지 않는 항목에 대하여 임의비급여항목의 수가 코드를 삭제하면서 환자들에게 의료보험제도가 시행되던 항목에 대한 진료비 지급 요구를 중지하였으나, 매우 많은 임의비급여 항목이 있었고 임의비급여 항목들이 모두 비급여로 인정될지 여부가 불분명한 상황속에서 보건복지부의 행정지도에 따라 이○○에 대한 진료 내역의 비급여 항목들에 대하여 미결정행위지정신청이나 신기술의료행위지정신청을 하였습니다. 이에 대하여 보건복지부는 이러한 원고의 신청에 대하여 아무런 답변도 하지 않다가 20○○-○○호(20○○. ○. ○.) 고시로 기결정되어 있는 내용이므로 요양급여로 인정할 수 없다고 하였는 바, 이러한 원고의 미결정 또는 신기술의료행위 신청은 보건복지부의 결정 전까지는 비급여대상으로서 이○○의

가족의 동의하에 원고가 진료비를 징수한 것은 정당함에도, 이를 삭감한 피고의 처분은 원고의 재산권과 진료권 등을 침해한 것이어서 위법합니다.

(2) 별도산정불가(별지 도표 ②항 관련), 불인정(별지 도표 ③항 관련) 항목에 관하여

원고 병원의 경우 대한민국에서 가장 중환자를 많이 치료하는 곳이고, 원고 병원의 의료진이 아니었다면 생명연장조차도 불가능했을 이○○에 대하여 의료진이 학회 참석일정이나 세미나 일정까지 조정해 가면서 환자에 대하여 최선의 처치를 하고 그 결과 환자를 살려내고 상당기간을 살 수 있게 하였음에도 불구하고, 피고가 요양급여 기준에서 정한 기준을 넘어 의료행위를 시행했다는 이유로 진료비를 삭감한다면, 병원입장에서는 진료를 하면 당연히 손실이 발생하고, 진료하지 아니할 경우 진료를 했다면 사람을 살릴 수 있었음에도 불구하고 진료하지 아니하여 사람을 사망에 이르게 하였다는 이유로 민·형사상 책임을 부담하게 되는바, 피고는 원고 병원의 진료의 적절성을 고려하여 그에 상응하는 처분을 하여야 함에도 단순히 민원이 들어오고 국민건강보험법에서 확인행위를 할 수 있는 권한을 위탁받았다는 이유만으로 원고 병원이 징수한 진료비를 삭감하는 것은 위법합니다.

(3) 이중병실사용(별지 도표 ④항 관련)에 관하여

보건복지부 고시 20○○-○○호에 의하면 이중병실을 사용하는 경우 환자가 병실료차액을 지급하게 되어 있고, 20○○. ○. ○. ~ 20○○. ○. ○. 사이의 입원비용 중 원고가 권○○ 등으로부터 수령한 1,523,000원은 환자가 중환자실에 있을 때 보호자가 일반병실을 사용한 경우에 해당함에도, 피고가 이를 삭감한 것은 위법합니다.

(4) infusion pump set(별지 도표 ⑤항 관련)에 관하여

20○○. ○. ○. ~ 20○○. ○. ○. 사이에 원고가 사용한 infusion pump set는 호흡곤란이 심하여 대수술을 3번이나 받은 6kg 영아인 이○○에게 정확한 양의 약물을 투여하여 중환자의 생명을 유지하기 위한 기본적인 장비이고, 이에 따른 세트의 사용은 당연한 것임에도 피고가 infusion pump set 비용 228,800원을 삭감한 것은 부당합니다.

(5) 요양급여(별지 도표 ⑦항 관련)에 관하여

이 부분 해당항목은 원고 병원 의료진의 의학적 소견에 의하여 진료를 시행하고, 권○○ 등과 합의한 후 권○○ 등에게 징수한 것이므로 적정한 진료비의 징수입니다.

(6) 소멸시효(별지 도표 연번 1, 2, 3항 기재 관련) 주장

환자가 요양급여대상여부확인신청을 통하여 권리구제를 받는 부분은 과다하게 징수된 환자본인부담금을 돌려받는 것이어서 국민건강보험법 제79조 제1항 제4호 소정의 3년의 소멸시효대상이므로, 권○○가 피고에게 요양급여대상여부확인신청을 한 날로부터 3년 전에 징수한 별지 도표 연번 1, 2, 3항 기재 금액의 반환청구권은 소멸시효가 완성되었다고 보아야 합니다.

(7) 재량권 일탈·남용의 주장

원고 병원은 이○○에게 의학적으로 필요한 치료를 하고 그에 상응하는 치료비를 받았으며 이로 인하여 원고가 부당하게 이득을 취한 것이 없는 점, 원고 병원이 허위로 진료비

를 청구하지 않고 진료한 내용 그대로 청구한 점, 원고의 치료로 이○○의 건강상태가 호전되어 생명을 연장할 수 있었으므로 환자와 그 가족에게 피해가 발생하지 아니한 점, 요양급여기준 등에 기초한 이 사건 관련 고시는 일반적인 질환을 예상한 것으로 이○○와 같은 중증의 환자에게 그대로 적용할 경우 환자의 생명을 유지하는 것 자체가 불가능할 정도였으므로 원고 병원의 의료진이 위 고시의 내용대로 처치하는 것 자체가 불가능한 점, 피고에 의해 삭감된 급여와 피고가 권○○에게 지급한 금액이 상계처리되면 권○○는 원고로부터 해당금액에 대한 진료를 전부 받고서도 진료비를 돌려받게 되어 부당이득을 취하게 되는 점 등에 비추어 보면, 이 사건 처분은 구체적 타당성을 전혀 고려하지 않고 요양급여기준만을 기계적으로 적용한 것이어서 재량권을 일탈 · 남용한 것입니다.

3. 결 론

이와 같이 피고의 처분은 위법 · 부당한 행정처분이 아닐 수 없으므로, 상기와 같이 원고의 행정처분의 취소를 구하는 행정소송에 이르게 되었습니다.

입 증 방 법

1. 갑 제1호증 - 진단서
2. 갑 제2호증 - 수술동의서

첨 부 서 류

1. 위 각 입증방법 각 1부
2. 송달료 납부서
3. 소장부본

20○○. ○. ○.

위 원고 (날인 또는 서명)

서울행정법원 귀중

제 7 장 산업재해보상관련 행정심판

Ⅰ. 의 의

산업재해보상제도란 근로자가 업무상 부상을 입거나 질병에 걸리거나 사망한 경우 그 해당 근로자 또는 유족을 보호하기 위하여 재해발생경위에 사업자의 과실이 없더라도 그에 대한 적절한 보상을 하여 주는 제도를 말한다. 이러한 산업재해보상과 관련해서는 일반근로자의 경우 근로기준법 및 산업재해보상보험법이 적용되고, 공무원과 사립학교 교원은 공무원연금법 및 사립학교교직원연금법이, 선원의 재해보상에 관하여는 선원법 및 선원보험법이 각각 규정하고 있다.

Ⅱ. 유형별 쟁점사항 및 소송수행요령

업무상 재해로 인한 요양급여 또는 유족급여신청거부처분의 취소를 구하는 소송이 대부분을 차지하고 있으므로, '업무상 재해'로 인정될 수 있는지가 소송의 쟁점이 된다.

1. 사업장 내 휴게시간에 재해를 입은 경우

근로자가 휴게시간 중에 사업장 내 시설을 이용하여 어떠한 행위를 하다가 부상을 입은 경우에 그 부상이 업무상 재해로 인정되기 위하여는 그 행위가 당해 근로자의 본래의 업무행위 또는 그 업무의 준비행위 내지 정리행위, 사회 통념상 그에 수반되는 것으로 인정되는 생리적 행위 또는 합리적, 필요적 행위이거나, 사업주의 지시나 주최에 의하여 이루어지는 행사라는 등 그 행위과정이 사업주의 지배, 관리하에 있다고 볼 수 있는 경우, 또는 그 이용하는 시설의 하자로 인하여 당해 부상을 입은 경우이어야 한다(대법원 1996. 8. 23. 선고 95누14633 판결).

2. 출장 등 사업장 외에서 재해를 입은 경우

노동자가 사업장을 떠나 출장 중일 경우에는 특별한 사정이 없는 한 일단 출장과정 전반에 대하여 사업주의 지배하에 있다고 말할 수 있고 따라서 그 업무수행성을 인정할 수 있을 것이나 출장 중의 행위나 출장 중의 행위가 출장에 당연 또는 통상 수반하는 범위 내의 행위가 아닌 자의적 행위나 사적 행위일 경우에는 업무수행성을 인정할 수 없고 그와 같은 행위에 즈음하여 발생한 재해는 업무기인성을 인정할 여지가 없게 되어 업무상 재해로 볼 수 없다(대법원 1996. 8. 23. 선고 95누14633 판결).

3. 상당인과관계에 대한 판례의 태도

과로와 사망간의 인과관계를 인정한 판례	과로와 사망간의 인과관계를 부정한 판례
- 폐결핵과 순환기질환의 의심이 있고 고혈압이 있는 동장이 직무상 과로로 피로한 상태에 있다가 사망 당일 술을 마시 고 협심증 등으로 사망한 경우(대법원 1990. 5. 22. 선고 90누1274 판결) - 외무부 사무관이 B형 간염에 감염된 상태에서 계속 직무수행중 과로로 인한 간암으로 사망한 경우(대법원 1988. 2. 23. 선고 87누81 판결) - 전라남도 내무국 기획예산계장이 간질환 의심 판정을 받고도 계속 직무수행 중 식도정맥류출혈로 사망한 경우(대법원 1990. 2. 9. 선고 89누4376 판결) - 직무상 과로로 인하여 신체의 저항기능이 저하되어 패혈증에 걸린 경우(대법원 1992. 7. 24. 선고 92누5355 판결)	- 세관 입국검사장에서 여행자 휴대품 검사업무를 담당하던 공무원이 폐암으로 인하여 뇌종양으로 사망한 경우(대법원 1994. 3. 22. 선고 94누408 판결) - 초등학교 교원이 위암으로 사망한 경우(대법원 1990. 5. 25. 선고 90누295 판결) - 경찰서에서 학원진압요원으로 근무하던 경찰관이 백혈병으로 사망한 경우(대법원 1989. 9. 26. 선고 89누2004 판결) - 경찰관이 위암 및 전이성 췌장암으로 사망한 경우(서울고법 1995. 2. 14. 선고 94구6163 판결) - 평소 고혈압 지병이 있던 공무원이 연장근무 후 귀가하여 찬물로 샤워하다가 사망한 경우(대법원 1985. 8. 13. 선고 85누178 판결)

Ⅲ. 산업재해사고와 손해배상

산업재해사고로 피해를 입은 근로자는 근로복지공단으로부터 산업재해보상보험법에 따른 보험급여를 받을 수 있다. 그러나 산업재해보상보험법에 의한 보험급여는 실제 손해를 기준으로 보상하여 주는 것이 아니기 때문에,[123] 실제 손해가 근로복지공단으로부터 받을 수 있는 보험급여를 초과하는 경우에는 가해자를 상대로 하여 민사상 손해배상청구를 하게 된다.[124]

123) 특히 산업재해보상보험법은 정신적 손해에 따른 보상을 규정하고 있지 않기 때문에 위자료를 받기 위해서는 민사상 손해배상청구를 할 수밖에 없다.

124) 치료가 끝나 근로복지공단으로부터 장해등급 판정을 받기 전에는 신체감정절차를 진행할 수 없는 경우가 대부분이기 때문에, 치료 후 증상이 고정되어 근로복지공단으로부터 장해등급 판정을 받아 근로복지공단으로부터 받을 수 있는 보험 급여가 확정된 이후에야 소송을 진행할 수 있게 된다. 따라서 대부분의 경우 장해등급 판정 이전에 소송이 제기되었다 하더라도 장해등급 판정을 기다려 근로복지공단으로부터 받을 수 있는 보험급여가 확정된 후 이를 초과하는 부분을 청구하는 형태를 띠게 된다.

산업재해사고로 인한 손해배상청구 소송도 일반적인 채무불이행이나 불법행위 소송의 한 형태이기 때문에 원칙적으로 민법의 규정이 적용되나, 산업재해사고의 특성상 일반적인 손해배상청구 소송과는 다른 모습을 띠게 된다.

Ⅳ. 산업재해사고와 보상

산업재해사고에 대한 보상의 제도로는 근로기준법에 의한 재해보상과 산업재해보상보험법에 의한 보험급여가 있다.[125] 피해근로자는 가해자에 대한 손해배상청구권과 함께 위와 같은 보상청구권이 있으므로, 위와 같은 보상청구권과 손해배상청구권의 관계가 어떻게 되는지에 대하여 여러 가지 문제가 있다.

그런데 산업재해보상보험법은 근로기준법의 재해보상과 거의 동일한 내용을 규정하고 있고, 나아가 대부분 산업재해보상보험법에 의한 보험급여가 근로기준법에 의한 재해보상보다 다액일 뿐만 아니라, 산업재해보상보험법에는 근로기준법과는 달리 근로자의 중대한 과실로 인한 경우의 면책 조항[126]이 없고, 산업재해보상보험법의 적용대상은 원칙적으로 모든 사업장이어서[127] 현실적으로는 근로기준법의 재해보상이 적용되는 경우는 드물다.

아래에서는 먼저 산업재해사고에 대하여 근로복지공단[128]이 지급하게 되는 보험급여의 내용에 대하여 살펴보고, 이와 같은 보험급여와 손해배상청구권과의 관계가 구상관계에 대하여 보기로 한다.

---

125) 일반 근로자의 재해보상에 대해서는 근로기준법과 산업재해보상보험법이, 선원의 재해보상에 관해서는 선원법과 선원보험법이, 공무원과 사립학교교원의 재해보상에 관해서는 공무원연금법과 사립학교교직원연금법이 각각 규정하고 있다. 아래에서는 주로 많이 적용되는 산업재해보상보험법에 대해 보기로 한다.

126) 근로기준법 제84조는 "근로자가 중대한 과실로 인하여 업무상 부상 또는 질병에 걸리고 또한 사용자가 그 과실에 대하여 노동위원회의 인정을 받은 경우에는 휴업보상 또는 장해보상을 행하지 아니하여도 된다"라고 규정하고 있다.

127) 다만, 산업재해보상보험법 제5조 단서에 의하여 산업재해보상보험법시행령 제3조 제1항 각 호에서 정하고 있는 1. 공무원연금법 또는 군인연금법에 의하여 재해보상이 행하여지는 사업, 2. 선원법·어선원및어선재해보상보험법 또는 사립학교교직원연금법에 의하여 재해보상이 행하여지는 사업, 3. 건설공사중 총공사금액이 2천만원 미만인 공사와 주택법에 의한 주택사업자 또는 건설산업기본법에 의한 건설업자가 아닌 자가 시공하는 공사로서 연면적이 330제곱미터 이하인 건축물의 건축 또는 대수선에 관한 공사는 적용이 되지 않는다.

128) 근로복지공단은 산업재해보상보험법 제13조에 의하여 설립된 법인으로서 국가로부터 위탁받아 보험급여의 결정 및 지급(산업재해보상보험법 제14조 제3호) 등을 그 업무로 하고 있다.

1. 산업재해보상보험법에 의한 보험급여

산업재해보상보험법이란 산업재해에 관하여 국가(근로복지공단)가 보험자로서 재해보상을 져야 할 각 사업주 · 사용자들을 보험가입자로서 하고 재해보상청구권자인 피해 근로자를 수급권자로 하여 산업재해 발생시 사업주 등이 낸 보험료로 피해 근로자를 신속 · 확실하게 재해보상을 실시하는 보험제도의 일종이며, 이로써 근로자보호에 충실을 기함과 동시에 사업주가 부담할 배상의 위험을 분산 · 감경시키려는 목적을 갖고 있다. 그 중 사업주의 위험분산의 측면을 중시하면 산재보험은 재해보상에 대한 책임보험에 그치고 말지만 산업재해를 사회적인 측면에서 파악하고 재해 전체에 대한 기업 전체의 책임을 산업재해보상보험이라고 보면 이는 단순한 책임보험에서 벗어나 사회보장에 가까운 사회보험의 성격을 갖게 된다.[129)]

산재보험의 보험급여[130)]로는 요양급여, 휴업급여, 장해급여, 간병급여, 유족급여, 상병보상연금, 장의비가 있다.

가. 요양급여

근로자가 업무상의 사유에 의하여 부상을 당하거나 질병에 걸린 경우에 당해 근로자에게 요양급여를 지급하고, 요양급여는 요양비 전액으로 하되, 공단이 설치한 보험시설 또는 공단이 지정한 의료기관에서 요양을 하게 하나 다만, 부득이한 경우에는 요양에 갈음하여 요양비를 지급할 수 있다.[131)] 그러나 요양중인 근로자의 상병을 계속 치료하더라도 의학적인 효과를 기대할 수 없게 되고, 그 증상이 고정된 상태에 이른 경우에는 요양급여를 더 이상 지급하지 않는다.[132)]

요양급여의 범위는 진찰, 약제 또는 진료재료와 의지(義肢)[133)] 기타 보철구의 지급, 처치 · 수술 기타의 치료, 의료시설에서의 수용, 간병,[134)] 이송, 기타 노동부령이 정하는 사항이고, 요양급여의 범위 · 비용 등 요양급여의 산정기준은 노동부령으로 정하도록 되어 있다.[135)]

---

129) 교통 · 산재손해배상실무연구회, "교통 · 산재손해배상소송실무"(2000), 428~429면.

130) 산업재해보상보험법 제38조 제1항 각 호 참조.

131) 산업재해보상보험법 제40조 제1항, 제2항.

132) 산업재해보상보험법시행규칙 제16조 제1항 "공단은 요양중인 근로자의 상병이 계속 치료를 하더라도 의학적인 효과를 기대할 수 없게 되고, 그 증상이 고정된 상태에 이른 경우에는 당해 근로자의 치료를 종결시켜야 한다. 이 경우 공단은 근로자의 치료종결 여부를 결정할 때에는 제3항의 규정에 의한 자문의사협의회의 심의를 거쳐야 한다."

133) 의수와 의족을 말한다.

134) 여기서 간병은 실무상 개호비에 대응하는 급여인데, 요양기간 중에는 2종 요양비로 요양급여의 일부로 지급이 되나, 요양기간에는 종료된 이후에도 개호가 필요한 경우로서 아래에서 보는 바와 같이 일정한 경우에는 간병급여가 지급된다.

135) 산업재해보상보험법 제40조 제4항, 제5항 참조. 이의 위임을 받은 산업재해보상보험법시행규칙 제17조(요

화상으로 심한 추상(醜相)이 생겼거나 기타 흉터로 인하여 신체기능에 장애가 생긴 경우에 이를 치료하기 위한 성형수술 역시 요양급여에 포함된다고 할 것이다. 그러나 단지 미용의 목적만을 위한 성형수술[136]은 부상 또는 질병의 취유를 위한 것이 아니므로, 요양급여에는 속하지 않는다고 할 것이다.

나. 휴업급여

업무상 사유에 의하여 부상을 당하거나 질병에 걸린 근로자가 요양으로 인하여 취업하지 못한 기간에 대하여 휴업급여를 지급하고, 1일당 지급액은 평균임금의 70%[137]이다. 다만, 이와 같이 산정한 휴업급여가 최저임금법 제5조의 규정에 의한 최저임금액에 미달하는 경우에는 그 최저임금액을 지급한다.[138]

여기서 "근로자가 요양으로 인하여 취업하지 못한 기간"은 근로자가 병원에서 치료를 받은 기간에 한정되는 것이 아니라, 자가에서 요양을 하였더라도 이로 인하여 실제로 취업을 하지 못한 기간을 말한다.[139]

일반적인 손해배상소송에서 휴업손해라 함은 상해로 인하여 노동능력의 100%를 상실한 기간을 말하고 있고, 실무상 병원에 입원한 기간 동안을 휴업손해 기간으로 인정하고 있다. 그러나 위에서 본 바와 같이 휴업급여의 대상이 되는 기간은 치료의 종결 여부가 판단 기준이 되므로, 위와 같은 휴업손해와는 그 개념이 다르고, 따라서 인정되는 기간 역시 다르다. 대부분의 경우 휴업급여 기간이 휴업손해 기간보다 길어지게 된다.

양급여의 범위 및 비용)는 다음과 같이 규정하고 있다. "① 법 제40조 제5항의 규정에 의하여 요양급여의 범위 및 요양에 소요된 비용의 산정기준은 국민건강보험요양급여의기준에관한규칙과 국민건강보험법 제42조 제4항의 규정에 의하여 보건복지부장관이 고시하는 요양급여의 비용의 내역에 의한다. 다만, 요양급여의 범위 및 요양에 소요된 비용 중 동기준에서 정한 사항이 근로자 보호를 위하여 적당하지 아니하다고 인정되는 경우, 동 기준에서 정하고 있지 아니한 사항의 경우 또는 보험재정에 상당한 부담을 초래하여 보험재정의 건전성을 해할 우려가 있다고 인정되는 경우에는 노동부장관이 법 제6조의 규정에 의한 산업재해보상보험심의위원회의 심의를 거쳐 고시하는 산업재해보상보험요양비산정기준에 의한다. ② 공단은 법 제78조 제1항 제1호의 규정에 의한 보험시설에서 행하는 요양에 대한 요양급여의 범위 · 비용 등에 대하여는 노동부장관의 승인을 얻어 제1항 본문 또는 단서의 기준을 조정하여 적용할 수 있다."

136) 예를 들면, 산업재해사고로 인한 부상을 치료하기 위하여 수술을 하였고, 이와 같은 수술로 경미한 반흔이 남았는데, 이를 교정하기 위한 성형수술과 같은 경우이다.

137) 근로기준법 제82조는 휴업급여액을 평균임금의 60%로 규정하고 있다.

138) 산업재해보상보험법 제41조 제1항, 제3항.

139) 대법원 1989. 6. 27. 선고 88누2205 판결 "산업재해보상보험법 제9조의4(현재 제40조) 소정의 '요양으로 인하여 취업하지 못한 기간'이라 함은 근로자가 업무상 부상으로 요양을 하느라고 근로를 제공할 수 없었기 때문에 임금을 받지 못한 기간을 의미하므로, 근로자가 의료기관에서 업무상 부상을 치료받은 기간뿐만 아니라 자기 집에서 요양을 하느라고 실제로 취업하지 못하였기 때문에 임금을 받지 못한 기간도 포함된다."

다. 장해급여

근로자가 업무상의 사유에 의하여 부상을 당하거나 질병에 걸려 치유 후[140] 신체 등에 장해가 있는 경우 장해급여를 지급하고, 장해급여는 장해등급[141]에 따라 장해보상연금 또는 장해보상일시금으로 지급한다. 장해보상연금 또는 장해보상일시금은 수급권자의 선택에 따라 이를 지급하되, 대통령령이 정하는 노동력을 완전히 상실한 장해등급[142]의 근로자에 대하여는 장해보상연금을 지급한다. 다만, 장해급여를 연금의 형태로 지급하는 것이 곤란한 경우로서 대통령령이 정하는 경우에는 장해보상일시금을 지급한다.[143]

라. 간병급여

요양급여를 받은 자가 치유 후[144] 의학적으로 상시 또는 수시로 간병이 필요하여 실제로 간병을 받는 자에게 간병급여를 지급한다.[145]

마. 유족급여

근로자가 업무상의 사유에 의하여 사망한 경우에는 유족에게 유족급여를 지급하고, 유족급여는 유족보상연금으로 지급하되, 다만 연금의 형태로 지급하는 것이 곤란한 경우로서 대통령령이 정하는 경우[146]에 한하여 유족보상일시금을 지급한다. 그러나 유족보상연금의 수급권자가 원하는 경우에는 유족보상일시금의 50%를 일시금으로 지급하고, 유족보상연금은 50%를 감액하여 지급한다.[147] 수급권자인 유족의 순위는 '1. 피부양 배우자(사실혼관계 포함, 이하 같다)

140) 대법원 1999. 6. 22. 선고 98두5149 판결 "(산업재해보상보험)법시행규칙 제2조 제5호는 '치유'라 함은 부상 또는 질병이 완치되거나 부상 또는 질병에 대한 치료의 효과를 더 이상 기대할 수 없게 되고 그 증상이 고정된 상태에 이르게 된 것을 말한다고 규정하고, (산업재해보상보험)법시행규칙 제16조 제1항은 공단은 요양중인 근로자의 상병이 계속 치료를 하더라도 의학적인 효과를 기대할 수 없게 되고, 그 증상이 고정된 상태에 이른 경우에는 당해 근로자의 치료를 종결시켜야 한다고 규정하고, (산업재해보상보험)법시행규칙 제40조 제10항 본문은 장해등급의 판정은 요양이 종료된 때에 증상이 고정된 상태에서 행한다고 규정하고 있는바, 이에 의하더라도 법에 의한 장해급여는 원칙적으로 '근로자가 업무상 부상 또는 질병에 걸려 완치 후 신체에 장해가 있는 경우', 즉 부상 또는 질병이 완치되거나 부상 또는 질병에 대한 치료의 효과를 더 이상 기대할 수 없게 되고 그 증상이 고정된 상태에 이르게 된 때에 지급할 수 있는 것으로 해석된다."

141) 장해등급은 산업재해보상보험법시행령 제31조 제1항 별표2에 규정되어 있고, 같은 조 제2항은 신체장해가 2 이상인 경우의 장해등급의 조정에 대하여, 같은 조 제4항은 기존에 신체장해가 있었던 경우의 조정에 대하여 규정하고 있다.

142) 장해등급 제1급 내지 제3급을 말한다(산업재해보상보험법시행령 제31조 제5항).

143) 산업재해보상보험법 제42조 제1항, 제2항, 제3항, 제4항.

144) 치료 기간 중에 간병이 필요하였던 경우에는 위에서 본 밥와 같이 요양급여에 간병비가 포함되어 있기 때문에, 요양급여의 일종으로 간병비를 받게 된다.

145) 산업재해보상보험법 제42조의3 제1항.

146) 산업재해보상보험법 시행령 제32조 참조.

147) 산업재해보상보험법 제43조 제1항, 제2항, 제3항.

2. 피부양 자녀 3. 피부양 부모 4. 피부양 손 5. 피부양 조부모 6. 배우자 7. 자녀 8. 부모 9. 손 10. 조부모 11. 피부양 형제자매 12. 형제자매'로서[148] 배우자에 사실혼관계까지 포함되어 있고, 근로자가 사망할 당시 그에 의하여 실제로 부양받고 있던 자가 선순위라는 점 등에서 민법상 상속의 순위와는 다르다.

바. 상병보상연금

요양급여를 받는 근로자가 요양개시 후 2년이 경과한 날 이후에 '당해 부상 또는 질병이 치유되지 아니한 상태에 있고, 그 부상 또는 질병에 의한 폐질의 정도가 대통령령이 정하는 폐질등급기준에 해당하는 상태가 계속 되는 경우에는 휴업급여 대신 상병보상연금을 지급한다.[149] 휴업급여만 지급이 정지되기 때문에 요양급여는 계속 지급된다.

상병보상연금이 지급되는 경우에는 장해급여는 지급되지 않고, 장해보상연금을 지급받고 있던 사람도 재요양[150]을 받게 되면 그 지급이 정지되는데,[151] 장해보상연금을 받고 있던 사람 중 노동능력을 완전히 상실한 사람은 재요양을 받게 되면 상병보상연금을 지급받게 된다.[152] 그리고 산업재해보상보험법은 상병보상연금이 장해급여로 바뀌는 경우에 대해서는 규정하지 않고 있다.[153]

사. 장 의 비

근로자가 업무상의 사유에 의하여 사망한 경우에는 장제를 행하는 자에게 장의비를 지급하고, 노동부장관이 고시하는 최고금액과 최저금액의 사이에서 평균임금의 120일분에 상당하는 금액을 지급한다.[154]

---

148) 산업재해보상보험법 제43조의2, 제43조의4 참조. 다만, 근로자가 특히 유언으로써 보험급여를 받을 유족을 지정한 경우에는 그 지정에 따른다(산업재해보상보험법 제43조의4 제4항).

149) 산업재해보상보험법 제44조 제1항.

150) 산업재해보상보험법 제40조2[재요양] 제1항 "제40조의 규정에 의한 요양급여를 받은 자가 치유 후 요양의 대상이 되었던 업무부상의 부상 또는 질병이 재발하거나 치유 당시보다 상태가 악화되어 이를 치유하기 위한 적극적인 치유가 필요하다는 의학적 소견이 있는 경우에는 제40조의 규정에 의한 요양을 받을 수 있다."

151) 산업재해보상보험법 제40조의2 제3항.

152) 산업재해보상보험법 제44조 제1항 참조.

153) 다만, 산업재해보상보험법 시행령 제38조 제2항, 제3항은 폐질등급의 변동에 따른 상병보상연금액의 조정에 대해서 규정하고 있다.

154) 산업재해보상보험법 제45조.

2. 재해보상과 산업재해보상보험급여의 관계

피해근로자가 산업재해보상보험법에 의하여 보험급여를 받았거나 받을 수 있는 경우에는 보험가입자는 동일한 사유에 대하여 근로기준법에 의한 재해보상책임이 면제된다.[155] 이는 산업재해보상보험이 근로기준법에 의한 재해보상책임에 대한 책임보험의 성격도 갖고 있기 때문이다.[156]

3. 재해보상 또는 산업재해보상보험급여와 손해배상의 관계

수급권자가 동일한 사유에 대하여 산업재해보상보험법에 의한 보험급여를 받은 경우에는 보험가입자는 그 금액의 한도 안에서 민법 기타 법령에 의한 손해배상의 책임이 면제된다.[157] 또한, 보험가입자가 아닌 제3자에 의하여 산업재해사고가 일어났을 경우에는 그 급여액의 한도 안에서 급여를 받은 자의 제3자에 대한 손해배상청구권을 대위하므로,[158] 공단이 대위하게 되는 부분[159]을 피해 근로자는 제3자에 대하여 청구할 수 없게 된다.

4. 과실상계의 방법

재해보상 또는 산업재해보상보험급여의 공제와 과실상계가 함께 이루어지는 경우 그 순서에 관하여는 손해배상액에서 과실상계를 한 후 공제를 하여야 한다는 상계 후 공제설과 보상

155) 산업재해보상보험법 제48조 제1항. 근로기준법 제90조는 보상을 받게 될 자가 동일한 사유에 대하여 민법 기타 법령에 의하여 이 법의 재해보상에 상당한 금품을 받을 경우에는 그 가액의 한도 내에서 사용자는 보상의 책임을 면한다고 규정하고 있어, 실제로 받았을 경우에만 그 책임이 면제된다고 해석될 수도 있으나, 산업재해보상보험법은 명문으로 실제로 받은 경우만이 아니라 받을 수 있는 경우까지 재해보상책임이 면제된다고 규정하고 있다.

156) 대법원 1994. 5. 24. 선고 93다38826 판결 "산업재해보상보험법에 의한 보험급여는 사용자가 근로기준법에 의하여 보상하여야 할 근로자의 업무상 재해로 인한 손해를 국가가 보험자의 입장에서 근로자에게 직접 전보하는 성질을 가지고 있는 것으로서, 보험급여의 사유와 종료, 급여액의 산정기준이 재해보상과 동일하거나 유사하고, 손실전보라는 기능의 동일성을 근거로 하여 상호조정규정을 두고 있는 점에 있어서 근로자의 생활보장적성격 외에 근로기준법에 따른 사용자의 재해보상에 대하여는 책임보험의 성질도 가지고 책임보험적 기능도 수행하고 있다고 보는 것이 상당하며, 사업주와 국가와의 관계에 있어서는 국가가 궁극적으로 보상책임을 져야 한다고 해석할 것이고, 따라서 산업재해보상보험법이 1993. 12. 27. 개정되기 전에 있어서는 산재보험급여가 재해보상 전에 행하여진 경우에 사용자는 동일한 사유에 대하여 일체의 재해보상책임이 면책되고, 국가는 당연히 사용자에 대하여 구상할 수 없으나, 근로자가 사용자로부터 먼저 재해보상을 받은 경우에는 국가는 그 금액 범위 안에서 근로자에게 보험급여의 지급의무가 없고, 사업주(사용자)는 산재보험급여의 요건이 갖추어진 경우에 그 금액의 범위 안에서 국가에 대하여 구상할 수 있다고 보아야 한다."

157) 산업재해보상보험법 제48조 제2항.

158) 산업재해보상보험법 제54조 제1항.

159) 공단이 대위하는 부분에 대해서는 항을 바꾸어 따로 보기로 한다.

액 또는 보험급여액을 먼저 공제한 후 과실상계를 하여야 한다는 공제 후 상계설이 있다. 전자의 입장은 손해의 전보라는 측면을 중시하고 후자의 입장은 산업재해보상보험급여에 있어서 사회보장이라는 측면을 중시하여 보험급여액을 과실상계의 대상에서 제외한다.[160] 상계 후 공제설에 의하면, 재해보상 또는 보험급여액 전액이 공제될 것이나, 공제 후 상계설에 의하면, 재해보상 또는 보험급여액 중 피해 근로자의 과실 부분은 공제되지 않게 된다. 위와 같이 공제 후 상계설에 의하면 재해보상 또는 보험급여액 중 피해 근로자의 과실 부분이 공제되지 아니함으로써 결국 피해 근로자는 정당한 손해배상액보다 많은 금액의 배상을 받게 되어 부당하므로, 상계 후 공제설이 타당한 것으로 생각된다. 대법원도 상계 후 공제설[161]을 취하고 있다.

5. 산업재해보상보험과 구상관계

산업재해사고가 보험가입자 이외의 제3자에 의하여 발생하였을 경우에 대하여 산업재해보상보험법 제54조 제1항은 "공단은 제3자의 행위에 의한 재해로 인하여 보험급여를 지급한 경우에는 그 급여액의 한도 안에서 급여를 받은 자의 제3자에 대한 손해배상청구권을 대위한다"라고 규정하고 있다.[162]

Ⅴ. 심사청구

1. 심사청구

근로복지공단 각 지역본부(지사)에서 행한 산업재해보상보험법상의 보험급여에 관한 결정에 불복이 있는 자는 권리구제를 위해 심사청구를 제기할 수 있다.

---

160) 교통 · 산재손해배상실무연구회, "교통 · 산재손해배상소송실무"(2000), 450면

161) 대법원 1996. 1. 23. 선고 95다24340 판결 등

162) 이 조항의 입법취지는 다음과 같이 설명되고 있다(박순영, "산업재해보상보험법상 국가의 구상권과 그 범위", 실무연구자료 2권(대전지방법원, 1998)). 첫째 보험급여의 수급권자가 동일한 손해에 관하여 보험급여와 손해배상의 쌍방에 의하여 중복하여 전보를 받는 것은 타당하지 않고, 둘째 사고의 진정한 원인자가 최종적으로 그 사고에 의하여 생긴 손해의 전보책임을 부담하는 것이 정의에 합당하며, 셋째 국가의 구상권을 인정하는 것에 의하여 유책 제3자의 책임면탈을 방지하고 보험재정의 확보를 꾀하는데 있다.

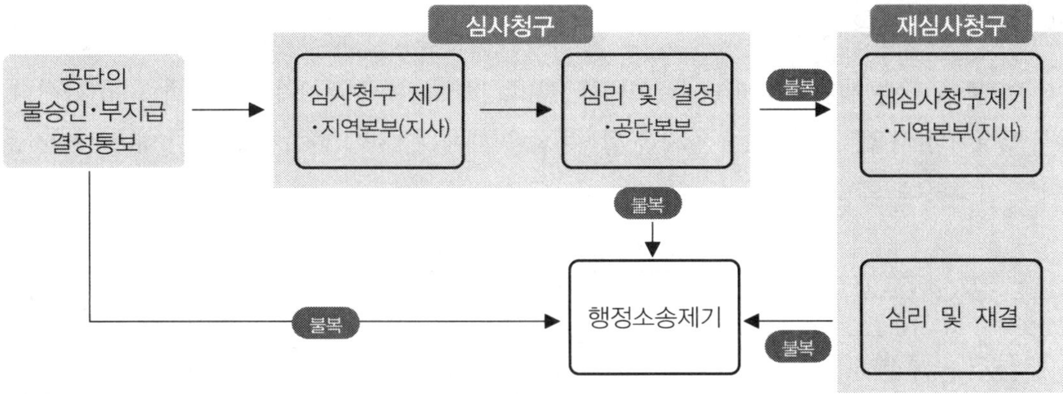

2. 심사청구대상

심사청구대상
① 보험급여에 관한 결정에 대한 불복 ·요양급여(요양비, 간병료, 이송료, 보조기등) ·휴업급여, 장해급여, 간병급여, 상병보상연급 ·유족급여 및 장의비 ·직업재활급여(직업훈련비용 제외) ② 진료비 및 약제비에 관한 결정에 대한 불복 ③ 진료계획 변경 조치 등에 대한 불복 ④ 보험급여 일시지급에 관한 결정에 불복 ⑤ 부당이득의 징수에 관한 결정에 불복 ⑥ 수급권의 대위에 관한 결정에 불복

3. 심사청구방식

심사청구방식
청구인 또는 대리인(변호사, 공인노무사 등)은 각 지역본부(지사)의 보험 급여에 관한 결정이 있음을 안 날부터 90일 이내에 원처분을 내린 각 지역 본부(지사)에 심사청구서를 제출하여야 합니다. • 심사청구는 다음 각 호의 사항을 기재한 문서(심사청구서로 하여야 합니다. ① 심사청구인의 이름 및 주소 ② 심사청구의 대상이 되는 보험급여의 결정내용 ③ 보험급여 등에 관한 결정이 있음을 안 날 ④ 심사청구의 취지 및 이유 ⑤ 심사청구에 관한 고지의 유무 및 고지의 내용

4. 심리 및 결정

공단본부에 송부된 날부터 60일 이내에 심리, 결정(단독 또는 산재심사위원회 심의)을 한다. 단, 부득이한 사유로 기간 내에 결정을 할 수 없을 때에는 1차에 한하여 20일 이내에서 기간을 연장 가능하다.

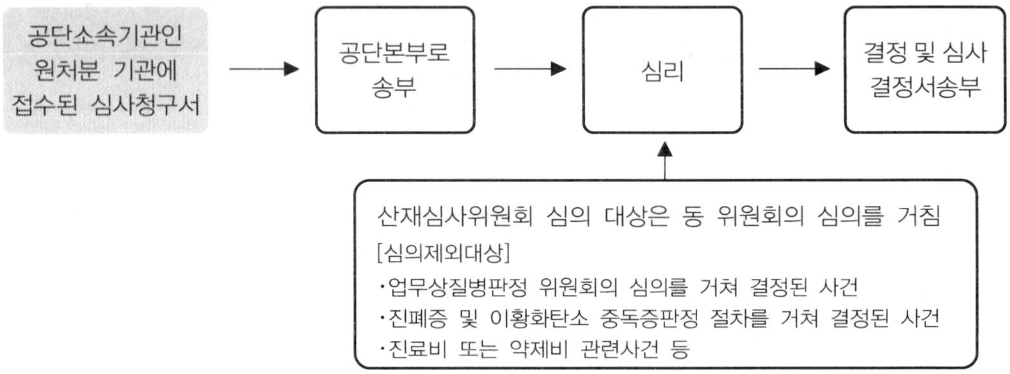

5. 관련서식 등

가. 행정심판

(1) 기 재 례

피청구인이 20○○. ○. ○. 청구인에게 한 산업재해보상보험모양급여 심사결정을 취소한다.

(2) 관련서식

[서식 172] 심사청구(근로자) (앞 면)

산업재해보상보험 심사청구서						처리기간 60일
청 구 인	① 성 명		② 주민등록번호 (사업자등록번호)		③ 근로자와의 관 계	
	④ 주 소	(전화번호) (휴대전화)				
대 리 인	⑤ 성 명		⑥ 주민등록 번 호		⑦ 근로자와의 관 계	

<table>
<tr><td></td><td>⑧ 주 소</td><td colspan="3">(전화번호)
(휴대전화)</td></tr>
<tr><td rowspan="2">재해를 입은 근로자</td><td>⑨ 성 명</td><td></td><td>⑩ 주민등록번호</td><td></td></tr>
<tr><td>⑪ 사업장명</td><td></td><td>⑫ 사업장소재지</td><td></td></tr>
<tr><td rowspan="2">원처분 내용</td><td>⑬ 결정기관</td><td>지역본부(지사)장</td><td>⑭ 결정년월일</td><td>년 월 일</td></tr>
<tr><td>⑮ 결정내용</td><td></td><td>⑯ 결정을안날</td><td>년 월 일</td></tr>
<tr><td colspan="2">⑰ 원처분기관의 고지 유무 및 그 내용</td><td colspan="3"></td></tr>
<tr><td colspan="2">⑱ 청구취지 및 이유</td><td colspan="3">(별첨)</td></tr>
<tr><td colspan="5">산업재해보상보험법 제103조에 따라 위와 같이 청구합니다.

20○○. ○. ○.

청구인 (서명 또는 날인)
위 대리인 (서명 또는 날인)

근로복지공단 이사장 귀하</td></tr>
<tr><td colspan="4" rowspan="2">첨부서류:
1. 청구의 취지 및 이유
2. 위임장(대리인을 선임한 경우에 한합니다.)
3. 증거조사 신청서(증거조사를 신청할 때에 한합니다.)
4. 구술심리 신청서(구술심리를 신청할 때에 한합니다.)
※ 뒷면 작성방법을 참고하여 주시기 바랍니다.</td><td>수수료</td></tr>
<tr><td>없음</td></tr>
</table>

(210mm × 297mm, 신문용지 54g/㎡)

※ 이 청구서는 아래와 같이 처리됩니다. (뒷 면)

청 구 인	경 유 기 관	처 리 기 관
	근로복지공단 지역본부(지사)	근로복지공단 본부

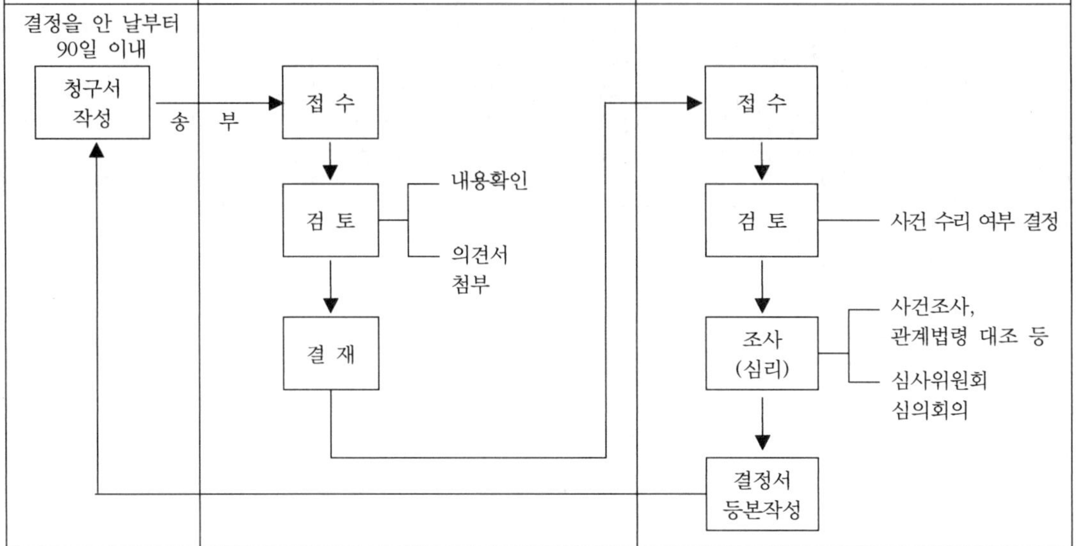

작 성 방 법

1. ①~② 청구인이
  - 근로자인 경우에는 그 근로자의 성명 및 주민등록번호를,
  - 근로자의 유족인 경우에는 유족의 성명 및 주민등록번호를,
  - 근로자가 소속한 사업장의 사업주인 경우에는 그 사업주의 성명 및 주민등록번호를 기재합니다.
2. ④ 청구인이 공단의 결정서를 받을 수 있는 주소지를 기재합니다.
3. ⑬ 결정기관은 청구인이 청구한 사건과 관련하여 결정을 한 공단 소속기관을 기재합니다.
4. ⑭ "⑬항"의 결정기관에서 불승인(또는 부지급, 납부고지) 등 결정된 날(발송일자)을 기재합니다.
5. ⑯ "결정을 안 날"이라 함은 공단 소속기관의 불승인(또는 부지급, 납부고지) 등의 결정서를 받은 날을 말하며, 이와 다를 경우에는 부득이한 사유가 있었다는 객관적인 증거자료를 함께 제출하여야 합니다.
  - "공단 소속기관의 결정서를 받은 날"이라 함은 우편 등에 의하여 청구인, 청구인의 가족, 공동주택인 경우에는 경비원, 사업주인 경우에는 그 사업장 직원 또는 건물관리원 등이 수령한 날을 말하며, 일반적으로 공단 소속기관에서 우편물을 발송한 날부터 3일 이내가 됩니다.
6. ⑰ 공단 소속기관의 결정통지서 상 "처분이 있음을 안 날로부터 90일 이내에 공단 소속기관을 경유하여 심사청구를 할 수 있음"을 고지를 받은 경우에는 "심사청구를 할 수 있음을 고지받았음"이라고 기재하고, 이러한 고지를 받지 않았을 경우에는 "고지 받지 못하였음"으로 기재합니다.
7. ⑱ 다음 『작성예시』의 내용을 참고하여 별도로 작성 · 첨부합니다.

예시)

- 청구인: 성명 (주민등록번호), 주 소
  ⇒ 청구인은 근로복지공단○○지역본부(지사)에서 20 . . .자로 처분을 받았으며 이에 불복하여 다음과 같이 심사를 청구합니다.
- 청구취지
  ⇒ 원처분기관이 20 . . .자로 청구인에게 행한 처분을 취소한다는 결정을 구합니다.
- 이 유
  ⇒ 청구이유와 사실관계, 의학적 인과관계 등이 있음을 객관적으로 기재하고 근거자료를 제시

20 . . . 청구인 ○ ○ ○ (서명 또는 날인)

[서식 173] 심사청구서(병원, 약국)

<table>
<tr><td colspan="8">산업재해보상보험
진료비 · 약제비 심사청구서</td><td colspan="2">처리기간
60일</td></tr>
<tr><td colspan="3">심사청구 분야</td><td colspan="7">□ 진료비 □ 부당이득
□ 약제비 □ 기타</td></tr>
<tr><td rowspan="5">청구인</td><td>사 업 장 명
(기 호)</td><td></td><td rowspan="5">원처분 기관 결정 내용</td><td>접 수 번 호</td><td></td><td>분류</td><td colspan="3">□ 단순심사
□ 의학적 심사</td></tr>
<tr><td>주 소</td><td></td><td>결 정 기 관</td><td></td><td rowspan="4">첨부서류</td><td colspan="3" rowspan="4">1. 지급결정통지서
2. 진료기록부
3. X-ray film
4. 검사결과지
5. 기타</td></tr>
<tr><td>전 화 번 호
(휴대전화)</td><td></td><td>결 정 내 용</td><td></td></tr>
<tr><td>성 명
(대표자명)</td><td></td><td>결 정 년 월 일</td><td></td></tr>
<tr><td></td><td></td><td>결정이 있음을 안 날</td><td></td></tr>
<tr><td rowspan="2">대리인</td><td>성 명</td><td colspan="2"></td><td>주민등록번호</td><td colspan="5"></td></tr>
<tr><td>주 소</td><td colspan="8">(전화번호)
(휴대전화)</td></tr>
<tr><td colspan="2">심사청구 건수</td><td colspan="2"></td><td colspan="2">심사청구비용 총액</td><td colspan="4"></td></tr>
<tr><td colspan="2">결정기관의 고지 유무 및 그 내용</td><td colspan="8"></td></tr>
<tr><td rowspan="2">접수번호</td><td rowspan="2">명세서 일련번호</td><td rowspan="2">수진자</td><td rowspan="2">진료구분
(입원 · 외래)</td><td colspan="2">청구금액</td><td colspan="3" rowspan="2">청구의 취지 및 이유
(상세히 기술)</td><td rowspan="2">첨부서류</td></tr>
<tr><td>Ⅰ항</td><td>Ⅱ항</td></tr>
<tr><td></td><td></td><td></td><td></td><td></td><td></td><td colspan="3">별첨 사용 가능</td><td></td></tr>
</table>

산업재해보상보험법 제103조에 따라 위와 같이 청구합니다.

20 년 월 일

청구인 (서명 또는 인)
위 대리인 (서명 또는 인)

근로복지공단 이사장 귀하

[서식 174] 산업재해보상보험 요양급여 심사결정 취소청구

행 정 심 판 청 구

청 구 인　　홍길동 (○○○○○○-○○○○○○○)
　　　　　　○○시 ○○구 ○○동 ○○○

피청구인　　○○공단
　　　　　　○○시 ○○구 ○○동 ○○○

심판청구 취지

피청구인이 20○○. ○. ○. 청구인에게 한 산업재해보상보험 요양급여 심사결정을 취소한다. 라는 재결을 구합니다.

심판청구 이유

1. 이 사건 처분의 경위

피청구인은 20○○. ○. ○. 청구인에 대한 산재보험 요양급여 심사결정을 하자, 피청구인의 산재보험 요양급여 심사결정에 대해 취소를 구하는 이 사건 심판청구를 하였습니다.

2. 피청구인의 주장

청구인이 원처분기관의 처분에 불복하여 산재보험심사위원회와 산재보험재심사위원회에 각각 심사청구 및 재심사청구를 할 수 있고, 심사 및 재심사청구를 하여 그 결과에 대하여 불복할 경우 원처분기관을 상대로 관할 법원에 행정소송을 제기할 수 있음은 별론으로 하고, 피청구인의 산재보험 최초요양급여 불승인결정에 대해 취소를 구하는 이 사건 심판청구는 행정심판의 대상이 아닌 사항을 대상으로 한 부적법한 청구이다.

3. 관계법령

산업재해보상보험법

제103조(심사 청구의 제기) ① 다음 각 호의 어느 하나에 해당하는 공단의 결정 등(이하 "보험급여 결정 등"이라 한다)에 불복하는 자는 공단에 심사 청구를 할 수 있다.

1. 제3장 및 제3장의2에 따른 보험급여에 관한 결정
2. 제45조 및 제91조의6 제4항에 따른 진료비에 관한 결정
3. 제46조에 따른 약제비에 관한 결정
4. 제47조 제2항에 따른 진료계획 변경 조치 등
5. 제76조에 따른 보험급여의 일시지급에 관한 결정

6. 제84조에 따른 부당이득의 징수에 관한 결정
7. 제89조에 따른 수급권의 대위에 관한 결정

② 제1항에 따른 심사 청구는 그 보험급여 결정 등을 한 공단의 소속 기관을 거쳐 공단에 제기하여야 한다.

③ 제1항에 따른 심사 청구는 보험급여 결정 등이 있음을 안 날부터 90일 이내에 하여야 한다.

④ 제2항에 따라 심사 청구서를 받은 공단의 소속 기관은 5일 이내에 의견서를 첨부하여 공단에 보내야 한다.

⑤ 보험급여 결정 등에 대하여는 「행정심판법」에 따른 행정심판을 제기할 수 없다.

4. 결 론

그렇다면 피신청인의 이 사건 처분을 한 것은 위법, 부당하다고 할 것입니다.

입 증 방 법

1. 갑 제1호증 처분통지서
1. 갑 제2호증 의견서
1. 갑 제3호증 주민등록등본

첨 부 서 류

1. 위 입증서류 사본 각 1통
1. 주민등록초본 1통
1. 심판청구서 부본 1통

20○○. ○. ○.

위 청구인 ○ ○ ○ (인)

○○공단 귀하

제출기관	피청구인 또는 행정심판위원회 (행정심판법 제23조)	청구기간	· 처분이 있음을 안 날로부터 90일 · 처분이 있은 날로부터 180일 (행정심판법 제27조)
청 구 인	피처분자	피청구인	행정처분을 한 행정청

제출부수	청구서 및 부본 각 1부	관련법규	행정심판법
불복방법	· 행정심판 재청구의 금지(행정심판법 제51조) 행정심판법상 행정심판의 단계는 단일화되어 있어 재결에 대한 행정심판 재청구는 할 수 없다. 다만, 국세기본법 등의 개별법에서는 다단계의 행정심판을 인정하고 있음 · 재결에 대한 행정소송(행정소송법 제19조, 제38조) 재결자체에 고유한 위법이 있을 때에는 재결 그 자체에 대한 취소소송 및 무효등확인 소송을 제기할 수 있음 · 다만, 청구인은 기각 재결 등 청구인의 주장이 인용되지 아니한 경우에는 원행정처분에 대하여 행정소송으로 다툴 수 있음(행정소송법 제18조)		

나. 행정소송

(1) 기 재 례

피고가 20○○. ○. ○. 망 ○○○에게 한 요양불승인처분을 취소한다.

(2) 관련서식

[서식 175] 요양급여불승인처분 취소청구의 소

소 장

원 고 ○ ○ ○ (주민등록번호)
○○시 ○○구 ○○길 ○○ (우편번호 ○○○○○)

피 고 근로복지공단
○○시 ○○구 ○○길 ○○ (우편번호 ○○○○○)
대표자 이사장 △△△

요양급여불승인처분취소 청구의 소

청 구 취 지

1. 피고가 20○○. ○. ○. 원고에 대하여 한 요양급여불승인처분은 이를 취소한다.
2. 소송비용은 피고의 부담으로 한다.

라는 판결을 구합니다.

청 구 원 인

1. 당사자 관계

원고는 소외 ☆☆버스 주식회사에 소속되어 근무해온 자로서 20○○. ○. ○. 위 회사에서 실시하는 정기건강 진단을 받고 옷을 갈아입다가 쓰러져 재해를 입은 자이고 소외 ☆☆버스 주식회사는 피고가 관리하는 산업재해보상보험에 가입하였습니다.

2. 전심절차

원고는 피고의 △△북부지사에 요양급여를 청구하는 등 전심절차를 적법하게 이행하여 재결서를 20○○. ○. ○. 자로 수령하였습니다.

3. 보상책임

(1) 원고는 19○○년도에 위 회사의 모체인 ☆☆버스 번영회에 입사하여 근무해오다가 위 회사가 법인으로 바뀌고 나서 원고는 20○○. ○. ○. 위 마을버스 주식회사에 재입사형식을 취하였는데 원고가 담당해 온 일은 버스세차 및 주차장 주변청소 등으로서 20○○. ○. ○. 16:40경 위 회사에서 실시하는 정기건강진단을 받고 옷을 갈아입다가 쓰러져 ★★신경외과에서 입원치료를 받고 ○○대학교 의과대학 부속병원으로 옮겨 입원치료를 해왔으나 더 이상 호전되지 않아 20○○. ○. ○. 퇴원하여 집에서 요양 중에 있습니다.

(2) 위 병원에서 진단된 원고의 병명은 고혈압성 뇌출혈, 뇌기저핵혈증(우), 좌반신마비, 뇌동맥경화증으로서, 원고의 근무기간은 08:00부터 18:00까지였는데 오전 시간은 회사내 주차장 등 청소와 버스세차 등으로 일이 집중되고 원고 혼자서 감당하기에는 무리였으므로 오전 시간에는 과로하였던 것이고 특히 위 회사의 대표이사가 김□□으로 바뀌면서 위 김□□의 성격이 까다로워서 직원들이 근무하기 힘들어했고 나이든 원고는 해고의 불안감에 스트레스를 받아왔던 것입니다.

(3) 또한 피고의 재결서에도 명시된 바와 같이 요양신청서상 주치의는 원고 병명의 업무상 인과관계 여부에 대하여 과로 및 근무중 스트레스 등에 의해 갑작스런 혈압상승에 의한 출혈을 일으켰다고 사료됨으로 되어 있습니다.

4. 결 론

(1) 대법원은 재해가 업무와 직접 관련이 없는 기존의 질병이라도 업무상 질병과 겹쳐서 질병을 악화시킨 경우에도 재해와 업무간의 인과관계를 인정하고 있으며, 평소에 정상적인 근무가 가능한 질병이 업무의 과중으로 악화된 경우도 포함한다고 하고 있습니다. 또한, 기존질병과 업무간에 직접적인 관련이 없다고 하더라도 업무상 과로로 인하여 악화된 경우에는 업무상 재해에 해당한다는 점을 분명히 밝히고 있습니다.

(2) 따라서 원고의 재해는 위와 같이 누적된 업무상의 과로와 스트레스에 기인한 것으로 업무와 상당인과관계가 있음이 명백하므로, 피고가 원고의 재해는 기존질환으로 판단될 뿐

업무상 질병으로 인정할 만한 의학적 소견이 없다는 이유로 원고의 요양급여청구를 불승인한 처분은 위법 부당한 처분이므로 마땅히 취소되어야 할 것입니다.

입 증 방 법

1. 갑 제1호증 진단서
1. 갑 제2호증 재결서

첨 부 서 류

1. 위 입증방법 각 1통
1. 소장부본 1통
1. 납 부 서 1통

20○○. ○. ○.

위 원고 ○ ○ ○ (인)

○○행정법원 귀중

[서식 176] 요양급여불승인처분 취소청구의 소

소 장

원 고 ○ ○ ○ (주민등록번호)
○○시 ○○구 ○○길 ○○ (우편번호 ○○○○○)
전화 · 휴대폰번호 :
팩스번호, 전자우편(e-mail)주소 :

피 고 근로복지공단
○○시 ○○구 ○○길 ○○ (우편번호 ○○○○○)
대표자 이사장 □□□

요양급여불승인처분 취소청구의 소

청 구 취 지

1. 피고의 원고에 대한 요양급여불승인처분은 이를 취소한다.
2. 소송비용은 피고의 부담으로 한다.

라는 판결을 구합니다.

청 구 원 인

1. 당사자 관계

원고는 소외 마을버스 주식회사에 소속되어 근무해온 자로서 20○○. ○○. ○○. 위 회사에서 실시하는 정기건강 진단을 받고 옷을 갈아입다가 쓰러져 재해를 입은 자이고, 소외 마을버스 주식회사는 피고가 관리하는 산업재해보상보험에 가입하였습니다.

2. 전심절차

원고는 피고의 서울 ●●지사에 요양급여를 청구하는 등 전심절차를 적법하게 이행하여 재결서를 20○○. ○○. ○○. 자로 수령하였습니다.

3. 보상책임

(1) 원고는 19○○년도에 위 회사의 모체인 마을버스 번영회에 입사하여 근무해오다가 위 회사가 법인으로 바뀌고 나서, 원고는 20○○. ○○. ○○. 위 마을버스 주식회사에 재입사 형식을 취하였는데, 원고가 담당해온 일은 버스세차 및 주차장 주변 청소 등으로서 20○○. ○○. ○○.경 위 회사에서 실시하는 정기건강진단을 받고 옷을 갈아입다가 쓰러져, ◆◆신경외과에서 입원치료를 받고 △△대 의과대학 부속병원인 △△의료원으로 옮겨 입원치료를 해왔으나, 더 이상 호전되지 않아 20○○. ○○. ○○. 퇴원하여 집에서 요양 중에 있습니다.

(2) 위 병원에서 진단된 원고의 병명은 고혈압성 뇌출혈, 뇌기저핵혈증(우), 좌반신마비, 뇌동맥경화증으로서, 원고의 근무시간은 ○○:○○부터 ○○:○○까지 였는데, 오전 시간은 회사 내 주차장 등 청소와 버스세차 등으로 일이 집중되어 원고 혼자서 감당하기에는 무리였으므로 오전 시간에는 과로하였던 것이고, 특히 위 회사의 대표이사가 □□□으로 바뀌면서 위 □□□의 성격이 까다로와서 직원들이 근무하기 힘들어하였고, 나이 든 원고는 해고될지도 모른다는 불안감에 스트레스를 받아왔던 것입니다.

(3) 또한 피고의 재결서에도 명시된 바와 같이 요양신청서상 주치의는 원고의 병명의 업무상 인과관계 여부에 대하여 과로 및 근무중 스트레스 등에 의해 갑작스런 혈압상승에 의한 출혈을 일으켰다고 사료됨으로 되어 있습니다.

4. 결 론

(1) 대법원은 재해가 업무와 직접 관련이 없는 기존의 질병이라도 업무상 질병과 겹쳐서 질병을 악화시킨 경우에도 재해와 업무간의 인과관계를 인정하고 있으며, 평소에 정상적인

근무가 가능한 질병이 업무의 과중으로 악화된 경우도 포함된다고 하고 있습니다. 또한, 기존질병과 업무간에 직접적인 관련이 없었다고 하더라도 업무상 과로로 인하여 악화된 경우에는 업무상재해에 해당된다는 점을 분명히 밝히고 있는 것입니다.

(2) 따라서 원고의 재해는 위와 같이 누적된 업무상과로와 스트레스에 기인한 것으로 업무와 상당인과 관계가 있음이 명백한 것이므로, 피고가 원고의 재해는 기존질환으로 판단될 뿐 업무상 질병으로 인정할만한 의학적 소견이 없다는 이유로 원고의 요양급여청구를 불승인한 처분은 위법 부당한 처분이므로, 마땅히 취소되어져야 할 것입니다.

입 증 방 법

1. 갑 제1호증 진단서
1. 갑 제2호증 재결서
1. 갑 제3호증 주민등록등본

첨 부 서 류

1. 위 입증방법 각 1통
1. 소장부본 1통
1. 송달료 납부서 1통

20○○. ○. ○.

위 원고 ○○○ (서명 또는 날인)

○○행정법원 귀중

[서식 177] 요양급여불승인처분 취소청구의 소

소 장

원 고 김 길 동 (주민등록번호)
경기도 ○○시 ○○동 ○-○
(전화 123-4567, 팩스 123-5678)

피　고　　근로복지공단

요양급여불승인처분취소

청 구 취 지

1. 피고가 20○○. ○. ○. 망 김○○에게 한 요양불승인처분을 취소한다.
2. 소송비용은 피고가 부담한다.

라는 판결을 구합니다.

청 구 원 인

1. 처분의 경위

(1) 원고의 아들인 망 김○○(이하 '망인'이라 한다)은 20○○. ○. ○. A이 운영하는 인천 서구 XX동 XXX-XXX 소재 유사석유제품 제조 공장(이하 '이 사건 사업장'이라 한다)에 입사하여 유사석유제품을 만들다가 20○○. ○. ○. 공장 내부에서 발생한 화재로 인하여 신체전반에 "화염화상 59%(얼굴, 양상지, 양하지 등)"(이하 '이 사건 상병'이라 한다)의 상병을 입는 재해를 당하였습니다.

(2) 망인은 피고에게 20○○. ○. ○. 이 사건 상병이 업무상 재해에 해당한다고 주장하며 요양신청을 하였으나, 피고는 20○○. ○. ○. 망인에 대하여, 망인의 재해발생 사업장은 석유 및 석유대체연료사업법 제29조(유사석유제품의 제조 등의 금지) 및 제44조에 의한 중대한 불법행위 등으로 산업재해보상보험법에 의한 사업 또는 사업장으로 볼 수 없어 적용제외 사업에 해당된다는 이유로, 위 요양신청을 불승인하는 이 사건 처분을 하였습니다.

(3) 한편, 망인은 20○○. ○. ○. 사망하여 아버지인 원고가 산업재해보상보험법상 보험급여 수급권자의 지위를 승계하였다.

2. 처분의 위법성

산업재해보상보험법은 근로자를 사용하는 모든 사업 또는 사업장에 적용되며 불법 사업장에는 그 적용을 제한한다는 아무런 규정도 없을 뿐만 아니라, 망인이 근무한 사업장은 유사석유제품을 제조한 것이 아니라 솔벤트를 구입하여 이를 플라스틱통에 나누어 담아 지방이나 인근의 세탁소 등을 상대로 판매하는 사업을 해왔을 뿐이며, 가사 망인이 근무한 사업장이 불법적인 유사석유제품을 제조하는 곳이라고 하더라도 망인은 이 사건 사업장에서 근무한 기간이 불과 4일에 불과하여 이 사건 사업장이 불법적인 유사석유제품을 만드는 곳이라는 점을 인식하지 못하였으므로, 이 사건 사업장에서 발생한 재해로 인한 이 사건 상병은 업무상 재해에 해당함에도 이 사건 사업장을 산업재해보상보험법상 적용제외 사업으로 보아 요양을 불승인한 이 사건 처분은 위법하여 취소되어야 한다.

3. 결 론

이와 같이 피고의 처분은 위법한 행정처분이 아닐 수 없으므로, 상기와 같이 원고의 행정처분의 취소를 구하는 행정소송에 이르게 되었습니다.

입 증 방 법

1. 갑 제1호증
2. 갑 제2호증

첨 부 서 류

1. 위 각 입증방법 각 1부
2. 송달료 납부서
3. 소장부본

20○○. ○. ○.

위 원고 (날인 또는 서명)

서울행정법원 귀중

제 8 장 의사자에 대한 행정심판

Ⅰ. 개 설

직무 외의 행위로 위해(危害)에 처한 다른 사람의 생명 · 신체 또는 재산을 구하다가 사망하거나 부상을 입은 사람과 그 유족 또는 가족에 대하여 그 희생과 피해의 정도 등에 알맞은 예우와 지원을 함으로써 의사상자의 숭고한 뜻을 기리고 사회정의를 실현하는 데에 이바지하기 위해 의사를 인정하고 그에 따른 지원을 하고 있다.

Ⅱ. 의사자인정거부처분관련 행정심판

1. 의사상자 등 예우 및 지원에 관한 법률의 목적

이 법은 직무 외의 행위로 위해(危害)에 처한 다른 사람의 생명 · 신체 또는 재산을 구하다가 사망하거나 부상을 입은 사람과 그 유족 또는 가족에 대하여 그 희생과 피해의 정도 등에 알맞은 예우와 지원을 함으로써 의사상자의 숭고한 뜻을 기리고 사회정의를 실현하는 데에 이바지하는 것을 목적으로 하며(의사상자 등 예우 및 지원에 관한 법률 제1조), 이 법에서 사용하는 "구조행위"란 자신의 생명 또는 신체상의 위험을 무릅쓰고 급박한 위해에 처한 다른 사람의 생명 · 신체 또는 재산을 구하기 위한 직접적 · 적극적 행위를 말하며, "의사자(義死者)"란 직무 외의 행위로서 구조행위를 하다가 사망(의상자가 그 부상으로 인하여 사망한 경우를 포함한다)하여 보건복지부장관이 이 법에 따라 의사자로 인정한 사람을 말하고, "의사자유족"이란 의사자의 배우자(사실상의 혼인관계에 있는 자를 포함한다. 이하 같다), 자녀, 부모, 조부모 또는 형제자매를 말한다(법 제2조).

2. 의사상자 적용범위

가. 적용범위

이 법은 다음 각 호의 어느 하나에 해당하는 때에 적용한다(법 제3조 제1항).

① 강도 · 절도 · 폭행 · 납치 등의 범죄행위를 제지하거나 그 범인을 체포하다가 사망하거나 부상을 입는 구조행위를 한 때

② 자동차 · 열차, 그 밖의 운송수단의 사고로 위해에 처한 다른 사람의 생명 · 신체 또는 재산을 구하다가 사망하거나 부상을 입는 구조행위를 한 때
③ 천재지변, 수난(水難), 화재, 건물 · 축대 · 제방의 붕괴 등으로 위해에 처한 다른 사람의 생명 · 신체 또는 재산을 구하다가 사망하거나 부상을 입는 구조행위를 한 때
④ 천재지변, 수난, 화재, 건물 · 축대 · 제방의 붕괴 등으로 일어날 수 있는 불특정 다수인의 위해를 방지하기 위하여 긴급한 조치를 하다가 사망하거나 부상을 입는 구조행위를 한 때
⑤ 야생동물 또는 광견 등의 공격으로 위해에 처한 다른 사람의 생명 · 신체 또는 재산을 구하다가 사망하거나 부상을 입는 구조행위를 한 때
⑥ 해수욕장 · 하천 · 계곡, 그 밖의 장소에서 물놀이 등을 하다가 위해에 처한 다른 사람의 생명 또는 신체를 구하다가 사망하거나 부상을 입는 구조행위를 한 때
⑦ 국가 또는 지방자치단체의 요청에 따라 구조행위를 위하여 대통령령으로 정하는 통상적인 경로와 방법으로 이동하던 중에 사망하거나 부상을 입은 때
⑧ 그 밖에 가)부터 아)까지와 유사한 형태의 위해에 처한 다른 사람의 생명 · 신체 또는 재산을 구하다가 사망하거나 부상을 입는 구조행위를 한 때

나. 적용배제

다음 각 호의 어느 하나에 해당하는 사람에 대하여는 이 법을 적용하지 아니한다(같은 조 제2항).

① 자신의 행위로 인하여 위해에 처한 사람에 대하여 구조행위를 하다가 망하거나 부상을 입은 사람
② 구조행위 또는 그와 밀접한 행위와 관련 없는 자신의 중대한 과실이 직접적인 원인이 되어 사망하거나 부상을 입은 사람

다. 인정신청 등

(1) 인정신청

이 법의 적용을 받으려는 사람은 대통령령으로 정하는 바에 따라 그 주소지 또는 구조행위지를 관할하는 시장(「제주특별자치도 설치 및 국제자유도시 조성을 위한 특별법」에 따른 행정시장을 포함한다. 이하 같다) · 군수 · 구청장(자치구의 구청장에 한한다. 이하 같다)에게 의사상자 인정신청을 하여야 한다(법 제5조).

(2) 신청에 의한 인정여부 결정청구

시장 · 군수 · 구청장은 인정신청을 받은 때에는 지체 없이 특별시장 · 광역시장 · 도지사 또는 특별자치도지사를 거쳐 보건복지부장관에게 의사상자 인정 여부의 결정을 청구하여야 한다.

(3) 직권에 의한 인정여부 결정청구

시장 · 군수 · 구청장은 제1항 및 제2항에도 불구하고 관할 구역 안에서 구조행위가 있었다는 사실을 알게 된 때에는 직권으로 시 · 도지사를 거쳐 보건복지부장관에게 의사상자 인정 여부의 결정을 청구할 수 있다.

(4) 결정기간

보건복지부장관은 청구를 받은 때에는 위원회의 심사 · 의결을 거쳐 60일 이내에 의사상자 인정 여부를 결정하여야 한다. 다만, 구조행위의 사실 여부 확인 등 부득이한 사유가 있는 때에는 30일의 범위 내에서 그 기간을 연장할 수 있다

라. 이의신청 및 행정심판

(1) 이의신청

보건복지부장관의 결정에 이의(異議)가 있는 사람은 결정을 통보받은 날부터 30일 이내에 보건복지부령으로 정하는 바에 따라 보건복지부장관에게 이의를 신청할 수 있으며(법 제6조의 2), 보건복지부장관은 이의신청에 대하여 위원회의 심사 · 의결을 거쳐 60일 이내에 결정하고, 그 결과를 이의신청을 한 사람에게 통보하여야 한다. 다만, 그 기간 내에 결정할 수 없는 부득이한 사유가 있는 때에는 30일의 범위에서 기간을 연장할 수 있다.

(2) 행정심판

이의신청을 한 사람은 그 이의신청과 관계없이 「행정심판법」에 따른 행정심판을 청구할 수 있다.

3. 의사상자 산정기준

가. 직무 외의 행위

공식적 · 비공식적 직무와 전혀 관계없이 행동한 경우는 직무 외의 행위로 인정되며, 직무의 고유 목적을 달성하기 위해 필수적으로 수반되는 행위는 직무상 행위로 인정된다. 또한, 법률

상 · 계약상 · 조리상 위험 발생을 방지할 일반적인 보호감독의무나 안전배려의무가 있는 경우는 직무 행위로 인정된다.

나. 타 인

구조의 당사자는 타인(친구, 일행 또는 동료 간의 구조행위는 타인 간의 구조행위로 인정된다)며, 8촌 이내의 혈족(血族), 4촌 이내의 인척(姻戚) 및 배우자(「민법」 제777조)의 구조행위는 제외된다. 여기서 자기의 직계존속(直系尊屬)과 직계비속(直系卑屬)을 직계혈족이라 하고 자기의 형제자매와 형제자매의 직계비속, 직계존속의 형제자매 및 그 형제자매의 직계비속을 방계(傍系) 혈족이라 한다(민법 제768조).

※ 인척이란혈족의 배우자, 배우자의 혈족, 배우자의 혈족의 배우자를 말합니다(「민법」 제769조).

다. 급박(急迫)한 위해(危害)

사고발생을 목격할 당시 즉각적인 조치를 취하지 않으면 타인의 생명 · 신체 또는 재산에 중대한 위험이 발생할 것이 확실시되는 급박한 위해는 인정된다. 자신의 행위가 다른 사람의 급박한 위해의 원인이 되는 경우나 사건 발생 시점부터 상당한 시간이 지난 후의 복구 · 수색 활동 등은 제외된다.

라. 구조행위

행위자의 주관적 구조의사 외에도 객관적 재난상황에서 사회통념상 일반적으로 기대되는 안전배려 또는 상호협력의 수준을 넘어서는 자기희생적 위험인수행위이어야 한다. 당시 행위자가 처한 상황과 그러한 행위로 행위자가 감수해야 하는 위험의 종류와 정도, 구조행위의 구체적 태양(態樣)과 적절성, 구조대상인 타인이 처한 위해의 긴급성 및 위험의 정도 등을 종합적으로 고려해야 한다.

마. 구조행위와 사망 · 부상사이의 인과관계

타인의 생명, 신체 또는 재산을 구조하는 직접적이고 구체적인 행위를 해야 하는 것뿐만 아니라 타인의 생명, 신체 또는 재산을 구조하기 위한 과정에서 사망하거나 부상을 당한 경우인지를 판단한다.

4. 관련서식 등

가. 기 재 례

피고가 20○○. ○. ○. 원고에 대하여 한 의사자불인정처분을 취소한다.

나. 관련서식

[서식 178] 의사상자 인정신청서

[별지 제1호 서식] 〈개정 2016. 12. 30.〉

의사상자 인정신청서

〈앞 쪽〉

접수번호	접수일자	처리일자	처리기간 60일

신 청 인	성명	생년월일 (외국인등록번호)
	전화번호	구조행위자와의 관계
	주소	

구 조 행위자	성명	생년월일 (외국인등록번호)
	직업	구조대상자와의 관계
	주소	

사고내용	발생일시	발생장소
	사고요지	
	상해정도	

<table>
<tr><td rowspan="2">사고처리
경찰관서</td><td rowspan="2"></td><td>담당경찰관</td></tr>
<tr><td>전화번호</td></tr>
<tr><td rowspan="3">위 사고와
관련하여
다른 법률에
따라 이미
지급받은 금액</td><td colspan="2">내용
(적용된 다른 법률)</td></tr>
<tr><td>지급일자</td><td>지급자</td></tr>
<tr><td colspan="2">금액</td></tr>
</table>

「의사상자 등 예우 및 지원에 관한 법률」 제5조 제1항, 같은 법 시행령 제9조 제1항 및 같은 법 시행규칙 제2조제1항에 따라 의사상자 인정을 신청합니다.

년 월 일

신청인 (서명 또는 인)

시장 · 군수 · 구청장 귀하

<table>
<tr><td>신청인
제출서류</td><td>1. 구조행위자에 대하여 병원급 이상 의료기관이 발행한 진단서(사망자의 경우에는 의료기관이 발행한 사체검안서 또는 사망진단서) 1부
2. 구조행위를 증명할 수 있는 경찰관서 · 소방관서 등의 사건사고 확인서류 사본 1부
3. 신청인과 구조행위자의 관계를 증명할 수 있는 가족관계증명서 또는 사실혼관계 · 친생자관계존재확인의 소 판결문 등의 서류 1부(주민등록표 등본으로 그 관계를 확인할 수 없는 경우에만 해당합니다)</td><td rowspan="2">수수료
없음</td></tr>
<tr><td>담당공무원
확인사항</td><td>주민등록표 등본</td></tr>
</table>

210㎜×297㎜(백상지 120g/㎡)

〈뒤 쪽〉

행정정보 공동이용 동의서

본인은 이 건 업무처리와 관련하여 담당 공무원이 「전자정부법」 제36조 제1항에 따른 행정정보의 공동이용을 통하여 위의 담당 공무원 확인 사항을 확인하는 것에 동의합니다.
* 동의하지 않는 경우에는 신청인이 직접 관련 서류를 제출해야 합니다.

신청인 (서명 또는 인)

처리절차

이 신청서는 아래와 같이 처리됩니다.

신 청 인	접 수 기 관	처 리 기 관
구조행위자 본인, 배우자(사실상 혼인관계에 있는 자 포함), 자녀, 부모, 조부모 또는 형제자매	시 · 군 · 구	보건복지부

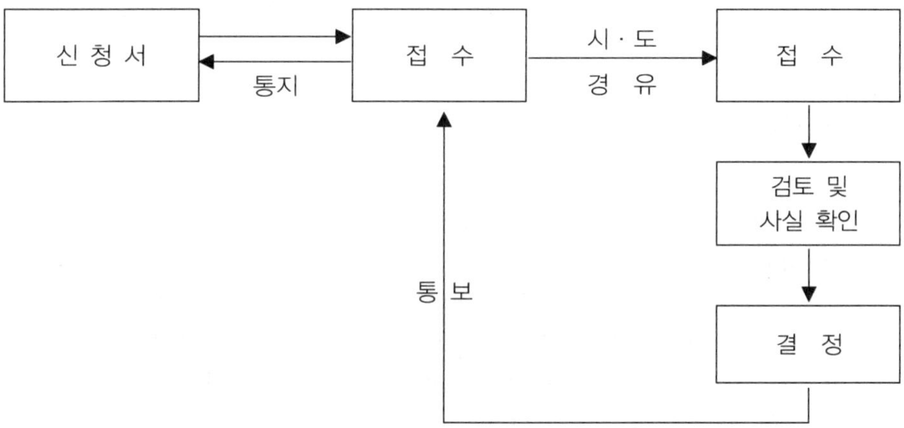

[서식 179] 의사자인정거부처분 취소청구의 소

소　　　장

원　고　　김 ○ ○
경기도 ○○시 ○○○읍 ○-○
(전화 123-4567, 팩스 123-5678)
박 ○ ○
경기도 ○○시 ○○○읍 ○-○
(전화 234-5678, 팩스 234-6789)

피　고　　서울특별시 지방경찰청장

의사자인정거부처분취소

청 구 취 지

1. 피고가 20○○. ○. ○. 자로 한, 망 올즈보이 오○○ 및 망 다○에 대한 각 의사자인정거부처분을 취소한다.
2. 소송비용은 피고가 부담한다.

라는 판결을 구합니다.

청 구 원 인

1. 처분의 경위

(1) 망 올즈보이 오○○(20○○. ○. ○.생, 이하 '망 오○○'라 한다)는 원고 김○○의 딸이고, 망 다○(20○○. ○. ○.생, 이하 '망 다○'라 하고, 망 오○○와 통칭할 때는 '망인들'이라 한다)는 원고 박○○의 아내이며, 망 오○○는 망 다○의 조카입니다.

(2) 나. 망인들은 20○○. ○. ○.망 오○○의 이웃에 거주하는 정■■(당시 79세)의 부탁을 받고 폭우가 내리는 중에 배수구를 막고 있는 장판을 제거하기 위하여 함께 나갔다가, 배수구로부터 약 수백 미터 떨어진 다리 부근에서 변사체로 발견되었습니다(이하 '이 사건 사고'라 한다).

(3) 망 다○의 시신을 검안한 의사 김■■은 망 다○의 사망진단서에 사인으로 익사에 의한 심폐기능정지를 기재하였습니다.

(4) 원고들은 피고에게 망인들이 정■■의 요청을 받고 구조행위에 나아갔다가 사망하게 되었다며 의사자인정 신청을 하였으나, 피고는 의사상자 심사위원회의 심사 결정을 거쳐 20○○. ○. ○. 망인들이 구 「의사상자 예우 및 지원에 관한 법률」(2011. 8. 법률 제11006

호로 개정되기 전의 것, 이하 '의사상자법'이라 하고, 특정조문을 인용할 때는 '법'이라 한다) 소정의 의사자에 해당하지 않는다며 의사자 인정거부 처분(이하 '이 사건 처분'이라 한다)을 하였습니다.

(5) 원고들은 이 사건 처분에 불복하여 20○○. ○. ○. 행정심판을 청구하였으나, 중앙행정심판위원회는 20○○. ○. ○. 이를 모두 기각하였습니다.

2. 처분의 위법성

망인들이 정■■을 돕기 위하여 폭우가 내리는 위험한 상황에서도 배수구를 막고 있는 장판을 제거하려고 한 행위는 구조행위라 할 것이고, 망인들은 그 구조행위 과정에서 사망하였으므로 의사상자법 소정의 의사자에 해당합니다.

따라서 피고가 망 올즈보이 오○○ 및 망 다○에 대한 각 의사자 인정거부 처분을 한 행위는 위법합니다.

3. 결 론

이와 같이 피고의 처분은 위법한 행정처분이 아닐 수 없으므로, 상기와 같이 원고의 행정처분의 취소를 구하는 행정소송에 이르게 되었습니다.

입 증 방 법

1. 갑 제1호증
2. 갑 제2호증
3. 갑 제3호증
4. 갑 제4호증
5. 갑 제5호증

첨 부 서 류

1. 위 각 입증방법 각 1부
2. 송달료 납부서
3. 소장부본

20○○. ○. ○.

위 원고 (날인 또는 서명)

서울행정법원 귀중

제 9 장 개발부담금에 대한 행정심판

Ⅰ. 개발부담금의 부과 · 징수

1. 부담금의 결정 · 부과

국토교통부장관은 부과종료시점부터 3개월 이내에 개발부담금을 결정 · 부과하여야 하며, 이를 부과 · 결정하려면 대통령령으로 정하는 바에 따라 미리 납부의무자에게 그 부과기준과 개발부담금을 알려야 하고, 납부고지서를 발부하여야 한다. 판례는 3개월 이내의 부과기간을 훈시규정으로 보고 있다.[163)]

2. 시 효

개발부담금을 징수할 수 있는 권리와 개발부담금의 과오납을 환급받을 권리는 행사할 수 있는 시점부터 5년간 행사하지 아니하면 소멸시효가 완성된다.

3. 징 수

개발부담금의 납부의무자는 부과일부터 6개월 이내에 개발부담금을 납부해야 한다. 국토교통부장관은 지정된 기간 내에 그 개발부담금을 납부하지 아니한 때에는 납부기한 경과 후 10일 이내에 독촉장을 발부해야 한다. 독촉장을 받고도 지정된 기한까지 개발부담금 및 가산금 등을 완납하지 않으면 국토교통부장관은 국세체납처분의 예에 따라 징수할 수 있다.

Ⅱ. 개발부담금 부과에 대한 불복

1. 심사청구

통지받은 개발부담금에 대하여 이의가 있는 자는 대통령령으로 정하는 바에 따라 심사청구를 할 수 있다.

---

163) 대법원 2005. 7. 14. 선고 2003다35635 판결.

2. 행정심판의 특례

가. 행정심판

개발부담금 등의 부과 · 징수에 이의가 있는 자는 「공익사업을 위한 토지 등의 취득 및 보상에 관한 법률」에 따른 중앙토지수용위원회에 행정심판을 청구할 수 있다. 위의 행정심판청구에 대하여는 「행정심판법」 제6조에도 불구하고 "토지보상법"에 따른 중앙토지수용위원회가 심리의결하여 재결한다. 각종 개발사업에 따른 토지의 개발부담금 부과처분, 개발제한구역내 토지훼손부담금 부과처분 등에 대한 행정심판법에 대한 특례를 두어 중앙토지수용위원회에서 재결(의결)하도록 되어 있다.

나. 행정심판 절차

(1) **행정심판청구서 제출 및 접수** : 행정심판법 제17조 및 제19조에 따라 서면으로 심판청구서를 재결청에 제출하고 재결청은 이를 접수

(2) **피청구인에게 청구서 부본 송부 및 답변서 제출요구** : 행정심판법 제24조에 따라 재결청은 피청구인에게 청구서 부본 송부 및 답변서 제출요구

(3) **답변서 제출 및 접수** : 행정심판법 제24조에 피청구인의 답변서 제출 및 재결청의 접수

(4) **답변서 부본 송달** : 행정심판법 제24조에 따라 피청구인이 제출한 답변서 부본을 다른 당사자에게 송달

(5) **당사자의 보충서면 제출** : 행정심판법 제25조에 따라 당사자는 주장사실을 보충하고 다른 당사자의 주장을 반박하기 위해 보충서면 제출

(6) **심 리** : 행정심판법 제26조 및 제26조의2에 따라 직권심리, 서면심리 또는 구술심리, 비공개심리

(7) **증거서류 동의 제출 및 그 부본 송달** : 행정심판법 제27조에 따라 증거서류 및 증거를 제출, 그 부분을 다른 당사자에게 송달

(8) **증거조사** : 행정심판법 제28조에 따라 사건의 심리를 위하여 당사자의 신청 또는 직권에 의한 증거조사

(9) **위원회 재결** : 행정심판법 제31조에 따라 재결청은 위원회의 의결내용에 따라 지체

없이 재결

(10) **재결서 송달** : 행정심판법 제31조에 따라 재결청은 당사자에게 재결서 정본 송달

3. 행정소송

행정심판 재결에 불복있는 자는 행정소송을 제기할 수 있다. 개발부담금 감액경정처분에 대한 항고소송시 제소기간은 당초처분을 기준으로 판단해야 한다.164)

4. 관련서식 등

가. 행정심판

(1) 기 재 례

피청구인이 20○○. ○. ○. 신청인에 대하여 한 개발부담금 ○○○원의 부과처분을 취소한다.

[개발부담금 부과 대상 개발사업]

[별표 2] 〈개정 2014.7.14〉

개발부담금 부과 대상 개발사업(제4조제5항 및 제6항 관련)

1. 「건축법 시행령」 별표 1에 따른 건축물 중 다음 각 목의 어느 하나에 해당하는 건축물을 건축하기 위한 용도로 토지를 개발하는 사업(「건축법」 제22조에 따른 사용승인을 받은 날부터 5년 이내에 「건축법」 제19조에 따라 다음 각 목의 건축물로 용도를 변경하는 경우를 포함한다)
   가. 「건축법 시행령」 별표 1 제1호에 따른 단독주택(라목은 제외한다) 및 같은 표 제2호에 따른 공동주택. 다만, 「주택법」 제9조 제1항 제4호에 따른 공익법인이 무주택자를 위하여 단독주택 또는 공동주택을 건축하는 경우는 제외한다.
   나. 「건축법 시행령」 별표 1 제3호에 따른 제1종 근린생활시설(바목 · 사목 및 아목은 제외한다) 및 같은 표 제4호에 따른 제2종 근린생활시설
   다. 「건축법 시행령」 별표 1 제5호에 따른 문화 및 집회시설(라목 및 마목은 제외한다), 같은 표 제7호에 따른 판매시설, 같은 표 제8호에 따른 운수시설(가목으로 한정한다) 및 같은

164) 대법원 1999. 4. 27. 선고 98두19179 판결.

표 제13호에 따른 운동시설

라. 「건축법 시행령」 별표 1 제14호에 따른 업무시설(가목은 제외한다), 같은 표 제15호에 따른 숙박시설, 같은 표 제16호에 따른 위락시설, 같은 표 제17호에 따른 공장 및 같은 표 제18호에 따른 창고시설

마. 「건축법 시행령」 별표 1 제19호에 따른 위험물 저장 및 처리 시설(가목 및 나목으로 한정한다), 같은 표 제20호에 따른 자동차 관련 시설(건설기계 관련 시설을 포함한다) 및 같은 표 제27호에 따른 관광휴게시설

2. 「체육시설의 설치 · 이용에 관한 법률 시행규칙」 별표 4 제2호 가목 · 카목 및 하목에 따른 골프장업 · 골프연습장업 및 썰매장업을 운영하기 위하여 토지를 개발하는 사업

(2) 관련서식

[서식 180] 개발부담금 분할납부신청서

■ 개발이익 환수에 관한 법률 시행규칙 [별지 제12호서식] 〈개정 2014.7.14〉

개발부담금 분할납부신청서

접수번호	접수일	처리기간 30일

신청인	성명(대표자명)		생년월일(사업자등록번호 또는 법인등록번호)		
	상호(법인명)				
	전화번호		휴대전화번호		
	사무소 소재지 또는 주소				
신청 내용	대상 개발사업명				
	부과 금액		원		
	분할 납부 희망일	. . .	. . .	. . .	. . .
	분납 금액		원		
	분납 사유				

「개발이익 환수에 관한 법률 시행령」 제24조 제1항에 따라 위와 같이 분할 납부를 신청합니다.

년 월 일

신청인 (서명 또는 인)

특별자치시장 · 특별자치도지사 · 시장 · 군수 · 구청장 귀하

신청인 제출서류	분할 납부 사유를 증명할 수 있는 자료	수수료 없음

처리 절차

신청서 작성 → 접수 → 검토 → 결재 → 통보

신청인 / 처리기관 : 특별자치시 · 특별자치도 · 시 · 군 · 자치구

210mm×297mm[백상지 80g/㎡]

[서식 181] 개발부담금 고지전 심사청구서

■ 개발이익 환수에 관한 법률 시행규칙 [별지 제3호서식] 〈개정 2014.7.14〉

개발부담금 고지 전 심사청구서

접수번호	접수일	처리기간 15일

청구인	성명(대표자명)		생년월일(사업자등록번호 또는 법인등록번호)
	상호(법인명)	전화번호	휴대전화번호
	사무소 소재지 또는 주소		

심사 청구 내용	대상 개발사업명
	개발부담금 부과 대상 토지의 명세
	부과 금액 원
	부과 기준
	심사청구 이유

「개발이익 환수에 관한 법률 시행령」 제16조 제2항에 따라 위와 같이 고지 전 심사를 청구합니다.

년 월 일

청구인 (서명 또는 인)

특별자치시장 · 특별자치도지사 · 시장 · 군수 · 구청장 귀하

청구인 제출서류	관계 증명서류 등	수수료 없음

처리 절차				
신청서 작성	➜ 접수	➜ 검토	➜ 결재	➜ 통지
청구인	처리기관: 특별자치시 · 특별자치도 · 시 · 군 · 자치구			

210mm×297mm[백상지 80g/㎡]

[서식 182] **이의신청서**

■ 공익사업을 위한 토지 등의 취득 및 보상에 관한 법률 시행규칙[별지 제21호 서식] 〈개정 2016. 6. 14.〉

이의신청서

(앞쪽)

접수번호		접수일
신청인	성명 또는 명칭	
	주소	
상대방	성명 또는 명칭	
	주소	
이의신청 대상 토지 및 물건		
이의신청의 요지		
이의신청의 이유		
재결일		재결서 수령일

「공익사업을 위한 토지 등의 취득 및 보상에 관한 법률」 제83조 및 같은 법 시행령 제45조 제1항에 따라 토지수용위원회의 재결에 대하여 위와 같이 이의를 신청합니다.

년 월 일

신청인 (서명 또는 인)

중앙토지수용위원회 위원장 귀하

첨부서류	재결서 정본의 사본 1부	수수료 없음

210mm×297mm[백상지 80g/㎡]

[서식 183] 재결신청서

■ 공익사업을 위한 토지 등의 취득 및 보상에 관한 법률 시행규칙[별지 제13호 서식] 〈개정 2016. 6. 14.〉

재 결 신 청 서

(앞쪽)

접수번호	접수일

신청인 (사업시행자)	성명 또는 명칭	
	주 소	
공익사업의 종류 및 명칭		
사업인정의 근거 및 고시일		
수용하거나 사용할 토지등		
수용할 토지에 있는 물건		
보 상 액 및 그 명 세		
사용하려는 경 우	사 용 의 방 법	
	사 용 의 기 간	
토 지 소 유 자	성명 또는 명칭	
	주 소	
관 계 인	성명 또는 명칭	
	주 소	
수용 또는 사용의 개시예정일		
재결신청의 청 구	청 구 일	
	청구인의 성명 또 는 명 칭	
	청구인의 주소	

「공익사업을 위한 토지 등의 취득 및 보상에 관한 법률」 제28조 제1항 · 제30조 제2항 및 같은 법 시행령 제12조 제1항에 따라 위와 같이 재결을 신청합니다.

년 월 일

신청인(사업시행자) 인

토지수용위원회 위원장 귀하

첨부서류	1. 토지조서 또는 물건조서 각 1부 2. 협의경위서 1부 3. 사업계획서 1부 4. 사업예정지 및 사업계획을 표시한 도면 각 1부 5. 보상금을 채권으로 지급할 수 있는 경우에 해당함을 증명하는 서류와 채권으로 보상하는 보상금의 금액, 채권원금의 상환방법 및 상환기일, 채권의 이자율과 이자의 지급방법 및 지급기일을 적은 서류 각 1부(보상금을 채권으로 보상하는 경우에만 제출합니다)	수수료 「공익사업을 위한 토지 등의 취득 및 보상에 관한 법률 시행규칙」 별표 1에서 정하는 금액

210mm×297mm[백상지 80g/㎡]

나. 행정소송

(1) 기 재 례

피고가 20○○. ○. ○. 원고에 대하여 한 개발부담금 ○○○원의 부과처분은 이를 취소한다.

(2) 관련서식

[서식 184] 개발부담금부과처분 취소청구의 소

소 장

원 고 ○ ○ ○ (주민등록번호)
○○시 ○○구 ○○길 ○○ (우편번호 ○○○○○)

피 고 △△시 △△구청장
○○시 ○○구 ○○길 ○○ (우편번호 ○○○○○)

개발부담금부과처분 취소청구의 소

청 구 취 지

1. 피고가 20○○. ○. ○. 원고에 대하여 한 개발부담금 금○○○원의 부과처분은 이를 취소한다.
2. 소송비용은 피고의 부담으로 한다.

라는 판결을 구합니다.

청 구 원 인

1. 이 사건 처분경위

가. 원고는 20○○. ○. ○. ○○시 ○○구 ○○동 ○○ 임야 1,000제곱미터 등 3필지 토지에 골프연습장을 건설하기 위하여 그 소유자인 소외 양□□로부터 임차기간은 3년 임료는 연 1,000,000원으로 정하여 임차하였고 20○○. ○월 ○○구청으로부터 운동시설(골프연습장)로 건축허가와 형질변경허가 등을 포함한 사업인가를 받고 같은 해 ○월 위 공사에 착공하여 20○○. ○. ○. 이를 준공하였습니다.

나. 이에 피고는 20○○. ○. ○. 위 사업시행자인 원고에게 금 ○○○원 상당의 개발이익이 귀속되었다고 하여 같은 해 ○. ○. 금 ○○○원의 개발부담금을 부과하는 처분을 하였습니다.

2. 이 사건 처분의 위법성

가. 개 요

이 사건 개발이익이 위 개발사업으로 인하여 원고에게 귀속되었다고 할 수 없어 이 사건 처분은 위법하다 할 것입니다.

나. 개발이익의 귀속 여부에 대하여

토지가액의 증가로 인한 이익은 특별한 사정이 없으면 그 소유자에게 귀속된다고 봄이 상당한 반면에, 임차인은 임차기간이 끝나면 토지 소유자에게 그 토지를 반환하여야 할 것이어서 그 임차기간 중에 토지가액의 증가로 인한 이익을 누렸다는 점이 인정되지 않는 한, 그 개발이익이 임차인에게 귀속한다고 보기 어렵기 때문에 타인의 토지를 임차하여 사업을 시행하는 경우에는 비록 정상지가상승분을 초과하는 토지가액의 증가분이 있다고 하더라도 특별한 사정이 없는 한 사업시행자에게 위 토지가액 증가분이 귀속된다고 볼 수 없을 것입니다. 따라서 위 토지가액 증가로 인한 이익이 원고에게 귀속되었다는 전제하에 부가한 피고의 처분은 위법하다 할 것입니다.

3. 결 론

결국 원고가 이 사건 토지를 그 소유자로부터 3년간이라는 길지 않은 기간 동안 임차하여 위 건설사업을 한 이 사건의 경우에는 원고에게 이 사건 개발이익이 귀속되었다고 할 수 없는 것이어서, 원고에게 이사건 개발이익이 귀속되었음을 전제로 하는 이 사건 처분은 위법하다 할 것이며 이를 취소하고자 이 사건 소를 제기하게 되었습니다.

입 증 방 법

1. 갑 제1호증 임대차계약서 사본
1. 갑 제2호증 사업인가서 사본

첨 부 서 류

1. 위 각 입증방법 1통
1. 등기사항전부증명서 1통
1. 소장부본 1통
1. 납부서 1통

20○○. ○. ○.

원 고 ○ ○ ○ (인)

○○ 행정법원 귀중

[서식 185] 개발부담금부과처분 취소청구의 소

소 장

원 고 랜드테크 주식회사
서울시 ○○구 ○○동 ○-○
(전화 1234-5678, 팩스 1234-6789)

피 고 서울특별시 ○○구청장

개발부담금부과처분 취소

청 구 취 지

1. 피고가 20○○. ○. ○. 원고에 대하여 한 개발부담금 8,176,292,630원의 부과처분을 취소한다.
2. 소송비용은 피고가 부담한다.

라는 판결을 구합니다.

청 구 원 인

1. 처분의 경위

(1) 원고는 20○○. ○. ○. 피고로부터 주택건설촉진법 제33조에 의하여 민영주택건설사업계획 승인을 받고, 20○○. ○. ○. 서울 ○○구 소재 대지 32,259㎡(이하 '이 사건 토지'라 한다) 지상에 건립되어 있던 지하 2층, 지상 16층의 ○○○공업 사옥, 주택전시관 등을 철거한 후 공사를 시작하여 지하 4층, 지상 46층 규모의 3개동 449세대의 아파트(이하 '이 사건 아파트'라 한다) 신축공사를 완료하고 20○○. ○. ○. 이 사건 아파트에 대한 사용검사를 마쳤습니다.

(2) 피고는 원고가 시행한 이 사건 아파트 건설사업이 개발이익환수에 관한 법률(20○○. ○. ○. 법률 제7709호로 개정되기 전의 것, 이하 '법'이라 한다) 제5조 제1항 제1호, 법 시행령(20○○. ○. ○. 대통령령 제19752호로 개정되기 전의 것, 이하 '영'이라 한다) 제4조 제1항 [별표 1] 제1호 소정의 개발부담금 부과대상사업이라는 이유로 20○○. ○. ○. 원고에게 개발부담금 8,176,292,630원을 부과하는 내용의 이 사건 처분을 하였습니다.

(3) 이에 대하여 원고는 20○○. ○. ○. 중앙토지수용위원회에 심사청구를 하였으나, 중앙토지수용위원회는 20○○. ○. ○. 원고의 청구를 기각하였습니다.

2. 처분의 위법성

(1) 개발부담금 부과대상사업 여부

영 제4조 제1항 [별표 1] 제1호에서 개발부담금 부과대상사업으로 정한 주택건설촉진법에 의한 '대지조성사업 및 주택건설사업'은 대지조성사업과 주택건설사업이 함께 시행되는 경우를 전제로 한 것이어서 두 사업 중 주택건설사업만을 시행한 경우는 위 규정에 의한 개발부담금 부과대상사업으로 볼 수 없다. 나아가 이 사건 토지는 원고의 주택건설사업 이전에 이미 지목이 대지였기 때문에 원고는 별도의 대지조성공사를 하지 않았다. 따라서 이 사건 토지에 대한 개발부담금 부과는 위법합니다.

(2) 부과종료시점

토지를 개발하여 아파트를 신축.분양하는 사업시행자의 경우에는 아파트 분양 시점에 그 분양가가 이미 정해져 그 이후의 사업시행자에게 귀속될 개발이익이 부존재하게 됨을 고려하여 법 제9조 제3항 단서에서 납부의무자가 개발사업의 목적용도로 사용을 개시하거나 타인에게 분양 등 처분하는 경우로서 대통령령이 정하는 경우에는 이에 해당하게 된 날을 부과종료시점으로 하도록 규정하였으므로, 아파트 건설의 사업시행자가 준공검사를 받기 전에 건설 중인 아파트를 분양한 경우에는 분양완료시를 부과 종료시점으로 하여 개발부담금을 산정하여야 합니다.

(3) 공시지가 현실화로 인한 가공의 이익 포함 여부

피고는 20○○년 이후 공시지가를 산정하면서 종전 공시지가와 실제 가격 사이의 차액을 현실화한다는 명목하에 실제 지가상승률에 이른바 현실화율을 더하여 공시지가를 산정함으로써 이 사건 토지의 부과종료시점의 지가에는 공시지가 현실화율 상승분이라는 가공의 개발이익이 포함되어 있으므로, 이 사건 부과처분은 적어도 가공의 개발이익에 대한 개발부담금 부분에 관한 한 위법합니다.

3. 결 론

이와 같이 피고의 처분은 위법한 행정처분이 아닐 수 없으므로, 상기와 같이 원고의 행정처분의 취소를 구하는 행정소송에 이르게 되었습니다.

입 증 방 법

1. 갑 제1호증
2. 갑 제2호증

첨 부 서 류

1. 위 각 입증방법 각 1부
2. 송달료 납부서
3. 소장부본

20○○. ○. ○.

위 원고 (날인 또는 서명)

서울행정법원 귀중

제10장 학교폭력구제 행정심판(가해자 중심)

Ⅰ. 학교폭력 – 가해자 중심

1. 학교폭력의 개념 및 유형

가. 개 념

학교 내·외에서 학생을 대상으로 발생한 상해, 폭행, 감금, 협박, 약취·유인, 명예훼손·모욕, 공갈, 강요·강제적인 심부름 및 성폭력, 따돌림, 사이버 따돌림, 정보통신망을 이용한 음란·폭력 정보 등에 의하여 신체·정신 또는 재산상의 피해를 수반하는 행위를 말한다.

학교폭력 행위의 경중 판단 소요
〈학교폭력예방 및 대책에 관한 법률 제16조의2, 제17조 제2항〉 ■ 피해학생이 장애학생인지 여부 ■ 피해학생이나 신고·고발 학생에 대한 협박 또는 보복행위인지 여부 〈학교폭력예방 및 대책에 관한 법률 시행령 제19조〉 ■ 가해학생이 행사한 학교폭력의 심각성·지속성·고의성 ■ 가해학생의 반성의 정도 ■ 해당 조치로 인한 가해학생의 선도 가능성 ■ 가해학생 및 보호자와 피해학생 및 보호자 간의 화해의 정도 〈기 타〉 ■ 교사(敎唆)행위를 했는지 여부 ■ 2인 이상의 집단 폭력을 행사한 것인지 여부 ■ 위험한 물건을 사용했는지 여부 ■ 폭력행위를 주도했는지 여부 ■ 폭력서클에 속해 있는지 여부 ■ 정신적·신체적으로 심각한 장애를 유발했는지 여부

나. 유 형

학교폭력의 유형은 다음 표 예시사항과 같다.

유형	예시 사항
신체폭력	▪ 신체를 손, 발로 때리는 등 고통을 가하는 행위(상해, 폭행) ▪ 일정한 장소에서 쉽게 나오지 못하도록 하는 행위(감금) ▪ 강제(폭행, 협박)로 일정한 장소로 데리고 가는 행위(약취) ▪ 상대방을 속이거나 유혹해서 일정한 장소로 데리고 가는 행위(유인) ▪ 장난을 빙자한 꼬집기, 때리기, 힘껏 밀치기 등 상대학생이 폭력으로 인식하는 행위
언어폭력	▪ 여러 사람 앞에서 상대방의 명예를 훼손하는 구체적인 말(성격, 능력, 배경 등)을 하거나 그런 내용의 글을 인터넷, SNS 등으로 퍼뜨리는 행위(명예훼손). ※ 내용이 진실이라고 하더라도 범죄이고, 허위인 경우에는 형법상 가중 처벌 대상이 됨. ▪ 여러 사람 앞에서 모욕적인 용어(생김새에 대한 놀림, 병신, 바보 등 상대방을 비하하는 내용)를 지속적으로 말하거나 그런 내용의 글을 인터넷, SNS등으로 퍼뜨리는 행위(모욕) ▪ 신체 등에 해를 끼칠 듯한 언행("죽을래" 등)과 문자메시지 등으로 겁을 주는 행위(협박)
금품갈취(공갈)	▪ 돌려 줄 생각이 없으면서 돈을 요구하는 행위 ▪ 옷, 문구류 등을 빌린다며 되돌려주지 않는 행위 ▪ 일부러 물품을 망가뜨리는 행위 ▪ 돈을 걷어오라고 하는 행위
따돌림	▪ 집단적으로 상대방을 의도적이고, 반복적으로 피하는 행위 ▪ 싫어하는 말로 바보 취급 등 놀리기, 빈정거림, 면박주기, 겁주는 행동, 골탕 먹이기, 비웃기 ▪ 다른 학생들과 어울리지 못하도록 막는 행위
성폭력	▪ 폭행·협박을 하여 성행위를 강제하거나 유사 성행위, 성기에 이물질을 삽입하는 등의 행위 ▪ 상대방에게 폭행과 협박을 하면서 성적 모멸감을 느끼도록 신체적 접촉을 하는 행위 ▪ 성적인 말과 행동을 함으로써 상대방이 성적 굴욕감, 수치감을 느끼도록 하는 행위 [부록] 성폭력 사안처리 가이드(105쪽 참조)
사이버폭력	▪ 속칭 사이버모욕, 사이버명예훼손, 사이버성희롱, 사이버스토킹, 사이버음란물 유통, 대화명 테러, 인증놀이, 게임부주 강요 등 정보통신기기를 이용하여 괴롭히는 행위 ▪ 특정인에 대해 모욕적 언사나 욕설 등을 인터넷 게시판, 채팅, 카페 등에 올리는 행위. 특정인에 대한 저격글이 그 한 형태임 ▪ 특정인에 대한 허위 글이나 개인의 사생활에 관한 사실을 인터넷, SNS 등을 통해 불특정 다수에 공개하는 행위 ▪ 성적 수치심을 주거나, 위협하는 내용, 조롱하는 글, 그림, 동영상 등을 정보통신망을 통해 유포하는 행위 ▪ 공포심이나 불안감을 유발하는 문자, 음향, 영상 등을 휴대폰 등 정보통신망을 통해 반복적으로 보내는 행위

2. 학교폭력 처리절차

가. 학교폭력사건의 사안처리 흐름도

학교폭력사건의 사안처리는 아래 표와 같다.

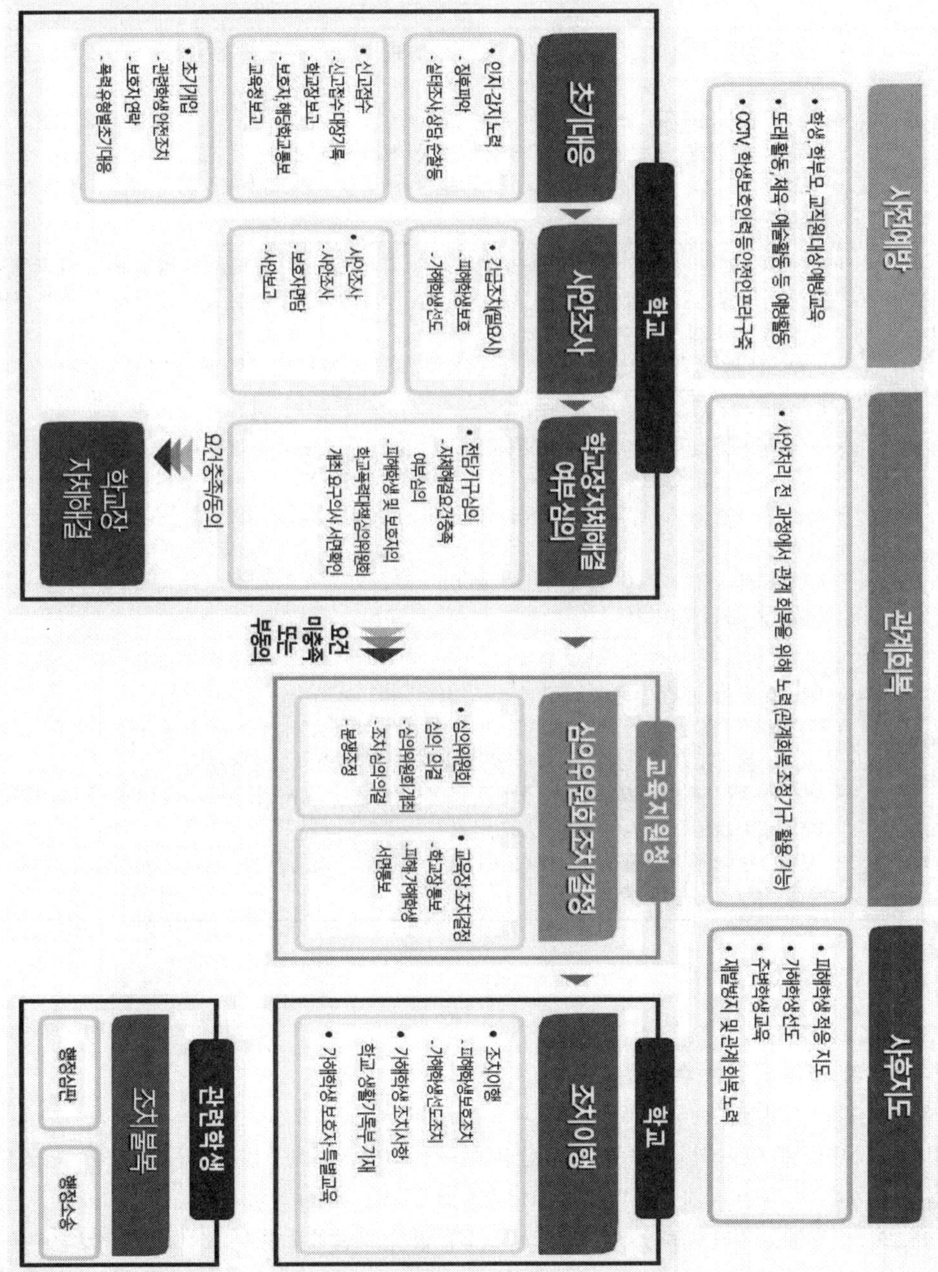

나. 학교폭력 처리과정

(1) 사안조사

(가) 필요조치

학교폭력 발생(접수) 후 학교에서는 사안을 조사하여 필요한 조치를 실시한다.

피해학생 조치	• 피해를 당한 학생의 마음을 안정시키고(심호흡, 안정을 유도하는 말 등) 신변안전이 급선무다. • 가벼운 상처는 학교 보건실에서 1차적으로 치료하고, 상처 정도가 심해 학교 보건실에서 치료할 수 없을 때는 2차적으로 병원으로 신속히 이송한다. • 탈골, 기도 막힘, 기타 위급상황이라고 판단된 경우 자리에서 움직이지 않고 119에 도움을 청한다.
가해학생 조치	• 피해학생의 상태가 위중하거나 외상이 심한 경우, 가해학생 역시 충격을 받아 예측하지 못하는 돌발행동을 할 수 있다. 그러므로 심리적으로 안정될 수 있도록 교사가 계속 주의를 기울이고 빨리 보호자에게 연락을 취한다. • 이후 가해학생에게 지나친 질책 및 감정적 대처를 하지 않도록 유의한다.
보호자 조치	• 보호자에게 사실을 빠르게 알린다. • 연락할 때 보호자들이 지나치게 흥분하거나 놀라지 않도록 연락하고, 학교에 오면 사전에 정해진 장소에 가서 자녀를 만날 수 있도록 안내한다. • 사안의 내용과 학교 측의 대처사항에 대해 보호자에게 정확히 알려준다. • 피해 및 가해학생이 귀가했을 경우, 학생이 가정에서 심리적 안정을 취할 수 있도록 보호자에게 안내한다. 특히 피해학생인 경우, 보호자가 자녀에게 정서적 지지와 지원을 아끼지 말 것을 당부한다.
목격학생 주변학생 주치	• 학교폭력을 목격하거나 폭력 현장에 있음으로 인해 심리적·정서적 충격을 받은 간접 피해자도 유사한 문제 반응이 나타날 수 있다. • 주변학생들의 현장 접근을 통제하고, 특히 초등학교 저학년의 경우 동화책 읽어주기, 종이접기 등 흥미 있는 활동으로 주의를 돌려 심리적 충격을 완화시킨다. • 사안에 관련된 학생 및 목격한 학생들에게 상황을 인식시키고, 차후 유사한 폭력상황이 벌어지지 않도록 예방교육을 한다. • 사안에 관련된 학생들에 대해 낙인을 찍어 따돌리거나, 사안과 관련하여 사실과 다른 소문을 퍼뜨리지 않도록 주의시킨다.

(나) 사안조사

학교폭력예방법 제14조 (전문상담교사 배치 및 전담기구 구성)

③ 학교의 장은 교감, 전문상담교사, 보건교사 및 책임교사(학교폭력문제를 담당하는 교사를 말한다), 학부모 등으로 학교폭력문제를 담당하는 전담기구(이하 "전담기구"라 한다)를 구성한다. 이 경우 학부모는 전담기구 구성원의 3분의 1 이상이어야 한다.

④ 학교의 장은 학교폭력 사태를 인지한 경우 지체 없이 전담기구 또는 소속 교원으로 하여금

가해 및 피해 사실 여부를 확인하도록 하고, 전담기구로 하여금 제13조의2에 따른 학교의 장의 자체해결 부의 여부를 심의하도록 한다.
⑤ 전담기구는 학교폭력에 대한 실태조사(이하 "실태조사"라 한다)와 학교폭력 예방 프로그램을 구성·실시하며, 학교의 장 및 심의위원회의 요구가 있는 때에는 학교폭력에 관련된 조사결과 등 활동결과를 보고하여야 한다.
⑥ 피해학생 또는 피해학생의 보호자는 피해사실 확인을 위하여 전담기구에 실태조사를 요구할 수 있다.
⑦ 국가 및 지방자치단체는 실태조사에 관한 예산을 지원하고, 관계 행정기관은 실태조사에 협조하여야 하며, 학교의 장은 전담기구에 행정적·재정적 지원을 할 수 있다.
⑧ 전담기구는 성폭력 등 특수한 학교폭력사건에 대한 실태조사의 전문성을 확보하기 위하여 필요한 경우 전문기관에 그 실태조사를 의뢰할 수 있다. 이 경우 그 의뢰는 심의위원회 위원장의 심의를 거쳐 학교의 장 명의로 하여야 한다.

학교폭력예방법 시행령 제16조 (전담기구 운영 등)
① 법 제14조제3항에 따른 학교폭력문제를 담당하는 전담기구(이하 "전담기구"라 한다)의 구성원이 되는 학부모는 「초·중등교육법」 제31조에 따른 학교운영위원회에서 추천한 사람 중에서 학교의 장이 위촉한다. 다만, 학교운영위원회가 설치되지 않은 학교의 경우에는 학교의 장이 위촉한다.
② 전담기구는 가해 및 피해 사실 여부에 관하여 확인한 사항을 학교의 장에게 보고해야 한다.
③ 제1항 및 제2항에서 규정한 사항 외에 전담기구의 운영에 필요한 사항은 학교의 장이 정한다.

피해 및 가해사실 여부 확인을 위한 구체적인 사안조사 실시(관련학생의 면담, 주변학생 조사, 설문조사, 객관적인 입증자료 수집 등)하여야 하며, 이를 위해 피해 및 가해학생 심층면담을 실시한다. 그 후 조사한 결과를 바탕으로 육하원칙에 따라 사안조사 보고서 작성하여야 한다. 이 때 성폭력의 경우, 비밀유지에 특별히 유의하여야 하며, 장애학생, 다문화학생에 대한 사안조사의 경우, 특수교육 전문가 등을 참여시켜 장애학생 및 다문화학생의 진술 기회 확보 및 조력 제공을 받아야 한다. 또한 필요한 경우, 보호자 면담을 통해 각각의 요구사항을 파악하고 사안과 관련하여 조사된 내용을 관련 학생의 보호자가 충분히 이해할 수 있도록 안내하여야 한다.

참고 - 사안조사 시 유의사항

- 서면 조사, 해당학생 및 목격자의 면담 조사, 사안 발생 현장 조사 등을 통해 종합적인 방법으로 신속하게 증거 자료를 확보한다.

- 면담 조사를 하는 경우에는 육하원칙에 근거하여 구체적으로 확인서를 받는다.
- 객관적이고 공정하게 사안조사를 실시한다.
- 관련학생 간의 주장이 다를 경우, 목격 학생의 확인을 받거나 직 · 간접 증거자료 확보를 통해 적극적으로 사안조사에 임한다. 피해 및 가해학생이 일관된 진술을 하는지, 증거자료와 진술 내용이 일치하는지 등을 살펴야 한다.
- 전담기구 소속교사는 학생, 보호자, 목격자, 담임교사 등을 면담조사한 후에 확인된 사실을 바탕으로 학교폭력 사안조사 보고서를 작성한다.
- 장애학생에 대한 사안조사의 경우, 특수교육 전문가를 참여시켜 장애학생의 진술 기회를 확보할 수 있도록 지원할 수 있다.
- 한국어 의사소통능력이 부족하거나, 다양한 문화적 배경을 지닌 다문화학생(중도입국 · 외국인 학생 등) 및 탈북학생의 사안조사 시, 통역의 활용 또는 관련 담당교사를 참여시키도록 한다.
- 성 사안의 경우 비밀유지 및 대상자 신변보호, 2차 피해 방지 등에 특별히 유의한다.
- 관련학생의 소속 학교가 서로 다른 경우에는 학교간 사안조사 내용 확인을 위해 긴밀하게 협조한다.

(2) 사안의 처리

사안에 따라 학교폭력 사건은 아래 2가지 경우로 처리된다.

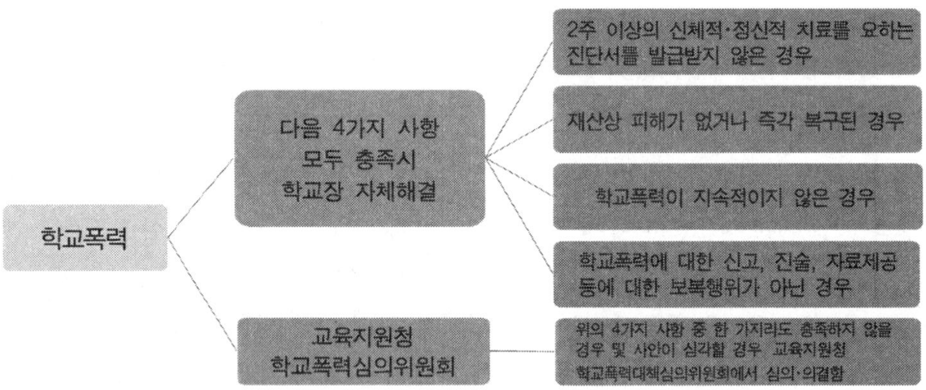

(가) 학교장의 자체해결

학교폭력예방법 제13조의2 (학교의 장의 자체해결)

① 제13조제2항제4호 및 제5호에도 불구하고 피해학생 및 그 보호자가 심의위원회의 개최를 원하지 아니하는 다음 각 호에 모두 해당하는 경미한 학교폭력의 경우 학교의 장은 학교폭력 사건을 자체적으로 해결할 수 있다. 이 경우 학교의 장은 지체 없이 이를 심의위원회에 보고하여야 한다.

1. 2주 이상의 신체적·정신적 치료가 필요한 진단서를 발급받지 않은 경우
2. 재산상 피해가 없거나 즉각 복구된 경우
3. 학교폭력이 지속적이지 않은 경우
4. 학교폭력에 대한 신고, 진술, 자료제공 등에 대한 보복행위가 아닌 경우

② 학교의 장은 제1항에 따라 사건을 해결하려는 경우 다음 각 호에 해당하는 절차를 모두 거쳐야 한다.

1. 피해학생과 그 보호자의 심의위원회 개최 요구 의사의 서면 확인
2. 학교폭력의 경중에 대한 제14조제3항에 따른 전담기구의 서면 확인 및 심의

③ 그 밖에 학교의 장이 학교폭력을 자체적으로 해결하는 데에 필요한 사항은 대통령령으로 정한다.

학교폭력예방법 시행령 제14조의3 (학교의장의자체해결)

학교의 장은 법 제13조의2제1항에 따라 학교폭력사건을 자체적으로 해결하는 경우 피해학생과 가해학생 간에 학교폭력이 다시 발생하지 않도록 노력해야 하며, 필요한 경우에는 피해학생·가해학생 및 그 보호자 간의 관계 회복을 위한 프로그램을 운영할 수 있다.

학교장 자체해결 여부 심의는 2주 이내에 결정하여야 하며, 필요한 경우 1주 연장이 가능하다. 자체해결 요건을 충족하기 위해서는 관련학생 측이 심의위원회를 개최하지 않는 것에 동의하여야 하고, 피해상황이 경미 하여야 합니다. 이 때, 경미한 사안이란 ① 2주 이상의 진단서를 발급받지 않은 경우, ② 재산상 피해가 없거나 즉각 복구된 경우, ③ 학교폭력이 지속적이지 않은 경우, ④ 학교폭력 보복행위가 아닌 경우 등이다.

다. 교육지원청 학교폭력대책심의위원회 개최

위의 4가지 사항 중 한 가지라도 충족하지 않을 경우 및 사안이 심각할 경우, 피해측이 요구할 경우, 교육지원청 학교폭력대책심의위원회의 심의·의결 사안 대상이 된다.

참고 – 학교폭력 아닌 사안의 종결

- 사안조사 결과, 학교폭력이 아닌 사안(예시)
  - 제3자가 신고한 사안에 대한 조사결과, 오인신고였던 경우
  - 학교폭력 의심사안(담임교사 관찰로 인한 학교폭력 징후 발견 등)에 대한 조사 결과, 학교폭력이 아니었던 경우
  - 피해학생(보호자)이 신고한 사안에서 피해학생(보호자)이 오인신고였음을 스스로 인정하는 경우
- 학교폭력이 아닌 사안의 처리
  - 학교장이 전담기구 회의를 통해 학교폭력이 아님을 확인한 경우, 교육(지원)청으로 보고한다.

※ 피해학생 및 보호자가 심의위원회 개최를 요청할 경우 반드시 심의위원회를 개최하여 처리해야 함. 단, 심의위원회에서 '학교폭력 아님'으로 결정할 경우 '조치없음'으로 처리할 수 있음.

(1) 가해학생에 대한 조치

학교폭력예방법 제17조 (가해학생에 대한 조치)

① 심의위원회는 피해학생의 보호와 가해학생의 선도·교육을 위하여 가해학생에 대하여 다음 각 호의 어느 하나에 해당하는 조치(수 개의 조치를 동시에 부과하는 경우를 포함한다)를 할 것을 교육장에게 요청하여야 하며, 각 조치별 적용 기준은 대통령령으로 정한다. 다만, 퇴학처분은 의무교육과정에 있는 가해학생에 대하여는 적용하지 아니한다.

1. 피해학생에 대한 서면사과
2. 피해학생 및 신고·고발 학생에 대한 접촉, 협박 및 보복행위의 금지
3. 학교에서의 봉사
4. 사회봉사
5. 학내외 전문가에 의한 특별 교육이수 또는 심리치료
6. 출석정지
7. 학급교체
8. 전학
9. 퇴학처분

② 제1항에 따라 심의위원회가 교육장에게 가해학생에 대한 조치를 요청할 때 그 이유가 피해학생이나 신고·고발 학생에 대한 협박 또는 보복 행위일 경우에는 같은 항 각 호의 조치를 동시에 부과하거나 조치 내용을 가중할 수 있다.

③ 제1항제2호부터 제4호까지 및 제6호부터 제8호까지의 처분을 받은 가해학생은 교육감이 정한 기관에서 특별교육을 이수하거나 심리치료를 받아야 하며, 그 기간은 심의위원회에서 정한다.

④ 학교의 장은 가해학생에 대한 선도가 긴급하다고 인정할 경우 우선 제1항제1호부터 제3호까지, 제5호 및 제6호의 조치를 할 수 있으며, 제5호와 제6호의 조치는 동시에 부과할 수 있다. 이 경우 심의위원회에 즉시 보고하여 추인을 받아야 한다.

⑤ 심의위원회는 제1항 또는 제2항에 따른 조치를 요청하기 전에 가해학생 및 보호자에게 의견진술의 기회를 부여하는 등 적정한 절차를 거쳐야 한다.

⑥ 제1항에 따른 요청이 있는 때에는 교육장은 14일 이내에 해당 조치를 하여야 한다.

⑦ 학교의 장이 제4항에 따른 조치를 한 때에는 가해학생과 그 보호자에게 이를 통지하여야 하며, 가해학생이 이를 거부하거나 회피하는 때에는 학교의 장은 「초·중등교육법」 제18조에 따라 징계하여야 한다.

⑧ 가해학생이 제1항제3호부터 제5호까지의 규정에 따른 조치를 받은 경우 이와 관련된 결석은 학교의 장이 인정하는 때에는 이를 출석일수에 포함하여 계산할 수 있다.
⑨ 심의위원회는 가해학생이 특별교육을 이수할 경우 해당 학생의 보호자도 함께 교육을 받게 하여야 한다.
⑩ 가해학생이 다른 학교로 전학을 간 이후에는 전학 전의 피해학생 소속 학교로 다시 전학올 수 없도록 하여야 한다.
⑪ 제1항제2호부터 제9호까지의 처분을 받은 학생이 해당 조치를 거부하거나 기피하는 경우 심의위원회는 제7항에도 불구하고 대통령령으로 정하는 바에 따라 추가로 다른 조치를 할 것을 교육장에게 요청할 수 있다.
⑫ 가해학생에 대한 조치 및 제11조제6항에 따른 재입학 등에 관하여 필요한 사항은 대통령령으로 정한다.

(가) 피해학생에 대한 사면사과(제1호)

가해학생이 피해학생에게 서면으로 그동안의 폭력행위에 대하여 사과하는 조치이다.

(나) 피해학생 및 신고 · 고발 학생에 대한 접촉, 협박 및 보복행위의 금지(제2호)

피해학생이나 신고 · 고발학생에 대한 가해학생의 접근을 막아 더 이상의 폭력이나 보복을 막기 위한 조치이다.

- **시간적 범위** : 심의위원회에서 제2호 '접촉 등 금지' 조치를 결정할 경우 그 기간을 정하는 것이 바람직하다. 만일, 기간을 정하지 않은 경우 해당 학교급의 졸업시점까지 '접촉 등 금지'가 유효하다.
- **'접촉'의 범위** : 접촉 금지는 조치를 받은 학생이 의도적으로 피해학생에게 접촉하는 것을 금지하는 것으로, 교육활동 및 일상생활 가운데 이루어지는 의도하지 않은 접촉에 대해서 모두 금지하는 것은 아니다. 다만, 무의도성을 이유로 빈번하게 접촉이 이루어지거나, 무의도성을 가장해 피해학생에게 접촉할 경우, 법률 제17조제11항에 따라 다른 조치를 추가할 수 있다.

(다) 학교에서의 봉사(제3호)

교내에서 봉사활동을 통해 자신의 행동을 반성하는 기회를 주기 위한 조치이다.

- 단순한 훈육적 차원이 아니라, 봉사의 진정한 의미를 알고 학생 스스로 잘못을 깨달을 수 있는 봉사 방법을 선정하여 선도적 · 교육적 차원에서의 봉사활동을 실시한다.
- 가해학생에게 학교 내의 화단 정리, 교실의 교구 정리, 화장실 청소, 장애 학생의 등교 도우미 지도 등을 실시할 수 있다.
- 지도교사를 다양하게 구성할 수 있다.

- 학교에서의 봉사 조치를 부과할 경우 봉사 시간을 명확하게 제시하는 것이 필요하다.

(라) **사회봉사**(제4호)

학교 밖 행정 및 공공기관 등 관련기관에서 사회구성원으로서의 책임감을 느끼고, 봉사를 통해 반성하는 시간을 마련하기 위한 조치이다.

- 사회봉사는 지역 행정기관에서의 봉사(환경미화, 교통안내, 거리질서유지 등), 공공기관에서의 봉사(우편물 분류, 도서관 업무보조 등), 사회복지기관(노인정, 사회복지관 등) 봉사 등의 형태로 진행될 수 있다.
- 학교에서는 사회봉사를 실시하는 기관과 업무협조를 긴밀히 하고, 각종 확인 자료와 담당자 간의 통신을 통하여 사회봉사가 실질적으로 이루어질 수 있도록 한다.

(마) **학내외 전문가에 의한 특별교육이수 또는 심리치료**(제5호)

가해학생이 봉사활동 등을 통하여 스스로의 행동을 반성하는 것이 어려워 보이는 경우에 전문가의 도움을 받아 폭력에 대한 인식을 개선하고 스스로의 행동을 반성하게 하는 조치이다.

- 교육감이 정한 기관에서 특별교육을 이수하거나 심리치료를 받아야 하며, 그 기간은 심의위원회에서 정한다.
- 가해학생이 담임교사 및 생활교육 담당교사 등과 나누기 어려운 이야기를 상담 전문가와 나눔으로써 자신의 폭력적인 행동의 원인을 생각해 보고 행동을 개선할 의지가 있는 경우에 교육적 의미를 지닌다.

(바) **출석정지**(제6호)

가해학생을 수업에 출석하지 못하게 함으로써 일시적으로 피해학생과 격리시켜 피해학생을 보호하고, 가해학생에게는 반성의 기회를 주기 위한 조치이다. 가해학생에 대한 출석정지 기간은 출석일수에 산입하지 않는다.

- 학교장은 출석정지 기간 동안 가해학생에게 적절한 지도가 이루어질 수 있도록 필요한 교육 방법을 마련해야함.
- 법률 제17조제1항제6호에 따른 출석정지는 미인정결석으로 처리함(학교생활기록부 기재요령).

(사) **학교급체**(제7호)

가해학생을 피해학생으로부터 격리하기 위하여 같은 학교 내의 다른 학급으로 옮기는 조치이다.

(아) 전 학

가해학생을 피해학생으로부터 격리시키고 피해학생에 대해 더 이상의 폭력행위를 하지 못하도록 하기 위하여 다른 학교로 소속을 옮기도록 하는 조치이다. 가해학생이 다른 학교로 전학을 간 이후에는 전학 전의 피해학생 소속 학교로 다시 전학 올 수 없도록 하여야 한다.

(자) 퇴학처분(제9호)

피해학생을 보호하고 가해학생을 선도·교육할 수 없다고 인정될 때 취하는 조치이다. 다만 의무교육과정에 있는 가해학생에 대하여는 적용하지 아니한다.

3. 가해학생에 대한 조치사항

가. 기재 및 기재유보

(1) 학교생활기록부 학교폭력 조치사항 기재

(가) 조치사항 기재

학교폭력 가해학생에 대한 조치사항의 경우 학교에서 조치결정 통보 공문을 접수한 즉시 학교생활기록부에 기재하며, 구체적인 작성·관리에 관한 사항은 「학교생활기록 작성 및 관리지침」을 따른다. 가해학생 조치사항에 대한 행정심판 및 소송이 청구된 경우에도 기재된 조치사항을 삭제하지 아니하고, 향후 조치가 변경되거나 취소될 경우 이를 수정하며 조치결정 일자는 변경하지 않는다.

(나) 기재내용

법률 제17조제1항제1호부터 제3호까지에 따른 조치사항에 관한 내용을 적어야 하는 경우는 다음 각 호의 어느 하나에 해당하는 경우로 한정한다.

① 해당 학생이 법률 제17조제1항제1호부터 제3호까지에 따른 조치사항을 이행하지 않은 경우

② 해당 학생이 법률 제17조제1항제1호부터 제3호까지에 따른 조치를 받은 후 동일 학교급에 재학하는 동안(초등학생인 경우에는 그 조치를 받은 날부터 3년 이내의 범위에서 동일 학교급에 재학하는 동안) 다른 학교폭력사건으로 같은 조 제1항의 조치를 받은 경우로, 그 다른 학교폭력사건으로 받은 법률 제17조제1항제1호부터 제3호까지에 따른 조치사항에 관한 내용도 함께 적어야 한다.

(다) 기재내용 유지

심의위원회가 정한 이행 기간 내에 조치사항을 이행하지 않으면 조치사항을 기재하고 이후 조치사항을 이행하여도 기재내용은 유지된다.

나. 조건부 기재유보

학교폭력 가해학생이 법률 제17조제1항 제1호부터 제3호까지의 조치를 받고, 이행 기간 만료 이전에 집행정지(효력정지) 인용결정을 받고 조치를 미이행 했을 경우, 집행정지 기간 동안 조치 이행 의무가 정지된 점을 고려하여 학교생활기록부 기재를 보류한다. 다만, 본안에 대한 심리결과 청구가 기각된 경우 법률 제17조제1항제1호부터 제3호 조치를 집행정지(효력정지) 결정 당시 남은 이행 기간 내에 조치를 이행했는지 여부에 따라, 동 조치사항에 대한 학교생활기록부의 기재 여부를 결정한다.

다. 조치사항 삭제

학교폭력예방법 제17조 제1항 제1호~제3호, 제7호의 조치는 졸업과 동시에, 제4호~제6호, 제8호의 조치는 졸업하기 직전에 전담기구에서 심의를 거쳐 졸업과 동시에 삭제 가능하며 이때 해당 학생의 반성 정도와 긍정적 행동변화 정도 등을 고려해야 한다.

<table>
<tr><th>가해학새 조치사항
[학교폭력예방법]</th><th>학교생활기록부
영역</th><th>삭제시기</th></tr>
<tr><td>제1호(피해학생에 대한 서면사과)</td><td rowspan="4">행동특성 및
종합의견</td><td rowspan="4">✔ 졸업과 동시(졸업식 이후부터 2월 말 사이 졸업생 학적반영 이전)
✔ 학업중단자는 해당학생이 학적을 유지 했을 경우를 가정하여 졸업할 시점</td></tr>
<tr><td>제2호(피해학생 및 신고·고발 학생에 대한 접촉, 협박 및 보복행위의 금지)</td></tr>
<tr><td>제3호(학교에서의 봉사)</td></tr>
<tr><td>제7호(학급교체)</td></tr>
<tr><td>제4호(사회봉사)</td><td rowspan="3">출결상황
특기사항</td><td></td></tr>
<tr><td>제5호(학내외 전문가에 의한 특별교육 이수 또는 심리치료)</td><td rowspan="3">졸업일로부터 2년 후
✔ 졸업 직전 전담기구 심의를 거쳐 졸업과 동시 삭제 가능
✔ 학업중단자는 해당학생이 학적을 유지 하였을 경우를 가정하여 졸업하였을 시점으로부터 2년 후</td></tr>
<tr><td>제6호(출석정지)</td></tr>
<tr><td>제8호(전학)</td><td rowspan="2">인적·학적사항
특기사항</td></tr>
<tr><td>제9호(퇴학)</td><td></td></tr>
</table>

4. 조치에 대한 불복방법

행정심판법 제23조 (심판청구서의 제출)

① 행정심판을 청구하려는 자는 제28조에 따라 심판청구서를 작성하여 피청구인이나 위원회에 제출하여야 한다. 이 경우 피청구인의 수만큼 심판청구서 부본을 함께 제출하여야 한다.

② 행정청이 제58조에 따른 고지를 하지 아니하거나 잘못 고지하여 청구인이 심판청구서를 다른 행정기관에 제출한 경우에는 그 행정기관은 그 심판청구서를 지체 없이 정당한 권한이 있는 피청구인에게 보내야 한다.

③ 제2항에 따라 심판청구서를 보낸 행정기관은 지체 없이 그 사실을 청구인에게 알려야 한다.

④ 제27조에 따른 심판청구 기간을 계산할 때에는 제1항에 따른 피청구인이나 위원회 또는 제2항에 따른 행정기관에 심판청구서가 제출되었을 때에 행정심판이 청구된 것으로 본다.

행정심판법 제27조 (심판청구의 기간)

① 행정심판은 처분이 있음을 알게 된 날부터 90일 이내에 청구하여야 한다.

② 청구인이 천재지변, 전쟁, 사변(事變), 그 밖의 불가항력으로 인하여 제1항에서 정한 기간에 심판청구를 할 수 없었을 때에는 그 사유가 소멸한 날부터 14일 이내에 행정심판을 청구할 수 있다. 다만, 국외에서 행정심판을 청구하는 경우에는 그 기간을 30일로 한다.

③ 행정심판은 처분이 있었던 날부터 180일이 지나면 청구하지 못한다. 다만, 정당한 사유가 있는 경우에는 그러하지 아니하다.

④ 제1항과 제2항의 기간은 불변기간(不變期間)으로 한다.

⑤ 행정청이 심판청구 기간을 제1항에 규정된 기간보다 긴 기간으로 잘못 알린 경우 그 잘못 알린 기간에 심판청구가 있으면 그 행정심판은 제1항에 규정된 기간에 청구된 것으로 본다.

⑥ 행정청이 심판청구 기간을 알리지 아니한 경우에는 제3항에 규정된 기간에 심판청구를 할 수 있다.

⑦ 제1항부터 제6항까지의 규정은 무효등확인심판청구와 부작위에 대한 의무이행심판청구에는 적용하지 아니한다.

행정심판법 제28조 (심판청구의 방식)

① 심판청구는 서면으로 하여야 한다.

② 처분에 대한 심판청구의 경우에는 심판청구서에 다음 각 호의 사항이 포함되어야 한다.

1. 청구인의 이름과 주소 또는 사무소(주소 또는 사무소 외의 장소에서 송달받기를 원하면 송달장소를 추가로 적어야 한다)
2. 피청구인과 위원회

3. 심판청구의 대상이 되는 처분의 내용
4. 처분이 있음을 알게 된 날
5. 심판청구의 취지와 이유
6. 피청구인의 행정심판 고지 유무와 그 내용

행정심판법 제30조 (집행정지)

① 심판청구는 처분의 효력이나 그 집행 또는 절차의 속행(續行)에 영향을 주지 아니한다.
② 위원회는 처분, 처분의 집행 또는 절차의 속행 때문에 중대한 손해가 생기는 것을 예방할 필요성이 긴급하다고 인정할 때에는 직권으로 또는 당사자의 신청에 의하여 처분의 효력, 처분의 집행 또는 절차의 속행의 전부 또는 일부의 정지(이하 "집행정지"라 한다)를 결정할 수 있다. 다만, 처분의 효력정지는 처분의 집행 또는 절차의 속행을 정지함으로써 그 목적을 달성할 수 있을 때에는 허용되지 아니한다.
③ 집행정지는 공공복리에 중대한 영향을 미칠 우려가 있을 때에는 허용되지 아니한다.
④ 위원회는 집행정지를 결정한 후에 집행정지가 공공복리에 중대한 영향을 미치거나 그 정지사유가 없어진 경우에는 직권으로 또는 당사자의 신청에 의하여 집행정지 결정을 취소할 수 있다.
⑤ 집행정지 신청은 심판청구와 동시에 또는 심판청구에 대한 제7조제6항 또는 제8조제7항에 따른 위원회나 소위원회의 의결이 있기 전까지, 집행정지 결정의 취소신청은 심판청구에 대한 제7조제6항 또는 제8조제7항에 따른 위원회나 소위원회의 의결이 있기 전까지 신청의 취지와 원인을 적은 서면을 위원회에 제출하여야 한다. 다만, 심판청구서를 피청구인에게 제출한 경우로서 심판청구와 동시에 집행정지 신청을 할 때에는 심판청구서 사본과 접수증명서를 함께 제출하여야 한다.
⑥ 제2항과 제4항에도 불구하고 위원회의 심리·결정을 기다릴 경우 중대한 손해가 생길 우려가 있다고 인정되면 위원장은 직권으로 위원회의 심리·결정을 갈음하는 결정을 할 수 있다. 이 경우 위원장은 지체 없이 위원회에 그 사실을 보고하고 추인(追認)을 받아야 하며, 위원회의 추인을 받지 못하면 위원장은 집행정지 또는 집행정지 취소에 관한 결정을 취소하여야 한다.
⑦ 위원회는 집행정지 또는 집행정지의 취소에 관하여 심리·결정하면 지체 없이 당사자에게 결정서 정본을 송달하여야 한다.

가. 행정심판 – 해당 교육청 행정심판위원회

(1) 행정심판청구

교육장의 조치에 대하여는 처분이 있음을 알게 된 날부터 90일 이내, 처분이 있었던 날부터 180일 이내에 행정심판을 청구할 수 있다. 이 두 기간 중 어느 하나라도 도과하면 행정심판청구를 할 수 없다. 여기서 '처분이 있었던 날'이란 교육장 명의의 조치결정 통보서가 '당사자에게 도달하여 해당 조치가 성립한 날'을 의미한다. 이때 행정심판은 피해학생(또는 보호자)뿐만 아니라 가해학생(또는 보호자)는 교육장의 조치에 대하여 행정심판을 제기할 수 있다.

(2) 집행정지신청

행정심판의 청구는 가해학생에 대한 조치사항 처분의 효력이나 그 집행 또는 절차의 속행에 영향을 주지 아니하므로, 만일 그 처분의 효력, 처분의 집행 또는 절차의 속행을 정지한 상태에서 심판을 통하여 처분의 위법 또는 부당성을 다투려고 한다면 행정심판위원회의 집행정지 결정이 있어야 한다. 따라서 조치사항에 불복하여 다투려고 하는 경우에는 학교 측에서 조치사항에 대한 집행 전에 미리 집행정지신청을 한 후 다투는 것이 좋다.

나. 행정소송

(1) 행정소송제기

교육장의 조치에 대하여 이의가 있는 경우 행정심판을 거치지 않고 바로 행정소송을 제기할 수 있다. 제소기간은 처분이 있음을 안 날부터 90일 이내이며, 처분이 있은 날로부터 1년을 경과하면 제기할 수 없다. 이때 당사자는 처분의 취소 또는 무효를 구하는 학생이 원고가 되고(미성년자인 경우에는 법정대리인이 대리하여야 함) 교육장이 피고가 된다.

(2) 집행정지신청

가해학생에 대한 조치사항의 취소소송의 제기 또한 조치사항의 효력이나 그 집행 또는 절차의 속행에 영향을 주지 아니하므로 처분의 절차 또는 효력을 정지하기 위해서는 집행정지 결정이 있어야 한다(행정소송법 제23조).

5. 소년사건 수사절차

가. 처벌의 정도

형사법상 가해학생이 만 14세 이상, 만 19세 미만(범죄소년)이면 형사처벌이나 보호처분이 가능하며, 만 12세 이상, 만 14세 미만의 청소년(촉법소년)의 경우 보호처분이 가능하다. 가해학생 등 소년범은 불구속 수사가 원칙이지만, 가해학생의 과거 비행 및 폭력 경험, 비행정도, 폭력의 정도, 피해자가 다친 정도, 재범가능성, 보복 여부 등에 따라 처벌이 달라질 수 있다.

[소년보호사건의 심리대상인 소년]

구 분	대상소년	대상연령
범죄소년	법률상 죄를 범한 소년	14세 이상 - 행위시 19세 미만 - 보호처분시
촉법소년	형벌 법령에 저촉되는 행위를 한 소년	10세 이상 14세 미만-행위시
우범소년	아래 내용과 같은 우범사유가 있고 그의 성격이나 환경에 비추어 앞으로 형벌 법령에 저촉되는 행위를 할 우려(우범성)가 있는 소년 • 집단으로 몰려다니며 주위 사람에게 불안감을 조성하는 성벽이 있는 것 • 정당한 이유없이 가출하는 것 • 술을 마시고 소란을 피우거나 유해환경에 접하는 성벽이 있는 것	10세 이상 19세 미만인 소년 (보호처분시)

나. 형사절차

소년형사사건도 일반 형사사건과 기본적으로는 같으므로 일반 형사사건의 예에 따라 형사소송법이 적용되지만(소년법 제48조) 소년의 특성을 고려하여 소년법에 특별한 여러 규정이 있다.

(1) 수사상의 특칙

(가) 구속의 제한

소년에 대한 구속영장은 부득이한 경우가 아니면 발부하지 못하고, 소년을 구속하는 경우에는 특별한 사정이 없으면 다른 피의자나 피고인과 분리하여 수용하여야 한다(소년법 제55조).

(나) 검사의 결정 전 조사

검사는 소년 피의사건에 대하여 소년부 송치, 공소제기, 기소유예 등의 처분을 결정하기 위하여 필요하다고 인정하면 피의자의 주거지 또는 검찰청 소재지를 관할하는 보호관찰소의 장, 소년분류심사원장 또는 소년원장에게 피의자의 품행, 경력, 생활환경이나 그 밖에 필요한 사항에 관한 조사를 요구할 수 있다(소년법 제49조의2 제1항). 조사요구를 받은 보호관찰소장 등은 지체없이 이를 조사하여 서면으로 해당 검사에게 통보하여야 하며, 조사를 위하여 필요한 경우에는 소속 보호관찰관, 분류심사관 등에게 피의자 또는 관계인을 출석하게 하여 진술요구를 하는 등의 방법으로 필요한 사항을 조사하게 할 수 있다(동조 제2항). 검사는 보호관찰소장 등으로부터 통보받은 조사 결과를 참고하여 소년피의자를 교화·개선하는 데에 가장

적합한 처분을 결정하여야 한다(동조 제4항).

(다) 선도조건부 기소유예

검사는 피의사건에 대한 공소를 제기하지 않고 소년인 피의자에 대하여 ① 범죄예방자원봉사위원의 선도, ② 소년의 선도 · 교육과 관련된 단체 · 시설에서의 상담 · 교육 · 활동 등을 받게 할 수 있는데(소년법 제49조의3 전문), 이와 같이 선도를 조건으로 하는 검사의 기소유예 결정을 선도조건부 기소유예라고 한다. 이 경우 소년과 소년의 친권자 · 후견인 등 법정대리인의 동의를 받아야 한다(동조 후문).

(라) 공소시효의 정지

검사가 피의사건에 대한 공소를 제기하지 않고 소년부에 송치하여 소년부 판사의 심리개시 결정이 있으면 그때로부터 그 사건에 대한 보호처분의 결정이 확정될 때까지 공소시효의 진행이 정지된다(소년법 제54조).

6. 행정심판

가. 기재례 – 신청취지

피청구인이 20○○. ○. ○. 청구인에 대하여 한 ········· 은 이를 취소한다.
라는 재결을 구합니다.

나. 관련서식

[서식 186] 행정심판청구서

■ 행정심판법 시행규칙 [별지 제30호서식] 〈개정 2012.9.20〉

행정심판 청구서〈학교폭력 외 사건 예시〉

접수번호	접수일	

청 구 인	성명 홍 길 동
	주소
	주민등록번호(외국인등록번호)
	전화번호

[ ] 대표자 [ ] 관리인 [ ] 선정 대표자 [ ] 대리인	성명 (변호사 등 대리인이 있는 경우 기재)
	주소
	주민등록번호(외국인등록번호)
	전화번호
피 청 구 인	인천광역시○○교육지원청교육장 / ○○고등학교장 → 처분을 한 행정청(처분청)을 기재
소관 행정심판 위 원 회	인천광역시교육청행정심판위원회
처분 내용 또는 부작위 내용	피청구인이 2020. ○. ○. 청구인에게 한 □□□□처분(예시) → 처분서에 있는 조치결정일, 처분 내용 기입
처분이 있음을 안 날	20○○. ○. ○. → 처분서를 받은 날 기입
청구 취지 및 청 구 이 유	별지로 작성 → 작성방법은 다음장 예시문 참고
처분청의 불복 절차 고지 유무	행정심판청구에 대한 고지(안내)가 있었음 / 없었음 → 처분 시 행정심판청구에 대한 고지(안내)가 있었는지 기재
처분청의 불복 절차 고지 내용	이 사건 처분이 있음을 안 날부터 90일 이내에 행정심판 또는 행정소송을 제기할 수 있습니다.(예시)
증 거 서 류	별지로 작성

「행정심판법」 제28조 및 같은 법 시행령 제20조에 따라 위와 같이 행정심판을 청구합니다.

년 월 일

청구인 홍 길 동 (서명 또는 인)

인천광역시교육청행정심판위원회 귀중

첨부서류	1. 대표자, 관리인, 선정대표자 또는 대리인의 자격을 소명하는 서류 (대표자, 관리인,선정대표자 또는 대리인을 선임하는 경우에만 제출합니다.) 2. 주장을 뒷받침하는 증거서류나 증거물	수수료 없음

처리절차						
청구서 작성	➜	접 수	➜	재 결	➜	송 달
청구인		인천광역시교육청행정심판위원회		인천광역시교육청행정심판위원회		

210mm×297mm[백상지 80g/㎡]

청 구 취 지

피청구인이 20○○. ○. ○. 청구인에게 한 □□□□처분을 취소한다.

청 구 이 유

1. 사건개요 및 사건발생 경위

가. 청구인이 20○○. ○. ○. …를 했다는 이유로 피청구인이 20○○. ○. ○. 청구인에게 □□□□처분(이하 '이 사건 처분'이라 한다)을 하였다.

나. 청구인이 이 사건 당시 …한 이유로 …했는데, 피청구인은 …라는 이유로 청구인에게 이 사건 처분을 하였다.

→ 청구인이 피청구인으로부터 이 사건 처분을 받게 된 경위를 **육하원칙**에 의해 기재

2. 이 사건 처분의 위법 · 부당성

→ 이 사건 처분의 위법 · 부당성과 구제되어야 하는 사유 등을 **상대방이 이해할 수 있도록** 사실관계, 증거, 관계 법령 등을 활용하여 구체적으로 작성

가. 이 건 처분의 위법성

「○○○법률」에 따르면 피청구인은 …하여야 하나, 피청구인은 이 사건 당시 …… 하였다.

→ 피청구인이 이 사건 처분이나 이 사건 처분의 원인이 되는 사실에서 적법한 절차를 준수하였는지 등 **적법성**에 대하여 기재

나. 이 건 처분의 부당성

청구인에게는 …라는 사정이 있어 …했던 것인데, 피청구인은 이를 전혀 고려하지 않고 ……하였다.

→ 이 사건 처분으로 인해 청구인이 입게 되는 어려움, 피청구인의 재량권 일탈 · 남용 여부 등 **처분의 부당성**에 대하여 기재

다. 따라서 피청구인이 청구인에게 한 이 사건 처분은 위법 · 부당하다.

3. 결 론

따라서 이 사건 처분은 취소되어야 한다.

증 거 서 류

(청구인이 제출하는 증거서류의 목록을 기재하고 뒤에 첨부합니다.)

갑 제1호증 ○○○○○
갑 제2호증 ○○○○○
갑 제3호증 처분서(필수 첨부)

[서식 187] 집행정지신청서

■ 행정심판법 시행규칙 [별지 제33호서식] 〈개정 2012.9.20〉

집행정지신청서

접수번호	접수일	

사 건 명	학교폭력 가해학생 징계처분 집행정지
신 청 인	성명 ○ ○ ○ 법정대리인 ○ ○ ○
	주소 서울 양천구 ○○○
피 신 청 인	강서양천교육지원청 교육장
신 청 취 지	"피신청인이 202○. ○. ○. 신청인에 대하여 한 서면사과, 접촉, 협박 및 보복행위 금지, 출석정지(5일) 및 특별교육이수 (학생 5시간 / 보호자 5시간)에 대한 처분은 관련 행정심판의 재결이 있을 때까지 그 효력을 정지한다."라는 결정을 구합니다.
신 청 원 인	별지 첨부
소 명 방 법	행정심판청구서에 첨부

「행정심판법」 제30조제5항 및 같은 법 시행령 제22조제1항에 따라 위와 같이 집행정지를 신청합니다.

202○년 ○월 ○일

신청인 ○ ○ ○ 법정대리인 ○ ○ ○ (서명 또는 인)

서울시교육청행정심판위원회 귀중

첨부서류	1. 신청의 이유를 소명하는 서류 또는 자료 2. 행정심판청구와 동시에 집행정지 신청을 하는 경우에는 심판청구서 사본과 접수증명서	수수료 없음

처리 절차						
신청서 작성	➜	접수	➜	결정	➜	송달
신청인		○○행정심판위원회		○○행정심판위원회		

210mm×297mm[백상지 80g/㎡]

[별 지]

신 청 취 지

"피신청인이 20○○년 ○월 ○일 신청인에게 한 [학교폭력 예방 및 대책에 관한 법률] 제17조 제1항 제1호 서면사과, 제2호 접촉, 협박 및 보복행위의 금지, 제6호 출석정지 5일, 제17조 제3항에 따른 특별교육이수 5시간, 제17조 제9항에 따른 보호자 특별교육이수 5시간에 대한 처분은 관련 행정심판의 재결이 있을 때까지 그 효력을 정지한다."라는 결정을 구합니다.

신 청 원 인

1. 이 사건 처분의 내용 및 경위

신청인은 서울시 ○○구에 소재한 공립학교인 ○○고등학교 ○학년 ○반에 재학 중인 학생으로서, 20○○. ○. ○.(금)경 같은 반 급우인 정○○과 사소한 다툼이 발생하였고 이 때문에 정○○이 화해목적으로 신청인에게 메신저로 연락한 사실이 있으나, 신청인은 다소 시비조로 답장을 한 결과 양자는 메신저 상으로 더 다투게 된 사실이 있습니다. 이에 신청인이 싸운 메신저 내용을 SNS상에 공개적으로 올리고 비방하는 댓글을 달아 불특정 다수 및 동료 학생들에게 사실이 아닌 소문이 퍼져 박○○ 학생에게 정신적 피해를 입힘을 원인으로 하여 「학교폭력 예방 및 대책에 관한 법률」(이하 학폭법으로 표기) 제 17조 제1항 제1호 서면사과, 제2호 접촉, 협박 및 보복행위 금지, 제6호 출석정지(5일)와 제 17조 제3항 및 제9항에 따른 특별교육이수(학생 5시간 / 보호자 5시간)대한 처분을 하였습니다.

2. 이 사건 처분의 위법 · 부당성

가. 위 법 성

1) 편향적인 사안조사

시흥 ㅇㅇ고등학교 전담기구에서는 피해학생이 신고한 그대로를 신고의 원인으로 삼고 있습니다. 처음에는 피해학생의 원인을 인용하더라도 이후 처분의 원인이나 결정이유에서는 편향적인 시각에서 벗어나 객관적 시선으로 판단하여야한다고 생각됩니다. 학교폭력대책심의위원회 참석안내문을 살펴보자면 신청인과 피해학생간의 사소한 다툼이 있었고 이를 메신저로 사과하려한 피해학생과의 언쟁이 있었지 신청인이 시비적인 태도를 보인적은 없었습니다.

누군가가 사과를 받아들일 입장이나 준비되어 있어야 사과를 받아들이거나 용서할 수 있다는 말을 피해학생 보호자님 또한 회의록에서 발언하고 있습니다. 이렇게 일방적인 사과를 위한 글도 상대방이 아직 준비가 안 되거나 받아들인 마음의 정리가 안된 상태에서 피해학생 쪽은 사과를 했지만 시비를 건 태도로 보인다고 신고한 사안은 아주 일방적으로 자신만의 생각을 적시한 신고사안입니다.

당사자 신청인은 그 당시 증거서류에도 있듯이 사과한다는 피해학생간의 감정적으로 정리해야할 무엇인가가 더 있는 것으로 판단하여 당사자 간 사과 받고자 하는 부분에 대하여 옥신각신한 부분이 있었지 시비를 건 언행을 한 적은 없습니다.

2) 교우관계의 우월적 지위처럼 비춰져 …

신고사안이나 회의록에서도 피해학생과 신청인은 같은 중학교를 나온 동문이며 같은 동네에 사는 입장에서 등하교를 같이하고 여기에 같은 반인 사건전일까지 친한 친구사이였습니다.

피해학생은 함께 다니는데 불편할 수 있으니 먼저 사과한다는 표현을 사용하고 있습니다. 회의록에서조차 피해학생은 대등관계가 아닌 신청인이 교우관계에서 우월적 지위에 있는 것처럼 이야기하고 있습니다.

게시물 캡처본이나 회의록을 살펴보시면 아시다시피 당사자 간의 크고 작은 사소한 장난으로 소독제를 뿌리거나 물을 뿌리거나 하는 일은 학교생활 속에서 언제나 일어날 수 있으며 큰 사안으로 번지지 않을 수 있는, 사과로 마무리할 수 있는 사안들을 서로 간에 실행하였던 점을 들어 단순히 한쪽 일방이 신체적이나 교우관계에서 우월적 지위를 이용하여 사과를 먼저 받으려는 의도나 입장이 아니었기에 대등한 교우관계 속에서 서로간의 섭섭함과 서운함이 교차되어 잠시 소원해진 사건입니다.

3) 폭력성이 존재하지 않습니다.

신청인은 학폭법 제2조에서 정의하는 피해학생에게 신체 · 정신 또는 재산상의 피해주기 위한 폭력성이 존재하지 않습니다. 서로간의 언쟁 속에 답답함은 느낀 신청인은 대화내용을 온라인상에 게시하여 주위 친구들에게 사실적 판단과 갈등해소 및 중재를 해주길 원하는 바램이 더욱 커서 발생된 사안입니다. 대화내용을 인위적으로 편집하거나 비난, 비방을 유도한 적이 없으며 신청인의 발언한 내용도 함께 게시된 것으로 객관적 동등한 입장에서 타인의 평가내지 의견을 받고자하는 마음이 앞선 사실행위입니다.

4) 악의적이거나 고의적이지 않습니다.

피해학생의 정신적으로 피해를 유발하기 위해 악의적이거나 고의적으로 온라인상 게시한 것이 아닙니다. 앞선 말씀드린 것처럼 오프라인 상에서 친구들이 모여 있는 곳에서 피해학생과 대화 나눈 내용처럼 언쟁을 하였다면 누군가가 분쟁해결을 노력하거나 중재, 또는 한쪽을 이해시키는 언행이 있음으로 자연스럽게 해소될 수 있을 정도의 대화내용입니다. 순간적 흥분한 감정 상태에서 누군가에게 판단 받고 어느 쪽의 이야기가 사실과 부합하는지 주변 친구들에게 위로와 공감, 중재를 받기 위한 짧은 생각으로 행한 행동일 뿐 피해학생에게 어떠한 해악이나 비난, 비방적 글을 유도하여 피해를 주려는 의도는 전혀 없었습니다.

5) 청소년의 심리상태를 이해

신청인을 포함하여 현 비슷한 나이 또래 학생들은 반항적 기질을 다분히 내포하고 있습니다. 세상의 전부가 친구로 시작해서 친구로 끝날 것 같이 생각하는 경우가 큽니다. 특히 여학생일 경우 단짝친구와의 서운한 언행은 심리적으로 큰 상처가 될 수 있습니다. 온라인 게시이후 피해학생이 신청인에게 잘못된 행동을 지적하였지만 그 당시 심리상태는 감정이 아직 격앙된 상태로 짧은 생각으로 올린 게시물이라는 것을 인지하고 바로 29분 이내 삭제 처리하였지만 교우관계에서 기 싸움이라 할 수 있는 반항적 기질로 인해 마음과 전혀 상반되는 “왜 또 올릴까”라는 문장을 무의식적으로 내뱉은 의미 없는 단어일 뿐이며 바로 사과한다는 글을 남겼습니다.

비슷한 시기의 청소년들 심리상태는 어떤 행동을 함에 있어 이유를 물으면 “그냥”, “이유 없이”, “재미있을 것 같아”등 단순하게 대답합니다. 그러한 행동을 하는 이유는 반항적 기질과 아직 자신의 마음을 밖으로 표출하는 기술이나 대화법을 습득하지 못했거나 미성숙하기 때문에 단답형인 답을 많이들 합니다. 그러나 단순한 대답 속에 우리성인들은 그렇게 대답한 청소년의 현 심리상태를 파악하고 앞뒤 상황과 원인 등을 파악하여 마음속 이야기를 파악해야합니다.

이 사안은 중학교부터 친하게 지낸 친구 간에 현재까지 사소하게 쌓여온 감정적 해소를 함에 있어 미성숙하게 대처하고 이를 가까운 친구들에게 판단 받고 싶었던 마음이 커서 발생한 사안으로 피해학생에게 인위적으로 심리적 피해를 발생시킬 의도가 전혀 없었습니다. 만약에 의도가 있었다면 자신의 대화내용을 편집하거나 다른 이들에게 조롱, 비난, 비방하는 댓글을 달도록 유도 및 유인 또는 종용하는 행동을 하여야하지만 신청인은 단순히 대화내용을 캡처하여 게시만 하였을 뿐 신청인 자신도 다른 이들의 평가나 댓글의 대상이 될 상황을 자초한 일로 보여짐으로 폭력성을 갖춘 게시물이라 보여지기 어렵습니다.

6) 처분이유의 제시하자

판례는 학폭법 조치도 행정절차법 제23조 제1항에 따라 처분의 이유를 명시하도록 하고 있습니다. 비록 학교폭력대책심의위원회에서 징계의 원인되는 사실에 대한 심리가 있었다 하더라도 처분사유의 이유제시가 명확히 이루어졌는지에 대하여 신중한 판단을 요구하고 있습니다. 학교폭력대책심의위원회 심의과정 중 가해 학생 측에 징계사유에 대한 고지가 충분히 이루어졌는지 여부와 “처분서에 명확한 징계사실이 특정되지 않는 이상 처분사유의 이유제시에 하자가 있다”는 판례 청주지법 2012구합2172판결 및 수원지법 2013구합17207판결 참조해볼 경우와 학폭법 제21조(비밀누설금지 등) 제3항 “피해학생, 가해학생 또는 그 보호자가 회의록의 열람 · 복사 등 회의록 공개를 신청 한 때에는 학생과 그 가족의 성명, 주민등록번호 및 주소, 위원의 성명 등 개인정보에 관한 사항을 제외하고 공개하여야 한다.”정함으로 불복절차에 있어 공정하고 투명한 알 권리를 통해 신청인에 대한 판단근거를 명확히 알고자 회의록을 신청하였지만 정당한 근거 없이 가장 중요시 되어야할 판단의견사항들이 블라인드 처리됨에 따라 승복할 정당한 의견을 알 수 없는 상태로 만들었습니다.

이 사건에 대하여 피신청인이 신청인에게 보내온 학교폭력대책심의위원회 조치결정 통보서 조치결정의 이유를 살펴보건대 시비적인 태도를 보인 적이 없으며 신청인이 비방하는 댓글을 달거나 달도록 유도하지 않았으며 사실이 아닌 소문이라는 구체적 사실이 없는 관계를 징계사유로 드는 학교폭력대책심의위원회 조치결정이유는 일부 잘못된 사실 적시로 불완전한 판단의 잣대로 사용됨을 부인할 수 없는 관계로 명확성의 위배를 들어 일부 위법하다 말할 수 있습니다.

또한 법률에 의거 개인정보만을 빼고 회의록을 전달해할 피신청인은 임의적으로 판단의견을 블라인드 처리함으로 신청인이 불복절차 진행함에 있어 불이익을 주고 있기에 이 또한 위법하다 말할 수 있습니다.

7) 재량권 남용 및 일탈

위와 같은 사유를 들어 신청인에게 내린 [학폭법] 제 17조 제1항 제1호, 제2호, 제6호와 제 17조 제3항 및 제9항에 따른 특별교육이수 처분은 신청인에게 불이익을 수반하기에 헌법 제37조 기본권을 제한하는 법률은 목적의 정당성, 방법의 적절성, 법익의 균형성, 제한의 최소성 등을 준수해야 한다. 규정하고 있으며 일반적인 판례와 학설에 따라 이를 위배할 경우는 위법으로 간주하고 있습니다. 당해 징계처분으로 인해 목적을 달성하기에 적합한 수단이어야 하고 그러한 수단 중에서도 신청인의 권리를 최소한으로 침해하여야 하며, 최소 침해수단이더라도 그로인해 달성하는 공익이 침해되는 사익보다 커야할 것입니다.

그러나 신청인에게 내려진 징계처분은 당사자 간 일어난 1회성 사건이라는 점, 과거 유사한 전력이 없다는 점, 친한 친구 사이에 감정을 억누르지 못하고 예기치 않게 일어난 사건으로 교우관계의 특수성을 헤아리지 못한 점, 선도와 개진 가능성이 크다는 점을 간과한 점 등에 대한 판단 없이 선도와 교육의 목적이 아닌 징계만을 목적으로 이루어진 처벌로 보이며 특히 신청인의 사안에 대한 심각성, 고의성, 지속성, 반성의 정도, 화해 등 기준을 면밀히 살펴보지 않은 채 단지 처벌만을 목적으로 위해 내려진 처분은 신청인에게 너무 가혹한 처분 이기게 피신청인의 처분은 재량권 남용과 일탈로 위법하다 말 할 수 있습니다.

나. 부 당 성

1) 선도 가능성이 큽니다.

신청인은 사건 당일에도 자신의 잘못을 바로 알고 29분내 게시물을 삭제하였습니다. 자신의 짧은 생각으로 주변 친구들의 판단보다 불특정 다수가 볼 수 있고 자신도 판단의 대상이 될 수 있다는 생각에 바로 게시물을 삭제하였습니다. 피해학생의 지적에 당시 대립된 관계를 벗어나고 싶지 않은 마음에 무의미한 대답을 하였습니다. 과거 유사전력도 없고 피해학생을 저격한 글도 없습니다. 캡처된 대화를 보더라도 사소하거나 작은 언쟁이나 티격태격하는 정도이며 서로간의 과거행동이 일관적으로 사과를 받거나 요구하는 대화일 뿐 서로 비하하거나 비난하는 글은 없습니다.

타인과의 사적대화를 동의 없이 온라인에 게시한 행동은 잘못된 행동인 점 인정하고 깊이 반성하고 있습니다. 학교는 교육기관으로 처벌보다는 미성숙한 학생이 올바르고 바르게 자라 건전한 학생 상으로 거듭날 수 있도록 지도하는 것이 무엇보다 우선이라 생각되어집니다. 의도치 않게 행한 행동이라도 자신이 무엇을 잘못했고 용서와 사과를 구하고 있다면 무거운 처벌보다는 자신을 반성하고 추후 재발방지와 당사자 간의 교우관계를 지켜나갈 수 있도록 개도하여주는 것이 더욱 바람직하다 생각되어집니다.

2) 교우관계를 회복하겠습니다.

사건발생으로 틀어진 교우관계를 바로 잡도록 노력하겠습니다. 중학교 때부터 신청인과 피해학생은 단짝친구입니다. 회의록상 피해학생이“어쩔 수 없이”라는 말을 하고 있지만 같은 중학교출신에 같은 반에 등하교를 같이하는 친구사이에서 신청인이 온라인 게시만 하지 않았더라면 시간이 조금 걸릴 수는 있었겠지만 충분히 원만한 사이로 돌아갈 수 있는 관계라고 말씀드리고 싶습니다.

과거 어울렸던 행적, 주고받은 글, 전달하였던 선물, 서로간의 집을 드나들었던 일들, 함께 놀거나 간식거리를 나눠 먹었던 추억, 주변 친구들의 어울린 추억 등을 공유하는 사이에서 영원히 보지 않는 사이로 만들지 않겠습니다.

졸업 때까지 물리적으로 접근금지를 내린 징계처분은 청소년 사회적 관계에서 오늘 소원해졌던 관계가 “언제 싸웠을까?” 할 정도로 변할 수 있는 정서임을 너무 간과한 중한처분이라 사료되어집니다.

피해학생에게 사과하고 바로는 시행하기 어렵겠지만 잠시 흥분과 격앙된 마음이 진정되기를 기다린 후 먼저 손을 내밀어 예전처럼 좋은 관계가 되도록 노력하겠습니다.

3) 징계판단에서

회의록을 살펴보건 데 심각성과 화해정도에서 높은 점수의 판단을 받았습니다. 앞서 말씀드린 것과 같이 피해학생에게 피해를 수반하거나 가해를 목적으로 행동한 행위가 아닙니다.

학교라는 교육기관에서 학생신분으로 어긋난 행동인 점은 인정하고 결과적으로 온라인상 게시한 잘못된 행동이라 하더라도 원인과 상황을 살펴보자며 심각성을 높게 판단할 근거는 미약한 것으로 보이기에 신청인은 다소 부당하게 보여집니다.

또한 화해의 정도에서는 보호자확인서에서도 화해와 사과를 청하고 상대방에서 연락해 주시를 원했으며 회의록을 살펴보면 신청인의 보호자가 연락을 취하기 위해 담임선생님에게 연락처를 전달하였고 피해학생보호자와의 통화를 원하였지만 피해학생보호자는 이를 인지하고 있지만 마음이 내키지 않아 연락하지 않음을 말하고 있는 한 신청인보호자가 할 수 일은 없었습니다.

학교폭력행위 판단 시 학교생활을 하는 과정에서 학생들 사이에 크고 작은 갈등이나 분쟁의 발생은 당연히 예상되므로, 일상적인 학교생활 중에 일어난 어떤 행위가 학폭법에서 말하는 '학교폭력'에 해당하는지 여부는 그 발생경위와 상황, 행위의 정도 등을 신중히 살펴 판단하여야 합니다.

학교폭력에 해당 하는지 여부나 그 피해의 정도는 당사자의 주관적인 진술이나 당해 행위 그 자체뿐 아니라 전체적이고 객관적인 상황과 맥락을 종합하여 판단하여야 함에 있어 일부학교폭력으로 비춰질 수 있음을 부정하지 않더라도 신청인에게 내려진 징계처분은 다소 무거운 감이 있어 부당하다 말 할 수 있습니다.

4) 처분의 형평성

학교폭력 문제라는 미묘하고도 안타까운 학교현실을 반영하는 사건으로 신청인의 문제된 행위를 단편적이고 외형적인 면만을 보고 도식적으로 판단할 것이 아니라고 사료됩니다.

이 사건 법률의 궁극적 취지는 피해자 보호뿐만 아니라 가해자에 대한 선도, 교육도 포함한다는 점이 있다는 것을 비추어 살펴보건 데 한차례의 선도기회도 없이 징계처분은 부당하다 할 수 있습니다.

"제재적 행정처분이 사회통념상 재량권의 범위를 일탈하였거나 남용하였는지 여부는 처분사유로 된 위반행위의 내용과 당해 처분행위에 의하여 달성하려는 공익목적 및 이에 따르는 제반 사정 등을 객관적으로 심리하여 공익침해의 정도와 그 처분으로 인하여 개인이 입게 될 불이익을 비교 · 형량 하여 판단하여야 한다."대법원 판례(98두11779 판결) 살펴볼 경우

교육전문가인 교육청의 장이 교육목적과 내부 질서 유지를 위하여 징계 조치한 것은 최대한 존중되어야 하지만 징계사유와 징계조치 사이에 사회통념상 허용되는 적절한 균형이 요구되므로 징계조치도 그 한도에서 재량권의 한계가 있는 점, 피신청인은 피해 학생과 가해학생 모두를 지도 · 교육하는 지위에 있으므로 피해 학생을 보호하여 더 이상의 피해를 보지 않도록 할 의무가 있을 뿐 아니라 가해학생을 선도 · 교육하여 건전한 사회구성원으로 육성할 의무가 있어, 심각한 피해를 일으킨 가해학생에 대해서도 인격적으로 성숙해가는 과정에 있는 학생임을 감안하여 최대한 교육적인 방법으로 선도할 책무가 있는 점 등에 비추어 보면, 신청인에 대한 징계의 필요성을 고려하더라도 개전의 기회를 주지 않고 징계조치결과만을 두고 보았을 때 신청인에게만 지나치게 가혹한 것으로 보여 부당하다 할 수 있습니다.

5) 온라인상 대화내용 게시에 대한 사과

신청인은 의도나 목적을 가지고 피해학생에게 가해행위를 하지 않았습니다. 그러나 의도하지 않게 다른 이들의 댓글 등으로 인해 피해학생이 보면 상처받을 수 있는 부적절한 언어들이 게시된 점, 동의 없는 게시물을 올린 점 학생신분으로 부적절한 행동을 한점 모두 인정하며 용서를 구하겠습니다.

사안이 벌어진 20○○년 ○월 ○일 이후 진심어린 사과문을 전달하였으며 이후로도 직접 대면하여 사과의 대화를 나눔으로써 부적절한 행동에 대한한 미안함과 용서를 구하였습니다.

또한 주변 친구들의 도움을 통해 적극적으로 관계 개선해 나가도록 노력하겠습니다. 현재 고등학교 1학년인 신청인이 졸업 때까지 피해학생과 서로 간에 풀지 못하고 지속되는 것을 방지하고 이 또한 서로간의 불편한 관계로 방치되는 것보다 적극적인 화해와 용서를 통해 예전보다 더욱 돈독한 사이로 탈바꿈하겠음을 약속드립니다.

피해학생이 응할 마음이 없을 때 지속적으로 종용하는 것도 또 하나의 폭력으로 인식될 수 있기에 기회와 시간, 기다림을 가지고 천천히 다가갈 것을 위원님들께 약속드리겠습니다.

3. 결 론

이 사건 처분은 명확성에 대한 일부오인을 통한 위법·부당성이 존재하는바 취소될 가능성이 높고 이 사건 처분이 집행될 경우 신청인의 정신적 충격뿐만 아니라 출석정지로 인해 학생으로써 학습권마저 잃게 되는 중대한 손해를 막을 긴급한 필요성이 있다는 점, 사건 처분을 받음으로써 회복할 수 없는 곤란에 빠질 수 있는 점, 신청인의 처분의 정지를 통해 공공복리에 지대한 영향을 끼칠 우려가 없다는 점 등 여러 가지 정황을 고려할 때 이 사건 처분으로 보호되는 공익보다 신청인이 입는 손해가 더욱 크다 할 것입니다.

따라서 이 사건 처분이 집행될 경우 생길 중대한 손해를 예방하기 위한 긴급한 필요가 있어, 위 학교폭력에 대한 조치처분 집행을 행정심판위원회의 재결이 있을 때까지 정지하여 주시기를 바랍니다.

20○○년 ○월 ○일

위 신청인 : ○○○ 법정대리인 ○○○ (서명 또는 인)

경기도교육청행정심판위원회 귀중

[서식 188] 행정심판청구서(가해학생)

■ 행정심판법 시행규칙 [별지 제30호서식] 〈개정 2012.9.20〉

행정심판 청구서

접수번호	접수일	

청 구 인	성명 김 ○ ○
	주소 경기도 ○○시 ○○○
	주민등록번호(외국인등록번호) 000000-0000000
	전화번호
[ ] 대표자 [ ] 관리인 [ ] 선 정 대 표 자 [v] 대리인	성명 법정대리인 ○○○
	주소 경기도 ○○시 ○○○
	주민등록번호(외국인등록번호) 000000-0000000
	전화번호 010-0000-00000
피 청 구 인	경기도시흥지원교육청 교육장
소관 행정심판 위 원 회	[ ]중앙행정심판위원회 [ ] 시 · 도행정심판위원회 [V]교육청행정심판위원회
처분 내용 또는 부작위 내용	피청구인이 2020.08.18. 청구인에 대하여 한 서면사과, 접촉,협박 및 보복행위금지, 출석정지(5일) 및 특별교육이수 (학생 5시간/ 보호자 5시간)에 대한 처분
처분이 있음을 안 날	20○○년 ○월 ○일
청구 취지 및 청 구 이 유	별지로 작성
처분청의 불복 절차 고지 유무	행정심판청구에 대한 고지(안내)가 있었음
처분청의 불복 절차 고지 내용	학교장 처분에 대한 이의 시 행정심판청구 가능여부와 그 청구기간을 고지함
증 거 서 류	조치결정통지서, 학교폭력대책심의위원회회의록등

「행정심판법」 제28조 및 같은 법 시행령 제20조에 따라 위와 같이 행정심판을 청구합니다.

2020년 9월 14일

청구인 ○○○ 법정대리인 000 (서명 또는 인)

경기도교육청행정심판위원회 귀중

첨부서류	1. 대표자, 관리인, 선정대표자 또는 대리인의 자격을 소명하는 서류(대표자, 관리인,선정대표자 또는 대리인을 선임하는 경우에만 제출합니다.) 2. 주장을 뒷받침하는 증거서류나 증거물	수수료 없음

처리 절차			
청구서 작성 ➜	접수 ➜	재결 ➜	송달
청구인	○○행정심판위원회	○○행정심판위원회	

210mm×297mm[백상지 80g/㎡]

[별 지]

행정심판청구서

사 건 명 : 학교폭력 가해학생 징계처분 취소청구

청 구 인
성 명 : 김○○ 법정대리인 윤○○
주 소 : 경기도 ○○시 ○○○
연 락 처 : 010-0000-0000

피청구인 : 경기도시흥교육지원청 교육장

학교폭력 가해학생 징계처분 취소청구

청 구 취 지

"피청구인이 20○○년 ○월 ○일 청구인에게 한 [학교폭력 예방 및 대책에 관한 법률] 제 17조 제1항 제1호 서면사과, 제2호 접촉, 협박 및 보복행위 금지, 제6호 출석정지(5일)와 제 17조 제3항 및 제9항에 따른 특별교육이수(학생 5시간 / 보호자 5시간)대한 처분을 취소한다"는 재결을 구합니다.

청 구 이 유

1. 이 사건의 처분의 경위

가. 피청구인과의 관계

이 사건 청구인(김○○)은 경기도 ○○시 ○○로 ○○에 소재한 공립학교인 ○○고등학교 ○학년에 재학 중인 학생이며, 피청구인은 위 관할지원 교육청의 교육장입니다.

나. 피해학생과 청구인의 관계

사건의 피해학생(박○○)과 청구인(김○○)은 현재 시흥 ○○고등학교 ○학년 ○반에 재학 중인 재학생입니다.

다. 신고된 사안

20○○년 ○월 ○일 (금) 시흥 ○○고 ○학년 박○○ 학생과 1학년 김○○ 학생은 다툼이 있어서 박○○ 학생이 화해하기 위해 김○○ 학생에게 메신저로 연락하였으나 김○○ 학생은 시비적인 태도로 답장을 하여 메신저로 더 싸우게 되었고, 김○○ 학생이 싸운 메신저 내용을 SNS상에 공개적으로 올리고 비방하는 댓글을 달아 불특정 다수에게 사실이 아닌 소문이 퍼져 박○○ 학생이 정신적 피해를 입었다고 신고된 사안으로 조사를 받게 되었습니다.

라. 처분의 원인

20○○.○.○.(금) 시흥 ○○고 ○학년 박○○ 학생과 ○학년 김○○ 학생은 다툼이 있어서 박○○ 학생이 화해하기 위해 김○○ 학생에게 메신저로 연락하였으나 김○○ 학생은 시비적인 태도로 답장을 하여 메신저로 더 싸우게 되었고, 김○○ 학생이 싸운 메신저 내용을 SNS상에 공개적으로 올리고 비방하는 댓글을 달아 불특정 다수 및 동료학생들에게 사실이 아닌 소문이 퍼져 박○○ 학생이 정신적 피해를 입힘을 원인으로하여 「학교폭력 예방 및 대책에 관한 법률」(이하 학폭법으로 표기) 제 17조 제1항 제1호 서면사과, 제2호 접촉, 협박 및 보복행위 금지, 제6호 출석정지(5일)와 제 17조 제3항 및 제9항에 따른 특별교육이수(학생 5시간 / 보호자 5시간)대한 처분을 하였습니다.

마. 학교폭력대책심의위원회 조치결정통보서 수령

청구인은 피청구인으로부터 20○○. ○. ○. 학교폭력대책심의위원회(이하 '학폭위'로 표기) 조치결정 통보서를 등기로 받았습니다.

바. 행정심판청구의 적법성

20○○. ○. ○. 학폭위 조치결정통보서를 받았기에 적법한 기간 내 행정심판을 청구합

니다.

2. 이 사건 처분의 위법 · 부당성

가. 위법성

1) 편향적인 사안조사

시흥 ○○고등학교 전담기구에서는 피해학생이 신고한 그대로를 신고의 원인으로 삼고 있습니다. 처음에는 피해학생의 원인을 인용하더라도 이후 처분의 원인이나 결정이유에서는 편향적인 시각에서 벗어나 객관적 시선으로 판단하여야한다고 생각되어집니다.

학교폭력대책심의위원회 참석안내문을 살펴보자면 청구인과 피해학생간의 사소한 다툼이 있었고 이를 메신저로 사과하려한 피해학생과의 언쟁이 있었지 청구인이 시비적인 태도를 보인적은 없었습니다.

누군가가 사과를 받아들일 입장이나 준비되어 있어야 사과를 받아들이거나 용서할 수 있다는 말을 피해학생 보호자님 또한 회의록에서 발언하고 있습니다. 이렇게 일방적인 사과를 위한 글도 상대방이 아직 준비가 안 되거나 받아들인 마음의 정리가 안된 상태에서 피해학생 쪽은 사과를 했지만 시비를 건 태도로 보인다고 신고한 사안은 아주 일방적으로 자신만의 생각을 적시한 신고사안입니다.

당사자 청구인은 그 당시 증거서류에도 있듯이 사과한다는 피해학생간의 감정적으로 정리해야할 무엇인가가 더 있는 것으로 판단하여 당사자 간 사과받고자하는 부분에 대하여 옥신각신한 부분이 있었지 시비를 건 언행을 한 적은 없습니다.

2) 교우관계의 우월적 지위처럼 비춰져 …

신고사안이나 회의록에서도 피해학생과 청구인은 같은 중학교를 나온 동문이며 같은 동네에 사는 입장에서 등하교를 같이하고 여기에 같은 반인 사건전일까지 친한 친구사이였습니다.

피해학생은 함께 다니는데 불편할 수 있으니 먼저 사과한다는 표현을 사용하고 있습니다. 회의록에서조차 피해학생은 대등관계가 아닌 청구인이 교우관계에서 우월적 지위에 있는 것처럼 이야기하고 있습니다.

게시물 캡처본이나 회의록을 살펴보시면 아시다시피 당사자 간의 크고 작은 사소한 장난으로 소독제를 뿌리거나 물을 뿌리거나 하는 일은 학교생활 속에서 언제나 일어날 수 있으며 큰 사안으로 번지지 않을수 있는, 사과로 마무리할 수 있는 사안들을 서로 간에 실행하였던 점을 들어 단순히 한쪽 일방이 신체적이나 교우관계에서 우월적 지위를 이용하여 사과를 먼저 받으려는 의도나 입장이 아니었기에 대등한 교우관계 속에서 서로간의 섭섭함과 서운함이 교차되어 잠시 소원해진 사건입니다.

3) 폭력성이 존재하지 않습니다.

청구인은 학폭법 제2조에서 정의하는 피해학생에게 신체 · 정신 또는 재산상의 피해주기 위한 폭력성이 존재하지 않습니다.

서로간의 언쟁 속에 답답함은 느낀 청구인은 대화내용을 온라인상에 게시하여 주위 친구들에게 사실적 판단과 갈등해소 및 중재를 해주길 원하는 바램이 더욱 커서 발생된 사안입니다.

대화내용을 인위적으로 편집하거나 비난, 비방을 유도한 적이 없으며 청구인의 발언한 내용도 함께 게시된 것으로 객관적 동등한 입장에서 타인의 평가내지 의견을 받고자하는 마음이 앞선 사실행위입니다.

4) 악의적이거나 고의적이지 않습니다.

피해학생의 정신적으로 피해를 유발하기 위해 악의적이거나 고의적으로 온라인상 게시한 것이 아닙니다. 앞선 말씀드린 것처럼 오프라인 상에서 친구들이 모여 있는 곳에서 피해학생과 대화 나눈 내용처럼 언쟁을 하였다면 누군가가 분쟁해결을 노력하거나 중재, 또는 한쪽을 이해시키는 언행이 있음으로 자연스럽게 해소될 수 있을 정도의 대화내용입니다. 순간적 흥분한 감정 상태에서 누군가에게 판단 받고 어느 쪽의 이야기가 사실과 부합하는지 주변 친구들에게 위로와 공감, 중재를 받기 위한 짧은 생각으로 행한 행동일 뿐 피해학생에게 어떠한 해악이나 비난, 비방적 글을 유도하여 피해를 주려는 의도는 전혀 없었습니다.

5) 청소년의 심리상태를 이해

청구인을 포함하여 현 비슷한 나이 또래 학생들은 반항적 기질을 다분히 내포하고 있습니다. 세상의 전부가 친구로 시작해서 친구로 끝날 것 같이 생각하는 경우가 큽니다. 특히 여학생일 경우 단짝친구와의 서운한 언행은 심리적으로 큰 상처가 될 수 있습니다.

온라인 게시이후 피해학생이 청구인에게 잘못된 행동을 지적하였지만 그 당시 심리상태는 감정이 아직 격앙된 상태로 짧은 생각으로 올린 게시물이라는 것을 인지하고 바로 29분 이내 삭제 처리하였지만 교우관계에서 기 싸움이라 할 수 있는 반항적 기질로 인해 마음과 전혀 상반되는 "왜 또 올릴까"라는 문장을 무의식적으로 내뱉은 의미 없는 단어일 뿐이며 바로 사과한다는 글을 남겼습니다.

비슷한 시기의 청소년들 심리상태는 어떤 행동을 함에 있어 이유를 물으면 "그냥", "이유없이", "재미있을 것 같아"등 단순하게 대답합니다. 그러한 행동을 하는 이유는 반항적 기질과 아직 자신의 마음을 밖으로 표출하는 기술이나 대화법을 습득하지 못했거나 미성숙하기 때문에 단답형인 답을 많이들 합니다.

그러나 단순한 대답 속에 우리성인들은 그렇게 대답한 청소년의 현 심리상태를 파악하고 앞뒤 상황과 원인 등을 파악하여 마음속 이야기를 파악해야합니다.

이 사안은 중학교부터 친하게 지낸 친구 간에 현재까지 사소하게 쌓여온 감정적 해소를 함에 있어 미성숙하게 대처하고 이를 가까운 친구들에게 판단 받고 싶었던 마음이 커서 발생한 사안으로 피해학생에게 인위적으로 심리적 피해를 발생시킬 의도가 전혀 없었습니다.

만약에 의도가 있었다면 자신의 대화내용을 편집하거나 다른 이들에게 조롱, 비난, 비방하는 댓글을 달도록 유도 및 유인 또는 종용하는 행동을 하여야하지만 청구인은 단순히 대화내용을 캡처하여 게시만하였을 뿐 청구인 자신도 다른 이들의 평가나 댓글의 대상이 될 상황을 자초한 일로 보여짐으로 폭력성을 갖춘 게시물이라 보여지기 어렵습니다.

6) 처분이유의 제시하자

판례는 학폭법 조치도 행정절차법 제23조 제1항에 따라 처분의 이유를 명시하도록 하고 있습니다. 비록 학교폭력대책심의위원회에서 징계의 원인되는 사실에 대한 심리가 있었다 하더라도 처분사유의 이유제시가 명확히 이루어졌는지에 대하여 신중한 판단을 요구하고 있습니다.

학교폭력대책심의위원회 심의과정 중 가해 학생 측에 징계사유에 대한 고지가 충분히 이루어졌는지 여부와 "처분서에 명확한 징계사실이 특정되지 않는 이상 처분사유의 이유제시에 하자가 있다"는 판례 청주지법 2012구합2172판결 및 수원지법 2013구합17207판결 참조해볼 경우와 학폭법 제21조(비밀누설금지 등) 제3항 " 피해학생, 가해학생 또는 그 보호자가 회의록의 열람 · 복사 등 회의록 공개를 신청 한 때에는 학생과 그 가족의 성명, 주민등록번호 및 주소, 위원의 성명 등 개인정보에 관한 사항을 제외하고 공개하여야 한다."정함으로 불복절차에 있어 공정하고 투명한 알 권리를 통해 청구인에 대한 판단근거를 명확히 알고자 회의록을 신청하였지만 정당한 근거 없이 가장 중요시 되어야할 판단 의견사항들이 블라인드처리 됨에 따라 승복할 정당한 의견을 알 수 없는 상태로 만들었습니다.

이 사건에 대하여 피청구인이 청구인에게 보내온 학교폭력대책심의위원회 조치결정 통보서 조치결정의 이유를 살펴보건대 시비적인 태도를 보인 적이 없으며 청구인이 비방하는 댓글을 달거나 달도록 유도하지 않았으며 사실이 아닌 소문이라는 구체적 사실이 없는 관계를 징계사유로 드는 학교폭력대책심의위원회 조치결정이유는 일부 잘못된 사실 적시로 불완전한 판단의 잣대로 사용됨을 부인할 수 없는 관계로 명확성의 위배를 들어 일부 위법하다 말할 수 있습니다.

또한 법률에 의거 개인정보만을 빼고 회의록을 전달해할 피청구인은 임의적으로 판단의견을 블라인드 처리함으로 청구인이 불복절차 진행함에 있어 불이익을 주고 있기에 이 또한 위법하다 말할 수 있습니다.

7) 재량권 남용 및 일탈

위와 같은 사유를 들어 청구인에게 내린 [학폭법] 제 17조 제1항 제1호, 제2호, 제6호와 제 17조 제3항 및 제9항에 따른 특별교육이수 처분은 청구인에게 불이익을 수반하기에 헌법 제37조 기본권을 제한하는 법률은 목적의 정당성, 방법의 적절성, 법익의 균형성, 제한의 최소성 등을 준수해야 한다. 규정하고 있으며 일반적인 판례와 학설에 따라 이를 위배할 경우는 위법으로 간주하고 있습니다.

당해 징계처분으로 인해 목적을 달성하기에 적합한 수단이어야 하고 그러한 수단 중에서도 청구인의 권리를 최소한으로 침해하여야 하며, 최소 침해수단이더라도 그로인해 달성하는 공익이 침해되는 사익보다 커야할 것입니다.

그러나 청구인에게 내려진 징계처분은 당사자 간 일어난 1회성 사건이라는 점, 과거 유사한 전력이 없다는 점, 친한 친구 사이에 감정을 억누르지 못하고 예기치 않게 일어난 사건으로 교우관계의 특수성을 헤아리지 못한 점, 선도와 개진 가능성이 크다는 점을 간과한 점 등에 대한 판단 없이 선도와 교육의 목적이 아닌 징계만을 목적으로 이루어진 처벌로 보이며 특히 청구인의 사안에 대한 심각성, 고의성, 지속성, 반성의 정도, 화해 등 기준을 면밀히 살펴보지 않은 채 단지 처벌만을 목적으로 위해 내려진 처분은 청구인에게 너무 가혹한 처분 이기게 피청구인의 처분은 재량권 남용과 일탈로 위법하다 말 할 수 있습니다.

나. 부 당 성

1) 선도 가능성이 큽니다.

청구인은 사건 당일에도 자신의 잘못을 바로 알고 29분내 게시물을 삭제하였습니다. 자신의 짧은 생각으로 주변 친구들의 판단보다 불특정 다수가 볼 수 있고 자신도 판단의 대상이 될수 있다는 생각에 바로 게시물을 삭제하였습니다. 피해학생의 지적에 당시 대립된 관계를 벗어나고 싶지 않은 마음에 무의미한 대답을 하였습니다.

과거 유사전력도 없고 피해학생을 저격한 글도 없습니다. 캡처된 대화를 보더라도 사소하거나 작은 언쟁이나 티격태격하는 정도이며 서로간의 과거행동이 일관적으로 사과를 받거나 요구하는 대화일 뿐 서로 비하하거나 비난하는 글은 없습니다.

타인과의 사적대화를 동의 없이 온라인에 게시한 행동은 잘못된 행동인 점 인정하고 깊이 반성하고 있습니다. 학교는 교육기관으로 처벌보다는 미성숙한 학생이 올바르고 바르게 자라 건전한 학생 상으로 거듭날 수 있도록 지도하는 것이 무엇보다 우선이라 생각되어집니다. 의도치 않게 행한 행동이라도 자신이 무엇을 잘못했고 용서와 사과를 구하고 있다면 무거운 처벌보다는 자신을 반성하고 추후 재발방지와 당사자 간의 교우관계를 지켜나갈 수 있도록 개도하여주는 것이 더욱 바람직하다 생각되어집니다.

2) 교우관계를 회복하겠습니다.

사건발생으로 틀어진 교우관계를 바로 잡도록 노력하겠습니다. 중학교 때부터 청구인과 피해학생은 단짝친구입니다. 회의록상 피해학생이“어쩔 수 없이”라는 말을 하고 있지만 같은 중학교출신에 같은 반에 등하교를 같이하는 친구사이에서 청구인이 온라인 게시만 하지 않았더라면 시간이 조금 걸릴 수는 있었겠지만 충분히 원만한 사이로 돌아갈 수 있는 관계라고 말씀드리고 싶습니다.

과거 어울렸던 행적, 주고받은 글, 전달하였던 선물, 서로간의 집을 드나들었던 일들, 함께 놀거나 간식거리를 나눠 먹었던 추억, 주변 친구들의 어울린 추억 등을 공유하는 사이에서 영원히 보지 않는 사이로 만들지 않겠습니다.

졸업 때까지 물리적으로 접근금지를 내린 징계처분은 청소년 사회적 관계에서 오늘 소원해졌던 관계가 “언제 싸웠을까?” 할 정도로 변할 수 있는 정서임을 너무 간과한 중한처분이라 사료되어집니다. 피해학생에게 사과하고 바로는 시행하기 어렵겠지만 잠시 흥분과 격앙된 마음이 진정되기를 기다린 후 먼저 손을 내밀어 예전처럼 좋은 관계가 되도록 노력하겠습니다.

3) 징계판단에서

회의록을 살펴보건 데 심각성과 화해정도에서 높은 점수의 판단을 받았습니다. 앞서 말씀드린 것과 같이 피해학생에게 피해를 수반하거나 가해를 목적으로 행동한 행위가 아닙니다.

학교라는 교육기관에서 학생신분으로 어긋난 행동인 점은 인정하고 결과적으로 온라인상 게시한 잘못된 행동이라 하더라도 원인과 상황을 살펴보자며 심각성을 높게 판단할 근거는 미약한 것으로 보이기에 청구인은 다소 부당하게 보여집니다.

또한 화해의 정도에서는 보호자확인서에서도 화해와 사과를 청하고 상대방에서 연락해주시를 원했으며 회의록을 살펴보면 청구인의 보호자가 연락을 취하기 위해 담임선생님에게 연락처를 전달하였고 피해학생보호자와의 통화를 원하였지만 피해학생보호자는 이를 인지하고 있지만 마음이 내키지 않아 연락하지 않음을 말하고 있는 한 청구인보호자가 할 수 일은 없었습니다.

학교폭력행위 판단 시 학교생활을 하는 과정에서 학생들 사이에 크고 작은 갈등이나 분쟁의 발생은 당연히 예상되므로, 일상적인 학교생활 중에 일어난 어떤 행위가 학폭법에서 말하는 '학교폭력'에 해당하는지 여부는 그 발생경위와 상황, 행위의 정도 등을 신중히 살펴 판단하여야 합니다.

학교폭력에 해당 하는지 여부나 그 피해의 정도는 당사자의 주관적인 진술이나 당해 행위 그 자체뿐 아니라 전체적이고 객관적인 상황과 맥락을 종합하여 판단하여야 함에 있어 일부학교폭력으로 비춰질 수 있음을 부정하지 않더라도 청구인에게 내려진 징계처분은 다소 무거운감이 있어 부당하다 말 할 수 있습니다.

4) 처분의 형평성

학교폭력 문제라는 미묘하고도 안타까운 학교현실을 반영하는 사건으로 청구인의 문제된 행위를 단편적이고 외형적인 면만을 보고 도식적으로 판단할 것이 아니라고 사료됩니다.

이 사건 법률의 궁극적 취지는 피해자 보호뿐만 아니라 가해자에 대한 선도, 교육도 포함한다는 점이 있다는 것을 비추어 살펴보건 데 한차례의 선도기회도 없이 징계처분은 부당하다 할 수 있습니다. "제재적 행정처분이 사회통념상 재량권의 범위를 일탈하였거나 남용하였는지 여부는 처분사유로 된 위반행위의 내용과 당해 처분행위에 의하여 달성하려는 공익목적 및 이에 따르는 제반 사정 등을 객관적으로 심리하여 공익침해의 정도와 그 처분으로 인하여 개인이 입게 될 불이익을 비교 · 형량 하여 판단하여야 한다."대법원 판례(98두11779 판결) 살펴볼 경우

교육전문가인 교육청의 장이 교육목적과 내부 질서 유지를 위하여 징계 조치한 것은 최대한 존중되어야 하지만 징계사유와 징계조치 사이에 사회통념상 허용되는 적절한 균형이 요구되므로 징계조치도 그 한도에서 재량권의 한계가 있는 점, 피청구인은 피해 학생과 가해학생 모두를 지도 · 교육하는 지위에 있으므로 피해 학생을 보호하여 더 이상의 피해를 보지 않도록 할 의무가 있을 뿐 아니라 가해학생을 선도 · 교육하여 건전한 사회구성원으로 육성할 의무가 있어, 심각한 피해를 일으킨 가해학생에 대해서도 인격적으로

성숙해가는 과정에 있는 학생임을 감안하여 최대한 교육적인 방법으로 선도할 책무가 있는 점 등에 비추어 보면, 청구인에 대한 징계의 필요성을 고려하더라도 개전의 기회를 주지 않고 징계조치결과만을 두고 보았을 때 청구인에게만 지나치게 가혹한 것으로 보여 부당하다 할 수 있습니다.

5) 온라인상 대화내용 게시에 대한 사과

청구인은 의도나 목적을 가지고 피해학생에게 가해행위를 하지 않았습니다. 그러나 의도하지 않게 다른 이들의 댓글 등으로 인해 피해학생이 보면 상처받을 수 있는 부적절한 언어들이 게시된 점, 동의 없는 게시물을 올린 점 학생신분으로 부적절한 행동을 한 점 모두 인정하며 용서를 구하겠습니다.

사안이 벌어진 20○○년 ○월 ○일 이후 진심어린 사과문을 전달하였으며 이후로도 직접 대면하여 사과의 대화를 나눔으로써 부적절한 행동에 대한한 미안함과 용서를 구하였습니다.

또한 주변 친구들의 도움을 통해 적극적으로 관계 개선해 나가도록 노력하겠습니다. 현재 고등학교 1학년인 청구인이 졸업 때까지 피해학생과 서로 간에 풀지 못하고 지속되는 것을 방지하고 이 또한 서로간의 불편한 관계로 방치되는 것보다 적극적인 화해와 용서를 통해 예전보다 더욱 돈독한 사이로 탈바꿈하겠음을 약속드립니다.

피해학생이 응할 마음이 없을 때 지속적으로 종용하는 것도 또 하나의 폭력으로 인식될 수 있기에 기회와 시간, 기다림을 가지고 천천히 다가갈 것을 위원님들께 약속드리겠습니다.

3. 결 어

피청구인은 학교폭력으로 접수된 신고사안을 일부 편향된 조사와 불완전한 사실을 가지고 판단의 근거를 삼아 심의 의결하여 처분을 결정한 점, 처분의 원인을 명확히 밝히고 있다고 보기 어려워 위법해 보이고 있다는 점, 처분에 있어서 비례원칙에 위배되는 처분을 함에 형평성에 큰 차이를 보이고 있다는 점, 재량권의 남용과 일탈로 인해 현저하게 너무 가혹한 처분을 청구인에게 결정하였다는 점, 선도가능성이 높으며 깊이 반성하고 행위자체는 잘못을 인정하고 빠르게 후회하고 있다는 점 등을 볼 때 피청구인의 징계처벌보다는 사회구성원으로써 육성해감에 따라 이번기회를 타산지석 삼아 선도로써 이루어져야 한다 할수 있으니 건전한 사고를 가지고 사회구성원으로 육성되어질 수 있도록 처분만이 능사가 아닌 선도로써 교육의 목적을 달성할 수 있기를 바라옵고 청구인에게 내린 처분을 취소하여 주시기 바랍니다.

증 제 목 록

1. 증 제1호증 가족관계증명서
1. 증 제2호증 주민등록등본
1. 증 제3호증 학교폭력대책심의위원회 참석안내문
1. 증 제4호증 조치결정통보서제1호증 가족관계증명서

1. 증 제5호증 학력폭력대책심의위원회 회의록 2-3쪽
1. 증 제6호증 온라인게시물내용
1. 증 제7호증 학생확인서
1. 증 제8호증 회의록 13-14쪽
1. 증 제9호증 최근까지 어울렸던 사진 및 받은선물
1. 증 제10호증 보호자확인서
1. 증 제11호증 회의록 8쪽
1. 증 제12호증 반성문

20○○. ○. ○.

위 청구인 김○○ 법정대리인 윤○○ (서명 또는 인)

경기도교육청행정심판위원회 귀중

제 11 장 편의점 영업정지

1. 편의점 업주의 의무

유해매체물이나 약물 등이 청소년에게 유통되는 것을 막고, 청소년이 유해업소에 출입하는 것을 규제하는 등 청소년의 건전한 인격체로의 성장을 이끌기 위해 마련된 법률이 청소년보호법이다. 이법에서 청소년은 19세 미만인 자를 말하며, 편의점 등을 운영하는 업주들의 경우 청소년에게 술과 담배 등 유해물을 판매하는 것이 금지되어 있다.

2. 편의점 업주의 청소년에 대한 술, 담배 판매시 처벌기준

가. 형사처벌

청소년에게 담배 및 주류를 판매하였을 경우 청소년 보호법에 따라 2년 이하의 징역 또는 2천만원 이하의 벌금에 처해질 수 있으며, 실무에서는 초범인 경우 대략 500~600만원 정도의 벌금형에 처해지는 경우가 많다.

[관련규정]

청소년보호법 제59조(벌칙)

다음 각 호의 어느 하나에 해당하는 자는 2년 이하의 징역 또는 2천만원 이하의 벌금에 처한다.

7의3. 제28조제5항을 위반하여 주류 등의 판매 · 대여 · 배포를 금지하는 내용을 표시하지 아니한 자

나. 행정처분

(1) 소매인 지정의 취소

시장 · 군수 · 구청장은 소매인이 다음의 어느 하나에 해당하는 경우에는 그 지정을 취소하여야 한다(담배사업법 제17조).

(가) 부정한 방법으로 소매인의 지정을 받은 경우

(나) 제16조제2항 제1호각 목의 결격사유[165] 중 어느 하나에 해당하게 된 경우. 다만, 법인

의 대표자가 그 사유에 해당하게 된 경우로서 6개월 이내에 그 대표자를 바꾸어 임명한 경우에는 그러하지 아니하다.

(다) 최근 5년간 2회의 영업정지처분을 받은 사실이 있는 자가 다시 (2)의 호의 어느 하나에 해당하게 된 경우

(라) 영업정지기간 중에 영업을 한 경우

(마) 폐업신고 또는 휴업신고를 하지 아니하고 60일 이상 영업을 하지 아니한 경우

(바) 정당한 사유 없이 90일 이상 제조업자, 수입판매업자 또는 도매업자로부터 담배를 매입하지 아니한 경우

(사) 소매인으로 지정된 후 제16조제2항제3호에 따라 기획재정부령으로 정하는 지정기준을 충족하지 못하게 된 경우. 다만, 그 소매인에게 책임이 없는 사유로 지정기준을 충족하지 못한 경우는 제외한다.

(2) 영업정지

시장・군수・구청장은 소매인이 다음의 어느 하나에 해당하는 경우에는 1년 이내의 기간을 정하여 그 영업의 정지를 명할 수 있으며, 이에 따른 영업정지처분의 기준 및 절차 등에 관하여 필요한 사항은 기획재정부령으로 정한다.

(가) 제12조 제3항[166)]을 위반하여 담배를 판매한 경우

(나) 제18조제5항[167)]을 위반하여 담배를 판매한 경우

---

165) ② 시장・군수・구청장은 제1항에 따른 소매인의 지정을 받으려는 자가 지정을 신청한 때에는 소매인 지정을 하여야 한다. 다만, 다음 각 호의 어느 하나에 해당하는 경우에는 그러하지 아니하다.
 1. 다음 각 목의 어느 하나에 해당하는 자인 경우
  가. 미성년자 또는 피성년후견인・피한정후견인
  나. 파산선고를 받고 복권되지 아니한 자
  다. 이 법을 위반하여 징역의 실형을 선고받고 그 집행이 끝나거나(집행이 끝난 것으로 보는 경우를 포함한다) 집행이 면제된 날부터 1년이 지나지 아니한 사람
  라. 이 법을 위반하여 징역형의 집행유예를 선고받고 그 유예기간 중에 있는 사람
  마. 제17조제1항에 따라 지정이 취소된 날부터 2년이 지나지 아니한 자
  바. 대표자가 가목부터 마목까지의 어느 하나에 해당하는 법인

166) ③ 제조업자, 수입판매업자, 도매업자 또는 소매인은 다음 각 호의 담배를 판매해서는 아니 된다.
 1. 담배제조업허가를 받지 아니한 자가 제조한 담배
 2. 「관세법」 제14조에 따라 부과되는 관세를 내지 아니하거나, 같은 법 제235조에 따라 보호되는 상표권을 침해하거나, 같은 법 제241조에 따른 수입신고를 하지 아니하고 수입된 담배
 3. 절취 또는 강취(强取)된 담배
 4. 제11조의5제3항을 위반하여 화재방지성능인증서를 제출하지 아니한 담배

167) ④ 제조업자나 수입판매업자는 제1항에 따른 판매가격을 결정하여 신고하였을 때에는 기획재정부령으로 정하는 바에 따라 그 가격을 공고하여야 한다.
 ⑤ 소매인은 제4항에 따라 공고된 판매가격으로 담배를 판매하여야 한다.

(다) 제20조(다른 담배 포장지의 사용금지 등)를 위반하여 담배의 포장 및 내용물을 바꾸어 판매한 경우
(라) 제25조 제3항에 따른 광고물의 제거 등 시정에 필요한 명령이나 조치를 이행하지 아니한 경우
(마) 정당한 사유 없이 기획재정부령으로 정하는 기간 동안 계속하여 담배를 판매하지 아니한 경우
(바) 정당한 사유 없이 60일 이상 제조업자, 수입판매업자 또는 도매업자로부터 담배를 매입하지 아니한 경우
(사) 청소년에게 담배를 판매한 경우
(아) 그 밖에 이 법 또는 이 법에 따른 명령을 위반한 경우

다. 소매인에 대한 영업정지처분 기준

[별표 3] 〈개정 2018. 12. 7.〉

소매인에 대한 영업정지처분 기준(제11조제4항 관련)

1. **일반기준**

가. 위반행위의 동기 · 내용 · 기간 · 횟수 및 위반행위로 인하여 얻은 이익 등 다음에 해당하는 사유를 고려하여 위반행위에 해당하는 처분기준의 2분의 1의 범위에서 감경할 수 있다.

1) 위반행위가 고의나 중대한 과실이 아닌 사소한 부주의나 단순한 오류로 인한 것으로 인정되는 경우

2) 위반의 내용 · 정도 등이 경미하여 담배판매업 등 담배사업에 미치는 피해가 적다고 인정되는 경우

3) 위반 행위자가 처음 위반 행위를 한 경우로서 5년 이상 담배소매업을 모범적으로 수행한 사실이 인정되는 경우

나. 위반행위가 둘 이상인 경우로서 그에 해당하는 각각의 처분기준이 다른 경우에는 그 중 가장 무거운 처분기준에 따른다. 다만, 각각의 처분기준을 합산한 기간을 넘지 않는 범위에서 무거운 처분기준의 2분의 1의 범위에서 기간을 늘릴 수 있되, 영업정지기간은 1년을 초과할 수 없다.

다. 위반행위의 횟수에 따른 행정처분의 기준은 최근 2년간 같은 위반행위를 한 경우에 적용한다. 이 경우 행정처분 기준의 적용은 같은 위반행위에 대한 행정처분일과 다시 같은 위반행위(처분 후의 위반행위만 해당한다)를 적발한 날을 기준으로 한다.

2. 개별기준

위반사항	근거 법령	영업정지기준	
		1차	2차
가. 법 제12조제3항을 위반하여 담배를 판매한 경우	법 제17조 제2항제1호	3개월	6개월
나. 법 제18조제5항을 위반하여 담배를 판매한 경우	법 제17조 제2항제2호	1개월	3개월
다. 법 제20조를 위반하여 담배의 포장 및 내용물을 바꾸어 판매한 경우	법 제17조 제2항제3호	2개월	4개월
라. 법 제25조제3항에 따른 광고물의 제거 등 시정에 필요한 명령이나 조치를 이행하지 아니한 경우	법 제17조 제2항제4호	3개월	6개월
마. 정당한 사유 없이 30일 이상 계속하여 담배를 판매하지 아니한 경우	법 제17조 제2항제5호	1개월	2개월
바. 정당한 사유 없이 60일 이상 제조업자, 수입판매업자 또는 도매업자로부터 담배를 매입하지 아니한 경우	법 제17조 제2항제6호	1개월	2개월
사. 청소년에게 담배를 판매한 경우	법 제17조 제2항제7호	2개월	3개월
아. 그 밖에 이 법 또는 이법에 따른 명령을 위반한 경우로서 제7조의3제3항 후단을 위반하여 소매인이 담배진열장 또는 담배소매점 표시판을 건물 또는 시설물의 외부에 설치한 경우	법 제17조 제2항제8호	경고	1개월
자. 그 밖에 이 법 또는 이 법에 따른 명령을 위반한 경우로서 제8조를 위반하여 소매인이 승인을 받지 않고 영업소의 위치를 변경한 경우	법 제17조 제2항제8호	15일	1개월

※ 비고: 법 제17조제1항제3호에 따라 최근 5년간 2회의 영업정지처분을 받은 사실이 있는 자가 다시 제2호 개별기준 각 목의 어느 하나에 해당하게 된 경우에는 소매인 지정을 취소해야 한다.

3. 행정심판 등을 통한 감경 정도

가. 담배소매인(청소년에 담배판매)

위반행위의 동기 · 내용 · 기간 · 횟수 및 위반행위로 인하여 얻은 이익 등 다음에 해당하는 사유를 고려하여 위반행위에 해당하는 처분기준의 2분의 1의 범위에서 감경할 수 있다.

(1) 위반행위가 고의나 중대한 과실이 아닌 사소한 부주의나 단순한 오류로 인한 것으로 인정되는 경우

(2) 위반의 내용 · 정도 등이 경미하여 담배판매업 등 담배사업에 미치는 피해가 적다고 인정되는 경우

(3) 위반 행위자가 처음 위반 행위를 한 경우로서 5년 이상 담배소매업을 모범적으로 수행한 사실이 인정되는 경우

나. 청소년 주류판매

청소년에 주류판매의 경우 행정처분의 기준의 영업정지인 경우 정지처분 규정에 따라 기간의 2분의 1 이하의 범위에서 감경할 수 있다.

다만, 주류를 제공하는 행위를 한 식품접객업자가 청소년의 신분증 위조 · 변조 또는 도용으로 청소년인 사실을 알지 못하였거나 폭행 또는 협박으로 인하여 청소년임을 확인하지 못한 사정이 인정되어 불기소처분이나 선고유예 판결을 받은 경우 9/10 이하의 범위에서 감경할 수 있으며, 영업허가취소 또는 영업장 폐쇄의 경우에는 영업정지 3개월 이상의 범위에서 그 처분을 감경될 수 있다.

다. 행정청의 사전통지

관할행정청은 편의점 점주가 단속에 적발되었다는 사실을 수사기관으로부터 통지를 받게 되면 업주에게 해당 위반행위에 대하여, 어떠한 법적근거로 향후 어떠한 처분을 받게 될 것이라는 사전통지를 하게 된다. 이때 행정청은 사전통지에 대한 개인의 의견을 제출할 수 있는 기회를 함께 부여하는데 이는 최종 처분을 하기에 앞서 관할행정청에서 처분에 대한 당사자의 의견을 청취하고자 하는 절차라 생각하면 된다.

청문절차를 통해 실제 구제받을 가능성은 매우 낮다. 그러나 위 기간 내 사전처분에 대한 의견을 제시하지 아니할 경우 사전처분된 내용에 의견이 없는 것으로 간주하고 그 내용 그대로 처분이 되기 때문에 향후 진행될 행정심판 등에 끼칠 영향을 고려하고 또한 혹시 모를 구제가능성을 위해서라도 자신의 억울함을 최대한 호소해 보는 것이 좋다.

라. 행정심판청구 등 절차진행하기

사전통지기간이 도과되면 관할 행정청은 담배사업법의 규정에 의거하여 해당 위반 점주에게 영업정지 등의 처분을 하게 되는데, 만약 점주가 이러한 영업정지 등의 처분에 불복하려는

경우 그 처분이 있음을 안날로 부터 90일 이내, 처분이 있은 날로부터 180일 이내에 행정심판을 청구해야만 된다(다만 행정소송의 경우에는 처분이 있음을 안날로부터 90일, 있는 날로부터 1년임). 만일 그 기간이 도과될 경우에는 제대로 다투어 보지도 못하고 각하 처분될 수 있음에 주의하여야 한다.

집행정지신청은 행정심판청구와 동시에 제기할 수 있음은 다른 불복절차와 같다.

마. 감경기준

대법원에서는 "제재적 행정처분이 사회통념상 재량권의 범위를 일탈하였거나 남용하였는지 여부는 처분사유로 된 위반행위의 내용과 당해 처분행위에 의하여 달성하려는 공익목적 및 이에 따르는 제반 사정 등을 객관적으로 심리하여 공익침해의 정도와 그 처분으로 인하여 개인이 입게 될 불이익을 비교 · 교량하여 판단하여야 한다(대법원 2000. 4. 7. 선고 98두11779 판결)."고 판시하고 있다.

이를 기준으로 감경된 사안의 감경사유를 살펴보면, "이 사건인 경우, 청구인이 고용한 민○○이 기소유예 처분을 받은 사실, 사건 당일은 민○○이 편의점 아르바이트를 처음 시작한 날이었고 CCTV영상을 보면 그 이전 손님에 대하여는 신분증 검사를 실시한 사실, 담배를 구입한 청소년의 경우 술에 취한 상태였으며 화장과 의상이 외관상 청소년이 아니라고 볼 여지가 있는 점을 고려하고 최근 코로나19 사태로 인하여 소상공인의 사업 운영에 어려움이 예상되는 점 등 참작할 만한 사정들을 종합적으로 감안해 볼 때, 피청구인이 청구인에게 한 처분은 다소 가혹하다고 볼 수 있으므로 피청구인은 청구인에 대하여 한 1개월의 영업정지 처분을 1/2 감경하여 15일로 변경하여도 크게 무리가 없다 할 것이다."라는 것이다.

따라서 행정심판청구시 관련 내용을 반드시 참고하여 진행하여야 할 것이다.

바. 관련서식

(1) 청구취지 기재례

피청구인이 20○○. ○. ○. 청구인에 대하여 한 영업정지 2월 처분은 이를 취소한다.

피청구인이 20○○. ○. ○.과 20○○. ○. ○. 청구인에 대하여 각각 한 과징금 550,000원 부과 처분은 이를 취소한다.

피청구인이 20○○. ○. ○. 청구인에 대하여 한 담배소매인 영업정지 1개월 처분을 영업정지

15일 처분으로 변경한다.

(2) 서 식 례

[서식 189] 영업정지처분취소(편의점 : 담배판매)

행정심판청구

청 구 인 김 ○ ○

피청구인 ○○구청장

담배소매인영업정지처분 취소청구

청 구 취 지

피청구인이 20○○. ○. ○. 청구인에 대하여 한 영업정지 2월 처분은 이를 취소한다.
라는 재결을 구합니다.

청 구 원 인

1. 사건의 개요

청구인은 20○○. ○. ○. 피청구인에게 부산광역시 ○○구 ○○동 1가 52-6번지에서 "◇◇"라는 상호의 담배소매인 지정을 받아 업소(이하 "사건업소"라 한다)를 운영하던 중 20○○. ○. ○. 03:10경 사건업소에서 청소년에게 담배를 판매하였다 하여 부산○○경찰서 소속 경찰관에게 적발되었고, 부산○○경찰서장이 20○○. ○. ○. 피청구인에게 위 적발사항을 통보함에 따라 피청구인은 20○○. ○. ○. 청구인에게 처분사전통지를 한 후 20○○. ○. ○. 청구인으로부터 의견제출서를 받아 20○○. ○. ○. 청구인에 대하여 사건업소에서 청소년에게 담배판매행위를 하였다는 이유로 영업정지 ○월 처분(이하 "이 건 처분"이라 한다)을 하였다.

2. 청구인의 주장

가. 20○○. ○. ○. 03:10경 사건업소에서 경찰관도 신분증 확인 전까지는 성인으로 판단했다고 할 정도로 청소년으로 보기 힘든 복장과 형색의 청소년에게 담배를 판매한 사실이 있다. 담배판매와는 시간적, 공간적으로 직접적인 관련이 없는 남녀혼숙과 관련하여 이를 목격한 시민의 고발에 의하여 경찰관이 출동하여 담배를 구매한 당사자들을 조사하는 과정에서 사건업소가 적발되었다. 청구인은 19세 미만 청소년에게 유해물 판매 등을 금지하는 「청소년보호법」 제26조제1항과 제51조제8호 위반으로 벌금 처분 및 영업정지 처분을

받았다. 사건업소는 청소년에게 술, 담배의 판매를 금지하는 경고성 문구를 누구나 쉽게 볼 수 있는 계산대 앞에 명시하고 있었고, 편의점 영업을 한 때부터 종업원 교육에 상당한 주의를 기울였으며, 특히 청소년과 미성년자에 대한 술, 담배를 비롯한 유해물품의 판매 금지에 관한 지시는 가장 강조하는 점 중의 하나이다. 사건업소에서 이 건 위반사항 적발 전까지 단 한번도 위반사항이 발생한 사실이 없고, 청구인과 당시 종업원은 일평생 단 한 번도 위법행위에 연루된 사실이 없이 선량한 주부이자 시민으로 생활하여 왔다.

나. 이 건 위반사항이 청소년의 출입이 드문 시간대인 새벽 3시경에 발생한 점과 19세미만의 청소년에 대한 담배판매 등의 처벌의 취지가 청구인과 같은 경우까지도 포함된다고 한다면, 19세 미만 청소년에 대한 식별수단과 정확한 판단은 일반인의 지식과 구속력으로는 대단히 곤란함을 감안해 주기 바란다. 특히 19세미만의 청소년에 대한 유해물품 판매 등에 주의를 기울였음을 소명하였고, 성인으로의 위장, 신분증 도용, 선·후천적으로 성인과 분별이 안 되는 청소년 등 예외적인 경우와 헤아리기 힘든 술수와 상상을 초월하는 방법에 의한 경우에는 생계와 직결되는 영업정지 처분을 한다면, 권리남용이다. 청구인은 현재 적자누적으로 채무에 상당한 부담을 느끼고 있는데, 이 건 처분으로 매출감소가 가중된다면, 생계유지가 막막하다.

3. 결 론

청구인 이 사건의 깊은 반성과 재발방지를 위한 각성의 계기로 삼고 청소년 보호에 더욱 힘쓸 것을 다짐하니 이 건 처분을 취소하여 주기 바란다.

입 증 방 법

추후 제출하겠습니다.

20○○. ○. ○.

청 구 인 김 ○ ○ (인)

○○행정심판위원회 귀중

[서식 190] 영업정지처분취소(편의점 : 주류판매 등)

행정심판청구

청 구 인 김 ○ ○

피청구인 ○○구청장

청소년보호법위반과 징금부과처분 취소청구

청 구 취 지

피청구인이 20○○. ○. ○.과 20○○. ○. ○. 청구인에 대하여 각각 한 과징금 550,000원 부과 처분은 이를 취소한다.
라는 재결을 구합니다.

청 구 원 인

1. 사건의 개요

청구인은 부산광역시 ○○구 ○○동1가 20-4번지에 '◇◇'이라는 상호의 편의점(이하 "사건업소"라 한다)을 운영하던 중, 20○○. ○. ○. 18:18경 사건업소에서 청소년에게 술과 담배를 판매한 사실이 부산○○경찰서 소속 경찰관에게 적발되었고, 부산○○경찰서장이 20○○. ○. ○. 위 적발사실을 피청구인에게 통보하자 피청구인은 20○○. ○. ○. 청구인에게 청소년에게 주류 판매를 이유로 과징금 처분을 위한 사전처분통지를 하고 20○○. ○. ○. 청구인으로부터 의견을 제출받아 20○○. ○. ○. 청구인에게 청소년에게 주류 판매(1차)를 이유로 과징금 550,000원 부과 처분(이하 '이 사건 처분1'이라 한다)을 하였다.

한편, 피청구인은 20○○. ○. ○. 청구인에게 청소년에게 담배 판매를 이유로 담배소매인 영업정지 처분을 위한 사전처분통지를 하자 청구인은 20○○. ○. ○. 피청구인에게 의견을 제출하였으나 20○○. ○. ○. 피청구인에게 담배소매인 폐업 신고를 하였다. 이에 피청구인은 20○○. ○. ○. 청구인에게 청소년에게 담배 판매를 이유로 과징금 처분을 위한 사전처분통지를 하고 20○○. ○. ○. 청구인으로부터 의견을 제출받아 20○○. ○. ○. 청구인에게 청소년에게 담배 판매(1차)를 이유로 과징금 550,000원 부과 처분(이하 '이 사건 처분2'라 한다)을 하였다.

가. 20○○. ○. ○. 18:00경 사건업소의 종업원 강○○이 생김새도 비슷한 한살 차이의 신분증을 들고 온 손님에게 담배와 술을 판매하였고, 종업원 강○○이 손님에게 신분증을 보자고 하니까 그냥 주머니에서 꺼내는 것이 아니라 뒷주머니 안의 지갑에 꽂혀 있는 신분증을 제시하여 연도뿐만 아니라 사진까지 확인을 받고 술과 담배를 들고 나갔다. 사건당

일 청소년은 신분증이 본인과 아주 비슷하였기에 지갑 속에 넣고 다녔다 할 것이며 경찰도 아닌 일반인이 본인 유무를 확인하는 것은 정말 불가능하다 할 것이다.

나. 사건업소는 편의점으로 담배판매가 매출의 60% 이상을 차지하는데 2개월간 영업정지 처분을 받게 되면 문을 열수도 없고 빚을 내어 사건업소를 운영하고 있어 재산 손실을 감수하더라도 사건업소를 정리 · 처분하는 것이 나을 것 같아 사건업소를 넘겼다. 청구인은 검찰로부터 혐의 없음 처분도 받고 손님의 신분 확인 등 해야 할 도리를 다 했는데도 영세상인만 이렇게 피해를 받아야 하는 것이 억울하고 부당하므로 피청구인의 이 사건 처분1과 이 사건 처분2를 취소하여 주기 바란다.

입 증 방 법

추후 제출하겠습니다.

20○○. ○. ○.

청 구 인 김 ○ ○ (인)

○○행정심판위원회 귀중

제 12 장 기타행정관련 불복절차

Ⅰ. 복지행정

1. 장애인 복지관련 심사청구 등(장애인복지법 제84조)

가. 심사청구

장애인, 그 법정대리인 기타 보호자는 이 법에 의한 조치에 대하여 이의가 있을 때에는 당해 복지실시기관에 심사를 청구할 수 있고, 복지실시기관은 1월 이내에 심사·결정하여 청구인에게 통보하여야 하며, 심사청구의 결정에 대하여 이의가 있는 자는 행정심판을 제기할 수 있다.

나. 심판청구

심사청구가 행정심판과는 별개의 불복절차임을 명시하고 있으나, 심사청구기간이 정해져 있지 않은 문제가 있다.

다. 관련서식

[서식 191] 장애인등록신청서

[별지 제1호 서식] 〈개정 2010.9.1〉 [제1면]

<table>
<tr><td colspan="8" rowspan="2">장애인 등록 및 서비스 신청서</td><td>처리기간</td></tr>
<tr><td>별도안내</td></tr>
<tr><td rowspan="4">장애인
(신청인)</td><td colspan="2">성명</td><td></td><td>영문성명[1)]</td><td></td><td colspan="2">주민등록번호
(외국인등록번호)</td><td></td></tr>
<tr><td colspan="2">성별</td><td>남·여</td><td>사회보장</td><td colspan="4">□ 수급자 □ 차상위계층 □ 기타</td></tr>
<tr><td colspan="2">(현)주소</td><td colspan="3"></td><td colspan="2">전화번호</td><td></td></tr>
<tr><td colspan="2">(전)주소</td><td colspan="3"></td><td colspan="2">전입일자</td><td></td></tr>
<tr><td>보호자
(세대주)</td><td>성명</td><td>한글</td><td></td><td>신청인과
의 관계</td><td></td><td colspan="2">주민등록번호</td><td></td></tr>
</table>

	영문[1)]				
	주소			전화번호	

○ 장애유형

장애부위 및 상태 · 장애등급	보행상 장애 (□ 있음, □ 없음) 기타 :		입소 시설명	
	장애명		중복장애명	
	장애등급		장애등급호	
상담소견	· 해당란에 V 표시 □ 「장애인복지법 시행규칙」 별표 1에 따른 장애에 해당하는 것으로 판단되므로 진단기관에 장애진단을 의뢰 □ 「장애인복지법 시행규칙」 별표 1에 따른 장애에 해당하지 아니하는 것으로 판단됨			
복지요구	□ 장애인보조기구 지원 □ 특수교육 □ 취업알선 □ 직업훈련 □ 기타 □ 장애수당 등 □ 학비 □ 자금대여 □ 시설입소			
국가유공자와 지원대상자로서 상이등록자(상이등급 1급 ~ 7급) 여부: □ 해당 □ 비해당				

○ 서비스 신청

서비스 종류	신청구분	재발급/반납 사유
□ 장애인등록(□ 복지카드 신청)	□신규	· 재발급사유 □ 기간만료 □ 훼손 □ 분실 □ 기재사항 변경 □ 기타 · 반납사유 □ 사망 □ 양도 · 증여 □ 폐차 □ 등록말소 □ 기타
□ 장애인자동차표지 발급 신청	□신규 □재발급	
□ 장애인보조기구 교부 (대여 · 수리) 신청	□교부 □대여 □수리	
□ 장애인등록증 재발급 신청	□재발급	□ 분실 □ 훼손 □ 보호자변경 □ 기타 □ 신용카드등과 통합된 등록증교부신청 □ 카드전환(→)

1) 신용카드 등과 통합된 장애인등록을 신청하는 경우에만 기재합니다.

210㎜ × 297㎜(일반용지 60g/㎡(재활용품))

○ 신용카드 · 직불카드와 통합된 장애인등록증을 발급받으려는 경우 [제2면]

신청구분	□ 복지(구입)카드 □ 보호자 카드		카드구분	□ 신용 □ 직불		
장애인	직장명		부서/직위	/	휴대전화	
	직장주소				전화번호	

보호자	직장명		부서/직위	/	휴대전화	
	직장주소		전화번호		전화번호	
대금결제	대금청구지	□ 자택 □ 직장			비밀번호 *수령 후 등록	
	대금결제일	□ 1일 □ 5일 □ 11일 □ 17일				
자동이체신청	계좌번호		금융기관명		예금주명	
소유차량	장애인용 LPG자동차 (□ 있음, □ 없음)		차량명의	□ 본인 □ 보호자 □ 공동명의		

○ 장애인자동차표지 발급(재발급) 신청

운전자	성 명		주민등록번호	
	주 소		전화번호	
	운전면허번호		장애인과의 관계	
단체 · 시설	단체 · 시설명		사업자등록번호	
	소재지	(전화번호:)		
	종 류	□ 장애인복지단체 · 시설 □ 노인의료복지시설		
	대표자성명		주민등록번호	
자동차	소유자 성명	(장애인과의 관계:)	주민등록번호 (사업자등록번호)	
	자동차등록번호		차종/차명	
	배기량/인승/적재량		용 도	

210㎜ × 297㎜(일반용지 60g/㎡(재활용품))

○ **장애인보조기구 교부(대여 · 수리) 신청** [제3면]

<table>
<tr><td>주거형태</td><td colspan="6">☐ 재가(자가, 전세, 월세) ☐ 시설입소 ☐ 기타</td></tr>
<tr><td>희망보조기구</td><td colspan="6">☐ 장애인보조기구명( )</td></tr>
<tr><td>수리가
필요한 부위</td><td colspan="2"></td><td colspan="2">교부(대여 · 수리)상 특별히 희망하는 사항</td><td colspan="2"></td></tr>
<tr><td rowspan="2">교부받은
실적(최근)</td><td>교부년도</td><td>종류</td><td>교부기관</td><td>교부년도</td><td>종류</td><td>교부기관</td></tr>
<tr><td></td><td></td><td></td><td></td><td></td><td></td></tr>
</table>

○ **장애인등록증 재발급 신청**

종전등록증발급기관(시 · 군 · 구)	

○ **감면서비스 신청**

☐ 건강보험료 감면(건강보험증번호:) ☐ 휴대전화요금 감면 ☐ 전기요금 감면
☐ TV수신료 면제 ☐ 자동차관련 지방세(자동차세, 면허세, 등록세, 취득세)

<table>
<tr><td>안내</td><td>1. 처리기간은 신청한 서비스에 따라 상이합니다.
- 장애인등록, 장애인등록증 재발급, 장애인자동차표지 발급(재발급) : 즉시, 장애인보조기구 교부(대여 · 수리) : 10일 이내
2. 장애인등록 신청 또는 장애인등록증 재발급 신청의 경우에 자동이체를 신청하는 경우에는 자동이체 금융기관의 계좌번호가 표시된 통장의 사본을 제시하시기 바랍니다.
3. 장애인용 LPG자동차는 장애인자동차표지 발급 대상인 LPG자동차(택시 등 영업용 차량은 제외)를 말합니다.
4. 등록장애인 여부와 보호자명의 차량인 경우 세대를 같이하는 보호자인지 여부는 공부에 의하여 확인합니다.
5. 차량교체 시 '재발급사유' 중 '기재사항 변경'란에 ∨표시하고 자동차 기재란에 새로 취득한 차량정보를 기재합니다.
6. 본인은 이 건 업무처리와 관련하여 「전자정부법」 제36조 제1항에 따른 행정정보의 공동이용을 통하여 담당 공무원이 아래의 담당공무원 확인사항을 확인하는 것에 동의합니다.
7. 본인은 시장 · 군수 · 구청장이 이 건 업무처리와 관련하여 국가 및 지방자치단체, 기타 관계기관이 복지대상자에게 제공하는 각종 감면서비스 등의 신청을 접수(대행)하는 것에 동의합니다.</td></tr>
</table>

<table>
<tr><td></td><td colspan="3">신고인 (서명 또는 인)</td></tr>
<tr><td rowspan="5">첨부 서류</td><td>①장애인등록 신청</td><td colspan="2">사진(2.5cm × 3cm) 2장
※ 주민등록증 발급을 위한 사진자료를 활용하는 것에 동의합니다(17세 이상인 경우).
(서명 또는 인)</td></tr>
<tr><td>②장애인등록증 재발급 신청</td><td colspan="2">장애인등록증(등록증을 잃어버린 경우는 제외합니다)</td></tr>
<tr><td rowspan="2">③장애인자동차 표지 발급 신청</td><td colspan="2">1. 「장애인복지법 시행규칙」 제28조 제1항 각 호의 어느 하나에 해당하는 장애가 있음을 증명하는 의사의 진단서 1부(재외동포나 외국인의 경우만 해당합니다)
2. 시설대여계약서 또는 임차계약서 사본 1부(자동차를 시설대여 받거나 임차한 경우만 해당합니다)</td></tr>
<tr><td>담당 공무원 확인사항(부동의시 해당 서류 사본 제출)</td><td>1. 자동차등록증
2. 국내거소신고 사실증명 또는 외국인등록 사실증명 (재외동포나 외국인의 경우만 해당합니다)</td></tr>
<tr><td>④장애인자동차 표지 재발급 신청</td><td colspan="2">1. 장애인자동차표지(잃어버린 경우는 제외하며, 훼손되어 못 쓰게 된 경우 또는 기재사항을 변경하려는 경우만 해당합니다)
2. 변경 사실을 증명할 수 있는 서류 1부(기재사항 변경의 경우만 해당합니다)</td></tr>
<tr><td colspan="4">본인은 상기와 같이 장애인 서비스를 신청합니다.

년 월 일

신청인 (인)

시장 · 군수 · 구청장 귀하</td></tr>
</table>

210㎜ × 297㎜(일반용지 60g/㎡(재활용품))

[서식 192] 장애유형별 재판정시기

<table>
<tr><th>장애유형</th><th colspan="2">장애유형별 재판정시기</th></tr>
<tr><td>지체(척수)장애</td><td colspan="2">지체장애 중 척수 장애는 2년 후 재판정(1회)
만 6세 미만에서 장애판정을 받은 경우 만 6세 이상 ~ 만 12세 미만에서 재판정</td></tr>
<tr><td>지체(변형)장애</td><td colspan="2">왜소증(만 18세(남), 만 16세(여) 판정인 경우) 2년 후 재판정(1회)
연골무형성증으로 판정받은 경우 2년 후 재판정(1회)</td></tr>
<tr><td>뇌병변 장애</td><td colspan="2">2년 후 재판정(1회)
장애정도가 변화하는 뇌병변(파킨슨병 등)으로 진단한 경우 매 2년마다 재판정(최초판정을 합하여 3회 동급판정시 제외)
만 6세 미만에서 장애판정을 받은 경우 만 6세 이상~만 12세 미만에서 재판정</td></tr>
<tr><td>시각장애</td><td colspan="2">각막이식술로 시력변동 가능성 있는 경우 매 3년마다 재판정(각막이식술 후 1년 후)
백내장수술로 시력변동 가능성 있는 경우 매 2년마다 재판정(백내장수술 후 6개월 후)</td></tr>
<tr><td>청각장애</td><td>평 형</td><td>매 2년마다 재판정(최초판정을 합하여 3회 동급판정시 제외)</td></tr>
<tr><td>언어장애</td><td colspan="2">-</td></tr>
<tr><td>지적 · 자폐성장애</td><td colspan="2">만 6세 미만에서 장애판정을 받은 경우 만 6세 이상 ~ 만 12세 미만에서 재판정</td></tr>
<tr><td>정신장애</td><td colspan="2">매 2년마다 재판정(최초판정을 합하여 3회 동급판정시 제외).</td></tr>
<tr><td>자폐성장애</td><td colspan="2">만 6세 미만에서 장애판정을 받은 경우 만 6세 이상 ~ 만 12세 미만에서 재판정</td></tr>
<tr><td>신장장애</td><td colspan="2">매 2년마다 재판정(2급). 이식 제외</td></tr>
<tr><td>호흡기 · 간 장애</td><td colspan="2">매 2년마다 재판정(최초판정을 합하여 연속 3회 동급판정시 제외). 이식 제외</td></tr>
<tr><td>안면장애</td><td colspan="2">-</td></tr>
<tr><td>장루 · 요루장애</td><td colspan="2">복원수술이 가능한 장루(요루)의 경우에는 매 3년마다 재판정
(연속 3회 동급판정시 의무 재판정 제외)
복원수술이 불가능한 장루(요루)의 경우 의무적인 재판정에서 제외</td></tr>
<tr><td rowspan="2">뇌전증장애</td><td>성 인</td><td>매 3년마다 재판정(최초판정을 합하여 3회 동급판정시 제외)</td></tr>
<tr><td>소아청소년</td><td>매 2년마다 재판정(최초판정을 합하여 3회 동급판정시 제외)</td></tr>
<tr><td rowspan="2">심장장애</td><td>성 인</td><td>매 2년마다 재판정(최초판정을 합하여 3회 동급판정시 제외)이식은 제외</td></tr>
<tr><td>소아청소년</td><td>만 6세 미만, 만 6세 이상~만 12세 미만, 만 12세 이상 ~ 만 18세 미만에 재판정(3회) 이식은 제외</td></tr>
</table>

[서식 193] 장애인 등록신청자 심사관련 서류

[별표 1] 장애인 등록신청자 심사관련 서류

1. 지체장애

(1) 절단장애

○ 장애진단서와 X-ray사진(절단부위 확인)을 제출한다.

(2) 관절장애

○ 장애진단서와 관절장애 참고서식(해당 관절운동범위)을 제출한다.

○ 검사결과는 X-ray사진 등의 영상의학검사, 필요한 경우 근전도 검사결과를 제출한다.

○ 6개월 간의 진료기록지를 제출한다.

(3) 지체기능장애

① 상지, 하지 기능장애

○ 장애진단서와 지체기능장애 참고서식(해당 관절운동범위)을 제출한다.

○ 검사결과는 도수근력검사, 필요한 경우 영상의학검사, 근전도검사 결과 등을 제출한다.

○ 6개월 간의 진료기록지를 제출한다.

② 척추장애

○ 장애진단서와 척추장애 참고서식(해당 고정부위 확인)을 제출한다.

- 강직성척추염의 경우는 척추운동 가능범위를 확인한다.

○ 검사결과는 X-ray사진 등의 영상의학검사(척추병변 및 고정된 분절 확인)를 제출한다.

○ 6개월 간의 진료기록지를 제출한다.

(4) 변형 등의 장애

○ 장애진단서와 X-ray사진(다리 단축, 척추 만곡 각도 등 확인)등의 영상의학검사를 제출한다.

2. 뇌병변 장애

○ 장애진단서와 뇌병변장애 참고서식을 제출한다.

- 상하지 근력등급, 근경직등급, 수정바델지수 점수 등을 확인한다.

○ 검사결과는 영상의학검사(CT, MRI 등)를 제출한다.

○ 6개월 간의 진료기록지(원인질환, 치료경과, 마비의 부위, 중증정도 등)를 제출한다.

3. 시각장애

○ 장애진단서와 시각장애 참고서식을 제출한다.

○ 검사결과는 각막이나 수정체가 원인인 경우 전안부 사진, 그 외 망막, 시신경 등이 원인인 경우 시신경과 황반이 포함된 망막사진과 시유발전위검사를 제출한다.

○ 6개월 간의 진료기록지(원인질환, 치료경과, 교정시력 등)를 제출한다.

4. 청각장애

(1) 청력장애

○ 장애진단서를 제출한다

○ 검사결과는 순음청력검사, 뇌간유발반응검사, 필요한 경우 이명도 검사 등을 제출한다.

○ 6개월 간의 진료기록지(원인질환, 치료경과, 청력 등)를 제출한다.

(2) 평형장애

○ 장애진단서(전정기관 이상의 객관적 징후, 보행에 대한 구체적 소견)를 제출한다

○ 검사결과는 온도안진검사 또는 회전의자검사 등을 제출한다.

○ 6개월 간의 진료기록지(원인질환, 치료경과, 보행 상태 등)를 제출한다.

5. 언어장애

○ 장애진단서를 제출한다.

○ 검사결과는 언어장애유형에 따라 해당 검사를 시행하여 제출한다.

- 유창성 장애(말더듬) : 말더듬 심도검사
- 조음장애 : 그림자음검사, 3위치 조음검사, 한국어 발음검사
- 언어능력
  * 20세 이상의 성인 : 보스톤 이름대기검사, K-WAB 검사
  * 아동 : 그림어휘력검사, 취학전 아동의 수용언어 및 표현언어 발달척도(PRES), 영유아 언어발달검사(SELSI), 문장이해력검사, 언어이해 · 인지력검사, 언어문제해결력검사, 한국-노스웨슨턴 구문선별검사

○ 6개월 간의 진료기록지(원인질환, 치료경과, 장애고착여부 등)를 제출한다.

6. 지적장애

○ 장애진단서(지능지수와 사회성숙지수 모두 확인)를 제출한다.

○ 검사결과는 지능지수검사, 사회성숙도 검사를 제출한다.

○ 6개월 간의 진료기록지(원인질환, 치료경과, 장애고착여부 등)를 제출한다.

7. 정신장애

○ 장애진단서(정신질환의 진단명, 정신질환의 상태, GAF 척도 점수, 능력장애상태 등)를 제출한다.

○ 최근 1년 간의 진료기록지(진단명, 치료내역, 약물처방 및 장애상태)를 제출한다.

8. 자폐성장애

○ 장애진단서(진단명, 자폐성장애의 상태, 지능지수, GAS척도 점수 등)를 제출한다.

○ 검사결과는 지능지수검사 또는 발달지수검사, 필요시 자폐성 척도검사(K-CARS 등)를 제출한다.

○ 충분한 치료 시의 진료기록지(진단명, 치료내역, 장애고착여부 등)를 제출한다.

9. 신장장애

○ 장애진단서(3개월 이상 지속적으로 투석 중임을 확인)를 제출한다.

○ 장애진단서로 3개월 이상 투석 중임이 확인되지 않는 경우 3개월 이상 투석 중임을 확인할 수 있는 진료기록지를 제출한다.

10. 심장장애

○ 장애진단서와 심장장애 참고서식(검사 항목별 채점표 기재)을 제출한다.

○ 검사결과는 운동부하검사, 심초음파검사, 흉부 X-RAY사진, 심전도검사 등을 제출한다.

○ 최근 1년 간의 진료기록지(진단명, 치료경과, 임상소견 등)를 제출한다.

11. 호흡기장애

○ 장애진단서(악화시가 아닌 평상시의 호흡곤란정도, 폐환기기능, 안정시 동맥혈산소분압 등)를 제출한다.

○ 검사결과는 흉부 X-RAY사진, 폐기능검사, 동맥혈가스검사 등을 제출한다.

○ 최근 1년 간의 진료기록지(최근 2개월 이상의 적극적인 치료기록 포함)를 제출한다.

12. 간 장 애

○ 장애진단서(Child-Pugh 분류법에 의한 채점표, 간성뇌증, 난치성 복수, 자발성 세균성 복막염 등의 합병증 유무)를 제출한다.

○ 검사결과는 간 기능 검사 결과지(혈청빌리루빈, 알부민, 프로트롬빈 시간 등)를 제출한다.

○ 최근 1년 간의 진료기록지(간성뇌증, 난치성복수, 자발성 세균성 복막염 등)를 제출한다.

13. 안면장애

○ 장애진단서(노출된 안면부의 변형 부위)를 제출한다.

○ 필요한 경우 장애부위를 명확히 확인할 수 있는 사진을 제출한다.

- 얼굴, 이마, 목, 귀가 보이는 정면, 좌측, 우측 각 1장 이상의 사진(A4용지 크기로 최소 3장)

○ 치료시의 진료기록지를 제출한다.

14. 장루 · 요루장애

○ 장애진단서(장루 · 요루 종류 등)를 제출한다.

○ 진료기록지(장루 · 요루 종류, 함몰, 협착, 탈출, 장피 누공, 피부의 헐은 정도 등)를 제출한다.

15. 뇌전증장애

○ 장애진단서(발작의 종류, 발작 시 유발되는 증상, 발생빈도 등)를 제출한다.

○ 초진기록지를 포함한 최근 1년 간의 진료기록지(진단명, 발작의 종류, 발생빈도, 적극적인 치료내용 등)를 제출한다.

2. 노인 복지관련 이의신청 등(노인복지법 제50조)

가. 이의신청

수급권자의 자격인정 기타 이 법에 의한 처분에 이의가 있는 자는 그 처분이 있음을 안 날부터 90일 이내에 시장 · 군수 · 구청장에게 이의신청을 할 수 있다. 다만, 정당한 사유로 인하여 그 기간 내에 이의신청을 할 수 없음을 증명한 때에는 그 사유가 소멸한 때부터 60일 이내에 이의신청을 할 수 있다. 이의신청을 받은 시장 · 군수 · 구청장은 신청일부터 30일 이내에 이를 심사하여 그 결과를 신청인에게 통보하여야 한다.

나. 심사청구

노인 또는 그 부양의무자는 이 법에 의한 조치에 대하여 이의가 있을 때에는 당해 복지실시기관에 심사를 청구할 수 있고, 복지실시기관은 30일 이내에 심사 · 결정 및 통보하여야 한다.

다. 심판청구

심사청구의 결정에 대하여 이의가 있는 자는 그 통보를 받은 날부터 90일 이내에 행정심판을 제기할 수 있다. 심사청구가 행정심판과는 별개의 불복절차임을 명시하고 있으나, 심사청구기간이 정해져 있지 않은 문제가 있다. 이의신청에 관하여는 행정심판과의 관계를 명시하지 않고 있으며, 이의신청의 재결청이 처분청인 점에서도 이는 행정심판과는 별개의 불복절차로 보아야 할 것이다. 그렇다면 이의신청의 제기기간이 너무 장기인 것으로 보인다.

3. 모 · 부자 복지관련 심사청구(모 · 부자복지법 제28조)

가. 심사청구

보호대상자 또는 그 친족 기타 이해관계인은 이 법에 의한 복지급여 등에 대하여 이의가 있을 때에는 그 결정의 통지를 받은 날부터 90일 이내에 서면으로 당해 복지실시기관에 심사를 청구할 수 있고, 복지실시기관은 30일 이내에 심사 · 결정하여 청구인에게 통보하여야 한다.

나. 심판청구

심사청구에 관하여 행정심판과의 관계를 명시하지 않고 있으며, 심사청구의 재결청이 처분청인 점에서도 이는 행정심판과는 별개의 불복절차로 보아야 할 것이다. 그렇다면 심사청구의 제기기간이 너무 장기인 것으로 보인다.

4. 최저생활보장급여관련 이의신청(국민기초생활보장법 제38조~제41조)

가. 이의신청

수급자나 급여 또는 급여변경의 신청을 한 자는 그 결정의 통지를 받은 날부터 60일 이내에 시장 · 군수 · 구청장의 처분에 대하여 이의가 있는 경우에는 당해보장기관을 거쳐 시 · 도지사에게 서면 또는 구두로 이의를 신청할 수 있다. 시 · 도지사가 이의신청서를 송부받은 때에는 30일 이내에 필요한 심사를 하고 이의신청을 각하하거나 당해처분을 변경 또는 취소하거나 기타 필요한 급여를 명하여야 하며, 신청인과 당해 시장 · 군수 · 구청장에게 각각 서면으로 이를 통지하여야 한다.

위 처분 등에 대하여 이의가 있는 자는 그 처분 등의 통지를 받은 날부터 60일 이내에 시 · 도지사를 거쳐 보건복지부장관에게 서면 또는 구두로 이의를 신청할 수 있다. 보건복지부장관은 이의신청서를 송부받은 때에는 30일 이내에 필요한 심사를 하고 이의신청을 각하하거나 당해처분의 변경 또는 취소의 재결을 하여야 하며, 시 · 도지사와 신청인에게 각각 서면으로 재결내용을 통지하여야 한다.

나. 심판청구

이의신청에 관하여 행정심판과의 관계를 명시하지 않고 있으며, 특이하게 이의신청 2심제를 채택하고 있으나, 그럼에도 불구하고 상급감독청이 재결청이 될 뿐 재결에 있어서 대심구조를 취하는 등 준사법절차를 취하고 있지 않다.

5. 고엽제환자 등록결정에 대한 재검진(고엽제후유의증환자지원등에관한법률 시행령 제6조)

가. 재검진신청

고엽제후유증환자 · 고엽제후유의증환자 · 고엽제후유증 2세 환자 또는 이미 사망한 고엽제후유증환자 등의 유족 결정통지를 받은 자로서 당해 결정에 이의가 있는 자는 그 사유를 명시하여 통지를 받은 날부터 60일 이내에 관할청장 등에게 재검진을 신청할 수 있다.

관할청장 등은 신청을 받은 때에는 보훈병원장에게 재검진을 의뢰하여야 한다.

나. 심판청구

검진은 사실행위이고, 처분에 해당되지 않는다고 할 것이나. 이의신청의 대상이 유족결정처분이므로 행정심판의 대상이 된다고 할 것이다. 더구나 유족결정처분에 대한 이의신청시 재검진만을 하고, 다른 부분에 대하여는 다시 판단하지 않는 것은 적절하지 못하며, 이를 대통령령이 아닌 법률에서 규정하는 것이 바람직하다.

Ⅱ. 농업행정

1. 농업기계검사에 대한 이의신청(농업기계화촉진법 제9조)

농업기계의 제조업자 또는 수입업자는 검사에 관하여 이의가 있을 때에는 30일 이내에 농촌진흥청장에게 이의신청을 할 수 있다.

2. 농약관리관련 이의신청(농약관리법 제26조)

농약품목변경등록 또는 품목등록취소를 받거나 등록신청이 반려된 자는 처분을 받은 날부터 30일 이내에 서면으로 농촌진흥청장에게 이의를 신청할 수 있고, 농촌진흥청장은 신청을 받은 날부터 60일 이내에 이를 심사하여 그 결과를 신청인에게 통보하여야 한다.

농촌진흥청장은 심사결과를 통지할 때에는 신청인이 심사결과의 통지를 받은 날부터 90일 이내에 행정심판을 청구할 수 있다는 뜻을 부기하여야 한다.

3. 식물방역관련 이의신청(식물방역법 제29조)

식물방역을 위한 소독 · 폐기 기타 조치명령, 수출식물검사불합격, 방제명령으로 인한 손실보상결정 등의 처분에 불복이 있을 때에는 처분을 받은 날부터 14일 이내에 서면으로 농림부장관 또는 시 · 도지사에게 이의를 신청할 수 있고, 농림부장관 또는 시 · 도지사는 신청을 받은 날부터 14일 이내에 이를 심사하여 통지하여야 한다.

이의신청에 관하여 행정심판과의 관계를 명시하지 않고 있다.

4. 농산물지리적표시관련 이의신청(농산물품질관리법 시행령 제18조)

농림부장관은 심사결과 지리적표시의 등록신청을 거부할 사유가 없는 때에는 지리적표시의 등록신청공고를 하여야 한다. 공고가 있는 때에는 누구든지 공고일부터 30일 이내에 이의사유를 기재한 서류와 필요한 증거를 첨부하여 농림부장관에게 이의신청을 할 수 있다.

농림부장관은 이의신청이 있는 때에는 지리적표시등록심의회의 심사를 거쳐 그 내용을 심사하여야 하며, 심사결과 정당한 사유가 없다고 판단되거나 이의신청이 없는 때에는 지리적표시의 등록을 하여야 한다.

이의신청에 관하여 행정심판과의 관계를 명시하지 않고 있다. 이의신청을 심의하는 지리적 표시등록심의회의 구성 및 운영에 관하여는 아직 정해진 규정이 없다.

또한 이의신청 규정을 법률에 규정하는 것이 바람직하다.

5. 보안림관련 이의신청(산림법 제60조)

산림법상의 보안림예정지의 지정 또는 해제에 대하여 직접 이해관계가 있는 자는 지정의 경우에는 고시일부터 30일 이내에, 해제의 경우에는 고시일부터 10일 이내에 산림청장, 시·도지사 또는 지방산림관리청장에게 이의신청을 하여야 한다.

보안림예정지의 지정 및 해제는 처분에 해당되지 않는다고 할 것이므로 행정심판의 대상이 아니다.

6. 집유조합지정에 대한 이의신청(낙농진흥법 제16조)

낙농가·원유수요자 또는 집유조합은 낙농진흥회의 집유조합지정에 관하여 다툼이 있는 때에는 진흥회에 이의를 신청할 수 있다. 이 경우 진흥회는 지체 없이 이를 검토하고 의견을 제시하여야 한다.

이의신청을 받은 처분청이 이를 검토하고 의견을 제시하는 것이므로 단순한 이의신청에 해당되고, 행정심판에 해당되지 않는다.

7. 감사관련 이의신청(농림부행정감사규칙 제20조)

피감사기관의 장은 제16조 제1항의 규정에 의한 조치요구에 대하여 이의가 있을 때에는 그 요구를 받은 날부터 1월 이내에 이에 대한 이의신청을 할 수 있다. 감사실시기관의 장은 이의신청을 받은 때에는 특별한 사유가 없는 한 이를 받은 날부터 2월 이내에 그 이유에 대한 가부를 결정하여 이를 통지하여야 한다.

조치요구에 따른 처분에 대하여 다툴 수 있고, 조치요구 자체는 행정기관 내부행위이므로 행정심판의 대상이 아니다.

8. 공사관리지역의 설정 등에 대한 이의신청(농업기반공사및농지관리기금법 제16조)

공사관리지역의 설정·편입 또는 제외에 관하여 이의가 있는 자는 그 공고한 날부터 20일 이내에 공사에 이의를 신청할 수 있다. 이용료에 관하여 이의가 있는 농업용수이용자는 그 납부통지를 받은 날부터 20일 이내에 공사에 이의를 신청할 수 있다. “공사관리지역”이라 함은 농업기반공사가 관리하는 농업기반시설의 부지 및 농업기반시설로부터 농업용수의 공급을 받는 지역을 말한다.

공사는 이의신청을 받은 때에는 그 신청을 받은 날부터 20일 이내에 그 적부를 결정하여야 한다. 공사의 결정에 대하여 불복이 있는 자는 그 결정서를 받은 날부터 14일 이내에 농림부장관에게 재결을 신청할 수 있다. 농림부장관은 재결신청을 받은 때에는 그 신청을 받은 날부터 20일 이내에 재결을 하고 그 사실을 공사와 신청인에게 통지하여야 한다.

이의신청에 관하여 행정심판과의 관계를 명시하지 않고 있으며, 특이하게 이의신청 2심제를 채택하고 있으나, 그럼에도 불구하고 상급감독청이 재결청이 될 뿐 재결에 있어서 대심구조를 취하는 등 준사법절차를 취하고 있지 않다.

9. 농업기반정비사업시행계획 등에 대한 이의신청(농어촌정비법 제10조, 제24조, 제44조)

농(수산)업기반정비사업에 참가할 수 있는 자격이 있는 자가 당해 시행계획에 대하여 이의가 있을 때에는 시행계획이 공고된 날부터 30일 이내에 사업 시행자에게 이의신청을 할 수 있다. 사업 시행자는 이의신청을 받은 때에는 이의신청기간이 끝나는 날부터 15일 이내에 그 적부에 관한 의견을 첨부하여 시 · 도지사에게 재정을 신청하여야 한다. 다만, 사업 시행자가 국가 또는 시 · 도지사인 경우에는 농림부장관에게 재정을 신청하여야 한다.

농림부장관 또는 시 · 도지사는 재정신청이 있는 때에는 30일 이내에 재정하여 그 내용을 사업 시행자에게 통지하되, 시 · 도지사의 경우에는 그 내용을 농림부장관에게 보고하여야 한다.

농업기반등정비사업의 환지계획에 이해관계가 있는 자가 당해 환지계획에 대하여 이의가 있을 때에는 그 공고가 만료된 날부터 15일 이내에 농업기반등정비사업 시행자에게 이의신청할 수 있다. 농업기반등정비사업 시행자는 이의신청을 받은 때에는 이의신청기간이 끝나는 날부터 15일 이내에 그 적부에 관한 의견을 첨부하여 시 · 도지사에게 재정을 신청하여야 한다. 다만, 국가 또는 시 · 도지사가 시행하거나 농림부장관이 인가하는 농업기반등 정비사업의 경우에는 농림부장관에게 신청하여야 한다.

농업기반등정비사업시행자가 시 · 도지사에게 재정을 신청하는 경우에는 환지심의위원회의 심의결과를 첨부하여야 한다. 농림부장관 또는 시 · 도지사는 재정신청을 받은 날부터 10일 이내에 그 적부를 결정하여 이를 농업기반등정비사업시행자에게 통지하여야 한다.

10. 대리경작자 지정예고에 대한 이의신청(농지법 시행령 제22조)

대리경작자의 지정예고에 대하여 이의가 있는 농지의 소유권 또는 임차권을 가진 자는 지정예고를 받은 날부터 10일 이내에 시장 · 군수 또는 구청장에게 이의를 신청할 수 있다. 시장 · 군수 또는 구청장은 이의신청을 받은 날부터 7일 이내에 이를 심사하여 그 결과를 신청인에게 통지하여야 한다.

물론 대리경작자 지정예고는 그 자체로 권리 · 의무에 직접 영향을 미치는 것은 아니므로 처분에 해당되지 않는다 할 것이고, 따라서 행정심판의 대상이 되는 것은 아니라 할 것이다.

Ⅲ. 법무행정

1. 강제퇴거명령 이의신청(출입국관리법 제60조)

불법체류자의 강제퇴거명령에 대하여 이의가 있는 경우에는 강제퇴거명령서를 받은 날부터 7일 이내에 법무부장관에게 이의신청을 할 수 있다.

법무부장관은 이의신청서등을 접수한 때에는 이의신청이 이유 있는지의 여부를 심사결정하여 그 뜻을 사무소장 · 출장소장 또는 외국인보호소장에게 통지하여야 한다.

2. 변호사등록거부 이의신청(변호사법 제8조)

등록이 거부된 자는 거부통지를 받은 날부터 3월 이내에 등록거부에 관하여 부당한 이유를 소명하여 법무부장관에게 이의신청을 할 수 있다.

법무부장관은 이의신청이 이유 있다고 인정할 때에는 대한변호사협회에 대하여 당해 변호사의 등록을 명하여야 한다.

3. 보호명령 이의신청(출입국관리법 제55조)

보호명령서에 의하여 보호된 자 또는 그의 법정대리인 등은 사무소장 · 출장소장 또는 외국인보호소장을 거쳐 법무부장관에게 보호에 대한 이의신청을 할 수 있다.

법무부장관은 이의신청을 받은 경우 지체 없이 관계서류를 심사하여 그 신청이 이유 없다고 인정될 때에는 결정으로 이를 기각하고, 이유 있다고 인정될 때에는 결정으로 보호된 자의 보호해제를 명하여야 한다.

4. 출국금지 이의신청(출국금지업무처리규칙 제13조)

가. 이의신청

출국금지결정이나 출국금지기간연장결정을 받은 자가 그 결정에 대하여 이의가 있을 때에는 10일 이내에 법무부장관에게 이의신청을 할 수 있다. 법무부장관은 이의신청서를 받은 때에는 특별한 사유가 있는 경우를 제외하고는 그 날부터 15일 이내에 심사 · 결정한다.

나. 행정심판

동 규칙의 서식에서 통지서를 받은 날부터 90일 이내에 법무부장관에게 행정심판을 제기하거나 10일 이내에 이의신청을 제기할 수 있다고 규정하여 이의신청과 행정심판을 선택하여 제기할 수 있는 것으로 하고 있으나, 이는 법률에서 규정할 사항이며, 이의신청과 행정심판을 병렬적으로 선택하도록 하는 것은 헌법 제107조 제3항에서 재판의 전심절차로 행정심판을 할 수 있도록 한 규정의 취지에 부합되지 않는다.

5. 외국인 출국정지 이의신청(외국인출국정지업무처리규칙 제11조)

출국정지(출국정지기간연장)결정을 받은 자가 그 결정에 대하여 이의가 있을 때에는 통지서를 받은 날(통지를 받지 아니한 때에는 그 결정이 있음을 안 날)부터 10일 이내에 법무부장관에게 이의신청을 할 수 있다.

법무부장관은 이의신청서를 받은 때에는 특별한 사유가 있는 경우를 제외하고는 그 날부터 7일 이내에 이의신청이 이유 있는지의 여부를 심사 · 결정한다.

6. 신원관리카드의 열람 또는 면담거부에 대한 이의신청(특정범죄신고자등보호법 제9조)

신원관리카드의 열람을 신청한 변호인과 면담신청을 한 자는 검사의 거부처분에 대하여 그 검사가 소속하는 지방검찰청검사장(지청의 경우에는 지청장)에게 서면으로 이의신청을 할 수 있다. 이의신청을 받은 검사장 또는 지청장은 이의신청이 이유가 있다고 인정하는 경우에는 신원관리카드의 열람을 허가하거나 범죄신고자 등이나 그 대리인과 면담할 수 있도록 조치하여야 한다.

7. 공증사무에 대한 이의신청(공증인법 제81조)

촉탁인 또는 이해관계인은 공증인의 사무취급에 관하여 그 소속지방검찰청검사장에게 이의를 신청할 수 있다. 이의에 대한 처분에 관하여는 다시 법무부장관에게 이의를 신청할 수 있다.

Ⅳ. 일반행정

1. 농지등급에 대한 심사청구(지방세법 시행규칙 제86조)

농지등급에 대하여 이의가 있는 자는 열람기간이 만료되는 날 또는 개별통지를 한 경우에는 개별통지를 받은 날부터 30일 이내에 당해 시장·군수에게 심사청구를 할 수 있다.

시장·군수가 심사청구를 접수한 때에는 그 날부터 30일 이내에 결정하고 그 결정사항을 통지하여야 한다.

이 심사청구에 대하여는 과거 대법원에서 특별행정심판절차로 판결한 적이 있으나, 행정소송법이 개정되어 행정심판임의전치로 된 지금에도 그렇게 볼 이유는 없을 것 같다. 더구나 이 심사청구절차는 법률이 아닌 부령에 규정되어 있어 행정심판법에 대한 특례규정으로 보기 어려우며, 행정심판 외에 추가로 인정되는 구제절차로 이해하여야 할 것이다. 행정심판과는 별개의 구제절차로 볼 경우 행정심판의 청구기간이 문제가 된다.

2. 주민등록관련 처분에 대한 이의신청(주민등록법 제17조의3)

시장·군수 또는 구청장으로부터 주민등록 또는 등록사항의 정정이나 말소의 처분을 받은 자가 그 처분에 대하여 이의가 있을 때에는 그 처분일 또는 통지를 받거나 공고된 날부터 30일 이내에 서면으로 당해 시장·군수 또는 구청장에게 이의를 신청할 수 있다.

시장·군수 또는 구청장이 이의신청을 받은 때에는 그 받은 날부터 10일 이내에 심사결정하고, 그 심사결과를 지체 없이 신청인에게 통지하여야 하며, 그 요구가 정당하다고 결정된 때에는 주민등록표를 정정하여야 한다.

시장·군수 또는 구청장이 이의신청을 각하 또는 기각하는 결정을 한 때에는 결과통지서에 행정심판 또는 행정소송을 제기할 수 있다는 취지를 함께 기재하여 신청인에게 이를 통지하여야 한다.[168)]

168) 이의신청 결과에 대하여 재심을 청구할 수 있도록 하고, 재심결과에 대하여는 행정소송을 제기할 수 있다는 규정이 1997. 12. 17. 삭제되었다.

3. 복구토지의 표시 등에 대한 이의신청(지적법 시행규칙 제14조)

복구하고자 하는 토지의 표시 등에 이의가 있는 자는 게시기간 내에 소관청에 이의신청을 할 수 있다. 이 경우 이의신청을 받은 소관청은 이의사유를 검토하여 이유 있다고 인정되는 때에는 그 시정에 필요한 조치를 하여야 한다.

물론 토지의 표시는 그 자체로 권리 · 의무에 직접 영향을 미치는 것은 아니므로 처분에 해당되지 않는다 할 것이고, 따라서 행정심판의 대상이 되는 것은 아니라 할 것이다.

4. 종합토지세 과세대상토지에 관한 이의신청(지방세법 제234조의22)

종합토지세 과세대상토지에 대하여 이의가 있는 자는 불복의 사유를 갖추어 공람기간이 종료된 날부터 10일 이내에 토지의 소재지를 관할하는 시장 · 군수에게 이의신청을 할 수 있다.

이의신청을 받은 시장 · 군수는 15일 이내에 이를 심의하여 결정하고 이를 신청인에게 통지하여야 한다.

종합토지세 과세대상토지의 공람은 종합토지세를 부과하기 위한 선행행위로서 행정심판의 대상은 아니라 할 것이다.

5. 친일반민족행위조사대상에 대한 이의신청(일제강점하친일반민족행위진상규명에관한특별법 제18조 제4항)

친일반민족행위진상규명위원회로부터 친일반민족행위 조사대상자로 선정, 통지받은 자는 30일 이내에 위원회에 이의신청을 할 수 있다.

위원회는 국회의 추천을 받아 대통령이 임명하는 9인의 위원으로 구성한다.

6. 친일반민족행위조사결과에 대한 이의신청(일제강점하친일반민족행위진상규명에관한특별법 제27조)

친일반민족행위진상규명위원회의 친일반민족행위 조사결과에 대하여 이의가 있는 자는 통지받은 날부터 30일 이내에 위원회에 이의신청을 할 수 있다.

Ⅴ. 기타행정

1. 등급분류 등 이의신청(음반 · 비디오물및게임물에관한법률 제23조)

등급분류 · 이용불가 또는 등급분류의 보류에 관한 결정이나 청소년 이용불가 음반에 관한 결정에 대하여 이의가 있는 자는 그 결정의 통지를 받은 날부터 30일 이내에 구체적인 사유를 명시하여 영상물등급위원회에 이의를 신청하여 등급분류를 다시 받거나 청소년 이용불가 음반결정의 취소 등을 받을 수 있다.

위원회는 이의신청을 받은 때에는 이를 심사하여 신청에 이유가 있는 경우에는 신청서 접수일부터 15일 이내에 등급분류를 다시 하거나 이용불가 결정 · 등급분류의 보류결정 또는 청소년 이용불가 음반결정을 취소하여야 하며, 이유가 없는 경우에는 이유 없음을 통지하여야 한다.

위원회는 위원장 및 부위원장 각 1인을 포함한 15인 이내의 위원으로 구성하며, 위원은 문화예술 · 영상물 · 청소년 · 법률 · 교육 및 언론분야와 비영리민간단체 등에서 종사하고 전문성과 경험이 있는 자중에서 대한민국예술원법에 의한 대한민국예술원회장의 추천에 의하여 대통령이 위촉하는 자가 된다.

위원회의 위원은 성과 연령을 균형있게 고려하여 구성하여야 하며, 위원의 선임기준 등 그 구성 · 운영에 관하여 필요한 사항은 위원회규정으로 정한다.

위원은 임기중 직무상 어떠한 지시나 간섭을 받지 아니하며, 그의 의사에 반하여 면직되거나 신분상 불이익을 받지 아니한다.

위원회의 구성 등으로 미루어 보아 독립성이 인정되며, 따라서, 영상물등급위원회는 심의 · 의결에 관한 행정심판에 있어서는 행정심판법 제5조 제2항 제3호에서 정하는 소관 감독행정기관이 없는 행정청에 해당되어 스스로 재결청이 된다고 할 것이다.

2. 상영등급분류 재심(영화진흥법 제23조)

분류받은 상영등급에 이의가 있는 영화업자는 상영등급을 분류받은 날부터 30일 이내에 영상물등급위원회에 재심을 청구할 수 있다.

영상물등급위원회가 재심을 청구받은 때에는 15일 이내에 재심을 실시하여야 하고 재심내용은 당사자 또는 대리인에게 공개되어야 한다.

3. 환경 등의 영향평가관련 이의신청(환경 · 교통 · 재해등에관한영향평가법 제22조)

환경 등의 영향평가대상사업자나 승인기관의 장이 환경 등의 영향평가 협의내용에 이의가 있을 때에는 협의내용을 통보받은 날부터 90일 이내에 평가서협의기관장에게 이의를 신청할 수 있다.

이의신청을 받은 평가서협의기관장은 30일 이내에 이의신청내용의 타당성 여부를 검토하여 그 결과를 사업자 또는 승인기관의 장에게 통보하여야 한다.

승인기관장은 사업계획 등의 변경을 수반하는 협의내용에 대한 이의신청이 있는 때에는 그 결과를 통보를 받기 전에는 당해사업계획 등에 대한 승인 등을 하거나 사업계획 등을 확정하여서는 아니된다.

4. 자동차 등록에 관한 이의신청(자동차관리법 제28조)

가. 이의신청

자동차의 등록에 관하여 이의가 있는 자는 이의신청을 할 수 있다. 시 · 도지사는 이의신청을 받고 이유가 있다고 인정할 때에는 이를 즉시 시정하여야 한다.

나. 행정심판

자동차의 등록에 관하여 이의가 있는 자는 이의신청 여부와 관계없이 행정심판법에 의한 행정심판 또는 행정소송법에 의한 행정소송을 제기할 수 있다.

5. 수출보험관련 이의신청(수출보험법 제57조)

수출보험관련업무에 대한 한국수출보험공사의 처분에 이의가 있는 자는 처분이 있은 것을 안 날부터 1월 이내, 처분이 있은 날부터 3월 이내에 공사에 이의신청을 할 수 있고, 공사는 1월 이내에 이를 심의하여 그 결과를 신청인에게 통지하여야 한다.

6. 원산지판정에 대한 이의신청(대외무역법 제24조)

원산지판정에 대하여 불복이 있는 경우에는 통보를 받은 날부터 30일 이내에 산업자원부장관에게 이의를 제기할 수 있다.

산업자원부장관은 이의제기를 받은 날부터 150일 이내에 이의제기에 대한 결정을 통보하여야 한다.

7. 규격 이의신청(산업표준화법 제21조)

규격에 맞는 것임을 나타내는 표시를 한 지정품목의 제품 또는 지정가공기술을 사용한 제품이 그 규격에 맞지 아니하다고 인정하는 자는 공업진흥청장에게 이의신청을 할 수 있다. 이는 처분에 대한 이의신청이 아니라 제품 등에 대한 고객 불만을 접수하여 처리하는 것이다.

8. 정보공개관련 이의신청(공공기관의정보공개에관한법률 제16조 내지 제19조)

가. 이의신청

정보공개와 관련하여 공공기관의 처분 등으로 인하여 법률상 이익의 침해를 받은 자는 30일(제3자는 공개통지를 받은 날부터 7일) 이내에 당해 공공기관에 이의신청을 할 수 있고, 공공기관은 정보공개심의회의 심의를 거쳐 이의신청을 받은 날부터 7일 내에 결정 · 통지하여야 한다.

심의회는 위원장 1인을 포함한 7인 이내의 위원으로 구성한다. 심의회의 위원장 및 위원은 공공기관의 장이 소속 공무원 또는 임 · 직원중에서 지명하되, 필요한 경우에는 공무원이나 임 · 직원이었던 자 또는 외부전문가를 위촉할 수 있다.

나. 행정심판

청구인은 위 처분 등에 대하여 이의신청을 거치지 않고 또는 거친 후에 행정심판법에 의한 행정심판이나 행정소송법에 의한 행정소송을 청구할 수 있고, 행정심판의 경우 국가 및 지방자치단체 외의 공공기관의 처분 등에 대한 재결청은 관계중앙행정기관의 장으로 한다.

9. 집회 및 시위 금지통고에 대한 이의신청(집회및시위에관한법률 제9조)

집회 또는 시위의 주최자는 금지통고를 받은 날부터 10일 이내에 당해 경찰관서의 직근 상급경찰관서의 장에게 이의를 신청할 수 있다. 이의신청을 받은 경찰관서의 장은 접수일시를 기재한 접수증을 즉시 이의신청인에게 교부하고 접수시부터 24시간 이내에 재결을 하여야 한다. 접수시부터 24시간 이내에 재결서를 발송하지 아니한 때에는 관할 경찰관서장의 금지통고는 소급하여 그 효력을 잃는다.

금지통고가 위법 또는 부당한 것으로 재결되거나 그 효력을 잃게 된 경우에는 이의신청인은 최초에 신고한 대로 집회 또는 시위를 개최할 수 있다. 다만, 금지통고 등으로 인하여 시기를 놓친 경우에는 일시를 새로이 정하여 집회 또는 시위의 24시간 전에 관할 경찰관서장에게 신고함으로써 집회 또는 시위를 개최할 수 있다.

이의신청이 특별행정심판이라고 할 수는 없으나, 그렇다고 집회 및 시위의 금지통고에 대하여는 긴급성 때문에 이를 행정심판으로 하기에는 적합하지 않다.

10. 부실벌점부과에 대한 이의신청(건설기술관리법시행규칙 별표 8)

부실벌점부과에 이의가 있는 업체 및 건설기술자 등은 부실벌점통지를 받은 날부터 30일 이내에 측정기관에 이의신청을 할 수 있으며, 측정기관은 부실사실의 확인과 부실벌점의 부과에 착오 등 명백한 하자가 있는 때에는 부과벌점을 정정할 수 있다.

이의신청을 받은 측정기관은 이의신청서를 받은 날부터 15일 이내에 이의신청을 한 자에게 그 검토결과를 통보하여야 한다.

물론 부실벌점통지는 그 자체로 권리 · 의무에 직접 영향을 미치는 것은 아니므로 처분에 해당되지 않는다 할 것이고, 따라서 행정심판의 대상이 되는 것은 아니라 할 것이다.

11. 군용전기통신설비관련 이의신청(군용전기통신법 제13조)

군용전기통신설비의 접속 또는 첨가, 출입 또는 측량표의 설치, 토지등의 사용, 공작물 등의 제거, 각종 장애설비 등의 사용제한으로 인한 손실보상금액의 결정에 대하여 불복이 있는 자는 그 결정의 통지를 받은 날부터 1월 이내에 국방부장관에게 이의를 신청할 수 있다.

12. 입찰참가자격제한 이의신청(정부투자기관회계규칙 제23조)

입찰참가자격의 제한을 받은 자는 이의가 있는 때에는 당해투자기관의 사장에게 그 취소 또는 변경을 신청할 수 있다.

13. 과징금부과에 대한 이의신청(은행법 제65조의6, 증권거래법 제206조의14, 금융지주회사법 제67조)

가. 이의신청

과징금 부과처분에 대하여 불복이 있는 자는 그 처분의 고지를 받은 날부터 30일 이내에 그 사유를 갖추어 금융감독위원회에 이의를 신청할 수 있다. 금융감독위원회는 이의신청에 대하여 30일 이내에 결정을 하여야 한다. 다만, 부득이한 사정으로 그 기간 내에 결정을 할 수 없을 경우에는 30일의 범위 안에서 그 기간을 연장할 수 있다.

나. 행정심판

금융감독위원회의 결정에 대하여 불복이 있는 자는 행정심판을 청구할 수 있다.

14. 과징금부과에 대한 이의신청(공인회계사법 제52조의3)

가. 이의신청

과징금의 부과처분에 대하여 불복이 있는 자는 그 처분의 고지를 받은 날부터 30일 이내에 그 사유를 갖추어 재정경제부장관에게 이의를 신청할 수 있다. 재정경제부장관은 이의신청에 대하여 30일 이내에 결정을 하여야 한다. 다만, 부득이한 사정으로 그 기간 내에 결정을 할 수 없을 경우에는 30일의 범위 내에서 그 기간을 연장할 수 있다.

나. 행정심판

재정경제부장관의 결정에 대하여 불복이 있는 자는 행정심판을 청구할 수 있다.

15. 감리자의 시정통지에 대한 이의신청(주택법 제24조 제5항)

감리자는 업무를 수행함에 있어서 위반사항을 발견한 때에는 지체 없이 시공자 및 사업주체에게 위반사항을 시정할 것을 통지하고, 7일 이내에 건설교통부장관에게 그 내용을 보고하여야 한다.

시공자 및 사업주체는 시정통지를 받은 때에는 즉시 당해 공사를 중지하고, 위반사항을 시정한 후 감리자의 확인을 받아야 하며, 감리자의 시정통지에 이의가 있는 때에는 즉시 당해 공사를 중지하고 건설교통부장관에게 서면으로 이의신청을 할 수 있다. 건설교통부장관은 이의신청서를 접수한 때에는 10일 이내에 시공자 · 사업주체 및 감리자에게 그 결과를 회신하여야 한다.

감리자의 시정통지에 대하여 이의가 있는 자는 감리자가 아닌 건설교통부장관에게 이의신청을 하도록 하고 있으나, 건설교통부장관이 전문위원회 등의 심리를 거치지 않고 결정하도록 하여 심리의 객관성이 떨어져 이를 사법절차에 준하는 행정심판으로 보기는 어렵다.

16. 보상금권리자확인서에 대한 이의신청(관광진흥법 제59조)

보상금을 지급하는 정당한 권리자확인서를 30일간 공고하고 이를 발급하고 있는바, 확인서의 발급에 이의가 있는 자는 공고기간 중에 불복의 사유를 시장 · 구청장 또는 읍 · 면장에게 서면으로 제출할 수 있다.

시장 · 구청장 또는 읍 · 면장은 이의신청이 있는 때에는 그 신청이 접수된 날부터 20일 내에 해당사실을 조사 · 확인한 후 확인서를 발급하거나 신청을 기각한다.

확인서 발급은 처분이 아니므로 행정심판의 대상이 되지는 않는다.

17. 신기술인정예정에 대한 이의신청(기술개발촉진법시행령 제9조)

과학기술부장관은 심사 · 평가 결과 신기술로 인정하고자 하는 기술에 대하여는 신청인, 기술의 명칭 및 내용, 기술보유자, 인정예정기간 등을 포함한 신기술 인정예정 사실을 관보 또는 일간신문에 공고하여야 한다.

신기술인정예정공고의 이해관계인은 신기술인정예정공고일부터 20일 이내에 과학기술부장관에게 이의신청을 할 수 있다. 과학기술부장관은 이의신청이 있는 경우에는 이에 대하여 조사 · 검토한 후, 그 결과를 신청인과 그 밖에 이해관계인에게 알려야 한다.

신기술인정예정은 행정예고에 해당되는 것으로서 행정심판의 대상은 아니라고 할 것이다.

18. 부담금에 대한 이의신청(대도시권광역교통관리에관한특별법 제11조의5)

부담금을 부과받은 자가 부과받은 사항에 대하여 이의가 있는 경우에는 부과받은 날부터 30일 이내에 시 · 도지사에게 이의를 신청할 수 있다. 시 · 도지사는 신청을 받은 날부터 15일 이내에 이를 심의하여 그 결과를 신청인에게 서면으로 통보하여야 한다.

19. 개발부담금 사전통지에 대한 심사청구(개발이익환수에관한법률 제14조)

통지받은 개발부담금에 대하여 이의가 있는 자는 15일 이내에 건설교통부장관에게 심사를 청구할 수 있다. 고지전 심사의 청구를 받은 건설교통부장관은 그 청구를 받은 날부터 15일 이내에 이를 심사하여 그 결과를 청구인에게 통지하여야 한다.

고지전 심사청구와 관련하여 이는 개발부담금의 납부고지전 통지에 대한 심사이므로 행정심판의 대상이 되지 못하며, 행정심판과는 관계없다.

20. 방조제관리비에 대한 이의신청(방조제관리법 시행령 제8조)

부담금의 부과에 관하여 이의가 있는 경우에는 부담금납입통지서를 받은 날부터 20일 이내에 관리대행자에게 이의를 신청할 수 있다. 이의신청이 있는 때에는 관리대행자는 신청을 접수한 날부터 20일 이내에 그 적부를 결정하여 이의를 신청한 자에게 통보하여야 한다.

21. 운전면허처분에 대한 이의신청(도로교통법 시행규칙 제35조의2)

지방경찰청장의 운전면허와 관련된 행정처분에 이의가 제기된 경우 이를 심의하기 위하여 지방경찰청에 운전면허행정처분심의위원회를 둔다. 심의위원회는 위원장 · 부위원장을 포함한 5인 이상 7인 이내의 위원으로 구성하되, 위원장은 운전면허 행정처분관련 업무를 담당하는 지방경찰청의 과장이 되고, 부위원장은 운전면허 행정처분관련업무를 담당하는 지방경찰청의 계장이 되며, 위원은 운전면허 행정처분과 관련된 업무에 관하여 지식과 경험이 풍부한 지방경찰청소속 경위 이상의 경찰공무원 중에서 위원장이 지명하는 자로 한다. 심의위원회의 회의는 재적위원 3분의 2 이상의 출석과 출석위원 과반수의 찬성으로 의결한다.

위원회가 공무원으로만 구성되어 독립성이 없으므로 이의신청을 사법절차에 준하는 행정심판으로 보기 어렵다.

22. 감사요구에 대한 이의신청(행정감사규정 제27조의2)

감사실시기관의 장의 요구에 이의가 있는 기관이나 공무원은 그 요구가 있은 날부터 1월 이내에 감사실시기관의 장에게 이의신청을 제기할 수 있다. 감사실시기관의 장이 이의신청을 접수한 경우에는 특별한 사유가 없는 한 2월 이내에 이를 처리하여야 한다.

23. 이의신청(교육인적자원부행정감사규칙 제20조)

피감사기관의 장 또는 공무원은 제18조의 규정에 의한 처분요구에 대하여 이의가 있을 때에는 그 요구를 받은 날부터 1월 이내에 이에 대한 이의신청을 할 수 있다. 감사실시기관의 장은 이의신청을 받은 때에는 특별한 사유가 없는 한 이를 받은 날부터 2월 이내에 이를 처리하여야 한다.

24. 교육훈련기관에 대한 시정명령에 대한 이의신청(학점인정등에관한법률시행령 제18조)

교육인적자원부장관은 평가인정을 취소하고자 할 때에는 상당한 기간을 정하여 시정을 명하여야 한다. 시정명령에 이의가 있는 자는 이를 통지받은 날부터 15일 이내에 관련서류를 갖추어 교육인적자원부장관에게 이의신청을 할 수 있으며, 교육인적자원부장관은 특별한 사유가 없는 한 30일 이내에 이를 심사한 후 그 결과를 신청인에게 통지하여야 한다.

25. 특수교육에 대한 재심(특수교육진흥법 제18조)

가. 이의신청

특수교육대상자 또는 그 보호자는 특수교육대상자의 선정, 학교의 지정 · 배치에 해당하는 교육감 · 교육장 또는 학교의 장의 조치에 대하여 이의가 있을 때에는 당해 운영위원회(학교의 장의 조치의 경우에는 중앙특수교육운영위원회를 말한다)에 그 재심을 청구할 수 있다.

특수교육대상자를 배치받은 각급학교의 장은 이에 응할 수 없는 특별한 사유가 있을 때에는 당해 운영위원회에 그 재심을 청구할 수 있다.

나. 행정심판

중앙특수교육운영위원회 및 운영위원회는 재심청구를 받은 때에는 30일 이내에 이를 심사 · 결정하여 청구인에게 통보하여야 한다. 심사결정에 이의가 있는 청구인은 그 통보를 받은 날부터 60일 이내에 행정심판을 제기할 수 있다.

26. 인증심사결과에 대한 이의신청(해상교통안전법 제10조의5)

사업장 · 선박의 인증심사에 불복이 있는 자는 심사결과를 통지받은 날부터 30일 이내에 그 사유를 기재하여 해양수산부장관에게 이의신청을 할 수 있다.

27. 고충재심사(공무원고충처리규정 제13조)

보통고충심사위원회 · 경찰공무원고충심사위원회 · 소방공무원고충심사위원회 또는 교육공무원보통고충심사위원회의 고충심사에 대하여 불복이 있어 중앙고충심사위원회 또는 교육공무원중앙고충심사위원회에 재심을 청구하는 경우에는 그 심사결과를 통보받은 날부터 30일 이내에 청구서를 제출하여야 한다.

고충심사는 행정심판의 대상이 되는 처분은 아니다.

28. 국제입찰 이의신청(국가를당사자로하는계약에관한법률 제28조)

국제입찰에 의한 정부조달계약과정에서 해당 중앙관서의 장 또는 계약담당공무원의 다음의 1에 해당하는 행위로 인하여 불이익을 받은 자는 그 행위의 취소 또는 시정을 위한 이의신청을 할 수 있다.

- 국제입찰에 의한 정부조달계약의 범위와 관련된 사항

- 입찰참가자격과 관련된 사항
- 입찰공고와 관련된 사항
- 낙찰자 결정과 관련된 사항
- 대통령령이 정하는 사항

이의신청은 이의신청의 원인이 되는 행위가 있은 날부터 15일 이내 또는 그 행위가 있음을 안 날부터 10일 이내에 해당 중앙관서의 장에게 하여야 한다.

해당 중앙관서의 장은 이의신청을 받은 날부터 10일 이내에 이를 심사하여 시정등 필요한 조치를 하고 그 결과를 신청인에게 통지하여야 한다. 조치에 대하여 이의가 있는 자는 그 통지를 받은 날부터 15일 이내에 국제계약분쟁조정위원회에 조정을 위한 재심을 청구할 수 있다.

조달계약은 정부가 사경제주체로서 행하는 것이므로 이에 관한 조치는 대개 처분에 해당되지 아니하여 행정심판의 대상이 되지 못한다.

29. 의료기관평가 이의신청(의료법 시행규칙 제46조의2)

의료기관의 장은 의료기관평가결과에 대하여 이의가 있는 경우에는 결과를 통보받은 날부터 30일 이내에 보건복지부장관에게 이의신청서를 제출하여야 한다.

의료기관의 평가는 처분이라고 할 수 없으므로 이는 행정심판의 대상이 아니다.

30. 보조금에 관한 이의신청(보조금의예산및관리에관한법률 제37조)

보조사업자는 보조금의 교부결정, 교부결정의 내용, 교부결정의 취소, 보조금의 반환명령 기타 보조금의 교부에 관한 중앙관서의 장의 처분에 대하여 이의가 있을 때에는 그 통지 또는 처분을 받은 날부터 20일 이내에 서면으로 그 중앙관서의 장에게 이의를 신청할 수 있다.

중앙관서의 장은 이의신청이 있을 때에는 관계자의 의견을 청취한 후 필요한 조치를 하고 그 뜻을 당해 이의신청자에게 통지하여야 한다. 이 경우 교부결정의 내용에 관한 이의신청자가 그 뜻을 통지받은 날부터 20일 이내에 수락의 의사표시를 하지 아니한 때에는 그 보조금의 교부신청을 철회한 것으로 본다.

31. 동원토지의 수용결정에 대한 이의신청(국가보위에관한특별조치법 제5조 제4항에의한동원대상지역내의토지의수용 · 사용에관한특별조치령 제34조)

수용결정에 이의가 있는 피수용자는 그 수용통지서가 송달된 날부터 30일 이내에 국방부장관에게 이의를 신청할 수 있다.

국방부장관은 이의신청이 있는 때에는 그 신청이 있은 날부터 30일 이내에 보상심의회의 심의를 거쳐 그에 대하여 다시 결정하여 재결통지서를 당해 피수용자에게 송부하여야 한다.

그런데 보상심의회는 과반수가 관계기관 공무원으로 구성되어 행정심판위원회에 비해 객관성이 부족하다고 할 것이다. 따라서 이를 행정심판으로 보기는 어렵다.

이 규정은 실효된 것으로 볼 것이다.

32. 제재조치의 재심(방송법 제100조)

방송위원회는 방송사업자 · 중계유선방송사업자 또는 전광판방송사업자가 심의규정을 위반한 경우에는 시청자에 대한 사과, 해당 방송프로그램의 정정 · 중지, 방송편성책임자 또는 해당 방송프로그램의 관계자에 대한 징계 등 제재조치를 명할 수 있으며, 제재조치에 이의가 있는 자는 당해 제재조치명령을 받은 날부터 30일 이내에 방송위원회에 재심을 청구할 수 있다.

처분청인 방송위원회의 재심을 행정심판으로 보기는 어렵다. 이를 행정심판으로 본다면 제기기간이 너무 짧다.

제5편

특별행정심판

제1장 특별행정심판

Ⅰ. 의 의

행정심판은 넓게 보면 행정상 법률관계의 분쟁을 행정기관이 심리 재결하는 모든 행정쟁송절차를 말한다. 즉 행정심판은 행정청의 위법 또는 부당한 공권력의 행사나 불행사로 인한 국민의 권리 또는 이익의 침해를 구제하기 위한 행정기관에 의한 쟁송절차로서 행정청에 스스로 시정할 기회를 주고 행정청 자체의 전문적·기술적 지식을 활용함으로써 과다한 행정소송의 폭주로 인한 법원의 부담을 줄이고, 분쟁을 해결하기 위한 국민의 시간과 비용을 절약할 수 있도록 하기 위한 제도이다.

헌법 제107조 제3항은 "재판의 전심절차로서 행정심판을 할 수 있다. 행정심판의 절차는 법률로 정하되 사법절차가 준용되어야 한다."고 규정하고 있다. 이에 따라 행정심판법에서 일반적인 행정심판절차를 정하고 있다.

행정심판에 관한 일반법인 행정심판법은 제3조 제1항에서 행정청의 처분 또는 부작위에 대하여는 '다른 법률에 특별한 규정이 있는 경우'를 제외하고는 행정심판법에 따라 행정심판을 제기하도록 하고 있고, 이에 따라 다른 법률에서 행정심판과 같은 특별한 불복절차를 규정하고 있는 경우에는 그에 의하며, 특별한 불복절차를 규정하는 경우에도 행정심판법 제43조에 의하여 사안의 '전문성과 특수성'을 살리기 위하여 필요한 경우가 아니면 청구인에게 불리한 내용으로 행정심판에 대한 특례를 정할 수 없도록 하고 있다.

오늘날 현대 행정의 복잡성 및 다양성으로 인하여 행정심판에 있어서도 긴급한 필요가 있거나 전문성, 특수성을 살려야 할 필요가 있는 행정처분에 대한 행정심판절차는 일반 행정심판절차와 달리 각 개별 법률에서 특례를 두고 있는 경우가 많다.

Ⅱ. 특별행정심판의 요건

1. 개 설

행정심판법 제3조 제1항의 규정에 의하면 행정청의 처분 또는 부작위에 대하여 "다른 법률에 특별한 규정이 있는 경우를 제외하고는 행정심판법에 의하여 행정심판을 제기할 수 있다."

그러므로 개별 법률에서 권리구제절차의 일환으로 규정하고 있는 이의신청, 심사청구, 소청, 재심사청구, 심판청구 등을 행정심판법 제3조 제1항에서 의미하는 다른 법률에서 규정하는 특별행정심판으로 인정할 것인가의 여부에 대하여 개별적으로 판단할 필요가 있다. 특히 이에 관한 논의의 실익은 행정처분의 상대방의 이해관계에 밀접한 관련성을 가지고 있다.

개별 법률에서 불복절차에 관하여 규정하고 있지 아니함에도 불구하고 행정심판법의 적용을 배제한다거나, 불복절차를 규정하고 있더라도 그 불복절차가 행정심판에 해당된다고 보기 어려운 경우에도 그 사항을 행정심판의 대상으로 하지 않는다면 행정심판을 통한 권리구제의 길을 막게 되어 재판의 전심절차로 행정심판을 할 수 있도록 하고 있는 헌법 제107조 제3항의 취지에 맞지 않다고 할 것이다.

개별 법률에서 두고 있는 불복절차를 특별행정심판으로 인정할 것인가에 관하여는 법률에서 특별한 규정을 두고 있지 않는 한 다양한 관점에서 고찰하여야 할 것이다.

먼저 헌법 제107조 제3항과 관련하여 행정심판으로 인정하기 위한 요건은 무엇인가? 특별행정심판도 행정심판에 해당되는 것이므로 이러한 헌법의 취지에 합치되어야 할 것이다.

한편 다른 법률 즉 개별법에서 특별행정심판이 아니라 바로 법원에 불복하도록 하는 등 특별한 불복절차를 규정하고 있는 경우도 있으며(예, 과태료처분에 대한 비송사건절차법에 의한 과태료재판 등), 이는 물론 특별행정심판이라고 할 수는 없으나, 이에 대하여도 행정심판법에 의한 행정심판은 적용되지 않는다고 할 것이다.

2. 국민의 권리구제 기회

법치국가를 헌법의 기본원리로 하고 있는 한국의 헌법에서 행정작용은 법률에 적합하여야 하며, 행정목적과 공익에 합당하는 타당성을 가져야 한다. 이를 위하여 행정심판제도는 위법·부당한 행정작용으로부터 국민의 권리와 이익을 구제하는 기능을 한다. 또한 행정심판제도는 행정의 적법성과 합목적성의 보장을 통하여 행정청에 의한 스스로 통제를 수행한다.

종전에 행정심판절차를 행정소송의 제기를 위한 필요적 전심절차로 규정한 때에는 행정심판은 경우에 따라서 국민의 권리구제를 제한할 수 있는 여지가 있은 점은 부인할 수 없을 것이다. 이러한 취지에서 판례도 행정심판절차를 엄격하게 해석하지 않고 개별법의 불복절차를 거의 대개 행정소송의 필수전치절차인 행정심판으로 인정하는 경향이 있었다. 다시 말해서 사법절차가 전혀 준용되지 아니한 이의신청 등의 경우에도 행정청이 전문성의 관점에서 한번 더 판단한 과정을 거치기만 하면 행정심판으로 본 것이다. 이러한 취지는 1984년 행정소송법 부칙에서도 나타나 있다.

그러나 현행 행정소송법(1998. 3. 1.부터 시행)에서는 원칙적으로 행정심판은 행정소송의 제기를 위한 임의절차로 규정하고 있다. 이러한 의미에서 현행 행정심판은 행정소송을 통한 권리구제와 병행할 수 있는 보충적 · 보완적인 권리구제절차로 이해될 수 있을 것이다. 행정소송에 의한 권리구제가 가지는 불충분한 권리구제를 보완하고 보충하는 권리구제절차로 행정심판을 이해하면, 될 수 있는 한 행정심판을 제기할 수 있는 길을 폭 넓게 인정하는 것이 국민의 권리구제를 확대하는 법률해석일 것이다.

그러므로 이의신청 등 다른 법률에서 불복절차를 규정하고 있더라도 그 법률에서 명확하게 규정하고 있지 아니한 경우에 해석상 다르게 해석할 수 없다면 그 불복절차가 행정심판을 대체하는 것으로 해석하여서는 아니된다.

청구인의 권익을 보호하기 위한 제도로서 불충분한 불복절차까지 행정심판을 대체하는 불복절차로 인정하게 될 경우 행정처분의 상대방은 사법절차가 준용되는 행정심판을 통한 권리구제의 길이 방해받게 됨으로써 폭넓은 권리구제는 실현될 수 없게 된다. 왜냐하면 행정심판이 행정소송을 제기하기 위한 전제적 절차인 경우에는 경우에 따라서 행정심판으로 국민의 권리구제가 불필요하게 지체될 수 있을 것이나 행정심판이 행정소송을 보완하여 국민의 권리구제제도로서 기능을 하는 한 행정처분의 상대방은 행정심판을 통하여 처분청의 위법성뿐만 아니라, 합목적이지 아니한 행정처분에 대하여서도 다투게 됨으로써 행정의 합법성에 대한 요청과 행정처분의 합목적성도 동시에 실현할 수 있는 점에서 행정심판을 통한 권리구제는 가능한 한 넓게 인정하여야 할 것이기 때문이다.

결국 개별법률의 불복절차는 가능한 한 행정처분의 상대방에 대한 권리를 구제할 수 있는 길을 확장하는 방향으로 해석하여야 한다. 이러한 측면에서 볼 때 법률에서 특별한 규정을 두고 있지 않으면 개별법률의 불복절차는 될 수 있는 한 행정심판과는 다른 독립된 구제절차로 해석할 필요성이 있다.

다시 말하면 개별법률의 불복절차가 가지는 독립적인 권리구제적 기능을 고려할 때에 특별행정심판으로 인정할 수밖에 없는 경우를 제외하고는 원칙적으로 행정심판과 독립된 구제절차로 이해하여야 할 것이다. 이 경우 행정처분의 상대방은 개별법률의 이의신청 등 불복절차를 거친 후에 행정심판을 거치지 아니하고 행정소송을 제기할 수 있을 뿐만 아니라 불복절차를 거친 후 다시 행정심판을 제기할 수도 있다고 할 것이다.

이렇게 해석하는 것이 또한 헌법 제107조 제3항의 취지에 합치되는 것으로 볼 수 있을 것이다.

3. 재판의 전심절차

헌법 제107조 제3항은 재판의 전심절차(前審節次)로서 행정심판을 인정하고 있다. 따라서 개별법의 불복절차가 재판의 전심절차가 아니라 최종심이 되어 재판을 받을 기회를 막고 있다면 이는 헌법에 위반된다고 할 것이다.

헌법재판소는 변호사법 제81조에서 대한변호사협회징계위원회에서 징계를 받은 변호사는 법무부변호사징계위원회에서의 이의절차를 밟은 후 곧바로 대법원에 즉시항고토록 하고 있는 규정과 관련하여 "대한변호사협회변호사징계위원회나 법무부변호사징계위원회의 징계에 관한 결정은 비록 그 징계위원 중 일부로 법관이 참여한다고 하더라도 이를 헌법과 법률이 정한 법관에 의한 재판이라고 볼 수 없으므로, 법무부변호사징계위원회의 결정이 법률에 위반된 것을 이유로 하는 경우에 한하여 법률심인 대법원에 즉시항고할 수 있도록 한 변호사법 제81조 제4항 내지 제6항은, 법관에 의한 사실확정 및 법률적용의 기회를 박탈한 것으로서 헌법상 국민에게 보장된 "법관에 의한" 재판을 받을 권리를 침해하는 위헌규정이다. 변호사법 제81조 제4항 내지 제6항은 행정심판에 불과한 법무부변호사징계위원회의 결정에 대하여 법원의 사실적 측면과 법률적 측면에 대한 심사를 배제하고 대법원으로 하여금 변호사징계사건의 최종심 및 법률심으로서 단지 법률적 측면의 심사만을 할 수 있도록 하고 재판의 전심절차로서만 기능해야 할 법무부변호사징계위원회를 사실확정에 관한 한 사실상 최종심으로 기능하게 하고 있으므로, 일체의 법률적 쟁송에 대한 재판기능을 대법원을 최고법원으로 하는 법원에 속하도록 규정하고 있는 헌법 제101조 제1항 및 재판의 전심절차로서 행정심판을 두도록 하는 헌법 제107조 제3항에 위반된다."[169]라고 하여 전심절차로서 기능하여야 할 법무부변호사징계위원회를 최종적인 사실심으로 기능하게 함으로써, 일체의 법률적 쟁송에 대한 재판기능을 대법원을 최고법원으로 하는 법원에 속하도록 규정하고 있는 헌법 제101조 제1항 및 제107조 제3항에 위반된다고 판시하고 있다.

즉 법관에 의한 재판을 받을 권리를 보장한다고 함은 법관이 사실을 확정하고 법률을 해석 · 적용하는 재판을 받을 권리를 보장한다는 뜻이고, 그와 같은 법관에 의한 사실 확정과 법률의 해석적용의 기회에 접근하기 어렵도록 제약이나 장벽을 쌓아서는 아니 되며, 만일 그러한 보장이 제대로 이루어지지 아니한다면 헌법상 보장된 재판을 받을 권리의 본질적 내용을 침해하는 것으로서 우리 헌법상 허용되지 아니하는 것으로서 행정심판을 재판의 전심절차가 아닌 최종심으로 규정함으로써 재판을 받을 기회를 배제하고 있다면 그러한 절차는 허용되지 않는다는 것이다.

169) 헌법재판소 2000. 6. 29. 선고 99헌가9 결정.

그런데 행정심판 재결의 기속력과 관련하여 행정심판법 제37조 제1항에서 재결은 피청구인인 행정청과 그 밖의 관계행정청을 기속하도록 함으로써 인용재결의 경우 행정청은 이에 기속되어 행정소송을 제기할 수도 없기 때문에 이 경우에는 행정심판이 최종심으로 되는 결과가 되므로 헌법에 위반되지 않느냐는 의문이 있을 수 있다. 더구나 동법 제39조에서 행정심판에 대한 재결이 있는 경우에는 다시 행정심판을 제기할 수 없도록 하여 재심을 허용하지 않고 있다.

4. 사법절차의 준용

또한 헌법 제107조 제3항에서는 행정심판의 절차는 사법절차가 준용되어야 한다고 규정하고 있다. 따라서 판단기관의 독립성 · 공정성, 대심적 심리구조 및 당사자의 절차적 권리보장의 측면에서 사법절차의 본질적 요소를 갖추어야 행정심판으로 인정할 수 있을 것이다.

그렇다면 어느 정도가 객관적이고 공정성을 가지는 절차로 이해할 수 있는 것인가? 적어도 처분청과 재결청이 분리되거나, 처분청이 재결청이 되는 경우에도 재결청이 스스로의 판단에 의하지 아니하고 독립된 지위를 가진 합의체의 결정에 의하되, 합의체의 구성원중 상당부분이 재결청과는 독립된 인사이어야 할 것이다.

현행 행정심판법이 가지는 특성인 동시에 공정성의 하나로 행정심판을 담당하는 행정기관 즉 재결청은 원칙적으로 처분청이 아니라 처분청의 직근상급행정청이다. 행정심판의 담당기관으로 직근 상급행정청은 행정심판을 준사법적으로 이해할 때에 법원과 같은 독립된 제3의 기관은 아니나 처분청 자신은 아닌 점에서 비교적 공정한 행정심판이 행하여지고 있고, 또한 민간인이 과반수로 구성된 행정심판위원회에서 심리 · 의결하기 때문에 공정성과 객관성이 인정되고 있는 것이다.

직근 상급행정청은 처분청과 독립된 기관은 아니라 하여도 행정청 내의 기능적 권력분립 또는 소장업무의 분장이라는 측면에서 볼 때에 처분청이 아닌 기관에서 행정심판을 관장하는 것은 행정심판이 가지는 주요 장점으로 국민의 권리보호와 구제를 비교적 원활하게 수행하고, 법원에 의하여 행정사건이 처리되기 전에 행정부 자체에서 여과하는 소위 필터기능을 원활하게 수행하는 요인이라고 할 수 있다.

행정심판의 중요한 기능이라고 할 수 있는 행정소송의 여과기능이 수행되기 위하여는 행정심판의 공정성이 확보되어야 한다. 행정심판의 공정성의 요인으로 처분청과는 독립된 직근 상급행정기관에 의한 행정심판의 관할은 처분청이 직접 행정심판을 관할하는 방식보다는 훨씬 공정성을 가진 기관에 의하여 행정심판이 수행된다고 할 수 있다. 이러한 방식으로 행정심판이 수행될 때에 비로소 행정심판이 가지는 행정소송의 여과기능이 수행될 수 있을 것이다.

행정심판을 헌법에서 인정할 수 있는 근거를 두는 데에는 행정소송의 여과기능을 행정심판이 하기 때문에 이를 인정하여 헌법에서 행정심판제도를 두는 것으로 해석할 경우에 여과기능이 원활하게 수행되도록 처분청과 재결청을 분리하는 방안이 보다 헌법에 적합한 방안으로 사료된다.

물론 처분청 자신이 재결청이 되는 경우가 있으나, 행정심판법에서는 재결청과 별도로 행정심판위원회를 두어 위원회가 의결기능을 수행하고, 재결청에서는 위원회의 의결에 따라 재결하도록 함으로써 재결의 공정성과 독립성을 제고하고 있다.

또한 심리과정에서 대심적 심리구조를 갖추고, 당사자의 절차적 권리가 보장되어야 비로소 사법절차가 준용된다고 할 수 있다.

행정심판은 청구인과 피청구인을 대립당사자로 하여 답변서와 보충서면 제출, 구술심리요청권을 인정하고 있다.

따라서 어떤 불복절차에서 당사자의 의견진술의 기회 없이 재결청이 일방적으로 결정하는 구조를 취하고 있다면 이는 사법절차에 준하는 행정심판이라 할 수 없다.

5. 전문성 · 특수성 등

행정심판법에 의한 행정심판위원회의 위원은 변호사 · 법학교수 등 주로 법전문가이다.

그러나 오늘날 현대 행정의 복잡성 및 다양성 등으로 인하여 특수한 분야의 행정은 법전문성 보다는 당해 행정분야의 전문성이 더 필요한 경우가 많다. 이러한 경우의 분쟁해결은 법전문가 위주로 구성된 행정심판위원회보다는 당해 분야의 전문성을 갖추고 있는 특수한 행정심판절차에 의하도록 하는 것이 효율적이다. 이것이 행정기관의 전문지식을 활용한 행정능률의 보장이라는 행정심판의 존재이유에도 합치되는 것이다.

반면에 개별법에서 특별행정심판절차를 두는 경우는 이와 같이 전문성 · 특수성이 인정되는 분야에 한정하고, 그러하지 않는 경우에는 행정심판법에 의한 행정심판에 분쟁의 해결을 맡기는 것이 옳을 것이다.

결국 개별법에서 불복절차를 정하면서 그 불복절차의 전문성 · 특수성이 인정되지 않는다면 이를 특별행정심판으로 운영하는 것은 적절하지 않다고 할 것이다.

그렇다고 하여 개별법률에서 정하고 있는 불복절차가 전문성 · 특수성을 요하는 것이면 이를 특별행정심판으로 인정하여야 하는 것은 아니며, 그 밖에 위와 같은 요건을 갖추어야 할 것이다.

제 2 장 조세에 대한 심판절차

Ⅰ. 의 의

조세소송이란 조세법률관계에 관한 쟁송을 심리 · 판단하는 재판절차로서, 넓게는 조세행정소송, 조세민사소송, 조세헌법소송 등 모든 조세관련 소송을 말한다. 이러한 조세관련 소송은 조세법원이 따로 설치되지 아니한 우리 법제 하에서는 일반 행정소송과 함께 행정법원에 의하여 처리되고 있다. 그러나 조세법은 일반 행정법 원리와 다른 특성이 있고, 조세소송 또한 일반 행정소송절차와는 다른 절차법적 특징이 있음에 유의하여야 한다. 즉, 조세의 부과 및 징수에서는 조세법률주의의 원칙상 과세관청의 재량행위가 인정되지 않으므로, 오직 그 처분의 적법성 여부만이 문제되고, 일반 행정소송에서와 같이 재량권 일탈 · 남용 여부는 판단의 대상이 되지 않는다.

Ⅱ. 조세쟁송의 심급구조

국세기본법 또는 세법에 따른 처분으로서 위법 또는 부당한 처분을 받거나 필요한 처분을 받지 못함으로 인하여 권리나 이익을 침해당한 자는 그 처분의 취소 또는 변경을 청구하거나 필요한 처분을 청구할 수 있다. 다만, 이에 따른 처분이 국세청장이 조사 · 결정 또는 처리하거나 하였어야 할 것인 경우를 제외하고는 그 처분에 대하여 심사청구 또는 심판청구에 앞서 이의신청을 할 수 있다(국세기본법 제55조 제1,3항). 그러나 동일한 처분에 대해서는 심사청구와 심판청구를 중복하여 제기할 수 없다(같은 조 제9항).

불법청구인은 행정소송법의 규정에도 불구하고 심사청구 또는 심판청구에 대한 결정의 통지를 받은 날부터 90일 이내에 제기하여야 하며, 위 기간은 불변기간(不變期間)이다(법 제56조).

Ⅲ. 유형별 행정심판절차 및 소송수행요령

1. 유형별 행정심판절차

가. 국세심판(국세기본법 제7장)

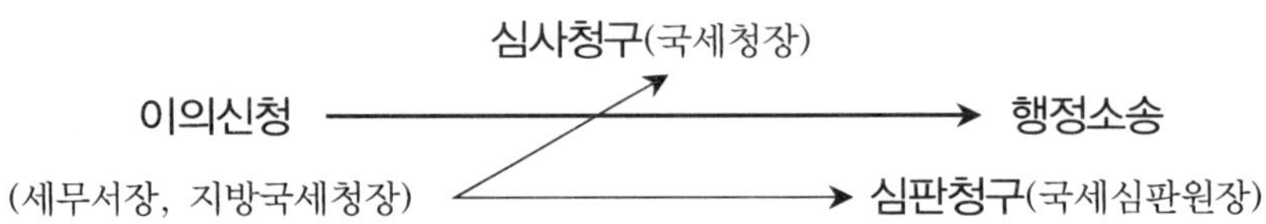

※ 이의신청을 거치지 않고 심사청구 또는 심판청구를 할 수 있음.

(1) 이의신청

국세의 부과와 징수에 관한 처분(국세청장의 처분 제외)에 이의가 있는 자는 불복의 사유를 갖추어 세무서장에게 이의신청을 제기하거나 세무서장을 거쳐 지방국세청장에게 이의신청을 제기할 수 있다.

이의신청은 임의절차이다.

이의신청은 처분이 있은 것을 안 날부터 90일 이내에 제기하여야 한다. 세무서장과 지방국세청장은 이의신청을 받은 날부터 30일 이내에 이의신청심의위원회의 심의를 거쳐 결정하여야 한다.

(2) 심사청구 또는 심판청구

국세의 부과와 징수에 관한 처분에 대하여 불복하거나 이의신청에 대한 결정에 불복하고자 하는 자는 처분이 있은 것을 안 날부터 90일 이내, 이의신청을 거친 때에는 이의신청의 결정의 통지를 받은 날부터 90일 이내에 국세청장에게 심사청구를 하거나 국세심판원장에게 심판청구를 할 수 있다.

국세청장은 심사청구를 받은 날부터 60일 이내에 국세심사위원회의 심의를 거쳐 결정하여야 한다. 심판청구는 국세심판관회의를 거쳐 결정한다.

동일한 처분에 대하여는 심사청구와 심판청구를 중복하여 제기할 수 없다.

심사청구 또는 심판청구와 그에 대한 결정을 거치지 아니하면 행정소송을 제기할 수 없으며, 이의신청 및 심사청구의 대상이 되는 처분에 대하여는 행정심판법의 규정을 적용하지 아니한다.

행정소송은 심사청구 또는 심판청구에 대한 결정의 통지를 받은 날부터 90일 이내에 제기하여야 한다.

나. 관세심판(관세법 제5장 제2절)

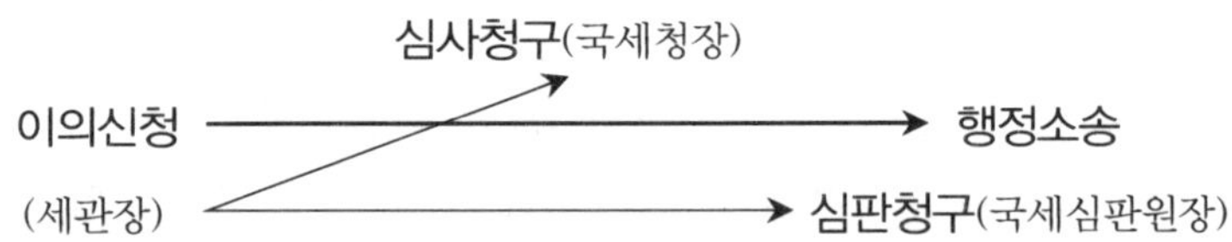

※ 이의신청을 거치지 않고 심사청구 또는 심판청구를 할 수 있음.

다. 농어촌특별세에 대한 불복(농어촌특별세법시행령 제9조)

지방세를 본세로 하는 농어촌특별세에 대한 이의신청 및 심사청구에 관하여는 지방세법의 예에 의한다. 다만, 지방자치단체의 심사결정에 불복이 있는 경우에는 국세심판원에 심판청구를 할 수 있다.

그런데 대통령령에서 이러한 규정을 두는 것은 적절하지 않다.

라. 지방세심판(지방세법 제1장 제13절)

이의신청 ——→	심사청구(도세 : 행정자치부장관, ——→	행정소송
(도세 : 시 · 도지사,	시 · 군세 : 시 · 도지사 또는 행정자치부장관,	
	시 · 군세 : 시장 · 군수 · 구청장)	

※ 이의신청을 거치지 않고 심사청구를 할 수 있음.

(1) 이의신청

지방세의 부과와 징수에 관한 처분에 이의가 있는 자는 처분이 있은 것을 안 날부터 90일 이내에 불복의 사유를 갖추어 도세에 있어서는 시 · 도지사에게, 시 · 군세에 있어서는 시장 · 군수 · 구청장에게 이의신청을 제기할 수 있다. 과세적부심사를 거친 처분에 대하여는 이의신청을 거치지 아니하고 바로 심사청구를 할 수 있다.

지방세에 관한 이의신청 및 심사청구를 심의 · 의결하기 위하여 각 지방자치단체와 행정자치부에 지방세심의위원회를 둔다. 위원회는 위원장 1인을 포함하여 15인 이하의 위원으로 구성한다.[170] 위원회의 회의는 위원장과 위원장이 매회의마다 지정하는 6인의 위원으로 구성 · 운영한다.

(2) 심사청구

심사청구를 하고자 할 때에는 이의신청에 대한 결정의 통지를 받은 날부터 90일 이내에 시 · 도지사의 결정에 대하여는 행정자치부장관에게, 시장 · 군수 · 구청장의 결정에 대하여는 시 · 도지사 또는 행정자치부장관에게 각각 심사청구를 하여야 한다.

이의신청이나 심사청구를 받은 지방자치단체의 장 또는 행정자치부장관은 그 신청 · 청구를 받은 날부터 60일 이내에 지방세심의위원회의 의결에 따라 결정을 하여야 한다.

이 법에 의한 이의신청 또는 심사청구의 목적이 되는 처분에 관한 사항에 대하여는 행정심판법의 규정을 적용하지 아니한다.

결정서를 송달함에 있어서 이의신청의 경우에는 그 결정서를 받은 날부터 90일 이내에 이의신청인이 심사청구 또는 행정소송을 제기할 수 있다는 뜻과 제기하여야 하는 기관을 함께 기재하여야 하며, 심사청구의 경우에는 그 결정서를 받은 날부터 90일 이내에 심사청구인이

170) 지방세심의위원회의 객관성이 결여되어 사법절차가 준용된다고 할 수 없고, 이러한 이유로 심판전치주의 규정이 위헌결정을 받게 된 것이다.

행정소송을 제기할 수 있다는 뜻을 기재하여야 한다.

(3) 사용료 등에 대한 이의신청(지방자치법 제131조)

사용료·수수료 또는 분담금의 부과 또는 징수에 대하여 이의가 있는 자는 그 처분의 통지를 받은 날부터 60일 이내에 그 지방자치단체의 장에게 이의신청할 수 있다.

변상금의 부과·징수에 대하여는 이 규정이 적용되지 아니한다.

사용료·수수료 또는 분담금의 부과 또는 징수에 대하여 행정소송을 제기하고자 하는 때에는 이의신청의 결정의 통지를 받은 날부터 90일 이내에 처분청을 당사자로 하여 소를 제기하여야 한다.

특별행정심판제도는 전문성이나 긴급성 등이 요구되는 특별한 경우에 예외적으로 인정되는 제도인데, 사용료·수수료 및 분담금의 부과·징수는 전형적인 행정처분으로서 굳이 일반행정심판절차에 의하지 않고 이의신청절차로 할 필요성이 많지 않다고 할 것이다. 이와 관련하여 이의신청의 결정에 불복하는 자가 행정소송을 제기할 수 있다는 규정이 바로 이의신청이 행정심판에 해당하는 것으로 보는 것은 아니라는 주장도 있다.

2. 유형별 소송요령

가. 소득세 관련 소송

구 분	입 증
자경농지로 인한 비과세가 문제되는 경우	· 원고가 실제 자경하였음을 입증할 만한 자료를 제출 · 원고가 실제 농지로부터 20킬로미터 이내에서 농지를 자경하였는지를 주거지와 농지사이의 거리를 직접 측정해 보거나 측량도를 사용하여 측정 · 농지 소재지의 주민들로부터 원고가 직접 자경을 하였는지에 대하여 확인서를 받는 등의 방법으로 입증
실지거래가액이 문제되는 경우	· 양수인과의 실제 거래 가액 입증 : 매매계약서, 검인계약서 서증 제출
부동산의 양도시기에 다툼이 있는 경우	· 제척기간 도과 입증 : 5년, 매매계약서상 작성일 기준 전후로 인감증명서 발급 여부 입증

나. 상속세, 증여세, 부가가치세, 법인세 관련 소송

구 분	입 증
상 속 세	· 피상속인의 채무공제 : 채무와 관련된 서증(금전대차계약서, 지불보관증, 영수증 등) 제출 · 피상속인의 연대보증채무나 물상보증채무의 공제 : 상속개시 당시 주채무자의 무자력에 관한 증거를 통해 입증
증 여 세	· 명의신탁의 주장 · 증여계약의 합의해제 주장
부가가치세	· 실제 사업자 여부에 대한 주장, 입증 및 공동 사업자에 대한 주장
법 인 세	· 부당행위 계산의 부인 · 합리적 거래 행위 주장 · 조세회피 목적이 없음을 주장, 입증

Ⅳ. 행정심판전치주의 원칙 및 예외

1. 원 칙

국세기본법 또는 세법에 따른 처분 중 위법한 처분에 대한 행정소송은 행정소송법 규정에도 불구하고 이 법에 따른 심사청구 또는 심판청구와 그에 대한 결정을 거치지 아니하면 제기할 수 없다(법 제56조 제2항).

2. 예 외

다만 2개 이상의 같은 목적의 행정처분이 단계적, 발전적 과정에서 이루어진 것으로서 서로 내용상 관련이 있다든지, 세무소송 계속 중에 그 대상인 과세처분을 과세관청이 변경하였는데 위법사유가 공통된다든지, 동일한 행정처분에 의하여 수인이 동일한 의무를 부담하게 되는 경우에 선행처분에 대하여, 또는 그 납세의무자들 중 1인이 적법한 전심절차를 거친 때와 같이, 국세청장과 국세심판소로 하여금 기본적 사실관계와 법률문제에 대하여 다시 판단할 수 있는 기회를 부여하였을 뿐더러 납세의무자로 하여금 굳이 또 전심절차를 거치게 하는 것이 가혹하다고 보이는 등 정당한 사유가 있는 때에는 납세의무자가 전심절차를 거치지 아니하고도 과세처분의 취소를 청구하는 행정소송을 제기할 수 있다고 보아야 한다.[171)]

171) 대법원 2000. 9. 26. 선고 99두1557 판결.

Q 행정소송을 제기하기 위하여는 반드시 행정심판을 거쳐야 하는지요?

A 종전에는 행정소송을 제기하려면 반드시 먼저 행정심판을 거치도록 되어 있었으나(필요적 전치주의) 1998년 3월 1일부터(개정 1994.7.27.)는 개정된 행정소송법에 따라 원칙적으로 당해 법률에 다른 규정이 있는 경우를 제외하고는 행정심판제기의 유 · 무 및 그 전 · 후에 관계없이 행정소송을 제기할 수 있습니다(행정소송법 제18조 제1항 : 임의적 전치주의).

그러므로 당사자의 선택에 따라 행정심판을 청구한 후에 그 결과를 보고 행정소송을 제기하거나 또는 행정심판과 행정소송을 동시에 청구할 수 있으며, 아니면 처음부터 아예 행정심판을 거치지 않고 바로 행정소송을 제기할 수도 있습니다.

또한, 필요적으로 행정심판을 거치도록 되어 있는 종류의 소송이라도 변론종결 시까지 전치의 요건을 충족하면 그 하자는 치유됩니다.

여기서 말하는 행정심판은 실정법상 행정심판, 이의신청, 심사청구, 심판청구 등으로 불리는 모든 경우를 포괄하는 개념입니다.

임의적 전치주의 하에서 굳이 행정심판을 거칠 실익이 있는지 의문을 가질 수도 있으나, 행정심판에서는 행정처분의 위법뿐만 아니라 부당을 주장할 수도 있고, 그 절차가 비교적 간편하며 설사 행정심판으로 권리의 구제를 받지 못하더라도 이후 소송에서 행정심판기록 제출명령제도를 이용하여 간편하게 소송자료를 얻을 수 있는 장점이 있습니다.

현행법상 반드시 선행적으로 행정심판을 거쳐야 하는 대표적인 경우로는 크게 네 가지 경우가 있습니다. 다만 이 경우에도 취소소송 및 부작위위법확인소송이 아닌 무효확인소송이나 당사자소송의 경우에는 애당초 전치절차를 거칠 필요가 없습니다.

첫째, 「국세기본법」, 「관세법」은 '행정소송법' 제18조 제1항 본문의 적용을 배제하고 행정소송의 제기에 앞서 필요적으로 각 해당 법률이 정한 특별행정심판절차를 거칠 것을 요구하고 있습니다(국세기본법 제56조 제2항, 관세법 제120조 제2항).

이에는 세가지 방법이 있는바, 임의적 이의신청절차를 거쳐 세무서장(세관장)을 거쳐 국세청장(관세청장)에게 심사청구를 하거나, 조세심판원(국세심판원)장에게 심판청구를 하여 결정을 받거나, 또는 별도로 「감사원법」 제3장에 규정된 심사청구절차를 이용할 수 있습니다. 다만, 이와 같은 행정심판 절차는 중복적으로 진행할 수는 없습니다.

둘째, 공무원에 대한 징계 기타 불이익처분의 경우가 있는바, 일반 공무원의 경우 30일 이내에 소청심사위원회에 심사청구를 하여 이를 거친 후 90일 이내에 행정소송을 제기할 수 있고(국가공무원법 제16조 제1항, 지방공무원법 제20조의2), 교원인 공무원의 경우는 30일 이내에 교원징계재심위원회에 재심청구를 하여 이를 거친 후 90일 이내에 행정소송을 제기할 수 있습니다(교육공무원법 제53조 제1항, 제57조 제1항).

셋째, 노동위원회의 결정에 대한 불복의 경우가 있는바, 이 경우는 10일 이내에 중앙노동위원회에 재심신청을 거친 후 15일 이내에 행정소송을 제기할 수 있습니다(노동위원회법 제26조, 제27조, 노동조합및노동관계조정법 제85조).

넷째, 도로교통법상의 처분(운전면허정지, 운전면허의 취소 등)에 대한 불복으로서 행정소송을 제기하기 위해서는 행정심판재결을 거치지 아니하면 이를 제기할 수 없습니다(도로교통법 제142조).

3. 행정심판의 종류

국세의 부과, 징수에 관한 처분에 대한 행정심판으로는 이의신청, 심판청구, 심사청구 세 가지 종류가 인정되고 있다. 이 세기 행정심판의 구별기준은 누가 행정심판을 담당하느냐이다. 다시 말해, 이의신청에 대하여는 처분청이, 심사청구에 대하여는 국세청장이, 심판청구에 대하여는 조세심판원(국세심판원)이 각각 결정한다. 국세기본법, 관세법은 이렇게 3가지 종류의 행정심판을 인정하면서도 세 가지 행정심판 전부를 거치는 것이 번잡하다는 이유로 이의신청에 대하여는 거칠 수도 거치지 아니할 수는 있는 임의적 절차로 정하면서 심사청구, 심판청구에 대하여는 그 중 하나를 반드시 거쳐야 한다고 정하고 있다.

Ⅴ. 불복대상에서 제외되는 처분

다음 각 호의 처분은 제1항의 처분에 포함되지 아니한다(같은 조 제5항).

(1) 이의신청 · 심사청구 또는 심판청구에 대한 처분(당초 처분의 적법성에 관하여 재조사하여 그 결과에 따라 과세표준과 세액을 경정하거나 당초 처분을 유지하는 등의 처분을 하도록 하는 결정에 따른 처분을 포함한다. 이하 이 항에서 같다). 다만, 이의신청에 대한 처분에 대하여 심사청구 또는 심판청구를 하는 경우는 제외한다.

(2) 「조세범 처벌절차법」에 따른 통고처분

(3) 「감사원법」에 따라 심사청구를 한 처분이나 그 심사청구에 대한 처분. 동일 사건에 대한 결정의 통일성을 기하고 불복업무의 경제적 측면을 고려하여 중복제기를 못하게 하기 위함이다.

Ⅵ. 불복청구

1. 불복청구인

국세기본법 또는 세법에 따른 처분에 의하여 권리나 이익을 침해당하게 될 이해관계인으로서 다음의 어느 하나에 해당하는 자는 위법 또는 부당한 처분을 받은 자의 처분에 대하여 그 처분의 취소 또는 변경을 청구하거나 그 밖에 필요한 처분을 청구할 수 있다(법 제55조 제2항).

① 제2차 납세의무자로서 납부통지서를 받은 자, ② 물적납세 의무를 지는 자로서 납부통지서를 받은 자, ③ 보증인, ④ 그 밖에 대통령령으로 정하는 자

2. 대 리 인

이의신청인, 심사청구인 또는 심판청구인과 처분청은 변호사, 세무사 또는 공인회계사를 대리인으로 선임할 수 있다. 다만, 이의신청인, 심사청구인 또는 심판청구인은 신청 또는 청구의 대상이 3천만원(지방세는 1천만원)인 경우에는 그 배우자, 4촌 이내의 혈족 또는 그 배우자의 4촌 이내의 혈족을 대리인으로 선임할 수 있다. 이 경우 대리인의 권한은 서면으로 증명하여야 하며, 대리인은 본인을 위하여 그 신청 또는 청구에 관한 모든 행위를 할 수 있다. 다만, 그 신청 또는 청구의 취하는 특별한 위임을 받은 경우에만 할 수 있다. 대리인을 해임하였을 때에는 그 사실을 서면으로 해당 재결청에 신고하여야 한다(법 제59조).

3. 국선대리인

이의신청인 또는 심사청구인은 재결청에 다음의 요건을 모두 갖추어 대통령령으로 정하는 바에 따라 변호사, 세무사 또는 공인회계사를 대리인(이하 "국선대리인"이라 한다)으로 선정하여 줄 것을 신청할 수 있다. 재결청은 이에 따른 신청이 요건을 모두 충족하는 경우 지체 없이 국선대리인을 선정하고, 신청을 받은 날부터 5일 이내에 그 결과를 이의신청인 등과 국선대리인에게 각각 통지하여야 한다(법 제59조의 2).

(1) 이의신청인 등의 「소득세법」 제14조 제2항에 따른 종합소득금액과 소유 재산의 가액이 각각 대통령령으로 정하는 금액 이하일 것

(2) 이의신청인등이 법인이 아닐 것

(3) 1천만원 이하인 신청 또는 청구일 것

(4) 상속세, 증여세 및 종합부동산세가 아닌 세목에 대한 신청 또는 청구일 것

Ⅶ. 불복청구기간

1. 처분이 있음을 안 날부터 90일 이내

심사청구는 해당 처분이 있음을 안 날(처분의 통지를 받은 때에는 그 받은 날)부터 90일 이내에 제기하여야 한다. 여기서 '당해 처분이 있은 것을 안 날'이라 함은 통지, 공고, 기타의 방법에 의하여 당해 처분이 있었다는 사실을 현실적으로 안 날을 의미하나, 이는 처분의 상대방이나 법령에 의하여 처분의 통지를 받도록 규정된 자 이외의 자가 이의신청 또는 심사청구를 하는 경우의 그 기간에 관한 규정이고, 과세처분의 상대방인 경우에는 처분의 통지를 받은 날을 기준으로 기간을 계산하여야 한다.[172]

Q 저는 얼마 전 행정처분을 받았으나 부당하다고 생각하므로 이에 불복하여 행정심판을 청구하고자 합니다. 그 청구기간 및 청구방법은 어떻게 되는지요?

A 행정심판의 청구는 처분이 있음을 알게 된 날부터 90일 이내에, 처분이 있었던 날부터 180일 이내에 제기하여야 하며 두 기간 중 어느 하나라도 경과하면 심판청구를 제기하지 못함이 원칙입니다(행정심판법 제27조 제1항 및 제3항).

위 규정상 '처분이 있음을 알게 된 날'이라 함은 통지 · 고지 기타의 방법에 의하여 당해 행정처분이 있은 것을 현실적으로 안 날을 말하며, '처분이 있었던 날'이라 함은 당해 처분이 처분으로서 효력이 발생한 날을 가리킵니다.

이와 관련하여 판례는 "행정심판법 제18조 제1항 소정의 심판청구기간 기산점인 '처분이 있음을 안 날'이라 함은 당사자가 통지 · 공고 기타의 방법에 의하여 당해 처분이 있었다는 사실을 현실적으로 안 날을 의미하고 추상적으로 알 수 있었던 날을 의미하는 것은 아니라 할 것이며, 다만 처분을 기재한 서류가 당사자의 주소에 송달되는 등으로 사회통념상 처분이 있음을 당사자가 알 수 있는 상태에 놓여진 때에는 반증이 없는 한 그 처분이 있음을 알았다고 추정할 수는 있다."라고 하였습니다(대법원 2002. 8. 27. 선고 2002두3850 판결).

다만, 위 제기기간에 대한 예외로서 청구인이 천재지변 · 전쟁 · 사변 그 밖에 불가항력으로 90일의 제기기간 내에 심판청구를 할 수 없을 때에는 그 사유가 소멸한 날로부터 14일(국외에서는 30일) 이내에 심판청구를 제기할 수 있고, 처분이 있은 날부터 180일 이내에 심판청구를 하지 못할 정당한 사유가 있는 경우에는 180일이 경과하게 되더라도 심판청구를 제기할 수 있습니다(행정심판법 제27조 제2항, 제3항 단서).

여기서 '정당한 사유'에 관하여 판례는 "행정소송법 제20조 제2항 소정의 '정당한 사유'란 불확정

172) 대법원 2000. 7. 4. 선고 2000두1164 판결.

개념으로서 그 존부는 사안에 따라 개별적 · 구체적으로 판단하여야 하나 민사소송법 제160조(현행 민사소송법 제173조)의 '당사자가 그 책임을 질 수 없는 사유'나 행정심판법 제27조 제2항 소정의 '천재지변, 전쟁, 사변 그 밖에 불가항력적인 사유'보다는 넓은 개념이라고 풀이되므로, 제소기간도과의 원인 등 여러 사정을 종합하여 지연된 제소를 허용하는 것이 사회통념상 상당하다고 할 수 있는가에 의하여 판단하여야 한다."라고 하였습니다(대법원 1991. 6. 28. 선고 90누6521 판결).

그리고 「행정심판법」 제27조 제7항에 의하면 위 행정심판 제기기간의 제한규정은 무효 등 확인심판청구와 부작위에 대한 의무이행심판청구에는 적용되지 않고, 취소심판 즉, 행정청의 위법 또는 부당한 처분의 취소 또는 변경을 하는 심판에는 적용됩니다.

또한, 행정심판의 청구는 행정심판청구서 및 행정처분의 위법, 부당성을 설명하는 자료를 작성하여 위원회와 피청구인인 행정청 중 하나를 선택하여 서면으로 제출하여야 합니다(같은 법 제28조 제1항, 제23조 제1항 제1문).

피청구인이 제23조 제1항 · 제2항 또는 제26조 제1항에 따라 심판청구서를 접수하거나 송부받으면 10일 이내에 심판청구서(제23조 제1항 · 제2항의 경우만 해당된다)와 답변서를 위원회에 보내야 합니다(같은 법 제24조 제1항 본문). 그러나 제23조 제1항 · 제2항 또는 제26조 제1항에 따라 심판청구서를 받은 피청구인은 그 심판청구가 이유 있다고 인정하면 심판청구의 취지에 따라 직권으로 처분을 취소 · 변경하거나 확인을 하거나 신청에 따른 처분(이하 이 조에서 "직권취소등"이라 한다)을 할 수 있으며. 이 경우 서면으로 청구인에게 알려야 한다(같은 법 제25조 제1항).

위원회는 제23조 제1항에 따라 심판청구서를 받으면 지체 없이 피청구인에게 심판청구서 부본을 보내야 한다합니다(같은 법 제26조 제1항). 그리고 위원회는 제24조 제1항 본문에 따라 피청구인으로부터 답변서가 제출되면 답변서 부본을 청구인에게 송달하여야 한다(같은 법 제26조 제2항).

만약 제3자 심판청구의 경우에는 지체 없이 처분의 상대방에게 통지를 하여야 합니다(같은 법 제24조 제2항).

한편, 행정심판의 남용을 막고, 행정목적의 원활한 수행을 저해하지 않으려는 입법 정책적 고려에서 행정심판의 청구는 처분의 효력, 집행 또는 절차의 속행에 영향을 주지 않음이 원칙입니다(같은 법 제30조 제1항).

그러나 예외적으로 집행정지의 대상인 처분이 존재하고, 심판청구가 계속됨을 전제로 회복하기 어려운 손해예방에 필요하고, 집행정지의 필요성이 절박하여 재결을 기다릴 여유가 없는 경우에는 집행정지를 인정하고 있습니다(같은 법 제30조 제2항 본문). 다만, 집행정지로 인하여 공공복리에 중대한 영향을 미칠 우려가 있는 경우에는 집행정지를 할 수 없습니다(같은 법 제30조 제3항).

청구인 또는 참가인은 재결이 있을 때까지 서면으로 각각 심판청구 또는 참가신청을 취하할 수 있습니다.

2. 이의신청을 거친 경우

이의신청을 거친 후 심사청구를 하려면 이의신청에 대한 결정의 통지를 받은 날부터 90일 이내에 제기하여야 한다. 다만, 결정기간 내에 결정의 통지를 받지 못한 경우에는 결정의 통지를 받기 전이라도 그 결정기간이 지난 날부터 심사청구를 할 수 있다(법 제61조 제2항).

3. 우편제출

불복청구기한까지 우편으로 제출(제5조의2에서 정한 날을 기준으로 한다)한 심사청구서가 청구기간을 지나서 도달한 경우에는 그 기간의 만료일에 적법한 청구를 한 것으로 본다(같은 조 제3항).

4. 청구기한 연장

심사청구인이 기한연장 사유(신고, 신청, 청구, 그 밖에 서류의 제출, 통지에 관한 기한연장의 사유만 해당한다)로 불복청구 기간에 심사청구를 할 수 없을 때에는 그 사유가 소멸한 날부터 14일 이내에 심사청구를 할 수 있다. 이 경우 심사청구인은 그 기간에 심사청구를 할 수 없었던 사유, 그 사유가 발생한 날과 소멸한 날, 그 밖에 필요한 사항을 기재한 문서를 함께 제출하여야 한다(같은 조 제4항).

Ⅷ. 불복방법의 통지

이의신청, 심사청구 또는 심판청구의 재결청은 결정서에 그 결정서를 받은 날부터 90일 이내에 이의신청인은 심사청구 또는 심판청구를, 심사청구인 또는 심판청구인은 행정소송을 제기할 수 있다는 내용을 적어야 하며, 이의신청, 심사청구 또는 심판청구의 재결청은 그 신청 또는 청구에 대한 결정기간이 지나도 결정을 하지 못하였을 때에는 이의신청인은 심사청구 또는 심판청구를, 심사청구인 또는 심판청구인은 행정소송 제기를 결정의 통지를 받기 전이라도 그 결정기간이 지난 날부터 할 수 있다는 내용을 서면으로 지체 없이 그 신청인 또는 청구인에게 통지하여야 한다(법 제60조).

Ⅸ. 불복방법

1. 이의신청

이의신청은 해당 처분이 있음을 안 날부터 90일 이내에 제기하여야 한다(법 제61조 제1항).

가. 소관기관

이의신청은 불복의 사유를 갖추어 해당 처분을 하였거나 하였어야 할 세무서장에게 하거나 세무서장을 거쳐 관할 지방국세청장에게 하여야 한다. 다만, 다음의 경우에는 관할 지방국세청장(제2의 경우 과세처분한 세무서장의 관할 지방국세청장)에게 하여야 하며, 세무서장에게 한 이의신청은 관할 지방국세청장에게 한 것으로 본다(법 제66조).

(1) 지방국세청장의 조사에 따라 과세처분을 한 경우

(2) 조사한 세무서장과 과세처분한 세무서장이 서로 다른 경우

(3) 세무서장에게 제81조의15에 따른 과세전적부심사를 청구한 경우

나. 의견서 송부

세무서장은 이의신청의 대상이 된 처분이 지방국세청장이 조사·결정 또는 처리하였거나 하였어야 할 것인 경우에는 이의신청을 받은 날부터 7일 이내에 해당 신청서에 의견서를 첨부하여 해당 지방국세청장에게 송부하고 그 사실을 이의신청인에게 통지하여야 한다(같은 조 제2항). 그리고 지방국세청장에게 하는 이의신청을 받은 세무서장은 이의신청을 받은 날부터 7일 이내에 해당 신청서에 의견서를 첨부하여 지방국세청장에게 송부하여야 한다.

다. 결정기관 및 기간

이의신청을 받은 세무서장과 지방국세청장은 각각 국세심사위원회의 심의를 거쳐 결정하여야 한다(같은 조 제4항). 이의신청에 관하여는 신청을 받은 날부터 30일 이내에 그 결정을 하여야 한다.

라. 처분의견서 송부

신청서를 받은 세무서장 또는 신청서 또는 의견서를 받은 지방국세청장은 지체 없이 이의신청의 대상이 된 처분에 대한 의견서를 이의신청인에게 송부하여야 한다. 이 경우 의견서에는 처분의 근거·이유, 처분의 이유가 된 사실 등이 구체적으로 기재되어야 한다.

2. 심사청구

가. 청구기간

심사청구는 해당 처분이 있음을 안 날(처분의 통지를 받은 때에는 그 받은 날)부터 90일 이내에

제기하여야 한다. 이의신청을 거친 후 심사청구를 하려면 이의신청에 대한 결정의 통지를 받은 날부터 90일 이내에 제기하여야 한다. 다만, 결정기간 내에 결정의 통지를 받지 못한 경우에는 결정의 통지를 받기 전이라도 그 결정기간이 지난날부터 심사청구를 할 수 있다(법 제61조).

나. 소관기관

심사청구는 불복의 사유를 갖추어 해당 처분을 하였거나 하였어야 할 세무서장을 거쳐 국세청장에게 하여야 하며, 심사청구기간을 계산할 때에는 세무서장에게 해당 청구서가 제출된 때에 심사청구를 한 것으로 한다. 해당 청구서가 세무서장 외의 세무서장, 지방국세청장 또는 국세청장에게 제출된 때에도 또한 같다(법 제62조).

다. 의견서의 송부

해당 청구서를 받은 세무서장은 이를 받은 날부터 7일 이내에 그 청구서에 처분의 근거 · 이유, 처분의 이유가 된 사실 등이 구체적으로 기재된 의견서를 첨부하여 국세청장에게 송부하여야 한다. 다만, 다음 각 호의 어느 하나에 해당하는 심사청구의 경우에는 그 지방국세청장의 의견서를 첨부하여야 한다. 의견서가 제출되면 국세청장은 지체 없이 해당 의견서를 심사청구인에게 송부하여야 한다(법 제62조).

(1) 해당 심사청구의 대상이 된 처분이 지방국세청장이 조사 · 결정 또는 처리하였거나 하였어야 할 것인 경우
(2) 지방국세청장에게 이의신청을 한 자가 이의신청에 대한 결정에 이의가 있거나 그 결정을 받지 못한 경우

라. 결 정

심사청구에 대한 결정은 심사청구를 받은 날부터 90일 이내에 하여야 한다(법 제65조 제2항).

3. 심판청구

가. 청구기간

심판청구는 해당 처분이 있음을 안 날(처분의 통지를 받은 때에는 그 받은 날)부터 90일 이내에 제기하여야 한다. 다만 이의신청을 거친 후 심판청구를 하는 경우의 청구기간에 관하여는

이의신청에 대한 결정이 통지를 받은 날부터 90일 이내에 제기하여야 한다(법 제68조).

나. 청구기관

심판청구는 불복의 사유를 갖추어 그 처분을 하였거나 하였어야 할 세무서장을 거쳐 조세심판원장에게 하여야 한다. 이에 따른 심판청구기간을 계산할 때에는 처분을 한 세무서장에게 해당 청구서가 제출된 때에 심판청구를 한 것으로 한다. 해당 청구서가 세무서장 외의 세무서장, 지방국세청장, 국세청장 또는 조세심판원장에게 제출된 경우에도 또한 같다(법 제69조).

Q 저는 작은 점포를 임차하여 레스토랑을 경영하고 있는데, 세무서로부터 지난 해 소득세로 600만원을 납부하라는 납세고지서를 받았습니다. 작년의 경우 영업이 부진하였는데도 600만원을 내라고 하니 납득이 가지 않습니다. 어떻게 하면 구제받을 수 있는지요?

A 귀하에게 부과된 소득세는 국세인바, 국세의 과세처분이나 징수처분 등과 관련하여 납세자의 불복에 대한 권리구제제도로는 '사전적 권리구제제도'인 과세전적부심사제와 '사후적 권리구제제도'인 이의신청, 심사청구, 심판청구 등의 행정심판과 행정소송이 있습니다.

과세전적부심사제도는 세무조사결과에 대한 서면통지, 과세예고통지 등을 받은 자는 그 통지를 받은 날로부터 30일 이내에 통지를 한 세무서장이나 지방국세청장에게 통지 내용의 적법성에 관한 심사(과세전적부심사)를 청구할 수 있습니다(국세기본법 제81조의15).

행정심판제도는 과세처분 등이 있는 경우에 그 처분에 불복이 있는 자가 처분행정청에 대해서 그 처분을 취소하거나 변경을 구하는 제도로서, 과세처분을 한 해당세무서나 관할 지방국세청에 제기하는 경우를 이의신청이라 하고(국세기본법 제66조), 국세청에 제기하는 경우를 심사청구라 하며(국세기본법 제62조), 조세심판원에 제기하는 경우를 심판청구라 합니다(국세기본법 제69조). 납세자는 이의신청을 거쳐 심사청구 또는 심판청구를 하거나, 이의신청을 거치지 않고 바로 심사청구 또는 심판청구를 할 수 있습니다. 한편, 이러한 불복절차를 거치지 않고 감사원에 심사청구를 바로 제기할 수도 있습니다(감사원법 제43조).

이와 같은 행정심판에 불복이 있을 경우 소송을 제기할 수 있도록 하고 있으며, 국세에 관한 소송은 행정심판의 절차를 거친 후가 아니면 제기할 수 없도록 하고 있습니다(국세기본법 제56조 제2항, 감사원법 제46조의2). 이는 국세에 관한 처분은 대량으로 발생할 뿐 아니라 전문성을 요하는 등의 특수성을 갖고 있기 때문입니다.

이의신청 또는 심사청구는 당해 처분이 있은 것을 안 날(처분의 통지를 받은 때에는 그 받은 날)로부터 90일 이내에 제기하지 않으면 안됩니다(국세기본법 제61조 제1항, 제66조 제6항). 납세자가 이의신청을 할 것인지 심사청구 또는 심판청구를 할 것인지는 납세자의 선택에 따르며, 납세자가 이의신청을 거친 후 심사청구 또는 심판청구를 하고자 할 때에는 이의신청에 대한 결정의 통지를 받은 날로부터 90일 이내에 하여야 합니다. 다만, 관할세무서장은 납세자의 이의신청에 대하여 30일 이내에 결정을 하여야 하는데(국세기본법 제66조 제6항 후단) 만약 이 기간 내에 결정의 통지를 받지 못한 경우에는 그 통지를 받기 전이라도 그 결정기간이 경과한 날로부터 90일 이내에 심사청구 또는 심판청구를 할 수 있으며(국세기본법 제61조 제2항), 이 기간 동인 그 대상이 되고 있는 처분의 효력을 잃지 않습니다(국세기본법 제57조).

국세의 부과징수의 취소를 요구하는 소송은 이의 · 심사 · 심판 등 행정심판의 절차를 거친 후가 아니면 제기할 수 없도록 되어 있고, 행정심판(심사청구, 심판청구, 감사원심사청구)에 대한 결정통지를 받은 날로부터 90일 이내에 행정법원에 제기하여야 하고, 만약 결정기간 내에 결정의 통지를 받지 못한 경우에는 그 결정기간이 경과한 날로부터 소송을 제기할 수 있습니다(국세기본법 제56조 제2항, 제3항).

또한, 소송이 제기된 경우에는 그 대상이 되어 있는 처분의 효력은 잃지 않고 원칙적으로 처분의 집행은 정지되지 않습니다(행정소송법 제23조 제1항).

그러므로 이러한 전심절차에서의 기간산정이 잘못되어 억울하게 각하 당하는 경우가 없도록 유의하시고, 조세쟁송절차는 복잡하기 때문에 조세전문가의 조력을 받는 것이 바람직할 것입니다.

다. 결정절차 및 기간

(1) 소관기관

조세심판원장이 심판청구를 받았을 때에는 조세심판관회의가 심리를 거쳐 결정한다. 다만, 심판청구의 대상이 국세의 경우 3,000만원에 미치지 못하는 소액이거나 경미한 것인 경우나 청구기간이 지난 후에 심판청구를 받은 경우에는 조세심판관회의의 심리를 거치지 아니하고 주심조세심판관이 심리하여 결정할 수 있다(법 제78조). 이 경우 조세심판관회의에서 종전에 조세심판원에서 한 세법의 해석 · 적용을 변경하는 의결을 하거나 그 밖에 법소정의 사유에 해당할 때에는 조세심판관합동회의가 심리를 거쳐 결정한다.

(2) 결정기간

심판청구는 조세심판원장이 청구를 받은 날부터 조세심판위원회가 그 심리를 거쳐 90일 이내에 결정하여야 한다.

Q 甲은 2005년 11월 8일 종로세무서로부터 양도소득세 2억 원의 부과처분을 받은 후 이에 불복하여 심사청구를 거쳐 심판청구를 하였는데, 조세심판원(국세심판원)은 2006년 3월 30일 위 처분 중 일부가 위법하다면서 감액하여 그 과세표준과 세액을 경정결정 하였습니다. 이에 종로세무서는

위 조세심판원(국세심판원)의 심판결정에 따라 2006년 4월 25일 당초처분인 2억 원의 양도소득세부과처분을 1억 원으로 감액경정 결정하여 甲에게 통지하였습니다. 그러나 甲은 위 경정처분 또한 위법하다면서 이에 불복절차를 밟으려 하는데, 이 경우 어떤 처분을 기준으로 하여야 하는지요?

A 행정청이 일정한 처분을 한 뒤에 그 처분을 감축(감액) 또는 확장(증액)하는 경우가 있습니다. 이는 과세처분 등 각종 부담금부과처분의 경우에 자주 볼 수 있으나 그 외 징계처분이나 영업정지처분 등 제재처분에서도 찾아 볼 수 있습니다.

이러한 경우 처음의 처분을 당초처분, 뒤의 처분을 경정처분이라 하는데, 어느 것을 전심절차나 행정소송의 대상으로 하여야 하는지 문제됩니다.

판례는 확장(증액)경정처분과 감축(감액)경정처분을 나누어 달리 취급하고 있는데, 확장경정처분을 한 경우 확장경정처분은 종전의 처분이 후의 확장경정처분에 흡수되므로 후의 경정처분만이 전심절차나 행정소송의 대상이 되며(대법원 1992. 8. 14. 선고 91누13229 판결, 2000. 9. 8. 선고 98두16149 판결, 2000. 9. 22. 선고 98두18510 판결), 감축경정처분은 당초처분의 일부취소에 해당하므로 일부 취소된 당초처분을 대상으로 그 전심절차나 제소기간 준수 여부를 정하여야 한다고 하였습니다(대법원 2009. 5. 8. 선고 2006두16403 판결).

위 사안은 감축(감액)경정처분의 경우로 당초처분의 일부의 효력을 취소하는 처분이기 때문에 감축경정처분으로 감액되고 남은 당초의 처분이 전심절차나 행정소송의 대상이 됩니다.

즉, 위 사안에서 종로세무서가 2005년 11월 8일 甲에 대해서 한 2억 원의 양도소득세부과처분이 일부 취소되어 1억 원으로 감축된 것이므로 2005년 11월 8일을 기준으로 전심절차(심사청구 및 심판청구)나 행정소송의 기간준수 여부를 판단하여야 합니다.

따라서 위 사안의 경우 2005년 11월 8일을 기준으로 90일 이내에 처분청(종로세무서)에 심사청구를 하고, 이에 불복할 경우 심사결정서 송달일 이후 90일 이내에 조세심판원(국세심판원)에 심판청구를 하고, 이 심판결정에 불복이 있는 경우 심판결정의 재결서 송달일 이후 90일 이내에 행정소송을 제기하여야 합니다.

만약, 甲이 감축(감액)경정처분을 새로운 처분으로 보고 전심절차나 제소기간을 정하게 되면 이는 부적법한 것이 되어 각하되는 것을 면하지 못할 것입니다.

참고로 수차의 경정처분이 있는 경우도 위의 이론이 그대로 적용됩니다. 예를 들면 2005년 5월 1일자로 800만원의 당초 과세처분을 하였다가, 2005년 6월 15일자로 1,000만원으로 증액하는 처분을 하고, 다시 같은 해 7월 20일자로 900만원으로 감액하는 과세처분을 하였을 경우 전심절차나 행정소송의 대상이 되는 것은 6월 15일자의 처분이나 그 대상인 과세처분의 내용은 900만원으로 감액된 것입니다. 즉, 6월 15일자 1,000만원의 과세처분이 전심절차나 행정소송의 대상이 되는 것입니다(대법원 1996. 7. 30. 선고 95누6328 판결, 1998. 5. 26. 선고 98두3211 판결).

한편 「국세기본법」 제22조의2은 당초처분과 경정처분의 관계에 대하여 규정하고 있는데, 그 제1항은 "세법에 따라 당초 확정된 세액을 증가시키는 경정(更正)은 당초 확정된 세액에 관한 이 법 또는 세법에서 규정하는 권리 · 의무관계에 영향을 미치지 아니한다." 제2항은 "세법에 따라 당초 확정된 세액을 감소시키는 경정은 그 경정으로 감소되는 세액 외의 세액에 관한 이 법 또는 세법에서 규정하는 권리 · 의무관계에 영향을 미치지 아니한다." 라고 규정하고 있습니다.

위 제2항의 내용은 감액경정처분에 대한 기존의 대법원판결의 입장을 재확인한 것에 불과하므로 사안의 경우 위 규정에 따르더라도 여전히 2005년 11월 8일의 당초처분을 기준으로 전심절차나 행정소송의 기간준수 여부를 판단하여야 합니다.

다만, 증액경정처분에 관한 위 제1항의 해석에 대해서는 견해의 대립이 있는데 아직 이에 대한 대법원 판례는 없는 것으로 보입니다.

4. 관련서식 등

가. 행정심판

(1) 기 재 례

처분청이 20○○. ○. ○. 청구인에게 한 20○○년 종합소득에 ○○○원의 경정거부처분을 취소한다.

(2) 관련서식

[서식 194] 국세심판청구서

■ 국세기본법 시행규칙 [별지 제35호 서식] 〈개정 2015.3.6.〉

심 판 청 구 서

접수번호		접수일		처리기간 90일
청구인	성 명	이 몽 룡	주민등록번호 (사업자등록번호)	106-10-20800
	상 호	남원	전화번호 (휴대전화번호)	(02)123-4567 (010)-2030-4050
	주소 또는 사업장 소재지	서울특별시 ○○구 ○○동 123 ○○아파트 102동 1003호 (우) 01234 전자우편(e-mail) : tax@hotmail.net		

처 분 청	동작세무서	조 사 기 관	

처분통지를 받은 날(또는 처분이 있은 것을 처음으로 안 날) : 년 월 일
※ 결정 또는 경정의 청구에 대해 아무런 통지를 받지 못한 경우에는 결정 또는 경정 기간이 경과한 날

통지된 사항 또는 처분의 내용(과세처분인 경우에는 연도, 기분, 세목 및 세액 등을 기재합니다)

※ ________년도________기분__________세__________원 부과처분

이의신청을 한 날	년 월 일	이의신청의 결정통지를 받은 날 (결정통지를 받지 못한 경우에는 결정기간이 경과한 날)	년 월 일

불복의 이유(내용이 많은 경우에는 별지에 기재하여 주십시오)

「국세기본법」 제69조 및 같은 법 시행령 제55조에 따라 위와 같이 심판청구를 합니다.

년 월 일

청구인 (서명 또는 인)

조세심판원장 귀하

위임장	「국세기본법」 제59조 제1항(관세에 관한 사항인 경우에는 「관세법」 제126조 제1항)에 따라 아래 사람에게 위 심판청구에 관한 사항을 위임합니다(다만, 심판청구의 취하는 별도의 위임을 받은 경우에 한정하여 할 수 있습니다).					
	위임자 (청구인)	대리인				
		구 분	성 명	사업장 소재지	사업자 등록번호 (전자우편)	전화번호 (휴대전화번호)
	(서명 또는 인)	세무사 공인회계사 변호사 관세사	(서명 또는 인)	(㊡)		

첨부서류	1. 불복이유서(불복의 이유를 별지로 작성한 경우에 한정하여 첨부합니다) 2. 불복이유에 대한 증거서류(첨부서류가 많은 경우 목록을 별도로 첨부하여 주십시오)	수수료 없 음

210㎜×297㎜(백상지 80g/㎡(재활용품))

[서식 195] 지방세심판청구서

불복이유서 작성요령

불복이유서등의 기재방법에 대하여 국세기본법등에서 어떻게 기술해야 하는지의 명문규정은 없지만 청구주장사실이 정확히 전달될 수 있도록 명확하게 작성하여야 합니다.

그러기 위해서는 ① 청구취지와, ② 청구이유를 구분하여 작성하고 청구 이유를 입증할 수 있는, ③ 증거서류를 첨부하는 것이 좋습니다.

가. 청구취지의 기재요령

1) 청구인이 불복한 결과 얻고자 하는 결론 부분이며, 받아들여질 경우 심판결정서의 주문이 되는 부분이다. 따라서 처분청이 한 처분 중 어느 부분이 부당한지를 특정시켜야 합니다. 고지처분세액 전부를 취소하는 것인지 아니면 고지처분세액 중 청구인이 잘못이라고 인정되는 일부분에 대한 세액을 취소해 달라는 것인지를 특정시켜 기재하여야 합니다.
2) 청구취지는 대략 다음과 같은 순서로 특정하여 기술하면 됩니다.
   ① 처분한 세무서장
   ② 처분받은 송달일자
   ③ 처분된 대상자
   ④ 처분된 과세기간
   ⑤ 처분된 세목
   ⑥ 처분된 내용의 요약
   ⑦ 불복의 범위
3) 청구취지 작성례
   ① 제2차 납세의무
   "×××세무서장이 2004.4.20. 청구인에게 한 청구의 ○○물산(주)의 체납액에 대하여 제2차 납세의무자로 지정하고 30,000,000원을 납부통지한 처분을 취소한다"라는 결정을 구함.
   ② 양도소득세
   "×××세무서장이 2004.5.20. 청구인에게 한 2002년 귀속 양도소득세 3,000,000원의 부과처분은 이를 취소한다"라는 결정을 구함.
   ③ 종합소득세
   "×××세무서장이 2004.8.20. 청구인에게 한 2002년 귀속 종합소득세 3,000,000,000원의 부과처분은 취소한다"라는 결정을 구함.
   ④ 상속세
   "×××세무서장이 2004.4.20. 청구인들에게 한 2003.3.3. 상속분 상속세 5,000,000원의

부과처분 중 채무로 공제하지 아니한 2,000,000원에 상당하는 세액에 대한 처분을 취소한다"라는 결정을 구함.

⑤ 증여세

"×××세무서장이 2004.4.19. 청구인에게 한 2003년도분 증여세 7,000,000원의 부과처분을 취소한다"라는 결정을 구함.

⑥ 부가가치세

"×××세무서장이 2004.2.18. 청구인에게 한 2002년 제2기분 부가가치세 3,000,000원의 부과처분 중 부가가치세 2,000,000원에 대한 처분을 취소한다"라는 결정을 구함.

⑦ 법인세

"×××세무서장이 2004.4.20. 청구법인에게 한 2002.1.1.~2002.12.31. 사업년도분 법인세 5,000,000원의 부가처분중 비업무용부동산과 관련하여 손금불산입한 지급이자금액 3,000,000원 상당세액에 대한 처분을 취소한다"라는 결정을 구함.

나. 청구이유의 기재요령

1) 청구이유란 청구취지의 목적달성을 위한 것이므로 국세심판관이 쉽게 이해 할 수 있도록 조리있게 서술하고 그에 따른 입증을 하여야 합니다. 이유에는 단순히 이유의 진술만으로는 부족하고 그에 따른 합리적인 증거자료를 첨부하셔야 합니다.

그리고 국세심판의 사건심리에 있어서는 사실판단 및 법령의 해석을 한 후에 당해 사건에 이를 적용할 수 있는지의 순서로 검토하므로 심판청구시에도 이런 순서로 구분하여 이유를 진술해야 합니다.

2) 청구이유의 진술순서 및 요령

가) 사실관계(처분의 대상사실 및 신고내용)

세무서에서 세금을 부과하는데 있어 대상이 되는 사실관계를 기재합니다. 사업자의 경우는 청구인의 사업명 · 사업종목 · 사업의 수입사실 등 과세요건에 관계되는 사실들을 기술하고, 양도소득세의 경우는 양도재산의 소재지 · 양도자산의 지목 · 지적 · 취득일자와 양도일자 등이며, 법인세의 경우는 법인의 소재지 · 법인의 목적 · 사업종목 · 사업내용 등이 됩니다.

"청구인은 서울특별시 마포구 신수동 ○○○번지에서 건축자재도매업을 경영하는 자로서 2003년 귀속 도매수입에 관하여 2004.5.30. 장부 및 증빙서류에 의거 종합소득세를 신고하였다."

"청구법인은 서울특별시 금천구 가리봉동 ○○○번지에서 전자부품을 제조 · 판매하는 법인으로서 2003.1.1.~2003.12.31. 사업년도분 법인세신고시 조세특례제한법 제7조의 규정에 의하여 중소기업에 대한 특별세액감면 5,000,000원을 신청하였다"등과 같습니다.

나) 처분의 내용

위 처분대상사실 및 신고내용에 대하여 처분청이 어떠한 사유 및 원인으로 과세하게 되었는지를 구체적으로 확인하여 명백하게 기술하는 것이 필요합니다.

· 법인세의 경우 : 감면을 배제한 사유. 손금불산입한 사유
· 양도소득세의 경우 : 실지거래가액에 의하여 소득금액을 계산하게 된 사유
· 상속세의 경우 : 채무액을 공제부인한 사유
· 부가가치세의 경우 : 매입세익을 불공제한 사유등

이와 같은 기준에 의하여 작성된 예를 보면
"…청구인의 도매업에 대하여 첫째, 상품수불부가 불비하고 세금계산서를 발행하지 아니하여 장부에 신빙성이 없다는 이유로 장부기재내용을 부인하고 추계조사결정하여 종합소득세 5,000,000원을 결정고지하였다.
"…부동산을 양도하고 기준시가로 신고한 데 대하여 투기거래에 해당된다는 사유로 기준시가를 부인하고 실지거래가액에 의하여 양도소득금액을 계산하여 양도소득세 1,000,000원을 경정고지하였다."와 같습니다.

다) 주장사실(과세처분의 위법성)

위 당초처분의 대상사실과 당초처분의 원인사실에 잘못이 있는 경우 그 사실을 주장하여 기술하면서 주장내용을 인정받게 할 증거자료를 제시하여야 합니다.

당초처분의 잘못을 지적할 때도 처음부터 끝까지 서술식으로 기술하기 보다는 주장사실의 요점을 잘 정리하여 3~4줄로 압축하여 기술한 다음 그에 따른 세부적 내용을 그 아래에 주장하면 효과적입니다.

여기서 유의할 점은 심판청구에 있어서 판단의 대상은 어디까지나 세무서의 처분이지 이의신청 결정이유는 아니므로 이의신청 기각이유에 대하여서만 반박하여 기술하면 안되고 당초처분의 부당성을 먼저 기술하고 나중에 추가하여 이의신청 결정이유의 부당성을 기술하는 것이 좋습니다.

당초처분 이유에 근거법령이 제시되고 있는 경우에는 청구인이 판단하고 있는 법령의 해석에 관한 기준을 제시하고 대법원판례, 각종 심판례, 예규 등을 참고자료로 제시합니다.

당초처분 이유에 근거법령이 제시되어 있지 않은 경우에는 처분대상사실과 주장사실에 적용될 법령을 청구인이 제시하여 과세처분이 근거법령에 위반된 것이라든지, 주장사실이 청구인이 제시한 근거법령에 의한 것이어서 타당하다는 기술을 하면 된다.

3) 청구이유 작성시 유의사항

우선 심판청구의 대상인지를 판단한 후 심판청구서를 작성하여야 합니다. 신고납부세목(부가가치세, 법인세, 소득세)의 경우 납세자가 스스로 과세표준을 신고하였으나, 납부하지 아니한 것에 대하여 처분청이 납부통지한 경우는 경정청구를 우선 거쳐야 하고 경정청구가 거부된 경우에 이를 근거로 심판청구를 하여야 하며, 그렇지 않을 경우 심판청구가 각하될 수 있습니다.

또한 심판청구는 의견진술 신청시 구두로 진술할 기회가 주어지지만, 서면심리 위주로

진행되므로, 문장으로 청구인의 주장내용이 설득력있게 전달하는 것이 중요합니다.

따라서, 심판관이 이해하기 쉽도록 시간적 순서에 따라 작성하는 것이 유리하며, 사실관계가 쟁점인 경우 가급적 누가 언제 무엇을 어떻게 왜 하였다는 식으로 작성하고 문장 말미에 이러한 사실관계를 뒷받침하는 증거를 표시하여 청구인의 주장이 증거에 의하여 뒷받침되고 있음을 표시해 주는 것이 좋습니다. 간혹 청구이유를 장황하게 적시한 이후 증거서류만을 다량으로 첨부한 경우가 있는데 심판관이 청구이유와 증거를 대조하는 과정에서 그 중요성을 인식하지 못할 수도 있으므로, 핵심적인 증거는 청구이유서에 적시해 두는 것이 좋습니다.

예를 들면, '청구인은 2006.12.14. 서울특별시 ○○구 ○○동 ○○ 대지 ○○㎡를 취득하였습니다(증2제호증 매매계약서 · 등기부등본).'

또한, 유사한 사건에 대하여 대법원 판결 및 국세심판 결정례가 있는 경우에는 이를 적시하여 주시는게 유리한데, 그 내용을 보고 심판관은 그 진위를 확인하게 됩니다. 만일 청구일자 또는 사건번호가 오기된 경우 심판관이 그 내용을 확인할 수 없으므로 유사사건 결정을 인용하는 경우 청구기관, 사건번호, 선고 또는 결정일을 정확하게 기재하여 주시기 바랍니다.

다른 법률과 달리 세법은 자주 개정되고 있습니다. 과세처분은 그 당시 시행되고 있는 법령에 의하여 부과되므로 처분 당시 적용법률을 적어주셔야 하고 현행 또는 처분보다 이전의 법령을 기재하는 일이 없도록 주의하여 주시기 바랍니다.

다. 증거자료의 제출

증거자료는 청구인의 주장사실에 대한 입증자료로서 청구이유서 뒤에 첨부하시는데 기술한 내용순서에 따라 첨부목록을 작성하고 번호(제○○호증)를 부여하는 것이 좋습니다.

증거는 가급적 객관적 증거를 위주로 제출하는 것이 좋습니다. 각 증거의 신빙성에는 차이가 있을 수 있으므로, 등기부등본, 호적등본 등 공문서, 공공기관의 문서, 예금거래내역, 제무제표 기타 장부 등을 중심으로 제출하는 것이 좋습니다. 관련인의 인우보증서, 확인서 등 증인의 진술을 기재한 서면을 제출할 경우에는 실존인물인지 확인할 수 있도록 확인서 후면에 인감증명서 또는 주민등록증 사본, 전화번호 등 연락처를 첨부하여 주시기 바랍니다.

한편, 증거물인 서면을 사본으로 제출하는 경우가 있는데, 이 경우 원본의 존재와 상이하지 않다는 점을 심판관이 알기 어려우므로, 원본 증거를 처분청에 제출한 후 처분청의 심판청구 담당자로부터 '원본과 상위없음' 직인을 맡아 제출하여 주시기 바랍니다. 또한 장부 중 일부 및 예금거래내역 중 일부분이 청구대상 사실관계와 관련이 있는 경우에는 해당부분을 심판관이 명확하게 인식할 수 있도록 밑줄 등으로 표시하셔서 제출하는 것이 좋습니다.

제출할 증거를 청구인이 소지하지 않고 타기관이 가지고 있는 경우에는 청구인은 국세심판원에 증거소지기관에게 질문을 하게 하거나 증거물의 제출을 요구하도록 요청할 수 있고, 경우에 따라서 현장을 보아야 사실판단이 될 수 있을 때에는 현지 확인조사를 요구하실 수 있습니다.

라. 의견진술신청시 유의사항

심판청구시 의견진술신청을 하고 심판관회의시 심판장에 출석하여 심판청구서에 기재하지 못한 사실 등을 진술 할 수 있습니다. 이때에는 진술요지를 미리 준비하고 심판관에게 배포하면 더욱 좋습니다.

또한, 심판관회의시 이미 심판관들은 사건개요를 모두 알고 있고 진술에는 시간적 제약이 있으므로, 심판청구서에 기재된 동일한 내용을 의견진술하기 보다는 이러한 사건이 발생하게 된 정황이나 참작할 만한 사유 특히 서면으로 전달하기 어려운 내용 위주로 진술하는 것이 좋습니다.

마. 청구변경시 유의사항

간혹 심리도중 청구인이 청구취지 및 이유를 변경하는 경우가 있습니다. 이 경우 기존 청구를 대체하는 주장인지 또는 기존 주장에 대하여 추가하는 경우인지를 명확하게 하여 주시기 바랍니다. 한편, 기존 주장 중에 오기나 간과한 부분 등도 심리중간에 바로잡아 주는 것이 주장의 신뢰성을 더하는 데 도움이 될 것으로 판단됩니다.

가령 기존의 주장이 받아들여지지 않을 것을 전제로 하는 예비적 주장의 경우에는 예비적 주장임을 명시하지 않을 경우 주장이 모순되는 것으로 오해할 수 있으므로 이를 반드시 표시하여 주셔야 합니다.

[서식 196] 심판청구서

심 판 청 구 서

접수번호		접수일		처리기간 90일
청구인	성 명	백 ○ ○	주민등록번호 (사업자등록번호)	53○○○○-2○○○○○○
	상 호		전화번호 (휴대전화번호)	02-000-000 (대리인) 010-000-000 (대리인)
	주소 또는 사업장 소재지	(㊐) 경기도 ○○시 ○○동 ○○마을 ○○아파트 103동 101호 전자우편(e-mail) : ○○@deloitte.com(대리인)		
처 분 청		○○세무서장	조 사 기 관	

처분일(처분통지 수령일) : 20○○. ○. ○.

통지된 사항 또는 처분의 내용(과세처분인 경우에는 연도, 기분, 세목 및 세액 등을 기재합니다) 「별첨 청구이유서와 같음」			
이의신청을 한 날	년 월 일	이의신청의 결정통지를 받은 날 (결정통지를 받지 못한 경우에는 결정기간이 경과한 날)	년 월 일
불복의 이유(내용이 많은 경우에는 별지에 기재하여 주십시오) 「별첨 청구이유서와 같음」			

「국세기본법」 제69조 및 같은 법 시행령 제55조에 따라 위와 같이 심판청구를 합니다.

20○○. ○. ○.

청구인 백 ○ ○ (서명 또는 인)

조세심판원장 귀하

<table>
<tr><td rowspan="4">위
임
장</td><td colspan="6">「국세기본법」 제59조 제1항(관세에 관한 사항인 경우에는 「관세법」 제126조 제1항)에 따라 아래 사람에게 위 심판청구에 관한 사항을 위임합니다(다만, 심판청구의 취하는 별도의 위임을 받은 경우에 한정하여 할 수 있습니다).</td></tr>
<tr><td rowspan="2">위임자
(청구인)</td><td colspan="5">대 리 인</td></tr>
<tr><td>구 분</td><td>성 명</td><td>사업장
소재지</td><td>사업자등록번호
(전자우편)</td><td>전화번호
(휴대전화번호)</td></tr>
<tr><td>백순열
(서명
또는 인)</td><td>세무사
공인회계사
변호사
관세사</td><td>○○회계법인
김○○
(서명 또는 인)</td><td>서울 ○○구
00빌딩 5층
(㉾ -)</td><td>00-80-00521
(holim@
deloitte.com)</td><td>02-6600-00,
010-00-000</td></tr>
</table>

첨부서류	1. 불복이유서(불복의 이유를 별지로 작성한 경우에 한정하여 첨부합니다) 2. 불복이유에 대한 증거서류(첨부서류가 많은 경우 목록을 별도로 첨부하여 주십시오)	수수료 없 음

210㎜×297㎜(백상지 80g/㎡(재활용품))

■ 지방세기본법 시행규칙[별지 제77호 서식]

지 방 세 심 판 청 구 서			처리기간	수 수 료
			90일	없 음

청구인	성 명		주 민 등 록 번 호 (사업자등록번호)	○○○○○○-○****** (주민번호 앞 7자리만 기입)
	상 호		전 화 번 호 (휴 대 전 화 번 호)	( )
	주소(영업소)	□□□-□□□ 전자우편(e-mail):		

처 분 청		조 사 기 관	

처분통지를 받은 날(또는 처분이 있은 것을 처음으로 안 날): 년 월 일

통지된 사항 또는 처분의 내용(과세처분인 경우에는 과세연도, 기분, 세목 및 지방세액 등을 기재합니다)
※ ________년도 ________기분 __________세 __________원 부과처분

이의신청을 한 날	년 월 일	이의신청 결정통지를 받은 날 (결정통지를 받지 못한 경우에는 결정기간이 경과한 날)	년 월 일

이의신청에 대한 결 정 사 항	

불복의 사유(내용이 많은 경우에는 별지에 기재하여 주십시오)

「지방세기본법」 제119조 및 같은 법 시행령 제96조 제1항에 따라 위와 같이 심판청구를 합니다.

년 월 일

청구인 (서명 또는 인)

조세심판원장 귀하

첨부서류: 1. 불복사유서(불복의 이유를 별지로 작성한 경우입니다)
2. 불복사유에 대한 증거서류(첨부서류가 많은 경우 목록을 별도로 첨부하여 주십시오)

위임장

위 심판청구에 관한 일체의 권한을 아래 사람에게 위임합니다
(다만, 심판청구의 취하는 별도의 위임을 받은 경우에 한합니다).

위임자 (청구인)	대리인				
	구 분	성 명	사업장 소재지	사업자등록번호 (전자우편)	전화번호 (휴대전화)
(서명 또는 인)	세 무 사 공인회계사 변 호 사	(서명 또는 인)	(㊠ -)		

지 방 세 심 판 청 구 서 접 수 증 (접수번호 호)

성 명		주 소	
[첨부서류] 1. 불복사유서 ( ) 2. 불복사유에 대한 증거서류 ( )		접 수 자	
		접수일자인	

210mm×297mm(일반용지 60g/㎡(재활용품))

청 구 이 유 서

1. **청구취지**

"처분청이 20○○. ○. ○. 청구인에게 한 20○○년 종합소득세 22,129,680원, 20○○년 종합소득세 32,833,350원 합계 54,963,030원의 경정거부처분을 취소한다."는 결정을 구합니다.

2. **사실관계 및 청구의 경위**

가. 청구인과 김○○의 금전 거래 관계

청구인은 미술품 큐레이터로 활동하는 청구외 김○○의 조카인 안○○에게 미술품에 투자할 자금을 빌려주면 3개월 후에 10%의 이자를 가산하여 원리금을 돌려주겠다는 김○○의 말을 믿고, 20○○. ○.부터 20○○. ○.경까지 총 36회에 걸쳐 김○○에게 매월 일정 금원을 송금하였습니다.

청구인과 김○○간 거래는 청구인이 금원을 한 번 송금하고 그에 대한 원리금을 전부 회수한 후 다시 재투자하는 방식으로 이루어진 것이 아니라, 청구인이 매월마다 일정 금원을 김○○에게 송금하면 김○○은 약 3개월 후 첫 번째 송금한 금원에 10%를 가산한 금원을 청구인에게 송금해 주는 방식으로 이루어졌습니다(별지 1 청구인의 송금 및 회수내역표 참조). 따라서 청구인이 첫 번째 송금한 금원의 원리금을 김○○로부터 회수하는 시점에도 항상 직전 1~2개월 동안 송금한 나머지 금액은 여전히 김○○에 대한 채권으로 남아 있었고, 이와 같은 방식의 거래가 3년 넘게 지속된 후에야 비로소 아래에서 보는 바와 같은 소위 돌려막기 방식의 사기 행각임이 밝혀지게 되었습니다.

나. 당초 부과처분의 경위 등

청구 외 김○○, 안○○의 청구인에 대한 위와 같은 사기행위가 그러한 범죄행위를 처벌하는 법원의 형사 확정판결에 의해 명백히 밝혀지기 전인 20○○. ○. ○. 처분청은 김○○이 청구인에게 이자명목으로 지급한 10% 상당액의 금액("쟁점 지급액")이 청구인의 이자소득에 해당한다는 이유로 20○○년~20○○년 종합소득세 합계 54,963,030원의 부과처분("당초 부과처분")을 하였고(증 제1호, 부과처분고지서), 청구인은 이에 불복하여 김○○로부터 받은 쟁점 지급액이 이자소득에 해당하지 않는다는 이유로 심판청구 및 행정소송을 제기하였으나 모두 기각되었습니다.

다. 김○○, 안○○에 대한 사기죄 유죄판결의 확정

20○○. ○. ○. 서울서부지방법원의 제1심 형사판결(증 제2호, 서울서부지방법원 20○○. ○. ○. 선고 20○○고합○○, ○○(병합) 판결)에 이어 서울고등법원은 20○○. ○. ○. 제1심 판결과 마찬가지로 "김○○, 안○○이 사실은 피해자들로부터 금원을 빌리더라도 정상적으로 원금과 이자를 변제할 수 있는 능력이나 의사가 전혀 없었음에도 불구하고 20○○. ○.경부터 공모하여, 청구인에게 마치 미술품 거래에 사용할 자금을 빌려주면

3개월 후에 10%의 이자를 가산하여 원리금을 정상적으로 변제할 것처럼 거짓말하여 이에 속은 청구인을 포함한 다수의 피해자들로부터 수차례 금원을 송금 받은 행위"에 대하여 사기죄의 유죄판결(각 징역 5년)을 선고하였습니다(증 제3호, 서울고등법원 20○○. ○. ○. 선고 20○○노○○○○○ 판결).

이러한 서울고등법원의 판결에 대하여 김○○은 20○○. ○. ○. 상고권 포기서의 제출로, 안○○은 대법원에 상고하였으나 20○○. ○. ○. 대법원의 상고기각 판결(증 제4호, 대법원 20○○. ○. ○. 선고 20○○도○○○○○ 판결)로 각각 사기죄의 유죄판결이 확정되었습니다.

라. 사기로 인한 금전대여계약의 취소와 후발적 경정청구

김○○, 안○○에 대한 위와 같은 사기죄의 유죄 확정판결로 김○○ 등이 청구인을 기망하여 청구인으로 하여금 계속 금원을 송금하도록 한 사실과 청구인에게 이자명목으로 지급했던 쟁점 지급액 역시 결국 청구인이 쟁점 지급액을 상환받기 직전 1~2개월 동안 매월 송금했던 금원 등을 돌려막기로 지급했던 사실이 밝혀지게 되었습니다.

청구인은 20○○. ○. ○. 안○○과 김○○에게 그 동안의 사기행위로 이루어진 일련의 금전대여계약을 민법 제110조 제1항에 따라 모두 취소하는 내용의 통지를 하였고(증 제5호, 금전대여계약 취소 통지), 금전대여계약의 취소로 계약이 소급하여 무효로 됨에 따라 쟁점 지급액은 더 이상 청구인의 이자소득이 아닌 청구인이 당초 김○○에게 대여한 원금 자체를 회수한 것에 불과하게 되었습니다.

이에 청구인은 20○○. ○. ○. 처분청에 쟁점 지급액은 더 이상 청구인의 이자소득에 해당하지 않으므로 청구인에 대한 20○○년~20○○년 종합소득세의 부과처분을 취소하는 내용의 후발적 경정청구를 하였으나, 처분청은 20○○. ○. ○. 청구인의 경정청구를 거부하는 처분을 하였습니다(증 제6호, 경정청구거부 통지서).

3. 쟁 점

쟁점 지급액의 지급사유였던 금전대여계약이 사기를 이유로 사후적으로 취소되어 효력을 상실한 경우 쟁점 지급액을 여전히 청구인의 이자소득으로 볼 수 있는지 여부(금전대여계약의 취소로 인한 후발적 경정청구거부처분의 적정성)

4. 관련법령

별지 2와 같음

5. 경정청구거부처분의 위법 · 부당성(청구이유)

가. 후발적 경정청구의 취지

국세기본법 제45조의2 제2항은 과세표준 및 세액이 성립된 이후 과세표준 및 세액에 영향을 미치는 일정한 사유가 발생한 경우 그 사유의 발생을 안 날로부터 2개월 이내에 후발적 경정청구를 할 수 있도록 규정하고 있고, 청구인의 후발적 경정청구와 관련된 동법

시행령 제25조의2 제2호에서는 과세표준 및 세액의 근거가 된 거래 또는 행위 등의 효력과 관계되는 계약이 취소된 경우를 후발적 경정청구 사유의 하나로 규정하고 있습니다. 이러한 후발적 경정청구는 납세의무의 성립 후 일정한 후발적 사유가 발생한 경우 납세자로 하여금 그 사실을 증명하여 감액을 청구할 수 있도록 함으로써 납세자의 권리구제를 확대하려는 데 그 취지가 있고(참고자료 1, 대법원 20○○. ○. ○. 선고 20○○두○○○○ 판결), 소득세법상 권리의무 확정주의는 징세기술상 소득을 획일적으로 파악하려는 데 그 취지가 있을 뿐 소득이 종국적으로 실현되지 아니한 경우에도 그 원인이 되는 권리가 확정적으로 발생한 적이 있기만 하면 무조건 납세의무를 지우겠다는 취지는 아니므로, 일정한 후발적 사유의 발생으로 말미암아 소득이 실현되지 아니하는 것으로 확정됨으로써 당초 성립하였던 납세의무가 그 전제를 잃게 되었다면 후발적 경정청구를 통해 그 납세의무의 부담에서 벗어날 수 있습니다(참고자료 2, 대법원 20○○. ○. ○. 선고 20○○두○○○○ 판결).

나. 후발적 경정청구의 요건과 청구인의 경우

국세기본법 제45조의2에 의한 후발적 경정청구는 동조 제2항 각 호 및 동법 시행령 제25조의2 각 호에서 규정하고 있는 후발적 사유의 발생을 안 날로부터 2개월 이내 청구하도록 하고 있습니다.

청구인은 김○○에 대한 사기죄의 형사판결이 확정된 20○○. ○. ○.(김○○의 상고권 포기서 제출일) 이후인 20○○. ○. ○. 김○○, 안○○에게 그 동안의 사기행위로 인한 금전대여계약을 모두 취소하는 내용의 통지를 하였고(위 증 제5호), 그로부터 2개월 이내인 20○○. ○. ○. 처분청에 경정청구를 하여 후발적 사유의 발생을 안 날로부터 2개월 내에 적법하게 경정청구를 하였습니다(위 증 제6호 참조).

또한 청구인의 김○○ 등에 대한 금전대여계약이 김○○ 등의 사기행위로 인한 것이라는 점은 처분청의 당초 부과처분이 이루어진 이후에 선고되고 확정된 김○○ 등에 대한 형사판결에서 명백히 입증될 뿐만 아니라, 관련 판결문에서는 아래와 같이 청구인을 포함한 피해자들이 김○○ 등에게 대여한 모든 거래가 사기행위로 인한 것임을 명백히 설시하고 있습니다(위 증 제2호 내지 제4호).

① 김○○과 안○○은 20○○. ○.경부터 안○○의 미술품 거래자금을 빌려주면 높은 이자를 지급하겠다고 주변 지인들을 속여 차용금 명목으로 금원을 지급받아 이를 나눠 쓰기로 공모

② 김○○은 20○○. ○.경부터 청구인을 포함한 피해자들에게 "내 조카인 안○○이 미술품 거래사업을 하고 있는데 …(중략)… 조카의 사업에 돈을 빌려주면 3개월 후에 10%의 이자를 더하여 원금과 이자를 갚아주겠다"라고 거짓말을 함

③ 이에 속은 피해자들이 그 무렵(20○○. ○.경)부터 20○○. ○.경까지 김○○에게 차용금 명목으로 돈을 송금하면 김○○은 안○○에게 이를 송금하고, 안○○은 일정기간이 지나면 다른 금원대여자로부터 받은 차용금을 가지고 마치 미술품을 거래하여

수익이 남은 것처럼 이자를 더한 원리금을 김○○에게 송금하여 다시 피해자에게 이를 변제하게 하는 방식으로 금전거래를 해왔음

④ 그러나 사실은 안○○은 위와 같은 방식으로 김○○이 피해자를 비롯한 다른 사람들로부터 모아온 자금으로 미술품을 구입한 사실이 거의 없었고 …(중략)… 소위 '돌려막기' 방법으로 금원을 융통하여 왔던 것

⑤ 그렇다면 피고인들(김○○, 안○○)이 20○○. ○.경부터 공모하여 단기간의 미술품 투자를 할 의사가 없었음에도 피해자들에게 위와 같이 말하고 금원을 차용한 그 자체가 피해자들로부터 투자금을 편취한 사기행위에 해당함(위와 같은 장기간의 사기행위 중 이 사건으로 공소제기된 부분은 20○○. ○.경 이후에 지급된 차용금에 관한 부분인바, 그 무렵부터 피고인들이 피해자들에게 세무조사 등을 이유로 돌려막기에 의하여 지급해오던 투자원금 및 이자를 반환하지 못한 점을 고려한 것으로 보인다)

다. 사기로 인한 취소의 소급효와 쟁점 지급액의 성격

민법 제110조 제1항은 "사기나 강박에 의한 의사표시는 취소할 수 있다"고 규정하고 있고, 제141조 본문은 "취소한 법률행위는 처음부터 무효인 것으로 본다"고 규정하고 있으며, 국세기본법 시행령 제25조의2 제2호에는 "과세표준 및 세액의 근거가 된 거래 또는 행위 등의 효력과 관계되는 계약이 취소된 경우"를 후발적 경정청구 사유의 하나로 규정하고 있습니다.

즉, 과세관청이 소득으로 인정하여 과세한 금액의 수취 근거가 된 어떠한 법률행위가 상대방의 사기에 의해 행하여진 것임을 사후에 깨달은 당사자는 그 법률행위에 관한 자신의 의사표시를 취소할 수 있고, 그러한 취소는 소급효를 가지게 되어 해당 법률행위는 처음부터 없었던 것이 되며, 이 경우 법률행위를 취소한 당사자는 과세관청이 소득으로 인정하여 과세한 금액에 대해 후발적 경정청구를 통해 환급을 요구할 수 있는 것입니다.

청구인의 경우 김○○의 사기에 넘어가 김○○에게 3년 넘게 매월 일정한 금원을 대여하였고, 김○○로부터 이자 명목으로 10%의 금원을 지급받았으나, 그 이자 명목의 금원은 김○○ 등이 청구인이 매월 송금하는 금액 및 다른 피해자들이 송금하는 금액을 돌려막기식으로 지급한 것으로서 청구인의 입장에서 보면 사취된 것임이 밝혀진 것입니다. 이와 같이 청구인이 사기로 인한 금전대여계약을 민법 제110조에 근거하여 취소하였고, 민법 제141조에 따라 금전대여계약이 소급적으로 무효가 된 이상, 청구인이 김○○로부터 이자명목으로 지급받은 쟁점 지급액은 더 이상 청구인의 이자소득이 아니라 단지 청구인이 김○○에게 대여한 원금을 회수한 것에 불과한 것입니다.

라. 당초 부과처분과 후발적 경정청구의 관계

처분청의 청구인에 대한 20○○. ○. ○.자 20○○년~20○○년 종합소득세 합계 54,963,030원의 당초 부과처분은 김○○ 등에 대한 사기죄의 형사판결의 확정 및 그로 인한 청구인의 김○○ 등에 대한 금전대여계약의 취소가 있기 전에 이루어진 것입니다. 이에 당초 부과처분의 취소를 구하는 심판청구 및 동 청구에 대한 결정은 청구인의 김○

○ 등에 대한 이자조건 부 금전대여계약이 유효함을 전제로 이루어진 것입니다. 청구인의 금번 경정청구거부처분에 대한 심판청구는 당초의 심판청구와 달리 이자조건 부 금전대여계약이 실효되어 존재하지 않음을 전제로 하는 것이므로 양자는 주장을 완전히 달리하는 별개의 건입니다.

서울행정법원 역시 "상속세 부과처분 취소소송이 종결되고 또 제소기간도 도과된 상태에서 후발적 경정청구사유가 발생하였음을 이유로 다시 상속세 부과처분 취소소송을 제기할 수는 없고, 다만 과세관청에 후발적 경정청구 사유의 발생을 이유로 경정청구를 하고 과세관청이 이를 거부하면 경정청구 거부처분에 대하여 다툴 수 있다"고 하여(참고자료 3, 서울행정법원 2007. 6. 7. 선고 2006구합30744 판결) 당초의 부과처분 및 그에 대한 불복절차와 후발적 경정청구는 별개에 해당함을 명백히 판시하고 있습니다.

6. 관련 판례 등

본 건 후발적 경정청구의 근거와 동일한 국세기본법 시행령 제25조의2 제2호에서는 계약의 소급적 실효사유로 본 건 후발적 경정청구의 사유인 '취소'외에 '계약의 해제'도 규정하고 있는바, 그 계약의 해제와 관련하여, 대법원은 "건물에 대한 매매계약의 해제 전에 부가가치세 부과처분이 이루어졌다 하더라도 해제의 소급효로 인하여 매매계약의 효력이 소급하여 상실되는 이상 부가가치세의 부과 대상이 되는 건물의 공급은 처음부터 없었던 셈이 되므로, 위 부가가치세부과처분은 위법하다 할 것"이라고 판시하였습니다(참고자료 4, 대법원 2002. 9. 27. 선고 2001두5989 판결). 이와 같이 계약의 해제가 부과처분의 취소 사유임과 동시에 경정청구의 사유가 되는 것과 마찬가지로 사기에 의한 계약의 취소도 부과처분의 취소사유가 됨과 동시에 경정청구의 사유가 되는 것입니다.

7. 결 어

이상과 같이 김○○ 등에 대한 사기죄 유죄판결의 확정으로 인한 청구인의 김○○ 등에 대한 금전대여계약이 취소됨으로써 쟁점 지급액의 근거가 된 금전대여계약 즉, 청구인의 납세의무의 전제가 되는 계약이 처음부터 무효로 되었습니다. 따라서 쟁점 지급액은 더 이상 청구인의 이자소득에 해당하지 않으며 단지 청구인의 김○○에 대한 대여원금을 회수한 것에 불과하게 되었음에도 불구하고, 이를 부정하고 청구인의 후발적 경정청구를 거부한 처분청의 처분은 위법·부당하므로 이를 취소하여 주시기 바랍니다.

입 증 방 법

1. 증 제1호 부과처분고지서
2. 증 제2호 서울서부지방법원 20○○. ○. ○. 선고 20○○고합○○, ○○○ (병합) 판결
3. 증 제3호 서울고등법원 20○○. ○. ○. 선고 20○○노○○○○ 판결
4. 증 제4호 대법원 20○○. ○. ○. 선고 20○○도○○○○ 판결

5. 증 제5호 금전대여계약 취소 통지
6. 증 제6호 경정청구거부 통지서

참 고 자 료

참고자료 1 대법원 20○○. ○. ○. 선고 20○○두○○○○ 판결
참고자료 2 대법원 20○○. ○. ○. 선고 20○○두○○○○ 판결
참고자료 3 서울행정법원 20○○. ○. ○. 선고 20○○구합○○○○ 판결
참고자료 4 대법원 20○○. ○. ○. 선고 20○○두○○○○ 판결

[서식 197] 심판청구서

■ 국세기본법 시행규칙 [별지 제35호 서식] 〈개정 2015.3.6.〉

심판청구서

접수번호		접수일		처리기간 90일
청구인	성 명	○○○	주민등록번호 (사업자등록번호)	740000-1000000
	상 호		전화번호 (휴대전화번호)	010-0000-0000
	주소 또는 사업장 소 재 지	(㊡ 01234) ○○구 ○○로 43 1동 202호(○○동, ○○빌리지) 전자우편(e-mail) :		

처 분 청	○○세무서장	조 사 기 관	○○지방국세청
처분통지를 받은 날 20○○년 ○월 ○일			
통지된 사항 또는 처분의 내용 ※ 2010년부터 2012년 귀속 증여세 000,000,000원 부과처분			

이의신청을 한 날	년 월 일	이의신청의 결정통지를 받은 날 (결정통지를 받지 못한 경우에는 결정기간이 경과한 날)	년 월 일
불복의 이유 ※ 청구이유서 별첨			

「국세기본법」 제69조 및 같은 법 시행령 제55조에 따라 위와 같이 심판청구를 합니다.

20○○년 ○월 ○일

청구인 ○ ○ ○ (서명 또는 인)

조세심판원장 귀하

<table>
<tr><td rowspan="4">위
임
장</td><td colspan="6">「국세기본법」 제59조 제1항(관세에 관한 사항인 경우에는 「관세법」 제126조 제1항)에 따라 아래 사람에게 위 심판청구에 관한 사항을 위임합니다(다만, 심판청구의 취하는 별도의 위임을 받은 경우에 한정하여 할 수 있습니다).</td></tr>
<tr><td rowspan="2">위임자
(청구인)</td><td colspan="5">대리인</td></tr>
<tr><td>구 분</td><td>성 명</td><td>사업장
소재지</td><td>사업자등록번호
(전자우편)</td><td>전화번호
(휴대전화번호)</td></tr>
<tr><td>채희승
(서명 또는 인)</td><td>변호사
세무사</td><td>○○○
(서명
또는 인)</td><td>서울 ○○구
○○동 00
(㊐)</td><td>264-00-0000</td><td>02-521-0000
(010-6719-0000)</td></tr>
</table>

첨부서류	1. 불복이유서 2. 불복이유에 대한 증거서류	수수료 없 음

210㎜×297㎜(백상지 80g/㎡(재활용품))

청 구 이 유 서

1. 청구취지

"20○○. ○. ○. ○○세무서장이, ○○개발의 20○○년 유형자산처분이익을 포함하여 평가한 ○○개발의 주식(수증재산) 가액에 의하여 위 ○○(이하 "청구인"이라 함)에게 과세(첨부 ①)한 20○○년 귀속분 증여세 81,004,660원은, 이를 ○○개발의 주식 평가금액에 20○○년 유형자산처분이익 273,525,915원(첨부 ②)을 차감하여 재평가한 금액에 의하여 증여세를 정정 결정한다"라는 결정을 구합니다.

2. 사실관계

청구인은 20○○. ○. ○. 청구인의 부인 위○○으로부터 ○○개발의 주식 12,000주를 청구인에게 양수받았습니다.

위 주식거래에 대하여 ○○지방국세청장은 20○○. ○. ○. 세무조사에 착수하였습니다. ○○지방국세청장은 청구인에 대한 세무조사 후, 청구인이 위○○으로부터 양수한 ○○개발의 주식은 무상으로 증여받은 것이라 판단하였으며, 법인의 결산상 영업외 손익인 유형자산처분이익을 순손익액에서 차감하지 않은 채 상속세및증여세법(이하 "상증세법"이라 함)을 적용하여 ○○개발의 주식을 평가(첨부 ③)한 후, 증여세 70,221,989원을 추징할 것임을 과세예고하였습니다.

이에 청구인은 20○○. ○. ○. ○○개발의 주식을 ○○개발의 유형자산처분이익을 순손익액에서 차감하여 평가하여 줄 것을 요청하는 과세전적부심사를 청구(첨부 ④)하였으나 20○○. ○. ○. 불채택결정(첨부 ⑤)을 받았습니다.

3. 과세처분내용

청구인의 과세전적부심사청구 불채택결정에 따라 ○○세무서장은 청구인에게 20○○년 귀속분 증여세 71,068,350원을 20○○. ○. ○. 과세하였습다.

4. 쟁점사항

상증세법에 의한 비상장주식의 평가시 영업외손익 항목인 유형자산처분이익을 순손익액에서 차감하여 계산할 수 있는 지 여부가 본 건의 쟁점이라 할 것입니다.

5. 주장사실

비상장주식의 평가시 순손익가치는 비경상적으로 발생하는 영업외수익을 제외한 경상손익에 의하여 계산함이 보다 객관적이고 합리적입니다.

비상장주식의 순손익가치는 그 주식이 갖는 미래의 기대수익을 추정한 다음 그 현재 가치를 평가하는 방법으로 산정하는 것이 바람직하지만, 미래의 기대수익을 정확히 예측하는 것은 매우 어려우므로 상증세법 시행령 제54조 제1항, 제56조 제1항 제1호는 원칙적으로 과거의 실적인 "1주당 최근 3년간의 순손익액의 가중평균액"을 3년 만기 회사채의 유통수익률을 반영한 이자율에 의하여 할인하는 방법으로 1주당 순손익가치를 산정하도록 규정하고 있다. 이처럼 과거의 실적으로 미래의 기대수익을 대신하는 것은 그 과거의 실적이 미래에도 계속되리라는 것을 전제로 하는데, 비상장주식을 발행한 회사의 특정 사업연도에 일시적으로 발생한 특별손익의 비율이 높고, 그러한 특별손익이 계속 발생할 성질의 것이 아니라면, 그와 같은 특별손익에 기초한 최근 3년간의 순손익액의 가중평균액은 일시적 · 우발적이거나 비정상적일 가능성이 많아 미래의 기대수익을 대신하기에 적합하지 않다고 할 것입니다.

이러한 이유로 서울고등법원 20○○누○○○○(20○○. ○. ○. 선고 20○○. ○. ○. 대법원 20○○두○○○ 확정)에서는『상증세법 시행령이 정한 비상장주식의 시가에 관한 보충적 평가방법은 원칙적으로 법인이 계속하여 사업을 운영할 것을 전제로 과거의 실적을 기초로 미래의 손익을 평가하는 순손익가치법과 가까운 장래에 사업을 계속하지 아니할 가능성이 있는 법인을 위한 순자산가치법의 가중치를 3 : 2의 비율로 적용한 혼합방식에 따르도록 규정하고 있는 이상, 위와 같은 혼합방식의 계산방식을 일부 변형하더라도 그것이 불합리한 것으로 보이지 않는다면, 가급적 혼합방식에 따라 비상장주식의 시가를 평가함이 좀 더 타당하다고 판단된다.』라고 판단한 후 비록 상증세법에서는 규정하고 있지 아니하나, 특별이익을 반영하지 않고 경상이익만을 기초로 하여 순손익가치를 계산토록 하였습니다.

또한 동 판례에서는『비상장주식의 특성상 순자산가치법으로만 평가할 경우에는 객관적이고 합리적이라고 볼 수 없는 사정이 있거나, 순자산가치법에 비하여 좀 더 객관적이고 합리적인 방법이 있는 경우까지도 무조건 순자산가치법으로 평가하여야 한다는 취지라고 이해되지 않는다.』라고 판시하고 있습니다.

이는 순손익가치의 평가에서도 동일하게 적용될 수 있는 바, 순손익가치의 계산에 있어서도 좀 더 객관적이고 합리적인 방법이 있는 경우까지도 무조건 가중평균에 의한 순손익가치를 평가하여야 한다는 취지로 이해하여서는 아니되는 것입니다.

상증세법과 상증세법 시행령에서 비상장주식 등에 관하여 보충적 평가방법을 규정하고 있는 것은, 상속재산 등의 평가에 있어 시가주의 원칙을 정한 상증세법의 규정을 보충하여 시가에 좀 더 근접한 가액을 산정하려는 취지(대법원 2000. 6. 23. 선고 97누1679 판결 등 참조)와 동 취지에 충실한 서울고등법원 20○○누○○○○(20○○. ○. ○. 선고)를 감안할 때, ○○개발의 주식 평가는 20○○년에 비경상적으로 발생한 유형자산처분이익을 순손익가치에서 차감하여 계산하는 것이 보다 객관적이고 합리적인 방법이라 할 것입니다.

20○○년 발생한 ○○개발의 유형자산처분이익을 가중평균할 경우 그 금액이 91,175,305원으로 법인세차감전 순이익을 가중평균한 금액인 208,850,457원의 43.7%에 달하고, 법인세차감전 경상이익을 가중평균한 금액인 117,675,152원의 77.48%에 이르고 있습니다(첨부 ④ 참조).

이는 ○○개발의 유형자산처분이익이라는 비경상적인 이익이 ○○개발의 주식가치를 심각하게 고액으로 평가되는 왜곡요인이라 아니할 수 없으며, 이를 감안하지 않은 과세관청의 주식평가는 객관적이고 합리적이라고도 할 수도 없는 것입니다.

이와 같은 이유로 ○○개발의 주식을 20○○년 발생한 ○○개발의 유형자산처분이익 273,525,915원을 순손익가치에서 차감하여 ○○개발의 주식을 평가(첨부 ⑥)한 후 동 금액을 기준으로 청구취지와 같이 청구인에게 과세예고된 증여세를 경정결정하여 주실 것을 청구하는 바입니다.

6. 결 론

전시에서 살펴본 바와 같이 상증세법에서 규정하고 있는 재산의 보충적평가 방법을 규정하고 있는 것은 시가에 보다 근접한 재산의 가액을 산정하려는 취지인 점과 이러한 취지에 따라 비록 상증세법에서는 규정하고 있지 않더라도 보다 객관적이고 합리적인 방법에 의하여 재산을 평가하고 있는 판례등에 비추어 볼 때, ○○개발 주식의 평가함에 있어 ○○개발의 20○○년 유형자산처분이익을 차감하는 것이 합리적이라 할 것입니다.

향후 성실한 납세의무의 이행을 약속드리며 아무쪼록 본 건의 청구취지와 같이 수증재산인 ○○개발의 주식을 유형자산처분이익을 감안하지 않은 평가금액(첨부 ③)이 아닌 유형자산처분이익을 차감한 평가금액(첨부 ⑥)으로 결정하여 주시기 바랍니다.

7. 첨 부

① 납세고지서
② 20○○년 손익계산서
③ 비상장주식 평가조서(과세관청 결정)
④ 과세전적부심사 청구서
⑤ 과세전적부심사 결정서
⑥ 비상장주식 평가조서(청구내용 반영)

20○○. ○. ○.

위 청구인 주소 : ○○시 ○○로 317번길 11
104동 1206호(○○동, ○○아파트)
주민등록번호 : 840000-0000000
대표이사 : ○ ○ ○ (인)
위 대리인 사업장 : ○○구 ○○동3가 370-5
법인명 : ○○세무법인
사업자등록번호 : 1070000-00000
대표세무사 : ○ ○ ○ (인)

조세심판원장 귀하

[서식 198] 국세심판청구대리인 지정신청서

■ 조세심판운영규정 [별지 제10호 서식]

국선심판청구대리인 지정신청서

심 판 청 구 인		생년월일	
세 목		사건번호	
주 소 (사 업 장)			
연 락 처	(전화) , (휴대폰)		

〈신청 및 동의 내용〉

○ 본인은 위 심판청구의 대리업무를 수행할 국선심판청구대리인 지정을 신청합니다.

○ 본인은 국선심판청구대리인 지정신청을 한 때에 조세심판원이 지정한 국선심판청구대리인을 심판청구대리인으로 선임한 것으로 간주하는 것에 동의합니다.

20○○년 월 일

심판청구인 (서명 또는 날인)

조세심판원장 귀하

210㎜×297㎜[일반용지 60g/㎡]

[서식 199] 의견진술신청서

■ 국세기본법 시행규칙 [별지 제26호 서식] 〈개정 2015.3.6.〉

의 견 진 술 신 청 서

(앞쪽)

접수번호	접수일	처리기간

성 명 (의견진술 신청인이 처분청인 경우 명칭)		주민등록번호 (사업자등록번호)	○○○○○○-○****** (주민번호 앞 7자리만 기입)
주소 또는 영업소 (의견진술 신청인이 처분청인 경우 소재지)		전화번호	
상 호			

신청 또는 청구일자	년 월 일 시

진술하고자 하는 요지

「국세기본법」 제58조 및 같은 법 시행령 제47조 제1항에 따라 위와 같이 신청합니다.

년 월 일

신청인 (서명 또는 인)

귀하

210㎜×297㎜(백상지 80g/㎡(재활용품))

나. 행정소송

(1) 기 재 례

피고가 원고에 대하여 20○○. ○. ○.자로 결정 고지한 20○○년도 귀속 종합소득세 ○○○원의 부과처분은 이를 취소한다.

(2) 관련서식

[서식 200] 종합소득세부과처분 취소청구의 소

소 장

원 고 ○ ○ ○ (주민등록번호)
○○시 ○○구 ○○길 ○○ (우편번호 ○○○○○)

피 고 △△세무서장
○○시 ○○구 ○○길 ○○ (우편번호 ○○○○○)

종합소득세부과처분 취소청구의 소

청 구 취 지

1. 피고가 원고에 대하여 20○○. ○. ○.자로 결정 고지한 20○○년도 귀속 종합소득세 ○○○원의 부과처분은 이를 취소한다.
2. 소송비용은 피고의 부담으로 한다.

라는 판결을 구합니다.

청 구 원 인

1. 기초사실

원고는 20○○. ○. ○.부터 20○○. ○. ○.까지 일반건설업 및 부대사업, 주택건설업, 부동산매매 및 임대업 등을 목적으로 하는 소외 ☆☆종합건설주식회사(이하 회사라고만 한다.)의 대표이사로 등재하였습니다.

2. 종합소득세 부과처분

가. 소외 △○△세무서장은 ○○시 ○○구 ○○길 ○○ 소재 회사에 대한 20○○년도 법인세를 추계결정하고 추계소득 ○○○원을 상여로 처분하였습니다.

나. △○△세무서장은 위 추계소득의 귀속이 분명하지 않다며 추계소득금액 중 원고와 소외 이□□이 공동대표이사로 등재되어 있던 20○○. ○. ○.부터 20○○. ○. ○. 까지 중 2분의 1인 52일과 원고가 단독으로 위 회사 대표이사로 등재되어 있던 20○○. ○. ○.부터 20○○. ○. ○.까지 44일을 합한 96일간에 해당하는 ○○○원을 원고에게 귀속된 것으로 하여 위 회사에게 소득금액변경통지를 하였습니다.

다. △○△세무서장은 위 회사가 부도로 폐업하자 원고의 주소지 관할인 피고에게 통보하였습니다.

라. 피고는 △○△세무서장의 과세자료통보에 따라 20○○. ○. ○. 20○○년귀속 종합소득세 ○○○원을 원고에게 결정고지 하였다가 20○○. ○. ○. △○△세무서장이 위 회사에 대한 추계소득금액중 원고 귀속 소득금액을 원고가 단독으로 위 회사의 대표이사로 등재되어 있던 20○○. ○. ○.부터 20○○. ○. ○.까지 44일간에 해당하는 ○○○원으로 변경 통보하자 20○○. ○. ○. 원고에 대한 종합소득세를 ○○○원으로 감액 경정 결정하였습니다.

마. 그러나 피고가 원고에 대한 종합소득세 부과처분은 위법한 처분입니다.

3. 관계법령

가. 법인세법 제67조

법 제60조에 따라 각 사업연도의 소득에 대한 법인세의 과세표준을 신고하거나 제66조 또는 제69조에 따라 법인세의 과세표준을 결정 또는 경정할 때 익금에 산입한 금액은 그 귀속자 등에게 상여·배당·기타사외유출·사내유보 등 대통령령이 정하는 바에 의하여 처분한다. … 라고 규정하고 있고,

나. 같은 법 시행령 제106호

법 제67조의 규정에 의하여 익금에 산입한 금액의 처분은 다음 각 호의 규정에 의하여 처분한다.

1. 익금에 산입한 금액이 사외에 유출된 것이 분명한 경우에는 그 귀속자에 따라 다음과 같이 이익처분에 의한 상여·배당·기타사외유출로 한다.
   다만, 귀속이 불분명한 경우에는 대표자(소액주주 등이 아닌 주주 등인 임원 및 그 와 제43조 제8항에 따른 특수관계에 있는 자가 소유하는 주식 등을 합하여 해당 법인의 발행주식총수 또는 출자총액의 100분의 30 이상을 소유하고 있는 경우의 그 임원이 법인의 경영을 사실상 지배하고 있는 경우에는 그 자를 대표자로 하고, 대표자가 2명 이상인 경우에는 사실상의 대표자로 한다.)에게 귀속된 것으로 본다.
   (가) 귀속자가 출자자(임원 또는 사용인인 주주 등을 제외한다)인 경우에는 그 귀속자에 대한 배당으로 한다.
   (나) 귀속자가 임원 또는 사용인인 경우에는 그 귀속자에 대한 상여로 한다.
   (다) 귀속자가 법인이거나 사업을 영위하는 개인인 경우에는 기타사외유출로 한다.
   (라) 귀속자가 가목 내지 다목외의 자인 경우에는 그 귀속자에 대한 기타소득

4. 처분의 부당성

가. 원고는 20○○. ○. ○.부터 20○○. ○. ○. 기간동안 위 회사의 대표이사로 등재되어 있으나 이는 형식적인 대표자일 뿐 실질적인 대표자가 아닙니다.

(1) 20○○. ○. ○. 위 회사의 주식이동상황명세서에 의하면 대주주인 소외 이□□과 친동생인 이◎◎, 이◇◇의 주식액면가액이○○○원(이□□ ○○○원 - 38%, 이◎◎ ○○○원 - 13%, 이◇◇ ○○○원 - 6%)으로 총발행주식 ○○○주 대비 57%를 보유하고 있고, 원고는 위 회사의 주식을 한주도 소유하고 있지 않습니다.

(2) 20○○. ○. ○. 소외 정□□과 위 이□□간에 작성된 회사운영에 관한 주주합의서에는

① 위 회사의 업무에 필요한 일체의 서류관리 및 직인, 인감증명발급, 통장개설, 사용인감의 사용은 정□□이 하고,

② 공사수주업무는 정□□이 하되 공사를 수주하여 토목부분은 정□□이, 건축부분은 이□□이 책임을 지고 시행하기로 하며, 여기에서 소요되는 공사경비는 각자 부담하고 회사관리비는 회사에서 일정한 비율에 의하여 정산처리하고,

③ 20○○. ○. ○.까지 ☆☆종합건설(주)명의로 발행한 모든 어음은 이□□이 책임지기로 하며,

④ 위 회사의 주식중 50%를 정□□에게 양도하기로 하는 내용 등의 합의를 하였습니다.

(3) 한편 위 회사(대표이사 원고)와 위 정□□, 소외 이□□, 양□□, 이◎◎은 20○○. ○. ○.경

① 이□□이 경영한 ○○도 ○○ 사무실에서 근무한 모든 임직원의 체불된 급료, 관리비등 발생한 모든 체불대금은 이□□인묵이 책임지기로 하며,

② 이□□이 발생한 20○○. ○. ○.자 당좌수표 ○○○원, 같은 달 6일 자 당좌수표 ○○○원, 같은 달 7일자 당좌수표 ○○○원, 같은 달 12일자 당좌수표 ○○○원을 정□□이 결재하였으므로 위 회사의 주식 50%의 주주인 이□□(27%), 이◎◎(10%) 및 양□□(13%)의 주식을 20○○. ○. ○.까지 정□□에게 양도하고,

③ 위 회사가 시행하고 있는 공사 및 모든 현장들의 관리 및 공사대금 수령은 전부 위 회사의 대표이사가 하기로 하고, 공사비를 수령 후 그 공사비로 이□□이 발행한 어음을 결재하기로 하며,

④ 이□□명의로 당좌 개설된 도장은 20○○. ○. ○.부터 정□□이 보관하며 어음이 전부 결재된 후에는 이□□에게 돌려주고,

⑤ 회사가 정상화되었을 경우 이□□은 정□□이 투자한 금액 전부와 이에 대한 법정이자를 계산하여 정□□에게 변제한 후 이□□은 회사의 모든 운영권을 다시 인수하기로 하는 합의를 하였습니다.

(4) 위 회사운영에 관한 주주합의서, 합의각서에 보듯이 원고는 위 회사의 주식을 보

유하고 있지 아니하고 위 회사의 운영에 관여한 사실이 전혀 없습니다.

나. 위 회사의 운영권

(1) 위 회사는 앞서 본바와 같이 이□□과 그의 형제들이 회사주식 중 57%를 보유하고 있고 실질적으로 위 이□□이 회사를 운영하였습니다(공사계약, 당좌발행, 회사의 관리 등 모든 제반업무).

(2) 위 회사의 이사들인 김□□, 이□□ 외 4등도 원고가 위 회사의 대표이사로서 업무행위를 한 적이 없다고 확인하였습니다.

(3) 위 회사에 운영에 관한 주주합의, 합의를 하였던 정□□은 자신이 원고에게 부탁을 하여 형식상 대표이사로 등재되어 있을 뿐 회사운영 전반에 관하여 일체 관여하지 않았다는 것을 확인하고 있습니다.

다. 결국 피고는 원고가 위 회사의 형식적인 대표자로서 명의만을 빌려주었고, 위 회사의 주식을 보유하고 있지도 않으며, 회사의 운영에 관여한 사실이 없음에도 위 회사에 대한 추계소득금액 중 귀속이 불분명한 경우라고 하면서 20○○. ○. ○.부터 20○○. ○. ○.까지 44일간에 해당하는 ○○○원을 기초로 하여 종합소득세 ○○○원을 부과한 것은 위법한 처분입니다.

5. 따라서 피고의 원고에 대한 이 사건 종합소득세 부과처분은 취소되어야 할 것입니다.

6. 처분을 안 날 20○○. ○. ○.
이의신청일 20○○. 8. 30.
이의신청결정 20○○. 11. 28.
심사청구일 20○○. 1. 16.
심사청구 결정통지를 받은 날 20○○. 3. 13.
심판청구일 20○○. 5. 6.
심판청구 결정통지를 받은 날 20○○. 5. 3.

입 증 자 료

1. 갑제1호증 법인등기사항증명서
1. 갑제2호증 제적등본
(또는, 가족관계등록사항에 관한 증명서)
1. 갑제3호증 주식이동상황명세서
1. 갑제4호증 회사운영에 관한 주주합의서
1. 갑제5호증 합의각서
1. 갑제6호증 내용증명
1. 갑제7호증의 1내지7 각 확인서

첨 부 서 류

1. 소장부본 1부
1. 입증자료 각 1부
1. 납부서 1부

20○○. ○. ○.

원 고 ○ ○ ○ (인)

○○ 행정법원 귀중

[서식 201] 종합소득세부과처분 취소청구의 소

소 장

원 고 김 길 동(주민등록번호)
서울 ○○구 ○○동 ○-○
(전화 1234-5678, 팩스 1234-6789)

피 고 ○○세무서장

종합소득세부과처분취소

청 구 취 지

1. 피고가 20○○. ○. ○. 원고에 대하여 한 20○○년도 귀속 종합소득세 4,578,769,210원의 부과처분을 취소한다.
2. 소송비용은 피고가 부담한다.

라는 판결을 구합니다.

청 구 원 인

1. 처분의 경위

(1) 피고는 원고에 대한 세무조사결과, 원고가 20○○.경 이 사건 종중 등 43인으로부터 환매

권 관련 소송을 수임하였는바, 위 소송이 20○○. ○. ○. 화해로 종결되면서 위 소송의 수임료로 7,934,060,200원을 수령하였음에도, 당초 성공보수로 이 사건 종중 등이 국가로부터 받게 되는 경제적 이익의 40%를 받기로 한 약정서 이외에 성공보수를 1억원으로 정한 허위 약정서를 작성하는 등의 방법으로 1억원만 위 소송사건의 수임료로 신고하고 나머지 7,834,060,200원은 신고누락한 것으로 보아, 위 수임료를 신고누락한 것은 사기 기타 부정한 행위로써 국세를 포탈한 경우에 해당된다고 보고 10년의 부과제척기간을 적용하여 20○○. ○. ○. 원고에 대하여 위 신고누락금액에 관한 20○○년도 귀속 종합소득세 4,578,769,210원을 경정, 고지하였습니다(이하 '이 사건 부과처분'이라 한다).

(2) 원고가 20○○. ○. ○. 조세심판원(국세심판원)장에게 심판청구를 하였으나, 조세심판원(국세심판원)장은 20○○. ○. ○. 위 심판청구를 기각하였습니다.

2. 처분의 위법성

이 사건 부과처분은 20○○년 귀속분으로 부과처분 당시 이미 국세부과의 제척기간인 5년이 경과함으로써 납세의무가 소멸하였고, 가사 그렇지 않다 하더라도 원고가 이 사건 환매권 관련 소송을 수임하면서 일부 의뢰인은 무료로, 일부 의뢰인들에게서는 10-30%의 수임료를 받기로 하는 등 의뢰인들마다 각각 다른 수임료 약정을 하였으며, 또 일부 의뢰인들과는 10%의 수임료 추가약정을 체결하지 못한데다가 약정된 수임료를 제대로 받지 못한 경우도 있었고, 원고가 실제로 받은 수임료에서도 환매대금 등을 모집하면서 약정한 투자금의 300% 상당액을 투자자들에게 지급할 수밖에 없었기 때문에 원고의 소득은 이 사건 부과처분에서 인정한 소득과 다르므로 이 사건 부과처분은 위법합니다.

3. 결 론

이와 같이 피고의 처분은 위법한 행정처분이 아닐 수 없으므로, 상기와 같이 원고의 행정처분의 취소를 구하는 행정소송에 이르게 되었습니다.

입 증 방 법

1. 갑 제1호증
2. 갑 제2호증

첨 부 서 류

1. 위 각 입증방법 각 1부
2. 송달료 납부서
3. 소장부본

20○○. ○. ○.

위 원고 (날인 또는 서명)

서울행정법원 귀중

[서식 202] 종합소득세경정청구일부거부처분 취소청구의 소

소 장

원 고 김 길 동(주민등록번호)
서울시 ○○구 ○○동 ○○번지
(전화 1234-5678, 팩스 1234-6789)

피 고 ○○세무서장

종합소득세경정청구일부거부처분취소

청 구 취 지

1. 피고가 20○○. ○. ○. 원고에 대하여 한 종합소득세 경정청구 거부처분을 취소한다.
2. 소송비용은 피고가 부담한다.

라는 판결을 구합니다.

청 구 원 인

1. 처분의 경위

(1) 원고는 소외 주식회사(이하 소외 '증권회사'라 한다)를 통하여 외국회사가 운용하는 일본 펀드인 'A' 펀드상품(이하 '이 사건 펀드상품'이라 한다)에 20○○. ○. ○. 1억원, 20○○. ○. ○. 1억원 및 20○○. ○. ○. 3,000만원 합계 2억 3,000만원을 투자하여 이를 매수하였습니다(이하 '이 사건 투자신탁'이라 한다).

(2) 원고는 20○○. ○. ○. 이 사건 펀드상품을 환매하였고, 소외 증권회사는 환매금액 185,518,844원 중 환차익에 해당하는 157,846,781원을 배당소득으로 보아 배당소득세 24,308,370원을 원천징수하여 피고에게 납부한 후 나머지 161,210,474원을 원고에게 환매대금으로 지급하였습니다.

이에 원고는 20○○. ○. ○. 피고에 대하여 이 사건 펀드상품의 환매금액이 185,518,844원에

불과하여 투자원금 합계 2억 3,000만원에 미치지 못함에도 불구하고 위 환매금액 중 환차익에 해당하는 157,846,781원만을 분리하여 배당소득으로 과세하는 것은 실질과세의 원칙 등에 반하여 위법하고, 환차익을 산정함에 있어 이 사건 펀드상품의 환매시의 주가가 아닌 취득시의 주가를 기준으로 한 위법이 있다고 주장하면서 원천징수한 24,308,370원을 환급하여 줄 것을 구하는 종합소득세 경정청구를 하였습니다.

(3) 기획재정부는 20○○. ○. ○. 해외펀드의 환차익 계산방법을 취득시 기준 주가에서 환매시 기준 주가로 변경하여 산정하는 내용의 유권해석을 하였고, 이에 피고는 20○○. ○. ○. 위 환매금액 중 환차익 상당 부분은 구 소득세법(20○○. ○. ○. 법률 제9270호로 개정되기 전의 것, 이하 '구 소득세법'이라 한다) 제17조 제1항 제5호에서 정한 투자신탁의 이익에 해당하여 배당소득으로 과세함이 타당하고, 다만 위 유권해석에 따른 환차익 산정방법에 따라 이 사건 펀드상품의 환매시 발생한 환차익을 재산정(그와 같이 재산정한 환차익을 이하 '이 사건 환차익'이라 한다)하고 그에 따라 배당소득이 감액됨에 따라 위 원천징수한 24,308,370원 중 과다 원천징수된 10,880,796원을 환급하면서 나머지 금원에 대한 환급을 거부하였습니다(이하 원고의 위 경정청구에 대한 위 환급금 거부부분을 '이 사건 처분'이라 한다).

(4) 원고는 이 사건 처분에 불복하여 20○○. ○. ○. 조세심판원에 심판청구를 제기하였으나 20○○. ○. ○. 기각결정을 받았습니다.

2. **처분의 위법성**

(1) 이 사건 펀드상품의 환매금액 중 이 사건 환차익 부분만을 구분하여 배당소득세 과세대상인 구 소득세법 제17조 제1항 제5호의 '국내 또는 국외에서 받는 대통령령이 정하는 투자신탁의 이익'에 해당한다고 볼 수는 없으므로, 이와 다른 전제에서 이루어진 이 사건 처분은 위법합니다.

(2) 이 사건 환차익 부분은 주식가격의 변동에 따른 손익과 동시에 발생한 것으로서 구 조세특례제한법 시행령(2010. 2. 18. 대통령령 제22037호로 개정되기 전의 것, 이하 '구 조특법 시행령'이라 한다) 제92조의2 제3항 단서에서 정한 '주식가격의 변동에 따른 손익'에 포함된다고 봄이 상당하고, 따라서 이 사건 환차익 부분은 구 조세특례제한법(2010. 1. 1. 법률 제9921호로 개정되기 전의 것, 이하 '구 조특법'이라 한다) 제91조의2 제2항이 정한 비과세 대상에 해당된다고 보아야 하므로, 이와 다른 전제에서 이루어진 이 사건 처분은 위법합니다.

(3) 하나의 펀드상품 속에 일체를 이루고 있는 주식매매손익 부분과 환율변동손익 부분을 전체로서 고려하여 이익 여부를 판단하고 그에 대하여 비과세 규정을 적용하여야 함에도 불구하고, 구 조특법 시행령 제92조의 제3항 단서 규정이 환율 변동에따른 손익 부분만을 비과세 대상에서 제외한 것은 모법인 구 조특법 제91조의2 제2항의 위임범위를 벗어나 납세의무자에게 불리한 규정으로서 조세법률주의 원칙에 반하여 무효이므로 이에 근거한 이 사건 처분은 위법합니다.

(4) 설령 이 사건 환차익 부분이 구 조특법 제91조의2 제2항에서 정한 비과세대상에 포함되지 않는다고 하더라도, 이 사건 펀드상품의 전체 환매금액이 투자원금에 미치지 못함에도 그 중 환차익 부분만을 구분하여 과세하는 것은 실질과세의 원칙에 반하여 위법합니다.

3. 결 론

이와 같이 피고의 이 사건 처분은 위법하므로 그 취소를 구하는 행정소송을 제기하게 되었습니다.

입 증 방 법

1. 갑 제1호증
2. 갑 제2호증
3. 갑 제3호증

첨 부 서 류

1. 위 각 입증방법 각 1부
2. 송달료 납부서
3. 소장부본

20○○. ○. ○.

위 원고 (날인 또는 서명)

서울행정법원 귀중

제 3 장 공무원법상 소청절차

Ⅰ. 서 론

1. 소청심사제도

소청심사제도는 공무원이 징계처분 그 밖에 그 의사에 반하는 불리한 처분이나 부작위에 대하여 이의를 제기하는 경우 이의를 심사하고 결정하는 행정심판제도의 일종으로서, 위법, 부당한 인사상 불이익 처분에 대한구제 라는 사법 보완적 기능을 통하여 직접적으로 공무원의 신분 보장과 직업 공무원 제도를 확립하고, 간접적으로는 행정의 자기 통제 효과를 도모하고 있다.

2. 소청심사위원회

소청심사위원회는 준사법적 합의제 의결기관으로 위원장 1인을 포함한 5명 이상 7명 이내의 상임위원과 상임위원 수의 2분의 1 이상인 비상임위원으로 구성되어 있다.

현재 인사혁신처 소청심사위원회는 위원장 1명을 포함한 상임위원 5명과 비상임위원 4명으로 구성되어 있고, 위원회 사무를 처리하기 위하여 행정과를 두고 있다.

3. 소청심사의 대상

가. 소청심사 대상

국가공무원법상 소청심사의 대상에는 징계처분, 기타 의사에 반하는 불리한 처분, 부작위 등이 있고, 구체적으로 어떠한 것이 포함되는지 여부는 사안의 성격과 내용에 따라 결정될 수 있다.

(1) 징계처분

파면, 해임, 강등, 정직, 감봉, 견책(징계부가금 포함)

(2) 기타 의사에 반하는 불리한 처분

강임, 휴직, 직위해제, 면직, 전보, (기각)계고, (불문)경고 등

(3) 부 작 위

복직 청구 등(당사자의 신청에 대하여 행정청이 상당한 기간 내 일정한 처분을 하여야 할 법률적 의무가 있음에도 처분을 하지 않은 경우 등이다)

나. 소청심사 대상에서 제외되는 사항

공무원의 신분 변동에 해당되지 않는 처분으로 예를 들어 변상명령이 있다.

- 일반적, 추상적 행정법령 개정 요구
- 행정청 내부적 의사결정 단계의 행위
- 행정청의 알선, 권고, 견해표명 등과 같이 법적 효과를 발생하지 않는 행위

4. 소청심사의 청구

가. 소청심사청구 제기기간

(1) 처분사유설명서가 교부되는 징계 처분 및 징계 부가금, 직위해제, 강임, 휴직, 면적처분 등은 처분사유설명서를 받은 날로부터 30일 이내에 청구하여야 한다.

(2) 처분사유설명서가 교부되지 아니하는 불리한 처분(전보, 계고, 경고 등)은 처분이 있은 날을 안 날로부터 30일 이내에 청구하여야 한다.

나. 소청심사 청구시 제출서류(각 2부 제출)

(1) 징계처분 및 징계부가금

① 소청심사청구서(서명 포함)

② 징계처분 인사통지서

③ 징계처분사유설명서

④ 징계의결서 사본

⑤ 기타 본인이 소청 이유에서 적시하거나 주장하는 사실 또는 논거에 대한 입증 서류나 자료(예 : 대법원 판결문 사본, 표창장 사본, 탄원서 등)

⑥ 납입고지서(징계부가금 처분의 경우에만 해당됨)

(2) 처분 사유 설명서가 교부되는 그 밖에 그 의사에 반하는 불리한 처분(직위해제 · 강임 · 휴직 · 면직)

① 소청심사청구서(서명 포함)

② 인사발령통지서(공문)

③ 처분사유설명서

④ 기타 본인이 소청 이유에서 적시하거나 주장하는 사실 또는 논거에 대한 입증 서류나 자료

(3) 처분 사유 설명서가 교부되지 않는 그 밖에 그 의사에 반하는 불리한 처분 또는 부작위

① 소청심사청구서(서명포함)

② 처분 또는 부작위에 대한 증빙서류(공문 등)

③ 기타 본인이 소청 이유에서 적시하거나 주장하는 사실 또는 논거에 대한 입증 서류나 자료

5. 관 할

<table>
<tr><th>구 분</th><th colspan="6">소청심사기준</th></tr>
<tr><td rowspan="19">행정부</td><td rowspan="15">국가공무원</td><td rowspan="14">경력직</td><td>일반직</td><td colspan="3">인사혁신처 소청심사위원회</td></tr>
<tr><td rowspan="13">특정직</td><td>외무공무원</td><td colspan="2">인사혁신처 소청심사위원회</td></tr>
<tr><td>경찰공무원</td><td colspan="2">인사혁신처 소청심사위원회</td></tr>
<tr><td>소방공무원</td><td colspan="2">인사혁신처 소청심사위원회</td></tr>
<tr><td>검 사</td><td colspan="2">소청제도없음</td></tr>
<tr><td>교 원</td><td colspan="2">교원소청심사위원회</td></tr>
<tr><td rowspan="4">군 인</td><td rowspan="2">장교 및 준사관</td><td>국방부 중앙군인사 소청심사위원회</td></tr>
<tr><td>항고심사위원회</td></tr>
<tr><td rowspan="2">부사관</td><td>각 군 본부의 군인사 소청심사위원회</td></tr>
<tr><td>항고심사위원회</td></tr>
<tr><td rowspan="2">군무원</td><td colspan="2">국방부군무원인사소청심사위원회</td></tr>
<tr><td colspan="2">항고심사위원회</td></tr>
<tr><td>국가공무원</td><td colspan="2">인사혁신처 소청심사위원회</td></tr>
<tr><td>대통령경호실</td><td colspan="2">인사혁신처 소청심사위원회</td></tr>
<tr><td colspan="2">특수경력직</td><td colspan="3">원칙적으로 소청대상에 포함되지 않음</td></tr>
<tr><td rowspan="4">지방공무원</td><td rowspan="3">경력직</td><td rowspan="2">일반</td><td colspan="3">각 시 · 도 지방공무원 소청심사위원회</td></tr>
<tr><td colspan="3">교육소청심사위원회(지방직 교육직렬)</td></tr>
<tr><td>특정직</td><td>지방소방공무원</td><td colspan="2">지방공무원 소청심사위원회</td></tr>
<tr><td colspan="2">특수경력직</td><td colspan="3">원칙적으로 소청대상에 포함되지 않음</td></tr>
</table>

6. 처리절차

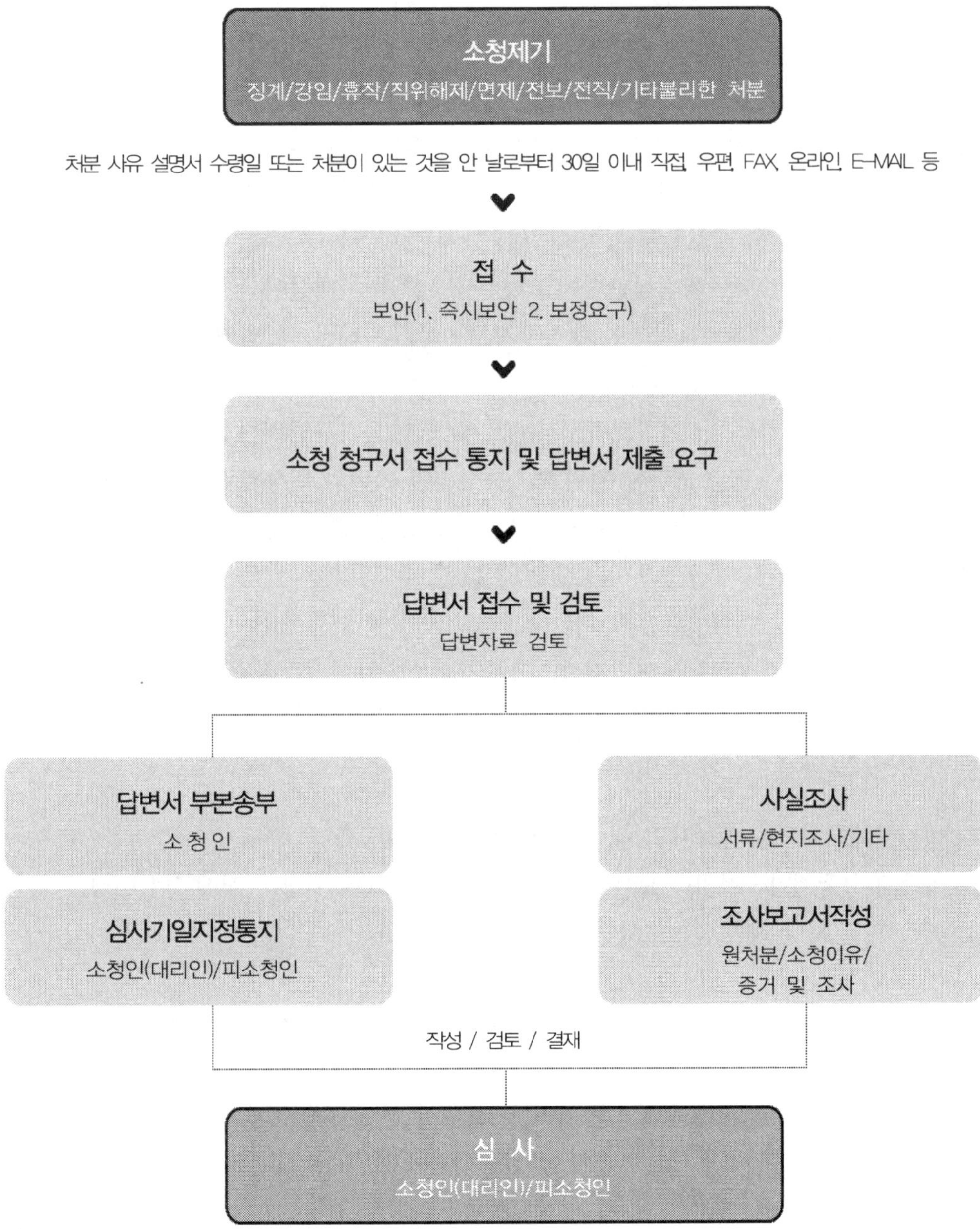
소청제기
징계/강임/휴직/직위해제/면제/전보/전직/기타불리한 처분
처분 사유 설명서 수령일 또는 처분이 있는 것을 안 날로부터 30일 이내 직접, 우편, FAX, 온라인, E-MAIL 등
접 수
보안(1. 즉시보안 2. 보정요구)
소청 청구서 접수 통지 및 답변서 제출 요구
답변서 접수 및 검토
답변자료 검토
답변서 부본송부
소 청 인
심사기일지정통지
소청인(대리인)/피소청인
사실조사
서류/현지조사/기타
조사보고서작성
원처분/소청이유/
증거 및 조사
작성 / 검토 / 결재
심 사
소청인(대리인)/피소청인

Ⅱ. 국가공무원 인사처분에 대한 소청(국가공무원법 第76조, 第9조～第16조)

국가공무원이 징계처분 기타 그 의사에 반하는 불리한 처분이나 부작위에 대하여 불복이 있을 때에는 처분사유설명서를 받은 날부터 30일 이내에 소청심사위원회에 심사를 청구할 수 있다.

소청의 대상은 공무원의 징계처분, 강임 · 휴직 · 직위해제 또는 면직처분 기타 그 의사에 반하는 불리한 처분이나 부작위에 한하는 것이므로 공무원의 신분과는 관계없는 보수부지급, 명예퇴직수당 환수처분, 제안불채택, 변상명령 등에 대하여는 소청을 제기할 수 없다. 따라서 이러한 것 중에서 처분은 행정심판법에 의한 행정심판의 대상이 된다.

소청을 심사결정하게 하기 위하여 행정자치부 · 국회 · 법원 · 헌법재판소 및 선거관리위원회에 각각 소청심사위원회를 둔다.

국회사무처 · 법원행정처 · 헌법재판소사무처 및 중앙선거관리위원회사무처에 설치된 소청심사위원회는 위원장 1인을 포함한 위원 5인 이상 7인 이내의 비상임위원으로 구성하고, 행정자치부에 설치된 소청심사위원회는 위원장 1인을 포함한 5인 이상 7인 이내의 상임위원으로 구성하되, 필요한 경우 약간명의 비상임위원을 둘 수 있다.

소청심사위원회의 위원은 다음의 1에 해당하고 인사행정에 관한 식견이 풍부한 자중에서 국회사무처장 · 법원행정처장 · 헌법재판소사무처장 · 중앙선거관리위원회사무총장 또는 행정자치부장관의 제청으로 국회의장 · 대법원장 · 헌법재판소장 · 중앙선거관리위원회위원장 또는 대통령(국무총리경유)이 임명한다.

1. 법관 · 검사 또는 변호사의 직에 5년 이상 근무한 자
2. 대학에서 행정학 · 정치학 또는 법률학을 담당한 부교수이상의 직에 5년 이상 근무한 자
3. 3급 이상 해당 공무원으로서 3년 이상 근무한 자

공무원인사처분에 대한 행정소송은 소청심사위원회의 심사 · 결정을 거치지 아니하면 이를 제기할 수 없다.

소청제도는 행정심판에 대체되는 것이지만, 특별한 전문성이 요청되는 것은 아니므로 이를 반드시 특별행정심판절차로 할 필요성은 없을 것이다.

Ⅲ. 지방공무원 인사처분에 대한 소청(지방공무원법 제67조, 제13조 ~ 제21조)

지방공무원의 경우에도 국가공무원과 마찬가지로 징계처분 등을 받은 경우에는 소청심사를 청구할 수 있다.

지방소청심사위원회 및 교육소청심사위원회를 둔다. 심사위원회는 위원 7인으로 구성하되, 민간위원이 4인 이상이 되도록 하여야 한다.

위원은 다음의 1에 해당하는 자중에서 시 · 도지사 또는 교육감이 임명 또는 위촉한다. 다만, 인사위원회 위원 · 정당법에 의한 당원 및 지방의회 의원은 심사위원회의 위원이 될 수 없다.

1. 법관 · 검사 또는 변호사의 직에 있는 자
2. 대학에서 법률학을 담당하는 부교수 이상의 직에 있는 자
3. 소속국장급 이상의 공무원

Ⅳ. 교원의 징계재심청구(교원지위향상을위한특별법 제7조 ~ 제10조, 교육공무원법 제53조)

각급학교 교원의 징계처분 기타 그 의사에 반하는 불리한 처분에 대한 재심을 하게 하기 위하여 교육인적자원부에 교원징계재심위원회를 둔다. 재심위원회는 위원장 1인을 포함하여 5인 이상 7인 이내의 위원으로 구성하되, 위원장과 위원중 1인은 상임으로 한다.

재심위원회의 위원(위원장을 포함한다)은 다음의 1에 해당하는 자중에서 교육인적자원부장관의 제청으로 대통령이 임명한다.

1. 판사, 검사 또는 변호사의 직에 5년 이상 재직중이거나 재직한 자
2. 교육경력 10년 이상인 교원 또는 교원이었던 자
3. 교육행정기관의 3급 이상 공무원 또는 3급 이상 공무원이었던 자
4. 사립학교를 설치 · 경영하는 법인의 임원 또는 사립학교경영자
5. 교육기본법 제15조 제1항의 규정에 의하여 중앙에 조직된 교원단체에서 추천하는 자

이 규정은 교육공무원뿐 아니라 사립학교 교원의 인사처분에 대하여도 적용되어 행정청의 처분이 아닌 사항에 대하여 행정심판을 허용하는 특별한 규정이다.

교원이 징계처분 기타 그 의사에 반하는 불리한 처분에 대하여 불복이 있을 때에는 그 처분

이 있은 것을 안 날부터 30일 이내에 재심위원회에 재심을 청구할 수 있으며, 재심위원회는 재심청구를 접수한 날부터 60일 이내에 이에 대한 결정을 하여야 한다. 다만, 재심위원회가 불가피하다고 인정하는 경우에는 그 의결로 30일을 연장할 수 있다.

교원은 재심위원회의 결정에 대하여 그 결정서의 송달을 받은 날부터 60일 이내에 행정소송법이 정하는 바에 의하여 소송을 제기할 수 있다.

노동조합및노동관계조정법 제81조 제1호 및 제5호의 규정에 의한 행위로 인하여 교원이 해고 기타 불이익을 받은 것을 이유로 당해 교원 또는 노동조합이 노동위원회에 그 구제를 신청한 경우에는 교원징계재심위원회에 재심을 청구할 수 없다.

Ⅴ. 소방공무원 인사처분에 대한 소청(소방공무원법 제21조)

징계처분을 받은 소방공무원은 처분사유설명서를 교부받은 교부받은 날부터 30일 이내에, 그 밖에 그 의사에 반한 불리한 처분을 받은 소방공무원은 그 처분이 있은 것을 안 날부터 30일 이내에 국가소방공무원은 행정자치부장관을 거쳐 국가공무원법에 의하여 설치된 소청심사위원회에, 지방소방공무원은 지방공무원법에 의하여 설치된 지방공무원소청심사위원회에 각각 이에 대한 심사를 청구할 수 있다.

Ⅵ. 전투경찰대의 징계처분에 대한 소청(전투경찰대설치법 제6조)

징계처분을 받고 처분에 불복하는 자의 소청은 각기 소속에 따라 당해 전투경찰대가 소속된 기관에 설치된 경찰공무원 징계위원회에서 이를 심사한다.

징계처분기관에서 소청심사를 담당하는 것은 심판기관의 독립성이 없어 행정심판으로서의 요건을 갖추었는지 문제된다고 하겠다.

Ⅶ. 군인 · 군무원 인사처분에 대한 소청(군인사법 제50조 ~ 제51조의2, 군무원인사법 제34조 ~ 제35조의2)

장교 · 준사관 및 부사관은 위법 · 부당한 전역 · 제적 및 휴직 등 그 의사에 반한 불리한 처분(징계처분을 제외한다)에 대하여 불복이 있는 때에는 그 처분이 있음을 안 날부터 30일 이내에 이에 대한 심사를 소청할 수 있다.

장교 및 준사관의 소청을 심사하기 위하여 국방부에 중앙군인사소청심사위원회를, 부사관의 소청을 심사하기 위하여 각군 본부에 군인사소청심사위원회를 둔다. 중앙군인사소청심사위원회 및 군인사소청심사위원회는 장교 5인 이상 9인 이내의 위원으로 구성한다. 이 경우 위원중 1인은 군법무관인 장교로 하여야 한다.

전역 또는 제적과 징계 및 휴직 기타 본인의 의사에 반한 불리한 처분에 관한 행정소송은 소청심사위원회 또는 항고심사위원회의 심사 · 결정을 거치지 아니하면 이를 제기할 수 없다.

Ⅷ. 군인 · 군무원 징계처분에 대한 항고(군인사법 제60조, 제60조의2, 군무원인사법 제42조, 제43조)

징계처분을 받은 자는 당해 처분이 위법 또는 부당하다고 인정할 때에는 그 처분의 통지를 받은 날부터 30일 이내에 징계권자의 차상급부대 또는 기관의 장(국방부장관이 징계권자인 경우에는 국방부장관)에게 항고할 수 있다.

징계처분에 대한 항고를 심사하기 위하여 징계권자의 차상급부대 또는 기관에 항고심사위원회를 둔다. 다만, 국방부장관이 징계권자인 경우와 국방부장관에게 항고한 경우에 이를 심사하기 위한 항고심사위원회는 국방부에 둔다. 항고심사위원회는 장교 5인 이상 9인 이내의 위원으로 구성한다. 이 경우 위원중 1인은 군법무관 또는 법률에 소양이 있는 장교로 하여야 한다.

Ⅸ. 선거소청

1. 공직선거및선거부정방지법(제219조~제221조)

지방의회의원 및 지방자치단체의 장의 선거에 있어서 선거의 효력에 관하여 이의가 있는 선거인 · 정당 또는 후보자는 선거일부터 14일 이내에 당해 선거구선거관리위원회위원장을 피소청인으로 하여 지역구시 · 도의원선거, 자치구 · 시 · 군의원선거 및 자치구 · 시 · 군의 장 선거에 있어서는 시 · 도선거관리위원회에, 비례대표시 · 도의원선거 및 시 · 도지사선거에 있어서는 중앙선거관리위원회에 소청할 수 있다.

지방의회의원 및 지방자치단체의 장의 선거에 있어서 당선의 효력에 관하여 이의가 있는 정당 또는 후보자는 당선인결정일부터 14일 이내에 지역구시 · 도의원선거, 자치구 · 시 · 군의원선거 및 자치구 · 시 · 군의 장선거에 있어서는 시 · 도선거관리위원회에, 비례대표시 ·

도의원선거와 시 · 도지사선거에 있어서는 중앙선거관리위원회에 소청할 수 있다.

소청을 접수한 중앙선거관리위원회 또는 시 · 도선거관리위원회는 소청을 접수한 날부터 60일 이내에 그 소청에 대한 결정을 하여야 한다.

선거소청에 관하여는 이 법에 규정된 것을 제외하고는 행정심판법을 준용한다.

2. 지방교육자치에관한법률(제129조)

교육위원 및 교육감선거에 있어서 선거의 효력에 관하여 이의가 있는 선거인 또는 후보자는 선거일부터 14일 이내에 당해 선거구선거관리위원회위원장을 피소청인으로 하여 교육위원선거의 경우에는 시 · 도선거관리위원회에, 교육감선거의 경우에는 중앙선거관리위원회에 소청할 수 있다.

교육위원 및 교육감선거에 있어서 당선의 효력에 관하여 이의가 있는 후보자는 당선인결정일부터 14일 이내에 당선인 또는 당해 선거구선거관리위원회위원장을 각각 피소청인으로 하여 교육위원선거의 경우에는 시 · 도선거관리위원회에, 교육감선거의 경우에는 중앙선거관리위원회에 소청할 수 있다.

선거소청에 관하여는 이 법에 규정된 것을 제외하고는 행정심판법을 준용한다.

교육위원 및 교육감선거에 있어서 당선의 효력에 관한 제130조의 결정에 불복이 있는 소청인 또는 당선인인 피소청인은 당선인을 피고로 하여 그 결정서를 받은 날부터 10일 이내에, 제130조 제1항의 기간 내에 결정하지 아니한 때에는 그 기간이 종료된 날부터 10일 이내에 교육위원선거에 있어서는 그 선거구를 관할하는 고등법원에, 교육감선거에 있어서는 대법원에 소를 제기할 수 있다.

3. 청구인서명부에 대한 이의신청(주민투표법 제12조 제4항)

청구인서명부의 서명에 대하여 이의가 있는 자는 청구인서명부의 공람기간 내에 지방자치단체의 장에게 이의를 신청할 수 있다.

그러나 이는 행정청의 처분에 대한 것이 아니므로 행정심판의 대상은 아니다.

4. 주민투표소청(주민투표법 제25조)

주민투표의 효력에 관하여 이의가 있는 주민투표권자는 주민투표권자 총수의 100분의 1 이상의 서명으로 주민투표결과가 공표된 날부터 14일 이내에 관할 선거관리위원회위원장을 피소청인으로 하여 시 · 군 · 자치구에 있어서는 시 · 도선거관리위원회에, 시 · 도에 있어서는 중앙선거관리위원회에 소청할 수 있다.

5. 관련서식 등

가. 행정심판

(1) 기 재 례

피청구인이 20○○. ○. ○. 소청인에 대하여 한 자로 한 ○월의 감봉처분을 취소한다.

피청구인이 20○○. ○. ○. 결정한 청구인에 대한 파면(해임)처분을 취소한다.

(2) 관련서식

[서식 203] 소청심사청구서

소청심사청구서

1. 사 건 명 : 감봉 1월 처분 취소청구,
감봉 1월 및 징계부가금 1배 처분 취소청구

※ 사건명은 ○○ 처분 취소, 감경, 취소 또는 감경, 무효확인 중 선택
예시) 감봉 1월 처분 취소 또는 감경청구, 견책처분 감경청구,
○○ 처분 취소청구, ○○ 처분 무효확인청구,
○○ 및 징계부가금 ○배 처분 취소청구

2. 소 청 인

성 명	홍 길 동 (한자 : 洪吉童)
주민등록번호	800101 – 1234567 (○○세)
소 속	○○지방경찰청 ○○경찰서
직(계)급	경 위
주 소	○○시 ○구 ○○로 0, 101동 101호(○동, ○○아파트) (우편번호 : 12345)

전자우편(e-mail)	abcdefg@korea.kr
전화번호	– 자택 또는 직장 : 02–123–1234 – 휴대전화 : 010–1234–5678 ※ 휴대전화 문자메시지(SMS)수신 동의 여부 : 동의함( ), 동의안함( )
대리인(선임시 기재)	변호사 홍길순

3. **피소청인** :
※ 처분사유설명서의 처분권자(대통령인 경우 제청권자)
예시) ㅇㅇ장관, ㅇㅇ처장, ㅇㅇ청장, ㅇㅇ지방경찰청장, ㅇㅇ경찰서장 등

4. **소청의 취지** : 피소청인이 20ㅇㅇ. ㅇ. ㅇ. 소청인에게 한 감봉 1월 처분의 취소 또는 감경을(를) 구함.
※ 징계부가금 처분도 함께 소청심사을 청구 경우
예시) 피소청인이 20ㅇㅇ. ㅇ. ㅇ. 소청인에게 한 감봉1월 및 징계부가금 1배 처분의 취소 또는 감경 을(를) 구함.

5. **처분사유설명서 수령일** : 년 월 일

6. **희망 심사시기** : 빨리( ), 늦게*( ), 의견 없음( )
* '늦게'로 표기한 경우 구체적인 희망시기와 사유 기재(법원명 사건번호, 희망시기, 사유)

7. **소청이유** : 별지로 작성

8. **입증자료** :
가. 인사발령통지서
나. 처분사유설명서(징계의결서 포함)
다. 소청 이유에 대한 입증서류(있을 경우)

위와 같이 청구합니다.

20ㅇㅇ. ㅇ. ㅇ.

위 청구인 홍 길 동 (서명 또는 인)

인사혁신처 소청심사위원회 위원장 귀하

[서식 204] 소청심사청구서

소 청 심 사 청 구 서

1. **사 건** : 해임처분취소 또는 감경청구

2. **소 청 인** : 성 명 홍 길 동
소 속 경기 ○○경찰서 경무과
직 급 경정
주 소 경기도 ○○시 ○○동 ○○○
주민등록번호 ○○○○○○-○○○○○○○

3. **피소청인** : 행정자치부장관

4. **소청의 취지** : 피소청인 20○○. ○. ○. 소청인에 대하여 한 해임처분에 대하여 이의 취소를 구함

5. **소청 이유**

가. 본건 징계의결서에는 소청인이 복무규율을 담당하는 경무과장으로서 청렴한 공직풍토조성과 품위유지에 솔선수범해야 할 의무가 있음에도 ○○파출소장 경위 김갑동 외 3명의 부하직원으로부터 4회에 걸쳐 6,400,000원 상당의 금품을 수수하였다고 인정한 부분과

나. 3년여 전부터 우연히 알게 된 ○○시 ○○동 ○○○주 성춘향 여인과 불륜관계를 지속하고 있다는 의혹과 비난을 받는 등 품위를 손상했다는 비위에 대하여는

다. 평소 금품수수와 여자관계에 있어서 아무런 물의와 잡음이 없었던 소청인을 허무맹랑한 무기명 투서를 근거로 하여 경찰청 감찰과 경감 ○○○외 4명이 20○○. ○. ○.부터 ○○경찰서 관내에 상주하면서 소청인과 관련된 업무의 부서는 물론 각과 및 지구대, 치안센터, 파출소에 대하여 집중감찰을 실시, 비위를 적발한 다음 적발당한 당사자에게 경무과장 홍길동의 비위를 진술하면 적발된 비위를 봐주고 그렇지 않으면 면직 또는 인사조치 시키겠다고 위협함은 물론, 당사자들이 현지에서 졸도하여 병원에 입원하는 등의 강압적인 방법으로 진실 내용과는 전혀 다른 왜곡된 진술조서를 작성하여 소청인의 비위가 진실인 것처럼 하여 일반적으로 처리된 부당한 징계처분임으로 이 사실에 대하여 다음과 같이 소명코져 합니다.

(1) ○○파출소장 경위 김갑동 외 3명의 부하직원들로부터 4회에 걸쳐 6,400,000원 상당의 금품을 수수하였다고 인정하고 있는 점에 대하여

- 이하 생략 -

라. 소청인을 공무원의 신분을 박탈케 하는 무거운 징계인 해임처분을 하여 놓고도 징계의결이유서에 25년간 징계처분 없이 성실히 근무한 정상을 참작한다고 하고도 경찰공무원징계양정규정에 감경 사유로 되어 있는 옥조근정훈장을 받은 사실조차 누락시켜 의도적으

로 무거운 징계처분을 받도록 한 것은 부당하며

이상과 같은 사유로 해임처분에 대하여 취소 또는 감경을 요구합니다.

입 증 자 료

1. 증 제1호 증 자술서 1통

첨 부 서 류

- 생 략 -

위와 같이 청구합니다.

20○○. ○. ○.

위 청구인 홍 길 동 (인)

소청심사위원회 위원장 귀하

소청심사 청구시 제출서류 – 각 2부 제출

징계처분 및 징계부가금

① 소청심사청구서(서명 포함)

② 징계처분 인사통지서

③ 징계처분사유설명서

④ 징계의결서 사본

⑤ 기타 본인이 소청 이유에서 적시하거나 주장하는 사실 또는 논거에 대한 입증 서류나 자료 (예 : 대법원 판결문 사본, 표창장 사본, 탄원서 등)

⑥ 납입고지서(징계부가금 처분의 경우에만 해당됨)

처분사유설명서가 교부되는 그 밖에 그 의사에 반하는 불리한 처분(직위해제 · 강임 · 휴직 · 면직)

① 소청심사청구서(서명 포함)

② 인사발령통지서(공문)
③ 처분사유설명서
④ 기타 본인이 소청 이유에서 적시하거나 주장하는 사실 또는 논거에 대한 입증 서류나 자료

처분 사유 설명서가 교부되지 않는 그 밖에 그 의사에 반하는 불리한 처분 또는 부작위
① 소청심사청구서(서명 포함)
② 처분 또는 부작위에 대한 증빙서류(공문 등)
③ 기타 본인이 소청 이유에서 적시하거나 주장하는 사실 또는 논거에 대한 입증 서류나 자료

[서식 205] 소청심사청구서 – 감봉처분취소

소 청 심 사 청 구 서

소 청 인　　ㅇ ㅇ ㅇ (ㅇㅇㅇㅇㅇㅇ-ㅇㅇㅇㅇㅇㅇㅇ)　(전화 :　　　)
　　　　　　ㅇㅇ시 ㅇㅇ구 ㅇㅇ동 ㅇㅇ　　　　　(우 :　　　)
　　　　　　소 속 : ㅇㅇ경찰서
　　　　　　직 명 : ㅇ ㅇ

피소청인　　ㅇㅇ지방경찰청장

소 청 취 지

피소청인이 20ㅇㅇ. ㅇ. ㅇ. 소청인에 대하여 한 감봉 3월의 징계처분을 취소한다.
라는 재결을 구합니다.

소 청 이 유

1. 처분의 경위

가. 소청인은 20ㅇㅇ. ㅇ. ㅇ.부터 ㅇㅇ경찰서 ㅇㅇ과 ㅇㅇ계에 근무하는 자로서, 20ㅇㅇ. ㅇ. ㅇ. 23 : 20 경 서울 ㅇㅇ구 ㅇㅇ동 소재 ㅇㅇ사거리 부근에서 음주단속을 피하기 위하여 신호위반을 하고 도주하다가 순찰차에 검거된 김ㅇㅇ를 순찰차로부터 인수하여 후에 사례를 하겠다고 하면서 연락처를 알려주자 단속을 하지 않고 훈방한 후 선처의 대가로 금 100,000원을 받았으며,

나. 부하 경찰관 이ㅇㅇ가 위 같은 날 22:10 경 관할구역 내 소재 ㅇㅇ교통주식회사 전무로부

터 식사비 명목으로 금 7만원을 직무와 관련하여 수수한 비위로 감봉 1월의 징계처분을 받은 데 대한 감독자로서 평소 부하 경찰관에 대한 교양감독을 소홀히 한 잘못이 있다 하여,

다. 국가공무원법 제56조, 동법 제61조, 제1항에 위배되어 동법 제78조 제1항 제1호, 제2호에 해당하는 징계사유라 하여 20○○. ○. ○. 감봉 3월의 징계처분을 하였습니다.

2. 이 사건 처분의 위법, 부당성

가. 소청인은 위 김○○로부터 위 금 100,000원을 받은 사실이 없음에도 부당하게 이 건 징계를 하였으므로 이를 밝히기 위해 위 김○○와 대질심문을 요구하였으나 거부되었으며,

나. 소청인이 금품수수사실을 시인하지 않았음에도 위 김○○에게는 소청인이 금품을 수수한 사실을 시인하였으므로 이를 시인하지 않으면 좋지 못할 것이라고 협박·회유하여 김○○로 하여금 허위의 진술을 하게 하였으며,

다. 위 김○○에 대하여 음주측정을 한 결과 혈중 알콜수치가 0.02%로 단속수치에 미치지 않아 금품을 수수할 이유가 없으며,

라. 위 김○○가 금품을 지급했다고 진술하는 경찰관에 대한 인상착의 등이 소청인의 인상착의와는 전혀 다르고,

마. 부하 경찰관 이의 금품수수행위에 대해서는 소청인이 책임질 사안이 아니라고 할 것이며,

바. 그럼에도 불구하고 소청인을 감봉 3월의 처분을 한 것은 사실을 오인하거나 재량권을 일탈한 것으로서 위법하다 할 것입니다.

입 증 방 법

1. 소갑 제1호증	증인 ○○○의 진술서
1. 소갑 제2호증	증인 ○○○의 대화내용 녹취서
1. 소갑 제3호증	차량사진

첨 부 서 류

1. 위 입증방법	각1통
1. 심판청구서 부본	1통

20○○. ○. ○.

위 소청인 ○ ○ ○ (인)

행정안전부 소청심사위원회 귀중

소청심사 청구시 제출서류 – 각 2부 제출

징계처분 및 징계부가금

① 소청심사청구서(서명 포함)
② 징계처분 인사통지서
③ 징계처분사유설명서
④ 징계의결서 사본
⑤ 기타 본인이 소청 이유에서 적시하거나 주장하는 사실 또는 논거에 대한 입증 서류나 자료 (예 : 대법원 판결문 사본, 표창장 사본, 탄원서 등)
⑥ 납입고지서(징계부가금 처분의 경우에만 해당됨)

처분 사유 설명서가 교부되는 그 밖에 그 의사에 반하는 불리한 처분(직위해제 · 강임 · 휴직 · 면직)

① 소청심사청구서(서명 포함)
② 인사발령통지서(공문)
③ 처분사유설명서
④ 기타 본인이 소청 이유에서 적시하거나 주장하는 사실 또는 논거에 대한 입증 서류나 자료

처분 사유 설명서가 교부되지 않는 그 밖에 그 의사에 반하는 불리한 처분 또는 부작위

① 소청심사청구서(서명 포함)
② 처분 또는 부작위에 대한 증빙서류(공문 등)
③ 기타 본인이 소청 이유에서 적시하거나 주장하는 사실 또는 논거에 대한 입증 서류나 자료

[서식 206] 소청심사청구서 – 파면처분취소

소 청 심 사 청 구 서

청 구 인　　홍 길 동 (○○○○○○-○○○○○○○)　　(전화 :　　　)
　　　　　　소 속 : ○○시청 ○○과
　　　　　　○○시 ○○구 ○○동 ○○○　　(우 :　　　)

피청구인　　○○시장

파면처분취소심판 청구

심판청구의 내용 : '청구인을 파면에 처한다'라는 처분의 내용
(징계처분 사유설명서를 통지받은 날 : 20○○. ○. ○.)

신 청 취 지

피청구인이 20○○. ○. ○.결정한 청구인에 대한 파면처분은 이를 취소한다.
라는 재결을 구합니다.

심판청구의 이유

1. 이건 징계의결 이유서에서 심판청구인 ○○○은 20○○. ○. ○. ○○에서 ○○건설회사 과장 김○○으로부터 식사비 명목으로 ○○○원을 받은 등 총 ○회에 걸쳐 합계 금 ○○○만원을 직무와 관련하여 금품을 수수하였다고 하였는바, 이는 사실과 전혀 다른 내용임과 동시에 의결내용도 청구인에게는 심히 과다하여 재량권을 일탈한 행위라 아니할 수 없습니다.
2. 청구인은 이건 금품수수에 관하여는 위 김○○으로부터 직무와 관련하여 직·간접적으로 어떠한 대가도 요구받은 사실이 없으며, 단지 ○○건설회사 과장 김○○은 청구인과 평소 친하게 지내는 사이로 같이 서너 차례 식사를 하였던 것이며, 청구인이 금품을 수수한 사실은 전혀 사실과 다릅니다.
3. 이는 ○○건설회사 과장 김○○의 사실확인서 및 함께 같은 장소에서 식사를 자주 해왔던 청구외 이○○의 사실확인서가 이를 입증해 주고 있듯이 직무와 관련하여서는 어떠한 향응이나 대가를 받은 적이 없습니다.
4. 따라서 청구인은 피청구인이 결정한 파면처분에 대하여 심히 부당하므로 신청취지와 같은 심판을 구하고자 본 청구에 이르게 된 것입니다.

입 증 방 법

1. 소갑 제1호증 자술서
1. 소갑 제2호증 사실확인서
1. 소갑 제3호증 징계사유설명서
1. 소갑 제4호증 주민등록증

첨 부 서 류

1. 위 입증서류 사본 각1통
1. 주민등록초본 1통
1. 심판청구서 부본 1통

20○○. ○. ○.

위 청구인 홍 길 동 (인)

○○ 시장 귀하

소청심사 청구시 제출서류 – 각 2부 제출

징계처분 및 징계부가금

① 소청심사청구서(서명 포함)

② 징계처분 인사통지서

③ 징계처분사유설명서

④ 징계의결서 사본

⑤ 기타 본인이 소청 이유에서 적시하거나 주장하는 사실 또는 논거에 대한 입증 서류나 자료 (예 : 대법원 판결문 사본, 표창장 사본, 탄원서 등)

⑥ 납입고지서(징계부가금 처분의 경우에만 해당됨)

처분 사유 설명서가 교부되는 그 밖에 그 의사에 반하는 불리한 처분(직위해제 · 강임 · 휴직 · 면직)

① 소청심사청구서(서명 포함)

② 인사발령통지서(공문)

③ 처분사유설명서

④ 기타 본인이 소청 이유에서 적시하거나 주장하는 사실 또는 논거에 대한 입증 서류나 자료

처분 사유 설명서가 교부되지 않는 그 밖에 그 의사에 반하는 불리한 처분 또는 부작위

① 소청심사청구서(서명 포함)

② 처분 또는 부작위에 대한 증빙서류(공문 등)

③ 기타 본인이 소청 이유에서 적시하거나 주장하는 사실 또는 논거에 대한 입증 서류나 자료

[서식 207] 답 변 서

답 변 서

1 소청사건 표시

○ 사건번호 : 20○○-○○○

* 답변자료 요구공문에 기재된 사건번호 참조

○ 사 건 명 : 예) 파면 처분 취소 또는 감경 청구

○ 소 청 인 : 소속, 직(계)급, 성명

○ 피소청인 : ○○○○장

- 피소청인 대리인 : 소속, 직(계)급, 성명, 연락처

○ 처 분 일 : 20○○. ○. ○.

○ 처분사유설명서 교부일 : 20○○. ○. ○.

* 처분사유설명서를 교부하지 않는 처분의 경우 소청인이 처분이 있음을 안 날

○ 소청심사청구일 : 20○○. ○. ○.

* 답변자료 요구공문 참조

2 적발(인지)경위

※ 해당사항 없을 경우 '해당 없음'으로 작성

○ 도박

- 도박사건에 대한 ○○경찰서 수사 시 소청인이 자신의 신분을 밝혔고, ○○경찰서에서 소청인의 근무처로 공무원범죄 수사개시 통보(관련자료 첨부)

○ 음주운전사고

- 피해 운전자가 사고현장에서 112에 신고(관련자료 첨부)

3 사실관계 세부경위

※ 징계사유별, 일자별, 시간대별로 사건전개 등을 자세히 작성

※ 아래 자료는 작성예시이므로 소청사건의 유형 및 성격에 맞게 변형하여 작성 요망

〈징계사유 1 : 도박〉

○ 20○○. ○. ○. 19:00경

- 소청인이 중학교 동기인 ○○○(남, 45세) 등 4명과 함께 ○○동 소재 ○○식당에서 망년회 모임을 가짐

○ 20○○. ○. ○. 21:00경

- 소청인 일행이 1차 모임을 마치고 2차로 인근에 있는 ○○노래방에 가서 여흥을 즐김

○ 20○○. ○. ○. 22:30경

- 노래방에서 여흥을 즐긴 후 일행 중 1명인 ○○○(남, 45세)가 도보로 10분 거리에 있는 자신의 ○○사무실에 가서 야식을 시켜 먹자고 제의하여 소청인 등 5명이 위 사무실로 이동함

○ 20○○. ○. ○. 22:40경

- ○○사무실에 도착하여 야식으로 술과 안주를 시킨 후 일행 중 1명이 카드를 하자고 제의하자 모두 동의, 출입문을 잠그고 창문을 커튼으로 가린 채 카드도박의 일종인 속칭 '세븐오디'를 시작함

○ 20○○. ○. ○. 23:10경 : 야식 도착(5만원 상당)

※ 출입문 개방 후 다시 잠그지 않았음

○ 20○○. ○. ○. 24:00경

- 익명을 요구한 자가 위 장소에서 도박판이 벌어지고 있다는 내용으로 112에 신고하여 ○○지구대 경찰관 2명이 출동함

○ 20○○. ○. ○. 00:05경

- 소청인 등 5명이 모두 도박현행범으로 체포되어 형사 입건됨(판돈 65만원)

〈징계사유 2 : 음주운전사고〉

○ 20○○. ○. ○. 18:30경

- 주간 당직근무를 마친 소청인이 사무실에서 퇴근, 본인의 승용차(○○수○○○○, 아반떼)를 운전하여 약속장소로 이동

○ 20○○. ○. ○. 19:00경

- 소청인, ○○동 소재 ○○식당에서 사전에 약속한 후배 ○○○를 만나 술을 마심

○ 20○○. ○. ○. 20:00경

- 소청인의 지인 ○○○가 술좌석에 합류

○ 20○○. ○. ○. 22:00경

- 술자리 종료 (3명이 2홉들이 소주 5병을 나누어 마심)

※ 소청인은 2병 정도 마셨다고 진술(주량은 소주 1병)

- 소청인의 후배와 지인은 모두 택시로 귀가, 소청인은 자신의 승용차에 승차하여 시동을 건 상태로 약 1시간 정도 있다가 귀가하기 위해 23:00경 승용차를 운전하여 식당을 출발함

※ 소청인은 대리운전기사를 부르는 등 음주운전을 회피하기 위한 노력을 하지 않았음 (또는, 대리기사를 ○회 자신의 휴대폰으로 요청했으나, 오지 않자 직접 운전)

○ 20○○. ○. ○. 22:25경

- 소청인이 주취상태에서 승용차를 운전 약 1.7km를 진행하던 중, ○○시 ○○동 ○○번지 소재 ○○은행 부근 ○○사거리 ○○시청 방향 편도4차로 중 1차로에서 좌회전 신호

대기중인 차량(○○나○○○○, 에쿠스, 운전자 : ○○○)의 후미를 추돌하여 피해차량 동승자 ○○○에게 약 5주간의 치료를 요하는 인적피해를 입히고, 차량 파손에 따른 900만원 상당의 물적피해를 입히는 교통사고 야기

○ 20○○. ○. ○. 22:35경

- 피해차량 운전자의 112신고로 ○○지구대 경찰관 출동

○ 20○○. ○. ○. 22:55경

- 소청인은 ○○지구대로 연행되었고, 같은 날 23:00경 음주측정한 결과 혈중알코올농도가 0.600%로 나옴

④ 처분경위(형사처분, 징계처분, 기타처분 등)

○ 도박사건 수사 및 형사처분 현황

- 20○○. ○. ○. : 소청인에 대한 피의자신문조서 작성(○○경찰서)
  ※ 소청인이 자신의 신분을 밝힘
- 20○○. ○. ○. : ○○경찰서에서 소청인의 근무처인 ○○로 공무원범죄 수사개시 통보를 함
- 20○○. ○. ○. : 소청인 등 4명에 대하여 불구속 기소의견으로 송치(○○검찰청)
- 20○○. ○. ○. : 소청인 등 4명에 대하여 기소유예 처분(○○검찰청)

〈기소유예 처분사유〉

· 초범이고 사안이 경미하며 피의자들이 깊이 반성하고 있는 점 등을 참작

○ 음주운전사고 수사 및 형사처분 현황

- 20○○. ○. ○. : 소청인에 대한 피의자신문조서 작성(○○경찰서)
- 20○○. ○. ○. : 불구속 기소의견 송치(○○검찰청)
- 20○○. ○. ○. : 벌금 200만원 구약식처분
- 20○○. ○. ○. : 소청인이 정식재판을 청구(○○법원)
- 20○○. ○. ○. : 벌금 300만원 선고(○○법원)

※ 소청인이 항소포기하여 20○○. ○. ○. 벌금 300만원 확정

○ 소청인의 도박 및 음주운전사고 비위사건에 대한 감찰조사, 징계절차 진행

- 20○○. ○. ○. : 소청인에 대한 감찰 진술조서 작성(조사기관명)
- 20○○. ○. ○. : 조사결과 보고(조치건의 : 중징계)
- 20○○. ○. ○. : 중징계 의결 요구(○○ 보통징계위원회)
- 20○○. ○. ○. : 파면 의결(파면 4표, 해임 1표)(○○ 보통징계위원회)
- 20○○. ○. ○. : 파면 인사발령(○○○○장)
- 20○○. ○. ○. : 처분사유설명서 교부*

* 처분사유설명서를 교부하지 않는 처분의 경우에는 처분내용을 통지한 일시 및 방법 등

을 기재

5 관련법령, 규정, 지침, 지시사항 등

○ 징계처분, 형사처분 등과 관련된 법령 등의 조문, 지시사항 등을 기재
※ 지시사항의 경우 내용을 요약하여 기재하고 지시공문을 별도로 첨부

6 징계사유별 소청이유 및 이에 대한 피소청인의 주장

〈징계사유 1 : 도박〉

○ 징계사유 요지(징계의결서 내용 요약 기재)
- 친구 4명과 함께 약 1시간 20분 동안 판돈 65만원의 속칭 '세븐오디' 도박을 한 비위

○ 소청이유에 대한 피소청인 주장

소청이유 (소청이유를 논점별로 요약)	피소청인 주장 (소청이유에 대한 피소청인 주장, 관련 증거자료)
- 도박이 아니라 일회성 오락이었음	- 판돈규모, 형사처분결과, 일회성 오락 여부 판단관련 판례 등을 종합해 볼 때, 소청인의 주장은 이유 없음 * 관련 증거자료 목록
- …………	- ………… * 관련 증거자료 목록

〈징계사유 2 : 음주운전사고〉

○ 징계사유 요지(징계의결서 내용 요약 기재)
- 혈중알코올농도 0.200%의 주취상태에서 약 1.7㎞를 운전하다가 신호대기 중인 차량을 추돌하여 약 5주간의 치료를 요하는 인적피해 및 900만원 상당의 물적피해를 야기한 비위

○ 소청이유에 대한 피소청인 주장

소청이유 (소청이유를 논점별로 요약)	피소청인 주장 (소청이유에 대한 피소청인 주장, 관련 증거자료)
- 술을 깨기 위해 차 안에서 약 1시간 동안 잠을 자는 등 음주운전을 회피하기 위해 노력하였음	- 약 1시간 동안 차 안에 있다가 출발한 것은 음주운전을 회피하기 위한 노력을 한 것이라고 볼 수 없음 * 관련 증거자료 목록
- 대리운전기사를 부르려고 하였으나 휴대폰 배터리가 떨어졌고, 식당도 문을 닫아 부를 수가 없었음	- 대리운전기사를 부를 수가 없었다면 차를 두고 귀가를 했어야 하며, 소청인의 주장은 음주운전을 합리화할 수 있는 이유가 될 수 없음

	* 관련 증거자료 목록
- …………	- ………… * 관련 증거자료 목록

〈징계사유와 직접 관계가 없는 소청이유〉

소청이유(정상참작사항 등)	피소청인 주장
- 약 15년간 성실하게 근무하면서 3개의 감경대상 표창을 수상한 공적이 있는 점, 노부모를 모시며 처와 초등학교에 다니는 자녀 2명을 부양하고 있는 점, 아파트 전세금 대출로 빚이 5천만원이 있는 점 등을 참작해 주길 바람	- (정상참작 주장사항에 의견 또는 조사된 사항을 기재)

7 소청인의 정상관계 자료

항목별	내 용
소청인 (생년월일)	○ ○○○(19**. **. **, ○세)
재직경력	○ 17년 3개월 • 20○○. ○. ○. 순경 임용(특채) • 20○○. ○. ○. 경장(시험) • 20○○. ○. ○. 경사(시험) • 20○○. ○. ○. 경위(심사)
상 훈 (최초 임용 시부터 현재까지 수상한 모든 상훈)	○ 감경대상 : 총 2회 ※ 20○○. ○. ○.자 견책처분 이후 상훈경력임 • 20○○. ○. ○. 경찰청장 (3/4분기 외근실적 우수) • 20○○. ○. ○. 국무총리(모범공무원 표창) ⇒ 본 징계양정 결정시 표창경력을 적용(또는 미적용)함 ○ 비감경대상 : 총 7회 • 지방청장 3회, 경찰서장 3회, 기동대장 1회 ※ 임용이후 총 수상경력 : 18회
징계 전력 (행정상 주의, 경고, 계고 등은 별도 표기)	○ 총 1회 • 20○○. ○. ○. 견책 ⇒ 20○○. ○. ○. 대통령 특별사면 · 처분사유요지 : …… 등 업무를 소홀히 처리한 비위 ※ 경고 2회, 특별교양 1회 • 2005. 3. 20. 서장 경고(당직근무 중 순찰 결략) • 2007. 4. 11. 지방청장 경고(전경 무단이탈 감독 책임) • 2009. 2. 5. 서장 특별교양(무단 외출)

형사처분 전력	○ 총 1회 - 벌금 100만원(20○○. ○. ○. ○○법원, 음주 후 주점 종업원 폭행) ⇒ 20○○. ○. ○. 대통령 특별사면
본건 감독자 문책 현황	○ 1차 감독자 - ○○경찰서 ○○과장 경감 ○○○ ⇒ 경고(20○○. ○. ○.) ○ 2차 감독자 - ○○경찰서장 총경 ○○○ ⇒ 주의(20○○. ○. ○.) ※ 처분요구 중일 경우 : '처분요구 중'으로 기재
본건 관련자 문책 현황	○ 경사 ○○○ : 감봉 3월(… 행위에 동참한 비위) - 경사 ○○○는 소청 미제기 ※ 처분요구 중일 경우 : '처분요구 중'으로 기재

8 입증자료 목록(아래 서식에 따라 별지 작성)

연번	건 명	일련번호(페이지)
1	공무원범죄 수사개시 통보(20○○. ○. ○. ○○경찰서장)	1
2	…	3
…	…	…
11	○○○ 진술조서	30
…	…	…
25	…	195

나. 행정소송

(1) 기 재 례

피고가 20○○. ○. ○. 결정한 청구인에 대한 파면처분은 이를 취소한다.

피고가 20○○. ○. ○. 원고에 대하여 한 감봉 ○월의 징계처분을 취소한다.

(2) 관련서식

[서식 208] 감봉처분 취소청구의 소

소 장

원 고 홍 길 동 (○○○○○○-○○○○○○○) (전화 :)
○○시 ○○구 ○○길 ○○ (우 :)

피 고 ○○시장
○○시 ○○구 ○○길 ○○ (우 :)

감봉처분 취소청구의 소

청 구 취 지

1. 피고가 20○○. ○. ○. 원고에 대하여 한 감봉 2월의 징계처분을 취소한다.
2. 소송비용은 피고의 부담으로 한다.

라는 판결을 구합니다.

청 구 원 인

1. 처분의 경위

가. 원고는 지방직 8급 공무원으로 ○○시 회계과에서 근무하면서 퇴직자에 대한 퇴직금지급 등의 업무를 수행하고 있습니다.

나. 그런데 소외 윤○○이 20○○. ○. ○.에 일용직 영양사로 고용되어 시청식당에서 노무를 제공하던 중 같은 해 ○. ○.에 퇴사하게 되었는데 1년 미만 근무하였으므로 퇴직금 지급규정이 적용되지 않음에도 원고가 퇴직금지급 규정을 잘못 알고 20○○. ○. ○.에 퇴직금 금 1,200,000원을 지급하였습니다.

다. 이후 20○○. ○. ○.에 원고는 소외 윤○○에 대한 퇴직금지급이 잘못된 것임을 알고 소외 윤○○에게 조속한 시일 내에 퇴직금을 반환해줄 것을 전화상으로 수차례에 걸쳐 요구하였으나 윤○○이 차일피일 미루며 퇴직금을 반환하지 않았습니다.

라. 그러던 중 20○○. ○. ○.에 ○○시청의 자체 감사에서 윤○○에 대한 퇴직금이 잘못 지급되었음이 지적되었습니다.

마. 감사실에서는 원고가 윤○○과 고등학교 동기로 절친한 친구사이로서 근무 기간이 1년 미만이므로 퇴직금이 지급되지 않음에도 불구하고 퇴직금을 지급하였고, 원고가 소외 윤○○에 대한 퇴직금환수 노력을 태만히 하였다는 사유로 인사위원회에 징계의결을 요구

하였고 인사위원회는 20○○. ○. ○. 지방공무원법 제69조 제1항 제2호에 해당한다고 보아 원고에 대하여 감봉 2월의 징계처분을 하였습니다.

2. 징계처분의 위법

가. 원고는 19○○. ○. ○.에 ○○시청 9급 공무원으로 채용된 이래 교통과에서 근무하여 오던 중 20○○. ○. ○.에 회계과로 발령 받아 퇴직자에 대한 퇴직금지급 업무를 맡게 되었으며 소외 윤○○에 대한 퇴직금을 지급할 당시에는 업무 파악이 되지 않아 단순 실수로 인하여 윤○○에게 퇴직금을 지급하게 된 것입니다.

나. 원고는 20○○. ○. ○.에 소외 윤○○에 대한 퇴직금이 잘못 지급된 것임을 알았고 이후 소외 윤○○에게 전화상으로 퇴직금을 조속히 반환하도록 요구하였으나 소외 윤○○이 사정이 어렵다며 차일피일 미루곤 하였습니다.

다. 원고는 소외 윤○○이 고등학교 동기로 친구 사이여서 법적 조치를 취하지는 못 하였으나 퇴직금을 환수받기 위해서 수십 차례에 걸쳐 전화로 독촉하고 소외 윤○○의 집에까지 찾아가 독촉한 바가 있습니다.

라. 원고가 소외 윤○○에게 퇴직금을 지급한 것은 원고와 소외 윤○○이 친구사이여서 이득을 주기 위해서 한 것이 아니라 퇴직금 규정을 미처 파악하지 못한 상태에서 단순 실수로 인하여 퇴직금을 지급한 것입니다.

마. 소외 윤○○은 원고가 자신의 일로 감봉처분을 받은 것을 알고는 퇴직금을 즉시 반납하였습니다.

3. 결 론

원고가 규정을 잘못 알고 퇴직금을 지급한 것은 사실이나 이는 오로지 단순 실수로 인한 것이고 소외 윤○○과의 친분에 의하여 이득을 주기 위한 것이 아니었고, 소외 윤○○이 퇴직금을 반납하였으므로 원고에 대한 징계처분은 징계권의 범위에서 벗어난 남용에 해당한다 할 것이므로 원고에 대한 감봉처분은 취소되어야 할 것입니다.

입 증 방 법

1. 갑 제1호증 퇴직금반납확인서

첨 부 서 류

1. 위 입증서류 사본 각 1통
1. 주민등록초본 1통
1. 소장 부본 1통

20○○. ○. ○.

위 원고 홍 길 동 (인)

○○ 지방법원 귀중

[서식 209] 소장 – 파면처분 취소청구의 소

소 장

원 고 홍 길 동 (○○○○○○-○○○○○○○)
○○시 ○○구 ○○동 ○○○
소송대리인 변호사 ○ ○ ○
○○시 ○○구 ○○동 ○○○ (우 :)
(전화 : , 팩스 :)

피 고 ○○지방경찰청장

파면처분 취소청구의 소

청 구 취 지

1. 피고가 20○○. ○. ○.자 ○○군 인사위원회 의결에 의하여 20○○. ○. ○.자로 원고를 파면한 징계처분은 이를 취소한다.
2. 소송비용은 피고의 부담으로 한다.

라는 판결을 구합니다.

청 구 원 인

1. 원고는 20○○. 10. 20.부터 20○○. ○. ○.까지 사이에 ○○지방경찰청 교통과 ○○면허시험장에서 근무하였는데 위 면허시험장에서 20○○. ○. ○.까지는 기능시험장의 출입자통제 업무를, 그 이후에는 면허취소 및 행정소송 수행업무를 담당하다가, 20○○. ○. ○.부터 20○○. ○. ○.까지 ○○경찰서 수사과에서 근무해 온 사실, 전남 ○○군 일대에 거주하는 주민들 중 많은 사람이 ○○시내 거주자인 양 위장 전입한 다음 ○○에서 운전면허증을 부정발

급받았다는 첩보를 전남 ○○경찰서로부터 통보받은 ○○지방경찰은 전직 경찰관으로서 퇴직 후 사단법인 경찰공제회 소속 ○○지부 임시직원으로 근무하면서 자판기 관리요원으로 ○○면허시험장 내에 있는 자판기관리업무에 종사하던 소외 박○○을 조사한 결과 위 박○○이 20○○. ○.경 ○○시험장 옆에서 당시 ○○면허시험장에서 근무하고 있던 원고에게 금 1,000,000원을 주고 강○○의 운전면허증을 발급해 달라고 부탁한 후 원고로부터 위 강○○의 운전면허증을 발급받았다는 진술을 받아내고는 20○○. ○. ○. 05:00경 원고를 ○○지방경찰청 수사과로 연행하여 그 다음날 05:00경까지 철야조사하였다고 주장하는 20○○. ○.은 원고가 ○○면허시험장에서 근무할 때에도 운전면허증발급업무와 무관한 업무에 종사하였다는 점을 들어 시종일관 자신에 대한 협의사실을 부인한 사실이 있습니다.

2. 이에 ○○지방경찰청 수사과 소속 경찰관들은 같은 달 ○. 05:00 원고를 귀가조치하면서 같은 날 09:00까지 다시 출석하라는 고지를 한 사실, 당시 ○○지방경찰청에는 관내에 대규모 ○○면허시험장 운전면허부정발급사건이 발생하여 분위기가 극도로 긴장되어 있었던 만큼 ○○지방경찰청 수사과 수사 1계 소속경찰관들이 원고를 조사하면서 원고에게 자백을 강요하자 원고는 경찰관 생활에 환멸을 느끼고는 귀가 후 ○○경찰서 경무과장 유○○ 경정에게 사유를 말하고 휴가신청을 하였으나 위 유○○은 원고가 수사계류 중에 있어 원고의 연가신청을 허가할 수 없다고 하자 원고는 근무지인 ○○경찰서에 출근하거나 ○○지방경찰서 수사 1개의 재출석 요구에 응하였다가는 억울한 누명을 쓸 우려가 있다고 판단하고는 직장을 이탈하여 부산, 창원, 마산 등지의 친척들 집에서 피신해 있다가 보름만에 집에 돌아와 보니 이미 피고는 원고가 직장이탈을 한지 7일째 되는 같은 달 ○. 원고를 파면한 사실, 그 후 위 정○○이 유죄판결을 받자 원고는 같은 해 ○. ○. ○○지방경찰청 수사 1계로 출석하여 다시 조사를 받기 시작하여 20○○. ○. ○. 소외 강○○에 대한 부정면허발급과 관련한 원고에 대한 수뢰 후 부정처사 및 뇌물공여혐의에 대하여 ○○지방검찰청에서 무혐의처분을 받았고, 20○○. ○. ○.부터 이 사건 처분일은 20○○. ○. ○.까지 21년 남짓 경찰관으로 재직하면서 경찰청표창을 비롯하여 20회의 표창을 받은 바 있고, 징계처분을 받은 전력은 없었고, 앞 서 본바와 같이 원고에 대하여 한 징계비위는 직장이탈로서 이는 경찰공무원으로서의 성실의무, 직장이탈금지의무에 위배되는 행위라 할 것이나, 공무원징계양정등에관한규칙(1981. 7. 14. 총리령 제251호)은 징계양정의 기준으로 성실의무위반(직무태만)에 대하여 비위의 도가 중하고 고의가 있는 경우 파면에 처하도록 하고, 비위의 도가 경하고 고의가 있는 경우 해임에 처하도록 하고, 직장이탈금지위반에 대하여 비위의 도가 중하고 고의가 있는 경우 파면 또는 해임에 처하도록 하고, 비위의 도가 경하고 고의가 있는 경우 정직에 처하도록 하고(제2조 제1항), 6급 이하 공무원이 중앙행정기관장인 청장(차관급상당 기관장을 포함한다) 이상의 표창을 받은 경우 징계양정감경기준에 따라 징계를 감경할 수 있도록 규정하고 있으며(제4조 제1항 제2호), 원고가 이전에 징계처분을 받은 전력도 없으며, 재직 중 표창경력이 다수 있는 점을 등을 감안하여 보면, 위에서 인정된 정도의 원고의 비위사실에 대하여 징계처분 중 가장 중한 파면을 선택함은 그 징계양정이 과도하게 무거운 경우에 해당된다 할 것입니다.

3. 따라서 원고는 이에 불복이므로 ○○지방경찰청 징계처분통보서와 징계사유설명서 및 소청심사위원회에 결정서 등을 첨부하여 청구취지와 같은 판결을 구하고자 본 소 청구에 이른 것입니다.

입 증 방 법

1. 갑 제1호증의 1 내지 21　　각 표창장

그 밖의 입증서류는 변론시 제출하겠습니다.

첨 부 서 류

1. 위 입증서류 사본	각 1통
1. 주민등록초본	1통
1. 소장부본	1통
1. 위임장	1통

20○○. ○. ○.

위 원고 소송대리인 변호사 ○ ○ ○ (인)

○○지방법원 귀중

[서식 210] 소장 – 파면처분 취소청구의 소

소 장

원 고　홍 길 동 (○○○○○○-○○○○○○○)
○○시 ○○구 ○○로 12(○○동)
소송대리인 변호사 ○○○
○○시 ○○구 ○○로 23(○○동)　(우 ○○○○○)
(전화 1234-5678, 팩스 1234-6789)

피 고　서울지방경찰청장

파면처분 취소청구의 소

청 구 취 지

1. 피고가 20○○. ○. ○. 원고에 대하여 한 파면처분(행정안전부 소청심사위원회에서 해임처분으로 변경)은 이를 취소한다.
2. 소송비용은 피고의 부담으로 한다.

라는 판결을 구합니다.

전 심 절 차

가. 20○○. ○. ○. 서울지방경찰청 경찰공무원 보통징계위원회에서 파면처분의결
나. 20○○. ○. ○. 파면처분
다. 20○○. ○. ○. 행정안전부 소청심사위원회에서 해임처분으로 변경
라. 20○○. ○. ○. 위 해임처분의 결정통지서 수령

청 구 원 인

피고는 원고에게 국가공무원법 제78조 제1항 제1호, 제2호, 제3호에 해당하는 사유가 있다하여 20○○. ○. ○. 서울지방경찰청 경찰공무원 보통징계위원회의 의결을 거쳐 같은 해 ○. ○. 지에 원고를 파면처분하였습니다.

1. 피고가 원고에게 위 각 징계사유로 내세운 비위는 다음과 같습니다.
   가. 원고는 ○○경찰서 경비과 교통지도계 팀장으로 보직을 받아 근무중이던 20○○. ○. ○.부터 20○○. ○. ○.까지 사이에 부하직원들인 같은 교통지도계 소속 수석교통초소장 경장 홍○운과 같은 소속 순경 정○우 등 8개의 등 교통초소장들이 관내 업체들로부터 공과금명목으로 매월 1초소장 9,000,000원씩을 각출한 합계금 9,000,000원 중 금 6,000,000원씩을 같은 초소장들로부터 제공받아 매월 서울경찰청 교통안전과장에게 금 1,000,000원, 교통관리과장에게 금 800,000원, 소속 경찰서장에게 금 1,000,000원, 합계금 2,800,000원을 상납하고 나머지 금 3,200,000원은 동 교통계 소속의무경찰의 회식비 등에 사용하였고,
   나. 또 원고는 매월 위 홍○운으로부터 금 500,000원씩, 위 정○우 등 초소장 8명으로부터 금 300,000원씩을 상납받아 사비로 사용하였다는 것입니다.
2. 가. 그러나 원고는 부하직원들이 위 홍○운이나 위 정○우 등 초소장으로부터 금품을 수수하여 상납하거나 의경 회식비 등에 사용한 사실도 없거니와 또 이들로부터 금품을 상납받아 사비로 사용한 사실이 없습니다.
   나. 교통지도계 팀장들은 주야없이 근무합니다. 모처럼 밤늦게 집에 갈 때에는 동료직권이나 부하직원들 중 한두 사람이 돈을 거두어 5만원 내지 10만원을 모다 주어 받은 적은 있습니다. 원고도 다른 동료 직원이나 부하직원들이 모처럼 밤늦게 집에 들어갈 때 본인이 받은 것보다 더 많은 금액을 거두어 5, 6만원씩을 호주머니에 넣어 준적이 있습니다.
3. 원고는 중고등학교를 거쳐 ○○대학교 경찰행정학과를 우수한 성적으로 졸업하고 일생을 경찰에 헌신하려고 경찰에 투신하였습니다. 그간 한 번도 어떠한 징계도 받은 바 없이 성심성의

껏 국가에 봉사하여 왔습니다.

4. 이렇게 보면 피고의 원고에 대한 파면처분은 위법부당한 것임이 명백하므로 이를 바로 잡기 위하여 이 사건 청구에 이르렀습니다.

입 증 방 법

1. 갑 제1호증의 1 결정통지서
2 결정

첨 부 서 류

1. 위 입증서류 사본 각 1통
1. 주민등록초본 1통
1. 소장부본 1통
1. 위임장 1통

20○○. ○. ○.

위 원고 소송대리인 변호사 ○ ○ ○ (인)

○○지방법원 귀중

제 4 장 토지수용에 대한 심판절차

Ⅰ. 서 론

1. 토지수용이란

국가나 공공기관에서는 다목적댐을 건설하고 도로, 철도, 항만, 산업단지를 조성하며 주택 건설과 교육시설을 설치하는 등 많은 공익사업을 시행하고 있고, 이러한 공익사업을 시행하기 위하여는 사업에 쓸 토지 등이 필요하기 때문에 국가나 공공단체에서는 이들 토지 등을 취득하기 위하여 토지 물건 등 소유자(이하 "토지소유자"라 한다)와 먼저 매수 협의를 하고 이때에 원만한 협의가 이루어지게 되면 상호간에 계약을 체결하여 필요한 토지 등을 매수하게 된다. 그러나 협의매수가 불가능한 경우도 있으므로 이를 대비하여 사유재산제를 인정하고 있는 모든 민주국가에서는 공익사업 용지를 강제로 취득할 수 있는 토지수용제도를 마련하고 있으며 우리나라에서도 이 제도를 시행하고 있다.

2. 수용 · 이의재결절차

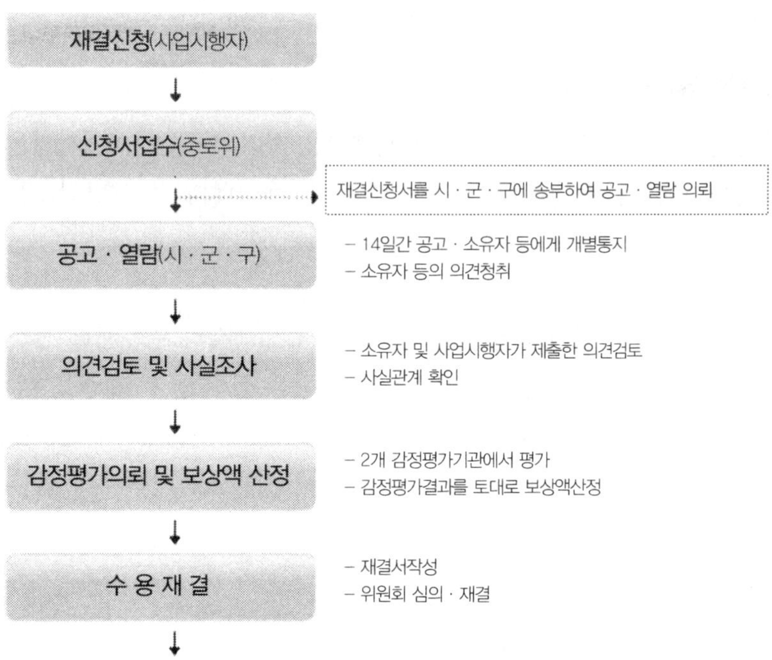

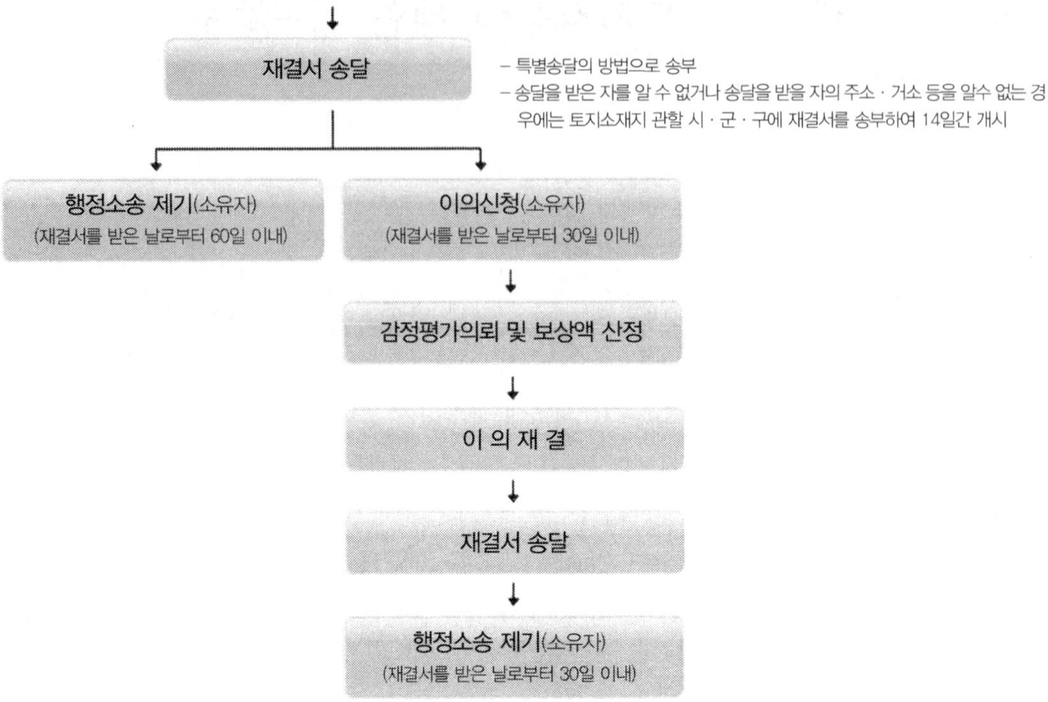

3. 위 원 회

가. 설치목적 및 근거

공익사업에 필요한 토지의 수용 등에 관한 재결을 하기 위하여「공익사업을 위한 토지 등의 취득 및 보상에 관한 법률」제49조의 규정에 의하여 설치된 준사법적 행정기관이다.

나. 역 할

중앙토지수용위원회는 협의보상이 어려울 때 사업시행자의 수용재결 신청이 있는 경우 법적절차에 따라 당사자의 의견을 듣고 관계 자료 등을 심리한 후 재결을 행하는 기관으로서 사업시행자에게는 사업시행을 원활하게 시행할 수 있도록 하고, 토지소유자 등에게는 정당한 보상금을 받을 수 있도록 도와줌으로써 양자의 이해를 조절시켜주는 역할을 하고 있다.

4. 보상기준

가. 토 지

(1) 공시지가

공시지가(매년 1월 1일을 기준으로 전국의 토지 중에서 표준지를 선정하여 가격을 결정 공시함)를 기준으로 감정평가사가 수용대상 토지의 개별적인 특성 등을 비교하여 평가한 가격으로 결정한다. 다만 이때에 당해 공익사업으로 인하여 상승된 지가(개발이익이나 투기가격)는 보상금에서 제외된다(채권보상 사업시행자가 국가나 공공단체인 경우에는 다음의 기준에 따라 채권으로 보상할 수 있다).

(2) 대 상

- 본인이 희망하는 경우
- 부재지주의 토지로서 토지에 대한 보상금이 3천만원을 초과하는 때에 그 초과금액에 대하여 보상하는 경우

  상환기간 : 5년 이내

  채권이율 : 1년 만기정기예금금리 이상

나. 건물 기타 지장물

이전비(해체 + 운반 + 복원)를 보상하는 것이 원칙이며 만약 이전비가 취득가격을 초과하거나 이전이 불가능할 때에는 취득가격으로 보상한다.

다. 영업보상

공익사업의 시행으로 영업장소를 이전하거나 폐업하게 되어 영업상의 손실이 발생하는 경우에는 영업의 종류에 따라 다음 기준에 의한 휴업 또는 폐업보상을 하게 된다

라. 휴업보상

휴업보상의 경우에는 3개월의 범위 내에서 휴업기간 중의 영업이익을 보상하게 된다.

마. 폐업보상

폐업보상의 경우에는 2년간의 영업이익을 보상하게 되나 폐업보상에 해당하는지의 여부는 소유자의 폐업의사에 따라 결정되는 것이 아니고 다음의 요건에 해당되어야 한다.

※ 폐업보상대상

- 다른 장소에 이전하여서는 당해 영업을 할 수 없는 경우
- 다른 장소에서는 당해 영업의 허가를 받을 수 없는 경우
- 주민에게 혐오감을 주는 영업시설로서 다른 장소로 이전 하는 것이 현저히 곤란하다고 시·군·구의 장이 인정하는 경우

바. 권리 및 기타 보상

광업권, 어업권에 대하여는 권리소멸에 따른 보상금을 광업법과 수산업법에서 정하는 기준에 따라 토지보상금과는 별로도 지불한다.

국유지나 공유지를 적법하게 개간 하였을 때에는 개간비를 지불하고, 수확하기 전에 수용한 땅에 심은 농작물이 있을 경우 그 작물에 대하여도 보상금을 지불한다.

사. 사업구역 밖의 보상

공익사업용지로 포함되지는 아니하였으나 사업지구 인근의 농경지(계획적으로 조성한 유실수 단지나 죽림단지 포함)가 사업시행으로 인하여 하천이나 호수 등에 둘러싸여 출입할 수 없는 경우에 소유자가 청구하면 공익사업 시행지구 안에 편입된 것으로 보아 보상을 해줄 수 있다.

공익사업시행지구 인근에 있는 어업에 피해가 발생한 경우 실제피해액을 확인할 수 있는 때에 그 피해에 대하여 보상한다.

아. 영농손실보상

사업지구 내에 편입된 농지에 대하여 도별 연간 농가평균농작물조수입의 2년분을 영농손실액으로 보상한다. 허가 등을 받지 않고 개간한 토지 및 농지가 아닌 토지를 불법으로 형질을 변경하여 경작한 토지는 보상 대상이 되지 아니한다. 농지의 소유자와 실제의 경작자가 다른 경우로서 농지의 소유자가 당해 지역에 거주하는 농민인 경우에는 서로 협의하는 바에 따라 지급하고(협의불성립시 각 50% 지급), 농지의 소유자가 당해 지역에 거주하는 농민이 아닌 경우에는 실제의 경작자에게 지급한다(실제의 경작자는 사업인정고시일, 보상계획공고일 당시의 적법한 경작자를 의미).

Ⅱ. 공익사업을 위한 토지취득 및 보상

1. 재결신청

공익사업을위한토지등의취득및보상에관한법률 제28조~제35조, 제80조[173]에서 사업시행자와 토지소유자간에 협의가 성립되지 아니하거나 협의를 할 수 없는 때에는 사업시행자는 사업인정고시가 있은 날부터 1년 이내에 대통령령이 정하는 바에 따라 관할 토지수용위원회에 재결을 신청할 수 있다.

사업인정고시가 있은 후 협의가 성립되지 아니한 때에는 토지소유자 및 관계인은 서면으로 사업시행자에게 재결의 신청을 할 것을 청구할 수 있으며, 사업시행자는 청구를 받은 때에는 그 청구가 있은 날부터 60일 이내에 관할 토지수용위원회에 재결을 신청하여야 한다.

2. 토지수용위원회

토지 등의 수용과 사용에 관한 재결을 하기 위하여 건설교통부에 중앙토지수용위원회를, 시 · 도에 지방토지수용위원회를 둔다.

중앙토지수용위원회는 위원장 1인을 포함한 20인 이내의 위원으로 구성하며, 위원장은 건설교통부장관이 된다.

지방토지수용위원회는 위원장 1인을 포함한 위원 9인으로 구성하며, 위원장은 시 · 도지사가 된다.

3. 이의신청

중앙토지수용위원회의 재결에 대하여 이의가 있는 자는 중앙토지수용위원회에 이의를 신

---

173) 국방 · 군사시설사업에관한법률 제6조, 광업법 제89조, 공유수면관리법 제18조, 공유수면매립법 제20조, 농어업재해대책법 제7조 · 제8조, 농어업재해대책법시행령 제13조, 국토의계획및이용에관한법률 제96조 · 제131조, 산지관리법 제47조 및 제48조, 건축법시행령 제116조, 농어촌도로정비법 제13조 · 제28조, 농어촌정비법 제91조, 도로법 제49조의2 · 제79조, 도시개발법 제21조 · 제64조, 도시및주거환경정비법 제37조, 도시저소득주민의주거환경개선을위한임시조치법 제14조, 고속철도건설촉진법 제12조, 골재채취법 제36조, 공공철도건설촉진법 제5조, 민방위기본법 제27조, 사방사업법시행령 제8조, 사회간접자본시설에대한민간투자법 제47조, 도시교통정비촉진법 제12조, 습지보전법 제20조, 어장관리법 제23조, 오수 · 분뇨및축산폐수의처리에관한법 제7조, 자연공원법 제73조, 자연환경보전법 제54조, 조수보호및수렵에관한법률시행령 제7조, 전기통신사업법 제47조, 지역균형개발및지방중소기업육성에관한법률 제51조의2, 측량법 제14조, 대기환경보전법 제5조, 토양환경보전법 제9조, 금강수계물관리및주민지원등에관한법률 제25조, 낙동강수계물관리및주민지원등에관한법률 제27조, 하수도법 제39조, 하천법 제74조, 항만법 제65조, 경제자유구역의지정및운영에관한법률 제13조. 관광진흥법 제58조, 댐건설및주변지역지원등에관한법률 제11조, 화물유통촉진법 제28조의2 등)

청할 수 있다. 지방토지수용위원회의 재결에 대하여 이의가 있는 자는 당해 지방토지수용위원회를 거쳐 중앙토지수용위원회에 이의를 신청할 수 있다. 이의신청은 재결서의 정본을 받은 날부터 30일 이내에 하여야 한다.

4. 행정소송

사업시행자 · 토지소유자 또는 관계인은 재결에 대하여 불복이 있는 때에는 재결서를 받은 날부터 60일 이내에, 이의신청을 거친 때에는 이의신청에 대한 재결서를 받은 날부터 30일 이내에 각각 행정소송을 제기할 수 있다.

이의신청에 대한 재결이 확정된 때에는 민사소송법상의 확정판결이 있은 것으로 보며, 재결서 정본은 집행력있는 판결의 정본과 동일한 효력을 가진다.

Ⅲ. 동원토지의 손실보상 재심

1. 재심청구

국가 보위에 관한 특별조치법 제5조 제4항에 의한 동원대상지역 내의 토지의수용 · 사용에 관한 특별조치령 제25조에서는 보상에 관하여 이의가 있는 자는 국방부령이 정하는 바에 의하여 징발보상심의회에 그 재심을 청구할 수 있다. 이 경우에 징발보상심의회는 재심청구를 받은 날부터 60일 이내에 재심결정을 하여야 한다.

2. 보상심의회

보상심의회는 위원장 1인을 포함한 위원 9인으로 구성한다. 위원장은 국방부차관이 되며, 부위원장은 국방부 군수차관보가 되고 위원은 기획예산처 예산국장, 재정경제부 국고국장, 국방부 법무관리담당관, 국세청 징세국장, 한국은행 업무부장과 재산평가에 관하여 학식, 경험이 풍부한 자로서 국방부장관이 위촉한 자가 된다.

3. 행정심판 여부

일반적으로 손실보상에 관한 결정은 행정처분이 아니므로 행정심판의 대상이 되지 않는다. 따라서 동원토지의 손실보상 재심을 특별행정심판으로 볼 수는 없으나, 그렇다고 행정심판법의 적용대상도 아니라고 볼 것이다.

Ⅳ. 징발재산 매수결정에 대한 이의신청

1. 이의신청

징발재산정리에관한특별조치법 제7조, 제8조의2에서 징발재산의 매수결정에 이의가 있는 피징발자는 매수결정통지서가 송달된 날부터 30일 이내에 국방부장관에게 이의신청을 할 수 있고, 국방부장관은 신청이 있는 날부터 30일 이내에 징발재산심의회의 심의를 거쳐 결정한다.

2. 징발재산심의회

징발재산심의회는 위원장 1인을 포함한 위원 7인으로 구성한다. 위원장은 국방부차관이 되며, 위원은 재정경제부차관보 · 국방부 군수차관보 · 국세청차장 · 한국은행 업무부장과 재산평가에 관하여 학식 · 경험이 풍부한 자 중에서 국방부장관이 위촉한 자 2인이 된다.

3. 행정심판 여부

징발보상금지급청구의 소송은 국방부장관에게 징발보상금의 지급을 신청하고 그 지급결정의 통지를 받은 후가 아니면 이를 제기할 수 없다. 다만, 징발보상금의 지급을 신청한 날부터 1년이 경과한 때에는 그러하지 아니하다.

그런데 징발재산의 매수결정은 처분이라고 하기 어렵다. 따라서 이는 행정심판의 대상은 아니라 할 것이다.

Ⅴ. 토지거래허가에 대한 이의신청

1. 이의신청

국토의계획및이용에관한법률 제120조에서 토지거래허가 처분에 대하여 이의가 있는 자는 그 처분을 받은 날부터 1월 이내에 시장 · 군수 또는 구청장에게 이의를 신청할 수 있다. 이의신청을 받은 시장 · 군수 또는 구청장은 시 · 군 · 구도시계획위원회의 심의를 거쳐 그 결과를 이의신청인에게 통보하여야 한다.

2. 시 · 군 · 구도시계획위원회

시 · 군 · 구도시계획위원회는 위원장 및 부위원장 각 1인을 포함한 15인 이상 25인 이하의 위원으로 구성한다. 시 · 군 · 구도시계획위원회의 위원장은 당해 지방자치단체의 부시장 · 부군수 또는 부구청장이 되며, 부위원장은 위원중에서 호선한다. 시 · 군 · 구도시계획위원회의 위원은 다음 각 호의 자 중에서 시장 · 군수 또는 구청장이 임명 또는 위촉한다. 이 경우 제3호에 해당하는 위원의 수는 위원 총수의 50퍼센트 이상이어야 한다.

1. 당해 시 · 군 · 구 지방의회의 의원
2. 당해 시 · 군 · 구 및 도시계획과 관련 있는 행정기관의 공무원
3. 토지이용 · 건축 · 주택 · 교통 · 환경 · 방재 · 문화 · 농림 · 정보통신 등 도시계획관련분야에 관하여 학식과 경험이 있는 자

3. 행정소송

종전 국토이용관리법에서는 이의신청을 거친 후가 아니면 행정소송을 제기할 수 없도록 하였으나, 현행은 그러한 규정을 두고 있지 않다. 그러나 필요적 전치주의규정의 삭제와 관계없이 이는 특별행정심판에 해당되는 것으로 볼 것이다.

4. 관련서식 등

가. 기 재 례

피고는 원고에게 별지목록 기재 각 토지에 관하여 ○○구청장에 대하여 20○○. ○. ○.자 약정을 원인으로 한 토지거래허가 신청절차를 이행하라.

나. 관련서식

[서식 211] 이의신청서(토지거래허가신청)

[별지 제8호의3 서식] (앞면)

이 의 신 청 서								처리기간 2개월
신청인	① 성 명		② 주민등록번호 (법인등록번호)					
	③ 주 소							
토 지 의 표 시	④ 번호	⑤ 소재지	⑥ 지번	⑦ 지목	⑧ 면적	⑨권리의종류	⑩예정금액	
	1 2 3							
공 작 물 의 표 시	⑪ 종 류		⑫ 내 용		⑬ 예정금액			
불 허 가 사 유								
이 의 신 청 내 용								
이 의 신 청 사 유	(필요시 관계증빙서 첨부)							

국토이용관리법 제21조의5 제1항 규정에 의하여 . . . 불허가 처분된 토지거래허가신청에 대하여 위와 같이 이의를 신청합니다.

년 월 일

신청인 (서명 또는 인)

토지이용심사위원회위원장 귀하

	수수료
	없음

30301-00811민 210mm×297mm '94.7.20 승인 (인쇄용지(특급) 70g/㎡)

(뒷면)

이 신청서는 아래와 같이 처리됩니다.

신 청 인	경 유 기 관	처 리 기 간
	없 음	시 · 도(토지이용심사위원회)

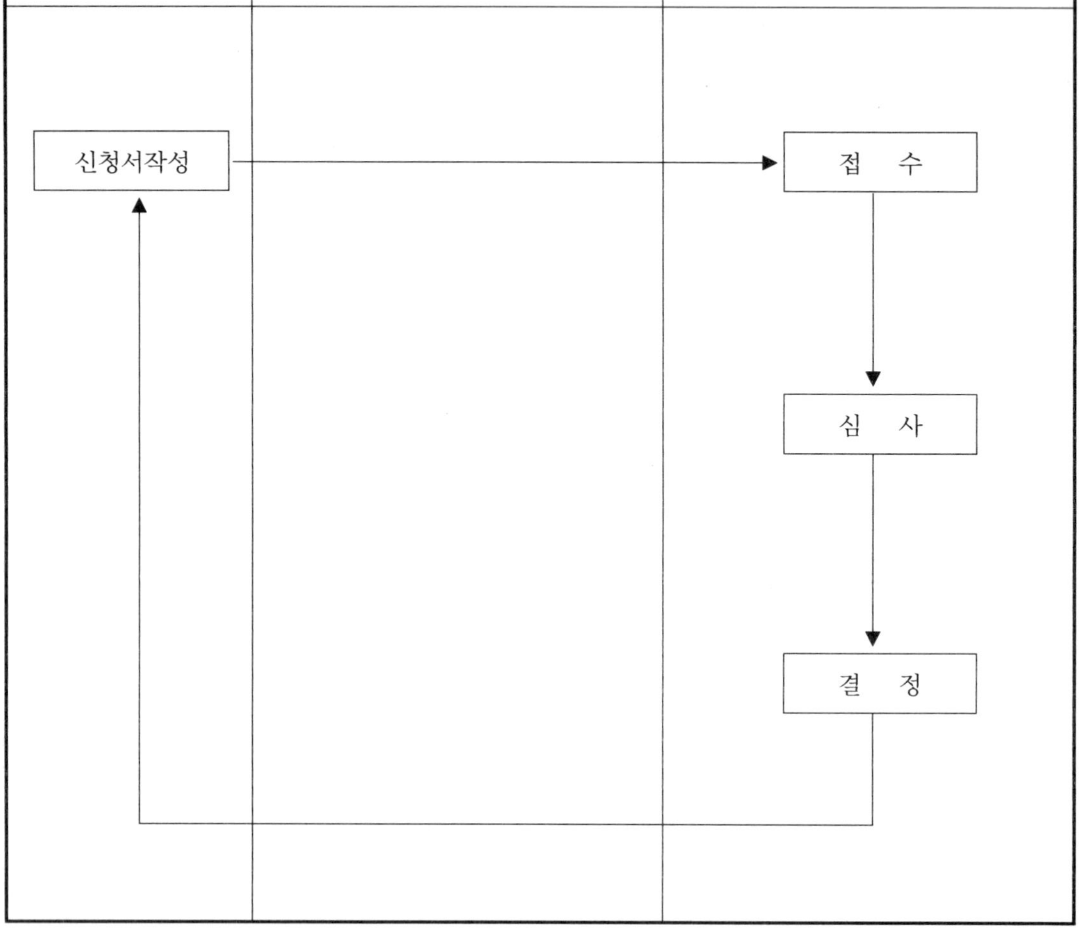

Ⅵ. 공시지가에 관한 이의신청

1. 이의신청

지가공시 및 토지 등의 평가에 관한 법률 제8조에서 공시지가에 대하여 이의가 있는 자는 공시지가의 공시일부터 30일 이내에 서면으로 건설교통부장관에게 이의를 신청할 수 있다. 건설교통부장관은 이의신청기간이 만료된 날부터 30일 이내에 이의신청을 심사하여 그 결과를 신청인에게 서면으로 통지하여야 한다.

2. 중앙토지평가위원회

건설교통부장관은 이의신청을 결정하고자 하는 경우에는 중앙토지평가위원회의 심의를 거쳐야 한다. 위원회는 위원장을 포함한 15인 이내의 위원으로 구성하며, 위원장은 건설교통부장관이 된다. 위원회의 위원은 5인 이내의 공무원과 다음 각 호의 1에 해당하는 자중 건설교통부장관이 위촉하는 자가 된다.

1. 고등교육법에 의한 대학에서 토지 등에 관한 이론을 가르치는 조교수 이상의 직에 있거나 있었던 자
2. 판사 · 검사 또는 변호사의 자격이 있는 자
3. 지가공시 또는 감정평가에 관한 학식과 경험이 풍부한 자

3. 관련서식

[서식 212] 표준지 공시지가에 대한 이의신청서 (앞 쪽)

<table>
<tr><td colspan="4" rowspan="2">이 의 신 청 서</td><td>처리기간</td></tr>
<tr><td>이의신청기간이
만료된 날로부터 30일</td></tr>
<tr><td rowspan="2">신 청 인</td><td>① 성 명</td><td></td><td>②주민등록번호</td><td></td></tr>
<tr><td>③ 주 소</td><td colspan="3">(전화번호)</td></tr>
<tr><td rowspan="3">대 상
표 준 지</td><td>④ 소 재 지</td><td colspan="3"></td></tr>
<tr><td>⑤ 지목 및 면적</td><td></td><td>⑥ 실 제 용 도</td><td></td></tr>
<tr><td>⑦ 이 용 현 황</td><td></td><td>⑧ 용 도 지 역</td><td></td></tr>
</table>

	⑨ 주 위 환 경		⑩ 교 통 현 황	
	⑪ 공시 연월일			
	⑫ 공 시 지 가			
⑬ 신 청 내 용 및 이 유				

지가공시및토지등의평가에관한법률 제8조 제1항의 규정에 의하여 공시지가에 대하여 위와 같이 이의를 신청합니다.

년 월 일

신청인 (서명 또는 직인)

건설교통부장관 귀하

구비서류 : 이의신청의 사유를 증명하는 서류	수수료
	없음

이 신청서는 아래와 같이 처리됩니다. (뒷 쪽)

신 청 인	경 유 기 관	처 리 기 관
	없 음	시장 · 군수 · 구청장

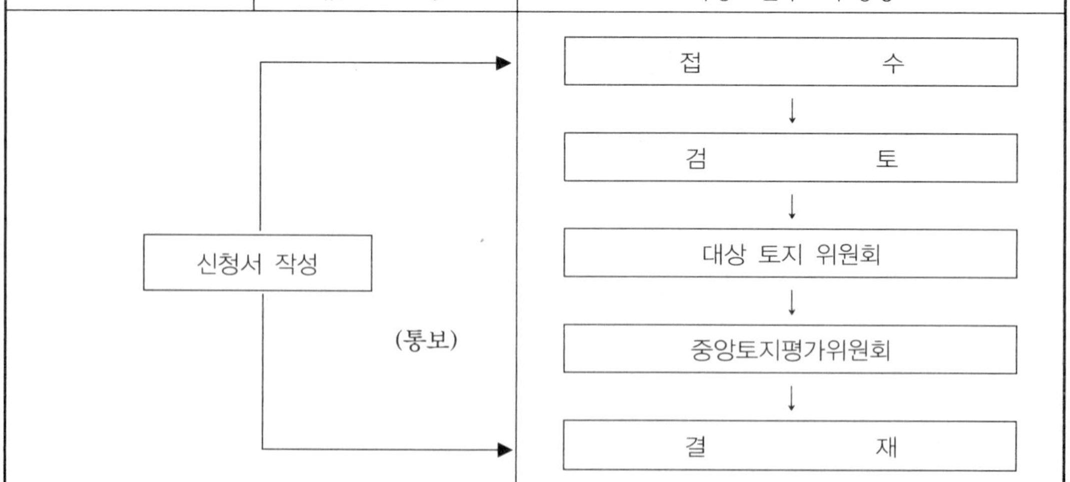

Ⅶ. 개별공시지가에 관한 이의신청

1. 이의신청

지가공시및토지등의평가에관한법률 제10조의3에서 개별공시지가에 대하여 이의가 있는 자는 개별공시지가의 결정 · 공시일부터 30일 이내에 서면으로 시장 · 군수 또는 구청장에게 이의를 신청할 수 있다. 시장 · 군수 또는 구청장은 이의신청기간이 만료된 날부터 30일 이내에 이의신청을 심사하여 그 결과를 신청인에게 서면으로 통지하여야 한다.

2. 시 · 군 · 구토지평가위원회의

시장 · 군수 · 구청장은 이의신청을 결정하고자 하는 경우에는 시 · 군 · 구토지평가위원회의 심의를 거쳐야 한다. 위원회는 위원장 1인을 포함한 10인 이상 15인 이내의 위원으로 구성하며, 위원장은 부시장 · 부군수 또는 부구청장이 되고, 위원은 지가공시 또는 감정평가에 관한 학식과 경험이 풍부하고 당해 지역사정에 정통한 자 또는 시민단체(비영리민간단체지원법 제2조의 규정에 의한 비영리민간단체를 말한다)에서 추천한 자 중에서 시장 · 군수 또는 구청장이 위촉하는 자로 한다.

개별공시지가에 대한 이의신청은 처분청인 시장 · 군수 · 구청장이 결정하게 되어 비록 토지평가위원회의 심의를 거치기는 하나, 사법절차에 준하는 행정심판으로 보기 어렵다는 주장도 있다.

3. 관련서식

[서식 213] 개별공시지가 이의신청서

[별지 제4호의6 서식] 〈신설 96.8.2〉 (앞쪽)

<table>
<tr><td colspan="4" rowspan="2">개 별 공 시 지 가 이 의 신 청 서</td><td>처리기간</td></tr>
<tr><td>이의신청기간이
만료된 날로부터 30일</td></tr>
<tr><td rowspan="2">신청인</td><td>① 성 명</td><td></td><td>②주민등록번호</td><td></td></tr>
<tr><td>③ 주 소</td><td colspan="3">(전화번호 :)</td></tr>
</table>

	④ 소유자와의 관계			
대 상 토 지	⑤ 소재지 및 지번	(일련번호 :		
	⑥ 지 목		⑦ 실제이용상황	
	⑧ 지 가	원/㎡		
⑨신 청 요 지				
⑩신 청 이 유				

지가공시 및 토지 등의 평가에 관한 법률 제10조의3의 규정에 의하여 년 월 결정 · 공시한 개별공시지가에 대하여 위와 같이 이의를 신청합니다.

년 월 일

신청인 (서명 또는 인)

시장 · 군수 · 구청장 귀하

	수수료
※ 구비서류 이의신청관련 참고자료(참고자료가 있는 경우에 한합니다)	없음

30301-17611민 210㎜ × 297㎜
96.4.12 제정 (신문용지 54g/㎡)

Ⅷ. 토지매수 여부 결정 등에 대한 이의신청

1. 이의신청

개발제한구역의지정및관리에관한특별조치법(제26조)에서 개발제한구역의 지정으로 인하여 개발제한구역 안의 토지를 종래의 용도로 사용할 수 없어 그 효용이 현저히 감소된 토지 또는 당해 토지의 사용 및 수익이 사실상 불가능한 토지의 소유자는 건설교통부장관에게 당해 토지의 매수를 청구할 수 있다. 매수여부의 결정 또는 매수가격에 이의가 있거나 개발제한구역훼손부담금의 부과 · 징수에 관하여 이의가 있는 자는 공익사업을위한토지등의취득및보상에관한법률에 의한 중앙토지수용위원회에 이의신청을 할 수 있다.

2. 중앙토지수용위원회

이의신청에 대하여는 행정심판위원회에 대체하여 중앙토지수용위원회가 심리 · 의결한다.

Ⅸ. 지적측량의 적부심사(지적법 제45조)

1. 적부심사

토지소유자 또는 이해관계인은 지적측량성과에 대하여 다툼이 있는 경우에 관할 시 · 도지사를 거쳐 지방지적위원회에 지적측량적부심사를 청구할 수 있다. 지적측량적부심사청구서를 받은 시 · 도지사는 30일 이내에 측량성과 등을 조사하여 지방지적위원회에 회부하여야 하며, 지방지적위원회는 그 날부터 30일 이내에 심의 · 의결하여야 한다. 다만, 부득이한 경우에는 1차에 한하여 당해 지방지적위원회의 의결로써 30일을 넘지 아니하는 범위 내에서 그 기간을 연장할 수 있다.

지방지적위원회가 지적측량적부심사의결을 한 때에는 지적측량적부심사의결서를 작성하여 시 · 도지사에게 송부하여야 하며, 시 · 도지사는 의결서를 송부받은 날부터 7일 이내에 적부심사청구인 및 이해관계인에게 통지하여야 한다.

지적측량적부심사의결서를 통지받은 자가 지방지적위원회의 의결에 불복하는 때에는 의결서를 통지받은 날부터 90일 이내에 행정자치부장관을 거쳐 중앙지적위원회에 재심사를 청구할 수 있다.

2. 중앙지적위원회

중앙지적위원회는 위원장 및 부위원장 각 1인을 포함하여 5인 이상 10인 이내의 위원으로 구성한다. 위원장은 행정자치부 지적업무담당국장이, 부위원장은 행정자치부 지적업무담당과장이 된다. 위원은 지적에 관한 학식과 경험이 풍부한 자 중에서 행정자치부장관이 임명 또는 위촉한다.

3. 행정심판 여부

지적측량은 전문성을 필요로 하는 분야로서 행정심판위원회의 심리로 의결하기에 적합하지 않으며, 또한 지적측량이 행정심판의 대상인 처분이라고 보기 어렵다.

4. 관련서식

[서식 214] 지적측량적부재심사 청구서

[별지 제86호 서식] (앞 쪽)

지 적 측 량 적 부 재 심 사 청 구 서								처리기간 52일
청 구 인	성 명			주민등록번호				
	주 소						(전화 :)	
대상토지	소 재		지 번		지 목		면 적	㎡
측량자	소 속				성 명			
	소 속				성 명			

지적법 제42조의2 제6항 및 지적법시행령 제81조의2 제1항의 규정에 의하여 위와 같이 재심사 청구하니 심사하여 주시기 바랍니다.

년 월 일

청 구 인 (서명 또는 인)

중앙지적위원회위원장 귀하

구비서류	1. 지적측량적부심사의결서 사본 2. 재심사청구경위서	수 수 료 없 음

21301-07811민 210㎜ × 297㎜
99.3.12승인 (신문용지54g/㎡(재활용품))

이 청구서는 아래와 같이 처리됩니다. (뒷 쪽)

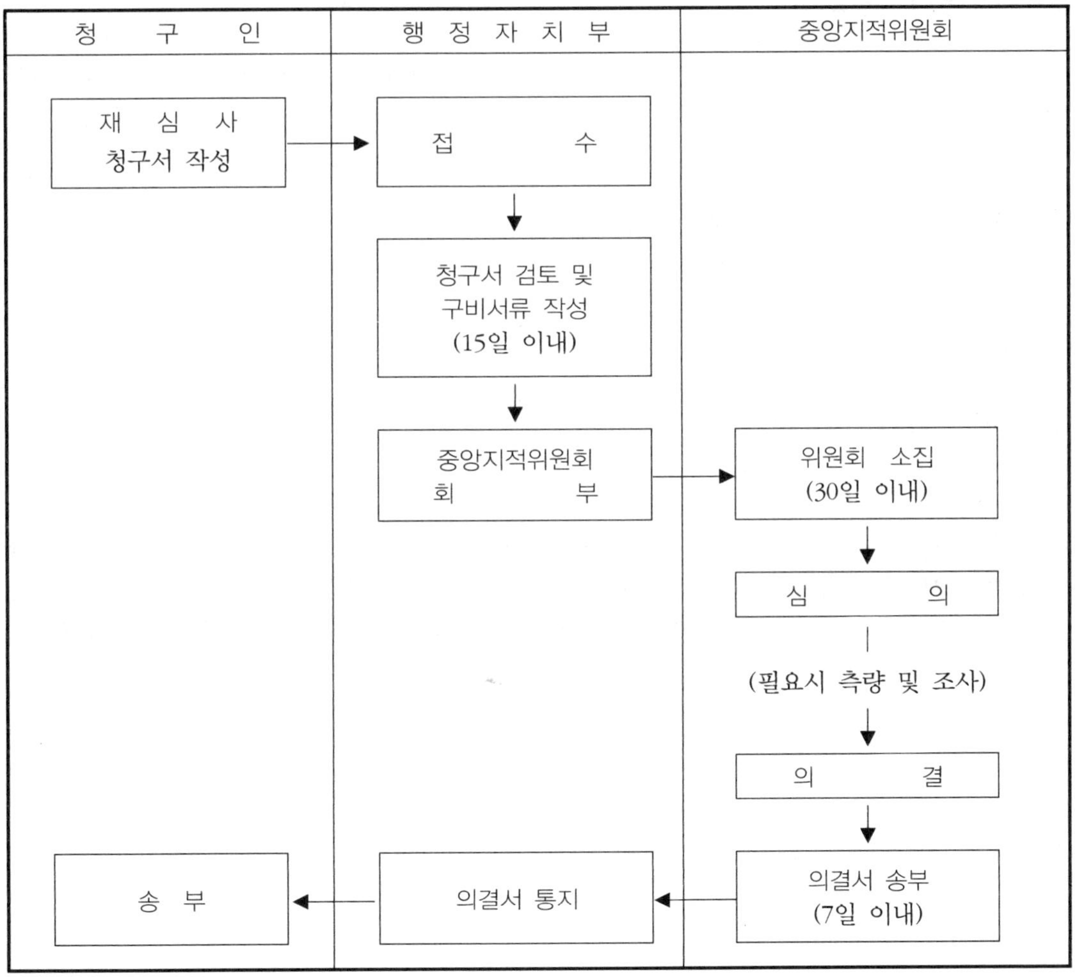

X. 청산금에 관한 이의신청(지적법 시행령 제26조)

1. 이의신청

청산금에 관하여 이의가 있는 자는 납부고지 또는 수령통지를 받은 날부터 1월 이내에 소관청에 이의신청을 할 수 있다. 소관청은 이의신청이 있는 때에는 1월 이내에 축척변경위원회의 심의 · 의결을 거쳐 그 인용 여부를 결정한 후 지체 없이 그 내용을 이의신청인에게 통지하여야 한다.

2. 축척변경위원회

축척변경위원회는 5인 이상 10인 이내의 위원으로 구성하되, 위원의 2분의 1 이상을 토지소유자로 하여야 한다. 이 경우 그 축척변경시행지역안의 토지소유자가 5인 이하인 때에는 토지소유자 전원을 위원으로 위촉하여야 한다. 위원장은 위원 중에서 소관청이 지명한다. 위원은 다음의 자 중에서 소관청이 위촉한다.

- 그 축척변경시행지역안의 토지소유자로서 지역사정에 정통한 자
- 지적에 관하여 전문지식을 가진 자

3. 관련서식 등

가. 기 재 례

1. 별지 제1목록 기재 각 토지에 관하여 ○○시 ○○구 공유토지분할위원회가 20○○. ○. ○. 의결한 별지 제2목록 기재의 분할조서 중 청산금에 관한 사항을 별지 제4목록 기재와 같이 변경한다.

◉ **청산금결정처분취소 청구** 1. 피고가 20○○. ○. ○. 원고에게 한 청산금결정처분을 취소한다. 2. 소송비용은 피고의 부담으로 한다.

나. 관련서식

[서식 215] 청산금에 대한 이의

소　　　장

원　　고　　○○주식회사 (○○○○○○-○○○○○○○)　　(전화 :　　　　)
충남 ○○군 ○○면 ○○리 48　　(우 :　　　　)
대표이사 김 ○○

피　　고　　○○시
대표자 시장 김 ○○

청산금 청구의 소

청 구 취 지

1. 피고는 원고에게 21,526,384원을 지급하라.
2. 소송비용은 피고의 부담으로 한다.
3. 위 제1항은 가집행할 수 있다.

라는 판결을 구합니다.

청 구 원 인

1. ○○시 ○○동 84-1 대 972㎡은 원고가 20○○. ○. ○. 소외 장정의로부터 매수하여 그 날 원고 앞으로 등기를 마친 원고의 소유로서 소외 이창공에게 소유권을 이전한 사실이 없습니다. 그런데도 위 토지에 관하여 소외 이창공 앞으로 소유권이전등기가 경료되어 있습니다. 따라서 소외 이창공 명의의 소유권이전등기는 원인무효의 것입니다. 한편 피고는 위 토지를 포함하고 있는 지역에 토지구획정리사업을 시행하여 20○○. ○. ○. 환지처분공고를 하고 위 토지에는 환지를 정하지 아니하고 소유자에게 청산금 21,526,384원을 교부하기로 하였습니다.
2. 따라서 원고는 위 토지의 진정한 소유자로서 피고에 대하여 청산금 1,526,384원의 교부를 청구하여 이 사건 소를 제기합니다.

입 증 방 법

변론시 수시 제출하겠습니다.

첨 부 서 류

1. 법인등기부초본 1통
1. 소장 부본 1통
1. 납부서 1통

20○○. ○. ○.

위 원고 ○○ 주식회사
대표이사 김 ○ ○ (인)

○○지방법원 ○○지원 귀중

XI. 분할개시결정에 대한 이의신청(공유토지분할에관한특례법 제18조)

1. 이의신청

공유토지 분할개시결정에 이의가 있는 공유자는 그 결정서 정본이 송달된 날부터 3주 이내에 소관청에 서면으로 이의를 신청할 수 있다. 이 경우 소관청은 지체 없이 이의신청을 공유토지분할위원회에 회부하여야 한다.

2. 이의의 소

이의신청에 대한 기각결정에 불복하는 이의신청인은 그 결정서 정본을 받은 날부터 3주 이내에 관할법원에 분할신청인을 상대로 이의의 소를 제기할 수 있다.

XII. 분할조서에 대한 이의신청(공유토지분할에관한특례법 제30조)

1. 이의신청

분할조서에 이의가 있는 공유자 및 이해관계인은 분할조서등본이 송달된 날부터 2주 이내에 이의사유를 구체적으로 명시한 서면에 의하여 소관청에 이의신청을 할 수 있다. 이 경우 소관청은 지체 없이 이의신청서를 공유토지분할위원회에 회부하여야 한다.

2. 공유토지분할위원회

위원회는 이의신청에 대하여 그 이의신청일부터 4주 이내에 인용여부를 결정하여야 한다. 결정내용에 불복이 있는 자는 그 결정서정본 또는 분할조서등본을 받은 날부터 3주 이내에 그 사유를 구체적으로 명시하여 관할법원에 공유자 전원을 상대(다만, 불복하는 사유가 일부 공유자에 한하여 관련되는 경우에는 그 관련공유자만을 상대로 한다)로 이의의 소를 제기할 수 있다.

XIII. 토지수용보상 관련서식

1. 행정심판

[서식 216] 수용재결 신청서

■ 공익사업을 위한 토지 등의 취득 및 보상에 관한 법률 시행규칙[별지 제13호 서식] 〈개정 2016. 6. 14.〉

재 결 신 청 서

(앞쪽)

접수번호		접수일
신 청 인 (사업시행자)	성명 또는 명칭	한국토지공사
	주 소	○○시 ○○구 ○○도 ○○지
공익사업의 종류 및 명칭		행정복합도시
사업인정의 근거 및 고시일		20○○. ○. ○.
수용하거나 사용할 토지등		○○도 ○○군 ○○면 ○○리 답○○○평방미터
수용할 토지에 있는 물건		
보상액 및 그 명세		금 ○○○○○○원
사용하려는 경 우	사용의 방법	
	사용의 기간	20○○. ○. ○.

<table>
<tr><td rowspan="2">토지소유자</td><td>성명 또는 명칭</td><td>김○○</td></tr>
<tr><td>주 소</td><td>서울 ○○구 ○○동 ○○번지</td></tr>
<tr><td rowspan="2">관 계 인</td><td>성명 또는 명칭</td><td></td></tr>
<tr><td>주 소</td><td></td></tr>
<tr><td colspan="2">수용 또는 사용의 개시예정일</td><td>20○○. ○. ○.</td></tr>
<tr><td rowspan="3">재결신청의 청 구</td><td>청 구 일</td><td>20○○. ○. ○.</td></tr>
<tr><td>청구인의 성명 또는 명칭</td><td>김○○</td></tr>
<tr><td>청구인의 주소</td><td>서울 ○○구 ○○동 ○○번지</td></tr>
</table>

「공익사업을 위한 토지 등의 취득 및 보상에 관한 법률」 제28조 제1항 · 제30조 제2항 및 같은 법 시행령 제12조 제1항에 따라 위와 같이 재결을 신청합니다.

20○○. ○. ○.

신청인(사업시행자) 인

토지수용위원회 위원장 귀하

<table>
<tr><td>첨부서류</td><td>1. 토지조서 또는 물건조서 각 1부
2. 협의경위서 1부
3. 사업계획서 1부
4. 사업예정지 및 사업계획을 표시한 도면 각 1부
5. 보상금을 채권으로 지급할 수 있는 경우에 해당함을 증명하는 서류와 채권으로 보상하는 보상금의 금액, 채권원금의 상환방법 및 상환기일, 채권의 이자율과 이자의 지급방법 및 지급기일을 적은 서류 각 1부(보상금을 채권으로 보상하는 경우에만 제출합니다)</td><td>수수료
「공익사업을 위한 토지 등의 취득 및 보상에 관한 법률 시행규칙」 별표 1에서 정하는 금액</td></tr>
</table>

210mm×297mm[백상지 80g/㎡]

[서식 217] 수용재결 이의신청서

<table>
<tr><td colspan="4">이 의 신 청 서</td></tr>
<tr><td rowspan="2">신 청 인</td><td>주 소</td><td colspan="2">○○시 ○○구 ○○동 123-12번지</td></tr>
<tr><td>성명 또는 명칭</td><td colspan="2">○ ○ ○</td></tr>
<tr><td rowspan="2">상 대 방
(기 업 자)</td><td>주 소</td><td colspan="2">○○시 ○○구 ○○동 12-1번지</td></tr>
<tr><td>명 칭</td><td colspan="2">○○시</td></tr>
<tr><td>재 결 일</td><td>20 . . .</td><td>신 청 대 상 인
토 지 및 물 건</td><td>○○시 ○○구 ○○동
12-12번지</td></tr>
<tr><td>재 결 서
정 본 수 령 일</td><td colspan="3">20 . . .</td></tr>
<tr><td>신 청 의 요 지</td><td colspan="3">별지와 같음.</td></tr>
<tr><td>신 청 의 이 유</td><td colspan="3">별지와 같음.</td></tr>
<tr><td colspan="4">20○○년 ○월 ○일자 토지수용위원회의 수용재결에 대하여 위와 같은 이유로 승복할 수 없으므로 이에 이의신청서를 제출합니다.

20○○. ○. ○.

신 청 인 ○ ○ ○ (인)

중앙토지수용위원회 귀하</td></tr>
</table>

[별 지] 신청요지 및 신청이유서

신청의 요지

원재결을 취소하고 다시 상당한 재결을 구합니다.

신청의 이유

신청인은 ○○시 ○○구 ○○동 123-12번지 0,000㎡의 토지지분을 소유하고 있는 바, ○○시는 도시산업계획을 진행하기 위해 도시계획법 제25조의 규정에 의거 사업에 필요한 신청인의 토지를 취득하기 위해 협의를 하였으나 성립이 되지 않아 ○○지방토지수용위원회에 재결을 신청하여 신청인에게 보상금 000,000,000원을 지급하고 토지에 대해 수용키로 하였습니다.

도시계획을 추진 중 토지에 대한 용도사용을 변경하여 토지에 대한 평가액을 재산정하여 기존 보상금에 훨씬 못미치는 00,000,000원으로 책정된 바, 이 보상금은 관계법령에 따른 정당한 보상금이 되지 못하므로 위 수용결정에 대해 취소하고 정당한 보상금을 평가해 주기를 이의 신청합니다.

[서식 218] 토지수용재결처분 취소등청구의 소

소 장

원 고 ○ ○ ○
○○시 ○○구 ○○동 ○○ (우편번호 ○○○○○)

피 고 1. △△토지수용위원회
○○시 ○○구 ○○동 ○○ (우편번호 ○○○○○)
위원장 △ △ △

2. △△시 △△구
법률상 대표자 △△△구청장
○○시 ○○구 ○○동 ○○ (우편번호 ○○○○○)

토지수용재결처분 취소등청구의 소

청 구 취 지

1. 피고 중앙토지수용위원회가 20○○. ○. ○.자 원고에 대하여 한 별지목록 기재 토지에 대한 이의재결처분 중 보상금증액신청을 기각한 부분을 취소한다.
2. 피고 △△시 △△구는 원고에게 금 50,000,000원을 지급하라.
3. 소송비용은 피고의 부담으로 한다.

라는 판결을 원합니다.

청 구 원 인

1. 기초사실

가. △△시장은 19○○. ○. ○. 도시계획법 제25조에 따라 도시계획사업인 '○○ - ○○동 도로확장공사'의 실시계획을 인가 고시함으로써, 원고 소유 별지기재 토지(이하 '이 사건 토지')가 위 도시계획사업지역에 편입되었다.

나. 피고 ○○구는 위 도시계획사업의 시행자로서 이 사건 토지를 취득하기 위하여 원고와 협의를 하였으나 협의가 성립되지 않아 ○○특별시지방토지수용위원회에 이 사건 토지의 수용을 위한 재결을 신청하였고, 동 위원회는 19○○. ○. ○. 위 사업 시행을 위하여 피고 ○○구가 이 사건 토지를 수용하되 그 손실보상금을 100,000,000원[총평수(10,000평)×평당단가(10,000원)], 수용시기를 19○○. ○. ○.로 정하여 토지수용재결을 하였습니다.

다. 이에 원고는 보상금을 증액하여 달라는 이의신청을 하였고, 이에 피고 중앙토지수용위원회는 19○○. ○. ○. 원고의 보상금증액신청을 기각하는 이의재결(이하 '이 사건 재결')을 하였습니다.

2. 이 사건 재결의 위법성

가. 피고 중앙토지수용위원회의 위 재결은 토지수용법 제46조 제2항 제1호의 산정방법을 위배한 것으로서 내용상 흠이 있어 위법하므로 취소되어야 할 것입니다.

나. 이 사건 토지는 국토이용관리법이 정한 기준지가 고시대상지역으로 공고는 되었으나 표준지가가 선정되어 있지 않고, 또한 인접지역에 소재하는 표준지 중에는 이 사건 토지와 동일하거나 유사한 지목의 표준지도 없습니다.

다. 그럼에도 서울특별시지방토지수용위원회 또는 피고 중앙토지수용위원회는, 인접지역의 표준지의 기준시가를 기준으로 손실보상액을 산정한 소외 토지평가사합동사무소의 판단을 기초로 하여 토지수용재결 및 이 사건 재결을 발하였던 것입니다.

라. 그러나 앞서 본 바와 같이 이 사건 토지에는 표준지가가 선정되어 있지 않을 뿐 아니라, 더 나아가 이 사건 토지와 동일하거나 유사한 지목도 없으므로 결국 토지수용법 제46조 제1항의 일반조항에 의하여 보상액을 산정하였어야 할 것입니다. 만약 이에 의한다면 이 사건 토지에 대한 보상액은 최소한 금 150,000,000원[총평수(10,000평)×평당단가(15,000

원)]에 이를 수 있었을 것입니다.

3. 결 론

그렇다면 피고 중앙토지수용위원회의 이 사건 재결 중 보상금증액신청을 기각한 부분은 내용상 하자가 있어 위법하여 취소되어야 할 것이며, 피고 ○○시 ○○구는 이미 지급한 보상금과 위 정당한 보상액과의 차액인 금 50,000,000원을 원고에게 추가 지급하여야 할 것입니다.

입 증 방 법

1. 갑 제1호증의 1	재결서정본송부
2	재결서
1. 갑 제2호증	이의신청서
1. 갑 제3호증	도면
1. 갑 제4호증	확인서

첨 부 서 류

1. 위 입증방법	각 1통
1. 소장사본	1통
1. 납 부 서	1통

20○○. ○. ○.

원 고 ○ ○ ○ (인)

○○행정법원 귀중

[별 지]

부 동 산 의 표 시

○○시 ○○구 ○○동 ○○
대 10,000평방미터. 끝.

관할법원	※ 아래(1)참조	제소기간	※ 아래(2) 참조
청 구 인	피처분자	피청구인	행정처분을 한 행정청
제출부수	소장 1부 상대방수 만큼의 부본 제출	관련법규	행정소송법 9 ~ 34조
비 용	· 인지액 : ○○○원(☞산정방법) · 송달료 : ○○○원(☞예납기준표)		
불복방법 및 기 간	· 항소(행정소송법 8조, 민사소송법 360조) · 판결이 송달된 날로부터 2주일 내(행정소송법 8조, 민사소송법 366조)		

[서식 219] 중앙토지수용위원회의 수용재결서

중 앙 토 지 수 용 위 원 회

(우) 12345 경기 ○○시 ○○ 1 / 전화 500-2844,45 / 전송 503-7409

문서번호 중토위 61240-○○○○
시행일자 20○○. ○. ○.(10년)
수 신 서울시 ○○구 ○○동 ○○
○ ○ ○
참 조

제 목 재결서 정본 송부

청구인 ○○○이 서울시 ○○구 ○○동 ○○ 외 1필지 토지(중토위 행심 택 ○○-○○)에 대한 서울시 ○○구청장의 초과소유부담금 부과처분에 불복하여 제기한 동 부과처분취소 행정심판청구에 대하여 20○○. ○. ○. 우리 위원회에서 붙임과 같이 심리, 재결하였으므로 행정심판법 제38조 규정에 의거 그 재결서 정본을 송부합니다.

붙 임 : 재결서 정본 1부. 끝.

중 앙 통 지 수 용 위 원 회 위 원 장

중앙토지수용위원회
재 결

① 사 건	중토위 행심(택) ○○-○○○ 초과소유부담금 부과처분에 대한 행정심판청구		
② 청 구 인	서울특별시 마포구 동교동 주택건설 (주) 대표	③ 피청구인	서울특별시 마포구청장
④ 주 문	청구인의 청구를 기각한다.		
⑤청 구 취 지	피청구인이 20○○. ○. ○. 청구인에 대하여 한 초과소유부담금 5,166,880원 부과처분의 취소를 구함.		
⑥ 이 유	별지기재와 같음.		
⑦ 근 거 법 조	택지소유상한에관한법률 제37조		

위 사건에 관하여 주문과 같이 재결한다.

20○○. ○. ○.

중앙토지수용위원회
위 원 장 ○ ○ ○
직무대행 ○ ○ ○
위 원 ○ ○ ○
위 원 ○ ○ ○
위 원 ○ ○ ○
위 원 ○ ○ ○
위 원 ○ ○ ○
위 원 ○ ○ ○

2. 행정소송

가. 기 재 례

피고 ○○시 ○○구는 원고에게 금 ○○○원 및 이에 대하여 이 사건 판결선고일 다음날부터 다 갚는 날까지 연 15% 비율에 의한 금원을 지급하라.

피고 중앙토지수용위원회가 20○○. ○. ○.자 원고에 대하여 한 별지목록 기재 토지에 대한 이의재결처분 중 보상금증액 신청을 기각한 부분을 취소한다.

나. 관련서식

[서식 220] 토지수용재결처분취소등청구의 소

소 장

원 고 ○ ○ ○ (주민등록번호)
○○시 ○○구 ○○길 ○○ (우편번호 ○○○○○)

피 고 1. △△토지수용위원회
○○시 ○○구 ○○길 ○○ (우편번호 ○○○○○)
위원장 △ △ △
2. △△시 △△구
법률상 대표자 △△△구청장
○○시 ○○구 ○○길 ○○ (우편번호 ○○○○○)

토지수용재결처분 취소등청구의 소

청 구 취 지

1. 피고 중앙토지수용위원회가 20○○. ○. ○.자 원고에 대하여 한 별지목록 기재 토지에 대한 이의재결처분 중 보상금증액신청을 기각한 부분을 취소한다.
2. 피고 △△시 △△구는 원고에게 금 50,000,000원을 지급하라.
3. 소송비용은 피고들의 부담으로 한다.

라는 판결을 구합니다.

청 구 원 인

1. 기초사실

가. △△시장은 19○○. ○. ○. 도시계획법 제25조에 따라 도시계획사업인 '○○ - ○○동 도로확장공사'의 실시계획을 인가 고시함으로써, 원고 소유 별지기재 토지(이하 '이 사건 토지')가 위 도시계획사업지역에 편입되었다.

나. 피고 ○○구는 위 도시계획사업의 시행자로서 이 사건 토지를 취득하기 위하여 원고와 협의를 하였으나 협의가 성립되지 않아 ○○특별시지방토지수용위원회에 이 사건 토지의 수용을 위한 재결을 신청하였고, 동 위원회는 19○○. ○. ○. 위 사업 시행을 위하여 피고 ○○구가 이 사건 토지를 수용하되 그 손실보상금을 100,000,000원[총평수(10,000평) × 평당단가(10,000원)], 수용시기를 19○○. ○. ○.로 정하여 토지수용재결을 하였습니다.

다. 이에 원고는 보상금을 증액하여 달라는 이의신청을 하였고, 이에 피고 중앙토지수용위원회는 19○○. ○. ○. 원고의 보상금증액신청을 기각하는 이의재결(이하 '이 사건 재결')을 하였습니다.

2. 이 사건 재결의 위법성

가. 피고 중앙토지수용위원회의 위 재결은 토지수용법 제46조 제2항 제1호의 산정방법을 위배한 것으로서 내용상 흠이 있어 위법하므로 취소되어야 할 것입니다.

나. 이 사건 토지는 국토이용관리법이 정한 기준지가 고시대상지역으로 공고는 되었으나 표준지가가 선정되어 있지 않고, 또한 인접지역에 소재하는 표준지 중에는 이 사건 토지와 동일하거나 유사한 지목의 표준지도 없습니다.

다. 그럼에도 서울특별시지방토지수용위원회 또는 피고 중앙토지수용위원회는, 인접지역의 표준지의 기준시가를 기준으로 손실보상액을 산정한 소외 토지평가사합동사무소의 판단을 기초로 하여 토지수용재결 및 이 사건 재결을 발하였던 것입니다.

라. 그러나 앞서 본 바와 같이 이 사건 토지에는 표준지가가 선정되어 있지 않을 뿐 아니라, 더 나아가 이 사건 토지와 동일하거나 유사한 지목도 없으므로 결국 토지수용법 제46조 제1항의 일반조항에 의하여 보상액을 산정하였어야 할 것입니다. 만약 이에 의한다면 이 사건 토지에 대한 보상액은 최소한 금 150,000,000원[총평수(10,000평) × 평당단가(15,000원)]에 이를 수 있었을 것입니다.

3. 결 론

그렇다면 피고 중앙토지수용위원회의 이 사건 재결 중 보상금증액신청을 기각한 부분은 내용상 하자가 있어 위법하여 취소되어야 할 것이며, 피고 ○○시 ○○구는 이미 지급한 보상금과 위 정당한 보상액과의 차액인 금 50,000,000원을 원고에게 추가 지급하여야 할 것입니다.

입 증 방 법

1. 갑 제1호증의 1　　　　재결서정본송부

2	재결서
1. 갑 제2호증	이의신청서
1. 갑 제3호증	도면
1. 갑 제4호증	확인서

첨 부 서 류

1. 위 입증방법 각 1통
1. 소장사본 1통
1. 납 부 서 1통

20○○. ○. ○.

원 고 ○ ○ ○ (인)

○○ 행정법원 귀중

[별 지]

부 동 산 의 표 시

○○시 ○○구 ○○동 ○○
대 10,000평방미터. 끝.

[서식 221] 토지수용에 대한 보상금 증액청구의 소

소 장

원 고 ○ ○ ○ (주민등록번호)
○○시 ○○구 ○○길 ○○ (우편번호 ○○○○○)
전화 · 휴대폰번호 :
팩스번호, 전자우편(e-mail)주소 :

피 고 서울특별시 ◇◇구
법률상 대표자 ◇◇구청장
○○시 ○○구 ○○길 ○○ (우편번호 ○○○○○)

토지수용에 대한 보상금 증액 청구의 소

청 구 취 지

1. 피고 서울특별시 ◇◇구는 원고에게 금 70,000,000원 및 이에 대한 이 사건 판결선고 다음날 부터 완제일까지 연 15%의 비율에 의한 금원을 지급하라.
2. 소송비용은 피고의 부담으로 한다.

라는 판결과 가집행의 선고를 구합니다.

청 구 원 인

1. 원고는 서울 ○○구 ○○동 ○○○의 ○ 대 366㎡ 중 2분의 1 지분 및 같은 동 ○○○의 ○○ 대 72㎡ 중 2분의 1 지분의 소유자입니다.
2. 피고 서울특별시 ◇◇구가 도시계획사업으로 위 토지를 ◎◎광장 조성공사구간에 편입하고, 위 도시계획사업의 시행자로서 원고와 토지수용을 위한 협의를 하였으나, 그 가격이 저렴하여 협의가 성립되지 아니하자 소외 서울특별시 지방토지수용위원회에 그 수용을 위한 재결을 신청하였습니다.
3. 서울특별시 지방토지수용위원회는 20○○. ○. ○○. 이 사건 토지를 수용하고 원고에 대한 손실보상금을 350,855,000원으로 정하는 재결을 하였고, 피고는 위 금원을 공탁하였습니다. 이에 원고는 "이의를 유보하고 보상금의 일부를 수령한다"는 조건을 명시하고 위 공탁금을 수령한 후 중앙토지수용위원회에 이의신청을 하였습니다.
4. 중앙토지수용위원회는 20○○. ○. ○○. 이 사건 토지의 손실보상금을 370,855,000원으로 증액 변경하는 내용의 이의재결을 하였으나, 위 중앙토지수용위원회가 결정한 보상금액은 싯가의 3분의 2도 안되는 금액이므로 이 사건 토지에 관한 손실보상금액은 귀원의 감정결과에 따라 확장하기로 하고 우선 금 70,000,000원만 청구합니다.

입 증 방 법

1. 갑 제1호증 등기부등본
1. 갑 제2호증 토지대장 등본
1. 갑 제3호증 토지가격 확인원

첨 부 서 류

1. 위 입증방법 각 1통
1. 소장부본 1통
1. 송달료 납부서 1통

20○○. ○. ○.

위 원고 ○ ○ ○ (서명 또는 날인)

○○행정법원 귀중

참고 (1) 관할법원(행정소송법 제9조)

1. 취소소송의 제1심 관할법원은 피고의 소재지를 관할하는 행정법원임. 다만, 중앙행정기관 또는 그 장이 피고인 경우의 관할법원은 대법원 소재지의 행정법원임.
2. 토지의 수용 기타 부동산 또는 특정의 장소에 관계되는 처분 등에 대한 취소소송은 그 부동산 또는 장소의 소재지를 관할하는 행정법원에 이를 제기할 수 있음.

※ (2) 제소기간(공익사업을 위한 토지 등의 취득 및 보상에 관한 법률 제85조)

1. 수용재결에 대하여 이의가 있는 토지소유자는 수용재결서를 받은 날부터 30일 이내에 중앙토지수용위원회에 이의신청을 할 수 있으며, 이의신청과 관계없이 수용재결서를 받은 날부터 60일 이내에 관할 법원에 행정소송을 제기할 수 있음.
2. 이의신청재결에도 불복이 있는 경우에는 이의신청 재결서를 받은 날부터 30일 이내에 관할법원에 행정소송을 제기할 수 있음.

※ (3) 행정소송의 종류에 따른 청구인 등

1. 이의신청재결 자체에 대한 취소소송
   이의신청재결 중에서 불복하는 내용이 보상금 다툼이 아닌 이의재결 자체의 위법함을 다투는 내용으로서 이의신청재결의 취소를 구하는 소송일 때에는 중앙토지수용위원회를 피고로 하여 소송을 제기하여야 함.
2. 보상금 다툼 소송
   불복하는 내용이 보상금의 증감에 대한 다툼일 때에는 사업시행자(사업시행자가 소송을 제기할 때에는 토지소유자나 관계인)를 피고로 하여야 하고, 이 경우에는 법원에서 직접 보상금을 결정하게 됨.

제5장 특허심판에 대한 심판절차

Ⅰ. 특허이의신청 · 특허심판 · 특허소송

1. 개 설

가. 특허권 등 지적재산권의 보호

종래에는 재산이라고 하면 대부분 건물이나 토지 또는 보석과 같은 구체적인 형체가 있는 유체재산만을 생각하였지만 과학기술의 발달로 인하여 기술, 신용과 같은 형태가 없는 무체재산이 중요시 되고 있다. 일반적으로 인간의 지적 활동의 상과로 얻어진 정신적 산물로써 재산적 가치가 있는 것을 무체재산 혹은 지적재산이라고 한다. 이러한 지적재산들은 사회경제의 발달로 인해 더욱더 증가하고 중요하게 됨에 따라 보호할 필요성이 증가하고 있다.

나. 특허제도의 입법주의

(1) 권리주의

특허권 등은 그 창작자의 권리이고 국가에 대해 보호를 요구할 수 있으며, 국가는 이것을 확인하고 보호하여 줄 의무가 있어서 일정한 법정요건을 갖추고 있으면 그 부여를 거절할 수 없다는 입법주의이다.

(2) 선원주의

특허출원서를 특허청에 제출하여 출원되는 경우에는 발명의 선후를 가리지 않고 먼저 출원하였다는 사실만으로 발명의 전후를 의제하는 주의를 말한다.

(3) 심사주의

발명에 대하여 특허를 받을 수 있는 형식적, 실질적 법적요구의 구비 여부를 당해 행정관청에서 심사하여 권리를 부여할 것인지를 결정하는 주의이다.

2. 불복절차

특허법 제224조의2에서 보정각하결정 · 특허여부결정 · 특허취소결정 · 심결 · 심판청구서나 재심청구서의 각하결정에 대하여는 다른 법률에 의한 불복을 할 수 없으며, 이 법의 규정에 의하여 불복할 수 없도록 규정되어 있는 처분에 대하여는 다른 법률의 규정에 의한 불복을 할 수 없다고 규정하여 특허법 외의 법률에 의한 불복절차를 원칙적으로 인정하지 않는다. 이에 따라 특허와 관련된 일반행정업무에 관하여만 행정심판법에 의한 행정심판을 제기할 수 있을 뿐이다(예, 대리인 개임명령, 중단된 절차의 수계신청 기각, 전문조사기관의 지정 등).

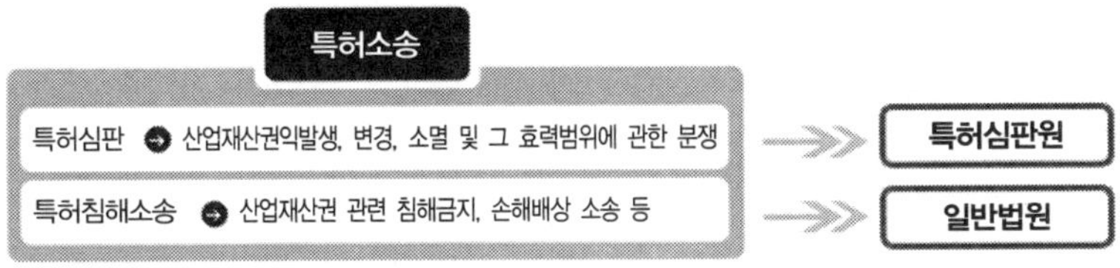

- 특허심판원의 심결(결정)에 불복하여 고등법원급 전문법원인 특허법원에 소를 제기할 수 있고, 대법원에 상고할 수도 있으므로 특허심판은 사실상 제1심 법원의 역할을 수행하고 있습니다.

- 특허심판은 직무상 독립도니 3인 또는 5인의 심판관 합의체가 준 사법적인 절차에 따라 공정하고 신속하게 특허분쟁을 해결하는 편리한 제도입니다.

가. 특허이의신청(특허법 제69조~제78조의2, 실용신안법 제47조, 제48조, 의장법 제29조의2~제30조, 상표법 제25조~제33조)

누구든지 특허권의 설정등록이 있는 날부터 등록공고일후 3월이 되는 날까지 특허청장에게 특허이의신청을 할 수 있다. 특허이의신청은 3인의 심사관합의체가 심사 · 결정한다. 특허이의신청에 대한 각하결정 및 특허유지결정에 대하여는 불복할 수 없다.

나. 특허심판(특허법 제132조의2~제185조, 실용신안법 제49조~제56조, 의장법 제67조의2~제75조, 상표법 제70조의2~제86조)

(1) 개 설

산업재산권(특허 · 실용신안 · 디자인 · 상표)의 발생 · 변경 · 소멸 및 그 권리범위에 관한 분쟁을 해결하기 위한 특별행정심판을 말하며, 특허심판(거절결정 불복심판, 무효심판, 권리범위 확인심판 등)은 전문적인 기술지식과 경험이 필요하기 때문에 특허청 소속 특허심판원에서 하고 있다. 별도로 특허침해소송(침해금지청구, 손해배상, 신용회복 등)은 일반법원(서울중앙, 대전, 대구, 부산, 광주 등 전국 5개 지방법원이 1심 담당, 다만 서울중앙지방법원의 중복관할 인정)에서 담당하고 있다.

(2) 거절결정 등에 대한 심판(특허 · 실용신안 · 디자인 · 상표)

(가) 의 의

특허 · 실용신안 · 디자인 또는 상표 등록 출원, 특허권의 존속기간 연장등록출원, 상표권 존속기간 갱신등록출원, 상품분류전환등록출원, 지정상품추가등록출원에 대한 거절결정을 받은 자가 이에 불복하여 제기하는 심판(특허법 제132조의3, 실용신안법 제33조, 디자인보호법 제67조의3, 상표법 제70조의2)을 말한다.

> 심사전치주의
>
> 특허 · 실용신안 · 디자인의 경우, 심판청구일로부터 30일 이내에 명세서 또는 도면에 대한 보정이 있으면, 심판에 앞서 심사관에게 재심사하도록 하는 심사전치제도(특허법 제173조)가 있다.
>
> ※ 심사전치제도 폐지 및 재심사청구제도 도입
> - 적 용 : 2009년 7월 1일 출원부터
> - 주요내용
>   · 심사전치제도하에서는 심판을 청구한 후 명세서를 보정한 건에 대해 다시 심사를 하였으나 재심사청구제도의 도입에 따라 심판을 청구하지 않더라도 특허출원서에 첨부된 명세서 또는 도면의 보정과 동시에 재심사를 청구하면 심사관에게 다시 심사를 받을 수 있음.
>   · 거절결정후 출원인은 재심사청구와 심판청구를 선택적으로 할 수 있으며 심판청구 후에는 재심사를 청구할 수 없음
>   · 재심사청구에 따른 심사에서 거절결정된 출원건에 대해서는 심판을 청구하여 그 결정을 다툴 수 있음.
>
> ※ 실용신안의 경우 `99. 7. 1.이전 또는 2006. 10. 1. 이후에 출원된 건에 한하여 청구가능

(나) 종 류

1) **취소결정에 대한 심판**(특허 · 실용신안 · 디자인)

취소결정은 이의신청이 이유 있다고 인정되는 경우 또는 실용신안법에 따른 기술평가의 결과 심사관이 특허 · 실용신안 · 디자인의 등록을 취소하는 행정처분으로서, 취소결정을 받은 자가 그 처분에 대하여 불복하여 제기하는 심판(구특허법 제132조의3, 구 실용신안법 제54조, 디자인보호법 제67조의3)을 말한다.

2) **보정각하결정에 대한 심판**(특허 · 실용신안 · 디자인)

보정각하결정은 디자인등록출원 또는 상표등록출원에 관하여 한 보정이 요지변경에 해당

될 경우 심사관이 그 보정을 각하하기 위해 행하는 처분(상표법 제17조 제1항 및 디자인보호법 제18조의2)으로써, 보정각하 결정을 받은 자가 그 결정에 불복하여 제기하는 심판(디자인보호법 제67조의2, 상표법 제70조의3)을 말한다.

(다) 심판청구인

거절결정, 취소결정, 실용신안등록출원각하결정 또는 보정각하결정을 받은 자이다

※ 거절결정, 실용신안등록출원각하결정, 보정각하결정에 대한 심판: 출원인

※ 취소결정에 대한 심판: 등록취소결정을 받은 자

※ 특허권의 존속기간연장등록출원에 대한 거절결정, 상표권 존속기간 갱신등록출원 등: 등록권자

(라) 청구기간 및 방식

거절결정, 취소결정, 실용신안등록출원의 각하결정 또는 보정각하결정 등본을 송달받은 날로부터 30일 이내에 청구가능하고, 심판을 청구하고자 하는 자는 법정사항을 기재한 심판청구서를 특허심판원장에게 제출해야 한다.

(마) 인용심결의 효과

심판관은 심판청구가 이유 있다고 인정된 경우, 심결로써 거절결정, 취소결정, 실용신안등록출원의 각하결정 또는 보정각하결정을 취소한다.

심결에 있어서 취소의 기본이 된 이유는 그 사건에 대하여 심사관을 기속한다.

(3) 정정심판(특허 · 실용신안)

(가) 의 의

특허권 · 실용신안권이 설정등록된 후 명세서 또는 도면에 잘못된 기재 또는 불명료한 점이 있거나 특허청구범위가 너무 광범위하게 기재되어 있는 경우 이를 정정하기 위해 등록권자가 제기하는 심판을 말한다. 정정심판 제도는 특허권자가 자발적으로 특허발명의 명세서나 도면을 정정할 수 있도록 함으로써, 무효심판이 청구되는 것을 예방하고 제3자의 이익에 관련되는 불명료한 부분을 명확하게 하기 위한 것이다.

(나) 청 구 인

특허권자(또는 실용신안권자)만이 청구할 수 있고(특허법 제136조 제1항, 실용신안법 제33조), 특허권이 공유인 때에는 공유자 전원이 공동으로 청구하여야 한다. 당해 특허권에 전용실시권, 통상실시권 또는 질권이 설정되어 있는 경우 이들의 동의를 얻어야 한다(특허법 제136조 제7항, 실용신안법 제33조).

(다) **청구대상**

특허권 또는 실용신안권의 설정등록시의 “명세서와 도면”이며, 그 정정심판의 심결 전에 다른 정정심판 또는 정정청구의 확정심결(결정)이 있을 때는 그 정정된 “명세서와 도면”이 대상이다.

(라) **정정의 요건**(특허법 제136조 제1항 내지 제4항 및 제47조 제3항, 실용신안법 제33조 및 제11조)

특허(또는 실용신안)의 정정은 특허권(또는 실용신안권)이 발생한 상태에서 권리의 내용을 변경하는 것으로 제3자에게 물측의 손해가 발생하는 것을 방지하기 위하며

① 청구범위를 감축하는 경우

② 잘못된 기재를 정정하는 경우

③ 분명하지 아니한 기재를 명확하게 하는 경우에 한하여 제한적으로 허용된다.

(마) **정정의 범위**

정정의 범위는 명세서 또는 도면에 기재된 사항의 범위 이내에서 할 수 있음. 다만, ② 잘못된 기재를 정정하는 경우에는 출원서에 최초로 첨부된 명세서 또는 도면에 기재된 사항의 범위 이내에서 할 수 있고(2001. 7. 1 이후 출원된 특허 및 실용신안의 경우에 적용), 정정의 결과가 청구범위를 실질적으로 확장하거나 변경할 수 없다. 단, 특허의 경우 ① 및 ② 요건에 해당하는 정정은 정정 후의 청구범위가 출원당시 특허받을 수 있는 것이어야 한다.

(바) **청구기간**(특허법 제136조 제1항 및 제6항, 실용신안법 제33조)

특허권(또는 실용신안권) 설정등록 후에만 청구가고, 특허권(또는 실용신안권)의 존속 중에는 물론 특허권이 소멸된 후에도 청구 가능하지만, 권리가 이의결정에 의하여 취소되거나 무효심결에 의하여 무효로 된 경우에는 청구할 수 없다. 단, 무효심판(2001. 7. 1. 이후 청구분), 이의신청, 그리고 실용신안기술평가가 특허청 또는 특허심판원에 계속되고 있는 경우에는 정정심판을 청구할 수 없으며, 무효심판의 경우 답변서 제출기간 또는 심판관의 직권심리에 의한 의견서 제출기간 내에 정정청구를 할 수 있다(특허법 제133조의2, 실용신안법 제33조).

(사) **정정명세서의 보정**(적용대상 : 2001. 7. 1. 이후 출원)

심판청구인은 심리종결통지가 있기 전에는 정정심판청구서에 첨부된 정정명세서 또는 도면을 보정할 수 있다(특허법 제136조 제9항, 실용신안법 제33조).

(아) **정정청구공고제도 및 정정이의 신청제도**

2001. 7. 1. 이후 출원한 특허와 1999. 7. 1. 이후 출원한 실용신안에 대해서는 정정청구공고제도 및 정정이의신청제도가 폐지되었으며, 정정을 인정하는 심결의 경우에는 정정된 명세

서 및 도면을 공보에 게재한다.

(자) 정정인정심결의 확정시기

심결등본의 송달이 있는 때 확정된다.

(차) 효 과(소급효과의 발생)

정정을 인정하는 취지의 심결이 확정된 때에는 그 정정된 명세서 또는 도면에 의하여 특허출원, 출원공개, 특허결정 또는 심결 및 특허권의 설정등록이 된 것으로 본다(특허법 제136조 제8항).

특허청장은 특허발명의 명세서 또는 도면의 정정심판의 심결이 확정된 때에는 특권자에 대하여 새로운 특허증을 교부한다(특허법 제86조 제3항, 실용신안법 제19조 제3항).

(4) 특허심판의 절차

(가) 심판의 청구

특허거절결정, 특허취소결정 또는 특허권의 존속기간의 연장등록거절결정을 받은 자가 불복이 있는 때에는 그 결정등본을 송달받은 날부터 30일 이내에 특허심판원장에게 심판을 청구할 수 있다.

이해관계인 또는 심사관은 특허 무효심판을 청구할 수 있다. 이해관계인 또는 심사관은 특허권의 존속기간의 연장등록에 대하여 무효심판을 청구할 수 있다. 특허권자 또는 이해관계인은 특허발명의 보호범위를 확인하기 위하여 특허권의 권리범위 확인심판을 청구할 수 있다. 특허권자는 특허발명의 명세서 또는 도면에 대하여 정정심판을 청구할 수 있다. 이해관계인 또는 심사관은 특허발명의 명세서 또는 도면에 대한 정정의 무효심판을 청구할 수 있다. 특허심판원장은 접수된 심판청구서에 대한 방식심사를 하고 이를 수리한 때에는 심판번호를 부여하고 당사자에게 통지한다. 심판은 3인 또는 5인의 심판관으로 구성되는 합의체가 이를 행한다. 합의체의 합의는 과반수에 의하여 이를 결정한다. 당사자는 확정된 심결에 대하여 재심의 사유를 안 날부터 30일 이내에 재심을 청구할 수 있다. 심결에 대한 소 및 심판청구서나 재심청구서의 각하결정에 대한 소는 특허법원의 전속관할로 하며, 소는 심결 또는 결정의 등본을 송달받은 날부터 30일 이내에 제기하여야 한다.

1) 우선심판

심판은 심리가 성숙된 청구순으로 처리하는 것이 원칙이나, 긴급히 처리하여야 할 필요가 있다고 인정되는 경우에는 다른 사건에 우선하여 심판할 수 있다. 통상 우선심판결정일부터 6개월 이내의 심판처리가 가능하다.

대 상

1. 보정각하결정에 대한 심판사건
2. 심결취소소송에서 취소된 사건
3. 심사관이 무효심판을 청구한 사건
4. 종전에 거절결정불복심판 취소심결 후 다시 청구된 거절결정불복심판사건
5. (신청) 발명(고안)의 명칭만 정정하는 정정심판
6. (신청) 지식재산권분쟁으로 사회적인 물의를 일으키고 있는 사건
7. (신청) 국제간에 지식재산권분쟁이 야기된 사건
8. (신청) 국민경제상 긴급한 처리가 필요한 사건 및 군수품 등 전쟁수행에 필요한 심판사건
9. (신청) 침해분쟁의 사전 또는 예방단계에 활용하기 위하여 경고장 등으로 소명한 권리범위 확인심판, 무효심판 또는 취소심판
10. 우선심사한 출원에 대한 거절결정불복심판
    - 단, 출원과 동시 심사청구 후 2개월 이내에 우선심사된 실용신안, 자기실시 중이거나 준비중인 출원, 전문기관에 선행기술의뢰되어 통보된 건 제외
11. (신청) 약사법 제50조의2 또는 제50조의3에 따라 특허목록에 등재된 특허권에 대한 심판사건으로서 당사자로부터 우선심판신청(별지 제4호 서식)이 있는 사건
    - 단, 재심사기간의 만료일이 우선심판 신청일부터 1년 이후인 경우 제외

2) **신속심판**

신속심판은 당사자가 심판사건과 관련된 모든 주장 및 증거를 구술심리 기일까지 제출하는 경우 신속심판결정일부터 3개월 이내의 심판처리가 가능. 다만, 우선심판의 절차가 이미 진행된 사건은 우선심판 처리절차에 의함.

대 상

1. 법원이 통보한 침해소송사건 또는 무역위원회가 통보한 불공정무역행위조사사건과 관련된 사건으로서 심리종결되지 아니한 권리범위 확인심판, 무효심판 또는 취소심판
   - 단, 법원 등에서의 관련 사건과 당사자가 동일하지 않은 권리범위 확인심판, 2심까지 침해소송이 종결된 사건과 관련된 심판 제외
   * 함께 계류 중인 정정심판사건에 대하여 신속심판 가능

1의2. (신청) 지식재산권침해분쟁으로 법원에 계류중이거나(침해금지가처분신청 포함) 경찰 또는 검찰에 입건된 사건과 관련된 권리범위 확인심판, 무효심판 또는 취소심판
   - 단, 법원 등에서의 관련 사건과 당사자가 동일하지 않은 권리범위 확인심판, 2심까지 침해소송이 종결된 사건과 관련된 심판 제외

* 함께 계류 중인 정정심판사건에 대하여 신속심판 가능 2. (신청) 당사자 일방이 상대방의 동의를 얻어 답변서 제출기간 내에 신청한 사건 3. (신청) 「중소기업창업지원법」 제4조에 따라 정부로부터 자금을 투자 · 출연 · 보조 · 융자 지원을 받은 기업 또는 「1인 창조기업 육성에 관한 법률」 제11조, 제12조 또는 제15조에 따라 정부로부터 기술개발지원 또는 아이디어의 사업화 지원, 금융지원을 받은 1인 창조기업이 당사자인 권리범위 확인심판 또는 무효심판 4. (신청) 특허법원이 무효심판의 심결취소소송에 대한 변론을 종결하기 전에 권리자가 당해 소송대상 등록권리에 대하여 청구한 최초의 정정심판 5. (신청) 특허법 제33조 제1항 본문의 규정에 따른 무권리자의 특허라는 이유에 의해서만 청구된 무효심판 6. (신청) 중소기업과 대기업 간의 권리범위 확인심판, 무효심판 또는 취소심판으로서 중소기업 당사자로부터 신청

(나) **심사의 전치**

1) **의 의**

특허출원 · 디자인출원에 대한 거절결정에 대한 심판청구가 있는 경우에, 심판의 청구일로부터 30일 이내에 그 청구에 관한 출원의 명세서 또는 도면에 대하여 보정을 하면 그 심판청구사건에 대하여는 심판을 진행하기 이전에 심사에 다시 회부시켜 심사관으로 하여금 제출된 보정서를 토대로 거절이유의 해소여부를 재심사하게 하는 제도이다(※ 특허권의 존속기간연장등록의 출원에 대한 거절결정불복심판청구는 심사전치의 대상이 아님).

2) **절 차**

특허심판원장은 심사전치의 대상이 되는 청구가 있는 경우 심판을 하기 전에 이를 특허청장에게 통지하여야 하고(구특허법 제173조 제1항), 통지를 받은 특허청장은 그 출원을 심사관에게 다시 심사하게 하여야 한다(동조 제2항). 심사전치에 의한 심사도 통상의 특허출원에 대한 심사와 같다(구특허법 제174조).

3) **심사전치의 종결**

특허결정을 하는 경우 심사관은 명세서 또는 도면의 보정결과 원거절결정이유가 해소되어 특허결정을 하고자 할 때에는 심판이 청구된 당초의 거절결정을 취소하고 특허결정을 한다(구특허법 제175조 제1항).

> **※ 심사전치제도 폐지 및 재심사청구제도 도입**
>
> - 적 용 : 2009년 7월 1일 출원부터
> - 주요내용
>   · 심사전치제도하에서는 심판을 청구한 후 명세서를 보정한 건에 대해 다시 심사를 하였으나 재심사청구제도의 도입에 따라 심판을 청구하지 않더라도 특허출원서에 첨부된 명세서 또는 도면의 보정과 동시에 재심사를 청구하면 심사관에게 다시 심사를 받을 수 있다.
>   · 거절결정 후 출원인은 재심사청구와 심판청구를 선택적으로 할 수 있으며 심판청구 후에는 재심사를 청구할 수 없다.
>   · 재심사청구에 따른 심사에서 거절결정된 출원건에 대해서는 심판을 청구하여 그 결정을 다툴 수 있다.

(다) 심 리

1) 심리방식

심판은 구술심리 또는 서면심리로 하며, 당사자가 구술심리를 신청한 때에는 서면심리만으로 결정할 수 있다고 인정되는 경우 외에는 구술심리를 하여야 한다(특허법 제154조 제1항).

2) 심리원칙

변론의 청취나 증거조사를 심판기관이 직접하는 것을 말하며 이는 민사소송법과 같다.

3) 직권진행주의

심판의 진행에 있어서 당사자가 기타 관계인의 기간 준수 또는 출석 여부에 구애받지 아니하고 심판장이 직권으로 심판을 진행할 수 있다는 의미로, 당사자 또는 참가인이 법정기간 또는 지정기간 내에 절차를 밟지 아니하거나 구술심리기일에 출석하지 아니하여도 심판을 진행할 수 있다(특허법 제158조).

(5) 심판의 종료

(가) 심판청구의 취하

심판청구의 취하란 심판청구인이 청구한 심판의 전부 또는 일부를 철회하는 행위를 말한다.

심판청구는 심결이 확정될 때까지 취하할 수 있고 단, 상대방(피청구인)으로부터 답변서 제출이 있는 때에는 상대방의 동의를 얻어야 한다(특허법 제161조 제1항).

(나) 심 결

1) 의 의

심결이란 심판사건을 해결하기 위하여 심판관 합의체가 행하는 종국적인 판단이다.

2) 종 류

① 결정각하 : 보정명령을 받은 자가 지정된 기간 이내에 보정을 하지 아니한 경우에는 심판장은 결정으로 심판청구서를 각하한다(특허법 제141조 제2항).

② 심결각하 : 부적법한 심판청구로서 그 흠결을 보정할 수 없는 때에는 피청구인에게 답변서 제출기회를 주지 아니하고 심결로써 각하할 수 있다(특허법 제142조).

③ 기각심결 : 본안심리결과 청구의 취지를 받아들일 수 없는 경우에 심판청구의 취지를 배척하는 심결이다.

④ 인용심결 : 심판청구의 취지를 인용하는 심결이다.

3) 절 차

가) 심리종결통지

· 심판장은 사건이 심결을 할 정도로 성숙한 때에는 심리의 종결을 당사자 및 참가인에 통지(특허법 제162조 제3항)한다.

· 심리종결 통지 후에도 당사자 또는 참가인의 신청에 의하거나 심판장 직권으로 심리를 재개할 수 있다(특허법 제162조 제4항).

나) 심결문 송달

심결이 있는 때에는 그 등본을 당사자, 참가인 및 심판에 참가신청을 하였으나 그 신청이 거부된 자에게 송달(특허법 제162조 제6항)

4) 심결의 효과

당사자가 심결에 대하여 불복하고자 하는 경우에는 특허법원에 그 심결 취소의 소를 제기할 수 있다(특허법 제186조).

심결이 확정된 때에는 동일사실 및 동일증거에 의하여 심판을 청구할 수 없는 일사부재리의 원칙이 적용됨. 다만 확정된 심결이 각하심결인 경우에는 그러하지 아니하다(특허법 제163조).

(6) 특허취소신청제도

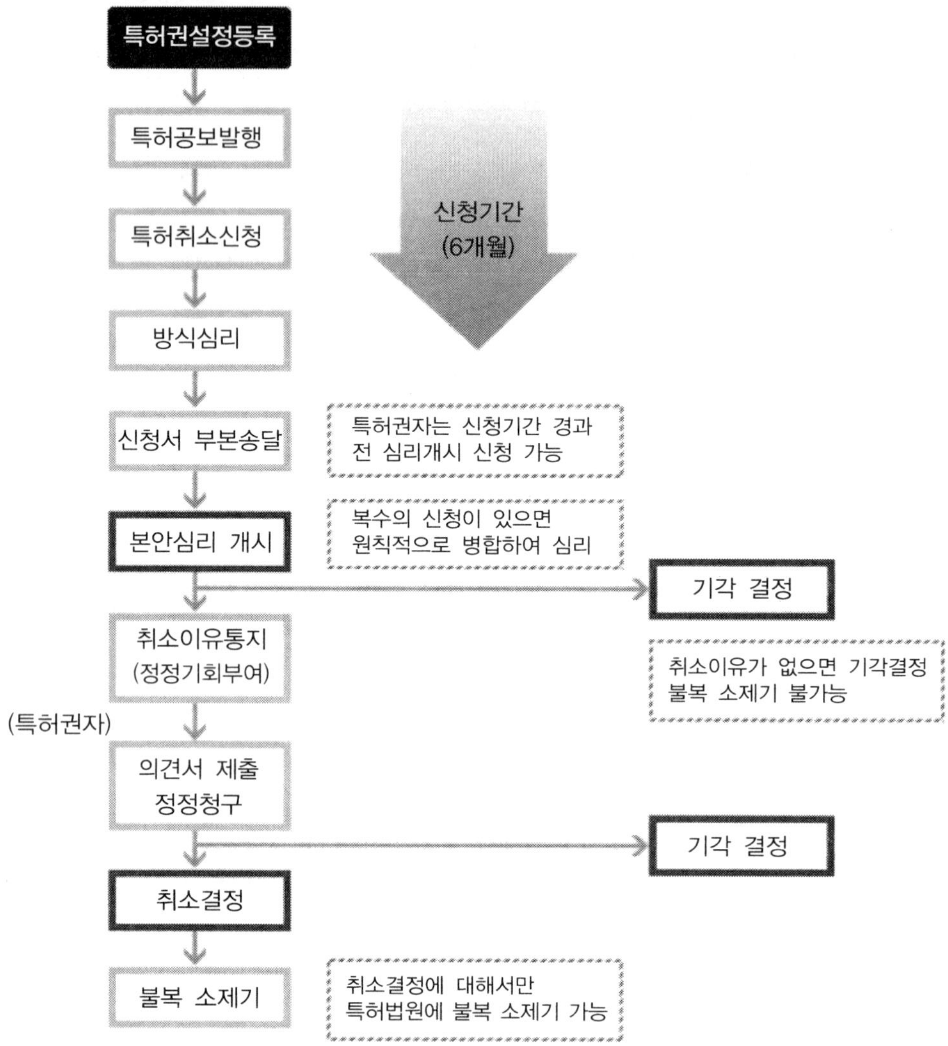

(가) 취소신청의 대상

2017. 3. 1. 이후 설정등록된 특허 및 실용신안이다.

(나) 취소신청의 이유 및 증거

1) 신청이유

신규성, 진보성, 확대된 선원, 선출원 등이다.

2) 증거 자료

서면 또는 전기통신회선을 통해 공개된 자료에 한정한다. 따라서 심사관이 거절이유로 통지한 선행기술만으로는 신청 불가능 한다. 취소신청기간에 추가·변경 가능하나, 취소이유통지 후에는 불가능 한다.

(다) 심리기관

3인 또는 5인 합의체이고, 심판과 동일하게 제척·기피 신청 가능하다.

(라) 당 사 자

1) 취소신청인: 누구든지 신청 가능하다.

2) 특허권자: 특허권 공유시에는 전원

3) 참가인: 권리자측 보조 참가 가능

(마) 취소신청 및 그 취하 가능시기

1) 신청기간

등록공고일 후 6개월까지, 다만, 권리소멸 후에는 불가능하다. 신청기간 경과 후의 신청서는 소명기회부여 후 반려, 권리소멸 후의 신청은 합의체가 각하, 다만, 취소신청 이후에 사유발생시점부터 권리가 소멸한 경우에는 심리 진행한다.

2) 취하시기

결정등본이 송달되기 전까지 가능, 다만, 취소이유통지 이후에는 취하 불가하다.

(바) 취소신청서 제출 및 방식심리

1) 취소신청서 기재사항

신청인, 대리인, 대상 특허번호 및 청구항, 취소이유 및 증거

2) 취소이유 및 증거는 방식심사시 보정명령 대상에서 제외되나, 합의체에 의한 결정각하의 대상이 된다.

(사) 심리 절차

1) 심리개시

신청기간 경과 후, 병합하여 심리한다. 특허권자는 조기개시신청 가능하다.

2) 심리범위

취소신청된 청구항에 한하여 심리하고, 병합심리시, 각 취소신청에서 신청된 청구항의 합집합으로 한다.

3) 심리방식

서면심리가 원칙이다.

4) 결정 및 효과

취소결정확정시, 특허권은 소급하여 소멸한다. 일사부재리 효과는 없기 때문에 동일한 증거로 무효심판청구 가능하다. 특허취소결정, 취소신청서 각하에 대해서는 송달일부터 30일 이내에 특허청장을 상대로 특허법원에 불복 가능하다.

[무효심판과의 비교]

구 분	특허취소신청	무효심판
제도 취지	특허권의 조기 안정화	당사자간의 분쟁해결
절 차	결정계 절차 (특허청과 특허권자)	당사자계 절차 (심판청구인과 특허권자)
청구인 적격	누구나	이해관계인 또는 심사관
신청/청구 기간	설정등록일부터 등록공고 후 6개월 까지(권리소멸 후에는 불가)	설정등록 후 언제나 (권리소멸 후에도 가능)
취 하	청구항 별로 가능 결정등본이 송달되기 전 * 취소이유 통지 후에는 불가능	청구항 별로 가능 심결이 확정되기 전 * 답변서 제출 후에는 상대방의 동의 필요
취소/무효 이유	법 제29조(신규성, 진보성, 확대된 선원) 법 제36조(선출원)	법 제133조 제1항(신규성, 진보성, 기재 불비, 모인출원, 공동출원 위반, 권리향유 위반, 조약 위반 등)
심리방식	서면심리	서면심리 및 구술심리
복수 사건의 심리	(원칙) 병합 심리	(원칙) 사건별 심리
결정 · 심결	취소결정, 기각 또는 각하 취소결정 전에 취소이유 통지	무효, 기각 또는 각하
불복 소제기	- 취소결정, 신청서 각하에 대해서는 특허청장을 피고로 특허법원에 불복 - 기각, 합의체의 각하 결정에 대해서는 불복 불가	청구인 및 피청구인 모두 상대방을 피고로 하여 특허법원에 제소 가능

(7) 재심절차

(가) 의 의

재심이라 함은 확정된 심결에 대하여 재심사유에 해당하는 중대한 하자가 있음을 이유로 하여 그 심결의 파기와 재심판을 구하는 비상(非常) 불복신청을 말한다(특허법 제178조).

(나) 재심 청구 사유

재심청구사유에 관하여는 민소법의 규정을 준용한다(특허법 제178조). 재심청구사유에 관한 민소법 제451조 제1항의 규정은 다음과 같다. 다음 각 호 가운데 어느 하나에 해당하면 확정된 종국판결에 대하여 재심의 소를 제기할 수 있다. 다만, 당사자가 상소에 의하여 그 사유를 주장하였거나, 이를 알고도 주장하지 아니한 때에는 그러하지 아니한다.

- 법률에 따라 판결법원을 구성하지 아니한 때
- 법률상 그 재판에 관여할 수 없는 법관이 관여한 때
- 법정대리권 · 소송대리권 또는 대리인이 소송행위를 하는데에 필요한 권한의 수여에 흠이 있는 때. 다만, 제60조 또는 제97조의 규정에 따라 추인한 때에는 그러하지 아니하다.
- 재판에 관여한 법관이 그 사건에 관하여 직무에 관한 죄를 범한 때
- 형사상 처벌을 받을 다른 사람의 행위로 말미암아 자백을 하였거나 판결에 영향을 미칠 공격 또는 방어방법의 제출에 방해를 받은 때
- 판결의 증거가 된 문서, 그 밖의 물건이 위조되거나 변조된 것인 때
- 증인 · 감정인 · 통역인의 거짓 진술 또는 당사자신문에 따른 당사자나 법정대리인의 거짓 진술이 판결의 증거로 된 때
- 판결의 기초로 된 민사나 형사의 판결, 그 밖의 재판 또는 행정처분이 다른 재판이나 행정처분에 따라 바뀐 때
- 판결에 영향을 미칠 중요한 사항에 관하여 판단을 누락한 때
- 재심을 제기할 판결이 전에 선고한 확정판결에 어긋나는 때
- 당사자가 상대방의 주소 또는 거소를 알고 있었음에도 있는 곳을 잘 모른다고 하거나 주소나 거소를 거짓으로 하여 소를 제기한 때

(다) 재심청구의 기간

당사자는 심결확정 후 재심의 사유를 안 날부터 30일 이내에 재심을 청구하여야 한다(특허법 제180조 제1항). 재심청구인은 대리권의 흠결을 이유로 하여 재심을 청구하는 경우에 제1항에서 규정하는 기간은 청구인 또는 법정대리인이 심결등본의 송달에 의하여 심결이 있는 것을 안 날의 다음날부터 기산한다. 심결 확정후 3년을 경과한 때에는 재심을 청구할 수 없고, 재심사유가 심결 확정후에 생긴 때에는 위 3년의 기간은 그 사유가 발생한 날의 다음날부터 이를 기산한다. 단, 재심청구기간 30일과 재심청구에 대한 제척기간 3년은 당해 심결이전에 행하여진 확정심결과 저촉한다는 이유로 재심을 청구하는 경우에는 이를 적용하지 아니한다.

(라) 재심에 의하여 회복한 특허권의 효력의 제한(특허법 제181조)

다음 사유에 해당하는 경우 특허권의 효력은 당해 심결이 확정된 후 재심청구의 등록 전에 선의로 수입 또는 국내에서 생산하거나 취득한 물건에는 미치지 아니함(특허법 제181조 제1항).

- 무효로 된 특허권 또는 존속기간의 연장등록의 특허권이 재심에 의하여 회복된 경우
- 특허권의 권리범위에 속하지 아니한다는 심결이 확정된 후 재심에 의하여 이와 상반되는 심결이 확정된 경우 - 거절한다는 취지의 심결이 있었던 특허출원 또는 특허권의 존속기간의 연장등록출원이 재심에 의하여 특허권의 설정등록 또는 특허권의 존속기간의 연장등록이 있는 경우

위의 사유에 해당하는 경우 특허권의 효력은 다음의 행위에 미치지 아니한다(특허법 제181조 제2항).

- 당해 심결이 확정된 후 재심청구의 등록전에 한 당해 발명의 선의의 실시
- 특허가 물건의 발명인 경우에는 그 물건의 생산에만 사용하는 물건을 당해 심결이 확정된 후 재심청구의 등록 전에 선의로 생산 · 양도 · 대여 또는 수입하거나 양도 또는 대여의 청약을 하는 행위
- 특허가 방법의 발명인 경우에는 그 방법의 실시에만 사용하는 물건을 당해 심결이 확정된 후 재심청구의 등록 전에 선의로 생산 · 양도 · 대여 또는 수입하거나 양도 또는 대여의 청약을 하는 행위

(8) 심결취소소송

(가) 의 의

특허심판원의 심결 또는 심판청구서나 재심청구서의 각하결정을 받은 자가 이에 불복하고자 하는 경우에 심결 또는 결정의 등본을 송달받은 날부터 30일 이내에 특허법원에 소를 제기할 수 있음(특허법 제186조)

(나) 당 사 자

1) 원고적격(특허법 제186조 제2항)

특허소송을 제기할 수 있는 자는 당사자, 참가인 또는 심판이나 재심에 참가신청을 하였으나 그 신청이 거부된 자에 한한다.

2) **피고적격**(특허법 제187조)

거절결정불복의 심결 등과 같은 결정계 사건과 정정심판에 있어서는 특허청장이 피고가 되며, 특허무효심판의 심결 등과 같은 당사자계 사건에 있어서는 심판의 청구인 또는 피청구인이 피고가 된다.

(다) **판결의 효력**

특허법원의 심결취소 판결이 확정되면 특허심판원은 그 사건을 다시 심리하여 심결 또는 결정을 하여야 한다(특허법 제189조 제2항). 이 경우 판결에 있어서 취소의 기본이 된 이유는 그 사건에 대해 특허심판원을 기속한다(특허법 제189조 제3항). 특허법원의 판결에 대하여 불복하고자 하는 자는 대법원에 상고할 수 있다(특허법 제186조 제8항). 상고는 판결문이 송달된 날로부터 2주일 내에 제기하여야 한다.

(9) 관련서식 등

[서식 222] 특허권처분금지가처분신청서

특허권처분금지가처분신청

채 권 자　　주식회사 ○○
○○시 ○○구 ○○길 ○○ (우편번호 ○○○○○)
대표이사 ○○○
전화 · 휴대폰번호 :
팩스번호, 전자우편(e-mail)주소 :

채 무 자　　◇◇◇
○○시 ○○구 ○○길 ○○ (우편번호 ○○○○○)
전화 · 휴대폰번호 :
팩스번호, 전자우편(e-mail)주소 :

목적물의 표시　　별지목록 기재와 같습니다

목적물의 가격　　80,000,000원

피보전권리의 요지　　20○○. ○. ○. 매매를 원인으로 한 특허권이전등록절차이행 청구권

신 청 취 지

채무자는 별지목록 기재의 특허권에 관하여 양도, 질권 또는 전용실시권의 설정, 통상실시권의 허락 그 밖의 일체의 처분행위를 하여서는 아니 된다.
라는 재판을 구합니다.

신 청 이 유

1. 별지목록 기재의 특허권은 채무자가 발명하여 20○○. ○. ○. 특허권등록을 마친 채무자 소유입니다.
2. 채권자는 20○○. ○. ○. 채무자와의 사이에 대금 80,000,000원으로 하는 위 특허권의 매매계약을 체결하고 같은 날 계약금으로 금 8,000,000원을 지급하면서 특허권등록명의변경은 잔금지급과 동시에 하여 주기로 약정하였습니다.
3. 그 뒤 채권자는 20○○. ○. ○○. 잔금 72,000,000원을 채무자에게 지급하고 특허권등록명의 변경을 하여 줄 것을 요구하였으나 채무자는 위 약정을 위배하고 등록명의변경절차에 응하지 않고 계속 기일만 지연하였으며 들리는 소문에 의하면 특허권을 다른 사람에게 매각처분하려고 매수인을 물색하고 있다고 합니다.
4. 위와 같은 사정에 있으므로 채권자는 채무자를 상대로 특허권이전등록절차이행청구의 본안소송을 준비 중이나 나중에 승소판결을 얻는다 하더라도 이 사건 가처분이 되지 않으면 회복할 수 없는 손해를 입을 우려가 있으므로 이 사건 신청에 이르렀습니다.
5. 한편, 이 사건 특허권처분금지가처분명령의 손해담보에 대한 담보제공은 민사집행법 제19조 제3항, 민사소송법 제122조에 의하여 보증보험주식회사와 지급보증위탁계약을 맺은 문서를 제출하는 방법으로 담보제공을 할 수 있도록 허가하여 주시기 바랍니다.

소 명 방 법

1. 소갑 제1호증	특허권등록부등본
1. 소갑 제2호증	계약서
1. 소갑 제3호증	내용증명서
1. 소갑 제4호증	영수증

첨 부 서 류

1. 위 소명방법	각 1통
1. 법인등기사항전부증명서	1통
1. 송달료 납부서	1통

20○○. ○. ○.

위 채권자 주식회사 ○○
대표이사 ○○○ (서명 또는 날인)

○○지방법원 귀중

[별 지]

특허권의 표시

1. 출 원 인 : ◇◇◇
1. 출원연월일 : 20○○. ○. ○.
1. 출원번호 : 20○○년 특허원 제○○호
1. 발명의 명칭 : ◎◎. 끝.

Ⅱ. 광업권 등에 대한 이의신청(광업법 제9장)

1. 이의신청

광업법에 의한 처분에 불복이 있는 자는 산업자원부장관에게 이의신청을 할 수 있다. 이의신청을 의결하기 위하여 산업자원부에 광업조정위원회를 둔다. 산업자원부장관은 이의신청이 있는 때에는 위원회의 의결을 거쳐 이를 결정하되, 위원회의 의결이 부당하다고 인정할 때에는 1차에 한하여 재의를 요구할 수 있다. 이의신청에 관하여는 행정심판법을 준용한다.

2. 광업조정위원회

광업조정위원회는 위원장 1인과 10인 이내의 위원으로 구성하며, 위원장은 산업자원부 소속의 1급 또는 1급상당의 별정직공무원중 관련업무를 담당하는 자로서 산업자원부장관이 지명하는 자(자원정책실장)로 하고, 위원은 관계부처의 3급 이상의 공무원과 광업에 관하여 학식과 경험이 풍부한 자 중에서 산업자원부장관이 위촉하는 자로 한다.

Ⅲ. 종자품종보호 이의신청 및 심판청구(종자산업법 제41조, 제95조, 제111조)

1. 이의신청

출원공고가 있는 때에는 누구든지 출원공고일부터 60일 이내에 농림부장관에게 품종보호 이의신청을 할 수 있다.

품종명칭등록출원공고가 있는 때에는 누구든지 출원공고일부터 30일 이내에 농림부장관에게 품종명칭등록이의신청을 할 수 있다.

심사관은 이의신청이 있는 때에는 이의신청서 부본을 출원인에게 송달하고 기간을 정하여 답변서를 제출할 수 있는 기회를 주어야 한다. 농림부장관은 이의신청에 관한 심사관의 결정이 있는 때에는 그 결정의 등본을 출원인 및 이의신청인에게 송달하여야 한다.

2. 심판청구

이의신청에 대한 결정에 관하여는 불복할 수 없다. 다만, 심판을 청구한 경우에는 그러하지 아니하다. 보정각하결정을 받은 자가 그 결정에 불복이 있는 때에는 그 결정등본을 송달받은 날부터 30일 이내에 심판을 청구할 수 있다. 거절사정을 받은 자가 불복이 있는 때에는 그 거절사정등본을 송달받은 날부터 30일 이내에 심판을 청구할 수 있다. 품종보호에 관한 이해관계인 또는 심사관은 품종보호가 무권리자에 의하여 품종보호된 등의 경우에는 무효심판을 청구할 수 있다.

품종보호에 관한 심판과 재심을 관장하기 위하여 농림부에 품종보호심판위원회를 둔다. 심판은 3인의 심판위원으로 구성되는 합의체가 이를 행한다. 합의체의 합의는 과반수에 의하여 이를 결정한다. 심판의 합의는 공개하지 아니한다. 심판위원회위원장은 심판청구가 있는 때에는 심판위원으로 하여금 이를 심판하게 한다. 심판위원은 직무상 독립하여 심판한다.

[별지 제24호 서식] 신속심판신청서

전자문서 이용가능

방식심사	담당	심판관

【서류명】 신속심판신청서

【심판번호】 20○○당1234

【제출인】

【성명(명칭)】 홍길동

【출원인코드】 4-2015-123456-1

【사건과의 관계】 청구인

【대리인】

【성명(명칭)】 ☞ 대리인 없이 개인이 작성·제출할 경우 해당 없음

【대리인코드】

(【지정된 변리사】)

(【포괄위임등록번호】)

【신청사유】 ■ 법원에 계류중 또는 검찰/경찰에 입건된 사건 관련 심판

□ 양 당사자 신속처리 합의

□ 「중소기업창업지원법」 또는 「1인창조기업 육성에 관한 법률」에 따른 정부지원 사업 수혜기업의 심판

□ 무효심판 심결취소소송 계속중 최초 정정심판

□ 무권리자 특허에 대한 무효심판

□ 중소기업과 대기업 간의 당사자계 심판

【취지】 위와 같이 신속심판을 신청합니다.

제출인(대리인) (인)

【첨부서류】 1. 신속심판 대상임을 증명하는 서류 1통

2. 대리인에 의하여 절차를 밟는 경우 그 대리권을 증명하는 서류 1통

※ 기재요령
【첨부서류】 1. 신속심판 대상임을 증명하는 서류 1통
- 신청사유가 "법원에 계류중(침해금지가처분신청 포함) 또는 검찰/경찰에 입건된 사건 관련 심판"인 경우에는, 법원에 지식재산권침해분쟁이 계속중이거나, 해당 권리에 대한 침해금지가처분신청 있거나, 검찰 또는 경찰에 입건된 사실을 증명하는 소명서(예를 들어, 해당 권리의 등록번호가 기재되어 있는 소장, 해당 권리의 등록번호가 기재되어 있는 가처분신청서 등)를 제출해야 함
- 신청사유가 양 당사자의 신속처리 합의인 경우에는 상대방 또는 상대방 대리인의 서명 또는 날인이 포함된 동의서를 답변서 제출기간 내에 제출(FAX로 받은 상대방의 서명 또는 날인이 포함된 동의서도 가능)
- 신청사유가 "「중소기업창업지원법」 또는 「1인창조기업 육성에 관한 법률」에 따른 수혜기업"인 경우에는, 「중소기업창업지원법」 제4조에 따라 정부로부터 자금을 투자 · 출연 · 보조 · 융자 지원을 받음을 증명하거나, 「1인창조기업 육성에 관한 법률」 제11조, 제12조, 제15조에 따라 기술개발 지원 또는 아이디어의 사업화 지원, 금융지원을 받음을 증명하는 서류를 제출해야 함
- 신청사유가 "무효심판 심결취소소송 계속중 최초 정정심판"이란 특허법원이 무효심판의 심결취소소송에서 변론을 종결하기 전에 권리자(특허/실용신안)가 청구한 최초의 정정심판을 말하며, 이 경우 무효심판에 대한 심결취소소송이 변론 종결 전임을 증명하는 소명서를 제출해야 함(대법원 홈페이지에서 "나의 사건검색"을 통해 소송이력 출력하여 제출)
- 신청사유가 "중소기업과 대기업 간의 당사자계 심판"인 경우, 신속심판신청 당사자가 중소기업임을 증명하는 서류를 제출해야 함(심판청구시 증빙서류 원용 가능)

[서식 223] 심판사건신청서

■ 특허법 시행규칙 [별지 제33호 서식] 〈개정 2014.6.27.〉

특허로(www.patent.go.kr)에서 온라인으로 제출 가능합니다.

심판사건 신청서

(앞쪽)

【신청구분】 □ 심판관 제척　□ 심판관 기피　□ 심판참가
□ 증거보전(조사)　□ 구술심리
□ 증인　□ 현장검증　□ 심리재개

【심판번호】

【제출인】

【성명(명칭)】
【출원인코드】
【사건과의 관계】
【대리인】
【성명(명칭)】
【대리인코드】
(【포괄위임등록번호】)
(【대상심판관(참가의 종류, 증거, 증인, 검증할 장소)】)
【신청의 이유】
(【소명방법】)

위와 같이 특허심판원장(심판장)에게 제출합니다.

제출인(대리인) (서명 또는 인)

(【수수료】 원) (기재요령 제8호 참조)
【수수료 자동납부번호】
【첨부서류】 법령에서 정한 서류 각 1통(기재요령 제9호 참조)

210㎜×297㎜[백상지 80g/㎡]

(뒤쪽)

1. 신청구분 및 관련 규정

신청구분	관련 규정
심판관 제척, 심판관 기피	「특허법」 제149조, 제150조, 「실용신안법」 제33조, 「디자인보호법」 제136조, 제137조 및 「상표법」 제77조의11
심판참가	「특허법」 제156조, 「실용신안법」 제33조, 「디자인보호법」 제144조 및 「상표법」 제77조의19
증거보전(조사)	「특허법」 제157조, 「실용신안법」 제33조, 「디자인보호법」 제145조 및 「상표법」 제77조의20

구술심리	「특허법 시행규칙」 제65조, 「실용신안법 시행규칙」 제17조, 「디자인보호법 시행규칙」 제77조 및 「상표법 시행규칙」 제78조
증인	「특허법 시행규칙」 제65조의2, 「실용신안법 시행규칙」 제17조, 「디자인보호법 시행규칙」 제79조 및 「상표법 시행규칙」 제79조
현장검증	「특허법 시행규칙」 제65조의2, 「실용신안법 시행규칙」 제17조, 「디자인보호법 시행규칙」 제79조 및 「상표법 시행규칙」 제79조
심리재개	「특허법 시행규칙」 제66조의2, 「실용신안법 시행규칙」 제17조, 「디자인보호법 시행규칙」 제82조 및 「상표법 시행규칙」 제81조

2. 처리절차

신청서 제출	⇒	접수 및 접수증 발급	⇒	서식 적격심사	⇒	· 서식 적격 시: 관련 부서 이관 · 서식 흠결 시: 보정통지 또는 반려통지
(제출인)		(특허심판원)		(특허심판원)		(특허심판원)

※ 기재요령

1. 【신청구분】 란
   신청구분 중 하나를 선택하여 □ 안에 표시(예: ☑)합니다.

2. 【심판번호】 란
   해당 사건의 심판번호를 다음 예와 같이 적습니다. 다만, 심판청구서 제출 전에 증거보전(조사) 신청을 하는 경우에는 【심판번호】 란을 【출원번호[특허(등록)번호, 국제등록번호]】 란으로 바꾸어 해당 번호를 적습니다.
   [예] 【심판번호】 2007-당-123456

3. 【제출인】 란
   가. 출원인코드가 있는 경우
   (1) 【성명(명칭)】 란에는 출원인코드 부여 신청 시 적은 국문 성명 또는 법인의 명칭을 적습니다.
   (2) 제출인이 「상표법」 제86조의14에 따른 국제상표등록출원 또는 「디자인보호법」 제179조에 따른 국제디자인등록출원과 관련된 심판사건의 제출인인 경우에는 다음 예와 같이 【성명(명칭)】 란은 성명 또는 법인의 명칭을 외래어표기법에 따라 국어로 음역하여 성과 이름 순으로 한 칸의 공백을 두어 적고, 【성명(명칭)】 란의 다음 행에 【성명(명칭)의 영문표기】 란을 만들어 「표장의 국제등록에 관한 마드리드협정에 대한 의정서」 제2조(1) 또는 「산업디자인의 국제등록에 관한 헤이그협정」(이하 "헤이그협정"이라 합니다) 제1조(viii)에 따른 국제등록부에 등록된 것과 동일한 문자로 성명 또는 법인의 명칭을 적습니다.
   [예] 【제출인】
   【성명(명칭)】 케네디 존 에프

【성명(명칭)의 영문표기】 KENNEDY, John F.
【출원인코드】 0-0000-000000-0

(3) 【출원인코드】 란에는 특허청에서 부여한 출원인코드를 적습니다.

나. 출원인코드가 없는 경우

(1) 【제출인】 란의 다음 행에 「특허법 시행규칙」 별지 제4호 서식(출원인코드 부여신청서)의 기재요령 제1호를 참조하여 제출인의 【성명(명칭)의 국문표기】 및 【성명(명칭)의 영문표기】 등 필요한 난을 만들어 적습니다.

(2) 제출인은 직접 서명하거나 인감을 날인하여야 하며, 그 방법은 원칙적으로 [첨부서류]란이 있는 쪽의 다음 쪽에[제출인 ○○○의 인감(서명)]란을 만들고 그 아래에 가로 4㎝ × 세로 4㎝의 인감 날인란(서명란)을 만들어 직접 서명하거나 제출인의 인감을 선명하게 날인합니다. 2명 이상의 제출인이 있는 경우에는 제출인의 수대로 [제출인 ○○○의 인감(서명)]란을 만들어 모든 제출인이 직접 서명하거나 인감을 날인하여야 합니다.

다. 공 통

(1) 【사건과의 관계】 란은 “출원인”, “국제출원인”, “제3자”, “청구인”, “피청구인” 등과 같이 제출인과 사건과의 관계를 명확하게 적습니다.

(2) 변리사 또는 특허법인 외의 임의대리인에 의하여 제출하거나 미성년자, 피한정후견인 또는 피성년후견인이 법정대리인에 의하여 제출하는 경우에는 다음 예와 같이 【제출인】 란 기재사항의 다음 행에 【법정대리인 등】 란을 만들어 법정대리인 등의 【성명】 및 【출원인코드】 란을 적으며, 그 대리권을 증명하는 서류를 이 서식에 첨부합니다.

[예] 【법정대리인 등】
【성명】
【출원인코드】

4. 【대리인】 란

가. 대리인에 의하여 절차를 밟는 경우에는 대리인의 성명 또는 법인의 명칭 및 대리인코드를 적습니다. 대리인이 특허법인 · 특허법인(유한)인 경우에는 다음 예와 같이 【대리인코드】 란의 다음 행에 【지정된 변리사】 란을 만들고 지정된 변리사의 성명을 모두 적습니다.

[예] 【대리인】
【성명(명칭)】 특허법인 · 특허법인(유한) ○○○○
【대리인코드】 특허법인 · 특허법인(유한)의 대리인코드
【지정된 변리사】 변리사 ○○○, 변리사 ○○○

나. 포괄위임을 받은 대리인의 경우에는 다음 예와 같이 【포괄위임등록번호】 란을 만들어 포괄위임등록번호를 적으며, 대리인이 2인 이상의 위임자와 포괄위임관계를 가진 경우에는 위임자의 수대로 【포괄위임등록번호】 란을 만들어 모두 적습니다.

[예] 【대리인】
【성명(명칭)】
【대리인코드】
【포괄위임등록번호】
【포괄위임등록번호】

다. 개별위임관계를 갖는 대리인이 위임자 전원을 대리하지 아니하는 경우에는 다음 예와 같이 【대리인코드】 란의 다음 행에 【특기사항】 란을 만들어 적습니다.

[예] 【대리인코드】

【특기사항】 제출인 ○○○의 대리인

라. 개별위임관계를 갖는 대리인인 경우에는 【첨부서류】 란에 "위임장"이라 적고 위임장을 이 서식에 첨부하며, 위임장의 기재사항은 「특허법 시행규칙」 별지 제1호 서식(위임장)을 참조하여 작성합니다.

5. 【대상심판관(참가의 종류, 증거, 증인, 검증할 장소)】 란

가. 심판관제척(기피)의 경우
【대상심판관】 란에 제척(기피)하려는 대상심판관의 성명을 적습니다.

나. 심판참가의 경우
【참가의 종류】 란에 다음 예와 같이 청구인측 및 피청구인측 참가구분과 「특허법」 제155조 제1항에 따른 당사자 참가 또는 「특허법」 제155조 제3항에 따른 보조 참가 여부를 적습니다.
[예] 【참가의 종류】 청구인측 보조 참가

다. 증거보전(조사)의 경우
【증거】 란에 증거보전 또는 증거조사의 대상이 되는 증거를 간략하게 적되 필요에 따라 별지를 사용할 수 있습니다.

라. 구술심리의 경우
【대상심판관(참가의 종류, 증거, 증인, 검증할 장소)】 란을 삭제합니다.

마. 증인의 경우
(1) 【증인】 란에 신청하려는 증인의 【성명(명칭)】, 【주민등록번호(법인등록번호)】, 【우편번호】, 【주소】 및 【전화번호】 란을 각각 만들어 적습니다.
(2) 【증인】 란의 구체적인 기재사항은 「특허법 시행규칙」 별지 제4호 서식(출원인코드 부여신청서)의 기재요령 제1호를 참조하여 작성합니다.

바. 현장검증의 경우
【검증할 장소】 는 현장검증 대상 장소를 적습니다.

사. 심리재개의 경우
【대상심판관(참가의 종류, 증거, 증인, 검증할 장소)】 란을 삭제합니다.

6. 【신청이유】 란
【신청이유】 란에는 해당 신청구분에 따라 대상 심판관을 제척(기피)하는 이유, 심판참가 신청한 이유와 사건과의 이해관계, 증거보전(조사) 신청의 이유, 구술심리 신청의 이유, 증인 신청의 이유, 현장검증을 신청하는 이유 및 사항, 심리재개를 신청하는 이유를 간략하게 기술하되 필요에 따라 별지를 사용하여 첨부할 수 있습니다.

7. 【소명방법】 란
심판관 제척(기피) 신청의 이유 또는 증거보전(조사) 신청의 이유를 뒷받침하는 소명을 기재하거나, 현장검증 신청의 용도를 적습니다. 심판참가, 구술심리, 증인, 심리재개 신청에 경우에는 이 란을 삭제합니다.

8. 【수수료】 란
심판관 제척(기피)와 심판참가 신청의 경우에만 다음 표를 참조하여 납부할 수수료의 금액을 적습니다. 증거보전(조사), 구술심리, 증인, 현장검증, 심리재개 신청의 경우에는 【수수료】 란을 삭제합니다.

절차구분	관련 규정
특허에 관한 절차	「특허료 등의 징수규칙」 제2조
실용신안등록에 관한 절차	「특허료 등의 징수규칙」 제3조
디자인등록에 관한 절차	「특허료 등의 징수규칙」 제4조
상표등록에 관한 절차	「특허료 등의 징수규칙」 제5조

8의2. 【수수료 자동납부번호】 란

사전에 「특허료 등의 징수규칙」 별지 제4호 서식의 수수료 자동납부신청서를 제출한 경우로서 해당 절차의 수수료를 자동납부하려는 경우에는 해당 서식을 서면 대신 전자문서로 반드시 제출하여야 하며, 수수료 자동납부신청서에 적은 계좌번호를 해당 서식의 【수수료 자동납부번호】 란에 표시하여야 합니다.

9. 【첨부서류】 란

가. 이 서식에 첨부하여야 하는 서류는 다음과 같습니다.

(1) 증인신문이 필요한 이유 및 신문요구사항을 적은 서류 1통(증인신청의 경우에 한정합니다)

(2) 그 밖에 법령에서 정한 서류 각 1통(기재요령 제3호부터 제6호까지 참조)

나. 【첨부서류】 란의 기재방법

(1) 서식에 첨부할 서류명과 부수를 다음 예와 같이 적되, 서식과 함께 제출하지 않는 첨부서류는 적을 수 없습니다.

[예] 【첨부서류】 위임장 1통

(2) 첨부서류 중 「전자정부법」 제42조 제2항 제4호 및 같은 법 시행령 제49조 제2항에 따라 누구든지 서류로 발급받거나 열람할 수 있는 행정정보(법인 등기사항증명서 등)에 해당하는 서류는 「전자정부법」 제36조 제1항에 따른 행정정보의 공동이용을 통하여 특허청장이 확인해야 하는 정보로서, 제출인은 다음 예와 같이 해당 서류의 명칭, 부수 및 그 서류를 확인하기 위해 필요한 정보를 적습니다.

[예] 법인 등기사항증명서 1통 [상호: ○○○, 법인등록번호: 000000-0000000]

(3) 첨부서류 중 「전자정부법」 제42조 제2항 제4호 및 같은 법 시행령 제49조 제2항에 따라 누구든지 서류로 발급받거나 열람할 수 있는 행정정보 이외의 행정정보(주민등록표 등본 · 초본, 외국인등록사실증명, 인감증명서, 사업자등록증명 등)에 해당하는 서류는 제출인 본인의 동의가 있는 경우에 「전자정부법」 제36조 제1항에 따른 행정정보의 공동이용을 통하여 특허청장이 확인할 수 있는 정보입니다. 따라서, 특허청장이 확인하는 것에 동의하고 다음 예와 같이 해당 서류의 명칭, 부수 및 서류를 확인하기 위해 필요한 정보를 적으면 관련 서류의 제출을 생략할 수 있습니다. 한편, 특허청장이 확인하는 것에 동의하지 않으면 제출인이 관련 서류를 직접 제출해야 합니다.

[예 1] 주민등록표 등본 · 초본 1통 [성명: ○○○, 주민등록번호: 000000-0000000]

[예 2] 사업자등록증명 1통 [성명: ○○○, 주민등록번호: 000000-0000000, 사업자등록번호: 000-00-00000]

[예 3] 국가유공자(유족)확인원 1통 [성명: ○○○, 주민등록번호: 000000-0000000, 보훈번호: 000-000000]

다. 서류의 원용

(1) 동시에 진행하는 2 이상의 특허에 관한 절차에서 제출할 증명서(「특허법」 제7조, 제30조

제2항 또는 제54조 제4항, 「특허법 시행규칙」 제6조부터 제9조까지의 규정에 따른 증명서에 한정합니다)가 같은 것일 경우에는 그중 1건에만 증명서의 원본을 제출하고, 다른 건에는 다음 예와 같이 원용에 관한 사항을 적어서 사본을 제출할 수 있습니다.

[예] 위임장 1통 [같은 날짜 제출서류에 첨부된 것을 원용]

【서류명】 특허출원서

【출원번호】 10-2007-1234567

(2) 이미 특허청 또는 특허심판원에 제출한 증명서(「특허법」 제7조, 제30조 제2항 또는 제54조 제4항, 「특허법 시행규칙」 제6조부터 제9조까지의 규정에 따른 증명서에 한정합니다)와 동일한 내용의 증명서를 다시 제출하는 경우에는 다음 예와 같이 원용에 관한 사항을 적고 그 증명서의 제출을 생략할 수 있습니다.

[예] 위임장 1통 [아래에 적은 제출서류에 첨부된 것을 원용]

【서류명】 심판청구서

【심판번호】 2007-당-123456

라. 첨부서류를 전자적 이미지로 변환(스캐닝)하여 제출하는 경우의 유의사항

(1) 첨부서류로 제출되는 전자적 이미지 형식은 해상도 300dpi부터 400dpi까지(300dpi 권장)의 흑백 TIFF(Tagged Image File Format)로 합니다.

(2) 꼭 필요한 경우에는 그레이스케일 또는 칼라 이미지로 제출 가능하며, 제출되는 전자적 이미지 형식은 해상도 300dpi부터 400dpi까지(300dpi 권장)의 JPEG(Joint Photographic Experts Group)로 합니다.

마. 첨부서류를 PDF(Portable Document Format)로 제출할 수 있습니다.

10. 작성 시 유의사항

가. 서식은 제출인(대리인에 의하여 절차를 밟는 경우에는 대리인)이 기명을 한 후 서명 또는 날인하여야 하며, 2명 이상의 제출인(대리인)이 있는 경우에는 모두 기명을 한 후 서명 또는 날인하여야 합니다. 서명 또는 날인시의 인감은 출원인코드부여신청[대리인이 변리사인 경우에는 변리사등록, 대리인이 특허법인·특허법인(유한)인 경우에는 법인등록]시 사용한 것과 동일한 서명 또는 인감을 사용하며, 출원인코드 정보변경(경정)신고서에 따라 서명 또는 인감을 변경한 경우에는 그 변경된 서명 또는 인감을 사용하여야 합니다.

나. 2002년 3월 1일 전에 청구된 심판사건에 대한 중간서류는 전자문서를 이용하여 제출할 수 없으며, 서면으로 제출합니다.

다. 이 서식에서 국제디자인등록출원에 관한 부분은 헤이그협정이 대한민국에 대하여 그 효력을 발생하는 날부터 적용합니다.

[서식 224] 심판청구서(특허관련)

서 면

(앞 쪽)

[별지 제34호 서식]

방식 심사란	담 당	심 판 장

【서류명】 심판청구서
【권리구분】 특허(실용신안등록, 의장등록, 상표등록)
【수신처】 특허심판원장
【제출일자】
【청구인】
【성명(명칭)】
【출원인코드】
(【주민등록번호(법인등록번호)】
【전화번호】
【우편번호】
【주소】)
【대리인】
【성명】
【대리인코드】
【피청구인】
【성명(명칭)】
【출원인코드】
(【주민등록번호(법인등록번호)】
【전화번호】
【우편번호】
【주소】)
【심판종류】
【사건의 표시】
【특허(등록)번호】
【발명(고안)의 명칭, 의장의 대상이 되는 물품, 상품(서비스업)류】
【청구의 취지】 (별지사용 가능)
【청구의 이유】 (별지사용)
【증거방법】 (별지사용 가능)
【첨부물건의 목록】 (별지사용 가능)
【청구항 수(의장의 수, 상품류수)】

【취지】 특허법 제133조 내지 제137조 · 실용신안법 제32조 및 제35조 · 의장법 제68조 및 제69조 · 상표법 제71조 내지 제75조의 규정에 의하여 위와 같이 청구합니다.

청구인(대리인) (인)

【수수료】 원

【첨부서류】 1. 청구서 부본 1통(상대방이 있는 경우에는 그 상대방에게 송부할 부본을 필요한 수만큼 첨부한다)

2. 명세서 및 도면(권리범위확인심판 : 2통, 정정심판 : 3통)

3. 대리인에 의하여 절차를 밟는 경우 그 대리권을 증명하는 서류 1통

50285-13911민 210㎜ × 297㎜
98. 11. 26.개정승인 (보존용지2종 70g/㎡)

※ 기재요령

1. 일반적 유의사항

가. 용지는 가로 210mm, 세로 297mm(A4 용지) 크기의 인쇄용지 특급(70g/㎡ 이상)을 세로로 하여 쉽게 분리할 수 있도록 상단을 철합니다.

나. 용지는 상단 40mm, 좌단 25mm, 하단 및 우단 20mm의 여백을 두고 내용을 기재하여야 하며, 용지의 하단여백 중앙에 아라비아숫자로 쪽번호를 기재하여야 합니다.

다. 문자는 흑색을 사용하여 가로로 쓰되, 300dpi 이상의 해상도로 출력함을 원칙으로 하며, 용지에는 불필요한 문자 · 기호 또는 선을 기재할 수 없습니다.

라. 문자모양은 명조 · 고딕 등의 정자체를 사용하며, 이탤릭체 등의 문자속성은 사용할 수 없습니다.

마. 문자크기는 가로 4mm × 세로 4mm(12포인트)로 하며, 1면의 행수는 28행, 각 행간의 간격은 4mm(200% 줄간격)로 합니다.

바. 서식중 해당사항이 없는 란은 서식에서 삭제하여야 하며, 용지여백에 임의로 삭제 · 추가 · 행간삽입 등 정정을 할 수 없습니다.

사. 식별항목의 기재

(1) 서식에 규정된 각 표제는 식별기호(【 , 】)와 식별항목명으로 구성된 식별항목으로 기재하여야 합니다.

(2) 식별기호(【 , 】)는 식별항목외의 용도로 사용할 수 없습니다.

(3) 각 식별항목의 내용은 식별항목의 우측에 한칸의 공백을 두고 해당 내용을 기재하여야 하며, 해당 내용이 1행을 초과하는 경우에는 제2행의 선단은 제1행의 선단과 일치시켜 다음 예와 같이 기재하여야 합니다.

[예] 【사건의 표시】

【특허번호】 특허 제1234567호

【발명의 명칭】 강제식 냉각기능을 갖는 프로그램어블 콘트롤러 및 이의 냉각방법

(4) 【청구인】, 【대리인】 등이 2인 이상인 경우에는 해당 식별항목을 증설하여 다음 예와 같이 기재하여야 합니다.

[예] 【청구인】

【성명】 정약용

【출원인코드】 4-1999-123456-1
【청구인】
【성명】 장영실
【출원인코드】 4-1999-123457-1

아. 서식은 청구인(대리인에 의하여 절차를 밟는 경우에는 대리인)이 기명 · 날인하여야 합니다. 다만, 출원인코드가 있는 청구인인 경우, 날인시의 인감은 출원인등록(대리인이 변리사인 경우 변리사등록)시 사용한 것을 사용하여야 하며, 인감변경신고가 된 경우에는 그 변경된 인감을 사용하여야 합니다.

2. 서식 작성방법

가. 서식 기초정보

(1) 【수신처】란에는 "특허심판원장"이라 기재하여야 합니다.

(2) 【제출일자】란에는 서류를 제출하는 일자를 년 · 월 · 일 순으로 다음 예와 같이 기재하여야 합니다.

[예] 【제출일자】 19○○. ○. ○.

나. 청구인 및 피청구인 정보

A. 출원인코드를 부여받은 경우

(1) 청구인 및 피청구인이 자연인인 경우, 【성명】란에 출원인등록시 기재한 국문성명을 기재하고 【출원인코드】란에는 출원인등록 후 부여된 출원인코드를 기재하여야 합니다. 다만, 청구인 및 피청구인이 법인인 경우에는 【성명】란을 【명칭】란으로 바꾸어 기재합니다.

B. 출원인코드가 없는 경우

(1) 출원인코드가 없는 청구인 및 피청구인인 경우에는 【출원인코드】란을 삭제하고, 【성명】란 다음 행(법인인 경우에는 【명칭】란 다음 행)에 【주민등록번호】(법인인 경우에는 【법인등록번호】), 【전화번호】, 【우편번호】, 【주소】란을 만들어 기재하여야 합니다.

(2) 출원인코드가 없는 청구인 및 피청구인이 국내 자연인인 경우 【성명】란은 성과 이름순으로 다음 예와 같이 공백없이 국문으로 기재하여야 하며, 외국인인 경우에는 성과 이름순으로 한칸의 공백을 두어 국문으로 기재하여야 합니다. 다만, 법인인 경우에는 【성명】란을 【명칭】란으로 바꾸어 기재합니다.

[예] 【성명】 홍길동, 【성명】 케네디 존 에프

(3) 출원인코드가 없는 외국인의 【성명】 또는 【명칭】란은 외래어표기법에 따라 국어로 음역하여 기재하여야 합니다.

(4) 출원인코드가 없는 외국인의 경우 【주민등록번호】 또는 【법인등록번호】란을 기재하지 아니하고 삭제합니다.

(5) 【우편번호】, 【주소】란에는 청구인 및 피청구인이 자연인인 경우에는 주민등록상의 우편번호와 주소를, 법인인 경우에는 본사 우편번호와 주소를 다음 예와 같이 완전하게 기재하여야 하며, 외국 주소인 경우에는 【우편번호】란은 삭제하고 국내주소의 기재순서와 동일하게 외래어표기법에 따라 국어로 음역하여 기재하여야 합니다.

[예] 【우편번호】 △△△-△△△
【주소】 ○○ (시) ○○구 ○○동 ○○번지 ○○ 호
○○ (도) ○○군(시) ○○읍(면) ○○ 리 ○○ 번지
* 시 · 도 명칭은 2자리 약칭을 사용할 수 있습니다.
(서울특별시 → 서울, 충청북도 → 충북)

(6) 【전화번호】란에는 청구인 및 피청구인의 연락가능한 전화번호를 숫자와 하이픈(-)을 사용하여 지역번호까지 다음 예와 같이 기재합니다. 다만, 대리인에 의하여 절차를 밟지 아니하고 청구인 및 피청구인이 직접 절차를 밟는 경우에는 청구인 및 피청구인의 전화번호를 반드시 기재하여야 합니다.

[예] 【전화번호】 02-123-4567

(7) 출원인코드가 없는 청구인 및 피청구인이 외국인인 경 【주소】란 다음 행에 【국적】란을 만들어 청구인 및 피청구인의 국적을 특허청장이 공고하는 2자리 영문코드로 기재하여야 합니다.

C. 공 통

(1) 미성년자, 금치산자 및 한정치산자가 법정대리인에 의하여 신고하는 경우 또는 변리사외의 임의대리

인에 의하여 신고하는 경우에는 【제출인】란에 연속하여 다음 예와 같이 【법정대리인 등】란을 만들어 법정대리인 등의 【성명】 및 【출원인코드】를 기재하여야 합니다.

[예] 【법정대리인 등】
【성명】
【출원인코드】

다. 대리인 정보

(1) 대리인에 의하여 절차를 밟는 경우에만 【대리인】란에 대리인의 【성명】, 【대리인코드】란을 만들어 각각 대리인의 성명과 코드를 기재하고, 대리권을 증명하는 서류를 첨부하여야 합니다.

라. 사건의 표시

(1) 【사건의 표시】란의 【특허(등록)번호】 및 【발명의 명칭】란에는 서식의 대상이 되는 심판의 특허(등록)번호, 발명의 명칭을 다음 예와 같이 기재합니다. 【발명의 명칭】란에는 출원서의 【발명의 국문명칭】란에 기재된 것과 동일하게 기재하여야 하며, 출원 후에 발명의 명칭을 변경 또는 경정한 때에는 그 변경 또는 경정된 발명의 국문명칭을 기재하여야 합니다.

[예] 【특허번호】 특허 제123467호
【발명의 명칭】 강제식 냉각기능을 갖는 프르그램어블 콘트롤러 및 이의 냉각방법

(2) 심판의 대상이 된 사건이 실용신안등록인 경우에는 【발명의 명칭】란을 【고안의 명칭】란으로 바꾸어 기재하여야 하고, 의장등록인 경우에는 【의장의 대상이 되는 물품】란으로 바꾸어 기재하여야 합니다. 다만, 다의장등록출원인 경우에는 다음 예와 같이 다의장등록출원서에 첫번째로 기재된 의장의 대상이 되는 물품만 기재하도록 합니다.

[예] 【의장의 대상이 되는 물품】 신사복 등

상표등록인 경우에는 【발명의 명칭】란을 【상품(서비스업)류】란으로 바꾸어 기재하여야 하며, 상품(서비스업)류가 2개 이상인 경우에는 다음 예와 같이 기재하도록 합니다.

[예] 【상품(서비스업)류】 제8류를 포함한 5개류

마. 기타정보

(1) 【심판종류】란에는 심판의 종류를 다음 예와 같이 기재합니다.

[예] 【심판종류】 무효심판

(2) 【청구의 취지】란에는 본 심판청구의 취지를 다음 예와 같이 간략하게 기재하되 필요에 따라 별지를 사용할 수 있습니다.

[예] 【청구의 취지】 실용신안등록 제0055448호는 그 등록을 무효로 한다.
심판비용은 피청구인의 부담으로 한다.
라는 심결을 구함.

(3) 【청구의 이유】란에는 청구의 이유를 구체적으로 기술하되 별지에 기재하여 청구서 뒷면에 첨부합니다.

(4) 【증거방법】란은 증거가 있을때에만 기재하고 필요에 따라 별지를 사용할 수 있습니다.

(5) 【첨부물건의 목록】란에는 청구서에 첨부하여 제출하는 서류 및 물건의 목록을 기재하고 필요에 따라 별지를 사용할 수 있습니다.

(6) 【청구항수(의장의 수, 상품류수)】란은 특허 및 실용신안등록의 경우, 【청구항수】란으로 하고 특허권 또는 실용신안권의 청구범위의 항수를 기재하여야 하며, (다)의장등록 및 (다류지정)상표등록의 경우에는 각각 【의장의 수】, 【상품류수】란으로 하여 직접적으로 심판청구의 이유가 있는 의장 또는 상품류구분의 수를 기재하여야 합니다.

(7) 【첨부서류】란은 서식에 첨부된 서류명과 그 부수를 기재하여야 합니다.

(8) 【수수료】란은 서식 제출 후에 납부할 수수료의 금액을 기재하여야 합니다.

(9) 동시에 2 이상의 절차를 밟을 때 첨부하여야 할 증명서류는 그 증명내용이 동일한 경우에 한하여 1건만 첨부하고, 다음 예와 같이 원용한다는 취지를 명기하고 사본을 첨부함으로써 이를 갈음할 수 있습니다. 이미 제출된 서류를 원용하는 경우에도 또한 같습니다.

[예] 위임장 1통(특허출원 제99-1234567호에 첨부된 것 원용)

[서식 225] 상표 · 디자인설명회 개최신청서

상표 · 디자인설명회 개최신청서

방식심사관	담당	심판관

【서류명】 상표 · 디자인설명회 개최 신청서
【권리구분】 상표
【수신처】 심판장
(【제출일자】)
【제출인】
【성명(명칭)】 홍길동
【출원인코드】 4-2015-123456-1
【사건과의 관계】 청구인
【대리인】 ☞ 대리인 없이 개인이 작성 · 제출할 경우 해당 없음
【성명(명칭)】
【대리인코드】
(【지정된 변리사】)
(【포괄위임등록번호】)
【심판사건의 표시】
【심판종류】 권리범위확인심판
【심판번호】 2015당 1234
【발명(고안)의 명칭, 상품(서비스업)류, 디자인의 대상이 되는 물품】 ●● 테스트 장치
【신청이유】 별지작성
【취지】 위와 같이 상표 · 디자인설명회 개최 신청서를 제출합니다.

신청인(대리인) 홍길동 (인)

【첨부서류】 대리인에 의하여 상표 · 디자인설명회 개최를 신청하는 경우 그 대리권을 증명하는 서류 1통

[서식 226] **답변서(의견서)**

■ 특허법 시행규칙 [별지 제24호 서식] 〈개정 2014.6.27〉

특허로(www.patent.go.kr)에서 온라인으로 제출 가능합니다.

의견(답변, 소명)서 – 예제

(앞쪽)

【서류구분】 □ 거절이유 등 통지에 따른 의견 □ 직권보정 사항에 대한 의견
☒ 심판사건답변 □ 심판사건의견
□ 이의답변 □ 이의신청의견
□ 이의신청재답변 □ 반려이유통지에 따른 소명

【제출인】

【성명(명칭)】 **김심판**

【출원인코드】 4-2014-031378-7

【사건과의 관계】 **피청구인**

【사건의 표시】

【심판번호】 2015-당-123456

【의견(답변, 소명)내용】 **별지와 같음** ☞ *의견의 이유 및 그 내용을 구체적으로 기재하며, 이 란이 부족한 경우 별지에 작성하여 첨부 가능*

(【증거방법】)
위와 같이 특허청장(특허심판원장, 심판장)에게 제출합니다.

제출인(대리인) **김심판** (서명 또는 인)

【첨부서류】 법령에 정한 서류 각 1통 (기재요령 제8호 참조)

* 기재요령 제9호의 작성 시 유의사항을 참조할 것

210㎜×297㎜[백상지 80g/㎡]

제 6 장 공정거래에 대한 심판절차

Ⅰ. 공정거래에 관한 이의신청

1. 이의신청(독점규제및공정거래에관한법률 제53조~제54조)[174)]

공정거래위원회의 처분에 대하여 불복이 있는 자는 그 처분의 통지를 받은 날부터 30일 이내에 그 사유를 갖추어 공정거래위원회에 이의신청을 할 수 있다. 이의신청은 위원 전원회의에서 심의 · 의결한다. 전원회의는 재적위원 과반수의 찬성으로 의결한다.

공정거래위원회는 이의신청에 대하여 60일 이내에 재결을 하여야 한다. 다만, 부득이한 사정으로 그 기간 내에 재결을 할 수 없을 경우에는 30일의 범위 안에서 결정으로 그 기간을 연장할 수 있다.

2. 공정거래위원회

공정거래위원회는 위원장 1인 및 부위원장 1인을 포함한 9인의 위원으로 구성하며, 그중 4인은 비상임위원으로 한다.

공정거래위원회의 처분에 대하여 불복의 소를 제기하고자 할 때에는 처분의 통지를 받은 날 또는 이의신청에 대한 재결서의 정본을 송달받은 날부터 30일 이내에 이를 제기하여야 한다. 불복의 소는 공정거래위원회의 소재지를 관할하는 서울고등법원을 전속관할로 한다.

3. 관련서식

[서식 227] 불공정거래행위시정명령처분등 취소청구의 소

소 장

원 고 ○○정유 주식회사
서울 중구 ○○동 2

---

174) 독점규제및공정거래에관한법률 제53조~제54조, 하도급거래공정화에관한법률 제27조, 약관의규제에관한법률 제30조의2, 가맹사업거래의공정화에관한법률 제37조, 방문판매등에관한법률 제50조

대표이사 ○ ○ ○
소송대리인 변호사 ○ ○ ○
서울 ○○구 ○○동 ○

피 고 공정거래위원회

불공정거래행위시정명령처분등 취소청구의 소

청 구 취 지

1. 피고가 20○○. ○. ○.자로 원고에 대하여 한 별지 (1) 기재의 시정명령과 별지 (2) 기재의 과징금 납부명령은 이를 취소한다.
2. 소송비용은 피고의 부담으로 한다.

라는 판결을 구합니다.

청 구 원 인

1. 전심절차

피고의 처분에 대하여 원고는 20○○. ○. ○. 이의신청을 하였으나 같은 해 ○. ○. 기각되었습니다.

2. 처분의 경위

가. 원고는 석유정제 및 판매업을 영위하는 사업자고서 20○○. ○. ○. 소외 주식회사 ○○석유(이하 "소외 회사"라 합니다)와 석유제품판매 대리점계약을 체결하고 거래를 하여 왔습니다. 피고는 소외 회사의 신고에 의하여 조사가 개시된 피고위원회 9708경정○○호 사건에 관하여 20○○. ○. ○. 의결 제98000호로서, 원고가 (1) 소외회사와 계속적으로 거래를 하여 오던 중 20○○. ○. ○.부터 20○○. ○. ○.까지 기간 중 경질유(휘발유, 등유, 경유)의 경우는 총 647회 거래하면서 그 중 143회에 걸쳐 평균 18.9% 정도에 해당하는 물량을 감축하여 공급하였고, 중질류(벙커씨유)의 경우는 총 604회 거래하면서 그 중 100회에 걸쳐 평균 46.5% 정도에 해당하는 물량을 감축하여 공급하였으며, 20○○. ○. ○.부터는 중질유 공급을 전면 중단하였고, (2) 소외 회사에 대한 유류대금 외상기간을 대리점계약 체결시부터 60일로 하여 거래를 하여 오다가, 20○○. ○. ○.부터는 60일 중 40일 초과분에 해당하는 외상대금에 대하여는 이자를 받는 것으로 전환하였고, 같은 해 ○. ○.부터는 40일 초과분에 대한 이자부를 폐지하고 외상기간을 40일로 단축하였으며, 같은 해 ○. ○.부터는 결제조건을 40일에서 30일로 단축하는 등 5개월 사이에 3회에 걸쳐 결제조건을 변경하였고, (3) 20○○. ○. ○. 소외 회사가 유류대금을 결제하였음에도 불구하고 외상기간 단축으로 유류대금 결제가 불가능할 것으로 예상하여 원고의 영업

사원과 직영대리점 직원으로 하여금 소외 회사가 부도가 날 것이라는 것과 그로 인해 유류공급에 차질이 우려된다는 내용을 소외 회사의 직거래처인 소외 ○○제지 주식회사, ○○공업 주식회사, ○○물산 주식회사, ○○식품 주식회사, ○○프라자 아파트, ○○타운 아파트, ○○아파트 등에 유포시키면서 동 직거래처들로 하여금 소외 회사의 거래를 중단하고 원고 직영 대리점과 거래하도록 유도하였고, (4) 같은 해 ○. ○. 소외 회사가 원고에게 계약해지 의사 및 거래처변경 의사를 표시하였음에도 여러 가지 이유를 내세워 결과적으로 소외 회사가 다른 거래처를 선택할 수 있는 기회를 상실하게 하는 행위를 하였고, (5) 소외 회사와 거래개시 때부터 특별히 담보제공을 문제시 하지 아니한채 거래를 하여 오다가 담보제공 유무를 문제시하는 등의 행위를 하였는데, 그 중 위 (1)의 행위는 계속적 거래관계에 있는 특정사업자에 대하여 거래를 중단하거나 거래하는 상품의 수량을 현저히 제한하는 행위로서 독점규제및공정거래에 관한법률 소정의 부당하게 거래를 거절하는 행위에 해당하고, 위(2)의 행위는 자기의 거래상의 지위를 부당하게 이용하는 계속적 거래관계에 있는 거래상대방에게 불이익을 주는 행위에 해당하며, 위 (3), (4), (5)의 행위는 소외 회사의 사업활동을 부당하게 방해한 행위에 해당한다는 이유로 원고에게 별지 (1) 기재의 시정명령과 별지 (2) 기재의 과징금 납부명령(이하 "이 사건 처분"이라 합니다)을 하였습니다.

나. 처분의 위법

이 사건 처분은 다음과 같은 점에서 위법합니다.

첫째, 이 사건처분은 그 내용이 특정되어 있지 않아 그 자체로서 위법합니다.

둘째, 법상의 거래거절행위, 우월적 지위남용에 의한 거래행위 및 사업활동 방해 행위는 모두 부당하게 그 행위를 하였을 때에 비로소 불공정거래행위가 되는 것이고, 그 부당성 여부 판단에 있어서는 공정하고 자유로운 경쟁을 저해하는 위법한 행위라고 판단될 때에 비로소 규제대상이 되는 것인바, 원고가 공급물량을 감축하거나 외상기일을 조정하고 또한 담보제공을 요구한 것은 소외 회사의 특혜에 의한 거래개시, 금 150억원에 이르는 무담보채권에 대한 회수대책 확보 및 채권액 감축의 필요성, 소외 회사 직원명의의 공금횡령 자금유출에 관한 투서, 원고의 담보제공 및 실사요청에 대한 소외 회사의 거절 및 원고의 경쟁사에 대한 담보제공, 부판점 덤핑판매 등 구체적 사정에 따른 정상적 조치였고, 위 부도설 유포 및 원고 직영대리점과의 거래유도의 진상은 소외 회사가 외상기일 환원을 요구하면서 부도가 날 것임을 강력히 시사하므로 원고회사로서는 부도에 대비하여 소외 회사 거래처에게 유류공급이 원활하지 않을 경우 원고에게 요청하면 적극적으로 도와주겠다고 한 것일 뿐 부당하게 부동설을 유포하거나 원고와의 거래를 유도한 것이 아니었으며, 위 거래처 이관방해에 관하여는 원고와 소외 회사 사이의 대리점계약기간이 만료되지 않았고 미수채권이 남아 있는 상태에서 적법한 절차이행을 요구한 것일 뿐 부당한 사업방해에 해당하지 아니함에도 원고가 불공정거래행위를 하였음을 전제로 한 이 사건 처분은 위법한 것입니다.

따라서 위 처분은 위법하여 취소되어야 할 것입니다.

입 증 방 법

(생 략)

첨 부 서 류

(생 략)

20○○. ○. ○.

원고 소송대리인 변호사 ○ ○ ○ ㉺

서울고등법원 귀중

Ⅱ. 물가안정 등에 관한 이의신청(물가안정에관한법률 제18조)

1. 이의신청

이 법에 의한 처분을 받은 자가 그 처분에 대하여 불복이 있을 때에는 주무부장관에게 이의신청을 할 수 있다. 이의신청은 그 처분이 있은 것을 안 날부터 15일 이내, 그 처분이 있은 날부터 30일 이내에 하여야 한다. 주무부장관은 이의신청을 받은 때에는 지체 없이 이를 물가안정위원회에 부의하여야 하며, 위원회가 이를 심의 · 의결한다.

2. 물가안정위원회

물가안정위원회는 재정경제부에 두며, 위원회는 위원장 1인을 포함한 17인 이내의 위원으로 구성한다. 위원장은 재정경제부장관이 되고, 위원은 농림부장관 · 산업자원부장관 · 정보통신부장관 · 보건복지부장관 · 건설교통부장관 · 해양수산부장관 · 기획예산처장관과 경제 또는 법률에 관한 학식과 경험이 풍부한 자중에서 대통령이 임명 또는 위촉하는 자가 된다.

물가안정위원회는 위원의 구성에 있어서 과반수가 민간전문가로 구성되어 비교적 객관성이 있으므로 물가안정위원회의 심리 · 의결을 거친 후에는 굳이 행정심판위원회의 심리 · 의결을 거칠 필요가 없다고 생각되므로 물가안정에 관한 이의신청을 특별행정심판으로 볼 수 있다고 할 것이다.

제 7 장 복지·노동행정에 대한 심판절차

I. 중재재정 등에 대한 재심[175)]

1. 재심청구

노동쟁의의 관계당사자는 지방노동위원회 또는 특별노동위원회의 중재재정이 위법이거나 월권에 의한 것이라고 인정하는 경우에는 그 중재재정서의 송달을 받은 날부터 10일 이내에 중앙노동위원회에 재심을 신청할 수 있다.

중재재정에 대한 불복은 중재재정이 위법이거나 월권에 의한 것이라고 인정되는 경우에 한하므로 중재재정이 단순히 노사 어느 일방에게 불리하여 부당하거나 불합리한 내용이라는 사유만으로는 불복이 허용되지 아니한다.

관계당사자는 중앙노동위원회의 중재재정이나 재심결정이 위법이거나 월권에 의한 것이라고 인정하는 경우에는 행정소송법 제20조의 규정에 불구하고 중재재정서 또는 재심결정서의 송달을 받은 날부터 15일 이내에 행정소송을 제기할 수 있다.

위 기간 내에 재심을 신청하지 아니하거나 행정소송을 제기하지 아니한 때에는 그 중재재정 또는 재심결정은 확정된다.

2. 중재위원회

노동쟁의의 중재 또는 재심을 위하여 노동위원회에 중재위원회를 두는데, 중재위원회는 중재위원 3인으로 구성하며, 중재위원은 당해 노동위원회의 공익대표위원 중에 관계당사자의 합의로 선정된 자를 노동위원회 위원장이 지명한다.

3. 행정소송

또한 사용자의 부당노동행위로 권리를 침해당한 근로자나 노동조합은 노동위원회에 그 구제를 신청할 수 있는바, 지방노동위원회 또는 특별노동위원회의 구제명령 또는 기각결정에 불복이 있는 관계당사자는 그 명령서 또는 결정서의 송달을 받은 날부터 10일 이내에 중앙노동위원회에 재심을 신청할 수 있고, 중앙노동위원회의 재심판정에 대하여 관계당사자는 재심

---

175) 노동조합및노동관계조정법 제69조, 제85조, 제64조, 근로기준법 제33조.

판정서의 송달을 받은 날부터 15일 이내에 행정소송을 제기할 수 있다.

기간 내에 재심을 신청하지 아니하거나 행정소송을 제기하지 아니한 때에는 그 구제명령 · 기각결정 또는 재심판정은 확정된다.

행정소송에 있어서 재심전치주의를 취한 것이라 할 것이며, 여기서 재심은 특별행정심판절차라 할 것이다.

Ⅱ. 노동위원회 처분에 대한 재심신청(노동위원회법 제26조 및 제27조)

이 규정은 노동조합및노동관계조정법 제85조와 중복된다.

Ⅲ. 관련서식

[서식 228] 재심신청서

■ 노동위원회규칙 [별지 제31호의5 서식] 부당노동행위 구제 재심 신청서

<table>
<tr><td rowspan="2">근로자</td><td>성 명</td><td colspan="3">(생년월일 : , 성별)</td></tr>
<tr><td>주 소</td><td colspan="3">☎</td></tr>
<tr><td rowspan="2">노동조합</td><td>명 칭</td><td></td><td>대표자</td><td></td></tr>
<tr><td>소 재 지</td><td colspan="3">(☎ :)</td></tr>
<tr><td rowspan="3">사용자</td><td>사 업 체 명</td><td></td><td>대표자</td><td></td></tr>
<tr><td>소 재 지</td><td colspan="3">(☎ :)</td></tr>
<tr><td>부당노동행위 사 업 장</td><td colspan="3">- 사업장명 :
- 소 재 지 :
- 대 표 자 : 직위 및 성명
※ 부당노동행위가 있었던 당시의 사업장과 본사가 다른 경우 기재</td></tr>
<tr><td colspan="2">초 심 사 건</td><td colspan="3">○○지방노동위원회 . . . 판정, 사건번호</td></tr>
<tr><td colspan="2">판 정 서 수 령 일</td><td colspan="3"></td></tr>
<tr><td colspan="2">재 심 신 청 취 지</td><td colspan="3">1.
2.
3.</td></tr>
<tr><td colspan="2">재 심 신 청 이 유</td><td>「노동조합 및 노동관계조정법」</td><td colspan="2">1. 부당노동행위 경위</td></tr>
</table>

(초심판정의 부당성)	제81조 제( )호 위반 제( )호 위반 제( )호 위반	2. 부당한 이유 ※ 관련 입증자료가 있는 경우 별첨 가능

위 근로자, 노동조합 또는 사용자는
「노동조합 및 노동관계조정법」 제85조와 노동위원회규칙 제90조에 따라 부당노동행위 구제 재심을 위와 같이 신청합니다.

년 월 일

재심신청인 (서명 또는 날인)

중앙노동위원회위원장 귀하

구비서류	없음(다만, 대리인이 신청한 경우 대리인 선임 신고서, 위임장, 직무개시등록증 등)

210mm×297mm(백상지 80g/㎡)

[서식 229] 중재판정취소 청구소장

소 장

원 고 주식회사 □□교역
제주시 ○○2동 390 제주도 ○○빌딩 1층
대표이사 고○○

피 고 ○○물산 주식회사
경남 ○○시 ○○구 ○○면 ○○리 20-5
대표이사 최○○

중재판정취소의 소

청 구 취 지

1. 원고와 피고 사이의 대한상사중재원 중재 제98111-0111호 사건에 관하여 위 중재원이 20○○. ○. ○.에 한 별지기재 중재판정은 이를 취소한다.
2. 소송비용은 피고의 부담으로 한다.

라는 판결을 구합니다.

청 구 원 인

1. 원고는 구매인이고 피고는 공급자로서 20○○. ○. ○. 미국산 네이블 오렌지 구매에 관하여 오렌지 2,000톤 110콘테이너를 미화 1,517,947.20달러에 구매계약을 체결하고 피고는 원고에게 위 물품을 공급하였는데 물품이 부패 변질된 부분이 많아서 그 하자부분에 대한 금액 36,574.27달러를 공제한 금액 전부를 지급하였습니다.
2. 그런데 피고는 위 하자부분에 대한 대금을 대한상사중재원에 중재신청을 하였습니다. 그러나 구매계약서의 입찰유의사항 제18항 대한상사중재항 단서에 전 제15항 마, 바호에 의하여 구상 처리된 내용에 대하여는 상사중재 등 어떠한 소송도 제기할 수 없다고 규정하고 있습니다.
3. 위 제15항 바호는 다호의 검사 및 감정결과 외자공급자 귀책으로 인한 현저한 품위규격미달(착항검사 불합격)에 대하여는 당사자가 인수를 거부 할 수 있다. 위 다호는 도착 이후의 품위(국립농산물검사소의 거사결과에 따름) 손상 및 중량은 당사 지정검사의 검사보고서에 따른다고 규정하고 있습니다. 이 사건의 검정기관인 ○○검정공사는 이건 검정보고서 결론에서 손해액은 공급자가 부담한다고 규정하고 있습니다.
4. 위 규정에 따라서 원고는 피고에 대하여 하자물품에 대한 손해를 물품대금에서 공제하여 구상하여 지급한 것으로 피고의 이 사건 중재신청 내용은 원고가 위 입찰유의사항 제15항 바호, 다호에 해당하므로 위 유의사항 제18항 단서에 의하여 상사중재사항이 아니므로 중재법 제13조 제1항 제1호 소정의 중재절차가 중재계약에 의하지 아니한 때에 해당하고 또한 중재판정은 원고가 주장한 사실에 대하여 판단을 유탈하며 위 중재법 제13조 제1항 제15호에도 해당하여 이 건 중재판정 취소신청에 이르렀습니다.

입 증 방 법

1. 갑 제1호증	중재판정서	1통
1. 갑 제2호증	검사보고서	1통

첨 부 서 류

1. 위 입증방법	1통
1. 법인등기부등본	2통
1. 소장 부본	1통
1. 송달료 납부서	1통

20○○. ○. ○.

위 원고 주식회사 ○○교역
대표이사고 ○ ○ (인)

서울지방법원 귀중

[서식 230] 노동재의중재재심결정처분 취소청구의 소

소 장

원 고 ○○대학교의료원 노동조합
대구 ○○구 ○○동 3
대표자 위원장 ○ ○ ○
소송대리인 변호사 ○ ○ ○
서울 ○○구 ○○동 ○

피 고 중앙노동위원회위원장

노동쟁의중재재심결정처분 취소청구의 소

청 구 취 지

1. 피고가 20○○. ○. ○. 원고와 학교법인 ○○학원 사이의 노동쟁의 중재재심신청사건에 관하여 한 97중재재심20호 결정 중 원고의 재심신청을 기각한 부분을 취소한다.
2. 소송비용은 피고의 부담으로 한다.

라는 판결을 구합니다.

청 구 원 인

1. 이 사건 재심결정의 경위

가. 원고는 사용자인 학교법인 ○○학원이 운영하는 ○○대학교의료원에 근무하는 근로자들로 조직된 노동조합인 바, 원고와 위 병원 사이에 20○○년도 임금인상 및 단체협약 체결을 위한 교섭을 20○○. ○. ○.부터 같은 해 ○. 초순경까지 계속하였으나 쟁점사항에 대하여 합의를 보지 못함에 따라, 원고가 같은 달 ○. 대구광역시지방노동위원회(이하 "지노위"라고 합니다)에 노동쟁의발생 신고를 하였습니다.

나. 위 지노위는 알선 조정에도 불구하고 쟁점사항에 대하여 노사간에 합의가 이루어지지 아니하자, 대구 남구청장의 요구에 의하여 중재에 회부하는 결정을 한 후, 같은 해 ○. ○.

노사간 쟁점들에 관하여 중재재정을 하면서, 단체협약 제8조(조합가입) 중 제3호를 인사 · 노무 · 서무 · 경리 · 회계 · 기획예산 담당자 · 전산(병원운영전반에 관한 자료 총괄 및 의료정보 취급자) · 감사담당자로, 제5호를 보직자의 비서, 보직자의 승용차 운전업무 종사자, 경비로 개정하고, 단체협약 등에 관한 사항의 유효기간은 20○○. ○. ○.부터 2년, 임금에 관해서는 1년으로 정하였습니다.

다. 이에 대하여 원고가 피고에게 위 중재재정 중 단체협약 제8조의 조합가입범위, 제13조의 상급단체 전임 취임, 제15조의 시설편의 제공, 제88조의 의료서비스 개선위원회 조항에 관하여 재심신청을 하여, 피고는 20○○. ○. ○. 위 제13조, 제15조, 제88조에 관한 지노위의 중재재정은 이를 취소하여 위 제13조, 제15조는 그 내용을 변경하고, 위 제88조는 20○○년도 단체협약을 유지하며, 나머지 부분에 대한 재심신청은 이를 기각한다는 내용의 중재재심결정을 하였습니다.

라. 한편, 20○○년도 원고와 이 사건 병원 사이의 단체협약에는 제8조에 조합가입이라는 제목으로 갑(이 "사건 병원"을 말함)과 을(원고 조합을 말함) 쌍방은 어떠한 이유로도 조합의 가입 탈퇴를 강요하거나 방해할 수 없으며 직원의 조합가입 여부는 자유의사에 따르되 다음 각 호에 해당하는 자는 조합에 가입할 수 없다고 하고, 그 제3호에서 인사 · 노무 · 서무 · 경리 · 회계 · 기획예산 담당자, 제5호에서 보직자의 비서, 보직자 승용차 운전업무 종사자, 단 기존 가입된 경비(청경포함)는 인정하되 재가입은 할 수 없다고 규정하고 있었는데, 이 사건 병원의 단체협약안에 따라 위 조항에 대하여 위 나.항에서 본 바와 같은 중재재정이 이루어졌습니다.

2. 중재재심결정의 위법

원고와 이 사건 병원 사이에 미합의된 단체협약 쟁점들 중 위 제8조에 관한 지노위의 중재재정 및 이에 대한 원고의 중재재심신청을 기각한 피고의 중재재심판정은 다음과 같은 사유로 위법합니다.

(1) 노동조합의 가입제한 범위에 관한 분쟁은 비록 노사간에 의견의 불일치가 존재한다고 할지라도 이는 근로조건에 관한 노동관계 당사자의 주장의 불일치로 인한 분쟁이라고 할 수 없어 노동쟁의조정법 제2조에 해당하지 아니하여 중재의 대상이 될 수 없으므로 이를 대상으로 한 결정은 위법한 것입니다.

(2) 노동조합법상 사용자의 이익대표자의 조합원 자격이 제한되는 취지는 노동조합의 자주성을 지키고, 그 어용화를 방지하고자 하여 헌법상 향유하는 기본권을 제한하는 것이므로 매우 신중한 접근을 요한다고 할 것임에도, 당해 업무의 결재과정에 참여하여 영향력을 행사하는 것이 아니고, 대부분 결재된 사항을 단순히 시행하는 보조적인 역할 또는 사용자의 지시에 따라 물적 시설 및 외부 출입자에 대한 단순한 경찰 단속적 업무를 수행함에 불과한 전산 및 감사업무와 경비업무에 종사하는 자들을 노동조합의 가입범위에서 제외한 것은 노동조합법 제3조 단서 제1호의 규정을 곡해하여 헌법상의 노동기본권을 부당하게 제한하는 것입니다.

따라서 위에 위반하여 이루어진 위 결정은 위법하여 취소되어야 할 것입니다.

입 증 방 법

(생 략)

첨 부 서 류

(생 략)

20○○. ○. ○.

원고 소송대리인 변호사 ○○○ (인)

서울행정법원 귀중

Ⅳ. 국민건강보험 보험급여 등에 관한 심사청구제도

이의신청	→	심사청구	→	행정소송
(국민건강보험공단, 심사평가원)		(건강보험분쟁조정위원회)		

※ 이의신청 및 심사청구는 임의절차임

1. 이의신청(국민건강보험법 제76조)

국민건강보험 가입자 및 피부양자의 자격, 보험료등 · 보험급여 및 보험급여비용에 관한 국민건강보험공단의 처분에 이의가 있는 자는 공단에 이의신청을 할 수 있고, 요양급여비용 및 요양급여의 적정성에 대한 평가 등에 관한 심사평가원의 처분에 이의가 있는 공단 · 요양기관 기타의 자는 심사평가원에 이의신청을 할 수 있다. 이의신청은 처분이 있은 날부터 90일 이내에 문서로 하여야 한다. 다만, 정당한 사유에 의하여 그 기간 내에 이의신청을 할 수 없었음을 소명한 때에는 그러하지 아니하다.

2. 이의신청위원회

이의신청에 대한 처분업무를 효율적으로 수행하기 위하여 공단 및 심사평가원에 각각 이의신청위원회를 설치한다. 이의신청위원회는 각각 위원장 1인을 포함한 10인의 위원으로 구성한다.

공단에 설치하는 이의신청위원회의 위원장은 공단의 이사장이 되고, 위원은 공단의 임직원 1인, 사용자단체가 추천하는 자 2인, 근로자단체가 추천하는 자 2인, 지역가입자를 대표하는 단체(시민단체를 포함한다)가 추천하는 자 2인, 변호사 및 사회보험에 관한 학식과 경험이 있는 자 각 1인 중에서 공단의 이사장이 임명 또는 위촉한다.

심사평가원에 설치하는 이의신청위원회의 위원장은 심사평가원의 원장이 되고, 위원은 심사평가원의 임직원 1인, 가입자를 대표하는 단체(시민단체를 포함한다)가 추천하는 자 2인, 변호사 및 사회보험에 관한 학식과 경험이 있는 자 각 1인, 의사 · 치과의사 · 한의사 및 약사 각 1인 중에서 심사평가원의 원장이 임명 또는 위촉한다.

3. 심사청구(국민건강보험법 제77조 및 제78조)

국민건강보험공단 또는 심사평가원의 이의신청결정에 불복이 있는 자는 90일 이내에 보건복지부에 두는 건강보험분쟁조정위원회에 심사청구를 할 수 있다. 위 위원회는 건강보험에 관한 법학 또는 의학분야의 학식과 경험이 풍부한 자 중 보건복지부장관이 임명 또는 위촉하는 20인 이내의 위원으로 구성한다.

공단 또는 심사평가원의 처분에 이의가 있는 자, 이의신청 또는 심사청구에 대한 불복이 있는 자는 행정소송법이 정하는 바에 의하여 행정소송을 제기할 수 있다.

V. 산업재해보상보험 보험급여 등에 관한 심사청구제도(산업재해보상보험법 제88조 내지 제94조)

심사청구	→	재심사청구	→	행정소송
(근로복지공단)		(산업재해보상보험심사위원회)		

※ 심사청구 및 재심사청구는 임의절차임

1. 심사청구

보험급여에 관한 결정에 불복이 있는 자는 결정이 있음을 안 날부터 90일 이내에 근로복지공단에 심사청구를 할 수 있고, 행정심판법에 의한 행정심판은 제기할 수 없다.

보험급여에 관하여 심사청구를 할 수 있는 것이므로 보험료 부과와 관련하여서는 심사청구를 하지 못하고, 행정심판을 청구할 수 있다. 또한 행정심판법 제3조 제1항은 "행정청의 처분에 대하여 다른 법률에 특별한 규정이 있는 경우를 제외하고는 이 법에 의하여 행정심판을 제기할 수 있다."고 규정하고 있으므로 보험급여에 관한 처분에 대한 것으로서 산재보험법 제88조 내지 제94조가 적용되는 것이 아니라면 행정심판법의 일반적인 규정에 의한 불복절차를 밟으면 된다. 이와 관련하여 보험급여에 관한 결정에 대하여는 심사청구에 의하지만, 보험급여액징수처분에 대하여는 보험급여에 관한 결정이 아니므로 심사청구가 아닌 행정심판에 의하고 있다.

2. 재심사청구

위 심사청구에 대한 결정에 불복이 있는 자는 결정이 있음을 안 날부터 90일 이내에 산업재해보상보험심사위원회에 재심사청구를 할 수 있다. 재심사청구에 대한 재결은 행정심판에 대한 재결로 본다.

3. 산업재해보상보험심사위원회

산업재해보상보험심사위원회는 노동부에 두되, 위원장을 포함한 30인 이내의 위원으로 구성하고, 위원 중 2인은 상임위원으로, 1인은 당연직위원으로 한다. 심사위원회의 위원은 3급 이상의 공무원으로 재직하고 있거나 있었던 자, 판사 · 검사 · 변호사 또는 공인노무사로서 10년 이상의 경력이 있는 자, 고등교육법에 의한 대학에서 부교수 이상으로 재직하고 있거나 있었던 자, 노동관계업무에 15년 이상 종사한 자로서 심사위원회의 위원으로 적합하다고 인정되는 자, 사회보험 또는 산업의학에 관한 학식과 경험이 있는 자로서 심사위원회의 위원으로 적합하다고 인정되는 자 중에서 노동부장관의 제청으로 대통령이 임명한다. 다만, 당연직위원은 노동부장관이 소속 2급 또는 3급의 일반직공무원중에서 지명하는 자로 한다. 위원 중 3분의 1에 해당하는 위원은 근로자단체 및 사용자단체가 각각 추천하는 자로 하되, 동수로 하여야 한다.

[서식 231] 재심사청구서

<table>
<tr><td colspan="7">산업재해보상보험
재 심 사 청 구 서</td><td>처리기간
60일</td></tr>
<tr><td rowspan="2">청 구 인</td><td>① 성 명</td><td></td><td>② 주민등록 번 호</td><td></td><td>③ 근로자와의 관 계</td><td colspan="2"></td></tr>
<tr><td>④ 주 소</td><td colspan="6">(전화번호)</td></tr>
<tr><td rowspan="2">대 리 인</td><td>⑤ 성 명</td><td></td><td>⑥ 주민등록 번 호</td><td></td><td>⑦ 근로자와의 관 계</td><td colspan="2"></td></tr>
<tr><td>⑧ 주 소</td><td colspan="6">(전화번호)</td></tr>
<tr><td rowspan="3">재 해 를 입 은 근 로 자</td><td>⑨ 성 명</td><td colspan="3"></td><td>⑩ 주 민 등 록 번 호</td><td colspan="2"></td></tr>
<tr><td>⑪ 주 소</td><td colspan="6"></td></tr>
<tr><td>⑫ 사업장명</td><td colspan="2"></td><td>⑬사업장소재지</td><td colspan="3"></td></tr>
<tr><td>⑭ 원 처 분 기 관</td><td colspan="2">근로복지공단 지역본부(지사)장</td><td>⑮ 원 처 분 일 자</td><td>20 . . .</td><td>⑯원 처 분 안 날</td><td colspan="2">20 . . .</td></tr>
<tr><td>⑰심사결정 기 관 명</td><td>근로복지공단</td><td>⑱심사결정서를 받 은 날</td><td colspan="2">20 . . .</td><td>⑲심사결정이 있음을 안 날</td><td colspan="2">20 . . .</td></tr>
<tr><td colspan="2">⑳ 보험급여의 결정내용</td><td colspan="6">( )급여 불승인(또는 부지급)처분</td></tr>
<tr><td colspan="2">㉑ 심사결정기관의 고지 유무 및 그 내용</td><td colspan="6"></td></tr>
<tr><td colspan="2">㉒재심사청구 취지 및 이유</td><td colspan="6">(별지 기재와 같음)</td></tr>
<tr><td colspan="8">산업재해보상보험법 제106조 및 같은법 시행령 제105조의 규정에 의하여 위와 같이 재심사를 청구합니다.

년 월 일

청구인(대리인) (서명 또는 날인)

산업재해보상보험재심사위원회위원장 귀하</td></tr>
<tr><td colspan="7">첨부서류
1. 청구의 취지 및 이유 1부.
2. 위임장(대리인인 경우에 한합니다) 1통
※ 이 용지는 무료로 배부하여 드립니다.</td><td>수수료
없 음</td></tr>
</table>

210mm/297mm
일반용지60g/㎡(재활용품)

[별지 제1호 서식 뒷면]

1. ①~④ 청구인의 성명, 주민등록번호, 주소 및 근로자와의 관계를 기재합니다.
2. ⑤~⑧ 대리인을 통하여 청구하는 경우 대리인의 "1항" 관련내용을 기재합니다.
   ◦ 청구인의 배우자(사실혼관계포함), 직계존 · 비속 또는 형제자매
   ◦ 변호사, 공인노무사 기타 다른 법령의 규정에 의하여 청구를 할 수 있는 자
3. ⑨~⑬ 재해를 입은 근로자에 대한 인적사항과 소속사업장명, 소재지를 기재합니다.
4. ⑭ 최초에 요양(휴업 · 장해 · 유족급여 등 보험급여를 말함)을 받고자 신청한 원처분기관 즉, 근로복지공단 소속의 지역본부(또는 지사)를 기재합니다.
5. ⑮ 청구인의 신청에 대하여 "⑭항"의 원처분기관에서 불승인(또는 부지급) 등 결정된 날(발송일자)을 기재합니다.
6. ⑯ "원처분 안 날"이라 함은 우편등에 의하여 청구인, 청구인의 가족, 공동주택인 경우에는 경비원 등이 원처분기관의 결정 통지서를 수령한 날을 말하며, 일반적으로 원처분기관에서 우편물을 발송한 날로부터 3일 이내가 됩니다.
7. ⑰ 심사결정기관은 "근로복지공단"입니다.
8. ⑱ "심사결정서를 받은 날"이라 함은 우편 등에 의하여 청구인, 청구인의 가족, 공동주택인 경우에는 경비원 등이 수령한 날을 말하며, 일반적으로 근로복지공단에서 우편물을 발송한 날로부터 3일 이내가 됩니다.
9. ⑲ "심사결정이 있음을 안 날"이라 함은 심사결정서를 받은 날을 말하며, 이와 다를 경우에는 부득이한 사유가 있었다는 객관적인 증거자료를 함께 제출하여야 합니다.
10. ⑳ "( )"내의 보험급여 결정내용은 일반적으로 다음과 같은 내용이나, 이와 다를 경우에는 원처분기관으로 부터 처분을 받은 주요결정내용을 기재합니다.
    ☞ 요양, 재요양, 치료연기, 척추기기고정술, 요양급여, 평균임금정정, 휴업급여, 장해급여, 장해연금, 간병급여, 유족급여 및 장의비, 유족연금 등
11. ㉑ "심사결정기관의 고지유무 및 그 내용"은 심사결정서상 고지를 받은 경우에는 "처분이 있음을 안 날로부터 90일이내에 원처분기관을 경유하여 재심사청구를 할 수 있음을 고지받았음"이라고 기재하고, 이러한 고지를 받지 않았을 경우에는 "받지 않았음"으로 기재합니다.
12. ㉒ "재심사청구 취지 및 이유"는 다음 『예시』의 내용을 참고하여 별도로 작성 · 첨부합니다.
    ☞ 청구인 : 성명 (주민등록번호)
    주소

    청구인은 근로복지공단○○지역본부(지사)에서 20 . . 자로 요양불승인처분을 받았으며 이에 대하여 근로복지공단 이사장에게 심사청구를 하였으나 이유 없다고 기각결정하였으므로 이에 불복하여 다음과 같이 재심사를 청구합니다.

청 구 취 지

원처분기관이 20 . . 자로 청구인에게 행한 요양불승인처분을 취소한다는 재결을 구합

니다.

이 유

청구인은 20 . . 부터 ○○회사에 입사하여 (언제, 어디서, 무엇을 하다가, 어디에) 재해를 입었으나 원처분기관은 (업무상이 아니라는) 이유로 불승인 한 처분은 다음과 같은 사유로 부당하다고 생각되므로 이 처분의 취소를 구하는 바입니다.

(이유와 사실관계, 의학적인 인과관계가 있음을 객관적으로 기재하고 필요한 근거자료를 제시)

20 . . 청구인 ○○○

Ⅵ. 고용보험 보험급여 등에 관한 심사청구제도(고용보험법 제74조 내지 제77조)

심사청구	→	재심사청구	→	행정소송
(고용보험심사관)		(고용보험심사위원회)		

※ 심사청구 및 재심사청구는 임의절차임

1. 심사청구 및 재심사청구

피보험자격의 취득 · 상실에 대한 확인, 실업급여, 육아휴직급여 · 산전후휴가급여에 관한 처분에 이의가 있는 자는 고용보험심사관에게 심사를 청구할 수 있고, 그 결정에 이의가 있는 자는 고용보험심사위원회에 재심사를 청구할 수 있다.

심사청구는 처분 등이 있음을 안 날부터 90일 이내에, 재심사청구는 심사청구에 대한 결정이 있음을 안 날부터 90일 이내에 제기하여야 한다.

2. 고용보험심사위원회

고용보험심사위원회는 노동부에 두되, 근로자대표위원 및 사용자대표위원 각 1인 이상을 포함한 15인 이내의 위원으로 구성하고, 그 중 2인은 상임위원으로 한다.

심사위원회의 재결은 행정심판의 재결로 본다.

[서식 232] 심사청구서

<table>
<tr><td colspan="5">심사청구서</td><td>처리기간
30 일</td></tr>
<tr><td rowspan="2">청 구 인</td><td>①성 명</td><td></td><td>②주민등록번호</td><td colspan="2">   –</td></tr>
<tr><td>③주 소</td><td colspan="4">(전화 :)</td></tr>
<tr><td rowspan="2">대리인 또는 선정대표자</td><td>④성 명</td><td></td><td>⑤주민등록번호</td><td colspan="2">   –</td></tr>
<tr><td>⑥주 소</td><td colspan="4">(전화 :)</td></tr>
<tr><td>피 청 구 인</td><td>⑦원처분청</td><td colspan="4"></td></tr>
<tr><td rowspan="2">원 처 분 내 용</td><td>⑧원처분일</td><td>년 월 일</td><td>⑨원처분을 안 날</td><td colspan="2">년 월 일</td></tr>
<tr><td>⑩처분내용</td><td colspan="4"></td></tr>
<tr><td colspan="2">⑪원처분청의 고지 유무 및 그 내용</td><td colspan="4"></td></tr>
<tr><td colspan="2">⑫청구취지 및 이유</td><td colspan="4">(별지 기재와 같음)</td></tr>
<tr><td colspan="6">고용보험법 제75조의3, 동법 시행령 제101조 및 동법 시행규칙 제101조의 규정에 따라 위와 같이 청구합니다.

년 월 일

청구인 (서명 또는 인)

고용보험심사관 귀하</td></tr>
<tr><td colspan="5">구비서류 : 청구서 부본</td><td>수 수 료
없 음</td></tr>
</table>

210mm × 297mm(일반용지 60g/㎡(재활용품))

[서식 233] 재심사청구서

<table>
<tr><td colspan="6">재심사청구서</td><td>처리기간
50 일</td></tr>
<tr><td rowspan="2">청 구 인</td><td>①성 명</td><td>김○○</td><td>②주민등록번호</td><td colspan="3">711109—</td></tr>
<tr><td>③주 소</td><td colspan="5">서울 ○○구 ○○동 ○○, (전화 :)</td></tr>
<tr><td rowspan="2">대리인 또는 선정대표자</td><td>④성 명</td><td></td><td>⑤주민등록번호</td><td colspan="3">—</td></tr>
<tr><td>⑥주 소</td><td colspan="5">(전화 :)</td></tr>
<tr><td>피 청 구 인</td><td>⑦원처분청</td><td colspan="5"></td></tr>
<tr><td rowspan="2">원 처 분 내 용</td><td>⑧원처분일</td><td>20○○. ○. ○.</td><td>⑨원처분을 안 날</td><td colspan="3">20○○. ○. ○.</td></tr>
<tr><td>⑩처분내용</td><td>실업급여 지급중지 반환추가징수처분</td><td>원처분의 고지유무</td><td colspan="3"></td></tr>
<tr><td>⑪결 정 한 심사관명</td><td></td><td>⑫결정서를 받은 날</td><td>20 . . .</td><td>⑬결정이 있음을 안 날</td><td colspan="2">20 . . .</td></tr>
<tr><td colspan="2">⑭심사관의 고지유무 및 그 내 용</td><td colspan="5"></td></tr>
<tr><td colspan="2">⑮청구취지 및 이유</td><td colspan="5">(별지 기재와 같음)</td></tr>
<tr><td colspan="7">고용보험법 제76조의4, 동법 시행령 제117조 및 동법 시행규칙 제112조의 규정에 따라 위와 같이 청구합니다.

20○○. ○. ○.

청구인 김 ○ ○ (서명 또는 인)

고용보험심사위원회 위원장 귀하</td></tr>
<tr><td colspan="6">첨부서류 : 청구서 부본</td><td>수 수 료
없 음</td></tr>
</table>

210mm × 297mm(일반용지 60g/㎡(재활용품))

Ⅶ. 국민연금 급여 등에 관한 심사청구제도

심사청구	→	재심사청구	→	행정소송
(국민연금심사위원회)		(국민연금재심사위원회)		

※ 심사청구 및 재심사청구는 임의절차임

1. 심사청구(국민연금법 제88조 및 제89조)

국민연금에 관한 가입자의 자격, 표준소득월액 · 연금보험료 기타 징수금과 급여에 관한 국민연금관리공단의 처분에 이의가 있는 자는 처분이 있음을 안 날부터 90일 이내에 공단에 심사청구를 할 수 있다.

2. 국민연금심사위원회

심사청구사항을 심의하기 위하여 국민연금관리공단에 국민연금심사위원회를 둔다.

국민연금심사위원회는 위원장 1인을 포함한 10인의 위원으로 구성하고, 위원은 공단실장급 이상의 임직원, 사용자단체와 근로자단체가 추천하는 자 각 2인, 지역가입자를 대표하는 단체가 추천하는 자 2인과 변호사 · 사회보험 및 의료에 관한 학식과 경험이 있는 자 2인을 공단이 사장이 임명 또는 위촉한다(국민연금법시행령 제66조).

3. 재심사청구(국민연금법 제90조 내지 제92조)

심사청구에 대한 결정에 불복이 있는 때에는 그 결정통지를 받은 날부터 90일 이내에 보건복지부에 두는 국민연금재심사위원회에 재심사청구를 할 수 있으며, 국민연금재심사위원회의 심사는 행정심판법에 의한 행정심판으로 본다.

4. 재심사위원회

재심사위원회는 위원장 1인을 포함한 7인의 위원으로 구성하며, 위원은 3급 이상의 공무원으로 재직한 자, 판사, 검사 또는 변호사의 자격이 있는 자, 고등교육법 제2조의 규정에 의한 대학에서 부교수이상의 직에 재직하고 있는 자, 사회보험 또는 의료에 관한 학식과 경험이 있는 자중에서 보건복지부장관이 그 자격이 있다고 인정하는 자 중에서 보건복지부장관이 임명 또는 위촉하는 자와 보건복지부소속의 국민연금업무담당국장으로 한다(국민연금법시행령 제80조).

[서식 234] 심사청구서

■ 국민연금법 시행규칙 [별지 제30호 서식]

심 사 청 구 서

※ 작성방법을 읽고 작성하여 주시기 바라며, [ ]에는 해당되는 곳에 ✓표를 합니다.

접수번호	접수일	처리기간 60일

청 구 인	성명		주민등록번호
	전화번호(자택)	(이동전화)	전자우편주소(e-mail)
	주소 우편번호(-)		처분을 받은 자와의 관계
처 분 을 받 은 자	성명		주민등록번호
	주소		
가입자 또는 가입자였던 자	성명		주민등록번호
	주소		

처분의 내용	
처분이 있은 날	처분이 있음을 안 날
처분을 한 곳(지사) [ ]국민연금공단 지사 [ ]국민건강보험공단 지사	
심사청구 취지 및 이유 ※별지	

「국민연금법」 제108조 및 같은 법 시행규칙 제48조에 따라 위와 같이 국민연금공단 또는 국민건강보험공단의 처분에 대한 심사를 청구합니다.

년 월 일

청구인 (서명 또는 인)

대리인 (서명 또는 인)

국민연금공단이사장 · 국민건강보험공단이사장 귀하

첨부서류	심사청구 이유에서 주장하는 사실을 입증할 수 있는 관련서류	수수료 없음

작성방법

1. "처분을 받은 자"가 "청구인"과 동일한 경우, "가입자 또는 가입자였던 자"가 "청구인" 및 "처분을 받은 자"와 동일한 경우는 중복하여 적지 않으셔도 됩니다.
2. "처분의 내용"란은 심사청구의 대상이 되는 국민연금공단 또는 국민건강보험공단의 구체적 처분내용을 적으시기 바랍니다.
3. "심사청구 취지 및 이유"란은 공단에 대하여 결정을 요구하는 사항과 심사청구를 하게 된 법률상 및 사실상의 근거가 되는 내용을 별지에 적으시기 바랍니다.
4. 대리인이 심사청구를 하는 경우에는 대리인의 기명날인(또는 서명)을 하고 위임장과 대리인임을 증명할 수 있는 서류를 제출하여 주시기 바랍니다.

처리절차

청구서 작성	→	접수 및 확인	→	심 사	→	심사결정서 통지	→	수 령
청구인		국민연금공단 국민건강보험공단		국민연금공단 국민건강 보험공단		국민연금공단 국민건강 보험공단		청구인

210mm×297mm[일반용지 60g/㎡(재활용품)]

■ 국민연금법 시행규칙 [별지 제31호 서식]

재 심 사 청 구 서

※ 뒤쪽의 작성방법을 읽고 작성하여 주시기 바라며, [ ]에는 해당되는 곳에 ✓표를 합니다. (앞 쪽)

접수번호	접수일	처리기간 60일

<table>
<tr><td rowspan="3">청 구 인</td><td colspan="2">성명</td><td colspan="2">주민등록번호</td></tr>
<tr><td>전화번호(자택)</td><td colspan="2">(이동전화)</td><td>전자우편주소(e-mail)</td></tr>
<tr><td colspan="3">주소 우편번호(–)</td><td>처분을 받은 자와의 관계</td></tr>
</table>

<table>
<tr><td rowspan="2">처 분 을 받 은 자</td><td>성명</td><td colspan="3">주민등록번호</td></tr>
<tr><td colspan="4">주소</td></tr>
<tr><td rowspan="2">가 입 자 또 는 가입자였던 자</td><td>성명</td><td colspan="3">주민등록번호</td></tr>
<tr><td colspan="4">주소</td></tr>
<tr><td>피 청 구 인</td><td colspan="2">[ ]국민연금공단 [ ]국민건강보험공단</td><td>재 결 청</td><td>보건복지부장관</td></tr>
<tr><td colspan="5">심사결정통지를 받은 날</td></tr>
<tr><td colspan="5">심사결정 내용</td></tr>
<tr><td colspan="5">재심사청구 취지 및 이유 ※별지</td></tr>
<tr><td colspan="2">국민연금공단 또는 국민건강보험공단의 고지유무</td><td colspan="3">고지내용</td></tr>
<tr><td colspan="5">증거서류</td></tr>
</table>

「국민연금법」 제110조 및 같은 법 시행규칙 제49조에 따라 위와 같이 국민연금공단 또는 국민건강보험공단의 처분에 대한 재심사를 청구합니다.

년 월 일

청구인 (서명 또는 인)
대리인 (서명 또는 인)

국민연금재심사위원회 귀중

210mm×297mm[일반용지 60g/㎡(재활용품)]

Ⅷ. 공무원연금 급여 등에 관한 심사청구

1. 공무원연금(공무원연금법 제80조)

가. 심사청구

공무원연금의 급여결정 · 기여금징수 등에 관하여 이의가 있는 자는 급여결정 등이 있은 날부터 180일, 그 사실을 안 날부터 90일 이내에 공무원연금급여재심위원회에 그 심사를 청구할 수 있다.

급여에 관한 결정, 기여금의 징수 기타 이 법에 의한 급여에 관하여는 행정심판법에 의한 행정심판을 청구할 수 없다.

• 심사청구

공무원연금급여재심위원회는 급여에 관한 결정, 기여금 징수, 기타 공무원연금법 의한 급여에 대하여 이의가 있는 사항에 대해 심사를 청구할 수 있으며, 공무원연금법상 급여는 13종으로 다음과 같이 분류됩니다.

• 급여의 종류

<table>
<tr><td rowspan="5">장기급여</td><td colspan="2">퇴직급여</td><td>퇴직연금
퇴직연금공제일시금
퇴직연금일시금, 퇴직일시금</td></tr>
<tr><td colspan="2">유족급여</td><td>유족연금(유족연금부기금, 유족연금특별부가금)
유족연금일시금, 유족일시금</td></tr>
<tr><td colspan="2">퇴직수당</td><td>-</td></tr>
<tr><td rowspan="3">재해
보상급여</td><td>장해급여</td><td>장해보상금, 장해연금, 유족연금(장해연금수급자 사망)</td></tr>
<tr><td>유족급여</td><td>유족보상금</td></tr>
<tr><td rowspan="2">단기급여</td><td>요양급여</td><td>공무상요양비, 공무상요양일시금</td></tr>
<tr><td colspan="2">보조급여</td><td>재해부조금, 사망조위금</td></tr>
</table>

나. 공무원연금급여재심위원회

공무원연금급여재심위원회는 행정자치부에 두되, 위원장 1인을 포함한 위원 7인 이상 9인 이하로 구성하며, 위원은 공무원 · 의료계 · 법조계 및 사회보장에 관한 학식 · 경험이 풍부한 인사중에서 행정자치부장관이 임명 또는 위촉한다(공무원연금법 시행령 제84조).

다. 심사절차

1	급여신청(신청인)
신청기간 : 장기급여 5년, 단기급여 3년	

2	지급여부결정
신청기관 : 공단, 단 자치단체 소속 공무원의 부조급여는 소속 자치단체 결정기관 : 공무원연금관리공단, 지방자치단체, 교육청 결정기간 : 청구일로부터 14일 이내	

3	심사청구
청구권자 : 처분청(공단, 지방자치단체 또는 교육청)의 결정에 이의가 있는 자 청구기관 : 처분이 있는 날로부터 180일, 그 사실을 안 날부터 90일 제출기관 : 처분청(공단, 지방자치단체 또는 교육청) 심사청구를 하지 않고 곧바로 행정소송 제기 가능	

4	처분청 경우
처분청은 청구서 접수 10일 이내에 청구(이유)서, 변명서, 기타 관계서류를 구비하여 공무원연금급여재심위원회에 송부	

5	공무원연금급여재심위원회심사
접수통지 : 청구인, 연금취급기관장 등에게 접수사실, 심사예정일 등 통지 심사기간 : 60일 이내 30일 연장가능 결정서 송달 : 심사 후 10일 이내	

6	행정소송제기
제소기간 : 재결이 있음을 안 날로부터 90일, 재결이 있는 날로부터 1년 제소법원 : 서울행정법원, 단 부조급여는 소속기관을 관할하는 지방법원 피　　고 : 처분청(공단, 지방자치단체 또는 교육청)외 장	

2. 군인연금 등(군인연금법 제5조, 사립학교교직원연금법 제53조)

가. 심사청구

군인연금에 대한 심사청구는 국방부에 두는 군인연금급여재심위원회에 하고(군인연금법 제5조), 사립학교 교직원의 급여에 대한 심사청구는 사립학교교직원연금관리공단에 두는 사립학교교직원연금급여재심위원회에 하도록 되어 있다.

군인연금 및 사립학교 교직원연금에 대한 재심이 특별행정심판에 해당되는 지 여부가 불분명하다. 성질상 공무원연금에 대한 재심과 마찬가지로 볼 것이며, 비록 법률은 아니라도 대통령령에서 재심절차를 규정하여 심리에 있어서 대심구조를 취하고 있다.

3. 군인연금급여재심위원회

군인연금급여재심위원회는 위원장 1인을 포함한 위원 7인 이상 9인 이하로 구성하며, 위원은 국방부소속공무원(군인을 포함한다) · 의료계 · 법조계 및 사회보장에 관한 학식과 경험이 풍부한 자 중에서 국방부장관이 임명 또는 위촉한다.

4. 사립학교교직원연금급여재심위원회

사립학교교직원연금급여재심위원회는 위원 9인으로 구성하며, 교육인적자원부의 5급 이상 공무원, 의료계, 법조계, 사회보장에 관한 학식과 경험이 풍부한 자중에서 교육인적자원부장관이 임명 또는 위촉한다.

[서식 235] 심사청구서

■ 군인연금법 시행규칙 [별지 제1호 서식] 〈개정 2013.7.1〉

심사청구서

※ 뒤 쪽의 작성방법을 읽고, 작성하시기 바랍니다. 〈앞 쪽〉

접수번호		접수일	처리기간 60일
청구인	성명		주민등록번호
	자택 전화번호	휴대전화번호	휴대전화 문자 수신 여부 [ ] 예 [ ] 아니요

	주소		대상군인과의 관계
대리인	성명		생년월일
	자택 전화번호	휴대전화번호	휴대전화 문자 수신 여부 [ ] 예 [ ] 아니요
	주소		
대상 군인	성명		주민등록번호
	자택 전화번호		휴대전화번호
	주소		
	소속 부대명		계급 · 군번
결정 통보	처분 연월일		문서번호
심사청구 이유	별지 기재		

「군인연금법 시행령」 제6조 제1항에 따라 위와 같이 심사를 청구합니다.

년 월 일

청구인 (서명 또는 인)

국가보훈처장
( )군 참모총장
국군재정관리단장
국군의무사령관 **귀하**

첨부서류	1. 심사청구 이유서 1부 2. 관계증거서류 1부	수수료 없음

210mm×297mm[백상지 80g/㎡ 또는 중질지 80g/㎡]

〈뒤 쪽〉

「군인연금법 시행령」 제6조 제2항에 따라 변명서 및 관계 서류를 첨부하여 보냅니다.

년 월 일

(장) 직인

군인연금급여재심위원회위원장 귀하

첨부서류	변명서 1부 관계서류 1부	수수료 없음

작성방법

1. 청구인 및 대리인의 주소란에는 우편물을 받을 수 있는 주소(실제 거주하는 주소)를 적으십시오.
2. 대리인란은 청구인의 대리인이 있는 경우에만 작성하며, 대리인이 될 수 있는 사람은 아래와 같습니다.
   가. 청구인의 배우자, 직계 존속 · 비속 또는 형제자매
   나. 청구인의 법인의 임원 또는 직원
   다. 변호사
3. 결정통보의 처분 연월일란에는 급여에 관한 결정 등이 있은 날을 적으십시오.
4. 결정통보의 문서번호란에는 급여에 관한 결정 등을 통보받은 문서번호를 적으십시오.
5. 심사청구 이유는 별지로 작성하되, 원처분의 위법 · 부당한 내용을 서술식으로 적고, 새로운 증거자료가 있으면 함께 첨부하십시오.

처리절차

청구인 또는 대리인	경유기관	처리기관
	원처분기관	군인연금급여재심위원회

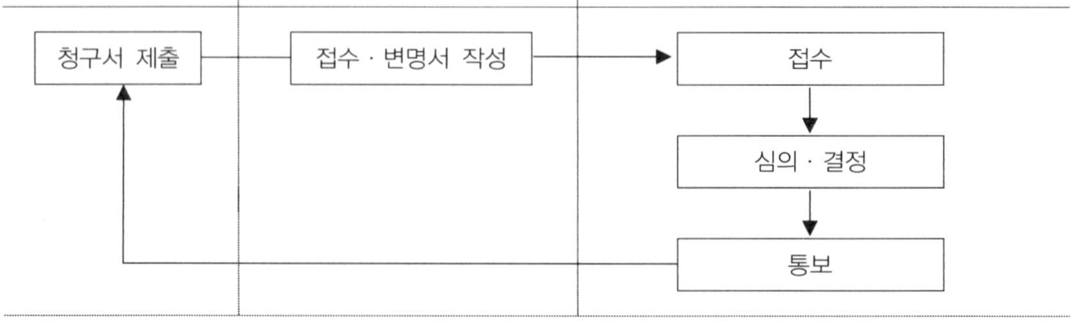

Ⅸ. 보험급여에 관한 심사청구(어선원및어선재해보상보험법 제57조)

보험급여에 관한 결정에 불복이 있는 자는 보험급여에 관한 결정이 있음을 안 날부터 90일 이내에 회원조합을 거쳐 중앙회에 심사청구를 할 수 있다. 이 경우 회원조합은 심사청구서에 의견서를 첨부하여 5일 이내에 중앙회에 제출하여야 한다.

보험급여에 관한 결정에 관하여는 행정심판법에 의한 행정심판을 제기할 수 없다.

재심사청구에 대한 재결은 행정소송법 제18조를 적용함에 있어 이를 행정심판에 대한 재결로 보며, 심사청구 및 재심사청구에 관하여 이 법에서 정하고 있지 아니한 사항에 대하여는 행정심판법의 규정에 따른다.

Ⅹ. 남녀차별 시정결정 등에 관한 이의신청(남녀차별금지및구제에관한법률 제32조)

1. 이의신청

남녀차별개선위원회의 결정에 대하여 불복이 있는 때에는 그 결정의 통지를 받은 날부터 30일 이내에 그 사유를 갖추어 위원회에 이의신청을 할 수 있다.

위원회는 이의신청에 대하여 30일 이내에 재결을 하여야 한다. 다만, 부득이한 사정으로 그 기간 내에 재결을 할 수 없는 경우에는 30일의 범위 안에서 결정으로 그 기간을 연장할 수 있다.

2. 위 원 회

위원회는 위원장과 상임위원 1인을 포함한 11인 이내의 위원으로 구성하되, 위원(위원장을 제외한다)중 남성 또는 여성의 비율이 10분의 6을 초과하여서는 아니된다. 위원장은 여성부장관이 되며, 위원은 대학이나 공인된 연구기관에서 15년 이상 여성 관련 학문을 강의하거나 연구한 경력이 있고 부교수 이상 또는 이에 상당하는 직에 5년 이상 근무한 자, 공무원의 직에 있던 자로서 남녀평등 또는 여성관련 업무에 3년 이상 근무한 자, 판사 · 검사 또는 변호사로서 10년 이상 근무한 자, 그 밖에 남녀평등 관련 분야에서 15년 이상 활동한 경력이 있고 식견과 덕망이 있는 자 중에서 여성부장관의 제청으로 대통령이 임명한다.

XI. 북한이탈주민의 보호 및 지원에 관한 이의신청(북한이탈주민의보호및지원에관한법률 제32조)

보호 및 지원에 관한 처분에 대하여 이의가 있는 보호대상자는 그 처분의 통지를 받은 날부터 60일 이내에 통일부장관에게 서면으로 이의신청할 수 있다. 통일부장관은 이의신청을 받은 때에는 지체 없이 이를 검토하여 처분이 위법·부당하다고 인정되는 경우에는 그 시정 기타 필요한 조치를 할 수 있다. 이 경우 미리 북한이탈주민대책협의회의 심의를 거쳐야 한다.

XII. 보상금 등의 지급결정에 대한 이의신청(광주민주화운동관련자보상등에관한법률 제11조)

1. 이의신청

광주민주화운동관련자보상심의위원회가 결정한 사항에 대하여 이의가 있는 관련자 또는 그 유족은 결정서를 송달받은 날부터 30일 이내에 보상심의위원회에 재심의를 신청할 수 있다.

2. 보상심의위원회

보상심의위원회는 위원장인 광주광역시장을 포함하여 전남대학교 총장·전라남도지사·광주지방검찰청검사장·광주광역시 교육위원회 교육감·광주지방 노동청장 및 보상지원위원회 분과위원회 위원장 2인과 학식과 경험이 풍부한 자중 국무총리가 위촉하는 자 등 15인 이내의 위원으로 구성한다.

그리고 보상결정통지서에는 보상결정에 이의가 있어 재심신청을 하고자 하는 때에는 보상결정서 정본을 송달받은 날부터 30일 이내에 보상심의위원회에 재심신청서 1부를 작성하여 재심신청을 할 수 있다고 규정하고, 재심신청을 하지 아니하고 곧바로 행정소송을 제기하고자 할 때는 보상결정서 정본을 송달받은 날부터 60일 이내에 광주고등법원에 행정소송을 제기할 수 있다고 규정하고 있다. 여기서 후단의 규정은 행정소송법의 개정으로 실효되었다고 볼 것이다.

XIII. 보상금 등의 지급결정에 대한 재심의(민주화운동관련자명예회복및보상등에 관한법률 제13조)

민주화운동관련자명예회복및보상심의위원회가 결정한 보상금 지급여부 및 금액에 대하여 이의가 있는 피해자 또는 그 유족은 결정서를 송달받은 날부터 30일 이내에 심의위원회에 재심의를 신청할 수 있다.

심의위원회는 학식과 경험이 풍부한 자와 관계공무원 중에서 국무총리가 위촉 또는 임명하는 9인의 위원으로 구성한다.

XIV. 보상금 등의 지급결정에 대한 재심의(삼청교육피해자의명예회복및보상에 관한법률 제11조)

1. 재 심 의

삼청교육피해자명예회복및보상심의위원회가 결정한 보상금 지급여부 및 금액에 대하여 이의가 있는 피해자 또는 그 유족은 결정서를 송달받은 날부터 30일 이내에 심의위원회에 재심의를 신청할 수 있다.

2. 심의위원회

심의위원회는 학식과 경험이 풍부한 자와 관계공무원 중에서 국무총리가 위촉 또는 임명하는 15인 이내의 위원으로 구성한다.

XV. 보상금 등의 지급결정에 대한 재심의(특수임무수행자보상에관한법률 제13조)

1. 재심의신청

특수임무수행자보상심의위원회가 결정한 보상금 지급여부 및 금액에 대하여 이의가 있는 신청인은 결정서를 송달받은 날부터 30일 이내에 보상심의위원회에 재심의를 신청할 수 있다.

2. 보상심의위원회

보상심의위원회는 학식과 경험이 풍부한 자와 관계공무원 중에서 국무총리가 위촉 또는 임명하는 15인 이내의 위원으로 구성한다.

XVI. 퇴직급여금의 지급결정에 대한 재심의(1959년12월31일이전에 퇴직한군인의 퇴직급여금지급에관한특별법 제9조)

1. 재심의신청

퇴직급여금지급심의위원회가 결정한 퇴직급여금 지급여부 및 금액에 대하여 이의가 있는 신청인은 결정서를 송달받은 날부터 30일 이내에 심의위원회에 재심의를 신청할 수 있다.

2. 심의위원회

심의위원회는 9인 이내의 위원으로 구성한다.

XVII. 보상금 등의 지급결정에 대한 재심의(6 · 25전쟁중적후방지역작전수행공로자에 대한군복무인정및보상등에관한법률 제11조)

1. 재심의청구

특수작전공로자인정심의위원회가 결정한 보상금 지급여부 및 금액에 대하여 이의가 있는 신청인은 결정서를 송달받은 날부터 30일 이내에 심의위원회에 재심의를 신청할 수 있다.

2. 심의위원회

심의위원회는 학식과 경험이 풍부한 자와 관계공무원 중에서 국방부장관이 위촉 또는 임명하는 9인 이내의 위원으로 구성한다.

3. 보상금 등의 지급에 관한 소송

보상금 등의 지급에 관한 소송은 위원회의 결정을 거친 후가 아니면 제기할 수 없으며, 소는 결정서정본(재심의결정서정본을 포함)을 송달받은 날부터 60일 이내에 제기하여야 한다.

제 8 장 법무행정에 대한 심판절차

Ⅰ. 난민인정관련 이의신청(출입국관리법 제76조의4)

1. 이의신청

난민인정의 신청을 하였으나 난민인정을 받지 못한 자 또는 난민인정이 취소된 자는 그 통지를 받은 날부터 7일 이내에 법무부장관에게 이의신청을 할 수 있고, 이 경우 행정심판은 청구할 수 없다.

행정심판을 제기할 수 없도록 한 규정은 출입국관리법의 특성에 의할 때에 불법체류자와 난민이 이의신청과 행정심판 그리고 행정소송을 제기하여 국내에 체류하는 기간을 늘리는 것을 방지할 목적이 있는 것으로 생각된다. 여기서 이의신청은 기능적으로 행정심판을 대체하는 것으로 이해할 수 있다.

2. 관련서식

[서식 236] 난민불인정처분 취소청구의 소

소 장

원 고 ○ ○ ○
○○시 ○○구 ○○길 ○○ (우편번호 ○○○○○)
전화 · 휴대폰번호 :
팩스번호, 전자우편(e-mail)주소 :

피 고 법무부장관
○○시 ○○구 ○○길 ○○ (우편번호 ○○○○○)
소송수행자 □□□

난민불인정처분 취소청구의 소

청 구 취 지

1. 피고가 20○○. ○. ○. 원고에 대하여 한 난민불인정처분을 취소한다.
2. 소송비용은 피고가 부담한다.

라는 판결을 구합니다.

청 구 원 인

1. 처분의 경위

가. 원고는 ○○○ 국적의 여성으로 20○○. ○. ○. 단기상용(C-2, 90일)체류자격으로 대한민국에 입국하여 20○○. ○. ○. 피고에게 난민인정신청을 하였습니다.

나. 피고는 20○○. ○. ○. 원고에 대하여 "'난민의 지위에 관한 협약'(이하 '난민협약'이라한다) 제1조 및 '난민의 지위에 관한 의정서'(이하 '난민의정서'라 한다) 제1조, 난민법 제2조에서 정한 '박해를 받게 될 것이라는 충분히 근거 있는 공포'에 처해있다고 인정할 수 없다"는 이유로 난민불인정처분(이하 '이 사건 처분'이라 한다)을 하였습니다.

2. 처분의 위법성

그러나, 아래와 같은 이유로 피고의 이 사건 처분은 위법합니다.

가. 피고의 난민보호의무

출입국관리법 제2조제3호, 난민법 제18조제1항, 난민협약 제1조, 난민의정서 제1조의 규정을 종합하여 보면, 행정청은 인종, 종교, 국적, 특정 사회집단의 구성원 신분 또는 정치적 의견을 이유로 박해를 받을 수 있다고 인정할 충분한 근거가 있는 공포로 인하여 국적국의 보호를 받을 수 없거나 보호받기를 원하지 아니하는 외국인 또는 그러한 공포로 인하여 대한민국에 입국하기 전에 거주한 국가로 돌아갈 수 없거나 돌아가기를 원하지 아니하는 외국인에 대하여 그 신청이 있는 경우 난민협약이 정하는 난민으로 인정하여야 합니다.

나. 난민인정의 요건 '박해'

난민인정의 요건이 되는 '박해'라 함은 '생명, 신체 또는 자유에 대한 위협을 비롯하여 인간의 본질적 존엄성에 대한 중대한 침해나 차별을 야기하는 행위'라고 할 수 있을 것이고, 그러한 박해를 받을 '충분한 근거 있는 공포'가 있음은 난민인정의 신청을 하는 외국인이 증명하여야 할 것이나, 난민의 특수한 사정을 고려하여, 그 진술에 일관성과 설득력이 있고 입국 경로, 입국 후 난민신청까지의 기간, 난민신청 경위, 국적국의 상황, 주관적으로 느끼는 공포의 정도, 신청인이 거주하던 지역의 정치 · 사회 · 문화적 환경, 그 지역의 통상인이 같은 상황에서 느끼는 공포의 정도 등에 비추어 전체적인 진술의 신빙성에 의하여 그 주장사실을 인정하는 것이 합리적인 경우에는 그 증명이 있다고 할 것이다(대법원 2008. 7. 24. 선고 2007두3930 판결 참조).

다. 원고의 박해를 받을 만한 '충분한 근거 있는 공포'

(1) 원고는 동성애자이며, ○○○정부는 법으로 동성애자를 처벌하고 탄압하고 있습니다. 실제로 원고의 마을 사람들은 원고가 대한민국에 입국하기 2개월 전 원고의 모친에게 "원고가 동성애자로 의심되니 마을에서 내보내라"는 경고를 하였고, 급기야는 20○○. ○. ○. 원고의 집에 불을 질러 원고의 모친과 여동생이 사망하였습니다.

(2) ○○○는 자연의 질서에 반하는 모든 육체관계를 범죄시하는 형법에 근거하여 동성간 성행위를 범죄행위로 규율하고 있으며, 20○○. ○. ○. 의회에 제출된 반동성애 법안은 기존 형법에 반동성애를 다루는 상세한 규정이 없다는 이유로 동성간 성행위뿐만 아니라 동성간 성행위의 시도, 모의, 알선, 조장, 동성간 성행위의 미신고 등까지 처벌대상으로 삼고 있고, 상습범 등의 이유로 가중되는 경우 동성간 성행위를 최고 사형까지 처하도록 규정하고 있는데, 20○○년까지 같은 내용의 법안이 의회에 계류중입니다.

(3) ○○○에서 동성애 행위가 처벌된 사례는 확인되지 않았지만, 경찰은 20○○. ○. ○. 동성애 행위를 하려고 시도한 사람을 체포하였고, ○○○법원은 20○○. ○. ○. 그 사람을 '외설행위'로 기소하였으며, 동성애자들은 ○○○에서 사회적 괴롭힘, 차별, 협박, 안녕에 대한 위협의 대상이었고, 의료서비스에 대한 접근이 거부되고 있습니다.

(4) ○○○소재 신문사 '○○○'지는 20○○. ○. ○. 100명의 동성애자 사진과 이름, 주소를 공개하였는데, 위 100명의 동성애자 중 동성애 운동가 소외인은 망치에 의한 구타로 살해되었고, 4명의 동성애자는 길거리에서 돌팔매질을 당하였습니다.

라. 소 결 론

원고가 동성애자라는 사실, 마을 주민들이 원고의 모친에게 동성애자인 원고를 마을에서 내보낼 것을 경고하였고, 그로부터 2개월 후 원고의 집에 불이 나 원고의 모친과 원고의 여동생이 사망한 사실, ○○○정부가 동성애자를 탄압하고 있고, 지역 주민들의 탄압으로부터 동성애자를 효과적으로 보호하지도 않는 사실을 각 인정할 수 있는바, 이에 의하면 원고가 ○○○로 귀국할 경우 동성애자라는 '특정 사회집단의 구성원 신분'을 이유로 박해를 받을 우려가 있다고 볼만한 충분한 근거 있는 공포가 있다고 판단된다할 것입니다.

따라서 피고의 이 사건 처분은 위법하다 할 것입니다.

3. 결 론

이에 본건 소를 제기합니다.

입 증 방 법

1. 갑 제1호증	난민면담진술서
1. 갑 제2호증	병원의 심리학적 진술서
1. 갑 제3호증	○○○정부의 관련법령
1. 갑 제4호증	○○○정부의 동성애관련 보도기사

첨 부 서 류

1. 위 입증방법 1통
1. 소장부본 1통
1. 송달료 납부서 1통

20○○. ○. ○.

위 원고 ○○○ (서명 또는 날인)

○○ 행정법원 귀중

Ⅱ. 변호사징계 이의신청(변호사법 제100조)

변협징계위원회의 결정에 대하여 불복이 있는 징계혐의자 및 징계개시신청을 한 지방검찰청검사장은 그 통지를 받은 날부터 7일 이내에 법무부징계위원회에 이의신청을 할 수 있다.

법무부징계위원회는 변협징계위원회의 결정에 대한 이의신청을 받은 날부터 3월 이내에 징계에 관한 결정을 하여야 한다. 다만, 부득이한 사유가 있는 때에는 그 의결로 3월에 한하여 그 기간을 연장할 수 있다.

법무부징계위원회는 이의신청이 이유 있다고 인정한 때에는 변협징계위원회의 징계결정을 취소하고 스스로 징계결정을 하여야 한다.

법무부징계위원회의 결정에 대하여 불복이 있는 징계혐의자는 그 통지를 받은 날부터 7일 이내에 대법원에 즉시항고를 할 수 있다는 규정은 위헌결정되었다.

Ⅲ. 호적사건에 관한 불복신청(호적법 제125조 및 제126조)

호적사건에 관하여 이해관계인은 시, 읍, 면의 장의 위법 또는 부당한 처분에 대하여 관할가정법원에 불복의 신청을 할 수 있다. 신청을 받은 가정법원은 신청에 관한 서류를 시, 읍, 면의 장에게 송부하여 그 의견을 구할 수 있다. 시, 읍, 면의 장은 그 신청이 이유 있다고 인정하는 때에는 지체 없이 처분을 변경하고 그 취지를 법원과 신청인에게 통지하여야 한다.

신청이 이유 없다고 인정하는 때에는 의견을 붙여 지체 없이 그 서류를 법원에 반환하여야 한다.

Ⅳ. 불기소처분에 대한 항고, 재항고(검찰청법 제10조)

1. 항 고

검사의 불기소처분에 불복이 있는 고소인 또는 고발인은 그 검사가 속하는 지방검찰청 또는 지청을 거쳐 서면으로 관할 고등검찰청검사장에게 항고할 수 있다. 이 경우 당해 지방검찰청 또는 지청의 검사는 항고가 이유 있다고 인정하는 때에는 그 처분을 경정하여야 한다.

고등검찰청검사장은 항고가 이유 있다고 인정하는 때에는 소속 검사로 하여금 지방검찰청 또는 지청 검사의 불기소처분을 직접 경정하게 할 수 있다. 이 경우 고등검찰청 검사는 지방검찰청 또는 지청의 검사로서 직무를 수행하는 것으로 본다.

2. 재 항 고

항고를 기각하는 처분에 불복이 있는 항고인은 그 검사가 속하는 고등검찰청을 거쳐 서면으로 검찰총장에게 재항고할 수 있다. 이 경우 당해 고등검찰청의 검사는 재항고가 이유 있다고 인정하는 때에는 그 처분을 경정하여야 한다.

항고 및 재항고는 형사소송법 제258조 제1항의 규정에 의한 통지 또는 항고기각결정통지를 받은 날부터 30일 내에 하여야 한다.

3. 관련서식

[서식 237] 항고장(검사의 불기소처분)

항 고 장

항고인(고소인) ○ ○ ○ (전화번호 ○○○ - ○○○○)
○○시 ○○구 ○○길 ○○번지

피고소인 △ △ △ (전화번호 ○○○ - ○○○○)

○○시 ○○구 ○○길 ○○번지

피고소인에 대한 ○○지방검찰청 20○○ 형제 ○○○○○○호 사기등 피의사건에 관하여 ○○지방검찰청 검사 □□□는 피고소인에게 혐의가 없다는 이유로 20○○. ○. ○.자로 불기소처분결정을 한 바, 이에 대하여 고소인은 불복하여 항고를 제기합니다.
(고소인은 위 불기소처분결정통지를 20○○. ○. ○. 수령하였습니다.)

항 고 이 유

검사의 불기소 이유의 요지는 증거 불충분 등의 이유로서 피의 사실에 대한 증거가 없다는 것인 바, 기타 제반 사정을 종합 검토하면 본 건 고소사실에 대한 증거는 충분하여 그 증명이 명백함에도 불구하고 증거가 불충분하다는 이유로 불기소처분한 것은 부당하니 재수사를 명하여 주시기 바랍니다.

첨 부 서 류

1. 불기소처분통지서 1통

20○○. ○. ○.

항고인 ○ ○ ○ (인)

○○고등검찰청 귀중

[서식 238] 재심청구서

재 심 청 구

재심청구인 ○ ○ ○
주민등록번호 :
주거 : ○○시 ○○구 ○○길 ○번지
등록기준지 : ○○시 ○○구 ○○길 ○번지

원판결의 표시 및 청구취지

피고인은 20○○. ○. ○.경부터 같은 해 ○. ○.경까지 3회에 결쳐 피해자 △△△에게 원단을 공급하여 주겠다고 거짓말하여 계약금 명목으로 금 350만원을 편취하였다는 이유로 ○○지방법원 ○○지원에서 20○○. ○. ○. 벌금 100만원을 선고받고, 청구인이 항소하였으나 20○○. ○. ○. ○○지방법원 항소부에서 항소기각되었고, 다시 청구인이 상고하였으나 20○○. ○. ○.경 대법원에서 상고기각되어 동 판결은 확정되었지만 원판결에는 아래 이유와 같은 형사소송법 제420조 제2호 소정의 재심사유가 있어 재심청구하오니 재심개시결정하여 주시길 바랍니다.

재심청구 이유

1. 피고인에 대한 범죄사실은 공소장기재와 같은 바, 피고인이 고소인을 기망, 오신케 하여 재산상의 이익을 편취한 것으로 되어 있고 이에 대하여 대법원까지 피고인에게 불리한 판결이 선고되어 확정되었습니다.
2. 피고인은 피해자로부터 금 350만원을 교부받은 것은 사실이지만 원단공급계약 후 계약금조로 교부받은 것이 아니고 종전에 차용하여 준 차용금에 대한 변제조로 교부받은 것이라고 주장하였으나 피해자의 사주를 받은 피해자의 종업원 증인 □□□이 이건 금전은 원단공급계약을 체결 후 계약금으로 교부한 것이라는 허위의 증언을 하자 이를 믿은 나머지 피고인의 주장을 배척하고 피고인에게 유죄선고를 하였던 것입니다.
3. 그러나 당시 위 □□□은 금전 수수현장에 있지도 아니하고, 사실도 모르면서 허위의 증언을 한 것이 명백하여 피고인은 동인을 상대로 위증죄로 고소를 하였던 바, 동 증언이 허위임이 확정되어 위 □□□은 유죄의 처벌을 받았습니다.
4. 그러므로 이 사건 피고인의 유죄판결의 중요한 증거인 위 □□□의 증언이 허위임이 확정된 이상 이 건에 대한 재심의 사유가 충분하다고 사료되어 이 건 청구에 이른 것입니다.

첨 부 서 류

1. 판결등본
2. 위 □□□에 대한 위증죄 확정판결문등본

20○○. ○. ○.

위 피고인 ○ ○ ○ (인)

○○지방법원 ○○지원 귀중

[서식 239] 정식재판청구서

정 식 재 판 청 구

사　　건　　20○○고약 ○○○ 상해

피 고 인　　○ ○ ○

위 피고인에 대한 상해 피고사건에 관하여 20○○. ○. ○. 벌금 ○○○원에 처한다는 약식명령을 송달받았는바, 피고인은 동 명령에 불복하므로 정식재판을 청구합니다.

20○○. ○. ○.

위 피고인 ○ ○ ○ (인)

○○지방법원 귀중

[서식 240] 재항고장

재 항 고 장

사　　　건　　20○○불항○○○○호　업무방해

고 소 인(항 고 인)　　박 ○ ○

피고소인(피항고인)　　정 ○ ○

위 사건에 대한 업무방해의 항고사건에 관하여 ○○고등검찰청(검사 ○○○)은 20○○. ○. ○. 항고기간 처분을 한바 있으나, 고소인은 그 처분에 불복하여 재항고를 제기합니다.

재항고 이유

추후 제출하겠습니다.

20○○. ○. ○.

고소인(재항고인) 박 ○ ○ (인)

대검찰청 귀중

[서식 241] 재정신청서

재 정 신 청 서

신 청 인(고소인) ○ ○ ○

피신청인(피의자) △ △ △
○○시 ○○구 ○○길 ○○

피신청인(피의자)에 대한 ○○지방검찰청 20○○형제 ○○○호 불법체포 · 감금죄 피의 사건에 있어서, 동 검찰청 소속 검사 □□□이 20○○. ○. ○. 한 불기소처분(무혐의 처분)에 대하여 신청인은 이에 불복하여 항고(20○○불항○○○호)하였으나 ○○고등검찰청 검사○○○은 20○○. ○. ○.자로 항고기각 처분하였습니다. 그러나 다음과 같은 이유로 부당하여 재정신청을 하오니 위 사건을 관할 ○○지방검찰청에서 공소제기하도록 하는 결정을 하여주시기 바랍니다.

신청인이 검사로부터 불기소처분통지를 수령한 날: 20○○. ○. ○.

신 청 취 지

피의자 △△△에 대한 ○○지방검찰청 ○○ 형제 ○○○호 불법체포 · 감금 피의사건에 대하여 피의자 △△△을 ○○지방법원의 심판에 부한다.라는 재판을 바랍니다.

신 청 이 유

1. 피의자 △△△의 범죄사실
   별지기재와 같음
2. 피의자의 범죄에 관한 증거설명
   별지기재와 같음
3. 검사의 불기소 이유의 요지는 피의사실에 대한 증거가 없어 결국 범죄혐의가 없다는 것인바, 참고인 진술과 압수한 증거물 기타 제반사정을 종합검토하면 본 건 피의사실에 대한 증거는 충분하여 그 증명이 명백함에도 불구하고 증거가 불충분하다는 이유로 불기소처분한 것은 부당하고 검사의 기소독점주의를 남용한 것이라 아니할 수 없으므로 재정신청에 이른 것입니다.

첨 부 서 류

1. 피의사실 및 증거내용 1통
2. 불기소처분통지서 1통
3. 기타 증거서류 사본 2통

20○○. ○. ○.

재정신청인(고소인) ○ ○ ○ (인)

○○고등법원 귀중

제출기관	불기소처분한 검사소속의 지방검찰청 또는 지청	제출기간	항고기각결정의 통지를 받은 날로부터 10일 이내
신 청 인	◦ 고소권자로서 고소를 한 자 ◦ 형법 제123조부터 제125조까지의 죄에 대하여는 고발한 자도 가능	관 할	불기소처분한 검사소속의 고등검찰청에 대응한 고등법원
제출부수	◦ 신청서 1부	관련법규	형사소송법 260~264조
불복방법	법원은 재정신청을 심리하여 신청기각 또는 공소제기 결정을 할 수 있고, 이 결정에 대하여는 불복할 수 없음(형사소송법 제262조 제4항)		
공소제기결정효과	◦ 공소시효에 관하여 공소제기결정이 있는 날에 공소가 제기된 것으로 간주 ◦ 재정결정서를 송부받은 관할 지방검찰청 검사장 또는 지청장은 지체 없이 담당검사를 지정하고 지정받은 검사는 공소를 제기하여야 함		

기 타	◦ 항고전치주의 재정신청을 하기 위해서는 검사의 불기소처분에 통지를 받은 날부터 30일 이내 항고를 하여야 하며, 이 항고에 대한 항고기각결정을 받은 날로부터 10일 이내 재정신청을 할 수 있음 ◦ 항고전치주의의 예외 - 항고 이후 재기수사가 이루어진 다음에 다시 공소를 제기하지 아니한다는 통지를 받은 경우 - 항고 신청 후 항고에 대한 처분이 행하여지지 아니하고 3개월이 경과한 경우 - 검사가 공소시효 만료일 30일 전까지 공소를 제기하지 아니하는 경우 ◦ 형법 제126조 피의사실공표죄에 대해서는 피공표자의 명시한 의사에 반하여 재정을 신청할 수 없음

Ⅴ. 등기에 관한 이의신청(부동산등기법 제5장)

등기관의 결정 또는 처분을 부당하다고 하는 자는 관할지방법원에 이의신청을 할 수 있다. 등기관은 이의가 이유 없다고 인정한 때에는 3일 이내에 의견을 붙여 사건을 관할지방법원에 송부하여야 하고, 이의가 이유 있다고 인정한 때에는 상당한 처분을 하여야 한다. 만일 등기완료 후일 때에는 그 등기에 대하여 이의가 있는 취지를 부기한 후 이를 등기상의 이해관계인에게 통지하고 의견을 붙여 사건을 관할지방법원에 송부하여야 한다.

제 9 장 기타 특별행정심판

Ⅰ. 수산물검사 등에 관한 이의신청(수산물품질관리법 제34조 및 제40조)

검사한 결과에 불복하는 자는 그 결과를 통지 받은 날부터 14일 이내에 해양수산부장관에게 재검사를 신청할 수 있다. 재검사의 결과에 대하여는 동일한 사유로 다시 재검사를 신청할 수 없다.

이식용수산물을 수출 또는 수입하고자 하는 자가 검역한 결과에 불복하는 때에는 그 결과를 통지받은 날부터 14일 이내에 해양수산부장관에게 재검역을 신청할 수 있다. 이 경우 검역관의 부족 등 부득이한 때를 제외하고는 처음에 검역한 검역관 외의 검역관이 검역하게 하여야 된다. 재검역의 결과에 대하여는 동일한 사유로 다시 재검역을 신청할 수 없다.

재검사 및 재검역 절차를 특별행정심판절차로 보기는 어려우나, 이는 긴급을 요하며, 재검사가 인정되지 아니하여 동일한 사유로 행정심판을 청구하는 것도 배제되는 것으로 보아야 할 것이다.

Ⅱ. 농산물검사 이의신청(농산물품질관리법 제22조)

농산물검사 결과에 대하여 이의가 있는 자는 검사현장에서 검사를 실시한 검사원에게 재검사를 요구할 수 있다. 이 경우 검사원은 즉시 재검사를 실시하고 그 결과를 알려 주어야 한다.

재검사의 결과에 대하여 이의가 있는 자는 재검사일부터 7일 이내에 검사원이 소속된 검사기관의 장에게 이의를 신청할 수 있고, 이의신청을 접수한 기관은 5일 이내에 다시 검사를 하여 그 결과를 신청인에게 통지하여야 한다.

이의신청에 관하여 행정심판과의 관계를 명시하지 않고 있으나, 성질상 재검사를 허용하는 외에 준사법 절차에 따르도록 하는 것이 적절하지 않다.

Ⅲ. 인삼검사 이의신청(인삼산업법 제17조의2)

인삼류검사기관 또는 인삼종자 · 종묘검사기관의 검사를 받은 자가 검사결과에 대하여 이의가 있는 때에는 그 검사결과의 통보를 받은 날부터 5일 이내에 검사를 한 검사기관의 장에게 이의를 신청하고 재검사를 받을 수 있다.

인삼류검사기관의 장 또는 인삼종자 · 종묘검사기관의 장은 이의신청을 받은 경우 그 타당성 여부를 검토하여 타당하다고 인정되는 때에는 지체 없이 재검사를 실시하고 그 결과를 신청인에게 통지하여야 한다.

Ⅳ. 사료의 재검사(사료관리법 제21조)

농림부장관 또는 시 · 도지사는 사료검사 결과 당해 사료가 사료공정에 위반되거나 부적절한 때에는 당해 제조업자 또는 수입업자에게 그 검사 결과를 통보하여야 한다. 통보를 받은 제조업자 또는 수입업자는 그 검사결과에 대하여 이의가 있는 경우에는 검사결과를 통보받은 날부터 10일 이내에 사료검정인정기관의 검정증명서를 첨부하여 농림부장관 또는 시 · 도지사에게 재검사를 의뢰할 수 있다.

재검사의 의뢰를 받은 농림부장관 또는 시 · 도지사는 재검사 여부를 결정한 후 그 결과를 당해 제조업자 또는 수입업자에게 통보하여야 한다. 농림부장관 또는 시 · 도지사는 당해 사료에 대하여 재검사를 결정한 경우에는 지체 없이 사료검정기관에 재검정을 실시하게 한 후 재검사를 의뢰받은 날부터 20일 이내에 그 결과를 당해 제조업자 또는 수입업자에게 통보하여야 한다.

Ⅴ. 감사원 심사청구(감사원법 제43조~제48조)

감사원의 감사를 받는 자의 직무에 관한 처분 기타 행위에 관하여 이해관계있는 자는 청구의 원인이 되는 행위가 있는 것을 안 날부터 90일, 그 행위가 있은 날부터 180일 이내에 감사원에 심사청구를 할 수 있다.

감사원은 특별한 사유가 없는 한 그 청구를 수리한 날부터 3월 이내에 결정하여야 한다. 관계기관의 장은 시정 기타의 필요한 조치를 요구하는 결정의 통지를 받은 때에는 그 결정에 따른 조치를 취하여야 한다.

심사결정이 있은 사항에 대하여는 다시 심사를 청구할 수 없다. 다만, 각하한 사항에 대하여는 그러하지 아니하다.

청구인은 심사청구 및 결정을 거친 행정기관의 장의 처분에 대하여는 당해 처분청을 당사자로 하여 당해 결정의 통지를 받은 날부터 90일 이내에 행정소송을 제기할 수 있다.

따라서 이제는 감사원의 심사청구는 행정소송의 전심절차에 해당하게 되었다. 감사원의 심사청구대상이 되는 처분은 행정심판의 대상이 되기도 하지만, 결국 감사원의 심사청구를 거친 경우에는 행정소송으로 다툴 수는 있으나, 다시 행정심판을 제기할 수 있다고 볼 것은 아니다.

반대로 행정심판을 거친 경우에도 감사원의 심사청구를 할 수 없다고 할 것이다.

문제는 행정심판과 심사청구가 동시에 제기되거나 진행 중에 제기될 수는 있을 것이며, 이 경우 행정심판의 재결 및 심사청구의 결정 중 어느 쪽이 효력을 가지게 될 것인 지이다.

감사원의 심사청구결정에 대하여 감사원법에서는 관계기관의 장이 그 결정에 따른 조치를 취하여야 한다고 규정하고 있고, 행정심판법에서는 행정심판재결에 대하여 피청구인인 행정청과 관계행정청을 기속한다고 규정하고 있다.

또한 행정심판은 헌법 제107조 제3항에 직접 근거를 두고 있고, 감사원의 심사청구는 감사원법에 근거를 두고 있으며, 감사원의 결정에 대하여는 관계기관이 이에 따른 조치를 취하여야 하도록 하고 있으나, 행정심판의 재결은 모든 관계 행정청을 기속하는 것이므로 행정심판의 재결이 우선한다고 보아야 할 것이다.

다만, 인용재결의 경우에만 기속력이 인정되는 것이므로 행정심판에서 기각되었으나, 감사원의 심사청구에서 인용결정되었다면 관계기관은 그에 따라야 할 것이다.

[서식 242] 감사원심사청구서

감 사 원 심 사 청 구 서

<table>
<tr><td rowspan="3">1. 청구인</td><td>주 소
(사무소의 소재지)</td><td colspan="5"></td></tr>
<tr><td>성 명 (상호)</td><td colspan="2"></td><td>전화번호</td><td colspan="2"></td></tr>
<tr><td>직 업
(업 종)</td><td></td><td>주 민 등 록 번 호
(사업자등록번호)</td><td></td><td>연령</td><td></td></tr>
<tr><td colspan="3">2. 심사를 요하는 대상기관 및 관계자</td><td colspan="4"></td></tr>
<tr><td colspan="3">3. 심사청구의 대상이 되는 행위의 내용</td><td colspan="4"></td></tr>
<tr><td colspan="3">4. 심사청구의 취지 및 그 이유</td><td colspan="4"></td></tr>
</table>

<table>
<tr><td>5. 행정심판(행정심판법 외의 타법률에 의한 행정심판절차를 포함) 또는 소송제기 유무</td><td></td></tr>
<tr><td>6. 관계기관의 처분 또는 행위가 있은 날 또는 그 처분 또는 행위가 있은 것을 안 날</td><td></td></tr>
<tr><td>7. 대리인 또는 대표자의 성명 및 주소</td><td></td></tr>
<tr><td colspan="2">감사원법 제43조 및 감사원심사규칙 제3조의 규정에 의하여 관계서류를 첨부하여 위와 같이 심사를 청구합니다.

20 . . .

청구인 (인)

첨부서류 : 표지포함 매.

감 사 원 귀 중</td></tr>
</table>

Ⅵ. 감사원의 변상판정에 대한 재심의(감사원법 제36조~제40조)

감사원의 변상판정에 대하여 위법 또는 부당하다고 인정하는 본인 · 소속장관 · 감독기관의 장 또는 당해 기관의 장은 변상판정서가 도달한 날부터 3월 이내에 감사원에 재심의를 청구할 수 있다. 감사원이 재심의청구를 수리하였을 때에는 특별한 사유가 없는 한 수리한 날부터 2월 이내에 이를 처리하여야 한다. 청구에 의하여 재심의한 사건에 대하여는 또다시 재심의를 청구할 수 없다.

감사원의 재심의판결에 대하여는 감사원을 당사자로 하여 행정소송을 제기할 수 있다. 다만, 그 효력을 정지하는 가처분결정은 할 수 없다.

감사원의 재심의판정에 대하여 행정소송을 제기할 수 있도록 하여 재심의를 소송의 전심절차로 인정하고 있으나, 이는 처분청 스스로 재심의를 한 것이므로 사법절차가 준용되었다고 볼 수 없을 것이다.

Ⅶ. 선거인명부에 대한 이의신청(공직선거및선거부정방지법 제41조 · 제42조)

선거권자는 누구든지 선거인명부에 누락 또는 오기가 있거나 자격이 없는 선거인이 올라 있다고 인정되는 때에는 열람기간 내에 구술 또는 서면으로 당해 구 · 시 · 읍 · 면의 장에게 이의를 신청할 수 있다. 구 · 시 · 읍 · 면의 장은 그 신청이 있는 날의 다음날까지 심사 · 결정하여야 한다.

결정에 대하여 불복이 있는 이의신청인이나 관계인은 그 통지를 받은 날의 다음날까지 관할 구 · 시 · 군선거관리위원회에 서면으로 불복을 신청할 수 있다. 관할구 · 시 · 군선거관리위원회는 그 신청이 있는 날의 다음날까지 심사 · 결정하여야 한다.

성질상 이의신청 외에 행정심판을 거칠 시간적 여유가 없다.

[서식 243] 감사원 재심의청구서

■ 감사원 재심의규칙 [별지 서식] 〈개정 2015.7.17.〉

감사원 재심의청구서

<table>
<tr><td rowspan="3">1. 청구인</td><td>성 명</td><td></td><td>전화번호</td><td></td></tr>
<tr><td>기 관 명</td><td></td><td>직 명</td><td></td></tr>
<tr><td>주 소
(기관의 소재지)</td><td colspan="3"></td></tr>
<tr><td colspan="2">2. 재심의 청구대상과 관련된 기관 또는 관계자</td><td colspan="3"></td></tr>
<tr><td colspan="2">3. 재심의 청구의 대상이 되는 판정 또는 처분요구 등의 내용</td><td colspan="3"></td></tr>
<tr><td colspan="2">4. 재심의청구의 취지 및 그 이유</td><td colspan="3"></td></tr>
<tr><td colspan="2">5. 감사원의 판정 또는 처분요구 등이 도달한 날 또는 요구받은 날</td><td colspan="3"></td></tr>
<tr><td colspan="2">6. 대리인 또는 대표자의 성명 및 주소</td><td colspan="3"></td></tr>
</table>

「감사원법」 제36조 및 「감사원 재심의규칙」 제3조의 규정에 의하여 관계서류를 첨부하여 위와 같이 재심의를 청구합니다. 년 월 일 청구인 (인) **감사원 귀중**
첨부서류 : 표지 포함 매

210mm × 297mm(백상지 80g/㎡)

Ⅷ. 선거인명부에 대한 이의신청(지방교육자치에관한법률 제68조)

후보자 또는 선거인은 누구든지 선거인명부에 누락 또는 오기가 있거나 자격이 없는 선거인이 올라 있다고 인정되는 때에는 열람기간 내에 구술 또는 서면으로 당해 구 · 시 · 군선거관리위원회위원장에게 이의를 신청할 수 있다.

구 · 시 · 군선거관리위원회위원장은 이의신청이 있는 때에는 그 신청이 있는 날의 다음날까지 심사 · 결정하여야 한다.

Ⅸ. 컴퓨터통신제한에 대한 이의신청(공직선거및선거부정방지법 제82조의3)

선거운동을 할 수 있는 자는 선거운동기간 중에 개인용컴퓨터를 이용하여 컴퓨터통신의 게시판 · 자료실 등 정보저장장치에 선거운동을 위한 내용의 정보를 게시하여 선거구민이 열람하게 하거나 대화방 · 토론실 등에 참여하여 선거운동을 할 수 있다.

각급선거관리위원회는 전기통신사업자에게 위법행위에 해당하는 컴퓨터통신을 통한 내용의 취급을 거부 · 정지 또는 제한하도록 요청할 수 있다. 요청을 받은 전기통신사업자와 해당 개인용 컴퓨터 이용자는 그 요청을 받은 날부터 3일 이내에 중앙선거관리위원회에 이의신청을 할 수 있다.

Ⅹ. 투표인명부에 대한 이의신청(국민투표법 제17조)

투표권자는 누구든지 투표인명부에 누락 또는 오기가 있거나 자격이 없는 투표인이 올라 있다고 인정되는 때에는 열람기간 내에 구술 또는 서면으로 당해 구·시·읍·면의 장에게 이의를 신청할 수 있다. 구·시·읍·면의 장은 2일 이내에 심사·결정하여야 한다.

결정에 대하여 불복이 있는 이의신청인이나 관계인은 그 통지를 받은 날의 다음날까지 관할 구·시·군선거관리위원회에 서면으로 재심을 요구할 수 있다. 관할구·시·군선거관리위원회는 2일 이내에 심사·결정하여야 한다.

Ⅺ. 정치자금관련 이의신청(정치자금에관한법률 제24조의2)

관할선거관리위원회는 보고된 재산상황, 정치자금의 수입금액과 정치자금의 지출에 관한 내역 및 결산내역과 첨부서류를 그 사무소에 비치하고 공고일부터 3월간 누구든지 볼 수 있게 하여야 한다.

관할선거관리위원회에 보고된 재산상황, 정치자금의 수입금액과 정치자금의 지출에 관한 내역 및 결산내역에 관하여 이의가 있는 자는 그 이의에 대한 증빙서류를 갖추어 열람기간 중 언제든지 관할선거관리위원회에 서면으로 이의신청을 할 수 있다. 이의신청을 받은 관할선거관리위원회는 60일 이내에 이의신청사항을 조사·확인하고 그 결과를 신청인에게 통보하여야 한다.

이는 처분에 관한 것이 아니므로 행정심판과는 관계없다.

Ⅻ. 이의신청(해양사고의조사및심판에관한법률 제7장)

지방심판원에서 결정을 받은 자는 중앙심판원에 대하여 이의를 신청할 수 있다.

이의신청은 신청서를 지방심판원에 제출하여야 한다. 지방심판원은 이의신청이 이유 있다고 인정할 때에는 원심결정을 경정할 수 있다. 지방심판원은 이의신청이 전부 또는 일부가 이유 없다고 인정할 때에는 그 신청서를 수리한 날부터 3일 이내에 이를 중앙심판원에 송부하여야 한다.

중앙심판원은 조사관의 의견을 들어 이의신청에 대한 결정을 하여야 한다.

이 법에 의한 재결에 대하여는 행정심판법 기타 법령에 의한 행정심판의 청구 또는 이의신청을 할 수 없다(제87조).

XIII. 철도시설관리권등록에 관한 이의신청(철도시설관리권등록령 제5장)

등록공무원의 결정 또는 처분이 위법 · 부당하다고 불복하는 자는 건설교통부장관을 거쳐 관할지방법원에 이의신청을 할 수 있다. 등록공무원은 이의가 이유 없다고 인정한 때에는 3일 이내에 의견을 붙여 사건을 관할지방법원에 송부하여야 하고, 이의가 이유 있다고 인정한 때에는 상당한 처분을 하여야 한다. 다만 등록이 이미 완료된 때에는 그 등록에 대하여 이의가 있는 뜻을 부기한 후 이를 등록상의 이해관계인에게 통지하고 의견을 붙여 사건을 관할지방법원에 송부하여야 한다.

행정심판법의 예외로서 특별불복절차를 두기 위하여는 법률로써 규정하여야 하며, 이와 같이 대통령령으로 정하는 것은 바람직하지 아니하다고 할 것이다.

제6편

형사관련 서식

(고소장, 진정서, 탄원서 등)

제1장 고 소 장

Ⅰ. 개 념

고소란 ① 범죄의 피해자 또는 그와 일정한 관계가 있는 고소권자가 ② 수사기관에 대하여 ③ 범죄사실을 신고하여 ④ 범인의 처벌을 구하는 의사표시를 말한다. 고소권은 헌법 제27조 제5항의 범죄피해자의 재판절차진술권을 구체적으로 실현하고 있는 것 중의 하나이다. 고소는 수사의 단서이지만 피해자의 구체적 사실을 바탕으로 한 범죄사실에 대한 진술이라는 점에서 다른 수사의 단서와는 달리 곧바로 수사가 개시된다.

고소권자의 수사기관에 대한 신고, 고소는 고소권자에 의하여 행해져야 하며 수사기관에 대한 것이어야 한다. 따라서 수사기관이 아닌 법원에 대하여 진술서를 제출하거나 피고인의 처벌을 바란다고 증언하는 것은 고소가 아니다(대법원 1984. 6. 26. 선고 84도709 판결). 또한, 범인의 처벌을 구하는 의사표시 고소는 소추를 구하는 의사표시이다. 따라서 범죄로 인한 피해사실만을 신고하고 처벌을 구하는 의사표시가 없는 경우에는 고소로 볼 수 없다.

Ⅱ. 고소권자

고소는 범죄의 피해자(법 제223조)나 피해자의 법정대리인(법 제225조 제1항)이 할 수 있다. 여기서 피해자란 직접적인 피해자만을 의미하고 범죄로 인하여 간접적인 피해를 받은 자는 포함되지 않는다. 또한 자기 또는 배우자의 직계존속을 고소하지 못하는데(법 제224조), 다만 가정폭력범죄나 성폭력범죄에 대하여는 자기 또는 배우자의 직계존속을 고소할 수 있다.

Ⅲ. 고소의 기간

단순히 수사의 단서에 불과한 비친고죄의 고소의 경우에는 고소기간의 제한이 없다. 그러나 친고죄[176)]의 경우에는 국가형벌권의 행사가 사인의 처벌희망 의사표시의 유무에 의하여

176) 친고죄란 피해자의 명예보호나 침해이익의 경미성을 감안하여 피해자의 고소가 있을 때에만 공소를 제기할 수 있는 범죄를 가리킨다. 친고죄는 절대적 친고죄와 상대적 친고죄로 나닌다. 사자의 명예훼손죄(형 제308조), 모욕죄(형 제311조) 등과 같이 신분관계를 묻지 않고 항상 친 고죄인 범죄를 절대적 친고죄라 한다. 이에 대하여 절도죄(형 제347조), 공갈죄(형 제350조), 횡령배임죄(형 355조), 장물죄(형 제362조) 등과 같이 일정한 신분자 사이에만 친고죄로 인정되는 범죄를 상대적 친고죄라 한다. 2013. 6. 19부터 성범죄 친고

장기간 좌우되는 폐단을 방지하기 위하여 고소기간 의 제한을 둘 필요가 있다. 이에 형사소송법 제230조 제1항 본문은 친고죄에 대하여는 범인을 알게 된 날로부터 6월이 경과하면 고소하지 못하는 것으로 규정하고 있다.

Ⅳ. 고소의 방법

1. 서면 또는 구술

고소는 서면 또는 구술로써 검사 또는 사법경찰관에게 하여야 한다(법 제237 조 제1항). 따라서 피해자가 법원에 대하여 범죄사실을 적시하고 피고인을 처벌하여 줄 것을 요구하는 의사표시를 하다 하더라도 이는 고소로서의 효력이 없다(대법원 1966. 1. 31. 선고 65도1089 판결). 구술로 고소를 한 경우에 수사기관은 조서를 작성해야 한다. 유효한 고소의 존재는 소송법상 중요한 효과를 발생시키므로 고소장이나 고소조서에 직접 표시되어야 하고 전화나 전보 또는 팩시리에 의한 고소는 조서가 작성되지 않는 한 유효한 고소라고 볼 수 없다. 그러나 고소 는 처벌을 희망하는 의사표시가 수사기관에 표시되기만 하면 족하므로 반드시 독립한 고소조소에 의할 필요는 없다. 따라서 수사기관이 피해자를 참고인으로 신문하여 조사하는 과정에서 처벌을 희망하는 의사를 표시하여 이를 참고 인 진술조서에 기재하다면 그것은 유효한 고소라고 할 것이다(대법원 1966. 1. 31. 선고 65도1089 판결).

2. 범죄사실의 특정

고소는 범죄사실에 대한 신고이므로 범죄사실 등이 구체적으로 특정되어야 함이 원칙이다. 그러나 그 특정의 정도는 고소인의 의사가 수사기관에 대하여 일정한 범죄사실을 지정·신고하여 범인의 소추처벌을 구하는 의사표시가 있었다고 볼 수 있는 정도로 충분하다. 따라서 범인이 누구인지 나아가 범인 중 처벌을 구하는 자가 누구인지 적시할 필요가 없으며, 범인의 성명이 불명이거나 또는 오기가 있었다거나 범행의 일시, 장소, 방법 등이 명확하지 않거나 틀리는 곳이 있다고 하더라도 고소의 효력에는 향이 없다(대법원 1984. 10. 23. 선고 84도1704 판결).

죄 조항이 60년 만에 폐지되면서 이제부터 피해자가 아니더라도 성범죄에 대한 처벌을 위한 인지수사 또는 고발이 가능하게 되었다.

V. 관련서식

[서식 244] 고소장 표준서식

고　　소　　장

(고소장 기재사항 중 *표시된 항목은 반드시 기재하여야 합니다.)

1. 고 소 인

<table>
<tr><td>성 명
(상호 · 대표자)</td><td colspan="2">홍 길 동</td><td>주민등록번호
(법인등록번호)</td><td>000000-0000000</td></tr>
<tr><td>주 소
(주사무소소재지)</td><td colspan="4">○○시 ○○로 ○○(○○동)
(현거주지) ○○시 ○○로 ○○(○○동)</td></tr>
<tr><td>직 업</td><td>회사원</td><td colspan="2">사무실 주소</td><td>○○시 ○○동 ○○(○○동)</td></tr>
<tr><td>전 화</td><td colspan="4">(휴대폰) 010-1234-5678
(자 택) 02-123-3456 (사무실) 02-234-5678</td></tr>
<tr><td>이 메 일</td><td colspan="4">hong@naver.com</td></tr>
<tr><td>대리인에
의한 고소</td><td colspan="4">□ 법정대리인 (성명 : , 연락처)
□ 고소대리인 (성명 : 변호사 , 연락처)</td></tr>
</table>

※ 고소인이 법인 또는 단체인 경우에는 상호 또는 단체명, 대표자, 법인등록번호(또는 사업자등록번호), 주된 사무소의 소재지, 전화 등 연락처를 기재해야 하며, 법인의 경우에는 법인등기부 등본이 첨부되어야 합니다.

※ 미성년자의 친권자 등 법정대리인이 고소하는 경우 및 변호사에 의한 고소대리의 경우 법정대리인 관계, 변호사 선임을 증명할 수 있는 서류를 첨부하시기 바랍니다.

2. 피고소인

<table>
<tr><td>성 명</td><td colspan="2">○ ○ ○</td><td>주민등록번호
(법인등록번호)</td><td>000000-0000000</td></tr>
<tr><td>주 소</td><td colspan="4">○○시 ○○로 ○○(○○동)
(현거주지) ○○시 ○○로 ○○(○○동)</td></tr>
<tr><td>직 업</td><td>무직</td><td colspan="2">사무실 주소</td><td>○○시 ○○동 ○○(○○동)</td></tr>
<tr><td>전 화</td><td colspan="4">(휴대폰) 010-1234-5678
(자 택) 02-345-6789 (사무실)</td></tr>
<tr><td>이 메 일</td><td colspan="4">abc@hanmail.net</td></tr>
</table>

기타사항	고소인과의 관계 : 거래상대방으로서 친 · 인척관계는 없음

※ 기타사항에는 고소인과의 관계 및 피고소인의 인적사항과 연락처를 정확히 알 수 없을 경우 피고소인의 성별, 특징적 외모, 인상착의 등을 구체적으로 기재하시기 바랍니다.

3. 고소취지

고소인은 피고소인을 ㅇㅇ죄로 고소하오니 처벌하여 주시기 바랍니다.

4. 범죄사실

※ 범죄사실은 형법 등 처벌법규에 해당하는 사실에 대하여 일시, 장소, 범행방법, 결과 등을 구체적으로 특정하여 기재해야 하며, 고소인이 알고 있는 지식과 경험, 증거에 의해 사실로 인정되는 내용을 기재하여야 합니다.

5. 고소이유

※ 고소이유에는 피고소인의 범행 경위 및 정황, 고소를 하게 된 동기와 사유 등 범죄사실을 뒷받침하는 내용을 간략, 명료하게 기재해야 합니다.

6. 증거자료 (✓해당란에 체크하여 주시기 바랍니다)

□ 고소인은 고소인의 진술 외에 제출할 증거가 없습니다.

□ 고소인은 고소인의 진술 외에 제출할 증거가 있습니다.

☞ 제출할 증거의 세부내역은 별지를 작성하여 첨부합니다.

7. 관련사건의 수사 및 재판 여부 (✓해당란에 체크하여 주시기 바랍니다)

① 중복 고소 여부	본 고소장과 같은 내용의 고소장을 다른 검찰청 또는 경찰서에 제출하거나 제출하였던 사실이 있습니다 □ / 없습니다 □
② 관련 형사사건 수사 유무	본 고소장에 기재된 범죄사실과 관련된 사건 또는 공범에 대하여 검찰청이나 경찰서에서 수사 중에 있습니다 □ / 수사 중에 있지 않습니다 □
③ 관련 민사소송 유무	본 고소장에 기재된 범죄사실과 관련된 사건에 대하여 법원에서 민사소송 중에 있습니다 □ / 민사소송 중에 있지 않습니다 □

기타사항

※ ①, ②항은 반드시 표시하여야 하며, 만일 본 고소내용과 동일한 사건 또는 관련 형사사건이 수사 · 재판 중이라면 어느 검찰청, 경찰서에서 수사 중인지, 어느 법원에서 재판 중인지 아는 범위에서 기타사항 난에 기재하여야 합니다.

8. 기 타

본 고소장에 기재한 내용은 고소인이 알고 있는 지식과 경험을 바탕으로 모두 사실대로 작성하였으며, 만일 허위사실을 고소하였을 때에는 형법 제156조 무고죄로 처벌받을 것임을 서약

합니다.

20○○. ○. ○.*

고소인 (인)*
제출인 (인)

* 고소장 제출일을 기재하여야 하며, 고소인 난에는 고소인이 직접 자필로 서명 날(무)인해야 합니다. 또한 법정대리인이나 변호사에 의한 고소대리의 경우에는 제출인을 기재하여야 합니다.

○○지방검찰청 귀중

※ 고소장은 가까운 경찰서에 제출하셔도 되며, 경찰서 제출시에는 '○○경찰서 귀중'으로 작성하시기 바랍니다.

[별 지] 증거자료 세부 목록

(범죄사실 입증을 위해 제출하려는 증거에 대하여 아래 각 증거별로 해당란을 구체적으로 작성해 주시기 바랍니다)

1. 인적증거 (목격자, 기타 참고인 등)

성 명		주민등록번호	-
주 소	자택 : 직장 :	직 업	
전 화	(휴대폰) (자 택) (사무실)		
입증하려는 내 용	○○○ 고소인의 친구이면, 피고소인이 고소인에게 금 ○○○원을 주면 ○○을 싸게 구입해주겠다고는 말을 20○○. ○. ○. 고소인과 같이 들었음		

※ 참고인의 인적사항과 연락처를 정확히 알 수 없으면 참고인을 특정할 수 있도록 성별, 외모 등을 '입증하려는 내용'란에 아는 대로 기재하시기 바랍니다.

2. 증거서류 (진술서, 차용증, 금융거래내역서, 진단서 등)

순번	증 거	작성자	제 출 유 무
1			□ 접수시 제출 □ 수사 중 제출
2			□ 접수시 제출 □ 수사 중 제출
3			□ 접수시 제출 □ 수사 중 제출

4			□ 접수시 제출 □ 수사 중 제출
5			□ 접수시 제출 □ 수사 중 제출

※ 증거란에 각 증거서류를 개별적으로 기재하고, 제출 유무란에는 고소장 접수시 제출하는지 또는 수사 중 제출할 예정인지 표시하시기 바랍니다.

3. 증거물

순번	증 거	작성자	제 출 유 무
1			□ 접수시 제출 □ 수사 중 제출
2			□ 접수시 제출 □ 수사 중 제출
3			□ 접수시 제출 □ 수사 중 제출
4			□ 접수시 제출 □ 수사 중 제출
5			□ 접수시 제출 □ 수사 중 제출

※ 증거란에 각 증거물을 개별적으로 기재하고, 소유자란에는 고소장 제출시 누가 소유하고 있는지, 제출 유무란에는 고소장 접수시 제출하는지 또는 수사 중 제출할 예정인지 표시하시기 바랍니다.

4. 기타 증거

[서식 245] 강간죄(폭행협박 후 성교)

고 소 장

고 소 인 ○ ○ ○ (000000-0000000)
○○시 ○○구 ○○로 ○○(○○동)
(전화번호 : 123-4567)

피고소인 ○ ○ ○ (000000-0000000)
○○시 ○○구 ○○로 ○○(○○동)
(전화번호 : 123-4567)

고 소 취 지

피고소인에 대하여 강간죄로 고소하오니 처벌하여 주시기 바랍니다.

고 소 사 실

1. 피고소인은 ○○시 ○○구 ○○로 ○○(○○동)에 사는 자인데 20○○. ○. ○. 01:30경에 ○○시 ○○구 ○○로 ○○(○○동) 소재 고소인의 집에서 잠을 자고 있는 고소인을 폭행, 협박하여 강제로 ○회 성교를 하였습니다.
   당시 고소인은 고소인의 방에서 깊은 잠에 빠져 있었는데 고소인의 방의 열린 창문을 통하여 침입한 피고소인이 갑자기 놀라 잠에서 깨어난 고소인의 입을 손으로 틀어막은 후 가만히 있지 않으면 죽여 버리겠다고 협박하고 이에 반항하는 고소인의 목을 조르고 얼굴을 주먹으로 수회 강타한 후 강제로 자신의 성기를 고소인의 질내에 삽입하여 고소인을 강간한 것입니다.
2. 위와 같은 사실을 들어 피고소인을 고소하오니 철저히 조사하시어 엄벌하여 주시기 바랍니다.

소 명 방 법

1. 진단서 1통

조사시 자세히 진술하겠습니다.

20○○. ○. ○.

위 고소인 ○ ○ ○ (인)

○○경찰서장 귀하

[서식 246] 강간치상죄(배달나온 다방종업원을 상대로)

고 소 장

고 소 인 ○ ○ ○ (000000-0000000)
○○시 ○○구 ○○로 ○○(○○동)
(전화번호 : 123-4567)

피고소인 ○ ○ ○ (000000-0000000)
○○시 ○○구 ○○로 ○○(○○동)
(전화번호 : 234-5678)

피고소인을 상대로 강간치상죄로 고소하오니 처벌하여 주시기 바랍니다.

고 소 사 실

1. 피고소인은 20○○. ○. ○. 22:40경 ○○시 ○○구 ○○로 ○○(○○동) 소재 피고소인의 집에서 전화로 고소인 경영의 ○○다방으로 차 주문을 한 후 그 주문을 받고 배달을 나온 고소인을 보고 손으로 고소인을 밀쳐 그곳 방바닥에 눕힌 다음 하의와 속옷을 벗기고 "말을 듣지 않으면 죽여 버린다"고 말하면서 그 옆에 있는 각목으로 고소인의 머리를 때려 고소인의 반항을 억압한 후 강간하려 하였으나 때마침 고소인을 찾으러 온 위 다방 종업원인 고소외 ○○○에게 발각되어 강간은 당하지 아니하였으나 이로 인하여 고소인으로 하여금 약 ○주간의 치료를 요하는 두피 좌상 등의 상해를 입게 한 사실이 있습니다.
2. 위와 같은 사실을 들어 피고소인을 고소하오니 철저히 조사하시어 엄벌하여 주시기 바랍니다.

첨 부 서 류

1. 상해진단서 1통
   조사시 자세히 진술하겠습니다.

20○○. ○. ○.

위 고소인 ○ ○ ○ (인)

○○경찰서장 귀하

[서식 247] 강제집행면탈죄(허위매매계약)

고 소 장

고 소 인 ○ ○ ○ (000000-0000000)
○○시 ○○구 ○○로 ○○(○○동)
(전화번호 : 123-4567)

피고소인 ○ ○ ○ (000000-0000000)
○○시 ○○구 ○○로 ○○(○○동)
(전화번호 : 234-5678)

고 소 취 지

피고소인에 대하여 강제집행면탈죄로 고소하오니 처벌하여 주시기 바랍니다.

고 소 사 실

1. 피고소인은 ○○산업의 영업상무직에 있는 자로서, 고소인으로부터 ○○만원을 차용한 사실이 있으나 그 변제기일에 채무를 변제하지 않아 고소인이 강제집행을 하려고 준비에 착수하자, 피고소인은 이것을 면하기 위하여 등기명의이전에 의한 부동산의 허위양도를 하기로 마음먹고 20○○. ○. ○. 피고소인의 사촌인 고소외 ○○○에게 부탁하여 강제집행을 당할 우려가 있는 피고소인 소유의 ○○시 ○○로 ○○(○○동)번지에 있는 콘크리트조 2층 주택 1동, 면적 ○○㎡에 관하여 피고소인 소유명의를 고소외 ○○○에게 이전할 것을 승낙받아 동인에게 위 주택을 매도하는 내용의 허위매도증서를 작성하고, 같은 해 ○. ○. 그 사실을 모르는 법무사 ○○○로 하여금 위 부동산의 매매에 기인한 소유권이전등기신청의 관계서류를 작성, 같은 동 ○○번지에 있는 ○○지방법원 ○○등기소 담당직원에게 제출하게 하고 같은 날 위 등기소 담당공무원으로 하여금 그 내용의 권리를 등기하게 하여 위 부동산을 허위 양도한 것입니다.
2. 따라서 위와 같은 사실로 피고소인을 고소하오니 철저히 조사하시어 처벌하여 주시기 바랍니다.

입 증 방 법

조사시 자세히 진술하겠습니다.

20○○. ○. ○.

위 고소인 ○ ○ ○ (인)

○○경찰서장 귀하

[서식 248] 강제집행면탈죄(주식 허위양도)

고 소 장

고 소 인 ○ ○ ○ (000000-0000000)
○○시 ○○구 ○○로 ○○(○○동)
(전화번호 : 123-4567)

피고소인 ○ ○ ○ (000000-0000000)
○○시 ○○구 ○○로 ○○(○○동)
(전화번호 : 234-5678)

고 소 취 지

피고소인을 강제집행면탈죄로 고소하오니 처벌하여 주시기 바랍니다.

고 소 사 실

1. 피고소인은 20○○년부터 건축업을 목적으로 ○○건설 주식회사를 설립하여 이 회사 대표이사로 있는 자로서 지급능력이 없으면서 거액의 어음을 고소인에게 남발하였고,
위 피고소인은 약속어음의 지불기일이 되자 고소인 등이 피고소인의 재산에 압류 등 강제처분을 할 것을 우려한 나머지 자기 소유재산인 ○○건설 주식회사를 허위로 양도하는 등 고소인의 강제집행을 면할 것을 기도하고 ○○건설 주식회사 대표 ○○○와 공모하여 20○○. ○. ○. 위 ○○건설 주식회사 주식 13,000주를 금 6,000만원으로 평가하여 그중 7,000주를 대금 3,500만원에 매도하였음에도 불구하고 주식 전체를 위 ○○건설 주식회사 대표 ○○○에게 매도한 것처럼 서류를 만들고 내용적으로 전 주식의 70%만 피고인에게 양도한다는 비밀합의서를 만든 다음 그 일체에 필요한 서류를 교부하여 주었습니다.
2. 그 후 20○○. ○. ○. ○○시 ○○로 ○○(○○동) 소재 ○○빌딩 ○호에서 피고소인 ○○

○은 동 회사 주식 13,000주를 ○○○에게 양도하는 이사회를 개최 만장일치로 승낙한 것처럼 의사회의사록도 만들었고 13,000주를 ○○○에게 완전히 배서하여 줌으로써 동 주식 30% 해당분 2,500만원 상당을 강제집행 불능케 하여 이를 면탈한 것입니다.

3. 이에 고소인은 위와 같은 사실로 피고소인을 고소하오니 철저히 조사하여 법에 의거 엄벌하여 주시기 바랍니다.

20○○. ○. ○.

위 고소인 ○ ○ ○ (인)

○○경찰서장 귀하

[서식 249] 강제추행죄(폭행 후 추행)

고 소 장

고 소 인 ○ ○ ○ (000000-0000000)
○○시 ○○구 ○○로 ○○(○○동)
(전화번호 : 123-4567)

피고소인 ○ ○ ○ (000000-0000000)
○○시 ○○구 ○○로 ○○(○○동)
(전화번호 : 234-5678)

고 소 취 지

피고소인에 대하여 강제추행죄로 고소하오니 처벌하여 주시기 바랍니다.

고 소 사 실

1. 피고소인은 트럭을 몰고 다니며 주방기기를 판매하는 자인바, 20○○. ○. ○. 15:30경 ○○군 ○○면 ○○리를 지나던 중 ○○ 산기슭에 있는 밭에서 피고소인이 밭일을 하고 있는 것

을 보고 갑자기 그녀에게 달려들어 끌어안고 땅에 넘어뜨린 후 그녀의 배 위에 걸터앉아 얼굴을 때리는 등 폭행을 가하고 그녀의 치마를 찢고 손으로 음부와 유방을 만지는 등 강제로 추행한 것입니다.

2. 따라서 위와 같은 사실로 피고소인을 고소하오니 철저히 조사하시어 처벌하여 주시기 바랍니다.

입 증 방 법

조사시 자세히 진술하겠습니다.

20○○. ○. ○.

위 고소인 ○ ○ ○ (인)

○○경찰서장 귀하

[서식 250] 공갈죄(정교사실을 미끼로 금품갈취)

고 소 장

고 소 인 ○ ○ ○ (000000-0000000)
○○시 ○○구 ○○로 ○○(○○동)
(전화번호 : 123-4567)

피고소인 ○ ○ ○ (000000-0000000)
○○시 ○○구 ○○로 ○○(○○동)
(전화번호 : 234-5678)

고 소 취 지

피고소인에 대하여 공갈죄로 고소하오니 처벌하여 주시기 바랍니다.

고 소 사 실

1. 피고소인은 일정한 직업이 없는 자인바, 20○○. ○. 중순경 ○○시 ○○동 소재 ○○캬바레에서 우연히 만나 정교한 유부녀인 고소인으로부터 정교사실을 미끼로 금품을 갈취하기로 마음먹고,
2. 위 같은 해 ○. ○. 13:30경 ○○시 ○○동 소재 ○○호텔 커피숍에서 고소인에게 사업자금이 급히 필요해서 그러니 3,000만원만 달라, 만일 이에 불응하면 위 정교사실을 사진과 함께 ○○공무원으로 근무하고 있는 당신의 남편에게 알려버리겠다고 말하는 등 협박하여 이에 겁을 먹은 고소인으로부터 다음날 15:00경 위 커피숍에서 3,000만원을 교부받아 이를 갈취한 것입니다.
3. 따라서 피고소인을 귀서에 고소하오니 철저히 조사하시어 처벌하여 주시기 바랍니다.

입 증 방 법

조사시 자세히 진술하겠습니다.

20○○. ○. ○.

위 고소인 ○ ○ ○ (인)

○○경찰서장 귀하

[서식 251] 공갈죄(접대부고용 기화로 금품갈취)

고 소 장

고 소 인 ○ ○ ○ (000000-0000000)
○○시 ○○구 ○○로 ○○(○○동)
(전화번호 : 123-4567)

피고소인 ○ ○ ○ (000000-0000000)

○○시 ○○구 ○○로 ○○(○○동)
(전화번호 : 234-5678)

고 소 취 지

피고소인에 대하여 공갈죄로 고소하오니 처벌하여 주시기 바랍니다.

고 소 사 실

1. 피고소인은 일정한 주거와 직업 없이 놀고 있는 자인바, ○○시 ○○구 ○○로 ○○(○○동) 소재 ○○단란주점에서 접대부를 고용하고 있음을 기화로 금품을 갈취하기로 마음먹고 20○○. ○. ○. 14:00경 동소에 고객으로 가장하여 그 정을 모르는 고소외 ○○○, 같은 ○○○를 데리고 들어가 양주 1병(시가 170,000원)과 안주(시가 150,000원) 등 도합 320,000원 상당의 음식을 시켜먹고 고소인에게 "지금 돈 안 가져 왔으니 외상으로 합시다."라고 말하여 고소인이 이를 거절하자 피고소인과 작배한 접대부를 지적하면서 "이 집에 접대부를 둘 수 있느냐 지금 당장 112에 신고하겠다."라고 동소 전화기를 들자, 고소인이 수화기를 뺏으며, "그럼 내일 가져 오세요"라고 하자 "이제 필요 없어 그러면 신고 안 할 테니 50만원만 주쇼"라고 돈을 요구하며 만약 이에 불응하면 당국에 신고하여 처벌을 받게 할 것 같은 기세를 보여서, 이에 외포된 고소인이 그 즉시 금 500,000원을 교부하는 등 위 대금 370,000원을 면하여 도합 870,000원 상당을 갈취한 것입니다.
2. 따라서 피고소인을 귀서에 고소하오니 철저히 조사하시어 처벌하여 주시기 바랍니다.

입 증 방 법

조사시 자세히 진술하겠습니다.

20○○. ○. ○.

위 고소인 ○ ○ ○ (인)

○○경찰서장 귀하

[서식 252] 공무상비밀표시무효죄(압류표시의 효용을 해함)

고 소 장

고 소 인 ○ ○ ○ (000000-0000000)
○○시 ○○구 ○○로 ○○(○○동)
(전화번호 : 123-4567)

피고소인 ○ ○ ○ (000000-0000000)
○○시 ○○구 ○○로 ○○(○○동)
(전화번호 : 234-5678)

고 소 취 지

피고소인을 상대로 공무상비밀표시무효의 죄로 고소하오니 처벌하여 주시기 바랍니다.

고 소 사 실

1. 고소인은 피고소인에게 금 ○○○원을 대여하였으나, 변제기가 지나도 이를 변제하지 않아 고소인이 피고소인을 상대로 ○○지방법원에서 위 대여금의 지급을 구하는 청구소송을 제기하여 확정판결을 받은 바 있습니다.
2. 고소인은 확정판결을 받은 후에도 피고소인의 임의변제를 기다렸으나, 피고소인이 막무가내로 변제를 거부함에 따라 20○○. ○. ○. 15:00부터 같은 날 16:20경까지 사이에 ○○지방법원 소속 집행관(○○○)의 지휘 아래 ○○시 ○○구 ○○로 ○○(○○동) 소재 피고소인의 유체동산에 대한 압류집행을 실시하였습니다.
3. 이러한 압류집행을 실시한 후에 피고소인이 집행관이나 고소인인 채권자의 동의나 허락을 받음이 없이 집행관과 고소인인 채권자에게 일방적으로 위 압류물의 이전을 통고한 후 ○○지방법원 소속 집행관의 관할구역 밖인 ○○장소로 압류표시 된 물건을 이전함으로써 위 집행관이 실시한 압류표시의 효용을 해하였습니다.
4. 피고소인의 이러한 행위는 형법 제140조(공무상비밀표시무효) 제1항 "공무원이 그 직무에 관하여 실시한 봉인 또는 압류 기타 강제처분의 표시를 손상 또는 은닉하거나 기타 방법으로 그 효용을 해한 행위"에 해당한다고 할 것입니다.
5. 따라서 피고소인을 귀서에 고소하오니 철저히 조사하시어 처벌하여 주시기 바랍니다.

첨 부 서 류

1. 판결문 사본 1통

조사시 자세히 진술하겠습니다.

20○○. ○. ○.

위 고소인 ○ ○ ○ (인)

○○경찰서장 귀하

[서식 253] 권리행사방해죄(공장기계 등 은닉)

고 소 장

고 소 인 주식회사 ○○은행
○○시 ○○구 ○○로 ○○(○○동)
대표이사 ○ ○ ○

피고소인 ○○주식회사
○○시 ○○구 ○○로 ○○(○○동)
대표이사 ○ ○ ○

고 소 취 지

피고소인을 형법 제323조의 권리행사방해죄로 고소하오니 처벌하여 주시기 바랍니다.

고 소 사 실

1. 피고소인은 ○○시 ○○구 ○○로 ○○(○○동) 소재에서 ○○주식회사라는 상호로 쇠공구 등 철물 제조업에 종사하면서 20○○. ○. ○. 당 은행을 찾아와 현재 회사의 경영상 자금이 급히 필요하여 대출을 신청한다고 하여 고소인은 피고소인의 자산가치 등 담보물을 확인한 결과, 피고소인이 운영하는 공장의 부동산과 그 사업장 내의 쇠공구 등의 생산에 필요한 피고소인 소유 선반, 밀링등 기계가 있어 고소인은 공장저당법에 의하여 이를 담보로 피고소인에게 대출을 하여 주었던 것입니다

2. 그 후 피고소인은 대출금 상환기일이 도과하여도 이를 변제하지 아니하므로 고소인은 위 공장 저당법에 의한 물건들을 법 절차에 따라 경매하려 현장 확인을 하여 본 결과, 고소인은 담보 대출 당시 공장 내에 있는 기계 등의 저당목록에 기재된 물건들이 상당수 없어진 점을 발견하고 고소인은 피고소인 회사 직원에게 이를 추궁한 끝에 위 물건들이 피고소인에 의하여 ○○시 ○○구 ○○로 ○○(○○동) 소재 ○○○ 경영의 공장 현장으로 옮겨 은닉한 사실을 발견하였습니다.
   현재 피고소인은 고소인에게 대출금을 한 푼도 상환하지 않고 있을 뿐만 아니라 피고소인은 고소인의 권리로 담보된 물건을 취거 은닉한 부분에 대하여 전혀 범죄의식이 없습니다.
3. 따라서 위와 같은 사실을 들어 피고소인을 권리행사방해죄로 고소하오니 철저히 조사하시어 처벌하여 주시기 바랍니다.

첨 부 서 류

1. 등기권리증 사본	1부
1. 법인등기부등본	2부
1. 현장사진 등	5부

20○○. ○. ○.

위 고소인 ○ ○ ○ (인)

○○경찰서장 귀하

[서식 254] 명예훼손죄(차량 방화범이라고 적시)

고 소 장

고 소 인 ○ ○ ○ (000000-0000000)
○○시 ○○구 ○○로 ○○(○○동)
(전화번호 : 123-4567)

피고소인 ○ ○ ○ (000000-0000000)

○○시 ○○구 ○○로 ○○(○○동)
(전화번호 : 234-5678)

고 소 취 지

피고소인에 대하여 명예훼손죄로 고소하오니 처벌하여 주시기 바랍니다.

고 소 사 실

1. 피고소인은 20○○. ○. ○. 21:30경 ○○시 ○○구 ○○로 ○○(○○동)에 있는 피고소인의 집 3층 방에서 그곳으로부터 약 50m 거리의 길가에 주차되어 있던 승용차가 불타고 있는 것을 발견하고 곧 불을 끄고자 뛰어 갔는바, 그때 그곳에서 서성거리고 있던 같은 동네에 사는 고소인을 보고, 그를 의심하여 아무런 확증이 없음에도 같은 달 ○. 20:00경 피고소인의 집에서 이웃에 사는 고소외 ○○○, 같은 ○○○, 같은 ○○○ 등에 대하여 "경찰이 아직도 방화범을 잡지 못하는 것은 다 이유가 있다. 그 범인은 바로 옆 골목에 사는 ○○○인데 그가 경찰관들과 친하기 때문에 잡지 않는 것이다"라는 등으로 공연히 사실을 적시하여 고소인의 명예를 훼손한 자입니다.
2. 따라서 피고소인을 귀서에 고소하오니 철저히 조사하시어 처벌하여 주시기 바랍니다.

입 증 방 법

조사시 자세히 진술하겠습니다.

20○○. ○. ○.

위 고소인 ○ ○ ○ (인)

○○경찰서장 귀하

[서식 255] **명예훼손죄(회사의 공금횡령)**

고　　소　　장

고 소 인　　○ ○ ○ (000000-0000000)
　　　　　　○○시 ○○구 ○○로 ○○(○○동)
　　　　　　(전화번호 : 123-4567)

피고소인　　○ ○ ○ (000000-0000000)
　　　　　　○○시 ○○구 ○○로 ○○(○○동)
　　　　　　(전화번호 : 234-5678)

고 소 사 실

1. 피고소인은 ○○주식회사의 주주입니다.
2. 20○○. ○. ○. ○○시 ○○구 ○○로 ○○(○○동)에서 이 회사의 주주총회시 동 회사의 대표이사인 고소인이 그동안의 회사의 경영사정에 대하여 고소인의 의사를 피력하는 중 피고소인이 고소인의 의사를 반박함으로써 언쟁이 있었는데 피고소인이 50여 명의 주주가 모인 이 자리에서 회사의 공금을 횡령한 사기꾼이 무슨 할 이야기가 많으냐? 근거가 있으니 고소하여 처벌받게 할 것인데 어떻게 생각하느냐고 타인들의 동조를 구하는 등 고소인도 전혀 알지 못하는 사실무근한 허위사실을 들어가면서 고소인의 명예를 훼손한 사실이 있습니다.
3. 위와 같은 사실을 들어 피고소인을 귀서에 고소하오니 철저히 조사하시어 엄벌하여 주시기 바랍니다.

20○○. ○. ○.

위 고소인 ○ ○ ○ (인)

○○경찰서장 귀하

[서식 256] 모욕죄(물품대금 외상거절로 인함)

고 소 장

고 소 인 ○ ○ ○ (000000-0000000)
○○시 ○○구 ○○로 ○○(○○동)
(전화번호 : 123-4567)

피고소인 ○ ○ ○ (000000-0000000)
○○시 ○○구 ○○로 ○○(○○동)
(전화번호 : 234-5678)

고 소 취 지

피고소인을 상대로 모욕죄로 고소하오니 처벌하여 주시기 바랍니다.

고 소 이 유

1. 피고소인은 ○○시 ○○로 ○○(○○동)에 거주하는 자로서, 20○○. ○. ○. 19:00경 같은 로 ○○(○○동)에 있는 고소인이 경영하는 ○○가게에서 평소 고소인이 피고소인에게 외상으로 물건을 주지 않는다는 이유로 고소외 ○○○, 같은 ○○○ 등 마을사람 10여 명이 있는 가운데 고소인에게 "이 돼지같은 연아, 네가 혼자 잔뜩 처먹고 배 두드리며 사나보자"라고 큰 소리로 말하여 공연히 고소인을 모욕한 것입니다.
2. 따라서 피고소인을 귀서에 고소하오니 철저히 조사하시어 처벌하여 주시기 바랍니다.

입 증 방 법

추후 조사시 제출하겠습니다.

20○○. ○. ○.

위 고소인 ○ ○ ○ (인)

○○경찰서장 귀하

[서식 257] 모욕죄(주점에 술을 마시던 중)

고 소 장

고 소 인　　○ ○ ○ (000000-0000000)
○○시 ○○구 ○○로 ○○(○○동)
(전화번호 : 123-4567)

피고소인　　○ ○ ○ (000000-0000000)
○○시 ○○구 ○○로 ○○(○○동)
(전화번호 : 234-5678)

고 소 취 지

피고소인에 대하여 모욕죄로 고소하오니 처벌하여 주시기 바랍니다.

고 소 사 실

1. 피고소인은 20○○. ○. ○. 23:40경, ○○도 ○○군 ○○읍 ○○로 ○○ ○○라는 주점에서 친구 3명과 떠들며 술을 마시던 중 옆 좌석에 앉아 술을 마시고 있던 제가 피고소인에게 좀 조용히 하라고 주의를 주자, 저에게 "너나 입닥쳐 이 병신아"라고 경멸하는 말을 하여 모욕한 것입니다.
2. 이에 저는 피고소인에게 사과를 요구하였으나 피고소인은 오히려 "병신 육갑하네"라고 말하면서 사과를 거부하고 있습니다.
3. 따라서 피고소인을 귀서에 고소하오니 철저히 조사하시어 처벌하여 주시기 바랍니다.

입 증 방 법

추후 조사시 제출하겠습니다.

20○○. ○. ○.

위 고소인 ○ ○ ○ (인)

○○경찰서장 귀하

[서식 258] 무고죄(연대보증서 위조 대출)

고 소 장

고 소 인 ○ ○ ○ (000000-0000000)
○○시 ○○구 ○○로 ○○(○○동)
(전화번호 : 123-4567)

피고소인 ○ ○ ○ (000000-0000000)
○○시 ○○구 ○○로 ○○(○○동)
(전화번호 : 234-5678)

고 소 취 지

피고소인에 대하여 무고죄로 고소하오니 처벌하여 주시기 바랍니다.

고 소 사 실

1. 피고소인은 20○○. ○. ○. 고소인으로부터 동인이 농협에게 2,000만원을 대출받는데 연대보증인이 되어 달라는 부탁을 받고 이를 승낙하여 연대보증인으로 서명날인까지 하여 주었음에도 고소인이 대출원금을 상환하지 아니하여 보증채무를 부담하게 될 상황에 이르자 그 보증채무를 면하고 고소인으로 하여금 형사처벌을 받게 할 목적으로, 20○○. ○. ○. 09:00경 ○○읍 소재 피고소인의 집에서 고소인이 피고소인의 승낙을 받지 아니하고 연대보증인란에 피고소인의 이름을 함부로 기재한 후 도장을 찍어 피고소인 명의의 연대보증서 1매를 위조하여 행사하고 금 2,000만원을 대출받았다는 내용의 허위사실을 기재한 고소장을 작성 같은 날 14:00경 ○○경찰서 민원실에 이를 제출하여 고소인을 무고한 자입니다.
2. 따라서 피고소인을 귀서에 고소하오니 철저히 조사하시어 처벌하여 주시기 바랍니다.

20○○. ○. ○.

위 고소인 ○ ○ ○ (인)

○○경찰서장 귀하

[서식 259] 무고죄(임대차계약서 다시 작성)

고 소 장

고 소 인 ○ ○ ○ (000000-0000000)
○○시 ○○구 ○○로 ○○(○○동)
(전화번호 : 123-4567)

피고소인 1. 김 ○ ○ (000000-0000000)
○○시 ○○구 ○○로 ○○(○○동)
(전화번호 : 234-5678)

2. 이 ○ ○ (000000-0000000)
○○시 ○○구 ○○로 ○○(○○)
(전화번호 : 345-6789)

고 소 취 지

피고소인에 대하여 무고죄로 고소하오니 처벌하여 주시기 바랍니다.

고 소 사 실

1. 피고소인은 20○○. ○. ○. 고소인 김○○으로부터 ○○시 ○○동 소재 ○○다방을 임차하여 동인과 내연의 관계에 있던 고소인 이○○로 하여금 위 다방을 운영하도록 하던 중 같은 달 ○. 임대차계약의 임차인을 피고소인 명의에서 고소인 이○○ 명의로 변경하도록 승낙한 사실이 있음에도 불구하고, 고소외 김○○○을 상대로 임대차보증금반환청구의 소를 제기하였다가 패소하자 고소인들로 하여금 형사처벌을 받게 할 목적으로 20○○. ○. ○. ○○시 ○○동 소재 ○○식당에서 고소인 '김○○와 같은 이○○가 통정하여 20○○. ○. ○. 고소인들 모르게 임차인을 고소인 이○○로 하는 임대차계약서를 다시 작성하여 피고소인의 임대차보증금 3,000만원과 권리금 2,500만원, 합계 5,500만원을 편취하였다.'는 취지의 고소장을 작성한 후 같은 달 ○. ○○경찰서 민원실에서 같은 경찰서장 앞으로 이를 제출, 접수하게 하여 공무소에 대하여 허위신고를 한 것입니다.

2. 따라서 피고소인을 귀서에 고소하오니 철저히 조사하시어 처벌하여 주시기 바랍니다.

20○○. ○. ○.

위 고소인 ○ ○ ○ (인)

○○경찰서장 귀하

[서식 260] 무고죄(사문서 위조 및 동행사)

고 소 장

고 소 인 ○ ○ ○ (000000-0000000)
○○시 ○○구 ○○로 ○○(○○동)
(전화번호 : 123-4567)

피고소인 ○ ○ ○ (000000-0000000)
○○시 ○○구 ○○로 ○○(○○동)
(전화번호 : 234-5678)

고 소 취 지

피고소인에 대하여 무고죄로 고소하오니 처벌하여 주시기 바랍니다.

고 소 사 실

1. 피고소인은 고소인이 경영하는 ○○출판사 외판원으로 일하면서 20○○. ○. ○. 금 ○○○원을 선지급 받은 사실이 있음에도 불구하고, 고소인이 피고소인의 인장을 임의 조각하여 출금전표를 작성함으로써 사문서 위조 및 동 행사를 한 사실이 있다고 ○○경찰서에 고소함으로써 고소인을 형사처분을 받게 할 목적으로 허위의 사실을 신고하여 고소인을 무고한 사실이 있습니다.
2. 따라서 피고소인을 귀서에 고소하오니 철저히 조사하시어 처벌하여 주시기 바랍니다.

20○○. ○. ○.

위 고소인 ○ ○ ○ (인)

○○경찰서장 귀하

[서식 261] 미성년자 등에 대한 간음죄(등록금을 이용 간음)

고 소 장

고 소 인 ○ ○ ○ (000000-0000000)
○○시 ○○구 ○○로 ○○(○○동)
(전화번호 : 123-4567)

피고소인 ○ ○ ○ (000000-0000000)
○○시 ○○구 ○○로 ○○(○○동)
(전화번호 : 234-5678)

고 소 취 지

피고소인을 미성년자 등에 대한 간음죄로 고소하오니 처벌하여 주시기 바랍니다.

고 소 사 실

1. 피고소인은 ○○주식회사 ○○공장에서 공장장으로 재직하고 있는 자로서, 위 회사 위 공장의 공원인 고소인이 20○○. ○. ○. 19:00경 피고소인에게 찾아와 "동생 등록금을 내야 하는데 ○○만원만 빌려 달라"고 간청하자, 이를 쾌히 승낙하고 이를 기회로 고소인을 간음하기로 마음먹고, 그때쯤 그녀를 데리고 ○○시 ○○로 ○○(○○동)에 있는 "○○주점"에 가서 ○○양주 ○잔을 억지로 마시게 하면서 "앞으로 돈 걱정은 일체 하지 말라. 모두 내가 책임지겠다"라는 등의 거짓말로 고소인을 유혹하여 이를 믿게 한 다음, 같은 날 21:30경 술에 취한 고소인을 위 주점 근처의 "○○모텔" ○○○호실로 유인하여 미성년자인 고소인을 간음한 것입니다.

2. 따라서 피고소인을 귀서에 고소하오니 철저히 조사하시어 처벌하여 주시기 바랍니다.

20○○. ○. ○.

위 고소인 ○○○은 미성년자이므로
법정대리인 친권자 부 ○ ○ ○ (인)
모 ○ ○ ○ (인)

○○경찰서장 귀중

[서식 262] 미성년자에 대한 추행죄 등(집안에 혼자 있음을 알고 추행)

고 소 장

고 소 인 ○ ○ ○ (000000-0000000)
○○시 ○○구 ○○로 ○○(○○동)
(전화번호 : 123-4567)

피고소인 ○ ○ ○ (000000-0000000)
○○시 ○○구 ○○로 ○○(○○동)
(전화번호 : 234-5678)

고 소 취 지

피고소인을 미성년자에 대한 추행죄 등의 죄로 고소하오니 처벌하여 주시기 바랍니다.

고 소 사 실

1. 피고소인은 일정한 직업이 없는 자로서, 20○○. ○. ○. 15:00경 술을 먹고 ○○시 ○○로 ○○(○○동)에 있는 평소 알지 못한 고소외 ○○○의 집에 들어가 동인의 딸인 고소인이 마침 혼자 있는 것을 보고 동인에게 "나는 네 아빠의 친구다. 너 참 예쁘구나"라고 거짓말을 하며 고소인을 껴안고 팬티 속에 손을 집어넣어 음부를 문지르는 등 추행을 하고, 다시 강제로 간음하려 하다가 고소인의 할머니 고소외 ○○○가 집에 들어오는 바람에 그 목적을 이루지 못하고 미수에 그쳤으나 그때 위 추행 등으로 인하여 고소인에게 약 1주일간의 치료를 요하는 외음부개갠상처를 입게 한 것입니다.

2. 따라서 피고소인을 귀서에 고소하오니 철저히 조사하시어 처벌하여 주시기 바랍니다.

20○○. ○. ○.

위 고소인 ○○○은 미성년자이므로
법정대리인 친권자 부 ○ ○ ○ (인)
모 ○ ○ ○ (인)

○○경찰서장 귀중

[서식 263] 배임죄(계돈 미지급)

고 소 장

고 소 인 ○ ○ ○ (000000-0000000)
○○시 ○○구 ○○로 ○○(○○동)
(전화번호 : 123-4567)

피고소인 ○ ○ ○ (000000-0000000)
○○시 ○○구 ○○로 ○○(○○동)
(전화번호 : 234-5678)

고 소 취 지

피고소인에 대하여 배임죄로 고소를 제기하오니 처벌하여 주시기 바랍니다.

고 소 사 실

1. 피고소인은 20○○. ○. ○. ○○시 ○○구 ○○로 ○○(○○동)에 있는 피고소인의 집에서 조직한 계금 1,000만원, 구좌 24개인 번호계의 계주인 자로서,
2. 20○○. ○. ○. 피고소인의 집에서 그 계원들로부터 계불입금 1,000만원을 받았으면 그날 계금을 타기로 지정된 11번 계원인 고소인에게 계금 1,000만원을 지급할 임무가 있음에도 불구하고 그 임무에 위배하여 그 계금을 고소인에게 지급하지 아니한 채, 그 무렵 피고소인의 주거지 등지에서 임의로 피고소인의 생활비 등에 소비하여 계금 1,000만원 상당의 이익을 취득하고 고소인에게 동액 상당의 재산상 손해를 가한 것입니다.

3. 위와 같은 사실로 피고소인을 고소하오니 철저히 조사하시어 처벌하여 주시기 바랍니다.

입 증 방 법

조사시 자세히 진술하겠습니다.

20○○. ○. ○.

위 고소인 ○ ○ ○ (인)

○○경찰서장 귀하

[서식 264] 배임죄(부동산 이중매매)

고 소 장

고 소 인　　○ ○ ○ (000000-0000000)
○○시 ○○구 ○○로 ○○(○○동)
(전화번호 : 123-4567)

피고소인　　○ ○ ○ (000000-0000000)
○○시 ○○구 ○○로 ○○(○○동)
(전화번호 : 234-5678)

고 소 취 지

피고소인에 대하여 배임죄로 고소를 제기하오니 처벌하여 주시기 바랍니다.

고 소 사 실

1. 피고소인은 일정한 직업이 없는 자인바, 20○○. ○. ○. ○○시 ○○구 ○○로 ○○(○○동) 소재 ○○부동산사무소에서 피고소인 소유의 같은 로 ○○(○○동) 소재 대지 80평 및 단층주택 59평을 고소인에게 금 2억 5천만원에 매도하기로 매매계약을 체결하고 즉석에서 계

약금으로 금 1,000만원을, 같은 해 ○. ○. 같은 장소에서 중도금으로 5천만원을 각 수령하였으므로 잔금지급기일인 같은 해 ○. ○. 잔금수령과 동시에 고소인에게 위 부동산에 대한 소유권이전등기절차를 이행하여 주어야 할 임무가 있음에도 불구하고 그 임무를 위배하여 같은 해 ○. ○. 같은 로 ○○(○○동) 소재 ○○○부동산에서 고소외 ○○○에게 금 2억 7천만원에 위 부동산을 이중으로 매도하고 그 다음날 고소외 ○○○ 명의로 위 부동산에 대한 소유권이전등기를 경료하여 줌으로써 위 부동산 시가 6천만원 상당의 재산상 이익을 취득하고 고소인에게 동액 상당의 재산상 손해를 가한 것입니다.

2. 위와 같은 사실로 피고소인을 고소하오니 철저히 조사하시어 처벌하여 주시기 바랍니다.

입 증 방 법

조사시 자세히 진술하겠습니다.

20○○. ○. ○.

위 고소인 ○ ○ ○ (인)

○○경찰서장 귀하

[서식 265] 배임죄(대출사례금으로 공제)

고 소 장

고 소 인 ○ ○ ○ (000000-0000000)
○○시 ○○구 ○○로 ○○(○○동)
(전화번호 : 123-4567)

피고소인 ○ ○ ○ (000000-0000000)
○○시 ○○구 ○○로 ○○(○○동)
(전화번호 : 234-5678)

고 소 취 지

고소인은 피고소인에 대하여 배임죄로 고소를 제기하오니 처벌하여 주시기 바랍니다.

고 소 사 실

1. 피고소인은 ○○군 ○○리에 있는 ○○농업협동조합장으로서 조합에 관한 사무일체를 관장하고 있는 자입니다.
2. 20○○. ○. ○. 고소인 외 35명이 연대하여 농약공동구입자금으로서 ○○농업협동조합에서 금 ○○○원을 대출받기로 하고 피고소인이 위 연대채무자의 대표자로서 같은 달 ○일 위 조합에서 위 현금을 융자받음에 있어서 자기 이익을 도모하기 위하여 본 임무에 위배하여 타 연대보증인들의 승낙도 없이 자의로 금 ○○○원을 위 조합에 대한 사례금으로 공제하여서 자기 개인용도에 쓰고 각 연대채무자에게 손해를 입게 한 자입니다.
3. 따라서 피고소인은 귀서에 고소하오니 철저히 조사하시어 처벌하여 주시기 바랍니다.

입 증 방 법

조사시 자세히 진술하겠습니다.

20○○. ○. ○.

위 고소인 ○ ○ ○ (인)

○○경찰서장 귀하

[서식 266] 부당이득죄(매매가격 속임)

고 소 장

고 소 인 ○ ○ ○ (000000-0000000)
○○시 ○○구 ○○로 ○○(○○동)
(전화번호 : 123-4567)

피고소인　　○ ○ ○ (000000-0000000)
○○시 ○○구 ○○로 ○○(○○동)
(전화번호 : 234-5678)

고 소 취 지

피고소인에 대하여 부당이득죄로 고소하오니 처벌하여 주시기 바랍니다.

고 소 사 실

1. 피고소인은 ○○시 ○○로 ○○(○○동)에서 부동산중개업을 하는 자로서, 20○○. ○. ○. 11:30쯤 위 장소에서 고소인으로부터 ○○군 ○○면 ○○리 ○○○ 번지의 임야 ○○○㎡를 매각처분에 달하는 위임을 받고 20○○. ○. ○. 고소외 ○○○에게 위 임야를 소개하고 매매계약을 체결하여 금 5천만원에 매도하였으나, 고소인에게는 "3천만원에 처분하였다"고 거짓말하여 이에 속은 고소인에게 3천만원을 교부하고 나머지 2천만원을 교부하지 않아 부당하게 재산상의 이익을 취득한 것입니다.
2. 따라서 피고소인을 위와 같은 사실로 귀서에 고소하오니 철저히 조사하시어 처벌하여 주시기 바랍니다.

입 증 방 법

조사시 자세히 진술하겠습니다.

20○○. ○. ○.

위 고소인 ○ ○ ○ (인)

○○경찰서장 귀하

[서식 267] 부동산강제집행효용침해죄(폭행 등의 방법 동원)

고 소 장

고 소 인 ○ ○ ○ (000000-0000000)
○○시 ○○구 ○○로 ○○(○○동)
(전화번호 : 123-4567)

피고소인 ○ ○ ○ (000000-0000000)
○○시 ○○구 ○○로 ○○(○○동)
(전화번호 : 234-5678)

고 소 취 지

고소인은 피고소인을 부동산강제집행의 효용을 침해한 혐의로 고소하오니 철저히 조사하시어 처벌하여 주시기 바랍니다.

고 소 사 실

1. 고소인은 피고소인에게 고소인 소유의 ○○시 ○○구 ○○로 ○○(○○동) 소재 건물의 점포 1칸을 임대하였으나, 임대료를 체납하여 임대차계약을 해제하고 피고소인을 상대로 명도청구소송을 제기하여 확정판결을 받은 바 있습니다.

2. 20○○. ○. ○. 14:00부터 같은 날 16:00경까지 사이에 ○○지방법원 소속 집행관의 지휘 아래 위 피고소인이 점유하고 있던 점포에 대하여 확정판결에 의한 명도집행을 하고 난 직후 피고소인이 명도집행 한 점포에 진입하려하자 옆에서 이를 저지하던 고소인의 처 ○○○를 폭행하는 등 폭력적인 방법으로 위 건물점포에 진입함으로서 위 부동산 강제집행의 효용을 침해하였습니다.

3. 피고소인이 이 사건 건물에 들어간 것은 집행관이 임차인인 피고소인의 위 건물점포에 대한 점유를 해제하고 이를 임대인인 고소인에게 인도하여 강제집행이 완결된 후의 행위로서 부동산강제집행효용침해죄에 해당한다 할 것입니다.

4. 피고소인의 이러한 행위는 형법 제140조의2(부동산강제집행효용침해) 강제집행으로 명도 또는 인도된 부동산에 침입하거나 기타 방법으로 강제집행의 효용을 해한 행위에 해당된다 할 것입니다.

5. 따라서 피고소인을 고소하오니 철저히 조사하시어 엄벌하여 주시기 바랍니다.

소 명 방 법

1. 임대차계약서 사본 1통
1. 판결문 사본 1통
조사시 자세히 진술하겠습니다.

20○○. ○. ○.

위 고소인 ○ ○ ○ (인)

○○경찰서장 귀하

[서식 268] 부동산중개업법위반(매매대금 착복)

고 소 장

고 소 인 ○ ○ ○
○○시 ○○구 ○○로 ○○(○○동)
(전화번호 123-4567)

피고소인 ○ ○ ○
○○시 ○○구 ○○로 ○○(○○동)
(전화번호 234-5678)

고 소 취 지

피고소인에 대하여 부동산중개업법 위반으로 고소하오니 처벌하여 주시기 바랍니다.

고 소 사 실

1. 고소인은 주소지에 거주하는 가정주부이고, 피고소인은 ○○시 ○○구 ○○동 소재 ○번 버스종점에서 ○○부동산이란 상호로 부동산 중개업소의 보조원으로 재직하는 자입니다.

2. 고소인은 20○○. ○.경 피고소인의 소개로 현주소지로 이주하게 된 관계로 알게 되었는데, 피고소인은 이를 기화로 고소인에게 자주 전화를 걸고 저렴한 땅이 있으니 중개하겠다고 하므로 같은 해 ○. ○.에 피고소인을 만났던바, 시내 ○○구 ○○로 ○○(○○동) 거주 소외 ○○○가 김포공항확장공사로 당국으로부터 철거에 따르는 대토권이 부여되었는데 이를 사서 두면 얼마가지 않아 몇 배의 이득을 득할 수 있겠고 아니면 집을 지어서 살아도 좋다고 감언이설로 아무것도 모르는 가정주부인 고소인으로 하여금 중개대상물의 정확한 고지 없이 고소인의 판단을 흐리게 하여 무려 1,200만원이란 판매대금을 받아 착복하고 금일 현재까지 만나주지도 않고 피해 다니는 자로, 귀서에 고소하오니 체포하시어 엄벌에 처해 주시기 바랍니다.

첨 부 서 류

1. 계약서 및 영수증 사본　　　　각 1매
   조사시 자세히 진술하겠습니다.

20○○. ○. ○.

위 고소인 ○ ○ ○ (인)

○○경찰서장 귀하

[서식 269] 부정수표단속법위반죄(예금부족 및 무거래)

고 소 장

고 소 인　○ ○ ○ (000000-0000000)
○○시 ○○구 ○○로 ○○(○○동)
(전화번호 123-4567)

피고소인　○ ○ ○ (000000-0000000)
○○시 ○○구 ○○로 ○○(○○동)

(전화번호 234-5678)

고 소 취 지

피고소인에 대하여 부정수표단속법위반죄로 고소하오니 처벌하여 주시기 바랍니다.

고 소 사 실

1. 피고소인은 ○○시 ○○로 ○○(○○동) 소재 ○○공업사라는 상호를 걸고 어망생산을 하는 자인바, 5년 전부터 ○○은행 ○○지점과 당좌거래계정을 개설하고 당좌수표를 발행하여 오던 중 20○○. ○. ○.부터 20○○. ○. ○. 사이에 금 ○○○원권 당좌수표 5장과 금 ○○원권 당좌수표 3장을 발행하였으나 소지인들이 지급기일에 위 은행에 제시하여 본 결과 예금부족 및 무거래라는 이유로 지급거절되었습니다.
2. 위 피고소인은 계획적으로 부도를 내고도 조금도 뉘우치지 않고 있으므로, 피고소인은 고소하오니 철저히 조사하시어 처벌하여 주시기 바랍니다.

입 증 방 법

1. 우편물 1통

20○○. ○. ○.

위 고소인 ○ ○ ○ (인)

○○경찰서장 귀하

[서식 270] 비밀침해죄(편지 개봉)

고 소 장

고 소 인 ○ ○ ○ (000000-0000000)
○○시 ○○구 ○○로 ○○(○○동)

(전화번호 : 123-4567)

피고소인 ○ ○ ○ (000000-0000000)
○○시 ○○구 ○○로 ○○(○○동)
(전화번호 : 234-5678)

고 소 취 지

피고소인에 대하여 비밀침해죄로 고소하오니 처벌하여 주시기 바랍니다.

고 소 사 실

1. 고소인은 ○○시 ○○로 ○○(○○동) 소재 피고소인의 2층에 세들어 살고 있는데, 피고소인은 20○○. ○. ○. 00:00경 고소인에게 배달되어 온 편지 1통을 고소인을 대신하여 받았습니다.

2. 그런데 위 편지가 여자로부터 배달되어 온 것이라 고소인에게 전해주기 전에 호기심으로 그 편지의 위쪽 봉한 부분을 물에 적셔서 뜯어보고는 원상태로 다시 붙여 놓았습니다.

3. 물론 위 편지에 중요한 내용이 담겨 있지 않아 다른 사람이 보더라도 문제가 될 것은 없겠지만, 피고소인의 행위는 임차인의 사생활을 침해하는 것 같으므로 귀서에 고소하오니 철저히 조사하시어 엄벌하여 주시기 바랍니다.

입 증 방 법

1. 우편물 1통

20○○. ○. ○.

위 고소인 ○ ○ ○ (인)

○○경찰서장 귀하

[서식 271] 사기죄(취직시켜주겠다고 거짓말)

고 소 장

고 소 인 ○ ○ ○ (000000-0000000)
○○시 ○○구 ○○로 ○○(○○동)
(전화번호 123-4567)

피고소인 ○ ○ ○ (000000-0000000)
○○시 ○○구 ○○로 ○○(○○동)
(전화번호 : 234-5678)

고 소 취 지

피고소인에 대하여 사기죄로 고소하오니 처벌하여 주시기 바랍니다.

고 소 사 실

1. 피고소인은 일정한 직업이 없는 자인바, 20○○. ○. ○. 15:00경 ○○시 ○○구 ○○동에 있는 ○○○호텔 커피숍에서 사실은 고소인을 ○○주식회사에 취직시켜줄 의사와 능력이 없음에도 불구하고 고소인에게 "○○주식회사의 인사과장을 잘 알고 있는데 그 과장에게 부탁하여 위 회사 사원으로 취직시켜주겠다"고 거짓말하여 이에 속은 고소인으로부터 즉석에서 교제비 명목으로 ○○만원, 다음날 10:00경 같은 장소에서 "일이 잘 되어간다"고 거짓말하여 사례비 명목으로 ○○만원 합계 ○○만원을 각 교부받아 이를 편취한 자입니다.
2. 따라서 피고소인을 귀서에 고소하오니 엄중히 조사하시어 처벌하여 주시기 바랍니다.

첨 부 서 류

조사시 자세히 진술하겠습니다.

20○○. ○. ○.

위 고소인 ○ ○ ○ (인)

○○경찰서장 귀하

[서식 272] 사기죄(임대보증금 편취)

고 소 장

고 소 인 ○ ○ ○ (000000-0000000)
○○시 ○○구 ○○로 ○○(○○동)
(전화번호 123-4567)

피고소인 ○ ○ ○ (000000-0000000)
○○시 ○○구 ○○로 ○○(○○동)
(전화번호 : 234-5678)

고 소 취 지

피고소인에 대하여 사기죄로 고소하오니 처벌하여 주시기 바랍니다.

고 소 사 실

1. 피고소인은 ○○시 ○○구 ○○로 ○○(○○동) 건물의 소유자로서, 20○○. ○. ○. 피고소인 소유의 위 건물 지하 1층 ○○PC방에서, 위 건물은 여러 건의 가압류와 근저당권설정이 되어 있어 위 PC방에 대해 임대차계약을 할 경우 기간이 만료되어도 임대보증금을 돌려줄 의사와 능력이 없으면서 고소인에게 "임차기간이 만료하면 틀림없이 임대보증금을 돌려주겠다."고 거짓말하여, 이를 믿는 고소인과 '임대보증금 5,0000만원에 월 200만원, 권리금 200만원, 임대기간 20○○. ○. ○.부터 20○○. ○. ○.까지(24개월)'로 한 부동산 임대차계약을 체결하고 계약금 명목으로 현장에서 500만원, 20○○. ○. ○. 중도금으로 2,500만원, 20○○. ○. ○. 잔금으로 4,000만원 등 총 7,000만원을 교부받아 이를 편취한 자입니다.
2. 따라서 피고소인을 귀서에 고소하오니 철저히 조사하시어 처벌하여 주시기 바랍니다.

첨 부 서 류

조사시 자세히 진술하겠습니다.

20○○. ○. ○.

위 고소인 ○ ○ ○ (인)

○○경찰서장 귀하

[서식 273] 사기죄(신용카드사용 변제능력 등 없음)

고 소 장

고 소 인 ○ ○ ○ (000000-0000000)
○○시 ○○구 ○○로 ○○(○○동)
(전화번호 : 123-4567)

피고소인 ○ ○ ○ (000000-0000000)
○○시 ○○구 ○○로 ○○(○○동)
(전화번호 : 234-5678)

고 소 취 지

피고소인에 대하여 사기죄로 고소하오니 처벌하여 주시기 바랍니다.

고 소 사 실

1. 피고소인은 일정한 직업이 없는 자인바, 20○○. ○. ○. ○○시 ○○구 ○○로 ○○(○○동) 소재 ○○은행 ○○지점에서 카드사용대금을 입금할 의사나 능력이 없으면서도 동 지점에 카드사용대금을 매월 25일 지정된 은행계좌{(○○은행, 계좌번호(000-00-000)}로 입금한다는 카드발급신청서를 제출하여 20○○. ○. ○. 동 은행으로부터 ○○은행 ○○신용카드(카드번호 : 000-00-000)를 교부받아 소지하고 있음을 기화로, 20○○. ○. ○. ○○시 ○○구 ○○동 ○○백화점에서 물품구입비로 ○○만원을 사용한 것을 비롯하여 20○○. ○. ○.까지 사이에 현금인출 및 물품구입 등으로 별지 범죄일람표의 내용과 같이 각 가맹점에서 총 40회에 걸쳐 ○○○만원 상당을 교부받아 이를 편취한 자입니다.
2. 따라서 피고소인을 귀서에 고소하오니 철저히 조사하시어 처벌하여 주시기 바랍니다.

첨 부 서 류

조사시 자세히 진술하겠습니다.

20○○. ○. ○.

위 고소인 ○ ○ ○ (인)

○○경찰서장 귀하

[서식 274] 사기죄(유흥주점업자로부터 선불금 명목으로 편취)

고 소 장

고 소 인 ○ ○ ○ (000000-0000000)
○○시 ○○구 ○○로 ○○(○○동)
(전화번호 : 123-4567)

피고소인 ○ ○ ○ (000000-0000000)
○○시 ○○구 ○○로 ○○(○○동)
(전화번호 : 234-5678)

고 소 취 지

피고소인에 대하여 사기죄로 고소하오니 처벌하여 주시기 바랍니다.

고 소 사 실

1. 피고소인은 1년 전까지 ○○시 ○○구 ○○로 ○○(○○동) 소재 ○○유흥주점 종업원이었던 자인바, 20○○. ○. ○.경 ○○시 ○○구 ○○로 ○○(○○동) 소재 고소인이 운영하고 있는 ○○유흥주점에서 위 주점 종업원으로 일할 의사가 없음에도 "먼저 일하던 업소에 선불금 1,000만원이 있는데 이 돈을 갚으려고 하니 선불금을 지급하여 달라"고 말하여 다음날 위 유흥음식점에서 위 돈을 받아 이를 편취한 것이다.
2. 따라서 피고소인을 귀서에 고소하오니 철저히 조사하시어 처벌하여 주시기 바랍니다.

첨 부 서 류

조사시 자세히 진술하겠습니다.

20○○. ○. ○.

위 고소인 ○ ○ ○ (인)

○○경찰서장 귀하

[서식 275] 사기죄(공사대금 편취)

고 소 장

고 소 인　　○ ○ ○ (000000-0000000)
　　　　　　○○시 ○○구 ○○로 ○○(○○동)
　　　　　　(전화번호 : 123-4567)

피고소인　　○ ○ ○ (000000-0000000)
　　　　　　○○시 ○○구 ○○로 ○○(○○동)
　　　　　　(전화번호 : 234-5678)

고 소 취 지

피고소인에 대하여 사기죄로 고소하오니 처벌하여 주시기 바랍니다.

고 소 사 실

1. 피고소인은 건축업자인바, 20○○. ○. ○.경 고소인에게 ○○시 ○○로 ○○(○○동) 모텔의 공사를 도급 주더라도 그 대금을 지급할 의사나 능력이 없음에도 불구하고 "공사를 완공하면 1개월 안에 모텔을 담보로 대출을 받거나 매도하여 공사대금 3억원을 주겠다."고 거짓말하여 이에 속은 고소인으로 하여금 20○○. ○.경 공사를 완공하도록 한 뒤 공사대금을 지급하지 아니하므로 위 금액 상당의 재산상 이익을 취득한 것이다.
2. 따라서 피고소인을 귀서에 고소하오니 철저히 조사하시어 처벌하여 주시기 바랍니다.

첨 부 서 류

조사시 자세히 진술하겠습니다.

20○○. ○. ○.

위 고소인 ○ ○ ○ (인)

○○경찰서장 귀하

[서식 276] 사기죄(식당에서 음식대금 편취)

고 소 장

고 소 인 ○ ○ ○ (000000-0000000)
○○시 ○○구 ○○로 ○○(○○동)
(전화번호 : 123-4567)

피고소인 ○ ○ ○ (000000-0000000)
○○시 ○○구 ○○로 ○○(○○동)
(전화번호 : 234-5678)

고 소 취 지

피고소인에 대하여 사기죄로 고소하오니 처벌하여 주시기 바랍니다.

고 소 사 실

1. 피고소인은 일정한 직업이 없이 놀고 있는 자로서, 20○○. ○. ○. 23:00경부터 같은 날 02:00경까지 ○○시 ○○구 ○○로 ○○(○○동) 소재 퐁퐁식당에서 고소인에게 식대지급의 의사나 능력이 없으면서 음식을 주문하여 고소인으로 하여금 그 대금을 받을 수 있는 것처럼 믿게 하고 그 곳에서 갈비 2대 24,000원, 밥 1그릇 1,500원, 소주 2홉들이 1병 3,000원 등의 음식을 교부받아 먹음으로서 그 대금 도합 28,500원 상당을 면하여 재산상 이익을 취득한 것입니다.
2. 따라서 피고소인을 귀서에 고소하오니 엄중히 조사하시어 처벌하여 주시기 바랍니다.

첨 부 서 류

조사시 자세히 진술하겠습니다.

20○○. ○. ○.

위 고소인 ○ ○ ○ (인)

○○경찰서장 귀하

[서식 277] 사기죄(번호계 계주가 계금 편취)

고 소 장

고 소 인　　○ ○ ○ (000000-0000000)
　　　　　　○○시 ○○구 ○○로 ○○(○○동)
　　　　　　(전화번호 : 123-4567)

피고소인　　○ ○ ○ (000000-0000000)
　　　　　　○○시 ○○구 ○○로 ○○(○○동)
　　　　　　(전화번호 : 234-5678)

고 소 취 지

고소인은 피고소인에 대하여 사기죄로 고소하오니 처벌하여 주시기 바랍니다.

고 소 사 실

1. 고소인은 가정주부이고 피고소인은 고소인이 가입한 번호계 계주로서 고소인과는 아무런 친·인척관계가 아닙니다.

2. 고소인이 20○○. ○. ○.경 피고소인이 계주인 20명으로 구성된 번호계에 가입하여 월불입금 150만원을 불입하면 매월 말일에 순서대로 합계금 3,000만원을 수령하는 번호계에 20번째로 가입하여 매월 150만원씩 총 20회에 걸쳐 3,000만원을 불입한 사실이 있습니다.

3. 그리고 또 다른 한 구좌는 20○○. ○. ○.경 역시 20명으로 구성된 월불입금 150만원은 20번 끝 번호에 100만원과 17번에 50만원을 불입하는 번호계에 가입을 하여 20○○. ○.말경 계주가 일방적으로 파계를 하고 일자 불상경 행방을 감춰버렸습니다.

4. 그러니까 고소인이 위 앞전 계돈 3,000만원을 수령한 날자가 20○○. ○월말경인데 그 계돈 3,000만원을 지불하지 아니하고 미뤄오므로 20○○. ○. ○. 16:30경 ○○시 ○○동 소재 ○○백화점 앞에서 피고소인을 만나 독촉을 하니 다시 20○○. ○. ○.까지는 틀림없이 지불하겠다 라는 내용의 차용증을 작성해주고 역시 이행을 하지 않고 있습니다.

5. 그래서 고소인은 없는 돈에 딸아이의 월급을 모아 거기에 모두 투자했는데 계속 미뤄오기에 강력히 독촉을 하니 두 번째 결성된 계금 3,000만원을 수령할 날자가 20○○. ○. ○.인데 20○○. ○. ○. 14:00경 ○○시 ○○동 소재 ○○상가 커피숍에서 그동안 불입한 2,250만원을 피고소인이 차용하는 양하면서 차용증을 작성해주면서 더 이상 계를 끌어갈 수 없다면

서 20○. ○. ○.까지는 틀림없이 갚겠다고 해놓고는 20○○. ○. ○.말경 행방을 감춰버렸습니다.

6. 이러한 점으로 미뤄볼 때 피고소인은 위와 같이 매달 1인당 150만원씩 불입하는 20명으로 구성된 2,000만원짜리 번호계를 끝까지 정상적으로 운영하여 갈 의사나 능력이 없었을 뿐만 아니라 고소인이 수령할 5,250만원을 피고소인이 차용하는 형식으로 현금보관증이나 차용증을 작성교부해 주었지만 그 금원을 변제할 의사나 능력이 없었음이 명백하다 할 것입니다.
7. 따라서 피고소인을 귀서에 고소하오니 엄중히 조사하시어 처벌하여 주시기 바랍니다.

첨 부 서 류

1. 차용증 사본 2통

조사시 자세히 진술하겠습니다.

20○○. ○. ○.

위 고소인 ○ ○ ○ (인)

○○경찰서장 귀하

[서식 278] 사기죄(차용금 편취)

고 소 장

고 소 인 ○ ○ ○ (000000-0000000)
○○시 ○○구 ○○로 ○○(○○동)
(전화번호 : 123-4567)

피고소인 ○ ○ ○ (000000-0000000)
○○시 ○○구 ○○로 ○○(○○동)
(전화번호 : 234-5678)

고 소 취 지

고소인은 피고소인에 대하여 사기죄로 고소하오니 처벌하여 주시기 바랍니다.

고 소 사 실

1. 고소인과 피고소인의 관계

고소인과 피고소인은 친구의 소개로 만난 사이로서 사업관계로 자주 만나게 되었습니다.

2. 피고소인의 금전차용

피고소인은 20○○. ○. ○. 15:30경 고소인에게 사업자금으로 급히 필요하다는 명목으로 금 ○○○만 빌려 달라고 하면서 2개월 후에 틀림없이 갚아 주겠다고 하였습니다. 고소인은 피고소인이 "틀림없이 갚는다"라는 말을 믿고 돈을 빌려주었습니다.

3. 피고소인의 사기행위

그러나 약속한 날이 되도 피고소인은 돈을 갚지 않고 다시 기일만 연기하였습니다. 그래서 할 수 없이 고소인은 피고소인에게 가서 사정을 얘기하고 빠른 시일 내에 돈을 갚아 달라고 하였습니다. 그러나 아직까지 피고소인은 돈을 갚지 않고 있습니다.

고소인은 이후 사정을 알아보니 피고소인은 사업자금을 핑계로 주위의 여러 이웃에게서 돈을 빌려 피고소인이 아는 것만 금 ○○○원이나 됩니다. 피고소인은 빌린 돈들을 무절제한 생활로 낭비하여 고소인을 포함한 채권자 누구에게도 한 푼도 갚지 않고 있습니다.

4. 고소사실의 요지

피고소인 사기꾼은 사실은 특별한 사업을 운영하지 않고, 개인적인 부채도 ○○○원에 이르러 타인으로부터 돈을 차용하더라도 이를 변제할 의사나 능력이 없음에도 불구하고, 20○○. ○. ○. 15:30경 ○○시 ○○구 ○○로 ○○(○○동)에 있는 고소인의 집에서 동인에게 금 ○○○원만 빌려주면 2개월 후에 틀림없이 갚겠다는 취지의 거짓말을 하여 이에 속은 동인으로부터 금 ○○○원을 교부받아 이를 편취한 것입니다.

5. 따라서 피고소인의 위와 같은 행위로 보아 처음에 돈을 갚을 의도가 없이 돈을 빌려 간 것이 분명하므로 귀서에 고소하오니 엄중히 조사하시어 처벌하여 주시기 바랍니다.

첨 부 서 류

1. 차용증 1부
1. 채권자 진술서 1부

조사시 자세히 진술하겠습니다.

20○○. ○. ○.

위 고소인 ○ ○ ○ (인)

○○경찰서장 귀하

[서식 279] 사문서부정행사죄 등(카드습득 부정사용)

고 소 장

고 소 인 ○ ○ ○ (000000-0000000)
○○시 ○○구 ○○로 ○○(○○동)
(전화번호 : 123-4567)

피고소인 ○ ○ ○ (000000-0000000)
○○시 ○○구 ○○로 ○○(○○동)
(전화번호 : 234-5678)

고 소 취 지

피고소인에 대하여 사문서부정행사 등의 죄로 고소하오니 처벌하여 주시기 바랍니다.

고 소 사 실

1. 고소인은 고소외 휴양콘도미니엄업을 주업으로 하는 ○○회사에 금 ○○○원을 주고 회원으로 가입하여 콘도미니엄 이용시에 필요한 회원카드를 발급받아 소지하고 있었습니다.
2. 20○○. ○.경 고소인이 ○○동 소재 고소인의 사무실에서 지갑을 정리하고 있던 중 사업관계로 알고 지내던 피고소인이 방문하여 책상 위에 놓여있던 위 카드를 습득하여 콘도미니엄 이용시에 부정하게 행사함으로써 피해를 입어 고소하오니 철저히 조사하시어 엄벌에 처해 주시기 바랍니다.

입 증 방 법

조사시 자세히 진술하겠습니다.

20○○. ○. ○.

위 고소인 ○ ○ ○ (인)

○○경찰서장 귀하

[서식 280] 사문서위조 및 동 행사죄(차용증서 위조, 행사)

고 소 장

고 소 인 ○ ○ ○ (000000-0000000)
○○시 ○○구 ○○로 ○○(○○동)
(전화번호 : 123-4567)

피고소인 ○ ○ ○ (000000-0000000)
○○시 ○○구 ○○로 ○○(○○동)
(전화번호 : 234-5678)

고 소 취 지

피고소인에 대하여 사문서위조 및 동 행사죄로 고소하오니 처벌하여 주시기 바랍니다.

고 소 사 실

1. 피고소인은 일정한 직업이 없는 자인바, 행사할 목적으로 20○○. ○. ○. 13:00경 ○○시 ○○동 소재 ○○새마을금고 사무실에서, 백지에 검정색 볼펜을 사용하여 "차용증서, 금 2천만원정, 위 금액을 정히 차용하오며, 20○○. ○. ○.까지 틀림없이 변제할 것을 확약함. 20○○. ○. ○. 채무자 김○○, ○○새마을금고 이사장 귀하"라고 기재한 후 김○○의 인장을 날인하여 권리의무에 관한 사문서인 김○○ 명의의 차용증서 1매를 위조하고,

2. 즉석에서 그 정을 모르는 성명불상의 위 금고직원에게 위조된 차용증서가 마치 진정한 것인 양 교부하여 이를 행사한 것입니다.

3. 따라서 위와 같은 사실로 피고소인을 고소하오니 철저히 조사하시어 처벌하여 주시기 바랍

니다.

입 증 방 법

조사시 자세히 진술하겠습니다.

20○○. ○. ○.

위 고소인 ○ ○ ○ (인)

○○경찰서장 귀하

[서식 281] 사문서위조 등(남의 인장 불법조각하여 사용)

고 소 장

고 소 인 ○ ○ ○ (000000-0000000)
○○시 ○○구 ○○로 ○○(○○동)
(전화번호 : 123-4567)

피고소인 ○ ○ ○ (000000-0000000)
○○시 ○○구 ○○로 ○○(○○동)
(전화번호 : 234-5678)

고 소 취 지

피고소인에 대하여 사문서위조 등의 죄로 고소하오니 처벌하여 주시기 바랍니다.

고 소 사 실

1. 피고소인은 고소외 주식회사 ○○상호신용금고에서 대부알선, 신용조사, 수금을 담당하는 자입니다.

2. 20○○. ○. ○. 회사공금을 편취할 것을 마음먹고 피고소인과 평소 친하게 지내는 인장업자 ○○○에게 ○○에 사는 ○○○의 인장과 ○○에 사는 ○○○의 인장조각을 부탁하여 피고소인은 이들 인장들을 이용하여 행사할 목적으로 고소외 ○○○가 차용인, ○○○가 연대보증인인 것처럼 문서를 작성하여 이 대출신청자는 신용이 매우 좋다는 조사의견서를 첨부하여 위 회사로부터 금 ○○○원의 돈을 편취한 자입니다.
3. 따라서 위와 같은 사실로 피고소인을 고소하오니 철저히 조사하시어 처벌하여 주시기 바랍니다.

입 증 방 법

추후 제출하겠습니다.

20○○. ○. ○.

위 고소인 ○ ○ ○ (인)

○○경찰서장 귀하

[서식 282] 상해죄(컴퓨터 외상대금 관계로 상해)

고 소 장

고 소 인　　○ ○ ○ (전화번호 : 123-4567)
○○시 ○○구 ○○로 ○○(○○동)

피고소인　　○ ○ ○ (전화번호 : 234-5678)
○○시 ○○구 ○○로 ○○(○○동)

고 소 취 지

피고소인에 대하여 상해죄로 고소하오니 처벌하여 주시기 바랍니다.

고 소 사 실

1. 피고소인은 20○○. ○. ○. 12:30경 ○○시 ○○동 ○○은행 앞길에서 고소인과 피고소인이 20○○. ○.경 구입한 컴퓨터의 외상대금 불입영수증 문제로 시비하던 중 고소인이 "○○○야"라고 하였다는 이유로 들고 있던 핸드백으로 고소인의 얼굴을 때리고, 머리채를 잡아 흔들며 손톱으로 얼굴을 할퀴어 고소인에게 약 3주간의 치료를 요하는 얼굴개갠상처 등의 상해를 가한 자입니다.
2. 따라서 피고소인을 귀서에 고소하오니 철저히 조사하시어 처벌하여 주시기 바랍니다.

첨 부 서 류

1. 상해진단서 1통

조사시 자세히 진술하겠습니다.

20○○. ○. ○.

위 고소인 ○ ○ ○ (인)

○○경찰서장 귀하

[서식 283] 손괴의 죄(월세금 독촉하자 무선전화기 파손)

고 소 장

고 소 인 ○ ○ ○ (000000-0000000)
○○시 ○○구 ○○로 ○○(○○동)
(전화번호 : 123-4567)

피고소인 ○ ○ ○ (000000-0000000)
○○시 ○○구 ○○로 ○○(○○동)
(전화번호 : 234-5678)

고 소 취 지

피고소인을 손괴의 죄로 고소하오니 처벌하여 주시기 바랍니다.

고 소 사 실

1. 피고소인은 부동산 임대업에 종사하는 자인바, 20○○. ○. ○. 10:00경 ○○시 ○○로 ○○(○○동)에 있는 고소인 경영의 ○○다방에서 고소인에게 밀린 다방 월세금을 달라고 요구하였는데 동인이 장사가 제대로 되지 아니하여 연기하여 달하는 말을 듣고 이에 화가 난 나머지 그곳 계산대 위여 놓여있는 고소인 소유의 ○○무선전화기 1개 시가 15만원 상당을 바닥에 던져 깨뜨려 그 효용을 해한 자입니다.
2. 따라서 피고소인은 귀서에 고소하오니 철저히 조사하시어 처벌하여 주시기 바랍니다.

20○○. ○. ○.

위 고소인 ○ ○ ○ (인)

○○경찰서장 귀하

[서식 284] 손괴의 죄(통행문제로 승용차 훼손)

고 소 장

고 소 인 ○ ○ ○ (000000-0000000)
○○시 ○○구 ○○로 ○○(○○동)
(전화번호 : 123-4567)

피고소인 ○ ○ ○ (000000-0000000)
○○시 ○○구 ○○로 ○○(○○동)
(전화번호 : 234-5678)

고 소 취 지

피고소인을 손괴의 죄로 고소하오니 처벌하여 주시기 바랍니다.

고 소 사 실

피고소인은 고소인과 이웃에 사는 사람으로 20○○. ○. ○. 14:20경 고소인과 주위토지 통행문제로 시비가 되어 이에 화가 나 마침 그 주위에 있던 기왓장을 고소인 소유의 승용차에 집어던져 위 승용차의 앞 유리 부분 금 450,000원 상당을 손괴하여 그 효용을 해한 자이므로 엄벌에 처해 주시기 바랍니다.

20○○. ○. ○.

위 고소인 ○ ○ ○ (인)

○○경찰서장 귀하

[서식 285] 신용훼손죄(의류제조업에 많은 수익을 올리자)

고 소 장

고 소 인 ○ ○ ○ (000000-0000000)
○○시 ○○구 ○○로 ○○(○○동)
(전화번호 : 123-4567)

피고소인 ○ ○ ○ (000000-0000000)
○○시 ○○구 ○○로 ○○(○○동)
(전화번호 : 234-5678)

고 소 취 지

피고소인에 대하여 신용훼손죄로 고소하오니 처벌하여 주시기 바랍니다.

고 소 사 실

피고소인은 고소인과 같은 남성의류 제조업을 하는 자로서, 평소에 고소인이 지역 내 의류 제조 주문을 많이 받아서 납품수익을 올리는 것을 시기하던 중 20○○. ○. ○. 20:00경 피고소인이 사는 아파트 단지 내의 반상회에 참석하여 고소인이 주식투자를 잘못하여 고소인이 운영하는 의류제조공장과 원단에 사채업자들이 가압류를 하여 아마 더 이상은 영업을 하기 힘들 거라고 말하는 등 고소인의 지불능력에 대한 사회적 신뢰를 저하시킬 우려가 있는 허위의 발언을 한 사실이 있어 고소하오니 철저히 조사하시어 처벌하여 주시기 바랍니다.

첨 부 서 류

추후 제출하도록 하겠습니다.

20○○. ○. ○.

위 고소인 ○ ○ ○ (인)

○○경찰서장 귀하

[서식 286] 알선수뢰죄(토지거래허가계약 청탁)

고 소 장

고 소 인 ○ ○ ○ (000000-0000000)
○○시 ○○구 ○○로 ○○(○○동)
(전화번호 : 123-4567)

피고소인 ○ ○ ○ (000000-0000000)
○○시 ○○구 ○○로 ○○(○○동)
(전화번호 : 234-5678)

고 소 취 지

피고소인에 대하여 알선수뢰죄로 고소하오니 처벌하여 주시기 바랍니다.

고 소 사 실

1. ○○시 ○○구청 ○○과 계장으로 있는 피고소인은 이전에 지적과에서 지정계장의 자리에 있었다. 이를 알고 있는 고소외 ○○○가 '전에 ○선생이 근무했던 지적과 직원들에게 토지거래계약허가에 대해서 청탁 좀 해달라'며 부탁하자 피의자는 이○○에게 지적과 지정계장을 소개해 주었고, 지정계장이 이○○로부터 뇌물을 받은 후 이○○로부터 뇌물을 받은 후 이○○가 원하는 대로 거래허가가 나자 이를 알선해준 피고소인은 알선해준 데 대한 사례비로 금 ○○○원을 받아 챙겼습니다.
2. 따라서 피고소인을 귀서에 고소하오니 철저히 조사하시어 처벌하여 주시기 바랍니다.

20○○. ○. ○.

위 고소인 ○ ○ ○ (인)

○○경찰서장 귀하

[서식 287] 야간주거침입절도(현금 및 약속어음 절취)

고 소 장

고 소 인 ○ ○ ○ (000000-0000000)
○○시 ○○구 ○○로 ○○(○○동)
(전화번호 : 123-4567)

피고소인 ○ ○ ○ (000000-0000000)
○○시 ○○구 ○○로 ○○(○○동)
(전화번호 : 234-5678)

고 소 취 지

피고소인에 대하여 야간주거침입절도죄로 고소하오니 처벌하여 주시기 바랍니다.

고 소 사 실

1. 피고소인은 일정한 직업이 없는 자로서, 20○○. ○. ○. 00:30경 ○○시 ○○로 ○○(○○동)에 있는 고소인의 집에서 동인의 가족들이 자고 있는 틈을 이용하여 고소인의 집 담을 넘어 침입한 다음 안방 문갑 속에 넣어둔 고소인 소유의 현금 ○○만원과 액면금 ○○만원짜리 약속어음 ○장이 들어 있는 지갑 1개, 합계 ○○만원 상당을 들고 나와 이를 절취한 것입니다.
2. 따라서 피고소인을 귀서에 고소하오니 철저히 조사하시어 처벌하여 주시기 바랍니다.

20○○. ○. ○.

위 고소인 ○ ○ ○ (인)

○○경찰서장 귀하

[서식 288] 업무방해죄(호프집에서 여종업원 동석요구에 불응하자 행패)

고 소 장

고 소 인 ○ ○ ○ (000000-0000000)
○○시 ○○구 ○○로 ○○(○○동)
(전화번호 : 123-4567)

피고소인 ○ ○ ○ (000000-0000000)
○○시 ○○구 ○○로 ○○(○○동)
(전화번호 : 234-5678)

고 소 취 지

피고소인에 대하여 업무방해죄로 고소하오니 처벌하여 주시기 바랍니다.

고 소 사 실

1. 피고소인은 일정한 직업이 없는 자인바, 20○○. ○. ○. 20:00경부터 같은 날 22:00경까지 사이에 ○○시 ○○구 ○○동에 있는 고소인 경영의 호프집에서 위 호프집 여종업원인 고소외 ○○○를 피고소인의 옆자리에 동석시켜 달라고 요구하였으나 들어주지 않는다는 이유로 테이블에 앉아서 큰소리로 떠들며 재떨이를 마룻바닥에 던지는 등 소란을 피워 그 호프집에 들어오려는 손님들이 들어오지 못하게 함으로써 위력으로 고소인의 일반음식점 영업업무를 방해한 것입니다.
2. 따라서 피고소인을 귀서에 고소하오니 철저히 조사하시어 처벌하여 주시기 바랍니다.

입 증 방 법

조사시 자세히 진술하겠습니다.

20○○. ○. ○.

위 고소인 ○ ○ ○ (인)

○○경찰서장 귀하

[서식 289] 업무방해죄(숙녀복매장 차임 연체하자 영업방해)

고 소 장

고 소 인 ○ ○ ○ (000000-0000000)
○○시 ○○구 ○○로 ○○(○○동)
(전화번호 : 123-4567)

피고소인 ○ ○ ○ (000000-0000000)
○○시 ○○구 ○○로 ○○(○○동)
(전화번호 : 234-5678)

고 소 취 지

피고소인에 대하여 업무방해죄로 고소하오니 처벌하여 주시기 바랍니다.

고 소 사 실

1. 고소인은 20○○. ○. 초순부터 피고소인 소유 부동산인 ○○시 ○○구 ○○로 ○○(○○동) 소재 ○○빌딩 ○층 점포 약 30㎡를 (보증금 1,000만원, 월차임 150만원, 임차기간 2년) 임차하여, '○○○'라는 상호로 숙녀복 정장 판매대리점을 개설하여 영업하던 중, 영업부진으로 20○○. ○월부터 ○개월간 차임을 연체하게 되었는바, 피고소인은 20○○. ○. ○. 오후 ○시경 술을 마시고 가게에 찾아와 차임을 내어놓으라며 고래고래 큰소리를 치며 행패를 부려 가게 안에서 옷을 고르던 여자 손님들이 놀라 도망가게 하였고, 그 이후에도 3차례나 술을 마시고 찾아와 가게 안을 기웃거리며 고소인에게 욕을 하는 등 영업방해를 한 사실이 있습니다.
2. 따라서 피고소인을 귀서에 고소하오니 철저히 조사하시어 처벌하여 주시기 바랍니다.

입 증 방 법

조사시 자세히 진술하겠습니다.

20○○. ○. ○.

위 고소인 ○ ○ ○ (인)

○○경찰서장 귀하

[서식 290] 업무상 배임죄(은행직원 부당대출)

고　　소　　장

고 소 인　　○○은행 (주)
대표이사 ○ ○ ○
○○시 ○○구 ○○로 ○○(○○동)
(전화번호 : 123-4567)

피고소인　　○ ○ ○ (000000-0000000)
○○시 ○○구 ○○로 ○○(○○동)
(전화번호 : 234-5678)

고 소 취 지

고소인은 피고소인을 상대로 아래와 같이 업무상 배임죄로 고소하오니 처벌하여 주시기 바랍니다.

고 소 사 실

1. 피고소인은 20○○. ○. ○.경부터 ○○시 ○○구 ○○로 ○○(○○동) 소재 당 은행 ○○지점의 대리로 근무하면서 대출담당 업무에 종사하여 오던 자입니다.
2. 피고소인은 20○○. ○. ○. 13:00경 위 은행지점에서 그 은행내규상 ○○○원 이상은 무담보대출이 금지되어 있으므로 ○○○원 이상의 대출을 함에 있어서는 채무자로부터 반드시 담보를 제공받아야 할 업무상 의무가 있음에도 불구하고, 이에 위배하여 피고소인의 친구인 고소외 ○○○의 편의를 보아주기 위하여 즉석에서 그에게 무담보로 금 ○○○원을 대출하고 그 회수를 어렵게 하여 위 ○○○에게 대출금 ○○○원 상당의 재산적 이익을 취득하게 하고, 위 은행에 동액 상당의 손해를 가하였기에 피고소인을 귀서에 고소하오니 처벌하여 주시기 바랍니다.

입 증 방 법

조사시 자세히 진술하겠습니다.

20○○. ○. ○.

위 고소인 ○○은행(주)
대표이사 ○ ○ ○ (인)

○○경찰서장 귀하

[서식 291] 업무상 비밀누설죄(의사가 환자 병명 누설)

고 소 장

고 소 인 ○ ○ ○ (000000-0000000)
○○시 ○○구 ○○로 ○○(○○동)
(전화번호 : 123-4567)

피고소인 ○ ○ ○ (000000-0000000)
○○시 ○○구 ○○로 ○○(○○동)
(전화번호 : 234-5678)

고 소 취 지

피고소인에 대하여 업무상 비밀누설죄로 고소하오니 처벌하여 주시기 바랍니다.

고 소 사 실

1. 피고소인은 ○○시 ○○로 ○○(○○동)에서 "○○한의원"을 개업하고 있는 의원으로서 20○○. ○. ○. 14:00경 위 의원을 찾아와 진찰을 받고 약을 지어간 같은 로 ○○(○○동)에 사는 환자인 고소인에게 몽유병이 있다는 사실을 알고 다음날 19:30경 피고소인의 집에서 동인의 친구인 고소외 ○○○에게 "학교 선생이라는 ○○○가 어제 약을 지어갔는데, 몽유병이더라"라고 말하여 의사로서 그 업무 중에 알게 된 타인의 비밀을 누설한 것입니다.
2. 따라서 피고소인을 귀서에 고소하오니 철저히 조사하시어 처벌하여 주시기 바랍니다.

첨 부 서 류

1. 진단서 1통

1. 진술서 1통

20○○. ○. ○.

위 고소인 ○ ○ ○ (인)

○○경찰서장 귀하

[서식 292] 업무상 위력 등에 의한 간음죄(공장장이 여공 간음)

고 소 장

고 소 인 ○ ○ ○ (000000-0000000)
○○시 ○○구 ○○로 ○○(○○동)
(전화번호 : 123-4567)

피고소인 ○ ○ ○ (000000-0000000)
○○시 ○○구 ○○로 ○○(○○동)
(전화번호 : 234-5678)

고 소 취 지

피고소인에 대하여 업무상 위력 등에 의한 간음죄로 고소하오니 처벌하여 주시기 바랍니다.

고 소 사 실

1. 피고소인은 ○○산업 ○○공장의 공장장으로서, 20○○. ○. ○. 21:30경 야근을 마치고 동료 여공들과 함께 귀가하려고 준비중이던 중 피고소인의 감독 아래 있는 여공인 고소인을 불러 근처 약국에 가서 소독약 좀 사다 줄 것을 요청하고, 그러나 약을 사가지고 오자 그 공장 안에 다른 사람이 없는 기회를 이용하여 그녀를 간음하기로 마음먹고, 고소인을 숙직실로 불러들여 "내 말을 잘 들으면 잔업에서도 빼주고 감독으로 승진시키겠지만 만약 안 들으면 내일 당장 해고시켜버리겠다"고 위계와 협박을 하여 공장장의 위력으로써 그녀를 간음한

것입니다.

2. 따라서 피고소인을 귀서에 고소하오니 철저히 조사하시어 처벌하여 주시기 바랍니다.

입 증 방 법

1. 진단서 1부
조사시 자세히 진술하겠습니다.

20○○. ○. ○.

위 고소인 ○ ○ ○ (인)

○○경찰서장 귀하

[서식 293] 업무상 횡령죄(가전제품 할부금 횡령)

고 소 장

고 소 인 ○ ○ ○ (000000-0000000)
○○시 ○○구 ○○로 ○○(○○동)
(전화번호 : 123-4567)

피고소인 ○ ○ ○ (000000-0000000)
○○시 ○○구 ○○로 ○○(○○동)
(전화번호 : 234-5678)

고 소 취 지

피고소인에 대하여 업무상 횡령죄로 고소하오니 처벌하여 주시기 바랍니다.

고 소 사 실

1. 피고소인은 가전제품판매회사인 고소인 회사에게 할부대금 수금사원으로 근무하면서 20○

○. ○. ○. ○○시 ○○로 ○○(○○동)에 거주하는 수요자인 고소외 ○○○로부터 수금한 냉장고 할부대금 ○○○원을 비롯하여 수요자 ○명으로부터 금 ○○○원의 할부금을 수금하여 이를 회사에 입금하여야 할 업무상 의무가 있음에도 불구하고 입금하지 아니하고 횡령한 자입니다.

2. 따라서 피고소인을 귀서에 고소하오니 철저히 조사하시어 처벌하여 주시기 바랍니다.

20○○. ○. ○.

위 고소인 ○ ○ ○ (인)

○○경찰서장 귀하

[서식 294] 업무상 횡령죄(불륜관계 위자료 명목으로 횡령)

고 소 장

고 소 인 ○ ○ ○ (000000-0000000)
○○시 ○○구 ○○로 ○○(○○동)
(전화번호 : 123-4567)

피고소인 ○ ○ ○ (000000-0000000)
○○시 ○○구 ○○로 ○○(○○동)
(전화번호 : 234-5678)

고 소 취 지

고소인은 피고소인에 대하여 업무상 횡령죄로 고소를 제기하오니 처벌하여 주시기 바랍니다.

고 소 사 실

1. 피고소인은 20○○. ○. ○.부터 현재까지 ○○시 ○○구 ○○로 ○○(○○동)에 있는 ○○

약품주식회사의 영업사원으로서 위 회사의 약품판매 및 수금업무에 종사하여 오던 자입니다.

2. 피고소인은 20○○. ○. ○. ○○시 ○○구 ○○로 ○○(○○동)에 있는 ○○○ 경영의 ○○약국에서 약품대금 1,500만원을 수금하여 위 회사를 위하여 보관하던 중 그 무렵 이 중 1,000만원을 자신과 불륜관계를 맺어온 위 회사 경리사원 고소외 ○○○에게 관계청산을 위한 위자료 명목으로 임의로 지급하여 이를 횡령하였습니다.

3. 따라서 피고소인을 귀서에 고소하오니 철저히 조사하시어 처벌하여 주시기 바랍니다.

입 증 방 법

추후 조사시에 제출하겠습니다.

20○○. ○. ○.

위 고소인 ○ ○ ○ (인)

○○경찰서장 귀하

[서식 295] 위증죄(소매치기 목격 허위진술)

고 소 장

고 소 인 ○ ○ ○ (000000-0000000)
○○시 ○○구 ○○로 ○○(○○동)
(전화번호 : 123-4567)

피고소인 ○ ○ ○ (000000-0000000)
○○시 ○○구 ○○로 ○○(○○동)
(전화번호 : 234-5678)

고 소 취 지

고소인은 피고소인들에 대하여 위증죄로 고소하오니 철저히 조사하시어 처벌하여 주시기 바랍니다.

고 소 사 실

1. 피고소인은 일정한 직업이 없는 자로서,
   20○○. ○. ○. 14:00경 ○○시 ○○구 ○○동에 있는 ○○지방법원 제○호 법정에서 위 법원 ○○○○고단 ○○호 고소외 ○○○에 대한 절도피고사건의 증인으로 출석하여 선서한 다음 증언함에 있어 사실은 고소외 ○○○이 20○. ○. ○. 19:00경 위 법원 앞길을 운행중인 버스 안에서 소매치기하는 것을 직접 목격하였음에도 불구하고, 위 사건을 심리중인 위 법원 제○단독 판사 명 판결에 고소외 ○○○이 소매치기하는 것을 전혀 본 일이 없다고 기억에 반하는 허위의 진술을 하여 위증한 자입니다.

2. 따라서 피고소인을 귀서에 고소하오니 철저히 조사하시어 처벌하여 주시기 바랍니다.

20○○. ○. ○.

위 고소인 ○ ○ ○ (인)

○○경찰서장 귀하

[서식 296] 위증죄(부품납품 관계 허위 진술)

고 소 장

고 소 인 ○ ○ ○ (000000-0000000)
○○시 ○○구 ○○로 ○○(○○동)
(전화번호 : 123-4567)

피고소인 ○ ○ ○ (000000-0000000)
○○시 ○○구 ○○로 ○○(○○동)
(전화번호 : 234-5678)

고 소 취 지

고소인은 피고소인들에 대하여 위증죄로 고소하오니 철저히 조사하시어 처벌하여 주시기 바랍니다.

고 소 사 실

1. 피고소인은 20○○. ○.경부터 ○○시 ○○구 소재 ○○주식회사 구매담당과장으로 재직하다가 20○○. ○. ○. 퇴직한 자로, 20○○. ○. ○. 13:30경 ○○지방법원 제○호 법정에서 고소인이 위 회사 대표이사인 고소외 ○○○를 상대로 부품 납품대금 등 1억 5천만원 청구소송 사건과 관련사건 20○○가합 ○○○호 증인으로 출석하여 선서하고 증언함에 있어, 사실은 고소인으로부터 납품을 거부한 이유는 피고소인 측 회사에서 시기적으로 자동방제기를 생산·판매함에 따라 고소인이 납품하기로 한 자동방제기는 시기적으로 적절하지 않아 판매부진이 주원인이었으며 또한 고소인으로부터 부품납품을 받을 때 사전 샘플을 납품받아 아무 이상이 없었기 때문에 부품을 계속 받았음에도 "날짜는 정확하게 기억 못하지만 납품 받은 것을 거부한 이유는 샘플과 맞지 않는 부분이 있었기 때문이다"라고 기억에 어긋나는 허위의 진술을 하였습니다.
2. 따라서 피고소인을 귀서에 고소하오니 철저히 조사하시어 처벌하여 주시기 바랍니다.

20○○. ○. ○.

위 고소인 ○ ○ ○ (인)

○○경찰서장 귀하

[서식 297] 유가증권 변조 등(인장도용하여 당좌수표 변조)

고 소 장

고 소 인 ○ ○ ○ (000000-0000000)
○○시 ○○구 ○○로 ○○(○○동)
(전화번호 : 123-4567)

피고소인 ○ ○ ○ (000000-0000000)
○○시 ○○구 ○○로 ○○(○○동)
(전화번호 : 234-5678)

고 소 취 지

피고소인에 대하여 유가증권변조 등의 죄로 고소하오니 처벌하여 주시기 바랍니다.

고 소 사 실

1. 피고소인은 20○○. ○. ○.경 고소외 이○○로부터 물품대금의 견질용으로 고소외 최○○ 명의의 이 건 당좌수표(각 발행일자 20○○. ○. ○. 액면금 1억원과 2억원)를 교부받아 보관하던 중 위 지급제시기일이 도과한 20○○년 ○월경 ○○석유가 ○○○석유와 합병되면서 인수인계 과정을 거치던 중 이 건 수표의 지급제시기간이 도과하여 형사상 무효인 이 건 수표를 제시하여 고발함으로써 발행인으로부터 담보물 외 물품대금의 변제를 강요하는데 행사할 목적으로 기히 다른 어음의 개서를 위하여 일시 보관한 발행인의 인장을 도용하기로 마음먹고 20○○. ○. ○.경 위 회사 사무실에서 볼펜을 사용하여 이 건 당좌수표의 각 발행일자 "20○○. ○. ○."을 한 줄로 지우고 그 밑에 "20○○. ○. ○○."로 개서하고, 그 옆에 두 차례에 걸쳐 발행인의 인장을 압날하여 마치 진정하게 개서된 것처럼 변조하고, 20○○. ○. ○. ○○은행에 지급제시하여 이를 행사한 자입니다.
2. 따라서 피고소인을 귀서에 고소하오니 처벌하여 주시기 바랍니다.

20○○. ○. ○.

위 고소인 ○ ○ ○ (인)

○○경찰서장 귀하

[서식 298] 장물보관죄(절취한 금반지 보관)

고　소　장

고 소 인　　○ ○ ○ (000000-0000000)
○○시 ○○구 ○○로 ○○(○○동)
(전화번호 : 123-4567)

피고소인　　○ ○ ○ (000000-0000000)
○○시 ○○구 ○○로 ○○(○○동)
(전화번호 : 234-5678)

고 소 취 지

피고소인을 장물보관죄로 고소하오니 처벌하여 주시기 바랍니다.

고 소 사 실

1. 피고소인은 ○○시 ○○구 ○○로 ○○(○○동)에서 ○○식당이라는 상호로 음식점을 경영하는 자인바, 20○○. ○. ○. 14:00경 위 ○○식당에서 고소외 ○○○로부터 동인이 절취한 피고소인 소유의 금반지 1개 시가 80,000원 상당을 장물인 점을 알면서 식사대금 15,000원의 담보로 받아두고 장물을 보관한 것입니다.
2. 따라서 위와 같은 사실로 피고소인을 고소하오니 철저히 조사하시어 처벌하여 주시기 바랍니다.

입 증 서 류

조사시 자세히 진술하겠습니다.

20○○. ○. ○.

위 고소인 ○ ○ ○ (인)

○○경찰서장 귀하

[서식 299] **장물알선죄(절취한 손목시계 알선)**

고 소 장

고 소 인 ○ ○ ○ (000000-0000000)
○○시 ○○구 ○○로 ○○(○○동)
(전화번호 : 123-4567)

피고소인 ○ ○ ○ (000000-0000000)
○○시 ○○구 ○○로 ○○(○○동)
(전화번호 : 234-5678)

고 소 취 지

피고소인을 장물알선죄로 고소하오니 처벌하여 주시기 바랍니다.

고 소 사 실

1. 피고소인은 20○○. ○. ○.경 ○○시 ○○구 ○○로 ○○(○○동) 소재 피고소인의 집에서 고소외 ○○○로부터 동인이 절취하여 온 ○○손목시계 30개(시가 5,000만원 상당)를 매각하여 달라는 부탁을 받고 그 장물인 점을 알면서도 이를 승낙한 20○○. ○. ○.경 ○○시 ○○로 ○○(○○동) 소재 ○○주얼리에 800만원에 매각하여 주어 장물을 알선한 것입니다.

2. 따라서 위와 같은 사실로 피고소인을 고소하오니 철저히 조사하시어 처벌하여 주시기 바랍니다.

입 증 서 류

조사시 자세히 진술하겠습니다.

20○○. ○. ○.

위 고소인 ○ ○ ○ (인)

○○경찰서장 귀하

[서식 300] 장물운반죄(절취한 TV 운반)

고 소 장

고 소 인 ○ ○ ○ (000000-0000000)
○○시 ○○구 ○○로 ○○(○○동)
(전화번호 : 123-4567)

피고소인 ○ ○ ○ (000000-0000000)
○○시 ○○구 ○○로 ○○(○○동)
(전화번호 : 234-5678)

고 소 취 지

피고소인을 장물운반죄로 고소하오니 처벌하여 주시기 바랍니다.

고 소 사 실

1. 피고소인은 20○○. ○. ○.경 ○○시 ○○구 ○○로 ○○(○○동) 소재 피고소인의 집에서 고소외 ○○○로부터 동인이 절취하여 온 ○○전자 42인치 TV 1대(시가 150만원 상당)를 강취한 장물이라는 점을 알면서도 ○○시 ○○구 ○○로 ○○(○○동)까지 피고소인 소유의 ○○로 ○○○호 1통 화물트럭에 이를 싣고 가 장물을 운반한 것입니다.

2. 따라서 위와 같은 사실로 피고소인을 고소하오니 철저히 조사하시어 처벌하여 주시기 바랍니다.

입 증 서 류

조사시 자세히 진술하겠습니다.

20○○. ○. ○.

위 고소인 ○ ○ ○ (인)

○○경찰서장 귀하

[서식 301] 장물취득죄(절취한 금반지 취득)

고 소 장

고 소 인　　○ ○ ○ (000000-0000000)
　　　　　○○시 ○○구 ○○로 ○○(○○동)
　　　　　(전화번호 : 123-4567)

피고소인　　○ ○ ○ (000000-0000000)
　　　　　○○시 ○○구 ○○로 ○○(○○동)
　　　　　(전화번호 : 234-5678)

고 소 취 지

피고소인을 장물취득죄로 고소하오니 처벌하여 주시기 바랍니다.

고 소 사 실

1. 피고소인은 ○○시 ○○구 ○○로 ○○(○○동)에서 황금당이라는 상호로 금은방을 경영하는 자인바, 20○○. ○. ○. 16:00경 위 황금장에서 고소외 ○○○로부터 고소인 소유의 금반지 1개, 시가 100,000원 상당을 장물인 점을 알면서 대금 30,000원에 매수하여 장물을 취득한 것입니다.
2. 따라서 위와 같은 사실로 피고소인을 고소하오니 철저히 조사하시어 처벌하여 주시기 바랍니다.

입 증 서 류

조사시 자세히 진술하겠습니다.

20○○. ○. ○.

위 고소인 ○ ○ ○ (인)

○○경찰서장 귀하

[서식 302] 점유강취죄(무쏘승용차 강취)

고 소 장

고 소 인　　○ ○ ○ (000000-0000000)
　　　　　　○○시 ○○구 ○○로 ○○(○○동)
　　　　　　(전화번호 : 123-4567)

피고소인　　○ ○ ○ (000000-0000000)
　　　　　　○○시 ○○구 ○○로 ○○(○○동)
　　　　　　(전화번호 : 234-5678)

고 소 취 지

피고소인을 점유강취죄로 고소하오니 처벌하여 주시기 바랍니다.

고 소 사 실

1. 고소인과 피고소인은 동네 친구 사이인바, 피고소인은 20○○. ○.경 금 5,000,000원을 이자 월 2%로 정하여 고소인으로부터 차용하면서, 위 대여금의 지급을 담보하기 위하여 피고소인 소유의 무쏘 승용차를 고소인이 사용할 수 있도록 점유를 이전하고 그 용법에 따라 사용하도록 허락한 사실이 있습니다. 이와 같은 사실을 증명하기 위하여 피고소인은 고소인에게 이와 같은 사실을 기재한 차용증을 작성하여 주었습니다.

2. 그런데 피고소인은 20○○. ○. ○. 밤 00:00경 부인과 딸과 함께 평온하게 잠을 자고 있는 고소인의 집에 찾아와 “내가 이번에 딸기다방에 티코맨(배달원)으로 취직되었는데, 네가 가지고 있는 내 차가 급히 필요하다. 그러니 그 차를 나에게 돌려다오” 라고 하며 고소인에게 협박을 하였는데, 고소인은 지금까지 원금은커녕 이자 한 푼도 지급치 아니한 피고소인에게 돌려줄 수 없다고 거절하자, 이에 격분한 피고소인은 주머니 속의 칼을 들여대며 고소인을 항거불능의 상태에 빠뜨려 고소인의 집 책상 위에 놓인 위 승용차 열쇠를 빼앗아 승용차를 몰고 가 아직까지 돌려주지 않고 있습니다.

3. 따라서 위와 같은 사실로 피고소인을 고소하오니 철저히 조사하시어 처벌하여 주시기 바랍니다.

입 증 서 류

1. 계약서　　　　　　　　　　　　　　1부

1. 사실확인서 1부

20○○. ○. ○.

위 고소인 ○ ○ ○ (인)

○○경찰서장 귀하

[서식 303] 점유이탈물횡령죄(거스름돈 반환거절)

고 소 장

고 소 인 ○ ○ ○ (000000-0000000)
○○시 ○○구 ○○로 ○○(○○동)
(전화번호 : 123-4567)

피고소인 ○ ○ ○ (000000-0000000)
○○시 ○○구 ○○로 ○○(○○동)
(전화번호 : 234-5678)

고 소 취 지

피고소인을 점유이탈물횡령죄로 고소를 제기하오니 처벌하여 주시기 바랍니다.

고 소 사 실

1. 고소인은 ○○시 ○○로 ○○(○○동) 소재 ○○○식당이라는 한식점을 경영하는 자로서 20○○. ○. ○. 저녁 00:00경 근처 ○○회사에 다니는 피고소인이 친구 5명과 함께 술과 음식을 먹은 사실이 있습니다.

2. 위 같은 날 고소인이 운영하는 ○○식당은 저녁손님이 많아 무척 바쁜 상황이었습니다. 이에 피고소인이 당일 저녁 00:00경 식사를 마치고 식사비계산을 할 때 고소인의 종업원인 ○○○

가 계산서와 함께 식대 280,000원을 지급 청구하였는데 피고소인은 ○○은행 발행의 자기앞수표 10만원권 3장을 지급하여 위 종업원이 거스름돈 20,000원을 주어야 하는데 그만 실수로 80,000원을 지급하였습니다. 이에 피고소인이 가고 난 후 고소인이 거스름돈 지급이 잘못된 것을 알았으나 이미 피고소인은 가고 없어 부득이 그 다음날 피고소인이 근무하는 ○○회사에 전화를 하여 양해의 말씀을 드리고 계산서를 맞추어 본 결과 거스름돈 60,000원이 더 지급되었다는 것을 통지하였습니다.

이에 피고소인은 저녁 퇴근 후 돌려주겠다고 말을 하였습니다. 그런데 며칠이 지나도 연락이 없어 다시 ○○회사에 전화를 했더니 피고소인은 오히려 화를 내면서 당신들이 계산을 잘못한 것이니 당신들이 책임져야 한다며 그 반환을 거부하여 거듭 사과의 말씀을 드렸으나 이제는 법대로 하라면서 막무가내였습니다. 심지어 "식당 문을 닫고 싶으냐."라고까지 하면서 거스름돈의 반환을 거부하였습니다.

3. 따라서 더 지급된 거스름돈의 반환의무가 있음에도 고의적으로 이를 거부하므로 피고소인을 고소하오니 철저히 조사하시어 처벌하여 주시기 바랍니다.

소 명 방 법

1. 계산서 및 영수증 1통
1. 수표사본 1통

20○○. ○. ○.

위 고소인 ○ ○ ○ (인)

○○경찰서장 귀하

[서식 304] 절도죄(상가에서 신발절취)

고 소 장

고 소 인 ○ ○ ○ (000000-0000000)
○○시 ○○구 ○○로 ○○(○○동)

(전화번호 : 123-4567)

피고소인 ○ ○ ○ (000000-0000000)
○○시 ○○구 ○○로 ○○(○○동)
(전화번호 : 234-5678)

고 소 취 지

고소인은 피고소인에 대하여 절도죄로 고소하오니 처벌하여 주시기 바랍니다.

고 소 사 실

1. 피고소인은 일정한 직업이 없는 자로서, 20○○. ○. ○. 14:00경 ○○시 ○○구 ○○로 ○○(○○동)에 있는 ○○통합상가 5층 신발진열장에서 물건을 사는 척하다가 점원 몰래 고소인 소유의 고가신발 약 ○켤레, 시가 ○○만원 상당을 피고소인 가방 속에 넣어 이를 절취한 것입니다.

2. 따라서 피고소인을 귀서에 고소하오니 철저히 조사하시어 처벌하여 주시기 바랍니다.

20○○. ○. ○.

위 고소인 ○ ○ ○ (인)

○○경찰서장 귀하

[서식 305] 절도죄(건축자재 등 절취)

고 소 장

고 소 인 ○○건설 주식회사 (전화번호 : 123-4567)
○○시 ○○구 ○○로 ○○(○○동)
대표이사 ○ ○ ○

피고소인　　○ ○ ○ (000000-0000000)
○○시 ○○구 ○○로 ○○(○○동)
(전화번호 : 234-5678)

고 소 취 지

피고소인에 대하여 절도죄(형법 제329조)로 고소하오니 처벌하여 주시기 바랍니다.

고 소 사 실

1. 고소인은 종합건설업 등을 주 업무로 하는 주식회사이며, 피고소인은 ○○시 ○○구 ○○로 ○○(○○동) 소재 건물 ○○동 ○○○호에 거주하는 자입니다.

2. 고소인은 위 건물의 건축공사를 담당한 시공사로서 공사 후 위 건물 지하 1층 상가에 고소인 소유의 의자 3개, 공구함 1개, 근무복 2벌, 자재몰딩, 페인트, 드라이비트용 스톤, 석재, 리어카, 산소호스, 용접기 등 기타 집기(시가 약 ○○○원 상당)의 물품을 보관하고 있었습니다.

3. 그런데 피고소인은 20○○. ○. ○.경 위 건물 지하 1층 상가의 소유자도 아님에도 불구하고 무단 침입하여 고소인 소유의 위 물품을 절취하여 처분함으로써 고소인에게 약 ○○○원 상당의 재산상의 손해를 입힌 자입니다.

4. 따라서 피고소인을 절도죄(형법 제329조)로 고소하오니 철저히 조사하시어 처벌하여 주시기 바랍니다.

첨 부 서 류

1. 법인등기부등본　　1통
조사시 자세히 진술하겠습니다.

20○○. ○. ○.

위 고소인 ○○건설 주식회사
대표이사 ○ ○ ○ (인)

○○경찰서장 귀하

[서식 306] **절도 및 업무방해죄(무용복 등 절취, 도주)**

고 소 장

고 소 인 ○ ○ ○ (000000-0000000)
○○시 ○○구 ○○로 ○○(○○동)
(전화번호 : 123-4567)

피고소인 ○ ○ ○ (000000-0000000)
○○시 ○○구 ○○로 ○○(○○동)
(전화번호 : 234-5678)

고 소 취 지

피고소인에 대하여 절도 및 업무방해죄로 고소하오니 처벌하여 주시기 바랍니다.

고 소 사 실

1. 고소인은 "○○○무용단"을 창립하여 무용수의 4명과 가수 1명, 운전기사 1명 등으로 운영중인 자입니다.

2. 피고소인은 고소인의 무용단 무용수로 2년간의 고용계약을 하고 공증까지 한 사실이 있사온데 고소인은 위 4명의 무용수들을 약 3개월간에 걸쳐 단체 연습을 하여 그중 한 사람이라도 빠지면 무용단을 운영할 수 없는 업무상 중요한 위치에 있는데도 불구하고 고소인은 피고소인이 어린 나이로 평소 담배를 피우는 등 단정하지 못하므로 모든 행동을 바로 잡아 줄 생각으로 20○○. ○. ○.경 피고소인에게 준엄한 훈계를 하였던바, 피고소인이 이에 앙심을 품고 같은 해 ○. ○. 오후 2시경 고소인의 숙소에서 무용복(은빛색) 3벌 시가 90,000원과 치마(검정색) 2벌 시가 40,000원 등 합계 130,000원 상당의 물품을 절취 도주함으로써 위 130,000원의 손해는 물론 피고소인이 빠짐으로써 등 무용단을 운영하지 못하도록 고소인의 업무를 방해한 자이오니 철저히 조사하시어 엄벌에 처해 주시기 바랍니다.

첨 부 서 류

1. 각서(공정증서) 사본 1부

조사시 자세히 진술하겠습니다.

20○○. ○. ○.

위 고소인 ○ ○ ○ (인)

○○경찰서장 귀하

[서식 307] 주거침입죄(절도 목적)

고 소 장

고 소 인　　○ ○ ○ (000000-0000000)
○○시 ○○구 ○○로 ○○(○○동)
(전화번호 : 123-4567)

피고소인　　○ ○ ○ (000000-0000000)
○○시 ○○구 ○○로 ○○(○○동)
(전화번호 : 234-5678)

고 소 취 지

고소인은 피고소인에 대하여 주거침입죄로 고소하오니 처벌하여 주시기를 바랍니다.

고 소 사 실

1. 피고소인은 일정한 직업이 없는 자로서, 20○○. ○. ○. 15:00경 ○○시 ○○로 ○○(○○동)의 고소인 ○○○의 집 앞을 지나다가 동인의 집이 10㎝쯤 열려있는 것을 보고, 그 자리에서 절도를 하기로 마음먹고 주위를 살피며 위 대문을 열고 고소인의 집 거실까지 들어가 동인의 주거에 침입한 자입니다.
2. 따라서 위와 같은 사실로 피고소인을 고소하오니 피고소인을 철저하게 조사하시어 엄벌하여 주시기 바랍니다.

입 증 방 법

조사시 자세히 진술하겠습니다.

20○○. ○. ○.

위 고소인 ○ ○ ○ (인)

○○경찰서장 귀하

[서식 308] 준강간죄(술을 먹이고 항거불능 상태에서 간음)

고 소 장

고 소 인 ○ ○ ○ (000000-0000000)
○○시 ○○구 ○○로 ○○(○○동)
(전화번호 : 123-4567)

피고소인 ○ ○ ○ (000000-0000000)
○○시 ○○구 ○○로 ○○(○○동)
(전화번호 : 234-5678)

고 소 취 지

고소인은 피고소인에 대하여 준강간죄로 고소하오니 처벌하여 주시기를 바랍니다.

고 소 사 실

1. 피고소인은 ○○대학교 2학년에 재학중인 학생으로서 20○○. ○. ○. 23:00경 ○○시 ○○구 ○○동 소재 고소외 ○○○이 경영하는 음식점 명월관 3호실에서 고소인과 술을 마시다가 동인이 술에 취하여 의식불명이 되자 이와 같은 고소인의 항거불능상태를 이용하여 동인을 간음하였습니다.
2. 따라서, 위과 같은 사실로 피고소인을 고소하오니 철저히 조사하시어 엄벌하여 주시기 바랍니다.

입 증 방 법

1. 진단서 1통

조사시 자세히 진술하겠습니다.

20○○. ○. ○.

위 고소인 ○ ○ ○ (인)

○○경찰서장 귀하

[서식 309] 준강간죄(깊은 잠에 빠져 있는 상태에서 간음)

고 소 장

고 소 인 ○ ○ ○ (000000-0000000)
○○시 ○○구 ○○로 ○○(○○동)
(전화번호 : 123-4567)

피고소인 ○ ○ ○ (000000-0000000)
○○시 ○○구 ○○로 ○○(○○동)
(전화번호 : 234-5678)

고 소 취 지

고소인은 피고소인에 대하여 준강간 등의 혐의로 고소하오니 처벌하여 주시기를 바랍니다.

고 소 사 실

1. 피고소인은 고소인의 이웃에 거주하는 자인바, 20○○. ○. ○. 고소인은 직장의 근무를 마치고 ○○시 ○○구 ○○로 ○○(○○동) 소재 고소인의 집에서 격무에 세상모르고 자고 있었는데, 피고소인이 잠을 자고 있는 고소인의 옷을 벗기고 자신의 바지를 내린 상태에서 고소인의 음부 등을 만지다가 ○회 간음을 하였습니다.

2. 이 사건으로 인하여 고소인은 정신적으로 크나 큰 충격을 입어 아직도 정신병원에서 치료 중

에 있는바, 피고소인을 철저히 조사하시어 처벌하여 주시기 바랍니다.

입 증 방 법

1. 진단서 1통
1. 목격자진술서 1통
조사시 자세히 진술하겠습니다.

20○○. ○. ○.

위 고소인 ○ ○ ○ (인)

○○경찰서장 귀하

[서식 310] 준강제추행죄(기 치료를 이용하여 추행)

고 소 장

고 소 인 ○ ○ ○ (000000-0000000)
○○시 ○○구 ○○로 ○○(○○동)
(전화번호 : 123-4567)

피고소인 ○ ○ ○ (000000-0000000)
○○시 ○○구 ○○로 ○○(○○동)
(전화번호 : 234-5678)

고 소 취 지

피고소인에 대하여 준강제추행죄로 고소하오니 처벌하여 주시기를 바랍니다.

고 소 사 실

1. 피고소인은 ○○건강관리라는 상호로 소위 기치료를 하는 자로서, 20○○. ○. ○.경 ○○시

○○구 ○○로 ○○(○○동)에 있는 고소외 ○○○의 집에 찾아가서 동인의 처인 고소인에게 "당신이 임신되지 않는다고 당신 남편이 좀 봐달라고 해서 기 치료를 해주려고 왔다"고 거짓말하고 고소인에게 피고소인이 시키는 대로 기 모으는 자세를 취하고 5분 동안 있게 하여 피고소인의 말을 믿게 한 다음 고소인으로 하여금 옷을 벗고 그 자리에 누워 두 다리를 벌리게 하고 고소인의 음부에 손가락을 넣는 등 강제로 추행한 것입니다.

2. 따라서 위와 같은 사실로 피고소인을 고소하오니 철저히 조사하시어 엄벌하여 주시기 바랍니다.

입 증 방 법

조사시 자세히 진술하겠습니다.

20○○. ○. ○.

위 고소인 ○ ○ ○ (인)

○○경찰서장 귀하

[서식 311] 준강제추행죄(술에 취해 항거불능 상태에서 간음)

고 소 장

고 소 인 ○ ○ ○ (000000-0000000)
○○시 ○○구 ○○로 ○○(○○동)
(전화번호 : 123-4567)

피고소인 ○ ○ ○ (000000-0000000)
○○시 ○○구 ○○로 ○○(○○동)
(전화번호 : 234-5678)

고 소 취 지

고소인은 피고소인에 대하여 준강제추행죄로 고소하오니 처벌하여 주시기 바랍니다.

고 소 사 실

1. 피고소인은 20○○. ○. ○. 00:00경 ○○시 ○○구 ○○로 ○○(○○동) 소재 고소인이 경영하는 술집에서 고소인이 피고소인의 억지로 권하는 술에 취하여 쓰러져 잠이 들어 항거할 수 없게 되자 피고소인은 고소인이 술에 취해 인사불성이 되어 항거불능상태에 있던 사실을 이용하여 고소인의 의사에 반하여 유방을 만지고 손가락을 질내에 삽입하는 등 추행한 사실이 있습니다.
2. 따라서 위와 같은 사실로 피고소인을 고소하오니 철저히 조사하시어 처벌하여 주시기 바랍니다.

20○○. ○. ○.

위 고소인 ○ ○ ○ (인)

○○경찰서장 귀하

[서식 312] 준사기죄(의사능력 없는 미성년자에게 접근 부동산 착취)

고 소 장

고 소 인 ○ ○ ○ (000000-0000000)
○○시 ○○구 ○○로 ○○(○○동)
(전화번호 : 123-4567)

피고소인 ○ ○ ○ (000000-0000000)
○○시 ○○구 ○○로 ○○(○○동)
(전화번호 : 234-5678)

고 소 취 지

피고소인에 대하여 준사기죄로 고소하오니 처벌하여 주시기 바랍니다.

고 소 사 실

1. 피고소인은 이웃에 살면서 친분이 있는 고소인이 20○○. ○. ○.경 동인의 아버지인 ○○○의 사망으로 인하여 망부의 재산을 상속하여, 고소인에게는 적당한 감독자나 후견인이 없으며 지능에 분별력이 없다는 것을 알고 고소인의 재산을 편취할 마음으로,

2. 위 같은 해 ○. ○. ○○시 ○○구 ○○로 ○○(○○동)에 있는 고소인의 집에서 동인에게 사실을 육영재단에 알선할 의사나 능력이 전연 없으면서도 "이 재산을 네 앞으로 상속하면 상속세가 너무 많이 나오고 또 네가 미성년자이여서 매각처분도 할 수 없는데 내가 아는 ○○재단에 기부하면 그곳에서 네가 대학을 나올 때까지 일체의 학비와 생활비를 대주고 유학까지 보내준다"라고 고소인을 유혹하여 동인으로부터 동인의 아버지가 생전에 발급받아 놓은 고소인 명의의 인감증명서 1통과 도장 1개 및 대지 ○○㎡의 아파트에 대한 고소인 명의의 등기권리증 2통을 건네받아 즉시 같은 번지에 있는 피고소인 집에서 행사할 목적으로 망 ○○○의 성명을 쓰고 그 이름 밑에 피고소인의 도장을 찍어 고소인 명의의 위임장과 위 대지 및 건물의 매매계약서를 각 위조하고, ○○시 ○○동에 있는 법무사 ○○○의 사무소에 의뢰하여 ○○지방법원 ○○등기소에 제출하게 하여서 피고소인의 그 소유권이전등기를 마쳐서 고소인의 지려천박을 이용하여 재산상 이익을 취득한 것입니다.

3. 따라서 피고소인을 귀서에 고소하오니 엄중히 조사하시어 처벌하여 주시기 바랍니다.

첨 부 서 류

조사시 자세히 진술하겠습니다.

20○○. ○. ○.

위 고소인 ○ ○ ○

위 ○○○는 미성년자이므로

법정대리인 친권자 부 ○ ○ ○ (인)

모 ○ ○ ○ (인)

○○경찰서장 귀하

[서식 313] 준사기죄(식당종업원 취업시킨 후 급료 편취)

고 소 장

고 소 인　　○ ○ ○ (000000-0000000)
○○시 ○○구 ○○로 ○○(○○동)
(전화번호 : 123-4567)

피고소인　　○ ○ ○ (000000-0000000)
○○시 ○○구 ○○로 ○○(○○동)
(전화번호 : 234-5678)

고 소 취 지

피고소인에 대하여 준사기죄로 고소하오니 처벌하여 주시기 바랍니다.

고 소 사 실

1. 피고소인은 ○○시 ○○구 ○○로 ○○(○○동) 소재 ○○부동산을 운영하는 자인바, 20○○. ○. ○.경 사고로 판단능력이 극히 낮은 정신지체 장애자인 고소인을 식당종업원으로 취직시켜 급료를 편취할 것을 마음먹고, 사실은 고소인에게 급료를 교부하지 아니하고 피고소인이 가로챌 생각이었음에도 불구하고, 고소인에게 "식당의 종업원으로 취직시켜 줄 테니 급료를 나에게 맡기면 은행에 저금하여 목돈을 만들어 주겠다"라고 거짓말하고, 이에 속은 고소인을 20○○. ○. ○.경부터 20○○. ○. ○.경까지 사이에 ○○시 ○○구 ○○로 ○○(○○동) 소재 고소외 최○○ 운영의 ○○식당에 종업원으로 취직시킨 후 고소인이 받을 급료 도합 1,200만원을 고소외 최○○으로부터 대신 교부받아 이를 편취한 것입니다.
2. 따라서 피고소인을 귀서에 고소하오니 엄중히 조사하시어 처벌하여 주시기 바랍니다.

첨 부 서 류

조사시 자세히 진술하겠습니다.

20○○. ○. ○.

위 고소인 ○ ○ ○ (인)

○○경찰서장 귀하

[서식 314] 증거인멸의 죄(조사 중인 것을 알고 메모수첩 소각)

고 소 장

고 소 인　　○ ○ ○ (000000-0000000)
　　　　　○○시 ○○구 ○○로 ○○(○○동)
　　　　　(전화번호 : 123-4567)

피고소인　　○ ○ ○ (000000-0000000)
　　　　　○○시 ○○구 ○○로 ○○(○○동)
　　　　　(전화번호 : 234-5678)

고 소 취 지

피고소인에 대하여 증거인멸의 죄로 고소하오니 처벌하여 주시기 바랍니다.

고 소 사 실

1. 피고소인은 ○○시 ○○구청 건축과 주사로 근무하는 자로서, 직장동료인 고소외 ○○○이 ○○시 ○○경찰서 형사계에서 뇌물수수 사건 피의자로 조사를 받고 있는 사실을 알고 그에게 불리한 증거를 없애기로 마음먹고, 20○○. ○. ○. 15:00경 ○○시 ○○구 ○○동에 있는 ○○구청 건축과 사무실에서 고소외 ○○○의 부탁을 받아 보관 중이던 그의 금전출납에 관한 메모수첩 1권을 태워버려 타인의 형사사건에 관한 증거를 인멸한 자입니다.

2. 따라서 위와 같은 사실로 피고소인을 고소하오니 철저히 조사하시어 처벌하여 주시기 바랍니다.

20○○. ○. ○.

위 고소인 ○ ○ ○ (인)

○○경찰서장 귀하

[서식 315] 직권남용죄(공무원이 마을사람들을 동원 청소 강요)

고 소 장

고 소 인 ○ ○ ○ (000000-0000000)
○○시 ○○구 ○○로 ○○(○○동)
(전화번호 : 123-4567)

피고소인 ○ ○ ○ (000000-0000000)
○○시 ○○구 ○○로 ○○(○○동)
(전화번호 : 234-5678)

고 소 취 지

피고소인에 대하여 직권남용죄로 고소하오니 처벌하여 주시기 바랍니다.

고 소 사 실

1. 피고소인은 ○○시 ○○구 ○○동사무소에 근무하고 있는 지방행정서기로서, 20 ○○. ○. ○. 위 사무소에서 동장인 고소외 ○○○로부터 동사무소 주변일대 도로를 청소하라는 지시를 받고 이를 이행하기 위해 미화원을 찾았으나 찾지 못하자 동사무소 마을 방송을 통하여 "급히 전달할 사항이 있으니 동사무소로 빨리 나오시오"라고 하여 고소인 외 9인이 동사무소로 모이자 같은 날 15:00부터 16:30까지 고소인 외 9인으로 하여금 동사무소 주변도로를 청소하도록 강요하여 청소하게 함으로써 그들로 하여금 의무없는 일을 하게 하여 직권을 남용한 것입니다.
2. 따라서 위와 같은 사실로 피고소인을 고소하오니 철저히 조사하시어 처벌하여 주시기 바랍니다.

20○○. ○. ○.

위 고소인 ○ ○ ○ (인)

○○경찰서장 귀하

[서식 316] 직무유기죄(공무원이 청탁받고 인감증명 허위발급)

고 소 장

고 소 인　　○ ○ ○ (000000-0000000)
○○시 ○○구 ○○로 ○○(○○동)
(전화번호 : 123-4567)

피고소인　　○ ○ ○ (000000-0000000)
○○시 ○○구 ○○로 ○○(○○동)
(전화번호 : 234-5678)

고 소 취 지

피고소인에 대하여 직무유기죄로 고소하오니 처벌하여 주시기 바랍니다.

고 소 사 실

1. 피고소인은 ○○시청 민원실에서 인감증명발급사무를 담당하는 공무원으로서, ○○○의 청탁을 받고 인감증명서의 주소, 주민등록번호, 성명, 생년월일란에 아무런 기재를 하지 않고 인감란의 인영과 신고한 인감과의 상위여부도 확인하지 않는 채 발행일자 및 시장 명의의 고무인과 직인 및 계인을 찍어 고소외 ○○○에게 교부하였습니다.

2. 따라서 피고소인을 귀서에 고소하오니 철저히 조사하시어 처벌하여 주시기 바랍니다.

20○○. ○. ○.

위 고소인 ○ ○ ○ (인)

○○경찰서장 귀하

[서식 317] 직권남용죄(경찰관이 불법체포)

고 소 장

고 소 인 ○ ○ ○ (000000-0000000)
○○시 ○○구 ○○로 ○○(○○동)
(전화번호 : 123-4567)

피고소인 ○ ○ ○ (000000-0000000)
○○시 ○○구 ○○로 ○○(○○동)
(전화번호 : 234-5678)

고 소 취 지

피고소인에 대하여 직권남용죄로 고소하오니 처벌하여 주시기 바랍니다.

고 소 사 실

1. 고소인은 택시운전을 하고 있고, 피고소인은 경찰서 수사과에 순경으로 재직하고 있는 자입니다.

2. 그런데 고소인은 고소외 ○○○로부터 20○○. ○. ○. 한 달간만 사용하기로 하고 금 ○○○원을 차용한 적이 있고 고소인의 경제사정으로 변제기에 변제치 못한 사실이 있어 고소외 ○○○로부터 계속적으로 심한 모욕과 협박을 당하여 오고 있었습니다.

3. 고소외 ○○○은 자신의 절친한 친구인 피고소인을 통하여 고소인으로부터 금원을 변제받기로 마음먹고, 피고소인에게 위와 같은 사실을 고지하고 금원을 받아줄 것을 부탁하였고, 고소인의 고소가 없음에도 피고소인은 20○○. ○. ○. 15:20경 전화상으로 고소인에게 "경찰서 수사과 형사인데 당신을 사기혐의로 입건하여 조사할 것이 있으니 주민등록등본과 재산관계서류 등을 가지고 내일 중으로 경찰서 수사과로 출두하라"는 출두통지를 받고 경찰서에 출두한 적이 있습니다.

4. 그러나 고소인이 경찰서에 출두하자 피고소인은 경찰서 조사실이 아닌 당직실로 데리고 가 주민등록등본과 재산관계서류를 잠깐 본 후 주머니에 넣더니 다짜고짜 "당신 우리 친구 돈을 갚지 않으면 즉시 구속하겠다"고 하면서 갑자기 고소인의 손목에 수갑을 채우면서 "언제까지 금원을 변제해줄 수 있느냐"고 하여 고소인은 "친척들로부터 급전을 하여 내일 중으로 변제하겠다"하였더니 수갑을 풀어주면서 "좋게 말할 때 들어"라고 하여 "알았습니다"라고 하자 귀가한 사실이 있습니다.

5. 귀가 후 알아보니 피고소인은 상사로부터 구체적인 사건을 특정하여 수사명령 받은 적이 없고 고소인이 입건되지 아니하였음에도 범죄수사를 빙자하여 고소인으로 하여금 의무 없는 서류를 제출케 하고 불법 체포하는 등 정식적인 절차를 따르지 않았다는 것을 인지하여 피고소인을 형법 제123조 소정의 직권남용죄로 고소하오니 철저히 조사하시어 엄벌에 처해 주시기 바랍니다.

20○○. ○. ○.

위 고소인 ○ ○ ○ (인)

○○경찰서장 귀하

[서식 318] 직무유기죄(경찰관이 범죄현장 일탈)

고 소 장

고 소 인 ○ ○ ○ (000000-0000000)
○○시 ○○구 ○○로 ○○(○○동)
(전화번호 : 123-4567)

피고소인 ○ ○ ○ (000000-0000000)
○○시 ○○구 ○○로 ○○(○○동)
(전화번호 : 234-5678)

고 소 취 지

피고소인에 대하여 직무유기죄로 고소하오니 처벌하여 주시기 바랍니다.

고 소 사 실

1. 고소인은 택시운전을 업으로 하고 있고, 피고소인은 이 건 사고발생지를 관할하는 경찰서 파

출소 순경으로 재직하고 있는 자입니다.

2. 그런데 고소인은 20○○. ○. ○.경 ○○시 ○○동에서 택시승객인 고소외 ○○○로부터 택시요금문제로 사소한 시비 끝에 폭행을 당하여 전치 4주의 상해를 입었습니다.

3. 이에 고소인은 고소외 ○○○를 붙잡고 즉시 관할파출소에 신고를 하였고 피고소인이 출동하였으나 고소외 ○○○와 이웃지간으로 평소 친분관계에 있던 피고소인은 고소외 ○○○의 계속된 폭력행사를 제지하기는커녕 "당신이 부당한 요금을 징수하여 발생한 문제이니 당신이 알아서 해라, 별 문제도 아닌데 귀찮게 112 신고를 한다. 바쁜 일이 있다"하면서 범죄현장을 일탈하였습니다.

4. 피고소인의 소위는 사회질서와 안정을 책임지는 막중한 임무를 부여받고 있는 경찰관으로서 범법자인 고소외 ○○○를 적극 검거하여 정식 입건절차 및 상사에게 보고 등도 없이, 폭력현장을 일탈하여 무고한 고소인으로 하여금 정신적·육체적 고통을 당하게 하였습니다. 위와 같은 정황으로 보아 결국 피고소인은 주관적으로 직무를 버린다는 인식을 하면서, 객관적으로 직무를 벗어나는 행위를 하였음이 명백하므로 이는 형법 제122조 소정의 직무유기죄를 구성한다 하겠습니다.

5. 따라서 피고소인을 귀서에 고소하오니 철저히 조사하시어 처벌하여 주시기 바랍니다.

20○○. ○. ○.

위 고소인 ○ ○ ○ (인)

○○경찰서장 귀하

[서식 319] 출판물 등에 의한 명예훼손죄(월간지에 교수채용비리 적시)

고 소 장

고 소 인 ○ ○ ○ (000000-0000000)
○○시 ○○구 ○○로 ○○(○○동)
(전화번호 : 123-4567)

피고소인 ○ ○ ○ (000000-0000000)
○○시 ○○구 ○○로 ○○(○○동)
(전화번호 : 234-5678)

고 소 취 지

피고소인에 대하여 출판물 등에 의한 명예훼손죄로 고소하오니 처벌하여 주시기 바랍니다.

고 소 사 실

1. 피고소인은 ○○시 ○○동에 있는 월간지 "○○"호의 48면에 평소 감정이 좋지 않은 서울○○대학의 교수인 고소인을 비방할 목적으로 동인의 사진을 싣고 "대학교수도 돈으로 된다?"라는 제목 아래 ○○○는 ○○대학 교수채용심사에서 돈 ○○만원을 주고 자리를 샀다는 허위의 기사를 게재한 월간지 약 ○○천부를 그 무렵 그 시내 및 주변지역 독자들에게 보급하여 공연히 허위사실을 적시하여 고소인의 명예를 훼손한 자입니다.
2. 따라서 피소고인을 귀서에 고소하오니 철저히 조사하시어 처벌하여 주시기 바랍니다.

입 증 방 법

1. 신문일부발췌본 1부
   조사시 자세히 진술하겠습니다.

20○○. ○. ○.

위 고소인 ○ ○ ○ (인)

○○경찰서장 귀하

[서식 320] **출판물 등에 의한 명예훼손죄**(연구원들이 개발한 기술 비방)

고 소 장

고 소 인 ○ ○ ○ (000000-0000000)
○○시 ○○구 ○○로 ○○(○○동)
(전화번호 : 123-4567)

피고소인 ○ ○ ○ (000000-0000000)
○○시 ○○구 ○○로 ○○(○○동)
(전화번호 : 234-5678)

고 소 취 지

피고소인에 대하여 출판물에 의한 명예훼손죄로 고소하오니 처벌하여 주시기 바랍니다.

고 소 사 실

1. 고소인은 K기업의 신기술개발 연구팀에서 근무하고 있는 자이며, 피고소인은 K기업과 경쟁사인 S기업의 다른 연구팀에 근무하는 자입니다.
2. 고소인이 소속된 연구팀에서 혁신적인 기술을 개발하여서 이를 발표하자, 피고소인은 자신들이 개발한 기술내용을 고소인이 빼돌려서 발표를 한 것이라며 "기업의 양심을 팔아먹은 자"라는 등의 내용을 주간잡지에 실은 적이 있습니다.
3. 그러나 고소인이 개발한 기술은 고소인이 ○년에 걸쳐서 연구원들과 머리를 맞대고 개발한 기술로서 신생기업인 S기업이 쉽게 개발할 수 없는 기술임에도 불구하고 단지 고소인을 비방할 목적으로 주간지에 기사화한 사실이 있으므로 철저히 조사하시어 엄벌하여 주시기 바랍니다.

첨 부 서 류

1. 주간지 1부

20○○. ○. ○.

위 고소인 ○ ○ ○ (인)

○○경찰서장 귀하

[서식 321] 컴퓨터 등 사용사기죄(인터넷을 이용 타인의 카드로 물품 거래)

고 소 장

고 소 인 ○ ○ ○ (000000-0000000)
○○시 ○○구 ○○로 ○○(○○동)
(전화번호 : 123-4567)

피고소인 ○ ○ ○ (000000-0000000)
○○시 ○○구 ○○로 ○○(○○동)
(전화번호 : 234-5678)

고 소 취 지

피고소인에 대하여 컴퓨터등 사용사기죄로 고소하오니 처벌하여 주시기 바랍니다.

고 소 사 실

1. 피고소인은 일정한 직업이 없는 자인바, 20○○. ○. ○. 22:00경 서울 이하 불상지에서 컴퓨터 등 정보처리장치인 인터넷사이트 고소인 ○○쇼핑몰 주식회사 최○○로 명의로 접속하여 동인의 이름으로 상품을 구입하면서 피고소인이 마치 최○○인 것처럼 자신이 부정발급 받은 최○○ 명의의 ○○카드의 카드번호와 비밀번호 등을 입력하고 그 물품대금 ○○만원을 지급하도록 부정한 명령을 입력하여 정보처리를 하게 함으로써 그 금액 상당의 재산상 이득을 취득한 자입니다.
2. 따라서 피고소인을 귀서에 고소하오니 엄중히 조사하시어 처벌하여 주시기 바랍니다.

첨 부 서 류

조사시 자세히 진술하겠습니다.

20○○. ○. ○.

위 고소인 ○ ○ ○ (인)

○○경찰서장 귀하

[서식 322] 컴퓨터 등 사용사기죄(인터넷 뱅크를 이용 금원 편취)

고 소 장

고 소 인　　○ ○ ○ (000000-0000000)
○○시 ○○구 ○○로 ○○(○○동)
(전화번호 : 123-4567)

피고소인　　○ ○ ○ (000000-0000000)
○○시 ○○구 ○○로 ○○(○○동)
(전화번호 : 234-5678)

고 소 취 지

피고소인에 대하여 컴퓨터 등 사기죄로 고소하오니 처벌하여 주시기 바랍니다.

고 소 사 실

1. 고소인은 피고소인과는 아무런 친 · 인척관계가 없습니다.
피고소인은 고소인이 운영하던 ○○레스토랑의 종업원으로 일하던 사람인데 피고소인은 평소 위 레스토랑의 운영에 바빠서 20○○. ○. ○.경부터는 고소인도 인터넷으로 은행거래(인터넷 뱅킹)를 하고자 이러한 거래경험이 많던 피고소인의 도움을 받아 처음 몇 차례 인터넷 뱅킹을 하였습니다.

2. 그런데 피고소인은 고소인의 인터넷 뱅킹을 도와주면서 고소인의 계좌번호와 비밀번호를 알게 되었음을 기화로 인터넷 뱅킹을 이용하여 고소인 모르게 고소인의 ○○은행 계좌로부터 20○○. ○. ○. 15:20경 금 900만원, 다음날 17:40경 600만원 등 합계 금 1,500만원을 자신의 통장으로 계좌이체를 한 후 이를 인출하여 소비함으로써 고소인에게 위 금액만큼의 손해를 입힌 것입니다.

3. 그럼에도 불구하고 피고소인은 자신이 한 것이 아니라고 변명하면서 고소인의 변제독촉에도 차일피일 미루기만 하고 있는 자이므로, 철저히 조사하시어 처벌하여 주시기 바랍니다.

첨 부 서 류

1. 통장 사본　　1통
1. 거래내역 사본　　1통
조사시 자세히 진술하겠습니다.

20○○. ○. ○.

위 고소인 ○ ○ ○ (인)

○○경찰서장 귀하

[서식 323] 퇴거불응죄(교회출입금지 의결절차 불응)

고 소 장

고 소 인 ○ ○ ○ (000000-0000000)
○○시 ○○구 ○○로 ○○(○○동)
(전화번호 : 123-4567)

피고소인 ○ ○ ○ (000000-0000000)
○○시 ○○구 ○○로 ○○(○○동)
(전화번호 : 234-5678)

고 소 취 지

고소인은 피고소인을 상대로 퇴거불응죄로 고소하오니 처벌하여 주시기 바랍니다.

고 소 사 실

1. 고소인은 ○○교회 당회장이며 피고소인은 속칭 ○○왕국회관(일명 여호와증인)의 신도입니다.

2. 피고소인은 20○○. ○. ○. 예배의 목적이 아니라 ○○교회의 예배를 방해하여 교회의 평온을 해할 목적으로 ○○교회에 출입하여 진정한 하느님의 자식은 자신들뿐이다는 고함을 지르며 ○○교회의 예배를 방해하여 위 교회 건물의 관리주체라고 할 수 있는 ○○교회 교회당회에서 피고소인에 대한 교회출입금지의결을 하고, 이에 따라 위 교회의 관리인인 위 고소인이 피고소인에게 퇴거를 요구하였으나 약 1시간 이상 위와 같은 고함을 지르며 퇴거 요구에 불응한 사실이 있습니다.

3. 위 사실과 같이 피고소인의 교회출입을 막으려는 위 ○○교회의 의사는 명백히 나타난 것이기 때문에 이에 기하여 퇴거 요구를 한 것은 정당하고 이에 불응하여 퇴거를 하지 아니한 행위는 퇴거불응죄에 해당되며 교회는 교인들의 총유에 속하는 것으로서 교인들 모두가 사용수익권을 갖고 있고, 출입이 묵시적으로 승낙되어 있는 장소이나 이 같은 일반적으로 개방되어 있는 장소라도 필요한 때는 관리자가 그 출입을 금지 내지 제한할 수 있으므로 피고소인을 철저히 조사하시어 처벌하여 주시기 바랍니다.

첨 부 서 류

1. 주민확인서 1통
   조사시 자세히 진술하겠습니다.

20○○. ○. ○.

위 고소인 ○ ○ ○ (인)

○○경찰서장 귀하

[서식 324] 특수절도죄(드라이버를 이용하여 현금, 수표절취)

고 소 장

고 소 인 ○ ○ ○ (000000-0000000)
○○시 ○○구 ○○로 ○○(○○동)
(전화번호 : 123-4567)

피고소인 ○ ○ ○ (000000-0000000)
○○시 ○○구 ○○로 ○○(○○동)
(전화번호 : 234-5678)

고 소 취 지

피고소인에 대하여 특수절도죄로 고소하오니 처벌하여 주시기 바랍니다.

고 소 사 실

1. 피고소인은 노동에 종사하는 자인바, 20○○. ○. ○. 20:00경 ○○시 ○○구 ○○로 ○○(○○동) 고소인의 집이 비어 있음을 알고 미리 준비하여 가지고 간 길이 20㎝ 직경 1㎝의 드라이버로 시정된 출입문 자물쇠를 강제로 뜯어 열고 들어가 내실 화장 서랍 속에서 현금 일만원권 22매(220,000원)와 가계수표(백지) 12장 등을 절취한 것입니다.

2. 따라서 피고소인을 귀서에 고소하오니 철저히 조사하시어 처벌하여 주시기 바랍니다.

20○○. ○. ○.

위 고소인 ○ ○ ○ (인)

○○경찰서장 귀하

[서식 325] 특수주거침입죄(흉기를 보이며 퇴거불응)

고 소 장

고 소 인 ○ ○ ○ (000000-0000000)
○○시 ○○구 ○○로 ○○(○○동)
(전화번호 : 123-4567)

피고소인 ○ ○ ○ (000000-0000000)
○○시 ○○구 ○○로 ○○(○○동)
(전화번호 : 234-5678)

고 소 취 지

고소인은 피고소인에 대하여 특수주거침입죄로 고소하오니 처벌하여 주시기를 바랍니다.

고 소 사 실

1. 피고소인은 일정한 직업이 없는 자로서, 20○○. ○. ○. 11:50경 ○○시 ○○로 ○○(○○동)에 있는 ○○주점에서 술을 마시다가, 고소인의 집 종업원인 고소외 ○○○가 폐점시간임을 알리며 나가달라고 요구하자 소지하고 있던 길이 약 14㎝의 주머니칼을 꺼내 보이며 "나는 내가 가고 싶을 때 간다. 다시 귀찮게 하면 혼날 줄 알아라"라고 말하고 약 3시간 동안 그곳에 머물러, 퇴거요구를 받았음에도 위험한 물건을 휴대하고 그 요구에 응하지 않은 자입니다.
2. 따라서 위와 같은 사실로 피고소인을 고소하오니 철저히 조사하시어 엄벌하여 주시기 바랍니다.

입 증 방 법

조사시 자세히 진술하겠습니다.

20○○. ○. ○.

위 고소인 ○ ○ ○ (인)

○○경찰서장 귀하

[서식 326] 특수협박죄(흉기로 협박하며 채무 독촉)

고 소 장

고 소 인 ○ ○ ○ (000000-0000000)
○○시 ○○구 ○○로 ○○(○○동)
(전화번호 : 123-4567)

피고소인　　　○ ○ ○ (000000-0000000)
○○시 ○○구 ○○로 ○○(○○동)
(전화번호 : 234-5678)

고 소 취 지

고소인은 피고소인에 대하여 특수협박죄로 고소하오니 처벌하여 주시기 바랍니다.

고 소 사 실

1. 피고소인은 일정한 직업이 없는 자로서, 20○○. ○. ○.경 평소 알고 지내는 고소외 노○○가 고소인에게 빌려준 돈을 받아 달라고 부탁을 받고 같은 날 21:00경 ○○시 ○○로 ○○(○○동)에 있는 고소인의 집에 찾아가서 고소인을 근처 공원으로 데리고 가 고소인에게 "당신은 왜 노○○에게 빌린 돈을 갚지 않는가. 갚을 생각은 있는가, 갚겠다면 지금부터 돈을 돌려 내일 저녁 6시까지 우리 집으로 가지고 오라"고 말했으나 고소인이 아무 말도 하지 않자, 바지의 허리띠 뒤쪽에 가지고 있던 길이 10㎝ 되는 칼을 꺼내 이리저리 만지작거리면서 "이것을 사용하고 싶지는 않지만 당신이 계속 벙어리 행세를 하면 할 수 없다"라고 말하여, 고소인이 피고소인의 요구에 응하지 아니할 때에는 그의 생명 또는 신체의 대하여, 어떠한 위해를 가할 듯한 태도를 보여서 고소인을 협박하였습니다.
2. 따라서 피고소인을 귀서에 고소하오니 철저히 조사하시어 처벌하여 주시기 바랍니다.

첨 부 서 류

조사시 자세히 진술하겠습니다.

20○○. ○. ○.

위 고소인 ○ ○ ○ (인)

○○경찰서장 귀하

[서식 327] **편의시설부정사용죄(고객이 커피자판기 훼손)**

고 소 장

고 소 인 ○ ○ ○ (000000-0000000)
○○시 ○○구 ○○로 ○○(○○동)
(전화번호 : 123-4567)

피고소인 ○ ○ ○ (000000-0000000)
○○시 ○○구 ○○로 ○○(○○동)
(전화번호 : 234-5678)

고 소 취 지

피고소인을 편의시설부정사용죄로 고소하오니 처벌하여 주시기 바랍니다.

고 소 사 실

1. 고소인은 ○○시 ○○로 ○○(○○동)에서 ○○식당이라는 상호로 음식판매업을 하고 있으며 고소인의 가게 앞에 커피자판기를 설치해 놓았습니다.

2. 위 자판기는 100원 및 500원짜리 동전과 1,000원권 지폐를 이용하여 사용할 수 있는데 20○○. ○. 초순경부터 커피자판기에서 500원짜리 동전과 비슷한 무게와 크기의 물체가 자주 나오고, 간혹 자판기 고장을 일으키곤 하여 커피자판기를 누군가 부정하게 사용하고 있다는 생각이 들었습니다.
고소인은 자판기를 부정하게 사용하는 사람이 있는지를 유심히 살펴보았으나 범인을 잡지 못하고, 20○○. ○.부터는 동전이 아닌 물체가 상당히 많이 나와 자판기 영업을 하지 못할 지경이 되어 20○○. ○. ○.에 자판기 주변에 무인카메라를 설치하였는데 그날 밤 주위를 살피며 자판기를 이용하는 사람이 비디오 카메라에 잡혀 얼굴을 확인한 결과 ○○시 ○○로 ○○(○○동)에 사는 피고소인이었습니다.

3. 따라서 피고소인이 부정한 방법으로 커피자판기를 이용하는 바람에 고소인은 자판기영업에 막대한 손실을 보았으므로 피고소인을 철저히 조사하시어 형법 제348조의2에 따라 처벌하여 주시기 바랍니다.

20○○. ○. ○.

위 고소인 ○ ○ ○ (인)

○○경찰서장 귀하

[서식 328] 폭행죄(애인이 폭행)

고 소 장

고 소 인 ○ ○ ○ (000000-0000000)
○○시 ○○구 ○○로 ○○(○○동)
(전화번호 : 123-4567)

피고소인 ○ ○ ○ (000000-0000000)
○○시 ○○구 ○○로 ○○(○○동)
(전화번호 : 234-5678)

고 소 취 지

피고소인에 대하여 폭행죄로 고소하오니 처벌하여 주시기 바랍니다.

고 소 사 실

1. 피고소인은 일정한 직업이 없는 자로서, 20○○. ○. ○. 22:30경 ○○시 ○○구 ○○로 ○○(○○동) 앞 노상에서 약 8개월간 사귀어온 고소인에게 다른 남자와 놀아난다는 이유로 오른 손바닥으로 고소인의 왼쪽 빰을 1회 때리고, 오른발로 대퇴부를 1회 차는 등 폭행한 것입니다.

2. 따라서 피고소인을 귀서에 고소하오니 철저히 조사하시어 처벌하여 주시기 바랍니다.

첨 부 서 류

1. 진단서 1통
1. 목격자 진술서 1통

20○○. ○. ○.

위 고소인 ○ ○ ○ (인)

○○경찰서장 귀하

[서식 329] **폭행죄(음식점에서 손님이 종업원에게 행패)**

고 소 장

고 소 인　　○ ○ ○ (000000-0000000)
○○시 ○○구 ○○로 ○○(○○동)
(전화번호 : 123-4567)

피고소인　　○ ○ ○ (000000-0000000)
○○시 ○○구 ○○로 ○○(○○동)
(전화번호 : 234-5678)

고 소 취 지

피고소인에 대하여 폭행죄로 고소하오니 처벌하여 주시기 바랍니다.

고 소 사 실

피고소인은 일정한 직업이 없는 자로서, 20○○. ○. ○. 00:00경 ○○시 ○○구 ○○로 ○○(○○동) 소재 고소인이 경영하는 '○○음식점'에 들어와서 공연히 종업원에게 시비를 걸어 욕설을 하면서 행패를 부리는 것을 고소인이 말리자 피고소인은 고소인에게 너도 똑같은 놈이라며 뺨을 때리고 머리채를 잡아 흔드는 등 폭행을 가한 사실이 있어 고소하오니 철저히 조사하시어 엄벌하여 주시기 바랍니다.

첨 부 서 류

1. 진단서　　　　1통

1. 목격자 진술서 1통

20○○. ○. ○.

위 고소인 ○ ○ ○ (인)

○○경찰서장 귀하

[서식 330] 폭행가혹행위죄(경찰관이 피의자를 폭행)

고 소 장

고 소 인 ○ ○ ○ (000000-0000000)
○○시 ○○구 ○○로 ○○(○○동)
(전화번호 : 123-4567)

피고소인 ○ ○ ○ (000000-0000000)
○○시 ○○구 ○○로 ○○(○○동)
(전화번호 : 234-5678)

고 소 취 지

고소인은 피고소인에 대하여 폭행가혹행위죄로 고소하오니 처벌하여 주시기 바랍니다.

고 소 사 실

1. 피고소인은 경찰서 소속 사법경찰관인 자이고, 고소인은 경찰서 관할구역 내에서 야채장사를 하는 상인입니다.

2. 20○○. ○. ○. 오후 5시경 시장 내에서 고소인이 영업을 하고 있던 중 시장 내 주변 상인인 고소외 ○○○와 시비가 붙어 몸싸움을 벌이고 있었는데, 마침 순찰 중인 경찰서 소속 피고소인을 포함한 경찰관 2인에 의해 경찰서로 연행되었습니다.

3. 20○○. ○. ○. 오후 7:30시까지 조사를 받고, 유치장에 구금되었는데, 고소인이 빨리 풀어달라고 요구하자, 피고소인이 갑자기 유치장 안에 있던 고소인을 끌어내더니 복부와 허벅지를 구타하고 얼굴을 수십 차례 주먹으로 가격하는 등 폭행을 하였습니다.

4. 고소인은 다음날 풀려났지만 그 날의 폭행으로 육체적은 물론이고 정신적인 피해를 입었는바, 위 피고소인의 행위는 자신의 직위를 남용하여 힘없는 일반시민에 대해 가혹행위를 한 것이므로 피고소인을 폭행·가혹 행위죄로 고소하오니 철저히 조사하시어 처벌하여 주시기 바랍니다.

입 증 방 법

1. 진술서 1부
1. 진단서 1부
조사시 자세히 진술하겠습니다.

20○○. ○. ○.

위 고소인 ○ ○ ○ (인)

○○경찰서장 귀하

[서식 331] 폭행치상죄(건물소유주가 임차인을 폭행)

고 소 장

고 소 인 ○ ○ ○ (000000-0000000)
○○시 ○○구 ○○로 ○○(○○동)
(전화번호 : 123-4567)

피고소인 ○ ○ ○ (000000-0000000)
○○시 ○○구 ○○로 ○○(○○동)
(전화번호 : 234-5678)

고 소 취 지

피고소인에 대하여 폭행치상죄로 고소하오니 처벌하여 주시기 바랍니다.

고 소 사 실

1. 피고소인은 고소인이 고소외 ○○○소유 주택을 경락으로 매수한 ○○시 ○○구 ○○로 ○○(○○동)의 주택을 임대하여 거주하고 있는 자입니다.
2. 고소인이 20○○. ○. ○. 오후 2시경 ○○동 소재 ○○다방에서 피고소인에게 위 주택에 대한 명도를 요구하자, "내 집인데 누구 마음대로 집을 샀느냐"며 갑자기 멱살을 잡고 팔을 비틀어 쓰러뜨린 후 안면, 목, 가슴 등을 가리지 않고 구두 신은 발로 짓밟아 피고소인은 고소인에게 전치 4주를 요하는 상해를 입힌 자입니다.
3. 따라서 피고소인을 귀서에 고소하오니 철저히 조사하시어 처벌하여 주시기 바랍니다.

첨 부 서 류

1. 진단서 1통
1. 목격자 진술서 1통

20○○. ○. ○.

위 고소인 ○ ○ ○ (인)

○○경찰서장 귀하

[서식 332] **피의사실공표죄(회사 기밀사실 언론에 발표)**

고 소 장

고 소 인 ○ ○ ○ (000000-0000000)
○○시 ○○구 ○○로 ○○(○○동)

(전화번호 : 123-4567)

피고소인 ○ ○ ○ (000000-0000000)
○○시 ○○구 ○○로 ○○(○○동)
(전화번호 : 234-5678)

고 소 취 지

고소인은 피고소인을 상대로 피의사실공표죄로 고소하오니 처벌하여 주시기 바랍니다.

고 소 사 실

1. 고소인은 20○○. ○. ○. 고소인이 근무하였던 A주식회사의 대표이사 ○○○으로부터 A주식회사의 기밀서류로 전세계의 관심을 끌고 있던 신개발약품의 제조공정도면 및 사업계획서를 경쟁사인 B주식회사 기술기획실 실장인 ○○○에게 건네주는 등 회사의 기밀을 누설하였다는 이유로 고소를 당하여 관할 경찰서인 ○○경찰서에서 조사를 받은 사실이 있습니다.

2. 고소인이 관할 경찰서에서 조사를 받을 당시 범죄사실을 강력히 부인하며 고소인이 A주식회사의 기밀서류를 넘겨주었다고 하는 시점을 전후하여 약 ○개월 동안을 해외에 있었으므로 A주식회사의 신제품제조공정도면이나 사업계획서를 접할 수가 없었음을 진술하고, 해외에 있었다는 사실을 증명하기 위하여 출입국에 관한 사실증명서까지 제출한 사실이 있습니다.

3. 그러나 관할경찰서의 수사담당과장인 ○○○는 20○○. ○. ○. A주식회사의 신개발약품에 대하여 각 언론기관 등이 많은 관심을 가지고 있자 참고인들의 진술이 명백하지 않으며, 참고인들 간에도 진술이 일치하지 않고 있음에도 중간 수사결과에 대한 보도자료를 작성하여 K일보의 ○○○ 등 각 언론사의 기자들에게 배포한 사실이 있는바, 동 보도자료에 의하면 고소인이 B회사에 스카우트되기 위하여 기밀서류를 유출하였음이 밝혀졌다고 발표하면서, 향후의 수사계획까지 발표한 사실이 있습니다.

4. 위와 같이 수사담당경찰관인 피고소인 ○○○는 고소인의 비밀누설혐의가 불확실한 상태에서 공소제기 전에 고소인의 피의사실을 각 언론기관 등에 발표를 하였으므로 이에 대하여 피고소인을 철저히 조사하시어 처벌하여 주시기 바랍니다.

첨 부 서 류

1. 보도자료 사본 1부
1. 신문기사 사본 5부
1. 출입국에 관한 사실증명 1부

조사시 자세히 진술하겠습니다.

20○○. ○. ○.

위 고소인 ○ ○ ○ (인)

○○경찰서장 귀하

[서식 333] 학대죄(봉제공장 사장이 근로자를 폭행)

고 소 장

고 소 인 ○ ○ ○ (000000-0000000)
○○시 ○○구 ○○로 ○○(○○동)
(전화번호 : 123-4567)

피고소인 ○ ○ ○ (000000-0000000)
○○시 ○○구 ○○로 ○○(○○동)
(전화번호 : 234-5678)

고 소 취 지

피고소인에 대하여 학대죄로 고소하오니 처벌하여 주시기 바랍니다.

고 소 사 실

1. 신분관계

피고소인은 ○○시 ○○구 ○○로 ○○(○○동)에서 봉제공장을 운영하는 자이고, 고소인은 피고소인에게 고용되어 그의 보호와 감독 하에 공장에서 기숙하며 근로를 제공하고 있는 근로자입니다.

2. 고소내용

고소인은 20○○. ○. ○.부터 피고소인의 ○○봉제공장에서 기숙하며 일을 하고 있는데, 고소인이 처음 해보는 일이라 잘하지 못하는 경우가 많았는데 이를 이유로 피고소인이 20○○.

○. ○. 00:00경부터 식사도 못하게 하고 동일 00:00경까지 무릎을 꿇려놓는 등의 징벌을 준바 있고, 또한 같은 해 ○. ○.에도 저녁식사를 못하게 하고 징벌을 주는 등 그 후에도 비슷한 처벌을 여러 차례 준바 있고, 20○○. ○. ○.부터는 고소인의 가슴부위와 다리부위 등에 폭행을 행사하기도 하여 최근까지 계속 이루어져 왔습니다.

3. **결 론**

위의 사실과 같이 피고소인은 자기의 보호, 감독을 받고 있는 고소인에게 식사를 자주 주지 않고, 필요한 휴식을 불허한 경우가 많으며, 또한 지나치게 빈번한 징계행위로 고소인에게 피해를 주었는바, 이에 피고소인을 법에 따라 철저히 조사하시어 엄벌에 처해 주시기 바랍니다.

20○○. ○. ○.

위 고소인 ○ ○ ○ (인)

○○경찰서장 귀중

[서식 334] **협박죄(무전취식협의로 체포되자 원한으로 협박)**

고 소 장

고 소 인 ○ ○ ○ (000000-0000000)
○○시 ○○구 ○○로 ○○(○○동)
(전화번호 : 123-4567)

피고소인 ○ ○ ○ (000000-0000000)
○○시 ○○구 ○○로 ○○(○○동)
(전화번호 : 234-5678)

고 소 취 지

피고소인에 대하여 협박죄로 고소하오니 처벌하여 주시기 바랍니다.

고 소 사 실

1. 피고소인은 일정한 직업이 없는 자로서, 20○○. ○. ○. 14:20경, 평소 함께 다니던 형이 ○○시 ○○구 ○○로 ○○(○○동)에 있는 파라다이스 상호로 룸싸롱을 경영하는 고소인의 점포에서 무전취식한 혐의로 체포되었다는 말을 듣고, 위 룸싸롱을 찾아가 고소인에게 "네가 뭔데 우리 형님한테 콩밥을 먹이냐, 밀고한 걸 곧 후회하게 될 것이다. 형님이 풀려나오면 가만 두지 않겠다"고 떠들면서 고소인의 신체 등에 어떻게 위해를 가할지도 모른다는 뜻을 고지하여 고소인을 협박하였습니다.

2. 따라서 피고소인을 귀서에 고소하오니 철저히 조사하시어 처벌하여 주시기 바랍니다.

첨 부 서 류

조사시 자세히 진술하겠습니다.

20○○. ○. ○.

위 고소인 ○ ○ ○ (인)

○○경찰서장 귀하

[서식 335] 협박죄(임차기간 도래 전에 명도요구하며 협박)

고 소 장

고 소 인 ○ ○ ○ (000000-0000000)
○○시 ○○구 ○○로 ○○(○○동)
(전화번호 : 123-4567)

피고소인 ○ ○ ○ (000000-0000000)
○○시 ○○구 ○○로 ○○(○○동)
(전화번호 : 234-5678)

고 소 취 지

피고소인에 대하여 협박죄로 고소하오니 처벌하여 주시기 바랍니다.

고 소 사 실

1. 사건의 경위

가. 고소인은 20○○. ○. ○. 피고소인 소유의 ○○시 ○○구 ○○로 ○○(○○동) 소재에 있는 상가를 보증금 ○○○원, 월세 ○○원, 임차기간 20○○. ○. ○.까지로 정하여 임차하여 지금까지 식당업을 하고 있습니다.

나. 피고소인은 자신이 위 상가에서 식당업을 하겠다며, 임대차기간이 만료되기 전임에도 수차에 걸쳐 고소인에게 상가를 명도하여 줄 것을 요구하여 오다가, 20○○. ○. ○. 00:00경 고소인이 운영하는 위 '○○○'식당에 찾아와서 '일주일 내로 상가를 비워주지 않으면 고소인 및 고소인의 가족을 죽여 버리겠다'는 내용의 협박을 하여 고소인은 심한 공포를 느꼈습니다.

2. 피고소인의 범죄행위로 인한 피해상황

피고소인의 위 협박행위 이후, 피고소인이 고소인이나 고소인의 아이들에 대하여 신체적 가해를 하지 않나 하는 두려움에 아이들이 학교를 가거나 외출할 때에는 꼭 고소인이 따라 다니고 있는 실정이며, 극심한 정신적인 고통을 겪다가 결국 신경쇠약으로 정신과적 치료를 받기도 하였습니다.

3. 결 론

이상의 이유로 피고소인을 협박죄로 고소하오니, 부디 고소인 및 고소인 가족의 안전을 위해서라도 피고소인을 엄중히 조사하시어 처벌하여 주시기 바랍니다.

첨 부 서 류

1. 상가임대차계약서 사본 1통
1. 내용증명 각 1통
1. 국립정신병원 진단서 1통

조사시 자세히 진술하겠습니다.

20○○. ○. ○.

위 고소인 ○ ○ ○ (인)

○○경찰서장 귀하

[서식 336] 혼인빙자간음죄(유부남이 음행의 상습없는 부녀자에게 혼인빙자간음)

고 소 장

고 소 인 ○ ○ ○ (000000-0000000)
○○시 ○○구 ○○로 ○○(○○동)
(전화번호 : 123-4567)

피고소인 ○ ○ ○ (000000-0000000)
○○시 ○○구 ○○로 ○○(○○동)
(전화번호 : 234-5678)

고 소 취 지

피고소인을 혼인빙자간음죄로 고소하오니 처벌하여 주시기 바랍니다.

고 소 이 유

1. 피고소인은 20○○. ○. ○. 고소외 ○○○와 결혼한 자로서, 20○○. ○. ○. 경부터 같은 해 ○. ○.경까지의 사이에 ○○시 ○○구 ○○로 ○○(○○동)에 있는 "○○모텔" ○○○호실에서 고소인에게 혼인할 생각이 전혀 없음에도 "나는 독신으로 살려고 했는데 너랑 결혼해야겠다. 정식 결혼하자"는 등의 거짓말로 이를 하여 믿게 하고 음행의 상습없는 고소인과 ○회 가량 성교함으로써 혼인을 빙자하여 고소인을 간음한 것입니다.
2. 따라서 피고소인을 귀서에 고소하오니 엄중히 조사하시어 처벌하여 주시기 바랍니다.

입 증 방 법

조사시 자세히 진술하겠습니다.

20○○. ○. ○.

위 고소인 ○ ○ ○ (인)

○○경찰서장 귀하

[서식 337] 혼인빙자간음죄(유부남이 미혼이라 속이고 간음)

고 소 장

고 소 인 ○ ○ ○ (000000-0000000)
○○시 ○○구 ○○로 ○○(○○동)
(전화번호 : 123-4567)

피고소인 ○ ○ ○ (000000-0000000)
○○시 ○○구 ○○로 ○○(○○동)
(전화번호 : 234-5678)

고 소 취 지

피고소인을 혼인빙자간음죄로 고소하오니 처벌하여 주시기 바랍니다.

고 소 이 유

1. 고소인은 고향인 ○○에서 고등학교를 졸업하고 부모님을 따라 상경하여 현주소에 거주하면서 가사에 종사하고 있는 자로서, 20○○. ○.경 친구와 시내 ○○○구 ○○동에 있는 커피숍에 들렸다가 위 피고소인을 알게 되었는바,

2. 피고소인은 미혼이라고 사칭하면서 고소인에게 자주 연락하여 만나서 결혼을 하자고 꼬이고 동년 ○. 초순경에는 ○○구 ○○동 소재 ○○호텔로 유인하고 하루빨리 어린애를 출산해서 같이 살자면서 고소인을 간음하고,

3. 피고소인은 동년 ○. 중순경에 고소인의 부모한테까지 와서 인사를 하고 결혼을 하고 동거생활을 하겠으니 방 1칸을 달라는 부탁까지 하여 고소인의 전 가족이 믿도록 하고 금일 현재까지 고소인의 정조를 유린하여 온 자입니다.

4. 고소인은 금년 ○.에 임신을 하여 현재 2개월에 이르는바, 알고 보니 피고소인은 1녀를 둔 유부남으로 위와 같은 범행을 자행하였고, 뻔뻔스럽게도 처가 안 이상 처의 승낙을 받아 같이 살자는 등, 추호에도 반성함이 없을 뿐만 아니라 한 인생을 망쳐 놓고도 뉘우침이 없는 자이므로, 고소를 제기하오니 철저히 조사하시어 처벌하여 주시기 바랍니다.

입 증 방 법

조사시 자세히 진술하겠습니다.

20○○. ○. ○.

위 고소인 ○ ○ ○ (인)

○○경찰서장 귀하

[서식 338] 횡령죄(약속어음을 할인하여 유흥비로 소비)

고 소 장

고 소 인 ○ ○ ○ (000000-0000000)
○○시 ○○구 ○○로 ○○(○○동)
(전화번호 : 123-4567)

피고소인 ○ ○ ○ (000000-0000000)
○○시 ○○구 ○○로 ○○(○○동)
(전화번호 : 234-5678)

고 소 취 지

피고소인에 대하여 횡령죄로 고소하오니 처벌하여 주시기 바랍니다.

고 소 사 실

1. 피고소인은 일정한 직업이 없는 자인바, 20○○. ○. ○.경 ○○시 ○○구 ○○로 ○○(○○동)에 있는 고소인의 집에서 동인으로부터 액면금 3,000만원 약속어음 1매에 대한 할인의뢰를 받고 이를 보관 중 같은 달 ○.경 ○○시 ○○구 ○○로 ○○(○○동)에서 고소외 ○○○로부터 선이자 150만원을 공제하고 2,850만원에 할인하여 고소인을 위해 보관 중 그 무렵 유흥비로 임의 소비하여 이를 횡령한 자입니다.

2. 위와 같은 사실을 들어 피고소인을 고소하오니 철저히 조사하시어 엄벌하여 주시기 바랍니다.

입 증 방 법

조사시 자세히 진술하겠습니다.

20○○. ○. ○.

위 고소인 ○ ○ ○ (인)

○○경찰서장 귀하

[서식 339] **횡령죄(다이아몬드 반환 거절)**

고 소 장

고 소 인 ○ ○ ○ (000000-0000000)
○○시 ○○구 ○○로 ○○(○○동)
(전화번호 : 123-4567)

피고소인 ○ ○ ○ (000000-0000000)
○○시 ○○구 ○○로 ○○(○○동)
(전화번호 : 234-5678)

고 소 취 지

피고소인에 대하여 횡령죄로 고소하오니 처벌하여 주시기 바랍니다.

고 소 사 실

1. 피고소인은 ○○시 ○○로 ○○(○○동) 소재 '금별은별'이라는 보석가게를 운영하는 자인바, 20○○. ○. ○. 13:00경 위 가게에 온 성명불상의 손님이 1캐럿짜리 황색다이아몬드를 찾았지만 없어서, 위 같은 동 125번지에 있는 고소인 운영의 '보석나라'에서 손님에게 보여준다며 고소인으로부터 황색다이아몬드 1.05캐럿짜리 1개 시가 1,500만원 상당을 잠시 빌려 손님에

게 보여주고 피해자를 위하여 보관하던 중 같은 달 ○.경 고소인이 빌려간 다이아몬드를 돌려달라는 요청을 받고도 아무런 이유 없이 그 반환을 거부하여 이를 횡령한 것입니다.

2. 위와 같은 사실을 들어 피고소인을 고소하오니 철저히 조사하시어 엄벌하여 주시기 바랍니다.

입 증 방 법

조사시 자세히 진술하겠습니다.

20○○. ○. ○.

위 고소인 ○ ○ ○ (인)

○○경찰서장 귀하

[서식 340] 횡령죄(보관시킨 물품 제3자에게 매각하고 대금 반환하지 않음)

고 소 장

고 소 인 ○ ○ ○ (000000-0000000)
○○시 ○○구 ○○로 ○○(○○동)
(전화번호 : 123-4567)

피고소인 ○ ○ ○ (000000-0000000)
○○시 ○○구 ○○로 ○○(○○동)
(전화번호 : 234-5678)

고 소 취 지

피고소인에 대하여 횡령죄로 고소하오니 처벌하여 주시기 바랍니다.

고 소 사 실

1. 피고소인은 여러 가지 물건 등의 영업을 하는 자로서 고소인 회사가 팔아달라고 보관시킨 ○

○○을 금 ○○○원 어치를 20○○. ○. ○. 소외 ○○○에게 금 ○○○원에 매각하여 그 대금 ○○○원 전부 고소인에게 교부하여야 함에도 불구하고 이를 교부치 아니하고 횡령한 사실이 있습니다.

2. 위와 같은 사실을 들어 고소하오니 철저히 조사하시어 엄벌하여 주시기 바랍니다.

입 증 방 법

조사시 자세히 진술하겠습니다.

20○○. ○. ○.

위 고소인 ○ ○ ○ (인)

○○경찰서장 귀하

[서식 341] 횡령 및 배임죄(문중 종토보상금 반환 거절)

고 소 장

고 소 인 ○ ○ ○ (000000-0000000)
○○시 ○○구 ○○로 ○○(○○동)
(전화번호 : 123-4567)

피고소인 ○ ○ ○ (000000-0000000)
○○시 ○○구 ○○로 ○○(○○동)
(전화번호 : 234-5678)

고 소 취 지

고소인은 피고소인을 상대로 횡령 및 배임죄로 고소하오니 처벌하여 주시기 바랍니다.

고 소 사 실

1. 고소인과 피고소인과의 관계

고소인은 ○○○씨의 시조인 ○○○의 ○○세손인 ○○○군 ○○○을 중시조로 하여 그의 제사와 분묘관리 및 후손들의 친목도모를 위하여 결성된 ○○○대표자이고, 피고소인은 명의신탁된 종회의 재산을 상속받은 공동명의자 중 한사람입니다.

2. 피고소인이 종토의 공동명의자로 등재된 경위

고소인 종회는 20○○. ○. ○.경 분할 전 토지인 ○○시 ○○면 ○○리 ○○○전 ○○○평 토지를 매수하여 20○○. ○. ○. 충무공의 후손인 망 ○○○, 망 ○○○, 망 ○○○, 망 ○○○ 및 ○○○의 후손인 망 ○○○ 외 5인의 공동명의로 소유권이전등기를 마쳤습니다. 또한 위 토지는 20○○. ○. ○. 위 같은 리 ○○○-○ 전 ○○○㎡, 같은 리 ○○○-○ 전 ○○○㎡, 위 같은 리 ○○○-○ 전 ○○○㎡, 같은 리 ○○○-○ 전 ○○○㎡로 분할되었습니다.

한편, 위 망 ○○○의 지분 5분의 1 중 4,200분의 210은 피고소인 ○○○, 4,200분의 90은 ○○○, 4,200분의 60은 ○○○, 4,200분의 126은 ○○○, 4,200분의 84는 ○○○, 4,200분의 35는 ○○○, 4,200분의 35는 ○○○, 4,200분의 35는 ○○○, 4,200분의 35는 ○○○, 4,200분의 35는 ○○○, 4,200분의 35는 ○○○이 각 상속을 받아 공동명의자가 되었습니다.

3. 종토의 관리현황

고소인은 위 상속된 토지를 종원들에게 경작하게 하고 그 소출로 일정한 도지를 받아 선조들의 분묘의 관리와 시제 등의 비용에 충당하였으며 위 토지에 대한 각종 세금을 납부하였습니다.

4. 종토에 대한 수용경위 및 대책

고소인의 종토인 위 토지에 대하여 ○○주식회사에서 시행하는 공익사업에 따라 공익사업을 위한 토지등의취득및보상에관한법률에 의한 협의 또는 수용취득의 대상이 되었고, 이에 고소인은 20○○. ○. ○.경 ○○시 ○○동 ○○식당에서 임원회를 개최하여 수용되는 위 투자에 관하여 위탁된 등기명의자로 부터의 상속등기를 마치고, 그들로 하여금 보상금을 수령하게 한 후 환수할 것을 결의하고, 20○○. ○. ○. ○○시 ○○동 ○○회관 3층 회의실에서 정기총회를 개최하여 종토의 명의자들이 보상을 받아 종회로 환수하기로 가결, 재확인하였습니다. 본 가결에 따라 고소인 종회에서는 피고소인을 비롯하여 상속인들에게 총회의 의결사항을 내용증명원으로 통지하여 줄 것을 당부하였고, 상속등기에 필요한 제반비용을 고소인 종회에서 부담하여 피고소인이 상속을 받게 된 것입니다.

5. 범죄사실

고소인은 임원회의와 정기총회를 거쳐 토지보상금을 종원 및 명의자들이 수령함과 동시에,

그 즉시 수령한 보상금을 본 종회에 환수하기로 결정하고, 이를 피고소인에게 통지한바, 피고소인은 명의신탁 된 부동산을 상속받은 등기명의인들 중 한사람으로써 응당 보상금 금 ○○○원을 수령함과 동시에 즉시 본 종회의 고소인명의인 ○○회 통장으로 입금시켜야 마땅하나 피고소인은 고소인의 환수 요수에 응하지 아니하고 고의적으로 기피하고 위 금원을 횡령, 착복하고 지급을 거절하고 있습니다. 또한, 피고소인은 고소인이 제기한 ○○지방법원 ○○지원 20○○가합 ○○○호로 부당이득금반환청구 소송에서 패소하였고, 피고소인이 대전고등법원 20○○나 ○○○호로 제기한 항소심 재판 또한 항소기각 판결이 선고되어 최종적으로 고소인의 승소가 확정되었음에도 불구하고 피고소인은 착복한 보상금을 고소인에게 반환하지 않고 있는 것입니다.

6. 결 어

위와 같은 정황을 살펴 볼 때 피고소인은 종회의 총회결의사항에 따라 명의신탁 된 부동산의 상속인들 중 한사람으로써 토지보상금을 수령한 다음 이를 종회에 반납하여야 함에도 불구하고 정작 피고소인 명의의 문중 종토보상금을 수령하고는 마음을 달리하여 고소인에게 지급을 거절하고 보상금을 횡령하여 착복한 자이오니 피고소인으로 철저히 조사하시어 법이 허용하는 한도 내에서 엄벌하여 주시기 바랍니다.

첨 부 서 류

1. 종중등록증명서	1부
1. 등기부등본	4부
1. 판결문(1심, 2심)	2부

조사시 자세히 진술하겠습니다.

20○○. ○. ○.

위 고소인 ○○○○○회

대표자 ○ ○ ○ (인)

○○경찰서장 귀하

[서식 342] 낙태죄(수감생활 등의 이유로 낙태)

고 발 장

고 발 인 ○ ○ ○ (000000-0000000)
○○시 ○○구 ○○로 ○○(○○동)
(전화번호 : 123-4567)

피고발인 1. ○ ○ ○ (000000-0000000)
○○시 ○○구 ○○로 ○○(○○동)
(전화번호 : 234-5678)
2. ○ ○ ○ (000000-0000000)
○○시 ○○구 ○○로 ○○(○○동)
(전화번호 : 345-6789)

고 발 취 지

피고발인들에 대하여 낙태죄로 고발하오니 처벌하여 주시기 바랍니다.

고 발 사 실

1. 고발인 ○○○과 피고발인 김○○은 20○○. ○. ○. 동거에 들어간 사실혼 관계에 있었던 사람들입니다.

2. 고발인은 고발인의 친구인 고발외 ○○○에 대한 상해사건에 의해 19○○. ○. ○.부터 20○○. ○. ○.까지 ○○교도소에 수감된 바 있습니다.

3. 고발인이 ○○교도소에 수감 전 피발소인 김○○는 임신 ○주의 임부였는바 고발인은 고발인이 수감생활을 하던 20○○. ○. ○. 고발인의 수감생활에 따른 생활고와 육아에 대한 부담에 의해 ○○시 ○○구 ○○로 ○○(○○동) 소재 ○○병원 산부인과전문의인 피고발인 이○○에게 임신 중의 태아를 낙태하여 줄 것을 요청하고, 피고발인 이○○은 피고발인 김○○의 촉탁을 받아 동 병원 산부인과 수술실에서 임신 ○주의 태아를 낙태한 것입니다.

4. 피고발인들은 모자보건법상의 낙태에 대한 규정에 따르지 않고 낙태시술에 이른 것이므로 이들을 모두 의법 조치하여 주시기 바랍니다.

입 증 방 법

1. 진단서

1. 자술서(피고발인 김○○ 작성)
조사시 자세히 진술하겠습니다.

20○○. ○. ○.

위 고발인 ○ ○ ○ (인)

○○경찰서장 귀하

[서식 343] 도박죄(모텔에서 수십 회에 걸쳐 고스톱)

고 발 장

고 발 인 ○ ○ ○ (000000-0000000)
○○시 ○○구 ○○로 ○○(○○동)

피고발인 1. 김 ○ ○
○○시 ○○구 ○○로 ○○(○○동)
2. 이 ○ ○
○○시 ○○구 ○○로 ○○(○○동)
3. 박 ○ ○
○○시 ○○구 ○○로 ○○(○○동)
4. 최 ○ ○
○○시 ○○구 ○○로 ○○(○○동)

고 발 취 지

피고발인들을 도박죄로 고발하오니 처벌하여 주시기 바랍니다.

고 발 사 실

1. 피고발인들은 20○○. ○.경 각자 친구들을 통하여 서로 알게 되어 20○○. ○. ○. ○○시

○○구 ○○동 ○○모텔에서 00:00경부터 00:00까지 1점당 ○○원씩 수십 회에 걸쳐 금 ○○○원을 걸고 고스톱을 친 사실이 있습니다.

2. 며칠 후인 20○○. ○. ○. 저녁 그들은 ○○시 ○○구 ○○호텔에서 다시 만나 이번에는 기왕 치는 것 화끈하게 치자며 점당 ○○○원씩 당일 00:00부터 그 다음날 00:00까지 수십 회에 걸쳐 도합 ○○○원을 걸고 고스톱을 치고,

3. 그 다음날 같은 장소에서 같은 방법으로 점당 ○○○원씩 ○○여 회에 걸쳐 도합 금 ○○○만원 걸고 도박행위를 한 사실이 있는 자들로 고발 조치하오니 철저히 조사하시어 의법처리하여 주시기 바랍니다.

입 증 방 법

조사시 자세히 진술하겠습니다.

20○○. ○. ○.

위 고발인 ○ ○ ○ (인)

○○경찰서장 귀하

[서식 344] 수뢰죄(자녀 채용미끼로 수뢰)

고 발 장

고 발 인 ○ ○ ○ (000000-0000000)
○○시 ○○구 ○○로 ○○(○○동)
(전화번호 : 123-4567)

피고발인 ○ ○ ○ (000000-0000000)
○○시 ○○구 ○○로 ○○(○○동)
(전화번호 : 234-5678)

고 발 취 지

피고발인에 대하여 수뢰죄로 고발하오니 처벌하여 주시기 바랍니다.

고 발 사 실

1. 피고발인은 서울 ○○구청 인사계장으로 근무하는 공무원이고, 고발인은 용역업체에 소속되어 구청 주변의 상가건물을 청소하는 근로자입니다.

2. 고발인은 고등학교를 졸업하고 집에서 쉬고 있는 딸인 소외 ○○○의 어머니로서 딸의 취직을 걱정하고 있던 중 같이 일하는 동료의 소개로 피고발인을 알게 되었는데, 고발인은 20○○. ○. ○.경 ○○구청 부근의 ○○다방에서 피고발인을 만나 딸의 취직을 부탁하였는바, 피고발인은 자신이 근무하는 ○○구청에서 행정보조원을 채용하고 있으니 딸이 채용되도록 해주겠다고 하였습니다. 이에 고발인은 그 자리에서 금 ○○○만원을 피고발인에게 건네주었고 피고발인은 딸의 취직을 약속했던 사실이 있습니다.

3. 그런데 2년이 지난 현재까지 딸은 채용이 되지 않고 있으며 피고발인은 아무런 대책도 없이 기다리라고만 할 뿐 약속을 지키지 않고 있습니다.

4. 위와 같은 사실을 고발하오니 철저히 조사하시어 처벌하여 주시기 바랍니다.

입 증 방 법

조사시 자세히 진술하겠습니다.

20○○. ○. ○.

위 고발인 ○ ○ ○ (인)

○○경찰서장 귀하

제2장 진 정 서

Ⅰ. 개 념

진정이란 개인 또는 단체가 국가나 공공기간에 대하여 일정한 사정을 진술하여 유리한 조치를 취해줄 것을 바라는 의사표시이고 진정은 고소, 고발과 달리 대상에 제한 규정이 없다. 진정사건도 고소, 고발사건과 마찬가지로 검사가 직접 조사하기도 하지만 사법경찰관에게 지휘를 할 수 있다. 경찰서에 제출한 진정사건이나 검사의 지휘에 의한 진정사건은 사법경찰관이 내사를 한 후 진정사건 내사결과보고서를 작성하여 내사기록과 함께 검찰로 송치한다.

Ⅱ. 관련서식

[서식 345] 진 정 서

진 정 서

진 정 인　　○ ○ ○ (000000-0000000)
○○시 ○○로 ○○(○○동)
전　화 : 010-3456-7890

피진정인　　○ ○ ○ (000000-0000000)
○○시 ○○로 ○○(○○동)

진 정 취 지

위 사건에 관하여 아래와 같은 사유로 진정서를 제출하오니 피진정인에 대하여 법정 최고형으로 엄중 처벌하여 주시기 바랍니다.

진 정 사 실

1. 피진정인은 서울 ○○에서 ○○라는 상호로 의류 도소매업을 경영하는 자이고, 진정인은 서울 ○○구 ○○동 ○○ 지상에 건립하는 ○○타워 상거건립분양추진위원회 본부장직을 역임하였던 바, 20○○. ○월경 진정 외 ○○○이 당시 위 ○○타워 상가 건립추진위원회 본부장

으로써 위 상가분양 대행 업무를 맡고 있던 진정인에게 분양대금 계약금을 선도금으로 주고 상가를 확보할 계획으로 피진정인에게 선도금으로 진정인에게 줄 돈을 빌려줄 것을 부탁하게 되었던 바, 같은 달 ○○경 위 ○○○이 피진정인으로부터 금○○원을 빌리고 진정인에게 좋은 점포가 있다면 잡아달라는 부탁을 하면서 계약금 및 청약금 등의 선도금조로 금 ○○원을 주고 진정인이 작성한 수취인이 미기재된 영수증을 받아서 피진정인에게 줌으로써 피진정인이 영수증을 소지하게 되었으나 진정인은 ○○○에게 위 돈은 상가분양 청약금으로 납입하고 나머지 돈은 ○○○의 처에게 송금으로 변제하였습니다.

2. 아울러 진정외 ○○○은 사업부진 등으로 피진정인에게 위 돈을 변제하지 못하고 채무에 쫓겨 잠적하기에 이르렀고 피진정인은 진정인에게 돈을 준적이 없음에도 위 ○○○으로부터 받아 보관하고 있던 영수증을 제시하여 직접 진정인에게 돈을 교부한 한 양, ○○법원에 진정인을 상대로 상가분양대금을 받고 상가분양을 하여 주지 않았다고 돈을 반환하라는 소를 제기하여 피진정인이 보관하고 있던 영수증을 증거자료로 제출함으로서 위 사실을 모르는 법원으로부터 금 ○○원을 지급하라는 판결이 선고되었습니다.

3. 따라서 피진정인은 소송사기에 의하여 받은 동원 위탁금 사건의 집행력 있는 판결정본에 의하여 20○○. ○경 진정인과 피진정인의 형 ○○○구 명의로 되어 있는 종중 토지를 경매신청하여 낙찰대금을 횡령하였습니다.

4. 그렇다면 피진정인은 진정인에게 돈을 준 사실도 없고 진정인이 ○○○에게 돈을 받고 작성 교부한 수취인 미기재 영수증을 이용하여 진정인에게 돈을 주었다는 터무니 없는 사유를 들어 소송사기로 받은 판결을 가지고 진정인에게 위와 같이 막대한 손해를 보게 함으로서 진정인은 더 이상 참을 수 없어 진정하게 되었으므로 철저한 사실조사를 거쳐 법정최고형으로 엄중 처벌하여 주시기 바랍니다.

20○○. ○. ○.

위 진정인 ○ ○ ○ (인)

○○경찰서장 귀중

[서식 346] 진 정 서

진 정 서

진 정 인 ○ ○ ○
○○시 ○○로 ○○(○○동)
전 화 : 010-3456-7890

피진정인 ○ ○ ○
○○시 ○○로 ○○(○○동)

진 정 취 지

위 진정인은 아래와 같이 임금체불로 인하여 진정서를 제출하오니 적의조치하여 주시기 바랍니다.

진 정 사 실

1. 진정인은 20○○. ○. ○.자에 피진정인인 회사에 입사하여 20○○. ○. ○.까지 근무를 한 근로자이며 피진정인은 위 주소지에서 ○명의 근로자를 고용하여 제조, 납품하는 ○○상사의 대표입니다.

2. 진정인은 20○○. ○. ○. 피진정인에게 동년 20○○. ○. ○.까지 근무한다는 의사표시를 한 후 사표를 제출하여 ○. ○.까지 근무를 한 바 있습니다. 당시 피진정은 무분별한 경영으로 경영수지의 악화로 인력구조를 단행한다는 말을 수차례 하여 진정인이 사표를 제출하지 않을 수밖에 없었습니다.

3. 그렇다면 피진정인은 진정인에게 미지급 임금 및 퇴직금 합계 금 ○○만원을 지급하여야 하는데 차일피일 미루며 아직까지 지급하지 않고 있습니다.

4. 따라서 진정인은 위의 사유로 진정에 이르게 되었으며 이를 충분히 조사하시어 피진정인측이 체불임금 금 ○○만원을 지급할 수 있도록 적의 조치하여 주시기 바랍니다.

증거방법 및 첨부서류

1. 임금체불확인서 1통

20○○. ○. ○.

위 진정인 ○ ○ ○ (인)

○○지방고용노동청 귀중

제3장 탄 원 서

Ⅰ. 개 념

탄원이란 개인 또는 단체가 국가나 공공기간에 대하여 일정한 사정을 진술하여 도와주기를 바라는 의사표이다. 따라서 탄원서는 판사, 검사, 경찰청장, 행정심판위원장 등 개인의 사건에 따라 도움을 받을 사람에게 보낸다.

진정서는 불법행위에 대하여 불법행위자(기관) 또는 가해자에 대한 처벌을 요청하는 문서인 반면 탄원서는 개인이나 단체가 국가나 공공기관에 대하여 억울한 사건이나 선처를 내용을 진술하여 도움을 주는 문서이다.

작성양식은 특별히 존재하지 않으나 불이익하게 처분받은 내용에 대해 이를 구제하기 위하여 그 필요성 등을 잘 정리해야 하며, 특히 형사사건에서 주로 활용되기 때문에 수사책임자와 판사에게 구형 등에 있어서 영향을 줄 수 있는 요소들을 도출해내는 것이 좋다.

Ⅱ. 관련서식

[서식 347] 업무상과실과 수뢰 및 배임혐의로 구속된 직장상사에 대한 선처 호소

탄 원 서

사 건

탄 원 인 ○ ○ ○ (000000-0000000)
○○시 ○○로 ○○(○○동)
전 화 : 010-3456-7890

피탄원인 ○ ○ ○ (000000-0000000)
○○시 ○○로 ○○(○○동)

탄 원 내 용

오늘도 공정한 법 집행을 위해 애쓰시는 재판장님께 경의의 말씀을 드립니다.

저희들은 자랑스러운 충절의 고장 ○○에 살고 있으며, 또한 신용과 정직이 몸에 배어있는 ○○에 근무를 하고 있는 자들입니다. 우리가 오늘 탄원서를 올리게 된 연유는 저희들이 모시고 있던 ○○○과장께서 업무상 과실과 수뢰 및 배임혐의로 구속이 되어 피의자가 되었으나 평소 존경하던 상사 분이었기에 직원들이 뜻을 모아 구명을 위하여 이 글을 작성하고 있습니다.

피의자 ○○○과장께서 받으신 ○○○만원은 저희들이 보기에는 대가성이 있는 것이 아닙니다. 그 돈을 받아서 무얼 해주겠다는 식으로 업무를 처리하는 분도 아니시고 그런 직접적인 실무자의 자리에 계신 분도 아니며 그중에 ○○○만원은 아래 직원의 결혼식을 맞이하여 부조금으로 대신 받으셨는데 너무 과분한 금액을 받았기에 이래서는 안 된다고 생각을 하시고 그중에서 ○○만원을 그분의 명의로 접수를 하시고 나머지는 돌려주려고 보관을 한다고 우리에게 말씀이 있었습니다.

법이 정한 대로라면 과장의 직위에 있으면서 1원 한 장이라도 받아서는 안 되지만 법과 현실 간에는 어그러져서 존재해야 하는 괴리가 분명 있습니다. 저 막강하고 어둡던 시대의 중앙정보부장께서 말씀하신 '떡고물'이 아니라 우리 농협의 대들보로서 단체를 이끌어 가려면 ○○○과장께서는 부득불 비자금이라는 것이 있어야 했습니다.

자신의 월급으로도 할 수가 없고 ○○의 공식적인 비용으로 사용할 수도 없는, 상급기관의 접대와 기관운영과 여러 가지 잡비용을 이분이 거의 책임을 지시고 관리를 해주셨습니다. 피의자인 이분은 우리 농협의 봉사단체인 '○○○'의 대표로서 무의탁노인들을 위하여 매달 선두에 서서 봉사를 하셨고 지역방범대원으로 자진해서 치안유지에도 남다른 봉사를 해오셨으며 평소의 우리 ○○ 내에서도 맏형으로서 업무에 모범을 보이시었고, 농협을 찾으시는 농민여러분을 맞아 모든 문제를 상의 받는 그야말로 농협의 얼굴마담이었습니다. 사무실에서 늘 환하게 웃으시면서 어깨를 툭툭 쳐주시면서 우리들에게 격려도 해주시고 독려도 하였습니다. 이분이 그 돈으로 사리사욕을 채우는 그런 몰염치한 비인격자는 아니랍니다.

그래서 우리는 이분의 석방 또는 감형을 바라는 간절한 마음으로 연명으로 탄원서를 올리오니 부디 관대한 처분이 있으시기를 바랍니다.

20○○. ○. ○.

위 탄원인 ○ ○ ○ (인)

○○지방법원 형사○단독 재판장님 귀하

[서식 348] 업무상 횡령죄에 대한 부당성 주장

탄 원 서

사 건

탄 원 인 ○ ○ ○ (000000-0000000)
○○시 ○○로 ○○(○○동)
전화 : 010-3456-7890

피탄원인 ○ ○ ○ (000000-0000000)
○○시 ○○로 ○○(○○동)

탄 원 내 용

존경하는 재판장님!

정의 구현을 위해 불철주야 애쓰고 계시는 판사님의 노고에 깊은 감사의 뜻을 표합니다.

소생의 여식, ○○○는 회사 공금 ○○만원을 횡령한 혐의로 징역 ○년을 선고받았습니다. 횡령이라는 죄를 짓고 파면까지 된 여식의 아버지가 무슨 면목으로 탄원서를 쓸까 생각했지만 아비된 입장으로서 지푸라기라도 잡는 심정으로 이 글을 올립니다.

제 여식은 비록 횡령죄로 판결 받았지만 절대 공금을 빼돌리지 않았습니다. 환경단체에 빌려준 돈을 뒤늦게 되돌려 받아 정치인 후원금 명목으로 사용한 것입니다. 그러나 이 나라의 법은 제 딸에게 업무상 횡령죄라는 판결을 내려 다시는 돌아올 수 없는 먼 길로 보내버렸습니다.

이유가 어떻든 간에 제 딸이 구치소에 갔으니 잘잘못을 따지기 전에 재판장님께 백배사죄 드리며 제 딸의 구명을 돕기 위해 사력을 다하고 있습니다.

자식을 구치소에 보낸 아비의 마음이 어떨지 재판장께서도 잘 알고 있으리라 생각합니다. 밥 한 숟가락 입에 넣는 것도 이부자리 펴고 누워있는 것도 사치스럽게 느껴질 정도로 지금 저의 가족의 생활은 말로 표현할 수 없을 정도입니다.

존경하는 재판장님, 피눈물 나는 심정으로 탄원합니다. 제 여식이 개인적인 사욕을 채우기 위해 공금을 횡령한 것이 아니므로 부디 형량을 감면하여 주시기 바랍니다.

70을 바라보는 이 늙은이의 간절한 소원을 저버리지 마시고 부디 넓으신 아량으로 선처하여 주시옵길 천만번 엎드려 기원하옵니다.

20○○. ○. ○.

위 탄원인 ○ ○ ○ (인)

○○지방법원 형사○단독 재판장님 귀하

[서식 349] 운전 중 특수공무집행방해치사에 대한 선처 호소

탄 원 서

사 건

탄 원 인 ○ ○ ○ (000000-0000000)
○○시 ○○로 ○○(○○동)
전화 : 010-3456-7890

피탄원인 ○ ○ ○ (000000-0000000)
○○시 ○○로 ○○(○○동)

탄 원 내 용

존경하는 재판장님!

곳곳에 봄이 오는 소리가 들리고 있습니다. 날씨가 따뜻해지고, 점심시간에 햇살 아래 나서면 언제 겨울이 있었냐 싶을 만큼 성큼 봄이 다가와 있음을 느끼고 있습니다.

저는 피의자 ○○○과 같은 동네에서 오랫동안 기독교 목회 활동을 하며 지내온 사이로서 제가 알고 있는 ○○○에 대하여 가감 없이 진술하오니 존경하는 재판장님의 현명한 판단을 바라옵니다.

피의자 ○○○는 ○월 ○일 ○○구 ○○동 경부고속도로 하행선 경찰초소 앞길에서 검문중인 ○○경찰서 소속 ○○상경으로부터 신분증 제시를 요구받고 도주하는 과정에서 그를 차에 매달고 수십 미터를 질주해 숨지게 한 혐의로 기소되었습니다.

이유야 어떻게 되었든 현재 ○○○는 살인을 저지른 피의자 신분이지만 이 사건이 일어나기 전에는 하루하루 성실하게 살아가는 모범 가장이었습니다.

넓적하고 그을린 투박한 얼굴과는 달리 집에서는 아주 섬세하게 가족을 챙겼습니다. 길에서 아빠가 퇴근하고 돌아오는 것을 보면 맨발로 뛰쳐나와 소리를 지르며 아빠에게 안기는 모습을 여러 차례 목격하였습니다.

그는 주일날에도 빠짐없이 교회에 출석하여 차량 봉사를 하며 교인들에게 인간성 좋은 사람이라는 칭송을 받아온 사람입니다. 날씨가 궂은 날에도 지각 한 번 하는 일 없이 묵묵히 자신이 맡은 바 일을 해내는 그런 사람이었습니다.

가정에서 교회에서 심성 고운 사람으로 행복을 일구던 한 가장이 이렇게 극단적인 행동을 하게 된 것은 단순한 생각 때문이었습니다. ○○상경을 해하려는 목적이 있어서가 아니라 사업 실패로 채권자들을 피해 시골로 도피하는 과정에서 벌어진 일이었습니다. ○○상경으로부터 신분증 제시를 요구받자 무조건 도망쳐야 한다는 생각에 앞뒤 생각할 거 없이 자동차의 엑셀을 밟아 버린 것입니다.

현재 그는 장기간 구금생활을 통해 잘못을 뼈저리게 뉘우치고 있고 숨진 의경을 대신해 유족을 가족처럼 보살피겠다고 다짐하고 있는 점 등을 감안하셔서 부디 ○○○의 형량을 줄여 주시기 바랍니다.

재판장님의 관용과 선처를 간절히 바라옵니다.

20○○. ○. ○.

위 탄원인 ○ ○ ○ (인)

○○지방법원 형사○단독 재판장님 귀하

[서식 350] 폭행 등 사건 피의자인 아들이 환자이므로 어머니가 보석허가요청

탄 원 서

사 건

탄 원 인 ○ ○ ○ (000000-0000000)
○○시 ○○로 ○○(○○동)
전화 : 010-3456-7890

피탄원인 ○ ○ ○ (000000-0000000)
○○시 ○○로 ○○(○○동)

탄 원 내 용

존경하는 재판장님!

바쁘신 업무중에 탄원인의 어려운 사정을 탄원하게 되어 죄송한 마음 금할 길 없습니다.

탄원인은 이번에 피해자 폭행 및 상해 혐의로 구속된 ○○○의 엄마입니다. 현재 제 아들의 상태가 위중하여 구치소 생활을 할 수 없으니 보석 신청을 허락하여 주시기 바랍니다.

제 아들은 선천성 척추 분리기형이라는 병을 앓고 있는 환자입니다. 척추 기형 환자는 체중이 불으면 디스크 또는 또 다른 척추 기형이 나타날 수 있는 질환으로 항상 체중관리에 신경을 써야 하는 환자입니다.

그런데 제 아들은 이번 구속 과정에서 체중 관리를 하지 못해 몸무게가 무려 ○kg이 불었습니다. 이렇게 몸무게가 갑자기 불으니 허리디스크에 부담을 증가시켜 참기 힘든 심한 통증을 일으켰나 봅니다.

면회를 갈 때마다 제 아들은 통증을 호소하였는데 저는 대수롭지 않게 생각하고 건강관리 잘 하라는 말만 남기고 떠났습니다. 그런데 이번 면회에서 아들이 제대로 걷지도 못하고 다른 사람의 부축을 받고 힘겹게 다리를 끄는 모습을 보고 탄원을 결심하게 되었습니다.

존경하는 재판장님,

제 아들은 젊은 혈기로 싸움판에 끼어들었다가 집단폭행 및 상해의 주범으로 몰려 억울한 옥살이를 하고 있습니다. 그런데 여기에 척추 기형 병까지 발생하여 하루하루 이를 악물고 버틴다는 이야기를 들으니 부모의 마음은 갈기갈기 찢어집니다.

제 아들의 진단서를 첨부하오니 살펴보시고 부디 보석 결정을 내려주십시오. 적절한 운동 처방과 식이요법으로 정상적인 신체 상태를 유지할 수 있도록 할 것이니 제 아들을 믿어주시고 보석 신청을 받아주시길 간절히 기원합니다.

20○○. ○. ○.

위 탄원인 ○ ○ ○ (인)

○○지방법원 형사○단독 재판장님 귀하

[서식 351] 남편을 상해 치상한 베트남 이주여성에 대한 구명 요청

탄 원 서

사 건

탄 원 인 ○ ○ ○ (000000-0000000)
○○시 ○○로 ○○(○○동)
전화 : 010-3456-7890

피탄원인 ○ ○ ○ (000000-0000000)
○○시 ○○로 ○○(○○동)

탄 원 내 용

존경하는 재판장님!

법치구현을 위해 불철주야 헌신 노력하시는 재판장님께 경의를 표합니다.

저희가 이렇게 탄원을 드리는 것은 다름이 아니오라 20○○년 ○월 ○일 남편을 칼로 찔러 사망에 이르게 하여 상해치상 혐의로 입건된 베트남 이주여성에 대한 구명을 요청 드리기 위해서입니다.

사건의 피의자인 베트남 이주 여성 ○○○씨는 현재 임신 ○개월로 아기를 보호하기 위한 본능으로 인해 상해치상을 하게 되었음을 알려드립니다.

피해자인 남편은 전형적인 알코올 중독자로 술을 마시면 집에서 자고 있는 피의자를 깨워 상습적으로 구타를 하였다고 합니다.

사건이 일어난 날도 술을 많이 마시고 잠든 아내를 깨워 머리와 얼굴을 마구 때렸다고 합니다. 이대로 계속 맞다가는 뱃속의 아기가 잘못될 것 같다는 생각에 부엌으로 달려가 칼을 들고 방어를 하였는데 술에 취한 남편이 비틀거리며 쓰러지는 바람에 왼쪽 배에 찔러 쓰러지게 되었다고 합니다.

따라서 이번 사건은 남편의 지속적인 구타로 인해 충동적으로 발생한 사고였음을 분명히 밝힙니다. 남편에게 칼을 휘두를 수밖에 없었던 당시 상황을 되짚어 보신다면 피의자에게 어떤 관용을 베풀어야 할지 답이 나올 것이라 생각합니다.

존경하는 재판장님, 죽음이라는 극단적 상황에 이르러서야 폭력에서 벗어날 수 있는 이주 여성의 눈물겨운 상황을 살피시어 부디 선처를 베풀어주십시오. 생명의 위협을 느낄 정도로 가정폭력에 시달리고 있는 이주 여성의 인간적인 권리를 지켜주십시오.

힘없고 나약한 이주 여성의 사정을 널리 살피시어 부디 좋은 결과가 나타나길 기원하며 두서없는 글을 마칩니다. 바쁘신 와중에 읽어 주셔서 감사합니다.

20○○. ○. ○.

위 탄원인 ○ ○ ○ (인)

○○지방법원 형사○단독 재판장님 귀하

[서식 352] 아파트 하자보수관계로 변호사법 위반에 대한 선처 호소

탄 원 서

사 건

탄 원 인 ○ ○ ○ (000000-0000000)
○○시 ○○로 ○○(○○동)
전화 : 010-3456-7890

피탄원인 ○ ○ ○ (000000-0000000)
○○시 ○○로 ○○(○○동)

탄 원 내 용

존경하는 판사님!

이 땅에 법치주의의 구현을 위해 노력하시는 판사님의 노고에 깊은 존경과 감사의 뜻을 표합니다.

피고인 ○○○은 주식회사 ○○엔지니어링을 운영하고 있는 사장입니다.

피고인이 ○○아파트 등 아파트 입주자대표회의와 협의하여 하자보수에 관하여 설명하고, 하자보수비 상당의 손해배상액을 아파트 시공사로부터 받을 수 있다는 사실을 고지하고, 그 소송에 필요한 비용을 피고인이 선부담하되 소송에서 승소하면 그 소송비용은 반환을 받고 아파트 하자보수공사를 수주받는 형식으로 하자보수공사 계약을 하였습니다.

그런데 지난 해 ○월 변호사가 아닌 자가 금품 기타 이익을 받을 것을 약속받고 소송사건 등 법률사건에 관하여 감정, 대리, 기타 법률사무를 취급하여 변호사법을 위반하였다고 하여 입건되었습니다.

변호사가 아닌 자가 법률사무 취급에 관여하는 것을 금하는 것이 변호사법 제109조 제1호의 규정 취지라고 알고 있습니다. 그러나 피고인은 실질적이든 형식적이든 변호사법에서 정한 대리행위를 수행한 사실이 없습니다.

다만 입주자대표에게 손해배상을 받을 수 있다는 사실만 고지하였을 뿐이고, 변호사를 수임한 것도 당사자들이 하였고, 소송을 수행한 것은 당연히 수임 받은 변호사가 수행하였습니다. 다만 변호사의 요구에 의하여 피고인이 운영하고 있던 회사가 하자감정업체이고 동 사건들에서 하자감정을 하였으므로 이에 대하여 변호사의 자문 요구에 응하여 조언 형식으로 설명한 사실밖에

없습니다.

또 법원의 명에 의하여 현장검증이 있을 경우 피고인 회사의 직원이 참석하여 판사의 필요한 질문에 답을 하여준 것 밖에 다른 행위를 한 사실이 없습니다.

따라서 피고인이 소송사건 등 법률사건에 관하여 감정, 대리 기타 법률사무를 취급하였다고 할 수 없어서 피고인에 대한 유죄판결은 부당하다고 생각합니다. 사건의 앞뒤 관계를 잘 살펴주시고 부디 선처를 부탁드립니다.

판사님의 고명하신 판결을 기다리겠습니다.

20○○. ○. ○.

위 탄원인 ○ ○ ○ (인)

○○지방법원 형사○단독 판사님 귀하

[서식 353] 보험사기로 구속된 남편에 대한 부인의 선처 호소

탄 원 서

사 건

탄 원 인 ○ ○ ○ (000000-0000000)
○○시 ○○로 ○○(○○동)
전화 : 010-3456-7890

피탄원인 ○ ○ ○ (000000-0000000)
○○시 ○○로 ○○(○○동)

탄 원 내 용

존경하는 재판장님!

다름 아니라 보험사기죄로 현재 경찰서에 구속, 수감되어 있는 제 남편에 대한 선처를 부탁드리고자 이 글을 올립니다.

제 남편은 20○○년 ○월경 ○○시 ○○구 ○○동 사거리에서 교통사고를 당해 하반신이 마비되는 중상을 입고 1급 장애인 판정을 받은 뒤 ○○보험회사에서 ○억원의 보험금을 지급받았습니다. 그러나 보험회사에서는 제 남편이 고의적으로 사고를 내 보험금을 탄 것이라 주장하면서 사기혐의로 고소해 구속되었습니다.

경찰과 보험회사에서는 제 남편이 억대의 보험금을 노린 보험사기범으로 몰아가고 있는데 어느 누가 하반신이 마비되는 고통을 겪으면서까지 돈을 받으려 할까요.

또한 허위진단서를 발급받았다고 하는데 제 남편은 ○○병원의 저명한 의사가 진단 후 하반신 마비를 의심한다는 판정을 내린 것입니다. 매스컴에도 몇 번 나오셨던 의사분인데 감히 있지도 않은 병을 만들어 허위로 진단서를 써주시겠습니까.

제 남편은 경찰에 연행되는 과정에 갈비뼈가 부러지고 손가락이 골절되는 등 중상을 입었습니다. 더구나 구속되어 있는 동안 운동이나 목욕, 의료 등의 기본적인 처우가 박탈된 상태로 지내서 온 몸이 욕창과 피부병으로 눈뜨고 볼 수 없을 정도입니다.

아무리 제 남편이 중죄를 저질렀다 한들 휠체어 없이는 움직일 수 없는 하반신 마비 1급 장애인을 그렇게 강압적으로 수사할 수 있는 건지 이해할 수 없습니다.

구체적 증거도 없이 무조건 제 남편을 사기범으로 모는 것은 법치 국가에서 있을 수 없는 일입니다.

교도소 안에서 악몽 같은 시간을 보내고 있는 제 남편을 제발 살려주십시오. 하루라도 빨리 치료를 받지 않으면 제 남편은 하반신 마비 그 이상의 고통을 겪게 될 것입니다.

20○○. ○. ○.

위 탄원인 ○ ○ ○ (인)

○○지방법원 형사○단독 재판장님 귀하

[서식 354] 판사에게 구속된 자식을 선처 호소

탄 원 서

사 건

탄 원 인 1. 김 ○ ○ (000000-0000000)
○○시 ○○로 ○○(○○동)
전화 : 010-1234-5678
2. 이 ○ ○ (000000-0000000)
○○시 ○○로 ○○(○○동)
전화 : 010-3456-7890

피탄원인 김 ○ ○ (000000-0000000)
○○시 ○○로 ○○(○○동)

탄 원 내 용

탄원인들은 부부지간으로 피탄원인의 부모입니다. 자식의 교육을 잘못시킨 부모로서 감히 자식에 대해 선처를 바라는 탄원서를 드리는 것이 과연 부모로서 할 도리인지도 잘 모르겠습니다.

탄원인 김○○은 회사원으로 일하고 있고, 피탄원인 이○○은 법원 주변건물청소원으로 일하면서 아들딸 두 남매를 두고 있습니다.

그런데 피탄원인은 친구들과 어울려 동료들로부터 돈 30,000원을 뺏은 것으로 하여 보호관찰중에 또다시 이런 사건을 저질렀습니다. 그야말로 부끄럽고 몸 둘 바를 모르겠습니다. 그러나 자식이고 보니 어찌하겠습니까?

이번 사건은 정말 상상도 할 수 없는 사건이었습니다. 제자식이라고 해서 그런 것이 아니라 집에서도 말이 적고 부모에게 뿐만 아니라 할아버지한테도 효심이 지극한 손자입니다. 그리고 피탄원인 개인으로 보면 공업고등학교 3학년으로 대학수시합격통지를 받고 있고, 꼭 대학에 가서 인테리어를 전공하여 성공할 것이라고 입버릇처럼 말해오면서 부모에게 효도하겠다고 말해 왔습니다.

그러던 자식이 이 같은 범행을 저지르고 보니 저희 부모는 하늘이 무너지는 듯한 충격에서 헤어나지 못하고 있습니다. 이번 일은 용서받기 어려운 줄 알고 있으나 그나마 서로 합의를 하였고, 피해자는 처벌을 바라지 않고 있습니다.

존경하옵는 판사님!

부끄럽지만 이번 단 한 번의 기회를 주신다면 저희 부부는 자식의 교육에 모든 노력을 다할 것을 다짐 드리면서 피탄원인이 꿈을 이룰 수 있도록 꼭 한 번만 배려하여 주시기를 간절히 바라면서 이 탄원서를 드립니다.

안녕히 계십시오.

20○○. ○. ○.

위 탄원인 : 김 ○ ○ (인)
이 ○ ○ (인)

○○지방법원 소년부 제○단독 판사님 귀하

[서식 355] 어머니가 구속된 아들 선처 호소

탄 원 서

사 건

탄 원 인 ○ ○ ○ (000000-0000000)
○○시 ○○로 ○○(○○동)
전화 : 010-3456-7890

피탄원인 ○ ○ ○ (000000-0000000)
○○시 ○○로 ○○(○○동)

탄 원 내 용

피탄원인 ○○○(31세)은 귀원 항소○부에서 재판계류 중인 수감자(수형번호 1234번)이고, 탄

원인 ○○○(여)는 위 피탄원인의 어머니로서 현재 외롭게 홀로 살아가고 있습니다.

존경하는 재판장님!

피탄원인을 범법자로 만든 것은 한마디로 이 못난 어미에게 있다고 하겠습니다.

피탄원인은 아무런 잘못이 없으니 대신 못난 어미를 벌하여 주십시오!

피탄원인은 다른 집 자식들과 마찬가지로 예절바르고 착한 아들이었는데 이 모든 것이 이 못난 어미의 가정파탄과 무지가 그렇게 만들어 버리고 말았습니다.

존경하는 판사님!

잠시 피탄원인이 범법자가 되기까지의 경위를 말씀드릴까 합니다.

그러니까 피탄원인이 중학교 2학년 때 탄원인은 남편과 성격차이로 끝내 이혼을 하게 되었습니다. 한창 감수성이 예민하던 피탄원인은 그만 실의에 찬 시선으로 점점 말이 없는 아이로 변해가고 있었습니다.

그러나 이 어미 말은 누구보다도 착실하게 말대꾸 한 번 없이 착하게 자라왔는데 어느 날 범죄인이 되어 교도소에 들어가 있다는 사실을 뒤늦게 알게 되어 하늘이 무너져 내리는 충격으로 혼절한 몇 달 뒤, 사랑하는 아들로부터 때늦은 후회와 회한이 담긴 내용으로 한통의 편지가 날아들었습니다.

숱한 세월이 흐른 이제야 철이 들고 보니 그동안 불효로 살아왔던 지난날들이 원망스럽다며 구절구절 눈물로 얼룩진 사연들로 탄원인에게 마지막 효도를 하겠다고 하는 내용들이었습니다.

존경하는 재판장님!

자식 키우는 어미의 심정, 그 무엇으로 다 표현하리까마는 이렇듯 어미의 가슴 갈기갈기 찢는 아픔, 저려 오네요.

지난 세월 되돌릴 수만 있다면 우리 장남 어엿한 대한남아로서 기세당당 추앙받는 인물 만들겠지만… 어이 하리! 이내신제 지금 당장 옥중에서 풀려나기만을 헤아려야 하니….

존경하는 판사님

탄원인은 고칠 수 없는 가슴앓이로 숱한 날을 지새우며 피탄원인이 돌아오기만을 학수고대하다 이제 바람 앞에 들불이 되었습니다. 탄원인의 마지막 소원이오니 이제 이 못난 어미의 품으로 돌려보내 주십시오!

피탄원인도 맹세하였습니다. 언젠가는 출소하게 되면 자신의 저지른 피해금액에 대해 피해자에게 찾아가 백배사죄하면서 그 변제금을 다달이 갚아나갈 것이라고 이 어미에게 굳게 약속을 하였습니다.

피탄원인은 못 배운 것이 한이 되는지 새 출발을 결의하면서 영어회화 책자를 보내달라는 내용이 곁들였습니다. 부디 그 뜻을 저버리지 마시기 바랍니다.

피탄원인은 자신이 지은 죄 값으로 이미 긴 세월을 교도소에서 복역을 하였는데 사회봉사명령을 이행치 않았다는 이유로 또다시 교도소에서 장구한 세월동안 수감생활을 한다는 것은 자신의 지은 죄 값에 비해 너무도 무거운 형벌이라 사료됩니다.

비록 가난하고 배우지 못한 탄원인의 장남으로 태어나 일시 방황을 하다 이제 마지막으로 효도를 하겠다며 굳은 결의로서 맹서하는 피탄원인의 갸륵한 효심을 참작하시어 최대한의 관용과 선처를 구하고자 이렇게 실낱같은 모정의 정으로 이 탄원서를 올리는 바입니다.

20○○. ○. ○.

위 탄원인 ○ ○ ○ (인)

○○지방법원 항소○재판부 재판장님 귀하

[서식 356] 교통사고를 낸 동생에 대한 석방 촉구

탄 원 서

사 건

탄 원 인 ○ ○ ○ (000000-0000000)
○○시 ○○로 ○○(○○동)
전화 : 010-3456-7890

피탄원인 ○ ○ ○ (000000-0000000)
○○시 ○○로 ○○(○○동)

(현재 교도소 수감 중)

탄 원 내 용

피탄원인은 약 2개월 전 주거지인 ○○시 ○○동에서 오토바이를 무면허음주운전하다 단속되어 현재 ○○교도소에 수감 중인 자이고, 탄원인은 피탄원인의 누나로서 분가를 하여 현재 ○○에서 인쇄업을 하는 남편과 단란하게 살아가고 있습니다.

그런데 뜻하지 않게 남동생이 무면허음주운전을 하다 구속이 되었다는 소식을 듣고 지금까지 고향에 홀로 계시는 어머니의 뒷수발을 저희 여형제들이 어렵게 봉양을 해오고 있습니다.

존경하는 재판장님!

피탄원인은 어려서부터 다리를 다쳐 약 20년째 오른쪽 다리를 의족을 끼워 생활하면서 보행을 불편을 느껴 '리드'라는 소형오토바이를 직접 운전해 들에 나가 농사를 짓고 있을 뿐만 아니라 74세된 노모 한 분을 모시고 성실하게 살아가고 있습니다.

그렇게 농촌을 지켜가다 사고가 난 그날 이웃 동네 들판에서 품앗이 일을 마치고 막걸리 몇 잔을 마신 뒤 위 오토바이를 혼자 운전하여 귀가하다 그만 도로 옆에 박혀 있는 것을 지나가는 자동차 운전사가 발견하고 경찰에 신고를 하였는데 피탄원인은 그전 무면허운전을 한 집행유예 기간이 발각되어 그만 구속이 되었답니다.

피탄원인은 시골에서 효자소리를 듣는 성실한 노총각으로서 여태껏 고향을 지키며 동네에서는 칭찬이 자자한 그야말로 순박한 남동생입니다.

존경하는 재판장님!

피탄원인의 무면허음주운전을 한 행위는 당연히 처벌을 받아야 한다고 탄원인도 그렇게 생각하고 있습니다. 그러나 불행 중 다행스럽게도 피해자가 없는 사고였음을 감안해 주시옵고 할 말은 태산같이 많으나 재판장님의 시간을 줄이는 차원에서 이만 줄이옵고 하루 속히 피탄원인이 석방되어 사랑하는 고향 어머니 품으로 돌려 보내주시면 더 바랄 것이 없겠습니다.

두 번 다시 이번과 같은 불행이 닥치지 않도록 저희 모든 가족들은 노력을 아끼지 않을 것을 굳게 약속드리겠습니다.

끝으로 피탄원인이 조기 석방되기를 간곡히 기도드리며 귀 법원의 무궁한 발전을 기원하겠습니다.

20○○. ○. ○.

위 탄원인 ○ ○ ○ (인)

○○지방법원 형사○단독 재판장님 귀하

[서식 357] 아버지가 아들의 석방 촉구

탄 원 서

사 건

탄 원 인 ○ ○ ○ (000000-0000000)
○○시 ○○로 ○○(○○동)
전화 : 010-3456-7890

피탄원인 ○ ○ ○ (000000-0000000)
○○시 ○○로 ○○(○○동)
(현재 교도소 수감 중)

탄 원 내 용

무례함을 무릅쓰고 감히 이 글을 올립니다.

이 글을 올리는 저는 귀 교도소에 20○○. ○. ○. 수감되어 있는 수형번호 1234호인 ○○○(○○세)의 아버지입니다.

저의 5남매의 막내아들인 ○○○은 약 2년 전 그의 직장 동료 2명과 같이 술을 마신 뒤 ○○시 ○○읍 ○○리 소재 "○○마트"에 들어가 컵라면을 시켜 먹으려다 그곳 종업원과 언쟁 끝에 직장 동료들이 종업원의 멱살을 잡고 폭행을 하자 아들이신 ○○○이는 이를 만류하였고, 그런 위 슈퍼를 나오다가 술에 만취한 나머지 동료들이 양주를 들고 나올 때 저의 아들도 그만 담배를 들고 나온 실수를 범하게 되어 그로 인해 경찰에 구속이 되었는데, 그날의 범죄행위를 주도한 직장 동료들은 당시 불구속이 되었고 아들은 그전 음주 건으로 2년의 집행유예가 있었는데 그 사유로 구속이 되고 말았습니다.

아들의 죄 값에 대한 처벌은 당연하다고 하겠으나 직장동료들이 주도한 범죄행위에 아들은 싸움을 만류하면서 따라하게 된 행위가 위 음주도주의 집행유예 사유로 구속이 된 것으로 판단되고 보니 부모된 입장으로서 너무도 억울한 생각이 들지만 지나간 일들은 그저 잊고 싶을 뿐입니다.

그 당시 아들의 소식을 접한 저는 그만 뇌졸중으로 쓰러져 부산 ○○병원에서 그동안 치료를 받아왔으나 아직도 심장병에서 헤어나지를 못하고 있습니다.

현재 수감이 되어 있는 아들 ○○○이 위로는 모두 출가를 하여 그러다보니 수감 전에는 ○○이가 부모를 공양하면서 효행을 다하였고 또한 직장에서도 칭송이 자자했던 착실한 막내아들이었습니다.

저는 생업을 잃고 그동안 어렵게 병석에 몸져누워 아들이 들어오기만을 학수고대하고 있습니다.

아들이 구속된 지가 벌써 2년이란 세월이 흘렀군요. 아들이 지은 죗값에 비해 형벌이 너무 가혹하게만 느껴집니다.

존경하시는 재판장님!

이에 사랑하는 아들을 부모의 품으로 돌려보내 주십시오. 간절히 원하옵니다.

20○○. ○. ○.

위 탄원인 ○ ○ ○ (인)

○○지방법원 형사○단독 재판장님 귀하

[서식 358] 음주교통사고에 대하여 피해자가 선처 호소

탄 원 서

사 건

탄 원 인 ○ ○ ○ (000000-0000000)
○○시 ○○로 ○○(○○동)
전화 : 010-3456-7890

피탄원인 ○ ○ ○ (000000-0000000)
○○시 ○○로 ○○(○○동)

탄 원 취 지

현재 음주교통사고 건으로 재판계류 중인 피탄원인에 대하여 다음과 같이 탄원하오니 선처하여 주시기 바랍니다.

탄 원 내 용

탄원인은 ○○운수소속 경기 ○○바○○○호 영업용택시 운전기사로 종사하고 있습니다.

피탄원인은 자신의 승용차를 운전하여 당시 신호대기중인 탄원인이 영업용차량을 추돌하여 탄원인에게 경미한 인피, 물피를 입게 하였습니다.

탄원인은 사고 당일 하루의 영업실적을 올리기 위해 열심히 운전에 임하고 있었는데 추돌사고를 당하고 보니 화가 치밀어 항의하는 과정에서 술 냄새가 나 "술 마시고 운전을 하면 되느냐"고 소리치면서 피탄원인을 고발하게 되었던 것입니다.

그런데 나중에 자세히 알고 보니 피탄원인은 약 16년째 ○○시청 청경으로 근무를 해오면서 약 10년 전 오토바이를 운전하다 교통사고를 당해 그때 머리를 다쳐 그로 인하여 부인과 이혼을 한 뒤 그때부터 현지 고2, 중1의 딸자식을 키워오면서 어렵게 살아가고 있다는 사실을 알게 되었습니다.

그리고 사고 후 피탄원인은 탄원인을 찾아와 백배사죄하면서 치료비 일체와 합의금 300만원을 주어서 받고 합의를 해주어 그것으로 끝이 난 줄 알았는데 피탄원인은 그 일이 아직도 끝이 나지 않고 법의 심판을 기다리고 있다는 소식을 듣게 되었습니다.

존경하는 재판장님!

피탄원인의 노모가 장애자로 노환에 시달리고 있다는 사실도 이번에 알았습니다. 그리고 합의금마저 피탄원인의 동생인 ○○시청 상수도사업소에 근무를 하고 있는 ○○○가 부담을 한 사실도 알게 되었습니다. 이러한 피탄원인의 가정사가 비단 그네들뿐만 아니라 탄원인 역시 어려운 여건 속에서 언제나 위험이 도사리고 있는 점을 감안하면 지금에 와서 생각을 하니 그때 왜 고발을 했을까? 라고 후회스러운 게 솔직한 탄원인의 심정입니다.

탄원인은 위 추돌사고로 인하여 당시 3일간 병원에 입원해 있다가 퇴원을 한 후 본래의 업무에 복귀하여 현재 정상적으로 운전기사로 종사하고 있습니다.

부디 탄원인은 피탄원인을 최대한 선처해 주실 것을 간곡히 원하오며 귀 법원의 무궁한 발전을 기원하겠습니다.

20○○. ○. ○.

위 탄원인 ○ ○ ○ (인)

○○지방법원 형사○단독 재판장님 귀하

[서식 359] 처가 구속된 남편을 석방해 달라고 호소

탄 원 서

사 건

탄 원 인 ○ ○ ○ (000000-0000000)
○○시 ○○로 ○○(○○동)
전화 : 010-3456-7890

피탄원인 ○ ○ ○ (000000-0000000)
○○시 ○○로 ○○(○○동)

탄 원 내 용

존경하는 재판장님!

탄원인은 ○○시 ○○로 ○○(○○동) 자택에서 생활하고 있는 피탄원인의 부인이며 피탄원인은 두 아이의 아버지이며 한 가정을 책임지고 있는 가장이기도 합니다.

피탄원인은 평소 가정에서 아이들과 잘 놀아주고 가장으로서의 책임을 다하는 따뜻한 아버지입니다.

피탄원인이 한가정의 가장으로서 현재 가정을 책임질 수 없게 되어 탄원인의 가정은 무척 힘이 든 상황입니다. 그리고 또 모든 생활에 막대한 지장을 초래하고 있습니다.

경제적으로나 아이들의 정서적인 면에서 무척 큰 영향을 주고 있는 현실에서 두 아이의 아버지이자 한 가정의 가장인 피탄원인은 많은 반성과 눈물로 호소한 바 있습니다. 죄를 뉘우치며 아이들을 걱정하고 있는 자세도 보였습니다.

하루라도 빠른 시일 내에 가정으로 돌아와 아이들이 아버지의 품에 안겼으면 합니다. 부인인 저도 가장인 ○○○씨가 돌아와 안정된 가정이 되었으면 하는 마음으로 간곡히 부탁드립니다.

20○○. ○. ○.

위 탄원인 ○ ○ ○ (인)

○○지방법원 형사○단독 재판장님 귀하

[서식 360] 강제추행 공갈 및 금품갈취를 한 피의자가 용서를 구함

탄 원 서

사 건

탄 원 인 ○ ○ ○ (000000-0000000)

○○시 ○○로 ○○(○○동)
전화 : 010-3456-7890

탄 원 내 용

존경하는 재판장님께!

재판장님의 노고에 깊은 감사의 뜻을 표합니다.

저는 이번에 공갈 및 금품갈취 혐의로 구속된 ○○○입니다. 저는 사우나 수면실에서 만난 ○○○씨에게 저의 신체 부위를 만지도록 유인한 뒤 이를 약점 잡아 금품을 갈취했습니다. 또 ○○○씨를 강제추행 혐의로 경찰에 신고한 뒤 그의 부모로부터 합의금 명목으로 ○○만원을 뜯어내는 등 지난 ○개월 동안 합의금으로 ○○만원을 받은 혐의가 있습니다.

술에 취한 사람들의 약점을 이용하여 돈을 가로챈 파렴치한이 무슨 낯으로 재판장님께 탄원을 드릴까 고민도 해보았지만 제가 이대로 구속되면 저의 가족은 당장 먹을 쌀이 없어 굶어 죽을 것 같아 용기를 내어 이 글을 씁니다.

저는 당뇨로 거동이 불편하신 어머니와 알코올 중독자인 아버지, 그리고 장애를 가지고 태어난 남동생과 함께 생활하고 있습니다. 가족 모두 무직 상태이기에 제가 근근이 아르바이트를 하며 생활비를 대고 있습니다. 계속되는 궁핍한 생활 탓에 저는 쉽게 돈을 벌 수 있는 일이라 생각하고 고의로 이러한 범죄를 저질렀습니다. 공갈 협박으로 받은 합의금은 어머님의 치료비와 아버지 병원비로 충당하였습니다.

존경하는 재판장님,

백번 천번 생각해도 마땅히 죄 값을 치러야 할 범죄자이지만 제가 없으면 병든 아버지와 어머니는 누가 모시겠습니까. 현재 손발이 오그라드는 1급 장애인 남동생이 라면을 끓여가며 부모님의 식사 준비를 한다는 말을 들으니 지금이라도 당장 달려가서 부모님 밥상을 차리고 싶은 심정입니다. 가족의 생계를 혼자 책임지고 있는 가장의 안타까움을 헤아려 주셔서 제발 마지막 선처를 부탁드립니다.

제가 비록 용서받지 못할 중죄를 저질렀지만 한 번만 다시 기회를 주신다면 노동의 참된 가치를 경험하며 정직하게 살아가겠습니다. 더욱 정성을 다해 부모님을 봉양하며 제 남동생과 같은 장애인들에게 봉사하며 살아가겠습니다.

잘못된 판단으로 돌이킬 수 없는 죄를 지었음에 무릎 꿇고 사죄드리며 재판장님의 선처를 간절히 기다리겠습니다.

20○○. ○. ○.

위 탄원인 ○ ○ ○ (인)

○○지방법원 형사○단독 재판장님 귀하

판 례 색 인

사 항 색 인

[ㄱ]

[ㄴ]

【ㅇ】

[ㅈ]

[ㅊ]

저 자 약 력

■ **저 자**

법학박사
행 정 사 **김 동 근**

대한민국 법률전문서적 최다출간 공식인증 저자
[KRI 한국기록원]

숭실대학교 법학과 졸업
숭실대학교 대학원 법학과 졸업(행정법박사)

현, 숭실대학교 초빙교수(행정법 강의)
국가전문자격시험 출제위원
행정심판학회 학회장
대한행정사회 중앙연수교육원교수
대한행정사회 특별위원회 위원
YMCA병설 월남시민문화연구소 연구위원
내외일보 · 내외경제 논설위원

전, 서울시장후보 법률특보단장

【저 서】
사건유형별 행정소송 이론 및 실무(법률출판사)
한권으로 끝내는 운전면허정지 · 취소 구제 행정심판(법률출판사)
한권으로 끝내는 영업정지 · 취소 구제 행정심판(법률출판사)
한권으로 끝내는 공무원 · 교원 소청심사청구(법률출판사)
한권으로 끝내는 비송사건처리절차법 이론 및 실무(법률출판사)
핵심재개발 · 재건축분쟁실무(진원사)
건축법 이론 및 실무(진원사)
주택법 이론 및 실무(진원사)
국토계획법 이론 및 실무(진원사)
도시개발법 이론 및 실무(진원사) 외 57권

■ **감 수**

변호사 **김 요 한**

고려대학교 법학과 졸업
건국대학교 부동산대학원 석사학위 취득
서울대학교 법과대학원 석사과정 수료
서울시립대학교 도시과학대학원 도시계획학 석사학위취득
서울시립대학교 세무대학원 석사과정 수료
건국대학교 일반대학원 부동산학과 박사학위 취득

【주요경력】
제37회 사법시험 합격
사법연수원 제27기 수료
수원지방법원 판사
서울중앙지방법원 판사
법무법인 세종 기업자문파트너 변호사
현 법무법인 태한 대표변호사현, 법무법

[제2판] 사건유형별 **행정심판** 이론 및 실무

저　　자 김 동 근
발 행 인 양 진 수
발 행 처 진 원 사

2018년 10월 31일 초 판 발행
2022년 6월 10일 제2판 인쇄
2022년 6월 30일 제2판 발행

서울시 송파구 법원로 9길 26, C동 1107호 (문정동, H비즈니스파크)
전화 : 02) 916-1850 / 팩스 : 02) 916-3442
신고번호 제 2018 - 000026호
http://www.jinwonsa.co.kr
http://www.lawbookstore.co.kr
e-mail : hhansin@hanmail.net

ISBN : 978-89-6346-614-9　　93360　　**정가 85,000 원**